李文学同志近照

支农政策的"代数学"

列宁在评价十九世纪俄国民主主义思想家赫尔岑的伟大功绩时，说得他充分领会了黑格尔的辩证法，懂得辩证法是"革命的代数学"，从而使他达到了伟大思想家的水平。中国共产党人在指导伟大的社会主义建设中，特别是在解决"三农"问题的实践中，将支农政策作为发展的杠杆，用于提高农产品产量和质量，且以粮食为主的政策投入的"乘数效应"明显。用数学模型分析现行的促进粮食增产、农民增收、农业综合

当代中国

农政系论

（第一卷）

李文学　著

中国农业出版社

图书在版编目（CIP）数据

当代中国农政系论 / 李文学著．—2 版．—北京：中国农业出版社，2009.9

ISBN 978-7-109-14153-7

Ⅰ. 当… Ⅱ. 李… Ⅲ. ①农业经济－研究－中国②农村经济－研究－中国③农民－问题－研究－中国 Ⅳ. F32 D422.64

中国版本图书馆 CIP 数据核字（2009）第 146025 号

中国农业出版社出版
（北京市朝阳区农展馆北路 2 号）
（邮政编码 100125）
责任编辑 赵刚 姚红 闫保荣

中国农业出版社印刷厂印刷 新华书店北京发行所发行
2009 年 9 月第 2 版 2009 年 9 月第 2 版北京第 1 次印刷

开本：720mm×1000mm 1/16 印张：84.5 插页：1
字数：1 245 千字 印数：1～2 000 册
总定价：160.00 元

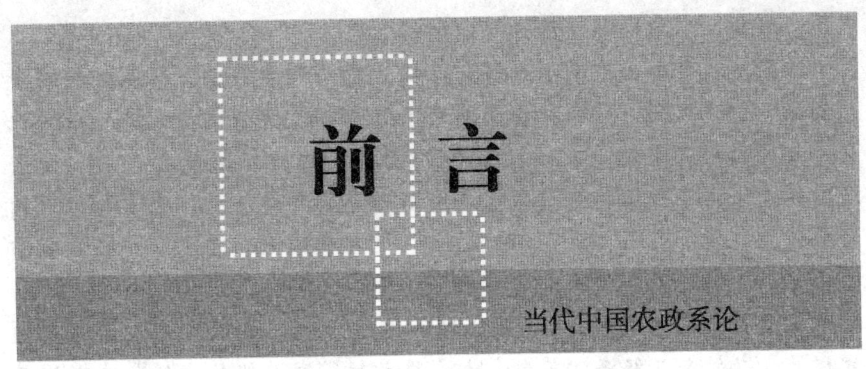

前言

关注“三农”问题，与我的成长经历相伴；研究“三农”问题，与我的知识积累和工作历程同行。

(一)

我最早接触经济学原理，始于毛泽东同志的“以农业为基础，以工业为主导”这句至理名言在社会上的传颂。当时，我并不十分明白社会运行中的产业分工问题，只是崇拜毛泽东的朴素感情，让我意识到农业是个了不起的产业。后来，系统地读了书，才得知在18世纪下半叶，马克思就说过：“超越于劳动者个人需要的农业劳动生产率，是一切社会的基础。”如果说初步理解毛泽东的话，使我懵懵懂懂地认识到农业与工业之间存在着一种重要关系，那么，当我读完《资本论》时，才深刻地认识到：农业是推动社会生产力发展和物质财富增生的原始产业；工业以及后发展的建筑、运输、金融等行业，都脱胎于农业，都是农业发展到一定程度的产物。

对马克思主义政治经济学原理的一般性掌握，又引起了我对前马克思主义经济学说渊源的追问。一些经济学说史书，又告诉我，在马克思恩格斯的政治经济学形成之前的封建社会早期，就已经形成了以“家庭生产与土地关系”为“蓝本”的经济学说。从法国查理大帝的“关于领地的敕令”，到基辅罗斯王公的“斯美而得”土地村社分类，都是围绕农地、农耕、农奴问题而展开讨论的。

从封建社会再上溯到原始社会，从古罗马到古希腊，从基督教的产生到斯巴达克起义，整个社会变革的导火索都是所有制与经济利益的抗争，期间的经济学说或政治经济学的萌芽，都是以家庭生产、庄园经济、奴隶主占有奴隶的劳动为基本因由而孕育和发展的。古罗马时代的考鲁迈拉，曾著有12卷的《论农业》，其经典名句："城市如果没有演员或律师，则过去和将来都是幸福的；而人们如果离开农夫，不用说，便不能生存、不能吃饭。"沿着这样的史迹上溯，可以在公元前4世纪发现最古老的农业经济学善本。古希腊大哲学家苏格拉底的学生斯诺芬对其思想的记述，由此而产生的人类第一部经济学著作——《家庭经济学》，被后人称为组织和管理奴隶主经济的指南。

所有这些成形的或不成形的、古典的或现代的、单一的或系统的农经思想，占领着我的头脑，左右着我的研究，统治着我的思维方式，成就了我对现代"三农"问题的判断、比较和选择。

（二）

对农业经济学理论上的认知，由一知半解到比较系统的掌握，以至于研究问题注重用实证说话，得益于我的出身、亲身经历和社会实践，得益于我与生俱来的"三农"情愫。

我出生在全国著名的粮豆之乡吉林省榆树县。在那个偏僻的小山村，我得到了以农耕为先的启蒙教育，逐渐长身体，长见识。孩提时的所见所闻，都是农田、农具和庄稼，还有那世代"面朝黑土背朝天"的父老乡亲。童年的崇高理想就是读好书，以求改变人生，有朝一日能有办法生产出足够的粮食，让全村的父老乡亲都能吃饱肚子。1970年，国家对初高中毕业生有"四个面向"的政策，我幸运地进了工厂。后来，又到长春去学习。再后来，顺着榆树县交通局、榆树县基本建设委员会、中共榆树县委、人民日报社农村部、中共吉林省委、中共中央政策研究室这样的工作经历一路走上来，以至到农民日报、中国农村杂志社任副总编辑、总编辑。此间，虽然工作岗位和职务几经变化，工业、交通、基建产业都有所涉足，但是，出身于农、献计于农是我前半生道路的基本轨迹并没有变化，由此也将我的"三农"情愫提升为"三农"情结。

研究"三农"问题，为解决"三农"问题而鼓与呼，是我的职责，也是我的兴趣。在20世纪80年代初中期，我结合所在工作管辖区域的具体情况，重点研究了商品粮基地县的粮增债长、补贴县的财政状况、粮食的民代国储和村组干部设置等一系列当时“三农”的热点问题；80年代末期，调研的视角由微观拓展到中观，重点研究了粮食经济、农村经营体制、农民负担制度、农村产业布局、农村发展资金等问题，研究成果通过“内参”、“信息快报”等形式，上送到中共中央办公厅、国务院办公厅等有关部门，有的通过新华社或者人民日报的内参渠道转发给领导参阅。

20世纪90年代，是我研究“农事”、“农政”、“三农”问题的黄金时代，是著述的“盛果期”。假如认为这个时期我有所作为的话，源于我的努力，但更重要的是源于组织上赐给我千载难逢的历史性机遇。1990年，我奉调进京，到中共中央政策研究室工作。这里是国内国际信息的集散地，是各种战略决策的“孵化器”，是思想者最好的用武之地。在这里，我每天都有看不完的参考资料，经常可以出席高层的工作汇报会、座谈会和研讨会，更重要的是有聆听党和国家领导人阐述“三农”战略问题的优越条件。无与伦比的从事调查研究的“软”、“硬”件条件，使我的立论眼界得到空前的拓宽，思维方式得到空前的洗练，研究成果得到领导重视。此间，我比较系统地研究了农业增长方式、农业现代化、粮食安全、农业生态环境建设、农业应对WTO战略、农民就业、农民权益保障以及农村经济与社会发展的组织资源等20个系列问题，有一些研究成果公开发表并赢得社会的关注。研究成果的连续“出炉”，一些想法不断得到农经界、理论界、新闻界同仁的善意校正，从而把我的调研层次推上了一个新的平台。

（三）

工作中、业余时，或草记或行文。多年坚持的思考和笔耕，成果日积月累，逐渐丰厚。除了在报刊上已经发表了一些文章之外，案头还存有一些自认为有读头、有意义的草稿，将其收集、整理，在力求满足理论联系实际、注重解决实际问题，并要保持“原汁原味”的条件下作出取舍，出版了这本《当代中国农政系论》，作为对组织、对领导、对老师、对同仁的成果汇报。

辩证唯物主义认为，世界上的一切事物每时每刻地都在发生变化，人类认知世界是个漫长过程。面对错综复杂的“三农”问题，即时的、

一孔之见的认识，狭隘或不透彻之处在所难免。但是，好在任何理性都源于实践，实践是检验决策意见正确与否的标准，任何理论概括上的偏差或思维梳理上的不完善，都会在实践中得到鉴别或更正。

仅以此书，同关注中国现代“三农”问题的专家学者来讨论。

2009年9月于北京

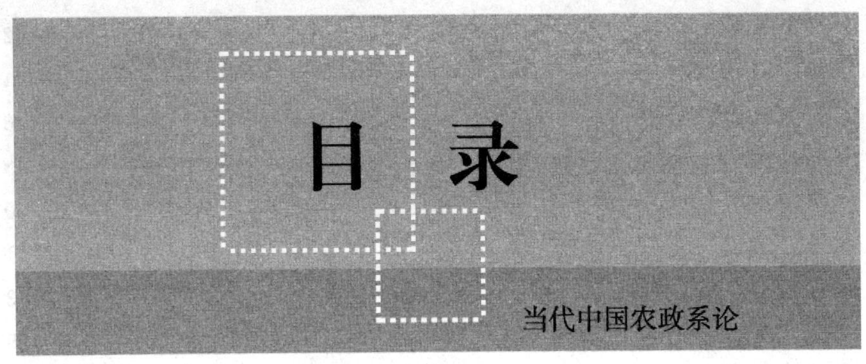

前言

时 鲜 思 考 篇

系列时评篇

理 论 升 华 篇

乡村调查篇

专题研究篇

[时鲜思考篇]

当代中国农政系论（第一卷）

中国农村五十年

我们伟大的共和国已经诞生50年了。

50年来，党的三代领导集体领导着亿万农民在艰难困苦中奋斗，在迂回曲折中求索，在乘风破浪中前进，终于走出了一条建设有中国特色社会主义新农村的道路，从而赢得了农村社会面貌的巨大变化。

今天，当亿万农民正满怀信心地向新世纪迈进的时候，我们抚今追昔，不能不为农村所取得的巨大成就所骄傲和自豪。概括起来说，农村的巨变主要表现在：农业基础地位得到加强；农业综合生产能力迈上了一个新台阶；农产品供给量大幅度增加；农村经营体制发生了深刻变化；农村经济总体素质提高；农村精神文明建设硕果累累；农民生活基本达到小康水平。这些变化，为把中国农村的社会主义现代化建设全面推向21世纪，奠定了良好的思想基础和雄厚的物质基础。

一

在建国50周年的喜庆日子里，已经过上了幸福生活的农民，无不深深怀念毛泽东、邓小平，是他们和他们所代表的中国共产党，使中国农民站了起来、富了起来；无不更加拥戴以江泽民同志为核心的第三代领导集体，是他们高举马列主义、毛泽东思想和邓小平理论的伟大旗帜，率领亿万中国人民正昂首阔步走向新时代。

建设有中国特色社会主义的新农村，是在社会生产力极其落后的半殖民地半封建的社会基础上开始的。新中国成立后，以毛泽东为核心的第一代领导集体，所做的一项重要工作就是从挽救农村、恢复和发展农业生产入手，领导农民开展了轰轰烈烈的土地改革，彻底铲除了封建的地主土地所有制，实行耕者有其田。广大农民在经济上、政治上彻底翻了身，极大地调动了农民的生产积极性，有力地促进了农村生产力的发展。

土地改革完成后，由于有相当部分的农户虽然分得了土地，但缺乏耕畜、农具、资金和劳力，因此仍然面临着一些发展生产的难题。针对这种情况，党又领导农民开展了互助合作运动，通过互助组、初级社、高级社，逐步实现了农村土地的集体所有制，发展起了农村集体经济。

从历史上看，为了走出一条适合中国农村实际的发展道路，毛泽东领导全党，从多方面进行了艰苦的探索，提出了一系列正确思想和对工作的指导原则。如：农业是国民经济的基础；要正确处理农轻重的比例关系；要全党动手大办农业；水利是农业的命脉；农业的根本出路在于机械化；科学化是农业现代化的核心；要发展农村商品生产；农业要实行多种经营；改善经营管理；坚持勤俭办社；加强思想政治工作；农民是社会主义现代化建设的重要力量；要正确处理工农关系和正确处理国家、集体和农民个人之间的关系，等等。这些重要思想和原则，为发展农村经济，改变农村面貌，提高农民生活水平，起到了重要的指导作用。毛泽东时代的社会实践，为改革开放后探索有中国特色社会主义新农村建设的道路，奠定了基础，提供了宝贵的经验。

从1978年12月，以召开党的十一届三中全会为标志，中国农村的社会主义现代化建设进入了一个新的历史时期。在这个重要的历史时期，党的第二代领导核心邓小平，以惊人的政治气魄和胆略，带头解放思想，带领亿万农民进行新的伟大探索和实践。他提出：各个国家应该根据自己的特点来实行社会主义的政策；农业是整个经济发展的重点；从中国的实际出发首先解决好农业问题。他大力支持：实行家庭承包经营；发展多种经营和乡镇企业；放手让基层和广大农民去创造。他主张：农村的情况千差万别，一定要因地制宜地发展生产；要让一部分地区一部分农民先富起来；各项工作都要有利于建设有中国特色的社会主义。他多次强调：科学技术是第一生产力；农业的发展最终要靠科技解决问题；农村行之有效的基本政策不要变；要保持农村社会稳定，等等。中国农村正是在这样一系列光辉思想的指引下，解决了改革和发展过程中所遇到的一个又一个难题，从而走出了一条建设有中国特色社会主义新农村的道路。

党的第三代领导核心江泽民，高举马列主义、毛泽东思想和邓小平理论的伟大旗帜，坚持党的基本路线，率领全党和全国亿万农民，不断研究新情况、解决新问题，从而把农村的社会主义现代化建设不断引向深入。十年来，江泽民深入到全国31个省区市的广大农村进行多次调查研究，同基层干部促膝谈心，察看农牧民的生产生活，共商改革和发展大计，使党的理论、路线、方针、政策更加深入人心。他分别在1991年和1998年，两次主持召开中央全会，从长远上、战略上专题研究和部署农村工作；他曾在深入调研的基础上，先后主持召开武汉会议、郑州会议和合肥会议，进一步分析农村形势，有针对性地解决农村两个文明建设中所遇到的具体问题；每年一度的中央农村工作会议，他都亲自到会，或发表重要讲话，或看望代表；他组织有关部门及时了解农村动向，根据中长期发展规划，制定具体落实的意见，用来指导全国的农村工作。他有关解决好“三农”问题的一系列论述，在建设社会主义新农村的过程中发挥了巨大作用，并转化为了广大基层干部和农民的自觉行动。

二

站在历史的角度，客观地审视我们的过去，我们会越发感到，在50年社会主义新农村的伟大建设中，已经积累了宝贵的经验。

——坚持把农业放在经济工作的首位，保障农产品的有效供给。50年的风雨兼程，有不朽的功勋，也有难以避免的失误。但是，不管在什么情况下，我们都坚持把农业放到经济工作的首位，力争通过农业的发展来满足人们日益增长的消费需求，满足对轻工业原料的需求，满足为国家工业化提供原始积累。今天我们国家能有这样的大好形势，农业功不可没。可以说，农业为建设有中国特色的社会主义，做出了巨大贡献。

——坚持从农村的具体情况出发，使生产关系适应生产力发展的要求。小平同志说：“社会主义的本质是解决生产力，发展生产力。”建设社会主义新农村，第一位的是发展生产力。不发展生产力，不提高人民的生活水平，就不是合格的社会主义。历史的经验已经证明，什么时候生产关系适应生产力的发展，什么时候的建设就会有成就；什么时候生产关系不适应生产力的发展，什么时候经济和社会的运行就要出问题，事业就要受损失。我们党把生产关系一定要适应生产力性质的规律，看成是一切社会形态所具有的经济规律，并用其指导实践。这是中国实现了靠自己的力量解决12亿人口吃饭穿衣问题的关键所在。

——坚持市场取向的改革，不断为农村经济的发展注入活力。农村的改革，从一开始就是以市场为取向，面向市场调整政策和产业结构，改革一切不适应社会主义市场经济要求的经营体制和生产组织形式。市场是农村改革的切入点。试想，如果不是以市场为取向，就不可能突破传统的计划经济模式，就不可能有生产力的解放和发展，也就不可能有今天这样的大好形势。因此我们说，“市场”是农村改革的功臣。

——坚持尊重群众的首创精神，调动广大基层干部和农民的积极性。毛泽东曾经说：“群众是真正的英雄。”农村的主体是农民，只有尊重绝大多数农民的意见，保障他们的民主权利，让他们去自我判断和选择，才能把农村的事情办好。尊重农民的意见，就可以调动多方面的积极性，形成强大合力，有利于克服困难，攻克难点，解决好改革和发展过程中所遇到的新情况新问题。

——坚持两手抓，把物质文明建设和精神文明建设都搞好。农村是个社会区域的概念。这个区域包罗万象，既有经济，又有政治和文化。因此，建设社会主义新农村，必须物质文明建设和精神文明建设两手抓，两手都要硬。如果只注重抓物质文明建设而忽视精神文明建设，农村就可能走向反面，社会主义新农村建设就不会取得成功。这些年，农村在抓物质文明建设的同时，加强了精神文明建设，提高了广大农民的思想觉悟，改善了农村社会环境，更新了人们的观念，为农村的改革和发展提供了强有力的智力支持和思想保证，赢得了农村经济与社会的协调发展。正像党的十五届三中全会所指出的：“两个文明都搞好，农村经济社会协调发展，才是有中国特色社会主义的新农村。”

——坚持加强农村基层组织建设和政权建设，为农村进步提供组织保障。“群雁高飞头雁领”。党领导广大农民进行社会主义建设，是靠各级组织具体实施的。无论是建国初期还是改革开放以来，以党支部为核心的农村基层组织，经过多次整顿、调整、充实和加强，已经建立了完备的组织体系和协调服务系统，使基层组织发挥了战斗堡垒作用，广大党员发挥了先锋模范作用。建国至今，农村基层政权组织虽然几经变迁，但为广大农民服务的宗旨被一如既往地承继了下来，在组织群众发展生产、建设社区的过程中，发挥了重要作用。

三

半个世纪以来，农村能够发生历史性巨变，终极原因是有了中国共产党的领导。党率领广大农民把马列主义的普遍真理同中国农村的实际相结合，走自己的路，建设有中国特色的社会主义。在对农村工作的指导上，虽然也曾经出现过偏差和失误，但是，用马克思列宁主义武装起来的党，能够历史地唯物地审视过去，自我校正步伐，勇于纠正不适宜的政策措施，放手让广大基层干部和农民去大胆地试，大胆地闯，由此引出了家庭承包、发展乡镇企业、建设小城镇和实行村民自治等具有中国特色的“四个伟大创举”。业绩应归功于党，归功于广大基层干部和亿万农民。

过去的辉煌，终究是过去，不能代表未来。在回顾过去感到无比兴奋和非常激动的时候，也不要忘乎所以，也要看到中国农村与发达国家相比，在生产力发展水平和农民生活上还有不小的差距，也要看到农村工作还有不尽如人意的地方。比如，目前农村在经济和社会范畴，还存在着一些新情况、新问题。主要是：农产品供给大于需求，调整结构和质量升级的任务很重；农民收入增长缓慢，还有近 4 000 万人口没有解决温饱；农民负担还没按规定完全减下来，一些地方的乱收费、乱罚款、乱摊派挫伤了农民的积极性；农村适应市场经济要求的工作方式方法还有待探索；个别地方干群关系紧张的问题还比较突出，等等。我们应正视问题，正确对待问题，千方百计地解决好这些问题。

历史即将翻开新的一页，新世纪即将到来。尽管前进的道路上还会遇到许多困难，但我们坚信，有马列主义、毛泽东思想和邓小平理论的指引，有以江泽民为核心的党中央的正确领导，有广大基层干部和农民等多方面的积极性，有 50 年巨变的物质和精神基础，我们一定能够攻克难关，勇往直前，在不远的将来把中国农村建设成富裕、民主、文明的新农村。

（《农民日报》1999 年 9 月）

迎接十六大

金秋，是收获的季节，美丽的季节，也是令人陶醉的季节。

秋波送喜。中共中央政治局全体会议决定，将向党的十五届七中全会建议，中国共产党第十六次全国代表大会于2002年月11月8日在北京召开。今秋，又是个令人欢欣鼓舞的季节。

正逢新世纪，站在新起点，播种新精神，铸就新的里程碑。这次党代会是新世纪我们党召开的第一次全国代表大会。大会将高举邓小平理论伟大旗帜，全面贯彻“三个代表”重要思想，认真总结党的十五大以来的工作，总结改革开放以来特别是党的十三届四中全会以来党团结和带领全国各族人民在建设有中国特色社会主义的伟大实践中取得的基本经验，对新世纪新阶段全面推进我国的改革开放和社会主义现代化建设，全面推进党的建设新的伟大工程作出战略部署，进一步动员全党和全国各族人民，解放思想，实事求是，与时俱进，开拓创新，为开创建设有中国特色社会主义事业新局面而团结奋斗。这件大事喜事，不能不令全党欢欣鼓舞，不能不令全国人民欢欣鼓舞，不能不令具有八亿之众的衣食父母欢欣鼓舞。

五年等一回。五年前，党的第十五次全国代表大会，提出了以公有制为主体，多种经济成分共同发展的经济发展战略，确立了邓小平理论为建设有中国特色社会主义的指导思想；十年前，党的第十四次全国代表大会，提出坚持改革开放不动摇的工作指导方针，确立了中国改革的总目标是建立社会主义市场经济体制；上溯到十三年前，党的十三届四中全会，形成了以江泽民同志为核心的第三代领导集体，以此为标志，建设具有中国特色社会主义的伟大事业进入了一个新时代。五年以来，十年以来，十三年以来，以江泽民同志为核心的党中央，在毛泽东思想和邓小平理论的指导下，带领全国各族人民克服困难，艰苦奋斗，审时度势，步步为营，在“三个代表”的伟大实践中，把具有中国特色社会主义事业不断推向前进。稳步发展的经济，民主和谐的政治，走向繁荣的文化，使中华民族又跨过了一座里程碑，又走上了一个新的起点。

用什么来迎接十六大？最重要的是创造新成绩。目前，“三农”工作的重点是按照年初中央农村工作会议的部署，加快农业结构调整步伐，发展优质、专用、无公害农产品；拓宽农民就业渠道，努力增加农民收入；加强农业和农村基础设施建设，提高农业综合生产能力；深化以税费改革为重点的各项改革，减轻农民负担；化解各种矛盾，保持农村社会稳定；搞好基层站所和村“三个代表”的学教活动，促进农村经济快速发展和社会进步。“发展是硬道理”。解决“三农”问题，出路在于发展经济。只有经济发展了，农民收入增加了，农村社会才能稳定，农村基层组织才能更有凝聚力，亿万农民才能跟着党创造更幸福的明天。

新的发展蓝图即将绘就，新的奋斗历程即将开始。农村广大干部和农民群众，应以更加饱满的热情和理智的科学态度，发扬解放思想，实事求是，与时俱进，开拓创新的精神，积极投身于建设有中国特色社会主义新农村的伟大实践中，用新的业绩迎接十六大的召开。

（2002 年 10 月）

历史又跨过一座里程碑

盛世开盛会，盛会指航程。

经历了 80 多年风风雨雨的中国共产党，于日前完成了第十六次全国代表大会的各项议程，在把“三个代表”写入党章，完成了中央领导集体新老交替的凯歌声中，胜利闭幕了！党从上海一大开始扬帆，历经磨难，前赴后继，冲破艰难险阻，终于与汝于成。新民主主义革命的成功，社会主义现代化建设的探索，中国特色社会主义的伟大实践；毛泽东、邓小平、江泽民三代领导集体的接力；中国人民由亡国奴到当家做主，生活水平由温饱到小康……党领导人民不断踏上新的征程。十六大的胜利召开表明，中国共产党又在历史上铸就了一座新的里程碑。

这个里程碑的基本标志，是把“三个代表”重要思想同毛泽东思想、邓小平理论一道确立为我们党要长期坚持的指导思想，这是党的十六大的历史性贡献。江泽民同志提出的“三个代表”重要思想，同马克思列宁主义、毛泽东思想和邓小平理论一脉相承，是马克思主义同中国实际相结合的新飞跃。这一重要思想继承和发展了马克思主义，是顺应时代发展、社会进步和加强党的自身建设的要求而提出的新理论，从根本上解决了在新的历史条件下建设一个什么样的党和怎样建设党的问题。“三个代表”重要思想内涵丰富、博大精深，不仅包括党的建设的基本理论，而且还涵盖了我国现阶段经济、政治、文化等各个方面的基本问题，是一个完整的科学的理论体系。十六大通过党章修正案决议，把“三个代表”重要思想同马克思主义、毛泽东思想和邓小平理论一起确定为党的指导思想，非常及时，深得党心民心，对于更好地统一全党的思想和行动，永葆党的先进性，加快推进中国特色社会主义事业，具有重大意义。

大会通过的十五届中央委员会的报告是我们党进入新世纪、新阶段的政治宣言，成为指导党和国家各项工作的纲领性文献。十五届中央委员会的报告通篇贯穿了“三个代表”重要思想，主题鲜明，论述深刻，集中了全党的智慧，具有强烈的创新意识和时代精神。报告认真回顾了十五大以来的工作，深刻总结了十三届四中全会以来的基本经验；对新世纪、新阶段党和国家工作全局性和前瞻性的重大问题，做出科学和全面的回答；提出了全面建设小康社会的宏伟目标，对政治、经济、文化、军事、外交等工作做出全面部署。这个报告是我们党解放思想、实事求是、与时俱进、开拓创新，领导全国各族人民，坚定不移地沿着建设中国特色社会主义道路奋勇前进的政治宣言；是我们党始终与时代发展同步伐，与人民群众共命运，全面推进党的建设新的伟大工程的行动纲领。

党的中央领导集体顺利实现了新老交替，为实现十六大所确定的奋斗目标，为把中国特色社会主义事业不断推向前进，提供了强有力的组织保障。

十六大带给我们的精神财富还有许多。随着全国已经兴起十六大精神的学习宣传热潮，人们还会有更多更深的感悟和发掘。十六大定将对今后我们党和国家的建设和发展产生重大而深远的影响。

历史又跨过一座里程碑！

（2002 年 12 月）

矫正对农民的剥夺

今天还是一片郁郁葱葱的良田，说不定明天的推土机一进场，良田就变成了开发区；农民手里还摸着带有体温的土地使用证，可他们却不知道，那块土地即将成为一个开发商的“富翁豪庭”小区；县长的儿子看到公路旁可开饭店挣钱，就找到土地局先办理“国家”征用手续，然后这公路旁的某块地就成了纨绔子弟的“聚宝盆”了……凡此种种，都是对农民土地使用权和收益权的野蛮剥夺。问题的严重性在于这种剥夺随处可见，不是个别问题，这种随意剥夺农民的现象不是收敛的趋势，而大有“轰轰烈烈”的趋势。

剥夺农民的土地使用权和收益权，是对农民最大的剥夺，也是对农民这个弱势群体的根本性戕害。据权威人士调查，1987—2001 年，全国非农建设占用耕地 3 395 万亩，这是依法审批的占用数。此外，还有一些地方突破指标，违法征地和乡村擅自卖地，这样占地的数量要占用地总量的 30%左右。无法无理无据的占地，使全国 4 000 万农民失去了安身立命的资源保障。而问题的严重性还在于补偿标准低、不到位和被挤占挪用。补给农民的土地补偿费、安置补助费和地上附着物及青苗补偿费，在东部较发达地区，三项合计每亩地也仅补偿 8 000～12 800 元。而开发商的一转手，就会增值几十倍甚至上百倍，白花花的银子就这样流入了“特殊群体”和一些有关人员的腰包。与此相对应的是，失地农民种地无田、就业无岗、最低生活保障无份。

剥夺农民土地使用权和收益权，对经济发展、社会稳定的破坏力不可小觑。据有关部门统计，近年因为征占土地和调整承包地所造成的纠纷，占农民上访总量的50%以上，而且绝大多数上访者是有理而访。由于小集团利益作祟，由于一些干部的不负责任，由于官官相护，使本来应该得到解决的矛盾不断激化升级，酿成群体性上访，堵公路、围机关的现象时有发生。这样的后果是破坏了安定团结谋发展的政治局面和经济形势，甚至也给党和政府的脸上抹了"黑"。更重要的是，几千万失地农民的生存和发展问题，当是党和政府一道难解的课题。

导致对农民土地使用权和收益权的剥夺，原因是多方面的。但是，最重要的是法律法规不完善、有法不依和执法不严，一些地方搞上有政策、下有对策，违法违纪乱占滥用耕地的责任者得不到法律责任的追究。我国宪法规定，国家为了公共利益的需要才可以依法征用土地，而土地管理法却规定，任何单位和个人进行建设，需要使用农村集体土地的，必须先由国家征收然后再出售给用地单位（个人），从而把公共利益和经营性项目混为一谈，造成商人的大量的土地"寻租"。占地补偿的标准很低，从客观上就造成了农民利益的大量流失。地方政府出于财政创收的需要，有对农民土地先征再"卖"的积极性，于是乎，使一些县市的国土资源局成了"卖地局"。按照我国刑法的规定，违法占地要承担刑事责任的，可到目前为止，还没有听到启用法律手段保护耕地的案例。

把问题的症结摆出来，就会找到对症下药的"方子"。即：调整政策，完善法律，有法必依，违法必究。所谓调整政策，就是要根据目前的物价水平和经济情况调整占地补偿标准，让占地者要付出相应的经济代价，让出让者得到合理的补偿；所谓完善法律，就是以宪法为依据，对各涉地专业法规进行修正，对"公共利益用地"作出界定，经营性用地不再由国家先征后批占，改由用地者与出让者以市均地价为参考，直接去洽谈；所谓有法必依，就是一切涉及土地的行政行为和经营行为，都要按法律办事；所谓违法必究，就是启动法律杠杆，追究违法占地人的法律责任。

矫正对农民土地使用权及收益权的剥夺，与增加对农业农村的投入相比，难度并不是很大。因为只涉及到法律法规和政策的调整，围绕"以法治地"主持公平、保护农民利益来寻求答案，这道方程式并不难解。只要是政府有决心，执法者秉公立规矩“吹哨子”，各方面都能真正代表广大人民群众的根本利益，就没有冲不出去的突围。

民为邦本，本固邦宁。解决好土地问题例来是同巩固政权相联系的。对此，一届有为的政府不可忽视土地问题，不可怠慢我们的衣食父母，不可在关系农民安身立命的关键问题上不作为。欣闻党的十六届三中全会已提出“要改革土地征用制度”，祝愿能改出一片“新天地”。

（2003 年 11 月）

消除 GDP 增长拜物教

GDP 是国内生产总值的英文缩写，是一个重要的经济统计指标。统计基期的 GDP 增长率，标明这个基期的经济增长速度，就是人们常说的经济增量。而“拜物教”这个词，原指宗教的一种形式，它的涵义是把某些东西当作神灵崇拜，实质是对某些事物的一种迷信。提出“消除 GDP 增长拜物教”，是主张不能把经济增长速度作为经济和社会发展的绝对标准去评价、去追求，意在提示人们既要重视经济增长速度又不要迷信经济增长速度。

GDP 增长的适度，是理想的增长。经济需要持续稳定健康的增长，这是追求增长的本意。所谓持续，就是说经济增长要有发展的后劲；所谓稳定，就是说经济增长的坐标图应是一条将振幅控制在一定限度并保持一定斜率的上升曲线；所谓健康，就是说经济增长的成效是有意义并与物质财富的增加相对应。

经济增长并不是越快越好，而必须建立在与基础设施、市场供需、积累与消费、劳动者素质、物价水平等相协调的基础上。超常规的跳跃式增长，必定引起经济的大起大落。1993 年下半年所采取的应急性宏观调控政策，其实质就是通过采取一些经济和行政措施，把经济增长的速度控制在一个理想区间，消除经济增长中的“泡沫现象”。泡沫经济害死人，这是除经济学家之外的许多人都知道的道理。

经济增长包容于经济发展之中。经济发展是个大概念，其评价体系是由速度、质量和效益共同组成的。在这个评价体系中，增长速度只是其中的一项指标。GDP的增长是个相对的概念，只有定量意义，没有定性意义。经济发展没有速度不行，但更重要的是在有速度的同时要有质量和效益。质量和效益，是经济发展的根本。讲求质量和效益的速度，才是扎实的没有水分的速度，也才是过硬的有后劲的速度。

邓小平同志有一句名言说的是：“发展是硬道理”。这里的发展主要是指发展经济，是对以经济建设为中心的基本路线的注释。没有经济的发展，没有物质财富的增加，就不可能建设中国特色的社会主义。发展是执政兴国的第一要务。同时，小平同志也十分关注社会的稳定和发展，十分关注对形势的科学评价。他曾在中央政治局常委会上指出：“经济建设这一手我们搞得相当有成绩，形势喜人，这是我们国家的成功。但风气如果坏下去，经济搞成功又有什么意义？会在另一方面变质，发展下去会形成贪污、盗窃、贿赂横行的世界。”由此推论，作为领导干部，除了要关注GDP的增长外，还有许多事情要做。

十六大提出全面建设小康，其标准是经济更加发展，民主更加健全，科教更加进步，文化更加繁荣，社会更加和谐，人民生活更加殷实。这个目标的关键是“全面”。向着这个目标迈进，需要GDP的快速增长，也需要各方面工作齐头并进，特别要有相互间的密切配合和协调发展。

GDP需要重视，不需要崇拜。

（2003年9月）

修正“经济循环链”

传统经济学理论主张，经济再生产的周期过程是由生产—交换—分配—消费四个链条所组成。这样的理论主张，在社会生产能力不高、产品供给不充分、人口与资源的矛盾不突出、市场调节功能不存在的客观条件下，有一定的合理性。而随着经济的发展、社会的变化，特别是随着经济体制的变革，在现实经济运行条件下来审视传统的经济周期链，就会明显地看到不可遮掩的瑕疵。

传统的经济循环周期理论，它的主要瑕疵显现在：一是它忽视了原始资源的价值。大自然赋予人类的土地、山林、水面、矿藏等，一旦参与到经济再生产的过程中，就要以价值的形态表现出来，同时应计入核算成本。作为具有定义性质的经济循环周期理论，缺少"资源采集"这一起始"链条"，是不全面的。况且，现实的生产资源有相当部分并不是大自然的先天赋予，而是通过后天的投入培育才形成的，随着生产力的发展，通过再造形成资源的比重还会增加。二是它只标明了"周期"的意义，而缺少"循环"的意义。传统的"四链"周期，在经济学上表现为直线过程，由于生产的"首"或消费的"尾"缺乏有机的衔接，从理论上割断了二者之间必然的联系；也由于经济循环的周期延至消费链时，并没有完结。根据物质不灭定律，消费后的剩余物绝大部分将要或具有再生资源的性质，从而会对下一生产周期的资源的采集发生必然的联系。于是我们说，传统的经济运行链只是一个周期的概念，还构不成经济的循环。三是它具有明显的"计划"色彩，而缺乏市场对经济循环推动作用的标识。传统的经济循环周期理论，是在强调经济过程中计划手段的运用情况下而成就的，特别是"分配"环节，对市场调节生产和消费过程具有明显的排斥性。在社会选择了社会主义市场经济体制的条件下，已有理论观点与实践过程的相悖，会通过基本性质的改变而强烈地表现出来。

依据经济可持续发展理论，依据唯物辩证法的"扬弃"理论，又依据生态经济学理论，在现实条件下的经济循环链应该是：资源采集—生产过程—流通领域—商品消费—废物降解再生。所谓资源采集，是包括生产设备、原材料、劳动力等各项生产要素的组合和有机的配置，这个组合和配置的过程概括为采集。它的实质是囊括了人、生产工具和劳动对象的生产力的构成要素，进行资源采集的过程，就是马克思主义生产力定义的实践。所谓生产过程，是指有用资源在生产力的作用下，经过物理或化学变化，使之成为能够满足人们某种需要的物质过程，其实质是资源使用价值的升级。所谓流通领域，是指商品（上游生产的商品可能成为下游生产的原材料）在市场机制的作用下，使商品价值转换为使用价值的中间过渡和衔接，其标志是物质或能量在市场中按照价值规律的流动。所谓商品消费，是指凝结着人类具体劳动的商品经过价值交换，满足人们某种特定的物质或精神需要的具体过程，是商品使用价值的具体实现。所谓废物降解再生，是指商品经消费后的剩余物或新的生成物，经回收、处理或改造，转换为一种或几种新的再生资源，并以此对下一生产周期给予物质支持。

经修正的经济循环链与传统的经济循环链相比，其基本特征：一是它从周期性上升到循环论，从而给循环经济的新经济形态提供了理论支持。二是它主张生产的结果是商品而非产品，由产品变商品，其意是增浓了市场经济的色彩。三是它对生产物的下链伸延，从带有原始“斧头换绵羊”色彩的交换扩展到了广泛领域的流通，这种流通的手段应是多样化的，流通空间应没有任何地域规范。四是它的标志性变化是融入了生态学原理，在可持续发展目标约束下，将生态对经济再生产的抑制或促进作用，作为建立经济循环链模型需要考虑到的一个重要因素。特别是“废物降解再生”这一链条，饱含着生态再造与经济再生产的统一。

主张修正和完善经济循环链的思考，是在唯物辩证法的原则指导下展开的。像现代经济学、制度经济学、生态经济学、土地经济学等新兴社会科学源于传统经济学一样，新的经济循环链的表述，源于传统的经济循环链的表述，以此推陈出新，在拓展和完善中升华。这是对传统表述的“扬弃”，而不是抛弃；是对传统概念的基本继承，而不是全盘否定。

经济循环链问题，是一个理论问题。任何一个理论观点的萌生以至于理论体系的建立，都是在实践的基础上得以成形的。主张修正经济循环链，它的价值不仅在于推进理论的研究，而重要的是用其指导社会实践。尽管这种指导体现在潜移默化之中，但它的促进作用至少体现在人们在经济实践中更加重视资源的有效开发和利用，更加追求经济的可持续发展，使社会管理者把创造人与自然的和谐作为一个重要的实践目标，催生绿色 GDP，发展循环经济。

（2004 年 5 月）

增长与发展的博弈

增长，是个经济指标。其对应物是物质财富总量的增加。为了便于比较、考核和作深入的经济运行轨迹分析，社会科学工作者将其用国民生产总值（GNP）年增长率或国内生产总值（GDP）年增长率来表示。国民生产总值的定位基准是人，它所对应的年增长率，可称为是人物化指标；国内生产总值的定位基准是区间，它所对应的年增长率，可称为是地域性指标。因改革开放战略改变了中国人的生产方式，拓宽了全球性的生产生活空间，所以，中国的经济核算采用了国内生产总值即GDP的概念，人们通常将GDP的年增长率，称为经济增长速度。

发展，是个社会学的概念。其对应物是包括经济、政治、文化各领域在内的社会进化状况。目前没有综合的考核指标，只是经济及社会学工作者在软科学研究过程中，通过建立参考模型等手段，对其进行分析和研究，从大的方面证明社会进化程度。例如，全面建设小康社会的目标就是发展的阶段性标志。

经济增长，是个子系统；社会发展，是个母系统。经济增长为社会发展创造物质条件；社会发展为经济增长提供智力支持和社会保障，创造良好的环境。二者在统一中有对立，这种对立，往往以博弈的状态展现出来。

经济增长排斥落后的政治体制和文化理念，当政治、文化包括劳动力再生产在内的各种社会现状不能适应经济增长的要求时，经济的增长就不能持续和稳定。社会发展排斥经济的大起大落，排斥“虚拟”经济，经济增长一旦失去匀速的动力和基本的平衡，社会状况就会滑向混乱和无序。根据美国爱德华工程师所给定的“墨菲定理”：“如果一件事情有可能向坏的方向发展，就一定会向最坏的方向发展。”一旦经济增长出现大起大落，就会破坏经济本身的动力与平衡，进而危及到社会安全，社会不但不能发展，而且还可能出现倒退。对此，一位匈牙利经济学家曾主张，经济增长应避免突进，求得和谐。

经济增长与社会发展之间的博弈，是在要求和谐的前提下而显现的，消除博弈，追求和谐，使二者在不断变化的状态下达到新的统一，这是经济增长与社会发展的共同目标，理应成为人们“作功”的基点。旧的博弈消除了，新的博弈还会出现，人类就是在不断消除博弈的过程中不断得到进化的。

经济增长对社会发展的物质性基础性作用，决定了社会主体——人，应该把力争经济增长放到第一位。因为“木桶理论”告诉人们，木桶容积量的决定因素是最短的那根木板，而非最长的那根木板。由于社会发展对经济增长博弈力的存在，往往使经济增长成为“木桶中最短的木板”。以此推理，加长经济增长这根“最短的木板”，当是提高木桶容积量的最佳措施，是推动社会进步的第一位任务，也是最迫切的任务。

经济增长应对社会发展有用。无用之“功”等于发展的倒数。对此，有人举例说：高速公路上的汽车平稳安全行驶，它所创造的GDP只是来自运输企业一家之和。而一旦发生交通事故，将出现警察现场处理、医院救护伤员、汽车需要修理、保险公司理赔，还可能引起一系列的法律诉讼……这种事故，将对GDP产生放大作用，但却使人的生活平添几分悲痛。因此，这种GDP是悲哀的。由此我们联想到，人的生产目的是满足人们日益增长的物质文化需要，也就是说，人的生活质量的构成因素，是多方面的。人的生活需要平等、自由、愉悦、富裕，需要社会的全面发展。只有当经济增长给人们的生活质量实实在在的提高时，它才是有价值的，因而是有用的。

虚拟的经济增长，无效益的经济增长，破坏生态环境的经济增长，这是对发展形成博弈的重点表现。社会发展需要的是稳步持续健康安全的经济增长。由此，有开无发的开发区，不惜一切代价的招商引资，加重环境污染的生产工艺和预建项目，只游戏数字不增加物质财富的GDP，伤财害命的“豆腐渣”工程，只产生假繁荣呆坏账的资金“扶持”措施……这些都应该休矣！上项目不等于经济增长，无效益的资源消耗是劳民伤财，没有质量安全保障的食物不如不出生，中国再也不应该干大炼钢铁的傻事，机场变牧场的悲剧再不可重演。

事物之间的博弈对于人来说并不都是麻烦，有时也会帮助人类形成具有规律性的约束，必要的、善意的、顺其自然的博弈是人类的朋友。

（2004 年 4 月）

城乡发展的“统”与“筹”

18 世纪的《国富论》创造者亚当·斯密曾提出人们在为利益而互相斗争的同时，也要通过一种社会制度来实行自我节制，最终促进全社会的利益；马克思的《资本论》浸透着资本家与雇佣劳动者之间的博弈要追求公平的思想；斯大林在指挥社会主义经济建设过程中，主张各行各业要“综合平衡”；邓小平理论和“三个代表”重要思想主张人类社会的进步要“物质、政治和精神”三个文明一起抓；党的十六大提出要创造社会的和谐。所有这些都足以说明一个道理：人类社会的进步要讲求“均衡”，要各方面统筹发展。

世界上一些国家的发展过程证明，当人均国民收入上升到 1 000 美元时，社会的各种矛盾将发生一些新的变化，将对国民收入的分配、生产力的布局、生产关系的调整提出一些新的要求。适应新情况，解决新矛盾，创造新的经济增长动力，就必须在追求“社会公平”上下功夫，对各地区、各产业、各种不同利益群体的发展统筹兼顾，推动社会的综合均衡、和谐和可持续的发展。

中国人均国民收入已经跃上了 1 000 美元的台阶，经济与社会，城市与乡村在发展过程中所积累的矛盾，通过对立面之间量的变化而以新的状况显现出来。主要表现在：先进的工业化程度与传统的农业生产手段的矛盾，加强农业的政策要求与投入向高效益产业聚集的矛盾，城市发展快速推进与乡村基础设施建设严重滞后的矛盾，市民收入大幅增长与农民收入缓慢蜗行的矛盾，人人平等的社会制度与身份区别惯性作祟的矛盾。这些矛盾的存在，自然是社会和谐发展的阻碍。统筹城乡经济与社会发展，创造和谐发展的社会，自然要破解这五道难题。

统筹城乡发展，实质涵义是各级政府在制定政策、修定发展规划和指导各项工作时，要立足全局、兼顾各行各业和各方利益群体，对经济和社会发展做出统一筹划，综合安排，以达到城市与乡村、经济与社会和谐可持续发展的目的。今天提出要统筹城乡经济社会发展，就意味着过去对城乡发展的统筹不够，特别是对弱质产业和弱势群体的照应不够。从现实情况出发，解决在城乡发展支持上的“一手硬、一手软”问题，这是实行统筹城乡发展的关键环节。

统筹城乡发展，统什么？一是统一政策。就是要进一步解除在政策上向城市倾斜而忽略农村的历史惯性，坚持以人为本，平等对待公民，适当照顾弱势群体，特别是要矫正对农民群体的剥夺。二是统编经济与社会发展规划。改变过去那种城与乡发展相脱节的设计结构，在资源开发利用、生产力配置、劳动就业等方面对城与乡通盘考虑，特别要突出以城带乡的发展思路。三是统建公共服务设施。在道路、饮水、供电生产设施等方面，在教育、文化、卫生、体育等公益事业方面，要求城乡一视同仁，并要尽可能照应对农村欠账的补济。四是统揽城与乡、经济与社会发展的全局。各级政府在制定规划、布置和检验工作时，一定要从和谐发展的要求出发，既要考虑到经济与社会的协调，又要考虑到城乡的协调；既要考虑到物质财富的增长，又要考虑到精神的富足，思考问题、作决策，不可嫌贫爱富，特别应注意“雪中送炭”。

统筹城乡发展，筹什么？一是筹谋具体政策措施的贯彻落实。在统筹发展的思想指导下，必然要出台一些新的具有宏观调节意义的政策措施，对其一定要按要求去落实、去执行。特别是对加强“三农”工作的一些新的政策措施，一定要研究落实的具体办法，防止出现涉农政策的“棚架”。二是筹建能够带动乡村经济发展的项目。要有选择地把一些具有经济带动和劳动力就业的重点项目建在县城和基础条件好的建制镇上，在培育县乡主导产业、增强集聚带动作用、优化发展环境等方面，对农村和农业给予适当的关照。三是筹集建设资金。调整国民收入分配格局，纠正重城市轻农村、重工业轻农业的传统思想，构筑对农业、农村发展的支持和保护体系。

统筹城乡发展，是个宏观的战略性问题。这个指导思想的实践主体，是高层次的政府，不是哪一个部门的问题。因为“统”的过程，就是高层意志的体现。只有高层才具有“统”的功能。说到此，要解决由谁来“统”、由谁来“筹”的问题，已是个不言而喻的问题了。

（2004年12月）

均衡发展与“两个趋向”

建筑学原理表明，一座整体建筑的安全系数，取决于各楼层安全系数的最低值；当一楼的安全系数为“3”，二楼的安全系数为“5”时，那么，本建筑体的安全系数只能是“3”，而非“5”。“5”与“3”的差所对应的物质投入，就是资源的浪费。流动力学表明，一个木桶的总容积量是由木桶本体最短的木板所决定的，设木板A高45厘米，木板B高为40厘米，此木桶的最大容积量是由B板所求得的，木板A与B的高差，即是资源的浪费。人体运动学原理表明，当两位日常成绩相等的马拉松运动员，在条件相同的情况下比赛，能够超越对手的决定因素是通过控制体能的均衡释放，以求得身体最大限度的匀速直线运动。上述这三个实例，都遵循一个共同原理——均衡。

均衡，是经济学中常用的一个术语，也是经济和社会追求协调发展的一个重要目标。因为是否均衡发展，在一定程度上反映着资源配置的效率和效益，标志着发展的性质是否理性和科学。

人类在历史进程中，自觉地利用均衡原理指导着经济和社会发展的实践。中国共产党人，特别是以胡锦涛为总书记的新一代中央领导集体，在总结世界各国经济及社会发展历史的过程中，受均衡原理的启迪，主张根据不同的发展进程来处理好工农之间、城乡之间的关系，由此形成了“两个趋向”发展战略的共识。世界各国在工业化的初始阶段，都无一例外地、自觉不自觉地、不同程度地通过转移农业剩余价值的方式，为工业化进程攫取原始积累；当国家工业化的目标基本实现以后，又反过来用工业反哺农业，通过汲取各门类工业及城市经济的剩余价值，去增加对农业的投入，支持农业提高发展速度和质量。通过政府的宏观调控，使农业这条“短腿”得到加长，从而达到农业与国民经济各业齐头并进，协调、持续发展的目的。这就是一个新的更高层次上的均衡。从低层次的均衡上升到更高层次的均衡，要经过两个发展阶段。一是农业支援工业阶段；二是工业反哺农业阶段。把这个历史演进的过程升华到理论上来认识，即为经济和社会发展的“两个趋向”之论断。

进入新的世纪，中国经济和社会发展出现了许多新情况，在某些地方已经发生了质的变化。第一，已经建立起了门类齐全的工业和国民经济体系，基本完成了国家工业化的阶段性任务；第二，农业这个国民经济的基础产业严重滞后，基础性作用表现乏力；第三，城乡居民之间的收入差距仍在继续扩大，城市与农村的发展水平形成鲜明的反差；第四，国家财政状况基本好转，具备对产业发展实施宏观调控的经济基础；第五，全面建设小康社会的要求，需要国家有重点地提强扶弱。这一系列的客观情况表明，中国已经走过了“第一个趋向”，即农业支援工业阶段，目前的选择应该是，不失时机地调整发展战略，实施工业反哺农业，城市支持农村，使经济与社会的发展走上“第二个趋向”的轨道。

实施“第二个趋向”，是个大战略；工业反哺农业，城市支持农村，是个宏观问题。实施这个大战略，意味着多年延续下来的发展观念要更新，政策措施要调整，指导经济和社会发展的方式方法要改进。第一，要引导人们摒弃过去那种农业支援工业、城市抽吸农村的思维定式，彻底冲破城乡二元经济及社会结构的藩篱，转变解决中国发展问题的程序，把工业反哺农业作为制定政策的重要依据，把农业和农村经济放到整个国民经济发展中统筹部署，把农村社会事业放到全面建设小康社会进程中统筹安排，把农民增收放到全国人民共同富裕中统筹考虑。第二，调整国民收入分配格局，加大中央财政和省级财政对农业投入和对基层转移支付的力度，把年际间财政收入的增量主要用于农业和兴办农村各项事业，在多方面向农业和农村倾斜。第三，推动城乡产业的融合、市场的融合和功能的融合，统筹兴办公益福利设施，建立城乡兼顾的发展机制，消除城乡发展的不平等“条约”。第四，从中国的实际情况出发，因地制宜地借鉴世界发达国家工业反哺农业的经验，注意研究“两个趋向”在转换过程中所出现的一些新情况，解决一些新问题。

“两个趋向”的终极目标，是城乡之间、工农之间、经济与社会之间协调发展。实施“第一个趋向”，是为实施“第二个趋向”积累物质基础；实施“第二个趋向”，是对农业及农村的回馈，是彻底解决产业间和城乡间的政策性不公，尽可能地缩小工农之间、城乡之间的发展差距，化解社会矛盾，达到经济与社会的均衡发展。由“第一个趋向”转向“第二个趋向”，是一个渐进的历史过程，不可能在很短的时间中就出现突破性进展。但是，各级政府和社会各界，必须在思想认识上和工作的指导上有一个转变，必须按照工业反哺农业、城市支持农村的要求去规划经济与社会的发展，去指导社会实践。这个转向，急不得，但也慢不得。

（2005 年 1 月）

农业科技悖论三驳

马克思说，“科技是生产力”；邓小平说，“科技是第一生产力”，“农业最终要靠科技解决问题”。对这样简洁、准确、深邃的论断，人们早已形成了共识。但就农业科技和科技对农业增产的作用范畴来说，人们还仍有这样那样的不确切、不积极、不进化的认识，存在三种倾向性的意见：一是认为，农业是传统产业，是个科技含量较低的产业；二是认为，当农业科技发展到一定程度时，科技对增产的作用会出现边际效益递减的现象；三是认为，科技寓意着复杂，“傻瓜”技术是落后的。这三种认识，与事与情与理都有失偏颇，是农业科技发展的“悖论”，因而有必要进行一些研究和讨论，澄清事理。

农业是最原始、最古老、最具有传统意义的产业，同时也是母产业，是基础产业。在远古时代，适应发展农业的需要，人类创造了打制石器和磨制石器，后来发展为机械工业。由于农产品需要交换，后来出现了运输业和贸易业。原始、古老和传统，并不完全标明产业的科技含量高低。事实上，不管是远古农业技术还是现代农业技术，都是在大量的、多学科技术原理指导下，经过多年实践的检验而形成的。人类从渔猎到农耕文明，是在人们认识到了种子可以再生，作物在光合作用下可以生长成新的果实，种植周期可以往复的自然规律下，逐步进化而来，全周期的生产过程是遗传学理论。我国在西周时期发明的“垄种法”，一直延续至今，因为这种技术符合农学原理。用水车提水灌溉，是物理学原理在农业上的应用；“以虫治虫”，是生物学原理在农业上的应用，“绿肥治碱”，是化学原理在农业上的应用……分解农业生产的各个环节，无不体现着科技的威力，无不闪烁着人类发现、发明的结晶。生产汽车“电喷装置”是高科技；生产计算机芯片是高科技。同理，用于农业的胚胎移植、基因再造、良种繁育和生产过程对温度、湿度的计算机自动化控制，也同样是高科技。不能认为农业置胎于“土”就说它技术落后；也不能因为农业从业者的文化素质较低，就说它是科技密度较低的产业。

一部农业发展史，就是一部农业科技进步史。人类在人口不断增长、生活质量要求不断提高的情况下，能够从食不果腹到基本解决温饱，大多数人口由吃得饱又转上了吃得好，其间起重要作用的就是科技的推动。农业科技水平，一定会随着它对农业增产贡献份额的不断提高而提高，它的效率和效益，一定会大于所投入的效率和效益。因为当农业科技进步出现报酬递减时，科研和技术开发投入的效益原则就要起调节作用，以致于使科技进步始终保持在相当的水平上。科技进步推动农业上新台阶，是呈加速运行的态势。中国在明万历年间，保定巡抚强行推广“用稻治盐种植方法”，“当年使亩收四、五石”，比原来的亩收不过一二斗提高了几十倍。现代大面积采用的水稻杂交技术，一举使产量提高了一倍。法国由于玉米抗寒育种的成功，使玉米的种植面积大幅扩大和产量大幅提高，使法国由欧洲最大的农产品进口国，一跃而为欧洲最大的粮食出口国。在19世纪以前，西欧国家普遍采用“三圃制”的土地利用技术，主要靠休耕来恢复地力，当时的粮食亩产只有50千克左右；进入19世纪，变“三圃制”为“四区轮作”，使粮食亩产由50千克提高到100千克，翻了一番；20世纪初，化肥技术进入农业，使亩产由100千克提高到200千克，产量又翻了一番；从20世纪60年代开始，在遗传理论指导下的粮种改良，使粮食产量又上了一个大台阶。越是接近现代，科技对粮食以及其他农产品的增产作用越来越明显。农业科技在高基点上创新，将给农业带来令人难以置信的变化，这是人类进步的规律。

现代人普遍会认识到，“傻瓜”是一种进步。人类改造大自然，大趋势是能够把复杂的问题变简单了。用“鼠标”操作计算机比用键盘操作先进；用电力铡草机铡草比用人工铡草先进。科技在农业上的应用，大致分为两种情况。一种情况是，先进的要素寓于物质之中，人们只要正确引用，就可大幅增产。比如，同样播种，在不改变播种的方式方法，任何条件都同一的情况下，用良种的地块就会比用普通种子的地块增产许多。只要合理施肥，就能增产。另一种情况是，先进的要素是靠人的技能来掌握的，比如，测土施肥和配方施肥。科技的发展趋向应该是减低“人控”色彩，增加“傻”的份额。这种“傻”就是高科技的结晶。试想，如果能在较短的时间中攻克难关，让测土的方法变“傻”，让所施的肥不需要二次调配，只要一用就相应，这岂不是一种较大的进步！科技上的一小步，就可能成为农业发展上的一大步。

综上所述，我们会深刻地认识到，传统的不一定落后，农业也是个知识、技术密集型产业；农业的产量和产品质量在高基点上，靠科技的推动仍然会有意想不到的增产提质空间；把农业技术“傻”下来，是一种进步。靠科技的力量，人类将不断改写农业发展的诗篇。

（2005年2月）

支农政策的“代数学”

列宁在评价19世纪俄国民主主义思想家赫尔岑的伟大功绩时，说他充分领会了黑格尔的辩证法，懂得辩证法是“革命的代数学”，从而使他达到了伟大思想家的水平。中国共产党人在指导伟大的社会主义建设中，特别是在解决“三农”问题的实践中，将支农政策作为发展的杠杆，用于提高以粮食为主的农产品产量和质量，且政策投入的乘数效果明显。用数学模型解析现行的促进粮食增产、农民增收、农业综合生产能力增强的一系列支农政策，我们会看到二者之间存在着一种“代数”关系。因此可以推理：支农政策是促进农村经济和社会发展的“代数学”。

经济政策是社会科学的范畴，很难用数学中的绝对值去评价、去计量。但是，这种评价和计量的难度，并不标明这种关系的不对称性。而一旦进行深入的研究，就会发现经济政策有可能数理化的性质，它与经济效果并不是一种简单的算数关系，而是一种具有乘数效应的函数关系。这种“乘数效应”的函数关系对人们常说的“政策的威力无可估量”，作出了客观的理性的诠释。

在已经过去的2004年，是农业的辉煌一年，也是农业经济政策的乘数效应最明显的一年。具权威部门的统计，2004年对农民实行的“两减免”、“三补贴”政策，即减免农业税和农业特产税；对种粮实行直接补贴、良种补贴和购置大中型农机具补贴，使农民共计得到了451亿元的实惠，按全国7.8亿农民计算，人均所得57.8元。从数值上看，这57.8元的所得仅占2004年农民人均收入的1.98%，但是，由它所起到的乘数作用，却是用绝对值无法计算的。由于它强有力地调动了农民生产粮食的积极性，让撂荒地复耕，扩大粮食播种面积，提高复种指数，加大物质和科技投入，进行精耕细作，再有其他各项措施和天气的配合，使得粮食比上年增长340亿千克，仅此拉动农民收入比上年增加2.1个百分点。又由于粮业带百业，增粮给运输、加工、仓储、内外贸易等各行各业增加了进一步发展的介质，进而带动城乡市场的繁荣，促进整体经济形势锦上添花。

进一步拓宽研究问题的领域，从政治以及社会范畴来分析支农政策的“乘数效应”，也可窥一斑而见全豹。第一，粮食和其他大宗农产品供给能力的增强，会推动中央加强农业基础设施建设和扶贫济困第一系列战略措施的进一步落实，为农村兴办各项公益事业，奠定物质基础。第二，取消了“皇粮国税”，老百姓真真切切地看到了共产党的“权为民所用，情为民所系，利为民所谋”，看到了党和政府真正“代表了广大人民群众的根本利益”，从而坚固了共产党执政的群众基础。第三，政策使农民减负增收，强筋壮骨，转变观念，提高素质，增强技能，农业和农村经济的第一生产力——人的自身能力发生了可喜的变化。第四，减免“两税”，从思想上和工作压力上大幅度地“解放”了乡村两级干部，使他们由过去的农民“对立面”转变为支持农民发展生产，为农民排忧解难的朋友，过去积累多年的干群矛盾迎刃而解。第五，原粮增产，粮食产业链延长，粮食经济得到发展，使农业这条国民经济的“短腿”补长；农业同工业及其他产业协调发展，农村与城镇建设齐头并进，农民与市民共享财政的阳光，将有利于营造一个城市与乡村、经济与政治、生产与生活和谐发展的以人为本的现代社会。由此可见，支农政策对经济社会发展的效应抑或说是“乘数”，莫不如说是“乘方”。

支农政策对经济及社会发展的“乘数”效应，不是仅此体现在2004年，而是体现在改革开放以来的整个经济社会发展的历史过程；这种“乘数”效应，也不单纯来源于投入政策，还来源于凡具有调整生产关系性质的一切涉农政策。与物质投入相比较，符合客观实际的体制和制度性政策的“乘数”效应更大更明显。党的十一届三中全会后，以家庭经营为主的多项改革的推进，使粮食的总产量连续登上了3 500亿千克、4 000亿千克、4 500亿千克、5 000亿千克四个大台阶，一举挫败曾被美国罗斯福“中国历届政府都难以解决吃饭问题”的预言。尔后连续五个中央一号文件，使农业很快从传统的种植业走上多种经营，农产品流通和市场开发步步深入，乡镇企业异军突起，中国的农业从田野走向世界。改革开放25年来中国农业农村发展变化的历史，同时就是一部运用支农政策这个杠杆启动农业农村经济发展、农村社会进步的历史。设问：是什么力量使中国的农业和农村发生了翻天覆地的变化？答案应该是：政策的力量。

在这组由农业生产效果等于政策、基本生产条件、物质投入等诸要素的代数式中，因为政策与客观情况和生产者积极性相关联，当此项出现“负”值时，就会因为“正”乘“负”得负的代数原理而严重影响到生产效果。导致出现“负”值的基因是政策不符合客观实际。如果这是一项物质投入政策，结果就必然是投入报酬递减，这种行为就是生产的“不经济”。

支农政策的“代数学”原理告诉我们，政策是影响农业生产效果的重要因素，且这种因素具有“乘数”效应；把政策标识量化，会有正与负之分；人们在生产实践中应从客观实际出发去选择政策，最大限度地发挥政策的乘数效应，解好政策“代数学”这道难题。

（2005 年 3 月）

“管”与“不管”有辩证法

茫茫宇宙，大千世界，朗朗乾坤；经济，人文，社会；生产，生活，生命。在整个生物圈中，辩证法无处不在，只是人们还没能都上升到这样的理性认识而已。

一个很出名的沿海地区（城市），改革开放前曾拟为战场，时刻准备着打完仗再建设。可如今，这个地区成了高新科技聚集地、财富聚集地和企业家聚集地，这里过去“面朝黄土背朝天”、“一天两稀一顿干”的农耕渔猎者，早已过上了小康甚至大康的幸福生活。究其巨变的秘诀，专家学者说出了若干条，但一些老百姓只说一句话：感谢上级派来了“不管”的书记和市长。这话乍一听起来觉得很茫然，细一嚼起来觉得辩证法的味道很浓。

“管”与“不管”中有辩证法，有何为凭？就是说“管”中有“不管”，“不管”中也有“管”。政府的所谓管，是管发展规划，管游戏规则，管纠纷仲裁，管社会公益，管投资环境；政府的所谓不管，是不管企业，不管所有制，不管资源配置，不管微观经济运行。管中的不管主要体现在：对企业的发展规划不去指手画脚，对企业内部的管理制度、分配形式不去干涉，对经济组织不搞无意义的检查评比和竞赛，不加重企业的经济负担，不给企业出难题。不管中的管主要体现在：企业偷税漏税要查处，资源配置不科学要协调，经济运行出问题要提供帮助。把管与不管真正统一起来，做到该管的管好，该不管的放手让基层去创造，这就是沿海地区（城市）经济社会得到快速发展的真谛。

管与不管的执行主体是各级政府，省长、市长、县长是各级政府的法定代表人。这就是说，一方长官应多动脑筋，用辩证思维的方法去指导“管”与“不管”的社会实践，去处理管与不管的辩证关系。遗憾的是，能像前边说到的沿海地区（城市）那样一方长官找准自己位置，对经济和社会的管理不越俎代庖的不多，爱管闲事、爱指手画脚的官员不少，这可能也是中西部地区同沿海地区的一个人文差距吧！

高明的领导者，应该懂得“荒己之田耘人之田”是从政的一大忌。一个人的精力毕竟是有限的，如果总去管不该管的事，总去操无用之心，一定会出现该管的没管好，不该管的给管“偏”了的现象，结果一定是“荒”了正业。在研究机构改革问题时，曾有人提出：“有限的政府，无限的服务。”这里的“有限”，其含意主要是指管理上的有限。

地方政府和执政的官员，该管什么，不该管什么，也有个基本的评价标准。从原则意义上说，就应该是生产力标准，即用“生产力的发展、综合国力的提高、人民生活质量的改善”去衡量、选择和评价政府及其官员的工作职能；从具体操作上说，还要考虑“以人为本”的因素。因为一切社会活动都是围绕自然界的主体——人而展开的，人是第一位的。社会的发展和进步，终极目的是让人生活得幸福、安逸、和谐。政府及其官员的行动，如果能让老百姓这样的企盼成为现实，那才是成功的政府、成功的行政、成功的管理。

政府官员管了一些不该管的事情，问题还是出在体制上。政府是干什么的？想必政府首先是社会的管理者，管理社会是第一职能，而不是经营企业或者上项目，也不是干涉企业的微观运行。所说的“当官要为民作主”，是指政府要主持公道，保持社会公平，且不可滥“作主”。在经济比较发达、国民生活质量较高的瑞典、挪威等北欧国家，省上只是一位省长、一位副省长，省长、市长管的事主要管内政，管对外交流，管公益事业，管处理突发事件，与国内的民政局长相似。这样的职能用国人的观念去衡量，可能得出“政府缺位”的结论。可是，这样的管法社会是健康地发展，经济是健康地运行，公民活得自由自在。中国不能完全套用别国的模式，但有益的可借鉴。由此可见，我们政府的管理体制应该变，官员的“官”念应该变，对官员的评价标准也应该变。

丘吉尔有一句名言："管理的最高形式是管理国家"。对于一个省、一个市、一个县来说，这种管理的最高形式还应体现在管得高明，管得有理，管得顺民心合民意，管得井井有条。我们当思。

（2003 年 10 月）

善待我们的衣食父母

农民也是公民，这是宪法赋予我们衣食父母的人格权利。可在许多人心目中，似乎是"农民"可以不称为公民。于是乎，农民进城要办"暂住证"，而城市人到农村却不用；农民进城务工要办"务工证"，而城里人从事农业叫"投资农村"；"农民工"的孩子上学要交不菲的"赞助费"，而城里人的孩子则可以"就近入学"。诸如此类的事情，时刻提醒着进城的"民工"：自己与"市民"是不同的。

"农民"和"市民"都属于共和国公民，之所以有以上差别，最根本的原因来自于国家户籍管理制度的扭曲。在真正的公民社会里，每个公民独立地享有宪法赋予的权利，公民之间的差别主要取决于先天禀赋和后天努力，而不是出身和户籍。而在中国，户口的性质不仅决定了身份的不同、迁徙的难易，还决定了一个人能否享有来自国家的保障。于是，同样生活在中国大地上，同样是中华人民共和国公民，户籍制度就像王母娘娘的发簪，轻轻一划，把中国人分离在"银河"两岸。

在我国加入世贸组织之后，户籍制度"城乡分割、一国两策"的弊端愈发凸现出来。自去年初开始，全国掀起了户籍改革的热潮。小城镇户籍全面放开，一些省会城市的大门也开始向民工开放，广东等省在全省取消农村户口，统一登记为居民户口。这表明，各级地方政府已经认识到，户籍限制对本地发展不仅无益而且有害。但是，我们也看到，对农民工最有吸引力的大中城市，并没有真正向农民工开放。农民工作为工人阶级的后备军，并没有被纳入社会保障体系中。农民进城还要办各种证件……农民要自由生活在中国大地上，还有一段长路要走。

现行户籍制度形成于40多年前，改革将是一个渐进的过程，改革会遇到许多困难甚至责难。但是，只要承认农民是一个独立自由的主体，只要承认农民也享有宪法赋予的权利，那么任何理由都不足以阻止户籍改革的加速。马克思说：一个问题，只有在解决它的条件相对成熟时，才会被提出来。今天，我们已经初步建立起社会主义市场经济体制，改革已进入攻坚阶段。可以说，中国社会还将向着进步的大方向变革，如何在体制上还公平于农民，已成为深化改革的求索基点。只有彻底打破二元社会结构，真正把农民从土地上解放出来，才能推进农村的城市化进程，促进城乡的协调发展，最终实现中国的现代化。形势的发展已经对我们提出了更高的要求，除了加快改革的步伐，我们别无选择。

我们相信，在不久的将来，“民工”和“市民”这两个词将在社会生活中消失。当每一个农民都能理直气壮地自由迁徙，当每一个“民工”都成为独立平等的公民，那么我们就可以说，我们通过艰苦的改革和不懈的努力，终于走进了“公平、平等、自由”时代。

不是有哲人说过么：有时候我们缺少的并不是力量，而是勇气！对于加快户籍制度改革，亦可作如是观。

（2002年9月）

从温饱到小康　历史性的跨越

又是一个金橘飘香的秋天，又是一个收获喜悦的季节。

11月8日，中国共产党第十六次全国代表大会将在北京隆重举行。

五年前的金秋，党的十五大在部署农业和农村工作时指出：要坚持把农业放在经济工作的首位，稳定党在农村的基本政策，深化农村改革，确保农业和农村经济发展、农民收入增加。

五年来，各地认真贯彻中央的部署，尊重农民的权利和基层的创造，积极探索，不断创新，我国的农业和农村经济平稳发展，产业素质得到提高。农业生产稳步增长，主要农产品供求实现了总量平衡、丰年有余的历史性转变；农业结构战略性调整开始起步，农业生产力布局趋于优化；农村非农产业持续发展，工业化、城镇化进程加快；农村居民收入有所增加，农民生活总体上开始进入小康。农业和农村经济的发展，有力地支撑了这一时期我国国民经济的持续健康发展，为维护社会稳定和改革事业的顺利推进做出了巨大贡献。

新阶段新发展

五年一回首，历程显辉煌。这五年来，农业农村经济的发展和农村改革的深化，闪耀着许多突出亮点，充分显示出五年的新发展、新变化——

亮点之一：农业生产稳步增长，结构调整步伐加快

十五大以来，我国农业在亚洲金融危机暴发、市场环境趋紧、自然灾害频发的不利条件下，仍然保持了平稳发展的势头，主要农产品供给由长期短缺变为总量基本平衡、丰年有余。粮食产量于1998年达到了51 230万吨的历史最高水平，5年的平均产量达到48 593万吨。尽管由于受严重旱灾和面积调减等因素的影响，1999—2001年，我国粮食产量仍然高于“八五”时期平均水平，这表明我国的粮食生产能力已经稳定在5亿吨的台阶上。同时，棉、油、菜、肉、蛋、奶及水产品等一系列关系国计民生的重要农产品产量也都保持了较高的产出水平，基本呈现出供大于求的格局。

90年代末期，中央审时度势，作出了农业和农村经济发展进入新阶段的重要判断。此后进一步作出了对农业和农村经济结构进行战略性调整的重大决策。去年中央更加明确地提出，推进农业和农村经济结构战略性调整，要把努力增加农民收入作为基本目标。近几年，各地按照农业发展新阶段的要求，围绕增加农民收入，积极探索结构调整的有效途径和办法，取得了明显成效：一是农产品品种结构发生了积极变化，优质专用农产品快速发展。2001年全国优质稻谷面积占稻谷总面积的58%，优质专用小麦占小麦总面积的24%，特用玉米占玉米总面积的21%，“双低”油菜占油菜总面积的56%。二是农业生产结构发生了积极变化，高效经济作物、畜牧业、水产业成为新的增长点。2001年，畜牧业产值在农业总产值中的比重超过30%。三是农业生产布局发生了积极变化，主要农产品逐步向优势产区集中。四是农村产业结构发生了积极变化，农产品加工业、运销业方兴未艾，农民增收渠道进一步拓宽。五是农村经济运行机制、政府对农业的指导方式和农民思想观念都发生了积极变化，市场机制的作用明显增强。

大幅度的结构调整促进了农民增收。去年农民人均纯收入比上年增长4.2%，扭转了农民收入增幅连续几年下降的势头，今年上半年农民人均现金收入1 123元，比去年同期增加了60元，同比增长了5.9%。虽然这个增长还是恢复性的，但在连续发生严重自然灾害、农产品价格持续低迷的情况下，能取得这样的成绩，得益于各级政府及农业行政部门的得力引导和服务，得益于广大基层干部和亿万农民的艰苦努力。

亮点之二：农业产业化经营蓬勃发展，生产的组织程度有所提高

这五年，各地发展农业产业化经营的势头强劲，成为农业和农村经济的突出亮点。这种以市场为导向，以家庭承包经营为基础，依靠各类龙头企业和组织的带动，将生产、加工、销售紧密结合起来，实行一体化经营的方式，改变了只从事原料生产的传统农业，提高了农业的整体效益，增强了农产品的国际市场竞争力。这种组织形式和经营机制，有力地推动了我国农产品生产优质化、农业布局区域化和农产品精深加工的发展进程，是推进农业结构战略性调整的重要带动力量。

实践证明，实行农业产业化经营，有利于把小规模农户经营与国内外大市场连接起来，有利于采用先进技术和物质装备，有利于提高我国农业的专业化、商品化和现代化水平，是适合我国国情的一种规模经营形式，是在坚持家庭承包经营基础上推进我国农业现代化的正确选择。正像党的十五届三中全会、五中全会所充分肯定的：农业产业化经营的道路，是实现我国农业现代化的很重要的和有效的途径。

随着农业产业化经营步伐加快，一大批龙头企业和专业合作经济组织发展起来，通过“企业＋农户”、“协会＋农户”等模式实施产业化经营，把企业与农户按利益分配机制联系起来。截至2001年底，全国共有规模较大、专业化程度较高、运行比较规范的农民专业合作经济组织14万个左右，具有一定规模的农业产业化经营组织6万多个，国家重点龙头企业151家。各类产业化经营组织带动农户5 900万户，占全国农户总数的25%。“订单农业”开始成为产销衔接的重要形式。据统计，2001年全年各种类型的订单农业面积达1 860多万公顷。

亮点之三：税费改革稳步推进，农民负担明显减轻

为了从根本上解决农民负担过重问题，2000年初，中央确定安徽作为全国农村税费改革试点省，为在全国进行农村税费改革探索和积累经验。截至目前，全国已有20个省（区、市）全面推行农村税费改革。

推进农村税费改革，是中央在农业发展新阶段为解决农业、农村、农民问题采取的一项重大举措，事关农村改革、发展、稳定的大局。各试点省份按照中央的部署，贯彻“减轻、规范、稳定”的指导思想，取得了初步成效：一是较大幅度地减轻了农民负担，有效遏制了农村“三乱”，以安徽省为例，通过税费改革，2001年全省农民的实际负担人均减少了60多元；二是初步规范了农村分配关系，促进了乡镇财税征管体制改革；三是进一步完善了村民议事制度，促进了农村基层民主政治建设；四是推动了乡镇机构改革、农村教育布局调整等配套改革，促进了农村上层建筑的调整和完善；五是改善了干群关系，维护了农村社会稳定。实践证明，中央关于进行农村税费改革的决策是顺民意、安民心的德政之举，是“三个代表”重要思想在农村工作中的具体体现。改革的政策符合当前农村实际，得到了广大农民和基层干部的拥护，是解决农村“三乱”、减轻农民负担、保护和调动农民积极性的治本之策。

亮点之四：扶贫开发取得巨大成就，“攻坚计划”基本完成

近年来，从中央到地方普遍加强了对扶贫工作的领导，扶贫资金投入逐年增加，制定了一些更有针对性的措施，努力提高扶贫资金使用效益，大力推广小额信贷模式，真正做到了扶贫到户。通过艰苦的努力，我国贫困地区的面貌发生了很大的变化，基本生产条件和生活条件有改善，生产力水平有提高，科技、教育、文化、卫生事业有进步。去年召开的中央扶贫开发工作会议宣布：历时七年的《国家八七扶贫攻坚计划》已基本完成，党中央、国务院确定的在上个世纪末基本解决农村贫困人口温饱问题的战略目标已基本实现。在这样短的时间内，这么多的贫困人口解决了温饱问题，这是世界历史上前所未有的，是一个了不起的成就。

亮点之五：改善生态得到重视，退耕还林还草工程初见成效

退耕还林还草，是利用目前我国粮食供给充足、库存较大的有利条件调整农业结构、优化区域布局的重要措施。西部地区生态环境脆弱，粮食生产能力不高。中央决定采取补助粮食、现金和种苗的办法，鼓励农民退耕还林还草，保护生态环境，增加农民收入。2000年，退耕还林还草工程试点启动，试点涉及17省的188个县，当年完成退耕地还林还草39.81万公顷，占计划任务的102.5%。2001年，国家在巩固2000年试点的基础上，按照“突出重点、稳步推进”的原则将水土流失、风沙危害严重的部分地区纳入试点范围，退耕还林还草工程试点在20个省的224个县中开展。目前，全国已有25个省区市开展退耕还林还草工程。由于这项工程坚持“退耕还林、封山绿化、个体承包、以粮代赈”的政策，使亿万农民建设秀美山川的热情迸发出来，积极投身于生态建设的主战场。几年来，这项被誉为“以粮食换森林”的生态建设的创举获得了巨大的成功：已累计退耕还林101.3万公顷，荒山造林87.85万公顷，国家累计兑现粮食11.5亿千克，现金补助和种苗资金补助19亿元。这项工程的实施，正在使我国的生态面貌发生变化，许多地方初步呈现出山清水秀、林茂粮丰、江河安宁的喜人景象。

亮点之六：大批劳动力离土离乡就业，户籍制度改革迈出重要步伐

近年来，农村劳力外出务工的规模、范围持续扩大，依靠打工增加农民收入的比重逐渐增加。据国家统计局对6万多个农户作的抽样调查推算：去年全国农村有18.6%的劳动力外出打工，达到8 961万人，当年转移劳动力占农村劳动力总量的3.1%。以四川省为例，常年向外省输出农村劳动力400多万人，2001年外出务工人员汇回现金约400亿元。顺应这一形势，户籍制度改革被正式提上议事日程。

2001年年初公安部提请国务院批转了《关于推进小城镇户籍管理制度改革的意见》，对办理小城镇常住户口的人员，不再实行计划指标管理。从2001年10月1日起，全国两万多个小城镇率先推行户籍制度改革，在小城镇拥有固定住所和合法收入的外来人口均可办理小城镇户口。石家庄等一批大中城市也放松了农民转市民的管制。湖南、广东、福建在全省范围内取消了农业户口、非农业户口、自理口粮户口及其他类型户口的分类，统称为居民户口。此间，安徽、山东、浙江、上海、江西等许多省市也都在户籍制度改革方面迈出了突破性步伐。城乡统一的户口登记制度在一些省份逐步确立，农民进城务工、经商、生活的门槛开始降低。

最近山东省又传来一则好消息：允许农民参加县级党政机关公务员的选拔考试。农民正享有越来越多的本应该属于农民的国民待遇。

打破城乡界限，促进城乡劳动力在同等条件下进行竞争，是经济发展和社会进步的必然要求，这将有助于形成城乡一体化的劳动力市场，推动城乡经济融合，并带来社会结构、文化和人们思想意识等方面的深刻变化。

新实践新经验

十五大以来的实践证明，中央对农业发展进入新阶段的判断是正确的，采取的措施是卓有成效的。在复杂多变的国际经济环境以及严重自然灾害侵袭等不利情况下，出现上述亮点的确来之不易。5年的新实践，我们积累了新经验——

经验之一：始终把农业放在国民经济发展的首位

我国基本国情决定，抓住农村这个大头，我们就有了把握经济社会发展全局的主动权。五年来，中央把加强农业始终放在经济发展的首位，切实巩固农业的基础地位。以江泽民同志为核心的第三代中央领导集体密切关注农业、农村、农民问题，经常深入农村，进行专题调研，解决实际问题，鼓舞各级干部做好“三农”工作。中央每年召开一次农村工作会议，总结经验，研究问题，部署工作。中央重申省、地党政一把手要用很大的精力抓农业和农村工作，县委书记必须把主要精力放在农业和农村工作上，充实加强农村工作部门和农业行政管理部门的力量，组织各部门、各行业做好支持农业的工作。中央初步调整了国民收入和社会资金分配结构，在计划安排和资金投放上尽力保证农业发展的急需。十五大以来，我国经济能够克服亚洲金融危机带来的困难，农业做出了很大的贡献，没有农业的稳定发展和农产品供给的充足，我国经济生活中的困难尤其是下岗职工生活的困难就会更大。经过多年的实践，各方面对农业问题重要性的认识进一步统一，初步形成了首长负责、部门配合、齐抓共管的局面，对农业的持续稳定增长起了重要作用。

经验之二：稳定和完善党在农村的基本政策

20多年来，我国农业和农村经济的发展，主要得益于政策，得益于改革。十五大以来，在稳定和完善政策方面，国家坚持土地承包期延长30年不变的政策，最近，全国人大又通过了《农村土地承包法》，使土地承包工作纳入了法制轨道；建立土地使用权流转机制，确立了“条件、自愿、依法、有偿、规范”的原则；实施西部大开发战略，制定有利于西部发展的优惠政策，如增加西部地区利用外资比例，增发西部开发特别国债等；减轻农民负担的政策；加强农村集体资产管理的政策；坚持增加农业基础设施建设投入政策；出台扶持龙头企业发展的优惠政策，推进农业产业化经营，充分调动各方面发展农村经济的积极性。这些政策，不仅对十五大以来实现农业和农村经济稳定增长发挥了重要作用，而且对今后农业和农村经济的长远发展都将产生深远影响。

经验之三：坚持深化农村改革不动摇

党的十五大报告指出：在社会主义初级阶段，围绕发展社会生产力这个根本任务，要把改革作为推进建设有中国特色社会主义事业各项工作的动力。农业当然也不例外。农村只有深化改革，才有发展。十五大以来，围绕建立与社会主义市场经济相适应的农村经济体制和运行机制的目标，在深化农村改革方面有所突破；积极推进粮棉流通体制市场化改革，加强农产品市场体系建设，由此带来的以放开销区为主要特征的粮改和以“一放二分三加强”为主要内容的棉改引人注目，计划经济体制在农业中的最后堡垒——粮食、棉花流通垄断体制开始被攻克；通过试点有计划有步骤地推进税费改革使减轻农民负担找到了治本之策；大力推进户籍制度改革，横亘在城乡之间40余年的户籍壁垒被打破，农民、市民的身份色彩逐渐淡化；适应加入世贸组织的新形势，建立和完善政府对农业的支持和保护体系，推进农业行政管理体制改革；加快对乡镇企业的结构调整和体制创新，积极稳妥地推进小城镇建设；扩大农业对外开放，多渠道、多形式引进国外资金、先进技术和管理经验。农村改革在深化中突破，为农村发展不断注入新的活力，广大农民的积极性和创造力进一步释放出来，形成推动农村跨世纪发展的强大力量。

经验之四：尊重基层的创造

尊重群众的首创精神，鼓励各地大胆探索、创造，将群众的创造先在局部地区试点、试验，时机成熟后再在全国推开，实践证明，这是一条降低改革成本、保证改革成功的重要路子。一是因为我国农村正处在创建新体制的历史过程中，我们面临许多新情况、新问题，在这种情况下，要准确地判断情况并形成适合农村发展要求的政策和决策，就必须尊重群众，尊重实践。二是因为我国农村地域广阔，发展很不平衡，我们不可能开出一剂包治百病的良方。只有鼓励广大农民从本地实际出发，创造适应当地情况的发展路子，才能做到因地制宜，分类指导，实施对农村工作的正确指导。

近年来推行的“小城镇——大战略”、农业产业化、税费改革以及改革开放初期的家庭承包经营及后来的村民自治，都是党领导下农民的创造和实践的探索，都是来自于实践，然后由中央加以概括、总结和规范，从而形成既符合农村实际又有可操作性的政策。

经验之五：切实增加农业投入

国家在实施积极财政政策的宏观指导下，多渠道增加农业投入，采取有效措施，积极推进以水利为重点的农业基础设施建设，以植树种草、水土保持为重点的林业生态环境建设，以公路、电网、供水、通讯为重点的农村生产生活设施建设，以实施农业综合开发、改造中低产田为重点的商品粮基地和优质农产品基地建设。在各级政府和广大农民的不懈努力下，我国的农业基础设施和生态环境明显改善，为农业发展提供了保障。2000年，全国有效灌溉面积已达53 820.3千公顷，比1995年增加9.2%。全国农村有95%以上的村通了公路，95%以上的村通了电，80%以上的村通了电话。水利建设、生态建设、农村电网改造等一大批项目的实施，为农村经济社会的长远发展打下了坚实的基础。

经验之六：紧紧依靠科技进步

在科教兴国战略指导下，农业紧紧抓住科技这一“第一生产力”，用科技的发展推动农业综合生产能力的提高，农业科技进步已成为农业和农村经济发展的主要推动力。一是先进适用的农业技术的推广有了较大进展，小麦精量、半精量播种和机械收割、水稻旱育种植和抛秧，玉米地膜覆盖、测土配方施肥和化肥深施、节水灌溉、有机旱作农业、秸秆过腹还田、生根粉造林等技术，都有较大面积的推广。二是国家科技创新步伐明显加快，围绕动植物育种、病虫防治、节水农业等重大技术问题开展科技攻关，在高产多抗、杂种优势利用、细胞工程基因工程育种技术等方面取得了新的突破。三是技术引进工作进一步加强，通过实施“引进计划”，有力地配合了农业产业结构调整，促进了农产品质量提高和农民收入增加。“九五”期间，以“丰收计划”为龙头的农业技术推广新增产粮食420亿千克、水产品8亿千克；共新增产值700多亿元。水稻、小麦、玉米新品种更换面积4 740万公顷，更换率56.1%。以农业产值的增长额为对象计算，“九五”末期农业科技对农业增长的贡献率，已由“八五”期间的年平均34%提高到42%以上。实践证明，科技是推动农业和农村经济发展的动力源泉，这是一条需要人们在任何发展阶段都应自觉遵循的客观规律。

新形势新希望

即将召开的党的十六大，将绘就我国新世纪发展的宏伟蓝图，至此，我国将进入全面建设小康社会，加快推进现代化的新的发展阶段，开始实施第三步战略部署。这是中华民族发展史上的一个新的里程碑。从长远来看，实现我国经济和社会发展的战略目标，农业和农村始终处于举足轻重的地位。因为在我国，没有农村、农民的小康就没有全国的小康；没有农业的现代化，也就没有中国的现代化。这是由我国的特殊国情决定的。我们必须充分认识发展农业的重要性、艰巨性。

90年代后期农业和农村经济发展进入新阶段以来，随着农产品供求关系的变化，农业的发展由于更多的受到市场的影响，出现了农产品卖难、价格下跌、农民收入增长缓慢等新问题；在实行社会主义市场经济和加入世贸组织的新形势下，农业和农村经济面临着许多新矛盾；与此同时，城乡差距、地区差距呈进一步扩大趋势。这就要求我们要适应新形势，谋划新思路，解决新问题。

——进一步推进农业结构战略性调整，努力提高农业的国际竞争力。近年来，围绕提高农业的整体素质和效益，农业结构战略性调整初见成效。但对农业和农村经济结构进行战略性调整是一项十分复杂的系统工程，这是一个相当长的阶段，需要长期的努力，艰苦的工作，不可能一蹴而就。当前，要扎扎实实做好以下几项工作：一是搞好规划，引导优势农产品向优势区域布局集中。这是推进农业结构战略性调整和农民增收的重要举措。二是加强市场体系建设。同时支持农民建立多种形式的专业合作经济组织，提高农民组织化程度，积极培育农民的市场主体地位，增强抵御和防范市场风险的能力。三是积极扶持和引导龙头企业发展。推进农业产业化经营，关键是扶持壮大一批龙头企业，这是带动农民调整结构、进入市场和发展规模经营的有效途径。四是加强农业信息体系建设。这是充分发挥市场对结构调整引导和带动作用的基本依托，也是防止盲目调整的重要措施。

——加强农业基础设施和生态环境建设。要坚持不懈地搞好江河堤防建设和农田水利基本建设，加快现有大中型灌区水利设施的修复和完善，努力提高防涝及抗旱能力，解决水多与水缺的问题。农村小型基础设施建设应更多地引入市场机制，调动各方面投资和建设的积极性。大力发展节水农业，把推广节水灌溉作为一项革命性措施来抓。要加快退耕还林还草进度，量力扩大规模，这是改善生态环境的重大措施，也是增加农民收入的有效途径。各级政府应切实加强领导，落实政策。要结合农业结构调整，培植与农业相关联的生态和环境产业，实现生态效益和经济效益的统一。

——加大对农业的支持和保护力度。我国加入世贸组织后，如何充分利用世贸组织规则，对农业实行充分有效的支持，是急需解决的问题。从目前情况看，我们国家对农业的支持保护程度较低，农业和农民利益在激烈的国际竞争中处于十分不利的地位。为此，一要加大财政扶持力度，切实改变口号农业的现状；二要应对 WTO 挑战的需要，用好“绿箱”政策，增加对农民的一般性服务支出，同时调整和加大“黄箱”政策支持，由主要补贴流通环节转向主要补贴生产环节和直补到农民，让农民得到实实在在的好处；三要降低税赋，认真贯彻中央提出的“多予、少取、放活”的方针，实现从源头上保护农民、支持农业。

——加快农业管理体制改革步伐。国际农产品竞争，不仅是产品质量、科技、人才的竞争，而且也是管理体制的竞争。我国现行的农业管理体制，是在计划经济时代，在传统农业和短缺经济时期形成的，条块分割，政出多门，产加销脱节，内外贸分离。这种分散的管理体制，无法适应农业发展新阶段的要求，更难以应对激烈的国际农产品竞争。为此，要以加入世贸组织为契机，加快农业管理体制改革的步伐，从而适应新形势的要求。

——促进城乡协调发展。实现城乡协调发展，一直是我们的奋斗目标之一，但长期以来，我们在处理工农关系和城乡关系上存在着偏差，有明显的城市政策倾斜现象。当前，我们对农民的富裕程度不能估计过高，对增加农民收入的速度不能估计过快，对城镇居比收入与农民收入的差距不可忽视。上述问题的存在，不仅损害了农民利益，影响了农业农村经济和社会的发展，而且对整个国民经济和社会发展都产生了很大的负面影响。因此，重新审视我国的城乡政策，纠正长期存在的城市政策倾斜，促进城乡协调发展，已成为摆在我们面前的一个重大而紧迫的课题。为此，一要下决心调整国民收入分配格局，加大财政资金对农业和农村建设的投入，把重视“三农”真正落到实处；二要高度重视农民就业问题，为农村劳动力转移创造良好的外部环境，切实保障农民进城务工的相关权益，给农民以国民待遇，加快户籍制度改革步伐，加快农村城镇化步伐；三要着手解决农民最低生活保障问题，让困难农民免去基本生存的后顾之忧。

回顾过去，我国农业成绩斐然；展望未来，农业发展任重道远。即将召开的党的十六大将为我国农业描绘一幅新的蓝图，只要我们坚持用“三个代表”重要思想统领农村工作，继续解放思想，实事求是，与时俱进，开拓创新，一定能开创农业和农村工作新局面！

（初稿　杨春华　2002 年 10 月）

建设富裕民主文明的新农村

热心的读者朋友，当您看到这一期《农村工作通讯》时，具有历史意义的党的第十六次全国代表大会或许是正在召开，或许是已经闭幕。可以断定地说，不管您早点或晚点看到我们的杂志，学习贯彻十六大精神，必将成为当时的社会主流。

我们还可以断定，这次大会在总结过去五年来特别是党的十三届四中全会以来我国进行社会主义建设经验的基础上，对包括建设社会主义新农村在内的新世纪初叶的工作作出战略部署。在农村，通过学习贯彻十六大精神，必将进一步激发广大基层干部和亿万农民的积极性，必将凝聚各方面的力量，向着建设富裕民主文明的社会主义新农村的目标迈进。

我们党有一条共识——农民问题历来是中国革命和建设的根本问题。中国共产党作为中国亿万农民群众利益的忠实代表，始终把建设有中国特色的社会主义新农村作为中国社会主义现代化建设的重点去运筹，去规划，去实践。建设一个富裕民主文明的新农村，不仅符合广大农民的意愿，而且也是党的立国之策，执政之利，目标之重。只有农村富裕了，才有城乡广大区域上的共同富裕；只有农村实现了真正的民主，才有国家政治生活上的全面民主；只有农村进入了现代文明，才有建设有中国特色的社会主义国家的成功。

发展生产力，是富裕农村的物质基础。改革开放以来，特别是党的十三届四中全会以来，由于我们始终坚持了以经济建设为中心，把发展生产力放在首位，使中国农村发生了深刻的变化：粮棉油等农产品产量稳步增长，农业结构调整稳步推进，农业综合生产能力稳步上升，农民收入稳步提高。这些变化既是生产力发展的标志，也是发展生产力的结果。在新的发展阶段，用生产力的发展带动农民收入的增加，用生产力的发展推动农村民主政治建设的进程，用生产力的发展促进农村的精神文明。

建设良好的民主政治环境，是建设社会主义新农村的重要组成部分。当年亿万农民跟着共产党打天下，其中一个很重要的出发点就是渴望得到民主，盼望有一天能当家作主。这些年，农村民主政治建设步伐在加快，民主选举、民主决策、民主管理、民主监督已形成健康的潮流。但是，民主政治建设的路还很长，还有许多民主制度需要建立和完善。对此，我们懈怠不得。

社会主义新农村的基本标志是物质文明和精神文明两方面，二者偏废不得。农村的文明程度如何，从根本上决定整个社会的文明程度。“两个文明一起抓”的发展战略，不是权宜之计，应贯穿整个社会主义现代化建设的全过程。只有物质文明和精神文明都达到一定的高度，农村才可以称为社会主义的新农村。

“纲领”的价值在于实践。“一打纲领不及一个实实在在的行动”。农村广大干部群众，应在十六大精神和“三个代表”重要思想的指引下，克服艰难困苦，立志实现夙愿，创造新的辉煌。

（2002 年 11 月）

百姓的期盼

每逢三月，便要迎来全国人民政治生活中的一件大事——全国人民代表大会和全国政治协商会议的召开。不知从何时起，普通老百姓对“两会”的关注度越来越高。因为“两会”离老百姓越来越近了。

不是么？每年关系国计民生的政府工作报告更加务实，切中肯綮；“两会”代表提交的一份份议案大多是老百姓迫切关注、亟待解决的难点、热点问题；各级政府官员工作的着眼点开始更多地投向普通老百姓，投向了更需帮助的弱势群体。我们不难感受到，在我们这个时代里，从中央到地方，从两会代表到政府官员，大家想的是同一件事，那就是提高老百姓的生活水平，解决老百姓的困难，为老百姓谋利益，组织和动员老百姓全面建设小康社会。这种共谋民生大计的气氛和局面，显示了中国政治生活的健康和进步。

又逢“两会”召开时。今年，人们不仅会关注新的政府领导人选，关注十六大提出的全面建设小康社会的宏伟目标如何实现，更要关心“两会”能给老百姓带来什么实惠。

在农言农。作为从事农村工作的同志，热切期盼“两会”代表能为提高农民的收入、改善农民的生存环境、解决好“三农”问题进言献策，热切期盼“两会”能带给农民兄弟更多的关爱。

过去有人说过：“两会”代表是“吃馒头、举拳头”。如今，随着我国政治文明建设的推进，“两会”代表在参政议政中的作用越来越大。人们可能还记得，在近年的“两会”上，“三农”问题成为国家领导人和与会代表、委员最为关心的焦点问题之一。与此同时，从上到下，“三农”问题日益引起各级政府的重视：颁布《农村土地承包法》，取消对进城务工人员的乱收费，加快户籍制度改革，进一步推进税费改革等等，一些政策法规纷纷出台。但是，由于我国人口的绝大部分居住在农村，农村生产力落后，农民的生活水平明显低于城镇居民，农村教育、科技、文化和卫生等事业的发展水平明显落后于城市。在实现全面建设小康社会目标的进程中，农村面临的任务比城市要艰巨得多。因此，它更需要全党和全社会的广泛关注和大力扶持，需要更多的、实实在在的措施与行动。

前不久召开的中央农村工作会议提出，全面建设小康社会，必须统筹城乡经济社会发展，更多地关注农村，关心农民，支持农业，把解决好农业、农村和农民问题作为全党工作的重中之重，放在更加突出的位置，努力开创农业和农村工作的新局面。这是对全党的号召，也是对各级政府的要求。因此，我们盼望今年的“两会”代表和委员再次聚焦“三农”问题，倾心竭力为解决“三农”问题出谋划策；盼望中央政府能够出台一些切实可行的、货真价实的解决“三农”问题的新政策、新举措；盼望“两会”为解决“三农”问题创造一个良好的舆论环境和社会基础。

今后在相当长的一个时期里，如果各级领导能够按照党中央的要求，在制定发展规划、安排资金投入和研究重大决策等方面优先考虑

“三农”问题，做到“深怀爱民之心，恪守为民之责，善谋富民之策，多办利民之事”，把农民的疾苦、冷暖时刻挂在心头，那么，解决“三农”问题就会多一些办法，少一些麻烦。如果社会各界都能尊重农民，平等地对待农民，以实际行动全力支持农业，关注农村，真正实现了城市和农村相互促进、协调发展，全面建设小康社会的宏伟目标就一定会实现。

期盼“两会”能给农业、农村和农民兄弟带来更多的实惠。

（初稿　杨春华　2003年3月）

京城三月拂新风

3月的北京，春意盎然，轻风拂面。继党的十六大完成了中央领导集体的新老交替之后，具有换届意义的十届全国人民代表大会第一次会议和全国政协十届一次会议，在北京人民大会堂隆重召开。人们在为“两会”的胜利闭幕而兴奋，在为新一届国家领导集体的产生而祝贺，在为中华民族和国民的未来而祝福，同时也为“两会”那扑面而来的新风而感到春暖融融……

春风吹新会风。力争把最大的会开得最短，是这次“两会”的新特点。3月5日，十届全国人民代表大会第一次会议的开幕式，仅用时1小时35分钟，朱镕基总理代表国务院向大会作政府工作报告，只报告提纲，不读原文，仅用时1小时22分钟；3月3日，政协十届一次会议开幕式，连同全国政协一次会议主席团常务主席李贵鲜作的报告，也只用一个多小时。良好的会风，使国民看到了开短会、求实效展现的良好作风。

在代表、委员的驻地，代表、委员发言时语言精炼，尽说“干货”，追求说新，说短，说“干”，这又是一缕新风。代表、委员谈论的话题大都围绕国计民生展开，议大事、谋发展、谈思路，忠实履行着代表、委员的职责。在不少代表、委员的发言中，充分体现了少说成绩多谈发展建设；不争具体项目，只谈落实国家政策的新风。眼界走出了区域，思路摒弃了雷同，谈吐去除了客套。

关心国家大事的国民们普遍感觉到，今年“两会”代表、委员的面孔一新。不论是人大还是政协，与上届相比，新代表、委员都占有相当大的比重，且年龄降低，素质提高，发言质量、议案质量上了层次，不愧是群英荟萃。

走出“两会”，普通百姓对京城三月新风也有着一些感悟。

“两会”期间，新闻报道上也拂起了新风。新闻“官”们认识到，“两会”是国民政治生活中的大事，但不是百姓三月生活的全部，人们饭后茶余要放松脑筋，看电视既要看“两会”消息，也要看消遣娱乐节目。对此，中央电视台的“新闻联播”节目，与往年相比，中央领导活动的报道减少了，延长的时间也有限度了，在注意尽可能多地反映基层代表委员声音的同时，注意报道了人们普遍关注的社会消息、伊拉克局势的新闻。这种变化，无疑反映了党和国家领导人开放、开明、谦和、务实的形象。在交通方面，今年“两会”为了不给京城老百姓正常的生活带来不便，在一些路段实行了代表、委员的车辆与老百姓的车辆分道同行，少有了往年的会议用车长时间占道现象。同时，会议车辆也同老百姓的车辆一样，红灯停，绿灯行，少了几分往日“特权车”的色彩。

……

会风连着政风，政风源于党风。温家宝总理在回答中外记者提问时的一席话，说者旁征博引，听者津津乐道，大家都感到意味深长，语重心长。特别是温家宝总理代表新一届政府向大家表示：“从我们自己做起，以身作则，接受全国人民的监督。”话不算多，但是全国人民却看到了新一届政府勤政为民、廉政为本，全心全意为人民服务的决心。

透过“两会”新风，人们欣喜地看到：“三个代表”的重要思想已经深入人心，胡锦涛总书记所提出的要始终牢记“务必保持谦虚谨慎、不骄不躁的作风，务必保持艰苦奋斗的作风”的要求，正在化为共产党人的实际行动。

我们有理由相信：新的会风不是权宜之计，而是能够发扬光大！

我们有理由相信：祖国将站在更高的历史起点上，迎来更加美好的全面小康的未来！

（2003年4月）

大好时光都忙些啥

冬去春来，转眼又到春夏之交。由万木复苏到春意盎然；由春意盎然又趋近燥热的季节。人们把这不冷不热、不湿不燥的季节，称其为年轮老人赐予的大好时光。

对于北方来说，“清明忙种麦，谷雨种大田”；对于南方来说，“立夏到小满，种啥都不晚”，这是耕耘的大好时光。

去冬，中国共产党召开了“十六大”，产生了新的一代中央领导集体，实现了具有换代意义的新老交替；今春，国家顺利召开了“两会”，形成了新一代国家领导集体。从党代会到人代会，一致把全面建设小康社会确定为近20年的奋斗目标。这又是领会精神、动员民力、奋发图强、全面建设小康社会的大好时光。

江泽民同志在十六大报告中提出，要在继续推进经济体制改革的同时，相应推进政治体制改革，走依法治国的道路。这又是弘扬民主，公民当家做主的大好时光。

海湾地区炮火连天，硝烟弥漫，美英联军用现代化武器对一个国家实行人类最暴力的打击，在给伊拉克无辜平民造成深重灾难的同时，也有至少150名以上的联军官兵永远地倒在了阿拉伯半岛上，他们不可能再回到那美丽富饶的北美、西欧大陆了。同时，阿富汗的难民流离失所，无家可归；朝鲜半岛的核争端争论得喋喋不休；叙利亚又成了“包藏萨达姆政府官员”的嫌疑……世界仿佛少了人们企盼的“羊年”的柔性，波及到那么多人不得安宁。而相比之下，中国政治稳定，经济稳步发展，国民虽说不能都乐业，但可安居。这又是一个珍惜和平、抓住机遇发展自己的大好时光。

大好时光，人们都在忙些啥？从大众传媒上得知，新一届政府正在按照十六大和十届全国人大一次会议的要求，调整工作部署，抓紧落实发展措施，着力解决突出问题，并以整顿经济秩序、改进政府工作作风、推进廉政建设、全面推进农村税费改革、千万百计遏制“非典”等为突破口，在各条战线、各个领域全面展开工作。国民从这些具体工作中受到鼓舞、看到希望。

作为每时每刻都应该想着基本群众的广大县、乡、村三级干部都在忙些啥？应该说，大多数基层干部能以饱满的热情工作在经济与社会发展的第一线，宣传政策、落实措施、寻找门路，帮助老百姓脱贫致富。但从编辑部收到的信件上看，也却有一些基层干部不是从大多数人的利益出发，而是从自利出发；不是从党和政府的要求出发，而是从自己的需要出发，干了一些不该干的事情。比如，有的干部整天昏昏欲睡，萎靡不振；有的干部忙于迎来送往，慷集体之慨，整天大吃大喝；有的干部借为老百姓服务之名，推销自己代理的劣质产品挣外快；有的干部动集体资产的“脑筋”，想方设法套为己用，为自己致富服务；有的干部整天上蹿下跳，忙于跑官要官……凡此种种，都是破坏干群关系、败坏党和政府形象的具体表现，都是与全心全意为人民服务的宗旨相悖的，自然是与大好时光不和谐的。

大好时光，干部特别是与老百姓直接打交道的基层干部应该忙些啥？从干部的职能上看，应该是忙于宣传、协调、指导、服务。所谓宣传，就是宣传党的政策，给群众解疑释惑；所谓协调，就是公平地调节各方利益关系，化解各方面的矛盾；所谓指导，就是组织老百姓借鉴成功经验，带领大家脱贫致富奔小康；所谓服务，就是想老百姓之所想，帮助解决生产生活中遇到的一些实际困难。在这四个方面下功夫，才是基层干部的着眼点和落脚点。

时光一去不复返。国人应珍惜大好时光，抓住机遇，用足力气，加快发展。主要是发展经济，主要是发展自己。强盛了，就能够主宰世界；落后就要挨打。世界上从来就没有救世主，要生活得好，只能靠我们自己！

（2003 年 5 月）

发展是健康的基石

没有谁能料到，在中央政府完成了领导人的新老交替，全面建设小康社会伟大工程起步实施的时候，一场突如其来、在世界 20 多个国家流行、原因不明的“非典”疫情由南向北，在首都北京和山西、内蒙古等地扩散成灾。“非典”不但严重地危及着亿万人民的身心健康，给经济的发展带来阻碍，而且也是对新一届中央领导集体处理突发事件、管理社会能力的严峻考验和综合检阅。

事实是，以胡锦涛为总书记的党中央，以战胜“非典”为突破口，拉开了权为民所用、情为民所系、利为民所谋的序幕。领导层在疫情显现扩散趋势的十分严峻情况下，表现出了那种处变不惊、稳住阵脚、沉着应对，与广大人民群众共渡难关的大无畏精神。连日来，他们深入疫区调查研究，与地方党政要员、专家学者和各界人士商讨防治“非典”之计策，竭尽全力把由“非典”造成的损害降到最低程度。从南国改革开放的前沿广东到祖国的心脏北京；从云贵高原到海河之滨，都留下了中央领导深入疫区查看疫情的身影；在祖国九百六十万平方公里的土地上，时刻回荡着“众志成城战非典”的动员令。从广东的疫情已得到有效控制，北京的疫情基本受到控制并出现了下降趋势的情况看，我们的党中央、国务院是坚强而富有号召力的，所采取的应对措施是科学合理的，所收到的实际效果是有目共睹的，新的中央领导集体是可以信赖的。

我们之所以能够在突如其来的疫情面前处变不惊，底气十足，信心坚定，除了有一个万众一心战“非典”，社会安宁保稳定的政治环境、人文环境外，更重要的是得益于我们有一个能够战胜“非典”的雄厚的物质基础。我国经过 20 多年的改革开放和快速发展，国家财政的年收入已经达到 2 万多亿元人民币，比改革开放初期增长了 20 多倍；与此同时，我国的外汇储备已近 4 000 亿美元。当疫情向北方扩散时，中央政府毫不犹豫地投入人力、物力、财力控制疫情，这个底气来自于雄厚的经济实力。用以防治“非典”的投入从几千万猛增到数以亿计，到5月5日止，中央及各省财政共投入了60亿元用于同“非典”的斗争。北京市投资2.4亿元，仅用8天时间就在小汤山建起了一座战地传染病院。面对还在扩散的疫情，政府又宣布，采取医疗保险与国家救助相结合的办法解决其防治费用；对因疫情采取了封闭管理的小社区、居民楼，日常饮食实行政府配给制……今天的政府能做到这些，核心来自于执政为民的宗旨，保障来自于雄厚的物质基础。

历史让人们不会忘记，在上个世纪上叶所流行的一场霍乱，夺去了1 000多万民众的生命。那时的政府腐败是一方面，无能也是一方面。无能的表现之一就是没有经济能力。今天我们遇到的这场“非典”疫情，如果不是有一个能够执政为民的政府，如果不是有一个经过改革开放打下的雄厚物质基础，其严重后果不可设想。

俗语说：“国富民强，国泰民康”。国家的强盛，民族的和谐，人民的幸福安康，终极源于经济的发展。经济的发展推动科技进步，不断进步的科技又为公民的福寿康宁保驾护航。这次面对原因不明的疫情，我们采取基础科学与临床实践相结合的攻关措施，集中流行病防治的优势兵力打攻坚战，仅用三个月时间，几乎同世界卫生组织在同一时间就基本找到了病源，确定致病因子是冠状病毒的一个变种，从而为诊断和治疗奠定了技术基础。这个战役能够首战告捷，原因故然是多方面的，但财力的投入，经济实力的支持，是一个关键因素。由此可以推导出，人类同疫病的较量，是疫病同包括经济发展水平在内的社会文明程度的较量。人类要争取健康长寿，就必须不断提高医疗和防疫水平。而提高医疗防疫水平，就必须首先不断发展经济，发展经济，是解决社会诸多矛盾的基础，也是确保人民健康的基石。

邓小平同志多次讲到：“发展是硬道理”。通过这次同“非典”的抗争，人们更加深刻地认识到这一论断的客观真理性。不管发生什么事情，不管遇到什么情况，都应该抓住发展这个执政兴国的第一要务，坚持发展不动摇。只要经济发展了，综合国力增强了，人民生活水平提高了，再有一个执政为民的政府，我们就能够战胜一切艰难险阻，把中国特色社会主义的伟大事业不断推向前进！

（2003 年 6 月）

但愿情长久

当潘多拉的盒子飞出黑色疾病，当人们的生活在不经意中发生了变故，自然界的主体——人，本能地组织起来、团结起来、凝聚起来，同共同的敌人“非典”进行着顽强的抗争，于是，亲情、真情、友情在患难之中不遗余力地显现出来。

面对黑色疾病，各级政府立即行动起来，把救人当成第一要务，调集人力、物力、财力，不惜一切代价，千万百计控制疫情，对患者实行及时的救治，这充分体现出了党和政府的亲民之情；白衣天使坚定地、勇敢地、忘我地奋战在抗非典第一线，在发扬救死扶伤的人道主义精神过程中，充分体现着医患之间的真情；各类经济组织、民间组织、私营企业，也包括海外华侨在内的各界人士，慷慨解囊，捐献款物，鼎力相助；有些康复患者甚至捐出自己的血清，充分体现出人与人之间的那种最崇高的友情。

疫区，在人们的抗击中缩小；患者，在及时的救治中康复。人们在这场没有硝烟的战争中，表现出了那么一种无所畏惧的精神；对人是自然界的主体的科学命题，作出了实际的论释。

如今，远离非典的祝福变成了基本的现实，但人们的思想是复杂的，或为没被袭击而庆幸，或为得到理想的救治而高兴；或许还另有所思——留恋那种黑色的时光，盼望医疗战线上的那种救死扶伤的人道主义精神持续下去，但愿情长久。

静下心来想一想，有人对救死扶伤的人道主义精神能否持久的担心，是不无道理的。毋庸讳言，这些年一些医疗机构遗忘了救死扶伤的职责，把“捞钱”作为第一要务；一些医护人员顽固地染上了“铜臭”，收红包、卖私药、索回扣，甚至在患者已经大失血的危急情况下，提出“要及时手术”你的家属也得出点“血”的不人道要求。一些医务人员把听诊器变成了敲诈患者的权利。对此，一些群众说：医院这地方受病气、受人气，躲不过、离不开。医护工作者的“不人道”行为，虽然发生在极少数人员身上，但是，它对名誉的破坏是不可估量的。

在这次没有硝烟的战争中，医疗卫生部门在政府的重视下，重塑一把白衣天使的纯洁形象，但也有值得讨论的问题。试想，北京的第一例外输性病例来自山西，如果首个接诊的医生真有那么一种想患者之所想、为防疾之所急的心理基础，就可能控制住传染源，把一场悲惨的疫情扑灭在萌芽之中。在不经意中渎了职，大祸定临头。

对医疗机构不救死扶伤的担心，乡下人甚于城里人。因为在农村2亿多个家庭中，有许许多多的家庭都有一本“就医难”的“经”。毛泽东时代曾主张：“把医疗卫生工作的重点放到农村去。”现在看，做不到“放到农村去”，能够同城里人公平对待，也就心满意足了。这也是本期写这个开篇的初衷。

我们编辑部全体同仁愿同千百万读者同呼吁：但愿情长久！

（2003年7月）

七月“流火”别“流水”

七月“流火”，说的是七月的天气骄阳似火，酷暑难耐。

七月“流水”，说的是七月的降水十分集中，涝灾难免。

一年四季七月最热，这是大自然的规律，人们改变不了天气的温度，但可以来取自然的、机械的办法避暑降温，使“流火”不给人们的生产生活带来更大的麻烦。中国的地理位置决定了雨热同季，最热的七月也是最可能发生水灾的七月。天要降雨，喜马拉雅山、喀剌昆仑山上的冰雪要融化，这也是不太可能改变的大自然的规律。

作为自然界的主体——人，或与大自然而抗争，或与大自然而适应，旨在实现由“必然王国”到“自由王国”的跨越。于是，人们已经认识到，自然规律不可能改变。但人们在自然规律面前大有作为，可以趋利避害，最大限度地抑制它，最大限度地利用它。遗憾的是，中国人防暑降温做得好，防洪排涝的成绩巨大，但与趋利避害的要求相比，差距并不小。

新中国成立后，几代中央领导集体对防洪治涝都给予了极大的关注。毛泽东他老人家曾经说，“一定要根治海河”，“一定要治理淮河”，“一定要把黄河的事情办好”。小平亲自视察三峡，主持三峡工程的论证。江泽民多次亲赴长江、淮河、松花江等防洪第一线，靠前指挥防洪抢险。胡锦涛于7月上旬对淮河防汛作出重要指示，要求各级党政和部门负责同志要继续加强领导，靠前指挥，依靠群众，科学调度，周密安排，为迎战可能发生的更大洪水做好准备，夺取防汛抗洪救灾的胜利。1998年的大洪水，如不是在这种社会主义制度下，损失将无法估量。今年入夏以来，淮河流域灾情大于1954年的大洪水，如不是有经过改革开放20多年建设的物质基础，如不是各方力量尽快调动起来奋力抗洪，中央领导亲赴前线同亿万军民共同奋战，人们的生命财产安全也难以保全。防洪功不可没。

防洪有功，毋庸置疑。解决问题的思路应拓宽，不可不重视。比如，要从根本上解决问题，不光是筑堤修坝，建设涵养水源的良好的生态环境是关键；又比如，年年投资投劳的防汛抗洪，打“救济针”的开销不小，不如“加强营养”，把“身体强壮”起来，增强江河流域的自我调节能力，根本解决问题；再比如，每当汛情出现，蓄滞洪区的百姓就得由政府来动员大转移，洪水过后人们还回来“重建家园”。类似这样的恶性循环，不如有取有舍，人们让出蓄滞洪区，到另外一个地方去生活。这样，当洪水再来临，我们就开闸放水，只是淹没那“一亩三分地”而已……

高明的思路固然还有许多，不是本文可一一说尽的。

历史的长河将延续下去，中华民族子孙万代将繁衍下去，我们的目标应是彻底摆脱年年“流水”时节来防洪，遇到险情就不惜一切代价严防死守的被动局面，向人与自然的和谐方向趋进。

人们盼望着“七月流水”人安澜。

（2003年8月）

对“粮补”的商榷

履行“WTO”规则，其成员对农业支持保护的方式方法，应逐步摒弃“黄箱”政策，施行“绿箱”政策；保障国家粮食安全，保护和进一步调动农民种粮积极性，应着力解决种粮比较效益低、种粮吃亏的问题。至此，我国实行多年的“用保护价收购余粮”、“对粮食流通企业实行国家补贴”的政策，已经走到尽头。改革“粮补”制度，采用新的具有完善社会主义市场经济体制意义的补贴方式，已经迫在眉睫，如果再徘徊或犹豫，再坐失良机，就可能使已有的矛盾更加积重难返。

对“粮补”进行改革，势在必行，对此是没有争议的。问题的难度在于选择什么样的改革方案，如何在反复比较和系统分析的基础上做出最有利于事物发展的选择，这是关系到改革成败的关键所在。今年安徽省根据中央精神，开展了“粮补”的试点。其基本思路是，粮食补贴由暗补改为明补，由过去的补贴到流通环节改为补贴到生产环节，让种田的农民直接得到实惠。这一试点，是继实行税费改革后国家对解决“三农”问题的又一重大举措，符合完善社会主义市场经济体制的总体要求，是一个历史性的进步。顺着这样的思路改下去，一定能够收到解决国家粮食的财政包袱、进一步调动农民种粮积极性的双重效果。

从安徽的试点经验看，怎么补？也有两种不同的争议。一种意见是按照承包土地基数直接把钱发给农民；另一种意见是补贴款与卖粮挂钩，粮农在出售粮食时按比例获得国家补贴。这两种办法都有美中不足。若按田亩补贴，就会出现“粮补”没有补贴到粮上的现象；若补贴给卖粮环节，也会出现使国家政策一直鼓励的粮农就地加工转化的粮食得不到补贴的现象。那么，有没有更直接更有效的方法呢？循着经济学的经济、简便、直接的选择理论，循着计算机技术的“傻瓜”升级理论，去思考这个现实问题，也会找到另一种解决办法，第一步是——直接减免直至取消农业税。

提出用取消农业税来代替“粮补”的思考，第一个前提条件是农业税应该取消。我国从上世纪50年代开始征收的农业税，是为国家工业化筹集原始积累的一个重要措施，这个税种为社会主义建设作出了贡献。但从税理上说，既不是产品税，也不是增值税，还不是所得税，其实质就是想让农民出点钱支援国家建设，况且，世界上的其他国家都没有这样的税种。随着我国综合国力的增强、经济条件的变化、统筹城乡经济社会发展战略思想的实施，应该承认取消农业税的条件已经成熟。第二个前提条件是，取消农业税和补钱于粮农的功能是殊途同归，其激励粮农种粮的作用是完全一样的。第三个前提条件是避免复杂，把事情做得更为简单明了，降低改革成本。如果另起炉灶搞“粮补”，其利是让农民可以看到补到手中实实在在的钱，但行政成本（包括基数核定、现金发放、统计监察等）较大，势必又多出了一份农村工作。况且在不正之风比较猖獗的情况下，“粮补”资金有可能出现被挤占挪用的现象，农民能不能真正拿到他们应得的份额，还是个未知数。

用“取消农业税”来代替“粮补”，应该说这只是对粮农实行直接补贴的开端，就其本身也还有些事情需要研究。最现实的问题，是每年财政用于“粮补”的资金量与农业税总量不可能完全吻合，粮补改革也不可能一步到位，还需要中央财政作出相应测算和计划安排。如果从“哺农”的角度来选择政策，即或是不能一次性彻底取消农业税，但能第一年减半，第二年减掉3/4，第三年全部到位，也是可以考虑的方案。

从长远看，大口径的“补农”或“哺农”，还不是减掉农业税就可解决的事情，还有待于开辟新的渠道，下决心彻底调整国民收入分配格局，打破城乡分割、工农有别的二元经济与社会结构，最终实现政策的公平和结果的平等。

取消农业税，从“补粮”到“补农”，以至最终实现“哺农”，尽管还有很长的路要走，但这是履行WTO规则，统筹城乡经济社会发展不可绕开的路，也是必经之路。对此，八亿多农民期待着、盼望着。

（2003年12月）

迎接“三农”的春天

农时荏苒，春夏秋冬一个轮回，农业和农村经济的发展，又到了年终大盘点的时刻，同时，也要谋划下年，展望将来。12 月 24 日，中央农村工作会议和全国农业工作会议同时在北京召开，这一天，是冬至过后的第 2 天。冬去春即将来临，努力践行“三个代表”，认真贯彻“两会”精神，把新出台的一些政策措施落到实处，我们即将迎来“三农”工作的春天。

在 25 年前的这段时间，中央在京召开了具有里程碑意义的十一届三中全会，深入讨论了农业问题，要求全党必须集中主要精力把农业搞上去，会后中央发出了《关于加快农业发展若干问题的决定（草案)》，从此，拉开了农村改革的序幕，迎来了农业农村经济发展的春天。

农业和农村经济发展要迎来春天，其主要标志：一是新的中央领导集体对“三农”工作极为重视。胡锦涛总书记在会前到山东、河南视察时讲到：“深刻认识‘三农’问题的重要性”，“必须始终重视农业的基础地位”，“切实把增加农民收入作为农业和农村工作的中心任务”，“保护和提高粮食综合生产能力”。“两会”贯彻落实这样的精神，在很大程度上进一步统一了全党重视农业抓“增收”的思想。二是今年的“两会”政策措施实在，具体体现了党中央关于对农民的“多予、少取、放活”的方针。与会代表认为干货多，比如，加大对粮食生产的支持力度，取消农业特产税，逐步减轻农业税，中央拨出专项资金用于农民的技术培训，对粮农实行直接补贴，坚持已有的退耕还林、农业综合开发和扶贫政策，中央财政用于文化、教育、卫生等公益性事业的投资增量部分主要用于农村。这些实实在在的物质支持，是新的中央领导集体重农亲民的具体体现。三是深化农村改革的方向明确，主要是改革耕地征用制度，改革农村税费制度，改革粮补制度，改革农村金融体制。四是经过多年的努力，农业农村经济已经具备了持续快速健康发展的基础。统一了认识，增加了投入，深化了改革，利用了基础，所有这些都将有力地推动农业和农村经济在现有的基础上进入一个较快发展的新阶段，促进全面建设小康社会目标的如期实现。

迎接春天，就意味着准备耕耘。现在是任务明确、目标明确、政策措施明确，下一步的关键措施是抓落实，落实新部署，实施新政策，开创新局面。抓落实，一是确保粮食种植面积不再减少，防止乱占滥用耕地，在此基础上实现粮食增产农民增收；二是落实加强农业基础建设的各项措施，其中包括农田基本建设、农业生态环境建设、农业社会化服务体系和农产品市场体系建设等；三是落实扶持农业农村经济发展的政策，特别是物质和技术投入政策，政府应坚持说到做到，不画饼充饥，不失信于民；四是落实领导责任，坚持实行粮食的省长负责制，做到有令即行，有禁即止。对因政策措施不落实而引发问题或贻误农时，应追究领导责任。

农业是国民经济的基础，农村经济是国民经济的重要组成部分。这样的地位和作用要求在解决“三农”问题的实践中，立足于全局，做到统筹兼顾、综合考虑、全面安排。具体还应该注意处理好“五个关系”。一是要注意处理好确保粮食安全与持续调整农业和农村经济结构的关系，在保证粮食综合生产能力不断有所提高的前提条件下去调结构，把调结构的重点放在农产品的升级换代和品质提高上。二是要注意处理好提高农民就业技能与增加农民收入的关系。增加农民收入的措施不能出现“短视”，应着眼于大批农业劳动力的转移，下功夫搞好技能培训，注意打造能够使农民长期增收的本领。三是要注意处理好合理开发利用资源和保护资源的关系。利用当地的资源优势发展农村经济，这是应提倡的，值得注意的问题是利用资源的同时应特别注意保护资源，千万不可搞竭泽而渔。四是要注意处理好发展农村经济与保护生态环境的关系。农村经济应走可持续发展的道路，绝不能用眼前利益阻碍长远利益，绝不能用破坏子孙后代生存条件为代价来换取农村经济的一时发展，争取做到经济效益与生态效益的统一。五是要注意处理好经济发展与社会进步的关系。经济发展为社会进步提供物质条件，社会进步反作用于经济发展，只有二者的协调一致，才能真正建设成全面的小康社会。主张这五个方面的统筹兼顾，是建设中国特色社会主义新农村的客观需要，不论哪个环节，一旦出现不协调，就会波及到全局。这不是一般性的工作方法问题，而是“三农”工作的指导者应时刻牢记并一定要兼顾好的大是大非问题。社会实践的结果告诉人们，说一百个零，不如干出一个一。领导抓工作，不论是农村工作还是其他工作，要有“做功”，而不是“唱功”。中央出台了一系列兴农政策，但是，要不能落到实处，也发挥不了应有的作用，党的兴农战略，就会成为纸上谈兵。因此，在“三农”的春天到来之即，我们有必要向各级领导大声疾呼，务必从空洞的会议、繁杂的事务和无休止的应酬中摆脱出来，迈开双脚，到实践中去，到基层中去，到群众中去，扑下身子，真抓实干，把党的支农、兴农政策变成众多干部的实际行动。

当读者看到这篇文章时，可能又一个针对“三农”工作具有重要指导意义的中央文件出台了。我们坚信，以此为动员令，全面贯彻落实“两会”精神和工作部署，就一定能够开辟农业和农村工作的新局面，就一定能够再造世纪之初的辉煌！对此，我们充满信心，我们的目的一定能够达到。

（2004年1月）

漫话粮食安全

中国有句俗话说的是：“民以食为天”。民者，人也；食者为饭也。通俗的理解应该是“吃饭是人的第一需要”。在任何一个国度、任何一个负责任的政府，都应把百姓的吃饭问题列为行使职能的第一要务，于是，确保粮食安全，就成了政府履行宏观调控、管理社会职能的重要组成部分。

何为粮食安全？这个具有现代用语标识的词组，在现有词典、字典中没有给出定义，但它所对应的客观事物是有确切涵义的。我认为，它的内涵应为：在任何时候、任何条件下，都应该能够满足人维持基本生存所需粮食的基本要求，不得使人因为营养出问题而危及生命。

中国人靠自己的力量解决吃饭问题，这是经过实践检验能够做到的。但最近一段时间，在我国农产品供应充足、供求关系由过去的卖方市场转入买方市场的现实情况下，党和国家领导人及有关职能部门领导，都强调要关注粮食安全问题，要通过我们的工作确保粮食安全。这是事出有因，其用意是警钟长鸣，未雨绸缪。

国家统计局的分析显示：1995—1999 年的五年，全国年均粮食产量为 4 970 亿千克，2000—2003 年的四年，年均产量下降到 4 506 亿千克，年均下降绝对数为 464 亿千克。粮食产量下降，市场供应充足，价格没有出现大的波动，这个事实又对农业不能单纯“以产量论英雄”给出了诠释。因为产量下降的因素颇多，有耕地净减少的因素，有退耕还林的因素，有自觉进行结构调整发展二三产业增加农业整体效益的因素，也不排除在工作的指导上有消化陈粮减少粮食收储支出的考虑。从这个角度认识问题，近几年粮食产量下降有积极的一面，符合经济发展的利润最大化的基本要求，是一个整体效益结果，对此，不用去大惊小怪。但问题的另一个侧面是，像我们这样的人口大国，粮食问题不可须臾忽视，保障粮食供应要有一个底线，要认识到粮食供应一旦出问题，就要波及到整个经济和社会的发展。在现有粮食产量、人均占有量、国家有一定库存和加入 WTO 后按规则需要我们增加粮食进口量的情况下，粮食供应没问题。但是，我们的决策必须考虑到三个因素。一是这几年由于连续动用库存粮调节供应，国家和地方的粮食库存总量已经不像前些年那么充足了，粮食市场的宏观调控物质基础有所变化。二是由于国家仍要坚持对农业结构进行调整的方针，发展二三产业和城市化的进程要加快，耕地的净减少是不可避免的。三是粮食的生产周期长，只是一年一收或两收，不像工业及其他产业那样具有突击生产的特性和条件，粮食的恢复和增长周期短则三到五年，长则五到七年。改革开放后的第一个减产年份是 1985 年，以后徘徊了四年，到 1989 年才超过 1985 年的产量水平；1991 年是第二个减产年份，也是到 1995 年才得以恢复。基于这样的客观实际，需要政府未雨绸缪，把漏洞堵于水前。今年中央农村工作会议又重提粮食安全问题，就是一个未雨绸缪的举措，并不是中国粮食出现了不安全问题。

中国的粮食安全战略有两种选择。一条道路是继续实行以加快工业化进程为首选来调节工农业资源配置的矛盾，依靠进口粮平衡需求。另一条道路是，通过政策的调整干预社会资源的配置，支持发展粮食生产，恢复和提高粮食的综合生产能力，同时节流消费，实现粮食的基本自给。摆在我们面前的问题是第一条道路障碍重重，有的是无法逾越。一是缺少稳定而又充足的粮源。中国用粮基数大，进口比重稍一增长，就会带来国际市场粮价大幅上扬。二是外汇支付能力不足。在国家工业化的完善时期，有限的外汇应主要用于引进先进技术和设备，装备和改造传统工业，用于支持经济增长方式的转变，尽量不用或少用外汇换取消费品。三是缺少储运设施。设想每年中国多进口500亿千克粮食，那么，每天都得同时在现有的进货基础上增加近1.4亿千克粮食装船起运和到岸卸货的量。况且省际间的调拨战线也比较长，大量进口粮食，储运问题很难解决。四是缺少国际贸易的非政治环境支持。由于国与国之间意识形态的分歧，导致粮食在趋紧的情况下商品属性演变为政治属性，历史上的“粮食禁运”和“粮食武器”之说，不能不给决策者留下警醒的思索。

综上分析，解决中国粮食安全的战略应该是：实行新的重农政策，支持和保护粮食生产，通过挖掘增产潜力，提高产量，节流消费，实现粮食的基本自给（进口占总用量的5%以内）；并相机参与国际粮食贸易，用进出口调剂丰歉或品种余缺。

中国要注意到粮食安全问题，但中国的粮食安全没问题。

（2004年2月）

农业对“和谐”有作为

天地孕育了生灵，生态造化了人类。自从盘古开天地，自然界的主体——人，就依赖于大自然而繁衍，在物质循环中生息。从农耕渔猎进化到现代，人们在尽可能地利用客观世界的同时，也不断地在探索中把客观规律在主观层面上升华。于是，现代人清醒地认识到，在满足当代人生存和发展的前提条件下，还要照应子孙后代的传承文明；在向大自然索取的同时，还要注意保持生态平衡；在发展经济的过程中，还要创造人与自然的和谐。

农业与自然的关系有两重性。即：农业脱胎于自然，农业也在改善自然。充分利用土地、山林、水面发展农业，取得用于维系人类生计的衣食产品，这是农业脱胎于自然的标志。农业在生产过程中，植物要在太阳的光合作用下完成“碳”的积累，吸收人类排放到大自然中的二氧化碳，向大自然释放氧气；包括森林和庄稼在内的茫茫绿洲，每时每刻都屏蔽着风沙侵袭，涵养着水源，保持着水土，调节着气候，每时每刻都在为创造良好的生态环境而默默地奉献。这就是农业具有改善自然功能的重要标志。

农业对人与自然的和谐所具有的内在功能，是一个应该引起人们正视的问题。现在的实际情况是，人们只看到了农业对大自然的索取和物质的转化，没能把发展农业与改善生态环境的同向作用升华到一定的理性上来认识。认识上的偏颇和差距，将导致对农业的误解和不公，以至给发展农业扣上一个搞不好可能破坏生态环境的高帽子。其实，这是一种短见，是不符合客观情况的主观臆断，也是个需要澄清的问题。

不错，在工农贸建运服诸产业中，没有哪个产业能像农业这样与生态环境的关联如此紧密，也没有哪个产业的发展能像农业这样仰赖着生态环境。但是，关联紧密与农业对调节和改善生态环境的贡献是两个问题，不能因为局部的生态环境有所恶化，就做出农业对生态环境具有破坏作用的伪判断。事实上，如果没有农业所发挥的改善大自然的作用，中国的整体生态环境可能要比现在的状况糟得多。历史不能重演，但人们的头脑可以对历史过程进行回放。在大炼钢铁的年代，假如没有农业的植被作用，祖国的大好河山可能会更加满目疮痍；近些年面对洪水的泛滥，假如没有大规模的农田水利建设，年际间的灾害给整个国民经济带来的损失还会有所上升；假如没有作为农业在西北、华北地区大面积栽植防风固沙植物，每年春季飞沙走石的尘暴程度就不会出现有所减弱的大好趋势，农业战线对改善生态环境功不可没。

生态环境的恶化，以致人与自然的不和谐，农业农民也身受其害。但是，这种害不是原发性的，而是输入性的，主要表现在工业侵害农业，城市侵害农村。工业生产所排放的废气，要扩散到广大农村地区才能消散和融合；工业生产及城市居民生活所产生的数以亿吨的固体垃圾，有的需要运到农区去填埋，有的长期大量占用农业的宝贵资源——耕地；工业排放的废水，沿江河湖泊而自流泛滥，使畜禽和水产养殖业发生大面积死亡事故……不胜枚举的生态环境事故，足以说明保护生态、改善环境的工作重点是工业而不是农业，是城市而不是农村。

创造人与自然的和谐，工业、城市的任务更重，责任更大；农业、农村也责无旁贷，大有作为。农业的发展，应在可持续的原则指导下进行，正确处理生态效益与经济效益的关系，做规划、上项目、组织生产，都要满足保护生态、改善环境的基本条件，不能以牺牲生态环境为代价来换取一时一事的发展；不能以破坏子孙后代的发展环境来谋取当代眼前的既得利益；不能以生存是第一位为借口而愧对大自然。应进一步发挥农村干部群众的首创精神，大力发展生态农业，研究和推广有利于保护生态改善环境的优良品种，摸索多种形式的既有利于保护生态又有利于发展经济的生产模式，努力实现经济效益与生态效益的统一。

创造人与自然的和谐，是全面建设小康社会的重要组成部分。农业为社会作贡献，不单纯体现在农产品的供给上，也要体现在对生态环境的再造上。让山常青、水常清、土常肥，是农业为创造人与自然和谐的一个基本目标，让我们共同携起手来为实现这个基本目标奋斗吧！

（2004 年 3 月）

疫情稍息话养殖

今年的春节来得早，也来得不平静。正当亿万人民沉浸在节日的欢乐时刻；正当各级干部紧锣密鼓地宣传贯彻落实中央农村工作会议和全国农业工作会议精神，准备带领九亿多农民打一场增加收入翻身仗的起步时刻，从广西传来发生了禽流感疫情的消息。疫情就是战斗动员令，治疫如打仗。各级领导和各有关部门立即行动起来，抽调人力深入疫区开展防治；调剂物力、财力确保防治的急需；开动宣传机器让人们了解禽流感和预防禽流感，功夫不负有心人，经过一个多月的鏖战，我们终于取得了阶段性的成果。疫区接二连三解除的事实向世人宣告：中国政府是一个负责任的政府，中华民族是一个不畏艰难险阻的民族，中国农民是一支不可战胜的力量。

世间存万物，畜禽可染病，这是不以人的意志为转移的客观存在。人不可能改变它，但是人可以预防它、战胜它。就目前情况看，虽然不能说这场疫情完全解除了，而且还有可能再卷土重来。但从长远来看，我们应该说一手抓防疫，一手抓发展，做到防治禽流感不放松，发展畜禽养殖业不停步，这是理智的选择，千万不可“一朝被蛇咬，十年怕井绳”。

今年中央发出一号文件，其核心内容是通过一系列的政策措施，强化对农业的支持和保护，力争实现农民收入的较快增长，尽快扭转城乡居民收入差距不断扩大的趋势。也就是说，千方百计增加农民收入，是当前和今后一个时期农业和农村工作的重中之重。那么，增加农民收入与禽流感防治二者是什么关系？答案应该是：顺向的统一关系。从经济角度说，防治禽流感是增加农民收入的重要组成部分；或者说，是确保从事养殖农户增加收入的有效措施。改革开放 26 年来，在诸产业的发展中，畜禽养殖业每年都有 10%左右的增长速度，其中，肉鸡和禽蛋的增产对畜牧业的发展贡献功不可没。在一些养殖大县，平均每只蛋鸡可盈利 8～10 元，发展肉鸡和禽蛋成了农民增加收入的主渠道。防治禽流感，力争把疫情控制在最小的范围，力争把因疫损失减少到最低程度，其本身就是作增量的“文章”。数学中有一个浅显的道理——减少一个负数等于增加一个正数。用其论证防治禽流感与农民增收的关系，道理不言而喻。

经过这场人与禽流感的抗争，或许会给发展养殖业带来一种潜在的机遇。一是在这场空前的战“疫”中，人们逐步摸索到了发生禽流感的一些自然规律，也在防治上积累了一些宝贵的经验，即或再发生这样的疫情，人们不会束手无策。二是政府投入了大量资金防治禽流感，对遭受损失的农户按量给予了一定的补贴，养殖企业和养殖专业户已经充分认识到当生产遇到天灾时，政府是要“管”的，因此更坚定了他们大力发展养殖业的信心。三是在发生疫情这段时间中，自然会影响到禽和蛋的消费，市场会因此而低迷。但是，这种低迷是暂时的，鸡肉和蛋是人生活中重要的蛋白质来源的性质不会改变。人们喜食鸡和蛋的饮食习惯也不会改变，禽蛋市场走出低迷只是时间问题，“风雨过后天更明”是自然规律，禽蛋的需求状况出现波动后的快速增长是大有可能的。疫情稍息后还会出现什么新的情况，还会带来什么新的机遇，对此，我们应关注、分析、把握。

养殖业特别是养鸡业有新的发展机遇，这是客观的，也是潜在的。机遇的存在是一方面，人们把握机遇，利用机遇加快发展，这又是一方面。机遇具有稍纵即逝的性质，人们只有发现它，利用它，才能使潜在的机遇变成发展的现实，由此可以推导出：利用机遇不能纸上谈兵，关键是在科学原理指导下的积极行动，只有行动起来，才能发展起来。

发展畜禽养殖业，生产企业是主体。但是，生产企业离不开政府的支持和优良发展环境的再造。科研部门加快科技攻关步伐，防疫部门充分利用现在的科技成果搞好防疫，农业部门搞好协调和服务，工商部门加强对市场的监管，海关严格出入境的检疫检验工作，这些都是必不可少的发展条件。各有关部门应该“自扫门前雪”，“种”好政府赋予职能的“责任田”。一手抓疫病防治，一手抓加快发展，以养殖为主业的农民增加收入，是能够做到的。

（2004 年 3 月）

精确农业经济核算

由于长期形成的城乡分割、工农分治的“二元”经济结构，使带“农”字的产业和群体的弱势，也在经济核算中明显地暴露出来。其特征主要表现在：一是生产成本指标的不对称，二是人均收入指标的不对称。这二者的不对称导致工农之间统计及核算信息的不对称。

按照经济学原理，投入到生产过程中的活劳动，是作为资源消耗摊入成本的。付出劳动的劳动者理应得到报酬。通俗的说法是活劳动是有价值的，劳动者在让渡劳动时，要得到不低于劳动力再生产所需价值的补偿。劳动报酬这个核算指标在城里在除农业外的其他产业中，是以工资、薪金等形式得以实现的。而在现阶段的农业经济核算中，农民的活劳动往往被忽略或排除在成本之外（尽管理论上存在，但实际核算上很少见到把劳务列入成本的），自然也就不存在工资或报酬了。这是工农业经济核算中生产成本指标不对称的一个突出标志。

在人均收入指标统计中，按现行经济统计惯例，城里人为：年人均可支配收入；农民为：年人均收入。二者的主题词都是“收入”，似乎是对称的，其实是严重的不对称。因为，城里人的收入是扣除下一生产周期投入后的指标，可以纯用于生活消费；农民的收入是包括下一生产周期投入、缴纳税金和各项收费集资在内的所得，收入的用途并不是纯生活消费。

在同一社会主义市场经济体制下，同一概念的经济指标不能说明同一范畴的问题，或者说二者之间没有可比性，这无论是对专家、学者进行经济形势分析，还是对官员们进行经济规划或发展决策，都会带来不小的麻烦，甚至可能导致出现不符合实际情况的错误决策。

由于农业劳务投入不计入成本，在一些地方便出现了不珍惜民力、无节制地敞开使用义务工和劳动积累工的现象，干了一些劳民伤财的“政绩”工程。农业生产过程中劳动力投入不计入成本，使农业生产效率的考核出现不小的误差，对转变农业增长方式，推进集约经营，形成一定的负面影响。

农民人均收入同城里人同类指标内涵的不对称，轻者会影响到工农之间经济实力的比较和涉农政策的选择，重者会影响到整个国民经济的宏观调控和城市与乡村的统筹发展。2003 年，全国农民人均收入为2 622元，而同期城镇居民人均可支配收入为 8 574 元，农民收入额仅为后者 30.58%。表面上看，这样的统计核算对比没有任何问题，而实际上这里却有不小的“猫腻”。因为城镇居民收入可以完全转换为消费能力，而农民收入只有部分地可以转换为消费能力。据统计，在农民收入中，要预留出26%～30%的现金用于下年的再生产投入。以较小的26%为计算基数，可得出2003年全国农民人均可用于消费的收入为1 940元，仅相当于同期城镇居民人均可支配收入的22.62%。一个为30.58%，一个为22.62%，相差7.96个百分点，不能不说这两个数字是如此悬殊。另外，农民收入还要缴纳税金和各项收费，实质的所得比1 940元还要少一大块。就此按农民收入是城镇居民收入的30.58%为依据去制定政策，必然会因为事实上对收入的高估而产生政策选择上的偏差，况且这种偏差还具有一定的放大效应。

在同一国家、同一经济体制下，应该有相同的产业经济核算标准。这种工业与农业、城镇与农村不相衔接的经济核算现状，显然不符合经济运行规则，不适应统筹城乡经济社会发展的需要，理应尽快地改革和完善。对农业经济核算体系，不管是应进行改革还是应进行必要的完善，都应遵循三个基本原则：一是遵循国际惯例原则。开放的农业，要在全世界范围上去竞争，农业的经营与管理，农业的效率和效益指标，要在国际水平上去比较和选择，它的经济核算体系，自然要满足概念内涵同一的技术性要求。二是遵循制度同一的经济学原则。农业与工业、贸易、交通等产业相比，有其自身的产业特性，这是管理学要讨论的问题。如果要对其进行经济评价，都应在基本经济学的理论指导下去选择，都要遵循劳动价值理论，资源替代性质、机会成本、利益最大化原理。三是遵循“先进性优先”原则。即用现代的、前卫的、发展的眼光去审视评价指标体系和设计评价指标体系。农业植根于“土”，但经济核算“土”不得。

精确农业经济核算，还要依赖观念更新。比如针对劳务不计入成本的问题，就要破除“多年来都是这样干的”的旧观念，树立起历史的做法并不都科学合理、不科学不合理的东西就要改的新观念。特别需要破除“农村劳动力有剩余，可以不计入成本”的旧观念。因为在开放的经济条件下，劳动力与其他资源存在着一种替代关系，动用了劳动力可以带来其他资源的节约。同时剩余劳动力有个机会收入的问题，不务农，可以获得打工收入。再比如，解决农民收入中的下一生产周期投入额、税金和各项缴费的扣除问题，也需要在我国已进入后工业化新时代的新观念指导下去研究、去选择。

（2004 年 6 月）

农村能源之忧

几乎在近一年中，国内石油需求量大幅增加，成品油零售价上涨；连续多年的煤炭供大于需，个别矿区实行压库限产的形势急转直下，煤炭价格大幅上扬，一些火力发电厂用煤告急，不能满负荷运行；电力供应缺口继续拉大，以至于发展到全国有 24 个省区市不得不采用拉闸限电……凡此种种都表明，未来的中国能源紧缺不可避免，如果不能采取战略性措施去调整，电荒、煤荒、油荒的程度还会加剧，能源危机的危险不能不防范。

说中国潜伏着能源危机的风险这并非危言耸听。一是中国能源资源的人均占有量先天不足。过去我们常说：中国地大物博，其实不然，准确的定义应该是人均物薄。石油、天然气、煤炭三大基础能源，中国的可采资源总量与一些国家相比不算太低，但人均可采量却远远低于世界平均水平。据 2001 年的统计，三大基础能源人均可采量：石油 2.6 吨，天然气 1 074 立方米，煤炭 90 吨，分别为世界平均值的 11.1%、4.30%和 55.4%。二是能源消耗量增长过快。2003 年，在 GDP 增长 9.1%的情况下，全国用电量增长了 15.3%，工业用电量增长 16.6%；煤炭消耗比上年增加了 12.2%，全年出现了 1.3 亿吨的供需缺口；进口原油达 9 100 万吨，比上年增了 31%，预计 2004 年的原油进口量超过 1 亿吨。三是需求预期缺口较大。据权威专家预测，到 2020 年达到“全面小康”的目标，届时中国能源的总需求要达到 24.5 亿吨标煤。其中：发电装机容量为 8 亿～9 亿千瓦时，目前只有 3.5 亿千瓦时，需要新增发电 4.5 亿～5.5 亿千瓦时；需煤炭 29 亿吨，要比目前的产出水平高出一倍左右；需石油 3.7 亿吨，进口的达到 55.4%。由此可见，未来的能源问题，确实是国人之忧。

中国是个城市化水平比较低的国家，国人忧“能”自然包括农村在内。在某种程度上说，农人忧“能”，甚至超过城里人。因为：今日的农村，已经不是原始意义上的自然部落，而是超越于生存，重点是发展的有组织的群落，油灯照明、秸秆烧饭、石台舂米的时代已经过去。农村的产业也不是单一的农业，而是包括工商建运服各业在内的整体社会，快速发展农产品加工业、物流业和信息业，都离不开作为生产力重要组成部分的能源的“引擎”。农民的生活方式也不是过去的“日出而作，日落而息”，丰富的业余文化生活自然成了他们的可及之物。城里做的，农村要做，城里有的，农村要有，城里人享乐的，农村人也要享乐。而所有这些，如果没有源源不断的能源的支撑，将无法成真。更为重要的是，在中国这个重城市、轻农村的政策惯性作用下，如果出现大面积的能源危机，拉闸限电的首先是农村，用油限量的也首先是农村，城里人可能重新“吃红本”，而农民要更多地承受因“忧”之苦。在供用电缺口较大的浙江省，已经采取了城市工业“开五停二”，农村工业“开四停三”的不对等措施。这样的政策可能是个开端。能源供给的“多米诺骨牌”一旦被推倒，将使农民的生产生活方式无法贴近现代文明。

解除农村未来能源之忧，应在“中国能源新政”的统筹规划下，采取开源节流、重在开源的技术性措施。科学利用石化能源，开发利用新的可再生能源。以石化能源为主的一次性能源，总有一天会被人类“吃干榨尽”，而太阳能、风能、水电能、生物质能、地热能和潮汐能等可再生能源具有取之不尽、用之不竭的性质，是未来人类用能之源泉。况且，就地理分布、资源占有、技术利用等条件来说，农村优于城市，有的项目在农村已经取得开发利用的成熟技术和经验，得到推广应用。开发的重点是：加快沼气建设，加速太阳能、风能、地热能的开发利用，推广以生物质转化为标志的生物乙醇、二甲醚等气液体能源，开发利用淤泥燃料，探索集取利用深海甲烷，研制氢能源。短期战略开发重点是沼气工程技术、太阳能采暖技术、大型风力发电机组设备制造及配套技术等项目的攻关，加快新技术的试点示范和科技成果的转化速度，促进新的替代能源产业的形成，尽快实现商品化生产和市场化的推广应用。

农民历来讲勤俭、忌奢侈、善节约，在能源的使用上也概莫例外。与城镇相比，农村能源习惯性浪费不突出，但技术性浪费的现象明显存在。换句话说，就是农村仍然具有科学利用和节约能源的潜力。在生产上节能、在建筑上节能、在家电上节能、在照明上节能、在取暖上节能，这是农村节能的五个有效途径，如果做得到位，可使户均日常用能节约30%左右。全国2.6亿个农户汇总起来，节能的效果要大于增加了一个三峡水电站。

粮食（食品）、石油（能源）、钢铁（有色金属）是人们赖以生存和经济发展的主要资源。如果将经济与社会发展拟人化，就有“粮食是营养、钢铁是骨骼、石油是血液”的说法。人若要缺少血液或供血不足，对生命的危及是不难想像的。解除农村能源之忧，要靠政策、靠科技、靠投入，最根本的还要靠亿万农民群众进行开源节流的积极行动。

（2004年8月）

解读粮食综合生产能力

让中国在新世纪靠自己的力量解决众多人口的吃饭问题，确保国家的粮食安全，最根本的经济技术措施，就是不断提高粮食的综合生产能力。这已经成为国家治理战略的一项重要措施，官员们讲的多，理论工作者议论多，但真正地剥去朦胧，袒露内核，让人们看清它的真面目，还有待于有识之士来共同讨论。

自古以来，文人墨客将人们使用工具来创造各种生产资料和生活资料的过程，称其为生产；将生产的过程可能达到的极限总量，称其为生产能力。国人在谈论粮食生产能力时，出于对粮食生产是“自然再生产与经济再生产的统一”，粮食生产受资源、气候、气象、生态、环境等因素制约明显的理性认识，给出了“综合生产能力”的命题。所谓综合，是指多种因素同时有所作用。讨论汽车、钢铁、石油以及像彩电、冰箱等人们的日常生活用品的产量时，只是说，某某生产能力。倘有哪些经济学家能说出汽车、彩电的综合生产能力，有可能令人费解。但是，从客观层面上讨论粮食生产能力问题，却有必要冠以“综合”二字。因为这种生产过程是需要自然投入、物质投入、技能投入、社会投入的结合，具有多种因素综合作用的特性。

如果把粮食综合生产能力视为一项经济技术指标，就应该有确切的外延及内涵。生产要素的投入是粮食产出的基础；粮食产出是生产要素投入的成果，这种由投入要素决定，由产出水平表现的粮食投入产出规模和效能，就是粮食的综合生产能力。它的过程要素包括土地和水资源、固定资本和流动资本、劳动力和农机动力、科技园艺；它的变动要素是自然条件与灾害；它的结果要素是总产出。

粮食综合生产能力，是个理论概念，它的表征结果——总产出，总是小于其理论数值。其根源在于这种“能力”是拟定气候、气象等自然因素处于一般状态下的计算，而实际上自然要素的制约年际间变化幅度较大，综合生产能力这个理论数值很难达到极限。据测算，“九五”计划以来，每年农作物的成灾面积大约在2.9亿亩左右，由此对粮食综合生产能力大约形成8%的制约力。同时，综合生产能力的实现也与人们的生产结构选择和决策有关。试想，中国北方有“旱谷涝豆”的民谚，旱年增谷，涝年增豆，如果旱年种豆涝年种谷，综合生产能力的实现就会大打折扣。因此，我们应该说粮食综合生产能力与其转换效率有关，这个“转换效率”就是“综合”的一个标志。

粮食综合生产能力不等同于粮食供给能力。在温饱不济的情况下，粮食的综合生产能力可以近似于粮食的供给能力，在“恩格尔系数”不断发生变化，人们生活水平大幅度提高的现阶段，现有综合生产能力如果不能很快地得到提高，那么，产出能力距离供给能力之差是扩大的走势。因为人们追求吃得好，要按自我的饮食习惯来安排食品，北方小麦的增产，无法弥补南方水稻的减产，北方玉米的减产，必然影响到畜禽养殖业的发展。况且，供给能力不排除以雄厚的经济基础来利用国际市场调节余缺。在不断变化的客观情况下，中央政府十分重视粮食安全，莫不如十分重视食品安全，把板栗、硬果等木本粮食和不断增加新型食品生产的因素叠加进去。

通过对2000、2001、2002、2003年四年粮食产量情况进行分析和测算，可以得出目前中国粮食生产能力大约为4 600亿千克。今年产粮4 550亿千克的目标能够达到，供需之间大约有350多亿千克的缺口。如果基本实现供需平衡，理想的至少应达到 4 925 亿千克的综合生产能力。预计到 2008 年，中国的粮食综合生产能力至少应稳定在 5 000 亿千克的水平上。因为，虽然人们口粮的需求量在下降，但来自饲料用粮和工业用粮的需求量很大，提高食品精度的要求也要多消耗一些原粮。由此可见，要有一个清醒的认识，要采取综合措施，为实现产粮 5 000 亿千克的综合生产能力目标奋斗。

提高粮食综合生产能力，战略选择是通过资源的调整和重新配置，达到提升现有资源的产出率，开发新的增产资源。具体措施：一是保护好利用好现有耕地，提高复种指数，以面积来保证产量的增加。二是增加粮食生产的基础设施投入，改善生产条件，提高抗御自然灾害的能力。三是走以科技兴粮的道路，其中包括加大农业新技术的科研和推广力度，让科研成果转化为现实的生产力；抓紧品种改良，加快粮食生产良种化的进程；培训农民，用劳动者技术素质的提高来确保科技兴粮各项措施的落实。四是健全粮食生产的社会化服务体系，发育粮食产业中介组织，解决粮农在产前、产中、产后所遇到的实际困难。五是稳定并不断完善现有的支持和发展粮食生产的各项政策，保护和调动农民种粮和地方抓粮的积极性，创造有利于发展粮食经济的社会环境。这五项措施的核心，当务之急是调整国民收入分配结构，增加对粮食生产的投入，从根本上扭转种粮吃亏的背动局面，让粮食生产的主体——农民去自觉自愿地发展粮食生产。

粮食综合生产能力是个动态的概念，取得稳步提高之后，难度更大的是保持。提高起来难，保持起来更难。我们应知难而进，千方百计攻克这道关系国计民生的难关。

（2004 年 10 月）

会诊“民工荒”

发端于 2003 年上半年广东珠江三角洲的“民工荒”，现在已经蔓延到了长江三角洲及福建的厦漳泉地带。从走势上看，“民工荒”短期内不但不会从根本上得到缓解，而且可能还会持续相当长的一段时间。令人不得思解的是，这种情况与中国的劳动力资源情况相悖。中国农村有大约1.5亿的剩余劳动力，城市的失业登记率也在4%左右，堪称有世界上最富裕的人力资源，那么，为什么会出现劳动力的短缺？问题的症结是劳动力的素质和结构不适应用工需要，市场机制调节劳动力配置这只“无形的手”受到用工体制的抵制；政府有关部门的协调、管理和服务手段缺位。

劳动力作为经济再生产的重要生产要素，也具有素质和结构的基本特征。就业岗位是有素质和技能要求的，当劳动力的自身条件不能适应需求要求时，就无法实现供需的对接。不能在市场上得到利用的劳动力，只能称其为是潜在的劳动力，并非是现实的劳动力。在“民工荒”与大量的就业后备军无业可就两种情况同时并存的状态下，可以断定劳动力队伍结构的不合理是矛盾的焦点。因此，说现在是“民工荒”，莫不如称为“技工荒”更为客观。

劳动力的市场流动，受价值规律的调节。物质的再生产，有个社会平均利润问题。其中，活劳动的价格对平均利润具有重要意义。从开始改革开放到如今，包括国有企业、乡镇企业和私人企业在内的各种所有制企业，惯用手法是用低得不能再低的报酬招用农民工，而且低廉的报酬多年没有相应变化。同时农民工的生活成本却随着城市居民生活质量的大幅度提高而大幅度上涨。

据权威媒体报道，在深圳经济特区，同一工种的本地人月收入为2 000元以上，而同一工种的外来工，月薪平均只有600元。在急于解决温饱的情况下，农民工对这种显失公平采取了莫大的忍受。当生活条件达到一定程度时，这种自我强制性的心里平衡就会被打破，农民工再不甘愿去做低人一等的“奴役”，企业扩大再生产或正常的减员无法得到补充，劳动力的短缺就成了现实社会问题。

城乡社会管制的“二元”结构，是劳动力不能按价值规律流动的最大桎梏。绝大多数进城的农民工，无法成为所在社区的成员，无法解除医疗与养老保险、子女教育的后顾之忧，无法行使他们作为公民的一份经济政治权利；同时，还要忍受来自各方面的社会性歧视。先期到城镇就业的农民工出现部分地回流农村，其实质是在他们看不到前途时所采取的一种消极抗争。这种“抗争”的激励来自于城乡分割的“二元”经济与社会结构。

农村劳动力与城市劳动力在社会地位和经济利益上的“同工不同酬”，“同工不同时”，“同工不同权”，是目前社会成员之间的最大不公平。分析产生这种不公平的根源，主要是市场调节劳动力配置资源这只手遇到用工单位的有效抵制，政策在劳动力资源管理上的缺位所致。招用农民工报酬的多年一贯制，极力排斥市场供需情况对其价格的调节作用，这是在用工单位集体维持低薪金标准的“潜规则”作用下得以形成的。在市场这只看不见的手作用失灵的情况下，亟须启动政府这只看得见的手对其进行刚性调节。但遗憾的是，在城乡经济大融合、地域界线被打破、政府职能在转变的新形势下，政府调节劳动力资源配置功能还没有完全成长起来，政策法规的不完善，对违规违法监察手段的软弱，在劳动力市场规划和指导等方面的滞后，政府对改善劳动力技能结构投入的不足，等等，所导致的后果只能是“民工荒”。当然，这是经济和社会在发展的过程中出现的新情况、新问题，我们不能指望政府能够做到先见之明，但是要依靠政府去研究和解决。

用工单位受“利润最大化”的制约，很难面对市场劳动力资源的供求情况而作出提高劳工待遇的选择，即或是为了笼络劳动力而采取的“让利”行为，也绝不可能靠自身来摆脱“羞羞答答”、既做又不甘心做到位的“惰性”。要从根本上解决问题，还得靠政府。政府应做五件事：一是投入大量资金培训农民，从根本上提高农村待业大军的素质和技能，让劳动力资源能够“适销对路”；二是完善政策法规，让用工单位有法可依，让农民工维权有法可据；三是加强对劳动力市场的监察，及时处置违法违规行为；四是建立和完善公伤、医疗和养老保险制度，解除农民工的后顾之忧；五是彻底打破城乡“二元”结构，取消强加于农民头上的身份界线，实行社会成员一律平等的公民管理制度。

从“民工潮”转化到“民工荒”，这是历史的进步，抓住机遇，千方百计破解“民工荒”这道难题，也许能使中国现阶段的“三农”问题中的突出矛盾迎刃而解，进而推动全面建设小康社会的进程。

（2004 年 11 月）

读公报话农桑

国家经济和社会发展的统计公报，是中国特色社会主义建设年度的晴雨表，详细研读，会给人以鼓舞，给人以力量。读新近公布的2004年统计公报，“农”字飘红，堪称农业增产、农民增收、农产品竞争力增强。这是近些年农业形势最好的年份。评价农业与农村经济发展状况，不仅于数字，透析数字与指标的背后，延伸思路，或许会给我们更多的启迪。

2004年，粮食、油料和包括畜产品、水产品在内的十项农产品总产量，除糖料因种植面积减少9万公顷而使总产量比上年减少1.2%外，其余九项农产品全部增产。其中，棉花增产30.1%；粮食增产9.0%；蔬菜在种植面积减少29万公顷的条件下，也取得了总产量增长1.7%的好收成。至此，应引申三点认识：一是这种量的增长，前提条件是质的提高。特别是茶叶、果蔬的增量，是在扩大优质品种、发展无公害生产的结构调整运作下的增长。二是这种增长是在遭遇禽流感，全面阻击禽流感取得阶段性胜利的情况下得以实现的。如果不是及时阻断了禽流感，那么，损失的将不止于畜牧业，整个农业和农村就不可能是今天这样的形势了。三是全面增长的原因是政策好、人努力，但天帮忙的因素不可小觑。2004年全国农作物受灾面积比2003年下降了31.8%，绝收面积比2003年下降了49.0%。据权威人士统计，1998—2003年，全国每年因灾减产粮食大约在500亿千克左右，而2004年因灾减产粮食为300亿千克，比常年少减了200亿千克。由此可见，如果不是天帮忙，2004年的粮食增产幅度可能是4.63%，比9.0%要低近一半。由此可见，改善农业生产条件，应该是谋求粮食增产的关键。

2004年农民人均收入为2 936元，扣除价格因素，比上年提高了6.8%，是1997年以来增长最快的一年。在这增量的构成中，国家财政通过“两减免”、“三补贴”的形式，形成的转移支付为451亿元，人均所得58.6元，占收入增量的18.7%。即或是剔除财政转移支付这个因素，增长幅度仍是最快的。同期城镇居民人均可支配收入是农民人均收入的3.2倍，增幅为7.7%，比农民收入增长率高出0.5个百分点，其对应数值是61.7元。这两个方面足以说明，城乡居民收入差距的拉大没有得到改观。再者，城镇居民的可支配收入是纯用于生活消费，而农民的收入大约有30%的份额要作为维持简单再生产的资金，投入到下一个生产周期。收入用途的不对称说明农民自我投入的能力并没有随着收入的增长而增强。

在中央“调整国民收入分配格局，加强农村基础设施建设”的原则指导下，2004年农村投资增长17.4%，用于改造农村公路、解决人畜饮水、改善公共卫生和医疗救助体系。但是，按已有数据推算，2004年农村投资占全社会固定投资总额的比重，却由17.70%下降到16.34%。这样的分析提醒我们，在农村公益事业不发达、固定资产投资欠账较大的情况下，落实中央向农村倾斜的国民收入分配政策，从观念的转变到具体政策的落实，还有很长的路要走，步伐应加快。

读公报，令人担心的是农业的基本资源——耕地的流失问题严重。2004年我国在实行世界上最严格的土地管理制度的情况下，全年实际占用耕地14.5万公顷。这意味着，按目前全国人均占有1.43亩耕地的标准计算，又有152.1万农村人口永远地失去了赖以生存的耕地。尽管采取了土地整理复垦开发等补充耕地的措施，使当年的占用数量得到了34.6万公顷的补充，但是，占用的都是优质耕地，补充的却是生产力极其低下的劣质地，有的地块甚至还要经过彻底的改造，才可能恢复耕种。让耕地用途不改变、总量不减少、质量不降低，千方百计守住农民的安身立命之本，谈何容易，落实真难。

2004年居民消费价格指标显示，农民仍是承受生产资料和生活资料涨价的主体。全国居民消费价格总水平上涨3.9%，而在同类指标中农村却上涨了4.8%，涨价幅度比城镇高出1.5个百分点。国际通用的居民家庭恩格尔系数，城镇已经下降到37.7%，比上年度上升了0.6个百分点；农村为47.2%，比上年上升了1.6个百分点。农村居民家庭恩格尔系数的上升，在某种程度上表明扩大再生产的能力是下降的。

统计公报显示，农业的生态环境状况喜忧参半。喜的是，全年治理水土流失面积4.9万平方公里，实施水土流失地区封育保护面积11万平方公里。忧的是海域的生态环境继续恶化，全国海域未达到清洁海域水质标准的面积，比上年增加19%。这表明，下决心改善海洋水产业的生态环境，已经刻不容缓。

综上分析，可得出这样的结论：去年农业和农村经济形势是历史上少有的好年头，但农业不强、农民不富的现状并没有发生明显的变化；农产品产量和质量都有较大提高，但供需紧平衡的市场形势并没有发生根本好转；发展农业和农村经济的政策环境优良，但土地、资金等资源和生态环境的约束加紧。解决中国“三农”问题，任重道远，需要从根本上调整战略方针，实施工业反哺农业、城市支持农村，最终的目标应该是，让农业强根固本，农民强体增技，农村强盛富庶。

（2005年4月）

给土地“配餐”

土地是关系国家粮食安全最重要的资源，是农民的安身立命之本。土地的质量如何，对能否确保国家粮食安全，能否使农民“安身立命”，具有决定性作用。现在的问题是，在土地的数量随着经济建设和社会发展要逐年减少的同时，土地的质量也在下降，并且每时每刻地蚕食着已经形成的农业综合生产能力。

记得在上世纪70年代末期，一位中央领导到我国著名的粮仓东北视察。他看到耕地上那油黑黑的土质异常兴奋，捧起一把土攥在手里，久久不放下，竟然用纸包好带回了京城。而如今，这样的土质早已逝去。就是在这块黑土地上，耕地的有机质含量已从刚开垦时的

8%～10%下降到目前的1%～5%。全国耕地有机质含量平均已降到1.8%，旱地仅为1.0%，明显低于欧美国家2.5%～4%的水平。于是，有的老农民说，这地怎么越种越瘦了，怎么越种越黄了，怎么越种越板了！

研究土地质量问题，土壤有机质含量下降是一个方面；另一方面，由于人工补肥不当，导致一些地块的营养不平衡，出现单一元素的“富营养化”、化肥利用效率低和施肥投入边际效益递减等问题。据权威部门对全国化肥实际消费量与合理消费量进行比较，氮肥在华北、华东和华中地区已经过量，其他地区投入不足；磷肥只有华中地区略微过量，华北、东北和西北缺得较多；全国各地普遍缺钾肥，华北缺得最严重。全国缺钾耕地面积已占耕地总面积的56%，约有50%以上的耕地缺微量元素，70%～80%的耕地养分不足。在全国耕地普遍营养不良的情况下，我们每年施用的化肥又因为种种原因，其有效成分的利用率不足40%，由此可见，资源浪费严重。特别值得注意的是，全国有20%～30%的耕地氮元素过量。

出于对土地生态系统新陈代谢状态的衡量，可引申出土地也有健康或不健康的概念。因为土地是个有机的、具有新陈代谢功能的生命体，把维持土地生态系统各种能量循环和物质转换拟人化，就可得出土地既可像人一样需要血液的循环和营养元素的转换，在转换的过程中能够实现良性平衡，即为健康；否则，即为不健康。所谓健康与不健康的基本评价标准应该是：土地的外貌物理性能、营养元素构成、耕地适应性能等指标。目前，我国土地生态系统的整体状况是有机质含量低、营养元素失衡、理化性能变劣。这种状况还不足以说明土地已经处于不健康状态，但给出一个处于亚健康的定义，可能是符合实际情况的。

土地的亚健康，无疑是需要疗治的。人类经多年的社会生产实践，给出了一剂良方——测土施肥，调剂营养，增强地力。这种技术措施，在国际上称为平衡施肥。所谓平衡施肥，其核心内容是根据土壤测试结果，农作物的需肥规律和特点，科学合理地确定氮磷钾和各种微量元素的适用量和匹配比例，按科学配方制成专用肥并采用合理的方式补给土地。其目的是通过这种办法培肥地力，改善土壤理化性能，提高耕地的生产能力。

一项技术可以改造一个产业。从理论上说，农产品生产者的终极目的是追求不断提高的“地租”，而地租的来源有两个方面，一是产品涨价，二是增产。价格总是有一个增长极限，相比之下，增产的空间较大。用一项技术改造一个产业，以获得增产，这是明智的。况且，在增产的同时，还可以节本。这就是推广测土施肥的客观要求。2004 年，吉林省梨树县在 40 万亩土地上推行测土施肥技术，平均每公顷增粮 900 千克，增幅达 10.5%。与此同时，可以使化肥的有效利用率提高 3 个百分点。如果按照“五色区”的不同区域、不同作物，因地制宜地推广测土配方施肥技术，在近 3 年中使全国的粮食综合生产能力达到5 000亿千克的目标，是大有可能的。事实上，这项技术并非是小技术，而是可以在改造中国传统农业的过程中发挥重大作用的适用技术。推广这项技术，是一个从根本上提高农业综合生产能力的重要措施。

实践已经证明，测土施肥是一门科学的技术。科学，来不得半点虚假，需要排除经验思维，进行理性思维，严格遵守自然和科学规律，用定量的精确去保证质的标准。测土施肥的技术分解链是：采土、测土、配方、配肥、供肥、施肥六个环节，操作要求应该是确保采土试样有代表性，测土结果准确无误，配方科学合理，配肥比例得当，供肥保证质量，施肥遵守技术规程。其核心是配方问题。如果配方不科学不合理，测土施肥技术必定劳而无功，投而无效，劳民伤财。

疗治耕地的亚健康，改善土壤的理化性能、培肥能力、提高土地的综合生产能力，从技术层面上来研究测土施肥技术，它的实际作用是“药补”，还有“食补”的措施，即施用有机肥、种植绿肥、秸秆还田等措施。如果说施用化肥治标，那么，施用有机肥可以治本。现在的问题是重施化肥，轻施农家肥，同时，秸秆还田越来越不被重视。由于有机物料的补偿率低，不能补充土壤有机质自身矿化的消耗，最终的结果只能导致土壤的饥饿和功能的衰退。解决问题的根本出路是大量通过种植绿肥、施用农家肥、秸秆还田等生物性措施，活化耕地理性，补充有机质，增强养分，以建立起可持续的土地利用生态系统。

（2005 年 5 月）

创造农业与农民的和谐

农民看到农业的丰收，与总统竞选看到当选的选票，其愉悦的心情别无二致。这个实例说明，作为自然人，不管社会分工是什么，都有追求愉悦和幸福的天性。而这种愉悦和幸福，是来自奋斗的成就和物质与精神的获得，当然包括主体与客体、劳动者与产业、人与自然的和谐共生。和谐，是人类对追求眼前生存需要的超越，是发展目标的崇高形式。

农民以从事农业生产为天职。传统经济学理论认为，人的生产目的是为了不断地满足日益增长的物质文化生活的需要。用发展的、动态的思维方式去梳理这个理论问题，似乎还有三点欠缺。一是这样的定义只考虑了主体对客体的要求，忽略了在一对社会矛盾运动中，客体对主体也应有的要求；二是只考虑了当时、当季、当年或当代的生产所得，忽略了人与自然关系的历史的延续；三是只考虑了大自然对人类的贡献，忽略了人类天生所有的劣根性。如果上述分析有一定道理的话，那么，缩小讨论问题的外延，农民从事农业生产的目的应该是：为了不断地满足人们日益增长的物质和文化生活的需要，创造人与自然的和谐。

农业与农民的和谐，实质是产业与劳动者的和谐，也是人与自然和谐的重要组成部分。创造农业与农民的和谐，是以人为本的科学发展观在农村的具体体现。马克思恩格斯曾经设想，人类所从事的社会劳动，是随着社会发展而变化的。人类为了维持自身的生存，进行简单的物质生产，这是较低层次的劳动，这种劳动的出发点是为了生计，因而是被动的或者说是被迫的。当物质财富积累到一定程度，人的精神需求和生活的舒适性的要求上升到一定程度，将出现高层次的劳动，这种劳动的出发点是通过劳动这种形式得到愉悦和幸福，因而是主动的，自我的。这就是马克思所说的“劳动将变成人们生活的第一需要"，这也是劳动"由必然王国到自由王国"的运动轨迹。这个"轨迹"方程的解，具有人与自然和谐共生的积极意义。

在现存条件下，研究农业与农民的和谐，应首先对二者之间的和谐与不和谐的程度给出基本的判断。就目前农业与农民的现状来说，是和谐与不和谐共存，和谐因素大于不和谐因素；在农民不能及时矫正导致不和谐的人为操作的情况下，不和谐因素有可能越发被强化。从农民的角度看农业，其不和谐的表现主要是：自然灾害频繁，改善生产条件的难度大；土地沙化、碱化、盐渍化，生态环境变劣；对投入的要求标准升高，报酬递减；增长方式粗放，可持续发展的后劲不足。从农业的角度看农民，其不和谐主要表现在：农民的生产技能低下与管理落后并存；投入不足与投入不当并存；资源的过度开发与利用不合理并存；追求集约经营与采用落后的生产方式并存。

应该说明的是，从农民与农业两个角度上分析现存的不和谐，只是一种研究方法问题，并不标明二者之间的功过是非。因为在农业与农民这对矛盾中，对矛盾具有主导作用的是具有思维能力的人——农民，而非农业，农民具有主观能动作用，农业处于被改造的从属地位。顺势推理，创造农业与农民的和谐，起决定作用的是农民，创造二者的和谐，运作基点和评价标准应该放在数量、质量和可持续发展的三个层面上。

创造农业与农民的和谐，农民应该在发展农业的过程中，崇尚农业发展的自然规律，爱护和保持人类赖以生存的农业生态环境，最大限度地合理开发和科学利用农业资源，追求农业经济与农村社会的可持续发展。在这个创造的过程中，还应摒弃过去延续下来的、在生产活动中一直起作用的错误理念，引入科学的生产方式。比如，要注意节约劳动，要精确劳动价值的成本核算，要注意提高机械化作业水平和减轻农民的劳动强度，要注意加强劳动保护，创造舒适的劳动环境；要十分注意劳动安全，把劳动者的身心健康提到最重要的位置上。比如说：过去从事种植业生产，要号召农民"早晨三点半，中午咀嚼饭，晚上看不见"。这种艰苦奋斗的精神可以发扬，但这种痛苦的劳动方式需要改变。发展农业，要在以人为本的精神指导下，在最大限度地获得生活必需的农产品的同时，最大限度地控制体力的消耗，最大限度地获得愉悦和幸福，最大限度地保护大自然。

创造农业与农民的和谐，是一个没有终极的社会过程。因为和谐没有上限，社会发展的每个阶段都应该有不同的和谐目标，达到这个目标后，还要随着生产力的提高而产生新的和谐目标。但是，农业与农民的和谐，确有底限。如果农业与农民的不和谐达到了不可容忍的程度，突破了这个底限，农村以及整个社会都会发生动荡。在发展农业的过程中，如果出现地力耗损、森林消失、江河淤浅、环境污染、社会不公和两极分化、农民本体的畸形发展和健康的异化等现象，我们就可以断言，这种生产方式是不适应和谐要求的，因而是应该改变的。

（2005 年 6 月）

农村建设新思维

相传，古代一位财主，在炎热的夏天扇扇子。他将扇子在脸前作缓缓摆动，对此他说，这样的匀速运动，看似风小了，但可以满足既降温又可控制因体力消耗增量而升温两个条件，还可以延长扇子的使用寿命，降低产风成本。过去拍汽车运行的电影镜头，采用让汽车静止，车外匀速移动布景的办法，拍出的影片形象仍然逼真。导演说，这是为了解决演员不会驾车的矛盾。扇扇子也好，拍电影也罢，其共性的特征是用另类思路来解决现实问题。这种思维方式，具有触类旁通效应，给人以新的启迪。人们再把这些“启迪”具体化，就可能获得解决现存问题的新思维。

建设中国特色的现代农业，全面建设小康的新农村，也应该与时俱进、转换脑筋、更新观念，从事物的另外一方面来寻求解决矛盾、加快建设进程的新思维，并要善于把新思维转换为行动，创造新业绩。

一是对经济实力的新思维。从增强农民经济实力的需要出发，近几年中央政府极其重视增加农民收入，这是抓住了农业与农村工作的“牛鼻子”。但是，如果在社会保障制度不健全、不完善的情况下，农民增收的成果很容易被疾病、自然灾害等蚕食掉，使增收不能转换为经济实力的增强。2004 年，国家采取了包括“两减免”、“三补贴”在内的一系列优惠政策，各级政府调动了促进农民增收的一切积极因素，使全国农民人均增收 314 元，创了近一个时期农民增收的最好水平。但是，由于农民的医疗卫生事业发展严重滞后，农民看病难、药价高的问题突出，农民治疗一次重感冒，就得花掉几百元，有的脱贫户甚至就此返贫。事实上，社会保障水平是构成农民经济实力的重要因素，要增强农民经济实力，光靠增收不行，还必须健全和完善包括医疗保障体系在内的社会保障制度。

二是对进口粮食的新思维。像中国这样的人口大国，必须立足于自给解决粮食问题。但是，这个自给并不是数量意义和品种意义上的完全自给，而应该是由国内到国际、由粮食到食品、由数量到质量的多渠道、开放式的基本自给。在中国这样人多地少，耕地资源十分紧缺的情况下；在食品工业飞速发展，人们的膳食结构不断得到调整的情况下；在加入 WTO 后中国必须融入世界，国际贸易量大幅增长的情况下，如果全国粮食的年度进口量保持在国内粮食消费总量的 5%～8%之间，每年大体进口 2 450 万～3 920 万吨原粮，用于补充自产的缺口或调剂品种余缺，对确保中国粮食安全，是有利的选择。适当进口粮食，就等于进口了耕地；腾出了耕地来发展高效益产业，就等于扩大了外贸出口。进口不等于不好，出口不等于都好。应树立科学的评价标准，客观地看待粮食的进出口。

三是对防洪治水的新思维。水害，历来是中华民族的心腹之患。每到汛期，我国都免不了要军民总动员，不惜一切代价，全力以赴抗洪。年复一年的抗洪过后当沉思：疏渠放流是天经地义，对水围追堵截好吗？坝年年增高，河床年年上涨，这是长久之计吗？对洪泛区的抗洪不计成本，不惜一切代价，农民还仍然住守不离，是否还有更好的选择？治水的新思维应该是：调整对策，放水泄洪；整治滩区，疏通引流；清淤蓄洪，降低河床；治理水土，改善环境；移民搬迁，给水让路。其核心是将汛期抗洪转化为日常防洪，达到“人让水流，水让人安”的目的。

四是对经营规模的新思维。“有规模才能有效益”。这似乎是经济学的一个常识。而在土地紧缺、资源约束硬化、农业增长方式粗放的条件下，靠扩大经营规模来求效益，未必是科学之举。出路应该是：转变增长方式，坚持效率和资源利用率优先，兼顾规模，用集约经营方式实现对紧缺资源的有效替代。

五是对发展企业的新思维。无论是发展地域性质的农村经济，还是发展产业性质的工业经济，都免不了要上项目。就一个地方来说，增强经济发展后劲，培植后续财源，必须依赖于上项目。问题是要上什么项目，怎么上项目，用什么样的标准去选项目。“有产品就有销路”的供求状态，随着短缺经济时代的逝去，已经一去不复返了。现在上项目，必须满足的条件应该是：有资源、有市场；低耗能，无污染；高质量，高科技。一定要避免走“土洋结合”、重复建设，企业开工之日就是亏损之时的老路。偏离市场、低效率、大路货的项目不是财富，而是包袱。不经科学论证的“拍脑门”项目，轻则可能拖垮一个企业，重则可能致使这个地区的经济一蹶不振。

六是对新村建设的新思维。全面建设小康社会，已经把小康户的建设又提升到了一个高的层次。过去以户为单位、各自为建，重物质、轻精神，重户室、轻公益的格局必须打破；现在的住房条件改善，家具电器齐全，而村庄脏乱差的局面必须改变。人均 GDP 在 1 000～3 000 美元之间的发展阶段，人们对生活质量的要求会立即从吃穿用转向生存和发展的环境上。目前新农村建设的重点应该是：解决道路、通讯、环境、卫生、饮水、教育等基础性问题，实现物质与精神、家庭与社会、乡村与城市的共同进步和协调发展。

七是对发展前景的新思维。建设新农村，是一项伟大工程，理应有一张“施工图”，以统领和指导社会实践。过去的惯例是国家每五年要出台一个发展计划和远景目标。现在看来，计划不如规则，远景目标要有具体措施作保证；要淡化 GDP，强化“和谐”和“共荣”；经济发展一定要兼顾社会进步，人的素质提高一定要优先于财富的增长。这些具有与时俱进意义的新思维，应成为社会共同遵守的行为准则。

（2005 年 8 月）

“以工补农”战略与策略

把人类的进步和社会的发展分为若干个阶段来研究，这是多门类科学家的通用手法。比如，史学家将社会的进化划分为旧石器时代、青铜器时代、冶铁时代，等等；经济学家把生产力的发展分为农耕文明、蒸汽机文明、电气化工业文明，等等。对这样的分类，与其称为旨在按时序或发展水平系统地揭示人类进化的过程，莫不如称为是人对自然规律的发现和探索。这种发现和探索的重大意义，并不单纯在于当代人的认知，而在于引领后人的作为。

沿用阶段性分类法，力求创造新的文明，中国政要以及专家学者，在分析现存生产力状况和社会矛盾的基础上，给出了“中国应终结农业为工业化进程提供原始积累，转入以工补农、以城带乡发展战略”的相机抉择。这种关系到整个国民经济及社会发展走向的选择，决定了人们必须从战略和战术两个方面来研究它、认识它和实践它。

“以工补农、以城带乡”，说的是一个问题的两个方面。“以工补农”，是立足于现阶段的发展来调节工农业之间的关系，属于经济运行中收入分配环节的调节手段；“以城带乡”，是立足于社会层面上来调节城市与乡村的关系，属于社会进化中区域的调节手段。二者的共性主张是：经济的均衡、社会的稳定、经济与社会的和谐。“以工补农”是硬调节，是强制性手段；“以城带乡”是软调节，是一种社会趋向的引领。“以工补农”有实质性进展，“以城带乡”就会有收效。所以，研究“以工补农”、“以城带乡”就意在其中了。

作为经济和社会发展的大战略，“以工补农”的提出，有其客观必然性。首先，这是由“农业是母产业”的理论所决定的。马克思主义认为，农业是母产业，是派生工业、商业以及服务业的基础。作为母产业，农业将在以工业为标志的后兴产业的发展初期给其以“哺乳”，而一旦出现工业等诸产业已经充分地发展起来和农业渐渐衰弱的情况，子产业就应该给母产业以回报，给以“反哺”，这是母子关系所决定的，是天经地义的。其次，是由“经济的发展要均衡”的要求所决定的。有经济学家提出，经济要持续、稳定、协调发展；也有经济学家提出，经济要持续、快速、健康发展；还有经济学家提出，经济要与社会和谐发展。不管用什么语言来表述，其实质的主张是国民经济各业之间、经济发展与社会发展之间要相适应，不能有的“腿长”，有的“腿短”。中国社会的现实情况是：工业“腿长”，农业“腿短”。因而要“用长补短”。第三，这是别国可资借鉴的实践。世界上一些先发达起来的国家，大多都走过了一段农业为工业提供原始积累，工业发展起来后就立即反哺农业的路程。美国是这样，欧盟的一些国家也如此，就是城乡发展差距较大的南美诸国，近些年也在调整发展战略，逐步实施以工补农和以城带乡。农业是弱质产业，需要扶持；农民是弱势群体，需要帮助，这已经成为各国政要的共识。对此，有的学者甚至说，一个国家经济及社会发展到一定的阶段，能否相机抉择，采用以工补农的发展战略，将关系到这个国家经济能否继续发展和社会能否稳定。

中国开始实施以工补农战略正逢其时。一是有产业基础。经过建国以来 50 多年的艰苦奋斗，已经建起了比较完整的国民经济体系和相互配套的产业体系，第二部类和第三部类产业得到了突飞猛进的发展。特别是农用工业的稳步发展，为装备现代农业，实现农业现代化，提供了物质技术基础。二是有经济实力。2004 年，国内生产总值已达到 136 515 亿元，人均占有 1.05 万元；同年的税收收入已经达到 25 718 亿元，人均占有 1 978.5 元。从“六五”时期就提出的“实现财政经济状况根本好转”的目标已经实现。从 2004 年开始，对农业实行的“两减免”、“三补贴”政策，两年中央及省级财政对农业的回补已达 1 200 亿元以上。这么大的回补数额，是过去连想都不敢想的，而现在却成为了现实。按照“十一五”期间 GDP7.5%左右的年增速度，保持现有的财政收入水平，实行更广泛的反哺农业政策，是能够做到的。三是有社会环境。在确保经济持续发展、社会需要和谐的大环境下，人们对以工补农、以城带乡已形成了共识。大家认识到：在整个国民经济增加值的构成中，尽管农业的比重已经下降到15%左右，但是，农业作为社会分工的基础产业的性质并没改变；在人们的食品结构中，尽管营养源不断拓宽，但是，粮食作为人类基础主食的性质并没改变；在WTO规则的约束下，尽管国内市场要同国际市场相融合，但是，立足于基本自给来确保粮食安全的方针并没改变；在社会主义市场经济条件下，尽管各类生产要素要向效益高的工业产业和城市区域聚集，但是，农村社会发展程度对整个国家现代化建设的标志性作用并没改变；在城市化进程中，尽管大批农民要涌入城市，成为市民，但是，对农民这个群体要扶持的客观要求并没改变……这些基本趋向一致的认知说明，实行以工补农、以城带乡的社会环境、人文环境、舆论环境都比较好。只要各级政府有决心，整个社会就会有统一的行动，也就会有良好的效果。

实施以工补农和以城带乡，要涉及到国民经济和社会发展的中长期规划，涉及到工农关系、区域政策和民族政策。因此，它是个大战略。所谓战略，是关系到全局的谋划。把这个谋划付诸实施，达到理想的目的，就应该系统研究运行方式和操作的具体措施，这就是战术问题。从中国的国情出发，实施以工补农战略，至少要采取五项战术。一是在工作的指导上，坚持把农业摆到经济工作首位，坚持把“三农”工作作为全党工作的重中之重。二是在国家政策导向上，矫正工农分割、城乡分割的二元结构，体现向“农”字倾斜。三是在财力投入上，调整国民收入分配结构，把国民收入的增量主要用于发展农业和投入农村公益事业建设。四是在扶持顺序上，按照先农后工的顺序制定中长期发展规划，宁可少上几个工业项目，也要保障农业发展的急需。五是在社会环境上，大造以工补农的舆论，鼓励和激励落实这个战略的具体措施。

实施以工补农战略，不但要看到艰巨性，而且还要看到长期性。它大体上要经历准备、过渡、全面推进三个阶段。建立和完善社会主义市场经济体制是个漫长的过程，实施以工补农战略，也必定是个漫长的过程。

（2005年9月）

节约与相关经济学原理联想

作为阐述物质循环和社会财富变量的广义学科——经济学，有若干个子系分支。从内涵层次上分，有微观经济学、中观经济学、宏观经济学；从研究范畴上分，有政治经济学，生产力经济学，技术经济学；从产业分工上分，有工业经济学，农业经济学，运输经济学；从客观形态上分，有市场经济学，制度经济学，计量经济学等等。不断细化的分类和林林总总的分支，都离不开一个精髓，即：阐述社会物质生产和再生产的过程、特征和结果；研究物质循环过程各项可变量之间的关系。既然要研究物质的变量，就要涉及增与减、投入与产出、效率和效益等指标，也就当然要涉及到节约问题。至此，节约经济学可能应运而生。

“节约”是经济学发展的产物。经济学成其为系统科学，至今有2 500多年的历史。它的鼻祖是古希腊大哲学家苏格拉底与其弟子色诺芬。色诺芬把与苏格拉底关于“奴隶主应该如何增加财产、如何管理庄园事务”的谈话记录下来，集腋成裘，于是世间第一部《经济学》雏形诞生了。当时希腊语的《经济学》一词，包含家庭与管理两层意思。后来，亚里士多德发现了商品、货币流通、国家财政等问题，并把这些问题纳入伦理学、政治学中去讨论；再后来，斯图亚特、亚当·斯密、李嘉图和西斯蒙第等天才的思想家，致力于这门学问的研究，为政治经济学的形成奠定了基础。但“以家庭财富和管理”为特征的经济学学说，仍然寓在其中。19世纪英国剑桥大学的马歇尔教授，发现了消费、需求和资源配置等问题，从而把经济学原理从政治经济学中剥离出来，形成了“主要研究如何更有效地提供种类繁多的物品和劳务，以满足人们的多种欲望”为内容的经济学原理。马歇尔的弟子凯恩斯，于20世纪30年代将就业以及利息原理充实到传统经济学，完成了微观到宏观的过渡。从“庄园事务管理”到

“消费、就业和利息”奥秘的发现；从“尽可能多地提供物品和劳务”到“资源配置”理论的形成，无疑使“节约”在经济学中的比重不断增加，地位和作用不断得到强化，以至于成为了贯穿于现代经济学中的一个基本“要素”。

节约，既是经济发展的手段，也是经济发展的目的。现代汉语词典告诉人们，节约的涵义是“有节制地使用，节省不必要的开支”，主张不铺张、不奢侈，该用的才用；其关键词是限制和约束。“用尽可能少的物化劳动（资源）和活劳动（劳务），生产出尽可能多的而又具有一定质的规定性产品，以满足人们日益增长的物质文化生活需要。”这是再生产的目的。其中，“尽可能少”的是限制和约束条件，即是手段。手段与目的的一致性，构成了经济再生产的良性循环。如果缺少限制和约束的手段，实现生产目的就要大受影响。这就是节约对经济增长的重要贡献。

节约不是抑制消费。生产的最终目的是提高人们的消费档次和水平，消费对生产具有促进作用，这是经济学中的一条定理。在经济运行中注意节约，与鼓励消费是不矛盾的。在生产过程中节约，就是为了增加物质财富，增加人们的消费，使人们的生活过得更美好。现在人们谈论的节约，可以分为两个层次：一是在生产过程中的节约，即要求在经济运行中资源、能源和劳动付出的减量；二是相对浪费而言的节约。相对来说，第一个层次的节约更重要、更迫切、更带有根本性，现在的工作重点是作生产过程的“减法”。在第二个层次的节约实践中，要正确处理消费和节约的关系，要把消费与浪费严格区别开来。正常的必要的消费要引导，要鼓励，生产生活中的浪费现象要制止，要纠正。如果不分层次，一味地作“减法”，有可能出现凯恩斯所担心的“消费倾向递减”，以至于需求不足而导致市场疲软，反过来抑制经济的发展。经济一旦萎靡，提高人们的消费水平将成为无本之木。

节约与开发并重。研究经济问题，人们习惯从存量与增量两个方面去分析。节约，与存量的关系密切；开发与增量的关系密切。求得经济持续稳定发展，必须在存量和增量的两个方面作“功”，二者不可偏废。比如解决能源短缺问题，固然要通过技术、经济、行政手段努力降低同质 GDP 的消耗量。但是，单纯在这一方面下功夫远远不能解决问题，还必须利用现代科技，开发和利用风能、水能、生物质能和一切可再生能源，提高能源供给能力，增加供给总量。从理论上讲，存量总是小于增量的。因此，在不可忽视“存量”的前提条件下，注意做增量的“功夫”，才是满足生产目的要求的两权之计。

节约是保护生态环境的有效措施。人与自然的和谐，首先是物质生产、流通、消费过程与生态环境的和谐。在物质循环过程中保护生态、改善环境，有赖于最大限度地节约以资源为主体的投入，有赖于降低废弃物质的产生和再生利用，而这两个“有赖于”的实质是节约。浪费资源的同时，就是对生态平衡的破坏；无节制地产生废水、废气、废物的同时，就是对环境的污染。反向思维，就可得出实行节约发展战略，是保护生态环境的必由之路。开发利用资源应建立在科学有度、合理的基础上。掠夺式生产，不科学地超自然再生能力地攫取资源，有可能导致地球村患癌症，最终一定会酿成开发者自掘坟墓的悲剧。

节约是个经济问题，也是个社会问题。建设和谐社会，首先要建立节约型社会。经济运行要讲成本，社会发展也要讲成本，资源的有限性和时空条件的不可重现性，决定了当今的节约实践，不仅是经济领域的事情，同时也是各行各业乃至全社会的事情。应该通过采取经济、行政、法律和道德引导等手段，减少社会运转的各项消耗，提高资源的利用效率，力求用最少的投入取得最大的经济、生态和社会效益，实现经济与社会的可持续发展。

节约是增强农业竞争力的必然选择。中国的国情表面是地大物博，而实质是人平物薄。与农业发展息息相关的水和耕地资源全面紧缺，而且不可逆转。这就决定了中国的农业必须走节约型的发展道路。应紧紧围绕农业增长方式的转变，以提高资源利用效率为核心，以节地、节水、节肥、节药、节种、节能为重点，大力推广节约型的耕作、播种、施肥、施药、灌溉与旱作农业、集约生态养殖、沼气综合利用、秸秆综合利用、户用高效炉灶、农机与渔船节能等“十大节约型”技术，使农业尽快走上科技含量高、资源消耗低、经济效益好、环境污染少、人力资源优的可持续发展道路，以优化农业来带动构建农村和谐社会。

（2005 年 10 月）

漫话疫情与舆情

伴随人类社会的进步，自然现象和物质生物链也在每时每刻地发生着变异，新出现的一些疫情、怪病，比如“非典”、禽流感、疯牛病、猪链球菌感染等等，给国家和人民的生命财产带来严重的危害，已经成了经济和社会发展的障碍，成了党和政府的一块“心病”。在以信息同步、价格同步、健康同步为标志的开放时代，人类对未知世界奥秘的追求，对疫病抗争的探索，不能不信赖于舆情的引导。如何处理好疫情与舆情的关系，是一个具有现实意义的命题。

疫情与舆情，并不是一对事物的两个方面，而是具有很强独立性的两件事情。如果说二者有什么联系的话，应该说是由于经济和社会发展的客观要求，使二者不得不发生一些必要的联系。从新闻上说，疫情是本源，舆情是信息的扩散；疫情通过舆情的传递，引导人们的认知；舆情是疫情的客观反映，只有准确、及时、得当地反映疫情，舆情才有生命力，才能体现其自身价值。客观的要求是，舆情服从于、服务于控制疫情；形成什么样的社会舆情氛围，应依据疫情发展的客观要求。离开疫情去讨论舆情，有可能导致出现灾害性报道的“客里空”，后患无穷。

从经济学上说，疫情可归结到生产力的对立面范畴，舆情可归结到生产关系范畴，疫情对生产力有破坏作用；舆情是通过及时、准确的信息传递，来实现它的“对生产关系具有反作用”的一项功能。从社会学上说，疫情是灾害，舆情是防控疫情的人文环境；疫情破坏物质生产秩序，严重威胁着人类身心健康和财产的安全，影响社会稳定；舆情传递疫情发生、发展以及扑灭的具体信息，引导人们认识疫情、了解疫情和科学对待疫情，并在某种程度上影响决策集团采取对策防控疫情。疫情的作用总是负面的，而舆情的作用可能是正面的，也可能是负面的。适时、准确、富有科学性的舆论引导，其作用必定是正面的；误时、不负责任的、道听途说、难辨真伪的舆论引导甚至是“炒作”，其作用必定是负面的。

要最大限度地发挥舆情的正面作用，首先要把疫情搞准。这是防控疫情，最终消灭疫情的最重要、最基础的工作，是医疗检疫和畜禽防疫人员及一切相关工作者的一项重任。防止疫情，从本源上解决问题，至少有四个方面的工作要做好。一是对各种人畜禽非正常疾病死亡的异常现象引起重视，密切监控，在必要的检疫检验基础上进行研究。二是依法治疫，严格遵守各项法律法规和疫情报告制度，相关人员要一丝不苟、认真负责地对待疫情的各种倾向性苗头，该上报的及时上报，决不能马虎大意。三是加强检验检疫基础设施建设，完善技术手段，建立起强有力的疫情快速反应机制。四是就一些重大疑难技术问题开展攻关，开展国际同行的交流与合作，尽可能地借用国际成功经验，努力提高疫情的监测水平。搞清疫情，这是防疫的第一道关口，把住了，才能“对症下药”。

有了疫情，什么时候发布，采取什么样的形式发布？在什么范围发布？这是政府及其所属部门的职责，不能混同为一般商务或企业行为。就这几年政府对疫情的发布和相关舆论引导来说，有的同志认为：“非典”反应迟了，猪链球菌反应过了，禽流感的反应正相宜。这个说法未必准确，但是，能给我们留下一些提示和思考。总结以往经验，政府对疫情的反应及对舆情进行引导的原则应该是：兼顾社会稳定与人身健康，把确保人身健康放到第一位；兼顾企业的经济效益和整体的社会效益，把社会效益放在第一位；兼顾确保人们的知情权与确保对疫情防控，把确保对疫情的防控放到第一位。发布疫情应适时、准确、得当；也应同时发布防控措施，并应辅以防控的科普知识。政府要以强有力的措施和令人信赖的威望，来影响和提高社会的凝聚力和群众的心理承受力，筑起万众一心防控疫情的坚强的心理技术物质防线，争取用最小的代价彻底扑灭疫情，努力把损失降到最低程度。疫情发布的决策，是政府的风险决策。风险与收益（损失）历来是对等的，在风险一定的情况下，决策的时机和举措正确，就可以把因疫情所造成的损失降低到最低程度。出现疫情，是对政府驾驭复杂局面能力的考验，同时也是政府提高公信度、美誉度的极好机会，问题的关键在于能否以民为本、依法操作、科学把握、善于负责。由此可见，面对疫情，政府的权威应得到充分体现，政府的责任重于泰山。

负有舆论引导职责的新闻宣传单位，对待疫情的态度应该是：尊重事实，服务大局，科学组织，有序报道；在政府的指导下，发挥好传递信息、总结经验、鼓舞士气、凝聚力量的职能，不断提高疫情报道艺术和舆论引导水平。所谓尊重事实，就是记者一定要深入第一线采访，做到眼见为实，文章写实，说理据实，切不可对事实有半点的夸大或缩小。所谓服务大局，就是要从有利于社会稳定，有利于增强信心，有利于解决现存问题的高度去传递信息，控制舆情引导的负面影响。所谓科学组织，就是对重大疫情的舆情引导要在政府的统一指导下进行，协调运作，科学配置新闻资源。所谓有序报道，就是要按要求、按计划、按步骤展开，不可自行其是或不听招呼。总之，舆情引导的检验标准是：帮忙不添乱。

人类要繁衍生息下去，必然地要同“禽流感”、“猪流感”、“鱼流感”等怪病疫情斗争下去，只要出现疫情，就要实施舆情引导。让舆情成为疫情的克星，将是防疫及新闻战线共同努力的方向。战胜疫情，舆情的作用功不可没。

（2005 年 11 月）

创新发展理念　建设现代农业

党的十六届五中全会明确提出，在“十一五”期间，要在全面贯彻落实科学发展观的重要方针指导下，积极推进现代农业建设。深刻领会全会的精神实质，把新的规划建议变成广大基层干部和亿万农民建设现代农业的自觉行动，就必须面向未来，站在一个新的历史起点上，审视过去的发展理念，选择新的发展道路；也就必须坚持以人为本，转变发展观念，创新发展模式，提高发展质量，从而把农业引入以高产优质高效生态安全和可持续发展为标志的现代农业的轨道上来。

一、转变农业发展观念

改革开放以来，中国的农业从发展目标上来区分，大致走过了三个阶段的历程。第一阶段，以党的十一届三中全会为起点，以解决十几亿人口的吃饭问题为目标，大刀阔斧地变革了束缚生产力发展的生产关系，到1984年末，随着粮食的人均占有量上升到400千克，中国向全世界宣布靠自己的能力已经完全可以解决温饱问题，这个阶段胜利地终止。第二阶段，从1985年开始，以发展大规模的商品农业和市场农业为目标，农业开始从计划经济体制向社会主义市场经济体制转轨，直到1998年末，计划农业的色彩彻底褪去，市场农业的框架已基本形成，这个阶段也圆满地终止。第三阶段，从1999年开始，农业以进行大规模的战略性结构调整为目标，在农产品结构、农业内部结构和农村经济结构三个层面上，进行了前所未有的大调整，预期到“十五”计划期结束，这种战略性的调整在成绩斐然中将告一段落。

在十一五期间，“三农”工作的两项艰巨任务，一是建设现代农业，二是建设社会主义新农村。这预示着农业发展和农村建设，迈上一个新阶段。新的形势、新的任务，要求农业系统的干部和亿万农民与时俱进，调整思维方式，转变发展观念。

一是要突破单一发展产业要求的束缚，树立以人为本的新观念。农民是农业的主体。发展农业，应把农民的所得、人的本能的体现、劳动者在劳动过程中“幸福指数”的提高放到应有的位置。马克思认为，在社会发展的低级阶段，人类为生存而必须进行艰苦卓绝的劳动，有时甚至要付出生命的代价；而当社会生产力发展到一个新的阶段，物质财富积累到一定程度时，人类的劳动应该是由生存的必须转入生活的需要，且表现出快乐和可以自由选择的过程。以人为本，应该是在人作为劳动者的情况下，十分注意降低劳动强度，节约劳动时间，崇尚劳逸结合，加强劳动者的防护措施和身心健康保障。过去的那种“面向黄土背朝天”，“早晨三点半、中午咀嚼饭、晚上看不见”的农业生产方式和作息时间，应逐步改变；艰苦奋斗的精神需要发扬，奋斗的艰苦程度应逐步好转。可以预言，农业生产者脱离艰难险重的劳动氛围，农业不再是一个拼时间、拼体力的产业时，现代农业的标准可能就达到了，不巩固的农业基础地位也会自觉地巩固起来。

二是要突破主要提供食物的生产范畴的束缚，树立生产多元产品的新观念。传统的农业，主要是指以生产原粮为主的种植业和以生产畜禽、生产水产品为补充的畜牧水产业，其产业特征是绝大多数产品可以“入口”。因此，传统的农业具有人类的哺乳产业之称。在一个国家靠自给的能力能够稳定地解决国民温饱问题、粮食安全问题已转化为食品安全问题、产品结构问题已转化为产业的质量问题的情况下，农业的内涵将得到充实，外延将被扩大。人类越过“温饱”阶段后，人们要追求吃得好，吃得健康；农业由过去的要确保粮食安全转变为确保食品安全，无疑扩大了农业的发展空间，延长了农业的产业链条。国民需求的改变，必将推动农业沿着粮食——食品——工业原料——多元产品这样一条链条去递进。这个递进的过程，就是农业从传统产业向现代产业的演变。未来的农业可能从田野走上太空；未来的农产品的功能将由单一的解决温饱转向为满足人类的用、住、行等多方面的需求。由于产品转化和再生技术的创新，玉米、大豆、稻壳和农作物秸秆等传统农产品，可能成为主要的能源来源，禽蛋产品也将不再直接“入口”，通过工业手段再生为理化性能极佳的营养源。在未来，人们“穿大豆”，吃“营养液”，住“秸秆房”，利用香蕉树、甘蔗皮制作“轴承”，汽车烧“玉米穗”，并不是幻想。

三是要突破传统农业模糊成本的束缚，树立精确核算的新观念。传统的农业，在经营管理上嗜好模糊的概念，不计成本、不经核算、不追求投入产出效率的问题突出，使得劳动价值和资源的占用不能得到较高的回馈。利用耕地不进行机会收益比较，利用劳力不计算工时，是农业模糊成本的显性标志，也是在建设现代农业过程中要首先解决的问题。现代农业的一个有机构成，就是要精确核算。在这方面，农业应效仿工业，应引入现代工业管理的理念，精确成本、效率、效益核算。一定要摈弃农业资源是大自然的馈赠，可以取之不绝；劳动是人的本能，劳动力不用白不用等一些不正确思想，树立劳动必须创造价值、动用资源必须作机会收益比较、节约劳动力是让农民休养生息等新观念，从而把农业生产经营引入科学管理、精确核算、节本增效的轨道上来。

四是要突破单一追求产量概念的束缚，树立注重增强发展能力的新观念。在短缺经济时代，农业的第一追求指标为产量。这是当时客观的需要，也是不得已而为之的选择。列宁曾经说，吃不饱肚子的人，是什么事情都干得出来的。现在中国农业发展的经济与社会环境，与过去不可同日而语。主要标志是，农产品的供需已经由全面短缺转变为供需基本平衡，丰年略有剩余。研究农业的发展，应该从不同发展阶段的不同需求出发，确立从低级到高级层次的评价目标。农业发展有可能走出：注重产量——注重产量和质量——注重提高综合生产能力的运动轨迹。目前，中国农业处于注重产量和质量的第二个发展层次上。但从长远上看，要建设现代农业，就必须着眼于提高农业的综合生产能力。高的产量，是对一年的标榜，而较高的综合生产能力，是对确保在一个相对较长时间的中高产的标榜。产量是基础层次，能力是高级层次。“藏粮于库，不如藏粮于地”，说的就是这个道理。由此可见，精明的生产经营组织者，应在头脑中逐渐淡化“产量”的概念，逐渐增强“生产能力”的概念。

五是要突破传统农业生产功能的束缚，树立开发产业功能的新观念。过去人们普遍认为，农业的基本职能是为人类提供衣食产品。随着产业的变迁、边缘产业的融入和社会的进步，作为基础产业的农业，其功能已经远远超出了衣食产品的范畴，由单一的产品生产拓展为以产品生产为基础的含有生态修复、休闲观光、科教基地等多种功能为一体的复合型产业。各地在农业开发的过程中，相继建起的生态园、观光园或农业科教基地，就是在不断开发产业功能的新观念指导下的探索。这些带有发展方向的探索，预示着农业的地位将不会随着占有 GDP 比重的下降而削弱，仍然是大有作为的产业。

二、创新农业发展模式

中国在生产力比较落后、生产关系还没有完全理顺的传统农业形态下发展现代农业，遇到的最大障碍就是：单家独户的分散经营，生产规模狭小；水、土资源奇缺，外延发展环境约束硬化；基础设施落后，装备水平较低；物质和技术储备不足，节本增效的手段软弱；劳动者的素质偏低，市场体系有待完善。解决这些问题，必须引入先进的具有时代特征的生产经营理念，必须不失时机地推进改革，必须进行包括转变增长方式在内的生产经营组织和发展模式的创新。

人类进化的历史和进行物质再生产的实践经验证明，创造新的，首先要否定旧的；推广先进的，首先要摈弃落后的。创新发展模式，一项基础性行动就是梳理故有的发展模式，用效率标准、发展眼光、辩证思维、科学方法去审视旧模式，去衡量正在孕育和萌生的新模式，从而作出取舍。在现代世界农业发展过程中，各国都在追求先进的农业发展模式上进行着不懈的探索，从不同角度、利用不同的参照、提出不胜枚举的多种模式。比如：常规农业、循环农业、生态农业、生物农业、数字农业、精准农业、集约农业、观光农业、立体农业、创汇农业、城郊农业、高效农业、品牌农业、信息农业……其中，绝大多数发展模式对于中国这样的发展中国家来说，还只是刚刚"破题"，显示着旺盛的生命力和强劲的发展后劲。但是，也有个别发展模式在市场经济和全球价格同步、健康同步、信息同步，经济一体化、竞争国际化的新形势下，表现出常规、过时或者缺乏生机和活力。以新的形势和任务为基点，清理发展思路，首先要对过时的、颓废的、显失生机和活力的发展模式予以否定。

依据中国的国情和农业发展的阶段性特征，目前至少对四种发展模式的滞后性要有个清醒的认识，从推荐推广的名录中剔除。一是剔除传统农业模式。传统农业，是一种自给自足的自然经济的发展模式，刀耕火种；下种在人、收成在天；种田为吃饭，养鸡为换盐，产品自食自用是其基本特征，这与大规模的商品生产是格格不入的。二是剔除石油农业模式。以美国为代表的发达国家，在20世纪初开始，大力推广以石油为动力、以无机物为介质的化肥、农药和以矿物质为农业生产资料的农业生产模式，人们称之为石油农业模式。经过一个多世纪的实践，这种生产模式已经明显地呈现出弊大于利的劣势，突出的问题是：能源消耗量大，加剧国际市场上不可再生能源的供需矛盾；农产品生产成本不断攀升，市场竞争能力弱化；导致大面积的农业面源污染，严重威胁着食品安全和生态环境。大量的实证分析显示，石油农业模式的终结，是仁人志士的共识。三是剔除市场农业模式。市场农业作为一种模式提出来，其时代背景是在建立"计划为主，市场调节为辅"和"有计划的商品经济"等经济体制目标下产生的，是针对过去生产计划统一安排、农产品统购统销、生产资源统一计划供应的改革措施提出来的。在当时，有其发展的先进性和客观必然性。但是，现在已时过境迁，社会主义市场经济体制已经基本形成并将不断得到完善，面向市场去组织生产经营已经成为基本常识和必须条件，市场已经成为农业生产以及一切经济活动的载体，理所当然地不可称为一种发展模式了。四是剔除城郊农业模式。在一些大城市郊区，伴随着改革开放应运而生的城郊农业，是在满足大城市居民生活需求，定点生产蔬菜、禽蛋和副食品，努力把郊区办成城市的副食品基地的要求下发展起来的，是解决副食品短缺的一项措施。在城郊土地极其珍贵，价格是“寸土寸金”的情况下，在全国甚至全世界农产品市场一体化的情况下，在交通条件大为改善，绿色通道无阻的情况下，再利用城郊来发展副食品，是一个不经济的选择。城郊作为经济发展的优势地域，应在更高的层次上，更有优势和效益的层次上来选择主导产品和具有现代时尚意义的农业发展模式。

新的农业发展模式，具有先进、现代、时尚的特点，应符合高产、优质、高效、生态、安全的要求。研究近几年一些地区的探索和实践，至少有八种各具特色的发展模式值得推广或借鉴。一是以充分利用资源优势，调整土地、资金、劳力等生产要素的配置，通过转变增长方式，进行精耕细作来提高产出效率和效益的集约型发展模式。二是利用生物、微生物、农艺、工艺措施，把农业废弃物作无害化处理，循环利用资源的生态型发展模式。三是应用全球定位系统、地理信息系统、遥感遥测系统等先进技术，定时、定位、定量地实施现代农业操作技术与管理程序的精准型发展模式。四是电脑、电视、电话“三电合一”，创建电脑语言自动答询系统、电视播报系统、文字传媒系统、专家演绎系统、基地展示系统、信息交流与市场服务系统，集中给生产经营者提供全方位、多渠道的技术信息服务的数字型农业发展模式。五是瞄准国际市场，突出地方特色，实施一村一品或一乡一品战略，产品主要外销的创汇型农业发展模式。六是利用物质循环、能量转换原理，实施腐殖肥和物理及生物驱虫技术，生产品质好、无污染、无残留、无公害农产品的有机农业发展模式。七是通过利用人工建造的设施来调节生物体生长和储藏运输的环境，比如简易塑膜覆盖，蔬菜、动物、花卉、食用菌等的工厂化生产，温室及畜舍的补光、加温、通风、微滴灌以及贮运中空调、冷藏设备等，从种苗到产品的现代化生产的设施发展模式。八是利用地域优势和现代科技手段，建造生态园、科技园、展览园或园艺园，集科研场所、种苗培育、展览展示、观光旅游、休闲度假为一体的观光农业模式。

创新农业发展模式，需要理论研究，但根本的是社会实践问题。理论上的概括、总结或推荐，是以社会实践为基础的。中国幅员广阔，各地情况千差万别，农业发展的模式，不可能只有一个或几个“版本”。因此，必须坚持从本地实际情况出发，把主观愿望与客观实际统一起来，探索具有本地特色的发展道路，选择最具有优势的发展模式。

三、提高农业发展质量

提高发展质量，是五中全会对整体经济和社会发展提出的新要求，自然也是“十一五”期间农业的一个努力方向。解析其内涵，一层意思是说，在“十一五”期间发展仍然是各行各业的第一要务，仍然要坚持发展这个硬道理；另一层意思是说，现在中央所提出的发展，不是传统意义的发展，而是在科学发展观的指导下，更高标准上的发展。

提高耕地质量，培肥地力，是提高农业发展质量的基础。“农以土生，土为农本”。提高农业的发展质量，首先要提高农业的基本要素——耕地的质量。目前，我国耕地的营养成分逐年递减，耕层板结，色泽变黄，含水性能变劣，地力下降。多年的实践证明，种地养地，增施有机肥，改土造田，秸秆还田，换茬轮作等办法，是培肥地力和提高农业抗御自然灾害能力的有效办法，应大力提倡，并且形成耕作制度，坚持持久地做下去，求得地越种越肥，后劲越来越足。

提高人力资源质量，增强农业从业人员对新园艺、新技术、新设施的引进、吸收、消化和应用能力，是提高农业发展质量的关键。在农业生产力的组成中，人是最积极、最有创造力、最具决定意义的要素，建设高质量的产业，首先要建设一支高质量的从业人员队伍。一是通过办各类专业培训班，开展农业科普下乡活动，利用广播、电视和音像设施，大力普及科技知识等渠道，培训提高现有的农业从业人员，使他们能够尽快地掌握一两项专业技术；二是通过普及九年义务教育，由国家投入开办农业职业技术学校，在普通高中调整课程设置，增设有关农业专业知识等渠道，提高农业后备劳动者的文化科技素质。从长远看，教育部门应从公益性的要求上来改革教育制度，重视农业专业教育，提高教育的实用性，不断地为农业的发展输送具有现代理念和专业技能的人才。

提高生产要素的配置质量，调整结构，是提高农业发展质量的根本保证。中国的农业，由于劳动力和资本市场体系不完善，科技创新动力不足，以至于出现了农业技术人员的不足与劳动力过剩同时并存；耕地资源匮乏与耕地的滥占乱用同时并存；科技储备不足与先进技术成果转化推广不到位同时并存；资金紧缺与投入效益低同时并存。产生这四对矛盾的终极原因，是资源配置不科学不合理，解决问题的出路只能是按照市场经济规律的要求，不断完善市场体系，加强管理，精确核算，充分发挥全要素的生产效能，减少损失浪费，用生产要素的优化组合来确保农业产业发展质量的提高。

提高各级政府和涉农部门的协调服务质量，真正把农业摆到经济工作的首位，是提高农业发展质量的有效途径。在中国这样的发展中国家，农业的发展离不开政府的协调和指导；离不开一些涉农单位在互惠互利、共生共赢基础上的服务。这在市场体系不完善，农民的组织化程度比较低的现阶段，加强对农业的协调、指导和服务，尤其显得重要。政府的协调指导和服务，主要是运用经济、行政、法规等宏观调控手段，加强产业支持、政策扶持和服务体系的建设；涉农部门的服务，主要是通过确定科学、合理、体现公平的利益分配格局，促进涉农部门把本职工作与农业的发展要求统一起来，不断完善服务设施，扩大服务范围，增强服务能力。政府应协调各方面的力量，指导建立起面向农业的综合性服务与专业性服务相结合的多功能、网络型的社会化服务体系。

提高农产品质量，改善品质，是提高农业发展质量的重要标志。人们消费档次的升级和结构的变化，产业要实现优质、高能、环保、安全的发展目标，对农产品的质量和品色提出了新的要求。只有从现实的需要出发，生产出质优价廉的农产品，农业才有竞争力，产业才能得到优化升级。提高农产品质量，一是通过耕作制度改革、农艺技术创新和装备设施的改善，提高常规农产品的品质；二是通过品种的改良和新产品的研究，开发新的农产品；三是推广有机农业模式，实施免化肥免农药的无公害生产，提高产品的安全性；四是制定和完善农产品分类的质量标准，健全具有品质提升作用的质量评估体系；五是改善农产品的运输及贮藏设施，采用新的包装材料及先进的包装技术，防止运贮过程中的降等降级。在“十一五”期间，力争农产品质量有一个新的飞跃，即标志着中国农业进入了一个新的较高层次的发展阶段。

（2005 年 12 月）

建设新农村的哲学思考

建设社会主义新农村，其哲学涵义是一种社会实践活动。由于这种活动包括经济、政治、文化、社会及生态等多范畴，具有时间上的纵深性和空间上的广延性，因而是一种伟大的社会实践。伟大的实践，需要得到理论的支持，需要马克思主义的哲学、政治经济学和科学社会主义三大学说基本理论的指导。其中，以唯物论和辩证法为“内核”的马克思主义哲学思想，能够对新农村建设给出战略的诠释和战术的选择，从而解决建设的“桥”与“船”的问题。

抓主要矛盾。今天的中国社会，主要矛盾仍然是先进的社会制度与落后的生产力之间的矛盾，经济发展的总体落后和地区之间的不平衡，生产所获不能满足人们日益增长的物质和文化生活的需要，是建设中国特色社会主义无法绕开而又必须突破的难点。中国的落后主要是农村的落后，把农村列为建设重点，尽可能地集中使用财力、物力，切实保障新农村建设的急需，这就准确地抓住了主要矛盾。抓住了主要矛盾，就有可能使其他矛盾迎刃而解。人们常说：没有农民的全面小康，就没有全国人民的全面小康；没有农业的现代化，就没有全国的现代化；中国建设的重点在农村，难点也在农村。因此，只有抓住这个重点，突破这个难点，才能有效地避免出现“城市像欧洲，农村像非洲”的现象，中国才会有希望，才会实现城市与农村、经济与社会的协调发展，中华民族才能强盛起来。

透过现象看本质。农村的落后，从表面上看是经济的落后，是由于原始积累不足、信息闭塞、交通不畅等原因所致。再深入地追问下去，为什么原始积累不足，为什么信息闭塞，为什么交通不畅？有客观原因，但主要是主观原因，是人的因素，是作为农村主体——农民的文化程度、就业技能、创造潜能普遍落后于城市居民所致。在一些贫困地区，类似于“傻子生傻子，越傻越生，越生越傻”的恶性循环；类似于把政府用于扶持发展生产的救济种子、化肥，却被贫困户换酒喝；类似于一些“干啥啥不行，吃啥啥不剩”、靠政府照顾度日的农户，他们不可能不落后。尽管这样的人占全国总人口比重的少数，但由于中国人口基数大，一个百分点的对应值就 1 300 万人，不可以忽略。因此，建设社会主义新农村，必须首先塑造社会主义新农民。必须首先从教育、文化、医疗卫生等基础层面做起，让广大农民脑子富起来，观念新起来，身体健起来，技能强起来，然后才能有发展经济、进行新农村建设的坚实基础。从去年开始，国家投资实施对农民培训的“阳光工程”，在生产力的最积极因素上做“功”，是抓住了建设新农村的根本，是看清了事物的本质。

时空条件的无限性与有限性。马克思主义认为，时间和空间是无限的。时间的无限是指时间的一维持续性是无限的；空间的无限是指空间三维的广延性是无限的。马克思主义还认为，世界上的事物千变万化，各个相异，对具体问题要做具体分析，不可一概而论。具体到新农村建设这个问题上，应该说时间和空间都是有限的。用 10～20 年的时间，要实现完成新农村建设的基本任务，这是时间的有限性；建设新农村，要从国情和各地不同的客观实际情况出发，这是空间上的有限性。引出时间与空间有限性的概念，其实践意义是：要有紧迫感和使命感，不要满足于自己同自己比，不要只看到在时间纵向上的进步；而要力求在空间上去横向比，力求超越他人的进步。要树立源于空间超于空间的思想，放开眼界，寻求高层次、大范围的发展。

矛盾的普遍性与特殊性。农村的现状与所规划的新农村建设目标，这是一对矛盾。建设的过程，就是解决这对矛盾的具体实践。在这个具体实践中，“新农村”是世界的普遍性，哪个国家的农村建设都要求“新”；“社会主义”是中国的特殊性，其他国家的新农村并没赋予社会主义的性质。正确处理普遍性与特殊性的关系，其实质就是要正确处理共性与个性、绝对与相对的关系。新农村要有中国特色，这是绝对的；而新农村要“新”，这是相对的。在建设社会主义新农村的过程中，必须反对两种错误倾向。一是反对强调特殊性弱化普遍性。也就是说，不是为了强调社会主义而社会主义，不要把社会主义当成僵死的教条，不要把自己的手脚束缚住，不要这也不符合社会主义那也不能干。列宁曾经说过，敢于用资本主义的“材料”，建设社会主义的“大厦”。这句至理名言，当今仍有用。二是反对用普遍性去排斥特殊性。也就是说，不要思想一解放就不坚持社会主义的基本原则，建设的一切行动都应该在宪法和法规的规范下去实施，要依法建设新农村，依法治理新农村；政府必要的管理、组织、协调、指导和服务，是不可或缺的，完全的自由市场经济在中国是行不通的。

实践是检验新农村建设政策措施正确与否的唯一标准。农民是新农村建设的主体。能否把亿万农民群众建设社会主义新农村的积极性调动好、保护好和发挥好，这是新农村建设目标能否如期实现的关键所在。靠什么去调动、保护和发挥？要靠政策和措施。而所采取的政策措施，必须来源于社会实践，必须符合中国的整体及各地具体的国情地情，必须符合“生产关系一定要适应生产力发展”的客观规律。这里的“符合”与否，就要在实践中去检验，并且要在实践中坚持是的，否定与实际情况不符合的。

是扬弃，而非抛弃。要全面认识和正确理解马克思主义的“只有敢于否定一个旧世界，才能建设一个新世界”的涵义。社会主义新农村建设要求新，必然要否定旧的。但是，这种否定是建设性的否定，而不是全盘否定，不是把旧农村全部打破，推倒重建，而是主张在利用中建设，在保持千百年来所创造的灿烂文明的基础上的建设。要特别注意对文化遗产和自然遗产的保护，要特别注意人与自然的和谐。企图用消灭农村的办法来实施城市化的选择，是不科学的，因而是不可为之的。

（2005年12月）

永葆先进的楷模

江苏省华西村的老书记吴仁宝，用他永不动摇的信念，永不停步的求索，永不满足的奉献，永不懈怠的责任，带领一方人脱贫致富，创造出了一条建设社会主义新农村的康庄大道。他用自己的言行，诠释着情为民所系，权为民所用，利为民所谋的共产党员的高风亮节。他是基层组织的一面旗帜，堪称永葆先进的楷模。

上世纪 60 年代初的华西村，同周边的村庄并没有什么特殊之处。这里的农业，同周边的村庄一样受着旱涝灾害的侵袭；这里的老百姓同周边老百姓一样处于贫困状态中。自从胸怀大志的吴仁宝同志回村担任了党支部书记，使这个名不见经传的小村庄，发生了大变化。他立志“横下一条心，再苦再难也要把华西村建设好，让村里的农民过上幸福日子，搞出一个社会主义新农村的样子”。他说到了，做到了，而且做得比说得还好。他带领干部群众，走过了“无农不稳”、“无工不富”两个创业阶段，终于建成了富庶、民主、文明的新华西。华西村的巨变，充分体现了共产党员在经济与社会发展中的中流砥柱作用。

吴仁宝是坚定政治信念的楷模。共产党员要坚定共产主义的大目标，坚持带领人民群众走有中国特色的社会主义道路，这是政治信念。吴仁宝同志多年坚持这个政治信念不动摇，一有机会就强调：“华西的天是共产党的天，华西的地是社会主义的地，社会主义定能富华西。”他把自己的政治信念铭刻在心灵深处，把自己的命运同建设社会主义新农村紧紧地联系在一起，努力实践着。在他的带动下，华西村党组织全面实现了胡锦涛同志在 1994 年时提出的农村基层组织建设“五个好”的工作目标。选出了一心一意为群众谋利益的好书记；建立了群众无比信赖的好班子；带出了共产党员能够发挥先锋模范作用的好队伍；确立了能够使华西村的经济社会协调发展的经营体制；制定了一套有利于资产增值和社区发展的管理制度。这“五个好”，是华西村从90年代中期以来，实现经济及社区超常规发展的终极原因。

吴仁宝同志是坚持求索的楷模。在改革和发展成为时代潮流的大环境下，作为一名身负重任的共产党员，必须在解放思想，实事求是的思想路线指导下，从本地的客观实际出发，不断地推出新规划，求得新发展，才能实现自身价值，也才能赢得群众的信赖。在创业初期，吴仁宝提出了先稳住农业，再大力发展工业；在乡镇企业进行改组改制时期，他提出了“既要抓大放小，又要抓大扶小”；进入新世纪，他又提出了“新上项目急刹车，技改项目开快车”。吴仁宝的不断求索，新的想法、新的规划不断，每每都给华西带来了新的发展，新的变化。

吴仁宝同志是甘于奉献的楷模。党的先锋队性质，首先体现在以为人民服务为己任，想人民所想，急人民所急，帮人民所需，在战争初期，宁肯为中国人民的解放事业献出生命；在建设时期，把自己的所有，包括物质的精神的都投入到建设社会主义的伟大实践中。对此，吴仁宝把这些大道理具体化了。吃苦在前，远离享受；粗茶淡饭，淡泊名利；爱民利民，甘于奉献。他不知疲倦地工作，他为华西百姓及时解决困难，他对5 000多万元的奖金分文不取，他为解除老百姓的痛苦甚至“过继”了心爱的儿子。作为老典型，吴仁宝为什么能树得牢并且年年有新作为？他那无私的胸怀，甘于奉献的精神，是真谛。

吴仁宝同志是勇担责任的楷模。建设社会主义新农村，各级党组织的责任重大，作为先锋队的每位共产党员的责任重大。吴仁宝同志始终认为：“责任重于泰山。”在自然灾害频繁，生产力水平低下的条件下，吴仁宝把“让华西村老百姓富起来”，作为自己的责任；目标实现后，他又把目光投向全国，他认为，尽可能地帮助一些贫困落后地区，最终实现全国农民的共同富裕，这又是先富起来地区党组织的责任；当他从培养接班人的需要出发，卸下了党委书记的担子时，他又说：“当官没有终身制，为人民服务没有终身制，生命不息，服务不止。”时刻不忘共产党员为人民服务的责任，总是自己给自己压担子，加压力，使自己不断地虑出新的发展思想，迈开新的脚步。这就是一位共产党员代表广大人民群众利益的具体实践。正是这些优秀党员的具体实践，组成了我们党的建设社会主义新农村的伟大实践。

榜样的力量是无穷的。中国共产党是拥有6 300万党员的第一大党。把党的事业不断推向前进，实现全面建设小康和创建和谐社会的奋斗目标，需要有千千万万个像吴仁宝这样的基层带头人，需要所有奋战在基层的党委、党支部书记向吴仁宝看齐。只要各级党组织负责同志都能像吴仁宝那样，坚定不移地坚持政治信念，坚持不懈地在实践中去求索，持之以恒地去奉献，勇于担起中华民族所赋予的职责，那么，必定能够实现建设社会主义新农村的伟大目标，必定能够实现中华民族的伟大复兴。

（作于2006年2月）

“急”中生“智”

天有不测风云，人有旦夕祸福。宇宙生物圈中，到处充满着人与自然的博弈。自然灾害、各种事故、公共卫生及社会安全事件，都有可能随时发生。面对林林总总的突发事件，人类已摸索到了一些防控措施，也积累了一些应对经验。将一些能够减少人员伤亡和财产损失的有效措施和经验予以梳理，形成具有针对性的规范预案，这是急中生智。

《左传》说：“居安思危，思则有备，备则无患。”国务院发布的《国家突发公共事件总体应急预案》，其目的在于督促各级政府承担起应急处置责任，提高政府预防和处置突发公共事件的能力，全面履行政府职能，构建社会主义和谐社会。由于这个《预案》确立了应对突发公共事件的体制和机制，能够做到未雨绸缪，因而可称为是经济效益及社会效益无法估量的大智慧。

有人认为，处置应急突发事件与农村工作关系不大。这是一种错觉，而且这是很危险的错觉。预案中所指的突发事件，主要有四类。一是自然灾害，包括水旱、气象、地震、地质、海洋灾害、森林草原火灾等；二是事故灾害，包括生产安全、交通运输安全、公共安全事故、环境污染和生态破坏事件等；三是公共卫生事件，包括传染病疫情、群体性不明原因疫情、动物疫情以及其他严重影响公共健康和生命安全的事件等；四是社会安全事件，包括恐怖袭击、经济安全和涉外突发事件等。无论从农业产业上说还是从农村地域上说，这些突发事故或事件，都与“农”字关系极大，甚至有的可能主要发源于农村，加害于广大农民。禽流感、“矿难”的发生，农村是重灾区，发生在城市中的公共安全事件，其受害者也可能大部分是进城的农民工或本地农民。因此，说应急，农村责无旁贷；说生智，农村基层干部必居其中。

处置突发公共事件，有其规律可循。所谓突发事件，主要是指发生的时间、地点和程度上的不确定性，一旦发生，情况就会十分紧急，如果不能在最短的时间中采取有效措施去应对、去处置，后果不堪设想，甚至给人类的生命和财产带来毁灭性打击。但是，不管将突发的公共事件分成多少类，绝大多数是人类已经经历过的。比如：火山喷发有公元79年意大利的“庞贝古城”之例；海难有英国的“泰坦尼克”沉没之例；地震有1932年的日本东京和1976年的中国的唐山之例；矿难有2004年的陈家山之例，等等。就是像“非典”、禽流感、猪链球菌感染等突发的公共卫生事件，说不准也是以前曾经小面积出现过，只是当时的科学技术以及诊断手段还不能给出答案，或者说是人类的“智”短而已。当代高度发达的科学技术和自然辩证法则，使人类对未知世界的探求不断有所成就，特别是基因工程和生物技术研究的新进展，使人类不断揭开动物、植物和微生物三大生物界的奥秘，从而给人类利用自然规律控制公共突发事件，开辟了一条崭新的道路。因此，已经发生突发事件，绝大多数是突然而不奇怪。人类在认真总结经验教训的基础上，分门别类地制定出应急预案，就会控制突发事件的局面，从而把损失降到最低程度。

急中生智的“智”，应至少包涵两个方面。一是应用现代科技手段，诊断、控制、缓解以至最终消除应急事件；二是在应急的风险决策中体现领导的智慧。把这两方面涵义用软、硬科学来分类，应该说第一方面是软硬科学的结合，而第二方面实质是软科学的范畴。但是，“软”并不软，它在整个应急过程中是最硬的手段。试想，在“非典”时期如果不是中央领导果断地采取信息透明、隔离疫区，及时启动一切应急措施等一系列正确的决策，可能疫情的后果不堪设想。2005年第四季度“禽流感”的发生，如果不是国务院及农业部及时果断地启动应急预案，就不可能在短期内如此有效地控制疫情。风险决策的主体是政府及其有关部门，是对有关领导决策能力的真实检验和能否驾驭复杂局面的严峻考验。领导决策正确是党和人民之福；领导决策错误，是党和人民之祸。怎么能使决策正确？简言之，领导者要有相关的业务知识并具有较宽的知识面，要有从客观实际出发、实事求是的工作作风，要有对党和人民高度负责，并且敢于负责，善于负责的精神，要有科学决策的预案支持。这是正确决策的必居条件，缺一不可。

生“智”，还体现在精确“安全系数”上。在建筑学的桥梁、房屋设计上，负载量要按1∶1.4左右留出安全系数；在突发公共事件的处置上，也要预留出安全系数。比方，发生禽流感病例，方圆三公里之内的活禽要扑杀。这“三公里”，就是所预留的安全区间。预留的“智慧”，主要体现在相宜，预留区间小了，增大流疫风险，预留大了，可能造成不必要的损失。但是，应该强调的是，在预留区间数值选择上，一定要去除宁“左”勿“右”的思想，做到科学合理，要防止“右”，但主要是防止“左”。

实践创造智慧。有了突发公共事件处置预案，要坚决遵照执行，并要不断总结经验教训，不断完善提高。

领袖风范与百姓福祉

回放2002年党的十六大闭幕时，新选出的以胡锦涛为总书记的中央常委集体会见中外记者的影视资料，我们看到胡总书记满面春风，神采奕奕，频频向记者招手，率队健步向主席台走来。那一刻的电视观众，在惊喜中鼓掌，在释重中满足。翻阅2005年4月24日的人民日报，刊载着胡总书记在亚非峰会期间会见日本首相小泉纯一郎的图片，当时总书记的面目表情，是有礼中透着刚毅，展靥中透着凝重，在主张和平的气色中透着大国领袖的胸有成竹。那一天，人们坚信了中华民族是个了不起的大有希望的民族。

领袖的一举一动有风范，一装一饰也有内涵。2006 年的“两会”召开前夕，一则《温家宝一件羽绒服穿十年感动数万网民》的帖子，出现在新华网、新浪网的首页。网帖说：2005 年温家宝总理到山东济宁、菏泽与农民一起过春节，他身穿的羽绒服，居然与十年前他任中央政治局候补委员、书记处书记时考察山东寿光蔬菜批发市场时穿的是同一件。有网民跟帖：“我还是希望温总理明年能够换上一件新的防寒服，别让老百姓太心疼了！”网民的跟帖，不外乎要表达：“我们的大国总理艰苦朴素；我们的总理经常出现在百姓中；我们的总理是个过年不回家的中国人。”

其实，当顺着这样的思路回顾往事，我们会更加深入地认识到十六大选出的新的党中央集体，是一个亲民、爱民，关怀民生、创造福祉的集体。不妨以“领袖同老百姓共度春节”为例：2003 年春节，胡总书记到北京市通讯、供电、公安等部门慰问节日坚守岗位的干部职工，温总理在辽宁阜新煤矿井下，同矿工们一起吃饺子。2004 年春节，胡总书记在河北张家口市喜顺沟村过春节，温总理在河南郑州看望低保户。2005 年春节，胡总书记到贵州黔西南同少数民族同胞过春节，温总理同河南上蔡县的艾滋孤儿共度春节。2006 年春节，胡总书记同延安老区人民一起度过，温总理到中原油田 65 号井，同钻井工人一起过节。

春节是个喜庆的日子。总书记、总理同人民群众同喜同庆，人们会感到喜上加喜；在各种灾难、险情面前，总书记、总理及时到人民群众中，就会使人民群众震惊、感动和担心，同时获得坚强的力量。2003 年春季的“非典”风暴，在百姓心慌、疫情难料的紧要关头，4 月中旬，胡总书记不加任何防护措施先后出现在广州街头、天津一家超市和四川宜宾的一个镇卫生院；还是在这个时段，温总理来到香港疫情重灾区的淘大花园察看灾情，到北京小汤山传染病院慰问，到清华大学同学生共进午餐。自 2003 年以来，胡总书记多次来到山东、河南等灾区，检查灾情，询问受灾群众的越冬安排；温总理多次出现在安徽、江苏、河南、陕西的抗洪第一线，检查防洪措施，慰问灾区群众。从总书记同“非典”一线的医护人员握手到总理探望艾滋孤儿，从总书记号召弘扬“两个牢记”的西柏坡精神到总理为农民工讨薪；中央领导集体的亲民作风，赢得全国人民的赞誉。

领袖集体在实施了一系列亲民行动的同时，也每时每刻地在务实。新的中央领导集体组成以来，胡锦涛总书记多次在各种会议上强调，大力弘扬求真务实的精神，多次抨击在个别党员身上所存在的不思进取、得过且过；作风飘浮、工作不实，好大喜功、急功近利，随心所欲、自搞一套，心态浮躁、追名逐利，弄虚作假、欺上瞒下，明哲保身、患得患失，贪图享受、奢侈浪费，以权谋私、与民争利，高高在上、脱离群众等十种不正之风，要求全党加强思想建设，自觉抵制腐败。提倡求真务实，从中央领导集体做起。一是改革延续多年的礼宾制度，取消领导人出访的机场或人民大会堂的迎送仪式，中央领导下基层轻车简从，“两会”期间代表用车与社会车辆交替放行，做到不添麻烦不扰民。二是改革新闻制度，改进会议报道，党代会和每年的“两会”期间，对中央领导人活动的报道适当限制，让出新闻视屏或版面，充分地反映基层干部群众的意见。三是改进会风、文风，主张开短会、说短话、发短文，要求开会解决实际问题，说话要有的放矢，发文要管用。四是加强和完善中央政治局及书记处的学习制度，每年坚持两次以上的主题学习，集中研究世界以及国家经济政治形势的变化，储备国事决策的智慧。五是加大反腐倡廉力度，实施中央派出巡视组，实施各级党政领导述职同时述廉，探索党内纪检条款向司法条款的转变，建设与社会主义市场经济体制相适应的教育、制度、监督并重的惩治和预防腐败的体系等等。中央领导集体的身体力行，带动了全党和各级政府官员的“情为民所系，权为民所用、利为民所谋”的具体实践。

领袖风范，是个包括治理国家的文韬武略在内的广义概念，其检验标准只有一个，给老百姓带来福祉。由于采取了“调整结构、提高质量，城乡统筹、科学发展，革除旧制、以法治国，韬光养晦、主张和平”的内政外交战略及策略，使中国老百姓的生活质量在五年中上了一个大台阶。最新统计公报显示，“十五”期末与期初比较，我国人均国内生产总值由 8 622 元上升到 13 985 元，增长了 62.2%；农村家庭人均纯收入由 2 253 元上升到 3 255 元，上升了 44.5%；城市居民可支配收入由 6 280 元上升到 10 943 元，上升了 74.3%；农村居民恩格尔系数由49.1下降到45.5；城市居民的同类指标由39.4下降到36.7。温家宝总理曾在布鲁塞尔对旅比华侨华人说：希望每个中国人都能生活好，让农村的孩子都能上学，让每个到就业年龄的人都能有工作，让人民不至于因生病而烦恼。这就是中央政府创造百姓福祉的近期目标。

日子过得好了，也有“端起碗吃肉，放下筷子骂娘”的。作何理解？应该说，这首先是有肉了，是吃得好的基础上的“骂娘”，总比没饭吃硬撑着搞“穷过渡”好得多；“文化大革命”期间老百姓敢怒不敢言，现在老百姓有话敢说有怨气敢放，这也是社会的一种进步；再则，娘对孩子历来是宽容的，孩子放几句怨气，是盼望着娘给他带来更大的福祉。

中国的孩子们，努力吧！相信总有一天“娘”会让所有的“孩子”都走上共同富裕道路的。

喝牛奶强健民族

现在国人的餐桌，一般是应该有“两喝”，即喝奶与喝酒。由于两种流质的属性大不相同，使“喝”的后果大相径庭。喝奶可以强壮民族；而喝酒，则“喝坏了党风喝坏了胃，喝坏了心肝喝坏了肺，喝得家人背靠背，喝得计划生育指标作了废”。

据营养学家介绍，牛奶是一种营养价值很高、又有利于人体消化吸收的营养液。它富含蛋白质、脂肪、维生素，含有维持生命必需的多种氨基酸和钙、磷等矿物质。人们常喝牛奶，可以极大地提高健康指标，全民都喝牛奶，可以强健中华民族。另据营养学家介绍，酒的主要成分为乙醇。它具有麻醉神经、破坏心律、硬化心脑血管、稀释消化道黏膜、增加肾负担的逆健康作用；同时，乙醇也是最大的食物过敏源。经常喝酒，将极大地损害身心健康。在人们的日常生活中，每年因酒误事、因酒导致交通事故，甚至因酒而亡的，并不鲜见。无论是生命科学，还是生活习惯，都准确地告诉人们：多喝奶，百利而无害；多喝酒，百害而无利。

中国人均奶类占有量仅为世界平均水平的五分之一，差距更大。也就是说，在当今每年世界人均可喝 108.5 千克奶时，中国人的喝奶量才是 21.7 千克。这个分析不难看出，国人的牛奶消费量，同世界牛奶消费量的人均水平相比，还有很大的增长空间。这就是中国人发展奶业的消费预测条件。

从牛奶与酒的消费结构上看，中国应加快奶业的发展；从牛奶的世界人均占有量上看，中国更应该加快奶业的发展。对此，党和国家领导人已有清醒的认识。在 2003 年时，胡锦涛总书记就对加快奶业的发展作出过批示。2006 年的 4 月 23 日，温家宝总理在视察重庆一家奶牛养殖基地时，又挥笔写下“我有一个梦，让每个中国人，首先是孩子，每天都能喝上一斤牛奶”的留言，并对在场的人们殷切地说：“希望你们能让我梦想成真。”

让温总理“梦想成真”，首先得“解梦”。温总理的“梦”，含义有四：一是这个“梦”代表一个美好的愿望，凸现农业结构调整和产业发展的方向；二是“梦”的受益主体是包括数量众多的农民在内的全口径的中国人，其中的重点受益人群，首先是对民族未来素质有决定作用的“孩子”；三是“梦”中有明确的量的概念，即每人、每天、一斤；四是这个梦总会成真，一定能够实现。

“做梦”、“解梦”，都是过程；只有“圆梦”，才是结果。按照传统经济学原理，圆温总理的“梦”，应该顺着牛奶生产——原奶加工——市场流通——餐桌消费这样的产业链来催生和发展奶产业。问题是这个产业链是世界各国发展奶业的共性产业链，在中国这样的“人口多、底子薄”、不发达国家，完全套用上述经济学理论，必然会出现“水土不服”。从市场供需上看，在目前人均牛奶占有量很低的情况下，奶及奶制品的市场供应仍然显得十分充足，并没有任何紧俏的迹象，这说明中国奶产业的发展瓶颈，并不主要表现在供给能力上。从消费结构上看，在成年人群体中喝酒比喝奶多，这说明不完全是个支付能力的问题，人们的饮食习惯起到了至关重要的选择作用。从奶及奶制品的加工上看，大批国外奶粉涌入中国，被加工成液态奶，这说明我们的原奶产出成本高，不具有市场竞争力。从促销措施上看，推广了若干年的“学生奶”行动，效果并不理想，这说明奶产品质量、品种结构以及流通环节存在问题。种种情况表明，中国奶业发展，不可走别国的老路。

兴中国之奶业，强中华之民族，应采取引导消费——调整结构——节本增效——优化流通——增强基地的兴业链。在人们的消费由维持基本生存状况转入营养为先的现阶段，在市场经济条件下，是消费决定生产，而再不是生产决定消费。所以，兴奶业应先兴消费。引导消费，首先要宣传喝奶的好处，引导人们转换饮食理念，多喝奶少喝酒，用打酒钱来买奶喝；改变米粥加咸菜的早餐习惯，推广牛奶加面包加菜蔬的营养配餐。所谓调整结构，一是调整畜牧业中奶产品与肉产品的结构。我国奶业在畜牧业中的产值只占5%，美国是21%，澳大利亚是31%，新西兰是48%。二是调整饮用奶原奶与加工奶的结构，通过技术创新，生产出新的适销对路的奶产品。所谓节本增效，是降低饲养、加工、流通各环节的生产成本，并能通过生产企业的让利和采取薄利多销的价格策略，让消费者得到节本增效的实惠。所谓优化流通，是要通过推广产加销一条龙、厂商连锁经营、网点下伸等途径，让分散在广大农村地区的农民也能喝上牛奶。所谓强化基地，就是业内常说的抓奶源，通过科学养殖、品种改良、精准防疫、强化加工、革新装备、扩大规模等经济的技术的措施，增加奶牛总量，提高原奶产量和产奶质量，实现现代化的大生产。

设想，从现在起用10年时间，让14岁以下的孩子每天喝上一斤奶；再用10年的时间，实现全民人均每天一斤奶的目标，那么，总理的振兴奶业之“梦”，圆了；我们的民族，强健了。

强化农业管理

强化管理，是生产经营过程中的永恒主题，也是农业转变增长方式的重要措施。生产的专业化、商品化、社会化程度越高，对管理的要求就越迫切、越严格。过去，农业生产经营领域有“三大管理”，即土地管理、财务管理和农民负担管理。根据条件和形势的变化，在现阶段，农业经营管理的领域要发生变化，管理的重点要调整。但是，对农业生产经营环节的管理，只能加强不能削弱。

在发展社会主义市场农业的前提条件下，强化管理的重点是通过协调和控制措施，保证生产诸环节组织上的连续性，生产经营决策的科学性，农业内部各产业发展的协调性；强化管理的核心内容是科学组织生产和经营，使资源得到合理配置；强化管理的最终目的是以较小的劳动消耗取得最大的经济效益和效率。

强化资源管理。资源的保护、节约和科学利用，对农业增长方式的转变具有重要的促进作用。从农业资源利用的现状看，应从四个方面强化管理。一是管好土地。随着经济与社会的发展，土地资源的稀缺不可逆转。但可以通过行政、经济和法律手段，控制土地的非农占用，降低土地资源的稀缺程度。既使用世界上最严格的手段管理土地，把耕地的占用控制在年均 23.3 万公顷以下，到 2030 年时，全国人均占有耕地也将下降到 0.78 亩，紧逼联合国粮农组织设定人均占有土地的警戒线。应调整耕地占用审批政策，大幅度提高占用补偿标准，通过强硬手段，加大保护力度，坚决把乱占滥用耕地的势头遏制住，实现耕地的动态平衡。二是管好水源。大力抓好蓄水、保水、节水，把天降水、地表水、地下水最大限度地利用起来，采取严格的控制措施，限额用水，按量收费。三是科学用肥。化肥由人工漫撒改为机械深施和配方施肥。争取用 10 年时间，把化肥利用率在现有的基础上提高 10 个百分点，每年可节约 1 500 万吨化肥。再把改进施肥方法同增施有机肥结合起来，既可降低成本，还可改良土壤。四是节约劳动力。计划用工、合理用工，能够降低单位农产品劳动消耗，提高劳动生产率。因此，要转变靠劳动力的两只手可解决一切问题的旧观念，树立劳动力有价值的新观念，不再在农田中搞“人海战术”，杜绝浪费人力的劳民伤财的政绩工程。

强化生产管理。实行家庭联产承包责任制后，还要不要对生产过程进行管理？对此相当一部分人有误解。认为以家庭为生产经营单位，生产规模小了，管理不存在了。这种认识是片面的。需不需要生产管理，不取决于基本核算单位的大小。凡是有生产活动，就有管理并存。无论是家庭经营层次，还是集体经营层次，都需要强化生产管理。田间管理，是生产管理的重点，应在推广先进技术的同时，注意搞好精耕细作，根据节气和天气情况安排生产，适时播种、浇水、除草、灭虫，对农作物的生长采取有效的人工控制。管好排灌设施和机械动力，修浚渠道，努力建设旱涝保收的高产稳产农田；对机械设备定期保养，提高设施设备的完好率和利用率。随着农业机械化、电气化、化学化程度的提高，把安全生产摆上重要位置，健全安全生产制度，严格执行机械操作规程，加强对化肥、农药、燃油的管理，防止出现人身伤亡事故。

强化成本管理。农业生产成本，是指农产品在生产和经营的过程中，所消耗的物化劳动和活劳动与所创造价值的数量关系，是构成农产品价值的基本条件。不计成本，不讲投入产出效益，是小生产的产物，是粗放型经营的主要特征。从事社会化大生产，必须强化成本意识，通过成本管理来节约劳动，减少投入，杜绝浪费，提高效益。一是建立成本核算制度，在记账、算账的过程中监督劳动消耗。二是对经营成本进行考核，应用比较法对成本的增减变化进行分析，找出增加成本的原因，采取降低成本的措施。三是在增产措施的采用上，也应充分考虑成本问题。比如，增施化肥和采用地膜覆盖，会大幅度增加成本。而采用优良品种和施用农家肥，就可能在很少增加成本的前提下获得增产增收。没有簿记账目，成本核算就会变成口头估算；只计算物化劳动的消耗，不计算活劳动的报酬，就不能真实地反映生产过程中的完全成本。有关部门应研究制定新的包括资源利用价值扣除在内的农业生产成本核算指标体系，统一账簿，统一核算标准，让农户有所遵循，推动农户的生产经营逐步走上科学管理的轨道。

强化质量管理。农产品也要讲质量，这是发展社会主义市场经济的客观要求。质量低劣，不适销对路的农产品，它的数量即使存在，也会贬值，甚至成为毫无使用价值的废品。当人们还没解决温饱时，食品的数量是第一位重要的；当人们生活从小康走向充裕时，消费倾向会跃上质的选择。近几年市场上部分农产品卖难，实质是质量问题。比如水果的卖难，主要是传统的大路货卖难，开发和引进的新品种，仍然是市场的抢手货；生猪的卖难，主要是传统的肥猪难卖，瘦肉型猪的销路一直看好。如果能把成熟玉米的含水量降低 5 个百分点，把水稻、小麦的出粮成品率提高5个百分点，因而得到的物理增量将是惊人的，由此可使解决储存、运输等一系列问题由难转易。在中国经济要融入世界的大趋势下，农产品的竞争，主要是质量的竞争。只有改进品种，提高质量，才有出路。否则，就要受到市场经济规律的惩罚。在生产者提高质量的同时，政府也应制定农产品的质量标准，完善检验手段，实行优质优价的政策，在观念、行动和制度三个方面作功，以质求量的增长，以质求农业的发展。

守护国人生存“警戒线”

据《第一财经日报》消息，中央农村工作领导小组办公室主任陈锡文7月2日在上海说，中国人均占有耕地面积，2003年为1.43亩，2005年已经下降到1.4亩。他预言，即使采取严格的耕地保护措施，至2007年末，人均占有耕地1.4亩的界线将失守。由此推断，中国农业发展的最大挑战来自于土地及水资源的短缺，尤其是耕地的流失一定要引起国人足够的警觉。联合国粮农组织设定，人均占有耕地不应低于0.8亩。按照这样的标准，中国已有广东、浙江、福建、上海等省市人均占地低于警戒线。由此可见，守护国人生存“警戒线”，并非杞人忧天。

中国幅员辽阔，但人均占有耕地少，这是公认的基本国情。世界上农产品生产大国的人均占有耕地：澳大利亚2.88公顷，加拿大1.48公顷，俄罗斯0.86公顷，法国0.31公顷。中国的人均占有耕地面积，仅为澳大利亚的3.12%，加拿大的6.08%，俄罗斯的10.46%，法国的29.03%，世界平均水平的40%。中国农业在国际市场上的竞争，面临着的首要问题是，耕地资源紧缺与确保粮食安全要求的矛盾十分突出。

耕地资源禀赋的先天不足，还不足以说明中国农业资源约束的严重性，更重要的还在于中国正处于经济社会快速发展的战略机遇期，工业化、城市化的进程突飞猛进，建设用地、灾毁耕地、调节生态用地无法节制，每年都要大量蚕食耕地的事实不可逆转。据国土资源部发布的信息显示："十五"期间，全国共减少耕地758.67万公顷，年均减少151.73万公顷，其中：建设用地109.4万公顷，占14.42%；灾毁地25.4万公顷，占3.35%；农业结构调整占用86.2万公顷，11.36%；其余为生态退耕用地；同期通过土地整理复垦开发补充耕地142.67万公顷，减少总量与复垦总量相抵，净减少耕地616万公顷。如果按此速度任其将耕地蚕食下去，再过100年，中国农民将无地可种。

从国土资源部所提供的"桌面"耕地占用数据上，足以佐证中国耕地问题越发严重。然而，如果揭开桌面数据的背后，会令人不寒而栗。陈锡文说，中央每年批准的各省区市建筑占用耕地控制指标为26.67万公顷，但是，各省区市每年向中央报批的建筑用地需求为80万公顷。2005年实际建筑占用耕地为28.49万公顷。这还不包括全年未批先建占用的2.05万公顷。这一组数据可以反映出的问题：一是每年的建筑占地需求是批准数值的3倍；二是2005年已批准占用的耕地比"十五"期间每年占用耕地的21.88万公顷，年均增长6.61万公顷，增幅为30.23%；三是中央土地资源部门已经确认，每年都有未批强占的现象，2005年未经批准占地的桌面数据是批准占地总数的7.2%。

中央政府多年前就表明，要用世界上最严格的手段管理土地，严格查处耕地的非法占用；每年三月"两会"期间，中央都主持召开人口、资源与环境座谈会，总结新经验，研究新情况，解决新问题；加强国土资源管理，保护耕地的文件接踵出笼。但是，耕地被大量占用的趋势并没发生好转，各地千方百计占用耕地的积极性并没减弱，未经批准占用耕地的现象随处可见。所有这些情况再一次提醒决策者们，应该跳出原有管理土地的思维定式，从法律手段、制度建设、供需调节等环节，重新审视土地管理的操行。

产生土地被无遏制的占用，原因既复杂又简单。把这个问题简单化论理，主要有三个方面。一是法律的虚设。按照《土地管理法》的规定，非法侵占耕地的要负刑事责任。而事实上这些年非法占用那么多的土地，有哪起哪人受到了法律追究？目前还难以给出实例证明。

法律形同虚设，还有人对非法占地心有余悸吗！二是价格的扭曲。按照经济规律，市场上稀缺物的价格是要随着需求增长而逐渐攀升。而中国土地价格却严重背离供需关系。只要开发商看好的地块，就有办法“请”政府出面“征”过来，几十倍上百倍的增值，就落入了“有关人员”的腰包，而作为耕地所有者或使用者的农民，少得可怜的所谓补偿，却很难得到兑现。三是管理部门的“越轨”。在运动场上，如果出现裁判员可下场当运动员的情况，那么，再公平、缜密的规则，恐怕也只能是走样。当一些地方的国土资源管理局成为“卖地局”时，规则也只能成为可以忽略不计的软约束。查找导致土地特别是耕地被大量非法占用的原因，或许还能说出若干条，但是，与法律、价格以及管理部门这三条硬杠杠相比较，其余的都显得微不足道，即或是可以慷慨陈词，也会显得苍白无力。

“病灶”找到，对症下药并不难。出路就在于“调整政策，完善法律，有法必依，违法必究”。主要是：调整土地征用政策和价格补偿政策，农民的耕地让农民做主，市场调节，让土地的价格充分体现价值；以宪法为依据，对国家公共利益用地做出界定，经营性用地不再由国家征用，由用地者与让渡者直接去洽谈；一切涉及土地的行政行为和经济行为，都要有法可依，按法律办事；启动法律杠杆，对违法占地的，追究其法律责任。

守护国人生存“警戒线”，依法管地是关键。法上“大夫”，非法占地休矣。

从改革中获取建设的动力

建设新农村需要生产力的支撑，生产力的构成至少应包括潜在能力的释放和新兴能力的增长两个板块，即解放生产力和发展生产力。无论是解放生产力还是发展生产力，都需要通过革故鼎新的手段，否定不适应新农村建设需要的现存体制和机制，建立起适应新农村建设需要的新体制和新的运行机制。从这个意义上说，改革与建设是互为因果，相互促进的关系。改革，为新农村建设提供动力支持和体制保障；建设，将改革的投入增值为物质、精神和政治成果。在建设的过程中坚持深化改革，力求从改革上尽可能多地获取建设的动力，当是处理好改革与发展的关系，充分调动一切积极因素，不失时机地推进社会主义新农村建设的一种选择。

从整个社会运行的实际情况出发，立足于建设社会主义新农村的需要，理清建设进程的阻碍和制约因素，当是深化改革的基础条件。综合领导层的基本判断、新农村建设实践者的呼声、专家学者的讨论，当前现存的对推进新农村建设的制约因素主要是：改革思路不够明确，乡村治理结构不太适应，基层组织职能不善规范，资源配置不尽合理，农民的主体地位不被尊重，城乡统筹的政策尚不明晰。深化农村改革，必须从解决上述这些急迫的现实问题入手，并要分别轻重缓急，有针对性地运作，有条不紊地推进，务求取得扎扎实实的进展。

关于深化改革的思路。现在提出的县乡财政体制改革，乡镇机构改革和教育经费使用体制改革，是作为巩固税费改革成果，防止农民负担反弹，防止重蹈“黄宗羲定律”覆辙的要求提出来的。在树立科学发展观，统筹城乡发展、全面建设新农村的现实条件下，光有这几项改革还不足以为适时推进的新农村建设提供动力支持。应该站到历史的、全局的高度上充分打破二元社会构架，体现以城带乡、以工促农的战略，充实改革内容，完善改革思路。改革作为新农村建设的动力取向，将伴随着新农村建设的进程而不间断地深入下去。那种把改革理解为轰轰烈烈的运动，有失偏颇。过去，改革要摸着石头过河；今天，要尽量能脚踏实地，避免出现前功尽弃的现象。

关于乡村治理结构。撤乡并镇后，基层对建立什么样的管理体制很茫然，建设社会主义新农村的历史性任务，无疑给加强基层工作，提出了新的更高的要求。特别是在一些人居分散的边远山区，如何把乡政府对村民自治的引导延伸下去，如何加强对自然村或村民小组的控制力，如何明晰过去以生产小队为所有权核算单位的产权，采取什么样的手段实施乡村治理等，都需要经过探索和实践，也需要不断总结经验，从而推出一个适应中国国情的乡村治理模式。

关于基层组织的职能。乡镇干部精简后，职能理应做出必要的调整。其工作重心应该放到社区管理、民事调解、应急动员和组织、为群众生产生活服务上，至于招商引资、发展经济等过去被强化的职能，应交给协会、学会等经济组织按照市场规律去运作。以经济建设为中心的指导思想，在乡镇层次主要体现在规范经济发展秩序，创造经济发展环境，服务经济发展产业上，乡镇政府的本身不应该成为经济发展的实体。一定要“有所为，有所不为；耕己之田弃别人之田。”

关于资源的配置。在社会主义市场经济体制下，资源应按照市场规律去流动去配置，问题是在农业弱质、农村弱势、农民素质不高的现实情况下，新农村建设的稳步推进，绝离不开政府带有对“农”倾向性的宏观调控。这一重要原则，往往在市场经济体制的美誉中而被人为忽视。诸如像土地征用制度改革，农村金融体制改革、社会保障体系的建立等项改革，都应在有利于确保城乡平等、确保调剂公平的原则指导下，加快试验步伐，总结试点经验，积极稳妥地推开。

关于农民的主体地位。无论是发展农村经济还是建设社会主义新农村，都离不开农民的有效组织和积极行动。在社会主义新农村建设过程中，农民既是决策主体、实践主体，又是受益主体。现在的问题是：农民经济组织发育滞后，不适应小生产与大市场对接的需要；农民对话地位较低，缺乏表达有理诉求的有效渠道；重城轻乡、重工轻农的思维定式没有得到有效根除，农民合法权益得不到保障。出路只能是允许农民组织起来，自我保护和自我维权；引导农民组织起来，加快提高组织化进程的步伐；依法保障农民组织起来，尽快出台农民经济组织法。这样的改革既是当务之急，又是社会进步所需。

关于统筹城乡发展。建设社会主义新农村的时代命题，本身就体现了抓薄弱环节，实现城乡的共同繁荣和发展。需要进一步研究的是，由谁来“统”和“筹”，怎么“统”和“筹”。由于统筹城乡发展属于战略问题，自然不是农口来“统”，而是各级政府来“统”，核心是城乡平等，统一政策，一并考虑；“筹”，是指筹划、筹资。统筹的具体运作：一是彻底清理政策法规，消除歧视条款，实现城乡的一体对待；二是制定新的政策法规，在主张平等的原则下体现同情弱者，使弱势群体的财产所有权、土地承包权、经济收益权、民主理事权、自我防护权、接受资助权得到切实可靠的保障。

改革的宗旨是为建设提供动力，建设有赖于改革的适时推进。只有改革与建设相得益彰，农村才能和谐，社会才能进步。

正确处理影响社会和谐的十大关系

在即将召开的党的十六届六中全会，将以全面贯彻落实科学发展观原则为指导，做出《关于建立中国特色社会主义和谐社会若干重大问题的决定》。决定从分析国际、国内经济社会发展形势、梳理影响社会和谐的主要矛盾入手，对建立中国特色社会主义和谐社会的实施年限、奋斗目标、指导原则、推进措施等作出制度性安排。《决定》将全面涉及治党、治国、治军，改革、发展、稳定，内政、国防、外交等一些重大事项，成为中国共产党在相当长的一个时段中的一份纲领性文件。

《决定》的主题词是：科学发展观；建设；和谐社会。在新的历史条件下，实现社会和谐的目标，前提条件是各种社会关系的和谐。能否正确处理影响社会和谐的“十大关系”，是能否建成和谐社会的决定性因素。

正确处理城与乡的关系。在农村工业化、农村城镇化、城乡现代化的进程中，打破城乡之间的“两元”经济及社会结构，矫正重城轻乡、重工轻农的思维定式，实行城乡统筹、扶助弱者、向乡倾斜的政策，努力突破乡村建设与城市发展互相支持和促进，达到城乡齐头并进的目的。

正确处理改革与稳定的关系。对一些不利于和谐社会建设的制度和机制，进行一些必要的改革，注意从改革上获取建设的动力，是建设和谐社会的重要手段，应坚持用好这个手段。同时，要从实际出发，把改革的力度与经济发展速度、广大群众的承受程度统一起来，十分注重改革的政策，十分注意广大群众的根本利益，十分注重保持社会的稳定，这才是确保改革成功的关键所在。

正确处理民富与国强的关系。民富是国强的基础。在一个民不聊生、不得温饱的人口占有较大比重的社会里，国家是无法强大起来的。因此，应该一如既往地坚持“多予、少取、放活”的政策，主张轻徭薄赋，与民休养生息，甚至在一些边缘地带给民众留有自由发展的空间，应该极力避免竭泽而渔。

正确处理发展经济与保护生态环境的关系。经济要发展，但是，要讲求科学发展，要力求在保持人类的原生态不受破坏基础上的发展。在“发展”与“保护”的次序上，要强调“保护”是第一性的，“发展”是第二性的，实行生态环境对发展选择的一票否决制度，承担起保护地球村的责任，给子孙后代留下一片碧水蓝天。

正确处理发扬光荣传统与创新文化理念的关系。传统的不一定是科学的，因而不一定是先进的。世界发展的动力在于创新，在于不断地摒弃不合时宜的、落后的思想观念，并且以与时俱进的时代特征，发现和培养新的意识萌芽。注重保持好的传统，同时又能够不断更新不入时的理念，当是一个民族不断有所发现、有所发明、有所创造、有所前进的思想动力。

正确处理民主与法制的关系。民主，是社会进步的标志；法制，是社会公平的防线。记得胡锦涛同志在美国耶鲁大学的讲演中说：“一个不讲民主的民族，是个没有希望的民族。”发扬民主，要符合法制的要求；以法治国，是一种在确保民主原则下的治理结构。在当今的中国，这两个方面不是此消彼长的关系，而是应该既要加强民主，又应该加强法制，在民主与法制互相促进中，不断完善中国特色的社会主义制度。

正确处理“主力军”与“建设者”之间的关系。包括知识分子在内的工人阶级、广大农民和其他各阶层劳动群众，始终是推动中国先进生产力发展和社会进步的根本力量，要注意激发他们的创新精神，支持他们的创新实践，鼓励他们继续建功立业。在改革开放中出现的包括私营业主和个体经营者在内的新的社会阶层，是社会上不可缺少的建设者，应坚持充分尊重、广泛联系、热情帮助、积极引导的方针，从巩固党的群众基础的需要出发，最大限度地发挥他们的聪明才智和建设作用。

正确处理效率与公平的关系。这里所说的“效率”与“公平”，是分配经济学上的两个概念。面对社会上的争论，需要澄清的是，讲效率的本身不是排斥公平，讲公平不是主张平均主义。“效率”优先，兼顾“公平”的主张没有错，问题是这种机制没有得到相应地完善。应该区别“事权”，效率是微观经济组织的职能，“公平”是政府宏观调控的职能。只有政府在调节收入分配和健全社会保障体系两个方面上下功夫，才能保证“公平”与“效率”二者的和谐。

正确处理内地与港澳台的关系。应该在坚持“一国两制”的原则下，从两个不同层面上去实施。对于港澳，应该在“不干预”的同时，力求“有所为”。即严格按照宪法和特别行政区基本法办事，不断发展壮大爱国爱港、爱国爱澳的力量，促进香港、澳门的长期稳定和繁荣。对台，要把对台湾当局的态度和台湾人民的意志区别开来，在主张反对台独，和平统一的同时，争取扩大两岸的交流、合作与往来，打开民间渠道，为台湾同胞多办好事、实事。

正确处理执政党与参政党的关系。按照胡锦涛同志的讲话精神，处理好执政党与参政党的关系，根本在于坚持走中国特色社会主义政治发展道理，关键在于坚持和完善中国共产党领导的多党合作和政治协商制度。未来工作的重心是，努力完善中共领导、多党派合作；中共执政，多党参政的政治格局，调动一切积极因素，为国家富强、民族振兴、人民幸福、社会和谐提供有效的政治保证。

构建和谐的新农村

刚刚闭幕的党的十六届六中全会，在认真总结社会主义改革和建设经验的基础上，通过充分的讨论，作出了《中共中央关于构建社会主义和谐社会若干重大问题的决定》。对于广大农村社区来说，全面贯彻落实《决定》精神，充分利用全党重视、全民为之的大好机遇，从农村的实际情况出发，把建设和谐社会与建设新农村有机地统一起来，实现党的五中、六中全会提出的和谐目标，是一项长期的、艰巨的战略性任务。

《决定》在分析构建和谐社会所遇到的新矛盾和新问题时指出，目前我国社会总体上是和谐的。但是，也存在着城乡、区域、经济及社会发展很不平衡，人口资源环境压力加大；就业、社会保障、收入分配、教育、医疗、住房、安全生产、社会治安等方面关系群众切身利益的问题比较突出；体制机制尚不完善，民主法制还不健全；一些社会成员诚信缺失、道德失范，一些领导干部的素质、能力和作风与新形势新任务的要求还不适应；一些领域的腐败现象仍然比较严重；敌对势力的渗透破坏活动危及国家安全和社会稳定。全会指出的社会上现存的这些不和谐的矛盾和问题，不论是全局性的还是局部性的，不论是社会性的还是人文性的，都涉及到农业、农村和农民，有的还带有强烈的“三农”色彩。因此，广大的农村社区，必须以《决定》精神为指导，团结一切力量，调动一切积极因素，利用一切有利条件，齐心协力地谋和谐之大计，构和谐之伟业。

构建和谐的新农村，应该按照中央提出的民主法制、公平正义、诚信友爱、充满活力、安定有序、人与自然和谐相处的总要求，以解决广大农民群众最关心、最直接、最现实的利益问题为重点，着力发展农村的基础设施和公益事业，着力提高农业的综合生产能力和农村经济的再生能力；着力改善农民的生产生活条件，着力提高农民的文化素质及道德水准，着力改善生态和保护环境；着力完善农村社区管理及服务功能和社会保障机制，着力引导亿万农民走民主、文明和共同富裕的社会主义道路。

创造人与产业的和谐，是构建和谐新农村的基础。经济的发展，社会的进步，民主文明机制的建立，都有赖于劳动者与产业的和谐。所谓劳动者与产业的和谐，是指劳动者的素质和技能要适应不断发展和扩充的产业的需要，能够不断地创造出超于劳动力自身要求的劳动生产率；产业能够适应经济再生产和劳动力再生产的要求，能够不断地创造出吸纳新劳动力就业的岗位。这里所说的人，是分布在农村的所有劳动者，而非单指农民；这里所说的产业，是指包括工商建运服全面发展的农村产业，而非原始意义的农业。如果人与产业能够相对和谐，建设和谐的新农村就会获得物质基础和生产力发展的保障。

创造人与自然的和谐，是构建和谐新农村的根本。经济与社会能否可持续发展，是衡量农村社区能否和谐的一个重要标志。追求可持续发展，一条必由之路是注意保护生态、改善环境，利用自然，善待自然。在经济与社会再生产的过程中，不但要遵循经济规律、社会发展规律，而且还要遵循自然规律。对此，恩格斯在《自然辩证法》中精辟地指出："我们不要过分陶醉于我们对自然界的胜利。对于每一次这样的胜利，自然界都报复了我们。""美索不达米亚、希腊、小亚细亚以及其他各地的居民，为了想得到耕地，把森林都砍完了，但是他们梦想不到这些地方今天竟因此变成为荒芜的不毛之地。"人与生态是不可分割的，在生态遭到破坏的社会里，人是不可能得到福利和财富的，在构建和谐新农村的伟大进程中，中国的农民必须面对资源短缺、环境污染和生态破坏的严峻挑战，必须选择培育和保护资源、优化生态环境，在可持续发展的道路上构建人与自然的和谐。

创造人与人的和谐，是构建和谐新农村的关键。古语说："取胜要靠天时、地利，但最关键要靠人和。"人是社会的主体。社会上的任何一项和谐，都是建立在人的和谐基础之上的。"以人为本"，是构建和谐社会的一个原则。从农村人与人之间的关系上说，和谐应该是多层次的。比如，家庭成员之间的和谐，家庭与家庭之间的和谐，社区成员之间的和谐，干部与群众的和谐，还包括农村居民与城市居民之间的和谐，等等。人与人之间的和谐，要靠道德的调整，也要靠法治的保障。人，要讲公平、诚信，要讲团结、友爱；要树立社会主义的荣辱观，培养文明道德的社会新风尚；要加强民主，健全法制，最大限度地激发人的潜能和创造活力。

构建和谐的新农村，还必须在工业反哺农业、城市支持农村和"多予、少取、放活"的方针指导下，统筹城乡的发展和建设，彻底改变城乡二元结构的体制和机制，努力实现城乡同步发展、整个社会和谐的目标。

改写粮食生产周期率

据世界权威专家介绍，2006年我国在旱情严重、局部水灾频发、虫害偏重的年景下，夏粮增产74亿千克；秋粮的水稻、玉米两大作物有望增产，大豆可能出现减产，预计全年粮食总产可能达到4 900亿千克以上，比上年增产的幅度有可能达到1.3%以上。单一从增产比例上看，成绩并不十分突出。但是，粮食总产能够在2004年、2005年连年增长的绩效下出现第三年的再增长，这在历史上是罕见的。由此我们说，粮食生产跳出“五年两丰两歉一平年”的周期率，不但是经济理论上的可能，而且也是生产实践的可能。

所谓粮食生产的周期率，是指在分析粮食产量年际间的变动情况时，以五年为一个基期，根据年际间的增减比例画出曲线图，从而得出一般是五年两丰两歉一平年的规律性结论，后来一些专家学者将这个一般性的结论形象地称之为粮食生产的周期率。

从粮食生产的历史上看，周期率现象的确存在。“九五”时期，1996年、1998年为增产年份，1999年为平产年份，而1997年和2000年两年为歉产年份；“十五”时期2004年、2005年为增产年份，2002年为略有增产年份，2001年、2003年两年为歉产年份。在这个十年中，从没出现过连续三年增产的现象，而2004、2005、2006年，却出现了连续三年增收的奇迹。因此我们说，粮食生产跳出周期率，是完全可能的。

对于中国这样的农业大国来说，粮食的综合生产能力，始终都是逐年稳定提高的。那么，为什么还会出现年际间产量上的较大幅度波动？决定因素是灾情。特别是水旱灾情。有关部门的资料显示，全国每年农作物的受灾面积，已由上世纪60年代的3.34亿亩上升到5.96亿亩，成灾面积已由1.39亿亩上升到2.91亿亩，每年因灾减产粮食约300多亿千克。据水利部官员介绍，进入“十五”以来，农业每年因旱成灾面积就达 3 亿亩，仅此一项年均减产粮食就达 280 多亿千克。为什么灾情总是与农业综合生产能力的逐年增长背道而驰？问题的症结是，人类在千方百计向大自然攫取物质资源的同时，也在每时每刻地改变着生态，破坏着环境，逆向调节着气候。也可以说，灾害的增长是大自然对人类的惩罚。主要表现在：城市工业化进程占用了大量的优质耕地，而通过后备资源开发利用补充的耕地多半为抗灾能力极低的劣质耕地；对矿藏及森林资源的大面积的开发索取，导致植被退化，水土流失严重，工业废渣、废水、废气排放污染农田，时常产生危及农作物的怪病和无名灾害；人类对地球村的破坏，导致气候变迁，风灾频发，降水异常，过去风调雨顺的机率已被打破。上述这些现象同时作用于农业，再叠加于抗灾投入不足等人为因素，农业特别是粮食生产年际间可能出现较大幅度的波动，并且呈现出周期性的规律，就成了必然现象。

近三年来，粮食生产跳出了以往的周期率，实现了连年总产量的稳定增长，从理论上说，是人的努力效果超出了灾害的负作用，归纳为三个方面，即政策好、人努力、天帮忙。所谓政策好，主要体现在近几年中央连续出台了“增加农民收入”、“提高农业综合生产能力”、“建设社会主义新农村”等一系列体现“以工补农”、“多予、少取、放活”的指导方针，体现在向农业、农村倾斜的政策措施。其中包括：全部免除农业税政策，种粮补贴、良种补贴和农机购置补贴政策；农产品特别是大宗粮食产品的价格支持和保护政策，对各市县粮食生产的奖励政策等。所谓人努力，主要体现在，实现领导负责制，确保国家支持粮食生产的政策措施落到实处的努力；实施严格的耕地保护制度，确保粮田面积不再减少的努力；依靠科技兴粮，加快科技创新和推广适用增产技术的努力；加强农田基本建设和水利设施建设，提高抗旱排涝能力的努力；完善粮食市场体系，健全粮食价格支持体系的努力；调整粮食进出口战略，保护国内粮食生产的努力。所谓天帮忙，是说近三年虽然有自然灾害，在一些地方甚至灾情还比较严重，但是，毕竟还没出现大面积的、毁灭性的灾害，局部性的灾害程度使人的抗灾能力在一定范围内得以施展。对于丰年来说，政策好、人努力、天帮忙，三项因素缺一不可；而对于灾年，起决定作用的当是灾情。因为现在中国的农业，在很大程度上还是“靠天吃饭的农业”。人的努力可能减灾，但还不可能彻底消除自然灾害。

综上分析，欲跳出粮食生产的周期率，我们已经积累了政策好、人努力、天帮忙“三位一体”的经验。今后继续坚持走已经探索出的切实可行的道路，在“三位一体”的有机结合上下功夫，最大限度地发挥增产潜力，最大限度地遏制减产因素，当是防止周期率频繁回归的根本出路。从中国的国情出发，今后在相当长的历史时期中，争取粮食稳定增产的工作重点应该是：继续调整国民收入的分配格局，在物质投入上切实保障农业特别是粮食生产的急需；坚持不懈地进行农田水利的基础设施建设，不断提高抗灾能力，不断完善已有的惠农、惠粮政策，并坚持落到实处；保持粮食生产的良好态势，切实保护农民种粮和地方领导抓粮的积极性；加快农业科技创新和推广先进适用技术步伐，坚持走以科技兴粮之路；视国际粮食市场变化情况，适时调整内外贸政策，特别提出的是，应不惜一切代价防灾减灾，通过人的努力去促进天的帮忙。

既然人们已经认识到粮食生产存在着周期率现象，而且是一种客观规律，那么，人类只能改造它、利用它，不可能消除它。也就是说，丰是相对歉而言，有丰必有歉。粮食生产不可避免地要出现丰年、平年、歉年的周期性产量波动，这是不以人的意志为转移的。国人可以通过有效的作为，争取丰年，提升平年，减少歉年。试想，如果能将“丰、平、歉”的比例由2∶1∶2改写为3∶1∶1，粮食生产就必将登上一个新的台阶。结论应该是：人可以改写粮食生产周期率，但不可能消除周期率。

别“误读”粮价

去年11月，全国市场原粮价格上涨。据统计，稻、玉米、麦等大宗粮食品种的市场综合价格，上涨了4.7%；其中：玉米上涨6%；稻谷上涨了5.8%，小麦上涨了4%。按常理，市场供应紧张则价格上涨，价格上涨则粮农增收，粮价上涨则带动其他商品价格同步上涨。但是，在目前中国经济社会发展新的环境下来讨论粮价的上涨，未必能得出这三种肯定的结论。因此，还有必要作一些深入的分析，千万别“误读”粮价。

此番粮价的上涨，并不完全反映粮食的供求关系。与2003年粮价上涨的情况对比，不难看出，此番粮价的上涨，是在粮食连续三年大丰收，国库存粮充裕，百姓家庭留粮量正常的情况下发生的。全国年际粮食总产量：2004年46 945亿千克，比上年增产9.0%；2005年4 800亿千克，比上年增产3.1%；2006年4 900亿千克，又比上年增产2.1%。连续三年，共增产原粮593.5亿千克。粮食增产后，国库采取了新旧粮轮换，及时补库等措施，使本世纪初国库存粮5 600万吨逐年下降的趋势发生了逆转，欠储粮得到补齐。由此说明，此番粮食涨价，不是由于供应出问题而引起的。

粮价上涨了，粮农并没由此而增收。中央农村工作会议传出信息，2006年全国农民人均纯收入为3 555元，比上年的3 255元又增加了6%。农民收入这样的增长幅度，也是历史上不多见的。那么，在增量的构成中，粮价上涨的贡献有多大？可能是微乎其微。因为，市场流通粮价的上涨，并不等于粮农出售产品可得到的结算价格。这番小麦价格的上涨时机，已经是麦农出卖产品四个月之后的事了，麦农并没有赶上涨价的行情。华北、东北秋粮的上市，也多半是粮农以较低的价格卖给了上门收购的“粮贩子”，且秋粮的大宗品种玉米、大豆，又没有国家的保护价支撑，农民又急于出手变现，以利尽早安排下年的生产生活。有的粮农甚至上年的9月份就把玉米的青棒子卖给了酿酒、饲料、淀粉等工业企业。而农民收入当年的增量，主要是来源于外出打工、国家财政补贴、生产成本降低、产量增加四个方面。尽管如此，粮食价格的上涨，对今后若干年农民种粮的心理预期，还是有一定的激励作用。

“粮价带百价”的物价“方程式”，可能要被打破，或者另有新解。诚然，粮价带百价是经济学原理。因为粮食作为人类赖以生存的生产生活资料，人们不可须臾离开。作为轻工、食品工业的上游原料，它的价格变动确实要带动相关产品价格的变动。但是，这样的结论似乎是有两个前提条件：一个是粮食的供应长期处于短缺状态，而且替代性几乎为零；二是整个社会处于欠温饱阶段，而且其他产业很不发达。这两个条件的核心是社会生产力水平低下。现在，中国早已越过了温饱线，粮食基本自给有余；农业份额已下降到13%左右，经济社会状态已经进入后工业化时期，粮价带百价的经济及社会条件早已不复存在，也就是说，粮价再也无法带动百价了。这番粮食涨价期间，各行业、各产品的价格并没出现明显的联动，事实支持了这个判断。

将这番粮食市场价格的变化称为涨价，莫不如称为粮价的理性回归更为贴切。在国民经济连续多年持续快速增长，城乡居民收入、国家财政税收、城乡房地产价格持续高速增长的情况下，以玉米、稻谷、小麦为主的大宗粮食产品价格有所上涨，理所当然，也是经济社会发展的必然规律，不值得大惊小怪，也不可小题大做。其实，如果按照工农业产品比价，现时的粮食价格整体还是处于较低水平，种粮还远不可能达到获得社会生产平均利润率的程度。近期粮价有所上涨，是带有弥补性的回归。

目前，中国国库粮食及外汇储备充裕，股市及各项投资基金一片飘红，支农惠农政策力度逐年加大，人民币升值势头强劲，在相当长的一段时间中经济持续快速增长的势头不可逆转。无论是中观的农业产业经济，还是宏观的经济发展走势，都需要有一定的、合理的价格拉动。从这个意义上说，此番的粮价上涨，是积极的有益的上涨。对此，不可用过去的“老皇历”来看待现时的新情况。

透过数字议发展

温总理在十届全国人大五次会议的政府工作报告中，对过去一年的国民经济及社会发展作了规范性的总结。此前国家统计局发布的年度国民经济和社会发展统计公报，从12个大的方面比较详尽地展示了一年来的丰硕成果。无论是听总理的政府工作报告，还是读统计公报，都会令国人喜笑颜开，甚至是心花怒放。因为在这“十一五”的开局之年，国民经济稳定快速发展，人民生活质量大幅提高，中国社会在大踏步前进。透过一串串令人心旷神怡的数字，会听到中华民族正在向伟大复兴目标奋进的铿锵锣鼓。

经济增长速度在加快的同时，经济结构进一步得到优化。国内生产总值的增量，在连续三年保持两位数增长的情况下，2006 年又出现了 10.7%的快速增长。更为喜人的是，在三次产业增加值的坐标图上，以 2002 年为始点至 2006 年，几乎呈现出一个均等的“斜率”上升，这说明经济的发展既是较快的，又是平稳的。在一、二、三产业的结构份额图上，第二产业份额由 2003 年的 46.0%上升到 2006 年的 48.7%，这说明以物质生产为主体的基础工业得到加强，“中国制造”经济特色更加明显。在固定资产投资直观图上，2006 年间全社会的固定资产投资增幅由上半年的 29.8%回落到第三季度的 24%，这说明国家防止经济过热的一些宏观调控措施显效，投资的增长是与经济成长速度相吻合的。

在经济与社会稳步发展中，农业基础性的作用明显加强。粮食产量在连续两年持续增长的背景下，又比上年增长了 1 344 万吨，从而改写了粮食生产一般是“两丰两平一歉年”的周期律。与此同时，在粮食种植面积比上年增加 110 万公顷的情况下，棉花、油料、糖料、烤烟、茶叶、水果、蔬菜七大经济作物，除了油料总产量比上年略有下降之外，其余六大作物产量都有所增长。其中，市场行情看好的棉花和糖料，出现了两位数的增长。全视角看大农业，农林牧渔全线“飘红”。目前，我们还不敢说农业的基础地位牢固了，但我们可以说确实得到加强了。

以人为本的指导思想得到体现，扩大就业和消除贫困成绩不菲。国民经济平稳快速增长，有力地拉动了就业岗位的增加，2006 年安置了 1184 万人就业，比 2003 年安置的 859 万人增长了 37%。按人均年收入低于 693 元的绝对贫困标准，2006 年全年有 217 万人跃过了绝对贫困线，按 694～958 元的低收入人口标准，有 517 万人跃过了低收入人口的界线。扩大就业和消除贫困，已经成了各级政府的两个工作重点。

国家增实力，国民得实惠。2006 年全国税收比上年增加了 6 770 亿元，增幅达 21.9%，如果按 13.1 亿人口平均，全国每人为国家贡献了 516.8 元的税收。年末国家外汇储备 10 633 亿美元，比上年增长了 30.22%。人民币坚挺，比上年升值了 3.35%。这些数字说明，国家集中财力办大事的基础很厚重，经济调节的余地越来越大。随着国家财政状况的根本好转，人民的收入大幅增加，全年农民人均纯收入 3 587 元，扣除价格上涨因素，比上年实际增长 7.4%；城镇居民人均可支配收入 11 759 元，实际增长 10.4%。城乡居民的收入，无论是增长幅度还是增加值，都是历史上极其少见的。

温家宝总理在政府工作报告中指出，今后国民经济应该又好又快地发展。作为经济发展的大目标，“又好、又快”寓意深远。简言之，要好字当头，先求好，在好的基础上去求快。过去，毛泽东时代曾提出“多快好省地建设社会主义”；改革开放初期曾提出经济要“持续、稳定、协调发展”，后来又修改为“持续快速健康发展”。每个时期有每个时期的情况，每个时期有每个时期的工作重点。现在看，“又好又快”地发展，更为切中时弊，简洁明快，但真正做到的确不容易，需要全体民众在各级党委和政府的带领下，坚持不懈地努力。

发展还未有穷期。

喜中话忧识农情

正确看待和辩证分析农业农村形势，是进一步修订和完善农村政策，保持良好发展势头的必要条件。尤其是在利好特点突出的情况下，能够正视现存问题，做到警钟长鸣，有利于提醒广大干部不要滋生沾沾自喜、志得意满的思想，保持清醒的头脑，保持艰苦奋斗的作风，继续推动农业农村工作向又好又快的方向发展。

近三年来，中国的农业和农村形势发生了很大的变化，概括起来说是农产品的量增质变亮点多，政策向农、支农倾斜多，农民除税心顺收入多。具体的标志是：粮食生产连年丰收，供需矛盾大为缓解，基本实现了供需平衡，个别粮食品种年际间略有节余；农产品质量指标逐年提升，绿色生产受到推崇，无公害技术大面积推广，农产品中的化肥农药残留大幅度减轻，生产环节正在向食品安全方向趋近；国家财政不断调整国民收入分配格局，大幅度提高农业发展资金的投入，全力以赴保农业生产的急需，带动了农业基础设施和基本条件的改善，农业的综合生产能力有所增强；废除农业税，实行粮食、良种和农机直补，强化了农业的造血机能，使其真正得到了休养生息；农村产业结构适时进行了调整，工商建运服各业全面发展，农民就业门路和就业环境大为改观，增收渠道得到空前拓宽；稳定的农村基本经营政策，倾斜的农业投入政策，城乡统筹的共同发展政策，使过去农业农村多年存在的“老大难”问题迎刃而解，干群关系融洽，农民积极性空前高涨。所有这些带有里程碑意义的转变，标志着中国农村正阔步走向政通人和的新时代。

农业农村形势好，是相对比较而言。任何事物的发展只有更好，没有最好，并且更好中总会有隐忧。在分析形势、统一认识的过程中，特别需要警惕不可滋生三个错觉。一是不能因为三年的丰收，就轻言我国的农业综合生产能力很强了。2004 年以来粮食连年丰收，农林牧渔各业全面增产，这是全党重视农业，多方面增加农业投入，充分调动农民积极性的结果，也是气候条件较好、农产品市场价格拉动的结果，是政策好、人努力、天帮忙的共同因素使然。过去的三年，局部地区有旱灾，也有涝灾，但全局上是风调雨顺。我们要清醒地认识到，粮食总量增加了，品种结构和质量问题还没完全解决；经济作物得到长足发展，油料、糖料仍然有缺口，棉花生产还不够稳定；畜牧业发展了，增长方式还没有根本改变，特别是及时有效的防疫体系还没完全建立起来；渔业产业素质提高了，掠夺式捕捞还没彻底消除，水面资源污染的问题仍然突出。总而言之，农业基础设施还很薄弱，增长方式还很粗放，综合生产能力还不高，这是不可回避的问题。二是不能因为粮食的连年增产，就轻言我国的粮食问题已经解决了。尽管连续三年粮食大丰收，2006 年粮食总产量达到了 493.75 亿千克，年度的人均占有量为 378.5 千克，但是仍然比大丰收的 1989 年人均占有量少了 30 千克。从长远看，中国耕地减少人口增加大趋势在近 20 年中不可逆转，人们膳食结构也在逐步改善。与此同时，饲料用粮、工业用粮总量仍在增加，粮食作为生物质能源的功能已经得到开发利用。中国的粮食供需形势，在相当长的历史阶段中，只能处于紧平衡状态。三是不能因为农业农村形势好，就放松农业农村工作。历史经验告诉我们，农业丰收后，农产品供给一旦宽松，就容易出现思想自满、政策改变、工作放松、投入减少的情况。应该清醒地认识到，在经济及社会发展过程中，农业在经济结构中所占的份额下降了，其基础产业作用并没改变；农村社会经济发展了，其相对城市仍然处于贫困落后的状况并没改变。对于中国这样的人口大国来说，在整个社会主义初级阶段，都不可丝毫放松农业和农村工作，时刻都要把农业放到经济工作的首位，把农村工作放到全党各项工作的重中之重。

当然，现在的农业和农村工作与五年前发生了很大变化。过去比较突出的土地承包不稳定、农产品流通不畅、收购农产品打白条、农民负担重、干群关系紧张等问题已基本解决，但农业资源利用效率低下、农民就业能力不强、生态环境污染严重、农村社会事业发展滞后等问题越发突出。加强农业和农村工作，应从产业及区域的实际出发，抓住这几个主要矛盾，有针对性地采取得力措施，因地因时制宜地解决问题。

现在的农业与农村工作，已经不是传统意义上的工作范畴了。农业职能的扩大和产业外延的扩宽，农村同城市的关联度更加紧密，要求工作领导者要更新观念、转变作风，在统筹城乡发展和科学发展的原则指导下，从根本上解决现存问题。过去有人说：“要跳出农业抓农业，要跳出农村建设新农村。”这个说法不一定很准确，但是，新局面提示人们，应在更高的范畴、更广阔的领域去研究、驾驭、开创农业农村工作。

“龙门阵”的听后感

四川的资中县是个有名的贫困丘陵区。这几年国家不断加大对资中这样的贫困县的扶持力度，县委县政府一班人带领全县人民真抓实干，使其经济基础及社会面貌逐年有所变化，老百姓感到日子比过去好过多了。但是，在发展现代农业、建设新农村的新形势下，像资中这样的丘陵或山区县，又出现了许多新情况、新问题。中国的西部丘陵山区现代农业如何发展？新农村怎样建设？立足于问题的求解，2007年4月下旬中国农村杂志社在资中县召开了“中国西部丘区社会主义新农村建设研讨会”。几路著名“三农”问题专家云集，参观过程中研讨，会议上座谈，餐桌上争论，仁者见仁，智者见智，在资中摆了一场有滋有味、令人回味的“龙门阵”。听后，略有所思；思后，略有所鉴。

千万别让保护耕地的“红线”变“虚线”。土地是不可再生资源，耕地是农民安身立命之本。这几年，国家用世界上最严厉的措施管制土地，特别是严格审批耕地的占用。但遗憾的是，城市“摊大饼”，工业建设占地仍然有“突飞猛进”的势头。近三年来，每年新占耕地都在30万公顷以上。据国家统计数字，目前全国尚存耕地1.216亿公顷，如此下去，再有6年时间，国家设定的1.2亿公顷耕地保护的“红线”，就会变成一条“虚线”。杞人忧地，是难以忘却之忧，也是当务之忧。对于乱占滥用耕地，国家是有“法制”的。问题是极少有对违法者追究法律责任的事例。严格管地，首先要依法治人。对那些化整为零，分期报批的；对那些隐瞒真情，私占滥建的；对那些贪污腐败，以地谋私的；对那些官官相护，失职渎职的，如果不启动法律杠杆，就很难管住耕地。要防止“红线”变“虚线”，就应该“刑上干部”，否则，别无他路。

千万别让新农村变成“空心村”。随着农民观念的更新和就业门路的拓宽，大量农民进城务工，不但增加了农民收入，也给城市的布局和产业结构调整注入了新生力量，这是积极的一面。另一面的问题是，每年春节后，农村80%左右的青壮年走出家门去“淘金”，只剩“66”（儿童或老年人）大军镇守农村。父母双全的儿童变成了留守的“孤儿”，有儿有女的老人变成了“丁克一族”。门前树下拴条狗，屋里炕上坐着两老叟，这样的情况在农村并不少见。要富裕农村，就要减少农民；要减少农民，就要进城就业。现在的问题是，农民进城门没开，农民离土没断根。在这种周而复始、年复一年的打工潮中，中国农村以家庭为单元的社会细胞组合形式受到冲击。对亲情的疏离，对家庭组合的破坏，是改善农村社会运行机制过程中应视而要见，并且要引起重视的倾向。没有完整的个体家庭，就没有和谐的整体社会。出路可能在于不论是就业或者是迁徙，都要力争家庭的完整。进城的，应举家迁徙，并且要安居乐业；留下的，应家庭圆满，并且要追求新农村的新生活。不利于农民工进城安居的政策要调整，一人离乡老少留守的观念要更新，新型的城乡关系要确立，政府的导向作用要加强。

千万别让农业成副业。由于农户占有耕地的规模狭小，由于种田的比较效益低，还由于青壮年的另谋副业，农村剩下了老弱病残来务农。农业的日趋副业化，已经成为农村的普遍现象。作为农业生产力的第一要素——劳动者的体力智力欠缺，实现建设现代农业的目标，可能遥遥无期。农业超小型的经营规模，必然导致兼业化，长久的兼业化必然导致副业化，副业化的从属地位，又必然削弱农业的综合生产能力。农业结构的调整，先进科技的推广应用，基础设施的改善，都离不开劳动者素质的提高，更有赖于农业生产要素科学组合，农业专业化的稳步实施。在坚持家庭经营体制的前提条件下，催动耕地的自愿有偿流转，发展各具特色的社会化服务体系，让种田能手去种田，让机械能手去经营农机，让有现代物流知识的人去从事农产品的流通，不同的农民在不同的岗位上就业，可能是防止农业副业化的一条选择。

千万别让农村孩子读完大学后再上职高或者技工学校重新学就业本领。大学生就业难，没有社会背景的农村大学生就业更难。表面看，是因为社会就业岗位不足，供需矛盾较大使然。而深层次的问题是高等教育的专业设置不适应不断变化的就业形势的需要，也有高分低能的因素。比如，学历史、哲学、思想政治工作的大学生，严重的供过于求；又比如，学经济管理或者工商管理专业的，有“万金油”的就业倾向，而一直被社会推崇的车、钳、铣和汽车修理等操作性工种，却招不到人才。育人与用人的脱节，职高生的就业形势好于本科生，这是不正常的，是需要改进的，而且应该抓紧时间改进。

侃了一场“龙门阵”，胜读一本教科书。天下没有不散的筵席。“龙门阵”侃完了，那畅所欲言的争论，仍在脑海中回荡，“三农”的新情况新问题，值得研究和深思。

中国农业面临的形势和任务

早在1948年，美国人艾奇逊曾预言："中国历届政府都解决不了中国人的吃饭问题，共产党肯定也解决不了"。在中国农村改革已经取得辉煌成就的90年代初期，又一位美国人莱斯特·布朗发出"谁来养活中国"的诘问。但中国农业特别是粮食生产所取得的成就，给他们的错误判断作出了不容争辩的否定。中国人经过艰苦卓绝的努力，得出了"中国人靠自己的力量，不但能够解决众多人口的吃饭问题，而且还能实现吃得相对好一些"的结论。

新中国成立以来，特别是党的十一届三中全会以来，中国农业在困难中前进，在曲折中发展，创造了令世人瞩目的辉煌。这种辉煌不单纯体现在农产品的有效供给上，而更重要的是体现在农业的综合生产能力和发展后劲上。主要标志是：确立了符合中国国情的多元经营体制，积累了雄厚的再发展的物质基础，有了一个趋近合理的农业内部结构，建立起了能够不断推动科技进步的有效机制，选择了兼施政府调控的市场体系，形成了一套能够保护和调动农民积极性的政策措施，开创了一个能够促进农业进一步发展的良好社会环境。一句话，中国农业已经具备了向现代农业目标迈进的技术基础、政策措施和物质条件。

未来的农业，供给目标要实现从温饱到小康转变；增长方式要实现从粗放型到集约型、节约型转变；产业功能要实现单一的实物供给到多元化发展转变；经济形态要实现从提高产量到提高质量转变。传统农业向现代农业转变的大方向，说明农业已经走上新的成长阶段。对此，分析新形势，认清新矛盾，确立新任务，选择新措施，就显得具有可操作的现实意义和较强的指导作用。

一、新目标派生新任务

2007年的中央一号文件，作出了建设现代农业的全面部署。这是农业发展新阶段中的新目标。贯彻落实文件精神，应将原则的大目标转换成具体的分项任务。也就是说，应通过现代农业的建设过程，达到农业产量的增加、质量的提高、功能的开发、资源的节约、产业的和谐。这就是在一个相当长的历史阶段中农业发展的具体任务。

1. 产量的增加。经过国人若干年的努力，中国的农产品特别是粮食已经实现了基本自给、丰年有余，有力地支撑了国民经济持续发展和社会稳定。但是，我们要看清楚，这种基本自给是紧平衡状态的自给，也是不稳定的自给。特别是要充分认识到，随着人口的增加，制药、纺织、油脂、烟草、皮革、制糖、化工和生物能源工业产能的扩大，对农产品增量的要求会逐年叠加，在相当长的一段时期，全面增产仍然是农业的第一任务。其中，粮食生产是重中之重的任务。

粮食总产量的中期目标应该是，2010 年、2020 年分别达到 5 175 亿千克、5 650 亿千克，平均递增幅度应保持在 1%以上。粮食的自给率应保持在 97%左右，不得低于 95%。其中，大豆在维护非转基因品牌特色的优势下，总产量应努力提高到 2 500 万吨甚至 3 000 万吨以上。烤烟、油料全面增产，糖料应逐年缩小产销缺口，力争到 2020 年基本自给。禽产品、水产品在保持国内供给充足的同时，还应争取增加出口。

2. 质量的提高。在市场经济条件下，质量低劣、不适销对路的农产品，它的产量越大越会贬值，甚至成为毫无使用价值的废品。有鉴于此，对农业绩效评价标准，应由过去侧重考核量的增长，转向量的增长与质的提高并重，在某些产品上要更注重质量的提高。

应通过转变产业增长方式，控制污染，改善环境，推动农产品的无公害标准化生产，实行优质优价政策，完善质量安全检验检测体系等一系列措施，提高农产品的质量档次。食用农产品应达到吃得放心、吃得安全、吃得营养、吃得健康的标准；工业原料性农产品应达到品质好、无公害、有用物质含量高的标准。

3. 资源的节约。资源先天不足的国情，决定了中国农业的发展必须遵循开发与节约并重、节约优先；按照减量、循环再利用的原则合理利用资源，力争在较短的时间内走出一条主要靠节约挖潜扩大再生产的道路。

节约的重点是节地、节水、节肥、节药、节种、节能。合理提高复种指数，充分开发利用田埂、边角地和废弃地，整理和改造“空心村”；改进灌溉技术，提高水的有效利用率；普及测土配方施肥技术，降低化肥的亩均投入量；严格控制农药和饲料添加剂的使用，开发生物除害技术；杜绝传统的漫撒的播种方法，实施精量播种；改进农业机械装备设施，降低单位作业能耗量。同时，要科学合理开发后备资源，保护好水、土地、草原和水生生物等自然资源和动植物野生种质资源，实现农业的可持续发展。

4. 功能的开发。农业是个大概念，是个很宽泛的产业领域。我们所说的建设现代农业，是要建设现代的大农业。因此，要充分开发利用农业的潜在功能，给这个传统产业增添新的生机和活力，要为国人不断增长的物质文化生活的需要作出新贡献。

从目前人们对自然规律和社会发展特点的认识上看，农业除了具有食品安全保障和工业原料供应功能之外，至少还有六个方面的功能有待开发利用。一是调节生态改善环境功能；二是观光旅游功能；三是传承农耕文明功能；四是协调相关产业关系功能；五是创造就业岗位功能；六是物质生产的启蒙教育功能。农业的多功能性，是自然与社会给农业预留的无限拓展空间，着眼于多功能的开发利用，传统农业必然能够成为现代农业，未来的农业将大有作为。

5. 产业的和谐。创造和谐的农业，是建设和谐社会的重要组成部分，是以人为本的科学发展观在农村的具体体现，自然成为农业发展过程中的长期任务。

创造和谐的农业，应由创造农业与农民的和谐、创造农业与相关产业的和谐、创造农业与大自然的和谐三个层次来实践。其间，农民是创造和谐农业的主体。农民在发展农业的过程中，应该崇尚农业发展的自然规律，爱护、改善和保持人类赖以生存的农业生态环境，最大限度地合理开发和科学利用农业资源，摒弃过去延续下来的，在农业生产活动中一直起作用的错误观念，引入科学和现代的生产方式。比如，要注意节约劳动，要精确劳动价值的成本核算，要注意提高作业机械化程度和减轻农民的劳动强度，要注意加强劳动保护，创造舒适的劳动环境，要十分注意劳动安全，把劳动者的身心健康放到应有的位置。和谐的标准应该是：实现农民的多样性需求不断得到满足，农民的自由个性得到充分体现，农业能够可持续发展，农民与大自然能够和谐共生。

二、新阶段凸显新矛盾

在相当长的历史进程中，农业要完成新的伟大任务，标志着农业已经走上了新的成长阶段。面向未来，站在历史阶段的结点上，用唯物的辩证的方法审视农业，我们会看到许多新情况需要研究，许多新矛盾需要应对，许多新问题需要解决。

1. 不断增长的农产品需求与日益紧缩的资源供给的矛盾。2006年，中国的粮食总产量虽然已达到4 937.5亿千克，是历史上第二个丰产年。但人均占有量仅为378.5千克，比历史上最高年份的1999年的人均占有水平低41.5千克。虽然我国粮食的自给率已经达到97%，总量平衡上不会出问题，但品种结构问题切不可忽视。特别是玉米、大豆，扩张性需求势头很猛。酿造、淀粉、化工用粮和饲料用粮，每年都在快速递增。特别是生物质能源的粮食需求量增势迅猛。据人民日报介绍，2006年，全国燃料乙醇产能达到132万吨，需要消耗400多万吨玉米。2006年全国玉米出口由上年的861万吨下降为310万吨。粮源紧俏，引起玉米价格由2005年的1 000元/吨上升到2006年的1 500元/吨。中国最大的玉米生产和出口省吉林，从1984年开始持续了22年的卖玉米难现象，至2007年因畜牧业的发展和粮食深加工能力的扩大而得到彻底扭转，省内的玉米基本达到了自产自用，再没玉米可外调。与此同时，国内大豆供需缺口较大。自1996年我国由大豆的净出口国转向净进口国以来，进口量逐年增加，2006年共进口大豆2 787.5万吨，相当于当年产量的179.8%。由于受市场价格和生产成本的制约，大豆依靠进口来满足需求的格局在近期很难改变。

与粮食生产增量要求不相适应的是，耕地、水和能源资源约束逐年硬化。我国人均占有耕地仅为1.4亩，为世界平均水平的40%。据联合国粮农组织的数据，目前农民人均的土地规模，日本是我国的7倍，韩国是我国的3.5倍。我国农户平均占有耕地7.3亩，仅相当于邻国日本的10%，与欧盟和美洲国家的差距就更大。我国极为珍贵的耕地资源，每年被工业建设和城市“摊大饼”蚕食。近三年，每年建设新占耕地都在30万公顷以上，按每亩315千克粮食的产出计算，每年削减14.18亿千克的生产能力。况且占的都是好地、熟地。到2006年末，全国仅存耕地1.218亿公顷，如此蚕食下去，再有6年的时间，国家设定的1.2亿公顷耕地保护的“红线”，就会变成一条“虚线”。我国人均淡水资源占有量为2 200立方米，仅为世界平均水平的1/3，农业用水每年短缺约300亿立方米。水资源占有量小，且时空分布不匀，南涝北旱，季节降雨失调是很难人为改变的现实。能源的越发紧缺，供应缺口较大时保城市、保生活的政策取向，无疑使农业的增长又遇到了新障碍。值得警醒的是，耕地、水及能源三大资源的短缺，是不可逆转的，也是无法替代的。

2. 开放的市场体制与粗放的农业增长方式的矛盾。按照国家全面建设小康社会的发展规划，在完善社会主义市场经济体制的过程中，经济增长方式必须实现粗放型向集约型转变。在国情、现有经营体制和产业运行机制的约束下，只有实现了这个根本性转变，我国农业才能走上高产、优质、经济、安全和稳定增长的轨道。

改革开放以来，通过经济体制改革和生产组织形式的创新，农业已经完全市场化了。中国加入WTO以来，农业产品已经登上了在国际市场上竞争的大舞台。现在的问题是，农业粗放的增长方式，不适应现代的社会化大生产和开放的大市场的要求，产业竞争能力处于弱质状态。主要表现在：一是生产规模不经济。在以家庭为生产单位的条件下，充分考虑农业劳动力素质、机械作业程度、科技水平等因素，生产单位占有耕地3公顷以上比较经济合理。在目前户均7.3亩的土地上，集约化生产的份额很难得到提高。二是生产手段落后。目前全国耕种收综合机械化率只有36.5%，远远落后于发达国家。在个别地方，人拉犁、人拉耧、人拉车的现象仍然存在，有的甚至还沿袭着“刀耕火种”的原始生产方式。产后的产品储藏、保鲜、烘干、运输、销售等环节的设施建设，总体水平十分滞后，迫使农民对农产品急于出手，破坏了市场的均衡性和价格调节的有效性。三是资源浪费严重。主要表现在水、肥、种和劳动力的浪费上。目前我国天然降水的利用率只有10%，采用大水漫灌的原始灌溉方式，水的有效利用率只有40%；农作物单位面积施用化肥量是世界平均水平的1.6倍，由于不能按作物品种、生产季节、土壤成分科学配方施肥，使化肥的有效利用率仅为30%左右。与此同时，节约用种、节约用工的潜力很大。四是科技对农业增产的贡献份额低。2006 年，科技对增产的贡献份额为 48%。而同类指标在农业发达国家可达到 60%以上，最高的美国达到 80%。五是机会收益流失。由于农业产业链条短，农产品精深加工的比例不高，大多数农产品以原字号、大路货的状态直接进入市场，产品的附加值没有充分体现。六是管理粗放。在生产管理环节，一些落后地区缺少精耕细作和先进的田间管理手段，对生产过程的不利因素缺乏有效控制；在经营管理环节，不计劳动成本、不讲求核算、不问经济效益的现象仍然普遍。绝大多数农户没设账簿，没有数据采集和效果监控手段。

农业的粗放型增长，其弊端已暴露无遗。建设现代农业，首先应解决开放的市场体制与粗放的增长方式的矛盾，抓紧时间，使不适应的尽快适应起来。

3. 产品质量安全要求与生态环境现状的矛盾。社会发育程度由基本小康走上全面小康阶段，人们的生活水准将发生根本性转变。首要的是对农产品的追求由过去的吃得饱，转向吃得好。所谓的好，是吃得放心，吃得安全，吃得营养，吃得健康。

生产出安全的农产品，除了在物质投入上控制或减免化肥农药的使用，还有赖于良好的生态环境。目前，不断恶化的生态环境，已经成了农产品质量安全的“天敌”。由于巨大的人口压力和发展区域经济的动力，过去很长一段时间存在着无节制地对天然资源的盲目开发和过度利用，有意无意地随意“改造”大自然，奉行先发展后治理的理念，终于导致全国性的生态破坏、环境污染、资源衰退。在农村，化肥和农药的盲目和非科学使用，畜禽粪便的无管理排放，秸秆等有机物的不当处理，毁林垦荒，过度放牧，这些生产生活中的不理智行为，对农业生态环境造成了极大的危害。其后果主要表现在：一是水土流失加剧。全国水土流失面积已从建国初期的 150 万平方公里扩大到 370 万平方公里，约占国土总面积的 38%，而且每年仍有扩展。每年的水土流失总量约 50 亿吨，损失肥力相当于 4 500 万标准吨化肥。二是土地荒漠化加剧。据中国治理荒漠化基金会的统计，目前全国荒漠化土地总面积为 263.6 万平方公里，占全国陆地总面积的 27.46%，相当于全国农田总面积的 2.5 倍，并以每年 66.7 万公顷的速度增加。其中，草地中度退化、沙化、碱化面积已达 130 万平方公里，历史上水草丰美的科尔沁草原、鄂尔多斯草原的生态退化还没有得到根本性恢复。在西南的喀斯特地区，也出现了严重的石漠化现象。三是水体污染加剧。全国重点水质监测报告显示，长江、黄河、海河等七大水系和太湖、巢湖、滇池污染都比较严重，五类和劣五类水质占一半以上。四是土地污染严重。工业“三废”对农业环境的影响已由局部向整体蔓延，全国因生活垃圾及工业固体废弃物堆存占用农田面积已达 13 万公顷以上。有 530 万公顷耕地遭受工业废气污染，约占耕地总面积的 6%。在一些地方，“三废”污染已造成植物大面积死亡，形成了局部的生态“死区”。五是湖泊水面缩小。因泥沙淤积、盲目围垦和气候干旱，全国湖泊水面比建国初期减少约 140 多万公顷；鄱阳、洞庭两大湖水面比建国初期萎缩了 1/3 以上。水面缩小，不仅影响渔业生产，而且减弱调蓄洪水能力，加剧了湖区的旱涝灾害。六是海洋生态环境恶化。近海海域水质污染严重，导致赤潮越发频繁出现，沿海的浙江、辽宁、广东、福建、江苏、山东、河北、天津、上海、海南十个省市无一幸免，且有逐年加重趋势。由于污染、围海造地和养殖的过度开发，中国的近海域约有 40%已不适宜海洋渔业的发展。七是动植物资源减少。由于资源的非理性开发和生态环境的破坏，使珍稀植物失去了再生的基本条件，珍稀动物失去了繁衍的基本条件，珍稀动植物灭绝的速度加快，破坏了天然的生态平衡。

这七个方面的不利因素叠加，对农业的破坏作用是非常严重的。全国每年都发生数千起农业污染事故，不但给农业造成了巨大的经济损失，也使农民的身心受到严重摧残。值得警醒的是，农业所承受的是城市或工业的输出性污染。由此可见，如果不从源头上改善生态环境，不从根本上治理污染，农产品的质量安全就很难有保障。

4. 转移农村劳动力与提高农业生产者素质的矛盾。要富裕农村，就要减少农民，这是改革开放以来各级领导、理论界形成的共识。如果深入研究“三农”的现状，还会认识到，光说这一句话不全面，还应加上：“要发展农业，就要提高农民”。现在的问题是减少农民后又派生出了一个新问题，即留给农业的劳动力素质下降，与发展现代农业的要求极不适应。

近些年，转移农村劳动力的成效显著。据有关部门提供的情况，现在已经有1.5亿农村劳动力进城就业，还有近4 000万农村劳动力处于亦工亦农、亦城亦乡的状态。千方百计转移农村富余劳动力，这是城市化、工业化、现代化过程中的必然要求。而如果在这个进程中忽视提高农民，就会削弱农业发展的后劲。现在到农村去调研，很难找到年富力强的青壮年。每年春节过后，青年男女纷纷离乡，踏上进城务工路。这是值得提倡的。应重视的新问题是“进城青年男女谋新职，留下老弱病残守家园”，已成为农村生活的常态；“386199”（妇女、儿童和老人）部队来种田，已经成为农业的常态；“门前树下拴条狗，屋里坐着两老叟”，已经成为农村家庭的常态。在一些地方，缺少人气的“空壳村”不少见；在一些村中，家中常年无人的“锁门户”不少见。农业人力资源状态堪忧，已经不是局部问题。

研究农业资源问题，应该清除两个不正确的认识。一是不能因为统计数字上农村人口的文化程度有所提高就误认为农民素质的提高，因为农村中的初、高中生都进城了，只是户籍仍在农村。二是不能因为农业综合生产能力提高了就误认为农民素质随之提高了，因为构成综合生产能力的要素，诸如基础设施保障能力、科技支撑能力、加工保鲜能力和市场管制能力的提高，掩盖了农业第一线劳动者智力、体力、技能的降低。

如果我们现在还不能认清农业劳动力素质的真实情况，不去采取应对措施，那么，农业的兼业化、副业化将成为必然。如果说对于农业兼业化还能容忍，那么，农业一旦走向副业化，就很危险了。

5. 拓宽产业功能与传统管理制度的矛盾。农业由粗放型走向集约，由封闭走向开放，由传统走向现代的过程的同时，产业本身潜在的多功能性质越发显现；在产业延伸、结构调整、功能再造的过程中，来自于传统观念的抵制、管理制度的约束越发显现。

系统地解析“农业”二字，会使人们看到，它有着丰富的内涵。农业，在生产人类赖以生存的食品及工业原料的同时，也传承着文明；在进行物质能量转换的同时，也调节着生态环境；在进行特色产品的标准化生产时，也可满足人们观光游览的需要；在推广新品种普及新技术的同时，也可成为青少年的启蒙教育基地。人们对农业的认识还不够深入和系统，对其潜在功能的开发，还没有形成有效的制度支持。比如，一谈到农业的综合开发，就片面地认为要破坏生态环境，没能认识到农业所具有的生态调节作用。又比如，利用田园风光和自产鲜活产品开展观光旅游业务，有的部门就要求住宿资格的商业登记，本来游人是奔着“农家乐”的特色而来，而有关部门却要求统一用“酒店式管理”。再比如，农业企业延长产业链，利用自产原料进行产品的深精加工，在一些地方对中间环节要征增值税。凡此种种，都是不利于农业潜在功能开发和利用的，因而也是需要认真研究和解决的。

农业的多功能是客观存在的，不是人们臆想的。多功能的开发利用，是一件新事物，需要人们转变观念，正确对待，调整政策，予以支持，立足于让农业尽显其能，使其为人类作出更大的贡献。

三、新战略选择新举措

实现数量的增长、质量的提高、资源的节约、功能的开发和产业的和谐五项任务，是建设现代农业的内在要求，是农业进入新的成长阶段的新战略。新战略需要有新措施相匹配。过去，所采用的稳定土地承包经营、加强农业基础设施建设、依靠科技兴农、增加投入、开辟农产品国内国际市场等发展农业行之有效的措施，有力地支撑了农业的增产、农民的增收和农村社会的稳定。现在，在建设现代农业的进程中，这些重要的措施仍然有效，仍然要坚持，并不断地加以完善和改进。但是，在农业新的历史结点上，在农业任务十分繁重的新形势下，靠这些战术性常规性措施，不足以实现农业新的发展目标，不足以把农业推上新的台阶。出路在于把农业摆在国民经济和社会发展的大盘子中，从宏观上采取强化措施，从战略上谋划农业的发展。

1. 修正经济再生产理论，发展循环型友好型农业。传统经济学理论主张，经济再生产的周期过程是由生产——分配——交换——消费四个链条所组成。这样的理论主张，在社会生产能力不高，产品供给不充分、人口与资源的矛盾不突出、市场调节功能不明显的客观条件下，有一定的合理性。随着经济的发展、人口的增加、社会的进步，特别是在资源越发紧缺、生态环境不断恶化的情况下，传统的经济再生产周期论就明显地暴露出不可遮掩的瑕疵。主要显现在：一是它不承认原始资源的价值，缺少资源采集这个重要环节；二是它只标明了不完全的“周期”意义，而缺少“循环”的意义；三是它具有明显的“计划”色彩，不主张资源的市场配置；四是它忽视了生产、流通、消费之后的废物、剩余物的处理，是个不完整、不封闭的周期链。用这样的理论去指导现代农业生产，有悖于建设资源节约型、环境友好型、社会和谐型的总体要求，理应进行必要的修正。

依据经济可持续发展理论，依据唯物辩证法的“扬弃”理论，又依据生态经济学理论，在现实条件下的经济循环链应该是：资源采集——生产过程——流通领域——商品消费——废物降解再生。修正后的循环链与传统的周期链相比，其基本特征：一是它把周期性上升到循环论，给发展循环经济和创造新的经济形态提供了理论支持；二是它主张生产的终端是商品而非产品，产品变商品，强化了市场手段；三是它将生产终端的下链延伸，把原始的“斧头换绵羊”的方式扩展成广泛领域的流通；四是它的标志性变化是融入了生态学原理，通过“废物降解再生”而形成真正的周期性循环。新的循环链的精髓是主张经济与社会的可持续发展。

用新的经济循环理论去指导农业，应十分重视对土地、水、森林、草原、能源和劳动力等资源的合理开发和有效利用，十分重视农业的可持续发展。无论是农业从业者，还是农业指导者、管理者，都要把创造人与自然的和谐作为一个重要目标，注意用政策催生高产、优质、高效、生态、安全的新的农业，创造“绿色”GDP，发展循环的农业经济。

2. 统筹农业和其他产业的发展，改变农业的弱质地位。世界上一些国家的发展过程证明，当人均国民收入上升到1 000美元时，产业的、社会的矛盾将发生变化，将对国民收入的分配、生产力的布局、生产关系的调整提出新的要求。中国已进入由基本小康向全面小康转变的关键时期，先进的工业化程度与传统的农业生产手段的矛盾，对农业追加投入的要求与资金向高效益产业聚集的矛盾，城市发展快速推进与乡村生产生活设施严重不足的矛盾，农民收入增长缓慢与市民收入快速增长的矛盾，都程度不同地阻碍着农业的适应性发展。在诸产业之间的关系上，农业的弱质性表现得十分突出。彻底改变农业的弱质性，增长农业这条国民经济发展的“短腿”，唯一的选择是采取农业与其他产业统筹安排、综合平衡的措施。

统筹，统什么？一是统一对弱势产业的扶持政策，公平对待农业的社会效益性贡献，适当照顾产业劳动者，善待农民。二是统编农业与其他产业发展规划，在资源开发利用、生产力布局、劳动就业安置等方面，按照先农业后其他、先基础后一般的原则去安排。三是统建公益设施，对改善生产生活条件的道路、用水、供电等生产生活设施，对提高农民素质的文化、卫生、体育等公益事业，做到城乡一视同仁，并尽可能地补上农业与农村的欠账。四是统揽各产业发展的全局，布置和检验工作，一定要从和谐发展的要求出发，既要考虑农业与其他各业的协调，又要考虑经济与社会的协调，既要考虑农业终端产品的质与量问题，又要考虑农民素质的提高。作决策，一定要避免"嫌贫爱富"，特别应"雪中送炭"。

统筹，筹什么？一是筹谋支农扶农具体政策的落实，防止出现"口号农业"的倾向。二是筹建具有改变农业弱质性的带动性项目，要有选择地把一些具有产业带动和劳动力就业的重点项目建在乡村，优化产业发展环境。三是筹集建设资金，调整国民收入分配格局，纠正重城市轻农村、重工业轻农业的思想，构筑农业发展的物质支持体系。

统筹各业的发展，不是哪一个部门的问题，责任在各级政府。因为"统"和"筹"的过程，就是政府宏观调控意志的体现，只有政府才具有"统"和"筹"的功能。

3. 实行最严厉的耕地保护措施，矫正对农民的剥夺。从资源的开发和利用上看，保住1.2亿公顷耕地，是个战术性措施。但从耕地对农业发展的基础性、决定性作用上看，这又是一个必须确保的战略性措施。1.2亿公顷耕地这条"红线"一旦被突破，实现农业的中长期发展目标就会难上加难。

在工农产品价格剪刀差已经弱化的现实情况下，采用行政手段违法征地和乱占滥用耕地，剥夺农村集体经济组织的土地所有权，剥夺农民的土地使用权和收益权；依法占地后对农民补偿标准低、补偿资金不到位或挤占挪用补偿资金等行为，是对农民利益的最大剥夺，也是对农民这个弱势群体的致命性戕害。据报道，近几年农民的群体上访，70%以上的案例是由土地引发的。国家实行最严厉的耕地保护制度，为什么非法占地、滥占耕地屡禁不止？问题就出在上有政策、下有对策，违法违纪滥占耕地的责任者得不到法律的追究。

国家对土地特别是耕地的管制，应采取更加严厉的措施。可操作性的意见是：调整政策，完善法律；有法必依，违法必究。所谓调整政策，就是要根据目前的资源市场价格水平和经济与社会发展情况，调整占地补偿标准，让占地者付出相应的经济代价，使出让者得到合理的略显优厚的补偿。所谓完善法律，就是以《宪法》和《物权法》为依据，对涉地各项专业法律法规进行修订，对“公共利益”用地作出法律界定，明确经营性用地不再由国家先征后批占，改由用地者与出让者以市场地价为参考，直接进行商务洽谈。所谓有法必依，就是一切涉及土地的行政行为和经济行为，都要按法律法规办事。所谓违法必究，就是启动法律杠杆，追究违法占地人的法律责任。

保护所有者和使用者的地权，不单是个农业经济问题，而且关系到政权的巩固问题，各级政府及有关部门不可在关系农民安身立命、关系社会稳定安宁的重大政务上不作为。

4. 尊重基层和广大农民的创造，再造农业微观经济组织。目前，农业的微观经济组织单薄，缺乏生机和活力，农民的组织程度和对话地位低，缺乏自我发展的环境支持。这是农业发展的现实矛盾，是建设现代农业的一大体制性障碍。从根本上消除这一障碍，必须进行制度创新，再造农业的微观经济组织和经营体制，建立起适应现代农业和市场经济要求的组织制度、管理制度和运行机制。

现代农业的一个重要标志，就是经济体制和生产组织形式应该是多样的。前不久，全国人大颁布的《农民专业合作社法》给农业的微观经济组织的再造提供了法律支持。农业生产经营者应抓住贯彻落实《农民专业合作社法》这一有利时机，从发展的需要和本地实际出发，大力发展社区性或专业性合作经济组织，提高农民的自主地位，提高农业企业的市场竞争能力。应大力培育各类市场主体，加强发展以土地联合、劳动联合、资源联合、技术联合为特征的股份制企业或企业集团，扶持发展农产品的营销队伍、经纪人队伍。完善农业的市场体系，办好批发市场，活跃要素市场，扶持龙头企业，鼓励和引导多种所有制经济实体参与农业的贸工农一体化经营。

在经济组织创新的过程中，农业部门的典型引路和具体指导是不可缺少的条件。因此，农业行政部门应深入基层调查研究，注意总结、发现和推广典型；同时也要加强农业市场信息体系和服务体系建设，提高信息采集的精准性和信息发布的及时性，努力建立起设施完善，充满活力、高度市场化的农业经济运行机制，全面启用市场经济手段，补以切实可行的行政手段，对农业生产经营实施科学管理。

5. 借鉴发达国家经验，建立对农业有效的物质支持和政策保护体系。由于农业的天生弱质和比较效益低，在国家工业化进程中，在各行各业普遍以利润最大化的市场经济环境下，农业在同其他行业的竞争，处于极为不利的地位，农业发展的外部环境偏紧。在中国，发展市场型农业，亟须借鉴世界上成功的经验，通过一些有效的宏观调控手段，对农业进行必要的保护和扶持。

从国际经验上看，凡是农业发达的国家，政府都对农业实行有效的支持和保护，美国是成功的代表之一。美国从上世纪 30 年代罗斯福实行新政时起，颁布了一系列政策法规，形成了一整套对农业有效的支持和保护体系，包括农产品价格保护体系、农业信贷支持体系、农业保险体系等。二次世界大战后，一些欧共体国家开始对农业实施支持和保护政策，政府出台农产品最低保护价，敞开收购农产品或给以差价补贴，从经济收益上鼓励公民从事农业。近 30 年来，欧共体国家农业得到长足的发展，政府对农业的支持和保护措施功在其中。工业化程度比较高、农业资源匮乏的日本和韩国，也逐步对农业给予了一定的支持和保护。

综观我国目前的经济实力，借鉴国外的经验，现阶段应对农业采取六项支持和保护措施。一是坚持对粮食、良种、购置农机具的补贴制，并应适当提高补贴标准。二是坚持和完善小麦、水稻等大宗农产品的最低保护价制度，确保粮农的基本收益；逐步建立起禽产品、水产品的市场指导价发布制度，防止肉、蛋、奶、鱼等价格的过度波动。三是增强对农业资源的保护力度，充分启动行政管制、经济约束、法律强制三大手段，严格控制农业资源的流失，严格控制农业资源的污染，建立起永久性的基本农田保护制度。四是加强对农产品市场的调控，熨平市场波动，畅通流通，保护公平交易。五是开办农业保险，建立农业自然风险及市场风险的补偿机制。六是健全和完善农业相关的法律法规，使农业走上依法保护的轨道。

6. 依靠全社会的共同努力，求得农业可持续发展。“民以食为天”，农业是安天下的产业，也是福利性产业。农业发展的状况如何，同全体公民的生活质量息息相关。为农业创造一个良好的生态体系和发展环境，不仅仅是农业部门、农民、农村的事情，也是城市居民、各行各业和全社会的责任。农业的可持续发展，必须依靠全体民众的共同努力。举全民之力兴农，应该成为长期的指导思想。

在经济发展的任何阶段、任何形势下，都不应只追求满足当代的需要，而要考虑到子孙后代的生存；任何一个产业都不应单纯追求经济效益，而要兼顾社会效益和生态效益。越是需要农业加快发展，越要注重加强生态和资源保护。工业应加快对农业输出性污染的治理，控制“三废”的排放量，为山常青、水常清、土常肥和生物的多样性做贡献。从大农业本身来说，应加快水土流失的治理和防护林体系建设，坚持不懈地开展全民义务植树活动，提高森林覆盖率；合理开发利用土地、水源、森林、草原、海洋、矿藏和其他资源，并逐步建立起使用资源的补偿制度。通过一系列自觉的和强制性措施，建立起良好的农业生态体系和发展环境，力争用20年的努力，即在2025年左右，使中国农业走上可持续发展的道路。

为“普惠制”而欢呼

胡锦涛总书记在十七大报告中，对走中国特色社会主义道路进行了全面阐述，对全面建设小康社会奋斗目标提出了新要求，从而把关注民生的战略构想具体化，这是针对中华民族和全体公民而言。而对于人口基数大、收入低、话语表达地位低、就业能力不强的广大农民阶层来说，最大给予是在关注民生的同时实行“普惠制”。因此，在中华民族的发展前景上，亿万农民为十七大而欢呼；在涉及个体的直接利益上，亿万农民为解决民生问题的“普惠制”而欢呼。

政治权利的普惠。十七大报告中提出“逐步实行城乡按相同人口比例选举人大代表”。这是缩小城乡治理体制差距、提高农民对话地位，实现国家权力公平的根本。可以展望，如果“逐步实行城乡按相同人口比例选举人大代表”，在即将选出的十一届全国人大代表的构成中，真正的农民代表比重将得到进一步提高，农民同城里人具有平等的选举权力将得到进一步落实，社会成员之间的政治公平将得到进一步体现。与此同时，十七大报告还提出“尊重和保障人权，依法保证全体社会成员平等参与、平等发展的权利”。把这一款的基本精神落到实处，我们可以预言，农民将有迁徙的自由、选择产业的自由和依法保护自己的自由。过去那种大批清退、随意查身份证、暂住证，没暂住证的去工地筛沙子的违反人权的做法，将成为历史。

成果享用的普惠。到2020年，要实现全面建设小康社会的目标。这个“全面”的涵义，一是体现在区域上的全面，二是体现在标准上的全面。这个建设的覆盖区域，是包括东、中、西三个区域全部的，因而是全国的。随着国力的增强，过去对优势区域的重点发展思路，要有所改变，特别是解决老少边穷地区的生存与发展问题，要得到优惠性关照。对此，十七大代表、财政部副部长王军在讨论十七大报告中表示：“从2008年起，财政将逐步提高农村义务教育公用经费保障水平，到2010年达到农村中小学公用经费基准定额，切实保障农村正常运转需要”。如果我们说，1992年党的十四大时提出，“要鼓励一部分人通过诚实劳动和合法经营先富裕起来”，主张“先富带后富、实现共同富裕”，是一个阶段性发展的战术性措施，那么，时隔15年之后的十七大提出的，“人民的富裕程度普遍提高”，就成为了战略性的选择。普遍提高，从区域来说，难点在农村，从人群阶层上来说，难点在农民。在十七大基本精神的指引下，扭转城乡居民收入差距扩大的局面，创造机会平等、规则平等、过程平等的体制机制环境，将有助于新农村建设的加速发展。

社会保障的普惠。十七大报告对解决民生问题提出了“学有所教、劳有所得、病有所医、老有所养、住有所居”的具体要求。这五项指标是针对全民而言，但是，实现的难点是农村。因为学有所教在城市已经不是问题，主要差距是贫困落后地区、深山区的孩子不得获教。对此，温总理曾经说："不能让任何一个愿意上学的孩子因为家庭贫困而辍学。"劳不得获的问题，突出表现在进城服务的农民工得不到工资，加班延时成为义务劳动的现象成了常态。病不得医的问题，主要表现在高端医疗卫生设施和医务力量都集中在城里，说看病贵、看病难也是指农民看病贵、看病难。当然，也不排除一些医护人员的救死扶伤精神淡化、对乡下人另眼看待。老不得养的问题，相对城里退休有生活费、失业可"吃"低保的政策来说，在已有的社会保障制度"嫌贫爱富"的情况下，绝大多数地区的农民可望不可即。居无住所的问题，突出的是进城的农民工为城市的发展贡献着青春和力量，但是，城里人可享受的经济适用房和廉租房优惠，他们没有受惠资格。在四川、贵州、云南等省区的极度贫困村，仍然存在着崖居的现象。应该说，提出这五项具体要求，就是公民普惠指导思想的具体体现。为缩小城乡差距，突出重点，确保公平，十七大报告又在五项具体要求的基础上，提出了两个人人享有。一是人人享有基本生活保障；二是人人享有基本医疗卫生服务。这是社会公民基本生存的底线，也是给予弱势群体的强力普惠措施，还是营造和谐社会的基础。这样的惠民政策，开了中国社会发展史上的先河。

收入分配的普惠。十七大报告提出，"初次分配和再分配都要处理好效率和公平的关系，再分配更加注重公平"，"着力提高低收入者收入，逐步提高扶贫标准和最低工资标准"；"创造条件让更多群众拥有财产性收入"。把这些精神落到实处，预示着农村的基础设施和公益福利事业将加快发展，国家财政扶持贫困落后地区群众生产生活的力度将会加大，进城农民工的基本工资将有提高；农民所有的土地和宅基地使用权，将得到切实保护；农户房产交易将得到政策许可，农民也像城市居民一样拥有土地、房产等财产性收入的梦想将变成现实。

普惠制的实质，是主张公民的平等，让惠民政策一视同仁，让国家财政的阳光普照包括广大农村区域在内的各个角落，让城乡居民在相同的体制和机制环境下发展生产、安排生活。归根结底，普惠制是缩小城乡差别、工农差别的需要，是建设和谐社会的现实选择。普惠孕育着和谐、发展和国泰民安。

加强农业基础设施建设

本届政府组成以来，把振兴农业和发展农村经济列为各项工作的重中之重，先后发出增加农民收入、提高农业综合能力、建设新农村、建设现代农业四个中央一号文件，每年一个主题，采取一系列有力措施，把中央“多予少取放活”的政策落到实处，统筹工业与农业、城市与农村、物质与精神、经济与社会的共同发展。从而创造了农业持续健康发展、农民收入稳定增加、农村社会安定和谐的局面。2007年12月下旬的中央农村工作会议又传佳音，加强农业基础设施建设是2008年农业与农村工作的主题。至此，与本届政府任期相对应的五个一号文件，将划上一个圆满的句号，也将给中国的农桑历史书上一篇前所未有的创造性建树。

建设雄厚的农业基础，是促进农业可持续发展的根本大计。在国内国际农产品供需情况发生变化，以谷物为主的大宗粮食价格快速上涨的现实条件下，把夯实农业基础提到重要位置，尤其具有现实意义。据国家统计局发布，2007年1—11月份居民消费品价格累计上涨4.6%，其中，粮价的上涨是重要推动因素。价格的变化说明供求关系在发生变化，受工作用粮和饲料用粮增长的拉动，粮食及其他农产品的供给表现出趋紧的状态。与此同时，国际市场粮食供给不足问题愈发突出。据联合国粮农组织的报告，国际上2006/2007粮食年度，粮食价格指数上涨了40%。其中，小麦价格上涨了52%，世界小麦储备减少了11%，是1980年以来的最低水平，仅够世界人口12年的消费。因此，联合国粮农组织总干事迪乌夫，2007年12月17日在罗马举行新闻发布会，呼吁世界各国立即采取措施应对粮食危机。

中国连续四年粮食增产，2007年的粮食总产量已稳达5亿吨。但是，这并不能说明中国的粮食过关了。事实是，中国的农业基础还很薄弱，包括畜牧业、渔业在内的综合生产能力的增长，仍相对慢于农产品需求的增长。农业基础薄弱主要表现在：一是抗御自然灾害的能力低。水利设施不全、不配套，疏浚洪调节手段落后，水旱灾害重叠，每年因灾减产粮食几百亿公斤。二是科技含量低。科技在农业增长中的贡献份额为48%，而同类指标欧洲一些国家达到70%以上，美国高达80%，农业科技总体水平与国外先进国家相差10～20年。特别是对于高致病性禽流感、猪链球菌病和蓝耳病等大面积暴发的疫病，还只是防控，并不能达到防治，科技成果转化率有待提高，科技创新有待加强。三是技术装备水平低。农机总动力不足，机具结构不合理，全国耕地综合机械化率只有36.5%，大面积人工作业，不但效率低，劳动强度也大。农用变电设施老化，夏季用电高峰时农用电缺口较大。产后的产品储藏、保鲜、烘干、运输、销售等环节的设施建设，总体水平十分落后。四是资源的短缺。主要表现在水力资源的紧缺状况逐年加剧。水资源分布不匀，极其有限的耕地资源逐年被蚕食，已经有浙江、福建、广东等7省人均占有耕地不足0.7亩，低于联合国人均占有耕地的警戒线。五是生态环境不佳。森林覆盖率仅为16.8%，远远低于31.3%的世界平均水平，不少地方由于植被稀少，水土流失严重，土壤沙化、碱化、盐渍化加剧。工业“三废”排放，城市居民生活垃圾向农村的输出，农业化肥、农药的大剂量不科学使用，严重地污染着农业和农村。六是农业从业人员的技能不高。农村的初中生、高中生纷纷涌向城里就业，老弱病残守家园已经成为农村生活的常态；“386199”（妇女儿童老人）部队来种田，已经成为农业的常态；“门前树下拴条狗，屋里坐着两老叟”，已经成为农村家庭的常态，农业从业者素质的提高是一个长期的过程。七是农业与农产品市场的宏观调控体系还不够完善。农产品的储备调节和价格引导体系不完善，对市场缺失运作灵活、及时、适度、有效的调控，农业生产资料价格不合理上涨的问题突出。

立足于解决上述七个方面问题来加强农业基础，经过多年的实践，已经找到了很好地从根本上解决问题的有效途径，即多年前就提出并一直在贯彻执行的：一靠政策，二靠科技，三靠投入。现在的问题是政策一定要落实，科技一定要创新，投入一定要到位。在此基础上，还要从更高层次上提出要求，即：制定出的政策要符合中国国情和农村实际；正在执行的政策也要修订和完善，经过创新产生的科技成果要及时推广和普及，要转化为现实生产力；投入不但要到位，还要追求最佳的投入效益。

夯实农业基础，不单纯是一个“硬件”建设，而且还包括科技含量很高的能够大幅度提高综合生产能力、宏观调控能力、产业组织能力的“软件”建设。此外还包括，农业的信息化、标准化体系建设，农业的社会化服务体系建设，农业的法律法规支持体系建设等。

夯实农业基础的责任在政府。但是，广大农民是大有作为的。应该把政府与农民的积极性有机结合起来，为着一个共同的目标孜孜不倦地追求，持之以恒地努力。

农业是灾后重建的难点

2008年元旦刚过，正当人们欢声笑语庆丰收、欢歌曼舞过大年、欢欣鼓舞迎奥运之际，一场突如其来的雨雪冰冻灾害向我们袭来，顿时抹去了人们的快乐，平添了几分忧愁。在受灾较重的省份，铁路停运，高速公路封闭，机场断续起降，高压线路中断，城市停水停电。据有关部门的不完全统计，受灾严重的贵州，曾有50个市县同时数日停电，湖南的郴州，创造了历史上连续全城停电12天的最高记录。这次冻灾覆盖范围之大，摧残之重，损失之巨，都是历史上绝无仅有的。令人欣慰的是，在党和政府的坚强领导和科学运筹下，军民团结，万众一心，奋力应对，终于赢得了抗灾救灾的胜利。

现在，广州火车站的人群早已散去，停电的地区已重见光明，运输、供电、通讯基本恢复了正常运营，灾区基本恢复了正常的生产生活秩序。但是，从农业基础设施、农产品供给、农业生产资料供应、养殖业的灾后防疫等方面看，还不可盲目乐观。应清醒地看到，这场灾害破坏最大的是基础设施，影响最大的是农业，损失最大的是农民。因此，农业灾后重建的任务非常重，也是全面灾后重建工作的难点。

说农业灾后重建的任务重、难度大，是由产业特性所决定的。与交通、通讯、供电行业相比较，农业的受灾具有隐蔽性和时间的滞后性。据农业部门的统计，灾区死亡生猪 407 万头，且大部分是预计 6 月份可以出栏的仔猪，冻死的鸡鸭也都是雏禽，现在肉禽类的市场供应情况很好，但 6 个月之后仍要保持这样的供应物流，要比常年增大了难度。农业的种苗供应不足，是灾后重建必须面对的问题。对于京津这样的大城市来说，二三月份吃的是广东、广西南部和海南的蔬菜，而在四五月份要吃湖南江西等省份的蔬菜时，供应也要受影响。

从自然规律上看，大灾过后，其衍生和次生灾害，往往加害于农业。非正常的气象气候条件，使各种病毒滋生蔓延，病害传播加速，灾后防疫必须有相应的非常规手段。目前，猪的高致病性蓝耳病，鸡的高致病性禽流感，牛的口蹄疫等疫情，都有可能再次复发，畜牧业防疫的形势依然严峻。特别是在一些地方，由于上年的疫情控制得好，损失轻，可能助长干部和防疫人员的麻痹思想，产生松劲情绪。到一线去指导灾后重建工作的领导发现，在个别县区，畜牧局长对当地的防疫情况讲不出来。讲不出来是表象，实质是对真实情况不了解。在这样的地方，防疫工作缺乏基础，也没有可靠性。

农业的生产周期长，灾后重建的时间相应要长。在水果产业比重较大的丘陵地区，果树的根系及花蕾受冻，不但影响到当年产量，而且还要波及到三年的产量。在内陆湖泊水面较多、淡水养殖发展较快的地区，渔业的孵化设施及网箱损毁，种苗冻死，水面生态遭受破坏，要恢复到正常生产，也绝非一个生产周期就可以实现的。

农业的自然再生产同经济再生产的交织性，决定了灾后重建要克服市场变化的困难。在重灾区，化肥、农药生产企业因煤电油运生产链条的中断而停产，灾后化肥农药的紧缺，农用生产资料价格的上涨，是难以避免的。据农民日报驻重庆记者的报道，重庆市铜梁县目前的化肥价格：每 50 千克碳铵卖 32 元，比上年上涨 6 元，涨幅为 23%；每 50 千克复合肥卖 76 元，比上年上涨 26 元，涨幅为 52%；每 50 千克钾肥卖 120 元，比上年上涨 50 元，涨幅为 76%。由于灾害和工业生产成本的加大，化肥、农药、农膜及农机配件货源紧张，价格看涨，无疑要增大农业灾后重建的难度，提高农业的生产成本。如果市场监管不到位，假冒伪劣产品可能充斥市场。农业生产成本增加，农民利益受损，必然要影响到生产积极性。

今春灾来早，而且双灾重叠，是为祸不单行。在长江以南、珠江以北广大地区遭受历史罕见的雨雪冰冻灾害的同时，黄河以北地区也遭遇严重春旱。在东北三省及内蒙古地区，寒冬腊月本应大雪纷飞，而实际入冬以来就很少降雪，冬旱连着春旱，墒情较差，没有保墒灌溉措施，难以有好苗情。丰年不收无苗之田。而保苗首先要保墒，只有创造一个好的墒情，才能开辟丰收之路。

综上分析说明，农业的灾情波及面广，恢复生产难度大，生产形势严峻。但是，在灾害面前，我们也不是无能为力，客观上也有不少战胜困难的有利条件。比如，政策好，人心齐；又比如，这几年经济发展较快，抗灾的经济条件增厚。我们要有清醒地认识、正确的判断和过硬的措施。只要我们紧急地动员起来，按照中央的部署，做到灾后重建与春耕备耕两兼顾，把中央的各项优惠政策用足用好，把各方面的积极性都调动起来，实现当年受灾当年恢复的目标，实现粮食产量保持在 5 000 亿千克的目标，实现农民人均纯收入比上年增长 6%的目标，是能够达到的。

农村宅基地之“困”

古往今来，房产与地产是不可分割的。讨论宅基问题，必然涉及地上的房舍，讨论房子问题，必然离不开宅基。其实，房产的基是土地。离开宅基，房产荡然无存。那么农村宅基问题的“焦点”表现在哪里？大致有三：一是新派生的农户宅基用地的审批条件问题；二是农民住宅的物权法律保障问题；三是农民自有住宅的市场流通问题。按照现行政策法规，现有住房影响村镇规划，需要搬迁重建，农户多子女需要另立门户，经主管部门批准迁入村组且没有住房，集体组织招聘的技术人员在当地落户，离退休职工回原籍等五种情况，可以申请使用宅基地，且为无偿使用；农宅占地的所有权为社区集体经济组织，农户只有使用权；农宅只能出卖给本集体经济组织成员，城里人不准到乡下买房；不得利用集体土地进行房地产开发。这些现行政策法规，尽管在调整经济关系中仍然有积极作用，但是，从完善市场经济体制，统筹城乡发展，建立资源节约型、环境友好型社会的要求来说，也有不适应。从确保农民合法权益，强化市场的资源配置，推进城镇化进程的要求出发，调整政策，健全法规，秉持公平，当是解除农村宅基地之“困”的治本之策。

城里人从父辈继承来的老宅地不能卖，只好长期闲置。一些进了城的农户，有的已在城里安家立业。几年没回老家了，闲置的房子得不到置换，导致土地资源的浪费。从产权上说，农民自有房屋不能不说是一项实物财产，但当农民发展生产用钱时。却不能像城里的房子那样用于抵押取得贷款。农村“空心村”的问题越发显现，其根源也在于宅基地的“凝固”。种种情况表明，农村的宅基地问题是一个影响到土地资源的配置效率，加重资源的稀缺性，进而影响到农村社会的发展以及整体城镇化进程。

按照现有的政策法规，农民宅基地为社区成员集体所有。怎么理解这个“集体所有”？集体所有和农民使用是什么关系？创新思维方式，打破旧有桎梏，解开僵化的“集体所有”的扣子，当是解除宅基地之困的一种有效思路。建国前，宅基地是私有的。建国后，国家将依法征收或没收得来的房地产分配给农民，宅地仍然是私有。只是在后来的“社会主义改造”和“人民公社化运动”，农民的私有宅地被“集体化”了。城市居民的宅基地产权虽然是国有，但是使用者可以70年的长期有偿租用，在合法使用期限内可以自由流动。国有土地使用权可以流动，社区农民集体所有的土地使用权不许流动，这是一条不公正、不平等的财产保障制度。尽管现在还很难冲破这个假定所有制的束缚，但从长远上看，还权于农民，宅基地可依法流动，是大势所趋，不是主观意识可以固守的。况且，社区成员都按份得到了基本等量的宅基地，在社区内是基本公平的。宅基地流向市场的开禁，是全体集体经济组织成员的共同所盼。农民分得宅基地，类似企业成员分得了“原始股”。原始股的封转开，只是一个时间问题。

有人说，城里的私有宅基是通过交费而取得的，当然可以自由流转；农村的宅基是无偿分配的。当然不可自由流转。其实，这是个伪命题。能否流转的决定条件，一是权属是否清晰；二是资源配置是否合理；三是公共利益是否受损。农村宅基地的产权属社区集体组织，使用权属于分列名下的社区成员，同城里宅基地的产权国有，由使用者租用一样，权属没问题；如果让其按市场规律流转，有利于提高土地的科学配置和有效利用；在公平、有偿、依法、自愿的原则下允许其流转，供需双赢，民间得利，符合十七大所提出的增加公民财产性收入的基本精神。流而活，固而朽，这个道理应该适用于宅基地的市场行为。

从 2007 年 10 月 1 日开始施行的《物权法》规定："宅基地使用权的取得、行使和转让，适用土地管理法等法规和国家有关规定"。这一条款的实质是回避了各界对农村宅基物权流转许可的争议，是为了减少立法阻力的不得已而为之。可以预言，在未来的修订和完善过程中，农村宅基地要纳入《物权法》的调整范围，是客观的必然。

中国的经济体制改革，其总目标是建立社会主义市场经济体制，构筑城乡统筹发展的和谐社会。这样，打破城乡二元治理结构，实行统一的城乡对等的法制约束，创造城乡迁徙自由、工农大融合的人文环境，当是实现总目标的题中应有之意。在改革中，城镇职工分到自己名下的房改房，其土地占用也是无偿取得的，廉价取得产权后，可以上市流转；农民工可以进城买房，但自家的房产却不能置换；这种制度设计，带有计划经济的痕迹，是与大环境不相宜的。由此推导出结论：任何的人为分割和分人管制，最终都将被平等的人性化管制所取代。

同张五常教授商榷

著名经济学家、香港大学张五常教授，在经济学研究上主张"要独立思考，不需被书本牵着鼻子走”。这种特立独行的性格和严谨的致学理念，造就了他思考深邃，研究问题深入，讲话语出惊人，不落俗套。特别是他的“产权理论”，成了美国芝加哥经济学派的经典之作。欣闻不久前在北京举办的“中国市场化三十年”研讨会上，张教授就中国的经济制度问题，作了一个多小时的专题发言，说出了许多真知灼见，引起与会者的强烈反响。但是，张教授在涉及“三农”问题上的一些看法，或者称为对几个问题的基本判断，还有待深入研究。

一是关于对乡镇企业的评价问题。张教授在阐述“要把工业往农村迁移”时说：“以前的乡镇企业不成功”。这个判断的依据是否科学恰当，还应该再讨论。中央文件上说，乡镇企业是农民的伟大创造；改革开放总设计师邓小平说，乡镇企业异军突起。这两个重要评价，是有客观依据的。据农业部乡镇企业局的统计，2007 年，乡镇企业创造产品增加值 68 000 亿元，占全国产品增加值总量的 27.6%；给国家上缴税金 7 200 亿元，占全国税金总额的 14.6%；提供就业岗位 1.5 亿个，占全国劳动力就业总量的 19.5%。这些数字足以说明问题，再补充数字不便囊括的实际情况，就更能说明问题。乡镇企业的巨大贡献，至少有五个方面。第一，对农村产业结构调整的历史性贡献。由于乡镇企业的“异军突起”，结束了农村单一农业的历史，使农村走上了农林牧副渔全面振兴，工商建运服全面发展的道路。第二，对市场经济体制形成的历史性贡献。发端于“找米下锅”、“自谋销路”的市场性探索，得出了在社会主义制度下利用市场机制可以加快发展的经验；随着改革的深化，乡镇企业的快速发展为全面建设社会主义市场经济体制提供了实践性依据。第三，对增加物质财富的历史性贡献。在轻工业发展严重滞后，人们生活用品极其匮乏的情况下，乡镇企业立足改善市场，拾遗补缺，大幅度地增强了供给能力，从根本上改变了供需矛盾。现在，一些脱胎于乡镇企业的各种企业集团，其产品已从初创时期的“傻大姐”跃上了“高精尖”的台阶。产品销路已从初创时期的主要补充国内市场走向了全世界。第四，对增加农民收入的历史性贡献。就全国统算，农民经营企业或在乡镇企业打工的收入，是农民收入构成的重要部分。在沿海经济带的一些市县，农民在企业中获得的收入已经超过农业收入。第五，对人们观念更新的历史贡献。诸如“农民不是天生必务农”、“滚面球完成原始积累”、“小产业可以作大文章”、“公民没有身份等级之分”、“依法维权”等新观念和乡镇企业创造的企业文化，汇聚成强大的思想潮流，彻底地改变了人们的思维方式，有力地推动着经济社会的发展。

二是关于农村劳动力转移问题。张教授认为，这些年经过产业结构调整和经济改革，可能有70%～80%的农村劳动力由农业转入非农产业。这个比例是否高估了，值得做一些实证研究。据国家统计局发布，2007年末，全国共有农村劳动力4.7亿人，其中已转移到非农产业2.3亿人，农村劳动力非农就业的比例为48.9%。相较于张教授所认为的70%的下限，相差于21%。这21%所对应的绝对数，可是一个不小的群体。另外，讨论农村劳动力转移问题，还要考虑三个因素。第一，农村劳动力的转移标准，应该是每年至少有六个月的时间能够在稳定的非农产业就业。对于亦城亦乡、亦农亦商的，也要从是否能够稳定转移上来分析。每天临时出乡从事五个月以下的“打零工”，应不能确定为稳定转移。第二，要看到转移以后的反复性，即由于受宏观经济形势的影响，企业减员或倒闭后，可能出现农民工回流现象。如果再从中国的城市化率方面来讨论农村劳动力转移问题，得出的结论可能就更不容乐观。

三是关于农民人均纯收入的增长速度问题。张教授认为，最近几年农民人均纯收入增长20%，城乡居民收入差距不是扩大，而是缩小了。2000年与2007年相比，农民人均纯收入由2 253元增长到4 140元；同期城市居民人均可支配收入由6 280元增长到13 786元；城乡居民收入之比由2000年的3.03：1扩大到2007年的3.33：1。同时，还有两个不可回避的因素。第一，城市居民的收入，可以百分之百地转化为消费；而农民收入，却包含着下一个生产周期的生产经营性投入。第二，部分城市居民还可以得到兼职、讲学、稿酬、劳务、财产投资的有统计在内的隐性收入。而农民一般都依赖单一的就业岗位取得显性收入。在一些地方，农民收入有可能被高估，而城市居民收入有可能被低估。这样，城乡居民收入的差距就更大了。

攻克农民增收难关

农业的发展，一年之计在于春。出于加强农业和农村工作的需要，2009 年 2 月中共中央国务院又发出新的一号文件，对促进农业稳定发展、农民持续增收做出具体部署。这是进入新世纪党中央国务院所发出的第六个一号文件。中央以农业和农村工作为主题，连续发出六个一号文件，标志着党和国家已将农业放到了经济工作的首位，把农村工作放到了各项工作的重中之重。从六个一号文件的内容上看，千方百计发展农业生产，千方百计增加农民收入，千方百计改变农村面貌，是文件的主线。这条主线足以说明，党的统筹城乡发展、建设和谐社会的战略方针，已由思考成型阶段进入稳步实施阶段。

2009 年中央一号文件规定的五大方面，都与农民增收环环相扣，也凸显各方面互相照应的内在逻辑关系。一是通过加大对农业的支持保护力度，使国家投资直接转换成农民收入的增量，并且尽可能地放大“乘数效应”，使国家的“种子”变为农民丰收的“果子”。二是通过农业产业的发展，在稳定粮食生产的基础上，通过质量的提高、有效地利用进出口等措施，打牢农民增收的产业基础。三是通过强化现代农业的物质支持和服务体系，推进农业机械化进程，加速农业现代化步伐，实质是通过转变农业增长方式，再造农民增收的长效机制。四是通过稳定和完善农村土地承包关系，建立健全土地承包经营权流转市场等农村基本经营制度，最大限度地发挥、利用和节约土地资源，并通过扶持发展农民专业合作组织和龙头企业，实现农村经营体制的再造，用解放和发展农村生产力的办法促进农民增收。五是贯彻落实统筹城乡发展原则，通过加快农村社会事业发展，改变农村社区面貌，增强县域经济实力等措施，促进农民自身素质的提高和就业技能的增强，来打好农民收入持续稳定增长的社会基础，并通过人的发展与社区建设的结合，推进富裕、民主、和谐的社会主义新农村建设。

党中央国务院对促进农业发展和农民增收的大政方针明确，措施具体。但是，由于农业内部与外部，农民自身与社会、国际与国内经济形势，正处在激荡和不断变化的非常状态，使增加农民收入遇到了许多新情况新问题。综合分析国内国际经济社会发展的大环境，实现农民增收，至少遇到五大制约因素。一是受全球性金融危机的影响，农民工就业环境紧缩，下岗和回流已成事实。据中农办权威人士向新闻界介绍，2009 年将有 2 000 万离乡就业的农民工失业，占农村已转移劳动力总量的 15.3%，农民工资性收入不可避免地要出现大幅度减少。据农业部对重庆市的调查，仅 2008 年第四季度，由于直接劳务收入减少，全市农民人均减收 200 元。二是受国际国内农产品价格变化的影响，未来两年农产品价格趋降已十分明显，农业产业的经济效益很可能出现下滑。据农业部调查，2008 年 12 月与 6 月相比，山东省棉花价格下降了 54.6%；肉、蛋、奶价格分别下降了 35.8%、14.2%、30.6%；玉米、大豆、花生价格分别下降了 4.4%、43.5%、25.6%。三是调整农业内部结构的空间已不复存在。过去在短缺经济形态下，农业通过调整内部结构，加快发展畜牧业、林业、渔业，进行多种经营，就会收到大幅度增收的显著效果。在现今农产品供给比较充裕、品种齐全、应有尽有的情况下，靠拓宽农业内部产业链来取得增收，已由过去的事半功倍转为事倍功半。四是“多予”的政策后劲不足。近五年，在“多予少取放活”的原则指导下，中央和地方财政出台了一系列补贴政策，尽管财政补贴总量仍有所增加，但受经济发展弱势的影响，农民的补贴性收入增量递减可能会成为常态。五是农民收入已经连续 5 年以 8%以上的比率增长，在这高增长期间，多种政策效应明显，多种有利条件得到了最大限度发挥。按照经济发展规律，在最佳时期往往是不利因素积累期，高增长期过后应该是平稳增长阶段。综上分析说明，增加农民收入已经成为农业农村工作必须逾越的一道难关。

攻克增加农民收入难关，也有许多有利条件。比如，经过 30 多年的改革发展，农村已经形成了符合中国实际、有利于解放和发展生产力的经营体制；又比如，进入新世纪以来，中央采取兴农惠农政策，不断加大投入，为农业的再攀新高打下了雄厚的物质和技术基础；再比如，整个农村呈现政通人和的局面，农民自觉发展，政府扶持发展两个积极性重合，一定能够形成强大的抗灾、创新能力。此外，如市场经济体制的完善、工农产品比价的趋近合理，农民工进城就业环境的改善等一系列利好条件，都会对克服困难，消除经济周期阵痛的影响，拓宽农民增收渠道，起到不可小视的作用。

增加农民收入的形势严峻。但是，中央已早有认识，早有准备，早有部署，早有防范。2009 年中央下发的一号文件，就是应对农民收入有可能出现徘徊的一剂良方。只要各级政府按照中央的政策，把各项应对措施付诸实施，把广大农民组织起来，齐心协力，共同闯关，那么，在经济处于颓势的周期中，保持农业平稳发展，保持农民收入持续增加，不但大有希望，而且大有可能。

慎言“爱国消费”

受世界性金融危机的影响，中国国内生产总值增长速度已由 2007 年的 13.0%下降到 2008 年的 9.0%，经济呈现滑坡，已经是不争的事实。在严峻的宏观经济形势下，中央政府审时度势，采取了千方百计扩内需、保增长的应对战略，一些很恰当、很有力的具体扩需保增措施，正在形成强大的合力，有力地消减着金融危机所带来的负面影响。但是，也有人提出了“爱国消费”的口号。这是值得研究和商榷的。

消费，是经济学的专用名词，是经济概念的属性。爱国，是政治学的专用名词，是政治概念的属性。提出爱国消费，有将经济问题政治化之虞，也有用政治手段解决经济问题之嫌。这样的动员口号，很容易唤起人们对“文化大革命”期间在政治挂帅思想控制下，一些荒谬口号充斥生产生活的联想。当时在农村中，最流行的口号是“宁要社会主义的草，不要资本主义的苗”。把生产过程中的“草”与“苗”派上社会主义与资本主义的政治色彩，由此就可以推导出“农业生产要坚持无产阶级专政下的革命”的错误论调。问题还不在于理论上的演绎，而在于它的实际效果，即在这种错误思潮的指导下，农民政治觉悟“高上”，土地产出率低下，农民过着不民主、不自由、不得温饱的生活。今天看来，这样的所谓的社会主义，想必是没有人赞成了。但是，对于当时那种把经济问题政治化的思维方式，今日仍要警惕。如果用“爱国”来引导包括广大农民在内的社会成员的消费选择，结果可能导致物质的浪费。据报道，某地在正月十五，调用吊车燃放了50万响的烟花爆竹，仅此开支几万元甚至数十万元。这样的行为，无论如何不可说是爱国消费。不论经济学家还是农民，是否消费的选择依据都是相同的。一是有支付能力，二是需要才消费，三是产品或服务能够满足使用的基本要求。有钱不买半年闲，买了半年闲就是浪费。中华民族奉行“艰苦奋斗、勤俭节约”，这是写入宪法的理念。党的十七大又提出“要建设环境友好型、资源节约型的和谐社会”。用这样的理念、这样的发展目标来检验“爱国消费”，其提法明显是南辕北辙，背道而驰。

正确理解中央提出的扩内需、保增长的经济工作重点，对分清启动市场的主次关系是有帮助的。扩大内需，首先是要把需求能力提上去，然后再谈消费，消费也才有经济基础。这里的内需，既包括生产投入性需求，也包括生活消费性需求，两方面不可偏废。但是，扩内需，保持投资较快增长和优化投资结构是第一位的，国家投入4万亿的启动资金，旨在求得投资的“乘数”效应。对于农村来说，是要通过改善农业生产条件，提高农村社会保障水平，完善社会性公益设施等项目投资，来解除广大农民的后顾之忧，从而提升农民消费档次，创造新的消费热点，带动农民生活性消费。因此，简单地把扩内需理解成启动消费市场，单纯动员居民踊跃消费，是不全面的，也是不符合中国现实情况的。

中国农村先进地区与落后地区发达程度差距很大的特殊性，农民自身消费选择条件的复杂性，决定了扩大内需、启动农村市场不是靠一句口号就可以动员农民行动起来的。据有关部门的研究，在居民消费总额中，农村居民消费所占的比重，已由1978年的62.1%下降到2007年的25.6%，29年中下降了36.5个百分点。农村居民消费比重的下降，有农民到城里消费的原因，但是，总体可以说明，由于农民收入增长缓慢，与城市居民收入差距逐年拉大，农民没有更多的钱去消费。或者说，目前农民阶层的消费还只限于基本生活保障性消费，因而是低层次的消费。在消费能力一定的情况下，农民绝不会因为消费可以披上“爱国”的华丽外衣而倾其积蓄去消费。在社会保障制度不完善，农民看一次感冒就得花几百元甚至上千元的情况下，如果农民不选择消费，也应该承认是理性的选择。

中央财政投入 4 万亿元的专项资金用于扩内需，其中农村可得到多大的“蛋糕”，值得研究；应分配到农村名下的“蛋糕”，怎样用更解渴，也值得研究。从理论上说，给予农民消费激励政策的同时，还必须优化农村的消费环境。这样的问题，也不是靠喊“爱国消费”的口号就能够解决的。

“新流感”感言

在北半球大地回春、万物复苏的季节，从北美地区传出令人不安的消息，墨西哥、美国、加拿大等国相继出现甲型 H1N1 流感疫情，紧接着西班牙、英国等欧洲国家和大洋洲的新西兰也相继出现同类疫情报告，北美流感疫情与世界性的金融危机并流，使这个地球村的春天显得命运多舛。

截至 2009 年 5 月 9 日，世界卫生组织报告，全球共有 25 个国家的 2 500 人相继感染“甲型流感”，其中死亡 46 人，占染病的 1.84%。卫生防疫部门的围追堵截，农业部门的全力防控，新闻媒体的即时滚动报道，引起了我对“甲型流感”疫情的一些看法和思考，即或是一些很粗浅的认识，也难以抑制一吐为快的心情。

第一，为猪正名。2009 年 3 月，墨西哥的一名 4 岁男孩染病，当地人曾认为，这名男孩是被猪感染的。后来，疫情迅速扩散，感染者与日俱增，墨西哥有关部门在发布疫情信息时，将此流感称为“猪流感”。对“猪流感”的命名，欧盟提出质疑，加拿大食品检验局也提出不同看法，并指出，“猪把病毒再传染给人的可能性微乎其微”。4月30日，世界卫生组织发出通告，将用“A（H1N1）型流感”一词来指代这种新的流感病毒。世卫组织这一权威性确认，解除了人们对猪和猪肉制品的误解，从而为准确防控提供了科学依据，同时也有力地防止了因疫情给产业发展带来的负面影响。

第二，为中国正名。4月24日后，有不负责任的境外媒体网站称我国福建省福清市和长乐市个别地方发现一些死猪，妄称墨西哥流感疫情可能来自我国福建。对此，农业部、卫生部高度重视，立即组织进行严密的核查。经核查，事实否定了这一没有科学根据的怀疑。而后的实践证明，我国没监测到此次北美地区感染的“新流感”病毒。从传染病发生的规律看，也没有任何理由怀疑“新流感”病毒源于中国。

第三，为疫情担忧。尽管各类国际组织对疫情极为重视，及时协调组织防控；尽管有疫情的国家采取了严密的防控措施，在病毒检测手段、研制对症药剂、切断疑似感染源等方面进行了卓有成效的工作，但是疫情蔓延的势头，却不以人们的意志为转移。目前，在原发国墨西哥疫情仍不减弱的情况下，日本、韩国等亚洲国家相继发生感染报告。截至5月8日，美国确诊患者数量达到1 639人，已经超过了原发国墨西哥，警示人们在短时间内疫情难以消失。虽然患流感是人类的常态，但变异型“新流感”的致死率非同小可。自H1N1疫情发生以来，已有46人因感染而亡。病死率不可说大说小，但任何对生命的摧残都是严酷的。H1N1病毒集中了人流感病毒、禽流感病毒和猪流感病毒特征的现实情况，无疑使人类对付变异型基因病毒的难度加大。据科学家介绍，制备防治H1N1疫苗，大约得4～6个月的时间。种种情况告诫人类，对这次“新流感”疫情，不可掉以轻心。

第四，为国人的沉着应对而欣慰。在开放的世界，地球村的所有人实质是个大家庭。一区一国发生的流行性疫情，如果不能得到及时有效的防控，就会在更广泛的区域流行开来。中国党和政府以及全体国民，经过2003年对“非典”的抗争、2005年禽流感的防控、2008年冰雪冻害和大地震的抗争，已经有了足够的应对各种突发事件、流行疫情的实战经验和物质基础。当这次波及到四大洲20多个国家的疫情发生后，中国在第一时间作出了快速反应，紧急启动应急响应，制定防控方案，同世界卫生组织保持密切联系，明确责任，落实措施，科学防控。农业部宣布，5月2日已成功研制出甲型H1N1病毒检测试剂盒，可在5小时内完成对标本的快速检测；卫生部宣布，中国已经在甲型H1N1流感特异性快速诊断试剂研制方面，取得了显著成效，有关试剂很快配备到84个网络检测实验室中，中国疾控中心接到检测标本，可在12小时内作出诊断。政府官员、科技工作者、一线防疫人员、海关及检疫人员和社会各界协调有序的联动，已经筑起了令全世界各国肃然起敬的疫病防线。

第五，为发展生猪生产鼓与呼。不管“新流感”的疫情走势如何，我国大力发展生猪生产的方针不会改变。应按照国务院常务会议的要求，抓紧落实扶持生猪发展的政策措施，加强数据监控和信息引导，转变生猪生产方式，推行科学和规模化饲养，提高生猪产出率和产业经济效益，增强抗御疫情风险和市场风险的能力，防止生猪生产出现大的起伏。

丰收喜思录

“收禾月当五”。入炎之季，从南到北，夏粮开镰。据有关部门测算，2009年的夏粮总产超上年，已成定局。此前，我国年度粮食总产量已经连续五年丰收。夏粮的丰收，无疑又给粮食丰收奠定了基础，创造粮食总产量历史上的“六年冠”。目前不敢说稳操胜券，但是敢说“八九”不离十。

粮多，是喜。建国60年的社会实践已经证明，凡是农业丰收之年，国民经济运行总体形势就好，解决一些社会矛盾也显得“粮多气壮”；凡是农业歉收年，国民经济的正常运行就要受到影响，一些社会矛盾越发显得难缠。建国初的“一五”期间，国家156个重点项目迅速上马，稳步推进，1953—1956年的农业连年丰收是必要条件。90年代末期，中国经济能在亚洲金融危机中减震前行，整个社会能在邻国艰难度日的情况下得到持续稳定发展，得益于农业的支撑。始于2008年下半年的全球性金融危机，对中国经济运行掣肘因素凸显，但是，中国经济仍然能在“保八争九”的理想速度下运行。千方百计消除金融危机负面影响的成功操作，得益于以粮食为主的农产品市场的繁荣兴旺，得益于农业的鼎力支撑。试想，如果以粮食为主的大宗农产品连年歉收，市场供应紧张，国民为温饱而奔波，还何谈以积极的态度化解经济矛盾，应对国际金融危机。目前是中国亘古以来发展的最好时期，粮食以至农业，功不可没。

粮食作为基础产品，农业作为基础产业，能够支撑经济较快发展，能够推动社会进步，终极原因是党的兴农政策好。坚持和完善以家庭经营为主体的经营体制，不折腾；逐年增加农业投入，不吝啬；从根本上减轻农民负担，不手软；进行农业结构战略性调整，不动摇；全党抓基础产业，不放松。这些符合中国国情，符合生产力发展规律，符合老百姓心愿的亲民、爱民、予民政策，是中国农村改革不断深化，农业较快发展，农村社会面貌显著变化，整个国家显现开纪盛世、国泰民安的真谛。应该说，改革创造了政策，政策筑就了辉煌。

诚然，粮多，也引发了一些新的情况，出现了一些过去没有遇到过的新问题。比如，适当放长储备粮占库时间，要解决降水、防霉等问题，现在的原粮降水储藏技术手段还不完善；又比如，国家储备粮的“出陈入新”问题，如果没有一套可靠的监督管理办法，很难实施标准的模式化运作。最突出的问题是可能出现谷贱伤农。在开放的完全的市场经济条件下，市场供求决定粮价，这是一条经济规律。丰收后，粮价要下跌，尽管国家对大宗粮食实行最低保护价政策，但是，对粮食未来市场预期的影响却没法消除，农民生产粮食的积极性不可避免地要受到挫伤。还由于粮价带百价，粮食价格的市场性震荡，使整个与粮食有关的诸产业间利益出现适应性调整，原有的产业利益平衡一旦被打破，建立起新的利益联动机制需用时间，此间的粮食经济有可能受到非正常影响。应该明确，即使对粮多所遇到的新情况新问题，再摆出若干条，也无法否认粮多是喜而非忧。因为从解决问题的难度上来说，解决充裕的问题总是优于解决短缺的问题。

粮多，是粮食安全的根本保障。像中国这样的人口大国，立足于国内基本保障粮食供给，利用国际市场调剂品种余缺，是中国以粮安天下的战略选择。但是，就中国目前的粮食及食品的产出能力来说，没必要再“谈粮色变”。从历史上说，中国人被饿怕了。过去的挨饿，是怎么产生的？值得研究。像上世纪50年代末60年代初的大饥荒，是三分天灾七分人祸，主要是由于推行了一套空想社会主义的政策所致。现在农业耕地资源、劳动力情况与人民公社时期相比，耕地总量减少了，青壮年劳动力总量减少了，但产量却大幅度增长，关键是政策对头。在幅员960万平方公里的大地上，无法消除自然灾害，但总是“东方不亮西方亮”，水、旱、雹、风、虫灾总是局部的，粮食总产量年际间稳定在1万亿斤，是不会出现大问题的。中国人过去的挨饿，主要是人为因素，世界上的饥荒，也主要是人为因素。据《凤凰周刊》徐元宫的研究文章介绍，苏联时期共发生三次大饥荒，都主要是人为因素。1920—1921年的大饥荒，主要是战时共产主义的催粮队催化粮食危机，农民采取故意缩减耕地的不合作行为；1932—1933年的大饥荒，主要是强行的集体化运动破坏了农业生产力，强行的工业化措施排挤了农业，同时，又大批对东欧国家出口粮食；1946—1947年的大饥荒，主要是由于战争的摧残和战时青年农民从军上前线，正常的农业生产受到冲击所致。近20年非洲一些国家的缺粮，有农业生产技术素质不高、资源潜力发挥不够的因素，但主要也是战乱不断、政府更替频繁等原因所致。中外的事实证明，大自然赋予人类的食品资源是相应的，摆在人类面前的是遵循自然规律，实行科学获取、永续利用。

说中国保障粮食安全的喜大于忧，主要依据是中国建立起了符合国情、符合农民心愿，有利于科学开发和合理利用资源，有利于调动地方政府抓粮和农民种粮积极性的政策体系。只要是始终坚持这套亲民、爱民、予民的政策长期不变，中国的粮食安全就不会出现问题。

喜看广东农业“不容易”

中央批准《珠江三角洲地区改革发展规划纲要（2008—2020

年)》，提出广东要“率先实现农业现代化”。

广东濒临南海，毗邻港澳，面向东南亚，背靠祖国腹地。作为深化改革的“领头羊”，扩大开放的桥头堡，先进技术的孵化器和多种经营体制的试验场，要取得经济的快速发展、社会的均衡进步，这应该是必然的结果。在资源配置自发地倾向城市，经济发展的重点自觉地依赖工商贸的现实条件下，广东能够取得工农以及商贸各业协调发展，农村与城市比翼齐飞，这是开明治省的又一个奇迹。

国家统计公报显示，广东的经济总量、年均经济增长速度和人均对中央财政的贡献，都名列全国各省区市的前茅。与此同时，农业得到相应加强，现代农业建设稳步推进，农民人均收入连年增加，新农村建设如火如荼。农业腿不短，农民心不弱，农村貌不俗，这是广东各项工作竞相发展的基础。看广东现代农业的发展，看广东农村社会的进步，应该说至少有五个“不容易”。

第一，在发展资金紧缺、各方激烈争夺建设资源的条件下，能够做到确保农业投入的急需，不容易。社会发展史已经证明，在由温饱到小康，在经济加速发展阶段，各种资源都会显得不足，特别是具有经济发展“血液”之功的资金，显得捉襟见肘是共性问题，广东在这个发展的历史阶段，也不可能逃脱这个共性经济规律的约束。但是，广东比较好地解决了资金的配置问题，从农业基本建设、农业各项事业费、国家优惠贷款以及政府扶贫投入等方面，把农业摆到优先扶持的位置，千方百计保证了农业的急需，对珠江三角洲地区率先实现农业现代化，进而带动全省农业现代化的进程，给予了很大的财力支撑。

第二，在效益为首、各产业都在极力追求利润最大化的条件下，能够做到坚持发展现代农业不动摇，不容易。发展农业比较效益低、见效慢。对此，广东人的认识是清楚的。好在广东能以社会效益为重，把农业放到基础地位上，当成公益性产业来发展。这些年，广东不断调整农业内部结构和农产品结构，不断提高产品档次和品质，运用有限的农业资源创造了较好的产出，使很多农业指标排在全国的前列，并且把一个原本封闭的传统产业，改造成了高品质、外向型的，具有国际竞争力的产业。广东省委、省政府制定的“率先在珠三角地区实现农业现代化，进而辐射带动全省农业现代化”的发展战略，正在稳步推进。

第三，在农业产业份额逐年减少、大批农民进城就业的条件下，能够做到千方百计增加农民收入，不容易。随着工商贸建运服各业的快速发展，广东的大批农民脱离了土地，成了新兴产业的主力军，有相当数量的农民，在城里安了居、就了业。对于仍然留在农村的农民，各级政府通过组织农业品种结构的调整，农业产业链的拓展，农业综合生产能力的提高和农民素质的提升等有效途径，发展物流业和外向型农业，扩大农民增收渠道，放流农民增收源泉，使许多农民摆脱了贫困，有的还走上了富裕的道路。2003—2008 年，农民纯收入年增长分别为 3.6%、7.7%、7.4%、8.3%、10.7%和 13.8%，显现出了逐年加快增长的良好态势。特别是 2007 年、2008 年两年，农民人均收入增长幅度上升到两位数，这在全国是少见的。2008 年的农民人均收入，比全国的平均水平高出 42%。这一组数字，对广东的各业协调发展作出了有力的诠释。

第四，在改革的重点由农村转入城市、城乡改革互为制约又互为支持的条件下，能够继续放手让基层让农民去创造，不容易。实行家庭承包经营的体制以后，广东并没有沉湎于已有的改革成果，而是从不断变化的农村实际情况出发，不失时机地深化改革，不断创新农业发展的体制机制，不断提升农民的组织化程度。据广东省农业厅的统计，至 2008 年末，全省发展农民专业合作经济组织 1 852 个，带动 131.4 万户；发展国家级龙头企业 42 家，省级龙头企业 149 家，带动 216 万户。广东能够用仅占全国 1.5%的耕地，创造了占全国 6%以上的农业总产值，其中改革功不可没。

第五，在加快城市化进程、各级政府城市工作压力不断加大的条件下，能够做到统筹城乡发展，不容易。区域资源的重新配置，用城市推动经济社会发展“杠杆力”的不断加大，城市产业结构及城乡区域布局的调整，使城市出现了许多新情况，带来了许多新问题。这样，在工作的摆布上，很容易出现工业优于农业，城市先于农村的工作状态。而广东恰恰走出了一条工农并举、城乡兼顾的发展道路，在珠江三角洲的城市群体，率先在全国领头进行着“工业反哺农业，城市支持农村”的有益探索。

德州发展品质农业的启示

地处鲁西北的德州，发展农业的资源丰富，干部具有抓农、群众具有务农的产业习惯，农业一直是区域发展的亮点，也对国家做出了巨大贡献。

从去年开始，德州人在科学发展理念的指导下，开始梳理农业发展思想，从创造农业与经济发展、农民与社会和谐的需要出发制订中长期发展规划，提出了发展品质农业的战略构想。通读《德州市品质农业发展总体规划》，再到广袤的德州大地上走一走、看一看，从而把发展规划与品质农业的实践对接起来思考，看出了德州人的战略目光，也给我们一些不难理喻的启示。

品质农业，抓住了农业发展的根本。这些年，从中央到地方，就农业发展的重点问题，有许多好的提法，也不乏基层的创造。比如，生态农业、精准农业、高效农业、休闲农业等等。这些提法，都有道理，但与品质农业的命题相比，都显得狭窄和单一，缺乏对各种因素的照应和农业多功能的统领。农业发展的侧重点，或者主攻方向，应该与社会发展所处的阶段相适应。也就是说，社会的不同发展阶段，对农业发展的要求是不同的。经过 30 多年的改革开放，中国人物质需求已经发生了本质的变化。人们对食品的需求，由过去追求吃得饱转为要求吃得好，又由追求吃得好转为追求吃得健康。适应人们物质文化生活需求变化的需要，农业把追求产业和产品品质作为相当长一个阶段的主攻方向，这就抓住了未来农业发展的根本。无论从农业的外部需求上看，还是从农业发展的要求上看，把品质农业作为发展方向，都是符合主客观实际的，因而是可行的。

品质农业，比较准确地包容了农业发展的目标要求。党的十七届三中全会以来，农业的发展要以“高产、优质、高效、生态、安全”

为目标，这已在全党形成了共识。如果把这五项目标与品质农业的基本内涵做一些粗略的解析，会发现，品质农业比较好地概括了这五项目标。从优质上看，品质农业所追求的“质”，是优质而非劣质，优质是品质农业的核心。从高产上看，在实物产量一定的情况下，如果通过品种改良、农艺改进等手段，使小麦的出粉率提高 5%，使玉米的收获含水量下降 5%，即是等于增加了实物的物质量。从高效上看，德州供给星级饭店的大白菜可以卖到 80 元一斤的好价钱，春节期间上市的大棚樱桃可以卖到 200 元一斤。类似这样的事例，足以说明农产品的品质是提高价值的基础。当然，大面积发展这样的大白菜和大棚樱桃，也就不会卖这么高的价钱了。但是，好品质的产品总比“大路货”要贵很多，这是经济学中的一个常识。从生态上看，科学配置农业资源，节约耕地、水和化学肥料，提倡废弃物的循环利用，重施有机肥，这些被品质农业所青睐的生产手段和措施，有利于保护生态、改善环境。如果把这些手段和措施称为生态农业的主要标志，那么，品质农业就包含于生态农业。从安全上看，品质农业主张遵循自然规律和生物进化规律，排斥利用添加剂来刺激动植物生长，追求生产过程的无害化和农产品化肥农药的低残留，主张有标准的生产。用“瘦肉精”生产猪畜，在原奶中添加“三聚氰胺”，投“避孕药”哺养甲鱼，这些损害消费者身心健康的卑劣做法，将被品质农业彻底摒弃。让人们吃上放心食品，是出于安全的需要，安全了，有品质，否则，没品质。品质农业要达到的目的和所取的生产技术，管理措施，与优质、高产、高效、生态、安全的一致性，证明了品质农业是源于优质、高产、高效、生态、安全的要求，并且高于这个要求的。

品质农业，兼顾了经济、生态、社会三个方面的效益。在传统的农业经营体制下，农业以产出为效益，不讲求农业同生态环境的协调，也不顾及产业对供给安全、农民就业、社会发展等方面。在品质农业经营体制下，农业以降低投入产出比为效益，最大限度地争取投入的增值；在优化配置资源的过程中，着力保护生态、改善环境，争取资源的良性循环和永续利用，追求产业的可持续发展；以需求定生产，崇尚绿色健康和时尚，为人类打造健康的厨房，为社会的和谐提供产业支撑和物质基础。因此，发展能够把“经济、生态、社会”三大效益有机的兼顾起来的品质农业，是科学的战略选择。

品质农业，是干出来的，而不是规划出来的。有一个思维超前、目标明确、措施具体，能够引导产业健康发展的规划，这是现实需要的，也是指导、监督、检验产业发展效果的必要条件。但是，按照要求，有组织、有步骤、有重点地科学推进，稳定实施，让规划最大限度地发挥纲领性的指导作用才是目的。记得列宁曾经说过，一个行动比一打纲领都重要。编制产业发展规划的意义，不在于词汇的靓丽，而在于能够充分得到贯彻实施；不在于过程的轰轰烈烈，而在于效果的扎扎实实。德州人在编制规划过程中，一些重大战略构想早已开始实施。这是德州人的一个高明之举。

品质农业，其产业体系是不断完善的，而不是一蹴而就的。品质农业是以传统农业为基础而发展的，一些不适应品质农业要求的体制和机制，只能逐步地进行改造、完善和提高，且是一个漫长的进化过程。所以，发展品质农业，一定要坚持主观愿望与客观实际相统一的原则，审时度势，因势利导，循序渐进，稳步发展。跳跃式的发展理念和“大跃进”的指导思想，当是应该防范的主要“敌人”。

夜宿“栗花沟”

燥热的北京，满负荷的工作，企盼周末有个清静，到“清凉谷”去避暑，到“神堂峪”去换换空气。机会来了，终于夜宿“栗花沟”了。这一宿，这一席侃，同老乡们侃出了思想，也侃出了近20年农村工作情况的变化。

晚饭后，窗外延续着淅淅沥沥的雨声，屋里泡上了浓浓的香茶，主人端上了沙瓤西瓜，还有酸甜的杏子。临村的党支部书记，是位县财政局下派的干部。他已在那里工作了六年。我们的对话，恰巧从这种农村基层的治理体制找到了切入点。据他介绍，在一些相对落后的村里，由县委统一组织抽调机关干部到村任党支部书记，无论是从解决农村问题，带领群众发展经济上来说，还是从锻炼干部上来说，都是一个好办法。至于下派的党支部书记兼不兼村委会主任，就要充分听取当地村民的意见了。同时，也要看本地是不是有合适的人选。如果有基本合适的村主任人选，下派干部不兼任村主任，既有利于调动多方面的积极性，又有利于下派干部开展工作。在宗族势力比较强的村，下派干部兼任村主任，有利于平衡族群之间的关系。但是，从长远看，还是不兼村主任，更有利于排除一些“公说公理、婆说婆理”的琐事，聚精会神地管好党的基层工作。

曾记得，在上世纪90年代初期，农村基层工作普遍存在“三难一紧张”。一是统筹提留款难收，二是兴办公益事业难组织，三是计划生育工作任务难完成，由此带来的是干群关系十分紧张。现在，栗花沟同全国一样，这“三难一紧张”已经不复存在。国家相继取消了“三提五统”，取消了农业税，过去的干部逐户要钱，变成了现在“打折子”发钱；国家在新农村建设中加大了对农村基础设施建设投入，办公益事业也有财政的大力支撑，并讲求量力而行；国家计划生育政策已经家喻户晓，广大农民的觉悟也提高了。“三难”没有了，基层干部从群众的对立面走到了为群众无偿服务的前台，干群关系自然由紧张转入了融洽。对此，村党支部书记说，农村工作的情况变了，村干部的工作担子仍然很重。因为现阶段农村工作出现了许多新情况新问题，并且老百姓的要求也提高了。

“你认为，现在的农村工作难点是什么?”村支部书记不假思索地说：“化解矛盾，调节纠纷，维护秩序。”据他讲，现在的村民“端起碗来吃肉，放下筷子骂娘”的虽然少了，但是，因为经济利益引出的纠纷时常发生。村干部出面调解，有的人就对村干部产生不满，甚至采取一些极端手段“泄私愤”。有一个村的村干部，铁大门被人锁上几次，最终发展到用电焊机给你焊死。村干部在工作中稍有疏漏，就会有人站出来同你“理论”。有一个村召开村民代表会议研究一项工作，一个代表站起来不分青红皂白，先搧村主任两个嘴巴，打得大家莫名其妙。村主任还说，类似这样的事你报派出所，派出所都不管，还说“都是乡里乡亲的，找到一起说说就算了”。搞得村干部“连憋气带窝火”。发展经济，修桥筑路，难免不占用土地。占地的补偿，绝大多数农户漫天要价，你给 10 万，他要 15 万，你给 15 万，他要 25 万，没完没了的要高价。有的听说要占地，立即买回树苗，成把成把地往地里栽，别说人进不去，就连麻雀都飞不过去。按棵补偿，数都难数准。由于一些人不顾大局，以己为重，致使一些群众盼望的公益项目难以实施。现阶段，要说干群之间会产生新的矛盾，问题的症结就在于此。“现在的村干部，仍然难当啊！”说这话时，村支书显露出一脸的无奈。

在村支书的眼里，尽职尽责地为老百姓服务，仍是村干部的主流。今春开始施行“家电下乡”的优惠政策，有的地方反映消费者拿补贴手续繁琐，间隔时间长，栗花沟是否解决了？对此，村支书说，各乡镇的财政所定日开放办公，比如本乡财政所，每周二、四为报销日，农民只要带上发票，当时就能拿到国家补贴款。对于行走不便的农户，还可以打电话预约，上门服务。现在的农民都忙，流动性大，村上有事，都得靠村干部上门联络。有的甚至要跑几趟才能见上人，解决问题。“农村工作难做也得做，农村干部难当也得当，老百姓的事情办好了，总是苦中有乐”。想必，这就是当代村支部书记群体共同的思想境界吧。

想让当地农民谈谈今昔生活的对比，不容易了。栗花沟的村民，通过发展林果业、运输业、旅游业等新兴产业，基本都富了起来。但是，老百姓对过去的穷，穷到什么程度，却没有几人能说清楚了。因为改革开放已 30 多年了，过去过了苦日子的人逐步走向暮年，现在农民的主体，是改革开放后成长起来的。我们宿夜的房东，男主人在乡镇企业开车，女主人在家经营农家乐旅游项目，大女儿在城里上班，小女儿上高中，日子过得很红火，每张脸都绽放着笑容。孵山鸡、搞采摘、莳林果、出摊床、跑运输、开砖厂，栗花沟的白天一派繁忙；卖烧烤、吃野菜、棋牌乐、唱山歌，栗花沟的夜晚灯火辉煌，百姓各有各的位置，各有各的生财之道。

上世纪 90 年代，笔者因公经常到贫困地区调研，也经常夜宿农家。20 年“弹指一挥间”。如今的山变、人变、条件变，昔日的“喊叫水”、“吃盐巴”、“筹学费”等一些沉重的话题早已作古，贫困山区也飘逸着浪漫的情歌，沐浴着统筹城乡发展的阳光。

围绕奔小康加强精神文明建设

社会主义的精神文明建设，是一项宏大的系统工程，是贯穿于整个社会主义实践过程中的一项长期、艰巨、伟大的任务。在农村，要实施这一系统工程，担负起这一前无古人的伟大责任，首要的是依据中央的《决议》精神，从农村的实际情况和具体目标出发，找准工作的切入点和两个文明同步建设的结合点，在此基础上，做出中长期规划、阶段性安排和分步实施的具体部署。那么，在“九五”期间，农村两个文明建设的结合点是什么？那就是以奔小康总揽全局，用精神文明建设带动或促进小康目标的实现。

我们所说的小康，是社会主义建设过程中，农民物质和精神生活水平的一个标准。它包括：物质生活比较富裕，精神生活比较充实，居住环境改善，健康水平提高，公益事业发展，社会治安良好。将这个目标分类于物质和精神两大范畴，我们就会清晰地看到，这里既包容着物质文明的内容，又囊括了精神文明的成分，是物质文明与精神文明相统一的复合体系。再把这个复合体用具体的指标予以分解，那就要求不但要有经济发展、物质财富增长的指标，而且还要有能够充分体现精神文明建设成果的量化。在量化和分解的过程中，我们会发现，奔小康，第一位的是经济的发展，具有基石作用的是物质财富的增长。这是个大前提。有了这个大前提，就有了改善居住环境、提高健康水平、发展公益事业和维持社会安定的物质基础。如果经济得不到发展，广大农民不能脱贫致富，农村的精神文明水准就不能相应地得到提高。这是事物的一个方面。另一方面，经济的发展和物质财富的增加，是以来自于精神文明建设方面的精神动力、智力支持和思想保证为条件得以实现的。离开精神方面的“动力”、“支持”和“保证”，农村经济就不可能持续、快速、健康发展，奔小康将成为“海市蜃楼”。因此，农村的精神文明建设，应始终坚持以经济建设为中心，以引导、组织和带领农民奔小康为主线，努力创造和充分利用一切有利条件，为农村经济的发展提供精神动力、智力支持和思想保证。

农村在奔小康的过程中，如何能用精神文明去推动和促进物质文明，把“虚”功做实，把“软件”做硬？这是目前农村精神文明建设的难点，也是启动两个文明同步建设的着力点。根据党的十四届六中全会的要求，应着重在以下几个方面下功夫。第一，采取农民喜闻乐见的形式，向农民灌输邓小平建设有中国特色社会主义理论，引导他们进一步解放思想，更新观念，增强奔小康的信心，促动他们自觉地拓宽生产的深度和广度，培育新的收入增长点。第二，着眼于提高农民的素质，主要是思想道德素质和科学文化素质。通过大力发展农村的科学文化教育事业，开展群众性的精神文明创建活动，推广先进或适用技术，传授致富本领等措施，提高农民认识世界和改造世界的能力，为经济的发展积蓄能量。第三，围绕建立社会主义市场经济体制和转变经济增长方式，搞好“软件”服务。比如，围绕培育农村市场主体和发育市场体系，围绕提高农民进入市场的组织程度，有针对性地组织农民学习市场经济知识，讲解市场运行规则，总结和推广在市场经济“汪洋大海”中“游泳”的经验；又比如，针对当地农民在发展生产、搞活经营中所遇到的一些实际问题，开展科技、信息、管理、协调和法律等方面的服务；再比如，组织大批干部下乡，向广大农民宣传党的各项经济政策，教育农民进行文明生产和守法经营，引导他们正确处理国家、集体和个人三者之间的关系，等等。第四，通过规定村规民约和必要的法制措施，规范农民的行为，使真、善、美得到弘扬，假、恶、丑得到鞭挞。第五，通过创造人与人之间和人与物之间和谐的稳定的社会秩序，营造优美、文明的生产生活环境来振奋人的精神，焕发人们热爱生活，勇于克服困难，朝气蓬勃，奋发向上的良好的风貌，激励人们团结起来，在实现小康、走上共同富裕的社会主义大道上携手前进。

根据以往的经验，农村奔小康，在工作的指导上有两忌。一忌偏重于抓物质生产，忽视精神文明建设。这样，就会出现小平同志所担心的社会风气如果坏下去，反过来会影响整个经济变质，发展下去会形成贪污、盗窃、贿赂横行的情况，这是很危险的。二忌先抓物质生产，后抓精神文明建设。出现这种情况，根源在于思想认识上有偏差，误认为只要物质文明上去了，精神文明自然会随之上去。事实上，按照这种“先后论”安排工作，不但精神文明上不去，而且物质文明也上不去。这是错误的。科学的选择是“两手抓，两手都要硬”。只有这样，才能使广大农民在赢得经济上富裕的同时，赢得精神上的富有，文化上的富足，道德上的富贵，从而取得两个文明互相促进、相得益彰的好效果。这才是真正的小康，这才是农民所祈盼的小康。

农村奔小康，是个阶段性的目标。而进行社会主义精神文明建设，则是一个动态的、多元的、不断有新的寓意的概念，是个无休止的、长期性的任务。即使到 2000 年，全国农村基本实现小康了，社会主义的精神文明建设绝不会、也不可能就此终止。到那时，农村的精神文明建设还围绕什么主线来开展？毫无疑问，那就是邓小平同志所提出的第三步战略目标，即到 21 世纪中叶，达到中等发达国家的水平。抑或是第三步战略目标也实现了，还会有新的更高的第四步、第五步……社会主义建设的阶段性目标不会穷尽，精神文明建设总会找到结合点。以此推进，社会主义农村的两个文明建设，将不断地登上新台阶。

“八五”期间，农村广大基层干部和群众，在围绕奔小康来开展社会主义精神文明建设方面，进行了大胆的探索和实践。农村经济发展和社会进步的事实说明，这些探索是卓有成效的，是成功的。“九五”期间，我们应在这个好的基础上，全面贯彻落实十四届六中全会的决议，进一步解放思想、实事求是，不断改进工作，紧紧围绕小康这个奋斗目标，一如既往地、坚持不懈地、锲而不舍地把精神文明建设下去。我们坚信，未来的成果会更丰硕，两个文明建设一起抓的经验会更丰富。

（1996 年 5 月）

应用辩证法来研究和指导农村改革

党的十三届七中全会为深化农村改革指明了方向，“八五”期间和90年代，农村改革大有作为，前景令人乐观。但是，我们不能讳言，目前人们对农村改革，无论在思想上还是在行动上，都存在一些不可小视，或亟待研究解决的问题。把马克思主义的唯物辩证法与农村改革实践有机地结合起来，用客观的、发展的、群众的观点来研究农村改革中的新情况、新问题，将是实现90年代农村改革任务的一个有效措施。

一、坚持从实际出发，克服主观随意性

1. 从实际出发，是我们党的思想路线的精髓，是辩证唯物主义的一条基本原理。80年代，我们紧紧地把握住客观情况，不失时机地、有秩有序地推进农村改革，使中国农村经济和社会面貌发生了巨大变化。这是我们进行社会主义建设的一条基本经验。90年代，我们仍要借鉴这条经验，扎扎实实地把农村改革推向前进，实现党的七中全会所提出的战略目标。

2. 与从实际出发相背的，是从书本、情感、意志、愿望出发，总起来叫做主观随意性。这样的改革不会有所成就。过去我们有过这方面的教训，应引以为戒。①不从实际出发，片面地强调分光分净。在实行家庭联产承包责任制过程中，一些粮食重点产区不顾多年形成的农业机械化作业的能力，片面地强调分光分净分彻底，解散农机站，变卖农机具，使多年积累的集体财产受到损失，农业机械化水平大为降低。②脱离国情来设计改革方案。主要表现在主张土地的私有化和发展无政府主导的自由市场型农业。③不考虑基础条件和自然差异，盲目效仿外地改革模式。

3. **从客观实际出发，就要加强调查研究。改革政策的出台，不应是主观的想像，应是客观对改革提出的要求。**毛泽东同志说："没有调查就没有发言权"。调查研究，一是要深入到生产建设的第一线，深入到千家万户，同广大农村基层干部和农民座谈，抓能够反映客观实际的第一手材料，防止道听途说和带着观点去找例子。二是要把调查与研究结合起来。调查与研究是同一事物的两个方面，二者不可分割。不调查，就等于无米之炊，研究就无从谈起；光调查不研究，就不能把感性认识提升到理性认识，就不能透过现象看本质，从中找到规律，而只能作表面文章或得出浮浅的认识。在这方面，我们党有着

光荣的传统，例如毛泽东、周恩来、刘少奇、陈云等老一辈革命家，就比较重视调查研究。光荣传统要继承和发扬。

二、认清事物的变化和发展，避免陷入孤立、静止的泥潭

1. 凡是改革，都属新事物。 形式和内容的新，并不能说明改革有不可知性。改革也具有内在的规律，即改革的永续变化和发展规律。这就要求改革者要历史地、动态地、全面地看待改革和研究改革，分阶段、有区别地推进改革。

2. 农村改革已进入新的历史阶段。 农村改革已经历家庭联产承包责任制和改革统派购制度两个阶段。现已进入“发展社会化、市场化服务体系，健全和完善统分结合的双层经营体制，逐步壮大集体经济实力”阶段。由于农村经济、社会情况和人们思想的变化，这一阶段的改革更具有长期性、艰巨性和复杂性，从时间上说，甚至要经过一个年代或更长一段时间的努力（比方：土地制度的建设和合作经济组织的健全，都不是在短期内就能见效的）。

3. 在农村改革的新阶段中，要注意避免出现偏差。 不要期望值过高（与第一、第二阶段改革的收益比）；不要急于求成（改革将是个稳步发展和渐变的过程）；不要“一点论”（注意权衡利弊，兴利抑弊）；不要用老情况论证新题目（改革的环境和起步基础都发生了变化）。

三、尊重群众的首创，满怀信心地支持改革、投身改革

1. 农民是农村改革的主体，各级党组织、政府是农村改革的保证。 任何一次成功的改革，都是自下而上的改，而绝不是上级先形成一个什么文件来推动下边改。本末倒置，就容易出现主观与客观相分离，动机与效果不统一的现象。过去的改革，是广大群众所创造的、得到党和政府支持的改革，这种改革，充分体现了“内因是变化的依据，外因对变化具有重要促进作用”的哲理，因而，这种改革具有成功的基础。实践证明，“从群众中来，到群众中去”，是改革避免失误或少走弯路的有效办法。

2. 改革需要创造，需要探索，需要大胆实践。 改革没有现成的路可走，也很少有成功的经验可供借鉴，根本的出路是创造、创新。

江泽民总书记在考察吉林省曾强调改革要解放思想。只要符合四项基本原则、有利于农村生产力的发展和社会的进步，就应大胆地去探索、去实践。

3. 各级领导要关心改革，支持革命，投身于改革。农村中的广大基层干部应做改革的中流砥柱，自觉地同广大群众站在一起置身于改革中，不断发现新的发展点，培植新事物，帮助解决改革过程中所出现的一些新问题。

任何一项事物都具有普遍联系的特性。农村改革不能孤单深入，与农村密切相关的经济技术部门，应与改革紧密配合，相应出台一些配套措施，满腔热情地支持改革。

4. 加强农村改革的理性研究。改革作为一种社会实践活动，它既不可能在十分完备的理论指导下进行，也不能离开理论的指导。曾一个时期，一些人认为下一步农村改革方向迷茫，路数不清，说明我们对农村改革的理论研究不够。加强这方面的工作，就是应遵照“实践——认识——再实践”的公式，及时总结经验教训，把一些感性认识上升到理性认识，经过升华后，再去指导改革实践。

（1991 年 10 月）

有关深化农村改革的几个问题

当前，治理整顿已经取得阶段性成果，但影响经济和社会发展的深层次矛盾，并没有从根本上得到解决，需要进一步加大改革的力度。

农村实行家庭联产承包责任制后，近几年一些人对深化改革的认识不尽一致，行动有所懈怠。倾向性的问题有两个。一个是认为目前农村改革的思路不清，甚至是走回头路；另一个是认为在治理整顿的新形势下，农村自身的改革不会有大的作为，把主要希望寄托在外部环境的改善上。问题的症结在于对改革的长期性、艰巨性、复杂性估计不足，把改革简单地理解为是一个轰轰烈烈的运动。同时，也有要求过急、改革期望值过高的因素，也有的把改革的进展片面地理解为放与收，忽视了各领域、各环节相互关联的带有改革性质的基础性建设。这与理论的准备不足，改革的舆论气氛不浓有一定关系。

深化农村改革，首先应对改革的方向有一个比较统一的认识，进一步明确改革的重点，研究具有可行操作的具体措施。关于农村改革的方向，是不是可以这样表述：改革不适应解放和发展生产力的生产关系，建立起生产方式内在统一的农村经济体制和具有生机和活力的运行机制，引导农民走共同富裕的社会主义道路。改革的主线是面向市场，发育商品生产主体，培育能够联结生产、交换、分配和消费诸环节的结合点。近一个时期，改革的重点应该是稳定以家庭联产承包为主的生产责任制，完善统分结合的双层经营体制，健全社会化服务体系，增强集体经济实力，搞活农村商品流通和发育市场体系。这五个方面，就是近期的改革任务。研究改革措施，就要围绕这五项任务来进行。

一、关于稳定以家庭联产承包为主的责任制

家庭联产承包责任制是中国农民的伟大创造，是中国经济体制改革最为成功的重要标志，它的历史功绩，是有目共睹的。但是，随着农村改革的深入和生产力的发展，家庭承包这种经营形式也确实显露出了一些新的矛盾和问题，有些矛盾和问题还十分突出。不承认这一点，就不是唯物主义者。有了新的矛盾和问题就要解决，解决这些矛盾和问题的过程，就是稳定和完善以家庭联产承包为主的责任制的具体操作。稳定和完善家庭联产承包责任制，重要的和大量的是稳定和完善土地的家庭承包。对此，我有五个方面的认识。

（一）土地的家庭承包一定要稳定

土地的家庭承包，是一项大政策，是党在农村经济中的最基本的政策，它是农村稳定、经济发展的基础。这方面如果出了问题，将是影响农村和整个社会的大问题。土地的所有权及与之相联系的经营权等，涉及国家、集体、个人三者利益关系，属于生产关系范畴。生产关系的变动，应慎之又慎。大量的事实已经证明，家庭联产承包适应现阶段农村生产力水平，仍有旺盛的生命力，要保持相对稳定，决不

可轻易变动。土地目前仍是大多数农民安身立命的基本生产资料，为大家普遍关注。近些年农民来信来访中，大量的涉及到土地承包问题。这一问题处理得如何，不仅关系到经济的发展，也关系到社会的安定。这是深化农村改革过程中应注意重点把握好的一个大问题。

（二）稳定与完善是辩证的统一

实行家庭联产承包，是集体经济发展中具有历史意义的伟大突破，成果举世瞩目。但同任何事物的发生、发展过程一样，土地的承包并未止于至善。突出的矛盾表现为：由于人口、劳力增减变化，形成的福利不公、负担不平；由于经营水平的梯度差异，一些农户的土地产出率低下，制约着总产量的增长；由于管理机制不健全，造成土地公有观念淡化，收缴统筹提留难，随之引出了一系列制约农村经济运行和社会发展的问题；由于对政策理解不同，人们在处理基建占地、农业开发、区域种植等涉及到土地的问题，操作方法争议颇多。实践表明，最需要稳定的土地承包政策，恰恰矛盾较多，不稳定因素不容忽视。稳定是完善的前提，完善是稳定的条件。不稳定，就无法完善；不去完善，想稳也稳不住。把稳定与完善统一起来，以负责的态度，妥善解决这些矛盾，使土地承包更加完善，是稳定的需要。

（三）稳定和完善土地承包制的具体思路

稳定和完善土地承包的政策，原则上作如下表述：对于已经形成的土地承包关系，要保持相对稳定；只要承包办法基本合理，群众基本满意，就不要变动。因基建占地、人口变动确实需要调整的，应尊重绝大多数群众的意愿，从严掌握。个别确有条件发展农业适度规模经营的地方，应经乡政府呈报县政府批准后，可以因地制宜地对土地承包形式作适当调整。无论采取什么形式，都要正确处理国家、集体、个人三者利益关系。应通过完善承包合同，把承包者应向国家和集体上缴粮款等义务，同承包土地的权力结合起来，把发包方应为承包方提供的各种服务明确起来，把集体统一经营与农户分散经营两个积极性和优越性都发挥出来。

（四）探索具有中国特色的土地制度，具有现实意义

土地的家庭承包，是一种生产组织形式，或者叫经营机制，它本身并没完全回答土地的管理问题。建立一套适应中国农村实际情况的土地制度，是解决承包中的诸多矛盾和问题的根本性建设措施，应摆上日程，积极探索。土地问题比较复杂，建立健全既保证稳定，又有利于解决矛盾的管理制度，避免问题成堆后集中的大面积调整，是一个有意义的选择。在实践中应处理好土地的福利保障与提高产出率、家庭承包制的稳定与土地的流转、土地的开发利用与资源保护的关系。需要遵循的原则是，从实际出发，尊重群众意愿，把工作做实做细。学习和引进外地典型经验，要注意与本地情况相结合。

（五）应把稳定和完善土地承包工作放到国民经济全局中加以研究

90年代，我国农村面临两大课题，一是农业生产要登上一个新台阶，适应国民经济发展战略目标的需要，二是组织农村劳动力向非农产业转移，使农民的生活达到小康水平。解决土地问题，应立足于这两个问题的高度来思考，来寻求出路；应瞻前顾后，考虑得全面一些。既考虑其土地的福利属性，使农民有饭吃，又要考虑到社会效益，考虑到为国家生产出更多的粮食和农产品。目前的土地制度，不同于封建社会农民革命提出的均田制，也不同于民主革命时的耕者有其田。如果不注意研究已经变化了的新情况，土地将陷入无限细化、难以自拔的恶性循环中。应着眼于发展生产力，对改进土地承包形式进行试验和试点，并注意把握好“度”，以减少盲目性，避免一阵风、一刀切。把干部和群众的注意力引向开发利用新的农业资源，兴办二三产业，对于总体上解决人口增长与土地稀缺的矛盾，具有战略意义，是个大有前途的方向。

二、关于完善统分结合的双层经营体制

实行家庭联产承包责任制的同时，客观规定了农业统分结合的双层经营体制的确立。在社会主义的合作经济中引入双层经营，在发挥家庭作为农业生产经营基本单位作用的同时，又继承、注意和发挥了以往合作经济中统一经营的积极作用，从而把分散的家庭经营与集体统一经营紧密地结合起来。这种制度的基本内容不仅与社会主义制度相吻合，而且具有经济合理性。完善统分结合的双层经营体制，已经成为深化农村改革的一个重点。

（一）家庭承包与双层经营二者之间是互为依存的关系

联产承包和双层经营，一个内涵是管理制度和形式，一个内涵是经营体制和结构。二者有着不可分割的内在联系。联产承包与双层经

营，是一个制度互相依存的两个侧面，而不是两种制度，不能互相排斥或互相取代。没有联产承包的存在，就没有双层经营，没有双层经营也就不成其为联产承包。为了进行联产承包，社区性合作经济组织必须根据需要与可能，对集体所有自然资源的开发利用、布局作出统一规划；必须对集体所有的资金的使用作出合理安排；必须选择适当的承包形式，提供必要的服务；必须按照公平合理的原则取得发包收益。这些经济活动，既是社区性合作经济组织作为发包方的必要工作，也是进行其统一经营的内容和标志。承包者在统一确定的目标、条件的范围内，对如何实现目标，又怎样改进管理，采用何种技术，以及确定投入额度等等，可以自主决策。这些经济活动，是承包者的权力，也是分散经营层次的内容和标志。每一个承包项目，都包含着统一和分散两个侧面，都是“双层经营”的。家庭承包的内容是由社区性合作经济组织集体发包出来的。所以我们说，这种家庭承包与单干有着本质的区别。

（二）双层经营是对合作制的完善和发展

把统分结合的双层经营体制引入具有合作性质的社区性集体经济组织内部，绝不会改变集体经济的性质，也不会削弱合作的功能，而恰恰是找到了适合生产力发展水平的社区性合作经济组织经营管理的实现形式。这种双层经营体制，否定了人民公社时期的那种“左”的经营模式，有效地克服了那种管理过于集中、生产大帮轰和分配上的平均主义等弊端，能够把家庭承包经营的积极性和集体统一经营的优越性结合起来，从而达到解放和发展生产力的目的。统分结合的双层经营体制，坚持了土地、水利设施和一部分大型农业机械等主要生产资料的集体所有。集体作为土地所有权的代理人通过土地的发包和收取承包金来体现所有权，车、马和部分农具虽然变价卖给了农民，但收取的价款仍为集体所有，每年还要提取新的积累用于扩大再生产和兴办公益福利事业，还具有生产服务、管理协调等统一经营的职能。这些就是对以往社区性合作经济组织经营形式的继承。所谓完善，就是说在继承以往合作制优点的基础上，实行了有统有分、宜统则统、宜分则分、统分结合的双层经营。经过这一生产关系的变革，比较好地体现了灵活决策和按劳分配的原则，促进了农村资源的合理配置。这三个方面的明显作用，正符合发展合作制的要求。实践已经证明，

“统”与“分”是我国社会主义初级阶段农村新型合作经济制度的两个基本点，二者的有机结合，是农业生产出现超常规增长的一个重要因素。

（三）完善双层经营体制的重点是增强集体经营层次“统”的功能

统分结合的双层经营体制在农业的发展中发挥了巨大作用，但这并不能说明这种体制已纯玉无瑕。事实上，目前这种经营体制的现状还很不理想，重要的缺陷是严重地倾斜于家庭经营这个层次，集体经营组织被解体，统一经营的实力和功能还十分脆弱，双层经营还尚未形成一个稳定的运行机制，致使不少地方把“统”的功能简单地归结为依靠行政手段进行强制性干预。随着农村商品经济的发展和农业生产经营内部环境的变化，单纯家庭经营本身所具有的局限性和弊端日渐突出，矛盾越来越大，亟待我们采取措施予以解决。

增强集体经营层次“统”的功能，第一位的是健全集体经济组织。如果没有集体经济组织这个载体，双层经营就会失去主体；如果没有集体经济组织这个发包方，也就不会有家庭这个承包方，家庭联产承包制也就不能成立，所谓的家庭经营就必然成为个体的小农经济。我国农民素有依据社区从事生产经营活动的习惯，可以根据农民的意愿，以自然村或原生产队为单位，设立集体经济组织。目前的农村经济已不是单一的农业经济了，它包括农、林、牧、副、渔以及工、商、建、运、服各个行业，特别是乡镇企业的异军突起，在发达地区已经成了农村经济的主导产业。所以，这种村级集体经济组织，可以统称为农村经济合作社。在乡镇企业和第三产业较为发达的地方，可以设农工商联合公司，也可以设股份合作制形式的企业公司。农村经济合作社的管理人员，可以同村党支部或村委会成员交叉任职。这样，一方面是有利于发挥农村现有组织资源的潜力，另一方面是不增加群众的经济负担。

第二位的是增强统一经营的内容。农村集体经济组织应把单家独户不便办、办不了或办了不经济的各项经营活动统起来，把农业、乡镇企业和第三产业的发展协调起来。在那些集体家底薄、生产比较单一而且商品量不大的地方，除了管好公有土地和集体财产外，还应力所能及地开展些带有基础或启动性的工作。例如，在有排灌条件的地方，应组织群众管好用好这些设备；在需要联合进行植保、防疫的时候，集体经济组织应出面协调；在集中出售农副产品的季节，应帮助联系销路，组织运输；在“五荒”较多的地方，应有计划地组织群众采取多种形式进行开发；在劳动力有空闲时，应把群众组织起来进行农田基本建设和基础设施的建设，或者帮助组织劳务输出等。通过一些艰苦扎实的工作，不断充实统一经营的内容，增强集体经济组织的活力。

第三，要防止出现偏差。增强集体经济组织“统”的功能，不是旧体制的复归，更不是走回头路。当年实行家庭联产承包责任制时，着眼于发挥家庭经营的积极性，这是一个历史性的进步。现在强调增强集体经济“统”的功能，是为了更好地挖掘家庭联产承包的潜力，充分发挥集体经济的优越性，进一步解放农村生产力，这无疑更是一个社会主义制度本质意义上的进步。应认真总结历史的经验，加强宣传，给广大农民群众讲清楚，以免引起新的混乱或出现背离初衷的现象。在工作的指导思想上，要注意因地制宜，分类指导，循序渐进，稳步发展，一定要避免重犯“一平二调”的错误。

三、关于健全社会化服务体系

健全社会化服务体系，是发展农村生产力和商品经济的需要，也是稳定以家庭联产承包为主的责任制、完善统分结合的双层经营体制的内在要求；是农业走向专业化、社会化的重要步骤，也是农业现代化的重要标志。通过发展社会化服务，可以把分散的家庭经营联结为社会化大生产，取得整体的规模效益，提高农业的生产力水平和现代化程度。

（一）社会化程度的决定因素是生产力发展水平

一定生产力水平，必然有相应的产业结构和布局。产业之间、产业内部、地区之间的分工协作，即表现为社会化。目前农村处于由传统农业向现代农业、自然经济向较大规模商品经济转化的过程中。日益明显的小生产与大市场的矛盾，反映了许多体制上的深层次问题。客观要求把社会化服务提到重要日程，作为深化农村改革的一个重要环节。实行家庭联产承包后，以一家一户为一个生产单元，普遍遇到了分散经营与推进农业机械化的矛盾，分散经营与水利统一排灌的矛盾，农民文化素质低与推广先进科学技术的矛盾。在生产的不少环节上，存在着大量的不经济行为。一家一户的生产经营素质不同，必然影响到农户的生产水平和经营效果。建立起适应现阶段农村生产力水平的社会化服务体系，通过各方面提供有效的服务，可以解决一家一户难以解决的问题，特别是有利于解决低素质农户在生产经营活动中遇到的难题。这等于普遍提高了农民的生产经营素质，进一步发挥了所有农户的生产潜力，易于创造和实现大面积的增产增收，从而有利于实现社会的公平分配，把农民引向共同富裕之路。社会化服务水平的提高，是农村生产力得到发展的一个重要标志。

（二）社会化服务贯穿于产前、产中、产后全过程，其内容是综合的

社会化服务的对象是从事各业生产的千家万户，包括信息传递、技术指导、物资供应、资金组织、加工储运、产品销售等诸环节。但从当前的情况看，重点是科技，难点是流通，薄弱环节是加工。

科学技术是生产力，但不是现实的生产力。只有通过生产环节的转化和应用，科学技术才能成为现实的生产力。商品生产需要科学技术，不同区域的梯度差，重要原因在科技，农业潜力的发挥关键在于科技的注入。科技成果转化为现实生产力，需要服务为纽带。农民素质的高低，是农村经济发展水平高低的决定因素。我国的整个情况是农民的科技文化素质偏低，对科学技术的接收和应用能力较差，这已经成了阻碍农村经济发展的一个重要制约因素。因此，为农民搞好科技服务是当务之急，是投资少、见效快，普遍受农民欢迎的服务。

流通的能动作用在商品生产中十分重要。流通不畅已经成为商品经济进一步发展的“瓶颈”。在大多数地方，无论是农民群众还是广大基层干部，还没有完全跳出自然经济的圈子，也没有完全冲破产品经济的框子，只注重生产，忽视流通，是个比较普遍的问题。具体表现是：在产销关系上，农产品有效供给不足与结构性、区域性、季节性积压交替出现；在流通过程中，大宗农产品交易组织程度低，各种“大战”时有发生，秩序混乱；在流通体制上，主渠道不活，多渠道过乱；在宏观调控上，手段落后，举措不力。攻克这些难点，有赖于社会化服务水平和生产组织程度的提高。

农产品加工是生产与流通的中间环节，制约着产品的档次、质量和效益。目前，大多数农产品仍是原字号、大路货，竞争能力弱，经济效益不理想。解决这些问题的出路，就在于根据实际情况，建一些加工企业，上一些储藏保鲜项目。而这些措施对于生产环节来说，是带有服务性质的。因而我们说，发展农产品加工业，也属于加强社会化服务的范畴。

（三）加强社会化服务体系建设的基本路子

加强社会化服务体系建设的基本路子是：以国家宏观调控手段为支撑，以县、乡经济技术部门、单位、加工企业的系列化服务为骨干，以社区合作经济组织的综合服务为基础，以个体、联合体和群众性服务组织的单项服务为补充，城市与农村相连接，综合性与专业性相结合的网络型、多功能的体系。

国家宏观调控的支撑作用表现为以发展为目标，协调计划、财政、信贷、物资等部门，综合运用行政、经济、法律手段的产业政策和支持服务体系建设的政策。相应的农用工业、农产品加工业和储藏、运输等基础设施的建设，应作为重要的调控手段得到加强。

县乡经济技术部门、单位、加工企业之所以能成为骨干，是由其所处地位、经济技术实力决定的。其中县一级作为城乡结合部，宏观与微观管理的结合部，地位极为重要；前沿乡镇的站、所、社、办等，具有特殊作用，应在逐步增强服务能力、扩大服务范围的过程中，发展成为技术经济实体。

我国社区性合作经济组织的基本特征，决定了为农户提供综合服务，是它的重要职能。社区性合作经济组织的社区性与农业生产的地域性相一致，便于把利益关系的协调同经营管理结合起来，把组织生产与提供服务结合起来；国家经济技术部门的专业性服务，一般也要借助社区性合作经济组织，才能延伸到农户。这两个方面，就决定了社区性合作经济组织的服务具有综合性和其他服务组织不可替代性。强化社区性合作经济组织的服务功能，发挥它优越的服务作用，是我们加强社会化服务的基础性工作。

个体、联合体和一些群众性服务组织的单项服务，具有拾遗补缺的性质，但也是不可缺少的。农业社会化服务的范围很大，涉及面广，不论国家和集体的服务体系多么完备，也难免有空位或鞭长莫及的地方。个体、联合体和一些群众性的服务组织，具有灵活和应变能力比较强的特点，它们的发育和发展，对加强社会化服务体系的建设大有裨益。应采取引导、鼓励和支持的政策，最大限度地发挥它们在生产、交换、分配、消费诸环节中的积极作用。

（四）连接社会化服务的基点是利益机制

目前农村的社会化服务不能令人满意的原因是多方面的，而核心问题是利益关系问题，一些单位、部门或组织往往是无利不干，甚至是办了一些损害农民利益的事情。这种现象告诉我们，在加强社会化服务的过程中，必须协调好各方面的利益关系。对服务组织来说，应提倡树立农业发展我发展，我与农业共兴衰的思想，提倡让利于民，微利服务；提倡风险共担、利益均沾，把着眼点放在发展生产和提高农民的经营效益上。农民需要服务，是对功利的追求。服务者的活动也需要利益驱动。这是商品经济法则所决定的。在实践中寻求各方利益的均衡点，是使服务体系得以存在和发展的关键；悉心培植各类农工商、政技物结合的典型，是服务体系创新的现实途径。特别是在新旧体制交替过程中，只有注意到这一点，才能减少摩擦与内耗，降低社会成本，提高总体效益。

四、关于发展和壮大集体经济实力

发展和壮大农村集体经济是我党的一贯方针，是我国社会主义建设实践的重要内容。80年代初期，邓小平同志就说：“我们总的方向是发展集体经济。实行包产到户的地方，经济主体现在也还是生产队。这些地方将来会怎么样？可以肯定，只要生产发展了，农村的社会分工和商品经济发展了，低水平的集体化就会发展到高水平的集体化，集体经济不巩固的也会巩固起来。”（《邓小平文选》第275页）。这一段话鲜明地指出了农村发展集体经济、走集体道路的方向。1990年3月，小平同志在接见泰国客人时，又重新强调了这个精神。6月，在中央农村工作座谈会上，江泽民、李鹏、宋平等中央领导同志，都分别强调要注意发展和壮大集体经济，引导农民走共同富裕的道路。

（一）集体经济是双层经营体制的载体

我国是个农业大国，亿万农民承包着不断细化的小块土地，大多数农户是以手工操作为主。在发展商品经济的条件下，为了提高农业的劳动生产率，在农业发展中比较可行的选择是兼顾集体经济和家庭经营这两个方面，正确地加以统一，才能发展农业的生产力。忽视其中任何一个方面，都会造成农业生产的萎缩，徘徊或者下降。我们已经有过忽视农民在生产中的自主权和个人应有利益对生产的推动作用的深刻教训，现在千万要防止又走到另一个方面。我们要侧重研究和着力发展的是统一经营层次的集体经济，大力扶持和发展村级集体经济。当然，还有其他形式也要发展。

（二）当前强调发展和壮大集体经济，有着极为特殊的意义

一是坚持社会主义方向，搞好改革开放的需要。我们的农村改革思路，必须同自由化观点划清界限。在农村，要坚持多种经济成分并存，但要坚持以集体化为主，不能搞私有化。二是实现共同富裕的需要。社会主义的一个重要标志，就是实现共同富裕。如果出现两极分化，那么，我们走的是什么道路？坚持的是什么主义？就值得推敲了。实现共同富裕，靠单干不行，必须把广大农民组织起来，按照总体规划发展生产，上一些既有经济效益又有社会效益的生产经营项目，管理好集体共有的财产，不断增强集体的经济实力。这样，有利于把一个人的智慧和管理才能变成群体行动，取得最佳的经济效益和社会效益，通过集体的统一经营，让大家都富起来。三是增强统一经营层次服务功能的需要。家庭经营离不开集体的服务。增强集体经济组织的服务功能，必须发展和不断壮大集体经济的实力。实践证明，凡是集体经济基础雄厚的地方，生产服务搞的就比较好。相反，集体经济十分薄弱，也就没有能力为农民的生产生活提供服务。近些年，在统分结合的双层经营体制中，分的层次发展较快，统的层次发展相对不足，服务功能差，影响整个农村经济的进一步发展。因此，急需通过兴办集体企业和搞集体统一经营的开发性生产来增强集体经济的实力，为开展社会化服务打好物质基础。四是转移农村劳动力的需要。实行家庭联产承包后，由于最大限度地调动了农民的生产积极性，大幅度地节约了劳动时间，随之出现了农村劳动力的绝对剩余和隐性失业问题。剩余劳动力的就业出路，就在于大搞开发农业和发展非农产业。而依靠集体的力量来开辟新的生产门路，拓宽就业领域，具有个体无法比拟的优势，搞好了，可以大批地容纳剩余劳动力。随着劳动成果积累的不断增加，还会有能力开拓新的就业岗位，以致于形成就业到创造财富积累，然后再开辟就业岗位的良性循环。

发展集体经济，不仅有重要的经济意义，而且对农村基层政权的巩固，减轻农民负担，增强对农民的凝聚力，都有重要作用。

（三）发展村级集体经济是个渐进的过程

应该看到，我国各地社会经济基础和自然条件差别较大，集体经济的现状参差不齐。大致有三种类型。一类是集体经济搞得好的，经济实力很强，那里的农民基本实现了共同富裕，这类的村为数不多；另一类是村里有一定的集体经济实力，也可以搞一些有限的服务；再一类是集体经济薄弱的，集体除了土地的发包外，再没有什么统一经营的项目，农民生产急需的服务无力开展，这样的村还为数不少。总的看，好的村与差的村之间差别悬殊。因此，在发展和壮大集体经济的过程中，一定要区别不同情况，提出不同的要求，采取不同的步骤，因地制宜，逐步发展。对那些集体家底很薄，生产比较单一的地方，不宜要求过高。当前应树立一批发展集体经济的典型，宣传他们的经验，这对于提高认识，解决某种程度忽视发展集体经济的问题，是十分有意义的。

（四）集体经济组织应大力发展乡镇企业

在改革中异军突起的乡镇企业，已经成了集体经济的支柱。它对于加快发展农村商品经济的进程，实现共同富裕的目标和农村的城市化、工业化、现代化，具有决定性的作用，应继续扶持和引导，使之健康发展。发展乡镇企业应从实际出发，量力而行，那里适宜发展什么项目，就上什么项目，逐步形成各具特色的村级集体经济生长点。发展好了，可以走以工补农、以工建农的路子，反过来再支持农业的发展。集体经济和乡镇企业的发展，虽然需要国家的支持，但应强调自力更生。可采取开发新的资源、寻求新的生产项目的办法，依靠生产的发展和自身的积累来逐步壮大集体经济的实力。

（五）应坚持以集体经济为主体，多种经济并存的方针

不能因为强调发展集体经济，就放松对个体和私营企业的扶持和引导，应注意保护种养专业户和个体工商户的合法经营。对私营企业应加强引导，兴利抑弊，保护其合法权益。同时，应通过税收调节等办法，逐步缩小贫富差距。

五、关于深化流通体制的改革和发育市场体系

商品生产以商品流通为前提。商品生产与商品流通是不可分割的整体，生产决定流通，流通反作用于生产。生产与流通的衔接，是构成再生产过程的重要环节。生产的商品化程度是经济发展的一个重要标志。目前，我国农产品的商品率已超过60%，这标志着我国农业已摆脱了传统的自给半自给的状态，进入了商品农业发展的新阶段。当前的问题是市场发育不良，流通严重滞后于生产。在农产品总量相对不足的情况下，连续发生区域性、季节性的农产品买难卖难，积压与短缺并存，即是农产品流通滞后于生产的一个明显标志。剖析这个现象，可以看到有四个方面的后果。第一，农产品流通阻滞，出现卖难，商品的价值就不能实现或不能完全实现，造成农民增产不增收，或增产减收，严重地挫伤农民的生产积极性。第二，农产品主产区经销部门的农产品商品处于“购不进、销不动、存不下、调不出”的窘境，资金被大量占用，导致各行各业的发展受阻和经济环境的全面紧张，农民与政府的矛盾加剧，必然影响到地方政府发展农业生产的积极性。第三，由于农产品流通滞后所造成的积压，往往给人以“过剩”的错觉，导致各级政府自觉不自觉地放松对农业的领导和支持，农业很可能因此而出现萎缩。第四，由于农产品的价值不能实现，生产者兑现不到货币，必然降低农民的购买力，导致工业品的滞销，也要影响到下一个周期生产的投入，最终制约着整个经济的运行和发展。解决农产品流通不畅的问题，既要采取应急措施，又要从长计议，从基础抓起，深化流通体制的改革，解决深层次的矛盾。

积极培育和完善市场体系，是搞活农产品流通的根本性措施。农产品流通的阻滞，根本原因是市场体系发育不成熟。改革的重点在这里，难点在这里，卡壳也卡在这里。应重点抓好农产品批发市场的建设。有计划地在农产品主产区、传统集散地、交通要道和大中城市建立农产品批发市场，并逐步由现货交易向期货交易的方向发展，建立起稳定的供货关系，保护生产者和消费者的双重利益。同时，还要打开城门，建立一批布局合理、数量适宜的零售市场，产品直接同消费者见面，保持货畅其流。有了这两种市场，搞活农产品流通就有了基础。

发育市场主体，是搞活农产品流通的基本条件。市场的建立与其主体的发育互相促进，相辅相成。没有流通主体活动的市场，市场形同虚设；没有市场可依附的流通中介组织，流通中介组织也就失去了存在的意义。这两项要素缺一不可。发育市场主体：第一，通过产权改造充分发挥供销社的主渠道作用。基层供销社有经营农产品比较完备的设施和丰富的经营管理经验，已经形成了覆盖全国农村的购销网络，应更好地发挥其主渠道作用。近几年，一些地方创造的农商联营和农产品的分购联销等经营模式，是个发展方向，应因地制宜地推广。第二，组织农民进入流通领域。随着农村商品经济的发展，一部分农民进入流通领域，是个必然趋势。由社区性合作经济组织或农民自愿联办的产销直挂的合作商业，能够减少中间环节，降低交易成本，是一种农民进入流通的好形式，应扶持发展。在治理整顿期间，对直接为农民服务的联办商业组织，应给以必要的保护，并应帮助他们完善制度，改善经营。第三，积极发展产供销联合组织或企业集团。在粮、棉、油逐步放开，其他农副产品全部放开的条件下，为开拓市场，实现产品向商品的转化，生产者、经营者、加工者、消费者和管理者都在进行着积极的探索。一些按产品组成的产供销联合组织，包括产加销衔接、农工商一体化的多种合作和联合，表现出坚挺的生命力。这种组织由于实行了服务的系列化，实现了跨地区、跨部门、跨所有制的联合和商品的直线流通，从而拓宽了生产的广度，延伸了系列开发的深度，提高了商品经济的组织程度，对发育市场体系，具有重要的促进作用，而且可操作性较强，是农村经济新体制的生长点，也是搞活流通的优选途径，应热情扶持，精心培育。建立起货畅其流的运输系统是搞好农产品流通的基本要求。这几年所发现的农产品流通阻滞，有组织和经营方面的原因，也有运力不足的因素。吉林的玉米大量积压，而南方的一些省区却急需玉米，但就因运力的不足，买卖无法成交。由此可见，合理配置运力，挖掘现有运输潜力，相应增加公、铁、水路的运输能力，对于搞活农产品流通来说，如同雪中送炭。此外，应整顿公路运输秩序，撤销所有滥设的关卡，取消一切非法罚款和不应有的收费，打破地区封锁、条块分割的市场行为，保护农产品的正常运销活动，这对于解决农产品流通不畅的问题，对于建立全国统一的大市场都有益处。

加强农产品储存、加工、保鲜等基础设施建设，是搞活农产品流通的基础。储存、加工、保鲜等基础设施落后，是目前农产品流通中的薄弱环节。特别是储藏、烘干、整晒能力的不足，是当前卖粮难的一个重要原因。应把生产建设与流通设施建设通盘考虑，除了中央和地方政府以及商业、供销、粮食、外贸部门投资建设储存、加工、保鲜设施外，还应放宽政策，允许和鼓励集体、个体、私营企业投资建设农产品储存、加工、保鲜措施，经营相关业务。同时，国家对关系国计民生的重要农产品建立储备制度和风险基金制度，也会起到以丰补歉、缓解流通、稳定市场、保护生产的作用。

（1990 年 11 月）

要完整准确地把握深化农村改革的重点

落实党在农村的方针政策，推进农村改革的深化，是农村社会主义思想教育的一项重要任务。这个任务，一定要完成好。在不久前的一次会议上，一些同志提出：中央对深化农村改革的重点已经有了明确、完整的表述，下一步大家应当用中央的指示统一思想，规范提法，千方百计抓好落实。这个意见很有道理，值得重视。

党的十三届四中全会以来，以江泽民同志为核心的党中央极为关心农村改革。江泽民同志在“七一”讲话中，对农村改革的重点作了明确的阐述，即“要继续稳定以家庭联产承包为主的责任制，健全和完善统分结合的双层经营体制，积极发展社会化服务体系，逐步壮大集体经济实力，促进农村经济的发展”。在此前，李鹏同志在全国七届人大四次会议的报告中，也对这个问题作了同样明确的阐述。这是符合建设有中国特色社会主义指导原则、符合中国实际的。在农村社会主义思想教育中，必须据此来向干部和群众作宣传，并指导深化农村改革的实践。决不能各说不一，更不能自行其是。

深化农村改革四个方面的重点，是一个有机的整体，它们之间是相互密切联系、不可割裂的。家庭联产承包责任制，是我国农民的一个创造，是双层经营的基础层次，只有坚决稳定这个基础，才能安定人心，继续调动农民的积极性。如果只讲农户分散经营，不注意健全和完善双层经营中“统”的层次，实行统分结合，家庭联产承包想稳也稳不住。随着农村生产力水平的提高和有计划商品经济的发展，农民对产前、产中特别是产后服务（包括流通方面的服务）的要求愈发迫切。而发展社会化服务，正与完善双层经营“统”的功能相交织，或者说双层经营“统”的层次，在很大程度上承担着对农民的生产生活提供服务的重要职能。可见，发展社会化服务体系，是全社会的任务，也是完善双层经营体制中的一个重要组成部分。上述这三者，都有赖于集体经济实力的不断增强，才能得以实现。所以，逐步壮大集体经济实力，是做好前三项工作必不可少的条件，是引导农民走共同富裕道路的物质基础。四句话的共同目的，是巩固农村社会主义阵地，促进农村经济不断发展和社会不断进步。人为地把它们割裂开来、对立起来，片面强调某一方面，而忽视另一方面，或只讲其中的一两句话，都是不符合客观实际的。

在深化改革中，会出现这样那样的苗头，领导者应以实事求是的科学态度，及时加以研究，做定量分析，该提醒的要提醒，该解决的问题要解决。不可以对确实出现的问题漠然置之。同时，也切忌把苗头说成是一种倾向，好像又在刮什么风了。中国幅员辽阔，各地情况千差万别，在具体做法上可以有所不同，但总的方向要一致，要把大家的思想和行动统一到克思主义原则上来，统一到江泽民同志“七一”讲话精神上来。

（1991 年 9 月）

在治理整顿中深化农村改革和发展经济

党的十三届三中全会指出，整顿经济秩序、治理经济环境，是明后两年改革和建设的重点。农村也应坚定不移地贯彻落实党中央的这一重大决策，抓住这个有利时机，整顿经济秩序，治理经济环境，有重点地解决影响改革和发展的一些难点问题，把改革引向深入，促进商品经济的发展。

进行治理整顿，首先要正确理解和准确把握中央的决定精神，消除一些偏见和疑虑，树立起做好工作的信心和决心。也就是说，首先要解决认识问题，从深层次上弄清治理整顿与深化改革、发展经济的关系。由于宣传的不够和个别人理解上的偏差，有些同志认为，治理整顿是改革要收了，有的甚至认为改革搞错了。这些模糊认识主要源于对治理整顿的重大意义认识不清。我们应该看到，在改革措施不断显效，经济发展步伐不断加快的大好形势下，工作中还存在许多问题，亟待去研究和解决。目前，整个经济体制还没有理顺，新旧体制仍处于转换交替过程中，各方面权益调整、摩擦引起的矛盾，给深化改革和发展经济都增加了难度。农村改革的深化，要求各方面给予支持和配合，这就是我们所说的改革和发展的大环境问题。如果没有一个宽松有利的经济环境，改革和发展都会步履维艰。中央关于治理经济环境、整顿经济秩序、全面深化改革的指导方针，就是在认真总结十年改革开放经验的基础上，坚持改革开放的大前提下提出来的。这三句话是一个统一的整体，有着深刻的内涵。不但要用深化改革的办法来治理和整顿，而且许多治理和整顿的措施本身就是深化改革的内容。治理整顿，旨在巩固十年改革所取得的成果，消除改革道路上的障碍，为改革和发展进一步创造良好的条件，有领导有秩序地推进相互配套的全面改革。因此说，治理整顿不是什么“收”，更不意味着“错”。

治理整顿，也要在不断深化改革，进一步巩固改革成果的条件下进行。十年改革的成就很大，特别是农村的改革成就更加突出。农村经过十年的改革，确立了以家庭联产承包为主的经营形式，扩大了农民的经营自主权，适应商品生产需要的产品市场和生产要素市场正在发育，具有中国特色的市场体系框架开始显现出来，产业结构得到了调整，原来那种单一经营和城乡分割的产业结构已被打破，农村经济正转向综合经营；初步形成了以公有制为主导、多种经济成分、多种经营形式并存的经济格局；社会分工不断趋近系统化和专业化，社会化服务水平不断提高。这些改革成果举世瞩目，不但国内有口皆碑，就是世界朋友也都赞不绝口。改革成就虽然辉煌，但改革和发展中所遇到的问题不解决，改革的成果就很难得到巩固。如果改革停步不前，治理整顿也就成了无源之水、无本之木，也就难以进行下去。客观形势要求我们深入学习十三届三中全会文件，提高认识，统一思想，用深化改革来推动治理整顿，在治理整顿的过程中巩固和扩大改革的成果。

改革是一项前无古人的事业，马克思主义经典著作中没有现成的设计，国际共产主义运动的历史上也没有可资借鉴的经验，出路只能是社会实践和不断探索。在探索中前进，无疑会遇到许多新情况、新问题。由于我们缺乏经验，又由于在旧体制下所形成的利益结构比较坚固，加上我们的宏观调控能力较弱，因而在改革中，在市场秩序上出现一些混乱现象，这是不可避免的。我们不能因为这些问题否定改革的成果和怀疑改革的方向，甚至退回到老路上去。相反，这些问题，恰恰暴露了旧体制的毛病，认真地分析研究这些问题，正是为进一步改革指明了方向。中央提出的治理经济环境、整顿经济秩序，正是为了集中解决一下这些问题。理智的选择应该是正视问题，冷静思考，抓住治理整顿的有利时机，解决好阻碍改革的一些实际问题，从而把农村的改革引向深入。

深化农村改革，受到各方面的制约。城市经济体制改革进展缓慢，增加了农村改革深化的难度。但是，不能等待城市经济体制改好后再去进行农村改革，应积极地依靠农村的自身力量，继续发挥广大农村基层干部和人民群众的创造精神，不断地进行探索和尝试，推动改革不断向纵深的方向发展。目前，深化改革的重点是稳定家庭联产承包责任制，完善统分结合的双层经营体制。农村改革是从家庭承包开始的，再深化，还应在稳定家庭承包制上作文章。家庭承包制的普遍推行，使长期被压抑的农业生产力迸发出来，农业生产出现了超常规的增长。家庭联产承包责任制的成效显著，但这决不意味着它已其功殆尽，也不能说明以家庭承包制为主要内容的农村改革一步到位了。事实上，家庭承包经营的潜力还远没有发挥出来。主要表现是：家庭经营基本处在小而全的分散状态，人力、物力浪费较大，经济效益不高，劳动生产率低；产品基本停留在初级阶段，商品化程度低，竞争能力差，某些产品多了“卖难”，少了“买难”，常常在虚假“剩余”与短缺之间波动徘徊，给生产带来很大盲目性；一家一户从事开发性生产能力较弱，致使劳力大批剩余，部分资源闲置，生产门路却很狭窄。这些绝不是家庭承包制本身的固有缺欠，而是家庭承包制还不完善的反映。家庭经营是我国的传统经营方式，它既可作为自然经济的生产单位，又可作为农村商品经济的经营主体。商品经济形态下的家庭经营，不同于自然形态下的家庭经营的根本点，就在于它所从事的是社会化大生产。实行家庭联产承包经营后，由于集体经营这个层次中“统”的功能没有相应得到增强，社会化服务水平较低，致使家庭经营还没有摆脱自然经济的格局，在商品生产中表现出很大的局限性。由此可见，完善统分结合的双层经营体制，加强社会化服务，突破目前这种局限性，就会使家庭经营释放出新的更大的能量。农村改革在完善家庭承包制上深化，既体现了解放生产力这一改革目的，又符合我国广大农村的实际。

稳定家庭联产承包责任制，完善统分结合的双层经营体制，目前的工作重点是增强集体经营统的功能，加强和发展社会化服务，把一家一户办不了或不好办的事认真抓起来，逐步把家庭经营纳入社会化大生产的轨道。社会化服务是一种劳动交换，应本着自愿互利、等价交换的原则，逐步地建立起一个功能齐全、布局合理、运作灵活、相互配套的服务体系。首先，应强化社区性合作经济组织的服务功能。就总体情况看，目前农村社区性合作经济组织的服务功能普遍较弱，大多数只能提供生产过程中的一些单项服务，对流通和加工领域的服务显得不够；有的由于受经济实力和经济组织能力的制约，只能搞点产中服务，缺少必要的产前、产后服务；在有的地方，人民公社解体后，至今连合作经济组织还没建立起来，服务工作只能是个空白。这种状况，显然不适应生产的专业化、商品化、现代化的要求，应尽快改进。近期加强双层经营“统”的功能，应以加强服务为重点，不断充实合作的内容。应积极兴办集体企业或联办企业，通过经营增强为农户服务的经济实力，提高服务水平。其次，积极引导和扶持多种经济成分多种经营形式的专业性服务组织的发展，通过不同层次、各个环节上的联合与协作，为农户提供有效的服务。第三，在城乡配套改革的深化过程中增强社会化服务功能。本着政企分开、官商分开的原则，优化经济环境，使国营企业以平等身份同农民打交道，各部门也应创造条件，吸引更多的农民进入流通领域。在此基础上，通过协调利益关系，使农村经济的相关部门从增强自身活力出发，积极地为农民提供有效的服务。无论是治理整顿还是深化改革，目的都是促进生产力的解放和经济的发展。在以往的改革中，我们比较注意稳定市场供应，防止物价上涨，而对发展问题往往注意不够，求稳怕乱的思想在个别领导者的头脑中比较突出。还有的把改革看成是万能的，误认为只要一改革，就一定会在经济上有所收效，对改革的期望值很高。在处理稳定与发展的关系上，应当明确。稳定，是为发展而稳定，经济发展了，稳定才有基础。生产上去了，农副产品丰富，市场自然就稳定，价格也就会保持一定水平。治理整顿的一个重要目的，就是为了使改革积极稳妥而有秩序地进行。

在农村，也要进行治理整顿。但治理整顿的重点是优化发展环境，不能走作茧自缚，都卡死的路。至少要明确三项政策。一是农村流通要进一步搞活。对流通领域要进行整顿，要加强管理，消除混乱现象，但决不能因噎废食，不可限制流通，关闭市场。国务院提出对重要的农业生产资料实行专营、限价，对大米实行专营，这是目前整顿经济秩序所必要的。但不要随意扩大限制范围，不能限制过死。该放的还应该放开，允许自由经销、价格浮动。二是不能限制乡镇企业和多种经营的发展。农副产品的生产，总的说还是总量不足或结构不合理，应扶持加快发展。乡镇企业也只能压缩那些缺原料、高能耗、低效益的企业，总体上要大发展。只要项目合理、条件具备、经济效益好，就应大力发展。三是有利于搞活农村经济的一些基本政策不要变。比如，扶持贫困地区开发经济的政策，支持乡镇企业和个体、联合体企业发展的政策，粮、棉、油的“三挂钩”政策等，都不要变，应取信于民。稳定政策，是稳定农村、推动治理整顿顺利进行的重要环节，不可出现偏差，不要给农民以政策要变了的信号。

治理整顿给农村经济的发展提供了一个良好的机遇。在治理整顿期间，国家要坚决压缩基建规模，而农业基建投资要保；为了杜绝农业生产资料供应、农产品流通环节出现混乱的现象，国家要出台一些管制和监督政策，尽管国家财力不足，明年还要对一些农产品的收购价格进行上调。这些都是在抑制总需求的方针指导下，对发展农业采取的有效措施。中央决心在治理整顿中解决国民经济过热现象，适当放慢经济发展速度，而相对农业来说，不仅没有降温，反而要加热，加快发展。为了增加农产品的有效供给，缓解市场供需矛盾，必须把农业搞上去。农业升温，不单是农业比重大的省份的事情，从全国的总体情况看，各地都有个升温、加速发展的问题。

加快农村经济的发展，应贯彻“在保持粮食、棉花、油料稳定增长的同时，大力发展多种经营和乡镇企业，全面繁荣农村商品经济”这样一条指导方针。保持粮食、棉花、油料生产稳定增长，必须把功夫下在增产上。粮食、棉花和油料的生产是自然再生产和经济再生产过程的统一，自然因素制约性大，不要说是增产，就是稳住现有的产量，也必须有切实的增产措施来保证。对于一些农业搞得相对好一些的省份来说，在现有的高基点上增产，也同样需要做出艰苦的努力。对农业增产的难度，应有个足够的认识，应认真研究新情况，总结新经验，依靠广大基层干部和人民群众实现粮食的稳定增长。

在发展农村经济中，不应因为强调粮食生产而忽视多种经营和乡镇企业。在大多数省区中，多种经营和乡镇企业仍然是“短腿”，需要借治理整顿之机，加快发展。大力发展多种经营和乡镇企业，要比抓粮食生产的任务还艰巨。在这方面，现在广大农村基层干部的积极性很高，各地也相应地积累了一些经验，有利条件是有的。但是也必须看到，发展多种经营特别是发展乡镇企业，难度越来越大。除了要靠企业在竞争中开拓市场外，又遇到了一些新情况，出现了一些新问题。由于压缩基本建设规模，乡镇企业的建材、建筑、运输三大支柱产业都会受到一定影响，国家紧缩银根，控制货币发行，资金紧缺问题将更加突出。在农村基层工作的同志，应有渡难关的思想准备，对受到影响的三大产业，应及时摸清情况，拿出新的对策。对于资金问题，应眼睛向下，面对千家万户，通过各种融资手段来筹措。在资金短缺的情况下，发展养殖业是一条比较好的出路。发展养殖业，一是需要资金少，技术要求也不那么高，有些养殖技术农民也有所掌握，有一定基础，稍加培训就可以干好。二是周期短，见效快，效益好，又有市场需求，是一项很有发展前途的产业。因此，在发展乡镇企业的过程中，要把发展养殖业放到首选位置。特别是没有条件办工业的村屯，都可办一个有一定规模的集体养殖场，并逐渐扩大生产规模，逐步做到工厂式的管理，集约化的经营。在一定条件下，以场带户，可形成企业群体，积极发展户办、联户办养殖场，也有广阔的前途。在治理整顿的过程中，各有关部门应为农村发展乡镇企业和多种经营继续给以一些必要的扶持，帮助多种经营实体和乡镇企业渡过难关。这关系到整个农村经济的发展，关系到农村产业结构的调整，关系到农村剩余劳动力的出路。搞好了，会促进农村改革的不断深化和经济的加速发展，同时，治理整顿也就达到了目的。

（1988 年 11 月）

公有制与多种分配形式

坚持以社会主义公有制为主体的多种经济成分并存，坚持以按劳分配为主要形式的多种分配形式并存，这是我们党依据社会主义初级阶段的理论和实践，所制定的具有中国特色的经济政策。江泽民同志在《庆祝中国共产党成立七十周年大会上的讲话》，对此又作了强调，并指出了它的社会主义性质和存在的客观性。全面、准确地贯彻执行这两项经济政策，对于加快农业现代化进程，具有特别重要的现实意义和深远的历史意义。

一、允许非公有制经济和非按劳分配形式的存在和发展，是发展社会生产力的需要

党的十一届三中全会后，我们党遵循马克思主义的科学社会主义原理，提出了“我国目前处于社会主义初级阶段”的科学论断，并指出，大力发展社会生产力是社会主义初级阶段的第一位任务。党的十三大和十三届七中全会，都重申了这个论断。在我们这样一个社会主义大国中，发展生产力的首要问题是从实际出发，建立起有利于调动各方积极性的生产资料所有制度。从哪些实际出发？至少要考虑到以下四点：一是我国的社会主义经济，是在半殖民地、半封建的基础上

建立起来的，个体经济和小农经济以及在一定范围中的国家资本主义经济都有存在和发展的土壤和条件；二是我们虽然消灭了剥削制度，但在分配形式上还不能实行马克思所预言的完全意义上的按劳分配，按资分配、按劳动成果分配在一定程度上还是不可缺少的调节和补充；三是我国各省、区、市之间经济发展的梯度差别较大，社会化大生产主要集中在少数沿海和工业城市，那里的社会分工和专业化协作具有一定基础，但内陆地区生产的专业化、商品化、社会化水平相对较低，产业布局不够合理，资源的闲置和浪费比较突出；四是我国农业尤为落后，基础薄弱，劳动者素质低下，总体产出功能不高。这四点情况说明，我国生产力的现存基础具有较为突出的多层次和不平衡性。由于不同的城市和乡村以及不同的岗位和不同的劳动者之间，进行生产和经营的基础条件各不相同，劳动成果的差别较大。在根本利益一致的同时，又存在着各自不同的发展要求和经济利益。这就决定了我们不能教条地套用马克思恩格斯所设想的那种生产资料纯一的全社会公有制，而必须服从、服务于发展生产力这个要求，建立起与之相适应的生产资料所有制度和经济形态。即在以公有制经济为主体的前提下，允许个体经济、私营经济、股份经济、中外合资联营经济的存在和发展。如果不采取这样的对策，搞过去那种单一的纯而又纯的公有制，社会上现存的人力资源、自然资源和组织资源就不能优化组合，商品经济就不能得到较快发展，我们的国家就会因生产力的发育不良而迟滞四个现代化的进程。

允许非按劳分配形式的存在和发展，是与多种经济成分的存在和发展密切相关的。或者说，多种分配形式的存在和发展，适应了多种经济成分的存在和发展。所有制形式决定分配形式，这是马克思主义的一个基本观点。发展以公有制为主体的多种经济成分，必然要求在分配体制上实行以按劳分配为主体的多种分配形式。这种分配体制的建立，是近十几年来坚持社会主义方向，进行经济体制改革的重要成果。过去，由于我们对社会主义经济建设的规律缺乏足够的认识，在消费品的分配上，推行了单一的按劳分配，结果窒息了生产者的积极性和创造性。在农村，我们曾把评工记分，按分分配当作按劳分配的唯一形式。实践证明，这种分配形式很难适应生产周期长、劳动分散、劳动付出难以计量等特性，容易造成平均主义，阻滞农村生产力的发展，最终结果只能是大家共同贫穷。尤其在市场机制不健全，人们觉悟程度和管理水平都不很高的现阶段，那种纯粹的按等量劳动换取等量产品的按劳分配，在农村是难以实现的。在现阶段，非按劳分配方式如按资金分配（入股分红），按经营成果分配（家庭联产承包）等，对于充分利用生产要素，发挥人的主观能动性，都具有明显作用。由此可见，多种分配形式的出现，不是人的主观臆想，而是客观的要求，是商品经济得以发展的产物。

二、允许非公有制经济和非按劳分配形式的存在和发展，有利于加快农村工业化进程

农业现代化离不开农村工业化的支持，二者是互相促进、相依共存的关系。在公有制和按劳分配为主的前提下来发展多种经济成分和其他分配形式，对推进农村工业化的进程，无疑起到了加速作用。经过一个年代的实践，这两项经济政策是成功的。主要标志：一是在农村形成了以集体所有制经济为主体，其他多种经济成分有所发展的经济格局；二是这种经济格局给整个国民经济注入了前所未有的动力和活力；三是调动了各个层次、各个方面的积极性，使各种潜能得到比较好的发掘和发挥。它对农村工业化的积极作用，主要表现在三个方面：

1. 能够拓宽生产领域，解决农村人口的就业问题。中国农业的现代化，最大的包袱是农村劳动力过剩，最大的财富也在于拥有一支宏大的劳动后备军。从工业发达国家的情况看，人多人少不是劳动力就业率高低的主要原因。日本的人口密度比我国高得多，而农村人口就业问题，相对比我们解决得好。我们的问题就出在就业门路狭窄。依靠公有制经济一条渠道来解决农村人口的就业问题，一是不可能，二是不经济。据测算，90 年代我国农村每年大约要增加 1 800 万劳动力，减去每年大约 700 万劳动力的自然减员，每年大约净增 1 100 万劳动力。把这么大的就业压力单纯推给城市的扩展和公有制企业，显然不现实。由国家来安排就业，成本昂贵，启动资金无力解决。每安排一人，大约需要 12 万元的投资。设想每年新增加的待业人员按 50%安置，就需用 660 亿元资金投入。如此之大的经济负担，是国家和地方财政无法承受的。而我们在改革中，由于实行了国家、集体、

个体、联合体和私人经济一起上的政策，使 9 000 万名农村劳动力得以在非农产业就业。这对于提高国民就业率和全员劳动生产率来说，是一项卓有成效的实践。

2. 能够增加社会财富和财政收入，缓解产品供需矛盾和原始积累的不足。在社会主义初级阶段，产品总量不足与人们日益增长的物质文化生活需要的矛盾、原始积累不足与发展生产的矛盾很突出。解决这两对矛盾，只能走充分利用现有资源“空转起步”，自我发展，不断扩大生产规模，逐步积累，力求增强经济实力的路子。允许非公有制经济和非按劳分配形式的存在和发展，为实施这个发展战略创造了一个宽松的经济环境。这几年在改革中应运而生的各种非公有制经济，对“发展经济，保障供给”的贡献，是有目共睹的。特别是在一些地方由能人牵头兴办的以生产日用品、小商品、土特商品为主的联营公司、股份公司，对国营经济和集体经济起到了拾遗补缺的作用，从而丰富了城乡市场，方便了人民生活。非公有制形态的企业，不但不需要国家投资，而且还按期给国家缴纳税金，向地方有关部门或社区性合作经济组织缴纳各种公益事业费，补充国家和地方财力的不足。从宏观经济上看，允许非公有制经济和非按劳分配形式的存在和发展，对维持国民经济的正常运行和全社会的扩大再生产，都大有裨益。

3. 能够促进农村产业结构的调整，实现农村经济的协调发展。在农村，尽管集体所有制经济占据着主体地位，但它不可能包揽各种供给，囊括各种产业。随着商品经济的发展，集体经济不能顾及、无力顾及或顾及不周的地方，越发显现出来。如某些需求数量少、市场变化大、需要小规模生产的商品，某些集体没法办或办起来不经济的服务项目等，让集体经济来承担，往往事与愿违。由于个体、联合体、私人企业具有“短、平、快”的特点，就能较好地胜任这方面的任务。农村中非公有制经济的发展，是伴随着产业结构的调整进行的。近年来，农村个体、联合体和私人企业的兴起，打破了农业内部单一种粮食，农村经济单一种植业的产业格局。由于他们的主攻点是上新的生产项目和开发新的生产领域，是补“短腿”，而不是砍“长腿”，从而大大地促进了农林牧副渔综合经营，工商建运服全面发展，使农村二三产业的份额不断上升，农村经济总体趋向协调发展。另外，非公有制经济的发展，对集体经济也有反作用。非公有制经济的出现，改变了集体经济的“一统天下”，使集体经济有了竞争和挑战的对手。在不断变化的新形势下，集体经济只有不断改进经营管理，弥补自身缺陷，才能自觉地发挥其主导作用。

三、允许非公有制经济和非按劳分配形式的存在和发展，不会改变社会主义经济的性质

社会主义制度下的非公有制经济，与完全意义上的资本主义经济有着本质的区别。看一个社会的经济形态是什么性质，并不取决于是否有私营、个体或其他经济成分，而主要取决于公有制经济是否占主体地位、起主导作用。在我们国家，公有制经济约占98%左右。其他经济形式无论在份额上，还是在所处的地位上，都与公有制相差甚远。公有制经济的主体份额和主导地位，决定着我们整个社会的经济形态是社会主义性质的。所以，不管是什么所有制形式，在我们这个社会中，都具有社会主义经济的共同属性。应当承认，以生产资料私人占有为标志的个体经济和私人经济，确实具有非社会主义的因素。但是它的附属地位和补充作用，有力地限制了非社会主义因素的扩展。

我们还可以从以下五个方面来理解我国目前存在的非公有制经济的社会主义性质。一是非公有制经济必须直接或间接地与公有制经济发生着密切的经济联系。二是非公有制经济的活动范围要受社会主义国家的监督、指导和限制。三是非公有制经济的生产经营活动除受价值规律支配外，还要受社会主义基本经济规律和国家计划的支配、影响。四是非公有制经济剩余劳动的一部分要通过税收形式上缴国家财政，还要拿出一定的劳动剩余来交由集体共同兴办公益福利事业。五是非公有制经济也必须坚持社会主义方向，走共同富裕的社会主义道路。在农村，非公有制经济的附属地位尤为明显。它所必需的物资、信贷、供销、技术、场地等，要受社区性合作经济组织的制约。它对社区性合作经济组织和国家经济技术部门有很大的依赖性，离开社区性合作经济组织和国家经济技术部门的支持，它就很难生存下去。

贯彻执行以公有制和按劳分配为主体，其他经济成分和分配形式并存的政策，要特别注意划清它与私有制的界线。要坚持四项基本原则，彻底肃清自由化思潮的影响，澄清一些模糊认识，在经济理论和实践上更牢固地确立公有制经济的主体地位，注意发挥其主导作用。

四、允许非公有制经济和非按劳分配形式的存在和发展的同时，要特别注意对其进行监督、管理和引导

非公有制经济和非按劳分配形式，虽然对社会主义经济是必要的、有益的补充，但它也有消极的一面，它的自身还存在着一些不容忽视的问题。如果不加强监督和管理，它的缺陷就会泛滥起来，以致侵蚀社会主义经济。应该明确的是，允许它的存在不是撒手不管，让其发展不是放任自流。总结这几年的经验，允许非公有制经济发展，还刚刚开始，难免出现不尽如人意的地方。一个不足之处就是对非公有制经济和非按劳分配形式只强调了允许和发展，忽视了监督、管理和引导，使它在发展的过程中出现了这样那样的问题。比较突出的问题有四点。一是部分个体户和私人企业主收入过高，对公有制部门劳动者的心理冲击很大，如群众常说的“拿手术刀的不如拿剃头刀的”，“搞导弹的不如卖茶蛋的”，等等。二是偷税漏税相当普遍。三是违法经营和违纪经营的经常发生，如乱涨价，掺杂使假，制造销售伪劣产品，欺行霸市，无照经营等。有的倒卖国家重要生产资料和紧俏消费品，牟取暴利，扰乱流通秩序。四是挥霍浪费严重，冲击消费市场。个别企业主挣之容易，花之不惜，有了钱糊花乱支。对这些问题，我们不可掉以轻心，必须引起高度重视，采取一些行之有效的措施予以解决。

我们党和政府对非公有制经济和非按劳分配形式的态度是，允许存在，加强监督，兴利抑弊，引导发展。加强监督和管理，重点应在四个方面下功夫。一是加强税收管理。一切独立核算的生产经营单位，必须照章纳税，有关部门要定期组织检查，对偷税漏税的，要按有关法规、规定严肃处理。二是加强对他们经营活动的管理。对违章的要及时纠正，违法的要取缔。三是按照社会需求的原则准予他们的经营范围。个体、联合体或私人企业的择业角度应该是以劳务为主、以发挥业主的技能特长为主、以挖掘和利用现有资源潜力为主，如从事商饮服务、建筑建材、交通运输、文化卫生、土特产品、工艺美术和为地方工业配套的零部件加工、组装、保修等。四是限制过度消费，引导个体户和私人企业主把剩余利润尽可能多地投入扩大再生产，鼓励他们自觉自愿地出力兴办一些社会性公益福利事业。同时，国家要不断完善政策法规，使管理部门和企业都有所遵循，并要注意保护非公有制企业的合法权益。

与非公有制经济相对应的非按劳分配形式也有两重性，既有积极作用也有消极作用。我们的对策是通过经济的、行政的、法律的和思想教育等手段，尽可能发挥其积极作用，抑制其消极作用。通过宏观调控、严格管理等，保护合法收入，调节过高收入，取缔非法收入。既要允许非公有制企业的从业人员靠诚实劳动和合法经营先富起来，也要引导和鼓励他们带动还没富起来的农民一道发展生产，搞活经营，促进共同富裕。

（1991 年 8 月）

构造公平竞争的产业政策

我国经济体制改革总的目标是，改革高度集权的计划经济体制，建立有计划的商品经济体制。与之相适应的，国家确定了国营、集体、个体、联合体和私人企业一齐上的产业发展战略。但由于受僵化的公有制体制的限制和传统的产品经济思想的影响，使这个产业发展战略并没完全得到落实。比较突出的是，在一些具体政策上仍然薄私人企业，厚国营企业，以致于不能使多种经济成分的微观经济组织在同等经济环境下竞争。

一是投资机会不均等。中央政府对私人企业所给定的投资开发范围过分狭窄。如对私人从事采矿业，就限制很死，使一些有效资源只能依靠国家投资去开发，不准私人涉足。在国家投资严重不足的情况下，把私人企业的投资限定在拾遗补缺的框框，资源的闲置和浪费就不可避免。这样的选择，不利于商品经济的加快发展。有的省硅藻土资源丰富，亟待开发，搞好综合利用。目前国家无力对其投资，私人投资开发国家又不允许，致使资源优势不能转化为经济优势。

二是筹资机会不均等。国营企业新上生产项目，从固定资产到流动资金，都由国家做后盾。即或是产品比较先进，预期经济效益好的私人企业，想得到国家资金的支持，是很难的。就是比私人企业地位稍高一点的乡、村集体企业，对信贷资金也常常是望尘莫及。

三是税赋机会不均等。县办集体企业按八级累进税制课税，而私人企业则按十级累进税制课税，且征收的起点大大低于县办集体企业。国营或县办集体企业进行技术改造，可享受税前还贷的优惠；而私人企业则享受不到这个优惠政策。对国营企业不收工商管理费；而私人企业则要按月缴纳工商管理费。国营商业都占据着临街闹市的好地点，且不用交土地使用费；而私人企业或个体商贩却要缴纳营业占地费或摊床费。此外，还有什么管理费、卫生费、占道费。

四是原材料供应的机会不均等。国家对国营企业的原材料实行平价计划供应；而私人企业的原材料却全靠市场高价自筹。价格的双轨制，导致由于企业所有制属性不同产品的理论成本也不同。

上述四个方面是不利于私人投资的明显因素。在经济实践中，障碍私人投资的因素远不止此。受偏紧政策的限制，私人企业发展缓慢，只能在严重倾斜的陡坡上艰难为步，这样的生存环境，也不能不使一些还处于襁褓时期的私人企业窒息。

近年的实践表明，私人企业这种经济形式具有经济决策权相对集中，企业微调性能好，信息传递效率高，能够吸收社会游资发展生产等特点，具有自我发展的内在冲动。对此，理想的对策应该是：积极引导，提供方便，公平竞争，鼓励发展。

首先，要对所有制概念进行深刻反思，消除对私人企业的偏见。多年来，我们在“一大二公”的“左”倾思想影响下，错误地认为只有全民所有制才是社会主义企业形式，其他经济成分只能在社会主义建设的过程中，对其实行限制，使之过渡或逐渐消亡。事实上，评价经济形式的先进与否，其标准只有一个，那就是看它为国家创造物质财富的多寡，也就是我们所说的生产力标准。一些名字响亮的国营企业和县办集体企业，占有国家大量的资金和设备，使用国家优惠价格的原料，可一年到头竟是亏损，企业财务靠财政退库求平衡。作为产权所有人的国家，不但不受益，而且还要对其“输血”，我们无论如何不能承认这是社会主义制度的优越性。相反，以能人带四邻，聚集社会闲散资金、劳力等生产要素所组建的私人企业，产权明晰，经营管理妥善，在国家对其“输入”甚微的情况下，却对国家有所“输出”。从它的产权性质上看，已具有了整个社会财富的属性，我们无论如何不能不承认这是对社会主义的有益补充。在国力拮据，发展资金严重不足的社会主义初级阶段，有序地发展私人企业，有利于实现资源的优化组合和生产力的加速发展。

其次，应调整政策，实行国营、集体和私人企业竞相发展。只要不是涉及影响到国计民生的特殊产业，就应允许私人企业涉足。包括私人开矿、开办航空公司、铺设铁路、修筑水电站等。为有利于私人企业初始阶段筹措发展资金，银行应对私人企业的用款准贷额度、利率、回收期限或准贷项目，作一些相应的调整，消除因所有制的不同而对应的政策不同的因素。在有其风险保证的前提下，允许私人同国营入股联营或合资上一些生产性的开发项目。同时，要发育资金、信息、劳力、技术等生产要素市场，使私人企业在有较宽阔选择余地的情况下进行生产或经营的决策。还要创造条件，争取早日走出物资流通价格上的“双轨制”，调平“政策利润”。

第三，完善税收制度，放水养鱼。发展私人企业，应按照商品经济的要求，贯彻公平税赋、合理负担的原则，着手解决税收政策不一视同仁的问题。明确法定征收税、费部门，明确服务收费的依据和标准，严格区分企业主消费基金和企业发展资金、福利基金，根据收入的不同用途收取不同税率的税款，法定的税、费定额，不得随意更改或追加。允许一些有利于企业发展的必要开支在税前列支。为促进企业的技术进步，对企业利润中提出的公共积累，应免征所得税，对设备更新，采用新技术等，在税收上应同国营企业一样给予优惠。

（1988 年 10 月）

珍惜和发展经济运行的良好走势

今年上半年，我国国民经济在去年全面回升的基础上，走上了加速运行的新阶段。这说明，我们在进一步加快经济建设步伐上，稳健地迈出了一步。下一步怎么走？应珍惜经济建设的大好形势，正视经济运行中潜在的问题，继续调动方方面面的积极因素，努力保持国民经济在加速增长和平衡发展的轨道上健康运行。

经济运行是个母系统。它的良性循环，是由无数合理有效的子系统的良性循环而构成的。看经济发展的走势，看什么？首先，要做量的考察。上半年，国内生产总值共完成 9 501 亿元，比去年同期增长 10.6%，比预计 6%的增长率上升 4.6 个百分点。这样的速度，是我们国家经济发展史上比较理想的速度。其次，要做结构分析。一是看基础产业情况。作为国民经济基础的农业，今年夏粮总产可达到 1 032亿千克，比去年增长 4.9%，创历史最好水平，猪牛羊肉和水产品均增长 10%左右。大秋作物长势良好，如不遇到特大自然灾害，总产有望达到或超过去年水平，农作物种植结构得到调整，经济作物栽种面积有所增加，农产品结构相应改善。二是看诸工业之间的平衡情况。上半年，生产生产资料的重工业增长 20.4%，以生产消费资料为主的轻工业增长 16%。重工业的增长速度高于轻工业的增长速度，符合基础产业要先行的经济规律，是经济结构的难得之处。三是看产品的生产与销售对比情况。上半年，销售产值比去年同期增长 19.1%，这个比率大于同期工业总产值增长 18.2%的比率，说明基本做到了产销平衡。第三，要做社会综合效益比较。上半年，由于工业生产起步较高，企业经济效益有所提高；对外出口持续增长，贸易保持顺差；中央和地方财政收入都有较大幅度增长，而且财政支出增长低于收入的增长幅度。第四，要做市场情况研究。上半年，在生产投资拉力较大，房改措施出台的新情况下，社会商品零售总额仍增长

14%，且物价上涨指数没有突破预期限定。近两年用以启动市场的措施正在发挥作用，产品销售市场已走出疲软的低谷。第五，要做长效预期。即考察经济系统的再生机能是否得到增强。上半年，基本建设回升较快，一些“九五”计划重点工程相继上马，社会固定资产投资总额增长突破两位数，外商投资签约项目大幅度增加。正在形成的新的生产能力，为下一个周期的增长奠定了基础，拓展了后续财源。上述这些，就是经济运行良好走势的主要标志。

经济运行的走势良好，并不意味着工作尽善尽美。事实上，目前在经济运行中，也有一些不尽理想的地方。一是由于经济规模的扩大和发展速度的加快，拉大了信贷发行和货币投放量，调整资金结构、控制规模、回笼货币的压力不小。二是固定资产的投资结构不尽合理，运力不足，能源、原材料短缺日益突出，投资合理规划的问题应引起重视，产业政策还有待进一步落实。三是经济效益不够理想，微观经济的管理需要加强。发展经济运行的良好走势，必须努力解决好上述这三个问题。否则，很可能出现功亏一篑的现象。

进一步发展经济运行的良好走势，固然难度很大，但有利条件也不少。全党通过学习邓小平同志南巡谈话和中央政治局全体会议公报，思想得到清理和进一步解放，思路得到扩展，观念得到更新，已经有了一个比较好的全党抓经济的思想基础。这是其一。其二，以“一个中心、两个基本点”为主要内容的党的基本路线更加深入人心，国民的发展意识、致富愿望更加浓烈，投身于经济建设的积极性空前高涨。其三，在经济建设中，我们积累了一些经验，出台了一系列符合中国国情的政策措施，能够实事求是地调整部署，自觉地克服不足，具有驾驭经济加速增长的能力。其四，经济体制和政治体制改革的深入，城乡利益的调整，人们收入的增加，社会治安状况的好转，都为发展经济运行的良好走势，提供了一个比较稳定的社会环境。其五，世界政治经济形势的变化，给我们提供了发展经济良好走势的机遇。一是苏联的解体、美国经济的回落及其国内矛盾的日益暴露，虽然没从根本上消除战争的危险，但世界和平力量在不断增强，世界大战打不起来，我们就可集中精力搞经济建设。二是随着国际市场的变化和德国金融贴现率的上调，将使发达国家之间的经济矛盾更加复杂，他们之间在市场上的角逐，更有利于我们发展对外贸易，我们积极争取恢复关贸总协定的席位，如愿，将更加有利于我们参与国际合作和技术交流，进一步扩大对外开放。三是经济发展国际化和区域集团化，跨国公司的组织和发展，无疑会使我们能够更多地借鉴资本主义国家发展经济的先进经验和管理方法，更多地吸收外资，引进技术、设备和人才，同时也有利于我们不断扩大对外投资。

发展经济运行的良好走势，需要我们按照经济规律，踏踏实实地做一些具体工作。按照经济规律，在现阶段，既要考虑商品经济一般规律的要求，更要考虑社会主义市场经济的特有要求，还要遵守生产关系一定要适应生产力状况这个人类社会各个阶段都起作用的定理。把经济规律同目前的实际结合起来，在发展经济运行的良好走势上，我们可以做出这样的选择：

1. 保持总供给与总需求的基本平衡。根据国家统计局的宏观经济监测，虽然上半年经济增长速度比较高，但社会总供给与总需求基本平衡。由于驾驭经济呈加速运行的难度较大，不可预见性因素多，运行的速度较高势必使监测信息反馈滞后。所以，对总供给与总需求的平衡问题，万万忽视不得。保持总供给与总需求的基本平衡，操作取向有两方面。一方面是积极发展生产，增加有效供给；另一方面是抑制消费，减少需求。发展生产，是个每时每刻都在作用的日常措施，阶段性的操作是稳定需求。鉴于国民经济正处在加速增长阶段，不宜硬性抑制生产性需求。但也要考虑生产资料的供给总量情况和能源、交通、通讯等基础设施的适应能力，制止盲目上马和重复建设，以防止由于供需矛盾的扩大而导致经济的大起大落。同时，要注意稳定消费性需求。由于城乡居民特别是占全国人口大多数的农民近三年平均收入增长水平相对放慢，社会物价水平比较平稳，消费需求也相应处于平稳阶段。部分人储蓄存款和手中持币量的增加，消费品供应结构的不尽合理，是引发需求膨胀的动因，控制物价上涨、稳定利率、控制货币供应量，仍是稳定需求的着力点。这几项工作做好了，总供给与总需求之间就不会出现大的问题。

2. 实施多渠道扩大生产规模的发展战略。扩大生产规模，增加生产能力，可做三种选择。一是上新的生产项目；二是通过企业联合、协作，组建企业集团，转换经营机制等，解放现存的生产能力；三是用高新技术改造传统企业，依靠科技进步来挖掘生产潜力。由于我国工业基础薄弱，发展资金相对不足，现存企业生产潜力大，在三条渠道的选择上，后两条渠道更为经济，更有实际意义。通过转换企业经营机制来扩大生产规模，可以节约投资，使资源得到从优配置，能够收到事半功倍的效果。技术改造具有投入少、产出快、上档次、效益好的特点，它在国民经济发展中，具有举足轻重的作用。应在积极兴建新的生产企业的同时，深化企业改革，转换经营机制，合理安排技术改造规模，通过组建企业集团，引进先进技术、工艺、设备，利用现有物质基础和社会条件来扩大生产规模。

3. 力争实现速度与效益的统一。效益问题是经济工作的核心问题。发展经济运行的良好走势，在指导思想上，必须把发展速度建立在提高经济效益的基点上，防止出现历史上曾有过的单纯追求数量、速度，忽视经济效益的倾向。没有效益的速度，不是好速度。不通过科学论证和市场预测，不问产品方向和质量，不惜高投入上的项目，不等同于经济的发展，也可能成为经济包袱。早在 1985 年党的全国代表会议上，小平同志就指出："一定要首先抓好管理和质量，讲求经济效益和总的社会效益，这样的速度才过得硬。"今年初小平同志南巡谈话又强调指出："我国的经济发展，总要力争隔几年上一个台阶。当然，不是鼓励不切实际的高速度，还是要扎扎实实，讲求效益，稳步协调地发展。"坚持贯彻落实小平同志的这些经济思想，对保持经济运行的良好势头，具有重大的现实意义。一切经济活动，都要争取用最少的投入来取得最大的产出。过去经济效益不够理想，有的是因为体制不合理，有的是宏观调控没有相应跟上，有的属于生产结构性问题。但重要的还是微观经济的管理问题。因此，在再造宏观经济发展环境的同时，要注意加强企业管理，这是提高经济效益的有效途径。

4. 抓紧培育生产要素市场。发展经济，离不开市场。市场是一种手段，本身没有阶级性，资本主义可以用，社会主义当然更可以用。社会主义的市场经济，其中一个重要内涵就是用市场这种手段，来为发展社会主义经济配置资源的一种经济活动。国民经济的加速运行，对各个环节都提出了一些新的要求。而实际情况，是生产要素市场滞后于生产的发展。如果我们不能因势利导，加强和加快生产要素市场的建设，国民经济的快速增长抑或是出现了，也很难持久。培育生产要素市场，当务之急是生产资料专业市场、劳务市场、科技成果转让市场和信息市场，特别是要注意发展资金市场，研究和解决上市股票的平衡、证券市场的管理体制、融资和证券转让的法律法规、交易场所的合理布局等问题。

5. 解决影响经济正常运行的难点问题。主要是：产成品资金占用过多，货款回收周期长；一些产品质量不稳定，市场竞争能力弱；政府机关和事业单位服务功能差，办事效率低。在解决这三个问题方面，我们已经有了一些好的经验和做法，只要持之以恒地抓下去，一定能有所收效。

（1992 年 7 月）

思想教育要以经济建设为中心

党的十三届八中全会，对农村社会主义思想教育的任务又作了进一步明确。全会指出，教育活动要全面完成三项任务。第一项任务是，深入开展爱国主义、集体主义和社会主义教育；第二项任务是，全面贯彻党的基本路线和党在农村的方针政策，推动农村经济发展；第三项任务是，切实加强以党支部为核心的村级组织建设。这三项任务是个有机的整体，应统筹兼顾，全面安排，不可顾此失彼。在具体落实的过程中，要注意处理好三者的关系。要以思想教育为主线，以经济建设为中心，以加强基层组织建设为重点。在前不久中央有关部门联合召开的部分省区市农村社会主义思想教育工作座谈会上，宋平同志充分肯定了这个“主线、中心、重点”的指导方针，江泽民同志强调要按照中央的要求，把农村社会主义思想教育活动善始善终、坚持不懈、锲而不舍地抓下去。

党中央所确定的农村社会主义思想教育要以经济建设为中心，这是符合党的基本路线要求的。江泽民同志在部分省区市农村社会主义思想教育工作座谈会上说，我们建设的是具有中国特色的社会主义，需要有一条正确路线，这就是十一届三中全会以来形成的以“一个中心、两个基本点”为主要内容的基本路线。“一个中心”，就是以经济建设为中心。以经济建设为中心，这是我们建设社会主义新农村的必然要求，也是社会主义制度优越性的具体体现。农村的各项工作，都要从这个大局出发，各项工作的最终成果，都要体现在农村社会主义经济的发展上。农村社会主义思想教育，也理所当然地要服务于经济的发展。应该说，农村经济是否得到发展了，是我们检验贯彻落实党的基本路线的一个重要标志。只有农村经济不断得到发展，我们才能获得在具有中国特色社会主义康庄大道上阔步前进的基础；只有农民的安居乐业，才能增强社会主义制度的感召力和凝聚力，使社会主义深深地植根于广大农民群众的心中。

围绕经济建设这个中心来开展社会主义思想教育，这是组织和动员广大农民群众奔小康的需要。按照党中央所确定的国民经济和社会发展分三步走的战略目标，在90年代，我国农业要迈上一个新台阶，人们的物质文化生活要达到小康水平。奔小康，是个很具体、很实在的目标，也是一项经济工作占有较大比重的艰巨任务。实现这个战略目标，首要的是统一广大基层干部和农民群众的思想，充分调动他们的社会主义积极性，组织和动员他们在各自的岗位上齐心协力地向着这个目标迈进。一些已经开展了教育活动地方的经验证明，围绕农村经济的发展来开展社会主义思想教育，能够使党在农村的各项方针政策进一步得到落实，使发展经济的总体思路更加明确，使农户与国家、与集体的利益关系进一步得到理顺，从而给思想教育赋予实实在在的内容，以收到用思想教育来带动经济的发展，用经济发展来确保小康目标的实现的宏观效果。

以经济建设为中心来开展社会主义思想教育，充分体现了广大农民群众的意愿。我们从两个方面来说明这个问题。已经解决了温饱的农民在想什么？据一些有关部门的调查，他们担心的是家庭联产承包责任制得不到完善，盼望的是找到致富门路，需要的是社会化服务，渴求的是发展商品生产的技术。这是从发展经济的角度讲的一面。另一面就是要求解决农村经济生活中现存的问题。主要是承包合同不完善，农民负担过重，集体资财管理混乱，乡镇有关部门克扣农民等问题。这些问题在各地农村都程度不同地存在，在一些经济不够发达的地方尤为突出，有的甚至已经到了阻滞农村经济发展的程度。对此，中央把解决这些农民群众普遍关心的热点难点问题，纳入了这次社会主义思想教育活动。中央办公厅在中办发［1991］1号文件中指出："针对农民生产、生活中的实际困难或意见较大的问题，采取切实措施，发展社会化服务，热情帮助农民排忧解难。"这个要求符合农村的实际情况，合民心，顺民意，是我们用实事求是的思想路线来指导教育活动的具体体现。如果我们这次教育活动离开这些很具体、很实在的经济问题，去搞过去那种"空对空"的宣讲，去"坐而论道"，是不会有所收效的。那样没有实质内容的教育活动，农民是不欢迎的。

中央要求农村社会主义思想教育要以经济建设为中心，这是一个很原则的指导方针，是就全国的整体情况提出来的。每个县、每个乡、每个村如何把这条原则付诸实施？还是需要我们结合本地的实际情况，认真来进行研究。

首先，要把集中教育过程中经济工作的内容具体化。我们说，开展教育活动的一个重要目的是推动农村经济的全面发展，但教育活动又不可能全面囊括农村经济工作。根据教育活动大致要用两三年的时间要求，教育活动应在继续稳定以家庭联产承包为主的责任制，健全和完善统分结合的双层经营体制，积极发展社会化服务体系，逐步壮大集体经济实力的总体原则指导下，具体做好三项工作。一是检查农民负担政策、粮油肥三挂钩政策、农产品购销政策、优抚和扶贫政策的落实情况。二是完善各业承包合同，重点是土地承包合同，明确双方的责权利，解决好土地等主要生产资料使用方面的公平与效率问题。三是基本理出一个致富奔小康，发展集体经济的总体思路，尽可能地上一些集体经营项目。另外，根据一些地方的经验，教育活动期间还有两项经济工作要做。一个是清理集体财务，回收欠款，探索新形势下管好用活集体积累的有效途径；另一个是组建一些力所能及的服务组织，基本搞好生产过程中带有协调性质的服务。

其次，要围绕上面说到的这几项工作来抓好落实。在开展教育活动中，光有了经济工作的具体范围还不够，更重要的是按照中央的要求，结合本地的实际情况抓好落实，努力把这些规划设想变成让广大人民群众看得见、摸得着的经济效果。经过一段时间的努力，如果我们真的把上面说到的这几项工作做好了，我们就可以说，这次教育活动达到了推动经济发展这个目的。或者说，我们的教育活动是成功的。

在教育活动中，要注意处理好“以思想教育为主线”与“以经济建设为中心”的关系。思想教育是为推动经济发展服务的，经济发展的情况如何，是检验思想教育成果的一个标志。只有把思想教育贯穿终始，把思想教育与经济工作有机地结合起来，才能有效地避免“空对空”或“两张皮”，进而收到理想的效果。比如，在完善家庭联产承包责任制时，注意引导农民群众回忆十多年来改革开放的伟大成就，给广大农民讲解家庭联产承包的社会主义性质，就是提高农民的社会主义觉悟，坚定他们的社会主义信念；结合清理财务、回收欠款，对农民进行爱国主义和集体主义教育，就会引导农民正确处理国家、集体、个人的三者利益关系。各地开展教育活动的实践已经证明，凡是把思想教育与经济工作二者结合好的地方，教育活动就生动活泼，农民就乐于接受，就会推动经济的发展；凡是思想教育与经济工作相脱离的地方，教育活动就开展不起来，农村经济也就没有什么新的起色。因此，我们一定要自始至终地围绕推动经济发展这个中心来开展教育活动。

（1991 年 11 月）

推进农业技术进步

（一）

先进的科学技术，不但可实现对资源缺乏的替代，而且能大幅度提高生产效率和投入效益。农业的发展，最终要靠科技解决问题。没有先进科学技术的应用和普及，就没有农业的现代化。省、地（市）、县各级党委和政府，都应牢固地树立科技兴农的战略思想，认真贯彻落实国务院《关于依靠科技进步振兴农业，加强农业科技成果推广工作的决定》，着力解决科研和推广经费不足、队伍不精、手段落后、农民对科技的吸收消化能力低和基础研究与推广、教育相脱离等问题，统筹实施“丰收”、“星火”、“燎原”和其他科技推广计划，用5年时间，力争把科技在农业增产中的综合作用提高到50%以上。

为加强科技工作的领导力量，一些省、地（市）试行选派科技副县长、副乡长，这种做法对推进农业的科技进步，有明显效果，有条件的地方应效仿，因地制宜地推行。科委、科协、共青团、妇联等部门和群团组织，应组织多种形式的科技竞赛，把科技兴农活动既轰轰烈烈又扎扎实实地开展起来。

（二）

加强基础科学和应用科学研究，增加技术储备。科技兴农要先兴科技。农业基础科学和应用科学的研究，是科技兴农的先导，应努力抓好。近一个年代，我国农业科研取得了一些成果。在生物工程、基因工程、组织培养和细胞工程等领域有所突破，杂交水稻和杂交玉米良种，在农业增产中起到了重要作用。但从总体上看，我国的农业科研还相对落后，需要坚持不懈地努力。有关部门应在基础与应用相结合、长线与短线相结合、科研与推广相结合的原则指导下，抓紧制定90年代农业科研规划，充分利用已有的生物工程、基因工程、组织培养、细胞工程、机械、材料等方面的研究成果，确定新品种、新机械、新材料等方面的重点科研项目，组织骨干力量集中进行攻关，落实责任制，力求在良种繁育、防病灭虫、植物嫁接或移植、复合肥料、家用小型轻便机具设备等方面有所突破，为振兴农业提供先进的技术、工艺和装备。特别应注意增加粮食、畜禽品种更新换代的技术储备。

科研单位和大专院校，应自觉地把科研、教学与技术推广工作挂起钩来，在乡、村建立科研实验和应用示范基地，组织科研人员分期分批下乡，推广先进技术，跟踪实验，不断改进技术和园艺，增强成果扩散和科技辐射能力。

（三）

努力把科研成果转化为现实生产力。推进农业科技进步，关键是把科学技术送到千家万户，应用于生产实践。省、地（市）两级农业部门的科技人员，应轮流下乡推广科学技术，县、乡两级农业部门的科技人员，应全部下到村、社，重点搞好杂交良种、测土施肥、科学用药、饲料复合配伍、模式化栽培等一些新技术、适用技术的推广和普及，畜牧、农机部门的科技人员，也应深入生产第一线示范作业，传授技术，解决技术难点，开展技术咨询服务。充分发挥村干部、农民技术员和科技示范户的带动作用。每个村都应培养一二名农民技术员和不同类型的科技示范户，指导农民学科学，应用先进技术。村干部应成为依靠科技致富的榜样。

逐步解决农业科技推广人员不足、待遇低、工作条件差、经费紧张等问题。各级财政应尽可能地增加农业事业费；农业发展基金的15%以上、在农产品流通环节中征收的技术改进费的80%以上应用于农业技术推广，用于建设技术服务设施，改善技术服务手段，增强技术服务功能。

健全农业技术推广体系。根据事业发展的需要，重新核定县、乡两级农业技术推广单位人员编制，缺编的尽快补齐。核定前，允许大中专毕业生带编进入，也可选拔一些政治素质好、技术比较过硬的农民技术员到县、乡农技推广部门工作。在建设好县级农业技术推广总站的同时，重点加强乡镇农业技术推广站和村技术服务组织建设，努力形成以县城为中心，以乡镇为桥梁，以村为基础，以国家农业科技人员为骨干，以农民技术员和科技示范户为补充的农业科技推广体系。

推广和普及农业科技的形式应是多种多样的。可以以人定点，搞专项承包；可以把不同专业、不同所有制成分的科技人员集中起来，把技术推广、物资供应、行政领导结合起来，搞生产全过程的集中承包；也可以适当地开办技术服务性质的实体组织。搞集团承包应因地制宜，并不断完善承包办法，使其不流于形式。县、乡农业技术推广部门，是公益事业单位，应以推广新技术和适用技术为主，不宜搞其他性质的经营或创收。技术服务收费应合理，提倡无偿，允许有偿，严禁以服务为名乱收费或多收费，尽量减轻农民的经济负担。技术部门或技术人员推广良种良法，开发新产品，设计新方案，代理检测和鉴定，搞信息咨询等，应酌情收取成本费或服务费，实行技术承包的，应按合同规定取得报酬；有条件的地方，还可以创办专业性技术开发公司，开辟专业技术市场。

在科技推广工作中，应建立起政治上鼓励科技人员、经济上奖励科技人员、职称上激励科技人员，充分调动科技人员积极性的有效机制。科技推广人员评定职称，应主要考核科技推广成效和技术指导能力，对外语、论文的条件，可适当放宽。在基层工作 25 年以上，工作成绩突出、贡献大的科技推广人员，可评高级职称。注意给科技人员创造一个良好的工作环境，对长期在基层工作的农业科技人员，生活待遇应从优，组织上应关心他们的住房、子女就业等生活问题，解除他们的后顾之忧，以利集中精力搞好科研和技术推广工作。

（四）

加强农业技术教育和科技培训，提高农民科技素质。农民的科技素质如何，直接关系到农业的发展和农村社会的进步。提高农民的科技素质，不但是落实科技兴农战略的需要，而且也是加强农业这个国民经济基础产业的百年大计。应在抓好农村中小学教育，防止出现新文盲的同时，集中力量对农民进行技术培训和日常性的科技知识普及工作。县、乡两级每年都应根据当地经济发展的需要，举办各种专业技术培训班，重点培训在乡初中毕业生和复员军人，使他们尽快掌握一二项专业技术。广泛利用广播、电影、电视等音像设施，大力普及科学技术知识。

积极进行农村教育改革。调整教育结构，有计划地发展农村职业技术教育，办好农业中学、农技校、农机校，有条件的县应建立农民中专。农村普通中学应适当增设农业知识课程，对不能升学的应届初中毕业生，有条件的地方可继续留校一二年，进行农业职业教育。农业高等院校应面向农村调整专业设置，扩大农村定向招生比例。省、市两级应积极创造条件，建立农村职业师范学院或专科学校，为农民教育培训师资。

（1990 年 7 月）

依靠科技兴农

发展农业，除了用政策继续调动人的积极性外，主要靠科技、靠投入。而投入本身也离不开科技。小平同志最近指出：农业“最终可能是科学解决问题”，向人们揭示了农业发展的规律，为我国农业的发展指明了根本出路。

对现代农业来说，科学技术水平是影响农业生产率的一个决定性因素。农业发展的历史，说到底，是农业科技进步史。农业科技出现新的突破，就会给农业带来较大的突破。到目前，农业科技的发展，按主要推动力划分，大致可分为人力、畜力、机械力、科学力四个时期。科学力时期，就是目前的现代农业，也叫“科技农业”或“智力农业”。我国的农业，正在由传统农业向现代农业转变，对科技的依赖程度越来越高。科学技术作为生产力，不是一个独立的要素，它参加生产过程，渗透到生产力的各个要素中，决定着生产力诸要素的质量和功能。对于农业劳动者，科学技术可以提高他们的科学素质和劳动生产率。近几年各地兴起的“科技之冬”和各种形式的培训活动，对农业生产所起的促进作用，是回答这个问题最有力的佐证。人的劳动技能的提高，是最本质的提高。这种本质的提高过程，就是用先进科技武装人的头脑的过程。对于农业劳动资料，科学技术能够提高农业自然资源特别是土地的利用率，以较少投入取得较大产出。我们搞农业机械化，实行机械灭茬、土地轮翻、机械播种等，比较先进的生产手段，能在短时间内不误农时地完成各项作业，提高作业质量和土地产出率，就从这方面提高了农业对科技的依赖程度。对于劳动对象，通过遗传改进和选育新品种，可显著地提高农作物、畜禽的产量和性能。以农业比重较大的吉林省为例，足以说明这个问题。吉林省从50年代初到现在，已更换了四代玉米良种。每一代新品种的推广应用，都有很大的增产效应。尤其“吉丹101”和“四丹八”两个品种的推广应用，在粮食产量登上两个台阶中发挥了重要作用。这足以说明，科学技术对生产要素的巨大作用。只要我们从科技对农业生产作用上认真总结，就会深深感到，科学技术是农业发展中，克服限制因素，促进有利因素，提高生产力的关键。

从中国国情说，依靠科技兴农，是我国农业发展的根本出路。农业生产是自然再生产同经济再生产的结合，是人类利用自然资源进行物质转化的过程。这个过程，自然资源是先决条件。我国是农业资源短缺型国家，林地的人均占有量只是世界人均占有量的 12%；草原的人均占有量只是世界人均占有量的 40%；水资源的人均占有量只是世界人均占有量的 25%。特别是耕地，人均仅 1.5 亩，为世界平均水平的 27%。耕地，是我国国土精华所在，是维持 11 亿人口生存的主要源泉。据推测，耕地的生产力，约占整个农用地的 3/4，不仅粮、棉、油全靠耕地产出，约有 95%的肉类也靠耕地的产出作为饲料转化。目前，我国耕地的承载能力已接近极限。我国后备耕地资源数量少，开发困难，增加耕地面积有限，特别是随着人口增加，耕地的人均值还要逐年减少。由于在经济资源中，土地资源的稀缺程度更高，土地的自然性使它无法通过人工生产的方式扩大数量，也几乎无法用别的要素绝对代替。我国人口多，耕地少，在这样的自然条件下去发展农业，只能走以科技为先导的资源节约型和技术密集型道路，也就是依靠科技解决农业资源的替代问题。据有关资料介绍，在传统农业的基础上，施用 1 吨化肥的增产效果，相当于扩大20～40 亩耕地。良种的资源替代作用更明显。据有关部门匡算，吉林省“吉丹101”和“四丹八”玉米良种的普遍应用，使玉米单产比原来的系选品种增产 40%，相当于扩大 40%的耕地面积。实践说明，在一定的总产出水平上，依靠科技进步，提高土地的产出率，可以减少农业对土地要素的占用数量，在土地数量有限的情况下，依靠科技提高土地产出率，可以实现农业的不断增产；在价值判断上，科技进步带来的土地产出率的增量，等于相应扩大耕地面积，增加农业产出的贡献。很明显，依靠科技解决人多与农业资源稀缺的矛盾，解决农业资源替代问题，在我们这样不富裕的发展中国家，不但是一条必由之路，而且也是一条可行之路。

现代农业科学技术的发展，为解决我国的资源短缺型农业发展问题，展现出美好前景。发达国家科技进步因素，在增产中所占比重达80%左右，而我国约为30%～40%。两者间的差距，说明我们依靠科技发展农业潜力是很大的。农业专家分析，现有的科研成果和实用技术如全面推开，可使我国粮食产量突破4 500亿千克、5 000亿千克两个大关。吉林省科研取得的应用技术成果，有一半没有应用。已经应用的，梯度差别也比较大。充分运用现有的科技成果，粮食产量登上200亿千克的台阶是不难办到的。这是现有的潜力。从发展说，潜力更大。历史的发展表明，越是接近现代，科技进步的步伐越快，对生产的促进作用越大。以粮食为例，技术进步的阶段性使粮食种植业的发展，通过单产的变化，展现出了四次大的飞跃。第一次，19世纪以前，西欧国家采用“三圃制”的土地利用技术，主要靠休耕来恢复地力，当时的粮食平均亩产达50千克左右；第二次，进入19世纪，变“三圃制”为“四区轮作”，使粮食平均亩产由50千克提高到100千克，翻了一番；第三次，20世纪初，化肥技术进入农业，使粮食产量又翻了一番，由100千克上升到200千克；第四次，从60年代开始，在遗传理论指导下的良种技术，使粮食产量又跃上一个新的台阶。吉林省粮食生产近几年所以有这么大发展，就是种子、化肥起了重要作用。从农业发展的阶段性演进中看出，越是接近现代，粮食产量靠科技进步，在高基点上翻番所用的时间越短。认识了这个规律，就可以使我们消除基数越高翻番越难的心理障碍。特别是世界性新技术革命高潮的到来，将给我国农业带来很好的发展机遇。能源、机械、电子等新技术的应用，会使农业得到现代化的装备，天时、气象预报的超前和精确，能使人们做到提前防灾、抗灾，结构简单、低耗能新型农机具的不断推出，会与目前农村劳动力的素质相适应，从而推动劳动密集型向技术密集型生产的转换。食品保鲜、储藏技术的进步，会使市场波动的振幅缩小。令人鼓舞的是，遗传工程的试验不断取得新突破。一些专家预测，在2000年后，遗传工程将进入生产领域，届时将给农业带来巨大好处。就吉林省说，全省市、地级以上的农业科学研究院、所有14个，门类比较齐全，力量比较雄厚，科研成果可观，依靠科技振兴农业，是大有希望的。

农业是知识密集型产业，不仅需要生物学、生物病理学、微生物学、土壤学、气象学等基础理论和应用技术，而且需要物理学、化学等方面的知识和技术。农业绝不是简单劳动。依靠科技兴农，是一个复杂的、庞大的系统工程，需要我们在思想观念上、工作方式方法上来一个大的转变，以现代的科技意识和管理方式，切实把科技兴农工作落到实处。应以科研为先导，以教育为后盾，以推广为重点，全面振兴科技，加快农业发展。农业科研是科技兴农的前提和始点，必须首先抓好。在农业投资的分配中，农业科研费用应得到优先保证。从我们人多地少的国情省情考虑，节省土地型的技术进步在农业中尤为重要，应当侧重这方面的研究，特别应重点抓好替代良种的培育。农业科研的周期长，这就决定了农业科研是一项长期的艰巨的工作，应保持科研课题的连续性，应有积累，有储备。省级农业科研单位应将科研的骨干力量用以超前研究，使科研工作走在生产的前边。技术推广是联结科学研究和生产运用两个环节的桥梁。推广工作花钱不多，经济效益却相当高。一般说，我国农技推广经费与收益的比例关系为1∶29左右。目前农业技术推广环节薄弱，有待于加强。诸如良种、肥料和饲料的复合技术，以及配方施肥、测土施肥、模式化栽培等一些农业技术，今后应重点推广。农业科技推广工作的重点在县一级。县级应把主要技术力量用于技术推广。科技兴农，是解决农业资源替代的大计，要像抓控制耕地，控制人口两项基本国策那样，抓住不放。领导同志应同科技推广工作者保持密切的联系，帮助他们解决实际困难，发挥他们的积极性，不断提高科技推广水平。农民是科技兴农的主体力量，搞科技推广，必须抓好农民的培训，提高他们的科技素质。农业大中专院校，是科技后续力量的“摇篮”，应进一步重视农业教育，努力提高教学水平，不断地为农业战线输送德才兼备的科技人才。

（1990年3月）

经济形势与经济体制改革

对经济形势作出科学的判断，是科学决策的前提条件。分析判断经济形势，首先是应用科学的方法，其中包括广泛适当地应用许多现代学科成果，但主要是应用唯物辩证法，既进行定性分析，又要进行定量分析，且坚持定量分析在前，定性分析在后，注意从量的变化中来窥测质的规定。无论从量的方面看，还是从质的方面衡量，近两年来的经济运行情况都是令人欢欣鼓舞的。去年，国民经济建设和经济体制改革以及对外开放，都取得了很大成绩，为国民经济在 90 年代再迈上一个新台阶，赢得了一个良好的开端。今年以来，国民经济在去年高速增长的基础上，继续保持着强劲的增长势头，整体经济形势是好的。

近两年的经济走势，主要有以下几个特点。

一是国民经济保持高速增长。从 1991 年下半年起，我国的国民经济经历一段平稳的发展后，逐步呈现出加速发展走势，经济监测系统显示，国民经济将进入新的一轮快速增长周期。1992 年，共实现国内生产总值23 938亿元，比上年增长 12.8%，全年共完成工业增加值 10 116 亿元，占国内生产总值的 42.3%，比上年增长 20.8%，是改革开放以来增长幅度最高的一年。今年 1～5 月，全国乡及乡以上工业总产值比去年同期增长 23.8%，5 月份本月高达 27.3%。这个增长速度，是 1978 年以来同期所没有的。根据经济运行规律和以往的经验分析，这个月份可能成为这一高速增长周期的峰点，而且这个峰点将在振幅很小的情况下持续一段时间。从东、中、西三大经济板块上分析，主要是东部省、市、区增长幅度较大，其中江苏、浙江、福建、山东、广东、广西、海南等省区的增长幅度高于全国的平均水平。这个经济周期的高速增长，主要受投资需求的拉动。投资需求的坚挺和去年消费需求的相对平稳（今年消费需求也有膨胀的苗头），可引起重工业的发展快于轻工业，这将有利于产业结构的调整。

二是农业生产平稳发展。近两年来，全国农村进一步完善家庭联产承包责任制和统分结合的双层经营体制，积极推进农业多种形式的社会化服务体系的建设，不断调整农业生产结构，大力开展农田水利建设，全面开展高产优质高效农业的活动，因地制宜地推广农业先进技术和实用技术，农业获得较好收成，农产品供给总量有所增加。特别是粮食生产总量的增加，有力地支撑了整个国民经济的正常运行，对于稳定农村、稳定社会，起到了重要作用。1992 年，全国粮食总产量为44 258万吨，比上年增长740万吨，为历史上第二个丰产年；甘蔗、烤烟产量创新纪录；蔬菜、水果再获丰收；畜产品、水产品全面增长。今年夏粮生产，在种植面积有所减少的情况下，预计总产可望接近或超过去年的水平。各类农产品量的增长和质的提高，促进了人们食品结构的改善，也为发展轻工业和食品工业，奠定了基础。农民人均收入的平稳增长，不但有利于农民安排下个生产周期的投入，而且有利于增强农民、农村对工业品的购买力，活跃城乡市场，有利于促进国民经济的良性循环。

三是工业经济效益继续好转。全民所有制企业抓住机遇，深化改革，努力发育市场主体，在转换经营机制的过程中，加强企业管理，注意调整产品结构，企业的经济效益特别是国有大中型企业的经济效益扭转了前几年持续滑坡的趋势，正逐步回升。1992年，工业经济效益综合指数由上年的84提高到89；资金利税率由9.7%上升到10.1%，成本利润率由4.1%上升到4.7%。今年1～4月，全国独立核算工业经济效益综合指数为93.7，比上年同期提高13.3个百分点。依据产出相对投入有个滞后期的经济规律，经济发展对收益的后续作用还将持续下去。但由于受制于宏观经济的驾驭能力和微观经济组织的经营管理水平，经济效益逐步回升的幅度不会赶上经济的发展速度，另加拉动成本上升的不可预见因素较多，维持经济效益逐步回升的难度很大，尚待付出极大的努力。

四是国内市场购销两旺，外贸进出口持续增长。物质总量的不断增加，为活跃城乡市场提供了基础条件。流通领域改革的进一步深化，解决了交换、分配、消费环节和生产与流通衔接上的诸多矛盾，在产品总量供应充裕的情况下，市场呈购销两旺的态势。1992年，社会商品零售总额扣除物价上涨因素，比上年实际增长9.5%，消费品零售额比上年增长16.5%；外贸出口总额比上年增长18.2%，进口总额比上年增长26.4%。今年1～5月，社会商品零售额增长20.2%，出口增长幅度趋缓，进口持续高增长。社会商品零售额随着经济发展速度的增长而增长，这种基本对应的关系说明生产投入的价值得以实现，资金—产品—资金的循环呈良性，产成品的积压问题得到了有效的防治，这是经济运行走势良好的一个重要标志。至于外贸进出口，在进口持续高速增长的同时出口增长幅度相对趋缓，虽然这是不理想的一面，但在国民经济的加速增长期间，又与投资需求的拉动有关，往往是难以避免的。这一现象给我们提出的问题是，要求我们加强外贸进出口的宏观调控，注意跟踪监测，相应采取措施，把这种逆差限制在能够承受和消化得了的范围之内。

五是经济发展的预期效果乐观。看经济形势，不但要看现状，而且还要看经济发展的预期情况。经宏观经济管理部门预测，近期我国经济还将持续高速增长。今年上半年，国民生产总值预计可达13%~14%。全年的农业生产，如不遇到特大自然灾害，尽管粮食的种植面积有所减少，但产量不大可能出现大的波动，经济作物和畜产品、水产品都是增长的趋势。以往经济过热的教训，常常是由于投资需求和消费需求的双向膨胀所推动。而目前的经济高速增长，主要是受投资需求拉动较大，受消费需求的拉动相对较小。这个情况说明，可能某些地方或某些行业会出现经济过热的现象，但就整体的、全局的情况看，还不足以说明有了大起大落的预兆。对经济运行如果驾驭得好，今年有望成为经济建设“更上一层楼”的年份。

六是价格改革成效显著。适应建立社会主义市场经济体制大目标的要求，近两年来，我们注意自觉地依据和利用价值规律，发挥市场机制的作用，在尽可能使价格管理机制能够较好地适应价格运动的客观要求上下功夫，比较好地发挥了价格职能的积极作用，不同程度地收到了促进国民经济的良性循环，增强企业应变活力，提高宏观经济效益的效果。去年以来，全国范围提高了粮食的购销价格，出台了铁路货运、煤炭、天然气等基础产品和部分公用事业的价格改革项目，绝大多数省份在给城市居民适当补贴的同时，放开了粮食、肉禽蛋、蔬菜价格，提高了房租等收费标准和一些服务项目价格，进一步扩大了市场调节比重，价格形成机制有了较明显的改善。通过一系列卓有成效的探索，价格这一经济调节的杠杆作用越发显现出来。

七是对外开放进一步扩大。近两年来，与深化改革相伴而行的是对外开放的力度不断加大，对外开放的步伐不断加快，实行开放政策对经济的发展和社会进步的促进作用有目共睹。经济开发和开放的总体格局已由经济特区、沿海开放城市、经济技术开发区逐步向沿海、沿边、沿江全方位推进，海南经济特区和上海浦东开发区的开发进展比较顺利，先行一步的深圳、珠海等经济特区进一步地发挥了窗口作用，引进了一些先进技术。新疆、内蒙古、黑龙江、云南等一些边疆省区的边境贸易更加活跃，经济技术和高新产业开发区发展较快，利用外资有大幅度增加。1992年，新签利用外资协议金额达685亿美元，比上年增长2.5倍；实际使用外资188亿美元，比上年增长62.7%。今年1～4月，实际利用外资比去年同期增长47.9%，其中外商直接投资增长153.3%。“三资”企业大量增加，对外承包工程和国际劳务合作以及国际旅游等都有新的进展。党的开放政策更加深入人心，各族人民的开放开发行动更加自觉。

说经济形势好，除有了上面这七个方面的具体标志外，还有一个重要标志，那就是在经济理论上的重大突破，为经济实践奠定了坚实的基础。依据邓小平同志建设有中国特色的社会主义理论，党的十四大确立了建立社会主义市场经济这一改革的总目标。近一年来，全国人民围绕这个大目标进行了大胆探索，加强对社会主义市场经济体制的框架、运行机制、政策法规保证等方面的研究和实践，在某些方面已取得了共识，并在实践中有所收获，使得社会主义市场经济体制的雏形越加清晰。方方面面、各行各业的工作，正在实现由单一的计划经济向社会主义市场经济的伟大转变，这是经济高速增长的最大启动杠杆和力量的源泉。

在建立社会主义市场经济的新的形势下，通过一些生动活泼的形式宣传我国改革开放和经济建设的伟大成就，这对于鼓舞和激励全国人民奋发向上，对于让世界了解中国，都有好处。但这种宣传要实事求是，要避免对经济成果估计得过低，同时也要注意不可夸大成绩。近两年我国经济虽然有较大发展，但中国人口多、幅员广、基础差，地区与地区之间发展不平衡。就其经济实力来说，确实有一定的增强。如果用外国人的较高评价衡量，还有很大的距离。最近国际货币基金组织根据新的统计方法，把中国列为世界第三经济大国，这显然是过高地估计了中国的经济实力，与实际情况不符。对这样的一些有失偏颇的说法，我们应利用大众传播媒介，不断反馈信息，对一些说法进行实事求是地衡量，作出必要的矫正，以免造成错觉，带来麻烦。

经济形势好，不能说没有问题。正像小平同志所说的，什么时候都会存在问题。在经济持续高速增长的过程中，由于传统体制下盲目扩张投资、竞相攀比速度、缺乏有效约束机制的问题没有根本得到解决；由于新体制所要求的有效的宏观调控体系和规范的市场运行秩序尚未形成，使经济生活中也积累了一些矛盾和问题。一是资金问题较大。国家银行资金不足，重点工程资金需求难以保证，企业流动资金短缺，不能不影响到正常生产。货币发行的大量增加，也加大了通货膨胀的压力，金融秩序不规范，已经影响到资金的正常运行。二是固定资产投资高速增长，投资的膨胀很明显。投资规模的不断扩大，致使“瓶颈”制约进一步加剧，能源、电力、原材料供应紧张，交通运力不足。投资不仅规模过大，更重要的是结构没有得到改善，在一些地方甚至有变劣的趋势。三是消费需求增长过快。据统计，今年一季度在扣除正常的增长因素以外，消费基金的增长速度超过了同期国民生产总值的增长速度。这种情况推动了零售物价的上涨，增加了自筹投资资金的来源，加大了城乡居民之间的收入差距。四是市场物价偏高。今年一季度，城镇居民生活费用价格上涨11.1%，其中35个大中城市的居民生活费用价格上涨15.7%；生产资料价格比去年同期上涨38.2%，这是一个不容忽视的问题。五是农业生产面临的问题仍很突出。主要是农业的比较效益低，农民生产积极性下降，农民负担较重，意见较大，农村就业门路狭窄，隐性失业的问题加剧，农业投入相应得不到增加，生产后劲不足。

当前的经济形势，可以用这样三句话来概括：总体形势是好的，但是在前进的过程中也出现了一些矛盾和问题，有的问题还相当突出；解决问题的根本办法，就是加快改革开放的步伐，尽快建立社会主义市场经济体制。

我国经济建设中所存在的这些问题，与西方一些经济发达国家所存在的问题有着本质的区别。这些问题，都是前进中的问题，有的问题是在转换经济体制的过程中难以避免的。对于这些问题，已经引起了各级领导的重视，已经采取或正在采取一些措施加以解决。

为了更好地抓住机遇，保持经济发展的好势头，去年以来，党中央国务院多次对经济形势进行分析，作出判断。在全国计划会议、党的十四届一中全会、二中全会、经济情况通报会上，党中央多次提醒各级领导，要在大好形势面前保持清醒头脑，正视问题，克服困难，努力保持经济运行的良好走势。为了解决现存的矛盾和问题，中央制定了一系列的政策、措施和规定。在农业方面相继发出了13个相关文件，始终强调，要把加强农业的基础地位、促进农业的稳定增长放到首要位置。在金融方面发了6个文件，要求加强宏观调控，整顿金融秩序，制止高利乱集资，切实把好货币和信贷两个闸门。在加强和改进固定资产投资管理，稳定财政，严格财经纪律，引导开发区建设，规范股票的发行和交易以及其他证券和证券市场，促进对外贸易，加强外汇管理，实施产业政策，稳定市场和物价等方面，都制定了一些相应的政策和措施。这些政策和措施是总结以往经济工作的经验教训，根据当前经济发展的现状，从全局利益出发提出来的，是非常必要和及时的，对改进我们的工作，保持经济运行的良好走势，起到了很大作用。

当前经济发展中所出现的矛盾和问题，从根本上讲，还是经济体制的问题。传统的经济体制还有待于继续从深层次上进行改革，社会主义市场经济体制尚未形成。在新旧体制转轨，两种体制相互交叉的时期，一方面原有传统体制缺乏约束机制和风险机制的弊端继续存在，另一方面市场在资源配置中发挥基础性作用的机制尚未形成，一些过渡性的办法和措施还在探索。在这种情况下，解决经济生活中的矛盾和问题，必须通过改革，对经济运行进行有效的驾驭，从而避免出现大起大落。

从根本上解决问题，关键在于尽快建立起社会主义市场经济体制。建立社会主义市场经济体制，是一项复杂的系统工程，是一项前无古人的伟人事业。实施这项伟大工程，在马克思主义的经典著作中，没有现成的答案，在国际共运的历史上，也没有可资借鉴的先例，出路就在于把马克思主义的基本原理同中国的实际相结合，进行大胆的尝试、探索和创新。目前，深化改革主要应从以下三个方面展开。一是积极推进金融体制、投资体制和财税体制的改革，加快建立适应社会主义市场经济要求的、以间接调控为主的宏观调控体系；二是加快国有企业经营机制的转换和政府职能的转换，使企业真正成为自主经营、自负盈亏、自我约束和自我发展的市场主体；三是加快社会主义市场经济的立法，以法律法规来规范政府、企业和个人的经济行为。只有在深化改革上取得实实在在的进展，才能从根本上克服前进中的困难，促使我国经济真正步入良性循环的轨道。因此，应从基础抓起，脚踏实地地工作，力争在深化改革上有新的作为，不断向着社会主义市场经济这个伟大目标趋近。这件大事做好了，我们党对国际共产主义运动，乃至对整个人类都是一个巨大的贡献。

（1993年7月）

对起草《中共中央关于加强农业和农村工作的决定》的几点建议

今年，是承上启下的一年。既是80年代的终年，同时相对90年代来说，又是个开端。农业和农村工作怎么能给80年代划个圆满的句号，同时又为90年代创造一个良好的开局，是一个很值得研究的大问题。无论是进一步发展农村经济，还是做好农村工作，都离不开政策对实践的规范和指导。去年以来，在农村基层工作的同志越发感到中央应该有一个比较全面、系统、实用的规范性文件，用来统一思想，明确方向，指导工作。

一、制定文件的客观必要性

无论从历史经验看，还是当前形势看，乃至90年代农村工作所面临的任务，都迫切需要中央制定一个总结十年、规划十年、指导十年的文件。

首先，从历史经验看制定文件的必要性。建国以来，我们走出了一条用下发指令性文件来指导农业和农村工作的路子，广大基层干部养成了依据文件行事的好习惯，中央文件对推动农村经济的发展和社会进步，起到了至关重要的作用。回顾历史，每当农业和农村发展的关键时期，中央都有一个纲领性文件，用来统一全党和全国人民的思想，指导工作实践。在初级互助合作时期，中央作出了关于农业生产互助合作的决议。这个决议的贯彻实施，对动员、引导和组织农民走互助合作道路，起到了积极的推动作用。在合作化时期，中央又发出了《关于农业合作化问题的决议》，制定了《农业生产合作社示范章程草案》和《全国农业发展纲要草案》(40条)，这些决策对全国性合作化运动和农业的发展起到了重要的促进作用。在人民公社时期，中央在总结经验教训的基础上，制定了《农村人民公社工作条例》(60条)，确立了“三级所有、队为基础”的人民公社体制，对于纠正“左”的错误，恢复、保护和发展农村生产力，起到了决定性的作用，成为人民公社化运动的规范性文件。虽然人们对这个文件的褒贬不一、争论较大，但是它的出台，对于纠正“一平二调三收款”的极“左”做法，却起到了积极作用，对于我们研究文件的效力，还是有意义的。党的十一届三中全会以来，在改革开放总方针的指引下，为了进一步完善社会主义制度，解放和发展农村生产力，中央基本是每年下发一个农村工作文件，不断总结经验，推进改革，指导实践。这些文件，为把我国的农村经济和社会的发展推向一个新的历史时期，起到了巨大的作用。如果我们没有旨在推进农村改革、经济发展、社会进步的一系列文件的指导，农村生产力就不会得到提高，广大农民仍不得温饱，整个农村就不会有今天这样的好形势。

其次，从当前形势看制定文件的必要性。当前，农村改革、经济发展和治理整顿，都处在关键时刻。有许多新情况新问题值得研究，需要作出符合实际情况的决策。一是十年改革的丰富经验需要加以总结，取得的重大成果和工作总体思路需要加以肯定，新的经济体制和运行机制需要规范，实践经验需要理论概括，某些失误需要加以纠正。二是农村经济发展虽然孕育着转机，但也遇到许多困难，一些深层矛盾不容回避，需要有较为具体的政策和措施，下功夫解决一些根本性问题。三是治理整顿已经全面展开，农村中有许多政策界线需要划清，保持基本政策的稳定性和连续性要有相应的具体措施，消除广大基层干部和农民群众的种种疑虑需要据理说服。对于农村中现存的一些矛盾和问题，人们的认识很不一致，对于如何解决这些问题，往往感到无所适从。基层的同志反映，近几年，中央关于农村改革问题，既缺乏明确、清晰的总体思路，又缺少连续、稳定、可操作性的方针政策。从1988年11月的农业综合开发会议以来，中央再没有召开农业或农村工作会议研究和部署工作，也没再下发像前几年那样卓有成效的一号文件。所以基层的同志总感到工作无所遵循，对一些具体问题的看法分歧较大。比如，对当前和今后一个时期农村改革的方向，就众说纷纭。有的说是巩固和完善家庭联产承包责任制；有的说是发展壮大集体经济；还有的说是发育市场体系。对于农村改革的重点是什么，也没有个统一的规范性说法。时而说重点在于完善内部机制，时而又说重点是改善外部环境。这种状况，使做基层工作的同志处于两难境地，手足无措，步履维艰。在谈到农村面临的主要问题时，一些基层干部说主要是：改革无方向，理论无概括，政策不配套，发展难保证。广大基层干部和农民群众盼望着中央能及早出台一个纲领性文件，以统一干部群众的思想，明确工作方向，稳定基本政策，指导改革实践。

第三，从今后的任务和目标看制定文件的必要性。90年代，是我国政治、经济、社会稳定和发展的关键时期，农村工作肩负着重要使命。把农村工作做好了，对于整个社会的稳定，实现国家的长治久安，都具有重要的战略意义。

按照我国经济发展的三步设想，90年代农村工作的奋斗目标应该是：国民生产总值要在现有的基础上翻一番；农民生活要由温饱达到小康；农村经济体制改革要有一个新的进展；农业综合生产能力要提高到一个新水平；农村面貌要有一个新的变化。实现90年代的奋斗目标，任务艰巨，方针、政策需要进一步明确。因此，亟待中央尽快出台一个可操作的规范性文件，对整个农业、农村经济、农村社会的发展做出整体设计。

二、制定文件应遵循的指导思想

根据农村改革和发展的实际情况，如果中央搞一个指导性的文件，在指导思想上应注意把握以下几点：

一是文件的时效应长一些。实现第二步战略目标，是一项跨世纪的任务，按中央的规划设计，需要用一个年代的努力。所以，制定文件要把措施和奋斗目标对应起来。一个年代的任务，就要有相应的管一个年代的中期措施。为保持政策的连续性，文件中的某些基本内容照应的时间可以更长一些。多考虑一些长远大计，有利于稳定民心，也可以促使我们的工作按照一个既定指导方针坚持不懈地抓下去。

二是改革的味道应更浓一些。80年代，我们靠改革走出了一条适应中国国情的建设社会主义新农村的发展之路，改革的成效举世瞩目。但这并不意味着农村改革的完结，也不能说明改革已无所作为。而恰恰相反，深化农村改革大有文章可作。目前农村中存在着许多矛盾和问题，解决这些问题，最根本的办法就是深化改革。比如，稳定家庭联产承包责任制，完善统分结合的双层经营体制，改革农产品流通体制，为发展经济创造一个良好的外部环境等，都急需作出政策规定，有比较切合实际的说法，让大家有所遵循。

三是文件的覆盖面应宽一些。目前的农村经济已由过去单一的种植业、养殖业扩大到农林牧副渔综合经营、工商建运服各业全面发展，农村工作的范围也不断拓宽，农村已经成为包罗万象的小社会。既然是个中长期的文件，应该照应到各个方面，兼顾物质文明建设和精神文明建设两大领域，以便更具有广泛的指导作用。

四是文件的起点要高一些。文件应从大的方面着眼，比如生产力的发展、生产关系的完善，与之相应的农村基层党组织的建设、领导作风、工作方法等，力争把一些重大问题写得高超、实在。既要体现政策的连续性和稳定性，又要有一定的突破性，以利于承上启下，能管当前，又管长远。同时又要兼顾适用对象的理解程度，尤其要考虑到基层干部和农民群众能够掌握运用。

五是文件规定的政策措施要实一些。应是理论服从于操作对策。论述性、理论依据方面的话可有可无，重点是研究切实可行的操作性意见、办法。语言风格讲究通俗易懂、直来直去。切忌把一个指导性的文件写成相似于理论文章。

六是文件的针对性应强一些。起草前还应详细地分析一下农村形势，摸清楚阻碍农村经济发展和社会进步的主要问题是什么，依据问题来研究对策。对农村中的一些重大问题不能回避，不能避重就轻，不能以虚掩实。比如完善家庭联产承包责任制问题，社区性合作经济组织的建设问题，全面发展农村经济的总体思路问题，农业投入的比例问题，农村市场体系建设问题等。对于这些广大基层干部和农民群众所关心的热点难点问题，都要有所涉及，都要有具体的解决问题的办法。

总之，要把这个文件写成一个纲领性的文件，使之具有武装干部、动员群众、指导工作的作用。

三、文件应包括的主要内容和一些提法

中央起草一个指导性的文件，首先应提出今后10年农村改革和发展的目标、任务，以及相应的方针政策，指导我国农村经济进入一个新的发展阶段，登上一个新台阶，为整个国民经济的发展打下一个牢固的基础。从中国农村的实际情况出发，根据广大基层干部的要求，这个文件至少要回答四个方面的问题。第一个问题是农业和农村工作的历史作用和重要地位。主要是通过回顾历史讲基本经验，明确进一步强化农业、农村工作基础地位，强调任何时候都不能放松。第二个问题是深化农村改革，进一步调整农村生产关系。其中包括完善农村经营体制、培育农村市场体系和搞活农产品流通等方面的内容。第三个问题是发展农村生产力。其中包括调整农村产业结构，推动农业科学技术的进步，增加投入，扶持贫困地区发展生产，走共同富裕的道路等方面的内容。第四个问题是农村社会进步和组织保证。其中包括加强农村精神文明建设以及民主与法制建设，加强以党支部为核心的基层组织建设，加强党对农村工作的领导等方面的内容。下面，就谈谈我对起草文件要涉及到的几个具体问题的认识。

（一）关于完善统分结合的双层经营体制和健全社区性合作经济组织

实行以家庭联产承包为主的责任制。建立统分结合的双层经营体制，是农村改革的重大成果，适应我国现阶段农村的生产力水平，必须强调要作为一项制度长期稳定下来，并不断加以完善。目前，家庭联产承包制和统分结合的双层经营体制中存在的主要问题是：土地承包制度不健全，人口的变动与耕地增减的不平衡、地块零散与协调耕作的矛盾，土地的福利原则与效益原则的矛盾日益突出，集体统一经营的功能较弱，家庭分散经营的许多困难得不到解决，集体经济实力不强，不少协调与服务的职能难以履行，合作经济组织和管理制度不健全，难以发挥应有的作用。由于存在着这些问题，社会上对农村实行家庭联产承包责任制和统分结合的双层经营体制，确实产生了一些不同的看法，加之在推行联产承包的过程中由于经验不足，一些地方只强调分的一面，忽视了统的一面。所以要在强调增强集体统的功能的同时，强调稳定家庭联产承包责任制，用明确政策来消除广大农民群众和基层干部的担心和疑虑。

文件应明确提出，家庭联产承包责任制就是集体经济内部的一种生产经营管理形式。所谓家庭承包，就是农户对集体的承包。没有集体对农户的发包，就没有家庭的承包。这种发包与承包的关系的确立，就是统分结合双层经营体制的存在。双层经营中的两个层次，有着不可替代的作用，哪一方面的作用不能得以发挥或者不能及时充分发挥，都将影响到这种管理制度的整体效应。特别是统一经营这个层次，它的薄弱，不仅阻碍农村经济的发展，而且也很不利于实现农民的共同富裕。

统一经营层次的薄弱，一个重要的原因就是社区性合作经济组织不健全。改革人民公社体制，主要是改变集体高度集中统一的经营体制，改变公社内部的行政隶属和逐级过渡的管理办法，而不是取消社区性的合作经济组织。当时中央文件的提法是“政社分设”。但各地实行的结果，一般是乡政府、村民委员会和村民小组建立起来了，而“社”即社区性合作经济组织却给分掉了，使集体经济出现了一种有“实”无“名”的状态。在这种情况下，这几年一些地方从农村的实际情况出发，在原有集体经济的基础上，组建了许多社区性合作经济组织，有的叫合作社，有的叫农工商联合公司。不管叫什么名字，它们都具有社区性合作经济组织的经营管理、协调服务、资产积累、兴办企业等职能，其目的是增强社区性合作经济组织“统”的功能。对于这种大胆的探索和实践，中央应予以充分的肯定和大力支持。同时，考虑到健全社区性合作经济组织政策性强、涉及的问题多，在这个全面性的指导文件中只能提出一些原则性意见，不可能写细、写全。因此，建议搞一个关于健全社区性合作经济组织的专业性文件，总结各地的实践经验，对社区性合作经济组织的建设作出比较系统的规定，与中央这个全面的指导性文件配起套来。

（二）关于健全社会化服务体系

目前农村社会化服务水平低、跟不上，已经制约了农村经济的发展。在某种意义上说，社会化服务已经成为农村经济发展的“瓶颈”。健全服务组织，提高商品经济的整体服务功能，是深化农村改革工作中的一个重点，在这个全面指导性的文件中不能不涉及。但是，怎么个写法，是否需要单独立题，值得研究。由于社会化服务的内容十分广泛，涉及的面比较大，与完善双层经营体制、搞活农产品流通、推动农业科技的进步、增加投入等问题彼此关联，单立题来写，恐怕内容重复，写法上不大好处理。因此，不必单独立题来写。除了在完善双层经营体制一题中要把问题提出来，并给以简要规范外，在之后的推动农产品流通体制改革、推动农业科技进步和增加投入等各章节中，都要照应到这个问题，分别提出不同的操作意见和要求。采用这种揉进去的写法，有助于理清发展合作服务、完善双层经营与健全社会化服务体系的关系。不管采用哪种写法，对于合作经济组织的服务的内联广大农户，外联社会上各种服务组织，所起承上启下的重要作用，要写出来，以引起广大基层干部的重视，在实际工作中采取一些有效措施来落实。

在这个文件中，应对完整的社会化服务体系有所表述。完整的社会化服务体系大体上是，社区性合作经济组织的内部自我服务、社会上各种专业技术组织包括专业协会、学会的专业服务、国家经济技术部门的公益性服务三个部分组成。在这个服务体系建设的过程中，首要的是服务组织的发育和成熟，只有大力发展各种类型的服务组织，才能逐步建立起适应生产的商品化、社会化、现代化需要的、功能齐全的服务体系。应当指出，建立社会化服务体系是一个漫长的过程，不能一蹴而就。各地的条件和基础差异较大，决定了建立社会化服务体系的组织形式、达到的目标和完成的时间要有所不同。具体从哪些项目入手，应主张因地制宜，突出重点，着力抓好薄弱乡村和薄弱环节，努力解决群众迫切需要解决的突出问题。关于对乡及乡以上技术经济服务部门的要求，应从注意理顺条块关系，增强综合协调能力方面来提出，立足于在支持农村服务体系建设的同时，增强自我发展的能力。同时，应将服务收费的原则提出来。主张提倡无偿，允许有偿，严禁借服务之机滥收费或多收费。

（三）关于农产品流通体制的改革

随着农村商品经济的发展和生产组织程度的不断提高，流通环节对生产的促进作用愈发明显地表现出来。从全国的实际情况看，由于农产品流通环节阻滞，买难卖难交织，使许多劳动价值得不到现实体现，以致于挫伤了生产者的积极性。我国农产品商品率已超过 60%。

这些年，几乎所有的重要农产品都曾交替出现卖难买难现象，农民对此反映十分强烈。各地迫切要求中央采取切实措施，理顺价格关系，疏理流通渠道，为农业和农村经济的发展创造一个良好的环境。事实上，农产品流通问题已经成了农村经济发展的一个重要制约因素，是深化农村改革的一个难点。如何突破这个难点，是这份中央文件应解决的重要问题之一。这样，为了突出解决这个问题的重要性，可单独立题，写上一大段。整个流通体制的改革，具有相当的复杂性，也是一个社会敏感问题，指望用一个文件全部解决问题，办不到。但是，根据客观情况和实践的需要，就农产品流通问题提出一些原则性的意见，是既能办成又可行的。这个原则性的意见，至少可包涵三个方面的内容。

一是不断完善计划购销与市场调节相结合的流通体制。从目前的情况出发，对于关系国计民生的重要农产品和某些特殊商品，暂时由国家统起来，对于保证货源、稳定市场、平抑价格，是非常必要的。但从发展方向上看，应走逐步扩大市场调节的路子，注意利用市场机制来调节供需关系，这是商品经济发展的内在要求。实行市场调节，不可搞地区封锁。对于中央已经明令放开的产品，地方就不要再重新“统”起来，以免陷入放了收、收了放的恶性循环。应强调建立良好的流通秩序，没有这一条，放的也可能放不活。

二是对放开的农产品要强调坚持多渠道流通。具有合作性质的供销社，经多年的建设和经营，具有一定的流通设施和经营管理经验，仍是农产品流通的主渠道，要继续发挥它的积极作用。同时，也应坚持多渠道搞活流通的原则，对放开的农产品实行多渠道流通和经营。鼓励农民采取多种形式参与流通，提倡用多种方式加强流通的基础设施建设。特别应强调大力发展各种形式的农工商联营，逐步形成产供销一体化的新体制。

三是改革粮食购销体制。目前，粮食合同定购价格低，购销价格倒挂，既影响农民生产粮食的积极性，又刺激了消费，还加重财政负担。据财政部门反映，1989 年全国粮油平价补贴比 1978 年增长了 12 倍，已占全国财政收入的 15.5%。现在每销售一斤平价粮，国家补贴两角多，销售一斤平价油，国家补贴 1.5 元。这种购销体制，非改革不可。改革粮食的购销体制，总的思路是：稳定合同定购数量，减少平价粮食销售，逐步提高购销价格，逐步创造条件，争取全部放开。定购以外的，坚持多渠道经营，同时通过建立批发市场和搞好吞吐调节等办法，保持市场的稳定。

（四）关于增加对农业的投入

农业生产本质上是能量的转换，有投入才能有产出。增加农业投入，解决农业发展后劲不足的问题，是全国上下的一致呼声，这个观点应响亮地提出来。从长远看，增加对农业的投入，首先是解决投入的机制问题，即国家、集体和农民三结合，多渠道的投入机制。强调农民是农业投入的主体，这是对的，但应把国家和集体的投入是农民不可替代的思想明确起来，防止出现一强调农民是投入的主体，就将投入的责任全部推给下头；防止出现一强调国家增加对农业的投入，就忽视了社区性合作经济组织和农民投入的潜力。在提出建立健全集体积累制度和引导农民正确处理生产与生活的关系，尽可能地增加对农业的投入的同时，应提出国家根据农业发展的需要，逐年增加对农业的投入。应明确，诸如大江大河的治理，农用工业的建设和较大的生态保护工程等一些基础性设施建设和较大项目的投入，只能由国家来承担。

国家增加对农业的投入，带有一定的恢复性和补偿性。这几年，国家计划内农业基本建设投资减少过多。1979—1986 年，国家用于农业基本建设的投资额从 57.9 亿元减少到 36.7 亿元，所占比重从 11.1％下降到 3.1％；1987 年以后虽然有所回升，去年达到了 46 亿元，但比重却没有明显提高。农用工业投资占国家基本建设投资额的比重，“三五”到“五五”期间分别为 4.9％、5.3％和 4.3％，“六五”期间下降到 1.3％；1986—1988 年，都没超过 1.0％。财政支农资金虽然从 1979 年的 174 亿元增加到 1989 年的 199 亿元，但比重却从 13.7％下降到 6.6％。这些情况说明，这些年我们对农业投入的欠账很大。加强农业不是个口号，应是实实在在的行动，首先是农业投资的增加和技术基础的不断加厚。本着这样一个原则，应提出“八五”期间，农业基本建设投资和农用工业投资，各级财政用于农业的资金，都要逐年增加，所占比重也应有所提高。同时，要考虑到今年是“七五”的末年，许多农业专项款今年到期这个因素，文件中还应提出对现有的各种农业专项资金，“八五”期间要继续安排和使用。

增加信贷资金对农业的支持，也是增加农业投入中需要研究的一个方面。今后在安排信贷计划时，应力求做到农业银行农业贷款的增长幅度略高于全国银行总贷款的增长幅度，信用社在交足准备金和留足业务备付金后，实行多存多贷的政策。1980—1989 年，农村信用社累计存贷差额为 3 514 万元，大量的农村资金以信贷的形式流出农村。农业银行 1979—1986 年也是存差，累计达 397 亿元；1987 年以后转为贷差，但同信用社的存差相抵之后，4 年中仍有 1 519 亿元资金流出农村。怎么能有效地阻止大量的农村资金流于城市？应针对这个现实问题研究出一条对策。如果这个问题解决得好，会促进农民增加当年的生产性投资，有效地缓解农村生产性资金的供需矛盾。

（五）关于实现共同富裕

小平同志 1985 年时就说过，我们搞农村改革，是为了共同富裕，如果出现两极分化，那就说明我们的改革失败了。根据小平同志的这一思想，中央文件应把先富带未富，做好扶贫工作，促进共同富裕作为坚持走社会主义道路的一个重要原则提出来，并强调要坚定不移地贯彻执行。

目前在我国农村，有一小部分农民通过调整产业结构，发展二三产业、乡镇企业，搞多种经营等，人均收入超千元，走上了相对富裕的道路。但与此同时，还有 7 000 多万人的人均收入不足 200 元，处于贫困状态中，其中的 2 700 万人人均收入不足 150 元，尚没解决温饱问题，有 301 个县（市、旗）被国家列为重点扶持的贫困县（市、旗）。这些贫困县（市、旗）主要分布在革命老区、边远山区和少数民族地区。如何使这里的农民尽快脱贫致富，这不单是个经济问题，同时也是个政治问题。把先富带未富，促进共同富裕放到研究和部署 90 年代农村工作的重要位置上，是完全应该的。

提倡先富带未富，促进共同富裕，需要注意的问题是要保持政策的连续性和稳定性。对此，中央文件应明确两点：一是允许和鼓励一部分地区和一部分农民靠诚实劳动和合法经营先富起来的政策不变；另一个是坚持以集体经济为主体的多种经济成分并存，允许个体和私人企业存在和发展的政策不变。在坚持这“两个不变”的前提下，还要进一步明确：既要鼓励先富，又要引导他们带未富，既允许个体工商业和私人企业的存在和发展，又要正确引导，加强监督和管理。这样将有助于缩小贫富差距，最终走向共同富裕。

先富怎么带未富？主要是通过推广典型经验，采取经济技术协作，兴办龙头企业，扩散产品，联合开发资源等办法发展产业经济，增加农民收入。对富的主要靠税收来调节，不准“一平二调”。而国家对贫困地区的扶持，在某种意义上讲，就是要搞点“平”、“调”。贫困地区受制于自然的、经济的条件，完全靠自己的力量来发展经济，难以起步，需要国家和比较发达地区的支持，这是社会主义优越性的具体体现。国家通过宏观调控，让贫困地区在政策上、经济上吃点“偏饭”，这是加快贫困地区脱贫致富步伐的一个有效途径。从1980年起，国家设立了“支援经济不发达地区发展资金”，每年拿出5亿元资金扶持贫困地区发展生产，“七五”期间，国家又建立了贴息贷款制度，共拿出了50亿元资金扶持贫困地区发展生产。从实践看，这些办法对改变贫困地区的经济状态和落后面貌，都起到了很大作用，“八五”期间应延续执行。对贫困地区，国家除给以一定的经济扶持外，还应注意扶本、扶志，组织和引导他们发扬自力更生、艰苦奋斗精神，用自己的双手来创业，改善生产生活条件。

就一般情况来说，贫困乡村的领导力量薄弱，人才匮乏，是脱贫致富的主要制约因素。在抓紧培养当地干部的同时，从省、地、县各级中抽调干部下乡任职或帮助建好领导班子，将有助于这些地方加快脱贫致富的步伐。共产党员、共青团员是农村的骨干力量，要求他们先富带未富，是他们的光荣职责。这两个方面，中央文件应有所强调。

（六）关于加强对农村工作的领导

加强农业，除了用深化改革的办法来解决现存的一些实际问题外，很重要的是增加物质投入和加强对农村工作的领导。加强对农村工作的领导，也可以看作是一种投入，即领导力量和组织资源的投入。中央应该重申，各级党委都要用很大的精力抓好农村工作，注意改进工作方法和工作作风，组织各行各业支援农业，提出要加强农村工作队伍的思想建设和组织建设。

随着商品经济的发展，农村经济活动的面越来越宽，需要解决的社会问题越来越复杂，迫切需要有一个强有力的机构进行全面规划、统筹安排、综合协调。这几年，党政机构虽然几经变动，但多数省一级党委系统仍然保留了农村工作部门。目前的问题是机构变动频繁，干部流失过多，队伍不稳定，职能也不明确，对农村经济和农村工作的组织协调能力，实际上是削弱了。有的地方撤销了农村工作的综合协调机构，这样好像是减少了层次，实际上因一些跨部门的农村工作无人去做，又纷纷成立各种办公室、委员会，人员大增，而且人力物力分散，办事头绪多，互相推诿扯皮，工作效率反而降低。经过实践，大家越发感到这个状况很不适应农村工作的需要，应着手改进。参加今年6月农村工作座谈会的同志，大家普遍要求应尽快建立健全各级党委农村工作部门，改变农村工作散乱的局面。多数同志的意见是从中央到县级，都要设立对党委和政府双重负责的农村工作委员会，实行两块牌子一个班子，把农村工作统管起来。

加强农村工作，光解决了综合机构问题还不行，还必须有领导力量的加强。这几年，随着农业和农村形势的逐渐好转，我们对农业和农村工作所投入的领导力量相对减弱，也使农业和农村工作受到影响。地、县两级，基本没有专门负责农业和农村工作的领导，有的是同时分管几条线的同志来代管。这个问题不解决，实现90年代农业和农村工作的奋斗目标就没有组织保障。所以，应在地、县两级设专门负责农业和农村工作的副书记，以利明确职责，专心致志地抓好农业和农村工作。

（1990年7—10月）

“货卖一张皮”浅议

随着商品竞争的日趋激烈，“货卖一张皮”这句古老的中国谚语，已经成为现实社会经济活动中欲求搞活生意的经验之谈。但如何能够把“货卖一张皮”之说恰当、巧妙地运用于激烈的商品竞争中，防止出现顾此失彼的现象，收到信誉与效益一致的良好效果，却颇有些讲究之处。

“货卖一张皮”之说，强调了商品包装装潢具有引起用户购买欲望，这一点是无可非议的。特别是在我国商品包装一直处于落后状态的现阶段，注意讲究包装装潢，在“货卖一张皮”上下点功夫，无疑是招徕用户，增强商品的竞争优势的一招好棋，应该大力提倡。可以断言，一种质量比较“过关”的商品，若包装简陋，装潢陈旧，商标俗常，也会落个柜台冷落，无人问津的下场。

同时也要清醒地看到，商品包装装潢在竞争中的地位，与商品本身的质量和企业信誉相比，固然次之。倘若商品质量低劣，价格昂贵，表里不一，就是采用再好的包装装潢，恐怕也很难打开销路。失去了用户的企业，或许产品积压，或许债台高筑，企业的生存难保。某镇服装厂所加工的女式西装，尽管采用了印有五彩缤纷图案的硬盒、外套塑料薄膜的精美包装，终因衣服的裁剪质量低劣，缝纫粗糙，运到上海后货主拒收；某个酿酒联合体所酿制的白酒，尽管采用类似名酒“茅台”的高级瓷瓶灌装，终因价格昂贵，液浊味邪而长期滞销，企业被迫停产。类似这样的事例不胜枚举。

由此可见，要使产品在激烈的竞争中久盛不衰，不但要在“货卖一张皮”上下功夫，而且还不能忽视产品的本身质量的企业信誉。只有做到包装精湛，物美价廉，质量可靠，表里同优，才能赢得用户，立于不败之地。那种忽视产品质量，把竞争的“赌注”用到“货卖一张皮”上，其结果只能是包装愈美，成本愈高，信誉愈低，用户愈少；与此相反，只攻产品质量，不讲究包装装潢，忽视“货卖一张皮”的作用，也会欲速而不达。只有把“货卖一张皮”与产品质量和企业和信誉有机地结合起来，使得二者同时兼顾，那才是一桩两全其美之妙法。

（《人民日报》1986 年 11 月 11 日）

“种子”与“果子”

一乡镇企业去年获利百万元，他们没有分光花尽，除一小部分用于改善职工生活和增加一些福利设施外，集中资金改造设备，新辟生产项目，扩大生产能力，使今年第一季度的利润比去年同期增长两倍。这一事例颇有“种子”变“果子”之理。

种子是植物传代繁衍的首要条件。没有种子，就不会有果子。近几年来，乡镇企业如雨后春笋，星罗棋布，发展较早的地方已经取得了较高的经济效益。但应看到，乡镇企业的基础，总的来说还很薄弱，个别地区还刚刚起步。如果企业有一点资金就分光花净，连“种子”都不留，哪来第二年的大丰收？相反，在收获时注意留一定比例的“种子”，将它继续投之于土，繁衍复生，秋后就会收到更多的“果子”。

投下“种子”，要收“果子”，还需精心培育。扩大再生产，一要搞好市场预测，避免盲目性；二要勤俭节约，把“钢”用到刀刃上，杜绝浪费；三要加强管理，力争早投产，早受益。否则，可能出现没有收到“果子”还白搭了“种子”的现象。

春华秋实。如果乡镇企业都像上述那个企业，把初步的成果大部分当作“种子”，秋后将会收到更多的“果子”。

（摘自1985年5月29日《人民日报》）

“用人”与“养老”

发展乡镇企业。关键是选派懂经营会管理，精明得力的领导者。这是人所共知的道理。与此相反，近闻一些地方把乡镇企业的领导岗位当成照顾、安置干部的去处，凡在村级党政领导岗位上退下来的老同志，都能到乡镇企业中挂上领导的职衔。听后感到大有“农业搞不了，企业来养老”之意。这一做法很不妥当。

随着农村产业结构的变革，乡镇企业已经由“以粮为纲”时期的副业变为同粮食生产并驾齐驱的产业，这显然要加强领导力量。如果把乡镇企业的领导岗位当成照顾、安置村级领导班子中退下来的老同志的去处，则往往使乡镇企业的领导力量得不到加强。从村级党政领导岗位上退下来的老同志，他们的共同特点是具有一定的指挥粮食生产的工作经验，而对管理乡镇企业，则比较陌生，心里“没谱”，在一些需要立即决策的具体问题面前有时束手无策。现在信息瞬息万变，科学技术飞速发展，企业与企业之间、产品与产品之间竞争日趋激烈，乡镇企业领导人的工作担子越来越重。而从村级领导岗位退下来的同志大多年岁已高，体力、脑力逐年衰弱，力不从心，难免会不适应繁重的组织领导工作的。我们应当划清领导班子的正常调整、充实与照顾、安置的界线。由于工作的需要，应当把年富力强，具有开拓精神和组织领导才能及有办企业经验的村级党政领导干部派到乡镇企业中去。对于一些老同志，应当安排适合他们的工作而不是到乡镇企业。

诚然，在村级党政领导岗位上工作了多年的老同志，他们为农村的改革和巩固发展集体经济，带领广大农民治穷致富做出了一定的贡献。到了晚年，应在精神或物质方面给予适当的照顾，让他们老有所养。但不能不顾及客观实际，统统地安置到乡镇企业的领导岗位上，既影响乡镇企业的发展，又会使老同志劳神，得不到充分休息。因此，这种做法是不足取的。

（摘自1987年2月19日《长春日报》）

钱归原主事没完

长岭县清理回收欠款，1 330万元集体资金归还原主，账是结清了。但似乎事并没就此终结。细寻思，还有一些后事要做，甚至工作量并不亚于钱的回收。

农民或职工干部长期无偿占用农村合作经济组织的集体资金，这一问题各级农经管理部门早已引起过重视，一些地方结合“折股到户”、清产核资等，也都反复进行过清理和回收。一些村、社清欠成果很大，可没过多时，清回的资金又被一些“屯不错”借走了。前门收，后门放，清欠成果不久就化为泡影，一阵虚忙过后，很快旧病复发，旧账刚结，新账又急剧出现。由此可见，如何巩固清欠成果，杜绝新欠，自然成为清欠工作的一个重要环节。这是其一。

其二，清回的资金还有个用向问题。清回的资金，投入生产领域，发展商品经济，使之繁衍增值，这是正用。若不严加管理，就可能流向消费领域或花不到正处。以前就有过这样的教训。款收回来后，或者用于大吃大喝，挥霍浪费掉；或者用于支付一些乱摊乱派；或者用于修楼堂馆所；或者用于各种节日活动等等。看来把收回来的钱用到生产建设的“刀刃”上，大有重申的必要。

其三，要一个政策，一视同仁。清欠第一个段落过后，所剩不还欠款的，恐怕赖账户居多，下步工作难度会更大。但决不能让赖账户“一放挺”就混过去，一定要坚持清到底，全部收回。否则，“虎头蛇尾”就会让赖账户占了便宜。当然，多年积下的陈欠，要一年还清不现实，作出还款计划，分期偿还，应允许。

（作于1988年4月）

还是要轻徭薄赋

最近，何竹康同志在听取有关部门关于农民负担情况汇报时，强调要采取坚决、果断措施，把农民额外负担减掉。他指出：“农民负担过重，直接影响农民生产积极性，妨碍农村商品经济的发展，各级各部门必须从全局出发，对农民负担过重进行治理。”眼下，正值收益分配时节。在此期间，一年的劳务要兑现，还要根据需要和可能，制订下年的各项统筹费和提留款计划，这正是贯彻落实省委领导意见、减掉农民额外负担的有利时机。

应该承认，对减轻农民负担问题虽然三令五申，但农民的额外负担并没由此真正减下来。一些名目繁多的乱摊派、乱收费、乱罚款久令不禁，用农民的“血汗”大吃大喝，挥霍浪费也不乏其例。据有关部门对8个地区8个村的抽样调查，1987年人均负担64.4元，是上年人均所得的11.83%，比省委、省政府规定的最高限额还高出1.37倍。

造成农民负担过重的原因主要有三：一是政出多门，四面八方都向农民伸手。在农村兴办事业的各部门都觉得摊派不多，但多条“线”都集中到农民头上，便承受不了。二是过高估计农民的富裕程度，搞超越客观条件的大办。一些地方或部门，对应该由农民出钱办的公共福利事业要求高，步子急，或者极力修“楼”建院，或者对一些还能继续使用的办公用具、福利措施进行“鸟枪换炮”。三是缺少群众当家理财的管理机制，胡花乱支得不到及时制止和查处。

党的十三届三中全会和日前召开的省委工作会议，都提出要“整顿经济秩序、治理经济环境”。农民负担过重，不但破坏了党群关系、干群关系，而且也严重地影响到农村生产和农民生活，干扰经济秩序，恶化经济环境。因此，对农民负担过重问题进行治理，这对农业份额较大的省份来说，也是整顿秩序、治理环境的一项具体内容。

对农民负担过重进行治理，首先，要坚定不移地贯彻落实中共中央、国务院关于《制止向农民乱摊派、乱收费的通知》和省委、省政府《关于减轻农民负担的若干规定》，纠正与之相悖的做法；按“定项限额”搞好预算，经乡（镇）人民代表大会讨论通过后，报县人民政府批准。其次，要发挥纪检、监察、财政、审计、物价、新闻等部门的监督作用，对加重农民负担的问题严格查处，对统筹提留款的来源和适用情况进行审计，使不合理的“生米”不得做成“熟饭”，把“漏洞”堵于“水前”。第三，要大力发展乡村办企业和多种经营，使公共事业统筹和提留由农民直接负担逐步过渡到由乡、村办企业和在多种经营利润中列支。

西汉文景年间，文景两帝在社会经济衰败的情况下，采取“与民休息”“轻徭薄赋”的政策，被后人以“文景之治”誉名千古；唐天子李世民和当朝群臣以隋亡为鉴戒，主张“夙夜孜孜，惟欲清净”，“俭以息人”，注意休养生息，使百姓安居乐业，结果铸就了开元盛世；明太祖朱元璋登基后，筹运“均平赋役，抑制豪强贪吏”之法，也收到了稳定社会秩序、发展生产的好效果。历史的经验，我们共产党人不能不借鉴。

（作于1988年10月27日）

“减员”也是一种加强

日前，何竹康同志在全省组织部长会议上讲话，在谈到加强领导班子建设问题时说：“一般来说，加一个人是对班子的加强，但对有的班子来说，减一个人也是加强”。细琢磨，这话说得很富有哲理和辩证法。

不论哪级何部门的领导班子，其中一条主要标准就是精明强干，能形成核心，在群众中起表率作用。达到这个要求，非乃班子中“分子”数量的多少所致，主要取决于“分子”集合后的整体结构、素质和协合性能。记得小时候，到山里的储木场看伐木工人“归楞”。一棵若大的“黄花松”，八个人抬它不动，而撤下两个人，叫齐号子，这个庞然大物却乖乖地搬了“家”。这就是人们常说的：“兵在精，而不在多”。兵如此，将亦然。

领导的核心作用来源于合力。对任何一个领导班子来说，它的合力并非是各成员分力的简单相加，而是个“矢量”。就是说，分力的合成有个方向问题。在班子内部，如果出现反作用力或侧向力，这个班子的合力就要小于分力之和。对这样的班子，施行“减员加强法”，坚决、果断地减掉反作用力或侧向力者，无疑会使班子从中获得增力。

“减员加强法”的操作，关键是领导者要有知人善免的魄力。应该承认，我们在干部管理上，知人善任做得比较出色，而知人善免就相对逊色。由于不能及时把那些不称职或善发反向力、侧向力者从领导岗位上裁减下来，结果导致不“撞钟”、忘“撞钟”、乱“撞钟”的现象时有发生。这不但对发展经济不利，而且也损害了党群关系、干群关系。

“解铃还须系铃人”。如果我们各级领导或组织部门既能知人善任，又能知人善免，在让“浪里白条张顺下水推舟”、“黑旋风李逵上岸弄斧”的同时，再解雇“滥竽充数”者和坠缰之“破劲”人，那么，我们的各级领导班子何尝得不到加强！核心力量何尝得不到发挥！

（作于 1989 年 11 月 26 日）

经营承包治了“滥竽充数”

20 世纪 80 年代，是中国改革的年代。改革的大潮，冲击着 960 万平方公里上的各条战线、各个角落。自农村普遍实行家庭联产承包责任制后，中共中央因势利导，作出了《关于城市经济体制改革》的决定。于是，承包责任制，如同星火，在各条战线燎原。实践证明，把农村的承包责任制引入城市，不但提高了企业的经济效益，也提高了社会综合效益。为什么效果这样明显？奥妙就在于这种承包责任制根治了“滥竽充数”，有力地调动了生产（工作）者的积极性。

“滥竽充数”这个典故，很有哲理。齐宣王对“乐工”，采取集体同奏的体制，使得不会吹笙者，也能借助众“乐工”的音符混碗饭吃。闵王继位后，一改前制，实行单个吹笙，混者只好不辞而别了。城市的经营承包，也是由于经营管理体制的变革，使得“滥竽”无法充数了。企业大凡承包前，都是“大锅饭”，干好干坏一个样，工者没有积极性，什么降低生产成本、提高产品质量、增强竞争能力，全然与工者无关，反正到日领薪，都能弄碗“粥”喝是了。搞了承包则不然。产量、质量、安全、效益等项经济技术指标直接落实到人头，干得怎么样一目了然，优者胜，劣者汰，多劳多得，少劳少得，不劳不得。工作成果同个人的所得挂钩，大大地调动了生产（工作）者的积极性，自然再也没人给懒的、混的、无能的背补了。这就是所说的：经营承包治懒、治混，也治无能。

搞承包，断了“滥竽”充数的性命，混不下去了的事实，使人们认识到，不学无术是没有前途。只有认认真真地练功，脚踏实地地工作，才能有所作为。因此，从这个意义上说，搞承包，也有逼着“滥竽”学技的好处。这也是承包制提高了社会综合效益的一个重要组成部分。

（作于1989年9月20日）

创造条件　取消民代国储

粮食收购中的民代国储，是1983年农业大丰收之后，粮食出现暂时的低水平过盛时，为解决“卖粮难”才应运而生的。这种办法对缓解国库仓储和交通运输能力的不足，无疑起到了一定作用。

但是这种办法经过三年的实践。也明显地暴露出一些弊端。

一是损失较大，粮农减收。由于大多数农户仓储容器设备简陋，不具备大批储存保管粮食的条件，粮食经风吹、雨淋、日晒、霉变、鼠害、火烧、家畜禽糟蹋而降等、减量。据一个县的专题调查，民代国储粮的损失，减量高达3.95%（不包括自然水分蒸发），是国库自然减量0.52%的7.47倍，有6%的等内粮降为等外粮，粮农每储500千克粮将减收0.84元钱。

二是加大了干部的工作量。县、乡、村二级干部普遍反映，过去收粮只是一个季节的工作量，实行民代国储后，秋天得挨家挨户组织“搭楼”、检斤，进行储粮，同时还要追收上年尾欠的代储粮款；冬季得组织晒粮，为防止变卖，干部还得“看粮”，夏季要动员农民往国库交粮。一年四季，三级干部的工作只好围绕民代国储粮转，没有时间或精力顾及诸如党的基层组织建设或计划生育等一些正常工作。

三是加大了粮农所欠国家债务的数额。代储粮采取国家预付款的结算办法．由于粮食损失、降等．变卖等原因，致使代储粮不能如数入库，随之尾欠粮款逐年增加。1984 年，代储粮工作做的比较好的吉林省榆树县，储粮入库率也只达 91.2%。尾欠代储粮款 1 300 多万元。有相当部分市县，代储粮入库率低于 75%，尾欠量款的数额是很惊人的。

民代国储作为解决“卖粮难”的一种补救措施，当然有其必要性和适用性。但综上分析已经证明，这种办法弊大利小，兼顾经济效益与社会效益，这种办法并非长远之计。因此。应积极创造条件，逐年减少代储量，使之循序渐进地过渡到完全取消代储。

取消民代国储，可采取以下几项措施：

一、提高粮食经营部门的储藏能力。粮食经营部门经济状况好，盈利水平高，有加大基础设施投资的条件。只是这几年实行民代国储，个别市县的粮食部门有一种推出不管的思想，不重视基础设施的建设了。如果每年能相应地拨出一部分资金，有计划地增添烘干设备，扩大晾晒场地，续建储库，可在三、四年内，彻底取消民代国储。

二、加快粮食周转速度。商品粮产区的粮食“压库房”，占场地，储不下、调不出的问题，主要是交通运输不畅所致。如果合理配备运力，公、铁、水运衔接的好，可大大缩短粮食在库时间，倒出库房或晒场，为旺季多入库，少代储提供条件。

三、挖掘现有仓储、晾晒设施潜力。纵观粮食部门的经营现状，非生产性占地过大，仓储晾晒设施利用的不够合理，这也是影响到新粮不能多数入库的一个原因。如果粮食部门的眼睛向内，在挖潜上下点功夫，在仓储晾晒设施的有效利用上做点“文章”，也能对民代国储起到缓解作用。

四、用政策调动农户储粮的积极性。利用价格杠杆，可采取湿干分等、分价的办法，拉开秋后交湿粮和明年夏季交干粮的价格档次，让储户有利可图，鼓励储存设施全，条件好的农户多储粮，不具备储存条件的农户就可以不储或少储。

五、国库下乡“囤粮”。我国北方冬季寒冷，降水变成降雪，这就为冬季储粮的防雨提供了方便。粮食部门可下乡，在粮食产量大的村屯建活动简易防雪仓库或围栏集中储粮，待春暖花开时直接转运。这样不但能够减少损失，而且也能有效地防止“变卖”，保证储粮如数入库。

六、推动粮食储存、保管方面的技术进步。针对我国粮食部门储粮占地面积大，防雨雪设施原始，抗霉变能力低，检测手段落后等问题，组织科技人员开展攻关活动，注意用新技术、新方法、新设施武装粮食储运部门，就可在不增加人力，不扩大场地的情况下，大幅度地提高储存保管能力。

上述这些办法如能因地制宜地实施，取消民代国储就指日可待。

（摘自 1986 年 12 月 31 日《人民日报》）

村组干部设置之我见

在我国农村，村组干部担负着贯彻执行党的各项路线、方针、政策，发动群众，带领农民治穷致富的重任，是农村两个文明建设的“龙头”，是党和政府最基层的组织。因此，科学合理地设置村组两级党政干部，将对发展商品经济起到积极的推动作用，是进行农村经济体制改革的重要环节。

近几年，一些省或地区从减轻农民负担这个大局出发，减掉了村民组长这级干部编制，实行了由村干部兼任村民组长的管理体制。与此同时，随着联产承包责任制的不断完善，从农户与政府之间、农户与农户之间经济往来事务大减这一实际情况出发，相应地减掉了村民组的会计编制，对农经业务及账目由村会计办公室统管。这一做法确实减轻了农民的经济负担，但实践还存在着一些缺欠或不足。一是个别村民组的工作落的不实。兼任组长的村干部由于一身多职，一旦有应急任务抽出去或去上级机关参加会议时，这个村民组的领导岗位就出现了“空白”，村组织与群众之间失去了联系，信息闭塞，群众感到“没扑头儿”。二是一些不适应兼任组长的干部工作难开展。比如像村共青团书记或妇女主任，对担任这样职务的干部的年龄及性别条件都有严格的要求，而这样的干部则往往缺乏村民组的工作经验，结果是在职的感到无法开展工作，群众也不太愿意接受他们的意见。三是实行村干部兼组长与村民组设组长相比，工作不如后者方便。兼职干部有的家居与分管组不在同地，自然接触群众的时间或机会相对要少，有的对村民组的基本情况又欠了解，程度不同地存在着解决问题不利或不及时的现象。

鉴于上述情况，依我之见，村组两级干部的设置，应兼顾减轻农民负担和有利于工作的两个方面。在不突破工资统筹指标基数的前提下，对村级干部大幅度精简，按原生产队区域或自然屯设村民组长。村级干部总数要由现在的十四五人减至三至四人。村只设党支部书记兼村民委员会主任、支部副书记、村长或会计。减员后的治保、林业两项工作由村长分管，计划生育工作由村党支部副书记或医疗站医生负责；青年、妇女、民兵三项工作实行误工补工，同时撤销村会计办公室，只留一名总会计。村民组长的人选应考虑到熟悉会计业务的条件，除负责村民组的行政工作外，还要承担经济往来记账的业务工作。这样，减少干部的数额与重设村民组长的数额相抵，一般村可减员二三人，不但进一步地减轻了农民的经济负担，而且还有效地弥补了村干部兼任村民组长体制的缺欠或不足，可谓是一举两得的良策。

（1985 年 10 月）

实行集约经营　再攀产量高峰

党的十一届三中全会以来，随着农村生产关系的变革，使孕育多年的生产力一触即发，把吉林的粮食生产推上了令人瞩目的新台阶。全省粮食总产量继 1982 年突破 100 亿千克之后，1984 年迈上了 150 亿千克的台阶，1987 年又创历史最高记录，达到了 1 676 亿千克，比 1982 年增长 67.6%；1982—1987 年，粮食总产每年递增 10.9%。吉林省的粮食生产再跃上新台阶，实现党的十三大所提出：“争取在今后十多年内粮食产量有较大增长”的要求和本省到 2000 年的粮食生产规则，需要认真总结经验，进行战略对策研究，选择切实可行的措施。本文以提高单产面积，向农业科学技术要粮为题，提出以下几点思考：

一、抓紧基础设施建设，增强抗御自然灾害的能力

1985年、1986年连续两年严重洪涝灾害的事实说明，吉林的农业基础很脆弱，仍是丰歉“靠老天”，遇灾“拼老命”，抗御自然灾害的能力很低。1986年，全省农用排灌动力仅7.4亿瓦，居全国第19位，比邻省辽宁低2.3倍；有效灌溉面积仅为总面积的18.1%，居全国第28位。这是粮食生产不稳定的主要症结。进行基础设施建设，除了国家有计划地投资，修筑永久性排灌站、泄洪闸、护坡等水利设施外，近期主要应发挥劳动力的优势，大搞劳动积累。动员和组织农民疏通排灌渠道，清除积淤，扩大水库蓄容，加固境内松花江、东辽河、伊通河、拉林河等江河堤防，排除险工险段上的险情，把漏洞堵于水前。同时，要适当加大地方财政对水利工程的投资，并与农民集资结合起来，对引灌、排涝工程进行田间配套，争取在1995年前，初步形成旱能浇，涝能排的水利工程网络。

二、大力普及和推广农用科学技术，提高科学种田水平

向先进的技术要产量、要效益，这是再攀产量高峰的一个重要途径。据测算，“六五”期间农业科学技术对吉林粮食增产的作用，约占30%～40%；“七五”期间应提高到50%左右，根据吉林的经济与社会条件，以及农业劳动者的承受能力，近期重点应推广应用以下五项科学技术：

1. 测土施肥。吉林地貌复杂，各地市州之间土质差异较大，且化肥又严重紧缺。大面积推广测土施肥技术，按土壤中的营养成分，实行缺啥补啥，将使有限的肥力得以充分发挥，提高单位面积产量；有利于降低生产成本，缓解化肥供需矛盾。

2. 优选良种。种子内涵的增产潜力很大，是一项不需要增加投资的增产基因。要对种子不断进行更新换代。玉米种应做到一年一更换，大豆、高粱、谷子等一些常规品种的种子，也应争取三年一更换。注意选用适合本区种植的高产、稳产、优质、抗病力强的种子。

严禁以粮代种和私繁滥制的种子下地。

3. 地膜技术。采用地膜覆盖栽培技术，对克服低温、干旱、早霜，促进作物高产、稳产有显著效果。1987年吉林地膜玉米面积已达3.02万公顷，增产粮食1.3亿千克，亩均增产286.5千克。如果“七五”期间应用地膜面积增加到总耕地面积的20%，仅此一项全省可增产粮食30亿千克。

4. 稀土技术。稀土用于农业生产，在我国已取得突破性进展，并已经过技术鉴定。榆树县1987年在4.2公顷玉米、3.7公顷大豆和3公顷水稻进行稀土拌种、随肥下地、喷洒叶面等试验，使作物分别增产12.1%，10.2%和12.2%，投入与增益之比为1∶30。采用稀土技术，还能促使粮食粒大饱满，含水量比正常低10%，作物的抗病力强。我国稀土资源极其丰富，取之不尽，用之不竭，甘肃的包头，白云鄂博等地已建稀土工厂。这项技术如应用得当，将是农业技术上的一次飞跃。

此外，实施药剂拌种、锄草和防病灭虫技术，以及诸如像玉米催芽种、水稻旱育苗、“锌硫磷”闷种等常规技术，都是增产的好措施。

三、改良土壤、培肥地力

吉林的粮食增产幅度目前处于全国领先地位，可化肥的投入量大大低于全国平均水平。由于施肥量不足，产出大于投入，使土壤中的营养成分逐年递减，土质色泽变黄，地力下降。因此，增施有机肥，种地养地，是增强粮食生产后劲的关键所在。化肥投入量应达到经济用量标准，并注意重施底肥，氮、磷、钾、锌合理配施，根据作物长势适时追肥，以提高肥料的利用率。

与化肥相比，农家肥具有含有机质种族丰富，肥效长，价格便宜，能够改善土壤的渗水、通气性能，有利于保墒、抗涝等优点，是化学肥料不能替代、培肥地力不可缺少的优选肥种。一定要克服重用化肥，轻视农家肥的偏见，把施用农家肥与施用化肥有机地结合起来。要大力发展养畜，通过畜禽的过腹产厩肥，高温季节沤绿肥等办法，大量积造农家肥。力争达到每亩均施优质农家肥2立方米的标准。

秸秆还田，也是培肥地力的一种好办法。近期主要是对玉米、谷子等农作物高留茬口，进行秋翻，让其过暑腐肥；远期可发展沼气，营造薪炭林、推广节柴灶，解决农村的燃料问题，以腾出大量秸秆还田。此外，还要发挥豆科植物根瘤菌固氮的作用，合理地安排玉米—谷子—大豆的换茬轮作，保持其作物对土地吸养的平衡。

四、改造中、低产田，从薄弱环节中求增产

吉林省受灾最严重的1985年有亩产300～200千克的中产田195.37万公顷；亩产200千克以下的低产田70.55万公顷；分别占总播种面积的59.9%、21.49%，这是吉林省增产粮食的最大潜力。如果在10年内将中产田改造为高产田，低产田上升为中产田，按1986年的平均亩产量计算，全省将增产粮食70亿千克，为1986年粮食总产的50.07%。

出现中、低产地块的主要原因是土质瘠薄，地貌不利，受春旱、夏涝、秋霜的影响较大。因此，改造的办法是综合治理旱涝碱瘦霜。

增加物质劳动和活劳动的投入。经试验，同质同量的化肥分别施入高、低产田中，低产田的增产效果要比高产田高出1～2倍。在化肥量供应不足的情况下，如调整高、中、低产田之间的用肥结构，每亩中、低产田多施20千克化肥，全省将增产粮食近20亿千克。投入劳动平整土地，加强田间管理，精耕细作，能够促进中、低产田中有限的营养和水分得到充分利用，收到秆壮、叶茂、粒饱，提高产量的明显效果。

人工降雨治旱。濒临内蒙古草原的白城地区，土地平坦，年积温高，9县（市）农作物总播种面积占全省的25%。但因年降水量小，过去一直是全省的低产区。近年来对其大面积实施人工降雨，使这个区的粮食生产形势急转直上，1983—1987年，粮食的总产量平均以12.85%的惊人速度增长。1987年共施行人工降雨30多架次、60多小时，6月10日人工降雨量高达90毫米，及时解除旱情，结果粮食产量比上年增长了24%。如果购买飞机，进行大面积人工降雨，那么，白城地区的粮食产量可望赶长春，超四平，一跃为全国重点商品粮基地。

以稻治涝、治碱，利用地表水开沟引渠，对涝洼地进行旱田改水田，是治涝、治碱，增产、增收的途径。在地表水源不足的地区，开

发地下水源，打小井种稻，每眼井及配套工程需投资 750～900 元，可灌水田 2.27 公顷。榆树县 1985 年、1986 年共投资 1 000 万元，改造了 2.4 万公顷旱田，只一年就全部收回投资还有盈余。

因地制宜地选种作物。东部山区和北部低温带，要注意选用早熟、耐寒品种，一般不宜搞越区种植。抢墒情，适时早种，防止早霜。农业科研部门要加速人工驱霜技术的研究，争取早日将研究成果用于生产实践。

还要营造林带，防风固沙，保持水土，防止土壤的继续沙化、碱化。

五、合理利用土地，提高规模经营效益

吉林是土地管理比较好的省份。尽管对占用耕地控制的很严，但从 1980—1986 年，全省耕地面积还是减少了近 7.07 万公顷，是 1986 年耕地总面积的 1.78%。按 1986 年的亩产 260 千克计算，全省减收粮食 28 514 万千克。由此可见，对耕地的减少问题不能掉以轻心，必须认真贯彻《土地法》，加强管理，严格控制，杜绝乱占滥用耕地。同时，适当地选择有利地区开发宜农荒地，作为占用耕地的补偿措施。

对作物做到合理密植。在透风、光照、肥力等条件允许的情况下，尽量提高亩均株数，以株保产。稻田埂上种大豆，每公顷可多收粮食 30 千克。

鼓励土地联合经营。耕地承包到户后，尽可能地进行连片联合，集中经营是提高产量和农机具使用效率、减少生产费用的有效办法。乡镇企业和家庭工业的大发展，以及各种能工巧匠的外出做工，为土地的集中经营创造了条件。乡村经济组织要引导他们交回土地或实行转包，鼓励土地向种田能手转移；对一些缺乏种田经验，或劳动能力极低的农户，要动员他们转包土地，由接包者负责供应平价口粮。在以户经营的基础上，通过组织产前、产中、产后的系列化服务，不断促进和发展联合规模。同时要防止对土地的掠夺、破坏和撂荒，使有限的土地得到合理利用，发挥最大的经营效益。

六、发展农用工业，缓解生产资料的供需矛盾

化肥、农药、农用薄膜等生产资料的严重紧缺，是吉林省粮食生

产再上新台阶的最大难题。全省年用化肥量已达276万标准吨，而省内自产能力仅为40万吨，占用肥总量的14.5%，且属低中档肥，大部分化肥要靠外协解决；农膜的缺口更大。除了省内增加对农用工业的投资，对现有企业进行技术改造，不断扩大生产能力外，国家应把解决这一难题列为“七五”计划，在吉林的中、西部地区分别建合成氨厂和磷酸二铵厂，在化工基地吉林市增建20万吨乙烯工程，用于农膜的生产。省内要集中力量搞好农药、农用塑料制品等化工产品的生产；研制新型综合配套农机具和适用于一家一户的体积轻、耗能省、操作简单、使用方便的玉米降水烘干设备；增加常规中、小农具的生产。

吉林人民有着辛勤耕作的光荣传统和丰富的种粮经验，加之稳定的农村经济政策，不断发展的科学种田技术，方方面面的分力在增产粮食这个焦点上聚合，将把粮食的生产推向一个新的更高的台阶。省“六五”时规划到2000年总产达到200亿千克的设想，将有提前9年实现的可能。

（摘自《农业科学实验》1989年第1期）

做活粮食生意　以流通促生产

吉林是全国重点商品粮基地，是横卧于松辽平原上的闻名于世的“玉米带”。农村的第一步改革，使吉林的粮食生产有了突破性的发展。1982—1987年，总产量年均增长13.35%。1987年，粮食总产达167.6亿千克，比历史最好水平的1984年增长25.4%，是大包干前1982年的16.8倍，粮食的商品率达57%，居全同各省市区首位。

然而，粮多也有困惑。每年完成国家订购任务后，农民手中还将有近50亿千克的余粮，受国库收储、晾晒和交通运输等条件的制约而收不了，储不下，调不出。尽管省和中央都相应地采取补救措施，把“卖粮难”的问题解决在萌芽之中，但潜在的“卖粮难”的基因，并没彻底得到消除。粮多“愁卖”，给人以粮食过盛的假象之感，不能不使粮农的种粮积极性受挫。对于这种区域、季节、品种间的结构性过盛，如处理得好，将对再攀产粮高峰释放“助动”作用，以致成为吉林的一大财源。由此可见，搞活粮食流通，已跃为与粮食生产“同重”的地位，是吉林经济工作中的当务之急。

以流通促生产，人们把这种方法称谓为“反弹琵琶”。近几年商品经济的实践已经说明，这种方法对于促进生产与流通的协调发展确实管用。农安县1980年前养兔盛行，但因流通不活，销路不畅，使部分产品无法变成商品，再生产难以为继，致使这一当时轰动很大的多种经营项目，最终只好销声匿迹。同是一县，1985年开始在万金塔乡建起了羽绒市场，招徕南来北往的商客，形成东北目前最大的羽绒集散中心，带动了“鹅”业的大发展，使原本不被人们所重视的鹅备受青睐，现已成为全县多种经营的“龙头”项目。梨树县的叶赫满族乡，于1985年投资110万元兴建了全鸡罐头厂，首先解决了肉食鸡的销路问题，从而带动了全乡养鸡业的大发展。

综上事例向我们展示：流通对生产具有很大的促进作用。搞商品经济，如果忽视流通，生产就难以得到发展。“鹅”业、“鸡”业是这样，粮食生产亦然。

做活粮食生意，要建立起多渠道、多形式、多元结构、少环节的流通体系，打开省门、国门，内转外销、储运加工一齐抓。

第一，拓宽流通渠道。粮食部门具有经营粮食的物质技术基础和丰富的储、管、运、销经验，近期仍是搞活粮食流通的依托。除了按照合同定购的品种、数量，组织农民把好粮干粮交给国家，足额完成订购任务外，还要腾倒库容，整修场地，千方百计挖掘收储运晒潜力，做好订购外粮食的收储流通工作。基层供销合作社，要充分发挥为农民提供产品销售服务的职能作用，积极为余粮找销路，并从获取的经营利润中按一定比例提取资金，用于粮食经营的基础设施建设，以粮养粮，逐年扩大收储运销能力，力争成为订购外粮食经营的重要渠道。1987年，吉林全省供销系统共经营粮食近9亿千克，约占订购外流通总量的30%，这对缓解卖粮难，无疑起到了很大作用。组织农民进入市场，参与粮食流通，是促进粮食生产，实现其自我服务的好办法。1987年扶余县三岔河镇组织农民自营或联合经营粮食，使方圆百公里中的近20个乡镇的30万吨余粮运销全国十几个省市，不但缓解了卖粮难，而且也使经营者从中获得了收入。实践证明，组织农民进入流通领域，是解决卖粮难的一个有效途径。随着商品经济的发展，它将更加显示出方便、灵活、省时，比其他流通渠道优越的作用。只要我们引导农民克服"农民以种粮为本，做买卖不光彩"和粮食应由国家包销的陈腐落后观念，发动大家"八仙过海，各显其能"，那么，"卖粮难"的隐患是不难消除的。

应该指出，所说的多渠道经营，是相对过去的粮食部门独家经营而言。科学的布局应是生产与流通的能力要相互吻合，协调同步。无限制地搞跨行业经营，将造成人力、物力、财力、运力的浪费。上述这三条渠道如果能够同时作用，是可以满足现阶段粮食市场流通要求的。

第二，实行多形式经营。吉林粮多，主要是玉米多。玉米水分高，不利储，加之农民仓储设备简陋和急等卖粮兑现后安排下年生产，因此，农民急于让粮尽快出手。一是以免去储粮的后顾之忧，二是以购置下年再生产所用的生产资料。这样，就造成了一种收储时间集中的强烈要求。而这在目前粮食部门的仓储晾晒能力严重不足、供销合作企业经营粮食的基础设施建设才刚刚起步、农民自营或联营购销企业的储晾设施基本是个空白的情况下，要在很短的集中时间里全部实行现货交易，这是不可能的。出路在于另辟蹊径。如果采取期货交易、合同订货、预购付款等多种经营形式，将有助于问题的解决。在农用生产资料紧张、高档耐用消费品难买的现阶段，如采取以粮易物，用粮换肥、换木材、换家用电器，会收到一举多得的好效果。从长远战略上，应走以销定产之路。按市场的需求选种作物，实行农商联营，农贸联营，农工联营，农民同植物油厂、酿酒厂、淀粉厂和食品厂建立长期的大豆、高粱、玉米等供货关系，产销直接见面，也有利于促进粮食以及其他物资的供需平衡。

第三，建立起多元结构的粮食市场体系。市场是商品流通的载体，离开市场，流通将无法进行。因此，搞活粮食流通，建立健全市场体系尤其重要。要打破过去农民与粮食部门纵向流通的单一格局，建立起农民之间，经销企业之间，农民与贸、粮、供之间，贸、粮、供三家之间的纵横交错、互相衔接的流通网络。依据粮食流通是先从分散的粮农手中集中，然后再把集中的粮食批量分散到消费者手中："分散—集中—再分散"的流通活动链，相应地在重点产粮市县建立储运中心，在交通方便的乡镇建立集散中心，在与外省的毗邻处或省外建立批零兼营的粮贸市场。还可利用吉林与朝、苏接壤的地理优势，开展民间边境粮油贸易，并注意把各种流通渠道和交换关系相对稳定下来，以减少因供求关系的变化对市场所起的"震动"。同时，还要注意抓好粮食再生产品的加工与销售，向粮食的深、精加工的深度和广度进军，以获得社会综合效益。

第四，进一步放宽经营政策。一是国家要考虑玉米是吉林主要农产品的特殊情况，把玉米的对外出口权放给省，由省统筹兼顾国内销售与对外出口计划，自行安排出口。二是省里也要相应地把车皮审批的协调权相应地下放到各市县。三是粮食的调拨经营费应由财政直拨到市县，各市县每年要从调拨经营费中拨出部分款项，用于仓储、晾晒、运输、加工的基础设施建设，以不断增强吞吐能力。四是要用优惠政策鼓励和吸引农民进入粮食流通领域，支持农民建立各种批零、贩运联合体或专业市场。五是要坚持在保证完成订购任务的前提下，同时放开自由市场，做到"死"、"活"同步。

搞活流通，关键是要顺畅交通。吉林的粮食之所以出现区域、季节的结构性过盛，主要原因是交通不畅。解决问题的办法，近期仍然要以挖掘港口、铁路部门的潜力，增强吞吐能力，提高运输设备利用率为主。大连，秦皇岛等港口要尽量减少压港、压船现象，避免短途二次倒运，加快装卸速度，缩短粮食在港待运时间。粮食经营单位采取与铁路部门联营，风险共担，利益均沾的办法，将有利于调动铁路部门挖掘运输潜力的积极性，使吉林的玉米能顺畅地过山海关沿津浦、京广铁路运往南方，向北依滨洲线过满洲里口岸出口苏联及其他东欧国家。还可以采取旱路不通走水路的办法，省里租船或买船，从大连港租借泊位装船南下，运往闽、粤、桂等省区。国家还要用产业政策，鼓励粮食调入省生产粮食的积极性，水路比铁路运费增支部分，应由调入省负责部分或全部，或国家财政相应地对调出省给予运输补贴。

流通的宗旨是为生产服务，但就其本身也需要服务。各有关部门要在工商开业登记、周转资金、法律合同公证或仲裁、信息反馈等方面提供行之有效的服务。科技部门也要把玉米快速降水的问题列入科研计划，抓紧时间研制体积小、重量轻、耗能省、操作方便，适合一家一户使用的玉米降水烘干设备，解决水分高不便储的问题。

（1987年12月）

农村财产管理要靠制度

农村财产大清理的全面展开，使一些多年的经济“呆账”得以澄清，被侵占了的公款、公物得以归还，促动着农村财产逐步走向合理使用，科学管理的轨道。但是这个好的趋向能否保持下去，清财过后会不会旧病复发，前门清后门“漏”？这确是令人担心的。

俗话说：“没有规矩不成方圆”。巩固清财的成果，出路就在于健全和完善财产管理制度，用规章制度去规范或约束我们的经济生活。这几年农村的财产管理混乱。贪占集体财产的问题愈来愈严重，究其根本原因，不能不承认没有制度或制度流于形式，给贪占者留有可乘之机所致。试想，如果有个实行群众当家、民主理财、资金账目公开的资金管理制度，落实经管人责任制，恐怕有权者想谋私就不那么容易了；如再有一套行之有效的公物借用以价抵押，损坏按价赔偿的规矩，可能就堵死了“先为借取，后为常占”这条门路。由此可见，健全和完善财产管理制度，是使集体财产不受侵犯的可靠保证。当然，究竟应制订些什么制度，各地的情况不同，就不能千篇一律，强求划一了。但集体财产要靠制度去管理，这一条对全国各地都是适用的。

制度的效力在于执行。再好的制度得不到贯彻实施，那就是一纸空文。贯彻执行制度靠不负责任的“老好人”不行，靠心思不正惯于以权谋私的人更没把握。这就应请黑脸“包公”出台，只认制度不认人。这样，集体财产就不会被“老鼠盗洞”搬走了。

（摘自1989年1月27日《吉林日报》）

“大豆之乡”发展经济的设想

素有大豆之乡美称的榆树县，“六五”期间社会总产值年平均递增13.6%，工农业总产值年平均递增14.4%。产业结构得到了调整。初步打破了单一经营的生产模式，出现了农林牧渔协调发展，工商建运各业齐头并进的好势头。“七五”期间还怎么干？从战略方针上，应抓住以下几个重点：

恢复和保持粮食的稳步增长

榆树县位于吉林省的东北部。年平均气温在4.3℃左右，无霜期达140天，耕地平坦，土质油黑肥沃，有机质含量高，有利于大豆、玉米、高粱等农作物的生长，具有非常优越的大农业发展条件，是一块得天独厚的宝地。勤劳、智慧的榆树人民，有着侍弄庄稼的悠久历史和丰富经验。因此，恢复和发展粮食生产是榆树县的最大优势。

1985年由于受洪涝灾害的侵袭，榆树县的粮食生产与历史最好水平的1984年相比，出现了减产减收，给“七五”期间的生产生活带来了很大困难。县委提出：“七五”的头一年要把粮食生产恢复到历史最好水平，总产量要达到14亿千克，力争达到15亿千克。

实现这个奋斗目标，第一，要采取切实可行的鼓励政策，调动农民种粮的积极性。用一号文件精神去统一全民的思想，引导农民重视投入，支助他们种田所用资金。特别是要优先扶持商品粮专业户，保证种子、化肥、农药等生产资料的供应。第二，要用现代技术武装农业。发展粮食生产，必须抓好农业科技的普及和推广，向科学技术要粮。要充实和调整全县的科普队伍，尽快完善科普体系，使之上下形成个网络。科普组织要积极开展咨询服务，还要认真搞好农村青年的科技培训，使他们成为科学种田的带头人；积极引进和推广优良品种。第三，要加强土地管理，提高利用率。杜绝乱占滥用耕地。注意村头、荒坡、沟渠等零星地块的开发利用，在不断增加地力的情况下，尽可能地实行合理密植，间作套种，立体种植。第四，要搞好农田基本建设，提高抗御自然灾害的能力。1986 年汛期前要修补好全部水毁工程，“七五”期间的头两年，要对全县境内的八百里防洪堤坝进行整修，加固围堰，清除积淤，以利减轻自然灾害的损失程度。

因地制宜调整产业结构

榆树县“七五”期间调整产业结构的重点是：调整农业、种植业和农村产业三个层次内部及层次之间的结构，变单一经营为综合经营，由传统的以农业为基础的自然、半自然经济，向以现代化农业为基础的商品经济转化。

在大农业结构上，逐步由种植业为主的结构向农林牧渔各业全面发展的结构转化。大力发展以畜牧业为重点的多种经营，坚持落实近期抓禽，常年抓猪，长远抓牛的战略方针。1986 年禽要发展到 600 万只，比 1985 年增长 24%，猪要发展到 80 万头，比 1985 年增长 14%，牛要发展到 8 万头，比 1985 年增长 29%；多种经营产值要达到 2 亿元，占农业总产值的 31%。

在种植业结构上，逐步由种植粮食作物向经济作物、出口作物及人们喜爱的高档作物的新结构转化。保持高产作物玉米的面积，适当地增加大豆的面积，减少谷糜面积，继续走以稻治涝的路子，扩大水稻的种植面积。东南部丘陵地带的谢家、光明等乡，对 25 度以上的坡地，要逐步退耕还林、还牧，发展林果业和畜牧养殖业。

在农业与其他产业方面，逐步由以农业为主的结构，向农工商综合经营的结构转化。立足于榆树县的粮食和资源优势，大力兴办农村工业、商业、交通运输业、建筑建材业和农村服务业等第二、第三产业。1986 年乡镇企业总产值要达到 31 000 万元，比 1985 年增长 22.3%。

加快振兴工业的步伐

“六五”期间，榆树的工业得到了突飞猛进的发展。1985 年全县完成工业总产值 12 320 万元，仅经委、二轻两个系统就实现利税 1 163.2万元。但全县的工业基础还是很薄弱的。如何振兴工业，是

“七五”期间的当务之急。

榆树县是长春地区距离省城最远的县。与九台、农安等兄弟县相比，信息闭塞，流通不活，原材料运输及产品销售都有一定困难。这是劣势。但榆树县又具有处于长、哈、吉三大城市等距离的三角中心区的地理优势。面对长、哈、吉三个大市场，积极引进技术，引进人才，按市场的需求组织生产，开发新产品，建立骨干企业群，不断增强企业的竞争能力和自我消化能力，这就是振兴榆树工业的出路所在。

“七五”的头一年，要千方百计筹措资金，完成吉林茅酒、榆树大曲酒、化肥厂节能、扑克原纸生产线等七项重大技术改造任务。这七项工程竣工投产后，每年可新增产值 4 382 万元，新增利税 1 529 万元，财政经济状况可实现明显好转。与此同时，阳离子淀粉、糖化酶、塑料发泡鞋、古榆春酒等 23 种新产品要尽快形成规模生产，及早投放市场，增加经济效益。

积极发展多层次、多渠道、多形式的联合。走出门去，主动接受长、哈、吉三大城市的经济技术辐射；请进门来，加强同在外省、外地工作的生长在榆树县的家乡故土之人和曾经在榆树县工作过的老同志的联系，调动方方面面的积极因素，让他们为振兴家乡的经济献力献策。建立起以转化粮食的酿造、食品加工和饲料工业为主业，以肉、蛋、奶、皮革、羽绒等畜产品加工业和农机修造业为两翼的布局合理、产销衔接、利税增值的群体工业体系。“七五”期间的工业总产值年递增速度争取达到 12%以上。

大力发展交通运输业

交通运输业是振兴经济的命脉。“六五”期间，榆树县新修砂石路 133.2 公里，占现有砂石路总长的 52.5%，新建大谢、叠道、红石砬三座永久性桥梁；现在全县晴雨通车里程已经达到 523.6 公里，客货运输汽车总量已经发展到 1 003 辆；37 个乡镇全部通上了公共汽车。

发展交通运输业，首先要搞好公路建设。“七五”期间、榆树县要大力支援长春至哈尔滨北线国道公路的施工。按时保质完成境内路基修筑任务，还要完成五棵树镇与长哈北线公路的连接工程，改造和延伸县、乡级公路，增辟晴雨通车里程，扩大县城向乡村辐射的公路网。

二是要抓好汽车运输。就目前榆树县运力与运量的分布现状分析，提高客货运输能力的出路不在于增加车辆，而在于落实“科学管理，合理使用，定期保养，计划修理”的十六字方针，提高车辆的完好率和里程利用率，降低燃料消耗和小修费用，提高单车的经济效益。要发挥国营运输企业的骨干作用，开展多方面、多形式、多元化的运输服务。为适应开放搞活的需要，“七五”期间，要建一座个体联营公路客运站，把个体运输专业户组织起来，加强管理，平衡资源或营运路线，减少相向空驶，解决农闲季节农民进城乘车难的问题。

“七五”期间，要实现县级公路柏油砂石化、路旁林荫化、运输专业化、服务优质化。

搞好小城镇建设

小城镇是联结大城市与乡村的桥梁和纽带，是组织生产资料和生活用品下乡、回收农副产品的中枢，对发展商品生产起着巨大的推动作用。因此，建设好小城镇，是“七五”期间的一项重点工作。

目前，榆树县的小城镇建设，除五棵树、榆树两镇有一定的基础之外。新立、弓棚、向阳等八个镇的建设还处于刚刚起步时期。建设好小城镇，一靠放宽政策，二靠群策群力。战略措施是：

1. 从宏观上考虑问题，重新修订发展规划。把经济发展战略同城镇建设战略有机地结合起来。统筹规划，合理布局。

2. 建立一个合理的群体小城镇体系。以榆树镇为中心，建立榆树至大岭通融哈尔滨，榆树至大坡通融长春和吉林，榆树至新立通融舒兰，榆树至向阳通融五常，榆树至弓棚通融三岔河，榆树至五棵树通融德惠六条辐射网络。

3. 调整有关政策。鼓励集体、个体进镇办厂、办店、办贸易货栈和服务业，对于来小城镇工作的大城市或县城的科技人员和技术工人，可给予上浮一级工资。其他生活待遇也要从优。在税收上，要采取“予取之，先予之”的政策，适当地给予优惠，扶持兴办一些工业，扩大财源。

4. 基础设施建设要先行。“七五”期间重点要搞好镇内道路、交通运输、邮电通讯、城镇供水、农贸市场等基础设施的建设。

5. 多渠道、多门路解决资金问题。一是积极发展多种经营，把经济搞活，然后在利润中提取一定比例的资金，用于城镇建设；二是采取入股分成、带押金进厂等办法，吸收农民手中的资金兴办第二、三产业；三是采取“取之于民，用之于民”的办法，适当地向受益单位集资，建设公共服务设施；四是提倡公益劳动，动员全镇人民人人为小城镇的建设出力；五是采取“以集养集”的办法，合理地收取地摊费、交易费或管理费，用于农贸市场的建设。

通过城乡全面经济体制的改革，榆树县在全省的经济地位必然会发生变化。在近期，它将成为以粮食产、储、加、运一条龙为主要职能的供给中枢；在远期，它将发展成农工商综合经营的外向型经济城市，大豆之乡将变成对外开放的商场。

（摘自《吉林通讯》1986 年第 5 期）

增强农业后劲不能光靠投资

增强农业后劲，固然需要投资。但是不是没有投资就一事无成了呢？我认为，回答应是否定的。

在我国农村，无论是国家还是农户，经济基础都很薄弱。虽然农村第一步经济改革使经济效益有了很大提高，农民的收入大幅度增加，但大多数地区只是刚刚解决了温饱问题，除了占农户总数比重很小的专业户重点户较为富有外，大多数农户的经济处于“年吃年用”的状况，能用于增强生产后劲的投资寥寥无几。尽管国家今年千方百计筹集资金，对农业的投资在去年的基础上增加了 40%，但那是在近几年农业生产投资逐年减少的情况下所产生的比较值，与增强后劲的资金需要的要求逆差很大。由于国家财力不足和信贷资金紧张，靠加大投资的办法去增强农业的后劲，是很困难的。

资金贫缺，农业生产的后劲还要得到增强，出路何在？发扬艰苦奋斗的精神，充分利用农村劳动力和劳动时间富余的优势，用活劳动的消耗去弥补资金的不足，做到少花钱多办事，不花钱也办事，不失为一良策。

全国重点商品粮基地的长春市，1985年遭受严重的洪涝灾害后，在用于农业投资严重不足的情况下，他们发挥人的主观能动作用，动员广大农民采取人抬肩扛的办法修复水毁工程，清除水渠积淤，加固围堰，1986年，在连续降雨，境内的松花江、饮马河、伊通河水位猛涨，洪涝灾害不小于1985年的情况下，千里长堤寸口未决，有力地保护了庄稼，粮食产量创了历史最高记录。粮食商品率高达68%的榆树县红星乡，充分利用剩余劳动力和剩余劳动时间，在培肥地力上下功夫，大量积造农家肥，垧地年均投厩肥都在35立方米以上，使地愈种愈肥，后劲愈来愈足，实现了连续五年稳产高产。

上述事例足以说明，增强农业的后劲不能光靠投资。在生产力的诸要素中，人不但占有重要地位，而且也是最有潜力的。如果我们能发扬艰苦奋斗的精神，在人的主观能动性上做点文章，那么，在同等投资的条件下，就会收到事半功倍的效果。

（摘自1987年4月5日《人民日报》）

改革住宅制度好处多

在进行城市经济体制改革的过程中，根据马克思的不动产和级差地租理论，对我国现行的住宅管理制度进行改革，是十分必要的。

自从建国以来，我国的民用住宅一直是实行国家包分配，低租金，福利制的管理制度。多年的实践证明，这一做法弊多利，路子愈走愈窄，问题愈积愈多。高投入，低收费的管理制度，使国家、集体用于住宅建设的投资无法回收，不能进行扩大再建设；另外，低廉的房租就连支付正常的维修或管理费用都不够，致使房屋质量状况连年下降，形成恶性循环。这样，为了尽可能地满足日益增多的家庭的需要，国家或地方政府不得不占用城市维护费用，压缩技术改造或设备更新等方面的专项资金，新建或维修住宅，给国家和地方财政增加了很大经济负担。这显然是不符合我国国情，不利于四化建设的，必须下决心改革。

改革住宅制度，向用户出售公有住宅，至少有以下几点好处：

一、有利于吸收滞留在群众手中的社会闲散资金，加快改善住宅条件，缓解住房难的步伐。吉林省有个县，1984 年共向个人出售公有旧住宅 2 810 间、5.92 万平万米，收回资金 147.5 万元。用这笔款可新建住宅 8 430 多平方米，解决 210 户居民的住房。这就使国家永久性投资的“死钱”变成了“活钱”，在国家投资总额不变的情况下，新住宅的数量可大幅度地增加。

二、有利于挖掘房屋潜力，解决苦乐不均的问题。住宅实行国家或集体统建统管，由于各单位的经济来源和所处的地位不同，致使经济条件好的单位不但房子的质量好，数量也比较充足；甚至个别单位房子还有余。而相反，一些经济基础较差的单位，却无能为力给职工解决住房，只好长期“四世同堂”或高价租用私房。再者，低租金、分配式的管理制度，还使住房需求与经济负担缺乏紧密的联系。对多占房、占好房的人没有经济压力，结果出现了苦乐不均。住宅改为补贴出售，就使一些住房并不困难的职工干部，暂不提出新的住房要求，或适当地退回多余住宅。

三、有利于堵塞建房分房中的不正之风。实行基本接近无偿占有的统建统管分配制，就从客观上给一些党性原则较差，善搞以权谋私的领导干部开了方便之门。不但他们本人想捞到标准高、面积大的住宅，就连子孙后代、甚至亲朋好友都要“借光”占上标准高、面积大的住宅。这不但严重地损害了党的声誉和威信，同时也不利于尽快缓解住宅紧张的矛盾。如果实行补贴出售，就使不正之风失去了生存的条件，大大地提高了房屋使用的社会效益。

四、有利于加强房屋的维修养护，延长其使用寿命，减轻国家负担。低租分配给个人使用的住宅，由于国家很难承担维修或养护的费用，用户又有一种单纯依赖国家的思想，致使房屋得不到及时的维修或养护，损坏程度急剧下降。例如，吉林省榆树县原有公管住宅 8.1 万平方米，国家和地方财政每年大约投资十几万元进行维修，经济负担很大。而且还有一些房屋因资金不够用，得不到维修，导致房脊“耍龙”柁檩烂头，门窗破损，墙壁脱层。有的甚至到雨季随时都有倒塌的危险。若补贴出售给个人，产权归己，修、用自然会格外精心，屋的破损程度也会有所好转，不但减轻了国家的经济负担，也大大地延长了房屋的使用寿命。对于旧房，实行补贴出售时，要注意解决好以下几个问题：

一是要区别情况，科学合理地划定出售范围。要以城市总体规划为依据，充分考虑到近期建设的需要及房屋的地理位置等因素。对于规划中近期的重点迁移或改造区、工企用房、临街商业区和产权户籍不清的房屋，则不宜出售。

二是做好踏查，合理作价。首先要做好房屋的现场踏查，然后根据房屋的标级、质量、成新程度及折旧费用的提取情况，特别要根据地位级差，合理地确定计价基数，并认真做好登记，做到以质论价，一视同仁。

三是实行优惠，鼓励买房。对一次交清房款者，可适当地采取国家补贴四分之一，个人交付四分之三的办法出售；并免收契税和由房管部门统一结算公证费。购买者可直接向房管部门交款，也可由职工所在单位垫付，然后从工资中逐月扣还。经济条件确有困难的买主，可采取分期付款的办法，首次交上二分之一，其余部分按年按时交清。拖欠期间的房款可按银行贷款利率加收利息。还可采用由单位承保，个人向银行贷款购房。

四是确定产权，发放房产证。个人购买的住房，可由房管部门统一发放房屋执照，受法律保护，允许继承、转让或出售。但出售时要把购房时国家或集体补贴部分交回补贴单位。国家占地或征收时，可付给原价加维修费用。

五是出售房屋收回的资金，要全额存入建设银行，作为原出售单位继续建设住宅出售的专用资金，不得挪用或侵占。

六是要注意处理好特殊情况。对于鳏寡孤独和严重伤残等困难户，可采取适当提高租金的办法，继续延用租金分配制。利用这种过渡形式，稳定民心，减少改革阻力。

（摘自 1986 年 2 月 25 日《人民日报》）

北京房价看涨的理由及相关因素

上篇　北京房价看涨的九个理由

北京居民住房价格上涨过快，这是个不争的事实。据北京市房地产交易所的数据，2006 年 12 月，北京市普通住宅均价已达 9 469 元/平方米，比 2005 年末的 6 670 元/平方米的均价，上涨了 41.96%。对房价的过快上涨，北京市人民政府以及中央人民政府都将此摆上议程，忙在手上。先后采取了“国八条”、“国六条”等多种宏观调控措施遏制房价。但不尽如人意，房价在一系列调控措施同时动作的情况下仍然快速上涨。为什么强有力的宏观调控措施收获甚微？因为：北京的房价有上涨的客观必然性，上涨是正常的，不上涨是不正常的。

一、巨大的市场需求

居民住房既然是商品化了，就要受到供与需的商品经济规律的制约。也就是说，供应短缺，价格上涨；需求疲软，价格下跌。北京市居民住房价格的过快上涨，有多种因素，但主要的起决定作用的是需求增长过快。

北京市住房需求增长过快，具有其他大城市所具有的人口自然增长扩大需求的普遍性，也具有北京作为世界级特大城市，作为中国政治、文化、金融中心所表现出的特殊性。

这种特殊性表现在：

一是外地人来京购房所形成的需求。中国有 500 万先富起来的家庭。特别是北方诸如河南、河北、山西、陕西和西南、东北等省区的大款们，都想在北京买一套住房，让自己到北京下了飞机后有个回家的感觉；随着中国加入世贸后过渡期的终结，包括金融财团在内的世界著名企业纷纷打入中国，中关村高科技产业的发展和国际雇员的增加，无疑形成了新的需求能力。据权威人士介绍，仅北京的望京地区就居住着30万韩国人，港澳台胞在京购房仍然呈上升趋势。据新京报报道，2006年1—11月，外埠个人在京购买5万套左右，占市场份额的35%。随着时间的推移，这个需求量只能增加而很难减少。

二是北京旧城改造居民区连片拆迁所形成的需求。古老的北京，每年都有旧城改造拆迁任务，迎接2008年奥运会，使一些正常的拆迁规划提前实施。按照北京市城区建设总体规划，在2006年至2008年期间，每年将拆迁6万户。从2007年开始，将拆掉22个城中村，拆迁量300万平方米。住宅小区连片拆迁改造，居民的住房弃旧换新，如此产生的需求总量相当于一座20万人口中等城市的房屋总量。

三是来自人口自然增长所形成的需求。据原北京市市长王岐山在市人大会议上的政府工作报告，2006年末北京市的常住人口为1 581万人，比2005年末的1 538万增长了43万人，新增城市就业人员34.4万人。如果按新增就业人员的10%形成购房有效需求计算，每年将需增至少3.4万套住房。以此类推，在“十一五”期间将至少形成17万套的住房需求总量。

四是由中央国家机关公务员和国家事业单位群体改善住房所形成的需求。据推测，在京中央国家机关和国家事业单位干部职工有100万人之众。这个背后是100万个家庭。自1998年取消福利分房、实行完全市场化的政策以来，在转轨过程中，累积下了大量的新增住房需求和住房升级换代需求。况且，中央国家机关的公有住房尽管多数地理位置较好，但是，多数房屋建设年代久远，设计落后，格局不合理，水电设备设施不到位，无法适应现代生活的要求，迫切需要住房的升级换代。据保守的推测，近5年的需求至少在10万套。

五是各地驻京办事处、联络处所形成的住房需求。据新华社《瞭望》周刊报道，全国各地驻京办事处共有5 576家。其中：各省、自治区、直辖市及计划单列市、副省级城市人民政府56家，各地市州政府520家，各县政府及重点厂矿企业5 000多家。各驻京办的领导都需要“安身”之处，且形成三年一轮换的“潜规则”。其中一些驻京办采取领导由财政补贴自购住房的政策无疑又堵住了人可轮换，新到职领导住房重新“打算”的分配格局。对驻京办用住宅，虽然很难从总体上精确地计算出需求，但这一其他城市所没有的需求量，不能不加重北京住房的供给总量负担。

从严格意义上说，上述这五个方面的需求是理论上的需求。理论需求转变为有效需求的前提条件是有收入来源。而恰恰是这四个方面的需求都有收入来源支撑。国家机关及事业单位工作人员的工资从2006年7月起进行了较大幅度的调整，总体水平已经接近科、处、局、部级的“三五八一”（千元），且这部分人的消费增量不大，消费渠道单一，最终可能大部分收入总量要转入改善住房支出。外埠人及各地驻京办事处在京购房，是先具备了购买力，后产生购房意向，这类购买者的理论购买力，大约可以等于实际购买力。由北京拆迁所形成的购买力，由于要借机扩大住房面积，且有较高额度的补偿，实际所形成的购买力要远远大于拆迁的货币补偿。来自于就业人口自然增长所形成的购房需求，因为理论购买力转化为实际购买力要有一个漫长的过程，理论购买力也总是大于实际购买力许多。但是，这部分人的理论购房需求无可避免地要形成租房需求，北京市房屋的旺租态势，仍然会通过租金的上涨对房价冲高起到推波助澜的作用。

二、城区土地稀缺性的制约

“城市土地贵如金，北京土地稀如钻”。由于人口的巨多和土地的匮乏，北京采取了“用世界上最严厉的手段控制城市建设用地”的政策。在这个不得已而为之的宏观调控下，北京城区土地价格一路攀升，毫无疑问地要带动房屋价格上涨。

北京城市发展的“摊大饼”，已将距离城市圆点天安门广场20公里以外的五环附近筑成了城市商品房主力供应区域。在二环至四环路之间，已极其难觅大块开发用地。此间如有楼盘上市，价高自然不必待说，还将通过区域比价带高整个楼市价格。据媒体公布，2006年北京市通过招标方式出让的58宗用于居民建筑用地，总体平均楼面地价为2 975.35元/平方米。如果以同年12月同城住宅9 469元/平方米的均价计算，地价已占房价31.42%的份额。再要考虑的因素是，这样的楼面地价，是包括密云、怀柔等远郊县区非常便宜的土地在内而形成的，仅五环外土地成交量占总量的57%。如果仅考虑四环至五环路区间，地价占房价的比重必将大大提升。比如，2006年

11月，金地公司以7.56亿元买下朝阳区四惠桥东北侧一地块，规划建筑面积是10.24万平方米，按中标价计算，其楼面地价将达到7 389元/平方米，预计建成楼房至少单价在15 000元/平方米以上开发商才有利润。如果开发商欲求18%的名义平均利润，此地建房出售价格将达1.8万元/平方米以上。

“楼盘风格可以模仿，地理位置不能复制”。在住房需求不断增加，可供土地资源趋紧的情况下，开发商热求土地，买房人追逐涨价潮流，银行因房贷是营销优项而忙于放贷，凡此种种，都成必然了。北京作为首都的地位不可能改变，土地的不可替代性不可能改变，由此可见，地价推升房价的局面，就不会改变了。

三、开发商的攻心运作

不管政府采取多么严厉的房价调控措施，开发商要“追求利润最大化”的生产目的，是不会改变的；不管建设什么样的和谐社会，“民者有其居”的责任在政府，是不会改变的；不管开发商与政府的关系多么融洽，二者在房价中总是呈现博弈的态势，是不会改变的。由此不难看出，开发商对政府房价的调控政策，总是寻找对策。主要体现在三个方面：

一是组织价格联盟。据新华每日电讯2007年1月27日的文章揭露：近日，一份“不降价联盟”宣言在多个知名地产网络流传，宣言要求加盟开发商不能调低房价，还要以每月2%～4%的比例上调房价。这份“宣言”列出的参与者有42家开发商。其实，开发商之间互相鼓励，挺得住、不降价已经成了业界营销的潜规则。

二是囤积居奇。把整栋楼盘化整为零，分期上市，加重市场供给紧缺的态势，不给买房者讨价还价的余地，让需求者感到“再不动手就买不到房了”，因此出现追涨而买，结果导致市场扭曲的恶性循环。

三是在建筑设计上“作文章”。比如，政策要求，楼盘项目90平方米以下的小户型要占70%以上，开发商就采用两套对门之间“软间壁”的技术措施，买者装修时将软间壁打开，就变成了180平方米的大户型了。

开发商对政府的政策博弈，问题的严重性在于有既得利益集团的支持。在不正之风的影响下，执行国家政策靠谁去监督？一旦国土资源、建设、规划部门同开发商“穿连裆裤”的问题出现，政策执行的力度会大大减弱。在金融（银行）完全市场化的情况下，房地产的放贷被视为最安全、最保险的营销项目，紧缩房地产银根的宏观调控，往往会遇到开发商与银行的联手抵制。一些整天围着开发商转的文人写手，千方百计烘托房市，且得到了已购房居民的大力支持。因为这部分人是不甘愿房价下跌使他们的财产缩水的。

四、办奥运的助涨

办奥运，会拉动房地产价格上涨，这是已经被世界所有举办城市证明了的。全面实行市场经济国家的澳大利亚悉尼市，举办 2000 年的奥运会，1993—1999 年，拉动悉尼以及周边地区的房地产价格上涨了 35%左右。在市场经济体制比较完善、房地产发育比较成熟的国家中，办大型世界性的运动会乃至其他什么盛会，对房地产价格的拉动应主要源于市场机制。而在市场经济体制还不完善、房地产市场尚不成熟的中国北京，对房地产价格的拉动将掺杂着许多不确定的人为因素，从而给房价的走向增添了不可预见性的涨价。

同是办奥运，北京与悉尼相比，拉动房地产价格上涨的因素，前者一定会比后者作用的力度有过之而无不及。因为：

一是借机分羹心态明显。各行业都立足于办奥运，想借机捞到好处，房地产业界当然不会例外。

二是房屋职能转换与办奥运的时间重合。过去，北京市的房屋，只有一个居住功能，现在在市场经济条件下，房地产强烈地表现出投资、投机和资产储存功能，而这些新功能凸现和发展的时段，正是北京紧锣密鼓办奥运的时段。

三是建设周期会对市场投放形成硬约束。民间相传，2007、2008 年，为保持一个整洁的市容环境和空气质量办奥运，北京要适当限制房地产的开工建设，总不能北京满城开挖、尘土飞扬办奥运吧！但是，一栋住宅从审批、设计到上市，大约得三四年的间隔。如果 2007、2008 年减少开工，那么，新一轮住宅上市可能得推迟到 2010 年之后了。据北京市市长的政府工作报告，2006 年在经济形势一派大好的情况下，全市房地产开发投资的比重却比上年下降了 2.9 百分点。据北京房地产交易管理网的统计，2007 年 1 月全市取得入市许可证的项目为48个，其中住宅项目只有38个，且多数项目为老项目的后期，2月截止到14日，仅有12个项目上市。而2006年12月取得预售许可证的项目为62个。设想，收入不断增加，有能力亟须改善住房的业主，能甘心等下去吗？不等，在供给不足的情况下，房价上涨就无法避免了。

五、宏观调控短期的逆效应

中央政府以及北京市政府采取了一系列宏观调控措施，千方百计遏制北京房价的过快上涨。从长远看，这是有力而应该有效的硬手段。但客观情况说明，宏观调控政策效力有一个滞后期，落实措施的阻力很大，调控手段和力度还有待于研究。

一是政策效力形成购买力的积累与集中爆发。每当遏制房价的政策出台后，购买者都有一个房屋降价的期望，形成购买力的待机状态。但每当政策效应没能遏制房价下降反而继续出现上涨时，购买者就会汲取“越等价越高”的教训，形成集中购买高潮，从而进一步抬高房价，形成涨价——调控——涨价的恶性循环。

二是政策成本推动价格上升。诸如居住不满五年的商品房再上市要缴5%的营业税，二手房出售要缴增值所得税等经济调控政策，初衷是抑制房价。可在价格看涨已成潮流的市场条件下，卖者会把政策性税费或摊入总价，或明确提出由买方负担的契约要求，其实质是助长了价格的上涨。

三是政策约束供给能力。紧缩“地根”，让北京住宅供给能力的生成遇到根本性制约；取消单位集资建房，排除了多种积极性解决供给不足的一个有效途径；二手房上市须缴营业税，无疑减少了二手房市场供给总量。所有这些，都使减量而必然涨价的规律凸显。有些政策从长远看有利于遏制房价上涨，但短期不可回避的是有可能约束供给能力。

六、地方政府的两难

购买者企盼房价下跌，但有产者、开发商以及房地产相关的产业仍然企盼房屋价格只涨不跌。地方政府面对复杂的房地产经济链，一方面要考虑老百姓的民者有其居，另一方面更深层次的考虑是维护财政、税收和企业的既得利益，维护GDP的增长，维护如火如荼的经济形势。

2006年，北京市GDP比上年增长了12%，连续8年保持两位数增长；人均地区国民生产总值已超过6 000美元，已经提前两年实现了北京市第九次党代会提出的奋斗目标。与此同时，城市居民人均可支配收入为19 978元，同比实际增长12.2%。这一串串的政绩说明，北京正在以前所未有的好形势快速发展，房价的上涨有一定经济合理性。

负责任的地方政府，在关注老百姓改善居住条件的同时，还必须关注GDP的增长（尽管GDP不是万能的，尽管要消除GDP年拜物数），由此引申出必须保持房地产业的健康发展。因为，在北京这样的大规模改造和建设的现代化特大城市中，房地产业占有重要的位置。它将通过建筑业、建材业、装饰装修业、家用电器业等物质生产部门，通过商贸、金融、中介、法律等第三产业部门拉动经济快速增长，创造新的就业岗位，培育稳定的财政收入及税赋来源。北京市在贯彻中央政府的“限小令”，90平方米户型是建筑面积还是使用面积的争论，对违规开发商查处的滞后，金融管理部门对开发商“以亲属名单套贷”行为的“睁一只眼闭一只眼”，都是两难选择中的无奈。试想，一个特大城市如果市场疲软，所引发的问题治理起来会更难。首都的政治、文化、金融中心的职能，国际大都市的地位，对其他省区发展的“明镜”效应，中国所处的快速发展阶段，北京所有这些城市的特殊性，都决定了房屋涨价是大趋势，涨价是发展的必然，不涨价是不可能的。

七、经济发展大环境的拉动

中国经过近30年的改革开放，有效地调整了经济结构及产业结构，基本建立起了社会主义市场经济体制和运行机制，借助加入WTO的机遇，中国的经济已融入世界。据国内外官员、专家学者的一致看法，中国已进入前所未有的快速发展阶段。国民经济的快速增长和人民生活质量的提高，首先体现在作为首善之区的北京区域经济快速增长，人民生活质量的提高。前所未有的发展形势，为首都房价的持续上涨，奠定下了坚实的经济基础。其主要表现在四个方面。

第一，GDP的快速增长。改革开放以来，中国除在20世纪80年代末、90年代初时经济进行短暂的调整，GDP的增长出现短期回落外，年际间一直以8%左右的速度增长。新世纪开始，又进入了一个快速增长期。据国家统计局提供的数字，中国的GDP已经连续四年保持在10%以上的两位数增长。目前经济政策与客观情况吻合，产业基础已夯实，微观经济组织的生产积极性空前高涨。在这些利好因素的作用下，预期这种良好的快速、稳定增长，将持续到2015年。在这样的宏观经济环境下，没有更多的理由支持北京的房价不上涨。

第二，资金的流动性偏好。现在的金融形势，与90年代时发生了质的变化。如果以2000年为界线，此前受体制性的信贷膨胀及信贷资产质量影响，资金流动性不足的问题一直比较突出。而目前，流动性过剩成为左右货币政策的重要因素。据权威部门数字显示：2006年11月末人民币存贷差进一步扩大为11.13万亿元，是2000年的4.5倍，仅11月当月新增存贷差就高达3 128亿元，创下历史新高。从2006年4月开始，人民币存款增速不断减缓，但1—11月每月存款增速均高于贷款增速2个百分点。与此同时，银行间本币市场交易量持续增长，股市、期市成交量大幅攀升。由于存款准备金仍有上调空间，财政部在金融部门的存款总量还会有所增长，未来一段时间资金流动过剩的状况不会有大的改变，金融行业对房地产价格的偏好，还将持续下去。

第三，人民币升值。人民币对美元比价已从最高时的8.31∶1升到7.8∶1，对港币比价已经达到1∶1，在国际金融市场上，人民币表现得十分坚挺。尽管中央政府采取抑制人民币快速升值的策略，但由于外贸顺差较大，人民币对外币的缓慢升值有可能成为消化压力的一种常态。20世纪90年代中期外汇制度改革前，人民币对美元一般稳定在5.6∶1的比价。对此，有专家说，逐步升值恢复到这样的比价是人民币的发展方向。在国民有储蓄偏好的理财已形成习惯的情况下，人民币对美元从7.75∶1上升到5.6∶1的比价所对应的资金值，将同其他金融因素汇合，形成推动房价上涨的一股动力。

第四，物价出现结构性上涨。国家发布的消费品价格指数，虽然并不包括房地产价格在内，但从建筑及服务成本构成上看，对房地产价格会产生联动效应。2006年，北京市居民消费价格比上年增长

9%。这样的价格水平不可能不带动房价的上涨。特别是燃料、原材料、动力购进价格的结构性上涨势头强劲，对房价的推波助澜不可小觑。

第五，较高的投资回报率。中国的投资回报率从1998年出现拐点后，一路直线上升。据北京大学投资研究小组的研究报告，中国资本总回报率从1998年的6.1%上升到2005年的19.6%，平均每年上升两个百分点。另据卢锋先生的研究报告，中国固定资产净值回报率扣除税赋后约为10%左右。投资回报率高，说明资本存量仍有较大的增值空间，房地产必定要在这个良好的投资环境下稳定获利。

八、城市布局及管理定位注定房价看涨

北京作为全国的政治、文化、金融中心的定位，注定房价将随着事业的发展而上涨。特别是在旧城改造过程中，一些新的功能又挤入中心城区，使房价乘机上涨。

第一，传统的市民工作生活合一的区域格局被打破，对中心城区形成巨大的住房需求压力。国家机关以及北京市的党政机关及事业单位，绝大部分居于二、三环之间的中心城区。历史上形成的“前机关后住宅”的格局，在城市改造和住宅制度商品化改革的过程中已经打破，工作与驻地的分离，加大了居民的交通成本与时间成本，人们宁可多出钱，极力在三、四环中寻求栖身之居，在中心城区房屋供求矛盾十分突出的情况下，涨价成为了必然。中心城区价涨，辐射四周房价轮番上涨。

第二，中心城区写字楼大兴其道，将住宅用地改变了用途。过去三环以里的连片住宅区，被开发商买断地皮成片开发为写字楼。用地性质的改变，大幅度减少了住宅的供给总量。进入写字楼的“新兴一族”多属收入较高阶层，有能力出大价买较近的房屋，至此抬高了全市住宅的平均价格。

第三，不许私人建房的管制，给开发商预留了抬价之机。北京市不准私建或联建住房，从而把一个关系民生的重大问题，推给了唯一的开发商阶层，使其借此获得暴利，且推动房价不断上涨，再赚暴利。

九、世界大都市房价的“上行效应”

在开放的、基本统一的市场经济条件下，各国之间大宗商品价格的趋同，并且就高不就低，低的总是自我意识地向高的看齐，是一条经济规律。北京的房价，与其说同全国的大城市相比是有理由的，莫不如说同世界性的大都市相比也是科学的。

尽管北京的房价从 2004 年 9 月以来已经连续近 30 个月的快速增长，其中朝阳区商品期房平均价已上涨到 11 706 元/平方米，但与法国巴黎的 5 000 欧元/平方米、美国纽约的 2 045 美元/平方米、俄罗斯莫斯科的 3 653 美元/平方米、日本东京的 2.81 万人民币/平方米、中国香港的 7 927 美元/平方米、中国台湾 3 544 美元/平方米相比，有很大的“跳高”空间。近几年经济增长速度并不是很快的英国，房价已经出现了连续 15 个月的上涨。据英国房产顾问机构 HOMETRACK 的信息，2007 年 1 月份英国全国房价相比去年同期上涨了 6%，创下了 2003 年 6 月以来增幅的最高纪录，而房价的上涨主要是首都伦敦地区。据新京报的报道，美国在房地产的不景气中，2006 年纽约房地产升值达 19%。其中，布朗科斯和布鲁克林两个地区的房地产升值幅度接近 28%，曼哈顿升幅为 16.9%。莫斯科的房价在 2006 年 1—11 月月涨幅为 5%～10%。据韩国不动产银行的调查显示，韩国的全国平均房价，2006 年 1 月初时为 2 070 美元/平方米，而到了 12 月中旬，已经上涨到 2 509 美元/平方米，涨幅高达 21.2%。

在未来价格同步、信息同步的世界中，大都市的房价将缓步趋同，这是由社会发展和财富增值的规律所决定的。由此推断，北京房价向世界同类的大都市看齐是发展的必然。尽管趋同时间很难确定，或者是 10 年 20 年，或者是更长期间，也可能出现暂时性的价格回落，但总体的趋同方向不会改变。

下篇　北京房价调控的相关因素

综上九个方面的分析说明，北京市房价有随着物价平稳上扬的合理性，无论是政府的公共管理人员，还是消费者，对北京房价稳住的期望值不要过高，能够保持一个合理的匀速的上扬，比方说房价随着物价的上涨相应上涨，在政府加强房价调控的大背景下，应该能够做到，企望北京房价回归到2004年以前的水平，不大可能。

正确看待政府的宏观调控。说北京房价在政府不断加大价格调控力度的情况下快速上涨，似乎是政府的宏观调控出了问题，这种认识是片面的。历史不能重复。从2005年以来，如果没有政府的宏观调控，可能房价要远远高于现在的水平，政府的宏观调控在短期会遇到开发商的博弈，或者还带有会产生抑制供给的效应。但是，这些都是短期的，从长期发展看，政府的宏观调控是有力的也会有效的。

正确看待投资性购房。随着《物权法》的实施、居民家庭经济基础的增厚和生活水平的提高，有闲钱者要搞房地产投资，这是大势所趋，政府对房价的调控，作用点应该是放行投资抑制投机。由此引出要客观地看待住房空置率。在人民的生活水平达到全面小康社会阶段，有钱人要有一套闲房子，就像家里有了闲钱一样，或用其投资，或用其货币储备，是理所应当的。在房屋功能增宽的情况下，“卖出去的房子没人住”，不是房屋要降价的理由。

正确看待房价的波动周期。在现阶段，北京的房价很可能在长时间上扬中出现短时间的调整，而且调整的振幅会很小，或者在一段时间中的相对稳定。根据人口与房屋所有量的对应关系，在一对夫妇一个孩子的政策下，下一代人有可能由两个家庭合并为一个家庭，预期到2030年人口自然增长率为零时，北京房屋拥有量有可能出现真正意义的剩余，房屋价格出现下跌，将成为可能。

正确看待房价与收入的关系。从收入水平与房价水平直观上相比，北京的房价与美国纽约、法国巴黎、日本东京、中国香港等国际大都市相比，会显得高出许多。但要考虑两个情况。一是在市场经济秩序还没能缜密地建立起来的情况下，城市居民的家庭收入会在统计中有遗漏，有的家庭还会有一些在合理与合法边缘地带上的“灰色收入”。二是中国人的家庭、亲情观念很强，在北京小孩“没有房子对象免谈”的压力下，往往是一个家庭买房，由“七大姑八大姨”多方凑钱，这一做法实质提高了北京居民购房的经济能力。因此，分析房价与收入的对应关系时，要利用直观的数字，也要考虑到数字背后的实际情况。

根本出路是运用市场手段调控房价。运用行政手段调控房价，这是不可缺少的，也是有效果的。但是，从房屋是商品，我国居民住宅已走上商品化轨道的实际出发，长期有效的办法是利用市场机制进行自觉的经济调控。北京房价上涨过快，有一些非经济因素，但起决定性作用的是需求增长过快，供给能力没能及时跟上去所致。我们平抑市场粮价的成功经验，是国家放库，大量的储备粮投放市场，这种调控一出手，粮食涨价风立即平息。近三年政府对房价的调控为什么效果不明显？根源是政府手里没有大量房源集中投放市场，使一些宏观调控形成了事实上的口头调控。根本出路在于尽快增加有效供给，而不是抑制需求。一是政府应挖掘三环路至五环路区域的土地利用潜力，组织国有建筑单位集中建设限价商品房；二是完善经济适用房出售管理办法，严格资格审批，严禁出现开奔驰、宝马车住经济适用房的现象；三是实行多渠道建设住宅的政策，鼓励单位集资建房；四是允许居民组建住房生产合作社，以优惠的政策支持住宅合作社通过利用旧住宅翻建等办法，扩大住房总量。

经济工作不能突击

用最短的时间、最简单的办法，能把一项经济工作做得稳稳当当，这自然是再好不过的。遗憾的是，这种好事倒是采用突击的办法之后，把好事弄糟的事例不难见到。鸡泽县几个部门想在短期内突击建成“十个”服务体系，结果实事不实，流于形成，于事有害，便是一例。

经济工作，受着客观规律的制约。一件事情能不能做，要看经济运行中有没有出现需要，能不能做好，还要看需要的程度、客观条件和时机等等。这就是所谓“既要定性，又要定量”。鸡泽县的农村商品生产发展，需要建立服务体系，这是事实，但是不是不多不少正好需要十个呢？我看就值得怀疑。至于从主观愿望出发，制订的那个

“完成期限”，就更不待说了。

“对经济工作要用经济手段”，这句话人人会说，可是，为什么生活中还不乏“突击”之类的事呢？究其原因，恐怕主要有两点：一是有些同志缺少“领导就是服务”的观念，还是《礼记》上说的“官者，管也”那一套；二是缺乏现代商品生产知识，又不注重学习，于是，遇事便喜欢用轻车熟路的行政命令。要是鸡泽县几个部门的领导不急急忙忙建“十大”体系，而是花精力调查研究，为农村商品生产实施有效的服务，抑或服务体系的建成会不期而然！当然，经济工作注意顺其自然，不独建立服务体系应该这样，其他事情也不悖此理。

（摘自 1986 年 11 月 5 日《人民日报》）

繁荣农村商品经济要树立新观念

发展商品经济，在广大农村还是一件新事物。延续几十年的自然经济，使小农意识禁锢着人们的思想，社会主义阶段不存在商品经济的理论，使人们多从自给自足的出发点去思考问题；长期以来，在人们头脑中形成的是一套封闭、保守、单一而又很顽固的陈腐观念。所有这些，致使农村经济长期处在低能、封闭、落后的状态中。党的十一届三中全会以后，情况发生了深刻变化。但是，距真正发展农村商品经济的要求，还差得很远。原因虽是多方面的，但其中主要的一条，还是广大农民特别是农村干部的观念、素质问题。为适应发展商品经济的要求，当前，应引导农村广大干部群众树立以下几个新观念：

一、投资观念

繁荣农村商品经济，首要的就是扩大再生产，不断拓宽生产经营领域和增强抗御自然灾害的能力，这就需要投资。目前吉林省资源优势和劳动力优势尚没有得到充分发挥，其原因就在于人们有一种小本经营、怕担风险、不愿投资的思想。与此相反，敢于花本钱，舍得投资，不断扩大生产经济规模，改善生产条件，取得显著成果的事例，也是不少见的。榆树县1985年遭受水灾，72万亩低洼地绝收，干部群众在严重的事实面前，敢于打破小本经济的传统观念，走以稻治涝之路，两年投资近1 000万元，将36万亩低洼易涝地改为水田，当1989年又遭洪涝时，这部分水田不但没减产，反而获得了大丰收，一年就收回全部投资还有余。梨树县叶赫满族乡青年李库，去年投资8万元，扩建了养鸡场，新上了孵化设备，当年就全部收回投资，还赢利了2万元。事实告诉我们，只有投资，才有发展。

二、开拓观念

商品经济是个广阔的天地，这就给生产经营者提供了多条可供选择的致富渠道。生产经营者可在法律的约束下，自我选择生产经营项目，啥行道来钱就干啥。但目前在农村中，特别是中部13个产粮市县，单一生产粮食的产业格局改变不大。轻养殖、轻流通的观念仍是一些市县富不起来的思想根源。许多人仍是习惯于“顺着垄沟找饭吃”，粮食以外的其他产业发展速度很缓慢。就是在自然条件较好的东部山区，资源优势也没得到很好的发挥，仍局限于传统的“吃山、吃水”的生产方式。其实，山上除可营造用材林外，还可营造经济林或薪炭林，山坡可以发展果树、园艺特产或放牧，山沟可以修堰蓄水，养鱼放鸭，条件适宜的地方还可以发展水电，至于埋藏在地下的矿藏，一旦开发出来，更是巨大的富源。事实上，在人均占有耕地数量较小的情况下，只有适应商品经济的要求，强化开拓新产业的意识，实现农林牧副渔齐上，工商建运服全面发展，商品经济才能得以繁荣。

三、长利观念

开放搞活的农村经济政策，为发展商品生产创造了条件。但是一些农民只顾眼前，不管长远的近利思想，使商品经济发展的后劲严重不足。近年来，农村部分学生辍学，忙于挣钱，就是一个例证。如果这样的现象任其发展下去，必然产生大批文盲，从而形成劳动者的文化素质不适应商品经济要求的恶性循环，后果是很可怕的。再如，农家肥具有补充养料，改善土壤的渗水溶肥性能，是增强地力的优选肥种。但一些农户只顾当年红现得利，重施化肥，不用农家肥，结果导致土壤中的有机质含量逐年递减，粮食生产的后劲严重不足。目光短浅，只顾当前不看长远，其实质是维持生存不求发展的自然经济思想，难免不受到商品经济规律的惩罚。搞商品经济，一定要从长计议，做任何一项经济决策，不但要考虑眼前利益，更重要的是兼顾长远利益。只有这样，才能使商品经济越发兴旺发达。

四、信息观念

商品经济时代，人们的生产生活节奏加快，各种客观因素瞬息万变。生产经营者如不能及时把握已经变化了的新情况，或即将发生变化的动向，盲目蛮干，很可能落个破落倒闭的下场。1987 年初，黑龙江省双城县农民手中有 5 万吨玉米待售，由于信息闭塞，农民不知玉米很快由畅转滞，最后只好削价出售，因而减收。与此相反，春节前农安县一位农民得知安徽面粉过剩而长春市面粉走俏的信息，及时南下安徽贩运面粉，一举成为万元户。省委负责同志曾说过，现在的县乡两级干部，不但要下乡，还要进城。要根据发展生产的需要，走出门去学经验，跑项目，寻觅致富的信息。事实证明，面对商品经济的大市场，必须学会在商品经济的海洋中“游泳”，捕捉信息，运用信息，向信息要效益。

五、合作观念

在每个生产、流通单元中，无论其规模大小，劳力、资金、技术、设备等生产要素都相对存在优势或劣势，又受其自身能量的制约，使单项优势难以得到发挥，劣势却很难避开。而合作经济的兴起，正适应了商品经济专业化、社会化大生产的要求，能有效地避免千家万户搞“小而全”，有利于降低生产成本，实现农业机械的配套和耕作新技术的大面积推广，还有利于增强抗御自然灾害的能力。以粮食生产为例，多户合作与单户经营相比，由于土地相对集中，可实行集约经营，从而提高农业机械设备的利用率、土地耕作的机械化程度、劳动生产率，降低生产成本，取得较高的经济效益。近年各种合作经济组织蓬勃发展的实践证明，那种合作怕吃亏，“谈合色变”的思想，是不利于商品经济发展的。

六、求知观念

吉林省有1 400万农村人口。他们的文化素质、知识程度如何，直接关系到商品经济的发展速度。然而，目前农民的文化素质和知识程度，与发展商品经济的要求是很不适应的。农村人口近70%只有小学文化，农技、农机、园艺等方面的技术人员和中小学教师严重不足，这是繁荣农村商品经济的最大难题。在商品经济发展中崛起的各种专业户，绝大多数是文化程度较高的农户。他们有文化，又追求科学技术，从而能够合理地利用各种生产要素，率先富了起来。北京郊区实行大包干责任制后，曾出现了农民抢“财（才）神”的新闻，只几年的功夫，得到“财（才）神”的农户就达到了“小康”。这给我们以深刻的启示。只有有了知识和文化，商品经济才能得到开展，才能国富民强。离开知识和文化，繁荣农村商品经济，只能是一句空洞的口号。

（摘自《吉林通讯》1989年第5期）

“补贴县”实现财政经济状况好转的几点思考

目前，我国在社会经济运行中，国家对工业基础薄弱，经济不能自给或不发达县份，实行补贴政策。这对缩小因工农业产品间的“剪刀差”所带来的比较利益差别，调动农业县生产粮食和其他农副产品的积极性，扶持贫困落后县尽快摆脱困境，起到了很大的调节作用。但这种“以金补农济贫”的做法，是在现阶段各产业间的经济关系还没得到根本理顺的情况下，所采取的一种临时补救措施，并非长远之计。这种办法的弊端，是给国家财政经济增加了很大负担，严重地制约着社会经济的加速运行和发展。吉林省在41个县（市）中，有28

个县（市）的财政靠国家补贴去求收支平衡，平均每年补贴总额达1.3亿元。试想，如果能针对这个重大经济问题，采取些有力措施，改进这种办法，使补贴的总额逐年有所下降，那么，实现财政经济状况根本好转就有了良好的经济基础。

纵观补贴县的财政经济运行情况，其特点：一是在财政收入构成中，人为无法求得超计划增收的农业税单项（死数）占有较大比重；而人为能够求得大幅度增收的工商利税和其他产业收入的多项（活数），所占比重则很小。在这样的县份中，发展工商业和能够带来增收的其他产业，有着广阔的前景。这就为逐年减少财政补贴，预留了突破口。二是沿袭多年的补贴制，使享受补贴的县份滋生了吃补贴有理的思想，主观能动性发挥不够，增收节支的潜力很大。三是吃补贴的县份与财政经济能够自给的县份相比，产业结构单一，技术基础薄弱，人才匮乏，个别地方的财力投放也不尽合理，花钱缺乏计划性，有效的资金在生产流通中增值很小，不可避免地存在着一些损失和浪费。国家每年定额补贴4 800万元的长春市所辖五县，前几年由于对新建企业缺乏可行性论证和统一布局，市场预测不准，盲目地发展了118家饲料加工厂，到目前为止，只有25家能勉强维持生产，其余全部停产，造成2 000多万元的资金沉淀，给本来就不富裕的财政又增加了很大的经济包袱。综上分析，补贴县实现财政收支平衡经济自给奋斗目标的战略指导方针应该是：在求得农业生产稳步发展的同时，积极稳妥地发展能够大幅度增加财政收入的工商业和其他产业，开源节流，重点解决好生财、用财、聚财的问题。

一、正确处理基础农业与发展工商业和其他利税率较高产业的关系

在补贴县，由于农业税的收缴情况对经济状况有着举足轻重的影响，加之它虽然不能像工商利税那样实现突破计划增收，却有个能否足额收缴的问题。这个客观实际要求我们决不能放松农业生产。只有农业得到稳步发展，经济实力得到增强，财政收入中占较大比重的农业税得到足额缴齐，才能避免财政经济出现波动性的萎缩，才有逐步增益，逐年减少国家补贴数额的前提。农业生产得到发展，还能给发

展工商业和其他产业创造条件，提供劳力和原料，促进农工商各业的协调发展，形成财政经济状况逐年得到好转的良性循环。如果不顾及补贴县财政中农业税收入占有很大份额这一客观情况，离开农业这个基础去抓工商业或其他产业，农业很可能逐年出现萎缩，工商业或其他产业也将随之出现萧条或退步，不但财政收入中占比重较大的农业税要丢掉或减少，工商业和其他产业利税收入也难求。由此可见，巩固和发展农业，是补贴县实现财政经济状况好转的基础。

二、发挥优势，大力兴办工商业和其他产业，培植财源

补贴县实现财政经济状况的根本好转，“生财”是关键。只有有了雄厚的后续财源，才有逐步好转的可能。后续财源的出路在于发挥优势，大力兴办工商业和利税率较高的其他产业，努力把产品优势变成经济优势，补贴县大都占有粮食、自然资源和劳动力优势，问题是这些优势目前没能很好地得到发挥。由于受劳力素质、技术基础、资金等因素的制约，加工能力低，一些农副产品被迫当原料廉价卖给工业部门，使之失去了机会效益。这就需要认真研究优势，下功夫去发挥优势，采取“点面”发展战略，兴建一些具有带动性的骨干企业。

围绕粮食优势，可上食品、酿造、化工、淀粉等一些转化增值的工业企业，并从初加工向深加工、精加工的方向过渡；围绕自然资源优势，可上一些技术档次低、投资少、见效快的企业；围绕劳动力优势，可上一些劳动密集型企业，或者开办劳务服务和搞劳务输出。在产业布局上，既要立足于农业，服务于农业，重点发展农副产品加工业，又要根据本县的自我承受能力，发展为大工业配套和为出口服务的加工业；同时，还要鼓励农民进城入镇，兴办第三产业，增加税源。

三、挖掘现有企业潜力，提高利税水平

工业基础薄弱，产品老化或质量不高，这是补贴县中普遍存在的共性制约因素。制约的后果是，百元资金或产值的利税水平低，企业的自我发展能力弱，能提供的财政收入少。要提高现有企业的利税水平，首先，要把产品质量搞上去。要根据市场的变化组织生产，不断更新老产品，开发新产品，创优质，夺名牌，做到生产一代，改进一代，研制一代，规划一代，增强企业的竞争能力和应变能力。其次，要把消耗降下来。彻底改变大锅饭的管理办法，制订科学合理的产品单耗、车间经费和企业管理费定额，建立健全领用料和小单元核算制度，配齐计量设施，做到奖节罚超。第三，积极引进先进技术、工艺和设备，不断扩大生产能力。在充分分析企业现状、发展前景和周密考察的基础上，进行引进的可行性研究，作出切合实际的决策。并要实行投资当事人的财务风险责任制，减少盲目性，避免损失浪费，注意增强企业向财政提供利税的后续力量。

四、改革财政管理体制，增强补贴县自求平衡的能力

长期以来，对补贴县所实行的统一收缴，按计划下拨开支的财政体制，影响了补贴县自行理财，自求平衡的积极性，使之既没有压力，也没有动力，更缺乏活力。近几年虽然在分灶吃饭上进行了一些探索和尝试，但由于统收统支的性质并没有发生根本性的改变，因此出现了县与县之间互相攀比，要求追加补贴的呼声越来越高，有待进一步进行改革。应在认真总结这几年改革的经验教训的基础上，区别不同情况，重新修订基数，实行按比例递增上缴和递减补贴双轨包干责任制，超收县里全部留用，超支省里不补，一定若干年不变，藏富于县。取消财政体制初改时超收或节支，县与省按比例分成的政策，将使超收减支后的利益全部向地方倾斜，使改革的透明度更加清晰，增强地方超收节支的原动力。

实行财政体制改革后，一定要杜绝上边“开口子”地方“出票子”的现象，在宏观控制下，使县级财政具有较宽松的自主权。安徽省从 1984 年起，对 22 个吃补贴的市县进行财政体制改革，放权于县，经过两年的实践，22 个市县的工农业总产值、财政收入的增长都高于全省平均水平。两年的财政净增收入，相当于省财政年补贴总额的 1.7 倍。这一经验告诉我们，补贴县实现财政状况根本好转的主要出路在于改革。

要把财政体制的改革同领导制度的改革结合起来。把财政递增上缴和递减补贴包干，同县级领导的任期目标责任制“挂钩”，当作主要政绩指标，列为重点考核项目，任期内不能达标者，不能继续留任。这种办法将使财政经济状况与领导者政绩的联系更加密切，从而增强领导者为实现财政经济状况的根本好转，早日摘掉补贴帽子的责任心和迫切感。

五、发挥经济杠杆的作用，向增收节支要效益

补贴县实现财政经济状况的根本好转，有赖于开展增收节支活动。而要实现增收节支，重要的是发挥经济杠杆的作用，加强税收工作和宏观控制。一是要堵塞减免税利的口子。近几年为了推进改革，搞活企业，国家采取了一些减税让利措施，使一些企业自行支配的财力大大增强，也从中得到了休养生息。但任何事情都有“度”，超“度”就会使得其反。现在如果再继续减税让利，任意放宽税收政策，就会使税收这一经济杠杆失灵，破坏企业与企业之间竞争条件的平衡，挤掉财政收入，必将使财政经济状况好转的时间大大滞后。基于这一点，目前至少应调减企业技术改造税前还贷的比例，逐步过渡到税后还贷。二是要进行查漏补收。补贴县随着产业结构的不断调整，个体、联合体企业星罗棋布，工商建运服各业方兴未艾。但由于税收人员的严重缺编，给一些单位或个人造成了偷税漏税的可乘之机，加之一些新税种的税金收缴的不好，使国家以及地方财政失去了很大一笔应得的收入。据一个县的测算，仅临商税、屠宰税、牲畜交易税、契税每年就丢漏120多万元，是每年国家对这个县定额补贴总额的10%。这正是增收的潜力所在。如果能尽快相应地足额配齐税收干部，加强税法宣传，组织大批人员深入下去，进行经常性的查漏补收，由此而来的经济效益一定是惊人的。三是调整财政分配渠道，缩减支出。考虑到预算内资金与预算外资金具有此增彼减的关系，要尽量把资金的投向纳入预算内，少搞预算外；还要在保证科技、教育经费逐年有所增长的情况下，坚决把行政经费压下来。四是要加强财政监督。财政、审计部门要充分行使监督权，严肃财经纪律，开展经常性的财务大检查，对一些不符合政策的问题要及时处理，做到有章必循，违章必纠，杜绝跑、冒、滴、漏和损失浪费。

六、管好用活资金，做到流通增值

资金紧张是补贴县实现财政经济状况好转的最大难题，合理使用和灵活融通资金，是解决这一难题的良策。一是发挥信贷和物化资金

对发展生产的调节作用。在国家紧缩银根的情况下，采取政府与民间相结合的办法，搞活信贷流通，或者采取以物易物，赊销垫付，预购租赁等办法，拓宽资金融通和商品交换渠道。二是加快货币流通速度。利用现代通讯邮政设施，采取电汇、电讯划拨、实物收据结算等多种流通形式，加快票据传递，及时清兑，尽可能地减少资金在途时间，加快资金的周转速度。三是搞好产销衔接。缩短原材料的库存时间和半成品到成品的生产间隔时间，精确供货时间，减少产成品的积压，控制流动资金的占用总额，提高整个社会的资金效益。四是大力挖掘企业内部的资金潜力。各有关部门要帮助企业处理资金积压、挪用或长期拖欠等问题，把“死钱”变“活钱”，集中财力物力发展生产。五是正确处理积累与消费的比例关系。在量力而行、勤俭办事业的原则指导下去思考问题，按轻重缓急上项目，控制基本建设规模，合理使用资金，避免出现消费基金的膨胀，把钱用到“刀刃”上。

七、实行优惠政策，助以发展之力

（1）把“吃”补贴作为减少农副产品订购合同的条件，逐年减少补贴县的农副产品订购数量，扩大市场议销部分，让农民在自由贸易中得到实惠，以利巩固经济基础，为开发新的生产经营领域扩充实力，增强造血机能。

（2）农副产品收购后，作为工业原料再分配时，应尽量满足产地工业所用，并要缩小加价比例，让补贴县在加工中得到增值。

（3）对补贴县向国家缴纳利税已超过投资，因市场变化或设备失修、工艺落后而出现亏损的老企业，省市有关部门应尽量提供进行技术改造和开发新产品的方便，使之尽快摆脱困境，恢复缴纳利税。

（4）省、市新建或扩建大中型企业时，在原料来源、环境要求、地理因素等条件大体相同的情况下，应尽可能地建在补贴县，留税于地方。

（5）近几年国家为集中掌握财源，对县级的烟草、石油、粮食等一些利税率较高的部门，由“块”管改为“条”管，利税直缴，补贴县感到“肥肉”上调，剩下“瘦骨头”难啃，而且目前还有继续扩大推广的趋势。为使补贴县有个能够自行调节经济收支的良好条件，近期对这种做法应持慎重态度，不宜再搞“上调企业”为妥。这比国家对地方进行减税让利的办法要好得多。

（6）由于补贴县中粮食生产占大头，且基础脆弱，抗御自然灾害的能力低，保险部门应开增青苗保险业务，使遭灾地区的经济不至于遭到致命性的打击，保证有恢复生产的经济后盾。

（7）为缓解补贴县人才的不足，省、市在分配大中专毕业生时，应以优惠待遇给补贴县多分一些，以不断扩充补贴县发展经济的人才实力。

（8）在资金调度方面，省、市金融或财政部门平衡计划时，应考虑到补贴县的特性，对其所需资金优先安排，优先划拨。

（1985 年 3 月）

年终抢产不能拼设备

今年，吉林省由于推行多种形式的经营责任制，工业生产形势好于历年。到 10 月末，全省累计完成工业总产值 219.04 亿元，比去年同期增长 16.4%。与此同时，产品销售额和利税的增长高于产值的增长。1～10 月，全省预算内地方工业企业实现销售收入门 112.28 亿元，比去年同期增长 26.4%；实现利税 21.24 亿元，比去年同期增长 26%。就全省的情况看，到年终超额完成生产和利润计划，已成定局。但就其个别企业来说，也有因主观或客观原因，出现歉产歉收的。

年终岁末，不论是产值或利润计划完成好的企业，还是歉产歉收的企业，都应调动方方面面的积极性，努力挖掘设备和人的潜力，尽可能地争取多超产增收或少歉产减收。但这作为一种理想的设计，理所当然地要受到客观条件的制约。如果不能科学合理地安排年终前这段时间的生产，使主观愿望与客观条件相悖，去搞疲劳战术，拼设备，拼人力，结果很可能欲速而不达，落个劳民伤财的下场。

工业生产年终时节拼设备，在这方面我们的教训是不少的。前些年，年终时节一些企业为了抢时间，争速度，完成产值计划。不考虑企业的长远效益，不顾及机械设备进行保养和安全教育，搞超越客观条件的“大会战”，为年末“报捷”，弄得人困机乏。可新年一过，机械故障和生产事故频频发生，工人也因长时间地处于忙乱中，吃睡不好而病号剧增，因人因机停产的事例就不可避免地出现了，“开门红”变成了“开门愁”。同时，一些产品销路不畅的企业，因年初订货合同有限，超产部分难以售出，只好积压在库中，浪费了原料，消耗了电力，挤占了资金，企业的经济效益并不好。

工业生产也同其他事物一样，有其内在的客观规律。人可以利用规律，却不能改变规律。如违背自然规律，就会受到惩罚。机器设备需要注油、检修，进行定期保养和平时保养；工人经过几个小时的紧张工作后需要休息。如果不顾及这些客观要求，硬搞“连轴转”、“大会战”，机器就要得“肝炎”（干研），或患“肺结核”，年后就要发病。作为重要生产力的人，只有劳逸结合，才能处于工作的最佳状态，获得理想的工作效率。如长时间地超“负荷”工作，人的抗疲劳强度就会大大降低，以致引起“断裂”。这就是“大会战”后机器故障和生产事故频繁，职工病号增多的症结所在。

由此可见，年终时节搞“百米冲刺”，一定要纠正只追求产量，不顾机器设备的正常保养和职工的身体承受能力；只追求产值，不顾及经济效益的做法。要把功夫下在降低生产成本和物质消耗，提高产品质量，提高设备完好率和提高经济效益上。这样做，可收到事半功倍的效果。

（摘自 1987 年 11 月 21 日《吉林日报》）

建立粮区牧业基地的可行性研究

地势相对平坦，土质肥沃，气候适宜，水资源丰富，这是进行粮食生产的极好条件，同时，也是大力发展畜牧业的最佳环境。近几年，商品粮产区的粮食生产发展很快，而畜牧业的发展相对缓慢，单一经营的产业结构改观不大。主要原因是我们对畜牧业与粮食生产相互促进、相互依存的关系认识不足，还没真正看到粮食生产与发展畜牧业对自然条件的要求大体雷同的客观优势。

发展畜牧业，主要应具备游牧场地、饲养技术、饲料来源和劳动力这“四要素”。而这对商品粮产区来说，恰恰是完备无缺的。我国的商品粮产区，主要以东北、华北和长江中下游平原为基干。从地理断带情况上分析，称其为“三大平原”，这是宏观面积上的相对说法，微观到一个乡一个村，则有丘陵与平原的过渡带，江河沿岸的荒滩，大面积的沼泽地和茂密的自然植物带，这都是可供游牧的天然良场。另外，“三北”一期防护林网，已经渡过了游牧对林带构成损害的幼期，也可补充着游牧场地的不足。粮农自古以来就具有饲养耕畜、家禽的经验，对诸如像牛、驴、猪、鸡、鹅、兔等畜禽的饲养技术并不陌生，有大力发展畜牧业的承受能力。实行家庭联产承包责任制后，大大地解放了生产力，提高了劳动效率，为大力发展畜牧业提供了充足的劳动力资源。说粮区发展畜牧业占有饲料优势，并不在于有粮。在我国粮食还远没过关的现阶段，把粮食用于转化动物产品，尽管质量改善了，但能量将损失掉 90%，这是不经济的。精饲料的来源在于有等外粮、豆粕、糠麸、糟渣等；粗饲料的来源在于有大量的谷草、玉米秸、豆皮等一些作物的叶、茎、根和草原牧草。这些物质还处于开发利用阶段，不发展畜牧业，将有大批被烧掉烂掉，并没得到物尽其用。

综合比较这“四要素”，说明粮区建立畜牧业基地，要比纯草原区所占有的优势还强。再者，从美国、丹麦、加拿大等一些畜牧业比较发达的国家，畜牧业产区的布局实际情况看，他们并非单一地建立粮区或牧业基地，而是把畜牧业基地建在“粮带上”。事实已经说明，这样的选择是比较恰当的，是可行的。

建立粮区牧业基地，除了能够从肉、蛋、奶、羽绒、皮革等畜产品中直接获得较高的经济效益外，还将得到诸多的社会效益。

一、有利于解决“两个剩余”，促进劳动力的合理流动。据资料记载，世界上一些畜牧业比较发达的国家，畜牧业占有劳动力的比例一般都在整个大农业劳动力总数的 40%以上。这是在机械化程度较高的国度里。如按目前我国畜牧业的生产水平计算，每养6头牛、10头猪、100只鹅或鸭，就要分别占用一个劳动力。可设想，在游牧场地、饲养技术、饲料来源等要素能够满足的条件下，如在粮区建立牧业基地，可使大部分剩余劳动力得到就业。另外，发展畜牧业与发展乡镇工业、信息业相比，对劳动力的智力条件相应地可放宽。也就是说，劳动力有较好的适应性。这在我国农村现阶段劳动力智力普遍不高的情况下，尤其具有一定的现实意义。

二、有利于实现农业的良性循环，促进生态平衡。产粮区大剂量地施用化肥和农药，虽然对土地起到了补充氮、磷、钾和防病灭虫的作用，但由于得不到含量较为齐全的自然肥料或化学农药的残存，土壤中微量元素的含量下降，土质发生“碱化”，耕层板结，透气性能变劣，使种植业减少了应得到的机会效益。如实行粮牧结合，种植业与养殖业的集约经营，可为培肥地力提供大量的厩肥，形成土地—秸秆—畜禽—粪肥还田的良性循环链，使土地得到应有的补偿，为增产粮食创造条件。发展畜牧业的同时，就要相应地加强游牧基地的建设，这将对增大绿地覆盖面积，保持水土，防风固沙，净化空气，美化环境，维护大自然的良性循环，起到一定的促进作用。

三、有利于开辟新的生产经营领域，促进农村产业结构的协调发展。畜牧业的大发展，将为轻工、食品、医药等工业生产部门提供大量的原料，为发展交通运输业提供货运量。利用肉、蛋可上一些包装、储藏、保鲜等生产项目，进行畜产品的深加工；利用羽绒、皮张，可上毛纺、制革、服装、鞋帽等生产项目；胆汁、胎盘、睾丸可用来提取人工牛黄，胆固醇等生化药品；牛油可制皂，牛骨可制工艺品，等等。可收到一业兴，百业旺，一业带百业的效果。

四、有利于改善人的膳食结构，促进营养平衡。肉、蛋、奶等畜产品，不但含有大量的脂肪和蛋白质，而且还含有大量的无机盐和多种维生素，是现阶段人们较理想的膳食。畜禽转化为食品的效率也是很高的。一头奶牛在以青饲料为主，适当地配给精饲料的条件下，年产奶量一般可达2 400～2 700千克，三年成龄后宰杀，可出210～240千克肉。从这个角度讲，在粮区建立牧业基地，比单一地为社会提供粮食的有效价值高得多。

五、有利于提高土地利用率，促进自然资源的开发和利用。我国人多地少，但又有一些丘陵、荒坡、沼泽、成林带长期“沉睡”。无论从平面上，还是空间上，都是一个巨大的浪费。发展畜牧业，将促使人们去开发，把它建设成游牧场地，做到地尽其力。如果能像荷兰、澳大利亚等国家那样，实行饲料与粮食的轮作，利用劣质地块种“草苜蓿”，“山芋”、“沙打旺”等饲料，将使土地的单位面积效益提高 2～4 倍。

此外，在农业机械化程度还不高，农机零配件及油料价格不断上涨的情况下，如能发展奶、肉与使役兼型的大牲畜，不但可以补充运力及耕力的不足，而且还可大大地降低粮食的生产成本，实现多层次增值。

总之，建立粮区牧业基地，实行粮牧结合，开发利用土地，以草养畜，取肥于牧，产肉给民，这是商品粮产区全方位、多渠道发展商品经济的一个优良途径，也是现代化大农业的发展趋势。

（摘自《农村未来》1987 年第 5 期）

关于加强农村土地管理的意见

实行家庭联产承包制，调动了亿万农民的生产积极性。但是，由于当时的政策不够完善，应急之下也难免把事情考虑得那么周全，由此也出现了新情况新问题。借这次延长土地承包期之机，应认真研究和审慎解决这些问题，以利更好地发挥家庭承包经营的作用。

1. 十五年承包期内人口、劳力变化问题。人口发生变化，口粮田可采取农户内部口粮田与责任田互补，动账不动地的办法解决。即：增人增口粮田，相应减责任田及有关负担和粮食定购指标。没分口粮田与责任田承包的地方，可按常年产量确定口粮田的面积，按上述办法处理。新增加的劳力，本着有利土地向种田能手集中，有利农业产业结构调整的精神，不再补承包田，应鼓励他们向非种植业转移，开拓新的生产门路。

2. 机动地的使用、管理问题。机动地的使用范围应限于新村建设用地、农田基本建设用地、国家征用土地三方面。一般不宜用于人口、劳力变动的调整。未留机动地的地方，为满足上述三项用地的需要，可通过协商，把离田户长期转包出去的责任田作为机动地管理。机动地不宜按户平均承包，应通过招标的办法，集中承包给种田能手。对已经平均承包的地方，要在做好群众思想工作的基础上加以纠正。机动地要同责任田一样实行土地补偿制度，防止掠夺式经营。

3. 土地转包问题。农户转让土地，可以交由集体安排承包，也可自找对象协商承包。转包土地，可根据土地补偿制度，地力提高程度，由转入户付给转出户合理的养地费用。转出户收回承包田时，也应根据上述精神解决土地补偿问题。

4. 集体的荒山、荒地、水面等资源的使用问题。这些资源都要实行有偿使用，采取招标的办法，择优承包。由于缺乏管理经验，原来无偿使用的，要通过群众民主评议，合理确定承包指标。原来承包指标过低的，如果承包期短，可在承包期满调整承包指标；如承包期较长，群众意见大的，可经协商适当调整承包指标。调整后原承包人不接受新指标的，可重新招标承包。对个别人利用职权及其他手段压低指标或无偿占用集体资源的，要经群众评议，调整承包指标，并补交上缴款。对“二茬地东”，集体有权收回土地或收回非法收入。承包期较长的，要考虑到物价指数变化的因素。

5. 承包地分配不合理的问题。对于少数干部利用职权多分责任田、低价或无偿承包机动地的，一般不宜用调整土地的办法解决，应在丈量准确面积后，如数补交其应摊的农业税、集体提留和各项统筹款。

6. 承包地“撂荒”、弃耕问题的处理。要按规定收取土地补偿费，赔偿有关经济损失，或由集体经济组织收回重新发包。

7. 农村建房和非种植业生产占地问题。农民生活用房占地不得超出国家标准，发展庭院经济超过国家规定面积的部分，要从其自留地面积中核减。生产建房用地、非种植业的各项用场地要严格控制使用面积，适当收取土地使用费。土地使用费一般应高于农民负担的按耕地平均计算的指标。集镇建设用地，要在规划的范围内，由村集体经济组织招标出租，也可试行土地作股，与投资者联合办企业。

8. 承包地调整问题。应本着大稳定、小调整的原则。承包地过于零散，多数群众要求调整的，可通过协商，由农户间自愿串换，面积和等级有出入的，以农业税和负担平衡。个别经串换办法解决不了的，经群众同意，乡政府批准，也可由集体统一作调整。

（作于1987年8月）

土地转让问题刍议

农村经济体制改革的不断深入，使产业结构发生了很大变化。乡镇企业异军突起，商品经济空前活跃，为农民拓宽了一条全新的就业主路。同时，由此而来的冲击力，同“家家均田，户户种地”的经济格局发生着强烈的撞击。来自城市用地制度的改革信号和土地适度规模经营的趋势，在农村形成条件“反射”。民间自发“并地”，转包行为愈发多见，土地的福利属性和商品属性都将得以充分体现。

宪法对土地转让实行开禁

建国以来，我国的土地管理制度基本是照搬苏联的，实行无偿使用，禁止买卖、出租。1982年宪法规定：“任何组织或个人不得买卖、出租或以其他形式非法转让土地。”1983年国务院还专门发出通知，制止买卖租赁土地，1984年党中央《关于经济体制改革的决定》，明确指出土地不是商品。1986年全国人大常委会颁布的《土地管理法》，又重申了宪法的规定，并制定了土地买卖、出租的处罚规则。但事实上，农村中土地的私下转让，并没有就此而止，一些地方政府在私下转让土地国家并不受损失，而当事人在双方受益的事实面前，采取“睁一只眼，闭一只眼”的态度，这就从社会实践的角度，给法律提出了新的问题，不允许土地的转让，到底符不符合中国国情？对生产力的发展是害是益？事实作出了公正的回答：允许转让土地的使用权，适应现阶段农村生产力的水平，有其客观必然性。因此，中央在（1987）5号文件中规定：“长期从事别的职业，自己不耕种土地的，除已有规定者外，原则上应把承包地交给集体，或经集体同意后转包他人。”从而使转包耕地合法化。尔后，中央又在有关部门充分论证的基础上，于1988年2月18日，向全国人大常委会建议，将宪法第十条第四款修改为：“任何组织或者个人不得侵占、买卖或者以其他形式非法转让土地。土地的使用权可以依照法律的规定转让。”七届全国人大一次会议通过了这条宪法修正案，从此为土地转让开了禁。

转让应该有偿

土地使用权的有偿转让，涉及到土地商品化和使用权的价格等重大理论问题，至今意见不一。但我认为，允许土地有偿转让，有以下几点根据：

第一，根据生产要素存储价值原理。发展社会主义商品经济，也要遵循价值规律。作为商品生产过程中的各种生产要素，除作为劳动力的人之外，都是商品或具有商品的属性。既然是商品或具有商品的属性，就有价值和使用价值，让渡使用价值时，就要得到补偿。连信息、技术的转让，都是有偿的，何况土地！

第二，根据财产的所有权、使用权与享有权相统一的原理。在家庭承包过程中，土地的所有权与使用权相分离，享有权由具有所有权的集体和具有使用权的承包者共同占有，并通过分配剩余产品的途径得以实现。土地的转让是使用权又一层次的再分离，转出者有与接转者分享享有权的权利，这个权利的具体体现，是从土地产出中得到剩余产品。

第三，根据社会主义初级阶段多种分配形式并存的原理。土地的转让，转出者如同购买债券要取得利息，入股要得到分红，雇工要获得剩余收入一样。随着土地使用权的让渡，得到程度不同的非劳动收入，用以补偿失去使用权的价值。

第四，根据发展商品市场原理。中央设计，下步农村改革的重点是发展市场机制。发育市场，既包含商品市场又包含生产要素市场。市场是生产要素合理流动、重新组合和实现其价值的载体。市场存在的前提是有偿交换。只有有偿交换，才能使市场在资源的配置中发挥其调节作用。如果偏离价值的补偿，土地的合理流动将成为空话，土地的市场机制就不可能得到发育。因此，土地的有偿转让，是生产要素配置中，计划行为引入市场机制的具体表现，是改革的需要。

有偿转让利国利民

一是有利于实现土地的适度规模经营。家庭联产承包，有效地解决了"大锅饭"的问题。但它使土地零散不便耕种，规模效益难以发挥。土地有偿转让，可以向种田能手集中，提高土地利用率和产出率，加快农业集约经营的进程。

二是有利于促进农村产业结构的调整。土地的有偿转让，矫正了一些已经有了新职业的兼业户对土地的"种之没劲，弃之可惜"的心理，增添了让出土地的主动性和自觉性，使他们转出土地后，一心一意经营新的产业。能人的率先拓业，对左邻右舍发生示范效应，从而带动着农村工商建运服等产业全面发展，加快产业结构调整的进程。

三是有利于消除种地的短期行为。土地有偿转让，向种田能手集中，土地成为粮农的命根子。这样，粮农就会在增加生产资料、培肥地力、加大资金投入等方面下功夫，致使种地的短期行为得以逐步扭转。

积极引导稳步实施

土地有偿转让，是一项政策性很强的改革。它既涉及到土地的商品化问题，又涉及到非劳动收入的理论问题，还要考虑目前农民以及整个社会的心理承受能力，这就决定这项改革的实施，是个渐进的过程。对此只能积极引导，决不能搞人为的超常示范和用行政手段推动进程。鉴于土地有偿转让具有所有权与使用权再次"裂变"分离的性质，农村各级合作经济组织应担负起这项改革的服务和管理，避免出现使用权属及补偿利益的纠纷。同时，也要考虑到"级差地租"因素，科学合理地确定转让的引导价格和参考价格，还要根据土地的补偿制度，明确土地转出或归还时，双方对培肥地力、保护田间设施等应尽的义务和应得的补偿。

（摘自《农业经济月刊》1988 年第 10 期）

选拔人才应注意的几个问题

近几年来，不拘一格地选拔人才，千方百计招贤纳士的社会风气愈来愈浓，有一大批德才兼备，年富力强的人才相继走上了各级领导岗位；一些学有所长，而又长期受到压抑或冷落的人才得到了重用，给我们的事业增添了新的生机和活力。但由于种种原因，还有一些人才的聪明才智没能得到发挥，人才的潜力是很大的。

要进一步地创造人才脱颖而出的社会条件，重点应解决好以下几个问题：

一忌单靠文凭，避免遗漏人才

为适应现代化建设的需要，选拔人才时考虑到文凭的因素，这是应当的。但也要看实际水平或工作能力，不能单一地在文凭上作“文章”，把一些靠自学成才的人拒之于选拔、启用的范围之外。

获得知识的途径是多方面的，经过正规学校的培养和教育是一个重要的途径，利用业余时间有计划地自修一些基础课、专业技术或在实践中边干边学，也是一种不可小视的途径。这就要求，我们不但要注意选拔、启用有文凭的人，还要注意选拔那些自学成才，在工作实践中积累了一定经验，具有一定组织领导才能的无文凭者。这样，才有可能做到人尽其才，才尽其用。

二忌过分谨慎，避免浪费人才

过分谨慎，左顾右盼，是大量选才用才的一大障碍。对于一些初露头角的人才不敢大胆启用，或无限期地考验，或再考虑考虑，研究研究，致使一些有真才实干的人报国无门，才华难施。

究其原因，一是有的人不看被选整体给工作带来的新变化，而是抓住被选整体中某个人的不足去评头品足；二是有的领导者思想保守，工作责任心不强，选贤用能的迫切感淡薄。

要忌过分谨慎，并不意味着所提人选都要顺利通过，随心所欲，草率用之，而是要拒之有理，谨慎得当。对有争议的人才，一定要做具体分析，分清主流与枝节。对于具有一定组织领导才能和实践工作经验的人的争议，只要政治素质好，又有一技之长，就应大胆启用。

三忌强人所求，避免难为人才

选拔领导干部时，不但要考虑懂技术，会管理的条件，还应考虑到统管全局的组织领导才能。有的人可成其为优秀的共产党员、先进科技工作者或劳动模范，但不一定能成其为称职的领导者。如果能做到知人善任，让“李逵上岸弄斧，张顺下水推舟”，把人才用得恰到好处，是选拔启用人才中的一个不可忽视的问题。

四忌偏听偏信，避免埋没人才

我们应该看到，由于长时期“左”的思想的影响，一些平日表现较好的人，一旦要被选进领导班子，或列入第三梯队，种种流言蜚语就接踵而来，其根源就在于个别人的整人恶习未改。“琢磨人”的阴谋能否得逞，关键是看那里的领导是否识“庐山真面目”，对所听到的意见是否做核实和具体分析。

偏听偏信对选拔和启用人才的危害极大，它使一些难得的人才长期受到污蔑不实之词的冤枉，得不到提拔重用。有的等到是非真相大白时，良机已过，不但党的事业要受损失，给群众的影响也是很坏的。

五忌求全责备，避免贻误人才

“尺有所短，寸有所长”这句常识性的古语已众所周知。但在衡量人才时，却常常被忽视。有的把年富力强视为“太嫩”；有的把思想敏锐，敢想敢说，善于提出独到见解的人称为“骄傲自满”；有的把具有开拓精神，敢于打破条条框框大胆工作的人称之为“目中无人”。求全责备，使一些有微弱缺点或不足的优秀人才的聪明才智不能得到发挥。

大千世界，十全十美的完人是没有的。我们选用人才，要短中见长，避短用长，决不能因短弃长。如果能遵循“宁用有瑕之玉，不用无暇之石”的原则，求全责备的问题将会有效地得到避免。

六忌嫉贤妒能，避免压抑人才

嫉妒是一种心理病态，是人才不能脱颖而出的最大障碍。嫉妒大体上有两种。一是“武大郎开店”，谁也不许高过于我，对于人才的提拔或者重用千方百计进行阻挠。二是出自于同行的嫉妒。某些人不肯吸取别人的经验，学习别人的长处，而有抑人之长，扬人之短，在工作中轻者不配合，重者互相拆台，抑制同行的成才。

嫉妒压抑了许多优秀人才，是一种对党和人民的犯罪行为。因为压抑人才的损失，远比资金或设备的损失大得多；资金或设备的损失是有价的，而人才的损失则是无价的。

（《吉林日报》1986 年 1 月 21 日）

认真解决农村资金供求矛盾

目前，吉林省农村正在深入开展第二步改革，进一步发展农村商品经济，遇到的普遍问题是资金短缺。按照党的十三届三中全会精神，明年，国家还要进一步控制货币发行，如不采取得力措施，农村资金供求矛盾将更加突出。但是，据我们调查，在国家适当增加农业投入的前提下，靠农村自身的力量，全面挖潜，多方融通，这个矛盾还是可以解决的。问题是，需要我们做几项扎扎实实的工作。

一、认清潜力，面向农村筹措资金

随着商品经济的发展，吉林省农村资金缺口愈来愈大。这有原来自给半自给经济基础薄弱的客观原因，也有融资工作跟不上的主观原因。后者则使所出现的资金缺口带有一定的虚假性。据测算，全省农村1987年的现金投入与年初计划比，约有11亿元的缺口，而同时也存在着较大的资金潜力。一是农户的资金潜力。1984—1987年，全省农民生活消费及其他非生产性现金支出年递增19%，生产的现金投入年递增仅有12.4%。如适当抑制消费，即使做到生产投入与生活消费同步增长，1987年全省农村可压缩消费基金3.4亿元。另外，1987年农民人均手中持币100元左右，如能将其50%吸收为储蓄存款，可增加生产资金7亿元。二是集体积累潜力。到1987年末，全省农村集体积累资金为17.5亿元，去掉固定资金，还有流动资金10.4亿元，其中被两项往来欠款占去8.9亿元，如全部回收，都可投入生产。三是信贷资金潜力。1983—1987年，全省农村逾期贷款年递增25.4%，总金额达17亿元，如能在按期回收贷款的同时，逐年回收陈欠，可大大缓解信贷资金紧张状况。四是减轻农民负担潜力。1988年农民人均负担64元，如坚持执行省委、省政府规定的最高限额，可年增生产投资5亿元。以上四笔资金潜力共计41亿元，如按四年期挖掘，每年可挖出10亿元，基本可堵上目前的资金缺口。今后，生产对资金的需求还会有增加，但挖出的资金全部投入生产，还会不断创造新的积累，再加上国家增加的投资，即使有缺口，也不致给生产造成大的影响。

社会再生产的消耗过程，归结起来，就是资金的消耗过程，在一定意义上说，资金的潜力就是生产的潜力所在。党的工作着重点转移到经济工作上之后，广大农村干部都十分重视发展生产，农民又有扩大再生产的强烈愿望，多数地方之所以未能抓住挖掘资金潜力这一关键，主要在于多年产品经济下的资金统配制，使干部养成了生产投资向国家伸手的依赖思想，对资金的不合理流向及社会上的游资，或熟视无睹，或运筹无方。要充分挖掘资金潜力，首先要提高广大农村干部的认识，使他们自觉地去做这项工作，各级组织也应把这项工作成果的好坏作为考核农村干部的一个方面，以增强他们抓好这项工作的责任感；各级财政及有关部门下拨农村的资金，应在年初一次拍板，所留的机动财力，也应按投放原则严格审批，从制度上杜绝基层干部随便向上讨要资金的现象；更重要的是应结合农村经济活动，切实提高干部运筹资金的能力。只有这样，这项工作才能卓有成效。

二、开拓金融市场，提高融资能力

资金作为生产要素，只有进入市场，按照价值规律运动，才能流向生产最需要的地方。吉林省农村资金，一方面短缺，另一方面还存在闲置现象，两者未能建立起互补关系。其原因主要是没有形成一个与商品经济相适应的金融市场，资金融通基本是依靠银行、信用社的单一渠道，其他形式还很缺乏。商品经济的发展，使人们在价值储存上冲破了以往“零钱凑整钱”的观念，产生了强烈的增值意识。而银行、信用社按国家统一利率吸收存款，体现不了地区间的利润率差异，难以满足人们的增值要求。有些人感到在银行、信用社存款利率低，便盖高标准住房，购买高档商品，以此冲减物价上涨带来的货币贬值。在存取不便的地方，农民甚至把货币长期锁在柜里。要为人们提供可进行多种选择的价值储存方式，应在进一步发挥银行主渠道作用的同时，从以下三个方面有秩序地开拓金融市场。

首先，积极倡导以股票、债券形式集资。九台市的乡镇企业，通过信息股分红（每百元年分红 20 元左右）的办法吸收股金，股份制企业已发展到 1 112 家，仅 1988 年就吸收股金 1 700 多万元，使乡镇企业投资总额比上年增长 25%左右。有的地方的乡镇企业，以高出银行的利率发放债券，集资效果也较好。股票、债券的融资形式，除对资金有较强的吸引力外，它还不必像银行、信用社那样预留资金来应付存贷波动，因而具有直接向生产聚集和资金利用率高等特点。目前，吉林省这种融资形式还是少量的，要进一步推开。一要开辟证券市场。通过股票，债券交易，不仅可使企业的已有股金相对稳定，还可将社会上近、中期另有它用的资金吸引到企业中来。二要健全证券法规。通过法律条文将股票、债券规范化，对股票、债券的发放、认购和拍卖提供法律保护，使这种融资形式在法律的约束下健康发展。

其次，通过合作基金形式活化集体资金。合作基金是在农村生产关系变革中，为适应双层经营合作体制的需要，由基层干部和群众创造的一种较好的集体资金经营管理形式。实行家庭承包后，由于管理方式不适应，集体积累成了“万能科目”，逐年下降。1983 年末，经固定资产变价损值处理后，吉林省农村集体积累尚有 26.28 亿元，到 1987 年末只剩 17.47 亿元。面对这种情况，吉林省一些乡镇，先后采取合作基金的形式管理和融通集体资金，开始扭转了集体积累逐年下降，大部分不能活化的被动局面。长岭县新安镇从 1986 年 10 月开始，由合作组织负责集体资金的管理和使用，到 1987 年末，共清理回收两项往来欠款 64 万元，占往来欠款总额的 58%。他们将这笔资金按接近市场的利率全部投放到生产中，取得了缓解资金供求矛盾，积累增值的双重效益。这种办法，改少数干部管理为群众代表的民主管理，变局限于账款相符的管理型为融通活化的经营型，创出了集体资金经营管理的新路子。到目前，全省已有 76%的乡镇采用这种办法，共经营集体资金 5.3 亿元，占可活化部分的 51%。但 24%的乡镇还没有采用这种办法。采用了这种管理办法的，有些管理制度还不够健全，融资效果还不高，需进一步发展和完善。

第三，深化信用社改革，充分发挥其民间融资的主渠道作用。农村信用社纳入农行管理，变“官办”后，存贷业务由农行直接控制，灵活性小，融资能力低。1987 年，全省有 6%的信用社亏损，金额达 145 万元。从实践看，取得经营自主权的信用社，融资能力明显提高。前郭县八郎乡信用社，自 1986 年农行允许他们自主经营以来，从农民中吸收新股金 31 万元，加上扩大储户，1988 年 1—9 月共投放 215.5 万元，是 1985 年的 2.7 倍，预计全年可盈利 10 万元，是 1985 年的 3.4 倍。吉林市郊区信用社，1988 年 5 月与农业银行脱钩后，增设了营业网点，在一定范围内试行存放利率浮动，尽管受到提存抢购的冲击，到 9 月末统计，存款额、贷款额仍比脱钩前分别增长 19.5%和 18.6%。信用社取得经营自主权，灵活运用经济杠杆，既能广泛吸收社会游资，又能将相当一部分自由借贷资金吸引过来，不仅可以减少自由借贷的风险，平抑市场利率，而且可将分散的资金集中使用，以此适应商品生产向规模化发展的要求。因此，农村信用社的改革，应从同农行脱钩，取得经营自主权为前提，在发挥民间融资的主渠道作用上，积极稳妥地进行探索。

三、正确处理积累与消费的关系，引导农民努力增加生产投资

如何处理积累与消费的关系，直接影响到经济发展的速度。家庭承包之初，由于生产潜力的充分发挥，吉林省农村经济曾以较高的速度发展。在解决温饱后，多数地方出现徘徊。其原因是多方面的，而

盲目追求高消费，生产投入得不到相应增加，则是不可忽视的重要原因。一些农户住房比款式，用品比高档，红白喜事比排场，而生产投资靠国家；一些乡、村在所办企业刚刚取得较好效益时，就调走利润，修楼建院，装潢门面，摆阔气。凡此种种，使本来能在生产中周转增值的“活钱”变成了“死钱”。这期间，也确有部分农户和少数乡村，适当抑制消费和非生产性建设，努力增加生产投入，使资金呈良性循环。上述两种情况的对比说明，在解决温饱后，有钱优先用于生产，就会不难创造出新的消费水平；如果消费基金增长过大，就会滞缓生产的发展，消费水平也难以提高。

由于国家财力不足，对农村生产的投资很有限，而农村生产又以手工劳动为主，剩余劳动少，原始积累严重不足。因此，农村扩大再生产的潜力取向应是利用积累与消费的替代性，在保证劳动力再生产的基础上，尽可能地压缩消费基金，将其投向扩大再生产。当然，我们所提倡的艰苦奋斗、勤俭节约，检验的参照物是现实生产力水平。解决温饱后的农民，既不能像困难时期那样低标准，也不能追求富裕地区以至发达国家的水平，而应按生产水平确立生活标准。一般说，生产的增长应高于生活水平的提高，这样，才能使生产有充足的后劲，生活也不断迈上新的台阶。

农村中出现的片面追求高消费的倾向，其原因除一度宣传引导不当外，主要是一些基层干部和农民存在小生产的“温饱便足，小富即安”的思想，缺乏扩大再生产，追求高利润的抱负。为此，应在广泛开展现代化大目标教育和艰苦奋斗教育的同时，从三个方面入手，促进农村自身积累机制的形成。一是银信部门放贷要坚持所规定的自有资金匹配比例。做到这一点，必须维护银信部门经营自主权。二是压缩基本建设规模应延伸到乡、村两级非生产性建设上，彻底解决超现实生产力水平的所谓“达标”和“大办”。三是在双层经营的合作制中，合作组织的积累应坚持执行省委、省政府的规定，按不低于农民上年所得的1%提取，农户的积累，应根据收入水平的不同，在收益分配中，适当预留下年的生产资金，存入银行，专款专用。

四、改善投资环境，增强生产对资金的引力

商品生产作为社会化大生产，需要有与其相适应的社会经济环境。前一个时期，我们比较重视发展生产，却忽视了改善投资环境，结果欲速不达。突出表现是农副产品多了“卖难”，少了“买难”，生产常常在积压与短缺之间波动徘徊，农村劳力大批剩余，部分资源闲置，能开发的产品有销路却又生产门路狭窄，等等。这些问题促成生产效益低，风险大，一些农民或怯于向生产投资，或持币无处投放。要扭转这种局面，必须相应改善投资环境。

以“龙头”企业带基地建设，形成产业群体优势，是创造良好投资环境的重要途径。农业生产经常在产品积压与短缺间波动，主要是产业结构层次单一，没能摆脱农、林、牧、副、渔的平面结构。有的地方以种养业为基础，以加工业为“龙头”，或以土特产品生产为基础，以专营公司为“龙头”，形成系列化经营的产业结构，很快摆脱了困境。实践表明，以“龙头”带基地，可通过加工企业或专营公司，将同类产品分散的生产者集合在同一竞争目标上，形成适度的规模，解决分散经营的小生产与大市场的矛盾。一个“龙头”企业的创办，可拓出几条生产门路，在竞争中，可通过就地加工，综合利用，以廉取胜；通过提高商品化程度，以优取胜；与系列化产业相关的部门互相依存，共商对策，还可增强对市场的应变能力。反过来，上述这些优势就是一种强大的吸引力，就可诱导千家万户向生产投资。因此，应积极创办能带动农产品基地建设的“龙头”企业，除合作经济组织和乡镇要办外，县级国营和集体企业，也应向这个方向发展。

商品生产离不开社会化服务。提供有效的社会化服务，使农村各业生产以社会为依托，逐步走向专业化规模化，就可避开在商品经济汪洋大海中那种“一叶小舟”的风险，以较高的经济效益吸引农民大胆向生产投资。为此，应积极发展储藏、运输、技术、信息等服务业，将这些与“龙头”产业相配套，努力向分散经营的千家万户提供系列化服务。

另外，在资金短缺的情况下，保证生产资料的生产和供应，也是吸引农民向生产投资的一个不容忽视的方面。目前，生产高档耐用消费品的厂家日增，而农村所需的生产资料相当紧张。国家紧缩银根，应紧缩高档消费品生产所用资金，把有限的资金尽可能地用于第一部类产品的生产，为农民增加生产投入提供充裕的物质条件。

（摘自《吉林通讯》1988年第11期）

农村筹资与投资环境的改造

农村由自然经济转向发展商品经济，使资金同生产的关系变得更加紧密。中央政府规划到 2000 年农村经济要跃上一个新台阶，实现 8 亿农民由温饱到小康的转变，需要强大的物质基础以及它的媒介形态——资金的保障。目前，农村随着商品化程度的提高和乡镇企业的发展，生产经营单元之间的交换规模日益扩大，资金供需矛盾愈发突出。据测算，1987 年吉林省农村共需现金 48 亿元，实际只解决 37 亿元，有 11 亿元的缺口，由此少实现产值 24 亿元，利润 7 亿元左右。但是，我们必须看到，农民缺乏自觉积累机制，消费基金增长幅度高于生产投入增长幅度，消费弹性的可缩潜力很大；融资渠道狭窄和手段单一，资金短缺与部分闲置共存，短缺带有虚假性，不容区别工农之间、城乡之间发展和用资特性的紧缩对策，使信贷与财政、经济杠杆力差失衡，调控松紧不一，效果不尽理想。围绕上述分析采取相应对策，能为缓解农村生产建设资金不足，找到一条多维合力的出路。

一、努力把消费弹性资金转入生产建设

解决农村生产建设资金不足的问题，这对我们农业份额较大，经济基础薄弱，原始积累不足的发展中国家来说，比较好的操作应该是：在国家尽力多增加一些财政、信贷资金的同时，注意引导农民调整资金投向，在积累与消费的互相替代上作文章，努力把积累与消费可替代的弹性区间资金转入生产建设。

农民解决温饱后，按照“恩格尔系数”原理，现金收入比上期纯增的大部分资金要用于扩大再生产。因为这期间农民食用部分的增量比较微小，在增收部分和配置上，用于生产建设投资至少应同生活消费（包括非生产性建设支出）平分秋色。由此推出，如果用于生活消

费高于生产投资的增比，二者间就产生了可互相替代的弹性，即：二者增比的差率。差率所对应的资金份额，就是农民增加投入，进行扩大再生产的自身资金取向。

消费弹性区间资金是个不小的数额，如果采取得力措施将其挖出，将对缓解资金的供需矛盾起到重要作用。吉林省1983—1986年，农民的现金收入年递增12.5%。对应消费的1984—1987年，农民生活消费现金支出年递增19.0%，而同期生产投资年仅递增12.4%，比生活消费支出年递增率低6.6个百分点。用1 600个样本农户的调查结果推算，吉林省农村1986、1987两年共建新房2 030万平方米，投资总额大约在34.5亿元左右，平均每个农业人口投资达238元，是同期人均收入额的27.4%。与此同时，受高档消费品抢购风的波及，农民用于购置彩电、冰箱、收录机、电风扇大约用去资金1.67亿元，人均支出11.5元。1988年，农民用于高档消费和超前生活支出的份额要大大超于1986、1987年。如果我们能用“恩格尔系数”原理安排生产生活，生产建设资金不足的问题可大为缓解。即或是做到生产投入与生活消费同步增长，全省每年就可从消费替代弹性区间挤出3.4亿元资金用于扩大再生产。吉林情况是这样，全国各省市区亦然。

农民用于生产投资增比低于消费基金增比，与货币回笼方式的选择有关。面对严峻的通货膨胀，我们应当冷静头脑，采取得力措施引导农民向第一部类生产投资，以求强固扩大再生产的物质基础，增加有效供给，减轻对消费市场的冲击。基于此理，用进口高档耐用消费品的方式来回笼货币，就值得商榷。由于历史的种种原因，目前农民的小农经济思想比较顽固，智商素质不高，目光短浅。由此对手中节余的购买力，往啥上用或怎么用缺乏主见，花钱带有很强的盲目性和随机性。这种盲目性和随机性，导致农民把钱用到赶“时髦”或跟“潮流”上。在这种情况下，如果我们用进口消费品去回笼货币，容易在农村形成用资导向，激发人们的消费攀比心理，放大消费“倾斜角”，削弱生产投资能力。消费追求一旦形成潮流，就会拉大市场的供需矛盾。商品的紧缺和价格的看涨，给农民以通货膨胀的信号，使他们作出抢购、持币待购的选择，出现货币到消费的恶性循环。再者，以牺牲民族工业发展机会和资金外流的高昂代价去满足回笼货币的要求，是不经济的。

实现积累与消费的合理替代，除了要有得当的货币回笼对策外，还需从三个方面来努力。一是加强正面宣传，引导农民合理消费。利用报刊、广播、电视等大众传播媒介，反复宣传人们生活水平的提高必须建立在生产不断发展基础上，必须与现实生产力相适应的道理，宣传勤俭节约，把有限的财力用于扩大再生产的先进典型，教育农民摒弃“勤俭过时，富会享乐”观念，消除“住房比款式、用品比高档、婚丧比排场”，互相攀比的思想，进而增强农民的艰苦奋斗、勤俭节约意识。二是彻底改变农业生产资金的统配制。采取农户预留生产费等措施，解决“农民种田，国家出钱”，“增收自已花，新上生产项目靠国家”等问题。三是创造有利于农民投资的良好环境。构造私人企业与国营、集体企业体异境同的产业政策，疏通融资渠道，吸引农民集中财力扩大再生产。特别要有选择地鼓励农民从事第一部类产品的生产，大力发展基地农业、开发农业和创汇农业，使有限的消费弹性资金不断得到增值，形成投资到创收的良性循环。

二、用股票债券形式吸引社会游资

农村的民间资金，不论集体积累，还是农民手中持币，都是以游离状态分散在社会各个最基本的生产生活单元中。研究如何能把这些闲散资金集中起来投入生产建设，当是筹资的一项主要课题。

农村金融体制的改革，使过去被视为资本主义经济政策的融资获得“准存权”。但在具体做法上，我们多主张以银行融资为主，其他融资形式也就程度不同地受到冷落或虐待。我认为，在资金供给不足的情况下，以股票债券的形式引导资金直接向生产部门聚集，是农村融资的优选手段。

用股票债券融资，至少有四点好处：

1. 有利于调动农民投资的积极性。近年物价的超常上涨和银行储蓄利率的相对稳定，使利率调节资金这一杠杆的作用力大大减弱。虽然农村储蓄绝对值有所上升（其中有贷款转为派生存款），但对利率的吸引作用不能给予过高的评价。不能不承认农民对现金储藏设施以及保险程度较差，货币被迫存入银行去保管，这种储蓄有其被迫性。用股票、债券手段融资，高于银行利率的股金分红和债券贴现率，必然对资金产生引力。这种引力，将使资金所有者向银行存款的被迫性演变为直接向生产部门投资的积极性。

2. 有利于满足资金所有者的增值愿望。商品经济的发展，使人们在价值储存上冲破了以往那种“零钱凑整钱”的观念，产生强烈的增值意识。但银行、信用社按国家统一利率吸收存款，体现不了地区间、企业间的利润率差异，难以满足资金所有者的增值愿望。而用股票、债券筹资，由于能够发股票、债券的企业经济效益都较好，资金运用的平均利润率一般高于社会平均利润率，这就为资金所有者实现增值提供了捷径。

3. 有利于充分发挥资金的总体效益。资金通过储蓄渠道汇集到银行后，专业银行除要以12%的比例向中央银行交准备金外，还要预留资金头寸用于抵御存贷波动，由此，资金不能全部投入生产部门，部分资金出现法定闲置。1985、1986、1987三年，吉林省农行共向农总行交准备金7.68亿元，省信用社向省农行交准备金14.28亿元，分别相当于同期省农行、省信用社贷款净放额的37.02%、94.26%。上交给中央银行的准备金，按金融理论是用于宏观调控。可这在银行几经紧缩的情况下，农村得到的往往只是控，而非调。同时，“城市倾斜症”势必在起作用。而用股票、债券直接吸收资金，供需双方不需中介，在具体议项上发生直接让渡，资金营运率即可近100%，且有用款期限长，企业资金源和参与变量稳定等优点，还可将近、中期另有他用的资金或民间借贷资金吸引到生产建设中来，进而平抑市场利率和消除自由借贷的风险。

4. 有利于抑制消费。近年农村消费基金的膨胀，除了前些年生活贫困，近年收入有所增加，人们对失去的生活有一种补偿心理外，还在于一些有心计的农民先富起来后，再投资的选择余地狭窄，手中的闲钱在冰箱、彩电热的诱惑下，顺水推舟地流入消费领域。

股票债券等直接向生产部门投资渠道的开通，从客观上给农民创造了投资的机遇，一些资金所有者就会作出或推迟购置高档消费品，或节衣缩食，节约资金用于购买股票、债券的选择。消费“热”的降温，会使商品的供需矛盾相应得到缓解，从而再度强化人们直接向生产投资意识，由此引出货币——投资——增值的运行“链”。

用股票、债券吸引社会闲散资金，它作为调节资金营运结构的一种有效手段，不能孤立地发育或存在，需要有与之相适应的经济环境和有利于成长的政策。

发育和完善股票、债券市场。股票、债券这种融资形式尽管有诸多好处，但由于“准生”的时间较短，还没成长起来，职能作用还有待于进一步发挥。当前，重点是完善一级市场，培育二级市场。所谓完善一级市场，就是要建立起股票债券认购的秩序，使筹资许可和信用票据向规范化发展。所谓培育二级市场，就是增辟证券和信用票据的交易场所，使股票、债券参与流通，随时可转手，得到贴现。

健全证券法规。农村资金的融通和证券的转让，微观涉及到投资者和用资者双方利益，宏观关系到国家和社会整体利益，必须用经济法规来协调处理。而目前我们国家还没有对股票债券予以保护的法律，融资过程无法可依，资金所有者恐于发生经济纠纷而怯购。制定有关股票、债券的法律条文，使这项经济活动有法可依，双方利益不受侵犯，应当是用股票债券筹资的有效保证和重要环节。

严格执行信贷与自筹资金的匹配政策。在信贷资金总量有限的前提下，为调动生产经营者首先发掘自有资金潜力的积极性，国务院在《借款合同条例》中规定：“借贷方申请贷款，应具有中国人民银行规定的一定比例的自有资金。”值得提出的是，这一规定在执行中偏松，也有用财政支农资金顶替自筹资金，要求银行匹配贷款的事例，这应坚决纠正。借贷中，如自筹与贷款按 3∶7 的比例匹配，行为人就会运用股票、债券等筹资，从而给农民带来入股机遇。

三、实施财、信、审联动的紧缩操作

信贷资金是农村发展资金的重要组成部分，它在农村生产建设中，具有其他资金无法替代的作用。它无论是总量还是结构的较小变动，都会直接影响到农村发展资金的总体运行。不断总结国家对资金宏观调控的经验教训，加强和改善宏观调控，与缓解农村资金的供需矛盾密切相关。

为解决资金总量失衡问题，中央政府曾于 1985 年初和 1987 年末，两次施行了紧缩银根的对策，但遗憾的是，由于财、信、审三大经济杠杆没能同步联动，紧缩信贷孤军深入，且实施中调与控又缺乏有机结合，结果使釜底抽薪的愿望变成了扬汤止沸。

紧缩信贷的应急操作，在时间上，不允许债权企业来搞“紧中有活，区别对待”，“急刹车”的第一刀先“砍”向农村。1985 年的紧缩，对乡镇企业的贷款一律卡死，不管贷款是否到期，银行见钱就收，并且只收不贷。对经济效益好、出口创汇、发展潜力大的企业也不例外，造成了许多欲上不能，欲下不忍的“半拉子”工程，使投资预期效益大为滞后，个别项目损失惨重。1987 年 9 月，人民银行将中央所定的农产品超收部分所用资金由人民银行解决，改为由农业银行自求平衡，还采取了削减贷款增额计划、提高农业银行的借款利率和向信用社下达特种存款任务等项紧缩措施，使已经很拮据的农村资金再度受困。

吉林省农业银行 1986 年末，收购农副产品贷款余额为 24.8 亿元，1987 年末达到 33.5 亿元，比 1986 年增加了 8.7 亿元。而全年各项存款只增 55.9 亿元。在这种情况下，收购农产品资金要农业银行自求平衡，实际办不到。如硬要求平衡，是必挤占其他方面的贷款，整个农村的生产和人民群众的生活都要受到影响。一些地方在收购农副产品时，被迫向农民开欠条，一年一度的收益分配不能及时兑现，下年生产准备则无法进行。人民银行向信用社下达特种借款任务，已经超出了紧缩银根的范围，实属一种经济行为掩盖下的行政手段。因为人行没有理由把在其他渠道多发行货币的漏洞转嫁给合作金融组织——信用社负担。至于人行调整农行的借款利率，又不准对下提高贷款利率，根本不起压缩规模、让企业优胜劣汰的作用，只能侧重人行与农行的利益，实质是微观调节，而非宏观控制。

对农村信贷苛刻的紧缩，不但直接影响到农副产品的收购，而且还使农副产品加工业不能崛起，林果业、畜牧业等原料基地滞后发展，与农副产品产量的年度波动发生共振，再次拉大农副产品的供需矛盾。

就在信贷几经紧缩的同时，紧缩财政则表现出对预算内软弱无力，预算外鞭长莫及。由于地方政府及国家事业单位的软预算约束机制依然如故，紧缩的行政手段遇到经济机制这个“克星”，加之预算外资金的失控和用途的不确定性，导致社会集团购买力剧增，基建规模压而不下，机关的小汽车一增再增，用于奖金和实物分配的开支累累加码，行政管理费年年超支，楼堂馆所遍地四起，财政支持发展经济的职能作用大为削弱，变成了“吃饭”财政或“生活”财政。财政非生产性建设和集团消费份额的加大，这在我国长期形成的工业偏差较大的固定资产存量结构，后续投资叠加刚性难以逆转的情况下，势必要以削减农业投资为代价。“六五”时期，我国用于农业的基本建设投资为172.84亿元，比“五五”时期减少29.8%，占国家基本建设总投资的比重也由10.5%下降为5.1%；同期用于轻、重工业的基本建设投资为1 546.97亿元，比“五五”期间增加25.6%。各级政府通过财政预算渠道的直接投资，引起财政支出规模过大所发生的赤字，则会通过银行的透支，进一步加剧信贷资金的紧张，使中央人民银行超量发行货币。货币的超量发行，通货膨胀就会程度不同地存在，客观地提出再度紧缩银根的要求。城与乡、工与农政策上的一松一紧，投资绝对数的一升一降，足以说明我们对资金的宏观调控具有偏颇之处，需要认真地对其修正和完善。

第一，紧缩银根既要控制规模，又要积极支持农村大力发展商品经济。资金的营运，是伴随着分别情况进行调剂，才得以实现的。紧缩银根，是调节供给与需求的手段，支持经济发展才是目的。我们应按照“紧中有活，区别对待”的原则，在控制资金投放规模的同时，调整资金分配结构，分轻重缓急，优先安排经济效益和社会效益都比较好的粮食生产、多种经营项目、农副产品收购和乡镇企业所需资金。压缩规模，也应首先压缩非生产性建设规模，控制社会集团消费，杜绝人民群众把信贷资金转向消费。

第二，信贷、财政、审计等宏观调控手段要同时动作。造成上面所说的控了生产资金、松了社会集团消费的原因，主要是我们宏观调控手段单一，过分地依靠金融手段，对财政、审计等部门宏观调控职能作用发挥不够，财政计划年中追加频繁，社会集团开支审批不严，胡花乱支得不到制止，甚至违反财经纪律的也得不到查处。如果我们在紧缩信贷的同时，注意解决财政预算约束机制疲软，预算外资金失控和社会集团消费膨胀等问题，再辅之大项开支事前稽核，事后审计等监督手段，做到严肃纪律，杀一儆百，那么，松紧不一、苦乐不均的问题就能够得到避免，宏观调控的效果就会更为明显。

第三，改掉政府对专业银行的行政干预。就我国的情况来说，宏观调控属经济约束，而压缩规模则是行政手段。这在专业银行代政府行使部分职能的情况下，有两种互逆可能：一个是容易把经济约束混同于行政手段，使受调控的经济单位感到闸门不正，从而削弱宏观调控的经济效力；另一个是容易用行政手段排斥经济约束，使资金配置的“龙头”开闭不当。以基本建设为例，只要政府确定不下马的项目，银行似乎无法拒付工程用款，地方政府还可迫使银行放出不该放的贷款。用行政手段去处理经济问题，显然效果不好。由此可见，让专业银行脱离“政轨”，还权于企业，不但是金融改革的一项内容，也是加强和改善宏观控制的一项好措施。今后，应当明确：在银行与政府的经济关系上，专业银行不再承担由政府指令的政策性贷款，谁主办由谁出钱付息；在银行同财政的关系上，各种政策性经营补贴、亏损补贴、收购加价款等财政性资金，一律由财政及时拨补，代国家储备的农副产品用款，也要转为由财政拨付，不再用信贷资金垫支，在人民银行与农业银行的经济关系上，对超收农产品所需资金和因物价上涨而加额的农村信贷资金需求，应由人民银行借垫。

第四，多维融资，增加供给。从调节供给与需求的同一目的出发，开辟资源，实行“匀速流量免刹车”与“拧紧龙头”的紧缩相比，前策也许是更为积极的抉择。实践证明，行政性“急刹车”，容易造成经济滑坡，特别是会使那些经济效益好、急需发展的生产项目受到限制，导致择优扶持的经济原则难以落到实处。借鉴其他国家的经济实践，比较理想的办法是通过提高资金价格（利率）吸收储蓄，增强资金供给能力；加速结算票据的传递，缩短资金在途时间；帮助企业清仓利库、清资挖潜，提高资金使用效率，收回逾期贷款，还旧贷新，努力缩短资金的“滚动往复”时间。用挖掘信贷资金潜力的办法，抵补信贷资金的不足，逐步建立起符合商品经济要求的资金供求调节和约束机制。

（1988年7月）

把农田水利工程“夯”实

实行大包干责任制时，一些人误认为，只要有了好的政策，农业就可稳产高产。但是，粮食生产五年徘徊，人们在洪水，或在干旱面前重新认识到：要农业稳产高产，光靠政策这个“软件”还不行，还须有与大自然抗衡的“硬”措施。于是，一些地方重又开始农田水利基本建设，在“命脉”上下功夫。

古往今来，我国农民利用自己的智慧和力量，兴修水利，整治土地，提高抗灾能力。其中，不乏可歌可泣的人和事。但也有沉痛的教训。记得在“学大寨”的年代里，一些县、乡为迎接上级检查，工地上红旗招展，锣鼓喧天，有的组织夜间突击队，其实是点着马灯在“窝棚”里睡大觉。例如有的县，为能早日跨入“大寨县”的行列，在平地上修梯田，看着黑油油的土层被挖上来的黄土覆盖，老百姓敢怒不敢言。这些形式主义的东西，都落个劳民伤财的结果。人们对此深恶痛绝。

现在开展农田水利基本建设，一定要汲取历史的经验教训，扎扎实实地干点实事。有这样几点是很值得注意的：

一要选准项目。就一个县、乡来说，防洪排涝，整治土地，变水害为水利的项目很多。一定要进行科学的论证，依据因地制宜，节约资金，注重实效的原则办事，在对已有工程进行改造和配套的同时，上一些对改善生产条件有决定作用的工程。避免盲目蛮干和“瞎”指挥。

二要保证质量。农田水利工程都是动土用石的，闸门、渠道基础如不“夯”实，就会像我国俗语说的“千里之堤毁于蚁穴”。

三要多方获益，注重经济效益。例如，治水，要组织好“上下游”的衔接，协调处理好“卡脖”段；要统筹安排，注意保护林、路、桥、涵、广播、供电线路等一些地面和地下设施、设备等。

总之，农田水利基本建设是件实业，容不得半点虚假和糊弄，需要严格的科学态度，严谨的工作作风，实打实地去工作，只有这样，才能实现动机与效果的统一。

（摘自1988年11月9日《人民日报》）

粮食优势与“丢卒保车”

农村生产关系的变革，使孕育多年的生产力一触即发，把吉林的粮食生产推上了令全世界瞩目的新台阶。全省粮食总产继1982年突破100亿千克后，1984年迈上了150亿千克的台阶，1987年又刷新历史最高记录，达到167.6亿千克，比1982年增长67.6%，1982—1987年，粮食总产量平均每年递增10.2%，商品率已达58%。

吉林粮多，主要是玉米多。面对玉米收不了、储不下、运不出的低水平“过剩”，最近一个时期，省内经济理论界和农业生产战线的实际工作者，广泛地开展了如何看待吉林粮食优势的讨论，以此引出颇多的不同之见。有的主张“丢卒保车”，即在发展资金供应不足的情况下，紧缩粮食生产的投资，用于发展工业或其他产业，也有否定粮食生产是吉林的经济优势之说。在众说纷纭中，我认为，就吉林的地理方位、气象、水源等自然条件和经济以及社会的情况看，否定粮食生产是吉林优势之说有失偏颇，“丢卒保车”的选择不符合客观实际。

评价产业的优劣，是以一定的时空条件为基准的。如果把吉林的粮食生产限定在“六五”、“七五”期间来讨论，我们就会明显地看到，粮食生产是此期农民得以温饱，增加收入，改善生产生活条件的决定因素，是启动轻工业生产，活跃城乡市场的基础，是扩大出口创汇的主要货源。实行家庭联产承包后，如果我们不利用吉林人民世代相传的种粮经验、耕作技术和得天独厚的自然条件去千方百计地发展粮食生产，不顾及缺资金、少技术的客观情况去在农村偏重于发展工业，企求“空转起步”，很可能落个优势不得发挥，劣势没能避开，此彼同失的下场。农民收入的增加，生产生活条件的改善，都会成为海市蜃楼，整个社会也不会有稳定的大好局面。

吉林的粮食优势，不仅仅体现在原粮的生产上，更主要的是进行粮食的深加工、精加工，实现多次增值，用第一产业带动二、三产业同步发展。以原粮为原料，发展植物燃料工业，或生产工业粘合剂、抗生素、酶制剂、玉米糖、变性淀粉，提取高蛋白等，既能为剩余劳动力提供就业和获得收入的机会，又可为地方财政和国家培植财源、税源，实为吉林走向省富民丰之路的优选。一些人对粮食优势不苟同，也是由于上述潜在优势的透明度不强，以致把思路限定在狭窄的第一产业的缘故。

单说原粮的生产，也本应有利可图。在美国、加拿大、荷兰、丹麦等农业比较发达的国度中，以种粮成为富翁的并不少见。吉林农民常常想念1982、1983、1984年，就是因为在此期间他们种粮获得了较为理想的收益。1985年后，种粮与非农产业相比效益下降，主要是生产资料价格上涨过猛，粮食的生产成本增高，农业为工业、农村为城市提供积累政策的加力效应，工农产品价格的“剪刀差”再度扩大等原因所致。随着改革的深入，城市与乡村、工业与农业的利益将发生重构，“城市倾斜症”将逐步得到矫正，工农产品的比价会相应得到理顺，种粮的比较效益可能相应好转。

优势的占有，决定这个“卒”不能丢。“丢卒保车”，首先要分清啥是“卒”，何为“车”。就吉林的中部产粮区而言，粮食生产已形成龙头产业，在总收入构成中占有较大份额，而乡镇企业和多种经营才刚刚起步。前者与后者相比，粮食生产是“车”，而非“卒”。“卒”还没过“河”，不占有“进攻”优势，或不到弃子攻车之机，显然没有丢“车”之理。如非要丢之，只能落个全盘皆输的结局。不丢“车”，不是永远的正论。当“卒”已过“河”，同“车”形成并驾齐驱或超越“车”的“攻杀”势能时，为了快速取胜，弃“车”保“卒”，是用兵之妙法，弃之得当，丢之有理。

粮食生产既然是吉林的优势，就应继续发展。这里所说的发展，是个广义的概念，并不意味着要回到以粮为纲的老路上去。它既包括原粮生产要继续攀登新台阶，也包括搞活流通，做活粮食生意，更有进行深加工、精加工，实现多次增值的含义，这里自然涉及到大力发展乡镇企业和多种经营。就其原粮生产环节来说，在生产资料涨价难以遏制，生产资金紧缺，投入的边际效益不够明显的情况下，不应单纯靠增加投入来取得增益。而应注意推广先进科学技术，调整作物布局，更新品种，提高产品质量，争取用最少的投入来获得最好的效益。

（1988年9月）

农村走向商品经济时代的新机遇

机遇，是我们走出传统自然经济的低谷，步入现代化商品经济大道的有利条件。基于机遇对发展商品经济的重要促进作用，今年以来，邓小平同志曾两次强调要注意把握机遇。1月23日，小平同志在《关于沿海地区经济发展的战略问题》的报告中批示，实施沿海发展战略，千万不要贻误时机；尔后，他在谈到经济改革和发展问题时再一次指出，时机有利时，要坚决些。小平同志反复强调机遇问题，旨在提示全党，一定要重视发展商品经济的机遇，注意研究，开发和创造机遇，利用机遇去实现中华民族的伟大复兴。

结合目前农村的形势学习、理解和领会小平同志的经济思想，我认为至少有以下四个机遇，将对加快农村商品经济的发展进程起到“助力器”的作用。

一、新技术革命的兴起，将对农村发展商品经济输送后续动力

目前，在美国、日本、西欧一些发达国家中，科学知识和生产技术日新月异，在苏联等一些东欧国家中，新的科研成果运用生产实践的时间在缩短，新的产业也相继兴起。世界上出现了以信息技术为先导，以新材料技术为基础，以新能源技术为动力，以生物技术为核心的新技术革命高潮。这一高潮同我国的开放大潮相汇合，形成强大的洪流，冲击着我国农村沿袭已久的陈腐落后观念，使我们在同异国的

互相合作中得到启迪和醒悟。同时，国外新技术的扩散和我们的主动吸收、消化，将使我国农村的产业结构、农业内部结构、生产力布局得到改善，生产要素得到重组；耕作技术和农机设备得到更新，还有助于我们积极发展开发农业和创汇农业，提高劳动生产率和实现良种的优化。如果我们选择用“他山之玉，琢我峰之石”的战略对策，世界新技术难点的不断攻克和突破，即能为我国农村商品经济的发展输入源源不断的动力。这样，可预言，在未来的一段时间里，我国农村商品经济有可能进入高速发展阶段。

世界新技术革命的高潮，将给我国农村带来令人瞩目的变化。能源、机械、电子等新技术的引进和应用，会使农村各产业得到现代的装备，天时、气象预报更加超前和精确，能在土地资源稀缺的基础上，提高食品的自给能力和土地利用型农业生产率。结构简单、操作方便、耗能低的新型农机具不断推出，会与我国目前农村劳力的智能、文化和技术素质相适应，实现体力型、劳动密集型生产向智能型、技术密集型生产的转换。先进的机械设计原理向农产品输送、储藏、加工领域渗透，使人们对食品的质好、味美、新鲜、安全的要求得以满足。生物工程的重点突破，将使细胞融合和基因重组的设想变成现实，高蛋白质、高赖氨酸、高维生素、超级光合作用的作物就会被从实验室中移入田野；再能培育出耐盐碱和耐干旱的作物，就可实现盐碱土地良田化和沙漠绿化。以微电子技术为基础的信息技术，具有节约能源、原材料、资金和对环境冲击小的特点，更适应目前农村双层经营的现状，会使许多已有的技术趋于“农村化”，受它的作用和影响，农业生产的自动化和管理的科学化会有很大突破。

二、沿海发展战略的实施，将对内陆省份农村发展商品经济释放出强大的辐射力

沿海发展战略的核心是，沿海地区要大力发展外向型经济，实行“两头在外”，“大进大出”，积极扩大劳动密集型产品的加工和出口，参加国际大循环。这一发展战略的实施，不仅将我国的沿海开放地带推到国际市场上去参与交换和竞争，而且必将有力地促进我国中部和西部地区经济的发展。它对内陆省份的辐射作用：一是沿海地区发展劳动密集型产品，就使内陆省份劳动力大量剩余的包袱，转变为发展

商品经济的一大优势，广大农民会从就业中得到劳务收入，从而强化自己的“造血机能”，增强其自我发展能力。二是实行“两头在外”，就会给内陆省份让出了一块国内市场和原料，使内陆省份乡镇企业和个体、联合体企业的大宗产品市场疲软、原料不足的问题得到缓解，从而提高经济效益。三是沿海地区参与国际市场的竞争，为内陆省份扩大了信息源，为内陆省份发展外向型经济开辟了一条广阔而又畅通的进出渠道。四是沿海开放带的拓宽，将为内陆省份融通资金、扩散产品、转让技术、输送人才提供方便和给予大力支持。沿海经济的率先繁荣，必将带动内陆省份经济的大发展。这对于还较为封闭落后的中、西部内陆省份来说，确实是个千载难逢的发展机遇。

三、利用价值规律指导农业思想的确立，将对农村发展商品经济注入新的活力

多年来，我们在经济工作中忽视价值规律的作用，使农副产品的供给和需求在反向调节中形成恶性循环。一方面，农副产品生产不稳定，短缺的现象经常发生，可我们采取了低价收购的政策，结果抑制了农副产品的产出，另一方面，在人口增加较快，人们对膳食质量的要求不断提高，农副产品供与需的矛盾渐趋突出的情况下，我们采取的是低价补贴销售的政策，结果刺激了农副产品的消费。供与需的反差距离加大，最终导致采取扭曲市场的办法，附加给以行政干预，用票券维系生产与消费，使市场在低能、微调或放大扭曲度数的畸形中，做不规则运转，人们在不知不觉中承受着价值规律的惩罚。农副产品供求矛盾的不断拉大，粮、油、糖、肉产量的跳跃性波动，生产与消费者的双重抱怨，其根源就是我们忽视价值规律的结果。党和国家在认真回顾反思，总结经验教训的基础上，明确地确立了用价值规律指导农业的思想。中央领导在党的十三大报告和全国七届人大报告中都阐述了用价值规律指导农业的问题。指出，对农业生产中出现的新情况新问题，应当在发展商品经济的过程中，按照价值规律加以引导和解决。并强调这是在农村工作中必须牢固确立的一条重要指导思想。用价值规律指导农业，意味着生产者与消费者之间的利益重构。生产者会自觉地以市场为导向，对生产经营的行为做出恰当的选择，在商品经济的海洋中“游泳”。糖、油、菜、肉、蛋、奶等大宗农产品价格放开，改“暗补”为“明补”，变“倒挂”为“顺挂”，农副产品比较效益差的问题将逐步得到“回位”，农民的生产积极性定会出现突涨。从这个意义上说，是农村实行大包干责任制后，所遇到的又一次重大发展机遇。

四、社会上全方位、大规模的配套改革，将对农村发展商品经济产生聚合力

党的十三大和全国七届人大会议后，经济体制改革的步伐在加快，政治体制改革也在加紧试点，并逐步推开。现已出台的财政、粮食、供销、外贸、金融、科技等一些与农村经济密切相关的配套改革，在农村这一焦点上形成强大的聚合力，有力地推动着农村商品经济的发展和农业内部的自我改革，通过各方面的配套改革，将增进各行各业对农村发展商品经济的理解和支持，摩擦掣肘现象会得到缓解，对农村经济的宏观调控和微观搞活融于有机结合，农户和企业的生产经营自主权会真正得到尊重；资金、技术、人才等生产要素自觉趋向优化组合，流转渠道会相应地得到拓宽，农村发展商品经济的需求会日益得到满足。利用好这些外因条件，不失时机地推进农村的内部改革和发展，可以收到事半功倍的效果。

机遇具有很强的“时空”性。唐代哲学家韩愈在《与鄂州柳中丞书》中说：“动皆中于机会，以取胜于当事。”古今中外，从官吏到平民，都晓“机不可失，时不再来”之理。准确把握机遇，科学利用机遇，让机遇的能量在发展商品经济的过程中全部得以发挥，这是经济工作者的高明选择。

（摘自《农村工作通讯》1988 年第 5 期）

别开“谎花儿”

固定资产投资增长过快，是引起通货膨胀的一个重要原因。为此，国务院三令五申，要清理固定资产在建项目，压缩基本建设规模。但时至今日，在一些地方、一些部门，基建规模仍压不下来，清理在建项目只开“谎花儿”，不“结实果”。人民日报 6 月 29 日报道“审计机关跟踪审查发现，部分停缓建项目继续施工”所披露的事实，就是证明。

其实，在一些地方，存在的问题要比报上登的还严重。有的对在建项目只压缩面积，不压缩投资；有的把一个基建项目化整为零，分期分批施工；有的把实际上并非在建项目报上去，当作清理、紧缩的成果；有的套取银行贷款充当自筹资金，用于计划外的技术改造；有的极力往允许继续建设的项目上“挂靠”；有的对欲上的新项目明里说缓建，暗里积极做前期准备，一旦有“空”，就争先上马，等等。最近，中央领导在全国财政工作会议上指出，一些单位不顾大局，偷偷地上基本建设项目，甚至搞楼堂馆所。这些手法尽管有所不同，但性质是一样的，都是采用“高明”的对策，变着法儿摆脱国家的宏观控制。

清理在建项目，压缩基建规模，在一些地方何以开了“谎花儿”？责任在当事的领导。一是领导者目无组织，不守纪律，置国务院的文件于不顾，有令不行，有禁不止，我行我素，甚至公开弄虚作假，同文件精神对着干。二是本位思想严重，在局部与全局利益发生冲突时，以牺牲全局利益为代价，千方百计维护本单位、本部门利益。三是短期行为作祟，一些人为在任期内多树“政绩”，急于上项目，搞所谓创业、创收，由此也派生出互相攀比等不良现象。

当然，领导部门对这项工作布置多、检查少，监督不够，把关不严，使一些该“砍”的项目“漏网”，对不该上的项目开了“绿灯”，是造成“开谎花儿”的另一个重要原因。

防止开“谎花儿”，一个有效的办法就是抓各级、各部门的领导干部，严格要求他们进一步统一思想、统一认识，不折不扣地执行政策；顾大局，往远看，局部利益服从整体利益，眼前利益服从长远利益。同时，强化有关领导、监督部门的职责，对新开的项目严格把关，对在建的项目再进行坚决、认真、细致的清理或复查，及时纠正违背政策的行为，对弄虚作假、继续对抗国务院指示的，毫不迟疑地按政纪、法纪严肃处理。

只要各级、各部门的领导都能顾全大局，不开口子，不搞对策，压缩固定资产投资规模的“谎花儿”，就不难“摘除”。

（摘自1989年8月1日《人民日报》）

家庭承包派生的新问题不容回避

家庭联产承包责任制，是农村改革的成功之举，是八亿农民的创举。它的历史功绩是举世瞩目的。

但是，随着农村生产力的不断提高和商品经济的发展，现行的土地家庭承包制，有五个矛盾亟待解决。

第一，人口劳力的变动与土地承包期15年不变的矛盾。普遍推行家庭承包已近一个年代。此间，农村人口的婚丧嫁娶和劳力的年出年入变动很大，而土地基本没做调整，致使相当一部分人没有口粮田，劳力没有责任田。据全国重点商品粮基地扶余市的调查，家庭承包后成长起来的18～23周岁男女劳力共143 856人，其中男劳力72 436人，占全市农村男劳力总数的1/2。这些劳力都没有责任田，而按劳动力分担的各种义务和摊派，他们都要负担。通化市委农工部今年上半年接到21起信访，其中有18起是要求调整土地的。土地均等占有的初衷掩盖着事实上不均等的问题，已影响农村的安定团结和农民的生产生活，是个不容忽视的大问题。

第二，地块的零碎与加强统一服务的矛盾。吉林省采取按人口、劳力比例或按人口均分两种包地形式，户均包地16.8亩。在地块划分上，一般地方都把耕地划分三个或四个等级，一般农户分六、七块地。

过于细碎的地块，给作物布局、换茬轮作、中耕、秋翻、农田基本建设和推广新技术，都带来了一些难点，特别是造成一些农机具的闲置和浪费，使生产成本上升，集约耕作的一些措施无法实施。

第三，土地兼有的福利属性与提高产品率的矛盾。在我国，土地具有生产资料和福利媒介的双重属性。作为生产资料，土地应合理流动，同其他生产要素优化组合，以求提高产出率；作为福利媒介，土地应人人有份，并要相对稳定，这对不具备经营能力或经营能力不强的农户来说，无疑要降低土地产出率。仅长春市就有13万个种田薄弱户，占农户总数的15%，正常年景平均亩产只有225千克左右，比全市平均亩产要低17%，影响产量大约在1亿多千克。

第四，追求利润与培肥地力、保护资源的矛盾。土地的家庭承包，使家庭这一血缘组织又派生了经营职能。一些农户在生产经营中重施化肥，轻视使用农家肥；热衷当年生产投入，排斥长远基本建设和设备投资；注重利用土地资源，忽视对其进行保护和整治，导致土壤有机质含量递减，理化性能变劣，农业装备水平难以提高，生产后劲严重不足。这是农业走出徘徊的一个比较明显的制约因素。

第五，其他形式的改革试验、试点与稳定家庭承包的矛盾。近两年，一些县乡为解决统筹提留款难收和一些农户土地产出率低的问题，搞了“两田分离”，按人均分口粮田，责任田招标承包或租赁经营。对搞“两田制”和土地的租赁经营，人们褒贬不一，有许多问题需要进一步讨论、研究。

总之，目前的家庭承包很不完善，我们的土地政策还比较笼统，有的条款界定也不够清晰，亟待作一些修订和补充。

1. 应进一步明确“大稳定、小调整”的政策。大家认为，在坚持家庭承包这种形式长期不变的前提下，本着尊重绝大多数人的意愿，解决矛盾，促进生产力发展的原则，应允许各地从实际情况出发，定期对土地承包做小调整，通过调整促进稳定。目前，一是对户在人不在的、长期不履行承包合同的、有其他稳定收入的农转非户，干部利用职权多承包的土地和大中专毕业生的口粮田或责任田收归集体，由集体重新发包；二是符合政策新增的人口补给口粮田，新增劳力，有条件的地方可补给责任田，一般应通过开发农业和非农产业来安排就业。进行小调整的间隔年限，一般以五到七年为宜。

2. 因地制宜地实行多种形式的规模经营。从吉林农村的情况看，每个农户平均承包16.8亩耕地，其规模基本与目前家庭的生产力水平相适应，在某种意义上说，这就是吉林特色的规模经营。另外，分布在吉林省中部黄金玉米带上的一些县乡，在家庭承包的基础上，实行耕地轮翻制和统种分管制，解决了地块零碎与统一服务的矛盾，形成了不受阡陌限制的规模经营，很受农民欢迎。

3. 应强化土地的生产要素属性，软化其福利属性。农村出现的超力经营者不退地，没地或少地的农户找政府要地，有了稳定收入的工商业者也不肯交地，人们普遍恋地的现象，问题出自土地制度，主要是土地兼有的福利属性所导致的。当前，应用“调节法”处理土地的福利属性与生产资料属性的关系。一是采用“两田分离”法，分别明确口粮田与责任田的绝对面积，相应区别二者的承赋和负担。二是相对减少口粮田面积，增加责任田面积。三是注意解决种地薄弱户土地产出率低的问题。

4. 应解决地力下降问题。实行家庭承包后，从省到各县乡，都对培肥地力作出了一些具体规定，有的还采取了货币抵押等一些经济手段，但却没能有效地遏制土壤有机质含量的下降。普遍认为出路在于“以地养地”，在秸秆还田或种绿肥上下功夫。

5. 应有组织、有步骤地进行土地制度改革的试验、试点。目前，由家庭承包派生的诸多矛盾困扰着我们，有待我们在社会实践中进一步发挥群众的智慧和力量，不断地进行积极的，有益的探索和创新。对已经搞起来的招标承包或不完全意义上的租赁经营，应支持继续搞下去，以利积累经验，寻找资源合理配置，优化组合的有效途径。建议国家或各省市，有选择地确定一些土地制度改革的试验区，在坚持土地公有制的前提下，进行一些改革试验或试点，取得经验后，区别不同情况逐步推广，力争建立一套具有中国特色的土地制度。

（摘自《学习、研究、参考》1990 年第 11 期）

稳步发展农村集体经济

邓小平同志在 1980 年就明确指出，农村总的方向是发展集体经济，引导农民走共同富裕的道路。以后，他又多次强调这个精神。在

1990年6月召开的农村工作座谈会上，江泽民、李鹏、宋平同志都讲到要不断发展和壮大集体经济。这就为深化农村改革提出了一个基本思路，从根本上指明了我国农村发展的方向。

一、发展集体经济是客观的需要

首先，是坚持走社会主义道路的需要。按照马克思恩格斯的设想，搞社会主义，一个重要的目标是建立以公有制为主体的所有制关系，根据生产力的发展，有步骤地用社会主义公有制代替资本主义私有制。农村集体经济，有不可分割的财产和不断得到补充的积累，实行按劳分配，是农民群众共同所有的公有制性质经济。它不断发展壮大的过程，就是社会主义新农村日益进化的过程。不发展集体经济，农村社会主义建设就会止步不前。

其次，是实现"小康"的需要。按照中央的既定方针，90年代，我们要实现国民生产总值再翻一番，人民生活达到小康水平的第二步战略目标。实现这个目标，困难很大，任务艰巨。在农村，把这个重负荷单独压给分散的家庭经济，显然难以承担，在农村大批兴建国营企业，无论经济条件还是社会条件，都不允许，出路只有利用农村劳力、资源和市场优势，发展资本有机构成低，具有"短、平、快"特点的集体经济。

第三，是抑制贫富差距，实现共同富裕的需要。共同富裕，这是社会主义有别于资本主义的一大特征，是社会主义制度优越性的具体体现。由社区性合作经济组织来组织发展集体经济，能把能人的智慧和管理水平与一些智能比较低下的劳动者的体力结合起来，使各方优势互补，相得益彰。在集体生产单元中，低能的劳动者只要出手干活，也可得到相应的收入，这就是我们常说的"集体经济有较强的带户帮贫功能"，使生活困难的农户，也会随着集体经济的发展逐渐富裕起来。

第四，是深化农村改革的需要。加强社区性合作经济组织"统"的功能，健全服务体系，是深化农村改革的重点。而这两项都有赖于集体经济的发展和壮大。只有集体经济发展了，积累才有源泉，才能统一进行农业的基础设施建设；才能以工补农、以工建农；才能开展产前、产中、产后服务，把千家万户的分散经营纳入社会化大生产的轨道。随着集体经济实力的不断增强，集体对农户的感召力和凝聚力，也会相应增强，使农民更加拥护改革，支持改革。

二、农村社区间集体经济现状差异较大，水平参差不齐

目前，吉林省农村集体经济发展得很不平衡。按其生产力水平，大体分为三类。一类是集体经济实力比较强的。这样的村，不但村办企业经济效益好，而且集体家底厚，资产管理严格，坚持按规定收取各项承包费和固定资产折旧，对农户除了能较好地开展供种、供肥、排灌、机耕、植保等方面的产前、产中服务外，还能提供农产品购销或加工方面的服务，进行多种经营。这样的村，产业结构也比较合理，农民负担较轻，村组干部的工资完全由集体收入中列支，不向农民摊派，农民很满意。像四平的“红嘴子”，永吉县的团结村，公主岭的“泡子沿”等，都是这类典型。可惜，这样的村在吉林并不多见。另一类是集体经济比较薄弱的。这样的村，企业没有活力，有的甚至亏损，集体对农户只能靠收取的土地承包费或向农民筹款进行一些种植业的产前、产中服务，或开展一些协调性质的服务。集体提留年提年用，积累不下，调整产业结构的步伐缓慢。再一类是集体上基本没有财产，没有村办企业，人们叫“空壳”村。有的还“寅吃卯粮”，欠下了债务，很难开展服务，致使双层经营变成了单层经营。据有关部门统计，吉林省农村集体经济产债相抵后的“空壳”村达34.7％，其中产不抵债的为26％。这样的村所占比例不算小，不容忽视。总起来说，农村的集体经济还很不发达，大多数村处于起步阶段。

三、发展集体经济应梯度推进，分类指导

解决“空壳”村是当务之急。“空壳”村应从健全社区性合作经济组织，加强集体“统”的功能入手，收足用好各项承包金，量力对农户开展一些能够收支平衡或带有协调性质的服务，组织群众开发荒山、荒坡、荒水，兴办小农场、小林场、小果园等绿色企业、水面企业或养殖企业。地理位置、交通条件好一点的村，还可兴办农副土特产品加工业，砂石、砖瓦建材业，适当发展运输业，或组织专业队到

城里开展劳务服务。这样的村发展集体经济，靠自我启动难度大，需要有关部门在资金、物资和技术等方面给以必要的帮助和扶持。比如，组织地、县机关干部下乡包村，帮助研究路子，选准项目，开辟生产门路，财政给点贴息贷款，物资部门给点平价生产资料，税务部门对其实行“预取先予”等一些优惠政策。当然，“空壳”村也要发扬自力更生、艰苦奋斗精神，流汗实干，节衣缩食，集腋成裘，把“回头钱”用于扩大再生产，使之繁衍增殖，不断增强自我发展能力。

集体经济有一定基础的村，应强化“内功”，挖掘潜力，改进技术，加强管理，搞活企业，提高经营水平、经济效益和应变能力。

集体经济实力雄厚，产业结构比较合理，农工商各业比较协调的村，应“壮根固本”。应注意处理好农业与其他产业、积累与消费、内涵扩大再生产与外延扩大再生产的关系，在搞好以工补农，以工建农，加强农业基础设施建设的同时，向生产的深度和广度进军，发展跨区域、跨行业的联合与合作，把集体经济推向一个新的发展阶段。

四、发展集体经济应循序渐进，不能急于求成

集体经济由低水平向高水平的过渡，是个渐进的过程。悲观和无所作为的思想要不得；异想天开、急于求成，指望在即短的时间创造奇迹的思想更要不得。在实践中，不但要理直气壮地讲发展，更重要的是用实事求是的思想来指导发展。过去我们搞“大跃进”，发展人民公社，为什么效果都不好？一个重要原因就是主观愿望与客观实际相脱离，过高地估计了人的主观能动作用，错误地认为“人有多大胆，地有多大产”，“只要提到，就能做到”，历史的教训一定要汲取。因此，发展集体经济不能搞突击，切忌一哄而起，更不得“一平二调”。要本着“合理规划，稳步实施，因地制宜，分类指导”的原则，把需要与可能统一起来，讲求经济效益，兼顾生态效益和社会效益。千万不要不顾客观条件，把点上的经验在面上强行大面积推广。还是小平同志十年前说的那句话：“那里适应发展什么就发展什么，不适宜发展的就不要去硬搞。”

五、发展集体经济要注意处理好集体经济与个体经济、私人经济的关系

发展集体经济与允许个体、私人经济存在，是并行不悖的。个体经济、私人经济与集体经济，虽然所有制形式不同，但最终的目的都是发展生产力，增加社会的物质财富。允许个体经济和私人经济健康发展，这是我们党在一个相当长的历史时期中，坚持不变的一条基本政策。所以，在发展集体经济的同时，不能排斥或虐待个体和私人经济。应一视同仁，加强管理，注意引导其健康发展，使它们在社会主义建设中真正发挥其补充作用。

（1990 年 8 月）

千方百计实现农业的新突破

一、各级党委要集中精力抓农业

目前，农业升温，舆论环境看好。但是，要实现农业的新突破，靠一时的鼓励和一些权宜之计是难以达到目的的，总结历史的经验教训，为什么抓农业时紧时松，为什么增加农业投入和科技兴农的政策长期落不到实处，为什么口号农业的问题至今没能真正解决？原因是多方面的，但领导问题是其中的一个主要问题。

我们的党，是为人民谋利益的党。加强农业是我们党和人民的根本利益所在，是当前乃至今后一个相当长的时期中的工作重点。因此，我们必须从这个大局出发，发挥我们的政治优势，加强农业和农村工作的领导力量。各级党委要责无旁贷地抓农业，地县两级应把主要精力放在抓农业特别是粮食生产上。应在地县两级恢复和增设分管农业和农村工作的副书记，选派事业心强，熟悉农业和农村工作，有一定魄力的干部来主管这项工作。县以上各级党委，都应设立具有综合、协调、指导职能的农村工作部。各级党委应把农业情况如何列入考核主要领导的重要标准，从责权与利益的结合上，确保党对农村工作的领导力量不断得到加强。

二、建立“三位一体”的投资机制

增加投入，在国家财力拮据，农村合作经济组织积累不多，农民又不富裕的情况下，单靠哪一方面都难以奏效。出路只能是调动多方面的投入积极性，多方合力来解决问题，防止依赖上头或推给下头。不能眼睛向上，等、靠、要，也不能因为说农民是投入的主体，而减少国家或集体经济组织的投入。农民的投入，主要是指当年生产费用和劳动积累。应通过对农民进行自力更生、艰苦奋斗教育和预留生产费等办法，引导农民克服婚丧生迁大操大办的不良习气，减少馈赠，推迟建房，压缩消费，把钱尽可能多地用于当年生产和购置农机设备上。并要组织农民开展农田基本建设和植树造林，积造农家肥，用劳力优势来弥补资金的不足。农村合作经济组织的积累，是农业投入的有效补充。每年都要按一定比例提取积累，计收农机和固定资产折旧基金和各项承包金，结合收益分配清理财务，回收欠款，活化资金，多方聚财用于扩大再生产。国家在水利、农机和农用工业的投入上应有较大举动，加快大江大河治理、大中型水库的除险加固和大型灌区建设，恢复大中型拖拉机更新和大修理补贴，在粮食主产区重点兴建一些农用工业企业。近几年国家出台了一些增加农业投入的政策，当务之急是兑现。例如，国务院决定水利基建投资和农用水利小型工程补助费要恢复到1980年的水平，在农产品流通环节中提取农业技术改进费，建立农业发展基金等一些政策，应不折不扣地按文件要求兑现。

用制度来保障农业的投入不断有所增加。一是建立奖励制。从国家投资或某项补助费中按一定比例提取资金，奖励政策落实得好，各方投入不断有所增加的县、乡。二是建立匹配制。对农户或合作经济组织新上项目或扩大生产规模，国家在贷款上对自筹资金按一定比例匹配贷款。三是建立补贴制。对社区性合作经济组织购置大中型农机具，地方财政给予贴息，有条件的地方还应给予补助。四是建立审计制。财政部门配合审计部门，对农业投资的筹集、投向按有关政策进行审计，及时堵塞漏洞，提高资金使用效益。

三、大力推广农业先进技术

先进的科学技术，不但可实现资源缺乏的替代，而且能大幅度提高生产效率和效益。农业的发展，最终要靠科技解决问题。农村科技工作的重点是把先进的适用技术送到千家万户，应用于生产实践，努力把科技成果转化为现实生产力。

第一，健全农业技术推广体系。在建好县级农业技术推广总站的同时，重点加强乡镇农业技术推广站和村科技服务组织建设。落实国家计划内的农、林、水院校毕业生带指标、带经费到乡镇技术推广部门工作的政策，在编制和经费允许的情况下，也可选拔政治素质好、技术比较过硬的农民技术员到县、乡农技推广部门工作。积极办好以农民为主体的各种专业技术研究会，形成国家科技人员、农民技术员和科技示范户相结合的农业科技推广体系。

第二，运用多种形式普及和推广农业科技。可以以人定点，搞专项承包，可以把不同专业的科技人员组织起来，实行技术推广、物资供应、行政领导相结合的集团承包，也可以采取既“开方”又“卖药”的实体性服务。搞集团承包要因地制宜，注意总结经验，不断完善承包办法，不能流于形式。县乡农业技术推广部门是公益事业单位，要以推广和普及新技术为己任，不应搞与本职工作无关的经营或创收。技术服务收费要合理，提倡无偿，允许有偿，严禁以服务为名乱收费或多收费，尽量减轻农民的经济负担。

第三，加强农业科技教育和技术培训，提高农民科技素质。县乡两级每年都要根据当地经济发展的需要，兴办各种专业技术培训班，重点培训在乡初中毕业生和复员军人，使他们尽快掌握一二项专业技术，广泛利用广播、电影、电视等音像设施，大力普及科学技术知识，有计划地发展职业技术教育，有条件的地方可在农村普通中学适当增设农业知识课程。

（摘自《农村改革与发展》1990年第3期）

全面落实中央关于农业和农村工作的决策

当前，党中央、国务院关于加快发展农业和农村经济的大政方针已定，目标明确，任务清楚，政策对路，措施得当。关键是抓好落实。通过学习中央扶持发展农业和农村经济的各项决策，应重点抓好以下这些方面的落实：

一、落实任务和领导责任

姜春云同志在中央农村工作会议的讲话中说，根据中央政治局常委会工作要点，今年农业和农村工作的指导思想和主要任务是：以邓小平同志建设有中国特色社会主义理论和党的基本路线为指导，认真贯彻党的十四大、十四届三中全会和中央经济工作会议精神，落实党在农村的基本政策，深化农村改革，充分调动农民的积极性，切实增加农业收入，提高农业综合生产能力，改善农业生产条件，千方百计夺取农业丰收，促进农业和农村经济全面发展，确保主要农产品有效供给，确保农民收入增加，确保农村社会稳定。完成今年的农产品增产和农民增收任务，具有特殊的战略意义。落实任务，首先要量化任务，分解指标。中央确定，今年粮食产量要达到 4 550 亿千克，棉花产量达到 9 000 万担左右，油料、糖料、肉类、水产品、蔬菜和果品产量也要相应增加。对此，省、市、县政府也应把任务量化，把指标层层分解，一直落实到乡镇，并要研究增产增收的实施途径。应按照中央的要求，确保粮棉的种植面积，在此基础上增产增收。在确保农产品增产的基础上，大力发展乡镇企业和多种经营，增加农民收入和地方财政收入。

中央多次强调，省、自治区、直辖市党委和政府，要用很大的精力抓农业和农村工作；地、县党委和政府（行署），要把工作重心和主要精力放在农业和农村工作上。应按中央的要求，把农业和农村工作抓得如何作为考核各级党委、政府工作成绩的重要标准。对“米袋子”实行省长负责制，应重点考核保护耕地、保证粮棉播种面积和粮食产量等任务的完成情况，考核地方粮食储备制度、风险基金制度的建立和完善情况。对“菜篮子”实行市长负责制，重点考核供应总量、品种结构和价格情况。各级农村工作综合部门应按照中央的要求，充实力量，完善职能，承担责任，加强对农业和农村工作的督促、检查、协调和指导。

二、落实加强农业基础建设的各项措施

大力加强农业基础设施建设，下功夫改善农业生产条件，努力提高综合生产能力，是中央的一贯要求。落实中央关于加强农业基础设施建设的决策，应重点做好四个方面的工作。一是兴修水利。抓紧编制“九五”水利工程规划，兴建一批具有综合效益的大型水利工程；继续抓好长江、黄河、淮河、松花江等重点流域的治理，抓紧河道清淤和分蓄洪区的安全设施加固，努力提高防洪排涝标准；坚持不懈地开展农田基本建设和排灌基础设施建设，对老化的水利设施进行维修、改造、配套；在恢复老灌区，提高灌溉效益的同时，建设一批新的灌区。二是建设良好的林业生态屏障。应加快“三北”二期防护林工程建设进度，广泛开展全民义务植树活动，发动群众绿化荒山荒坡，大力发展绿色产业。三是把兴修水利、建设林业生态屏障同农业综合开发结合起来，把农业综合开发与实施“八七”扶贫攻坚计划兼顾起来。农业开发的重点是改造中低产田，适量开垦宜农荒地。扶贫也要致力于改善生产条件，启动贫困地区的自我发展能力，从解决一家一户的温饱转向大面积的区域开发。工作的重点是基本农田、草场、乡村公路、水电设施等基础性建设。四是提高农业的装备水平。因地制宜地选择当地生产最急需、减轻劳动强度最有效的作业项目，优先实行机械化，使产量、效益、劳动生产率都有明显的提高。加强农业的基础设施建设，应严格按照客观规律办事，加强项目管理。中央新安排的以工代赈项目，有关部门应抓紧落实。应继续发扬自力更生、艰苦奋斗的精神，注意发挥劳动力资源优势，尽可能地组织农民投工搞劳动积累，用劳动力来弥补资金的不足。

三、落实农业技术推广、科研与引进项目

依靠科技发展农业和农村经济，应从三个层次同时工作。一是抓好实用增产增收技术的推广，重点推广粮食作物优化、立体种植及高产高效新技术，棉花高效率多熟制及配套技术，农业节本增效技术，动植物病虫害防治技术等十项关键适用技术，特别要重视把适用配套的增产技术向中低产地区推广。二是针对本世纪末下世纪初农业发展的战略性、关键性技术难题，组织科技力量攻关。三是要抓好农业技术引进，适当从国外引进先进技术。依靠科技兴农，关键是依靠广大科技人员和农民群众来兴科技。在调动农业科研和技术推广人员积极性的同时，应注意提高农民的科技素质。落实有关科技人员待遇的政策，建立激励机制，鼓励科技人员为农业再上新台阶和农村经济大发展建功立业。

四、落实扶持发展农业和农村经济的各项优惠政策

江泽民总书记在中央农村工作会议上强调，一定要把加强农业和扶持发展农村经济的各项政策措施真正落到实处。今年一定要把扶持发展“两高一优”农业示范区、扶持商品粮棉大县发展经济、扶持中西部地区发展乡镇企业、农业生产资料的供应和价格、扶持发展农用工业、减轻农民负担六项政策落到实处。凡涉及银行贷款的，应及早做出安排，把贷款规模、资金、贴息等一一落实，保证按时足额到位及时投放生产建设上。对于一些有规模无资金的贷差县，金融主管部门及有关银行应及早研究，落实调剂措施。对于中西部地区发展乡镇企业，只要是经过科学论证，有效益保证的项目，就应大力支持。在继续整顿农用生产资料流通秩序的同时，应下功夫抓好肥源，加强价格管理。生产企业应开足马力，争取多增产，经营部门应做好供需调剂，按计划组织好进口，及时投放市场，不违误农时。应优先安排农用工业所需的流动资金、原料和用电，支持生产，支持小化肥企业进行技术改造。国家在税收上支持发展农用工业和进口农业生产资料的优惠政策应坚决兑现。坚决执行国家有关农民负担“定项限额”的规定，坚决制止以各种名目向农民的乱摊派、乱收费、乱集资、乱罚款，防止农民负担出现“反弹”，让农民得到休养生息，积蓄自我发

展的实力。为了督促和保证中央扶持发展农业和农村经济的各项优惠政策足额到位，适当时机应组织有关部门进行检查，及时发现问题和解决问题。

五、落实投入政策

现在，加大对农业的投入，已经成了全党的共识。国家对农业的投入政策，也规定得很明确，有的项目还是立了法的。这是扶持发展农业的“硬通货”，各级政府及有关部门应以坚定的党性和高度的责任感来抓好落实。据有关部门的汇总，国家有关部门在平衡今年的资金分配时，按照中央的要求，在财政支农支出、基本建设投入、银行贷款资金三个方面，都向农业有所倾斜，达到了国家的规定指标。地方政府及所管辖的有关部门，也应效仿中央的做法，调整资金分配结构，挤出钱来加强农业，做到计划、规模、资金足额到位，并应加强对预算执行的监督和资金使用的管理，严禁挤占或挪用。农村社区性集体经济组织也应尽可能地增加投入，用于改善生产条件，用于农业的服务体系建设。应引导农民抑制或推迟消费，把有限的资金投入到生产上，实现增值。

六、落实深化改革的部署

党的十四大、十四届三中全会和历次中央农村工作会议，都对深化农村改革提出了明确要求，作出了具体部署。各地应按照中央的部署，积极探索，大胆创新，不断把农村的改革引向深入。落实中央深化农村改革的部署，重点应在深化集体经济经营体制、粮食购销体制、经济组织体制、金融体制、供销合作社体制五个方面有所成就。在此基础上，不断拓宽改革的领域，升华改革的思路，开辟新的试验项目，探索和积累新的经验。集体经济经营体制的改革，重点应抓好延长耕地承包期和土地使用权有偿转让等政策的贯彻落实。通过完善承包合同，明确承、发包双方的权利和义务，解决人口变动与土地占有方面的矛盾，提高土地的产出率和利用率。要以邓小平同志的“两个飞跃”思想为指导，在有条件的地方进行土地适度规模经营的试验或试点，摸索实行集约经营的途径。粮食购销体制的改革，重点是强化国家对粮食的宏观调控，划分中央与地方的粮食事权，放活零售。

经济组织制度的改革，重点是引导贸工农一体化、产供销一条龙等生产经营实体和股份合作制的健康发展，探索规范各种新生经济组织的产权关系和积累制度，寻求引导农民进入市场的多种途径。金融体制的改革，重点是根据中央农村工作会议精神调整资金分配结构，兑现农村信贷政策，加快政策性金融与商业性经营分开的步伐，根据需要和可能，抓紧组建各省的政策性银行。供销合作社体制改革，重点是抓紧全国供销合作总社的筹建工作，理顺这类组织同政府以及农民的关系，恢复其组织上的合作性、管理上的民主性和经营上的灵活性。

（《农村工作通讯》1995 年第 5 期）

关于加强农业社会化服务的几个问题

农业社会化是发达商品农业的根本标志之一。90 年代，是我国农业继往开来的关键时期。在此期间，农业要上新台阶，农村要全面繁荣商品经济，必然要求社会化服务范围的拓宽和服务组织的创新。本文结合吉林省的情况，就农业社会化服务的地位与作用、内容与模式、原则与建议三个方面，提出一些讨论意见。

一、地位与作用

农业的社会化服务是联结农业再生产各环节的纽带，在整个农村经济发展中占有极其重要的位置。吉林自实行家庭联产承包责任制以来，粮食产量连续登上了 100 亿千克、150 亿千克两个台阶，多种经营和乡镇企业也得到了长足发展。这些成绩，是多方因素的综合作用的结果。但注意加强社会服务，解决双层经营体制运行中的矛盾是重要原因。从实践看，社会化服务的作用，大致表现为以下四个方面。

第一，有利于解决小规模与大市场的矛盾。商品生产的基本要求有两点：一是生产的产品，要形成批量物流；二是在原料、产品上，要有稳定的供销关系。目前，农村以家庭为基本核算单位的经营体制，虽然调动了农民的积极性，但生产规模狭小、经营分散的弊端日益突出，特别是靠市场调节的农产品，由于过小的生产规模不便进行仓储、运输等基础设施建设，供与销之间缺乏有序的衔接，导致产品总量不足与局部或短期积压并存，买难卖难交织，商品流通不畅，市场波动较大。我们省养猪、养鸡业的几次波动，主要是缺少必要的社会化服务。从1985年开始，我们注意在产前、产后、产中服务上下功夫，逐步发展以集约经营为标志的规模饲养，并通过加工、销售等系列化服务，努力把分散的家庭经济纳入社会主义有计划的商品经济中来，有力地促进了畜牧业的大发展。去年，第一次实现了猪肉省内自给的目标。同时，肉食鸡、蛋鸡、牛、羊和水产品的产量也大幅度提高，突破了历史最好水平。

第二，有利于解决增机具与降成本的矛盾。加快农业专业化、商品化、现代化的进程，要不断地提高农业的装备水平，增加先进机械，用以降低生产成本和提高劳动效率。而家庭承包这种经营形式，除缩小了原核算单位的生产规模外，也不可避免地出现了地块零散、设备投资决策分散等问题，给发展农业机械化提出了一个新课题。采用先进的农业机械，首要的要考虑成本问题，理想的设计是靠规模效益来保证投入效益，提高投入产出比。而户均一公顷多一点的经营规模，不可能也没必要拥有比较全面的机械装备。像大型拖拉机、联合收割机这样的农具，一家一户去搞，结果也只能是增了机具、提高了成本，造成机具的闲置和浪费。而发展农机专业服务组织，就比较好地解决了这对矛盾。近些年，重点商品粮基地公主岭市、梨树县和榆树县，以村为单位建农机专业服务组织，对耕地实行统种分管，形成了以农机为依托，不受阡陌限制的规模经营，解决了单家独户对大型机具“用不了”、用了也不经济的问题，提高了农业机械化水平和经济效益。

第三，有利于解决分户包与统一管的矛盾。目前，在双层经营体制运行中，一个突出的问题是“统”的不够，社区性合作经济组织“统”的功能衰弱。解决“统”与“分”的矛盾，最直接、最有效的办法是搞好社会化服务，用服务来增强“统”的功能。不论社区性合作经济组织内部的服务，还是国家经济技术部门通过社区性合作组织延伸到农户的服务，都具有借助于合作与联合、辅以协调或指导，把分散的生产单元用经济利益连接起来的功能，从而动员方方面面的力量，齐心合力把一家一户办不了，不好办的事情办好。比如，用赤眼蜂防治玉米螟技术，尽管效果很好，但单家独户却难以实施，必须有一个服务组织去组织农户，大面积同时施用。对构成“统”与“分”两个方面的集体与农户来说，社会化服务能使二者有机地融合起来，使集体的优越性和家庭的积极性都能得以充分发挥。

第四，有利于解决贫困户与共同富的矛盾。既要允许和鼓励一部分地区和一部分农户先富裕起来，同时又要引导他们帮助和带动还没有富裕起来的地区和农户，使贫富差距不至于过大，最终走上共同富裕的道路，这是我们党在农村坚持社会主义方向的一个重要原则。解决贫困户与共同富的矛盾，出路主要有两条：一是国家补助，一是通过社会化服务来扶持和帮助农户发展生产。由于国家财力有限，扶贫只能局限在部分地区和农户，局限在“有房住、有饭吃、有衣穿”，带有急救性质，通过社会化服务来扶持和帮助贫困地区和农户发展生产，能够增强他们的造血机能，特别是组织国家经济技术部门下去包贫困乡村，帮助上项目，开发经济，对缩小贫富差距，效果更明显。这一点已经成了全社会的共识，体现了一富一大片、共同富裕的特点，应该说这是走具有中国特色的农村社会主义道路的一个重要标志。

二、内容与模式

广大基层干部和农民对产前、产中、产后的服务，概括起来有十个方面的需求：一是供应服务。主要应做好化肥、种子、农药的供应，信贷资金的供应，农机及配件和农用电的供应，解决农业生产中的买难问题。二是销售服务。农民最起码的要求就是生产的产品能及时出手，得到交换，解决卖难问题。特别对卖粮难、卖粮打白条农民意见很大。三是加工服务。主要是畜、禽的饲料加工和农产品的初级加工、保鲜加工。四是储运设施服务。主要是修筑道路，开通航运，组织好农产品运输，增设产品的速冻保鲜和储存设施，搞好生产与流通环节衔接。五是科技服务。科技服务的范围涉及到水利、农机、畜牧兽医、作物栽培、良种繁育、植物保护以及工业所需要的各种生产过程的技术指导。重点应搞好技术培训、技术咨询和技术承包。六是信息服务。主要是为农户经营和乡镇企业经营提供各种消息、情报和资料。七是法律服务。主要是法律常识咨询、契约公证、合同仲裁和提供诉讼方便，依法保护农民的权益。八是经营决策服务。包括生产计划的安排、项目的选定、产品的销向和其他经营的意见和建议。九是生活服务。包括普及九年义务制教育；广播、电视、电影等文化设施建设；乡村生活环境的治理、保护；紧俏生活用品的集中采购和分配。十是社会保障服务。包括合作医疗、救灾扶贫、财产和人身保险。

这些不同内容的服务要求，具有较强的时代特点和商品经济的特征。综合方方面面的意见，我们认为，目前农业社会化服务的难点是流通，重点是科技，薄弱环节是加工，努力方向是配套。还应在实践中不断丰富服务内容，扩大服务范围，提高服务质量。

根据服务的需求和实践的经验，加强农业社会化服务应以国家的宏观调控为主导，以县乡的系列化服务为骨干，以村级综合服务为基础，以个体和联合体的单项服务为补充，建立起纵横交织的全方位社会化服务体系。按服务载体划分，就一般情况来说，农业社会化服务模式主要有以下五种：

一是社区性合作经济组织的综合服务。我国农村的社区性合作经济组织，是一种适应性较强的社会主义经济形式。它的基本特征是：以公有的土地、农业设施和其他财产为基础，以村落或居住区为单位，实行统与分结合的双层经营体制，进行农工商综合经营。这个特征决定了为农户服务，是它的重要职责。社区性合作经济组织的社区性与农业生产的地域性相一致，便于把利益关系的协调同经营管理结合起来，把组织生产与服务结合起来，国家经济技术部门的专业性服务，一般也要借助于社区性合作经济组织，才能延伸到农户。上述这些，就决定了社区性合作经济组织的服务具有综合性和其他组织的不可替代性。强化社区性合作经济组织的服务功能，发挥它优越的服务作用，是我们加强社会化服务的基础工作。

二是国营企事业单位的系列服务。国营企事业单位与农户相比，有比较雄厚的物质技术基础，也有一定的风险承受能力。如果把他们的技术和加工能力同农户的分散生产结合起来，将使生产要素优化组合，双方利益互补，是农业社会化服务组织创新的一个理想模式。这种系列化服务模式有两种基本形态。一种是产加销一体化。国营企事业单位在农村建立原料基地，同农民建立原料生产和收购的供销关系，并提供一定的服务，支持农民发展生产；或者国营企事业单位与乡、村、农户组建联合企业，进行综合经营，国营企事业通过加工增值，返利于农，进行扩大再生产。另一种是场（站）带户，主要适用于畜牧业生产。由基层畜牧场（站）提供优良种雏、防疫和技术，带动农户发展商品生产。

三是社团组织的专业服务。随着改革的深入和农村商品经济的发展，近几年农村出现了各种专业学会、协会和研究会。虽然它们很不完善，有的甚至还不健全，但这类组织对发展农村商品经济的积极作用不能低估，我们应该把它们看成是一种资源，充分利用它们的专长，组织引导他们为农户发展商品经济服务。这个模式可搞单项的技术指导，也可以搞比较松散的联合与合作，最好的形式是技术承包，把服务质量和最终结果同利益结合起来。

四是个体、联合体的单项服务。农业社会化服务范围很大，涉及面广，不论国家和集体的服务体系建设得多么完备，也难免有空缺或鞭长莫及的地方。在改革中崛起的个体、联合体，具有灵活和应变能力比较强的特点，让他们来拾遗补缺，参与社会化服务，可收到一人带四邻，四邻带全屯的效果。个体和联合体的服务，一般是集体不便兴办的零星项目，也有的是集体经济薄弱暂时无能力兴办的项目，由个体、联合体搞起来，为大家提供方便。也可采取充当经纪人的办法，提供信息、帮助联系原料或销售产品。

五是政府各部门的协调指导服务。各级政府是发展农村商品经济的组织者和领导者，也是农业社会化服务的一个重要组成部分。在发展商品经济的过程中，旧的利益约束被打破，新的利益关系还没完全建立，需要政府去协调；农民的文化技术素质较低，商品经济意识淡薄，需要政府去引导；实现自然经济向商品经济的转轨，需要政府去组织；方方面面的工作都离不开政府，特别是配套服务搞的如何，责任主要在政府。在各种服务中，政府部门的协调指导服务尤为重要。政府各部门的协调指导服务，与上述四种模式相比，既有与之交叉，又有催化作用，有时也具有一定的强制性。

三、原则与建议

农业社会化服务涉及到多部门、多层次，涉及到农业再生产的各环节，是个比较复杂的系统工程。因此，应上上下下共同努力，方方面面协同动作，促进这一体系的发育和完善。这里，我们提出“三个原则”、“五点建议”。

（一）三个原则

第一，公平收费，互惠互利的原则。社会化服务是件经济工作，必须尊重经济规律，处理好服务主体与客体的利益关系，把二者的贡献与收益有机地结合起来。在收费上，提倡无偿，允许有偿，不准借服务之机滥收费或多收费。按劳分配是服务取酬的一个原则，按生产要素分配是服务供需双方一个有效的利益制衡机制，是不可缺少的调节手段，应成为构成收费基价的一个重要因素。

第二，循序渐进，稳步发展的原则。社会化服务由低水平向高水平过渡，是个渐进的过程。知难不进和无所作为的思想要不得，异想天开，急于求成，指望在较短的时间里就建起完备的体系的思想更要不得。在实践中，不但要大张旗鼓地讲发展社会化服务，更重要的是用实事求是的思想来指导社会化服务。过去我们搞“大跃进”、“发展人民公社”，效果都不好，一个重要的原因就是主观愿望与客观实际相脱离，过高地估计了人的主观能动作用。历史的教训一定要汲取，这项工作，切忌一哄而起，更不得“一平二调”。

第三，因业制宜，分类指导的原则。各产业的特点不同，对服务的需求就不同，地区与地区之间的自然和经济差异较大，对服务的需求也不同。应该合理规划，稳步实施，因业制宜，分类指导。在实施的过程中，注意多讲发展或加强，少讲推进或铺开。千万不可不顾客观条件，把点上的经验在面上大面积推广。

（二）五点建议

第一，增加农用工业和基础设施建设的投资。化肥、农药等主要生产资料短缺，农产品流通的基础设施不足，是开展社会化服务的重要制约因素。现在吉林省每年需要化肥300万～350万标吨，而国家计划调拨只给120万标吨，加上地产和省分成部分，共171万标吨，每年约缺口130万～180万标吨。如果粮食上到200亿千克的台阶，届时需肥400万标吨，缺口就更大了。农药省内产量不足需用量的1/10，虫害重发生年，因虫减产粮食5亿多千克。特别是二铵，我们全靠进口，一旦国际形势发生变化，卡我们，粮食产量就会立刻减下来。像我们这样的社会主义大国，把用于粮食生产的主要生产资料挂靠到外国的货源上，这无论如何也不是长久之计。“八五”期间，国家应下决心引进技术、设备，在重点产粮区兴建一批化肥厂、农药厂，特别要在玉米带上建二铵厂，尽快解决二铵的国内货源问题。粮食仓储设施的建设也刻不容缓。我省现有储存能力200亿千克，而当年库存和接收新粮就达225亿千克，占全国2%的仓储容量，承担全国10%的储粮任务，矛盾很大。建议国家计委在基本建设计划中专门安排资金；中央财政也要拨出一部分资金，列入预算，和地方的专项资金结合起来，用于粮食流通的基础设施建设，从根本上解决农民卖粮难、国家储粮难的问题。国家专项储备粮的基础设施建设投资，也要全部由国家承担，鲜活农产品的基础设施建设，可以地方为主。

第二，进一步发挥国家经济技术部门为农业服务的作用。外贸、供销、商业、粮食等部门，在为农业服务、为农民服务方面做了一些工作，但他们开展服务的潜力仍很大。现在有两个问题：一是由于这些部门还没与农民建立起共兴衰的利益关系，缺乏服务的自觉性和主动性；二是在为农业服务方面，他们也有难言之苦。解决好这两个问题，服务就会有新的进展。解决这些部门在为农业、为农民服务过程中的难处，国家应分别采取措施。

一是对商品粮产区的储粮企业，适当提高粮食超储补贴标准；银行对粮食价款的异地结算，应恢复托收承付，并以县为单位建粮食结算中心；对应郑州的小麦市场，国家应在玉米产区长春建立玉米批发市场。

二是供销社企业，批发调拨的粮食、草秸类商品，因数量多、体积大、费用高，可在毛利额中扣除直接费用后，税务部门再计征批发环节营业税；按照城乡都需要的工业品优先供应农村的原则，对计划管理品种，单列供应农村指标，交给供销社经营；允许供销社直接从工厂按出厂价进货。

三是要调整外贸政策。逐步减少农产品的进口，防止以外挤内。粮食、人参、木材等农产品出口许可证的分配，应主要放给产区，避免发生产区有货无证，非产区有证无货的现象，在中央统一计划指导下，应给农产品主产省份或边境省份一定的边贸权，农产品出口的外汇分成，应比照机电产品出口换汇分成办法，对产区给予照顾，以调动和保护农产品主产区的生产积极性。

四是积极支持农民参与流通。农民在流通领域中的个体、联合体商业组织，对搞活农产品流通有一定积极作用，应继续引导其健康发展。对一些以购销农产品为主的民办公司，在治理整顿中应予以保留，在注册登记时，也应适当降低自有资金限额。

第三，鼓励地方发展农副产品加工业。目前，农村对农产品的加工能力低，而国家办的农产品加工企业，又多建在中心城市，远离原料基地。这种城乡分割，产加脱节的企业布局，直接影响了生产的发展。为此，国家在工业投资上，应适当向农副产品加工业倾斜，特别是对县办工业，应用产业政策和优惠政策，引导他们把投资重点转到农副产品加工业上来，走以农副产品加工为主，以为国营大企业配套为辅的路子，对农副产品进行深加工、精加工，并尽可能地发展创汇产品。

第四，下决心解决农业技术推广服务体系中的实际问题。目前，农业科技服务体系中主要存在三个问题。一是人员不足。按国家要求，每 1 万亩耕地配备一名科技人员，而吉林省 2.2 万亩耕地才摊上一名科技人员，全省 916 个农业技术推广站，有 326 个是一人站、二人站。二是经费紧缺。目前科技推广经费少得连基本工资都难以维持，简直是没法搞推广。三是手段落后。有的县农科站连测试土地酸碱度的仪器都没有，有的农科人员没有办公地点，农科站成了游击站、靠墙站，有的只好定期到大树底下见个面。这三个问题的实质是钱的问题。解决的办法有两条：一是国家应逐年增加农业科技推广经费，尽快改善基层科技推广站所的工作条件；二是落实农口院校毕业生带指标、带经费到基层站所工作的政策。这个政策没落实的主要原因是财政年初包干，而大专院校毕业生是年中分配，半年的经费没法解决。这样，不但该进来的没及时进来，而且还造成大批农技人员流失。如果把分配计划在年初时就下达到县，这个难题就能解决。

第五，扶持社区性合作经济组织发展集体经济。实行家庭联产承包后，农村的老积累大幅度下降，新积累也是一年一光。原因是忽视了管理，放松了制度建设。所以，国家应尽快制订农村集体经济管理条例或相应的组织章程，使集体经济有章可循，有所规范。高级社时期，国家及时制定了章程，促进了生产，而人民公社时期，“六十条”搞晚了几年，就出现了“一平二调三收款”的问题。新的经营体制一经确立，就要有新的章法，防止出现盲目和随意现象。中央应明确，各级农业主管部门是农村集体经济的主管部门，动用集体积累上项目，要有农业主管部门参与论证和把关。银行部门把当时“累大户”和走死逃亡户的呆账转给集体经济的做法应纠正；该划退的还要划退。为扶持“空壳”村发展经济，对“空壳”村以前的陈贷，应停息挂账，使之休养生息，逐步发展壮大起来。

积极调整农产品结构
努力提高农产品质量

党的十三届七中全会通过的关于十年规划和“八五”计划的《建议》指出：“要及时调整产品结构，压缩某些长线产品，增加名优特新产品的生产，以适应国际、国内市场的需要。”全面理解这一精神，就物质生产部门来说，不单是对工业战线未来十年提出的一项具体要求，同时也是摆在农业战线90年代中的一个新课题。落实好这个精神，对于解决农业发展的深层矛盾，提高农业的整体素质，实现农业的持续稳定协调发展，都具有重要的现实意义。

农产品理应讲求质量。产品的质量，是衡量其优劣程度的自然变量，是考核一切物质生产部门的一项重要经济技术指标。农业作为人类唯一营养源的物质生产部门，它对社会提供的产品，在年际间不但要有量的增加，而且也应有质的提高和性能的改善。搞社会主义的商品农业，对产品质的检验，同对其数量进行度量、衡量一样重要。质量的检验过程，就是对农产品的使用价值进行评估的过程。质与量二者之间是辩证统一的关系。质地低劣的农产品，它的数量即或是存在，也会被贬值，甚至成为毫无使用价值的废品。如果我们能把成熟玉米的含水量下降5个百分点，把水稻、小麦的出粮成品率提高5个百分点，因而得到的增量将是惊人的。从这个意义上说，质的不高也是量的潜力。事实上，同一种农产品质量的差别是很大的。比如玉米的千粒重、淀粉含量、含水量，大豆、葵花子的含油量，甜菜的含糖量等等，优劣差别相当悬殊。一种产品只要有优质品，就说明这个产品就有都成为优质品的客观可能性。

人们消费水平和结构的变化，对农产品的质量提出了新的要求。80年代，我国的农业靠改革取得了超常规发展，粮、棉、油、糖、肉、蔬菜等基本保障了供给，全国人民靠自己的力量解决了温饱。90年代，我们要实现“小康”，人们要在温饱的基础上生活质量进一步提高。生活质量的提高，决定了届时人们的消费水平和消费结构要有新变化。适应新的变化，就需要农产品在保持总量逐步增长的同时，对多年一贯制的产品进行“嫁接”、改造，并不断推出新产品。

农产品的质量与结构之间，存在着互补或替代关系。在农产品的消费趋向优质化、多样化的现阶段，通过调整产品结构，可使一些名优特新产品取代老字号的多年一贯制的古典产品，从而满足消费者高一档次的消费需求。提高农产品质量的过程，往往就是开发新产品的过程。农业与工业相比，通过调整产品结构、实现替代来满足消费者的需求，更具有突出的操作价值。

调整农产品结构，提高农产品质量，有利于解决农产品流通中的一些实际问题。近几年，一些农产品随着总量的不断增加，在收购、储藏、运输、销售等方面，都程度不同地出现了一些新情况、新问题。特别是玉米、小麦、水稻等大宗农产品，已出现了季节、区域间的结构性剩余，各地仓库暴满，卖难的呼声很高。多年一直走俏的四川猪肉、内蒙古羊毛、吉林人参、两广柑橘、两湖茶叶和一些山珍野菜也出现了滞销，一些很有地方特色的“皇帝女儿”也开始“愁嫁”。出现这些不尽如人意的现象，一方面说明我们的商品经济组织化程度低，流通环节功能不全；另一方面也说明我们的农产品品种单调，结构不尽合理，只能维系低层次的量的供给。例如，东北的玉米滞销，而新开发出来的甜玉米、爆玉米、黏玉米及玉米笋，却一直走俏，吉林的白条人参滞销，而经精加工的新开河参、红参却在国际市场上久盛不衰。普通玉米的滞销，也不是总量的过剩。主要是玉米的水分高，不利储，不安全，产者嚷嚷要尽快出手，用户压着不愿提前进货。如果我们另辟蹊径，在品种和质量上下点功夫，好多矛盾可迎刃而解或大为缓解，我们可能由困惑走向柳暗花明。

调整农产品结构，提高农产品质量，是提高农业经济效益的需要。我国的农业，正由自给自足的小生产向较大规模的商品生产转变。随之，效益在整个农业经济运行中的地位，就愈发突出。没有效益或效益不高的农业生产，是与商品生产的初衷相悖的。提高农业的经济效益，说到底，就是要提高农产品的价值。农产品的价值＝价格/质量品级（包括产品的可靠性和安全性、使用是否方便的品级）。当产品使用是否方便品级参数与质量可以融合时，决定产品的价值就只有两个参变量：一个是质量，一个是价格。农产品在市场竞争中，质量可对价格进行弥补。当依靠价格机制扩大利润受到限制时，产品质量的竞争就成了很好的可变参数。在我国，由于经济运行中的种种原因，近期不可能大幅度提高农产品的价格，农业生产资料价格上涨也难以遏制，农业生产成本很难降下来。面对这种情况，农产品的结构和质量问题，自然成了提高农业经济效益的着力点。

世界农产品供需情况的变化，给我们调整农产品结构提供了一个良好的机遇。近三年来，全球性的风调雨顺，给世界农业带来了连续的大丰收。国际市场上，农产品由于量的增长，成交疏淡，导致了用户对质的挑剔，产品疲软，价格下跌。粮食出口份额较大的美国，小麦总产继1989—1990年度比上一年度增长12.4%后，1990—1991年度又比上一年度增长34.8%。粮食问题一直很严峻的非洲，1990年度的粮食增产率也由1988、1989两年的2.8%、3.3%上升到3.4%，粮食的自给能力提高，进口需求下降。畜产品市场的变化，迫使畜牧大国澳大利亚忍痛割爱，作出射杀4 000万只成羊的调剂计划。一方面是国内的农业走出徘徊，一方面是国际市场农产品供需情况的变化。我们应有超前意识，相机抉择，用一个年代或更长一段时间来调整产品结构，争取在保持农产品总量逐年稳步增长的同时，实现质的飞跃。

用农业科技的进步来带动农产品质量的提高和结构的调整。科技的进步，是产品进步之本，是提高农产品质量，开发新产品的动力源。先进科技不断注入农业，可使农产品得到更新，并相应缩短试制周期，可使农产品的性能发生优变，可使农业生产资料推陈出新，从而保证质量，可使农产品的栽培技术得到改善。科技对提高农产品质量和新产品的开发，具有决定性作用，是任何措施无法替代的。用科技来“带”，怎么“带”？主要有两个方面的工作。一方面要加强农业应用技术和农产品更新换代的研究，增加科技储备；一方面要抓好新技术、新材料、新品种的推广和普及，努力把科研成果转化为现实生产力。90年代，我们应集中智力、财力，组织科技攻关，争取在细胞工程、微生物组织再造、遗传基因改变等方面有所突破，开发后续优良品种，开发动植物饲养和栽培技术，争取做到推广一代产品，培育二代产品，研究三代产品，为农产品质量的提高和品种的更新奠定良好的技术基础。对于生产实践来说，一是推广“硬件”，即把一些优良品种从实验室中移出，大面积栽培；二是普及“软件”，即把一些模式化栽培技术和生产工艺运用于生产实践。有了这两条措施，就会收到事半功倍的效果。

综合运用宏观调控手段，促进农产品质量的提高和结构的调整。如果说科技是“提高”和“调整”的动力源，那么，宏观调控恰好等于“提高”和“调整”的“方向盘”。或者说，科技可以解决“提高”和“调整”的动力问题，宏观调控可以解决“提高”和“调整”的平衡问题。一是运用协调手段。组织生产者缩减“大路货”和滞销品的生产，开发名优特新产品。二是运用价格手段。实行质量差价，新产品新价格，优质品优价格，激励产品质量的提高和结构的调整。三是运用信贷手段。把有限的资金尽可能多地用于新产品的开发和支持优质畅销产品的生产。四是运用产业政策。因地制宜地进行经济区划，促进各具特色的商品基地的形成。五是运用质检监测手段。制订主要农产品质量标准，完善质量评估和检验设施，使对农产品质量的鉴定逐步走向科学化、标准化和规范化。在施行宏观调控的过程中，要注意各种手段的综合运用，协调联动，避免出现力度不匀或力点相异的不正常现象，从而保证“提高”或“调整”的动作沿着理想的轨迹运行。

注意提高农产品的使用安全性能和改善包装装潢。提高农产品的使用安全性能，是提高农产品质量的重要组成部分；改善农产品包装装潢，是提高农产品质量的外在组成部分。随着人们消费观念和消费结构的变化，农产品特别是食品的使用安全性能愈来愈被人们所重视。在三年困难时期，只要能充饥度日，人们就会得到满足，甚至在一些地方，就连对人体肝、肾有严重损害的“灰灰菜”也掠采一空。今天已经跃过了温饱线的人们，择食标准已不再满足于吃饱，而是追求吃好，吃得有营养，吃得安全可靠。目前，无污染、抗霉变、无毒副作用的“绿色”食品、“强化”食品备受青睐。如果我们能迎合人们的消费心理，开辟免化肥、免农药田块，生产无污染、无副作用的粮食，虽然产量相对要低，但产品的竞争能力会大大增强，综合效益会相应提高，对人体健康长寿会更加有益。农产品包装简陋，不但给储藏、运输带来诸多不便，也直接影响到产品声誉，影响到出口创汇。“货卖一张皮”这句俗话虽有失偏颇，但对农产品必要的“梳妆打扮”，毫无疑义是搞活经营的一个窍门。有些产品，只要我们开动脑筋，稍加装饰或加工，身价就会倍增。去年 9 月，北京市场上大米滞销，可一些地方用塑料袋分装的一千克一袋的免淘大米，尽管价格比普通大米高出许多，却成了抢手货。去年农业部举办了绿色食品展销活动，给人留下了许多可供借鉴的启示。有选择地、适当地举办一些农业名优特新产品展销或包装装潢展览，对提高农产品质量、调整农产品结构会有促进作用，应精心组织。

农产品在保持总量有个稳步增长的同时，力争在质量上有个飞跃，这标志着我国农业经济已进入了一个新的成长阶段。虽然农产品的生产周期长，新产品开发难度大，质量的提高和结构的调整是个相当漫长的过程，但作为经济发展的客观要求，我们不能不引起重视，及早提出这个问题，积极向这个方向努力。否则，迟早要受到经济规律的惩罚。最近，国务院下发了开展质量、品种、效益年活动的通知。农业战线的同志也应积极响应这个号召，抓住这个历史机遇，结合农业的产业特性，力争在质量、品种、效益年活动中有所建树，为实现 90 年代产品质量的飞跃，创造一个良好的开端。

准确理解全会《决定》的新精神

改革开放以来，我们党重点研究农业和农村工作并作出决定的中央全会共有四次；80 年代初、中期，中央共发出了五个一号文件和一个五号文件；1993 年以来，中央每年都召开一次农村工作会议，并发出年度性的指导农业和农村工作的文件。重新研读这些文件，全面回顾我们党的兴农史，对照学习十五届三中全会《关于农业和农村工作若干重大问题的决定》，我们会深刻地认识到，《决定》有许多精辟之处，充盈着具有时代特征的新精神。

对农村改革的基本经验作出系统的概括

农村改革已走过 20 年的历程。在 20 年中，我们党一直尊重农民的选择，放手让基层和广大农民去创造，鼓励试，允许看，不争论，使改革步步深入，闯出了一条建设有中国特色的社会主义新农民的成功之路。但是，对所走过的路进行系统的回顾和总结，上升到理性认识，当属这次全会的《决定》。《决定》以会前江泽民总书记视察安徽发表的重要讲话为基准，运用唯物论和辩证法，对 20 年的农村改革梳理出五条基本经验。并指出，农村改革的成功是邓小平理论的伟大胜利。这五条基本经验，内涵极为丰富，对于今后继续深化农村改革，实现农业和农村现代化的伟大目标，具有重要的指导意义。

确立了经济政治文化三大发展目标

党的十五大着眼于建设富强民主文明的社会主义现代化强国，从宏观上提出了奋斗目标。结合农村的实际，展望2010 年，把十五大的宏观目标具体化，这是《决定》中又一个重要的出新之处。《决定》立足于中国国情，把希望与可能统一起来，从经济、政治、文化三个方面，具体地列出了 11 项目标。其中，经济目标四项，要点是全面实现小康；政治目标三项，要点是加强农村社会主义民主政治建设；文化目标四项，要点是全面推进农村社会主义精神文明建设。三大目标囊括了农村工作的主要内容，照应了物质文明与精神文明两个方面，具有综合性和可行性。如期实现，就会为到下世纪中叶赶上或超过中等发达国家的水平，打下坚实的基础。

改家庭联产承包责任制为家庭承包经营

最初以土地所有权与使用权的分离而展开的改革，人们对这种社会实践各有其说，有包产到户、联产到劳、大包干等多种说法。1982年中央1号文件提出“农业生产责任制”的命名；1983年中央1号文件提出“联产承包责任制”的命名；1985年中央1号文件提出“家庭联产承包责任制”的命名。这次全会的《决定》把已经运用14年之久的家庭联产承包责任制改为家庭承包经营。我们理解，这个改动出于两种考虑：一是目前这种承包形式，已经不联产了；二是这一改革经多年的完善，其本身早已突破了生产责任制的范畴，其实质是一种经营体制。因此，这是符合实际并有现实意义的改动。

给家庭承包经营的适应范围作出科学界定

以家庭承包为基础，统分结合的双层经营体制，虽然已有20年的历史，但它的寿命究竟有多长，适应范围究竟有多广，人们曾一度看法不一。此前，中央文件一直强调的精神是，这种体制不是解决温饱的权宜之计，要求长期坚持并不断完善。可是，当个别人讨论到“小生产与大市场”的矛盾时，则往往表现出这种体制能否长期坚持下去还是个未知数的认识。这次全会的《决定》，在给出了家庭承包经营“两个符合”（符合生产关系必须适应生产力发展要求的普遍规律，符合农业生产自身的特殊规律）基本判断的基础上，对其适应范围给出了科学界定。即：“这种经营方式，不仅适应以手工劳动为主的传统农业，也能适应采用先进科学技术和生产手段的现代农业，具有广泛的适应和旺盛的生命力，必须长期坚持。”至此，从理论上、政策上明确了家庭承包经营是个长期不需要改变、也不可改变的经营体制，使人们彻底消除了以后可能“还要变”的疑虑。

明确了实行土地适度规模经营的条件

适应发展社会主义市场经济的需要，《决定》鼓励土地使用权的合理流转。对与土地使用权流转密切相关的规模经营问题，中央采取了审慎的态度，明确提出了四个方面的条件要求。一是就我国土地分布及总量条件，确实具备实行适度规模经营条件的，是少数地方；二是实行土地的适度规模经营，必须同时满足两个充分必要条件，即农业集约化程度的提高和广大群众的自愿，二者缺一不可；三是发展规模经营的形式不是单一的，而是多种多样的；四是土地的规模经营要适度，也就是要达到提高土地产出率和资源利用率的双重效益。对这四点，不是讨论意见，而是对工作的明确要求。在实践过程中，按照这四点要求做，就不会出现偏差。

把充分保障农民的民主权利作为制定政策的出发点

政策要保护广大群众的利益，政策要有利于调动广大群众的积极性，这是社会主义制度区别于其他社会制度的一个显著标志。遗憾的是，我们党在这方面曾有过深刻的教训。中央以史为鉴，在农村形势比较好的情况下，提出必须承认并充分保障农民的自主权，把调动广大农民的积极性作为制定政策的出发点。应该说，调动农民积极性，是改革以来中央一再强调的。但把它作为制定政策的出发点写入中央文件，还是首次。关于保障农民的民主权利，《决定》指出核心是保障农民的物质利益，这是政治上正确对待农民和巩固工农联盟的重大问题，是农村经济和社会发展的根本保证。落实《决定》精神就应该把“人民满意不满意、赞成不赞成、答应不答应”作为衡量政策的取舍条件。只有满足这个条件的政策，才能达到保障农民民主权利，充分调动农民积极性的目的。

提出发展小城镇是个大战略

农村发展社会主义市场经济的实践证明，生产要素的分割，不利于社会化大生产的组织，不利于形成适应市场需要的批量物流，不利于最大限度地转移农村剩余劳动力，不利于保护生态环境。农村的现代化，应该建立在工业化和城市化的基础之上，这就需要找到一个载体。而符合中国国情的载体，就是已经星罗棋布发展起来，且还有巨大发展潜力和后劲的小城镇。中央一直支持发展小城镇，但把它上升到“是带动农村经济和社会发展的一个大战略”的高度来认识，是这次全会《决定》的又一处精华所在。《决定》用“三个有利于”论证了“大战略”的定义，并就如何发展小城镇，提出四项具体措施：一是完善促进小城镇健康发展的配套政策；二是进一步改革户籍制度；三是要重视小城镇的基础设施建设；四是注意合理布局，科学规划，节约和保护耕地。对小城镇建设进行如此详细的阐述和部署，首开了中央文件的先河。

把开拓农村市场作为经济发展的基本立足点

把农业、农村、农民问题放到整个国民经济和社会发展的全局中来研究，力争在理清彼此联系上找出解决问题的办法，是全会《决定》的一个重要特点。在研究市场问题上，这个特点表现得更为突出。《决定》在具体总纲性质的开言段落，把加强农业，繁荣农村经济，提高农民购买力，作为应对亚洲金融危机和经济全球化挑战的一个战略措施提了出来，并就开拓内外两个市场，明确了具体运作方式。《决定》指出：“在充分利用国外市场的同时，努力开拓国内市场特别是农村市场，是我国经济发展的基本立足点。”树立这样的工作指导思想，能够扩大内需，保持国民经济增长的良好势头，增加我国在国际合作与竞争中的回旋余地，是一举多得的选择。

将村民自治同家庭承包经营和乡镇企业并列为农民的三大创造

家庭承包经营和乡镇企业，来源于农民的创造。这是邓小平理论的一个重要组成部分。1992 年 1 月，邓小平在视察南方时就指出：“农村搞家庭联产承包，这个发明权是农民的。”1987 年 8 月，邓小平在会见意大利共产党领导人时讲道：“乡镇企业容纳了百分之五十的农村剩余劳动力。那不是我们领导出的主意，而是基层农业单位和农民自己创造的。”邓小平的这些论断，在全党形成了共识。在此基础上，这次全会《决定》指出：“扩大农村基层民主，实行村民自治，是党领导亿万农民建设有中国特色社会主义民主政治的伟大创造。”这是以江泽民同志为核心的第三代领导集体对邓小平理论的继承和发展。对村民自治这一伟大创造，党中央在《决定》中提出了推进的意见，要点是全面推进民主选举、民主决策、民主管理和民主监督，使村民自治制度化、规范化。

明确了党管农村工作是一个重大原则

党的三代领导集体都极为重视农业和农村工作，注意投入主要精力解决好不同时期的农民问题。以江泽民为核心的第三代领导集体，每年都召开一次农村工作会议，分析形势，研究和部署农村工作。江总书记每次在中央农村工作会议上的讲话，几乎都强调加强党对农村工作的领导。这次全会以江总书记的多次讲话精神为指导，集中央委员会全体智慧，提出了党管农村工作是一个重大原则。这样做的意义，不仅仅体现在对过去工作的概括和总结，更重要的是体现在对今后工作的指导，要求做到党管农村工作不动摇，领导抓农村工作不松劲，全社会关心和支持农村工作的传统不能丢。把中央这条精神落到实处，实现2010年以及更长远的奋斗目标，就有了可靠的组织保证，中国在不远的将来赶上或超过中等发达国家的水平，就大有希望。

（《农民日报》1999年）

夯实农业基础

如何适应新形势和新任务的需要，把农业基础夯实？对此，党中央的《建议》和全国人大通过的《纲要》已经作出了具体规划和部署，关键在于把已有的政策措施落到实处，使《建议》和《纲要》变成各级领导和亿万农民群众的自觉行动。

第一，实施“两个调整”战略

一是调整国民收入分配格局。目前，国民经济运行中，一方面农业投入严重不足，基础设施建设严重滞后；一方面二三产业固定资产投资规模过大，房地产开发热占用的大量资金还有相当的数额没有吐回来。农业十分饥渴的现实，迫切要求我们千方百计增加农业基本建设投资，增加财政支农资金，增加用于改善农业生产条件的中长期贷款。

二是调整一二三产业的比例关系。社会主义的现代化，必须建立在一二三产业协调发展的基础上。在安排和部署工作时，要坚定不移地贯彻以农业为基础的方针，坚定不移地把农业放在经济工作的首位。越是加快改革开放，越要重视农业；越是加快发展社会主义市场经济，越要注意协调一二三产业之间的比例关系。工业的发展速度，应该控制在农业以及交通、能源、原材料等基础产业所能承受的范围内。应逐步矫正依靠农业为工业发展提供原始积累的政策，停止对农业剩余的过度抽吸，为农业走向自我积累、稳步发展创造条件，努力营造农业和其他产业平等竞争的社会环境。

第二，实施“两个转变”战略

一是经济体制由计划经济向社会主义市场经济转变。大力培育市场主体，使亿万个承包经营的农户成为真正的独立的商品生产者和经营者。积极完善市场体系，规范集贸市场，活跃批发市场，试办期货市场，发育生产要素市场。加快培植市场中介组织，组织和引导农民进入流通。建立健全公平、开放、统一、有序的市场运作规则，规范市场主体和中介组织的行为，努力建立起社会主义市场经济在农村商品生产、交换、分配、消费诸环节上互相联动的运行机制。

二是经济增长方式由粗放型向集约型转变。农业能否尽快摆脱基础薄弱的境况，在很大程度上取决于增长方式的转变。应按照五中全会的要求，向结构优化要效益，向规模经济要效益，向科技进步要效益，向科学管理要效益，努力提高资源利用率、土地产出率、劳动生产率、产品商品率和初级产品转化率。面对整个国土资源，开拓生产的深度、就业的广度和农产品系列化开发程度；加强经营管理，节约用地、水、种、肥、电、资金和劳力，减低生产成本；改变粮食——经济作物的“二元”种植结构，实行粮食——饲料——经济作物的“三元”种植和分系管理，提高土地的产出率和饲料的报酬率；调整种、养、加各业之间的结构，大力发展农副产品的精、细、深加工业，以转化求增值；提高传统农产品的质量，开发名、新、优、特产品，增强市场的竞争能力。

第三，实施“两个依靠”战略

一是依靠科技兴农。小平同志讲：“农业最终要靠科技解决问题。”实现五中全会提出的保证基本农产品稳定增长和农民收入较快增加的两大任务，必须依靠科技的进步。没有农业科技的重大突破和广泛应用，不但农产品产量和农民收入不可能增加，而且农业的增长方式也难以实现由粗放型向集约型的转变，农业基础也就不能得到加强。依靠科技兴农应在四个方面下功夫。①抓好先进适用技术的推广，把科技成果转化为现实生产力。②抓好科技攻关，力争在生物技术工程、动植物新品种选育、农业自然灾害综合防治、农产品加工与综合利用、农业开发与环境保护等关键技术领域取得重大突破，为农业再上新台阶增加技术储备。③抓好新品种、新技术的引进、消化和吸收，借国外的科技成果来满足发展农业的急需。④抓好农业科技队伍建设，认真落实有关科技人员的政策，充分发挥科技人员的作用。

二是依靠全民的努力来求得农业的可持续发展。建设可持续发展的农业，是实现农业现代化的重要组成部分。为农业创造一个良好的生态体系和发展环境，不仅仅是农民、农村的事情，而且也是城市居民和社会各界的共同责任，农业的可持续发展，必须依靠全体民众的共同努力。各行各业都应树立“农业发展我发展，我与农业共兴衰”的概念，加快对污染的治理，控制“三废”的排放量，为山常青、水常清、土常肥和生物的多样性而做贡献。从大农业本身来说，应加快水土流失的治理和防护林体系建设。合理开发利用土地、水、森林、草原、海洋、矿产和其他自然资源，建立对资源使用的补偿制度。通过一些强制性的措施和手段，建立起生态农业体系，使中国的农业在21世纪走上可持续发展之路。

第四，实施“两个保护”战略

一是保护农业这个国民经济的基础产业。由于农业天生弱质和比较效益低下，在工业化进程中，在各行各业普遍以利润最大化为目标的市场经济条件下，农业在同各行业的竞争中处于极为不利的地位，发展的外部环境趋紧。所以，亟须政府通过一些行之有效的宏观调控手段，对农业进行保护和必要的扶持。从国际经验看，凡是农业发达的国家，政府都对农业实行有效的保护。根据我国的经济实力，借鉴国外经验，应对农业采取六项保护措施。①实行补贴制。主要是对化肥、农药、农膜和农业机械等农用生产资料的生产和供应给以补贴或实行优惠政策，让工厂保本或微利，有生产的积极性；让农民用得起，用了有效益；同时，也应对开发性生产和扶贫的启动项目给以贴息。②实行价格保护。逐步缩小工农产品价格的“剪刀差”，缩小粮食定购价和市场价的价差，完善基本农产品的最低保护价制度。③保护农业资源。严格控制对农业资源的污染，控制非农占地，建立永久性的基本农田保护制度。④加强对农产品市场的调控，熨平市场波动，畅通流通，让农产品在市场上公平交易，完善粮食专项储备和风险基金制度。⑤开办农业保险，建立农业风险的补偿机制。⑥逐步健全农业相关的法律法规，使农业走上依法保护的轨道。

二是保护农民的生产积极性。新中国成立 40 多年的历史证明，什么时候农民积极性高涨，什么时候农业就增产，整个国民经济就顺利发展；什么时候农民积极性受到挫折，农业就徘徊不前，甚至出现萎缩，整个国民经济的发展就要受到严重的影响。调动农民的积极性，应抓好三个方面的工作，处理好一个关系：应抓好中央关于加强农业和做好农村工作的一系列政策的落实，不在政策上打“白条”；应在经济上保护农民的利益，帮助农民开辟脱贫致富的门路，搞好各方面的服务，解决农民生产生活中的一些实际困难；应在政治上保护农民的民主权利，建立村民议事和村务公开制度，凡涉及农民切身利益的事情，都要由农民自主讨论决定。调动农民积极性，关键在于处理好“给”与“取”的关系，在现阶段应立足于多给予、少索取，让农民得到休养生息，壮根固本，增强自我发展能力。

民主与法制建设——农村当务之急

深化改革和加快农村经济的发展，是当前农村工作的核心，政治、思想、文化等各方面都要围绕这个中心来工作。抓“中心”，有个外部环境问题。无论是深化改革，还是发展经济，都需要有一个民主和谐、社会安定的政治局面。从这个意义上说，加强民主法制建设，是推动深化改革和经济发展的一个重要措施。

加强民主法制建设，属于政治工作范畴。但它与改革的深化和经济的发展紧密相关，二者之间是个既对立又统一的整体，存在着互相促进或互相制约的作用与反作用的关系。按照马克思主义的基本原理，整个社会的发展，是经济、政治、思想、文化以及其他各种因素相互作用的结果。这里，经济的发展是最根本的原始原因，但不是唯一的原因。诸如民主法制等政治范畴的东西在经济必然性的基础上，也可以对社会历史的发展起到很大的反作用。这种反作用不仅仅表现为发展的结果，有时也表现为发展的原因。经济工作搞上去了，虽然民主法制建设不一定能自觉地相应跟上去，但对民主法制建设却提出了客观要求，给加强民主法制建设准备了物质条件。如果民主法制建设得到了加强，就会对改革的深化和经济的发展起到很大的推动作用。这种推动作用主要表现在：加强民主法制建设有助于充分发挥和调动广大基层干部和亿万农民群众深化改革、发展经济的积极性；有利于保障改革和经济发展的社会主义方向；有益于促进改革的顺利进行和农村经济的持续稳定健康发展。

民主法制建设，是社会主义现代化建设的重要组成部分。用加强民主法制建设来聚集政治力量，维护和保障国家及人民群众的经济利益，巩固无产阶级政权，具有重大的政治意义。我们要建设的社会主义现代化，不但应具有高度的物质文明和精神文明，而且还要具有高度的民主政治和完备的法制。没有社会主义民主法制建设，就不可能建设成具有中国特色的新农村。这项工作不仅直接关系到农民的切身利益，而且直接关系到我们国家的现代化建设是不是社会主义性质的根本问题。在社会主义的民主法制建设方面，所存在的不适应社会主义现代化建设要求的问题如不能及时有效得到解决，将直接影响党的基本路线和一系列方针政策的贯彻执行。问题发展到一定程度，还可能危及到党的领导和国家政权。

社会主义民主是建立在生产资料公有制基础上的政治制度，这种民主的核心是一切权利属于人民，人民来当家作主。社会主义民主不是抽象、空泛的概念，而是具有实实在在的可操作的内容。目前，在我国农村，加强民主建设的重点是卓有成效地实行政治、生产、财务管理方面的民主。所谓政治民主，就是要尊重和维护广大农民参政议政、当家作主的权利，建立健全农村的民主制度和民主程序，按照村民自治的原则民主处理本村政务，在社区的各项活动中充分体现广大农民的意愿，从政治上保护农民。所谓生产民主，就是在社会主义市场经济条件下，在完善家庭联产承包制和统分结合双层经营体制的过程中，充分保障农民生产经营的自主权，民主决定土地和集体企业等发包、承包的具体事宜，民主决定经济发展规划，民主决定农田基本建设、农业科技推广、农业综合开发的项目。对于经营方式的变化，必须经过群众讨论，在取得绝大多数农民同意后才能实施。所谓财务民主，就是在集体资财的管理上充分发扬民主，实行民主理财，建立健全民主理财、群众监督的管理制度，按照国家规定筹集和使用统筹费和提留款，由村民大会或村民代表会来审议年度预算和决算，大宗项目的开支应由群众决定，年内收支情况应向群众通报。

加强社会主义民主建设，必须同时加强社会主义法制建设。社会主义法制是广大人民群众按照自己的意志，通过国家政权制定或认可建立起来的法律制度和执法原则。社会主义法制保护社会主义民主，给人民群众充分发挥社会主义积极性开辟了广阔的道路。加强社会主义法制建设，对于发展社会主义民主，保卫社会主义制度，保障社会主义现代化建设的顺利进行，促进国际间的交往与合作，都有极为重要的作用。加强社会主义法制建设，重点是加强立法、执法、守法三个环节的工作。在农村，当务之急是用法律手段保障农业和农村经济持续稳定健康发展，保护农民的合法权益，保卫无产阶级专政的农村基层政权。近几年，我们国家为了巩固农业的基础地位和促进农村经济的发展，加快了农业立法的进程，先后颁布了《农业法》、《农业技术推广法》和《农民承担费用和劳务管理条例》等法律法规。但这只能说明在某些方面我们已经有法可依，要严格依法办事，充分发挥法律的效力，真正做到有法必依，还需要做出艰苦的努力。当前，侵害农业和侵犯农民合法权益的问题仍很突出。农业的投入政策落而不实，收购农产品的资金被挪用，扶持农民发展粮棉生产的优惠政策得不到兑现，一些有关部门吃农、坑农的现象屡见不鲜。这些行为严重地损害了农民的利益，挫伤了农民的积极性，离间了干群关系。解决这些问题，有效的措施就是在加强立法的同时，把已有的法律法规落到实处，依法来保护农业和农民的切身利益。同时，要在广大农民群众中普及法律知识，引导农民增强法制观念，教育他们学法、用法，增强他们守法致富、依法办事的自觉性。通过必要的法律知识讲座、法律知识竞赛、办骨干培训班等办法，帮助农民认识民主与法制、自由与纪律、权利与义务的关系，使广大农民能够勇敢地用法律保护自己，争做遵纪守法的模范。

搞好社会治安的综合治理，加强民主法制建设的一个重要组成部分，应下大力气抓紧，抓出成效。社会治安状况不好是广大农民反映强烈的热点问题之一，已经成为影响人心向背的一个十分重要的因素。社会治安状况不好，必然干扰经济建设这个中心，影响到政权的巩固。这几年，我们在社会治安综合治理方面做了大量工作，取得了很大成绩。但仍然存在着一些不容忽视的问题，必须采取坚决有力的措施，打一场整顿社会治安的总体战，力争在一段比较短的时间里，使社会秩序有个明显好转，让广大农民过上安稳的日子。

农村的民主法制建设，是一个渐进的过程。我们不能不顾民主法制发展的客观条件，企图很快地建成一个高度民主法制化的社会；同时，也不能过低估计人的主观能动作用，滞缓民主法制建设的进程。应从有利于农村改革和经济发展的需要出发，从有利于维护社会安定团结的政治局面出发，相机抉择，使农村的民主法制建设逐步有所进展，为建设有中国特色社会主义创造政治条件。

（《开放时代》1994 年第 2 期）

品种质量效益——也是农业的选择

和工业一样，我国农业同样面临着由20世纪80年代的速度增量型向90年代质量效益型转换问题。

普遍面临的新问题

《农民日报》去年11月27日报道：浙江有28亿千克早籼稻积压，预计到年末，积压总量将达到40亿千克。盛产玉米的吉林，玉米库存暴满，年际间的存储量都在50亿千克以上。这是否说明我国粮食已经过剩了呢？不是的。问题主要出在质量上（这里所说的质量含有结构问题）。先说早稻吧，出饭率虽高，口感却不好。当人们追求温饱时，更多考虑的是前者；而温饱解决了，人们就要更多考虑后者，这样，早稻就难免积压。吉林的玉米压库，其中的一个主要原因是玉米水分高，不利储，不安全，农民急于出手，外埠用户却不愿提前进货，两力相挟，最终矛盾集中到了国营粮库。收储的玉米由于水分高，使大量的运输成为无效劳动，也挤占了大量的仓储设施，导致经营成本上升，形成经营周期的恶性循环。如果我们培育出低水分玉米品种，或通过田间降水、分户烘干的办法来提高玉米的质量，把入库玉米的水分由现在的28%～23%降到22%～18%，仅一个吉林每年就可减少7.5亿～6.3亿千克的收储工作量，由此而来的经济效益和社会效益是惊人的。再者，大宗的玉米滞销，而新开发的爆玉米、甜玉米、黏玉米、玉米笋等却供不应求，这也给我们有益的启示。

粮食是这样，畜产品和其他土特产品亦然。市场上传统的普通猪肉疲软，而经改良的瘦肉型猪肉畅销；不经加工的白条鸡、鸭疲软，而一经分割就成了畅销货。内蒙古的羊毛、吉林的人参、南方的柑橘、两湖的茶叶等，同一类产品在市场上都有畅滞之分，症结就在于质量。市场的变化告诉我们，对农产品的质量问题不容忽视。注重产品质量的提高，有利于解决流通环节中的诸多矛盾，有利于增强产品的竞争能力，有利于提高农业生产的经济效益和社会效益。

提高质量恰逢良机

在调整作物布局或更新品种的过程中，可能会出现局部的增量速度的放慢。90年代，我们在物质基础和人们的心理承受能力等方面，已具备了调整农产品结构、提高农产品质量的相应条件。一是人们的食品结构已有了明显改善。去年农业丰收，粮食的人均占有量虽未达到1984年的399千克的水平。但是，人均占有的食品热能、蛋白质和碳水化合物等总量指标，已不可与1984年同日而语。人均占有的肉、禽、蛋和水产品，1984年是28.4千克，现在已达到近40千克。二是从前年开始，我们建立了粮食储备制度。从中央到地方，以及到农户，都有了相当数量的储备。三是世界农产品供需情况的变化，给我们提供了一个良好的机遇。近3年来，国际市场农产品滞销，价格下跌。粮食的出口份额较大的美国，小麦总产继1989/1990年度比上年度增长了12.4%后，1990/1991年度又比上年度增长了34.8%。粮食问题一直很突出的非洲，近几年粮食的自给率也有所提高，进口需求下降。畜产品市场的变化，迫使畜牧大国澳大利亚忍痛割爱，作出射杀4 000万只成羊的调剂计划。面对国际国内市场情况的变化，我们应相机抉择，用10年或更长一段时间来调整农产品结构，争取在农产品总量逐年稳定增长的同时，实现质的飞跃。

综合运用调控手段

先进的科学技术不断注入农业，不但可大幅度提高劳动生产率，更重要的是可使农产品品种得到更新换代，质量和性能得到优化，可使动物的繁殖改良技术和植物的园艺技术得到改善。启动这个动力，应从两个方面同时操作。一方面要加强农业应用技术和农产品改良换代的研究，增加科技储备；另一方面应抓好新技术、新材料、新品种的推广和应用，努力把科技成果转化为现实生产力。

在基础研究方面。90年代，应集中智力、财力，组织科技攻关，争取在细胞工程、微生物组织再造、遗传基因改变等的研究上有新的突破，开发后续优良品种、开发动物的饲养技术和植物栽培技术，力争做到推广一代产品、培育二代产品、研究三代产品，为农产品质量的提高和品种的更新，奠定良好的物质技术基础。

在科研成果应用方面。一是推广“硬件”，即把一些优良品种从实验室中移出，大面积栽培和繁育；二是普及“软件”，即把一些模式化栽培技术和园艺技术运用于生产实践。

如果说科学技术可解决提高农产品质量的动力问题，那么，综合运用各种质量调控手段，就可解决提高农产品质量过程中的平衡问题。可采取的调控措施应有：(1) 运用计划手段（包括指导性计划），组织生产者削减大路货和滞销品的生产，开发名优特新产品。目前，我国的人均占有细粮（大米、面粉）已达到190千克左右，这两个品种按照“七五”时期的增长率计算，到2000年时，正常年景可基本满足12.6亿人的食用。出路在于引导农民依据市场安排种植计划，增加生产花色品种和紧俏食品；依据用途来选定生产品种，减少使用代用品而造成的浪费。(2) 运用价格手段，用利益机制激励产品质量的提高和机构的调整。比如，油料按含油量计价，糖料按含糖量计价等等。(3) 运用信贷手段，把有限的资金尽可能多地用于新产品的开发和优质畅销品的生产。(4) 运用产业政策，因地制宜地进行种植区划，促进各具特色的商品基地的形成。(5) 运用质检监测手段，制订主要农产品质量标准，完善质量评估和检测设施，使农产品的质量鉴定逐步走向科学化、标准化和规范化。(6) 改革农业生产考核指标体系，增设农产品质量考核统计项目，尽快改变只重数量、轻视质量的状况。

（《人民日报》1999年2月13日）

洪水过后的沉思

入汛以来，我国由南向北，接连不断地传出水患灾情。先是湖南、江西、江苏、安徽等长江、太湖、鄱阳湖流域遇到洪水。灾区军民奋力抗洪。稍后，四川、贵州的局部地区也发生了洪水劫难，损失很大。7月末8月初，东北的辽河、浑河、松花江流域相继出现大洪水，辽宁的大伙库区水位超标为百年不遇，吉林的汛情更是十万火急。松花江上游由于连续遭受暴雨，引起山洪暴发和泥石流下泄，白山、临江、桦甸等一些市县浸于泽域，损失惨重。可以说，今年人们又以其沉重的代价度过了一个危险的汛期。

现在主汛期已基本结束，但那已经远去了的滚滚涛声还在给人们敲打着防汛的警钟；那千军万马战洪图的动人场景，却给人们留下一些深深的思索。

思考之一：保护生态环境刻不容缓

近些年，洪水肆虐的频率明显加快。1991、1993、1995年的重灾年份向人们昭示，好像每隔一年就要发大洪水已成规律，而且成灾面积和损失程度逐年加大。据有关部门提供的情况，水旱灾害的成灾率70年代为32.7%，80年代上升到49%，1990—1994年又上升到51.8%。每年因灾减产粮食150亿～200亿千克，减产棉花几百万担，直接经济损失上千亿元。水灾与旱灾交织，也是前些年少见的成灾特点。面对防不胜防的洪水和一年大于一年的惨重损失，越来越多的人在议论，“老天爷怎么了?”其实，并非都是老天爷的过错，也有自然规律的因素。人类的进步史证明，灾害的损失程度与社会的进化和经济的发展程度关系极大。社会科学工作者预言在社会发展的一定阶段上，现代化的程度越高，单位国土上所拥有的财富越密集，自然灾害所造成的损失就越大。对此，有人形象地说，过去洪水淹的是农庄；现在洪水淹的是钱庄。试想，在上古时代，尽管一样发生过山洪、海啸和泥石流，但因人烟稀少而够不上灾害。发生同样震级的地震，震在珠江三角洲与震在大西北的茫茫戈壁滩上相比，成灾损失前者不知要比后者大几千倍乃至几万倍。随着社会物质财富的不断增加，自然灾害对人类的威胁因素还会增大。当然，随着社会生产力的发展，人类的抗灾能力也会不断得到提高。但是，人类将相伴于自然灾害的存在，这是历史唯物主义的看法。

人类不能在完全意义上消除自然灾害，却可以预防和抵御自然灾害。这几年“风不调、雨不顺”，因灾损失较重，固然是大自然的变态所致，但也不能说没有人为的因素。人为的不足之处主要表现在两个方面。一方面，整个社会都在致力于物质财富的增盈，更加注重经济建设。相比，对生态环境的再造则显得重视不够，投入不足。工业污染越发严重，排放的废气形成酸雨，助长了气候的异常。水土流失，泥沙俱下，江河淤积，河床抬高，是有水就成灾的主要症结。因水土流失，每年流入黄河的泥沙高达16亿吨，下游部分河段河床每年淤高10厘米，形成地上悬河。每年流入长江的分洪工程荆江大堤，高出于地面十几米，如果一旦决口，整个江汉平原和武汉市将是一片汪洋，后果不敢去想。如果主道淤塞，冲溃堤坝就成了水流的主要出路，灾害就不可避免地要发生。全国水土流失面积近400万平方公里。另外，在一些地方，由于对集体山林经营管理的欠缺，乱砍盗伐树林的现象比较普遍，一些自留山砍成了“光溜山”，程度不同地恶化了生态环境。对此，林业部长徐有芳同志说：“山青水才顺，林茂粮才丰”，这话很有哲理。

另一方面，在国民经济快速发展的同时，防灾抗灾减灾事业还显得很滞后。这几年，我国沿海、沿江的城市建设步伐明显加快，土地的开垦和农业综合开发的成果也很大。但大江大河大湖的防洪标准，却没有明显的提高，只能防御常遇洪水，农田水利设施老化、年久失修、效益衰减的问题十分突出。据有关部门统计，全国8万多座水库，有1/3的带病运行，万亩以上灌区工程基本完好的仅占30%，不同程度老化和损坏的占60%，还有10%的濒临报废。进入90年代，虽然国家加快了大江大河大湖的治理步伐，长江三峡、黄河小浪底、万家寨、治淮、治太等一批重点骨干工程开工兴建，但大多数工程要到下个世纪才能发挥作用。人们对驯水功夫上的欠缺，其结果必然是成灾程度的加重。

思考之二：真正把水利基础设施建设放在优先发展的地位

在吉林抗洪抢险前线指挥部，省防汛抗旱领导小组组长、副省长王国发同志，面对小丰满水电站11个放流闸门的全部开启，看到洪水伴随惊天动地的吼声一泻千里，即将吞噬下游的万顷良田，侵袭沿江的城镇，表情显得像揪心一般难受。这个曾经多次主持处理突发实践的硬汉子，面对滔滔的洪水，当即落下了软绵绵的眼泪。他说：

“有生以来，我第一次感受到江泽民总书记所说的‘未雨绸缪’的重大意义。”水利是农业的命脉，也是国民经济的命脉，还是社会安定的重要保障。这个“命脉”稍有闪失，损失就难以估量。1991 年江淮流域严重的旱涝灾害，直接经济损失 600 多亿元；1994 年发生的严重洪涝、干旱、风暴潮灾害，直接经济损失高达 1 752 亿元。据初步统计，今年仅一个吉林省洪涝灾害就直接损失 280 多亿元。至于灾害对正常社会运行秩序的破坏和对整个国民经济发展的后续影响，是远非绝对值就能表达清楚的。

严酷的事实告诉我们，千万不要再干“有钱买棺材没钱治病”的傻事了。应按照江泽民总书记的指示、在“未雨绸缪”上下一番真功夫、实功夫。下真功夫、实功夫的关键环节是，逐年尽可能多地加大财力、物力、人力的投入，划分国家、集体和个人多渠道筹资的机制，研究建立水利建设专项基金制度，形成一个稳定的水利投资体系。同时，充分利用农村剩余劳动力和剩余劳动时间的有利条件，广泛深入地开展农田水利基本建设，植树造林，对小流域进行综合治理，千方百计保持水土，逐年提高抗灾能力和农业的综合生产能力。

“亡羊补牢，未为晚矣”。但这个“牢”怎么补？历史的经验却值得总结和借鉴。“八五”时期，由于各个产业竞相发展，资金缺口硬化，各项基础设施建设的欠账都比较大。在这种情况下，国家重点发展了能源、交通产业，对水利这个基础基础产业还优先发展得不够。目前，正值“八五”与“九五”的交替时候。国家在酝酿“九五”计划时认真总结“八五”计划的经验，按照国民经济发展的总体布局和加强基础产业的优先发展政策，调整固定资产投资结构，把加强水利基础设施建设作为重点发展的战略目标确定下来，并相应地研究出物质保证的配套措施，是十分必要的。

积多年的实践，进行水利基础设施建设的工作思路也要相应拓宽，我们可以从“坝增高、河床长”的循环现象得到一些启示。防洪要叠坝，这是自然规律，但换一个角度来思考问题，我们也会找到其他出路。叠坝后，防洪位差是提高了，但如果河道两岸的水土流失得不到控制，泥沙下流将淤积河道，河床还会不断抬高。这样，刚刚加过高的堤坝又显得低了。久而，就会陷入叠坝与河床悬高的恶性循环。由此我们得出结论：治水光靠叠坝不行，还需要对水土流失进行治理，对河道进行清淤和引流，这是治本的基础。因此，“九五”期间，在抓好已经上马的重点水利工程建设的同时，也要十分重视工程的配套建设，特别需要加强对河道的清淤、梳理和引流，整治滩区、蓄滞洪区和河口。这样做，会收到事半功倍的效果。

思考之三：重视软件开发，实行科学决策

防止水患，不仅要十分重视硬件建设，而且也要高度重视软件的开发，实行科学决策。人脑是生产力。这个生产力用到抗洪抢险上，就会演化成巨大的抗灾能力，从而把灾害损失降到最低程度。实行科学决策，基本常识是从本地的汛情、防洪能力、洪区边缘城镇分布情况和农作物布局结构、灾民安置条件等实际出发，以对党对人民高度负责的精神，充分依据预警和监测手段，准确无误地作出科学决策，尤其是在各方利益纷争、众说不一而形势又十分紧迫的情况下，更能显现出领导者高超的决策能力。决策方案的选择原则应该是：(1) 不惜一切代价保证人民的生命安全；(2) 争取用最小的投入最大限度地控制财产的损失程度；(3) 必要时做出“丢卒保车”的选择；(4) 充分考虑灾后恢复基础设施的难易程度。在关系到人民生命财产安全的关键时刻，特别是对于拦江大坝放流和蓄积洪区的分洪时间、流量等重要参数，做出科学的抉择，不允许出现人为的决策失误。在我国抗洪抢险的实践中，也曾出现过依据汛期降雨预测而实施提前大量放流，致使库容蓄水不足，严重影响发电量而给工农业生产造成困难的错误决策。历史的教训一定要汲取。

抗洪抢险的决策过程，也是各方面利益的调节过程。因此，应提倡先人后己、助人为乐，把方便让给别人、把困难留给自己的无私奉献精神。

我国幅员辽阔，南北方的纬度差异较大，自然顺序是由南向北，有先有后地进入汛期。这个客观情况，要求国家对抗洪抢险资财的使用，应该作出统筹而又妥善的安排。抗洪抢险属于突发性灾害，不可预见的因素多，国家限于财力，不可能在年初就作出充裕的预留。每年的预留与实际灾情的需要，都显得杯水车薪，难以应付基本的应急需求，往往是通过各方面临时“挤”的办法补充。所以，在资财的投放上应避免出现厚此薄彼的现象。如果能做到瞻前顾后，尽量均衡投放，就有可能避免出现旱汛地区大灾小治，晚汛地区大灾无力治的窘况。

（《瞭望》新闻周刊 1995 年第 36 期）

先富带未富　促进共同富

建立合理的个人收入分配制度，是构筑社会主义市场经济体制基本框架的一个重要组成部分。研究如何坚持鼓励一部分地区一部分人通过诚实劳动和合法经营先富起来，寻求先富带动和帮助未富的有效途径，讨论怎样能最终实现共同富裕，这对于全面贯彻落实党的十四届三中全会精神，建设有中国特色的社会主义，具有重要意义。

（一）

允许和鼓励一部分地区一部分人通过诚实劳动和合法经营先富起来，提倡先富带动和帮助未富，逐步实现共同富裕，这是我国改革开放以来所制定的一项基本政策。这个政策的基本雏形是打破平均主义，允许合理拉开收入差距。它的出台，可以追溯到 1981 年 3 月。当时，国家农委根据党的十一届三中全会精神，给中共中央、国务院上报了《关于积极发展多种经营的报告》。中共中央、国务院在批转这个报告的按语中指出："农民在发展多种经营和其他多项生产中，由于技术水平高低和付出劳动多少不同而出现收入上的差别，因差别而出现竞争，是合理的。不应当把这种现象看成是资本主义的两极分化，更不应当由此导致打击、限制多种经营的错误做法。"这条政策在提法上以及操作力度上虽然与现在的完整、准确表述和对工作的实际指导还尚有一定距离，但可以表明，它冲破了"左"的束缚，是社会主义初级阶段分配制度的一大改革，是具有历史意义的一大进步。

后来，党中央、国务院在认真总结实践经验的基础上，不断把这一政策进行补充，逐步规范起来。1984 年，中共中央《关于经济体制改革的决定》中指出："鼓励一部分人先富起来的政策，是符合社会主义发展规律的，是整个社会走向富裕的必由之路。"由允许合理拉开收入差距到鼓励一部分人先富起来，这无疑又是一个进步。党的十三大和十三届七中全会、十四大，都从当时改革和发展的实际情况出发，对这一基本政策作出愈发深刻的表述。党的十三大的报告，首次使用了"在共同富裕的目标下，鼓励一部分人通过诚实劳动和合法经营先富起来"。这一进化的标志有两点：一是提出了共同富裕的目标，二是提出了先富起来的条件，即"诚实劳动和合法经营"。党的十三届七中全会，把鼓励先富起来的对象由一部分人扩展到一部分地区，同时提出"提倡先富起来的帮助还没富起来的，逐步实现共同富裕"。江泽民同志在党的十四大上所作的报告，适应建立社会主义市场经济体制的需要，继承和发展了以往的提法，提出了"促进效率"，"防止两极分化"。党的十四届三中全会，把这一基本政策作为建立社会主义市场经济体制框架中的一个组成部分，进行了规范，作出完整、准确的表述。即："坚持鼓励一部分地区一部分人通过诚实劳动和合法经营先富起来的政策，提倡先富带动和帮助后富，逐步实现共同富裕。"

这一基本政策的整个演进过程，实质是马克思主义的按劳分配原理同中国实际相结合而进行实践的过程，是党和亿万人民群众智慧的结晶。

(二)

要实现共同富裕，就应承认经济发展的不平衡性和个人收入上的差别，鼓励一部分地区一部分人先富起来。一部分地区一部分人先富起来，是实现共同富裕的基础条件和必然过程。没有这个基础条件和必然过程，也就不可能实现共同富裕。而共同富裕，是社会主义的本质特征和社会主义制度优越性的具体体现，是我们党为之奋斗的目标。建国 40 多年来的实践经验告诉我们，把共同富裕理解为所有的人在同一时间、同一空间实现同等程度的富裕，那是错误的。用平均分配的办法"抑富济贫"，不但达不到共同富裕的目的，而且必然导致共同贫穷。

我国是一个幅员广阔的国家，地区之间的发展存在一定的不平衡性，自然会形成一种经济、技术力量上的梯度。这种梯度，最终表现在收入分配的差别上。西部和边远地区，虽然自然资源比较丰富，但由于种种原因，基本上处于待开发阶段；内地大部分地区，经济发展水平处于中间状态；相对来说，一些沿海地区拥有比较先进的技术和较为雄厚的物质力量，有条件首先掌握国际上的先进生产技术和管理经验，先一步发达起来。这种由地区发展的不平衡性而引起收益分配上的差距，是商品经济发展过程中必然出现的现象，理智的做法是承认它，积极利用它。至于在同一地区之间，个人收入的差别，也是客观存在的。在现阶段，我们实行以按劳分配为主的分配政策，由于人们劳动技能和经营能力上的差别，必然会导致收入上的差别，以生产资料公有制为主体，多种经济成分并存的经济格局，特别是允许个体和私营经济的存在和发展，使得个人占有或使用生产工具的数量、质量都有差异，这种差异最终也表现在收入分配上，各类生产经营单位所占有的资源的性质和数量也不均等，随着技术的进步和资金的积累，各类产业之间，在资源开发利用的收益上也不会相同。在经济增长过程中，供给与需求的平衡与波动不断地交替补充，产生了许多市场利益选择机会，使善于运用市场机会的经营者比较容易取得超额利润而形成高收入。因各种条件不同而形成的收入上的种种差别，是难以避免的，也是允许的。

适应客观情况的需要，党和国家出台了一系列鼓励一部分地区一部分人先富起来的政策措施。比如办经济特区，开放沿海、沿江、沿边城市，搞经济技术开发区等。党和政府鼓励人们利用地理、交通、资源等条件和个人专长，开办个体或私营企业；鼓励农民有组织地合理地流向沿海地区、城市、城市郊区和小城镇，从事饮食业、服务业、修理业、建筑业等项经营或出劳务；鼓励资本持有者增加投资、吸引外资、引进技术、发展生产；鼓励生产经营者提高劳动技能、改进技术、改善管理，积极为社会创造财富，从中获得更多的收入。这些政策措施，确实有力地调动了一部分地区一部分人的积极性，使他们先一步地富了起来。由于一部分地区一部分人的富裕，也有力地促进了共同富裕。这种促进作用主要体现在：可以调动人们致富的积极性，努力为富裕而奋斗；可以给人们树立致富的榜样，打开致富的门路，提供致富的经验；还可以使先富的地区和先富的人创造物质技术条件，有能力带动和帮助后富者走向共同富裕。

（三）

只有鼓励先富带动和帮助未富，才能最终实现共同富裕。鼓励一部分地区一部分人先富起来，它的积极意义除了体现在本身之外，还在于通过他们带动和帮助还没富起来的地区和个人也走上富裕之路。先富的人如果只顾自己富，不去带动和帮助周围的和还不富裕的人共同致富，就会引出种种矛盾。这种种矛盾的出现，将有悖于社会主义制度的初衷。因此，应积极采取有效措施，避免出现和解决这种矛盾。

先富带后富怎么带？如何帮？可供选择的途径主要是采取提供经验、传授技术、经济协作等，互助互利，共同发展。如提供致富信息，给予技术指导，介绍就业，吸收参加自己的经营，帮助办企业等。先富的地区有较多的信息、资金、设备、技术、人才和比较成熟的经营管理经验，但缺乏原料、市场和劳力，而还没富起来的地区一般都有比较丰富的尚待开发的资源，有市场潜力，有较多的剩余劳动力，但缺乏资金、技术和人才。这两者在一定条件下实行互补，就可以收到先富带未富的好效果。比如，先富起来的地区可以向还没富起来的地区投资，提供技术和设备，在那里开发资源、建立基地、拓宽市场，也可以帮助培训和吸收当地的劳动力。这样在联合和合作中，就可以收到取长补短、双向增益、共同发展的效果。现在出现一种投资西移、劳动力东流的现象，对西部的开发和东部的发展都有好处，应因势利导，给以支持和鼓励，引导这种好的势头发展下去。

（四）

发展集体经济或生产资料共有的股份经济，有利于抑制贫富之间收入差距的拉大，是走向共同富裕的一条重要途径。发展集体经济，能够使资源、资金、技术等生产要素优化组合，创造出新的物质财富；能够将能人的智慧与一般劳动者的体力结合起来，形成新的生产能力，从而使生产经营单位中的人们在生产的发展中不断增加收入。这种收入尽管也会存在一定差别，但由于这种经营主体可以把收入差别控制在一定的范围内，因而不会出现两极分化。

在我国农村，有不少靠发展集体经济使全村、全乡农民实现共同富裕的典型。这样的例子在粤南、苏南等地屡见不鲜。比如江阴市华西村的农民，就是靠发展集体经济共同富裕起来的。现在，全村320多户都住进了楼房，烧的是液化气，用的是自来水，家家是彩电、冰箱、电话、汽车齐备，户户有较大额度的存款，村里没有几百万元的暴发户，也没有不足万元的贫困户。上海市闵行区的旗忠村，1978年时全村集体固定资产只有21万元，集体积累资金只有6万元。通过发展集体经济，使这个村发生了翻天覆地的变化。到1991年末，全村集体拥有固定资产原值达到3 000万元，比1978年增长了143倍，年递增率为68%；集体积累资金达到3 419万元，人均占有2.85万元，人均收入达到1 784元，全村各户都富了起来。还有河南的刘庄、北京的窦店，都是靠集体致富的典型。这样的典型，对实现共同富裕有重要的指导意义，应因地制宜地推广。

（五）

先富带未富，要注意政策。我们所说的共同富裕，属于分配范畴要研究的问题。但是，马克思主义的基本原理告诉我们，分配是由生产决定的，分配关系取决于生产关系，分配的本身就是生产的产物。所以，我们必须把共同富裕建立在生产力不断发展、物质财富不断增多的基础上。发展才是硬道理。只有建立起经济持续、快速、健康发展的有效机制，才能具备研究先富带未富的基本条件。应明确，先富带未富，首先应在发展生产的基点上考虑问题。

先富带动和帮助未富，一是不得刮“共产风”。实现共同富裕，是个漫长的过程。先富带动和帮助未富，也有个做法和条件问题。切忌一提倡先富带未富，就一哄而起，企图在较短的时间内就大有作为，更不允许偏离党的政策去重蹈“均贫富”的覆辙。在这方面，我们曾有过深刻的教训，一定要牢牢汲取。应注意把握好宣传口径，正确解释“先富带未富”的内涵，宣传一些联合和协作的典型，引导大家把“带”和“帮”的热点放到带动和帮助发展生产、创造经济增量上，而不要着眼于“共产”、再分配和调整经济存量上。特别是在发展集体经济的过程中，不准“归大堆”。实行股份合作制，是个既可以防止“共产”又可实现生产要素优化组合的好办法，对于大多数地方来说，有值得借鉴的意义。二是不得“平”、“调”财产。在先富起来的人中，绝大多数都是自己辛勤劳作、精心经营的结果。他们的产权，具有明晰的个人确定性，是神圣不可侵犯的。无论是个人还是地区间的帮助，都应明确债权债务关系，建立独立核算制度，遵循等价交换原则。当然，在先富带未富的过程中，不排除在自愿的原则下对贫困地区或灾区有某些无偿捐赠和廉价支援，但这绝不是“帮”和“带”的主要手段。对于被帮助者来说，不可指望借助富裕地区和富裕者的“给予”而不费力气地富起来。应强调发扬自力更生、艰苦奋斗的精神，注意在联合和协作中积蓄自我发展的力量。三是不准盘剥后进地区和还不富裕者。这是个既涉及经济利益又涉及道德水准的问题。已经富起来的地区或富有者，与落后地区和还没富起来的人相比，在经济、技术和基础条件上占有优势。这种优势，是进行联合和合作的有利条件，但不可成为盘剥落后地区或还没富起来的人的砝码。见利忘义的做法，是违反社会主义道德的。在经济交往中，应坚持公平竞争和适当照顾经济上弱者的原则，对由市场机遇带来的额外收入，在分配时，应尽可能地考虑落后地区和还不富裕者的经济利益，以利不断增强他们的经济实力，尽快地发展起来。在地区与地区的经济交往中，要坚持开放的原则，反对地区封锁，以更好地发挥市场手段在经济发展中的重要作用。

（六）

实现共同富裕，关键的一个环节就是扶持贫困地区发展生产，尽快脱贫致富。目前，我国农村还有8 000万人没有完全稳定地解决温饱问题。这是我们实现共同富裕的一个难点。只有攻克这个难点，才有望实现共同富裕。现在，扶贫工作已进入攻坚阶段。这8 000万人口没有摆脱贫困，就是我国没有摆脱贫困。对此，中央已经明确提出，从现在算起，用7年时间，力争解决8 000万贫困人口的温饱问题。首先，扶贫工作应实行战略转移，由过去的救济型转为经济开发型，实行立足治本，贫病愚综合治理，注意增强贫困地区和贫困户的“造血”机能，用政策启动脱贫致富的内在活力。其次，国家应对贫困地区给以必要的扶持。贫困地区受制于自然的、经济的条件，完全靠自己的力量来发展经济，难以起步，需要得到国家和比较发达地区的扶持和支援。这是社会主义制度优越性的具体体现。“七五”、“八五”期间，国家出台了一些支持贫困地区发展生产的政策，拨出了一些资金，并收效显著，今后应坚持下去。在可能的情况下，国家还应加大扶持力度。比如，扩大以工代赈规模，重点扶持最贫困地区修建公路、基本农田和解决人畜饮水。中央和地方的各项扶贫资金，应相对集中，重点用于最贫困地区，并应严格扶贫开发资金的使用纪律，健全管理和审计制度，严禁挤占或挪用，以保证投入的效益。第三，应十分注意改变贫困落后地区的生产条件。生产条件差，抗灾能力低，是当前扶贫工作要解决的重点问题。从一些地方的实践看，通过改善生产条件，可以收到大面积区域性脱贫的好效果。组织农民大搞劳动积累，因地制宜地实施防旱、排涝、防砂、治碱等工程，改善生态环境，提高抗灾能力。第四，应做好扶户工作。贫困地区是由众多的贫困户所构成的，区域性脱贫致富的基础是每个农户都脱贫致富。只有每个农户都有了脱贫致富的措施，一个地区才能有整体脱贫的希望。采取“能人带、大家帮、国家扶”的办法，兴办一些扶贫联合体，可以收到逐户脱贫而且利于巩固的效果。应注意发挥农村中广大共产党员和村、组干部的带头作用，落实扶贫帮困责任制，一户一户地解决问题。总之，应通过卓有成效的努力，使贫困地区和贫困户的生产力不断得到发展，使全体人民都富起来。

（七）

实现共同富裕，有赖于通过政策法规调节个人的收入，防止出现两极分化。个人收入分配应坚持以按劳分配为主体、多种分配方式并存的制度，体现效率优先、兼顾公平的原则，在打破平均主义，实行多劳多得，合理拉开收入差距的同时，注意运用各种手段调节收入，抑制贫富差距的过度拉大。对于由资金和资源占有的差别所形成的高收入，应通过累进的所得税、资源资产占有税等手段进行调节；对于现存资本的转移，可考虑开征遗产税、赠予税；对一些属于超前消费，应征收消费税，对于经营者利用市场缺欠、体制转换中的误差而形成的高收入，除了应用税收手段进行调节外，同时要尽快健全和完善市场规则，对市场主体的经济行为进行规范；对那些违法乱纪牟取暴利的，要坚决依法制裁。

从长远看，在富裕地区与贫困地区之间，也应有相应的调节办法。当富裕地区发展到一定程度时，可以考虑通过借贷、无偿支援或者开征特殊税种等办法，通过国家宏观调控来搞一点“平”和“调”，以利相应缩小贫富之间的差距，达到共同富裕的目标。尽管这种政策出台的时机和方式、方法要慎重考虑，但它作为一种有效的调控措施，具有可供选择的客观性。

与国家的宏观调控相匹配，也要注意运用带有行政色彩的教育手段。教育劳动者正确认识社会利益与个人利益的一致性，引导他们积极、诚实地劳动；教育个体户和私营企业主遵守国家法令，进行合法经营，照章纳税；教育经营者处理好积累与消费的关系，尽可能地扩大再生产，不搞过度或超前消费。通过经济、法律、行政等各种手段，解决好障碍实现共同富裕方面所存在的问题，争取及早实现共同富裕的伟大目标。

（1993年10月）

深化农村改革的若干意见和建议

——全国深化农村改革座谈会综述

组织交流十五大以来特别是近年来各地农村改革与发展的经验，分析当前农村工作遇到的新情况、新问题，探讨进一步深化农村改革的对策，中国农村杂志社于6月29日至7月1日在江西省井冈山市召开了“全国深化农村改革座谈会”。中央农村工作领导小组办公室主任段应碧、农业部常务副部长韩长赋、中央政策研究室副主任郑新立到会并讲话，28个省（区、市）的农口综合部门或农业行政部门负责同志出席了会议。与会代表以江泽民总书记“5·31”重要讲话精神为指导，紧密联系农业和农村工作实际，解放思想，畅所欲言，会议开得积极、活跃。与会者一致认为，十五大以来，我国农业及农村经济得到了长足发展，农业综合生产能力稳步提高，农村改革不断深入，以战略性结构调整为标志，农业和农村经济发展进入了新的阶段；新阶段面临着新形势、新任务，有许多新情况、新问题需要引起重视，抓紧研究解决；新阶段农村改革应进一步深化，力求在一些重点领域有所突破。

一、关于落实和完善有关政策

1. 土地承包政策。与会代表认为，有关土地承包的政策，中央是十分明确的，1993年二轮土地承包到期时中央提出再延长30年不变，随后各地陆续开展二轮土地延包工作。但是山西、河北代表反映，在实际工作中有些地方并没有完全落实这项政策。2002年5月，山西省农业厅党组成员分别到农村作了20天的调查研究，共调查了50个乡镇，其中有十几个乡镇领导根本不懂土地制度政策。农民最担心的是各级领导打着发展生产等旗号，不同程度地触动农民的承包经营权。吕梁一位干部说，土地承包30年不变是农村干部的紧箍咒。河北代表说：这次搞税费改革发现，相当一些地方二轮承包是假延包，有的地方做得太粗，不认真落实政策。

2. 土地流转政策。与会代表认为，土地作为生产要素，可以流转，这在中央政策上是没有问题的，2001年中央18号文件精神的实质是对什么情况下流转以及怎样流转作了规范，即土地使用权流转必须遵循条件、自愿、有偿、依法的原则。有代表说，土地使用权的流转不可避免，应该允许各地去创造去探索，但不能替农民作主。有代表反映，一些地方对执行2001年中央18号文件有误解，甚至认为中央不允许土地流转，其实这个文件在相当多的地方都没传达，甚至县一级没传达，应引起重视。针对这一情况，到会的有关领导讲到，对中央的政策允许有不同看法，但政策一定要贯彻执行，“大道理一定要管小道理”。

3. 税费改革政策。与会代表谈到，在一些地方进行试点的农村税费改革，总体上看是成功的，其主要标志是明显减轻了农民负担。有代表说，我们过去讲一个确保，现在讲三个确保，问题是后两个确保，即：确保农村义务教育正常进行，确保农村基层政权正常运转，如果没有财力支持，很难实现确保。特别是由农民养着的人头没有减少，财力支持极其有限，很容易导致向农民筹钱的死灰复燃。也有代表说，如果说农民负担减轻了，农村义务教育、基层不能正常运转，也不能说改革是成功的。但是首要目标是减轻农民负担，后两个确保要靠深化改革来解决。有人还担心，五年之后中央和省财政补贴没有了，改革还怎么维持？要防止下边用各种办法向农民收钱。还有代表反映，一些地方在税费改革过程中，存在着在计税面积、常年产量、产品价格等方面没按中央政策执行的情况，应引起注意。税费改革后，最大的问题是怎么做到“一事一议”，现在有的地方仍然存在着没议也收钱，乱议也收钱的现象。

4. 退耕还林政策。山西、湖南代表反映，中央制定的退耕还林政策应包括还林、还草。可是基层在执行时仅仅从中央文件的字面理解，认为中央的政策支持只是还林，而不包括还草，经过会议讨论，大家认识到这是一种理解上的偏差。但是，基层持这个偏差认识的同志怎么转变认识，值得研究。一些代表反映，退耕还草比还林对水土保持作用还要大，因此建议加大退耕还草力度。还有人建议，在退耕还林时要注意发展经济林，兼顾生态和经济两方面效益，这样才能使退耕还林工作持久地开展下去。

二、关于基本经营制度的创新

与会代表认为，以家庭承包经营为基础、统分结合的双层经营体制，是我国农村的一项基本经营制度，应长期坚持和稳定；家庭经营作为农业的经营方式，不仅适应于传统农业，而且也适应于现代农业，仍然有强大的生命力。但是，在农业市场化、国际化进程中，由于小规模分散经营的农户缺乏有机的联系，集体经济组织缺乏组织农民进入市场的服务功能，家家户户的农业生产难以融入农业社会化大生产体系，产加销脱节、内外贸脱离的问题越来越突出。因此，要创新经营体制，在完善双层经营的同时，探索多种形式的联合与合作，促进产业化经营。为此，一些代表建议：

1. 继续加大对龙头企业的扶持力度，提高龙头企业的竞争力和带动力。与会代表认为，在各地发展起来的产业化经营的龙头企业，有效地促进了农业结构的战略性调整，提高了农民进入市场的组织程度，是农民增收的一个重要途径，也是农业现代化的必由之路，应在政策和财力等方面给予重点扶持。除了要继续抓紧抓好现有政策的落实外，要尽快研究出台农产品加工企业增值税返还的政策。山西的同志建议，应允许产业化的龙头企业使用扶贫资金来发展生产，带动农民致富。

2. 加快发展农村专业合作组织，提高农民的组织化程度。各地的情况说明，最近几年农村专业合作组织发展得比较快，据对山东、浙江、江西、福建、河南、北京六省市的统计，截至2001年末，六省市共有农民专业合作组织52 403个。其中：山东29 654个，福建1 409个，浙江2 973个，江西6 800个，河南9 544个，北京2 030个。在这个问题上有两种观点。江西、江苏、福建等省与会代表建议，应尽快给予农村专业合作组织以“名分”、地位，并尽快通过立法，保障合作经济组织健康发展。同时也有代表担心，急于规范可能带来负面作用，倒不如先发展、后规范。

3. 支持工商企业、外资企业进入农业。江苏省介绍，全省到去年末三资企业投入农业的项目共1.8万多个，投入总额162亿元，其中工商资本占20%，民间资本占67%，外资占13%。他们认为，工商企业、外资企业进军农业领域，既可缓解长期以来农业投入不足、机制不活、市场农业发展不健全等问题，又可促进农业结构调整、农业产业化经营，应予以鼓励、支持。与此同时，一些代表提出，从中国目前农业发展的现状看，工商企业、外资企业不宜大面积长时间租赁农民土地，因为企业一旦破产，广大农民将是最大受害者，提倡它们搞产前产后环节，带动外贸。

4. 加快组建农业行业协会。一些代表建议，应逐步将政府的服务性职能转移给行业协会，提高行业协会的组织管理能力和同行企业的组织化程度，形成行业自律机制和竞争合力。这也是在农产品国际贸易中避免被诉倾销和应诉反倾销的主要措施。要研究制定政策措施，加强指导，明确功能，规范运作，促进行业协会加快发展。也有代表提出，农民是中国的最大群体，也是弱势群体，但他们的对话地位低，没有自己的组织。因此，应该成立农民协会。

5. 通过深化改革建立起新的农村集体经济产权制度，保障农民的合法经济权益。一些代表认为，首先需要进一步明确承包权是一种物权还是一种债权。农民的住房和集体的房产，没有房产证，也即承包权没有物权化。此外，集体经济内部成员之间产权主体不是很明确。一些代表建议，承包就应该明确一个物权法，农村的房产要搞房产证，应可以抵押。另外，在有条件的地方，应把集体资产量化到每家每户，以明确集体经济这个产权。

6. 创新双层经营体制的内涵。浙江代表提出，统分结合双层经营体制，对推动农村经济发展和社会进步，起到了很大作用。但是，把握今天的发展情况，应赋予其新的内涵。应提："以农户专业化生产为基础，产加销分工协作相结合的一体化经营体制"。同时，有代表提出，改革开放初期，全国农村遇到的问题有普遍性，研究改革思路大体是一致的。经过20多年的发展，今天各地遇到的问题就不一样了，有些差别还很大。由于各地情况不同，改革的措施也应有区别，一个政策下去，恐怕在一些地方就难以实行，中央还应分类指导。

三、关于农产品流通体制和外贸体制改革

与会代表认为，我国已经加入世贸组织，农业必然要在国际市场上竞争，以前我们打"客场"，现在我们打"主场"，我们的产品不出去，国外的产品也要进来，农业将直接面对国际市场的竞争。这就要求我们必须提高农业的国际竞争力。为此，一些代表建议：农产品流通和外贸体制的改革，核心是降低农产品交易成本。看产品有没有竞争力，一个重要因素是成本的高低，成本高低很重要的是交易成本，我们现在的农产品生产成本不高，但交易成本太高，一个行业好几家管，到处吃拿卡要、跑冒滴漏，自然降低了农产品的市场竞争力。一些代表建议，农产品流通体制改革要加快市场化进程，培育多元化的流通主体。粮食流通体制改革应深化，应取消定购，放开市场，放活价格。外贸体制改革应适应加入WTO的要求，真正帮助农民解决实际问题，应对倾销、反倾销。江西代表提出，应开辟全国性的鲜活农产品流通的"绿色通道"，加大对公路"三乱"的打击力度。总之，通过改革，要努力实现产加销一条龙、贸工农一体化。

四、关于农村金融体制改革

许多代表反映，当前农村发展资金严重短缺，成为农业结构战

略性调整和农村经济持续快速发展最大的制约因素。究其原因：一是现行财税分成体制导致上缴比例过大，县乡财力被“抽血”过多，在财政困难的情况下，县乡两级根本没有财力支持发展农业和农村经济。二是农村资金非农化趋势明显，支农资金明显不足。三是农村信用环境差，农民贷款难甚至根本贷不到款，农村中小企业也很难贷到款。这使一些地方民间高利借贷活动日益活跃，给农村金融安全和社会稳定留下隐患。许多代表建议：要研究和推进农村金融体制改革，使广大农民和农村企业能够顺利地得到贷款。四川代表认为，农村金融需要国家出台一些扶持政策措施。浙江代表认为，推进农村金融体制改革，一是要改革农村信用社。把农村信用社发展成为农村合作金融组织，有条件的可以改造为股份制性质的农村合作银行。中央人民银行应研究制定一个政策，保障农村信用社为“三农”服务。二是国家农发行目前仅保证粮棉油收购资金的贷款还不够，还应成为支持农业产业化的政策性银行。三是在农村实施信用工程计划，解决借款没信用，怕没信用就不贷给款的问题。

五、关于对农业的支持和保护

与会代表认为，我国加入世贸组织后，如何充分利用世贸组织规则，对农业实行充分有效的支持，是急需研究的问题。从目前情况看，我们国家对农业的支持保护程度较低，农业和农民利益在激烈的国际竞争中处于十分不利的地位。有代表说，现在国家对农业的投入与林业和水利的投入相比，差别太大。发展无公害农产品，推动农业标准化、信息化建设等，都需要投入。为此，一些代表提出，一要加大财政扶持力度，从上到下切实改变口头农业、口号农业、文件农业的现状；二要适应应对 WTO 挑战的需要，用足“绿箱”政策，同时改变补贴方式，变“暗补”为“明补”；变补贴流通环节为补贴生产环节，逐步建立农民收入直接补贴制度，让农民得到实实在在的好处；三要降低税赋，依照中央提出的“多予、少取、放活”的方针，积极研究减免农业税、农业特产税的政策，实现从源头上直接补贴农民和农业；四要建立政策性的农业保险公司，增强农民抗御自然灾害的能力。

六、关于乡村财政体制改革

1. 着手解决乡村负债。与会代表反映，乡村负债过大问题在中西部地区特别突出，如果处理不当，会影响到农村社会稳定和农村经济的发展，应引起足够重视。安徽省每个村平均负债 20 万元，四川全省乡镇平均负债 400 万元。湖北从 2000 年 8 月开始在全省范围化解乡村债务，到年末，使村均债务 12.88 万元下降到 7.76 万元，下降幅度达 40%，但 2001 年又出现反弹，全省村级负债增加了 2.25 亿元，村均增加 1 万元。一些代表认为，解决乡村负债问题，要区别情况，分类解决，同时需中央和地方共同努力，仅靠县乡自己消化不现实。首先，要分清负债原因，如果是乡村办企业办垮了，那是乡村的责任；如果是因不切实际大搞基础设施建设负的债，也是乡村的责任；如果是因为普及九年制义务教育负的债，上级政府就要认这个账。总的要区别负债原因，上下共同负责。其次，要分清欠谁的钱，欠银行的，可以挂账；欠干部、欠农民、欠企业的要还。四川代表介绍，为解决乡村负债问题，省委领导提出“新官要还旧账”，在任期间还欠债也是政绩。同时省上定了一个制度，把解决乡村负债问题列入干部考核指标，这一条很管用。与会代表一致认为，化解乡村债务应引起中央重视，中央一是要给政策，二是要拿钱，要下决心帮助解决这个难题，否则后果不可预料。

2. 改革乡镇财政体制。一些代表反映，现行乡镇财政体制存在的问题大致包括：一是税收的太多，税收增长的幅度与 GDP 增长的速度、与城乡居民收入增长的幅度相比，太不协调。二是中央与地方税收分配结构不是很合理。三是税种结构不合理，收了不应该收的税。比如说农业税，它是什么税种？既不是增值税也不是所得税。工业没有工业税，农业怎么就有农业税。四是财力支持结构不合理。许多代表建议，乡镇财政体制改革的目标应按照市场经济的原则建立公共财政体制；农村的公益事业，由农民自办应改为由政府去办，如计划生育、九年义务制教育等费用，都应由财政列支；重新调整财政部门直接投资搞农业综合开发的政策，管钱的部门不应搞经营。

七、关于城乡经济协调发展

一些代表认为，实现城乡经济协调发展，一直是国家的奋斗目标之一。但长期以来，我们在处理工农关系和城乡关系上存在着严重的偏差，有明显的城市政策倾斜现象。湖南、湖北代表认为，对中国农民的富裕程度不能估计过高，对增加农民收入的速度不能估计过快，对城镇居民收入与农民收入的差距不可忽视。现在城乡差距不是在缩小，而是在扩大，这不仅严重损害了农民利益，影响了农业农村经济社会的发展，而且对整个国民经济和社会发展都产生了很大的负面影响。因此，重新审视我国的城乡政策，纠正长期存在的城市政策倾斜，促进城乡经济协调发展，已成为摆在我们面前的一个重大而紧迫的课题。为此，一些代表建议：一是下决心调整国民收入分配格局，加大财政资金对农业和农村建设的投入，把重视农业真正落到实处。二是为农村劳动力转移创造良好的外部环境，国家应像重视申办奥运会那样重视农民就业，要切实保障农民进城务工的相关权益，加快户籍制度改革步伐，给农民以国民待遇。三是从长远看，中央应着手研究农民最低生活保障问题，让困难农民免去基本生存的后顾之忧。

八、关于农业行政管理体制

与会代表认为，加入 WTO，我国农业管理体制面临严峻挑战。国际农产品竞争，不仅是产品质量、科技、人才的竞争，而且也是管理体制的竞争。在世界发达国家，农业已实现了产供销一体化，与此相适应，政府行政管理也实现了从田间到餐桌的一体化管理。我国现行的农业管理体制，是在计划经济时代，在传统农业和短缺经济时期形成的，部门林立、条块分割、政出多门，产加销脱节、内外贸分离。涉农部门虽多，但最迫切需要强化的综合协调职能却一直处于缺位状态，部门间互相掣肘、效率低下，是普遍存在的问题。这种分散的管理体制，无法适应农业发展新阶段的要求，更难以应对激烈的国际农产品竞争。为此，许多代表建议，要以加入 WTO 为契机，加快农业管理体制改革的步伐，探索建立一个拥有宏观决策权和强有力协调职能的农口综合协调部门和行政管理机构。

九、关于浙江发展农村经济富裕农民的经验

一些代表指出，改革开放以来，浙江农村经济持续快速健康发展，农民收入大幅增长，形成了独具特色的“浙江现象”，引人注目，江西省党代会还做出了向浙江学习的决定。有代表指出，浙江的成功，得益于以下六个方面的经验：一是鼓励千百万农民成为市场主体。二是按专业协作原则发展产业带和产业群，即浙江人所说的“块状经济”。三是大力发展专业市场。四是依托产业带和专业市场，发展小城镇和县城。五是不断进行体制创新。六是各级党政领导正确的组织引导。与会代表建议，浙江经验应引起各地关注，值得学习、借鉴。

与会代表一致认为，农业发展新阶段的农村改革已进入攻坚阶段，“三农”问题需要得到真正重视。只要各级领导真正把重视农业、加强农业放在心上，落实在行动中，切实尊重基层的创造，不断深化改革，与时俱进，开拓创新，农业一定会不断发展，农村一定会变得更加美好。

（2002 年 7 月）

发达国家城市化进程中科技进步的借鉴研究

中国的城镇化道路，需要汲取发达国家的先期探索，需要借鉴人类广泛利用有效推进城市及社区进步的经验，也需要引进先进的城市及社区管理理念，普及和推广成熟的适应中国国情的科技成果。但是，发达国家先期发展时的世界经济、政治、科技以及人文环境，今日已不复存在，各国发展的基础条件差异很大，这就决定了中国农村的城镇化道路不能简单地取用“拿来主义”，特别是在一些“软科技”方面不能照抄照搬。借鉴人类的文明成果，只能用契合、相符和适用的原则指导下作出精确的取舍。本专题囿于这样的约束，力求于在实证研究的基础上，从包括规划和管理软科学手段在内的科技启用角度入手，分析中国与西方发达国家在城镇化及社区建设基础条件、发展方向及道路选择上的差异，力争廓清在汲取、引入、效仿、借鉴方面的思路。

（一）战略上的借鉴

1. 科技进步造就了西方国家的城市化。从历史上看，以英美和欧盟集团为代表的城市化国家，城市化成功的动力是科技创新。一些专家学者在研究城市化或者是社区建设的历史轨迹中，达成了一个基本共识：科技的创新是推动城市化进程的主要动力。19 世纪始于英国的以蒸汽机、机械制造技术为标志的科技革命，奇迹般地推进了英国城市化的进程，在 1801—1850 年的 50 年中，英国 5 000 人口以上的城镇由 106 座增加到 265 座，城市人口比例也由 26%上升到 45%，到 1900 年，英国城镇人口就达到了 75%，成为世界上第一个城市人口超于农村人口的国家（向德平主编《城市社会学》）。1790 年，英国青年莱斯特将制造棉纺机的技术带到美国，从而带动了大西洋地区城市的快速发展；19 世纪开始，升降机的发明促进了建筑业，有轨电车的发展促进了交通运输业，白炽灯的发明改善了城市居民的生产生活条件。不断问世的先进技术，带动了工业群落的集聚。英美等国城市化的实践证明，一部人类进步史，就是一部科技创新史。

2. 自由市场体制下的经济及社会结构。发达国家人口聚集由“城”到“市”，城市群落由点到面，能够有超人预料的发展效果，与实施“政府少干涉或不干涉，主张自由发展”的市场经济制度有关，城市功能效应显著，是各种经济形态竞相发展、人口自由聚集的产物。他们的城市化“化”的过程，是一个自然发展的过程，而并非统治者颁布一个什么“城市化”的跃进纲领所致。即使是“城市化”这个名词，也是后人对过程的概括。在近代现代史段，国民的自主意识得到充分体现，有限政府的内政职能作用主要体现在提供公共物品和服务，包括环境建设，低收入家庭的住房、非盈利的文化设施、公共活动设施的建设，历史文化遗迹的保护。整个社会的一切经济活动，都是在比较健全的市场经济体制下依据市场规律去运作。按照美国州政府对地方政府的自治宪章，如果一个居民社区的人口密度和规模具有了城市的特征而需要获得市政服务时，就可以组成为具有法人资格的自治市。它不但有征税权，而且还有制定分区规划和政策的权力。这些地方组织，一方面大大地推进了城市化或大都市区化的进程；一方面也因数目繁多，呈现日益加剧的分化割据局面，与有序发展的客观要求极不相称。

值得警惕的是，这种自由性质的市场经济体制，加之有限政府的“软”手段，在有利于调动市场主体积极性的同时，已经使美国社会积累下了犯罪、暴力、吸毒、失业、贫困和城市基础设施老化等问题。中国的城镇化道路，应坚持政府的权威，强化宏观调控和社会管理职能，延续中央政府集中财力办大事的财政体制，避免出现市场秩序混乱、地方利益纷争的现象。

3. 城市化的逆向回归。在城市化已经成为全世界推动经济与社会发展的一种手段和目标的今天，一个不能不引起注意的事实是，早已实现了城市化的英、美、德等西方发达国家，却发生了城市化的逆向回归。对此，有专家称为城市的郊区化趋向或者叫城市的郊区化。一些西方发达国家，在城市化大面积演进的过程中，由于交通拥挤、犯罪增长、污染严重等城市压力日益增大，城市人口开始向城市郊区乃至农村流动，市区出现“空心”或“空城”，以人口集中为特征的城市化由此发生逆转。世界经济大国美国，早在1920年时，城市人口的比重就达到了51.2%，美国由此成为了名副其实的城市化国家。但是，第二次世界大战结束后，人口向中心城市聚集的情况发生了逆转，先来到城里借经济快速发展之机淘到了“第一桶金”的成功者，纷纷向城郊或农村回迁。1970年人口普查数字表明，郊区人口已经分别超过了中心城市和乡村人口。因此，道格拉斯·亚当斯指出：“美国人已经将合众国塑造成世界上第一个郊区化国家”（孙群郎：《美国城市郊区化研究》）。据德国公布的数字，全德的9 000万人中，城镇化率已经达到85%，其中有大约2 800万人常住城市。据此，以农村人口比重为15%推算，将有4 680万的城市居民居住在郊区或乡村。

城市郊区化由于必然要发生社会资源的重组、就业和交通状况的改变，社会治理的“巴尔干现象”（众多的非政府组织与政府权利的纷争）等一系列新情况新问题。对此，发达国家的政府并没都能做到未雨绸缪。同时，也给类似中国这样的急于推进城镇化的发展中国家，提供了应该扬长避短的例证。

4. 概念上的不对称。世界上，无论是发达国家还是发展中国家，大多都把城市化进程作为经济与社会的发展目标，并为此进行着主观的努力或者被动地进化。但是，无论是政府对这种发展模式的命名还是民间的习惯说法，并没有一个很统一的概念来规范，即使是被各国经济学家、理论工作者和新闻从业人员用得频率较高的“城市化”，其内涵也是因国而异。

世界上城市化实施最早的国家是英国。在18世纪中叶，由于英国的科技水平在全世界领先，国家工业化有了先期探索，因此加速了以伦敦、曼彻斯特等古老城市为中心的科技创新、人口聚居、制造业兴盛的城市化雏形。但是，那时的“城市化”与现代的城市化相比，无论是作为目标、过程还是结果，差异都是很大的，是不可同日而语的。

美国是城市化运作比较成功的国家。它已经从传统的城市化攀上了“大都市区化”的新台阶。美国使用“大都市区”这个概念，始于1910年，出自于国家预算总署的统计文件中。据王旭所著的《美国城市发展模式——从城市化到大都市区化》述：所谓的大都市区，是指人口在10万及10万以上的城市，及其周围10英里范围内的郊区人口与中心城连绵不断、人口密度达150人/平方英里的地区，均可合计为大都市区人口。此后，这个名称又几经变迁。1949年，改为“标准大都市区”；1959年，改为“标准大都市统计区”，其标准为“包括一个拥有5万或5万人口以上的中心城市”，以拥有75%以上的非农业劳动力的郊县；1983年，改为“大都市统计区”；1990年，统一使用“大都市区”；2000年，美国管理预算总署新提出“核心基础统计区”概念，并将其指标相应分为“大都市统计区”和“小都市统计区”两大类。

在全世界范围，使用“大都市区”或者“标准大都市区”概念的，并非美国一家。如果把“大都市区”看成是城市化水平达到一定程度之后的必然现象，或者是“后城市化”时代的新台阶，那么，在一些发达国家或先发展起来的国家中，都可以找到范例。如英国有

“大城市劳务区”之说；加拿大有“人口统计大都市区”之说；德国有“大都市连绵区”之说，等等。不管各国的命名如何，出于方便统计和比较，为制定适时调整政策提供数理依据，促进经济与社会的协调发展，是共同的出发点。

在经济比较发达的北欧诸国，所使用的与北美、亚洲的“城市化”“大都市区化”涵义相近的概念是“社区发展”。有专家给出“社区”的定义：“社区是一定地域范围内的人们所组成的生活共同体”。由于“社区”一般都是由城市为基础、为中心所形成的，又有学者认为社区发展就是以城市为基础带动周边的整体发展。因此，北欧的社区发展与各国通用的城市化，基本上是同义的，是一个事物的两种表达。

中国提出“城镇化”的发展方向，从字面上说，与“城市化”、“大都市区化”、“社会发展”这些舶来名词似乎是有区别，但本质是一样的。其目的都是“采用先进的科学技术和管理经验，促进生产要素的优化组合，推动区域经济与社会的协调发展”。所不同的是，中国的国情不同，中国的基础条件不同，这就决定了中国在借鉴国外经验及做法的过程中，要从中国的实际出发，不能生搬硬套，不可教条式的推广，也不可在名词上去搞没有意义的争论。

5. 准确的经济与社会范畴定位。纵观世界各国城市化进程的历史，不论是英美的“大都市区化”，还是日本的“都市圈”，即或是北欧的“社区发展”，都有一个准确的概念定位，即经济及社会范围，都遵循着一条原则——经济及社会的发展；研究这个问题，都准确地规范在经济学科，个别有扩大到社会学科的例证。但是，城市化排斥城市的政治化，是各国实践的共性表达。美国的驴象相争，英国工党的统治，发达国家最激烈的政治斗争，都没能把城市化问题作为口实。

发达国家城市化的要素主要是：人口的集中、产业的集聚、科技的应用、土地的集约。这四个方面，都是经济问题。人口的集中，从表面上看有社会学的含义，但城市化过程中的“集中”，是从劳动力的再生产、生产循环的消费群体变化方面来提出问题的，都是服从或服务于人力资源经济学、消费经济学对经济与社会进步的指导行为的。城市“化”的基本标志是商品经济的高度繁荣，这是发达国家和发展中国家的共识。

发达国家的城市化进程，同经济发展的结果是一致的。据《国际统计年鉴（2003）》，截止2001年的城市化水平指标：美国77.4%，德国87.7%，英国89.5%。世界上国民生产总值排在前列的国家，也是城市化指标居于前列的国家。英国先于经济霸主的美国，排在第一位的因素有两方面：一是英国是世界上工业革命的发源地，发明创造的科技成果在18世纪就得到了广泛的利用；二是这个老牌“日不落”帝国靠掠夺殖民地得到了原始积累，经济基础和科技条件的优势占了世界发展的先机。

已经走完了城市化路程的国家，不可否认政府在其会起到一定的作用。但是，这种作用主要体现在经济发展规划的引导、产业政策的激励和系列服务上，政府除了规范和监督贯彻执行与城市化相关的法律法规条款，再没有什么指手画脚、强行推广了。西方发达国家政局经常出现波动，国家领导人也时有更替，但经济及社会的发展并没因此而“搁浅”，城市化的进程并没因此半途而废。

中国在经济及社会发展上，是个曾经走过弯路的国家。在城镇化进程中，借鉴国际上的经验，应做到三忌：一忌把城镇化泛政治化，不可用搞运动的方式去搞城镇化；二忌一刀切，不可在千差万别的各地之间去搞一个模式；三忌政府瞎指挥，不可在地方领导人变动中去“另起炉灶”，另搞一套。只有从各地的实际出发，稳步实施，才能走出有中国特色的城镇化道路。

（二）技术及政策借鉴

世界各国在城市化进程中，以科技作为杠杆，用科技创新的成果去推动城市化。在科学规划、建筑节能、垃圾再利用、新能源开发、环境保护、社会服务体系和社区保障制度等方面各有所长。借鉴各国的成功经验，应用现代科学技术，推进中国的城镇化，这是城镇化具体实施途径的一项重要选择。

1. 芬兰建筑节能的技术体系。地处欧洲北部的芬兰，有1/3的国土位于北极圈内，气候寒冷，冬季漫长，森林和冶金等高耗能工业占产业主导的工业体系，决定了芬兰是个高耗能的国家之一。面对本国能源匮乏和国际石油紧张的硬约束，芬兰采取了节能发展之路，把建筑节能作为重点，在技术和工艺上有所突破。

据新华通讯社赵长春的文章介绍，芬兰的建筑节能操作，主要有四个环节。一是优化建筑设计，采用紧凑功能分区和提高建筑有效利用率等技术手段，首先做到在图纸上节能。二是研发和使用建筑节能新材料，在增加墙体厚度、留有隔热中空间隙、使用标准绝热门窗的同时，推广使用墙体绝热中空材料。三是采用热电联产和集中供暖方式，利用发电过程产生的余热加温供暖供热水，对每个住宅区实行随室外温度的变化而自动控制调节供暖，热水给处理循环利用。四是政府扶持开发节能新技术，2005 年，芬兰贸工部投入 3 120 万欧元用于改进工艺开发新技术的专项研究。五是利用经济手段约束用能。国家开征能源税，根据能源中的碳含量对用户收取能源税，集中用于支持能源技术的研发和推广。仅此一项，每年可达 30 亿欧元，约占整个税收 9%。节能，在芬兰不但取得了经济效益，而且也取得了保护环境的生态效益。

2. 德国建筑节能的技术与政策体系。德国不产石油，天然气的自给量仅为 20%。历届政府都把节能列为重要工作，通过立法、制定技术规范、税收调节等一系列技术和政策措施，调动全民节能的积极性。

2000 年，德国政府设置能源局，主要职能是制定法规政策，协调能源供应、新能源的开发利用和节能工作。新机构在检查和总结以往《供暖保护法》、《供暖设备法》贯彻执行情况的基础上，着手制定《能源节约法》，已于 2002 年 2 月生效实施。新法规规定了新建筑能耗新标准，规范了锅炉等供暖设备的节能技术指标和建筑材料的保温性能；提出了建筑允许能耗要比 2002 年前下降 30%左右的节能目标。

德国节能的技术体系：规定建筑最低标准的保温值；控制建筑外墙热穿透系数的最高允许值；控制建筑物的气密性和通风换气量；规定住宅建筑尽可能避免冷桥构造；规定改善采暖设备、管线和热水系统；规定采暖系统采用自动控制技术。

德国节能的政策体系：修订和颁布节能法规；强化住宅节能技术的基础研究；建立针对明确目标群组的宣传信息和咨询系统；国家利用计算机模拟技术对建筑物耗能计算方法的研究；加强太阳能开发应用的技术研究；国家银行提供低息贷款资助应用节能新技术；设立政

府专项资金，用于推进旧房改造；实行有利于节能和环保的税收政策。

3. 瑞典环境保护的政策法规体系。凡是到过瑞典的旅行者，有一个共同的感受，就是山清水秀，空气清新，环境优美，生活舒适。瑞典能在经济持续发展、社会稳定和谐的大前提下，比较好地处理了经济发展与环境保护的关系，得益于长期坚持的利用自然资源和保护环境的基本原则，得益于健全的法规和政策体系。

瑞典政府制定的利用自然资源和保护环境的基本原则是：预防原则、污染者付费原则、替代原则。对于那些在现有科技条件下无法确定对自然或生态环境潜在的不利影响项目，由政府组织采取相应的预防措施；凡是因法人或公民的生产生活而导致的对生态环境间接或直接的负面影响，责任者要负担消除潜在危害或者恢复环境原状态的经济责任；政府鼓励和引导各行各业及广大民众，尽可能地利用危害小的物质去替换危害严重的物质。在此原则的指导下，政府还规定：要充分利用现有最好的技术手段保护环境；边疆地区的一切经济及社会活动，要确保有利于其他国家的生态安全；在从事可能出现有害于环境的活动之前，必须对潜在的负面影响后果进行评估。

国家资源利用和环境保护的基本原则，已经通过立法手段做出了强制性约束。主要体现在：《河流和森林保护法》、《禁止向海洋倾倒废物法》、《销毁废料法》、《水法》、《化学产品法》、《汽车尾气法》、《自然资源法》和《惩罚法》等一系列法律法规中。为确保法规规定的贯彻执行，政府还相应制定了应用行政措施和经济措施对违法严究的有效监督机制。其中包括：许可证制度，对危害环境的行为发布行政命令和政府通告，规定对污染物质的限额以及生产限额，实行税收调节和抵押付款制度，规定对保护环境和水资源的费用，补充对违法的惩罚规定等。

瑞典的自然资源利用和环境保护法规政策，高质量地解决了社区发展中的一些现实问题，最大限度地挖掘和利用了现有的生产技术、科学和资源潜力。

4. 美国垃圾无害化处置的技术及经济措施。在物质丰富、生产与消费的物质量迅猛增长的美国，生产生活所产的垃圾，不仅占压了大量的土地，而且还严重地污染着环境，危害着民众的身心健康。在城市化的进程中，有效地处置大量的垃圾，已经成为地方政府无法绕开的难题。如果按照业内的经验数据推算，在经济发达的美国，年垃圾产生量大约在957亿～1 305亿千克之间。在洛杉矶和旧金山等大城市，注意应用现代科技手段，初步形成了垃圾无害化、资源化处置的技术经济措施。

技术措施：

垃圾的机械压缩拌土填埋技术；

垃圾填埋场渗水的复合型防渗技术；

填埋场沼气导排回收利用技术；

垃圾发电技术；

厨食下脚料有机肥制造技术；

金属、玻璃、混凝土块再生铺路石技术；

经济措施：

一是垃圾费调节措施。普通垃圾费按弃量计算，多弃垃圾多交费；分类垃圾收费按比例打折。

二是对建筑垃圾缴纳押金。房产商在拆除或者新建物业时，要到环保部门签订垃圾处理责任书，同时缴纳一笔押金。房产商只有按照约定方式处置完垃圾后，才能领回押金。

三是实行税收调节。国家税收条例第103条规定：对固定废弃物资源回收债券的利息免征利息税；对利用固定废弃物为原料生产的产品免征增值税、营业税，对利润少的品种，如轮胎、废塑料、废纸等实行免税。

美国这些技术经济措施，是以立法保护为基础条件的。《资源保护和回收法》规定，要充分合理利用废弃物中的有用资源，妥善处理无用有害的废弃物，保护和改善环境。《综合环境响应、补偿和责任法》规定，对42种进出口石油及石油化工产品征税，用来补助一些目前无利可图的有害物的处置和回收。《污染预防法》规定，必须对污染源做事先预防或减少污染量，排放或处置是最后的手段。此外，美国还制定了一系列废物处置导则，回收标准方法和工艺规程等，从各个环节上规范垃圾减量、回收和无害化、资源化处置。

据黄安文报道，目前美国加利福尼亚州的垃圾回收转化率已经接近50%，旧金山的同类指标已高达68%；预计到2020年，旧金山将基本做到“零垃圾”。由于实行了一系列经济或技术措施，使全美的垃圾填埋处置量逐年下降，全美的垃圾填埋场已经从1993年的3 300座下降到2000年的2 300座，预计到2010年将降到1 200座。

5. 荷兰的风电技术。素有风车王国之称的荷兰，其天然气资源丰富，年产量仅次于俄罗斯、美国、加拿大三国，是个矿物资源自给能力很强的国家。但是，多年来荷兰一直致力于风电能的开发和利用，不间断地攻克发电设备抗疲劳、防锈蚀、降高度以及并网送电等专业技术，使风力发电技术一直处于世界各国的前列，并拥有一些研发手段和后续技术，保持在同行业的领先地位。

据有关专家推测，2000年时，荷兰全国的发电风车装机大约在2 000座左右，年发电能力在75万kW左右，可供75万个家庭生活用电。与风电产业后发展的国家相比，无论是装机还是发电量，荷兰已经不占有领先地位，已经落后于邻居德国，甚至已经落后于同行业后起之秀的日本、印度等亚洲国家。但是，荷兰和这几个国家相比，由于幅员面积小、人口少，按人均发电量计算，仍不失为风电的霸主。况且，荷兰的发电设备先进，技术过关。荷兰制造的风动涡轮发电机，已远销美国、俄罗斯、以色列、印度、中国等十几个国家，出口数量大于本国装机数量。

荷兰风电技术不断有所创新，主要体现在改造现代涡轮发电机的材质和技术性能上，表现在开展了降噪、地点环境适应性、在不降低效能的前提下降低风车高度、海上安装技术、设备防腐防锈等一系列技术攻关试验上。技术创新的效果越发显现，现已生产出高能量的涡轮机。

目前，荷兰的风电产业正在采取“两路发展”的战略。一是改进工艺，降低设备制造成本，扩大风电设备的出口；二是立足于国内自然条件增强风力发电能力，集中攻克电场向风力较弱的内陆、向有着广阔发展空间的海上转移技术。有专家预测，到2020年，荷兰全国的风力发电量将达到275万kW，大约有275万个家庭可以用上风电。

6. 英国的小城镇规划。在城市化水平很高的英国，人们保护生态环境，崇尚大自然，青睐没有人工痕迹的田园风光，追求舒适安逸的生活、按照规划建设美好家园的强烈愿望十分突出，在乡村规划和建筑设计上，有一批专家在不断探索，为后发展的国家提供了可资借鉴的经验。

据中国知名规划专家、中国农业大学教授叶齐茂对世界小城镇规划的先锋人物 Randau Arendt 先生的采访，英国的小城镇建设有四大特点。一是立法规范小城镇的开发和建设。英国议会于 1947 年 7 月颁布实施《城乡规划法》，从此给每个城镇和村庄的建设画上了“线”。这个法律的主要目标是：建立一个适合于当时情况的规划体制；对土地的占用补偿和产生的矛盾形成一个综合的解决办法；给合理的规划付诸实施提供可能；为地方政府执行规划而购置土地提供财政补贴。这个法律在不改变土地权属的前提下，规定了土地使用用途不得随意改变，土地拥有者只有按现有目的使用土地的权利。二是严格执行规划。《规划法》出台后，发挥了很强的约束力，也提高了人们依法行事的自觉性。据介绍，英国没有任何一个人可以在“线”外建筑住宅、工厂和商业设施，基本农田得到了有效的保护。三是对规划区域周围环境及资源给予特别关注。据介绍，在上个世纪 30 年代之前，英国的小城镇及乡村居民点建设，也曾经走过土地扩张的弯路。当时把建筑建在平地上、占用最好的农田的事经常发生。而现在的规划，要仔细地考虑如何保存肥沃的农田，如何保存诸如河流、湖泊、小溪、沼泽、山坡、树林等各种环境资源。在英国规划师的眼里，这是他们必备的专业素质。四是鼓励发展集镇。经济及社会都比较发达的英国，也遇到了农业对劳动力的需求减少、农民需要扩大经营规模、提高收入的问题。为了满足农民就地择业就业，在规划上推行了发展集镇的改革。特别注意鼓励发展 2 000 到 2 万人规模的集镇。规划的重点是产业发展和道路交通等基础设施，规划的内容还包括商业、卫生、教育、污水处理等基本的社会服务项目。目前在英国，这样的集镇已经发展到 1 030 个。五是吸收居民参与制定规划。英国规划师认为，最了解本地情况、最熟悉本地环境、最知道怎么才能使城镇适用的是本地居民。规划师邀请居民参与规划，就怎么能合理泄洪、如何布置下水道、怎样安排公共交通等问题，广泛听取居民意见。请居民参与小城镇的规划设计，已经成了英国乡村规划的一种基本模式。

具有英格兰“集镇”特色的乡村规划经验，已经形成了英国发展小城镇的指导性规划，并成为了专业人员教科书中的一项内容。

7. 韩国的新村建设。韩国是世界著称的亚洲“四小龙”之一，是近些年新崛起的比较发达的国家。1980年时，韩国人均国民收入为1 598美元，而到了1995年，同类指标已超过1万美元。70年代初期，韩国农村伴随着传统农业经济向新型工业化的快速转变，兴起了新村建设运动。经过30多年的努力，韩国农村经济得到飞跃发展，社会面貌发生了深刻变化，农村居民伦理道德水准得到有效提升。世界上公认，韩国新村运动的业绩不俗。中国作为韩国的邻邦，地理环境、经济条件以及风土人情都有相似之处，在应用科技推进小城镇建设的过程中，客观地借鉴韩国的经验，必然会有效地避免少走或不走弯路。

韩国的新村建设，主要有八个方面内容。一是改善农村公路。全国农村架设了七万座桥梁、各村都修筑了宽3.5米、长2～4公里的进村公路，实现了村村通车。二是改善住房条件。从70年代初期到70年代末期，有250万户农村居民告别了茅草房，住进了砖瓦结构的新居。三是实现了农村电气化。到1978年，全国98%的农户都装上了电灯，90年代全国实现了电气化。四是兴建饮水工程。农民由喝井水改为喝自来水。五是推广高产水稻品种。在全国推广水稻的“集团栽培”，使水稻的单位面积产量提高了42.85％。六是增加农民收入。通过推广新技术，政府补贴扶持发展生产、调整优化农业结构等措施，使农户的年均收入由1970年时的824美元增加到1978年时的3 893美元。七是发展农协组织。通过壮大组织、扩充业务、提升能力、加强服务等具体做法，提高农民的组织化程度，为农村的发展注入活力。八是兴建村民会馆。到1978年，全国村会馆达到3.4万个，基本达到了村村有会馆的标准。

由于支持新村建设的财力有限，一些地方政府分别轻重缓急，排出了新村建设项目优先顺序：宽阔笔直的进村公路，修建跨河的小桥，宽阔笔直的村内道路，村庄排污系统的改善，茅草房的改造，修葺农家旧围墙，改善饮水，建造村庄会馆，河流堤岸整修，田地支路开辟，农村电气化工程，安装村庄电话，建造村庄浴池，建造儿童活动场所，改善河边洗衣条件，植树种花美化环境。

学者李水山在研究韩国的新村运动时，将其分为五个阶段：1971—1973年，基础建设阶段；1974—1976年，扩散阶段；1977—1980年，充实和提高阶段；1981—1988年，转变为国民自发运动阶段；1988年以后，自我发展阶段。

韩国的新村运动，至今没有宣布终结。

8. 加拿大的社会保障及福利制度。加拿大是世界著称的有比较完善的社会保障及福利制度的发达国家。在战后50多年中，加拿大不仅经济得到快速发展，人均国民生产总值居世界前列，而且人民的生活水平不断提高，公民从摇篮到坟墓，都会得到生活保障和社会上无微不至的关怀，曾经被联合国评选为世界的最佳居住国。公民生活得好，除了经济收入较高之外，还得益于比较完善的社会保障制度。

在加拿大，社会保障及社会福利性服务的职能分别属于政府和民间的不同系列，各自在已经形成的规则下自觉地发挥着作用。社会保障职能由各级政府承担，主要项目是货币形式的老人养老金、儿童抚养优惠税和由地方政府提供的社会救助金。这三项福利，以货币的形式由政府直接发放到家庭。社会福利性服务职能由地方政府、社团组织及私人企业承担，主要包括安置性公寓、寄宿中心、日托中心、家政料理、家庭供餐、生活咨询等服务项目。

据侯钧生、陈钟林的研究，加拿大社区的自愿组织和非盈利的慈善组织，在社区公益事业、开展服务方面，起着承上启下的重要作用。它的服务范围很广，涉及到公共福利的全部项目。比如：教育、医疗、康复、培训、就业指导和扶贫济困、儿托、妇女权益保障、多元文化发展、环境保护和社区经济发展等。政府除了要保证日常项目的拨款外，还根据情况提供各种临时性专项资助，为临时遇到困难的群体提供物质与服务。

各级政府对社会保障及社区福利责任，有明确的分工：省政府负担教育、医疗和失业保险；地方政府负担社会治安、消防、公共交通、垃圾处理、公共绿化、城市道路、社区文化设施等。据统计，渥太华—卡尔顿地区政府财政收入的42%，要用于社区福利及服务项目支出（侯钧生、陈钟林《发达国家与地区社区发展经验》）。

◇参考文献

[1] 侯钧生、陈钟林．发达国家与地区社区发展经验．机械工业出版社，2006.1
[2] 朴振焕著，潘光伟、郑靖吉、魏蔚等译．韩国新村运动．中国农业出版社，2005.9
[3] 王旭．美国城市发展模式．清华大学出版社，2006.2
[4] 杨叙．北欧社区．中国社会出版社，2004.1
[5] 向德平，章友德．城市社会学．高等教育出版社，2005.8
[6] 孙群郎．美国城市郊区化研究．商务印书馆，2005.7

（2006 年 4 月）

李文学同志近照

支农政策的"代数学"

列宁在评价十九世纪俄国民主主义思想家赫尔岑的伟大功绩时，说得他充分领会了黑格尔的辩证法，懂得辩证法是"革命的代数学"，从而使他达到了伟大思想家的水平。中国共产党人在指导伟大的社会主义建设中，特别是在解决"三农"问题的实践中，将支农政策作为发展的杠杆，用于提高以粮食为主的农产品产量和质量，且政策投入的"乘数效应"明显。用数学模型分析现行的促进粮食增产、农民增收、农业综合

当代中国

农政系论

（第二卷）

李文学　著

中国农业出版社

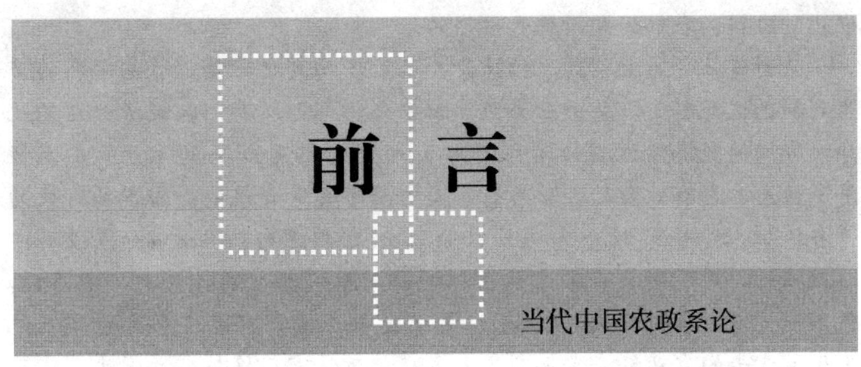

关注“三农”问题，与我的成长经历相伴；研究“三农”问题，与我的知识积累和工作历程同行。

（一）

我最早接触经济学原理，始于毛泽东同志的“以农业为基础，以工业为主导”这句至理名言在社会上的传颂。当时，我并不十分明白社会运行中的产业分工问题，只是崇拜毛泽东的朴素感情，让我意识到农业是个了不起的产业。后来，系统地读了书，才得知在18世纪下半叶，马克思就说过：“超越于劳动者个人需要的农业劳动生产率，是一切社会的基础。”如果说初步理解毛泽东的话，使我懵懵懂懂地认识到农业与工业之间存在着一种重要关系，那么，当我读完《资本论》时，才深刻地认识到：农业是推动社会生产力发展和物质财富增生的原始产业；工业以及后发展的建筑、运输、金融等行业，都脱胎于农业，都是农业发展到一定程度的产物。

对马克思主义政治经济学原理的一般性掌握，又引起了我对前马克思主义经济学说渊源的追问。一些经济学说史书，又告诉我，在马克思恩格斯的政治经济学形成之前的封建社会早期，就已经形成了以“家庭生产与土地关系”为“蓝本”的经济学说。从法国查理大帝的“关于领地的敕令”，到基辅罗斯王公的“斯美而得”土地村社分类，都是围绕农地、农耕、农奴问题而展开讨论的。

从封建社会再上溯到原始社会，从古罗马到古希腊，从基督教的产生到斯巴达克起义，整个社会变革的导火索都是所有制与经济利益的抗争，期间的经济学说或政治经济学的萌芽，都是以家庭生产、庄园经济、奴隶主占有奴隶的劳动为基本因由而孕育和发展的。古罗马时代的考鲁迈拉，曾著有12卷的《论农业》，其经典名句：“城市如果没有演员或律师，则过去和将来都是幸福的；而人们如果离开农夫，不用说，便不能生存、不能吃饭。”沿着这样的史迹上溯，可以在公元前4世纪发现最古老的农业经济学善本。古希腊大哲学家苏格拉底的学生斯诺芬对其思想的记述，由此而产生的人类第一部经济学著作——《家庭经济学》，被后人称为组织和管理奴隶主经济的指南。

所有这些成形的或不成形的、古典的或现代的、单一的或系统的农经思想，占领着我的头脑，左右着我的研究，统治着我的思维方式，成就了我对现代“三农”问题的判断、比较和选择。

(二)

对农业经济学理论上的认知，由一知半解到比较系统的掌握，以至于研究问题注重用实证说话，得益于我的出身、亲身经历和社会实践，得益于我与生俱来的“三农”情愫。

我出生在全国著名的粮豆之乡吉林省榆树县。在那个偏僻的小山村，我得到了以农耕为先的启蒙教育，逐渐长身体，长见识。孩提时的所见所闻，都是农田、农具和庄稼，还有那世代“面朝黑土背朝天”的父老乡亲。童年的崇高理想就是读好书，以求改变人生，有朝一日能有办法生产出足够的粮食，让全村的父老乡亲都能吃饱肚子。1970年，国家对初高中毕业生有“四个面向”的政策，我幸运地进了工厂。后来，又到长春去学习。再后来，顺着榆树县交通局、榆树县基本建设委员会、中共榆树县委、人民日报社农村部、中共吉林省委、中共中央政策研究室这样的工作经历一路走上来，以至到农民日报、中国农村杂志社任副总编辑、总编辑。此间，虽然工作岗位和职务几经变化，工业、交通、基建产业都有所涉足，但是，出身于农、献计于农是我前半生道路的基本轨迹并没有变化，由此也将我的“三农”情愫提升为“三农”情结。

研究“三农”问题，为解决“三农”问题而鼓与呼，是我的职责，也是我的兴趣。在20世纪80年代初中期，我结合所在工作管辖区域的具体情况，重点研究了商品粮基地县的粮增债长、补贴县的财政状况、粮食的民代国储和村组干部设置等一系列当时“三农”的热点问题；80年代末期，调研的视角由微观拓展到中观，重点研究了粮食经济、农村经营体制、农民负担制度、农村产业布局、农村发展资金等问题，研究成果通过“内参”、“信息快报”等形式，上送到中共中央办公厅、国务院办公厅等有关部门，有的通过新华社或者人民日报的内参渠道转发给领导参阅。

20世纪90年代，是我研究“农事”、“农政”、“三农”问题的黄金时代，是著述的“盛果期”。假如认为这个时期我有所作为的话，源于我的努力，但更重要的是源于组织上赐给我千载难逢的历史性机遇。1990年，我奉调进京，到中共中央政策研究室工作。这里是国内国际信息的集散地，是各种战略决策的“孵化器”，是思想者最好的用武之地。在这里，我每天都有看不完的参考资料，经常可以出席高层的工作汇报会、座谈会和研讨会，更重要的是有聆听党和国家领导人阐述“三农”战略问题的优越条件。无与伦比的从事调查研究的“软”、“硬”件条件，使我的立论眼界得到空前的拓宽，思维方式得到空前的洗练，研究成果得到领导重视。此间，我比较系统地研究了农业增长方式、农业现代化、粮食安全、农业生态环境建设、农业应对WTO战略、农民就业、农民权益保障以及农村经济与社会发展的组织资源等20个系列问题，有一些研究成果公开发表并赢得社会的关注。研究成果的连续“出炉”，一些想法不断得到农经界、理论界、新闻界同仁的善意校正，从而把我的调研层次推上了一个新的平台。

(三)

工作中、业余时，或草记或行文。多年坚持的思考和笔耕，成果日积月累，逐渐丰厚。除了在报刊上已经发表了一些文章之外，案头还存有一些自认为有读头、有意义的草稿，将其收集、整理，在力求满足理论联系实际、注重解决实际问题，并要保持“原汁原味”的条件下作出取舍，出版了这本《当代中国农政系论》，作为对组织、对领导、对老师、对同仁的成果汇报。

辩证唯物主义认为，世界上的一切事物每时每刻地都在发生变化，人类认知世界是个漫长过程。面对错综复杂的“三农”问题，即时的、

一孔之见的认识，狭隘或不透彻之处在所难免。但是，好在任何理性都源于实践，实践是检验决策意见正确与否的标准，任何理论概括上的偏差或思维梳理上的不完善，都会在实践中得到鉴别或更正。

仅以此书，同关注中国现代“三农”问题的专家学者来讨论。

2009 年 9 月于北京

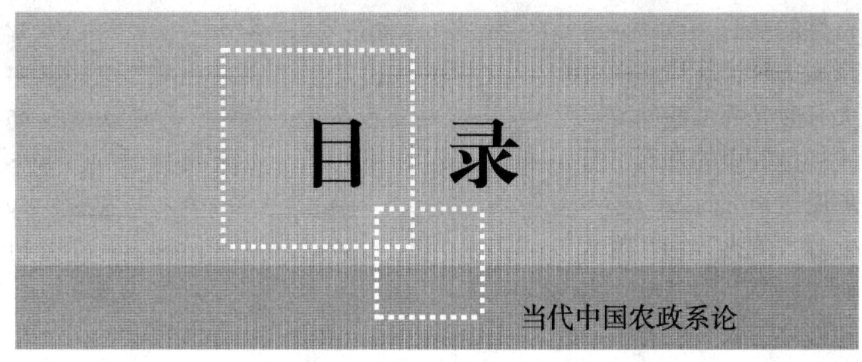

时鲜思考篇

系列时评篇

理　论　升　华　篇

乡　村　调　查　篇

专题研究篇

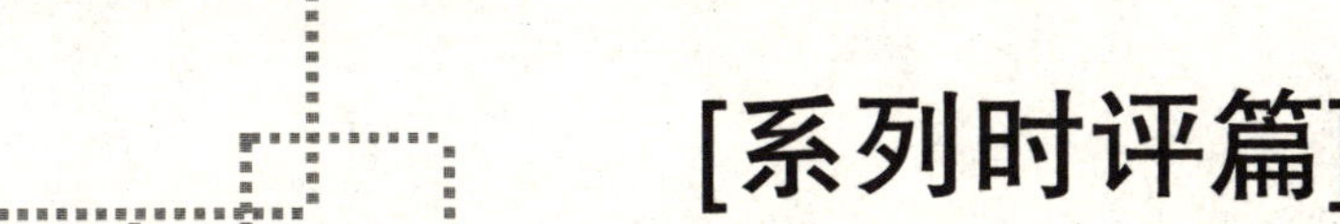

[系列时评篇]

当代中国农政系论（第二卷）

万众一心再奏丰收曲

——元旦献辞

山河披彩辞旧岁，龙腾虎啸迎新年。在这辞旧迎新之际，《农民日报》全体同仁向辛勤劳作在农业战线上的广大干部、科技人员和农民朋友，向关心和支持农业和农村工作的各界朋友致以节日的问候！

一分耕耘，一分收获。在已经过去的1997年，农业战线上的广大干部群众和科技人员在邓小平理论和党的基本路线指引下，在以江泽民同志为核心的党中央的正确领导下，认真贯彻落实中央所采取的一系列兴农政策，上上下下密切配合，齐心协力，克服了许多困难，终于取得了比预想还要好的丰硕成果。农业生产获得较好收成。粮食总产量4 925亿千克，是历史上第二个丰产年，粮食储备达到历史最高水平。棉花、糖料等产品总量都有所增加；肉类、水产品总产量和禽蛋、奶类、水果、蔬菜等均有较多增产；乡镇企业在进行结构调整的过程中，仍保持了较快的发展速度；农民人均纯收入预计扣除价格因素，实际比去年增长4%左右，扶贫攻坚以更加坚实的步伐[illegible]推进。伴随着物质文明建设步伐的加快，农村的精神文明建设也是硕果累累，文化、教育、卫生等各项事业都得到了相应发展，农村社会面貌发生了新变化。

农业的丰收，为实现国家的宏观调控目标，保持国民经济持续快速健康发展，做出了巨大贡献；农村社会的稳定，为全国的稳定创造了条件；农民的安居乐业，为全国各族人民的兴旺康宁奠定了基础。

列数成绩，我们欢欣，我们自豪，但不能陶醉。因为新的形势和任务对今年的农业和农村工作提出了更高的要求。而我们的农业和农村工作还存在一些不适应之处，出现了许多新情况和新问题。第一，农业生产要在较高的基数上再创新高，是很不容易的，工作稍有放松，产量就可能掉下来；第二，由于北方持续干旱，秋冬种的基础不好，对今年的夏粮生产构成较大威胁；第三，市场需求和价格拉动减弱；第四，受城市经济结构调整的影响，农民就业门路变窄，劳务收入难以增加。所以，在新的一年里，要圆满完成中央经济工作会议和全国农业工作会议所提出的各项任务，实现农业增产、农民增收、农村社会稳定，我们的担子很重，面临着新的考验。我们要认真贯彻落实江泽民总书记在中央经济工作会议上的讲话精神，保持清醒的头脑。对农业，在思想上必须始终重视而不可有任何麻痹；在工作上要切实加强而不可有半点放松；在投入上必须要不断增加而不可有丝毫减少。这三条做到了，再夺丰收就有了坚实的基础。

古往今来，要造就大业，必须天时、地利、人和三项条件具备。1998年，能否再夺大丰收，重要的因素在于人。其中，县乡干部对农民的服务和生产经营的指导，村组干部和广大党员对农民的示范带动作用，是人和的重要条件。只要各级干部想农民之所想，帮农民之所需，进村入户，体察民情，了解情况，及时解决农民生产生活中的实际问题，同亿万农民群众共同携起手来，乘势而上，继续艰苦奋斗，为实现既定目标进行不懈的努力，我们的目的就能够达到。

（《农民日报》1998年1月1日）

扬起跨世纪的风帆

——热烈庆祝党的十五届三中全会召开

在硕果累累的金秋，在波澜壮阔的抗洪抢险斗争取得全面胜利之际，党的十五届三中全会召开了。我们和全国各族农民一起热烈庆祝大会的召开！

今年，在我们党的历史上，是个值得纪念的特殊年份。从十一届三中全会到十五届三中全会，历史走过了一段令人难忘的历程。20年前，在中国社会主义建设究竟向何处去的紧要关头，以邓小平同志为核心的党的第二代领导集体，高瞻远瞩，力挽狂澜，排除种种干扰和阻力，恢复和发展了党的实事求是的思想路线，把党的工作重点转移到社会主义现代化建设上来，原则通过了《中共中央关于加快农业发展若干问题的决定（草案）》。从此揭开了建设有中国特色社会主义的历史帷幕，写下了人类发展史上的光辉篇章。7年前，在农村改革取得实质性进展，农村经济和社会发展出现了许多新情况，遇到许多新问题，深化改革和加快发展都需要注入新的动力的关键时刻，以江泽民同志为核心的党的第三代领导集体，审时度势，主持召开了党的十三届八中全会，专题研究新时期的农业和农村工作，就加快农业的发展和加快农村工作作出了若干决定，从而使中国农村的改革和发展进入了新的阶段。

回顾20年，我国农村已经发生了翻天覆地的变化。最近，江泽民总书记在视察安徽农村时，用“四个突破”高度地概括了农村20年来的巨变。

20年来，我国农业综合生产能力大幅度提高，粮食总产量已由1978年时的3 047.7亿千克，增加到4 925亿千克，全国人均粮食占有量超过世界平均水平；粮食储备达到750亿千克，大大增加了以丰补歉的能力。肉类产量、水产品产量持续增长。粮食、棉花、肉类、禽蛋、水产品产量均为世界第一。主要农产品长期短缺的历史宣告结束。农村产业结构和劳动力就业结构有了重大变化。有1.35亿农村人口从事非农产业。乡镇企业异军突起，1997年增加值达到2.07万亿元，占国内生产总值的22.7%。乡镇企业成了农村经济乃至整个国民经济的重要支柱，并带动了一大批小城镇的崛起。农村开始了史无前例的工业化进程和城乡一体化进程。农民人均纯收入达到2 090元，人均居住面积达到22平方米，农民生活显著改善，进入了由温饱向小康迈进的阶段。在农村经济快速发展的基础上，农村各项社会事业也取得了明显的进步，文化、教育、卫生等事业都得到了快速发展，农民的思想观念和精神面貌也发生了深刻的变化。

农村改革的成功与农村的巨大变化，得益于邓小平理论的正确指导。邓小平同志关于农业、农村和农民的一系列论述，关于改革、发展和稳定的至理名言，是指引我们沿着建设有中国特色社会主义道路前进的法宝。

在世纪之交，党中央召开了一个三中全会，贯彻落实十五大的战略部署，认真总结农村改革和发展的经验，研究和解决前进道路上所遇到的新情况、新问题，勾画农村跨世纪发展的宏伟蓝图，这无疑是一次统一思想的大会，鼓舞士气的大会，是动员全党和全国人民推动农业、农村经济和社会实现新的跨越的大会。

我们坚信，在以江泽民同志为核心的党中央的正确领导下，有十五大和十五届三中全会精神的指引，在全国人民特别是广大农村干部、知识分子和农民群众的奋发努力，扬起跨世纪的风帆，我国农村社会主义现代化建设的伟大事业就将不断推向前进。

（《农民日报》1998年10月13日）

落实新部署　开创新局面

——热烈庆祝党的十五届三中全会闭幕

备受全国各族农民和广大农业、农村工作者关注的党的十五届三中全会昨天在北京闭幕了，我们热烈庆祝大会的圆满结束！

在党的十一届三中全会召开20周年和农村改革20周年之际，党中央召开全会，认真总结20年来农村改革积累的丰富经验，并就农业和农村工作的若干重大问题作出决定，充分显示了党中央对农业和农村工作的高度重视，会议的圆满召开是对全党和广大农村工作者的巨大鼓舞和鞭策。

当前，全党和全国人民正在贯彻落实党的十五大提出的各项战略部署，全面推进改革开放和社会主义现代化建设。实现跨世纪发展的目标，难度大而又必须完成的一项任务，就是保持农业和农村经济的持续稳定增长。我国的基本国情决定了抓住农业这个大头，就有了把握经济社会发展全局的主动权。面对亚洲金融危机的挑战，我们必须更加重视和加强农业，把农业经济搞上去，这样才能保持社会的稳定，才能增加发展的回旋余地。因此，全会的召开具有重大的现实和深远意义。

全会全面地科学地总结了农村改革20年来的基本经验，周密部署了跨世纪的农业和农村工作，向农业战线提出了新的要求，从而为我们进一步深化农村改革，实现农业和农村跨世纪发展的宏伟目标提供了科学的指南。我们一定要认真学习、深刻领会全会精神，认真贯彻全面落实全会的部署，全面推进农村改革，努力开创农业和农村的新局面。

始于20年前的农村改革已经创造了辉煌的历史成就，它不仅创造了前所未有的物质财富，初步构筑了适应发展社会主义市场经济要求的新体制框架，而且为我们提供了宝贵的历史经验。这就是：必须把调动农民积极性作为制定农村政策的首要出发点；必须尊重农民的首创精神；必须大胆探索农村公有制的有效实现形式，不断完善农村所有制结构；必须坚持农村改革的市场取向。这些历史经验是宝贵的精神财富，我们一定要认真学习并牢牢记取，用于指导新的实践。

农村改革已经取得了巨大的成就，但还没有完成，深化农村改革的任务仍然十分艰巨。我们必须根据党的十五大精神，落实十五届三中全会的部署，按照建立社会主义市场经济体制的目标，坚定不移地把农村改革引向深入。深化农村改革，首先必须长期稳定以家庭承包经营为基础的双层经营体制，核心是稳定土地承包关系；在此基础上要努力建立起以农业社会化服务体系、农产品市场体系和国家对农业的支持保护体系为支撑，适应发展社会主义市场经济要求的农村经济体制。在深化农村经济体制改革的同时，要稳步推进农村政治体制改革，下大力抓好农村基层民主选举、民主决策、民主管理和民主监督工作。

要进一步深化农村改革，开创农业和农村工作新局面，落实十五届三中全会的部署，必须进一步加强和改善党对农村工作的领导，提高全党领导农村工作的水平。我们要坚持做到：正确对待农村中出现的新事物，尊重农民的创造和选择；在农村办任何事情都要从实际出发，尊重农民意愿；凡是实践证明是正确的、农民拥护的政策就不要变；学习新知识，研究新情况，解决新问题；坚持两手抓、两手都要硬。

20年前的十一届三中全会开辟了中国历史上一个光辉灿烂的新时代，今天，这次三中全会将指引我们再造跨世纪的辉煌。我们坚信，只要全面贯彻全会的精神和工作部署，就一定能开创出农业和农村工作的新局面。

（1998年10月15日）

农业上台阶，增加投入是关键

本期发表的姜春云同志的文章，全面论述了当前我国农业的现状、发展形势及对策，其中最关键的一条是，发展现代化的农业，需要高水平的农业基础设施，先进科学技术的推广和应用，精良的技术装[illegible]生产资料和高素质的从业人员，说到底，需要大[illegible]道和措施加大对农业的投入，是保证农业再上[illegible]

[illegible]国农业在深化改革的过程中，采取一靠政策、二靠科技、三靠投入的发展战略，在外部环境趋紧、内部困难较多、自然灾害频繁的条件下，迈上了一个新台阶，为保障供给、支撑国民经济的发展，做出了重大贡献。“九五”时期农业还要上台阶，粮食产量要达到5 000亿千克的水平，其他农产品产量也要相应地增加。在新的历史进程中，农业责无旁贷地承担着支撑国民经济持续、快速、健康地跨入21世纪的重任。完成历史赋予农业的这一使命，不仅要继续深化改革、稳定政策和大力推广农业科技，而且还必须尽可

能多地增加对农业的投入。

历史的经验表明，投入是发展农业的基础，没有投入就没有产出。由于种种原因，目前我国农业的投入与整个经济发展的需求相比，仍然偏低。据统计，农业投资占整个国有单位投资的比重，80年代初期为5%，1992年下降到3.7%，1993年又下降到2.8%。尤其值得警醒的是，在不断呼吁增加农业投入、加强农业基础地位声中，1994年国家对农业基本建设投资占全国基本建设投资的比重再次下降。如果扣除物价上涨因素，对农业投入的下降就更加显而易见了。由于投入不足，农业基础设施建设滞后，生产条件得不到改善，抗灾能力低下，装备水平落后，水利设施老化失修、效益衰减，不少科技成果不能及时转化为生产力……去年今年的自然灾害给农业和国民经济造成的巨大损失，向我们发出了严重的警告：农业如不及时补充"营养"，恢复"体力"，不仅将成为再上新台阶的最大制约因素，而且难免有一天要出问题。

怎样才能尽可能多地增加对农业的投入？出路只能是调动多方面的投入积极性，多方合力来解决这一问题。国家和地方政府是农业投入的主导力量，是保证农业投入总量稳定增长的基本力量。增加农业投入，首先是国家和地方政府增加对农业的投入。各级政府应按照中央的要求，真正把加强农业摆在经济工作的首位，据此逐步调整一、二、三产业之间的投资结构，力争挤出一些钱用于农业，尽量满足农业发展的迫切需要。

金融部门每年新增的贷款规模，要有一定比[illegible]农业。农业集体经济组织每年都要按一定比例[illegible]固定资产折旧制度等，多方聚财用于农业的投[illegible]资开发资源或合资、合伙上一些生产经营项目[illegible]条件和生产环境，也是补充投资不足的一个渠道，应加以鼓励和引导。只有各方面都尽可能多地汇聚加强农业的财力，才能保证农业登上新台阶。

增加农业投入，固然需要通过调整资金投入结构，各方面尽可能多地挖掘资金潜力，给农业"挤"出一块资金来；但是，光靠这条路，还不能满足发展农业的基本需求，还必须拓宽思路，开辟新的农业投入资金来源。一些省、区、市在深化改革的过程中，已经积累了一些宝贵的经验，取得了好的效果。比如，有的省从地市到乡镇建立了农业发展基金、水利建设基金和粮食生产基金；有的省建立了以工补农或以工建农基金、农业重点工程建设基金、粮油技改基金；有的省从工商企业销售收入、金融部门当年利息收入、保险部门财产保险收入中提取城市防洪保安基金，用于修建防洪设施。这些做法虽然还有待于完善，但为增加农业投入确实开辟了新的财源。这样的经验值得加以总结，因地制宜地予以推广。

增加农业投入，已经成为全党重视、各行各业关心、广大农民关注的问题。党中央、国务院在近几年召开的农村工作会议、经济工作会议以及与农业有关的各种会议上多次强调这个问题，并提出了要求和措施，现在的关键是抓落实。只要各级领导部门能够锲而不舍地抓落实，农业投入就一定会得到增加，农业再上新台阶的物质基础才能够“夯”实。

（《瞭望》新闻周刊 1995 年第 37 期）

放下对策　执行政策

今年，是我国粮食流通体制改革的攻坚年。国家为了营造一个良好的粮食流通秩序，保护粮食生产者和企业的合法经营，加快粮食流通体制改革的进程，目前下发了《粮食购销条例》。这个《条例》，对过去粮食流通过程中一些不明确的政策，作出了规定。应该说，《条例》兼顾了国家、粮食企业和粮农的三者利益关系，深受各方面的欢迎。

让人不可思议的是，在《条例》已经生效执行的情况下，竟然有人明目张胆地搞“上有政策，下有对策”。今天本报披露的湖北荆州市江陵区的事例，足以说明我行我素，同政策法规对着干的大有人在。

对江陵区的一些做法，只要与政策法规一对照，违规的性质就确定无疑。《条例》明文规定，只有经批准的收储企业，才有权从事粮食的购销活动。而江陵区一些个体粮商仍然到村中低价收购粮食。更有甚者，江陵区的个别粮食企业竟然给职工发放收粮周转金，让职工私人到农户中低价收粮，然后再按保护价卖给国库。这种做法的实质是慷国家之慨，肥私人之囊，更是政策法规所不允许的。

一些人热衷于上有政策下有对策，根源是利益使然。这些当事人虽然做法各异，但都事出利令智昏之因。我国有句古语说："君子爱财，取之有道"。需要提醒违规者：无义之财不能贪。贪了，总是要"生病"的。

由此看来，执法环节，比制定下发政策法规环节更重要。现在，需要研究对一些违规者怎么办？出路在于执规监督和对违规者的查处。对其搞上有政策下有对策者，一定要按照《条例》的规定，给予纪律处分；构成犯罪的，依法追究刑事责任。只有这样，才能保证政策法规的贯彻执行，才能实现保护国家、企业、粮农三者利益，营造良好的粮食流通秩序的初衷。

（《农民日报》1998年6月26日）

把统计数字夯实

在两会期间，人民日报披露，一个街道办事处为了向上级多报成绩，在统计数字上大做文章，让一个全年停产的纺织厂当年"实现"营销收入4 915万元，再加上另外两个假数字，这个办事处竟然对上假报收入1亿元。其实，像这样的"数字生产者"，在其他地方也程度不同地存在。因此，在两会上，有的代表、委员大声疾呼——把统计数字夯实。

统计，是一门科学。它依据客观实际，是对事物的真实反映。统计不实，作假数字，虽然是个别现象，但它的危害极大。它严重背离党的实事求是的思想路线，败坏党的优良传统和作风，损害党和政府在人们心目中的形象，这是其一；其二，它影响国家和地方政策的决策，导致对经济以及社会发展指导上的失误；其三，干扰正常的经济和社会发展秩序，破坏各阶层之间的利益关系；其四，它的最终危害是延滞社会主义现代化建设的进程。作假数字欺上瞒下，从表面上看，似乎是工作方法问题，而实际是执行什么样的思想路线问题。再深究，是一种腐败行为。

近几年，中央领导和人民群众对个别地方的弄虚作假深恶痛绝，江泽民总书记在一些会议上多次强调，不管对上还是对下，都要实事求是。为什么假数字仍在泛滥？在个别地方甚至愈演愈烈？主要原因是那里的领导者思想出了问题。有些地方或部门的领导干部订计划、办事情不从实际出发，好大喜功，盲目追求高指标，迫使下级弄虚作假；有的领导干部法制观念淡薄，置《统计法》于不顾，出于营造“政绩”的需要，人为抬高各项指标；也有因领导干部作风漂浮，不深入实际，轻易听信假汇报，使报“喜”者得“喜”；还有的领导干部对造假者不检查、不追究，听之任之，久而久之，使弄虚作假者有恃无恐。

弄虚作假，慌报统计数字，问题出在领导者身上。解决问题，当然要从领导者做起。不论是哪一级的领导者，想问题、订计划、办事情、指导工作，一定应从实际情况出发，不能不顾客观条件去盲目攀比发展指标，不得向下压不切合实际的高指标。要选择具备良好思想素质的干部从事统计工作，选拔政治上强、有事业心和责任感、熟悉业务的领导干部到统计部门担任领导。严格执行《统计法》，对篡改统计资料或者编造虚假数据的及时查处，触犯法律的，追究刑事责任。考察领导干部，要看实绩，看长远的、整体的工作效果，纠正评价干部上的短期行为。

我国社会主义建设的历史是辉煌的。但是，在工作的指导上，也曾经出现过过错甚至是重大失误，至今提起仍令人毛骨悚然。在“跑步进入共产主义”的“大跃进”年代，钢产量一个月一个台阶，粮食产量到处“放卫星”的虚假和浮夸，给人民带来的是难以承受的灾祸。教训是深刻的，也是沉痛的。但愿那昂贵的“学费”别白交；但愿那段人们头脑“高热”的历史剧，不再重演。

（1998 年 3 月 25 日）

让文明之花开遍村村镇镇

近两年来，特别是在党的十四届六中全会以后，农村文明村镇的创建活动有声有色地开展了起来，取得了可喜的成果。目前，分散在全国各地的200个文明村镇示范点，正由其典型特有的作用，带动着文明村镇建设活动的全面铺开，具有时代特征的文明村镇，恰似星火燎原，不断扩展开来。

纵观这200个文明村镇示范点的发育、成长和变化的过程，尽管他们各自的基础情况不同，创造的切入点也各异，但他们的确具有共同的经验。一是有一个明确的活动指导思想，即以十四届六中全会决定为指导，按照中央的要求，把两个文明建设的内容统筹兼顾起来，注意在软硬件建设的两个方面下功夫。二是有一个切实可行的规则，各个发展阶段的目标明确，重点突出。三是抓住了关键在于育人这个重要环节，力求造就一代有理想、有道德、有文化、有纪律的社会主义新型农民。四是做到了“四结合”：思想道德教育与科技文化教育相结合，改善生产生活条件与开展丰富多彩的文体娱乐活动相结合，加强民主法制建设与对社会治安进行综合治理相结合，发展生产与改善生活相结合。这些经验，是干群在实践中共同铸就的精神财富，它对于把创建文明村镇的活动引向深入，大有借鉴之益。

把创造文明村镇建设活动全面铺开，与抓典型相比，无疑工作面宽了，难度更大了。因此，我们在工作的指导上，要以典型为榜样，但又不完全拘泥于典型，还是要在实践中放手让广大基层干部和农民群众去创造。从以往的情况看，要特别注意在四个方面上功夫。一是进一步提高认识，加强协调和指导。全面动员农民群众积极投身于这项创建活动，推动其上档次、上水平。二是打好载体建设的基础，从文明户抓起，以文明户建设带动文明村镇建设。三是应加大对文明村镇建设的投入，改善环境，搞好交通、通讯及科教文卫等基础设施建设。四是注意搞好文明村镇的配套建设，通过完善科技服务站、供销社等服务体系，增加服务功能，促进经济的发展，以此增强文明村镇建设的物质基础。

实践证明，开展文明村镇创建活动是广大基层干部和农民群众创造的一种好形式。它不仅囊括了精神文明建设的内容，体现了奔小康的目标，具有鲜明的群众性、综合性和系统性，应不失时机地引向深入，让文明村镇遍地开花。

（《农民日报》1997 年 4 月 16 日）

实现农业生产目标　促进农村社会进步

一、全力夺取秋粮丰收

农时不等人。夏收过了，紧接着就进入了夏种夏管时节。不违农时，是力争秋粮丰收的关键一环。

按年初中央农村工作会议的部署，今年的粮食产量要达到 9 800 亿千克，即保持去年的产出水平。实现这个目标，同国民生产总值增长 8%一样，是一项必须力保完成的艰巨任务。因为解决 12 亿多人的吃饭问题，是天下的第一大事。人们吃饱肚子，才能去参加社会主义现代化建设；“食有所源”，是维持社会再生产往复循环的基本条件。夺取农业丰收的重大意义，是个不说自明的道理。

从目前的形势看，实现今年粮食生产的目标，难度很大。夏粮减产，已成定局。尽管夏粮占全年粮食总产量的份额较小，但它的歉收，无疑给秋粮生产加重了负荷。从南往北，渐渐进入了汛期。眼下水灾已经发生，同时与局部地方的旱灾交织，加之今年病虫害的偏重发生，这些都给秋粮生产“雪上加霜”。但是，夺取秋粮的丰收，实现“以秋补夏”，也有很多有利条件。比如，我们有比较稳定的农业经济体制；有一套刺激粮食生产的政策措施；有 4 900 亿千克粮食生产能力的物质技术基础；还有各级领导对农业生产的高度重视和各行各业对农业的大力支持。把各方面的积极因素都调动起来，实现中央所定的粮食生产目标，是完全可能的。

粮食生产不同于工业生产。不是几天或者几个小时就出产品，而是几个月一个“秋”，这样，必须着眼于长远，狠抓当前。第一位的是保证秋粮的播种面积，并通过精耕细作，争取一次出全苗。有了苗，下一步就是加强田间管理，广泛采用各种先进适用技术，防灾抗灾，驱除病虫害。这几关渡过了，丰收也就没了问题。

在长期的农业生产过程中，各级领导和广大农民群众积累了一定的增产经验，并制定了一系列措施，关键是抓落实，把增产措施变成了亿万农民的行动。我国实行的以家庭联产承包责任制为主的统分结合的双层经营体制，决定了 4 900 亿千克粮食的生产任务要由亿万农户承担。户是基本生产单位，任何一项生产措施都要落实到户，以户保村，以村保乡，各个局部都完成了任务，全局的任务就落实了。

抓落实，自然要靠各级政府的协调、指导和服务。县、乡干部深入到村到户，帮助群众解决生产过程中的难题，把大家的力量都动员起来，凝聚起来，形成万众一心夺丰收的良好社会氛围，就会逐渐达到理想的目的。

（《农民日报》1998 年 7 月 8 日）

二、众志成城确保安全度汛

现在，全国从南到北已相继进入主汛期，各地危急汛情接连出现，迫使我们不得不紧急行动，全力以赴做好防汛抗洪工作，以确保安全度汛。

像我们这样的大国，局部洪水年年有。但今年形势尤为严峻，汛情来得早，来得猛，来得广。年初开始，气候便出现异常，南方地区阴雨连绵，致使部分地区发生了历史上罕见的冬汛和春汛，汛期到来比常年早一个半月；进入 6 月份以来，南方许多地区暴雨频繁，致使长江、湘江、西江、赣江、闽江等大江大河水位暴涨，分别达到或超过历史最高水位；与此同时，北方的内蒙古、黑龙江等省区也发生洪水，甚至新疆、甘肃、青海、宁夏等长期干旱的省区也相继发生严重的暴雨洪水和山洪泥石流灾害。

据有关部门统计，截止到目前，全国已有21个省市区发生了不同程度的洪灾，受灾人口近5 000万，淹没农田五至六千万亩，许多地区人民的生命、财产处在洪水威胁之中；另据气象专家预测，全国性强降水过程还将维持很长一段时间，情况十分严峻。

洪水历来是我国的心腹之患，每次洪灾都造成惨重损失，并引发次生灾害或衍生灾害。随着社会经济发展水平的提高、经济总量的增大，同样的洪灾会造成更大的损失。今年，我国夏粮已经减产、经济发展速度回落、居民收入增长趋缓、下岗职工增加。这一切都要求我们必须严防死守，确保洪水不酿成大灾。

要确保安全度汛，关键是必须以十分严肃、认真、负责的态度做好思想发动、组织落实、资金投入、物资准备、工程建设、预案制定、抗洪救灾、水毁工程的修复等各个环节的每一项工作。当前最急迫的有三项工作：

各级领导干部应该自觉按照新的防洪责任制的要求，立即上岗到位，切实负起防汛指挥责任，坚决做到领导同志与大堤共存，死守制胜。今年由于各级政府相继换届，一些责任人是“新手”，因而必须更加全力以赴，切忌有麻痹思想和侥幸心理。

加强汛情监测、预报和防汛值班，一丝不苟地搞好巡堤检查，有重大汛情、险情要立即处理并及时报告，为抗洪、抢险赢得主动、赢得时间。

完善防汛预案，汛情发生时坚决、严格执行统一调度方案，确保战略性安全，将灾害损失控制在最小限度。

（《农民日报》1998年7月9日　初稿　陈邦勋）

三、兑现政策　取信于民

历史经验表明，农业的丰产与歉收、增长与下滑，归根结底取决于农民的积极性；而农民积极性的高涨与低落，又取决于党的农业和农村政策。近几年，中央制定了一系列农村政策，特别是稳定土地承包关系、减轻农民负担和农副产品购销等政策，极大地调动、保护了农民积极性，促进了农业和农村经济的发展。连续三年农业丰收，充分证明党的农村政策是正确的。好的政策，只有不折不扣地贯彻落实，才能有益于民。但是，并不是所有的地方、单位都做到了这一点，执行不坚决、不认真、不彻底，甚至于拒不执行、阳奉阴违、另搞一套的现象时有发生。还有一些地方和部门想方设法钻政策的空子、打政策的幌子，行违背政策、对抗政策之实，以牟取私利和地方利益。在这样的地方广大农民群众是不满意的。由此可见，落实政策比制定政策还要重要。

今年以来，几乎在国务院关于粮食流通体制改革方案出台的同时，又进一步明确了夏粮收购政策。目前夏粮收购已经在各地展开，老百姓关注的是兑现政策。粮改方案能否顺利推行、保护价政策能否继续贯彻，关键在于各地和各有关部门对待政策的态度和执行政策的力度。今年夏粮减产，上半年农民收入增幅不大，如果再不能按中央的要求兑现粮食收购和价格政策，势必挫伤农民积极性，可能引起农业生产的滑坡。所以，落实政策关系大局，应凭对国家的责任和对农民的良心把夏粮收购政策落到实处。

最近，新闻媒体和执法监督部门曝光、查处了一批“粮耗子”。其中，有挤占、挪用大笔粮食收购资金的；有对农民售粮压级压价，没严格执行保护价政策的；有欺上瞒下，低进高出，从农民身上揩油的；有与粮贩子勾结，倒卖国库粮，中饱私囊的；有做假票据骗取补贴，增加财政负担的。这些问题说明，在一些地方不执行政策，搞我行我素的大有人在，政策的落实与否需要监督。

进行粮食流通体制改革，实行资金封闭运行、顺价销售、敞开收购，最大的困难与阻力不在方案的实施过程，而是腐败现象。改革与发展需要铲除腐败，落实政策同样需要铲除腐败。

（《农民日报》1998 年 7 月 10 日　初稿　陈洪波）

四、实现 1 000 万人口脱贫的目标

到 2 000 年末，基本解决农村贫困人口的温饱问题，是党和政府

确定的重大战略目标。要在今后3年完成5 000万贫困人口的脱贫任务，今年就必须千方百计让1 000万贫困人口摆脱贫困，任务可谓十分艰巨。

但是，我们应该注意到这样一个事实：为了保持今年经济增长8%，新一届政府制定了扩大内需的宏大战略，国家将在能源、交通和农田水利等基础设施建设方面投入巨额资金。这项新政为扶贫开发工作创造了好的契机。不仅可以大大改善贫困地区的基础设施，而且还会为贫困地区人民带来大量的劳务机会。扶贫开发事业赶上了一个非常好的经济大环境，应该抓住这一机遇。

国家和地方政府对贫困地区经济开发扶持力度的加强是实现年度脱贫目标的物质基础。国务院决定，今年新增扶贫资金30亿元，全年中央扶贫资金总量达183亿元，这是扶贫开发史上的最高水平。如果再加上各级地方政府的配套资金，社会各界持续增加的扶贫投入，实现脱贫1 000万的目标，有一定的物质保障。

我们有信心完成任务，同时也应看到，我们的工作还需要不断完善。一个普遍的问题是，中央政府的扶贫资金下达了，但地方政府的配套资金跟不上。由于资金的缺口，致使一些扶贫工程迟迟难以开工，或者开工了而不得不中途停下；有些地方扶贫资金拨付的计划是做好了，可下拨的速度很慢，迟迟不能到位。个别地方甚至出现挪用、侵吞扶贫开发资金的不法行为。另一个问题是，已经脱贫的返贫率有所提高，脱贫有效性值得怀疑，扶贫效果不太理想。

为了实现脱贫1 000万的目标，各级政府务必坚定不移地贯彻执行党中央和国务院既定的方针政策，把扶贫开发工作摆上重要议事日程，切实加强领导，抓紧落实配套资金，加快资金下拨的速度，力争以最快的速度将资金送到贫困乡、村、户。同时，切实管好用好各项扶贫资金，加强对扶贫资金管理、使用情况的监督、检查，按期严格审计。凡转移、挪用、挤占扶贫资金的，必须如数追回；拖欠扶贫资金的，应追究主要负责人和当事人的责任；凡贪污扶贫资金的，依法从重追究刑事责任。

扶贫必须扶到户。需要集中力量，集中资金，逐村逐户地采取有针对性的措施，认真总结推广行之有效的扶贫到户经验，重点抓好小额信贷的试点和推广，力争用尽可能少的钱使尽可能多的贫困人口脱贫，培育贫困家庭抵御灾害的能力，加强他们的经济实力，引导他们逐步走向市场，从而使扶贫从救济走向风险共担、利益共享的开发。

继续坚持做好各级党政机关的定点扶贫，真正做到“不脱贫不脱钩”；进一步加强东西协作。东部13个省市要持续帮扶中西部10个省区，要从共同富裕、协调发展的大局出发，扩大帮扶规模，提高帮扶水平，重点支持与贫困人口生产生活相关的大项目，让贫困的群众真正受益。东部地区扶持中西部，实际上也是在为自己培育市场，培育原料和劳动力基地。东西合作会促进东西部共同发展。

只要方方面面认真执行党中央的既定扶贫政策，加大扶贫力度，保证资金及时足额到位，上下一心，共同努力，把工作做细做实，就能实现今年脱贫1 000万的目标。

（《农民日报》1998年7月13日　初稿　何兰生）

五、加快民主法制建设进程

“七·一”前夕，全国农村基层组织建设经验交流暨表彰会议在北京召开，会议要求各级党委要进一步加强农村基层组织建设。6月28日，全国人大常委会全文公布了《中华人民共和国村民委员会组织法（修订草案）》，向全社会广泛征求修改意见，6月10日，中共中央办公厅、国务院办公厅联合发布了《关于在农村普遍实行村务公开和民主管理制度的通知》，要求各地务必将制度建立起来，坚持执行下去。这些重大工作部署表明，中央要求加快农村民主法制建设进程。

就农村来说，落实十五大精神，加快民主法制建设，显得更加紧迫，改革开放以来，我国农村在取得举世瞩目的经济建设成就的同时，政治、文化、社会各方面建设也有了长足进步，但是与社会发展的形势比，与人民群众的要求比，农村民主法制建设仍显得滞后。在一些地方，农民的合法权益经常遭受不法侵害。一些干部仍沿用计划经济时代的不民主办法来开展工作、管理公共事务，结果干群关系紧张、矛盾丛生，行政效率低下，社会秩序没有保障，影响着社会主义市场经济的发展和社会全面进步，必须加以改变。改变的根本途径就是加快民主法制建设的进程。

民主法制建设是复杂的社会进步过程，必须循序渐进，长期坚持，全面推进。从一般规律讲，主要应抓好民主法制观念教育、法律规章制度的制定和完善、加强监督等。

增强领导干部的民主法制观念，切实提高干部依法行政水平。我们应该认识到，社会在进步，加强民主与法制建设是不可逆转的历史潮流，领导机关和领导干部带头顺应历史潮流是唯一正确选择。我国法律体系已渐趋完备，但执法犯法现象，尤其是基层干部的违法行政现象，仍十分突出，因此必须迅速提高依法行政水平，维护法制的尊严与权威，为民主法制建设创造基本前提。

认真搞好村民自治建设，村民自治试行十年来已取得了极大成就，为国内外各界普遍肯定，问题是开展得不平衡，在一些地方还重视不够。要认识到，不实行农民自治是违背法律规定的，必须予以改变。如果按照法律法规要求把村民自治、村务公开、民主管理工作做好了，则不仅农村民主法制建设将取得根本性进步，而且全国的民主法制建设亦将获得坚实基础。

切实维护农民合法权益，保护、支持其依法维权行动。由于经济、社会地位的改善、民主法制观念的增强，部分农民已懂得依法维护自己的合法权益，这是民主法制建设要追求的目标之一，是一种进步，应予以支持。农民的合法权益能依法得到保护，农村民主法制建设就将获得最强大的动力，必然会对农村的两个文明建设起到巨大的推动作用。

（《农民日报》1998 年 7 月 15 日　初稿　陈邦勋）

六、努力提高乡村干部素质

在乡政府、村委会、农家院里和田间地头，农民习惯地把乡村干部称为“带头人”、“领头雁”；在一些歌颂乡村干部的报刊文章中，作者常常把乡村干部成为群众的“主心骨”或“掌舵人”。虽然说法颇多，但万变“头”在其中。

能领头者，为人杰也。在一个乡或一个村，“头儿”们的自身素质如何，关系到党在农村的一系列方针政策的贯彻落实；关系到发展目标的实现；关系到本地生产能力的增强；关系到千家万户生活质量的提高。应该说，农民是福是祸，在很大程度上取决于乡村里主事的“头”们的素质。

时下，农民的生产活动空间在拓宽，生活方式在改变，思想观念在升华。对于乡村的领导者来说，区域中的党政财文和工农商学各行业的工作都要兼顾，农民群众的柴米油盐酱醋茶都要帮助料理，本地两个文明建设都要靠干部去组织。乡村繁重的工作，对乡村干部的自身条件提出了更高的要求。打铁先得自身硬。要胜任工作，真正成为“领头雁”，就必须在提高自身的素质上下功夫。否则，在错综复杂的事物面前表现出无能，就会背离父老乡亲的愿望。这样的干部，农民群众是不欢迎的。

素质是啥东西？它是指内在的基本条件。干部素质由多方面构成，其中，首要的起主导作用的是政治觉悟。就是广大农民所希望的要有坚定的政治立场、艰苦奋斗的创业精神、求真务实的工作作风和全心全意为人民服务的思想。这些内在的东西，来源于日常的学习和党性锻炼。没有一定的政治觉悟，是当不好“头”的。

第二，要有较高的政策水平。乡村干部，既是党的方针政策的宣传员，又是具体执行者。所以，一定要吃透上头精神，准确理解文件的实质，清楚哪些该干，哪些不该干，并把党和政府的要求同本地实际结合起来，创造性地开展工作。

第三，要有组织能力。“带头”，也体现在组织和发动的过程中。提高组织能力，主要是在实践中积累经验，增长才干，注意运用集体的智慧和力量去解决工作中的难题。

第四，要有科学文化知识。在两个文明建设搞得好的乡村，共同之处是都有一个有科学头脑、有文化知识的好带头人。他们有韬略和技能，就能把群众“带”起来。做好新时期的农村工作，要学好邓小平理论，同时也要学习科学文化知识，学习致富的本领。

第五，要有健壮的身体。身体是社会主义建设的本钱。一个干部，身体不健康，对工作就可能是心有余而力不足，很难圆满地完成组织交给的任务。因此，要保持良好的精神状态和强壮的体魄。

素质是人身内在基本条件的定义，决定了提高自身素质主要靠主观努力。当然，客观条件对干部素质的提高也有重要作用。也就是说，县乡两级应在培训干部上有所作为，创造提高乡村干部素质的条件。如果抓紧时间，争取让乡村两级干部的素质迈上一个台阶，那么，农村两个文明建设上台阶，就有了可靠的组织保证。

（《农民日报》1998 年 7 月 17 日）

七谈贯彻落实中央农村工作会议精神

一、搞活流通：增产增收的关键

市场有一双神气的魔力之手，时时搅动着商品生产者和经营者的心。去年以来，农村经济发展中一个突出的问题是，相当部分的农产品销售不畅，甚至积压，成了持续发展的主要制约因素。因此，研究并适应市场，搞活农产品流通，自然成了今年农业和农村工作的非常重要的任务。

研究市场，搞活流通，是当前农业、农村发展的迫切需要。大家都知道，近几年，我国农业连续丰收，农产品商品率越来越高；已由卖方市场变为买方市场，市场需求日趋多样化，农产品市场竞争愈来愈激烈。面对这些变化，大家还有些措手不及，不少人仍习惯于就生产抓生产，对市场和流通重视、研究不够，对出现买方市场后如何搞活流通缺乏知识和经验。

研究市场，搞活流通，是保护农民积极性的迫切需要。生产是流通的基础，如果农产品在市场里销不出去，产品就不能实现其价值。商品从生产到销售是一个惊险的跳跃，这个跳跃如果不成功，摔坏的不是商品，但一定是商品所有者。农产品如果大量积压滞销，受害的只能是农民。流通不畅，农民的生产积极性就会受到挫伤。因而，在当前情况下，搞活流通是当务之急。

搞活农产品流通，首要的是培育市场，完善市场体系。近几年，农产品市场有一定的发展，但还不能适应商品农业发展的需要。当前，应当在发展城乡集贸市场的基础上，重点发展农产品批发市场，包括综合批发市场、专业批发市场和各类农产品流通的中介组织。还要统筹规划，合理布局，在发展区域性批发市场的同时，有计划地组建全国性中心批发市场，形成覆盖全国各地的市场网络，使之成为我国农产品集散中心、价格形成中心、信息发布中心，成为我国农产品进入国际市场的桥梁。

在发挥国合商业的主渠道作用的同时，注重发挥农民购销队伍等多渠道的重要作用。在一些商品农业发达的地方，都有一支活跃的农民购销队伍，大批蔬菜、瓜果、水产品的运销，都是由他们完成的。可以说，农村商品经济的发展，农民运销队伍功不可没。中央领导在农村工作会议上已经明确要求对农民运销组织，工商部门要注册登记，在场地、税收等方面实行优惠政策，坚决撤除关卡，开辟“绿色通道”。鼓励农民运销组织成立配送中心，向超市和消费大户直销农产品。鼓励多渠道流通，当然也包括鼓励农业和农垦企业参与流通。

适应需求，开拓市场，不可把希望完全寄托在国家的保护上。农产品流通不畅，说到底是市场问题。对于农产品来说，适应消费需求，有了广阔的市场，才能流通起来。解决流通不畅问题，就要在开拓市场上想办法。这就要求面对市场加快科技推广，调整品种结构，提高品质。还要搞好两个转化，即过腹转化和加工转化。发展养殖业，把粮食转化成肉、蛋、奶；发展农产品加工业并带动运销、服务和第三产业。

搞活农产品流通，是篇大文章，也是篇活文章。做好了这篇文章，农民就增收，农业就发展。因此，面对这个重要任务，大家应千方百计解决好农产品流通不畅这个农民最为关心的实际问题，保证农业和农村经济持续稳定发展。

（1998年2月20日）

二、调整结构：得把市场看准了

编辑部收到不少农民来信，反映说市场粮价低，不愿多种粮；改种水果吧，有的价格还不如蔬菜高；可种了菜，又卖给谁呢？

其实，农民来信谈到的没有市场的产品，多数是低价值的大路货。实际上，市场上高价值的名特优新农产品卖得火着呢！导致不少农产品卖难的一个重要原因，是农产品结构的趋同性和生产的盲目性。怎么解决这个问题？

目前召开的中央农村工作会议强调，要抓紧调整优化产业产品结构，提高农业的整体素质和效益。这是当前农业和农村工作中的一项重大课题，它关系农业和农村经济的持续发展，关系农民收入的增长。只有结构调整有了新进展、新突破，农业比较效益低、农民收入增长缓慢的状况才会有所改观。

调整优化结构，要保持主要农产品生产的基本稳定，尤其不能放松粮食生产，这绝不是新年唱老调。眼下，市场上较低的粮食价格已经调节着农民的粮食生产，如果在工作指导上出现偏差，那就有可能导致粮食生产滑坡，继而造成肉、蛋、奶、水产品等供给紧张，推动物价上涨。虽然强调粮食生产不能放松，但在保证粮食供求基本平衡的前提下，粮食品种结构和区域布局调整还是大有文章可做的，主要是如何改换品种，提高质量，增加效益。

调整优化结构，坚持以市场为导向的原则，完全可以避免趋同性和盲目性。在实际工作中，最忌讳头脑发热，搞强迫命令，关键是遵循经济规律和自然规律，事前对市场做全面的调查和准确的预测。在产业结构调整上，由满足人民基本需求为主，向适应多层次消费需求转变；在产品结构调整上，按市场需求，增加花色品种，依靠科技提高产品质量和档次，争创名牌产品，增强市场竞争力。如今，多数农产品已由长期短缺变为供求基本平衡，市场风险加大了，就特别需要根据国内国际两个市场，不同区域、不同消费层次的需求，注重发展具有本地特色和竞争优势的产品。如果各级政府不加强市场的分析、预测，向农民及时提供市场需求、价格变动等方面的信息，农民盲目转向高成本的经济作物，特别是鲜活产品的生产，搞不好有可能受到重大损失。

调整优化结构，得着眼于大的经济格局，寻找新的经济增长点。现在逛逛市场，就会出现出售的农产品原料性产品居多，精深加工产品太少。说水果卖难，要是把吃鲜果变成喝果汁，恐怕水果还不够；讲粮食多了，要是把加工、转化搞好了，卖粮或许不再难。

说一千道一万，究竟你那个地方在结构调整中是种粮还是种经济作物，选择什么品种，上什么加工项目，都要因地制宜，按多样化的市场需求做出准确的决策，就能取得最佳效益。

（1998年2月12日　初稿　李永生）

三、土地承包期：一律延长30年

中央明确要求各地：第一轮土地承包到期的地方，都要立即进行第二轮承包，承包期一律无条件地延长30年不变。这一精神，符合广大农民的根本利益，代表了亿万农民的愿望。

稳定土地承包政策，强调承包期一律延长30年不变，是稳定农业、稳定农村的迫切要求。土地是农民最基本的生产资料，是农民收入的主要来源，也是农民生活的最可靠保障。农民关心党的政策，最关心的是土地承包政策。农民看党的政策变不变，首先看土地承包政策变不变。稳定土地承包政策，延长土地承包期，直接关系到能否调动农民的积极性，从而保证农业的发展和农村的稳定。

稳定土地承包政策，是中央的一贯方针。为什么这次中央农村工作会议又作出强调？问题是在个别地方有一些不稳定的因素和不妥的做法。回顾近几年的农村工作，总的来说，各地贯彻落实党的农村政策的情况是好的，成效显著。但并不是所有地方、单位都做到了这一点。执行不坚决、不认真、不彻底的情况，在一些地方时有发生，有的地方总是违背农民意愿，想方设法变动土地承包，强行收回，高价发包；有的随意缩短第二轮承包期，有的地方多留机动田，作为创收基地，引起群众强烈不满。凡此种种，都是十分错误的，必须按照中央的要求，认真纠正。

大家都知道，党的政策是党的生命，是党团结和带领人民群众取得改革开放和现代化建设胜利的根本保证。对每一个党员干部来说，不折不扣地贯彻执行党的政策，是党性问题，群众观念问题，也是政治纪律，是能否与党中央保持一致的问题。我们应当提到这样的高度来看待稳定土地承包关系、延长土地承包期的政策。在执行过程中，不允许粗心大意，马马虎虎，不允许出现“中梗阻”，更不允许阳奉阴违，另搞一套。要以严肃认真的态度，密切结合当地实际，把这项关系国计民生的政策真正落到实处。

大家从现在起，立即行动起来，按中央要求搞好第二轮承包。在与农民签订土地承包合同前，必须明确承包期一律延长30年，这一点不能动摇。承包方案要经过群众民主讨论决定。签合同后，要向农民颁发土地承包经营权证书。对强制推出“两田制”、强制推行规模经营、强制从农民手中收回承包地高价发包、多留机动地、提高承包费等问题，要坚决纠正。对于土地使用权流转和搞适度规模经营，一要具备条件，二要群众自愿，绝不能违背农民意愿。

（1998年2月13日　*初稿　赵泽昆*）

四、产业化经营：核心是让农民得利

目前召开的中央农村工作会议，再次强调：要积极稳妥地发展农业产业化经营。现在看，大家对发展产业化经营的热情都很高，但在实际工作中重点抓什么？在一些地方并不十分明确，按照中央领导的讲话精神，最重要的是正确处理农产品加工、流通企业与农民的利益关系，让农民在农业产业化经营中真正得到实惠。

目前人们更多是从产业化体系角度而未从利益机制角度认识农业产业化经营的目的。其实，产业体系只是农业产业化经营的表象，利益机制才是农业产业化经营的实质。让农民不仅获得生产环节的收益，更重要的是分享农产品加工、流通环节的利润，这才是推进农业产业化经营的目的所在。如果加工、流通环节的利润与农民无关，农民就不可能把加工、流通企业当作自己的企业，企业也就失去了可靠的支持力量；企业让农民分享了加工、流通环节的利润，实际上也培育起了自己稳定的原料基地。不能只把提供原料看成是农民的责任与义务，而忽视了农民可以分享加工、流通环节利润的权利。不解决这个利益问题，农民在实行农业产业化经营之后仍然局限于卖原料，则失去了农业产业化经营的本来意义。

要使农民从农业产业化经营中真正得利，关键是要建立起能够让农民得利的保障机制。实践证明，保障农民得利的有效途径，是用合作制的办法引导企业和农民结成经济利益共同体。如果没有平等互利的保障机制，企业和农民仍然是单纯的买断关系，那么双方的利益总是背道而驰——企业想贱买，农民想贵卖。这种对立关系在原料畅销和滞销时必然会引发激烈的矛盾冲突。

建立经济利益共同体可以是多样化的，既可以鼓励、支持农民在稳定家庭联产承包制的基础上，联合起来兴办合作制的农产品加工、流通企业；也可以积极探索农民用土地使用权、产品、技术、资金等要素入股，采取股份制、股份合作制等形式，与企业结成“有利共享、有难同当”的经济利益共同体。无论哪种利益共同体，都可以引导他们通过设立风险保障基金，以保护价收购原料，签订合同，从法律上明确双方的权利与义务，按农户出售农产品的数量返还利润等方式，把企业与农户真正联结起来，使农业产业化经营显示出旺盛的生命力。

从一些地方发展产业化经营的实践效果看，只要做到了让农民真正得利，就可以促进发展，进而增加农民收入；同时也能够促进工业、商业、服务业的持续发展，提高农业的整体素质和效益，加速我国农业向商品化、专业化、现代化转变。

（1998 年 2 月 16 日　初稿　李永生）

五、乡企改制：要使集体资产保值增值

近几年，特别是十五大以来，乡镇企业改革改制的步伐明显加快，股份制和股份合作制被越来越多的企业采用，各地也创造出了许多成功的经验。改制，对进一步增强企业活力，促进其持续快速健康发展，起到了重要作用。值得注意的是，在改革改制过程中，个别地方出现了两种不健康的苗头：有的不顾客观实际，以行政手段强制推行股份合作制或股份制；有的忽视了集体资产的保值增值，搞了“分光卖光”，误以为把集体财产全部量化给个人或者全部卖掉才是最彻底的改革。出现上述这两种苗头的地方虽然是极少数，但应引起重视，按照中央农村工作会议精神，抑制这两种不健康的苗头，使集体资产在改制的过程中得到保值增值，当是改制中特别应给予重视的。

乡镇企业机制缺乏活力，必须尽快改革，对此各方早已达成共识。各地乡镇企业的发展状况相异，存在的问题也千差万别，深化改革更要十分注意从实际出发，对某一种做法，某一种形式，不要采取行政手段推而广之。无论采取哪种形式，其自身的优势和内在矛盾与问题的暴露总有一个过程，因此应当通过实践来检验、比较和选择。决定乡镇企业成败的因素很多，摆脱困境需要从多方面努力，不能以为只要形式转换了什么问题都能解决。形式改变了，不等于机制转变了。比如，在一个企业中，如果领导班子不强，企业管理混乱，就是搞了股份制或股份合作制，也可能收不到好的效果。因此，不要认为“一股就灵”，应当把主要精力放在解决企业存在的实际问题上。

众所周知，乡镇企业的发展对于壮大集体经济、安置农民就业，稳定农村社会起到了决定性的作用。今天对其进行的改革和改制，一个重要的目的是让其最大限度地发挥长处，促进农村经济的发展，而不是为了一律取消集体经济的产权性质。过去，我们不从社会主义初级阶段的实际出发，搞单一的集体所有制企业，是不适当的；现在，在改革中把集体资产“分光卖净”，也是不妥当的。绝不能从一个极端走向另一个极端。乡镇集体企业在改革过程中，无论采用什么具体形式，绝不能化公为私，更不能使集体资产流失。

目前，乡镇企业发展中面临较大的困难，原因是多方面的，既有机制方面的原因，也有产品、技术、管理等方面的因素，把一种产权制度当作万应灵药，去包治乡镇企业的百病显然是不合实际的。股份合作制是集体所有制的有效实现形式之一，也可能是今后乡镇企业采用较多的一种形式，但绝不可能是“一股就灵”。解决现存的问题，要靠调动所有者、经营者和劳动者等多方面的积极性。改革的目的是为了更快地发展，失去了任何一方的积极性，都会给乡镇企业的持续稳定发展造成负面影响。

（1998年2月17日　初稿　傅雪柳）

六、农村改革：要在四个方面有突破

中国农村改革走过了20年的历程，所取得的成就和功绩举世瞩目。今天，新的形势对农村改革又提出了新的要求，如何解决农村面临的新问题？下一步改革如何向纵深推进？不久前召开的中央农村工作会议对此作了具体部署，提出今年农村改革要在四个方面有所突破。

要在调整和完善农村所有制结构方面有新的进展和突破。农村集体所有制经济是我国公有制经济的重要组成部分，在农村经济中占主体地位。集体经济的发展，既要有量的扩大，更要有质的提高。要盘活集体资产，通过资产重组和结构调整，提高资产的整体质量，壮大集体经济实力。同时，要调整、完善所有制结构，解决一些地方所有制结构单一，个体、私营、“三资”经济发展不够的问题。农村要在发展集体所有制经济的同时，鼓励和引导非公有制经济共同发展。适宜个人经营的项目，要放手让个体、私营企业去搞。

要在探索农村集体所有制的有效实现形式方面有新的进展和突破。农村集体企业的改革应因企制宜，形式多样。无论采取哪种形式和做法，都要广泛听取群众意见，民主讨论，尊重企业的选择，不可强制推行；坚持政企分开，使企业真正成为自主经营、自负盈亏、自我约束、自我发展的经营主体；兼顾企业所有者、经营者和生产者的利益，保护调动各方面的积极性，做到集体资产保值增值，增强集体经济实力。

要在发展多种形式的合作与联合方面有新的发展和突破。随着社会主义市场经济的发展，一些农民为提高效益、增加收入、抗御市场风险，在家庭承包经营的基础上，发展多种形式的合作与联合。这是大势所趋，也是农村深化改革的方向。一些地方的实践证明，这些合作与联合，既保持了家庭承包经营的稳定性，又实现了资产的优化配置，提高了经济效益和市场竞争力，广大农民乐于接受。因此，要积极支持，正确引导，使之不断完善，健康发展。

要在扩大对外开放方面有新的进展和突破。农业也要面向国内外两个市场，利用好两种资源。我们要以更加积极的态度，加大农业对外开放的力度，一方面要积极引进外资，提高外资的使用效益，同时要注意引进国外优良品种、先进技术、现代设备；另一方面要大力发展出口创汇农业和外向型乡镇企业。

20年的农村改革实践证明，农民中蕴藏着巨大的创造力，只要我们尊重农民的伟大实践，这种创造力一定会转化为巨大的生产力。深化农村改革，既要解放思想，更新观念，解决影响生产力发展的突出问题，又要从实际出发，注重实效，防止“一哄而起”、“一刀切”，避免造成不良后果。具体操作要由点到面，稳步实施，力求实现新的进展和突破。

（1998年2月18日）

七、加强民主：基层制度建设的基础

农村基层工作千头万绪，涉及经济、政治、文化、社会各个方面，要使各方面建设高效、有序进行，必须有一套健全的制度，而制度是否管用、能否促进农村改革、发展、稳定，关键取决于是否体现了大多数人的意愿，即是否遵循了民主原则。

根据江泽民总书记在十五大报告所指出的："扩大基层民主，保证人民群众直接行使民主权利，依法管理自己的事情，创造自己的幸福生活"的精神，中央农村工作会议提出要加强以村务公开、民主管理为主要内容的民主制度建设，重点解决好"有人管事、有钱办事、有章理事"的问题，让广大农民群众参与讨论和决定基层公共事务和公益事业的建设项目，对干部实行民主监督。这是进一步促进社会主义民主制度建设的基础，是贯彻党的群众路线、为人民服务宗旨的具体实践，是促进基层各方面工作高效、有序运行的基本保障，我们应该按照会议的要求去落实好。

基层民主制度建设是中央多年来一直强调的基础工作，但由于多种原因，各地工作的力度并不一致，效果当然也各不相同。搞得好的地方群众心情舒畅，积极性充分发挥，干群关系融洽，社区内各方面工作开展顺利，进步明显；相反，有些地方不把民主制度建设当一回事，社区内大小事干部说了算，群众对干部缺少有效的监督，结果干群关系紧张，农民负担加重，个别干部腐化堕落，村民上访不断，各项工作无法正常开展。正反两方面情况说明，基层民主制度建设不仅必要，而且应抓紧。

搞好农村基层民主制度建设，主要责任在于领导，特别乡（镇）、村领导要提高思想认识、增强加强民主建设的自觉性，从履行干部宗旨和密切干群关系上来认识加强民主制度建设的意义，充分相信群众、尊重群众和依靠群众，让农民享有应得的民主权利。

加强民主制度建设，应从具体事情做起，把中央的相关政策和要求落到实处。基层民主制度包括民主选举、民主决策、民主管理、民主监督四个方面，每方面都有具体的内容，一定要从具体的事情做起，重内容，更重实效。当前的重点是要按中央要求做好"村务公开、民主管理"工作。

加强民主制度建设，应与基层组织建设、经营体制建设、法制建设等工作配套进行，以求得联动效应，推动经济与社会的协调发展。

（1998年2月19日　初稿　陈邦勋）

四谈当前农业和农村工作

一、抓基础：增强发展后劲

这几年，我国农业连续丰收，农村经济持续增长，农民收入大幅度提高，成绩很大，形势令人鼓舞。但不容忽视的是，农业基础脆弱和农村发展缺乏后劲的问题仍没有从根本上解决。特别是带有根本性的基础设施建设滞后的问题，还十分突出。要加强农业基础地位，增强发展后劲，必须扎扎实实做好带有基础性、战略性、普遍性的工作，在抓好“三个基本”、“一个基层”，即基本政策、基本建设、基本队伍、基层组织上下功夫。

落实基本政策。要稳定和完善以家庭联产承包为主的责任制，稳定农村土地承包政策，保证土地承包期一律延长30年不变。基层反映，有的地方擅自变更或取消承包合同，损害了承包者的利益，这是与党的政策相悖的，必须予以纠正。要落实减轻农民负担政策，严格执行国务院关于农民负担不超过上年人均纯收入5%的规定，禁止各种形式的乱集资、乱摊派、乱罚款，对国务院和有关部委明令取消的各种达标升级活动和收费项目要一砍到底。要落实粮棉收购政策，按照合同定购和保护价，敞开收购，不限收、不拒收、不压级压价，不打白条。在坚决落实以上三项基本政策的同时，还必须把中央对农村的其他各项政策贯彻落实好，并不断总结经验，不断完善。

抓好基本建设。要从根本上改变农业基础脆弱的现状，关键是要加大投入，搞好农业基础设施的建设。许多地方对农田水利项目和农业基础设施，采取拍卖、租赁、股份合作等形式，多渠道投入，科学化管理，收到了很好的效果，应因地制宜予以推行。同时，还要重点抓好一批粮、棉、油、糖、畜牧、水产和优质农产品商品基地建设，通过提高基地科技含量、增加投资、扩大规模来发展高产、优质、高效农业，走一条专业化、商品化、机械化、现代化的基地建设发展的路子。

稳定基本队伍。主要是稳定农业科研和技术推广队伍。科学技术是第一生产力，农业发展离不开科技，科技发展离不开人。农业科研和推广必须有一支比较稳定的高素质的队伍，与建设现代化的大农业相匹配，目前，我国农业科技机构经费少、人才流失、人员老化等现象，显得十分不适应。一项研究成果显示，从 1985 年至 1996 年国家对农业科研经费的财政拨款平均增长率为－0.8%，是下降的；人们常说的“网破、线断、人散”，是对我国农技推广现状的真实写照。在机构改革的过程中，如何稳定农业科研队伍和县乡农业科技推广队伍，落实“定性、定编、定员”的三定工作，是落实朱镕基总理所提出的科技兴国战略在农业战线上的具体体现。

健全基层组织。“上面千条线，下面一根针”，农村工作千头万绪，干好每一项工作，都要依靠基层组织。健全农村基层组织，是落实党在农村的各项方针政策，推进农村两个文明建设的根本保证。工作的重点是抓好以党支部为核心的村级组织建设，提高村干部的政治、业务素质，选好一个带头人，做到有人管事；抓好以增强服务功能为重点的经营体制建设，壮大集体经济，做到有钱办事；抓好以村务公开、民主管理为主要内容的民主制度建设，让农民参与村务管理，依法治村，做到有章理事。

社会主义市场经济条件下的农业与农村工作，是一个全新的课题。抓住了“三个基本”和“一个基层”，就抓住了“牛鼻子”，就能够增强发展后劲，从而把农业和农村经济推向一个新的发展阶段。

（1998 年 4 月 21 日）

二、夺丰收：确保实现目标

确保粮食总产达到 4 925 亿千克，其他农产品稳定增长，农业增加值增长4%。这是中央确定的今年我国农业的发展目标。

实现这个目标，应该说任务重，难度大。由于天气原因，今年农业的开局不利。自去年秋冬种以来，北方麦区持续干旱，南方地区连续阴雨寡照，个别地方受了冻害，无论是夏粮还是秋粮，生产形势都很严峻。农业连续三年丰收，农产品销售不畅和价格下跌，必然要影响到农民生产积极性。由于连年丰收，在个别地方也可能出现放松农业、放松粮食生产的倾向。这些情况，自然要对完成今年生产任务产生不利影响。

但是，摆在我们面前的，也有许多有利条件。比如，我们有党的十五大精神的指引；有一套适应中国农村现状的基本政策；有一定的克服困难的物质基础；有各级干部和亿万农民群众的团结奋斗的精神。只要把各方面的积极性引导好、保护好、发挥好，就一定能够实现今年的奋斗目标。对此，我们应充满信心。

确保实现今年的生产目标，不在怎么说，而在怎么干。关键是要全力以赴抓好落实。对于北方来说，要抓好春耕生产，争取一次拿全苗，为丰收奠定基础；对于南方来说，应加强夏季粮油作物的田间管理。江淮、江南受低温冻害的灾区，应动员和组织群众采取各种措施降低灾害的损失程度，有关部门应在化肥、柴油等方面给予支持，支援灾区发展生产。早稻在我国粮食生产中占有一定比重，也要抓好。同时，大力推进早稻品种优质化和用途多样化。华北北部和东北、西北地区，要在干旱的情况下确保播种面积，防止出现撂荒。一方面要大力开辟新的水源，努力扩大灌溉面积，一方面要大力推广节水和旱作农业技术，综合运用一切保墒抗旱措施，提高水资源利用率。各地应采取一切措施保证生产资金、农用物资和各项技术措施落实到位。

我们应该清醒地认识到，中央所确定的4 925亿千克的粮食生产目标，基本上是目前全社会对粮食的消费量，只有确保这个指标的完成，确保其他农产品稳定增长，才能保证4%的农业增长速度，农业才能对整个国民经济的持续、快速、健康发展起到支撑作用，才能对社会做出新的贡献。

（1998年4月22日　初稿　陈洪波）

三、保增长：再造乡企新优势

按照中央关于1998年经济工作的总体部署，为保持农村经济持续、快速发展的势头，为给实现国民经济增长8%的目标做贡献，今年乡镇企业必须确保增加值增长18%。从目前乡镇企业所面临的形势看，这是个非常艰巨的任务，必须竭尽全力才能完成。

各种统计数字显示，目前乡镇企业形势严峻，最突出的问题是增长速度下滑。据统计，“八五”期间，全国乡镇企业年均增长速度为42.27%，而1996年，增速已降至21%，去年进一步降至18%。与此相伴随，乡镇企业出口增幅、引进外资增幅、吸收农村劳动力就业增幅都有所下降，同时亏损面扩大。

之所以会出现如此严峻的局面，关键是我国经济形势已发生了根本性变化，乡镇企业自身潜在的一些不适应市场经济的因素愈发显现出来，发展步伐被迫放慢。市场供求已从卖方市场转向买方市场，计划管制收缩、市场竞争更加激烈，产品质量、经济实力、技术水平、开发能力等因素对企业的发展速度乃至生死成败的决定性作用日益明显，乡镇企业的机制退化、优势弱化，因而在竞争中越来越处于弱势地位。另外，去年发生的亚洲金融危机也对乡镇企业发展带来了很大不利影响。

然而即便如此，乡镇企业去年仍保持了18%的增长速度，纵向看这一速度确实偏低，但横向比（与其他行业比）它仍然是令人欣慰的高速度；乡镇企业仍然是农村经济增长支柱，仍然是国民经济增长的重要组成部分。因此，党中央、国务院对它的发展一直非常关注，并寄予厚望。面对严峻挑战，最需要的是坚定信心、迎难而上，挑战18%，再造乡企发展的新优势。

根据以往的经验和经济发展的客观规律，乡镇企业要确保增长18%，并逐步走上持续、快速、健康发展的轨道，有赖于努力做好以下几项工作：

积极调整产业和产品结构。这是当务之急，必须迅速采取行动，早调整、早主动。调整的操作是大力收缩高能耗、高污染、产品严重供过于求的企业，大力发展技术含量高、市场销售前景好的名、优、特、新产品，大力发展外向型企业和出口创汇产品。

加快技术改造步伐。重点是改造、更新设备，引进、培养技术人才，引进、开发技术成果。探索使用参股、合作等多种形式来加快技改步伐，减轻技改投入压力，缩短技改进程，争取早有效益。

妥善推进企业改制。总的原则是：乡企改制要积极稳妥，集体资产应保值增值。特别应注意的是不要赶时髦、不搞一刀切。

加强企业管理。企业管理是企业的永恒主题，是提高效益、增强竞争力的重要手段，任何时候都不可忽视。大力推进现代先进企业管理方法，从基础抓起，缩短乡镇企业与先进企业的管理差距。

大力支持中西部乡镇企业发展。要保持较高的整体发展速度，乡镇企业必须培育新的增长点和新的增长区域，必须有适度的新的生产投入，中西部地区经济整体发展水平及乡镇企业发展水平都相对较低，所以支持、促进这部分地区乡镇企业加快发展既必要又易见成效，必须采取切实可行措施，组织、动员、引导各种生产要素投向中西部乡镇企业，为其发展注入生机和活力。

实现18%的增长速度还要注意为其创造公平、良好的发展环境。比如，切实减轻乡镇企业的负担，在金融、进出口权等方面给乡镇企业以公平、平等待遇；同时，各级政府及相关部门应对乡企发展提供应有的良好服务。

（1998年4月23日　初稿　陈邦勋）

四、促繁荣：大力开拓农村市场

发展社会主义市场经济，给我们带来的最大变化，就是市场的变化。有资料表明，全国600余种主要商品的供求情况是：31.8%供大于求，66.6%供求基本平衡，只有1.6%的商品仍然紧俏。这组数字说明，中国经济已经走出了短缺时代。

商品由卖方市场转变为买方市场，尤以农产品显得突出。过去，农产品供给短缺，生产决定市场，生产多少可销出多少。现在，情况发生了很大变化，一些过去一直畅销的生活必需品也出现了滞销。在这种情况下，要想继续产供销的周期性循环，唯一的选择就是开拓市场、创造市场和占领市场。有了市场，产品才能变成商品；有了市场，才可获得剩余价值，也就是常说的增加农民收入。

开拓农村市场，农村的商品生产经营者有优势。在计划经济时期，一般是城市工业以生产生产资料和工业消费品为主；农村及农业则生产人们赖以生存的消费资料为主。而在发展社会主义市场经济的条件下，这种生产格局已经发生了根本的变化。经济生活中的城乡“大反串”，使农民获得了广阔的生产经营空间。原始意义的农产品已由屈指可数的几种演进成历数不尽。农业产业链条的拓宽，使农村商品生产者不再单一生产生活必需品，而且还生产可作为生产资料的农产品和部分工业品。这是农村的产业优势。

农村还有消费群体优势。中国九亿人口居住在农村，说明中国消费市场的大头在农村。农民是最大的消费群体，也是最有潜力的消费群体。外国人看好中国的大市场，实质是相中了中国农村这个大市场。农村商品生产经营者应看到自己的市场优势，努力把市场优势转化成生产经营优势。在产品销售上营造“近水楼台”，即可“先得月”。

经济学家认为，市场具有广延性。也就是说，市场无边缘，关键在开拓。开拓了就有回报。在农村，因给一种产品找到稳定的销路，使全村、全乡乃至全县农民都致富了的事例不胜枚举。当然，市场的开拓是个极其艰苦的过程。开拓者除了要具备一定的物质条件外，还要具备战略眼光和艰苦奋斗的精神。因此，我们说，市场的开拓是物质、理念和信心的结合。

对于生产经营者来说，开拓市场似乎是产后的事情。其实不然，恰恰需要把功夫下在产前。就是依据人们消费水平的提高和消费观念的转变，生产适销对路的产品，并且要不断提高产品质量，不断推出消费者喜爱的名优特新产品。

从消费与生产的关系上看，引导农民合理消费，是开拓农村市场的题中应有之义。现在一些农产品过剩，但同时还有很多诸如鸡、鸭、蛋、奶和高档水果等农产品农村人均消费却不多。他们不是不想吃，而是没有消费能力。如何使“卖盐的”不再“喝淡汤”？是个需要研究解决的问题。把这个“扣”揭开了，就会开拓出一片农产品和乡镇企业产品用户的新天地。

（1998年4月24日）

民以食为天

今年1月，江泽民总书记在接见出席中央农村工作会议的全体代表时说“民以食为天”，要求大家“一定要争取今年农业有个好收成”。这两句话言简意赅。不但高度概括了农业的重要性，而且也对农村工作战线上的广大干部和亿万群众以及涉农部门提出了要求，寄寓着厚望。宣传好和贯彻落实好这一精神，对进一步统一全党同志特别是各级领导干部的思想，确立农业在社会主义市场经济条件下的基础地位，促进国民经济的持续、快速、健康发展，顺利实现“九五”计划和2010年远景目标，必将产生巨大的推动作用。

“民以食为天”，一语道出粮食是维持人们生存的第一需要的哲理。农业生产是人类生存的唯一营养源。人们从事农业特别是粮食生产的过程，就是为劳动力再生产积蓄物质和生命动力的过程。这种劳动，是人类赖以生存和进行社会再生产的首要劳动。如果没有农业或者粮食的生产，人类社会将无法存在。对粮食生产在人类生存和社会发展方面的重大意义，陈云同志曾经概括地说，首先是吃饭，然后才是建设。从这个意义上说，人类为获取食物的劳动不但是整个社会的必要劳动，而且也是人类的基本劳动。

“民以食为天”，对于我们这样一个还处于发展时期的农业大国来说，具有特殊涵义。我国有12亿多人口，解决吃饭问题不单是个经济问题，而且是最大的政治问题。党的十三届四中全会以来，由于中央极为重视农业，千方百计加强农业，使粮食生产走出了徘徊，总量稳步增加。但是，来自消费的压力，却越来越大。1995年全国产粮

4 612亿千克，比 1984 年增产 13.25%；而同期人均占有量，却由 1984 年的 393 千克下降到 380 千克。我国人均占有耕地只有 1.19 亩，不足世界平均水平的 1/3，是个典型的贫地国家。稀缺的耕地，面积不仅不能扩大，而且每年还以 500 万亩左右的数目递减。同时，每年净增 1 300 万人。耕地逐年减少，人口逐年增加，这一对不可逆转因素，将粮食生产这跟发条绷得很紧很紧，时刻警告着我们万万懈怠不得。按照中央“九五”计划的建议，即使到 2000 年粮食总产达到 5 000亿千克，届时粮食的人均占有量也达不到 1984 年的水平，仍然要过紧日子。像我们这样的大国，粮食如果出了问题，哪个国家都无法帮助解决。

“民以食为天”，在国际上还隐含着政治内容。当前，在国际政治生活中，围绕粮食和其他农产品所展开的竞争是非常激烈的。西方一些发达国家不仅把食品的生产作为对内稳定政局的基础，而且还作为对外推行强权政治的战略武器。在粮食和其他农产品的国际贸易中，无不带有政治色彩。我国是社会主义国家，如果不能立足于自己解决吃饭问题，必然要受制于人。粮食一旦出了问题，必将危及国家的稳定与安全。因此，我们必须审时度势，警钟长鸣，在任何时候任何情况下都不得忽视农业，时刻不能忘记粮食生产。一定要组织和动员全社会的力量，聚精会神地办好这件关系国计民生的大事。

中国人能否自己解决吃饭问题？这是国际上一个时期以来议论颇多、各方比较关注的热点。对此，我们的回答是肯定的。诚然，目前我国的农业特别是粮食生产的能力同与日俱增的消费需求还显得很不适应，再上新台阶的制约因素还很多，主要表现是“五低”。即抗御自然灾害的能力低、科技含量低、技术装备水平低、单位面积产量低、劳动生产率低。同时，我们也要看到，经过建国四十多年的艰苦努力，粮食生产也有了一定基础。特别是最近几年，由于党和国家采取了一些加强农业的措施，使粮食生产的软、硬环境大为改善。比如，经过十多年的改革开放，我国已经建立起了一套比较稳定的、能够调动广大农民生产积极性的农林政策体系；又比如，近几年各级各部门都尽可能地投入财力、物力、人力，在改善农业生产条件、加强农业基础设施建设上下了功夫，为粮食生产再上新台阶，铺垫了一定的物质技术基础；再比如，各级党委和政府对粮食生产越来越重视，发展的路子越来越清晰，经验越来越丰富，等等。客观地审视一下发展环境，就不难看到，我们有许多发展粮食生产的有利条件。只要我们能够抓住机遇，克服困难，扎实工作，到2000年粮食总产达到5 000亿千克的目标是能够实现的。

“中国有能力自己解决吃饭问题”，这不是一个口号，而是一项跨世纪的重点工程。营造好这项工程，需要组织和动员全国全民的力量，进行坚持不懈的奋斗。这项工程的主体是大力加强农业基础设施建设，下功夫改善农业特别是粮食生产的条件，努力提高综合生产能力。一是兴修水利。抓紧编制和确定“九五”水利工程规划，兴建一批具有综合效益的水利工程，同时抓好重点流域的治理，坚持不懈地开展农田基本建设。二是建立良好的林业生态屏障。加快“三北”防护林二期工程进度，治理荒山荒坡，保持水土，深入开展全民义务植树活动，为粮食的生产创造一个良好的生态环境。三是大搞农业综合开发。把农业综合开发与实施“八七”扶贫攻坚计划兼顾起来，把功在当代、造福子孙的农业资源综合开发利用伟大工程继续营造下去。四是依靠科技兴农。抓好实用科技的推广，把科技成果转化成现实生产力；抓好科技攻关，增强技术储备；抓好农业先进技术的引进，借用别国的力量来发展自己。与此同时，还要采取增加收入、提高粮食定购价格、建立基本农田保护区、发展商品粮基地等多项措施，提高粮食生产的比较效益，调动农民种粮的积极性。当前，要按照中央农村工作会议的要求，抓好三件事。一是抓好农业生产资料的生产和供应，下决心稳住化肥价格；二是继续深化粮食流通体制改革，防止侵害农民利益；三是严格执行“约法三章”，大力减轻农民负担。上述这些战略措施都落实了，那么，到了21世纪，即使中国人达到13亿，仍可以靠自己解决吃饭问题。

今年是“九五”计划的第一年，是粮食生产打基础、上水平的关键年份。我们应以无比坚定的信心和百倍的努力，全面贯彻落实中央五中全会、经济工作会议和农村工作会议精神，千方百计夺取农业的丰收，为实现“九五”计划和2010年远景目标，创造一个良好的开端。

（1996年2月）

深入学习讲话　继续抓紧落实

今年的4月21日，是江泽民总书记视察苏南乡镇企业并发表重要讲话一周年。在这个值得纪念的日子里，重温江总书记的讲话，深入理解精神实质，准确把握重点，认真回顾一年来的贯彻落实情况，针对所存在的问题进一步研究解决的措施，是摆在乡镇企业面前的一项重要工作，也是各级党组织和政府应做好的一项工作。

在当前的经济和政治形势下，我们应清醒地认识到，深入学习和继续贯彻落实好江泽民总书记关于乡镇企业问题的讲话精神，保证乡镇企业发展的好势头，不仅关系到安置农业剩余劳动力和增加农民收入，而且关系到启动市场、扩大内需的宏观调控政策能否见效，关系到整个国民经济能否持续快速健康发展。因此，深入学习和继续抓紧落实好这个讲话精神，事关大局，意义重大。

全面落实江总书记的讲话精神，首要的问题是正确认识乡镇企业在发展过程中所出现的问题和当前面临的困难。江总书记在讲话中，对乡镇企业在我国社会主义现代化建设中的重要作用和巨大成绩，给予了充分肯定，同时也提出要研究乡镇企业在发展的过程中出现的新情况，不断解决新问题。从总体情况看，乡镇企业所存在的问题突出有三个方面。一个政企不分，乡镇政府对企业的干预过多，管了一些不该管的事情。二是重复建设，出现了贷款沉淀和逃废银行债务的现象。三是小化肥、小水泥、小造纸、小钢铁、小煤窑等“五小企业”破坏资源，危害生态环境，影响安全生产的隐患比较多。

对于乡镇企业本身所出现的问题，我们要正视，要解决。但是也要历史地、全面地分析，有些问题是发展过程中不可避免的。比如：“五小企业”，是在生产资料和生活资料全面短缺的情况下应运而生的，这些企业的上马，弥补了市场的供应不足。我们常说，人们所穿所用，有70％多的产品来自乡镇企业。试想，如果没有乡镇企业的发展，今天我们也可能改变不了排长队、凭票买东西的短缺状况。我们相信，对于出现的问题，靠乡镇企业的自身努力和全社会的支持是能够解决的，乡镇企业会向更高的产业层次升级。

各级政府在促进乡镇企业快速健康发展上应有所作为。适应新形势和新任务的需要，首先是要改进工作，加强具体指导。中国幅员辽阔，各地区、各企业的情况千差万别，问题不一样，很难开出一个适应所有企业的药方。所以要具体问题具体分析，避免原则指导和一般号召。

解决问题、推动发展的前提条件是摸清情况，给予政策支持。应就乡镇企业发展的政策、市场和社会环境等共性问题进行专题调研，提出政策建议。比如说，乡企一面说资金紧张，银行一面说贷款有剩余，问题究竟出在哪一环节？通过调查研究，提出可操作性的意见。解决问题要实在，一个一个地解决，不要贪多。一年解决一两个关于全局的大问题，年复一年地努力下去，就会使乡镇企业重振雄风，走上持续、快速、健康发展的轨道。

我们反复学习江总书记讲话的目的，就是立足于解决现实问题。能够比较好地帮助乡镇企业解决问题，是我们抓落实的最好举动。我们应抓住机遇，乘势而上，把江总书记的讲话精神变成自觉行动，扎扎实实地抓落实。

（《农民日报》1999年4月23日）

十论学习贯彻党的十五届三中全会精神

一、实现农村跨世纪发展的总动员

在农村改革20周年之际，在农业和农村干部面临着跨世纪发展的关键时期，党中央召开了十五届三中全会，专题研究农业和农村工作，就农业和农村跨世纪发展作出全面部署。学习全会文件我们会更加深刻地认识到，这次全会对于进一步巩固农业基础地位，深化农村改革，保持农业和农村经济的持续发展，推动农村不断进步，开创农业和农村工作新局面，具有重大的现实意义和深远的历史意义。

我们党有着重视农业和农村工作的优良传统。自党的七届二中全会以来，中共中央召开过55次全会，其中把农业和农村工作列为主要议题的有13次。党的十一届三中全会以来，共有四次全会对农业和农村工作作出过决定。其中，党的十三届四中全会以来，有两次全会就加强农业和农村工作作出了决定。这说明，党的第一代、第二代、第三代领导集体都极为重视农业和农村工作，十分注意解决好不同时期的农民问题。

20年前，极“左”思潮泛滥，农村生产力低下，相当一部分农民不得温饱，在中华民族面临着走向何处去的危难关头，以邓小平同志为核心的党的第二代领导集体，从党和人民的长远利益出发，高瞻远瞩，力挽狂澜，排除种种干扰和阻力，召开了具有划时代意义的党的十一届三中全会，原则通过了《关于加快农业发展若干问题的决定（草案）》，从而点燃了改革的火炬，赢得了中国农村的巨变。

1991年，在农村改革取得实质性进展，同时深化农村改革又遇到许多新情况、新问题，农业发展的步伐出现几年徘徊的形势下，以江泽民同志为核心的党的第三代领导集体，及时主持召开了党的十三届八中全会，作出《中共中央关于加强农业和农村工作若干问题的决定》，使农业很快摆脱了徘徊局面，走上了持续发展的轨道。

现在是世纪之交，农业和农村工作面临着四个急迫的新问题：一是全面贯彻落实党的十五大提出的战略部署，实现我国跨世纪发展的宏伟目标，必须保持农业和农村经济持续稳定发展；二是改革已走过20年的历程，需要肯定成绩，总结经验，规范做法，进一步理清深化改革的思路；三是面对当前亚洲金融危机的冲击和经济全球化的挑战，必须通过加强农业、繁荣农村经济来增强我国在国际合作与竞争中的回旋余地；四是在从温饱到小康和实现社会主义现代化的历史进程中，必须解决好农村的经济建设和精神文明建设、民主法制建设、基层组织建设所面临的新问题。这次全会作出的部署正是为了解决好这“四个必须”所作出的战略选择。

党的十一届三中全会与十五届三中全会，虽然都是以研究农业和农村工作为主，但二者研究问题的基本条件和要达到的目的的却不同。十一届三中全会，是出于在思想上拨乱反正和在物质上解决人民群众温饱的要求，研究改革经济体制和增产农产品。十五届三中全会，是在改革取得巨大成绩，农村已发生了巨大变化的基础条件下，进一步研究全面实现小康，建设社会主义的新农村。从十一届三中全会到十五届三中全会，标志着我们党对农村改革和发展的规律性的认识提高了，抓农业和农村工作的自觉意识增强了，深化改革和加快发展的措施更具体了。

学好全会文件，把握精神实质，按照中央的要求，把广大基层干部和亿万农民群众组织起来、动员起来，坚持不懈地努力，中国的农业就会再造辉煌，中国的农村将来就有希望赶上或超过中等发达国家的水平。

（《农民日报》1998年10月27日）

二、汲取历史经验　掌握科学规律

党的十五届三中全会全面科学地总结了农村改革20年来的丰富经验，从而使我们对农村改革与发展的客观规律有了更深刻、更明晰的认识。牢牢汲取这些经验，用其指导农村改革与发展的实践，我们的事业将发展得更加顺利、更加卓有成效。

20年农村改革成就辉煌。它所创造的物质基础，所建立的发展体制，为我们实现跨世纪发展目标创造了良好的条件；所积累的经验则为我们提供了宝贵的精神财富。经验来源于广大基层干部和亿万农民群众的伟大创造，是党和政府正确领导、科学总结出的发展规律，是整个民族付出了沉重代价换来的理性果实。

农村改革与发展虽然已经取得了巨大的成就，但它还面临许多新情况、新问题，面临着艰难困苦与严峻挑战，因而需要我们一如既往地大胆探索，开拓创新。以往成功的经验将使我们获得动力、勇气和信心，将为我们进行新的探索提供科学指导。

党的十五届三中全会通过的《决定》，全面、凝练地表述了农村改革20年的基本经验。我们应深入领会，认真思考，做到融会贯通。这样才能用其指导实践。遵循已有的丰富经验，主要应做到四个坚持。

——坚持邓小平理论。农村改革成功是邓小平理论的伟大胜利。没有邓小平理论，就不会有农村改革，更谈不上农村改革成功。因此，汲取和遵循农村改革20年经验，最基本的一条就是要自觉坚持邓小平理论，坚持解放思想、实事求是的思想路线，坚持实践邓小平关于农业、农村和农民问题的各项主张。

——坚持正确对待农民。农民是我国社会构成的主体，更是农村改革与发展的根本依靠力量。要正确对待农民，首先是保障农民的经济、政治权益。农民对合法权益的追求是农民积极性、创造性的源泉，有了农民的积极性和创造性，就有了一切。我们的每一项政策、每一项政府行为都必须以维护农民权益为首要准则，违背这一准则，再好的初衷也会结出恶果。正确对待农民还必须尊重农民意愿、尊重农民的首创精神。农村改革成功之处，如家庭承包经营、乡镇企业、股份合作制和村民自治等，无一不是农民首创。有人总结农村改革规律是“农民首创、专家论证、基层推广、政府规范”，确实合乎历史事实。深化农村改革必须心悦诚服地尊重农民首创精神，及时总结农民的实践经验，形成正确的政策，用于指导和推进更大范围的改革实践。

——坚持按生产力发展要求来改革、调整、建立生产关系。家庭承包经营取代人民公社是典型的生产关系调整，农村多种所有制经济蓬勃发展，市场机制逐渐占据主导地位都是生产关系自我革新、自我完善的结果。由于有了这些调整、完善和革新，农村生产力才得到解放和突飞猛进的发展。未来农村生产力要获得更大发展，还必须进一步发展以公有制为主体的多种所有制经济，探索和完善农村集体所有制的有效实现形式，还必须坚持以市场为取向的改革，更加积极地推进农村生产、流通、分配等诸领域的市场化改革。所有这些，都要坚持生产关系一定要适应生产力发展的原则。

——坚持始终把农业置于经济工作首位。农业在整个国民经济中所占有的重要地位和支撑作用，是人所共知的，全局意义已不言自明。我们必须一如既往地把农业放在经济工作的首位，抓紧、抓好、抓出更大的成效。一定要把对文件的认识上升到理性，进而贯彻于工作始终。这样，农业和农村经济才能获得稳定可靠的行政支持和保障。

农村改革 20 年的经验是丰富的、深刻的，既有深远的理论意义，更有重大的实践价值，珍视它、汲取它、遵循它，我们必将再创辉煌，谱写崭新的未来。

（《农民日报》1998 年 10 月 28 日　初稿　陈邦勋）

三、努力实现跨世纪的奋斗目标

党的十五届三中全会作出的《中共中央关于农业和农村工作若干重大问题的决定》，在认真总结农村改革开放 20 年来的丰富经验的基础上，明确提出了到 2010 年建设有中国特色社会主义新农村的目标，确定了必须遵循的十条方针。这个目标，既是宣言书，也是动员令。如期实现这个阶段性目标，就能给邓小平同志所设计的到下个世纪中叶赶上或超过中等发达国家水平的第三步战略设想奠定了坚实的基础，我们这代中华儿女就可以告慰小平同志的英灵。

《决定》从经济、政治、文化三个大的方面立起了奋斗的标杆，勾画出了宏伟蓝图。从经济上说，实现目标的重点是建立起“三个体系”，即农业社会化服务体系、农产品市场体系和国家对农业的支持和保护体系；在此基础上，提高农业的综合生产能力和农村城镇化水平，优化农村经济结构，让亿万农民群众都过上小康生活。从政治上说，重点是在党的领导下不断推进社会主义民主政治建设进程，为稳定农村、发展经济创造良好的政治氛围。从文化上说，重点是全面推进农村社会主义精神文明建设，为建设有中国特色的社会主义新农村提供精神食粮和智力支持。

“三大目标”是个相辅相成、紧密相连、内在统一的整体，三者之间是个互相促进、互为因果的关系。经济目标是基础，政治目标是保证，文化目标是条件，三者缺一不可。实现经济目标，就会给实现政治和文化目标创造物质基础；实现政治目标，就会反过来促进经济的发展和思想文化建设事业；实现文化目标，就会通过农民素质的提高和思想的进步，满足实现经济目标的人才需要，创造有利于经济持续快速健康发展的人文环境，同时农民思想文化素质的提高，会有力地推进农村民主政治建设。在具体实施过程中，应突出重点、抓住重点、主攻重点，用重点目标的实现去带动整体目标的如期实现。

我们应该认识到，三中全会所确定的建设有中国特色社会主义新农村的宏伟目标，既是鼓舞人心的，又是经过努力可以实现的。今天的中国农村，已经同过去有着天壤之别。走过改革开放的 20 年历程，农业综合生产能力已有了相当的基础，农民的生活条件有了显著的改善，思想文化素质有了一定的提高，农村的民主政治建设已迈出了坚实的步伐。这些都是我们实现跨世纪目标的良好条件。

当然，任务是很艰巨的。特别是在实施目标的过程中还会出现这样那样的新情况新问题，比如，亚洲金融危机的负面影响，城市经济结构调整也会使过去已经形成的农村发展便利条件消失，等等。但是，我们对形势要有个比较清醒的认识，落实三中全会精神，相信一些问题会得到解决的，一些困难也会得到克服，事物向前发展的性质是不会改变的。

现在目标明确，基础较好，需要的是信心和实干精神。只要我们积极地行动起来，按照党中央的要求统一思想，振奋精神，坚定信心，埋头苦干，就一定能够克服种种困难，步步为营，如期实现“三大目标”，并不断把建设有中国特色社会主义的伟大事业推向前进。

（《农民日报》1998 年 10 月 29 日）

四、坚持和稳定家庭承包经营

20 年来，农村发生了一系列深刻的变革，其中作用最显著、影响最深远的就是突破了高度集中的人民公社体制，实行以家庭承包经营为基础、统分结合的经营制度，极大地调动了广大农民的生产积极性，解放和发展了生产力，给农村带来了翻天覆地的变化，为国民经济持续快速增长和保持社会稳定做出了重要贡献。

根据十五届三中全会的精神，进一步发展农业和繁荣农村经济，一个首要条件是必须长期坚持家庭承包经营为基础的经营制度。这是党的农村政策的基础，任何时候都不能动摇。

以家庭经营为基础的经营制度，是生产关系一定要适应生产力发展要求的规律决定的。实行这种经营制度使承包农户成为相对独立的经营主体，既坚持了土地等基本生产资料的公有制，又扩大了农民的经营自主权，调动了农民的积极性。它在生产要素的配置形式、内容和程度上，有着很大的灵活性，能够容纳不同水平的农业生产力，既适应以手工劳动为主的传统农业，也适应采用先进科学技术和生产手段的现代农业，具有广泛的适应性和旺盛的生命力，不存在生产力水平提高以后就要改变家庭承包经营的问题。我们是社会主义国家，当然不能搞土地私有制，我们实行的是土地集体所有基础上的家庭承包经营。这就是有中国特色社会主义农业的一个标志。

以家庭经营为基础的经营制度，适应我国国情。我国农村基本国情是人多地少、文化科技落后、地区差异较大，农业经营的有机构成不高，生产手段比较落后，大部分地区仍然以畜力、手工为主，生产规模小，生产水平不高。这种状况在短期内还难以有根本的改变。家庭经营能够适应这种生产力水平，可以投入更多的活劳动进行精耕细作，而且资源利用更容易做到合理和有效。

以家庭经营为基础的经营制度，符合农业的产业特点。农业生产的对象是有生命的植物和动物，既是人的劳动过程，也是生物的生长过程。正如马克思讲的，农业的经济再生产总是同自然的再生产交织在一起。这就决定了农业和工业相比，具有不同的特点。一是自然风险大；二是生产周期长；三是改善生产条件，需要的投资大，回收周期长。家庭经营正是适应了这种特点。一方面可以充分发挥生产经营者在生产的各个环节都具有高度的责任感，精耕细作，加强管理，取得最好收成；另一方面又可充分发挥集体统一经营的优越性，搞好社会化服务，解决好一家一户难以做到或做不好的事情，依靠集体经济力量，增加农业投入，改善农业生产条件，提高经济实力，增强抵御自然灾害的能力。

以家庭经营为基础的经营制度，有利于增加对土地的投入，提高土地的生产能力。土地是农业最基本的生产资料，是农民收入的主要来源和最可靠的生活保障。决定土地肥力状况及农作物产量高低的因素是多方面的，其中关键的一条是土地的质量。土地质量除了自然因素外，土地承包者增加对土地的投入，从而提高土地的肥力是非常重要的。而土地投入的回报是滞后的、长期的。只有长期稳定的土地承包政策，农民才肯向土地投劳投资，增肥改土，兴修水利，改善生产条件。如果土地承包期过短，或地块变动频繁，承包者不仅不投劳投资、搞水利建设，而且还有可能对土地进行掠夺式经营，导致土地生产能力下降。所以，坚持家庭经营为基础的经营制度，对发展农业来说，是至关重要的。

坚持家庭承包经营不变，首先要坚持土地的家庭承包制度不变。农民关心党的政策，最关心的是土地承包政策。农民看党的政策变不变，也首先看土地承包政策变不变。稳定土地承包政策，延长土地承包期，直接关系农民的积极性、农村的发展和稳定，一定要把这项安定人心、稳定农村的大政策落实好。应坚决贯彻落实中央《关于进一步稳定和完善农村土地承包关系的通知》，第一轮土地承包到期后，应立即进行第二轮承包，并将承包期一律延长 30 年。承包方案要经过群众民主讨论决定，要与农民签订土地承包合同，向农民颁发土地承包权证书。对强制推行“两田制”、强行推行规模经营、强制从农民手中收回承包地高价发包、多留机动地、提高承包费等问题，必须加以纠正，妥善解决。对于土地使用权流转和搞适度规模经营，一要具备条件，二要群众自愿，决不准强制。

在坚持和稳定家庭承包经营的同时，也应完善集体统一经营，主要是增强集体统一服务的功能。发展集体经济绝不能增加对农民的提留，更不能平调农民的财产，而要探索新的途径。可以通过开发荒山、荒坡、荒滩、荒水等农业资源，兴办农副产品加工、运销等工商企业，用集体的房屋、场地、农机具、排灌设备等生产资料入股、出租等形式，增加集体收入，用于提高服务水平。

（《农民日报》1998 年 10 月 30 日）

五、大力提高农业综合生产能力

十五届三中全会明确指出，要努力解决制约我国农业长期稳定发展的突出问题，全面提高农业综合生产能力。这是十分清醒、明智的决策。把这个决策变成广大基层干部和亿万农民的自觉行动，开创农业新局面就有了基本保证。

尽管过去二十年我国农业综合生产能力得到了大幅度提高，但从长远来看，我国农产品的生产能力与人口增加和资源减少的矛盾仍很突出。特别是几项重要农产品的人均占有量只相当于世界平均水平，而且结构不合理，优质品种所占比例甚低。要落实十五大的战略部署，实现我国跨世纪发展目标，应对亚洲金融危机的影响和经济全球化的挑战，农业方面必须具备足够的回旋余地。因此，今后我们仍需花大力气提高农业综合生产能力。

要提高农业综合生产能力，关键是解决两个问题：一是水的问题，即加快以水利为重点的农业基本建设；二是科技的问题，即加强农业科研和推广，将农业发展真正转移到依靠科技进步和提高劳动者素质上来。

我们的气候特点是旱涝交织，真正风调雨顺的时候并不多。搞水利设施建设，当务之急是搞好大江、大河、大湖的治理，提高防洪能力。这一点现在干部群众都有认识，但关键在于真动手干时要舍得拿钱投入。否则，一旦发生水灾，就要蒙受巨大损失，这种亏不能再吃了。

我国水资源短缺，尤其是北方常年受干旱的困扰。现在，北方的地下水位还在逐年下降。而另一方面，浪费水的情况也很严重，漫灌等落后浇灌方式大量存在。所以，要把节水灌溉作为一项革命性措施来抓，大力提高水资源的利用率。这是解决干旱问题的治本之策。与此同时，要继续搞好农田水利基本建设，尽快修复和完善现有大中型灌区水利设施；小型水利设施则可以放开，鼓励农村集体、农户以多种方式建设和经营。同时，还应搞好改造中低产田、进行农业综合开发和山区综合开发、修建农村电网和粮食仓储等基础设施、退耕还林还草还湖、保护农业生态环境等项基础性工作。

农业的根本出路在科技，在教育。当前最重要的是搞好现有先进适用农业科技的推广应用。发达国家农业发展的科技贡献率达到70%～80%，而我国只有42%，应用科技的潜力非常大。农业科技的推广应用，关键在于建立一套有效的农技推广服务体系。各级政府要严格执行《农业技术推广法》，做到编制、人员、资金“三落实”，着力解决工作中的困难。农技部门自身也应积极改革、拓宽自我发展之路，探索技术承包、技术入股等新的农技推广服务方式。要热情支持、鼓励各种民间专业技术服务组织，充分发挥他们推广先进实用技术的积极性。

农业发展的后劲，主要来源于农业科技的研究开发和储备。三中全会明确提出，农业要由传统农业向现代农业转变，要加快研究和运用高新技术。这是面对经济日益全球化和知识经济时代即将来临的历史趋势做出的科学决策。运用高新技术，推动农业的现代化，必将使我国的农业综合生产能力发生一个质的飞跃。在这一方面，我们同发达国家不能越离越远，而必须迎头赶上。

提高农业综合生产能力，首先得解决有钱干事的问题，最根本的是要真正加大投入。既要加大财政、金融的支农力度，还要鼓励社会资金和外资更多地投入到农业建设中来。有了资金，再组织和动员农民群众坚持年复一年地实干下去，农业综合生产能力一定会有个较大幅度的提高。

（《农民日报》1998年11月2日　初稿　陈洪波）

六、加速优化农业和农村经济结构

改革开放以来，我国农村经济进入了一个在改革与发展的互动中加快结构变革的过程。农业和农村经济结构的改革，不仅使农村经济成为国民经济结构变革中的一支最积极、最活跃的力量，而且同国民经济发展之间的联系越来越紧密。

面对当前改革进程中农业和农村经济发展出现的结构性矛盾，党的十五届三中全会所做出的《决定》中，具体部署了优化农业和农村经济结构，为在世纪之交做好结构调整的大文章，指明了方向，也提出了重点。贯彻落实十五届三中全会精神，就是要根据当地的实际情况，拿出切实可行的措施，把《决定》中优化农业和农村经济结构的要求落到实处。

在考虑加速优化农业和农村经济结构的对策和思路时，必须跳出就农业抓农业、就乡镇企业抓农村非农产业、就农村抓农村经济发展和结构调整的传统观念，统筹规划、综合协调结构优化的方向、思路和政策选择。正如党的十五届三中全会的《决定》中所说的，“调整和优化农村经济结构，要着眼于世界农业科技加速发展的趋势和我国人多地少的国情，适应国内外市场，依靠科技进步，发挥区域优势，增强市场竞争能力，提高农村经济素质和效益”。

20年农村改革的实践证明，在优化农业和农村经济结构时，重点把握好坚持市场导向、坚持发挥资源优势、坚持可持续发展、坚持保证粮食总产量平衡四项原则显得尤为重要。优化结构时，我们不仅要考虑有没有市场，还要预测市场潜力有多大；不仅要注意现在的市场，还要开拓未来的市场；不仅要把握国内市场，还要关注国际市场。我国地域辽阔，人多地少，资源条件差异较大，经济社会发展水平也各不相同，因而在加速优化结构时更须因地制宜，发挥区域资源优势，选择相应的发展方向和产业、产品发展要点，并始终把保持粮食总量基本平衡放在重要位置。这是优化和调整结构的基础。今年长江、嫩江、松花江流域发生的大洪水再一次告诫人们，优化和调整结构必须符合和贯彻我国经济发展的重大战略——保护生态环境，实现可持续发展。只有在把握好上述原则的基础上，才能全面发展农林牧副渔各业，才能使一、二、三产业关系协调起来。

目前，我国大多数农产品已告别短缺时代，从卖方市场转向了买方市场。在这种情况下，无论种植业，还是畜牧业、渔业，都应按照《决定》的要求，加速依靠科技进步的力量，在推广优良品种、普及新技术、提高质量上多下功夫。

乡镇企业作为推动国民经济新高涨的一支重要力量，当前正处于结构调整和体制创新的重要时期。在调整和优化乡镇企业结构时，要尽快改变思路和对策，重点发展农副产品加工和流通的龙头企业，提高与农业的关联度，带动农业产业化经营，避免与城市工业结构趋同，从而形成独具特色的产业体系，增强市场竞争能力。这是乡镇企业结构优化过程中一个具有战略性的调整，是乡镇企业发展的一个重要方向。

总之，城乡改革的交融已成为目前深化改革的基本趋势，只要认真学习、深刻领会了十五届三中全会的精神，通过深化改革和制度创新，积极推进农村经济市场化的进程，调整好各种经济关系，就能加速农业和农村经济结构的优化，实现农业和农村经济结构的升级。

（《农民日报》1998年11月3日　初稿　李永生）

七、增加农民收入和扶贫两手抓

党的十五届三中全会所作出的《决定》明确指出："千方百计解决好农民增收问题，始终是农业和农村工作的一项重要任务。"当前，在农村经济结构面临着要继续调整，农业的市场化程度不断提高，增加农民收入的不利因素越发显现的新形势下，党中央在指导跨世纪发展的文件中把增加农民收入作为一项重要任务提了出来，这足以说明我们党是爱护和关心农民的党，是想人民群众之所想，急人民群众之所急，做人民群众之所需的党。这一关心农民利益的指导思想，必须对今后的农村工作产生深远的影响。

增加农民收入是一个带有全局性的问题。首先，它直接关系到在广大农村能否实现小康。农村实现小康，就是使广大农民温饱有余，生活资料更加丰富，居住环境有一定改善，健康水平和受教育程度进一步提高。让亿万农民都过上小康生活，在我国具有划时代的意义，这不仅是我国农村经济和社会发展的一项重要目标，也是社会主义制度优越性的集中体现。同时，在当前亚洲金融危机和国内基本形成买方市场的大背景下，增加农民收入，还直接关系到开拓农村市场，扩大国内需求，带动工业和整个国民经济的增长。

近年来，农民收入增长缓慢，特别是增产不增收的问题，已经引起了党和政府的高度重视。现在看，增加农民收入，首要的一条是要切实落实党在农村的各项政策，通过加强农副产品市场的宏观调控，保持农副产品价格稳中有升；通过引导农民调整产品结构、改革流通体制、完善农副产品市场供求信息系统等手段，帮助农民解决各种"卖难"问题。

增加农民收入，需要继续推进农业的产业化经营。农业产业化是党领导亿万农民在社会主义市场经济条件下的又一成功实践。它可以改变农民一家一户分散经营的诸多不利因素，增加农业的比较效益和农民的收益。

增加农民收入，还需要进一步加大政府在农村的投资规模，同时通过农民集资、参股等形式，加大农村基础设施建设力度；开展以工代赈，增加农民就业机会。还应把增加农民收入和减轻农民负担结合起来，坚决制止各种乱收费、乱集资、乱罚款以及向农民转嫁各种债务负担的行为，切实保护农民的合法权益。

增加农民收入，是就全国而言。对于贫困地区来说，当务之急是组织引导农民发展生产，尽快摆脱贫困，解决温饱。目前我国农村仍有5 000万人口尚未脱贫。因此，要把增加农民收入和扶贫攻坚结合起来，坚持两手抓。我们应该看到，一方面，剩下的未脱贫人口大多地处偏远山区和少数民族聚居区，居住分散，交通不便，信息闭塞，生产生活条件恶劣；另一方面，每年全国仍有大约10%的刚脱贫人口又返贫，有的地方一遇较大自然灾害即出现“进一退二”的现象。到本世纪末全面解决农村人口的温饱问题，是一项紧迫而艰巨的任务，要按照三中全会的要求，千方百计加大扶贫工作力度，如期实现脱贫目标。

要坚持开发式扶贫的方针，坚持扶贫到户。实践证明，救济方式只能解决贫困群众一时的生活困难，而开发式扶贫既能增加贫困农民的收入，也能提高其生产技能，从长远看是较为理想的方式。扶贫到户，是落实扶贫攻坚任务的关键性措施。扶贫到户的核心是扶贫资金到户，其中小额信贷是一种有效实现形式。我国从80年代后期陆续在100多个贫困县进行了试点，结果证明，小额信贷含有激发贫困人口生产潜力的内在机制，提高了贫困农户的生产经营能力和市场意识。

目前我国农村正经历着由温饱到小康，进而实现现代化的伟大历史进程。只要我们牢牢把握住问题的关键，抓住农民增收和扶贫不松劲，坚持两手抓，十五届三中全会确定的建设富裕文明的社会主义新农村的目标，就一定能够实现。

（《农民日报》1998年11月4日　初稿　丁肇文）

八、发展小城镇 培育增长点

党的十五届三中全会指出："发展小城镇，是带动农村经济和社会发展的一个大战略。"把小城镇建设写进党的纲领性文件，这在历史上还是首次。它表明，积极健康地推进小城镇建设对当前我国经济发展具有无比重要的现实意义。

长期以来，我国国民经济发展的基本矛盾是城乡两元经济结构的矛盾，这一矛盾是当前中国经济增长相对迟缓的总根源。而加快小城镇建设，推进中国农村城镇化进程则是解决这一问题的根本出路。

中国有12亿人口，9亿在农村。基于这一基本国情考虑，只有实现了农业的现代化，才能真正实现经济的高速增长，才能实现中国的现代化。随着农业劳动生产率的逐步提高，农村出现大量的剩余劳动力，人多地少的矛盾日益突出，拓宽就业渠道，增加农民收入就成了当前农村工作的当务之急。从某种意义上说，只有减少农村人口，才能使农民的生产方式、生活方式现代化。但这些剩余劳动力往哪里去？目前我国城市无法完全吸纳他们。由城乡二元结构引发的这一问题已成为我国经济发展所面临的主要矛盾，以至于出现一方面城市工业品"卖难"，一方面农民无力购买的局面，市场总是活跃不起来。它同我国小城镇发展较慢、农村市场发展滞后有着直接关系。可以想像，只要有一定数量的农村人口达到城市人口的消费水平，困扰我国工业品市场的"卖难"现象就不复存在了。

怎样有效地提高农民收入水平，改变农民生活方式，启动农村市场？从目前各地取得的一些经验看，发展小城镇建设的确是一条行之有效的好路子。

发展小城镇要进行完整的基础设施配套建设，这既能因投资而带动农村市场，拉动整个国民经济的增长，又能给许多富余劳动力带来就业机会。

小城镇可以改变农民居住分散的现状，有利于农业集约经营，有利于农业产业化的深化升级。它可以通过城镇的功能和作用，把千家万户的小生产同千变万化的大市场连接起来，也能使分散的小规模生产与健全的社会化服务紧密结合，同时还有利于乡镇企业的相对集中发展，提高效益，它的最终结果是经济的发展和农民收入水平的提高。

良好的交通、通讯、电力、教育、医疗、娱乐等基础设施使得小城镇成为当地政治、经济、文化、信息中心，能够吸引大量富余劳动力进城开办二、三产业，从而形成新的拉动力。一定范围内的农民进城居住，成为“离土不离乡，务农又经商”的新型农民。新的居住环境改变了人们的生活方式，消费水平大大提高，这也有力地扩大了需求，有利于农村市场的启动。

从长远看，一个国家要实现现代化，城市人口的比例应超过50%，非农业就业人口在总就业人口中所占比例应超过70%。我国目前这两个比例只有30%和50%，大大落后于不少发展中国家。可以说，大力发展小城镇，加速农村人口城镇化进程，在很大程度上决定着我国未来经济社会发展的规模、速度和质量。

建设小城镇的资金从哪里来呢？那种靠政府投资、群众集资的建设模式已不适应今天的社会发展需要。小城镇建设，既不能依赖国家，又不能加重农民负担。要依靠政策，向市场要资金，向社会要资金。比如乡镇与县市政府签订财税包干合同，多得的财力全部用于小城镇；比如开展公平竞争，引导社会力量参与小城镇建设；比如加大招商引资力度，吸引外商投资建镇、投资办厂等等。

应该注意的是，小城镇的发展是市场规律的体现，需要一个长期的过程。实事求是、因地制宜、积极引导是我们应该明确的方针。正如党的十五届三中全会所指出的那样，要制定和完善促进小城镇健康发展的政策措施，合理布局，科学规划，注意节约用地和保护环境。要做到建一个成一个，切不可一哄而上，一定要避免把小城镇建设变成新的“圈地运动”。

（《农民日报》1998年11月5日　初稿　王泽农）

九、扩大基层民主　实行村民自治

党的十五届三中全会指出，扩大农村基层民主，实行村民自治，是党领导农民建设有中国特色社会主义民主政治的伟大创造。这是对改革开放以来农民民主政治建设成就的高度、充分肯定，同时它也提出了新时期农村民主政治建设的努力方向。

农村改革20年，物质建设成就举世瞩目，但社会进步从来不是单项推进的。生产力发展了，生产关系革新了，经济生活的市场化程度加深了，经济运行对民主的要求必然更加强烈；农民的经济自主权有保障了，生活水平提高了，思想观念更新了，民主法治意识增强了，同时对保障农民的民主权益提出了更高的要求。正因为如此，伴随着经济的发展和社会的变化，亿万农民一直在不断探索增进民主政治建设的途径，并且取得了可喜成就。其中对加快农村民主进程起到巨大推动作用的，是以实现村民“自我管理、自我教育、自我服务”为目的的村民自治制度。党和政府顺应历史潮流，尊重农民意愿，及时总结农民创造，积极运用一切行之有效的办法来推动、规范这一新的实践。

村民自治的成功实践，符合历史潮流，符合党的十五大关于“依法治国”、“扩大基层民主”的精神，同时也赢得了国内外的广泛赞誉。然而，由于多种原因，村民自治在全国还开展得不平衡，个别基层干部对其政治意义的认识还有不小的差距，尚不积极，整体上还处于起步阶段。因此，我们必须抓住学习贯彻十五届三中全会精神的有利契机，认真总结经验，更加积极认真地把这一根本性制度推而广之，并不断完善。

在先行一步的地方，经过多年的实践和规范，村民自治已经形成了一套较为完整的体系，基本内容是“民主选举、民主决策、民主管理、民主监督”四个环节，其核心内容是制度建设。下步应按照三中全会精神，努力健全和完善各项制度。主要包括：以直接、平等、差额、无记名投票为基本原则的民主选举制度，以村民会议、村民代表会议为主要形式的民主决策制度，以村规民约、村民自治章程为基本形式的民主管理制度，以村务公开、群众评议为重要特征的民主监督制度。

村民自治作为农村基层民主政治建设的一个重要方向，不能孤立推进。它还必须依赖好的政治环境和外部支持，这就必须加强乡级民主政治建设和农村法制建设。

乡级民主政治建设的重点是坚持和完善乡镇人民大会代表的直接选举制度，保障乡镇人代会依法行使职权；乡镇政府应转变职能、精简机构、依法行政、提高效率。只有乡级民主政治建设跟上时代步伐，村民自治才能获得宽松的政治、社会环境，而不至于受到压制、遭到扭曲。

推进农村民主政治建设的进程，离不开法制手段。在不断完善保障农民直接行使民主权利的法律法规，加强法制教育、宣传，提高农村干部群众法治意识等基础工作的基础上，还特别需要下大力气做好两方面工作：一是加强农村社会治安综合治理，严厉打击各种刑事犯罪和非法宗教活动，坚决制止宗族恶势力的蔓延，为农村创造良好的治安环境；二是大力提高基层干部依章办事、依法行政水平，逐步建立农村法制新秩序。

农村发展从旧体制到新体制的转变是根本性、全局性的变革；农村建立经济、政治、文化、社会各方面协调发展的新体制是我们长期追求的目标。要实现这一目标，必须从基础的、具体的工作做起，脚踏实地、积极认真地搞好村民自治，扩大基层民主，加强法制建设。经过几年的努力，一个既有民主又有自由，既有统一意志，又有个人心情舒畅的生动活泼的政治环境，将在21世纪初叶展现在中国农村。

（《农民日报》1998年11月6日　初稿　陈邦勋）

十、坚持党管农村工作的原则

人们从党的十五届三中全会的《决定》中获取这样一个重要信息：“党管农村工作是我们党的一个传统，也是一个重大原则。”把“党管农村工作”上升到是党的重大原则来认识，这在我们党的历史上还是第一次。

党中央之所以在《决定》中强调党管农村工作，是因为我国是一个拥有九亿农民的农业大国，农业是国民经济的基础。我国这种基本国情说明，只有抓住了农村这个大头，才能把握经济社会发展全局的主动权。

从20年农村改革的历程看，我们一贯坚持党管农村工作这个重大原则丝毫没有动摇。特别是党的十三届四中全会以来，党管农村工作的力度不断加大。1993年10月，党中央召开了农村工作会议，这是一次在新的历史时期全党全国重新认识农业基础地位的重要会议。以后，党中央每年都召开农村工作会议。从中央到地方，层层都加强了对农业和农村工作的领导。1993年中央还成立了农村工作领导小组，各地普遍强化了农口各业务主管部门。近十年来，党和国家领导人率先垂范，经常深入农村，走访农户，调查研究，了解新情况，解决新问题，帮助地方和农民排忧解难。中央还把农业和农村工作列为考核各级干部实绩的主要内容，明确提出一个地方领导城市搞得再漂亮，农业上不去也不算是合格的领导。人们不难发现，这几年各级党政领导在农村的定点帮扶户、帮扶村，农业示范点、示范片逐渐多了起来。这正是坚持党管农村工作原则的体现。

20年农村改革的成功，归根结底是邓小平理论的伟大胜利。而我们党领导工作的主要经验便是：始终坚持以邓小平理论为指导，解放思想，实事求是；始终坚持以农民群众的意愿和选择为动力；始终坚持以市场取向为改革方向。这些成功的经验我们应该继承。无论现在和将来，邓小平理论都是我们党管农村工作的强大思想武器。今天我们在社会主义市场经济条件下，在复杂的国际经济环境中要管好农村工作，就必须有开阔的视野、有新的知识结构，要用学到的新知识来研究新情况、解决新问题。正如江泽民总书记9月25日在安徽考察工作时的讲话中所强调的那样，“研究农村改革、发现问题，不能脱离全国宏观经济的发展，不能脱离世界经济的潮流，不能就农业抓农业”，“不仅要了解传统农业知识，还要了解现代农业知识；不仅要了解农村经济，还要了解整个国民经济；不仅要了解本地区、本部门经济发展的状况，还要了解全国经济形势乃至世界经济趋势。”只有这样，才能增强党领导工作的主动权。农业和农村工作涉及的面很广，当前党管农村工作就要针对改革过程中出现的热点和难点问题——农民收入上不去、农民负担不下来、有些政策不落实。加强调查研究，提出切实可行的解决办法来。

《决定》中强调，省、地（市）、县委主要负责同志要亲自抓农村工作，各行各业要大力支持农业。各级党政领导一定要按照这个要求，身体力行，真抓实干，一级抓一级，形成深入农村调查研究、解决实际问题的良好风气。

要把党的十五届三中全会的《决定》精神，变为亿万农民群众的实际行动，变为农村的制度性成果，关键在于充分发挥农村基层党组织的领导核心作用，发挥共产党员的先锋模范作用，发挥广大基层干部的骨干带头作用。这是党管农村工作的一个重要的措施。这就要求我们一定要贯彻落实好《决定》的精神，加强农村基层党组织建设和干部队伍建设，充分发挥乡（镇）党委和村支部的领导核心作用。要培养出一批高素质的、有广泛群众基础的优秀党员，把他们充实到村党支部或村民委员会的领导班子中去，发挥好他们联系群众、管好农村工作的桥梁作用。

总之，在新形势下要领导好农村工作，就必须坚定不移地贯彻执行好党在农村的基本政策，把广大干部群众的积极性引导好、保护好、发挥好，改进领导方法和工作作风，善于用说服教育、示范引导、提供服务的方法处理同农民的关系，在政治上尊重农民的民主权利，在经济上关心农民的物质利益，多为农民排忧解难。这样就一定能开创我国农业和农村工作的新局面。

（《农民日报》1998年11月9日）

架起生产与市场对接的金桥

——祝贺第三届中国国际农产品交易会圆满闭幕

秋天，收获产品，也收获希望；收获物质，也收获精神。在这个收获的季节里，由中华人民共和国农业部主办，国家发改委、商务部等十几家中央部委协办的第三届中国国际农产品交易会，经历了5天人流、车流、商品流、信息流的集聚与融合，满载着钵满盆盈的收获，已于10月21日圆满地落下了帷幕。本刊编辑部对这次国际盛会的成功举办表示热烈祝贺！对满载而归的农产品商品生产者、经营者和采购者以及与会的各界宾朋致以媒体的文字性送行！

这次国际农产品交易会，是在党的十六届五中会会刚刚闭幕，全国各族人民都在认真学习《中共中央关于制定国民经济和社会发展第十一个五年规划的建议》，深刻领会其精神实质，深入研究贯彻落实措施的特殊形势特殊时段召开的一次盛会；是一次十五农业新成就的空前展示；也是调整思路，相互鼓励，明确目标，坚定信心，向着十一五规划目标进军的空前彩排。跳出会议看会议，抛开订单议发展，或许更能给人以借鉴和启迪，给人以回味和思考。

博览——会议——交易，实践着“惊险的一跳”

马克思主义认为，生产者必须千方百计地把产品变成商品，才能实现其价值，完成生产与消费的周期循环，并形象地指出“这是惊险的一跳”。在发展社会主义市场经济的现实社会中，农产品生产者怎样才能实现生产到市场的“惊险的一跳”，作为政府农业主管部门如何帮助农产品生产者实现这“一跳”，这是发展农业经济的起码要求，也是别无他路的选择。“自古华山一条路”，要前行，只有攀登，“只有敢于攀登的人，才能到达光辉的顶点”。于是，农业系统一直在为这“惊险的一跳”而实践着。

追述农业办展会的历史，我们会看到一个由萌生、发育到发展；由初级、中级到高级；由博览、会议到交易，大体经历了三段升华的运动轨迹。

第一阶段。早在1992年，国家农业部为了展示改革开放以后中国农业的成果，经国务院批准，联合有关部委举办了首次全国农业博览会。当时，在展品上，主要以各地的大宗农副产品为主，在组织上，主要以行政区划为参展单位，在规模上，局限于全国农业展览馆的主场馆。

第二阶段。随着农村改革的不断深化，特别是国际经济交往途径的不断拓宽，到1999年时，经报国务院批准，中国农业博览会改成了中国农业国际博览会，使原本立足于国内的内向型博览会打上了“国际牌”，让中国的农产品亮相于国际舞台，接受世界同行的检阅，五大洲各界人士评头论足。与此同时，在吸收一些国外展团和国际知名企业加盟的同时，博览会的规模和质量也发生了变化，由单纯的产品展示拓宽到新产品发布和各项专题研讨，使博览会的内涵更加新颖和充实，登上了由博览会到博览加会商研讨的台阶，向产品到市场“惊险的一跳”的大方向趋近了一大步。

第三阶段。2001年，我国加入WTO。面对农业必须参与国际大循环，农业必须立足于国际舞台来发展这个巨大的机遇和挑战，面对国际上，品牌博览会的巨大压力，农业部与协办部委在认真总结开办农业国际博览会经验的基础上，审时度势，从现实需要出发，毅然决定将过去两年一度的中国国际农业博览会改办成每年一度的中国国际农产品交易会。这次的变化，堪称脱骨换胎。其主要标志：一是由博览到交易，实现了成果展到商业展的历史性跨越；二是由两年一届改为每年一届，实现了交易周期的缩短；三是由展示产品、商品贸易扩大到投资贸易洽谈，由农产品、农业产业化精加工产品扩大到农业高科技产品，实现了会展经济的拓业、增容、上档次。

中国农业博览会——中国国际农业博览会——中国国际农产品交易会，这一路探索一路实践，从而对马克思主义的生产到市场的“惊险的一跳”，作出了具有实用价值的诠释，建起了一个既合乎中国国情又可同国际惯例接轨的农业产业经营的舞台。

展示——贸易——多赢，成效不可低估

从1992年的第一次中国农业博览会到2005年的第三届中国国际农产品交易会，档次的升级，环境的优化是因；农产品生产商、经营商和采购商多方获赢，生产发展、市场完善、成交空前是果。由简单的产品博览走上“会展经济”，这颗硕大的“珍珠”不可小觑。一位外国政府首脑在形容会展经济的作用时，曾幽默地说：“如果在一个城市开一次国际会议，就好比有一架飞机在城市上空撒钱。”国外会展业内人士认为，会展的投入产出比例为1∶9。由于我国会展经济起步晚，不成熟，还达不到这个收益水平，据经验人士估计，大体可达1∶4的水平。然而辩证唯物主义认为，检讨一件经济行为，不但要看到它的直接收益或显现作用，而且还要看到它的间接收益和隐性作用。

综观中国国际农产品交易会的总结性盘点，大家一致性的意见认为它收到了五个方面的实效。一是它对推动我国农业和农村市场化进程，按照社会主义市场经济体制的要求健全农产品市场体系，起到了推动作用。参展商通过交易情况作出经营选择，根据市场需求的变化，优化农产品品种和品质结构，运用市场手段配置生产资源，努力提高资源配置效率。二是它对我国农业的招商引资，扩大农产品贸易，促进农产品市场的繁荣，起到了推动作用。由农博会改为农产品交易会的三年来，境内外参展商和贸易成交额都逐年增加。参展商：第一届 500 家，第二届 846 家，第三届 946 家，分别增长 69.2%、11.8%；交易额：第一届 150 亿元，第二届 200 亿元，第三届 220 亿元；分别增长 33.3%、10%。三是它对促进农业领域的国际交流与合作，提高中国农业的国际竞争力和国际化水平，起到了促进作用。境外参展的国家和地区已由第一届的几个、第二届的 11 个扩大到第三届的 17 个，农交会已经成为了国家级、国际性的综合贸易和国际交流平台。四是它对展示新农业，描绘新农村，树立中国农业“精品、开放、务实”形象，建设现代农业，起到了促进作用。所有这些直接的显而易见的作用足以说明，农产会已经成为国际农业的产品展会、信息集会和贸易年会。

对于一个产业、一个城市来说，发展会展经济，还具有不可忽视的长效的隐性的功能，即沟通功能、窗口功能和连带功能。具体表现在：通过展会的层次、质量和风貌，提高产业或城市的知名度；通过广告、印刷、旅游、媒体等相关产业的介入，活跃地方的消费市场；通过展会的发现、交流和融会功能，拓宽物质制造业的商机；通过具有地方或民族特色的文化和观光氛围，连带文化产业的繁荣；通过人流、物流、信息流、资金流的汇入，创造新的就业岗位；通过交流、研讨和借鉴，促进人们的观念更新，等等。

搭台——提高——创新，努力未有穷期

农交会办得一届比一届有特色，档次在不断升级优化，其窗口作用及展示与交易功能越发显现。但是，世界上任何事物都没有最好，只有更好。当时看有特色或者比较先进的做法，随着形势的发展，还会落伍；自己同自己发展的纵向比较，成绩斐然，如果放到国际这个大方略去衡量，还会看出许多不足之处。科学的选择应该是既看到成绩，也要找出差距，应坚持与时俱进，努力创新，不断研究新情况、解决新问题、开创新局面。

办农产品交易也好，发展会展经济也罢，都需要研究国际上同业的动向和发展形势，借鉴国际上的经验。以展览、交易为载体的会展，已经形成了国际性的一种经济形态，即会展经济。以1890年与英国伦敦举办的第一个展览会为发端，100多年来，会展业在不断地演进和变化，功能及作用也不断地调整和增生。目前，世界上已经形成了以德、法、意等国家为主体的欧洲会展经济板块，以后起之秀美国和加拿大等国家为主体的北美会展经济板块，以新加坡、日本和中国香港地区为主体的亚洲会展经济板块。从这些国家会展经济发育程度上不难看出，一国或一个地区会展经济实力与该国该地区综合经济实力、经济总体规模及发展水平是相辅相成的。应该说，会展经济对其国家或地区经济发展的带动作用明显，功不可没。我国的会展经济特别是农产品的会展交易，由于起步晚，受人们思想观念和经济投入条件的制约，与先进国家相比还有一定的差距。我国作为世界上的农业大国，发展农业的会展经济，不可单纯满足于专业化，国际化的标准，而且要立志打造世界农产品交易的精品，创造世界一流的会展及交易的专业品牌。

中国国际农产品交易会创品牌的努力方向应该是：在保持国家级高水准的基础上，优化资源配置，加强规划指导，向着“品牌国际化、管理规范化、运作市场化、服务智能化”的方向迈进，努力把农交会办成世界一流的经济与信息大融合的盛会。提高中国国际农产品交易会质量的具体措施：一是进一步加强新闻宣传，争取舆论的引导和支持，通过宣传产品与交易的丰硕成果，让社会各界认识到交易会对实现生产与市场有效对接的突出作用。二是进一步加强交易会的基础设施建设，解决展馆内富丽堂皇展馆外环境一般，二者反差较大的问题，创造人文、舒适的会展条件。三是进一步采用先进的科技手段布展，引用国际上通用的产品形象及特征的标识化说明方式，提高交易会整体的高科技含量。四是进一步加强展览及国际贸易人才的培养，重点是尽快培养一批高素质的会展策划和国际贸易谈判人才，为参展和购销商提供国际化的高水平服务。五是进一步提高交易会的整体组织和协调，扩大外延，充实内容，各项工作统筹兼顾、周密安排，把布展、商会、洽谈、签约、新闻发布以及各项服务工作的每一个环节做细、做实，把“软”“硬”环境都建设好，把交易会做成国际上的知名品牌。

党的十六届五中全会规划了“建设社会主义新农村”的宏伟蓝图。每年一度的中国国际农产品交易会要在这个“蓝图”的指引下，不断总结经验，完善措施，提高档次，在建设社会主义新农村乃至振兴中华的伟大实践中，进一步发挥好商品流通、技术交流、信息传递和经贸合作的职能作用。

预祝明年的中国国际农产品交易会办得更靓、更新、更好、更有成效！

（2005 年 10 月）

动检战线“一枝花”

本期的“大地之子”专栏，报道了“农产品质量安全卫士——李学花”的先进事迹。作为山西省太原市动物检疫站的站长，李学花带领全站同志常年守护在确保老百姓肉食质量安全第一线上，堪称说尽了千言万语，克服了千辛万苦，历经了千难万险，为阻止有问题的肉流入市场，走上餐桌，为让广大市民吃上放心肉，忠诚地履行着自己的职责。她用实际行动，给农业动物检疫干部树起了榜样，诠释了共产党员要“代表广大人民群众根本利益”的高尚境界。她是党的光荣，也是农业系统的骄傲。

李学花同志是市民健康的坚强卫士。她充分认识到，动物检疫工作与市民的身心健康密切相关，坚持守护人的健康高于一切，把发现问题，阻止不合格肉流入市场，作为神圣不可侵犯的职责，在日常工作中表现出铁面无私。她为太原市活猪的集中屠宰、按标准检疫，夜以继日地追求着、操劳着。

李学花同志是战胜邪恶的坚强卫士。工作在动物检疫岗位，每时每刻都要同奸商、同不法分子作斗争，在“道高一尺、魔高一丈”的博弈中，不但要有斗争的技巧，而且更要有战胜邪恶的胆量。所谓技巧，就是善于斗争；所谓胆量，就是要敢于斗争。只有敢于斗争，才能实现善于斗争。如果没有一种舍生忘死的精神，肉食质量安全这道闸门就会放松，老百姓的身心健康就要受到威胁。对此，李学花在智斗面前没有退缩，她赢得了太原市民的爱戴，也赢得了经销商们的赞许。

李学花同志是优秀的共产党员。无论是作为一名普通党员，还是担任一定职务的领导，她都牢记全心全意为市民服务的宗旨，并把这个宗旨落实到实际工作中去。她对自己的严格要求，13 年如一日；她工作上大胆创新，在太原市率先实行了动物产品检疫标识化管理；她做到了工作第一，坚持原则；她甚至在病床上还主持召开党员会，研究共产党员如何在市场监督中更好地发挥作用……她的党性和原则性，凝结在一件件的具体工作，充分体现了一位共产党员的高尚情怀。

胡锦涛同志在“三个代表”重要思想理论研讨会讲道：“各级领导干部都要树立全心全意为人民服务的思想和真心实意地对人民负责的精神，做到心里装着群众，凡事想着群众，工作依靠群众，一切为了群众。”胡锦涛同志多次强调共产党员要“权为民所用，情为民所系，利为民所谋”。正是从这个意义上，李学花同志给工作在行政执法岗位的同志们提供了榜样。落实胡总书记所倡导的“三为”精神，就要像李学花那样把人民的利益放在首位，坚持原则，敢于斗争，忘我工作，给党和人民交上一份满意的答卷。

在向全面小康社会奋进的过程中，人们对饮食的要求已经由过去的吃得饱转到要吃得好、吃得科学、吃得安全。高质量的生活标准，要求有包括食品安全管理在内的高质量的行政及社会管理。确保人们的饮食安全，已经成为事关人民利益、事关民族强盛的大局，是一项全面建设小康社会的基础工程。这样的“施工”，必然需要像李学花这样的坚强卫士，需要李学花这样的“叫板”精神，从而调动一切积极因素，集聚一切积极力量，确保农产品质量安全，让人们真正吃上放心食品。

我们相信，李学花同志的先进事迹一经传颂，一定会深深地打动农业系统的广大干部，在全国各行各业中引起强烈的反响。我们希望，学习先进人物，不要仅仅停留在短时间的感动上，一定要把感动化为力量，真正把李学花等先进人物那种坚持党和人民的利益高于一切的精神，贯彻到日常工作中，落实到具体岗位上，为建设全面的小康社会，谱写出新的诗篇。

齐心合力战胜禽流感

今年的秋天格外艳丽，艳丽的天空也难免不飘过浮云。刚刚闭幕的党的十六届五中全会，把建设社会主义新农村列为“十一五”期间“三农”工作的重点。在全国人民认真学习全会《规划建议》，深刻领会精神实质，动员群众，积蓄力量，起步向着十一五目标奋进的起点上，却发出了与之不和谐的疫情。继泰国、越南发生禽流感之后，我国的安徽、辽宁、广西和内蒙古等省区，也相继发生了禽流感。目前，尽管疫情得到了初步控制，有的疫区已经解除了疫情。但是由于疫情的发生和发展是不以人的意志为转移的，人类还没能完全地掌握彻底杜绝疫情的规律，发生疫情的根本原因还可以潜伏下来，仍然存在着复发和扩散的危险。对此，我们不应有丝毫的松懈，不可掉以轻心。

对出现的疫情，党中央国务院高度重视，胡锦涛总书记、温家宝总理多次作出重要指示，要求千方百计做好高致病性禽流感的防控工作，要求防止出现禽对人的交叉感染，要求把疫情的损失减少到最低程度。国务院紧急召开常务会议，听取有关部门关于禽流感疫情的汇报，分析和判断事态的发展，研究应急应对措施，拨出专项资金，启动国家防治禽流感指挥部工作，对防控工作作出具体部署。国家防控指挥部召开电视电话会议，传达中央领导关于防控高致病性禽流感的重要指示，全面部署防控工作。与此同时，农业部也相应启动了防治指挥部工作，采取了十三项防控措施，部领导带领专家组深入疫点，具体指导防控。经过一段时间的艰苦而又紧张的工作，现在应该说应急措施启动及时，防控有成效；事态发展待观察，防控预警不解除，各地仍要做好防大疫，打硬仗的准备。

阻击禽流感，防是第一位。如果防好了治也就不存在了。加强疫情监测，密切跟踪和及时掌握疫情动态，切实做好疫情预报，是防控高致病性禽流感的关键，是工作的重中之重。应坚决执行严格的疫情报告制度，对疫情做到早发现、早报告、早处置、早控制，对缓报、瞒报和漏报疫情人和事，要追究当事人的责任，情节严重的，甚至要追究其法律责任。各地应完善突发疫情应急机制和应急预案，检查各项保障措施的落实情况，把可能出现的“漏洞”堵于“水前”，并要十分关注疫情发展态势，适时分级启动应急预案，千万不可有侥幸心理，千万不可麻痹大意，千万不可拿人民的生命财产当儿戏。

扑灭疫情，是要付出代价的。对于已经发生了疫情的地区来说，最重要、最紧急、最强硬、最有效的手段是：毫不犹豫地、完全彻底地对家禽实施扑杀，对禽舍及周边进行彻底消毒，对外界实行封闭隔离，坚决把疫情扑灭在疫点上，防止疫情扩散和蔓延。只有舍弃疫点上这个“小卒”，才能保住一个地区乃至全国畜牧业生产的“大车”。国际上的防疫经验证明，在严峻的疫情面前，一切懦弱、犹豫、彷徨的行为都会酿成大患，都可能给经济和社会的发展造成毁灭性打击。对这样的大是大非问题，各级领导应该有极其清醒的认识，否则，一旦出现偏差或失误，就可能导致愧对党和人民的悲惨结局。

以人为本，确保人民的身心健康和生命安全，是高于一切的工作原则。不管开展什么工作，不管在什么情况下，我们想问题、办事情、作决策，都要把人民的身心健康和生命安全放到首位。人命关天，防疫做不好，后果不堪设想。事实上，禽流感向人的传播，已有先例。据世界卫生组织报道，从2003年12月至2005年10月20日，越南、泰国、柬埔寨和印度尼西亚四国有118人感染禽流感，其中

61人死亡，病死率为51.7%。严峻的形势、悲惨的教训要求我们中国人，一定要守住阻击禽流感的底线，坚决阻断疫情向人的传播，不惜一切代价，确保人的身心健康和生命安全。

投入人力物力财力，强化防控的技术基础和硬件设施，是战胜禽流感的根本保障。阻击禽流感，需要大量的检验检疫设备、消毒用具用品、防疫疫苗，需要对禽的扑杀给予适当的补偿，各项防控措施都需在有投入的情况下，才能得到落实。中央财政所安排的专项资金，应及时足额到位，保证专款专用，并且要视疫情的变化，做好追加投入的物质准备。各地方财政也应视需要调剂防控资金，确保防控禽流感的特殊急需。由于这项工作将由突发转入日常的防控，即使疫情平息之后，也应极其重视动物疫情防治问题，争取做到投入不减少，基础设施建设不停顿，技术攻关和科研项目不松劲。应从长计议，让畜牧业远离禽流感。

过去，我们依靠党的坚强领导，依靠人民的力量，依靠改革开放以来的积累雄厚的物质技术基础，曾战胜过非典、猪链球菌等多项疫情。这次我们仍然有许多有利条件，有切实可行的防控措施，相信我们一定会打赢禽流感的阻击战，也一定能够战胜向我们袭来的各种疫情。

跳出农业看农业

在新世纪，农业要担负起支撑国民经济快速发展和推动社会进步的历史使命，必须矫正短视，必须跳出农业本身，立足于全局。

调整国民收入分配格局，落实投入政策。目前，在国民经济运行中，一方面农业投入严重不足，基础设施严重滞后；一方面本应用于改善农业生产条件和扶持农业发展的专项资金被挤占挪用。农业十分饥渴的现实，迫切要求下决心调整国民收入分配格局，千方百计增加对农业的投入，在财政支农资金、金融信贷资金和农业基本建设投资等方面都有所作为。在资金平衡上，一定要坚持宁可少上几个工业项目，也要保证农业的迫切急需。

校正工农业发展比例，真正把农业放到经济工作的首位。在对全局工作的指导下上，在安排和部署工作时，要坚定不移地贯彻以农业为基础的方针，坚定不移地把农业放在经济工作的首位。

深化改革，为农业再上新台阶创造体制条件。在21世纪，社会主义市场经济体制的基本框架要由初步建立转向比较完善，这是针对整个国民经济而言，作为国民经济基础产业的农业系统，当然应努力为农业的再发展创造崭新的体制条件。

依靠全体民众的努力，求得农业的可持续发展。农业要走可持续发展的道路，从整个社会来说，各行各业都应加快污染的治理，控制“三废”的排放量，为山常绿、水常清、土常肥和生物的多样性做贡献。从大农业本身来说，应加快水土流失的治理和防护林体系建设，提高森林覆盖率，合理开发利用和保护土地、水源、森林、草原、海洋、矿产和其他自然资源，建立起生态农业体系，使中国的农业在21世纪前半叶走上可持续发展之路。

借鉴发达国家的经验，建立起农业的有效支持和保护体系。借鉴国外经验，充分考虑到加入世贸组织后的合理规避规则，现阶段应对农业采取六项保护措施。一是实行补贴制。主要是对化肥、农药、农膜和农业机械等农用生产资料的生产和使用给予补贴或实行优惠政策，让工厂保本或微利，有生产的积极性；让农民用得起，用了有效益。同时，也应对开发性生产和扶贫的启动项目贷款保护贴息。二是实行价格保护。主要是用价格政策刺激名优特新农产品的生产，实现优质优价。三是保护农业资源。充分发挥行政管理、经济约束、法制强制的三大杠杆的作用，严格控制对农业资源的污染，控制非农占地、随意圈地的行为，应严肃处理。四是加强对农产品市场的调控，烫平市场波动，畅通流通，让农产品在市场上公平交易，完善粮食专项储备和风险基金制度，保证农产品收购资金及时到位。五是开办农业保险，建立农业风险的补偿机制。六是逐步健全农业相关的法律法规，使农业走上依法保护的轨道。

（《经济日报》2000年9月11日）

让祖国山川更秀美

——写在《全国生态环境建设规划》实施时

生态环境，是人类赖以生存的基本条件，也是经济发展与社会进步的基础。加强生态环境建设，使祖国的山川更秀美，是建设有中国特色社会主义的重要组成部分。党中央、国务院从经济与社会的可持续发展和造福于子孙万代的长远大计出发，经过深入细致的调查研究，制定公布了《全国生态环境建设规划》。实施这个《规划》，不仅会使中国自己变得更加文明，而且可以对人类做出更大的贡献。

新中国成立以来，党的三代领导集体都比较重视生态环境建设。新中国一成立，毛泽东同志针对当时经济和社会发展的急需，作出了“根治淮河”的决策，发出了“一定要把淮河修好”的号召，动员全党下定决心，“要把黄河的事情办好”。80年代初，邓小平同志就要求全党：“植树造林，绿化祖国，造福后代”，多次强调发扬艰苦奋斗的精神。重新整治山河，改善生产条件。党的十三届四中全会以来，以江泽民同志为核心的党中央在推动改革开放和加快发展经济的伟大进程中，极为重视生态环境建设。在十五大召开的前夕，江总书记在一份调研报告上批示：“植树造林，绿化荒漠，建设生态农业，再造一个山川秀美的西北地区”，并主持把加强生态环境建设，实现可持续发展的内容，写进了十五大报告。十五大之后，国务院组织有关部门，对全国的生态环境状况进行了深入细致的调查研究，在此基础上起草了《全国生态环境建设规划》，经国务院常务会议讨论通过，正式公布实施。

实施《规划》，首要的是解决好认识问题。应该说，频繁发生的自然灾害和人们生存环境的恶劣，使绝大多数领导和群众已经认识到了改善生态环境的迫切性和重要性，但也确有那么一些人，对生态环境建设持有不正确的认识。主要表现在“难免论”、“先后论”、“本位论”。有人认为，人类在进行经济建设的过程中，要发掘和利用资源，难免不对环境造成一定的影响；也有人认为，在生产力不发达的社会主义初级阶段，第一位的是发展，保护环境是次要的；还有人认为，发展生产，争取物质财富的增生，是实实在在的政绩，而生态环境建设，是社会问题，不是某个生产单位应顾及的。如果对这些不正确的认识稍加分析，大家就会清醒地看到，这是实施《规划》的思想障碍。因此，各级领导通过学习《规划》，必须清醒地认识到，生态环境建设是造福子孙后代的伟大事业，是关系到中华民族的生存和发展的长远大计，是经济建设的基础，是提高人们生活质量的重要条件。

人与生态环境关系的三个阶段。在人与自然的这对矛盾中，人是主体，对自然具有主观能动作用。由此可以推导出，生态环境重在建设。我们认为，随着生产力的发展和社会的进化，人在处理与生态环境的关系上，可能要经过三个阶段的演进，即利用阶段，保护阶段，建设阶段。第一阶段，人们对生态环境有所认识，把生态环境当成自然生产力，为维持自身的生存而取其所用。第二阶段，在人类加速繁衍的过程中，随着智能的扩展和科技的进步，人们会更加自觉地认识到，生态环境不但可以利用，而且必须加以保护，否则，人类的生存将受到危害。认识到保护生态环境是保护自己、保护家园、维持人类生命延续的重要选择。第三阶段，人们在认识自然、改造自然的同时，驾驭自然的能力也在提高。长期生产斗争的实践告诉人们，对于生态环境，光停留在利用上和被动的保护上是不够的，还必须发挥人的主观能动作用，进行大规模的生态环境建设。这三个阶段的进化，就是人们对生态环境的认识从必然王国走向自由王国的过程。

生态环境，重在建设。被动地生存在不断趋于恶化的生态环境中，不如主动出击，向大自然进行挑战。建设良好的生态环境，是整个社会都受益的公益性伟大事业。因此，应调动全社会各方面的力量，结合各地实际，区别轻重缓急，分期分批地上一些重点建设项目，并以骨干项目带动配套建设；以样板工程带动全面铺开；以流域治理带动整个生态环境状况的改善。

要建设，就得有投入。按照《规划》进行生态环境建设的资金，应坚持国家、地方、集体、个人一起上，多渠道、多层次、多方位筹集的方针，坚持取之于民、益之于民。大的重点生态环境建设项目，实行国家负责和地方匹配制；小型项目，应主要发挥我国农村劳动力比较富余的优势，组织广大农民群众投工投劳，同时，国家用以工代赈的方式给予扶持。把投入责任明确了，事权划分清了，就会调动各方面的积极性，共同为改善生态环境这个大目标而努力。

生态环境的建设，是一项社会性的综合工程。摆在我们面前的情况是起点低，难度大。但只要我们坚持乐于吃苦，不怕吃苦，勇于拼搏，敢于胜利的大无畏精神，按照党中央、国务院的具体部署，把全体民众都组织和动员起来，一代接一代地、持之以恒地奋斗下去，在不远的将来，中华大地的山一定会更绿，水一定会更清，生态一定会更优良，环境一定会更秀美。

（《中国国土资源报》1999年2月5日）

坑农触目惊心　呼吁痛打“李鬼”

去年，湖北黄冈万亩棉花高产田因假农药八成绝收，辽宁岫岩县种子公司销售假玉米种子，造成1 200多户农民3 200余亩玉米严重减产……尽管身上的伤口还在流血；尽管人们实在不愿再看到类似的事情发生，尽管“达摩克利斯”剑高悬，可是这类可恶的事件还是不断出现。“李鬼”像幽灵徘徊在城市，泛滥在乡村。

河南省尉氏县大桥乡棉花掺假事件曝光后，震惊全国；假冒射阳大米的江苏省滨海县兴国粮食加工厂有毒大米竟然一度“俏销”；从事高效农业研究的湖南省现代设施农业示范园购买五百斤假硝酸钾用来配制无土栽培营养液，不但没给瓜果带来营养，反而成了“毒液”，示范园内瓜果全部绝收；今年春节刚过，广西合浦县一些虾农发现，去年从外地购买的“日本对虾”虾苗竟养出了市场上只能卖垃圾价的蓝尾虾，损失惨重的养殖户欲哭无泪……

坑农事件时时都在上演，假冒伪劣产品横行无忌，尤其是假冒伪劣农资泛滥农村市场，让老实巴交的农民吃尽苦头。

最近5年，农资市场产品的合格率一直徘徊在75%左右。也就是说，市场是至少有25%左右的农资产品不合格。2000年，全国工商行政管理机关共查处制售假冒伪劣农资案件8 994件，案件总值9 858.98万元，罚没款2 272.56万元；查获假冒伪劣化肥38 229吨、农药3 588.7吨、种子2 439.3吨、农用地膜600.6万吨，小型农用机械、配件、农具51 239件，总价值38 769.18万元；销毁假冒伪劣农资价值2 082.43万元。这是令人揪心的数字。

假冒伪劣农资的严重危害，不同于普通工业品。一双劣质皮鞋，大不了扔掉不穿。可农民种到田里的种子是假的，丢失和埋葬的是希望。“春种一粒粟，秋收万颗籽”，土地对农民回报即如此，农民盼来的却是颗粒无收，血本无归。农业的生产周期长，“坑农一次，害农一年”在目前农民收入出现递减的形势下，如果再让假冒伪劣农资坑害农民，无异于“在伤口撒盐”。

假冒伪劣农资害了农民，也害了企业。假农资泛滥使守法企业的产品市场被挤占，连生存都成了问题。伪劣收割机、脱粒机在频出事端被农民摒弃的同时，真厂家的真的机器谁还敢要？河南原阳粮食市场上出现有毒大米后，“金牌”米市顿时无人问津，陷入困境。城门失火，殃及池鱼。

假冒伪劣农资造成的经济危害不言而喻，它带来的更大危害是影响农村的稳定。假种子、假化肥、假农药坑农是一“坑”一大片。假农资不仅让农民的资金投入打了水漂，也使他们的希望破灭，甚至让他们负债累累、家破人亡。即使有极少数受害农民打赢了官司，获得了赔偿，但对绝大多数受害者来说，是“哑巴吃黄连”，有苦说不出。况且，对农民精神上的伤害和对社会造成的不稳定因素又怎能用金钱来弥补?

当前，广大农村正在进行农业产业结构调整。据推算，今年将扩种棉花1 100万亩、油料600万亩、蔬菜800万亩。对于广大农民来说，将是一个优化结构、增加投入的大好时机。但不可忽视的是，如果“李鬼”不除，心地善良的农民将会再受其害。因为种子短缺，造假者有可能再次猖獗，假农资也很容易再度泛滥。如果让假农资乘虚而入，我们的碗中还有什么?

是利益让造假者不顾一切。正如马克思在《资本论》中所描述的那样："有50%的利润，他就敢铤而走险，为了100%的利润，他们就敢践踏一切人间法律。"以其人之道，还治其人之身。打击假冒伪劣农资产品，最根本的还是用法律的武器，加大打击力度。

但在当前打假行动中，普遍存在着"打不着、打不痛、打不死"的现象。究其根本原因，是地方保护主义的保护伞让造假者肆无忌惮；执法监督部门的罚款不会使造假者"伤筋动骨"；打假的一阵风过后，往往让"假"死灰复燃。如此这般，怎能让全国亿万农民放心？看来，非出重拳不可，从根本上打假。

在打假过程中，执法监督部门要有对党负责，对衣食父母负责的高度责任心，尽职尽责地打，兴师动众地打。目前，农资市场存在的主要问题：一是经营者见利忘义，损害农民权益；二是生产企业行为不规范，生产无标签、无说明书、无厂名厂址的假冒伪劣产品；三是受地方保护主义、法律法规不够完善等因素的影响，行政执法力度不够，执法不严、以罚代刑的现象仍然存在，致使违法活动屡禁不止。在这种情况下，执法监督部门更应该恪守职责，从造假的源头抓起，将制假售假企业打他个倾家荡产，为促进经济发展、社会稳定保驾护航。

打击假冒伪劣农资，需要有恒心。因为这是一项长期而艰巨的任务，想用一朝一夕把"李鬼"赶尽杀绝绝非易事。执法监督部门要坚持常年打假，政府也应采取措施，鼓励广大农民积极参与打假，举报各种制假售假行为，为工商执法部门提供线索，在全社会布下一张监督网，让假冒伪劣农资无处藏身。只有这样，坑农事件才不会重演。也只有这样，农民的生产才会发展，生活水平才会提高，农村社会才会稳定。

（初稿　雷刘功）

干部和农民就是要"心碰心"

天津宝坻县利用春节前后这段农闲时间，组织上千名科级以上干部进村入户，宣讲党的十五届三中全会精神，同广大农民群众谈心，使党的农村政策更加深入人心，农民对干部的抵触情绪消失，农村工作中存在的一些棘手的难题不同程度地得到解决，由此也使曾一度出现裂痕的干群关系重新密切起来。宝坻的做法，为我们在发展社会主义市场经济的过程中，如何引导和教育基层干部，如何引导和教育农民群众，找到了一条有效途径。

改革开放以来，农村的经营体制、生产组织形式和广大农民的思想观念都发生了很大变化。在新形势下，如何有针对性地开展农村工作？用什么形式去组织、引导和教育农民？一直是困扰各级干部的一个难题。近些年，农村一些地方所出现的经济发展不快、人均收入增长缓慢、社会治安情况不好、一些不稳定因素抬头等问题，其原因不是党的政策不对头，也不是广大农民群众本身有问题，关键是我们工作的方式方法没有随着客观情况的变化而及时改进。本应与广大农民群众心心相印的基层干部，心不想农民了，不深入基层了，工作的重点不是帮农民所需了，久而久之，干部与群众之间就产生了一道鸿沟，农民气不顺，各项工作就很难开展起来，或很难收到好的效果。天津宝坻的经验就在于，党政机关改进了工作方法，县乡干部放下了架子，上下唱起了同心曲，一些看似难缠的矛盾也就迎刃而解了。

谈心宣讲活动能否达到预期目的，取得实在的效果，关键在于干部能否真正深入下去，能否真正以兄弟般的情谊对待农民，能否真正听取广大农民的意见和呼声，能否真正帮助农民群众解决生产生活中的实际困难。一定要切忌说在嘴上不见行动，切忌居高临下不动感情，切忌浮在表面流于形式。宝坻的经验说明，按照“四个真正”和“三个切忌”去高标准严要求，就一定会达到预期目的，收到好的效果。

出于集中解决问题的需要，集中抽调干部，集中一段时间进村入户开展谈心宣讲活动，是可行的，也是十分必要的，但大量的农村思想政治工作要靠日常去做，大量的问题应随时随地得到解决。因此，怎样把谈心宣讲活动贯彻于农村日常工作中去，注意巩固成果，防止出现新的利弊，这是进行集中谈心宣讲活动后应进一步考虑的一件事情。宝坻县在这方面不但有了打算，而且已把每月一个“谈心周”的活动付诸实施，我们期待收到更大的效果。

中国有句俗话说："人怕见面，树怕扒皮"。在日常，干部与群众之间难免不产生一些误解。如果干部能从增加农民收入、保持农村稳定的大局出发，走出机关，走进农家院，了解真实情况，实打实地解决问题，就没有解不开的困惑，也就一定能够开创农村工作的新局面。我们相信，宝坻的做法会给大家以启迪。

（《农民日报》1999 年 5 月）

由《问心》碑说开去

后人给前人立碑，是古来常理。自立碑文，就有不自量之嫌。其实，也不能一概而论。自立碑文用以自量者，在我们这块土地上就有其例。

光绪三年，张云祥出任怀德县第一任县长时，就自立《问心》碑，以端心明镜。碑云："问心无愧古人所难，余何敢以此自命，盖因数十年来遇事则返心自问颇有所得，兹值堂成钦以自勉"。碑榜上还刻有"克勤克俭"四个大字。七品知县，铭文凡事要"问心"，虽事于封建社会，但可谓高明之举，值得后人"咀嚼"、"寻味"。

"问心"又作"扪心"。《辞海》对其解："摸摸胸口，反省自问"。"问心"作为思维过程，是在自我意识的"程控"下完成的。自觉，当是可贵之处，应予弘扬。封建社会的官吏，上瞒君臣，下欺良民，这是绝大多人所为。相反，张云祥也为官于封建社会，可他能自立碑文以自勉，凡事思其愧否，例有点"为民做主"的味道。这在某种意义上说，是把封建官行"现代"化了。封建社会的知县，却具有现代"公仆"的素质，说明这尊《问心》碑无论在实用价值上，还是在宝贵程度上，都大大地超出了封建政治、文化或史学的研究范畴。

时过境迁。现在，人的思想、经济以及社会情况，都与张云祥那个时代发生了天翻地覆的变化，不可同日而语。“公仆”取代了官吏，这是当今社会与封建社会的一个重大区别。作为人民的“公仆”，不妨也“问心”一下，是否都“为民做主”了呢？绝大多数能得出无愧的自喻，也有与心有愧的。做“公仆”不理政事，任“诸侯”不体察民情，昏昏然，飘飘然，逍遥自得，混过蹉跎的大有人在。想必，他们是不能“问心”也不敢“问心”的吧！细分起来，在这不能代表整体的“小部分”中，还有个“小部分”。就是整天痴迷于“宦海”，为“房子、孩子、票子”而奋斗的“三子”“公仆”。这种饕餮相人，连“脸”都不要了，何以能“问心”！

当然，如让“官人”能模仿张云祥的做法，自立《问心》碑，一是做不到，二是没必要。但“遇事则返心自问”，大有借鉴之益。张云祥自撰《问心》碑，自然欲已千古流芳。但“公仆”只要凡事“问心”，做到为官一任，造福一方，功德定会有口皆碑。让后人给树“心碑”，要比自立《问心》碑高出一筹。

（《吉林日报》1989 年 3 月 27 日）

农民负担和法的观念

近年来，党中央、国务院三令五申要减轻农民负担，实际工作却不尽如人意。目前在一些地方，由农民承担的费用和劳务仍然很重，个别地方已经到了难以承受的程度。

加重农民负担，原因固然是多方面的。有的是“婆婆”们开的口子，有的是旧经济体制弊端造成的，有经营管理上的问题，也有社会上攀比风的影响。但笔者认为最重要的是认识上的偏差。如果每个领导者都将其自身换个位置，从“假如我是个农民”的角度来思考和研究农民负担问题，无疑可以纠正认识上的误差，有益于进行对策选择，进而从根本上解决问题。站在农民的立场上来看负担问题，至少有以下几个认识上的偏差亟待纠正。

不应把农民还不富裕当作农民负担过重的主要原因。研究农村、农业和农民问题，要强调正确估计农民的富裕程度，这是毋庸置疑的。但在研究农民负担问题时，把农民还不富裕当作农民负担过重的主要原因，就值得商榷了。其实，农民的富裕程度主要是个收益问题，而农民负担则主要是收益后的再分配问题。衡量农民负担重否的标准，应是政策法规，而不是农民的富裕程度。符合政策法规规定的，农民承担100元也不是加重；不符合政策法规规定的，多摊一分钱也是加重了农民的负担。如果把农民还不富裕当成是衡量负担重否的标准，那么，等农民富裕了就可以不顾政策法规胡乱摊派了吗？显然不是这个道理。

农民负担问题不是纯经济问题。从表面上看，农民负担体现在经济往来的支付关系上。而实质上，这一问题关系党在农村的一系列方针政策能否得到落实、农民的积极性能否保持持久、农村社会能否长治久安、党与农民群众的联系能否密切等一系列政治、社会问题。如果我们不从这个高度上来认识问题、研究对策，囿于解决国家、集体与农民三者之间经济摩擦的局限，农民的负担就很难减下来，即或是暂时减下来了，也不会持久。

合情的不等于合法。国家在《农民承担费用和劳务管理条例》中，对由农民承担的费用及劳务，既作了“定项”规定，又作了“限额”规定。按规定，由农民承担的费用的具体项目即或是合情理的，但因总额超过了上年人均纯收入的5%，就不合法了。

“大家”和“过去”都是这样干并不就是政策法规允许的。有些让农民出钱的事，明显有悖于政策法规。但为什么久禁不止？症结就在一些领导者错误地把自己过去的做法和毗邻乡镇的做法作为决策取向。对于一些不符合政策法规的摊派，从横向上说，因为甲地、乙地、丙地都这样干了，丁地就认为这样干是允许的；从纵向上说，因为一年、二年、三年都是这样摊下来的，第四年再这样摊就认为是“顺理成章”了。他们还没能认识到，这些流行的或习惯的不符合政策法规的做法，实质是降低了政策法规的刚性约束力。

不能因摊派数额小就认为可以忽略不计。一些在农村兴办事业的部门，自认为需要农民出的钱不多，对于农民的支出来说可以忽略不计。可他们就没认识到，涉农部门多，需要农民出钱办的事多，一个部门可以忽略不计，上上下下、方方面面都向农民伸手，合起来就是一个很大的数字，农民自然难以承受。

加重农民负担的责任主要在领导，减轻农民负担的责任也主要在领导。各级各部门的领导首先应对加重农民负担的后果有个足够的认识，摒弃一些违背政策法规的做法，争取用一两年的时间，真正把农民的负担减下来。

（《人民日报》1993年2月11日）

人民愤恨“豆腐渣”

基本设施建设中的“豆腐渣”工程已经成为人所共知的“公害”，在接二连三的恶性事故面前，老百姓忧心忡忡，走路怕踩上“豆腐渣”，住房怕遇上“豆腐渣”。

“豆腐渣”工程可谓祸国殃民，后患无穷，人民愤恨“豆腐渣”。“豆腐渣”工程固然是个质量问题，是个管理漏洞问题，但深究一下，根子却在有关部门、有关责任人只顾赚钱不管公共安全，工程中浸入了“铜臭”和腐败。追问一声，九江的防洪大堤为什么没有钢筋？重庆綦江的过江桥为什么无工程设计委托书、无质量监理、无验收？猫腻恐怕还在“钱”上。尽管各处的“豆腐渣”情况各异，但其“共性”是有关责任者腐败使然。因此，人们又叫“豆腐渣”工程为“腐败”工程。根治“豆腐渣”工程，不仅要严格质量管理，包括严格执行基建程序、层层建立工程质量责任负责制等，还要在反腐败上下功夫。当然，这两者是相辅相成的——加强管理，有利于反腐败；加强反腐败力度，有利于加强管理。

腐败，就其一般危害来说，败坏党风和社会风气，破坏干群关系，动摇政权根基。而一旦工程上出现腐败，就会在造成巨大经济损失的同时，危及公众人身安全，后果不堪设想。更加重要的是，去年以来，党中央、国务院采取了增加基建投资、扩大内需、拉动经济增长的重大决策，基础设施建设以前所未有的规模在全国范围展开，这是一个功在当代泽及子孙的千秋大业。能否保证工程质量，事关经济建设全局，事关子孙后代。因此，提高工程质量，惩治基建工程方面的腐败，具有特别重要的意义。

提高基建质量，惩治“豆腐渣”工程，需做两方面的工作。一是严厉查处“豆腐渣”工程的有关责任者，是什么责任就是什么责任，谁也不能一走了之，一推了之。一是坚决停止那些无设计、无监理、无质量保证的项目施工，坚决杜绝出现新的“豆腐渣”工程。

质量就是生命，质量就是根基。基本建设有个质量问题，其他建设包括人才建设、队伍建设、领导干部队伍建设都有一个质量问题，一个如何避免“豆腐渣”工程的问题。干部队伍建设方面的问题，尤其要引起注意和警惕。

（《人民日报》1999年2月10日）

令人发怵的饭局

民以食为天。人要活着，就得吃饭。这是生理之必需。然而，时下在公务和日常交往中，经常有把“饭”吃得变了“味”的情况。有饭必备酒，请客必让醉，似乎主人不动酒就不够交情，客人不喝醉就不够意思。于是，一些不能喝酒或因故不便喝酒的人，开始恐惧“饭局”。

怵饭，最典型的是下基层。在一些地方，对上边来的人都以酒敬之。席间猜拳行令，推杯换盏，劝酒的“因由”多多，言辞中堪称妙语连珠。一落座，就来个庆祝三中全会，喝三盅。这是“政治任务”，总不能不响应吧。然后，按官阶职称，顺序单“练”。酒者喝到此时开始甜言蜜语，喝酒的因由不断迭出，什么“同姓酒”、“同乡酒”、“同学酒”、“同龄酒”；接下来还要喝认识酒、祝福酒、接风酒或送行酒；对晚到场的、端错杯的、说错话的、不执行酒令的，还要罚酒。酒过数巡，人到极量，就进入了豪言壮语阶段，“只要感情有，不用解释先喝酒”；“感情深，一口闷”；“宁伤身体，不伤感情”等等，说者口若悬河，喝者两眼发直。散席前，还要喝掉“门前”包干酒，随着主人的“右手端，左转弯，一口干”的酒令，大家一饮而尽。

狂喝暴饮，败坏了党风，浪费了资财，伤害了身体，有时还因贪杯而误事。有的领导午间陪客喝得酩酊大醉，下午开会讲话前言不搭后语，车轱辘话来回转；有的领导酒后大话连天，口出狂言，似乎没有他办不了的事，没有他办不成的事；也有的领导者因酒后失态，给人留下了令人啼笑皆非的“段子”。因酒而醉死的虽然不多，但每年都会听到实例。

随着社会的进化，人们对醉酒的害处早已知晓，劝酒者也知道缠劝暴饮“喝坏了党风喝坏了胃，喝得与老婆背靠背”。但是，他们把陪好客人看成是工作，是任务，为了讨好来者，还是硬着脸皮去劝，硬着头皮去喝，还美其名曰：“该喝不喝也不对。”由此而来，在一些地方出现了不少“酒陪”，天天有应酬；有的地方甚至出现了“领导能力有没有，看你能劝进多少酒”的奇谈怪论。

劝酒者有难言之隐，喝酒者也不情愿，这样两方面都不太愿意做的事为什么在基层还屡禁不止？问题恐怕主要是出在两个方面。一方面是社会上不正之风在推波助澜，不摆酒席不办事，摆了酒席能办事，劝酒者虽然身子受苦，偶尔也真能给小单位、小团体换来利益。另一方面是庸俗的“酒文化”使然，认为以酒相敬没有恶意，东邻给来的干部摆了“接风宴”，西舍也就效仿着给来的干部安排“送行酒”，劝酒也就习以为常了。

偶尔欣闻，在一些地方特别是沿海发达地区，已经形成了备酒不劝酒，碰杯不干杯的席间新风，真是令人高兴。倘若真的能给大家提供一个宽松的吃饭环境，那么，不会喝酒的人也就免去了些许尴尬，也自然不会为“饭局”而发怵。看来，改革用餐习俗，树立“吃饭”

新风，也是应该努力去做的事情。

（《农民日报》1999 年 5 月 22 日）

用具体的工作方针指导农民进城就业

中国人多，主要是农村人口多。这是中国的一大重要国情。中国农村要实现现代化，面临的两大难题：一是原始积累从哪里来，二是大批剩余劳动力往哪里去。而这两条的根本问题是农民就业问题。因为，只有当农民得到比较充分的就业，再发展的原始积累才有源泉。农民既得安居，还得乐业，这是农村现代化的基础条件。

在本世纪前 20 年，中国要解决农村剩余劳动力的就业问题，并不比上个世纪解决他们的温饱问题的难度小。据有关部门测算，到 2001 年末，我国约有 1.58 亿农村剩余劳动力。按现有人口的年龄结构推算，2002—2010 年的 9 年间，农村平均每年将新增劳动力 860 万人。农村大批剩余劳动力的沉积，势必影响到农村经济的发展、农民收入的增长和农村社会的全面进步。

解决新时期的农民就业问题，是一项庞大的系统工程，也是摆在各级政府面前的一个重大课题。通过拉长传统农业的产业链条，就地安置农民就业；通过发展乡镇企业和小城镇，让农民离土进镇就业；通过政府劳动部门的组织协调和培训，让农民到国外去就业等一些行之有效的途径，多渠道为农民创造就业岗位，这是既可能又有效的现实选择。但是，从目前农民寻找就业岗位的现实情况看，由于城市规模的扩张和城市化进程的拉动，城里的建筑、园林、环卫、生活资料配送、家政服务等一些城里人不愿从事的岗位，自然给农民进城预留了就业空间。据有关部门推算，目前全国有 8 800 万农民工进城就业。这个庞大的数字说明，农民进城就业，已经成为农民谋求再就业岗位的一个重要渠道。各级政府应从实际出发，采取因势利导的积极措施，组织协调好农民进城就业。

在尽可能立足于“农”字来解决农民就业问题的同时，拓宽农民进城就业的门路，这不是农民自发就可以实现的，必须依靠各级政府的规划、组织、协调、指导和服务。欲实现目标与效果的统一，关键是在统一思想认识的基础上，制定一个比较具体的具有现实操作性的工作指导方针，并付诸实施。从中国的实际出发，在未来相当长的一个阶段中，用于指导农民进城就业的工作方针应该是：公平对待，合理引导，完善管理，搞好服务。

公平对待。能否正确对待农民，是能否缓解农民就业矛盾，科学合理地配置劳动力资源的关键所在。如果农民在就业上得不到应有的公平，整个社会的公平就失去了基础。在中国城市化水平低、就业环境偏紧、劳动力供需矛盾越发突出的现实条件下，争取给农民创造一个公平的就业环境，尤其显得十分重要。所谓公平对待，基本内涵至少应包括：一是人们要改变城乡公民有别的不正确观念，树立起公民权利一律平等的正确思想，还给农民真正的国民待遇。二是要把农民就业纳入城乡劳动力资源配置的总体规划，同城里的居民一样统筹兼顾、综合平衡、列项安排。三是在彻底消除城乡分割的二元管理体制和社会结构的原则指导下，修订、健全和完善城乡居民就业的政策法规体系，做到政策法规的公平。四是彻底改革户籍制度，取消农业与非农业户口分类，实行按居住地登记常住户口，做到一视同仁。

合理引导。让如此之众的农民都有活干、有饭吃，必须依靠各级政府和广大干部的精心筹划和合理引导。所谓引导，即引领指导也。一是引导农民更新就业观念，用流动的、开放的、实际的就业眼光去选择岗位。二是引导劳动力寻求就业的流动走向，消除民工潮的周期性“痉挛”现象。三是利用就业岗位指导目录和劳动力市场供求信息进行引导，让农民看到广阔的就业空间，寻求到可供选择的就业岗位。应通过一些行之有效的引导，使农民消除陈腐落后的就业观念，规范流动秩序，避免流动过程中的盲目和盲从，达到让农民在开放的劳动力市场上合理、有序地流动的目的。

完善管理，解决农民就业作为一项系统工程，必不可少的工作是管理。缺少科学管理的“工程”，一定是个“豆腐渣”工程。劳动力的自由流动需要管理，这个道理是都明白的，问题是要研究“管什么”、“怎么管”？现在看，管理的功夫应下在：劳动力市场、劳动者档案、劳动者从业技术等级评鉴、劳动管理规章制度、进城务工人员的权益保护、侵权行为处罚。管理的重点是加强对用工单位的劳动监察。需要注意的是，要把管理看成是做好工作的手段，不可以“管”为名行“卡”之实，不可以“管”为名滥收费，不可一管就死。

搞好服务。为公民特别是为弱势群体的农民提供就业服务，是由党的为人民服务的宗旨所决定的，是贯彻落实“三个代表”重要思想的具体体现。为农民就业提供服务，有大量的工作要做。目前应努力做好：就业技能培训服务，就业岗位选择服务，权益保障援助服务，劳动力异地交流服务，开拓国外就业渠道服务。服务的最终目标应放在：改善就业环境，提高就业技能，缓解供需矛盾，创造就业岗位。工作的重点应放在包括市场、信息、培训、监督服务在内的劳动就业服务体系建设上。这是搞好服务的载体。

争取让众多的农民既安居又乐业，这是政府工作的一个重要组成部分。世界各国，无论是什么国体或政体，都把解决公民就业列为政府工作的一项职责。我国是社会主义国家的政治制度，决定了各级政府应把解决好农民就业问题放到突出位置，在符合中国国情的具体工作方针指导下，积极开展工作，争取在较短的时间中，让更多的农村剩余劳动力走上劳动岗位，实现自身价值，为社会主义建设添砖加瓦。

上个世纪曾有外国人预言：中国历届政府都将无法解决国民的吃饭问题。欣慰的是，在中国共产党的领导下，我们不但靠自己的力量解决了全国人民的吃饭问题，而且还对解决世界上发展中国家中的饥饿问题做出了贡献。他们的预言，已成为了失言。本世纪初又有外国人预言：中国政府很难解决基数众多的农民就业问题。我们有理由相信，在党的领导下，发扬与时俱进、开拓创新的精神，经过全社会的共同努力，也会用事实证明这个预言是站不住脚的。

（2002 年 8 月）

积极行动起来　为全面建设小康社会而奋斗

举世瞩目的党的第十六次全国代表大会胜利闭幕了。这次代表大会，是我们党在新世纪召开的第一次全国代表大会，也是在我国进入全面建设小康社会、加快推进社会主义现代化建设的新的发展阶段召开的一次十分重要的代表大会，她将在我党的历史上竖起一座新的里程碑。我们对大会的圆满成功表示热烈的祝贺！

江泽民同志在大会上所做的报告凝聚了全党智慧，反映了全党意志，充分体现了全国各族人民心愿。这个报告是继往开来，与时俱进，鼓舞斗志，振奋人心的报告。报告高屋建瓴，气势恢弘，内容丰富，思想深刻，历史感深厚，时代感鲜明，回答了我们党在新世纪要坚持举什么旗，走什么路，实现什么目标的问题，顺应时代潮流，符合党心民心。报告的理论性、指导性、战略性和前瞻性都非常强，对于中国未来发展具有重大和深远影响。报告是马克思主义的光辉文献，是中国共产党人进入新世纪的政治宣言，是全面建设小康社会的行动纲领，是在新的历史条件下全面推进党的建设新的伟大工程的根本指针。

“三个代表”重要思想是报告的灵魂，就像一条红线贯穿报告始终。它集中体现了我们党的基本纲领和根本宗旨，高度概括了中国共产党人的政治主张，是中国式的马克思主义。“三个代表”重要思想是我们党艰辛探索和伟大实践的必然结论，丰富和发展了马克思主义，是中国共产党人对马克思主义发展做出的历史性贡献。报告系统论述了“三个代表”重要思想，对贯彻落实“三个代表”提出了明确要求。以党的十六大为标志，“三个代表”重要思想与马列主义、毛泽东思想、邓小平理论一脉相承的指导地位更加明确，我党理论创新进入了一个新阶段、新境界、新水平。马克思主义、毛泽东思想和邓小平理论，是“三个代表”重要思想产生的理论基础，我国改革开放的社会主义现代化建设事业，是“三个代表”重要思想产生的实践基础。坚持“三个代表”，就是坚持马克思列宁主义，就是坚持毛泽东思想、邓小平理论。报告根据我党面临的新形势和新任务，提出了贯彻落实“三个代表”重要思想的要求。这些要求完全符合党的建设和现代化建设的实际，指导性和针对性都很强。我们要进一步增强贯彻“三个代表”重要思想的坚定性和自觉性，保持与时俱进的良好精神状态，把“三个代表”重要思想全面贯彻到社会主义现代化建设的各个领域之中，全面贯彻到加强党的建设和各项工作之中。

报告对我国当前和今后一个时期的重大理论问题和实践问题，都有许多精辟的论述和全面的部署。报告站在历史的、时代的、战略的高度，立足新实践、总结新经验、分析新形势、回答新问题，创造性地提出了关系到我国社会主义现代化建设的一系列新思想、新观点、新判断。报告是理论与实际紧密结合，继承与创新有机结合，解放思想、实事求是、继往开来、与时俱进高度统一的光辉典范。

报告全面总结了十五大以来5年以及改革开放特别是十三届四中全会以来13年的工作。这对全党统一认识，指引各条战线继续前进有重要意义。十三届四中会以来的13年，是我国综合国力大幅度上升、人民得到实惠最多的时期，是我国社会长期保持安定团结、政通人和的时期，是我国国际影响显著扩大、民族凝聚力极大增强的时期。

毫无疑问，这13年也是我国农业和农村发生前所未有的历史性变化的重要时期。中央高度重视“三农”问题，作出了一系列加强农业、发展农村、富裕农民的重大决策，使我国农业综合生产能力显著提高，农产品供给实现了由长期短缺到供求基本平衡、丰年有余的大跨越。尤其值得一提的是，这13年，是广大农民得到实惠最多的13年，农民收入不断增加，农村人口大幅度减少，总体上由温饱阶段进入了小康阶段。农民收入扣除物价因素年均增长4.1%。尽管农民增收的难度越来越大，去年农民收入还是扭转了增幅连续4年下滑的局面，实现了恢复性增长，增速达到4.2%；今年前三季度，农民现金收入增长5.3%，全年农民收入增幅有望达到4%左右。

我国农业和农村所取得的巨大成就，得益于中央的正确领导，得益于各级干部和广大农民群众的共同努力。正如报告中所指出的，

“我们所取得这样的胜利，靠的是党的基本理论、基本路线和基本纲领的正确指引，靠的是党的高度团结统一，靠的是全党和全国各族人民的顽强奋斗。”

报告把13年的基本经验归纳为“10个坚持”，高屋建瓴，分量很重。这充分表明，我们党进一步加深了什么是社会主义、怎样建设社会主义的认识，加深了建设什么样的党、怎样建设党的认识；充分表明了我们党对社会主义现代化建设和新时期党的建设规律的把握又前进了一大步，原则更加明确了，目标更加清晰了，经验更加成熟了。对于这“10个坚持”，农业、农村工作系统的同志应深刻理解，全面领会，准确把握，自觉地运用13年来党的基本经验指导工作实践。

十六大报告的主题非常明确，那就是：“高举邓小平理论伟大旗帜，全面贯彻‘三个代表’重要思想，继往开来，与时俱进，全面建设小康社会，加快推进社会主义现代化，为开创中国特色社会主义事业新局面而奋斗。”报告的这一主题，顺应时代潮流，符合党心民心。这既是全党和全国人民非常关心的一个问题，更是与农业、农村、农民联系最紧密的一个基本的奋斗目标。十六大进一步明确这个目标，广大农民群众最关注、最拥护、最能得到实惠。

报告提出，以本世纪头20年为期，动员全党和全国人民为全面建设小康社会的目标而奋斗；并从经济、政治、文化等方面对全面建设小康社会的目标提出了明确要求，为实现这个目标，强调发展要有新思路，改革要有新突破，开放要有新局面，各项工作要有新举措。小康社会对于中国人来讲，曾经是一个理想化的社会，多少志士仁人梦寐以求。目前从总体上看，我国已经初步实现了小康，但还是较低水平的，很不全面的、发展不平衡的小康。报告明确提出全面建设小康社会的目标，是建设中国特色社会主义伟大事业的阶段性目标，也是中国共产党人为其理想奋斗的一个重要组成部分。

我党进一步明确提出全面建设小康社会的目标，重大意义在于：这是党的基本纲领和根本宗旨的具体化，是“三个代表”重要思想的集中体现。

全面建设小康社会目标，重点在农村，难点也在农村。只有农村和农民全面实现了小康，我们的国家才是完整意义上的小康社会。

应该说，经过改革开放20多年的努力，在我国农村全面实现小康的目标已经有了坚实的基础，然而相对城市来说，农村面临的困难更多，特别是农民增收的难度很大，农村全面实现小康还有一个任重道远的历史过程。

围绕全面建设小康社会的目标，按照十六大报告的要求，最根本的是坚持以经济建设为中心，不断解放和发展农村社会生产力。农村先进生产力快速健康发展起来了，“三农”问题就会得到切实有效的解决。

各地应在党的十六大精神的指引下，围绕全面建设小康社会这个目标，加强和巩固农业的基础地位，建设现代农业，发展农村经济，增加农民收入，紧紧抓住四个关键点不放，全面繁荣农村经济。

一要大力推进农业和农村经济结构的战略性调整。目前农业部正在抓农业生产力布局的调整，选择了专用小麦、专用玉米、高油大豆、棉花、“双低”油菜、“双高”甘蔗、柑橘、苹果、肉牛肉羊、牛奶、水产品等11个品种作为优势农产品，并具体规划了35个优势产区。要争取通过优化区域布局，努力把优势农产品做大做强，充分发挥我国农业的比较优势，培育优势农产品，形成优势区域布局，稳步提高我国农业的竞争力。农业产业结构调整，要注意凭借企业化运作，要向二、三产业拓展，要向标准化、规模化演进。

二要努力提高农业产业化经营水平。特别要扶持和壮大龙头企业，增强对农民的带动能力，增强对农村经济的辐射能力。最近，农业部与有关部委正在抓紧认定第二批国家级农业产业化龙头企业，研究制定进一步加大对龙头企业扶持力度的政策措施。农业产业化经营搞好了，既可以有力地促进农村先进生产力的发展，也会逐步形成符合生产力要求的先进生产关系，给农民带来更大的利益。

三要积极促进农村富余劳动力转移。近年来，农民来自非农业的收入已经成为农民增收的主要来源之一。去年外出就业的农村劳动力1亿多人，农民人均从非农业获得的纯收入1 066元，比上年增长6.2%，对农民收入的贡献率为55%。要富裕农民，必须减少农民。要以农产品加工业和农村服务业为重点，加快发展农村二、三产业，全面繁荣农村经济。要搞好规划，突出重点，推进城镇化的进程，尤其要注重发挥小城镇增加农村就业和带动经济发展的功能。乡镇企业要加快结构调整、技术进步和体制创新，不断提高发展水平，增强吸纳农村富余劳动力的能力。对农民进城务工要公平对待，合理引导，完善管理，搞好服务，维护他们的合法权益。

四要全面落实党在农村的基本政策，深化农村改革。稳定和完善土地承包关系，是党在农村政策的基石，是保障农民权益、促进农业发展、保持农村稳定的制度基础。最近，中共中央关于做好农户承包地使用权流转工作的通知公开发表，各地要认真贯彻执行，做好土地流转的指导和管理工作，推进农村经济体制创新。广大农业、农村工作部门的干部，要认真按照中央的要求，以农民的根本利益为重，以全面繁荣农村经济为己任，带着对农民群众的深厚感情努力做好各项工作。

总之，我们要把十六大精神全面贯彻到农业和农村经济工作中去，着眼于农业增效、农民增收、农产品国际竞争力增强这“三增”任务，加快农业和农村经济发展，以农村全面实现小康保证我国全面建设小康社会目标的实现。

（2002 年 12 月）

打一场没有硝烟的人民战争

——群防群控　战胜“非典”

在全面建设小康社会序幕刚一拉开的时刻，一场突如其来的“非典”疫情在中国大地上泛滥成灾，严重地威胁着人民的身心健康和生命安全，也不可避免地使经济和社会的发展受到影响。据国家卫生部的疫情发布，到目前为止，全国除青海、西藏、海南、云南、新疆五省区没有病例报告之外，其余 26 个省、自治区、直辖市无一幸免，有近 5 000 人被感染，还有相当数量的疑似病人，有 200 多民族兄弟被“非典”夺去了宝贵的生命，其中也有发扬救死扶伤精神的白衣天使，永远地长眠在了他们眷恋的工作岗位。

面对迅速扩散的疫情，党中央、国务院采取了非常规措施，组织动员广大干部群众，万众一心，众志成城，科学防治，战胜“非典”。目前，广东、北京疫情得到有效控制，山西、内蒙古、河北、天津等省自治区、直辖市的疫情已趋于平稳，有十几个省份已经连续二十几天没有病例诊断报告。这说明，我们党和政府所采取的措施是科学有效的，经过改革开放后我们国家的经济技术基础是雄厚的，我们的各级领导、医护人员以及各有关部门的应急能力是可以信赖的。现在摆在我们面前的问题是，“非典”疫情还没能完全消除，特别是向广大农村地区扩散的趋势明显，这是我们的心腹之患。我们必须按照中央的要求，进一步提高认识，统一思想，加强领导，落实措施，切实做好农村“非典”防治工作，千方百计确保农村不发生大规模疫情，确保人民群众身体健康和生命安全，确保农村经济健康发展和社会稳定。

城乡联动是战胜非典的战略抉择。在改革开放和建立社会主义市场经济体制的大环境下，工农之间、城乡之间相互交融，有着千丝万缕的联系。城市的疫情不可能不向农村扩散，农村出现疫情，反过来又会促使城市疫情出现反复或回潮。城乡之间已形成利益共同体、信息共同体、健康共同体，防治“非典”的工作，必须城乡协调动作，不留死角，在全国范围中打一场没有硝烟的人民战争。只有这样，才能有效地控制疫情，最终彻底消灭疫情。除此别无选择。

防止疫情向农村扩散，是战胜“非典”的重中之重。根据疾病流行的一般规律，首先在大城市流行的疫情，当基本得到控制之后，往往呈现向外部向农村扩散的势头。现在的情况是，这种规律在一些地方已经成了现实的压力，这是应引起我们十分警惕的。因此，各地务必采取果断措施，严防“非典”疫情向农村扩散，最重要的是严格控制农民工返乡，堵死可能输送传染的主渠道。控制“非典”疫情在农村扩散，要借鉴城市防治“非典”的经验，也要看到农村的特殊性。与城市相比，农村的医疗卫生条件差，技术力量严重不足，特别是缺乏必要的检测设施和危重病人的抢救设备；农民的医疗卫生知识欠缺，自我防范能力不强，并有患病不求医的生活习惯；农村户与户之间来往密切，接触频繁，学校、集贸市场中人口密集；由于城里疫情的流行，一些进城务工者及亲属可能回流农村，存在着携带病毒的危险。在这样的严峻情况下，如果我们不能引起高度的重视，不采取一些坚决而果断的措施，疫情一旦扩散起来，严重的后果不可设想。对此，我们必须有十分清醒的认识，去掉麻痹思想，未雨绸缪，“水不来先叠坝”，把防疫做到前面，坚决堵住疫情向农村扩散的渠道。对于有疫情的城市来说，用工单位应负责教育农民工以对自己、对家人、对社会负责的高度责任感，安心在城里务工；用工单位要努力为农民工安心务工创造条件，安排好生产经营活动，不得随意辞退农民工。同时，认真落实中央政府的救治政策，对农民工的“非典”患者，给予就地免费治疗。对于交通运输部门来说，就是严格按照中央防治“非典”指挥部的要求，完善健康证明制度，加强对人员流动过程的目的地、中转站等重点环节的检查防疫，做好在途人员的疫情监测，对可疑者及时采取措施，对病情明显的患者就地隔离、医治；对于乡镇政府、村委会来说，应帮助外出农民工的家庭安排好生产生活，支持他们安心在外务工；对从疫区返回的农民工，要做好疫情监控，进行跟踪管理，决不允许放任自流。

加强领导，是战胜“非典”的关键。人命关天，不可小视。确保国民的身体健康和生命安全，是党和政府的第一位工作，也是社会主义优越性的具体要求。对此，胡锦涛总书记在天津市检查“非典”防治工作时强调，各级党委和政府，一定要从实践“三个代表”重要思想的高度，充分认识防治非典型肺炎工作的极端重要性，做好应对各种困难和复杂局面的充分准备，控制疫情，战胜“非典”。灾难当头，民靠政府。能否控制疫情，最终战胜疫情，关键看各级政府能否认识到位、领导到位、投入到位、措施到位；看我们的政府能否广泛地动员民众，实行群防群控，充分地调度医护力量和医疗设施，堵塞漏洞，彻底切断传染源。对于广袤的农村来说，政府的作用和领导的正确指挥，是这场战役能否胜利的决定性因素。

广大医务人员发扬救死扶伤的人道主义精神，是战胜“非典”的基础。中央领导曾多次强调，减少发病率、提高治愈率、降低病死率和医务人员感染率，是抗击“非典”的主攻目标。而要达到这个目标，需要各方面力量的齐心协力，需要各种医疗设施和手段的科学有效配置，但最根本的是人，是工作在抗击“非典”第一线上的广大医务工作者。广东和北京以及其他先后发生疫情的地区，面对来势凶猛、来路不明的病魔，战斗在防治疫病第一线上的广大医务工作者，发扬救死扶伤、无私奉献的精神，以对人民极端负责的态度和大无畏的英雄主义气概，恪尽职守，舍生忘我，全身心地投入到救治工作中，使一些轻病患者早日康复出院，也把一些重病患者从死亡线上抢了回来，邓练贤、叶欣、李晓红等医务工作者，为此献出了宝贵的生命，实践证明，新中国培养起来的这支医护队伍，思想是高尚的，业务是过硬的，队伍是可以信赖的。只要组织协调好，是能够实现“四个具体目标”，取得抗击“非典”最终胜利的。

投入财力物力，强化防治的技术基础和医疗硬件设施，是战胜“非典”的保证。要打胜仗，必须具有雄厚的物质基础和技术基础。“巧妇难为无米之炊”。抗“非典”，需要大量的消毒用品、保护隔离用品、激素和免疫制剂，必须备有诊断设备、检疫检测设备和紧急情况下的抢救设备，这就需要不惜一切代价地增加投入。中央政府和一些地方政府充分认识到了投入对战胜“非典”的基础作用，已经拨出数十亿元专项资金，重点武装抗“非典”病院。现在的问题是，一方面一定要按原计划配置到位，把投入资金真正变成防治能力；另一方面要去掉松劲情绪，千万别认为发病率下来了就没事了。事实是，由于我们对这种传染性极强的“非典”致病基因还有许多不知的地方，还没真正找到有特效的治疗方法，也不排除传染源有潜伏，疫情还可能出现反复。在这种情况下我们不可掉以轻心，投入不可减少，医疗设施硬件建设不能停顿，基础医学研究项目不可松劲。应从长计议，铸成防治“非典”以及其他疫情的坚强防线，真正让人民远离“非典”。

做好宣传工作，是战胜“非典”的无形力量。打一场没有硝烟的人民战争，主体是人民，需要组织动员全体民众团结起来与“非典”抗争，这就必须开动宣传机器，实施必要的宣传手段，让人民认识“非典”，正确对待“非典”，从我做起抗击“非典”，人人争做与“非典”斗争的胜利者。一是宣传“非典”的病理、病因和防治“非典”常识，让人们了解“非典”的来龙去脉，知道如何防身，相信“非典”是可防可治的，从而坚定远离“非典”战胜“非典”的信心，为做到“早发现、早报告、早隔离、早治疗”打下基础。二是宣传《传染病防治法》，让人们懂得我国防治传染病有法可依，违法必究，教育人们遵纪守法，从而把自身的健康置于社会群体健康之中，建立起对己负责、对家庭负责和对社会负责的责任感。三是宣传战斗在抗击“非典”第一线上的英雄模范人物，宣传救死扶伤的人道主义精神，从而激发人们热爱集体、热爱社会、热爱生活的高尚情操，凝聚整个民族的力量，为抗击“非典”提供精神支持和思想动力。四是宣传一些地方在控制传染源，防止“非典”蔓延和维护社会稳定上的一些有效措施，从而保证人们在正常的状态下安排好生产生活。五是宣传一些地方所创造的群防群控、防治“非典”及“两手抓”的经验，引导人们从“非典”的恐惧阴影中走出来，投身于生产建设事业。总之，应通过我们的宣传真正让人们认识“非典”、防范“非典”，争做战胜“非典”的强者，最终打胜这场人民战争。

保持稳定的生产生活秩序，是战胜“非典”的必要条件。战胜“非典”，有依赖于创造一个稳定的治安环境和良好的生产生活秩序。否则，就无法形成众志成城抗“非典”的合力。试想，如果社会环境不好，治安案件频发，借机敛财或偷盗猖獗，生产生活秩序混乱，广大民众没有安全感，不但无力抗“非典”，而且社会稳定的目标也得落空。国家行政机关应在非常时期担负起自己的责任，充分发挥职能作用。公安部门应加强社会治安管理，对违反传染病防治法和治安管理条例的人和事，要坚决查处，触犯刑律的，及时送司法部门依法惩办。工商、物价、卫生等有关执法部门应联手行动，整治医疗用品市场，依法查处非法贩卖、违规经营预防“非典”的医用器具和消毒、隔离用品的案件，打击哄抬物价的行为，为全民抗“非典”创造一个良好的社会秩序和生产生活环境。居民采用健康的生活方式和养成良好的生活习惯，是战胜“非典”的长远之计。我们必然要最终战胜“非典”，“非典”的疫情迟早要过去，这是历史的必然。但我们也应举一反三，通过这次“非典”的流行。在生活方式和生活习惯上找点原因，立志采取科学的生活方式，培养健康的生活习惯，提高全民族的抗病能力，让危及人们身心健康和生命安全的病毒、病菌没有藏身之地，失去致病之基。比如，在吃的方面，不可贪吃野生动物，不可共盘聚餐；在住的方面，尽量少用空调，采取自然通风，注意下水道口的消毒，不乱倒乱放垃圾；在个人卫生方面，勤洗脸手勤晒衣被，不可随地吐痰。对城市居民来说，怎么对待宠物，养不养宠物，也是一个值得研究的问题。此外，对金融业钞票的消毒，零售业购物环境的改善，餐饮业的卫生标准，交通业保持交通工具的清洁卫生等，都是应下功夫去做，并且也应持之以恒做下去的事情。

坚持“两手抓”，抓住机遇促进发展，是战胜“非典”的终极力量。这次在疫情来势凶猛、传染源不明、缺乏防治经验的情况下，能很快控制疫情，最重要的是经过改革开放和20多年的经济快速发展，我们有了比较雄厚的物质基础和技术基础。这件事再一次证明，发展是硬道理，发展是解决各种社会矛盾的可靠基石。所以，我们在近期，应坚持一手抓抗“非典”，一手抓经济建设；在长远，应坚持以经济建设为中心不动摇，按照全面建设小康社会的既定目标继续前进。根据这样的指导思想，农业战线应按中央农村工作会议的部署，优化农产品区域布局，加强对农业结构调整的宏观指导；强化动物防疫和病虫害防治工作措施，建立监测防治体系；进一步加强农产品质量安全管理，严把农产品入市关口；完善农产品加工质量管理，把住食品传染源的加工环节；继续开拓多元化的农产品出口。通过各级各部门的艰苦工作，实现农业增效、农民增收、农产品竞争力增强的奋斗目标。

我们坚信，有党的坚强领导，有全国人民的共同努力，有改革开放以来所积累的雄厚物质技术基础，有切实可行的防治措施，我们一定能够打赢这场没有硝烟的战争，中国人民一定能够战胜“非典”以及其他疫情。

（2003年6月）

研究新情况　解决新问题

全国农村改革与发展座谈会传出喜讯：种植业生产形势较好，粮食生产出现重要转机；养殖业生产逐步消除了禽流感的影响，主要产品产量稳步增加；乡镇企业结构调整步伐加快，利润与税金同步增长；农民现金收入快速增长，全年增收目标有望超额实现；税费和粮食购销体制改革稳步推进，农业农村经济发展的大环境看好……所有这些事实都在作证，党的十六大以来，以胡锦涛为总书记的党中央所采取的一系列兴农政策，正在开花结果；农业和农村经济的持续、快速、健康发展，为实施稳健的宏观调控政策打下了良好的物质和社会环境基础；在新的发展阶段，农业和农村经济仍将大有作为。

一、形势令人鼓舞

按照党中央、国务院的部署，今年乃至在近几年中，农业农村经济工作的重点是“两个增加”和“四项改革”。由于农民增收对于解决中国“三农”问题所具有的基础性作用，由于“抓主要矛盾”的工作方法使然，由于“利为民所谋”的宗旨要求，中央把农民增收作为农业和农村工作的重中之重，出台了2004年的1号文件。经过半年多的实践，现在对其使用价值的判断是：初见成效。其主要标志：一是粮食生产在较短的时间里出现重要转机。国家统计局提供的数字表明，夏粮和早稻产量扭转了连续四年下滑的局面；全年粮食作物播种面积扭转了连续五年下滑的局面。夏粮和早稻产量比去年增长4.8%，秋粮作物长势良好，如不遇到大的自然灾害，实现全年产粮4 550亿千克的奋斗目标是大有希望的。二是农民现金收入增速加快。上半年农村居民现金收入1 345元，同比增加16.1%，扣除价格因素，实现增长10.9%，同比增长8.4%，是1997年以来农民增收形势最好的时段。三是畜牧业稳步发展。由于采取了一些断然措施，使禽流感疫情很快得到遏制，预计上半年肉类总产量同比增加3.3%。四是农业经济结构进一步得到优化。优势农产品加速向优势主产区集中，优质专用粮比重进一步提高。棉花、水果、油料等经济作物都呈现增长态势。五是乡镇企业增加值和效益同步增长。上半年乡镇企业增加值同比增长13.0%，实现利润同比增长13.8%，上缴税金同比增长14.4%。与此同时，为农民提供了125万个就业岗位。

从总体上看，中央一系列兴农政策正在得到落实，实际效应越发显现，农民的生产积极性不断提高，农业与农村经济稳步发展，农村干群关系大为改善，有利于稳定的因素不断增强，一个经济发展、社会进步、民主渐成、政通人和的建设社会主义新农村的局面正在形成。

二、情况有待研究

辩证唯物主义和历史唯物主义原理告诉人们，在社会发展的任何阶段，在任何情况下，成绩与问题都会相伴而生，困难与机遇都会同时出现。对此，小平同志曾经说："问题什么时候都会有的。"人们在看到农业农村经济的乐观形势时，也要看到不断出现的新情况，研究解决新问题。

个别干部对土地承包法的认识仍有差距。土地承包法对集体土地的所有权、承包权、承包期和土地的流转等都作出法律规定，应该不折不扣地去落实，不允许有变通。现在的问题是仍有基层干部眼睛瞄着农民的土地，打土地的"主意"，收回承包地、干预土地使用权自由转让、调整承包地的情况现在还没彻底杜绝，由此引发出了一些新的矛盾。

农业基础设施特别是农田水利设施欠账太大。这些年增加的水利投资，集中用于大江大河的治理，农田水利建设基本处于停滞，原有的田间配套设施老化失修严重，以至于在一些地方播种季节农民眼看着水库存的水就是送不到田里去。有大量的防风固沙、抗旱排涝、消减盐碱、整土改田、培肥地力的工程需要统筹规划、投资建设。

农民的粮食生产积极性潜伏着波动因素。今年种粮积极性空前高涨，粮食生产形势好，这主要是中央"三补一减"政策的激励作用。类似这样的大政策，不可能年年都有；夏粮和早稻开秤后，市场并不活跃，在商家持币待购、粮农惜售的情况下，粮农的收获预期很高；粮食形势一好转，地方政府还能否像今年一样扑下身子"抓粮"……这些都将对明年和今后的粮食生产产生重大影响。

农民增收需要寻找新的增长点。上半年农民增收幅度较大，有农民努力的因素，也有政府大力支持的因素。从长远看，农村还没建立起使农民能够逐年稳定增收的有效机制，特别是对农民增收具有长效作用的农业劳动力转移还尚未有制度保障，其素质和自身能力还不可能快速提高。

退耕还林的政策需要完善。从 1998 年开始施行的退耕还林政策，对改善农业生产条件和生态环境，起到了重要作用。要把这项功在当代、利在子孙的伟大工程进行下去，要着手解决：退耕还林后，在当地林业没有形成主体产业这段年份中，农民去干什么；退耕补粮年限到期后农民到市场去买粮能不能买得起、产粮区的粮食能不能及时运得到，也就是农民吃什么。这两件事将直接影响到退耕还林的经济效果和社会效果。

税费改革需要配套措施。进行税费改革，或免除农业税，对乡村干部的职能、乡政府和村自治组织的正常运转、乡村兴办公益事业都产生了影响。这一系列的连锁反应必然触及到乡村的政治体制和民主政治建设。因此，如何配套改革和进行一些必要的调整，需要摆上议事日程。

农村发展资金不足。按照中央要求，今年国家加大了对农业的投资。但是，在农村金融市场发育不良、农村信用社改革不到位、农民没有自身积累的情况下，随着农村经济及社会的加速发展，农村信贷资金的供求矛盾越发突出。问题的症结是：国有四大商业银行在农村只是收存储蓄不放贷款，政策性银行涉农信贷资金只是用于粮食。怎么动员多渠道资金投入农业和农村经济，怎么解决现有商业银行重城轻乡，怎么防止农村资金通过储蓄渠道“农转非”，怎么建立起农村诚信制度等问题，需要下功夫研究，及早出台政策予以规范或指导。

三、原则需要牢记

现在的农业和农村经济工作与从前相比，发生了很大的变化。新情况层出不穷，新问题有待深入研究。指导农业和农村工作，应该不断地根据变化的客观情况作出选择。客观情况变了，客观规律并没变，研究对策、指导工作、解决问题的基本原则不能变。

胡锦涛、温家宝同志多次讲到要用“实事求是”的思想指导农业和农村工作。回良玉同志要求在任何时候，任何情况下各级干部的头脑要清醒，要认真解决农业和农村经济发展中的现实问题。

一是一定要坚持从客观实际出发。中国的幅员广阔，省与省之间、地与地之间情况千差万别，不要指望在很短的时间解决一切问题。要充分考虑到中国的国情和农业农村发展的基础条件，考虑到各地之间的差异，实行分而施之的灵活政策和办法。

二是一定要坚持循序渐进。中国的社会主义建设史告诉我们，急于求成，搞超越客观条件的“大办”历来不成功，欲速则不达。要注意脚踏实地，走稳每一步，才能不断登上新台阶。

三是一定要在社会主义市场经济体制范畴上来思考解决问题的办法。要遵循按市场配置资源的规律，一切经济选择，都应与发展社会主义市场经济的要求相吻合。在社会实践中，要突出农民的市场主体地位，政府别搞越俎代庖；要坚持生产要素的优化组合，兼顾公平，突出效率；要立足于国家宏观调控的约束，做到有令即行，有禁即止；要遵循国际通行的惯例，不能“另起炉灶”。

四是一定要坚持科学的发展观。科学发展观的基本内涵是全面、协调、可持续发展。用于指导农业和农村工作，就是要发展经济与改善生态环境统筹兼顾、增产增收与保持社会稳定统筹兼顾、物质文明与精神文明统筹兼顾、农民的生产与生活统筹兼顾；就是要同全面建设小康社会的任务相协调，同改革和发展的大环境相协调，同工农互相支持、城乡共同发展的要求相协调；就是要着眼于建设功在当代、利在子孙的系统工程。一切狭隘的、短视的和急功近利的做法，都是不符合科学发展观要求的，因而是要避免的。

四、政策一定落实

人们常说，发展农业和农村经济一靠政策，二靠科技、三靠投入。其实，最终的依靠是政策，因为科技和投入都是在政策的支撑下才能得以实现。解决农业和农村经济发展中所遇到的一些新问题，归根结底还是靠政策。现实的抉择应该是：用政策去调动人的积极性，用政策去保障按市场规律配置资源，用政策去对农业和农村经济的发展实施必要的调控。

用政策去推动农业和农村经济的发展，重点是在三个层次上下功夫。一是督促落实已有的政策，比如土地的家庭承包与流转政策，各级财政支持发展农业的政策，坚决制止农业生产资料乱涨价的政策等等；二是修定和完善与实际情况有出入的政策，比如：修定土地征用补偿政策，解决滥占乱用耕地的问题；完善粮食直补政策，明确补到该补的环节上；完善退耕还林政策，兼顾退耕户的生活出路和口粮问题等等。三是针对一些新情况新问题，在周密的调查研究的基础上，制定一些新的更有力度的支农兴农政策。比如：对农田水利建设投入的政策，调整粮食主产区与销区利益的政策，实行税改后加强农村基层工作的政策，等等。

制定、修改、完善政策，只是个事物的过程，事物的结果是落实，是让政策开花结果，起到应有的激励和约束作用。因此，对于政策来说，关键环节是落实，必须做到，有了政策必须执行，执行政策必须不走样，违背政策必须纠正和惩罚。

（2004年8月）

值得推荐的机制创新

全面建设小康社会，统筹城乡经济社会发展，需要我们在思想上、观念上、工作的指导上和运行机制等方面，在借鉴已有经验的同时要有所创新。创新，是经济发展和社会进步的原动力。没有创新，改革就无法深入，各种束缚生产力发展的旧体制和不适应发展要求的运行机制就无法打破，现存生产力的发挥就要打折扣。贯彻落实“十六大”精神，做农业农村工作的同志，都在探索工作机制的创新，在实践中涌现出了一些既有利于发展生产力又有利于解决现实社会矛盾的典型。本期刊登的福建厦门市创新农村工作机制的一些做法，就具有这种典型意义，值得推荐。

中国农村的发展，在完成了解决温饱问题的伟大任务之后，工作目标、工作要求和一系列客观情况都发生了很大的变化。农村经济结构的调整，农民就业岗位的创造，农民收入水平和生活质量的提高，农村经济与社会的协调发展，城市化进程的推进……这些都是现阶段的全新工作，也是前所未有的伟大事业。现实情况说明，过去已经延续多年的工作机制已经显得不适应，有的甚至成为了改革和发展的阻力。适应新形势和新任务的需要，我们各级领导及所有的“三农”工作者，必须树立与时俱进，开拓创新的思想，必须在体制和运行机制上寻求新的突破口，必须用全新的工作理念和科学的工作机制来确保全面建设小康社会伟大目标的如期实现。

走进厦门，我们就被那里的领导及广大基层干部的创新精神所感染，就会被在农业比重很小的经济特区做好“三农”工作的经验所启迪，就会被那不断推进的城市化进程所吸引。梳理我们的所见所闻，厦门的“三农”工作能够不断有所成就，六条创新之路起到了重要作用。一是经济布局思路上的创新，由过去的海岛经济扩大到海湾经济。二是强壮生产力主体的创新，由过去的单一引导农民就业拓展到重点是培训农民，强化农民就业的技术专业素质。三是调整产业结构的创新，由过去的只是不断调整种植品种转变为跳出农业抓农业，大力发展农产品的储运、加工、保鲜业，延长农业的产业链。四是城市化进展方式的创新，由过去的注重吸收农民进城就业转变为结合农村的改革和建设，通过实业的带动来就地提升农村的城市化水平。五是在化解农村社会矛盾的方式上创新，通过资产股份化来保障农民的财产权利，通过实行养老保险来解除农民的后顾之忧，通过实现医疗统筹来破解农民脱贫后又返贫的难题。六是在破解城乡分割的“二元”社会结构上创新，实行城乡居民同等待遇，对城乡的公益事业发展一并考虑，由财政投入资金解决农民教育、乡村道路、农民饮水达标等问题。厦门这六个方面的创新，或许还不够全面，有的可能还在进一步的探索中，在运作中还会出现一些新情况和新问题。但是，我们透过基本层面不难看出，这是凝聚着各级领导的智慧，也显露着广大群众的创造。

从实际情况出发，这是厦门进行工作机制创新的基本原则。厦门的领导清醒地认识到，虽然农业GDP已经下降到全市GDP总量的2.5%多一点，但农村人口却仍占全市人口的一半；城市居民与农民收入的差距仍然在2.5∶1的水平上。这就说明，做任何工作，确立任何发展战略，都要统筹城乡经济社会发展，都要有利于发展农业这个基础产业，都要有利于富裕农民，都要有利于稳定农村。不能因为农业的比重小而放弃农业，不能因为农民老实听话而愧对农民，不能因为农村发展落后而忽视农村。

坚持以人为本，这是厦门进行工作机制创新的突出特点。按照“十六大”精神，开展“三农”工作的目的是加快农村民主建设进程，提高农民的收入水平和生活质量，一切思想认识和工作决策，都要服从于这样的基本要求。农村工作机制创新，必须尊重农民的自主权，不能以所谓的整体利益或长远的利益为借口，剥夺或损害农民的当前利益。落实“多予、少取、放活”的政策，让农民在机制创新的过程中得到实惠，这才是机制创新的终极目的。

中国幅员广阔，各地情况千差万别，借鉴典型、学习经验一定要对路，要同本地的情况相吻合。推荐厦门农村工作机制创新的做法，旨在推荐这种开放的，与时俱进的机制创新思路和所进行的探索精神，至于厦门所创造的新的运行机制，只能视各地具体情况，因地制宜地引用。从实际情况出发，是指导各项工作的基本原则，到任何时候都要牢记，切不可干违背客观规律的事情，机制创新，亦然。

（2004 年 10 月）

伟大的党　伟大的农民

——纪念中国共产党成立八十周年

中国共产党诞生 80 年了。80 年风雨历程，中国共产党领导全国各族人民英勇斗争、艰苦创业、不懈革新，取得了新民主主义革命、社会主义革命和现代化建设的一个又一个伟大胜利。80 年来，中国最大的群体——农民在中国共产党的正确领导下，在革命、建设和改革过程中建立了不可磨灭、光耀千秋的丰功伟绩，中国共产党与中国农民也结下了生死与共的血肉联系。中国革命和建设的历程雄辩地证明，只有中国共产党才能忠实地代表和实现中国农民的利益，只有社会主义才能引导中国农业、农村走向现代化；中国农民始终是中国革命和建设的基本力量，是中国共产党忠实的依靠力量；只有始终重视并解决好“三农”问题，中国的建设才有坚实的群众基础和物质基础，才能在新世纪实现建设富强民主文明的社会主义国家的宏伟目标。

中国共产党的成立彻底改变了中国农民的历史命运，富于反抗、斗争和牺牲精神的中国农民在中国共产党的领导下，走上了反帝反封建的革命道路，他们成了中国新民主主义革命的中坚力量，并在中国历史上第一次真正享受到了“打破一个旧世界、建立一个新世界”的革命成果

“民主国本，本固邦宁”。农民、农业是政权和社会的基础，农民的向背决定政权的兴衰。在漫长的中国封建历史中，许多统治者都程度不同地认识到了这一基本的历史准则，为此，一些开明的统治者还在制度许可的范围内尽可能地做一些缓和阶级矛盾、笼络人心的改良。但是，由于阶级的局限性，再开明的统治者、再强盛的封建王朝都没有真正解决中国的农民问题，中国历史不停地在“阶级矛盾激化——农民起义——王朝更迭——阶级矛盾缓和——阶级矛盾激化”中循环。中国历史上曾发生过从陈胜、吴广起义到太平天国运动成百上千次的农民起义，但他们从来没有摆脱被剥削、被压迫、始终被奴役的悲惨命运。

1851 年，中国近代最伟大的农民起义——太平天国运动爆发，它不仅在南京建立了农民政权，而且制定了前所未有的农民革命纲领《天朝田亩制度》，但终因没有一个正确的思想凝聚人心，没有一个强有力的领导核心来代表广大民众的根本利益，没有确立反帝反封建的民主革命目标，最终在中外反动势力的联合镇压下失败了。

在太平天国运动爆发后整整 70 年的 1921 年，中国共产党成立了，中国农民的命运从此有了彻底转变的希望。从成立那天起，中国共产党就明确把工农大众作为自己的阶级基础，在她的旗帜上，镶嵌的是紧密联合的镰刀和锤子。以毛泽东为代表的中国共产党人，科学地分析了中国革命面临的形势和任务，分析了中国农村、农村状况，他们看到了中国农民的革命要求，看到了农民身上巨大的革命力量，确立了相信和依靠广大农民群众、为农民大众谋福利的新民主主义革命路线，从而开辟了一条建立农村革命根据地，农村包围城市，武装夺取政权的有中国特色的新民主主义革命道路。

毛泽东曾经说过：“中国的革命实际上是农民革命。”在中国共产党卓有成效的号召、发动、组织下，中国农民的革命热情空前高涨，

他们义无反顾地走上了反帝反封建的革命道路，他们不仅成为革命军队的主要来源，还在物质和道义上给中国革命以全方位的支持，使革命有了不竭的力量源泉，从而解放了全中国，建立了人类最进步的社会主义制度和民主政权。

新中国的成立，社会主义改造的完成，标志着中国农民在中国共产党的领导下，走上了一条奋发图强的崭新道路。勤劳朴实、任劳任怨的中国农民在新政权下焕发出前所未有的政治和劳动热情，他们为巩固新生的人民政权，为共和国建立比较完备的工业体系和国民经济体系，做出了无私的牺牲和不可磨灭的贡献

“中国人民从此站立起来了!”1949 年 10 月 1 日，毛泽东在天安门城楼上庄严宣告了一个新时代的到来。农民翻身做了国家的主人，“耕者有其田”从口号变成了现实。新中国成立前，占农村人口 90%左右的贫农、雇农和中农只占有耕地的 20%～30%，不到农村人口10%的地主却占有耕地的 70%～80%。到 1952 年冬，全国绝大多数地区完成土地改革时止，3 亿多无地少地农民分得了 4 600 万公顷(约 7 亿亩)土地和大批耕畜、农具等生产资料，在中国延续 2 000 多年农民受剥削的封建土地制度被彻底摧毁。农民从心底里感谢共产党，拥护共产党，热爱共产党。他们把高涨的政治热情化作冲天的劳动干劲，迅速恢复生产，使新生的人民政权在战争留下的废墟上迅速站稳了脚跟，并一步步走向巩固和强大。通过“一化三改”，在党的带领下，中国农民从互助组、初级社、高级社，一步步走向社会主义。在新社会，农民的社会地位、生活方式、思想观念发生了极其深刻的变革。从此，延续了几千年的中国乡村发展道路彻底改变了方向。

农民的辛勤劳作，对国家大政方针的支持与拥护，对国家建设的无私奉献，使年轻的共和国不仅经受住了国内外各种严峻的考验，而且在“一穷二白”的基础上打下了工业化的基础，逐步建立起了比较完备的经济体系。有资料显示，从新中国成立到改革开放前，农民以农业税和工农产品价格“剪刀差”形式向国家做出的贡献超过 6 000 亿元。

但是，历史没有笔直地前进。在探索社会主义建设的过程中，中国共产党在如何对待农民问题上、在社会主义建设的指导上，也曾有

过一些重大失误。值得欣慰的是，中国共产党毕竟是以马克思主义的历史唯物主义和辩证唯物主义理论为基石的党，在困难和挫折面前，能够自省，勇于修正错误，自觉恢复实事求是的思想路线，从客观实际出发，走上了建设有中国特色的社会主义道路。

20世纪最后20年，中国农民再一次走到中国历史发展的前台，他们的创造力惊人地爆发出来，中国共产党因势利导，从农民的伟大创造中总结规律，带领中国人民走进了改革开放新时代

中国农民是最讲实际，也是坚忍不拔的社会群体，他们从来没有停止过对不合理经济体制的冲击和对发展新途径的探索。20世纪70年代末，安徽凤阳小岗村农民的大胆实践与中国共产党的十一届三中全会形成了完美的历史呼应。从实行“大包干”等各种形式的联产承包责任制开始，中国农民的创造性一发而不可收，乡镇企业、村民自治、农业产业化经营、小城镇建设，一项项伟大的实践与创造无不令世人惊叹。这些伟大实践，使中国农民创造了用不到世界7%的耕地养活占世界22%的人口的世界奇迹；创立了乡镇企业异军突起从而开辟出一条世界上独一无二的乡村工业化道路的骄人业绩；找到了一条新形势下逐步扩大基层民主的有效途径，农村的面貌发生了翻天覆地的变化。如今，我们粮食、棉花、肉类、水产品产量已居世界第一位，农产品已达到供求平衡、丰年有余的新阶段。1999年，我国农民人均收入达到2 210元、生活费指出1 577元，分别是1949年44元的50倍、40元的39倍（按现价计算），50年间，农民消费恩格尔系数降低了近20个百分点。

在20多年的中国改革开放实践中，中国农民始终引领潮流，他们用自己的行动塑造了全新的群体形象，他们如今已成为当代中国充满活力、富于创造力的社会群体。农民的创造，为党探索有中国特色社会主义道路提供了生动的素材和鲜活的经验，党对农民的实践给予了及时的支持、引导、总结、提高、推广。邓小平曾说：“农村搞家庭联产承包，这个发明权是农民的。农村改革中的好多东西，都是基层创造出来，我们把它拿来作全国的指导”。从1982年开始，中共中央连续六年发出了五个一号文件和一个五号文件，对农村改革与发展给予及时的引导和强有力的改革支持。在这段时间，农民的实践、创造与党的领导、提高形成了良性互动，共同把中国农村改革与发展推

向一个又一个高潮。

农民的伟大实践，不仅使自己走上了尽快脱贫致富的道路，而且也给其他行业提供了改革的思路和方法，同时对旧的经济体制形成了全面、持续的压力，推动着经济体制改革向纵深发展。在很长一段时间，农民实际上成了中国市场化经济改革的开路先锋。他们的实践引发了中国全面改革的滚滚洪流，揭开了中华民族历史上最辉煌灿烂的一幕。

80年的革命和建设实践，中国共产党日益走向成熟，中国农民也历经磨炼，农业登上新台阶，农村发生了翻天覆地的变化。新的世纪，我们面临全新的挑战，汲取历史经验，坚持正确路线，加强和改善党的领导，中国农民将走向更加灿烂的明天

21世纪是中华民族勇往直前、实现伟大复兴的世纪，中国共产党清醒地意识到了自己所肩负的历史重任。80年的革命与建设，使我们党和国家无论在物质方面还是在精神方面，都积累了解决农民问题的条件。继往开来，迎接挑战，汲取经验，开拓创新，中国“三农”事业将开创崭新的局面。

回首从党成立以来所走过的历程，总结党在处理农业、农村、农民问题上的经验，在新世纪上半叶实现邓小平所设计的赶上或超过中等发达国家水平的宏伟目标，特别要坚持做到：

——必须始终高度重视农民问题。80年历史反复证明，农业、农民和农村工作，始终是一个关系我们党和国家全局的根本问题，过去、现在、将来都是中国经济和社会发展中头等重要的大事。历史正反两方面经验告诉我们，党必须高度重视和正确处理占全国人口大多数的农民问题，要把农民的积极性引导好、保护好、发挥好。进行改革开放和社会主义现代化建设，需要农民群众的广泛参与和支持，需要在新的形势下不断巩固和发展工农联盟。否则农村的稳步发展和农村的繁荣，都是不可能的。不断变化的国际国内形势要求我们，必须以更大的精力、更大的投入，更有力的措施切实把农业放在经济工作的首位，把中国农业、农民、农村的事情办好。

——尊重农民意愿，维护农民利益，坚持经过实践检验符合中国实际的农村政策。农民是我国社会构成的主体，是我国各项事业发展的依靠力量，“三农”问题的解决归根到底取决于农民的积极性，而

农民积极性的高低又取决于农民的利益是否得到维护，党的农村政策是否正确。党的十一届三中全会以来，党和政府采取许多措施来保证农民的物质利益和民主权：家庭承包、搞活农产品流通、鼓励多种经营、发展乡镇企业、推动小城镇建设、减轻农民负担、扩大基层民主……所有这些政策措施都符合中国农村的实际情况，因此深受农民欢迎，应长期坚持不变。

——坚持加强和改革党对农业和农村工作的领导。迎接挑战，解决好新时期农民问题，为农民谋取更大利益，实现农业现代化，关键在于加强和改善党的领导，这是几十年的基本经验。在新时期，要加强以党支部为核心的农村基层组织建设，提高干部队伍的素质，改进干部作风，密切党群干群关系。

江泽民提出，中国共产党要始终代表中国先进生产力的发展要求，代表中国先进文化的前进方向，代表最广大人民群众的根本利益；在进入新世纪的第一年，中国共产党迎来80华诞的时候，一场以“干部受教育，农民得实惠”为特色的农村“三个代表”重要思想学习教育活动正在全国展开，中央要求学习教育活动要着眼于提高广大农村基层干部的素质，着眼于解决当前农村存在的突出问题，着眼于维护和发展广大农民的利益，这正是对80年来中国共产党带领中国农民不懈奋斗的经验的继承和发扬光大。

我们完全有理由相信，按照党制定的目标奋斗下去，中国共产党将建立更加伟大的功勋，中国农民将迎来更加幸福的明天。

（2001年6月22日）

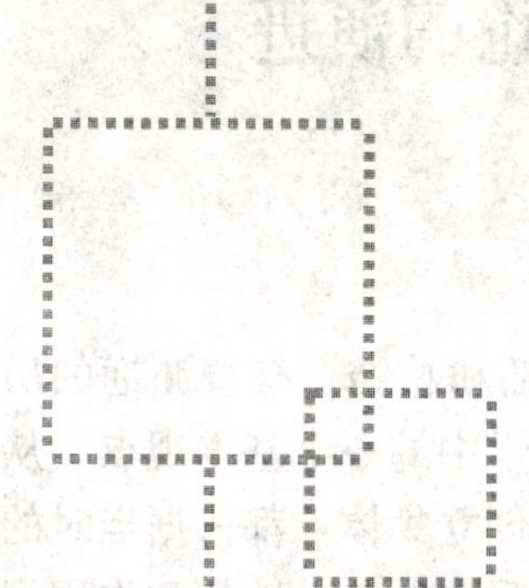

[理论升华篇]

当代中国农政系论（第二卷）

马克思主义农业基础论的演进

“农业是国民经济基础”这一科学的概括和总结，有着渊远的历史延革和演进过程，是马克思主义政治经济学中的一个基本观点。从马克思主义的经典作家到当代毛泽东思想的创立集体，都依据当时的经济以及社会情况，就农业在经济和社会发展中的基础地位和作用问题，作过精辟的论述和补充，使农业基础论在社会实践中不断得到丰富和发展。

一、马克思恩格斯从理论上论证了农业是一切社会的基础

应该承认，农业是基础的理论，最早萌于重农学派的价值论学说中。重农学派认为，在社会的诸产业中，农业是惟一的创造财富的部门，只有农业才能使财富的数量增加，只有农业才生产真正的价值。尔后，马克思运用辩证的唯物的观点，把农业放到整个经济运行和社会发展的全局中来研究其地位，从各个产业部门之间的相互联系中来考察，分析其作用，使重农学派还比较朦胧的论点变成了科学理论，马克思最早的比较完整的“基础论”，见于1894年由恩格斯整理德文版《资本论》第三卷。马克思说：“超愈于劳动者个人需要的农业劳动生产率，是一切社会的基础。”马克思的这个论断创生于19世纪70年代，当时资本主义经济制度产生和发展已有二三百年的历史，农业耕作已由四区轮作替代了三圃制，比较先进的铁木农具被广泛利用，粮食的平均亩产已达100千克，各产业分工已经界定清晰，资本主义的自由竞争开始向垄断过渡，人类社会的一些经济运行规律明显显露。在这样的历史条件下，马克思大量地占有了资本主义经济发展的材料，批判地借鉴了前人的研究成果，才给农业在人类社会以及经济发展中的地位及作用下了这样的一个定义。这说明这个论断是社会实践的科学的产物。恩格斯针对瓦·博尔吉乌斯提出的问题说：“我

们视为社会历史的决定性基础的经济关系，是指一定社会的人们用以生产生活资料和彼此交换产品（在有分工的条件下）的方式说的。”按照马克思恩格斯的推论，农业既然是一切社会的基础，当然是社会主义社会及其发展经济的基础。围绕上述这条“主线”再作一些深层研究，我们会看到，马克思恩格斯还认为：

1. 农业是人类生存和劳动力再生产的基础。在马克思看来，农业生产是人类生存的唯一营养源。农民的生产劳动过程，就是强化或控制生物生命的过程，用以生产含有碳水化合物、蛋白质、脂肪等要素的各种食物，而食物的生产是人类的第一性生产和生产的首要目的。因此，马克思说：“食物的生产是直接生产者生存和一切生产的首要条件”，“一切劳动首先而且最初是以占有和生产食物为目的的”。恩格斯则用能量积蓄的选题来论证农产品维持人类生存的。他在1882年12月22日致马克思的信中说：“通过劳动积蓄能量，实际上只有在农业中才行……因此，一切工业劳动者都要靠农业、畜牧业，狩猎业和渔业的产品维持生活这一早已尽人皆知的事实，如果愿意的话，也可以用物理学语言来表达，但这未必有多大的益处。”从马克思恩格斯的论述推导出：没有农业，就没有劳动力的再生产，人类社会就无法生存。

2. 农业的进步与发展是社会分工的基础。马克思说：“社会上一部分人用在农业上的全部劳动——必要劳动和剩余劳动——必须是以为整个社会，从而也为非农业工人生产必要的食物，也就是使从事农业的人和从事工业的人有实行这种巨大分工的可能，并且也使生产食物的农民和生产原料的农民有实行分工的可能。”在这里，马克思把能否为非农业工人提供必要食物的农业劳动生产率，作为能否实行社会分工的基本条件提出来了。表达的中心是：农民的剩余劳动，是产业分工的基础。而获得或累积剩余劳动的前提，是发展农业，即提高农业劳动生产率。在原始社会一个相当长的时期里，农业是唯一的产业。因为当时农业生产力极其低下，不存在剩余劳动，每个有劳动能力的人只有都参加农业生产才能得以生存。后来，农业有了剩余劳动，才从农业生产中分离出一部分劳动者，来从事非农生产活动。随着农业生产力的不断提高，派生出了独立于农业之外的工业、商业、文化教育等部门。由此可见，马克思的论述同现代人们公认的“农业是母产业”的概括相重合。

3. 农业劳动是一切剩余劳动的基础。马克思恩格斯认为，农业劳动不但是整个社会的必要劳动，而且是整个社会的基本劳动。人类的一切生产活动，都起源于农业。依靠农业劳动来启动其他方面的劳动，构接了整个社会生产活动的循环。马克思说：“农业劳动的这种自然生产率，是一切剩余劳动的基础。”他又说：“没有棉花，就没有现代化工业。”从这个意义上说，创造棉花这种物质财富的劳动是初级劳动，而从事棉纺的劳动，则是次级劳动。初级劳动是次级劳动的基础；次级劳动是初级劳动的延伸。

4. 农业劳动生产率是一切资本发展的基础，这是马克思运用剩余价值的原理，来分析农业劳动生产率与资本关系的。马克思说：“一切剩余价值的生产，从而一切资本的发展按自然基础来说，实际上都是建立在农业劳动生产率的基础上的。”马克思又说：“农业的一定发展阶段，不管是本国的还是外国的，是资本发展的基础。”这就是说，农业剩余价值的不断增加，是社会扩大再生产的基础条件；农业，是原始资本的源泉。新中国成立以来，我国利用农业税、工农产品价格剪刀差两种形式，为启动国家工业化聚集了 7 000 亿元的资本，从而大大加快了国家工业化的进程的事实，是我们理解马克思这段论述的一个很好的佐证。

5. 一定的农业劳动生产率是社会精神生产的基础。马克思认为，农业劳动生产率的提高，不仅使从事农业的劳动者人数相对减少，而且也使直接从事物质资料生产的劳动时间减少，为人们从事科学和文化艺术活动余留了时空机遇，从而使人们更有条件来发展社会精神生产。马克思在类比归纳这一论点时指出，“社会为生产小麦、牲畜等等所需要的时间越少，它所赢得的从事其他生产、物质的或精神的生产时间就越多。”据此导出，社会精神生产的发展，在很大程度上有赖于农业劳动生产率的提高。

二、列宁在社会实践中延伸和丰富了“基础论”

列宁是世界上共产主义初级阶段社会的第一组织者。他既领导了社会主义革命运动，又领导了社会主义改造和社会主义建设，如果说马克思恩格斯的“基础论”是在实地考察资本主义社会运行规律中抽象出来的话，那么，列宁的农业基础思想则是在社会主义实践中逐步形成的，它的特点更具有社会实践性。列宁认为，土地是进行农业生产的基础要素，农民则是农业的主体。农业的基础地位依附于土地、农民，才得以显示。所以，列宁主要从土地、农民和商品交换等方面，引申和丰富了马克思恩格斯的农业基础论。列宁的主要观点是：

1. 土地的占有是社会生产关系构成的基础。在“十月革命”前夕，列宁运用马克思恩格斯的地租理论，比较详细地研究了俄国社会的土地问题。期间的代表作有1903年写的《给农村贫民》和1907年写的《社会民主党在1905—1907年俄国第一次革命中的土地纲领》。列宁在论证土地的占有与社会生产关系构成的关系时指出：“从前主要的势力是——在农奴制度时人就是这样的：谁有土地，谁就有权有势。”还说：“中农为了能够放牧，为了去租割地，为了归还冬天借的钱，他就不得不受地主的盘剥。”列宁从分析土地的占有形式入手，阐明了当时社会的生产关系，即由土地占有所引起的剥削关系。在《土地纲领》一文中列宁指出：大量的土地被地主所占有，这就是农奴主——地主在俄国农业制度中，自然也就是在整个俄国国家中和俄国全部生活中占统治地位的基本条件。列宁还说：“俄国有辽阔的待垦土地，但由于俄国内地的农民群众遭受农奴制的压迫，由于在土地政策方面采取了农奴主官僚的态度，这些土地很难得到利用，但是这种土地可能为深入而广泛地大规模发展农业和提高生产造成一种经济基础。”这些论述阐明了一个观点，就是农民受剥削受奴役，主要在于不占有土地。此外，列宁还提出了消灭旧的土地占有形式，建立自己的（无产阶级的）经济基础的一些具体设想。

2. 解决好农民问题是巩固政权的基础。列宁依据马克思恩格斯的农业是经济及社会发展的基础的理论类推出，农民是农业以致整个农村的基础。又由于农民在人口总构成中占的较大比重，进而构成整个社会基础。列宁曾把农民看成是社会主义革命胜利的基本保障。他说：“只有在无产阶级和贫苦农民能够表现充分的自觉性、思想性、坚定性和忘我精神的情形下，社会主义革命的胜利才有保障。”列宁在《土地问题提纲初稿》一文中指出：“如果不中立农民，如果没有全体小农或至少极大部分小农的支持，无产阶级政权是不能巩固的。”列宁在分析了过渡时期俄国经济结构后指出，在小农经济占优势的国家里，无产阶级夺取政权后，如何对农业进行社会主义改造，这是极为重要的任务。

在社会主义建设初始时期，列宁非常注意处理好国家与农业企业、国家与农民的关系。他在《在农业公社和农业劳动组合第一次代表大会上的演说》中指出："国家帮助公社仍然是必要的，如果国家不帮助各种农业企业，那我们就不是共产主义者，就是不拥护建立社会主义经济。"在谈到掌握了国家政权的工人阶级如何吸引农民，组织农民时，列宁说："掌握国家政权的工人阶级，只有在事实上向农民表明了公共的、集体的、协作的、劳动组合的耕作制的优越性，只有用协作的、劳动组合的经济帮助了农民，才能真正向农民证明自己正确，才能真正可靠地把千百万农民群众吸引到自己方面来。"列宁在这里除了表述做好农民工作对巩固政权极为有利的思想外，还表述了工人要帮助农民，工业要支援农业的思想。

3. 农产品是商品交换的基础。在列宁看来，社会产品的分配，商品的交换，都是在农产品的基础上才得以实现的。在论证这一观点时，列宁说："在小农国家内实现本阶级专政的无产阶级，其正确政策是要用农民所必需的工业品去换取粮食。只有这样的粮食政策才能巩固社会主义的基础，才能使社会主义取得完全的胜利。"列宁还说："用大规模的（社会主义化的）工业产品来交换农民的产品，这就是社会主义经济实质，社会主义的基础。"列宁还把农民的积极性如何，看成是社会商品交换能否顺利实现的一个重要条件。列宁认为，当时俄国还是经济发展十分落后的国家，多种经济成分并存，农民还在全国居民中占多数。消灭商品生产和商品交换，把城乡之间工农业产品交换全部由国家垄断，由国家供销机构来经营，这首先表现为广大农民缺乏生产积极性。

列宁曾对农业是基础产业的问题，作过比较贴切的论述。他说："党和苏维埃机关的所有工作人员，必须全力以赴、全神贯注地培养和唤起各地方在经济建设事业中的较大主动性——省里的要大；县里的更大；乡和村里的还要大；其目的就要迅速地即使用'小'资金和在小范围来振兴农民经济，靠发展附近的小工业来帮助农民经济。全国统一的经济计划要求把这件事作为注意和关怀的中心，作为'突击'工作的中心。在这里即在最接近极广泛极深厚的'基础'的地方所取得的某种改善，能使我们在最短的时间内更积极、更顺利地把大工业恢复起来。”列宁所指对“极广泛极深厚的‘基础’就是特指农业这个经济与社会发展的基础”，“某种改善”，是指振兴农民经济，即社会主义农村经济。列宁反复强调在一个小农业占优势的国家里，建设社会主义中基本的、有决定意义的、压倒一切的任务就在于要同农民经济结合起来。列宁还把农产品的生产特别是发展粮食生产，看成是国家转入经济建设时的首要政治。他说：“现在我们主要政治应该是：从事国家经济建设，收获更多的粮食，供应更好的煤炭，解决更恰当地利用这些粮食和煤炭问题，消除饥荒，这就是我们的政治。”列宁的这些思想，都体现在新经济政策中，深得农民的拥护。至此农业生产得到了恢复和发展，工业也开始活跃起来，整个国民经济出现了新的转机。

列宁逝世后，作为原苏联党和国家主要领导人的斯大林，也在农业基础论方面有所建树。斯大林的主要观点是：农业是工业发展的基础。1927 年，斯大林在联共第十三次代表大会上提出了实现农业集体化和用新的技术改造农业的计划。斯大林认为，要达到社会主义的生产目的，不断改善人民的生活和福利待遇，就必须建立巨大的、具有高度生产效能的社会主义农业，以保证工业获得原料、居民获得粮食。因此，原苏联一面在提高和从技术改造上保证重工业的发展，一面对农业和食品工业大量投资，大力发展农产品，提高劳动人民的生活水平。

三、毛泽东对“基础论”作出时代的命题并推出产业次序、发展农业等理论

毛泽东在长期的民主革命、社会主义革命和社会主义建设中，注意把马克思的基本原理同中国的具体实践相结合，从而充实和发展了马克思主义的农业“基础论”。

1. 确立了“以农业为基础”的发展国民经济的总方针。虽然在马克思恩格斯和列宁的著作中，都可窥见“农业是经济和一切社会发展的基础”的思想，但确切地说，提出“农业是国民经济基础”这一论断的是毛泽东。早在 1934 年 1 月，毛泽东在江西瑞金召开的第二次全国工农代表大会上的报告中指出：“农业生产是我们经济建设工作的第一位，它不但需要解决最重要的粮食问题，而且需要解决衣

服、砂糖、纸张等项日常用品的原料即棉、麻、蔗、竹等的供给问题。”这里，毛泽东选择农产品的需要角度，论证了“农业生产是我们经济建设的第一位”。第一位的工作，自然包有“基础”的涵义。1943年，毛泽东指出，大规模的生产运动，“包括公私农业、工业、手工业、运输业、畜牧业和商业，而以农业为主体。”抗日战争胜利前夕的1945年1月，毛泽东在给延安《解放日报》写的社论中，又进一步肯定了“农业为主的方针”。毛泽东所说的“主体”，在某种程度上与“基础”具有同义的性质，可看作是“基础”的代词。以后毛泽东在社会主义建设时期，又进一步发展了农业“基础论”。1957年毛泽东说：“在一定意义上说，农业就是工业。要说服工业部门面向农村，支援农业。”50年代末期，由于经济工作指导上的急于求成和盲目冒进，我国农业生产一落至低谷，农产品年产量大幅度减产，市场凋敝，民生品供应情况恶化，使整个国民经济陷入困境中。毛泽东在三年调整中回顾和反思，在1962年9月党的八届十中全会上，他提出了“以农业为基础，以工业为主导”的发展国民经济的总方针。这就是“农业是国民经济基础”的本源。

2. 创立了农业先行的产业次序理论。毛泽东根据马克思在社会再生产中，第一部类的扩大再生产，必须有第二部类生产的相应扩大作为保证的原理和两部类发展的平衡公式，推导出：国民经济要发展，首先要把农业搞上去。只有农业的超前发展，才能建立起独立的，比较完整的工业体系和国民经济体系，早在新中国成立前，毛泽东就说：“农业生产是我们经济建设工作的第一位。”在毛泽东看来，农业是个既生产生产资料，又生产生活资料的特殊部门，它在国民经济的平衡中，起着举足轻重的作用。在工业基础薄弱，国民经济还很落后的社会主义初级阶段，生产所需的物质资料和原始积累，有相当一部分要指望农业直接或间接地提供。因此，在农业的社会主义改造期间，毛泽东指出，社会主义工业化不能离开合作化而孤立地去进行，必须使农业由使用畜力农具小规模经营跃进到使用机器的大规模经营，才能解决商品粮食和工业原料问题、工业商品市场问题，建设资金等等。1956年4月，在生产资料所有制的社会主义改造取得决定性胜利的时刻，毛泽东认真总结了苏联等一些东欧社会主义国家和我国社会主义建设的经验，撰写了《论十大关系》这篇光辉著作。毛泽东在文中指出，在工业和农业、重工业和轻工业关系问题上，用多发展一些农业和轻工业的办法来发展重工业，比少发展一些农业和轻工业的办法来发展重工业，会使重工业发展得多些快些。并指出，这种把重工业的发展建立在优先发展农业和轻工业，建立在满足人们生活需要的基础上的办法，可以使重工业的发展基础更加稳固。1958年冬到1959年夏，毛泽东针对大跃进和人民公社运动中的一些错误指出，主要教训就是没有搞好各产业间的综合平衡，提出了经济工作要正确处理比例关系，阐明在计划安排上要以农业、轻工业、重工业为序。基于这种思想，1964年12月，毛泽东向党中央提议，要全面实现农业、工业、国防和科学技术现代化。其中，农业居四化之首，这就不难看出毛泽东的重农思想。

3. 进行了一些优先发展农业的具体实践。毛泽东不但在理论上丰富和发展了马克思主义农业“基础论”，而且注意运用“基础论”来指导中国建设具体实践，提出了一些很有价值、很有效果的应用措施。早在抗日战争时，毛泽东就指出：“我们的经济建设的中心是发展农业生产”，“发展对外贸易和发展合作”。他还说：“关于农业生产的必要条件方面的困难问题，如劳动力问题，耕牛问题，肥料问题，种子问题，水利问题等，我们必须用力领导农民求得解决。”在抗日战争的攻坚阶段，毛泽东针对粮食紧缺，生活资料供不应求的问题，提出“发展经济、保障供给”，号召解放区开展大生产运动。毛泽东指出，党必须努力领导人民发展农业生产和其他生产事业，解放区的机关、学校、部队要尽可能地实现生产自给，以便克服财政和经济困难。就当时的情况说，毛泽东所说的“发展经济”，重要的是发展农业经济；“保障供给”也主要指粮食、棉花等一些生活必需品的供给。新中国成立前夕的1948年4月，毛泽东在晋绥干部会议上的讲话中说：“依靠贫农，团结中农，有步骤、有分别地消灭封建剥削制度，发展农业生产，这就是中国共产党在新民主主义的革命时期，在土地改革工作中的总路线和总政策。”新中国成立后，毛泽东更加重视农业，重视粮食生产。他在1957年1月27日的省、直辖市、自治区党委书记会议上说：“全党一定要重视农业，农业关系国计民生极大。要注意，不抓粮食很危险。不抓粮食总有一天要天下大乱。”1953年10月，毛泽东在同中共中央农村工作部负责同志谈话中说：“不能多打粮食，是没有出路的，于国于民都不利。”在党的八届二中会议上，毛泽东提醒各省、直辖市、自治区党委书记：“粮食、猪肉、鸡蛋、蔬菜等问题，请同志们注意，这个问题相当大。”在毛泽东的主持下，中共中央于1957年末，下发了“农村发展纲要四十条”。

毛泽东要千方百计把农业搞上去的思想，虽然在实践过程中出现了这样那样的偏差，但基本理论观点是正确的，是马克思主义农业“基础论”的重要组成部分。

四、邓小平陈云赋予“基础论”以国情特色和实践新意

作为中国共产党第二代领导核心的邓小平陈云同志，在社会主义建设实践中，继承和发展了马克思主义的政治经济学，对农业“基础论”赋予了国情特色和实践新意。

邓小平同志指出，农业是国民经济的基础，是由中国的国情决定的。在小平同志看来，我国的国情，至少有两个重要点必须注意到的，一个是底子薄，第二条是人口多，耕地少。在这样的基础上来建设社会主义，必须首先把农业搞上去。小平同志指出：“过去搞民主革命，要适合中国情况，走毛泽东同志开辟的农村包围城市的道路。现在搞建设，也要适合中国情况，走出一条中国式的现代化道路。”早在1962年，小平同志就说：“农业本身问题，现在看来，主要还得从生产关系上解决。这就是要调动农民的积极性。”1975年小平同志主持中央和国务院的日常工作时，也极为关心和重视农业。他在1975年8月18日的国务院会议上所作的《关于发展工业的几点意见》的讲话中，第一个问题讲的就是“确立以农业为基础，为农业服务的思想”。他说：“工业支援农业，促进农业现代化，是工业的重大任务。工业区、工业城市要带动附近农村，帮助农村发展小型工业，搞好农业生产，并且把这一点纳入自己的计划。”就农业的问题，小平同志曾给四川省的同志专门写过信，嘱咐他们“工业越发展，越要把农业放在第一位”。1983年，小平同志在同国家计委、经委和农业部的负责同志谈话时说：“农业要有全面规划。农业翻番首先要增产粮食，当然不能只靠粮食，只靠粮食达不到。2000年总要做到粮食基本过关，这是一项重要的战略部署。”率先兴起的农村改革，使农村经济得到了长足发展。在这样的情况下，农业在国民经济中还占什

么位置？对此，小平同志 1986 年在听取中央领导同志的汇报后说："我们搞宏观经济，应该把农业放到一个恰当的位置上，总的目标始终不要离开本世纪末达到 4 800 亿千克的盘子。要避免过几年又出现大量进口粮食的局面，如果那样，将会影响我们经济发展的速度。"在长期的经济建设实践中，小平同志不主张"以粮不纲"，但却谆谆告诫全党，无论在任何情况下都不能放松农业，特别是不能放松粮食生产。

小平同志提出："农业最终可能要靠科学解决问题。"1975 年，小平同志说，"我们现在的生产技术水平是什么状况？几亿人搞饭吃，粮食问题还没有真正过关。"小平同志认为，"粮食问题还没有真正过关"的主要原因是农村生产力低下，生产技术和生产手段落后。因此，小平同志后来说："农业的发展一靠政策，二靠科学。科学技术的发展和作用是无穷的。一个种子，一个肥料，还有多种经营，潜力是很大的。种子搞好了，在同等条件下，有显著的增产效果。"他还说："增加肥料对于增产粮食是靠得住的。肥料的质量要好，要把大力发展复合肥料作为方针定下来"，"提高农作物单产，发展多种经营，改革耕作栽培方法，解决农村能源、保护生态环境等等，都要靠科学。要切实组织农业科学重点项目的攻关"。小平同志在有关农业的论述中，始终贯穿着一条基本的、重要的主张，那就是：靠科技兴农，要先兴科技。这就为中国的农业现代化选准了突破口。

陈云同志提出："农业问题是民生问题"，"是一项关系全国人民切身利益的重要工作"。陈云同志曾多次告诫全党，在中国，首要问题是吃饭问题，然后才是建设。并指出："国民经济的基础是农业，农业好转了，工业和其他方面才会好转。"他还说："无农不稳，无粮则乱"，"粮食是稳定市场、保证建设的重要物资，现在没有任何物资比粮食更重要的了。我们讲市场是否稳定，主要是指粮食局势和价格是否稳定，粮食的局势和价格如果不稳定，整个市场物价就不可能稳定，国家建设就无法进行"。基于这样的分析，陈云同志得出结论："粮食工作极为重要，它决不仅仅是一项单纯的经济工作，而且也是一项重大的政治工作。"

陈云同志提出："解决（农业）这个问题，应该成为重要国策。"陈云同志在党中央或国务院的各种会议上反复强调："今后全党还必须把粮食工作放在重要的位置上"，"加强领导，切实解决问题"。

1962年，陈云同志在国务院各部、委党组成员会议上讲话中说："增加农业生产，保证市场供应，制止通货膨胀，在目前是第一位的问题。"要"把一切可能的力量用于农业增产"。在处理农业同其他产业的关系上，陈云同志的一贯主张是保重点、顾大局。即保农业这个关系到各行各业兴衰的重点，顾十亿人口吃饭这个大局。他曾在中央财经小组会上指出："为了农业、市场，其他方面牺牲一点，是完全必要的。今年的计划，特别是材料的分配，要先把农业、市场这一头定下来，然后再看有多少材料搞工业。"陈云同志多次提出，工业不能挤农业，城市不能挤农村而要让农业，让农村。在谈到恢复农业生产的现实意义时陈云同志说："农业生产恢复的快慢，也直接关系到工业生产恢复的快慢。中央所有部委的负责同志，都来研究一下农业问题，是很有必要的。农业问题是全国的大事，对各部委的工作都有关系。不仅农、林、水各部要研究，工交各部要研究，财贸各部要研究，而且文教、政法、外事各部也要研究。"陈云同志在1957年写出《建设规模要与国力相适应》，论证了农业与财政、农业与基本建设的关系。他说："我国农业对经济建设有很大的约束力。我国农业经济比重很大，农业生产和财政收入有很大关系。据国家经委估计，在国家财政收入中，与农业有关的收入，大约占百分之四十五。"

"一九五四年和一九五六年农业歉收，都使第二年的工业生产、财政收入和基建投资下降，就充分证明了（农业对经济建设规模的约束力很大）这一点"。当时陈云同志依据毛泽东的《论十大关系》，在主持财政投资"砍块"中，提出了用于农业和轻工业的投资比重要增加，为农业和轻工业生产服务的重工业的投资也要增加。陈云认为，这样，工业建设的速度一时看来似乎是慢了，但实际上不会慢，可以加快。为了加强农业，应尽可能多地增加对农业的投入。陈云同志强调"地方要切实掌握资金的投放方向"。陈云同志主张："地方资金投向的主要方向，也就是地方的大部分钱，应该投向与发展农业生产有关的方面。例如化肥工业、兴修水利、可垦荒地的开垦等。"陈云同志一直重视发展农用工业。他说："为了发展农业生产，增加粮食产量，必须尽可能加快氮肥工业的发展。"1961年，陈云同志在谈到搞好外贸工作时，也把抓好粮食列为工作重点。他说："当前只有首先抓好粮食，整个局势才能稳定，同农民的关系才能缓和，而且多种经营也才有好转。没有粮食是最危险的。”陈云同志的这些主张，无论对贯彻落实毛泽东的产业次序理论，还是对纠正轻视农业、忽视农业的思想，都起到了重要作用，是对发展和完善马克思主义农业基础论的一大贡献。

马克思主义的农业基础论，也同其他社会科学理论一样，没有终极。它将在人类社会的实践中，继续不断地得到补充、修正、发展和完善，将对加快人类共产主义事业的进程，起到不可估量的推动作用。

（1989 年 1 月）

◇注释

①《资本论》第 3 卷第 1025 页。
②④⑦《马克思恩格斯资本论书信集》第 563、404、22 页。
③⑤⑥⑧《马克思恩格斯全集》第 25 卷第 713、715、885 页。
⑨《马克思恩格斯全集》第 26 卷第 23 页。
⑩《马克思恩格斯全集》第 46 卷第 120 页。
《列宁选集》第 1 卷第 399、413、708、770 页。
《列宁选集》第 2 卷第 49、5 页。
《列宁选集》第 4 卷第 284、109、106、517、527、370 页。
《列宁全集》第 32 卷第 311 页。
《毛泽东选集》四卷本第 117、866、116、121 页。
《毛泽东选集》第 5 卷第 361、360、918、316 页。
《邓小平文选》第 147、28、87 页。
《建设有中国特色的社会主义》（增订本）第 132、7、11～12 页。
《陈云同志文稿选编》第 124、56、169、171、176、160、41、58、111、118 页。

社会主义农业现代化建设的奠基

——周恩来同志农业经济思想撷要

中华人民共和国的开国元勋、人民的好总埋周恩来，把一生无私地奉献给了新民主主义革命和社会主义建设事业。他在长期的党和国家领导岗位上，日理万机地处理着国家大事，在政治、经济、军事、外交、文化教育等领域，建立了不朽功勋；在农业现代化建设上，也有许多高屋建瓴的建树，为加快其建设进程，起到了奠基作用。

周总理离开我们已经 22 年了。今天，我们面临的情况和任务已经发生了很大变化，周总理的经济思想和他在新中国经济工作中的领导经验，仍然值得我们认真学习、研究和借鉴；他看问题的辨证性和对工作指导的务实性，仍然要发扬光大。

一、农业基础论

追寻周恩来总理的经济思想史，无论是在新民主主义革命时期还是在社会主义建设时期，他始终如一地奉行和坚持农业是国民经济和社会发展的基础的思想，并为夯实这个基础进行了不懈的努力。

早在全国解放前夕，周恩来同志就对未来新中国建设问题进行深层思考，首先形成的是“农业是基础”的战略思想。1949 年 7 月 23 日，周恩来同志在全国工会工作会议的讲话中指出：“我们要恢复生产，首先就得恢复农业生产”，“农业生产提高了，原料增加了，工业生产就更有基础”。这段精辟的论述，后来成了不断丰富的“农业是国民经济基础”思想的一个本源。

新中国成立后，周总理在一些重要会议上多次强调“农业是基础”的思想。1949 年 12 月 22 日，周总理在首次全国农业会议上讲到：“农业的恢复是一切部门的基础，没有饭吃，其他一切就都没有办法。轻工业的原料，输出的产品，现在绝大部分都要依靠农业。”他在谈到城乡关系时说，党的七届二中全会决定，今后党的工作重心应该转向城市，但也要防止另一种偏见，就是不能忽视农业和乡村。他强调指出：“无论什么时候都不能取消或忽视乡村这个广大的农业基础”，“如果没有广大农业的发展，工业发展是不可能的”。

1956 年 9 月 16 日，周总理在党的第八次全国代表大会上所作的《关于发展国民经济第二个五年计划的建议的报告》，在总结新中国成立以来进行经济建设的经验时，再一次强调：“农业是工业发展以至整个国民经济发展必不可少的条件。”1962 年 3 月 28 日，周总理在第二届全国人大第三次会议的《政府工作报告》中又指出：“在当前的国民经济调整过程中，恢复和发展农业生产是一个中心环节。我国国民经济中出现的不协调现象，农业生产下降的影响最大。没有农业的恢复和发展，就不可能有国民经济的协调发展。”

在经济形势严峻、农产品供应紧张的情况下，周总理强调农业是基础；在经济形势有所好转、农产品供需矛盾有所缓和的情况下，周总理仍然强调农业是基础，告诫全党“必须更好地执行以农业为基础，以工业为主导的发展国民经济总方针”。他多次警戒地方领导，“谁忽视了农业，谁就要犯错误。”就是在“文化大革命”期间，面对一些工厂停产、交通运输中断的严峻形势，周总理在工作的指导上，仍充分地显现出农业是基础的思想。1973 年，周总理的身体已经每况愈下，与“四人帮”的政治斗争也更激烈，但他仍然牵挂着农业的发展。5 月 14 日，当他从参考消息上看到关于世界气象变化的两则报道后，立即给李先念同志写信说“今年我们可能还会遇到南涝北旱的局面，请农林部多多提醒各地坚持实行防涝抗旱的措施，不要丝毫松懈”，要求李先念同志组织气象局好好研究一下这个问题。

周总理关于“农业是基础”的思想，不只是理论的升华，更重要的是用其指导社会主义经济建设的实践。在 26 年的经济建设领导岗位上，无论是在中长期建设规划中，还是具体到每项经济决策中，农业是基础的思想，得到了充分的体现。在国民经济的总体规划中，周总理对农业的发展给予了格外的关照；在工作的指导上，出于解决人们温饱的急需，周总理用很大精力抓粮食生产，亲自主持实施了“扭转南粮北调”工程，解决河南、山东、河北等北方省区的粮食自给问题。在新中国成立初期，比较好地兼顾了林业、畜牧业、副业的发展。1952 年 1 月，周总理在主持研究大力扶持老根据地的经济文化建设时，根据老根据地多处于山区和半山区、生产条件差的情况，提出应该本着解决群众当前生活困难与长期建设相结合的方针，因地制宜，有计划地有重点地逐步恢复与发展农业畜牧业与副业生产，并分项目提出了很具体的发展措施。

周总理经常说，加强农业，必须加强水利建设。新中国成立初期他就指出，要水利与农业生产并重，水利要配合农业。在治理黄河、海河和淮河的过程中，周总理历尽艰辛，费尽心机，一个流域一个流域地研究，一个项目一个项目地落实，为后来农业的快速发展打下了良好的物质基础。每当农业遇到问题时，周总理都亲自组织研究和解决。

二、协调发展论

周总理领导经济工作，十分重视国民经济各产业间以及产业内部的协调发展。在他看来，国民经济是一个由若干子系统组成的母系统，这个子系统即是产业。在母系统中，物质生产各部门之间、再生产运行的各个环节之间互相依存、互相制约。运行协调，则互相促进，相得益彰；比例失调，特别是工农业之间，积累与消费之间重大比例关系严重失调，整个国民经济就不可能平稳运行。

实现国民经济的协调发展，首先要从理论上弄清楚工业与农业之间的关系。对此，周总理曾有过不少精辟的论述。新中国刚刚成立，周总理就十分注重研究工农之间的关系，并从理论上给出了高度的概括。1949 年 12 月，他在全国农业工作会议上说："城市对粮食和工业原料的需要刺激乡村的农业生产，城市以消费品和生产资料的供应保证和促进乡村的农业生产。"

1956 年，周总理在关于发展国民经济第二个五年计划的建议报告中指出，经验证明，以重工业为中心的工业建设，是不能够也不应该孤立进行的，它必须有各个方面的配合，特别是农业的配合。他还说："延缓农业的发展，不仅直接地影响轻工业的发展和人民生活的改善，而且也将极大的影响重工业以至整个国民经济的发展，影响工农联盟的巩固。"周总理在党的八届二中全会上的讲话，通过总结和借鉴其他社会主义国家进行经济建设的经验教训的方式，又指出了一定要实现工农业协调发展的重要性和必要性。他指出，苏联和一些其他社会主义国家都是优先发展重工业，但是在发展的过程中忽视了人民的当前利益。他说："直接与人民利益关系最大的是轻工业、农业，轻视这两者就会带来不好的后果，就会发生经济发展上的严重不平衡。"在当时"优先发展重工业"呼声很高的情况下，周总理能从战略的、全局的高度上指出了工业与农业之间如果出现不协调现象对整个国民经济的破坏作用，不但具有理论意义，而且具有更重要的实践意义。1962 年 3 月，周总理在二届全国人大三次会议的报告中，更加充分和明确地阐述了工农业之间的关系。他说："多年来的经验完全证明，我国国民经济的发展，必须以工业为主导，而以农业为基础。”

坚持按农、轻、重的次序制定国民经济发展规划和安排基本建设投资、生产性支出，是周总理主张要千方百计发展农业，首先解决人民的吃饭问题，在此基础上才是发展工业和进行大规模的经济建设；在财力有限的情况下，周总理主张挤出一些资金，尽力解决大江大河的治理和农田基本建设等一些改善农业条件、提高抗灾能力的急需。

周总理主张的协调发展论，不仅体现在农业和工业之间要协调发展，也体现在经济与国防的协调发展和产业与科学技术的协调发展。从这个意义上说，由周恩来总理亲自主持规划的四个现代化的目标，是其“协调发展论”思想的结晶。1956 年 9 月，党的第八次代表大会提出的“四化”目标是：现代化的工业、现代化的农业、现代化的交通运输和现代化的国防。后来，周总理觉得这个“四化”目标不够协调，主要缺乏是没有包括可促进各产业共同发展的科学技术。于是，在 1963 年 1 月 29 日，周总理提出了完整的“四化”目标。这天，周总理在上海市科学技术工作会议上说：“我们要实现农业现代化、工业现代化、国防现代化和科学技术现代化。”后来在三届全国人大一次会议和四届全国人大一次会议的《政府工作报告》中，周总理一贯沿用了规范的“四化”目标的提法。

周恩来总理领导的社会主义经济建设，所采取的是以计划手段为主的宏观管理。从计划的施行上，自然要高度重视国民经济内部供需之间的矛盾较大，不能实现平衡，整个国民经济就不能得到协调发展。供需矛盾突出到一定程度，扩大再生产就不能实现。

周总理多次讲到，缓解财政供需矛盾的关键，是正确处理经济发展和财政的关系。他说：“多年来的经验是：我们的财政收入必须建立在经济发展的基础上，我们的财政支出也必须首先保证经济的发展。”其核心意义是用经济发展保证财政增收；用财政增收促进经济发展。就缓解财政供需矛盾的手段来说，周总理讲到，一是要平衡计划，算计过日子；二是要开源节流，增强支付能力和紧缩开支。

在求得整个国民经济协调运行的过程中，周总理不但关注生产资料供需矛盾的缓解，而且关注生活资料供需矛盾的缓解。1960 年末，面对各省粮食供应的告急，周总理会同陈云同志和国务院其他领导，反复研究解决粮食供应问题的办法，决定用进口缓解急需。工作方针定下来之后，周总理亲自主持外贸部门研究粮源、进行商务谈判、调用外汇、安排运输。1961 年年初，中央决定计划全年进口 250 万吨粮食，实际进口了 500 万吨，这项决策，使成千上万忍受饥饿的人们免于饿死。今天看，这是一项功德无量的举措。

在周总理主持国务院工作的 26 年中，天灾和人祸并存，无疑加大了力求国民经济协调发展的难度。当国民经济的不协调发展到一定程度时，周总理所采用的经济手段主要是调整和整顿。周总理直接和间接主持大的调整和整顿主要有两次，分别出现在 20 世纪 60 年代初期和 70 年代中期。由于受经济工作指导上“左”倾错误的严重影响，50 年代末期的国民经济出现了严重的不协调，搞得上下全面紧张。1960 年第二季度，周总理责成李富春副总理主持研究国民经济计划的控制数字。8 月 30 日至 9 月 5 日，周总理主持国务会议审议《关于 1961 年国民经济计划控制数字的报告》。这个报告提出：“1961 年国民经济应着重进行整顿、巩固、提高。编制明年计划的方针，应以整顿、巩固、提高为主。”周总理指出，与其讲整顿，不如讲调整，并建议增加“充实”二字。从而形成了以调整为主，“调整、巩固、充实、提高”的八字方针。周总理在二届全国人大三次会议的报告中说：“为了改变这种不协调的现象，为了巩固已有的成绩，为了给以后的国民经济的新的大发展创造条件，就必须用一个较长的时间，即用几年的时间，通过综合平衡，全面安排，进行较大幅度的调整。”刘少奇、周恩来责成经过改组的中央财经小组负责组织国民经济的调整。由于主持财经小组工作的陈云同志身体状况欠佳，实际是由周总理亲自主持和运筹国民经济的调整。这次调整，主要是把被破坏了的比例关系，特别是工业与农业、消费与积累两大战略性比例关系进行调整。经过三年的调整，国民经济得到了恢复性发展，人民的生活也大为改善。

史无前例的“文化大革命”，使趋近协调发展的国民经济又一次遭受严重的破坏。1967、1968 两年，全国经济连续下降，1969 年刚刚开始有所回升，周总理就指示余秋里、谷牧等同志着手研究制订第四个五年计划，并指出“要注意全国一盘棋，搞好综合平衡，不然就会互相挤"。邓小平同志恢复工作以后，在病榻上的周总理，鼎力支持邓小平同志对国民经济进行全面整顿。1975 年，经济形势发生了很大的转机。这年 9 月 20 日，周总理在进入手术室的过道上，看到邓小平同志靠近手术护送车时，周总理紧紧地握着小平同志伸过来的手，大声对小平说："你这一年干得很好，比我强得多!"

三、客观规律论

周总理曾讲到，经济以至农业的发展，有其客观规律。人们只能应用规律，不可违背规律。否则，就要受到客观规律的惩罚。他在研究经济问题、选择发展战略、领导经济建设的伟大实践中，一贯坚持从实际出发，按经济规律办事。

在周总理遗留的文献中，可见到他多次提出经济工作一定要从实际情况出发，坚持按客观规律办事的警句。在新中国成立前的 1948 年 8 月，周恩来曾对中央财政经济部的负责同志说："经济学家必须善于观察形势，认识经济发展的客观规律，才能指导经济工作。"1948 年 12 月，周总理在会同中央财政经济部负责同志进行经济形势和物价情况分析时，又指着 1949 年财政收支预算以及人民币发行计划对身边的同志说："管理经济必须掌握规律，要分析数字，进行可靠的计算，没有这些数据是无法进行管理的。"他在下基层的过程中，曾多次对地方陪同的同志说，领导干部要学一点自然辩证法，要懂得自然界的矛盾，包括人与自然的矛盾。他还说，我们在和自然作斗争中，必须防止自然的报复，防止的办法是恩格斯所说的："能够认识和正确运用自然规律。"他依据客观规律领导经济工作，主要体现在四个方面：

1. 调查研究，把事实搞准。每当经济运行出现大的偏差，需要做出战略选择和对已有的方针政策进行重大修正时，周总理要做的第一件事就是深入基层，深入生产实践，深入到广大工农群众中去调查研究，首先把事实搞准。党的"八大"前夕，周总理为了真正了解第一个五年计划的执行情况，认真总结经验，曾多次到东北、华北以及中南等地调查研究，了解和查看 156 项重点工程的进展情况，倾听广大工农群众的反映，在此基础上，形成了主持编制第二个五年计划的基本思路。1958 年中央召开的"南宁会议"，大批"反冒进"，促进党内在经济建设上出现了急于求成的倾向；同年3月召开的“成都会议”，更加助长了脱离实际的狂热思想。会后，周总理深入下去集中精力对农业和重工业的发展等问题调查研究，并直接选派身边工作人员组成若干个工作组下去了解情况。经过这一轮调研，周总理向毛泽东建议，对不切实际的大办水利和大炼钢铁等得不偿失的做法进行整顿，毛泽东接受了周总理的建议。1959年6月，周总理又同当时主持中央书记工作的邓小平商定，派出了五个工作组，到反映问题较多的重点地方了解整顿大炼钢铁的情况和成立人民公社后人民的生活情况。后来由于中央召开了“庐山会议”，使周总理从实际出发、稳步前进的策略没能成行。1961年5月，就农村人民公社化运动和大办食堂等问题，周总理又亲自率领调研组到河北省调研，向毛主席提出了解散公共食堂，让人们回家吃饭；不宜推广供给制；恢复高级社时评工计分办法等建议。以此为契机，农村中的“一平二调”开始得到纠正，并实行了“三级所有、队为基础”的经营管理体制。

1966年2月，为了查清北方的旱情，加强抗旱的协调和指导，周总理主持国务院成立8个组，分别下到北方8省（直辖市、自治区）调查研究，督促检查，进行指导。周总理本人还亲自出任河北省的组长。为了取得指导农村工作的经验，50年代末期，周总理曾有过要到北京郊区兼任一个县县长的打算，后因国事过于繁忙，就没如愿。

2. 集思广益，民主决策。在长期的治国实践中，周总理一贯坚持遇事与中央其他负责同志共同商量，发动大家广泛深入地进行讨论，注意倾听陈云、李富春、李先念、薄一波等同志的意见和建议，并主动征询专家的意见，善于集各方面的智慧来决策，从而使决策贴近实际，减少失误。1956年7月，周总理在主持讨论关于发展国民经济第二个五年计划草案时，采纳国家计委有关同志关于“必须控制基本建设总额来保障物资供求平衡”的建议；1960年秋，周总理采纳李富春同志的建议，并上报党中央和毛主席批准，组织有关人员起草了《农村六十条草案》；1961年1月，周总理采纳陈云同志“挤出一部分外汇，进口粮食”的建议，从而有效地减轻了饥荒；同年4月，周总理采纳陈云同志“压缩城镇人口，精简职工”的建议，对工农、城乡关系进行了必要的调整；在“文化大革命”期间，周总理采纳李先念同志要不间断地办好广交会的意见，并在一份报告上批示：“外贸要促内贸、促生产”。

周总理对一度出现的党内不民主问题，也是有自己看法的。1962年2月3日，他在中央扩大会议福建组的讲话中说：“要提倡讲真话，即使是讲过了火的也要听。唐代皇帝李世民，能听魏征的反对意见，‘兼听则明’，把唐朝搞得兴盛起来。他们是君臣关系，还能做到这样，我们是同志关系，就更应该能听真话了。”

3. 坚持主观与客观的统一，避免冒进或丧失机遇。周总理在一次高层次会议上讲到：“我们要做实实在在的事，做实事，收实效，才能对人民有利。”在26年国务院总理岗位上，他坚持主观与客观相统一的杰作是“一五”和“二五”计划。在经过实践的检验后，毛主席曾对“二五”计划有过高度的评价，说我们的总理给我们做了一个留有余地的计划。

1956年，针对一些高级干部头脑发热、对工业化急于求成的脱离客观实际的思想，周总理在国务院第24次全体会议上讲话中指出：“绝不要提出提早完成工业化的口号。冷静地算一算，确实不能提。工业建设可以加快，但不能说工业化提早完成。”这次讲话，对统一高层干部的思想，从实际出发，稳步推进，起到了重要作用。

1959年初所制订的年度规划，以1958年的“产量”作参考数，提出1959年的钢产量要达到1 800万吨，粮食产量要达到5 250亿千克。周总理对此怀疑，组织有关人员重新测算和规划。这年8月，周总理向人大常委会报告，把1959年的钢产量计划减到1 200万吨，粮食产量计划减到3 000亿千克。

1969年在编制“四五”计划中，由于受“文化大革命”左的影响，使基本建设规模过大，一些生产指标也订高了。“九·一三”事件后，周总理在抓经济整顿和调整过程中，明确指示余秋里、谷牧同志会同国务院业务组，要根据实际情况对“四五”计划纲要进行修改，压缩基建规模，调整投资结构，降低生产指标，努力发展对外贸易，抓紧成套设备和新技术的引进等。

4. 重视经济发展，兼顾人民生活。周总理在一些有关经济建设的讲话中浸润着这样一个思想：在一个经济运行周期中，马克思所说的生产、交换、分配、消费四个环节是一个统一个的整体，只有在每个环节之间都能得到相应接续，经济才能健康运行。作为一国总理，他既要直接领导重点工程建设，又要料理老百姓的柴米油盐酱醋茶的生产和供应，为实现"满足人民日益增长的物质文化生活的需要"的社会主义生产目的费尽心机。

新中国刚一成立，摆在政务院面前的第一个难题，就是如何稳定物价，保障生活必需品的供应。周总理会同陈云同志多次亲自主持会议，算粮食、花纱布、煤炭、食盐等民生必需品的库存账和生产能力账，想方设法调节供需矛盾，对其调运和储存作出周密的安排，并集中力量发展生产，打击哄抬物价的和囤积投机行为，结果使国民党当时认为我们难以过关的经济和社会秩序稳定了下来。

"一五"计划提前完成后，周总理针对一些同志重视生产资料的生产，忽视民生必需品的生产的倾向，在党的八届二次会议上指出"要重工业，又要人民。人民的问题对于我们来说，是人口众多，消费量大，衣食住行，首先是食。"周总理的这番讲话，在某种程度上抑制了提前实现工业化狂热思想的蔓延，加大了农副产品和轻工业品的生产。

1962年3月7—8日，周总理主持召开中央财经小组会议，讨论放慢基本建设速度、加强农业和生活消费品市场供应问题。周总理讲到，为补充人民的营养，陈云同志提出每人每天供应一两豆子的办法很好。但人的营养光有植物蛋白不行，还要有动物蛋白。他还风趣的说："和尚尼姑，每天打坐，有植物蛋白也许就行了。我们这些人不行，劳动量比我们大的人更不行，有了植物蛋白，还要有点动物蛋白。"根据这次会议精神，中央号召各地发展以养猪为主的畜牧业，以改善人民的生活。

周总理领导经济工作，出于解决人的温饱问题，十分重视发展粮食生产。但他又根据人们消费需求的多样性，提出要全面发展，多种经营。他说，农林牧副渔和粮、棉、油、麻、丝、茶、糖、菜、烟、果、药、杂十二个字都要搞好，不要单打一。他多次主持召开全国的粮、棉、油、糖专业会议，研究发展思路，推广典型经验，解决发展中遇到的突出问题。

精辟的论述 伟大的实践

——邓小平同志经济思想研究

新中国开国元勋之一的邓小平同志，在长期新民主主义革命和社会主义建设中，坚持把马克思列宁主义的普遍真理同中国的实际情况相结合，不仅解决了政党、国家、军队以及社会等方面的一些重大理论问题和实践问题，而且也对社会主义社会的经济、经济理论大有建树。

小平同志直接主管经济工作的时间虽然不算长，但他在长期党和国家以及军队的高级领导岗位上，善于分析社会经济状况，摸索运行规律，预测发展动向，实事求是地指导社会主义建设，也善于根据马克思主义的基本原理，对现实的社会经济现象作出理论论述，从而丰富了马克思主义的政治经济学和现代生产力经济学的伟大宝库。

小平同志的经济理论著作，都是针对一些新情况、新问题，根据现实的需要作出的理论论述。从他经济思想的萌生直至发展成系，始终贯穿着生产力经济学这一“红线”。他的思维特点是客观性、辩证性、综合性、民主性和渐进性，还具有鲜明的针对性和坚定的开拓性。

一、顶着逆流抓经济

小平同志在社会主义经济建设的实践中，从不随波助澜，不看风使舵，在逆境中不顾个人得失，大胆直言，对来自左的或右的干扰以及错误决策，据理相争。他一向反对追求时髦的口号，始终如一地坚持要大力发展生产力这一社会主义经济建设的根本方针，为扭转被动局面，创建国富民丰的社会主义国家，为把政治运动给经济建设造成的损失降到最低程度，付出了巨大的心血和代价。

1958年的中央八届二中全会和北戴河会议，错误地拟定了狂热的、幻想式的经济政策。对此，邓小平同志先是处于思考，没能作出最后判断，主导思想是“看一段”。后来，由于社会生产关系的随意超前变革，“共产风”和“浮夸风”的蔓延，使刚刚完成社会主义改造任务，还处于襁褓时期的社会主义经济遭到严重破坏。小平同志在严峻的事实面前，终于觉悟到，这样进行社会主义经济建设，有很大的盲目性，应立即“勒马”，另辟蹊径。在中央的个别领导人思想还没完全转过弯来的情况下，小平同志不碍面子，不怕伤害个人感情，大声疾呼，要及早结束狂热政策。他在1961年召开的中央工作会议上尖锐地指出：“现在看看生产关系紧张，所有制关系紧张。三年来，所有制破坏了，积极性破坏了，天灾不是主要的，人祸是主要的。我们农业的好转不是要三五年，而是要七八年。我们的社会风气，应该说在1958年以前是好的，这几年的风气不好。”后来，邓小平同志在各种会议上曾多次强调，搞社会主义，首要的问题是发展社会生产力，努力增加物质财富，用以不断地满足人们日益增长的物质文化生活的需要，“不管黑猫白猫，能逮住耗子才是好猫”。现在看，如果我们的经济工作以后一直照小平同志的主张坚持搞下去，那么，我国的经济状况很可能是另一番景象。

史无前例的“文化大革命”，使本来就很落后的生产力又遭劫难。1973年，国民经济已经到了崩溃的边缘。当时主持中央工作的周恩来同志积劳成疾，住进了医院。在党和国家的危难之际，小平同志忘却了自己所遭受的政治迫害和令人难以置信的冤屈，以民族大业为重，不负党和全国人民的重望，在毛泽东同志的支持下，以一个伟大革命家的气魄和胆略，主持了党和国家的日常工作，为尽快地纠正“文化大革命”的错误，扭转被动局面，把国民经济搞上去，同“四人帮”进行了针锋相对的斗争。他先后多次主持召开工业、农业方面的专题会议，发表了许多重要讲话，顶着逆流抓经济。小平同志根据三届人大和四届人大政府工作报告中关于加速社会主义经济建设进程的要求，针对“四人帮”的破坏，提出了发展国民经济的两步设想。小平同志明确指出：“把国民经济搞上去是全党的大局，是全党的中心工作”，号召全党、全军、全国各族人民，都要为实现这一伟大目标而奋斗。小平同志从抓军队的整顿入手，对工业、农业进行了全面整顿。他多次指出："农业要整顿，工业要整顿，文艺政策要调整，调整其实也是整顿。"要求全党用整顿的办法，去解决各行各业中所存在的问题。面对当时经济建设领域问题积重难返的窘况，小平同志动员各级领导，要敢于负责，善于负责，要大刀阔斧，快刀斩"乱麻"。他说："解决这些问题必须敢字当头，要横下一条心，敢抓老虎屁股。"充分显示出历史唯物主义者那无所畏惧的气质和秉性。

1975年8月，在小平同志的主持下，中央起草了《关于加快工业发展的若干问题》。在讨论这个文件时，小平同志发表了《关于发展工业的几点意见》的重要讲话。讲话中围绕如何加快工业发展步伐这一主题，阐明了"要引进新技术、新设备，扩大进出口"；"要加强企业的科学研究机构"，"要整顿企业管理秩序"；"要抓好产品质量"；"要坚持按劳分配原则"等一些经济观点。在这次会议上，小平同志对如何把国民经济搞上去的一些基本设想、原则和方针都提出来了。长期在经济建设一线上工作的领导们，听了这番讲话如久旱逢春雨，感到中央有了要求，心中有了"谱"，往前看有了奔头。

在1975年的工作中，小平同志针对一些同志不敢抓生产的错误思想，一针见血地提出批评。他说："现在有些同志只敢抓革命，不敢抓生产，说什么抓革命保险，抓生产危险，这是大错特错的"。他还客观地分析了工农业生产的形势，指出了存在的问题，要求全党一定要认清形势，千方百计把生产搞上去。对一些非议和责难，小平同志采取"顶、冷、避"的对策，恪守你有千条"妙计"，我有一定之策的信条。小平同志对一些大是大非问题，寸步不让，给予坚决回击；对一些不符合客观实际情况，但又不影响大局的歧义，不去争辩，按自己的意志干就是了；对一些鸡毛蒜皮的小事，不予理睬。

小平同志一心一意，扎扎实实地抓经济工作，赢得了各级领导的拥戴和信赖。各级、各部门对小平同志的意见、指示一呼百应，积极主动地贯彻执行，使经济形势急转直上。1975年，工业总产值比上年增长了15.1%，钢产量恢复到了2 400万吨，工农业生产出现了稳步增长的好势头，各行各业生机勃勃，国民经济得到恢复性发展。小平同志这一年的工作业绩，不但得到全国人民的赞赏，同时也使病危中的周总理感到欣慰。1975年9月20日，周总理在进入手术室的过道上，看到小平同志靠近手术护送车时，周总理紧紧地握住小平同志伸过来的手，当着张春桥、王洪文的面大声对小平同志说：“你这一年干得很好，比我强得多……”周总理手术不久，就向毛主席写信，郑重地建议由小平同志接任他的职务。周总理在弥留之际，拼命地大声称赞小平同志，夙愿是让小平同志治国安邦的经天纬地之才得以施展。

粉碎“四人帮”到党的十一届三中全会召开期间，由于当时中央继续推行左的路线，坚持“以阶级斗争为纲”，坚持“无产阶级专政下继续革命”的指导方针，使经济工作没能摆到重要议事日程，国民经济徘徊不前。小平同志在没恢复工作之前，就针对“以阶级斗争为纲”的“左”倾错误说：“两个凡是，不符合马克思主义。”多次强调“实现农工、工业、国防和科学技术的现代化，是全党工作的首要任务，是全国人民肩负的伟大历史使命”。这段论述，实质是敲响了“文化大革命”的丧钟，为把党的工作着重点转移到经济建设上来，奠定了坚实的理论基础和思想基础。

二、以调整求平衡

小平同志历来注重从长远战略上研究经济问题，善于运用灵活机动，“攻守”兼容，进退交替的“战术”，力求稳步前进。他有解决棘手问题，并在较短的时间扭转因决策失误所造成的被动局面的“内功”。1959 年至 1961 年，是我国经济遇到最严重困难的时期。这期间，小平同志同刘少奇同志，周恩来同志，陈云同志一道，坚决主张“退缩”，主张调整。在小平同志的具体负责下，1960 年、1961 年，中央先后发布了《国营工业企业管理条例》等一些以调整求发展的政策法规。为从思想上彻底纠正狂热经济政策，小平同志还主持制订了《关于全党干部轮训的决定》，主持起草了刘少奇同志在 1962 年 1 月中央 7 000 人大会上的《政府工作报告》。所有这些，都对尽快消除狂热的、幻想式的经济建设思想，重新修订了经济政策，起到了决定性的作用。

十年浩劫的严重摧残，使我国农业与工业的比例失调；农林牧副渔各业之间的比例失调，煤电油运同其他工业的比例失调，工业同住宅建设，市建设、商业服务业的比例失调；积累与消费的比例失调。特别是粉碎“四人帮”后的两年，国民经济又一次出现盲目冒进，使财政不平衡、信贷不平衡、物资供应不平衡、外汇收支不平衡的问题愈发突出。基于这种情况，小平同志在党的十一届三中全会上提出了“调整、整顿、改革、提高”的八字方针。当时由于长期束缚着人们头脑的“左”倾思想还没及时地得到纠正，方方面面的干扰还没彻底排除，使这一方针在1979、1980两年贯彻执行的不得力，结果使国民经济在严重失调的情况下，基本建设的规模膨胀了起来，经济效益不够理想。针对这些，小平同志多次重申要坚决执行调整的战略方针。

在1980年12月的中央工作会议上，小平同志全面阐述了坚决贯彻调整方针的重大意义，并提出了一些进行调整的具体措施。他说：“这次对经济工作做进一步调整，是为了站稳脚跟，稳步前进，更有把握地实现四个现代化。如果不调整，该退的不退或不退够，我们的经济就不能稳步前进”。这个战略思想堪称高屋建瓴，高瞻远瞩。

要调整，就有一个如何摆布生产与基建，新上项目与挖潜等诸对要素间的关系问题。对此，小平同志会同陈云同志提出了“先生产、后基建，先挖潜、革新、改造，后新建”的原则，强调建设规模必须同国力相适应。从理论上论证了超过国家财力，就会出现经济冒进，造成经济混乱、停滞不前或倒退，只有二者相适应，社会经济才能正常运行和发展。小平同志主张贯彻调整方针要坚决，要对那些原材料供应不足、产品质量不稳定、连年亏损、靠国家退库的企业实行关、停、并、转，尽快解决企业效益低、社会综合效益差的问题。

经过积极稳妥的调整，国民经济总量与结构失衡的问题相对得到缓解，产业结构趋向协调，人均国民生产总值由1980年的257美元增长到1985年的400美元，在发展中国家所处的地位，由低档下线上升到低档上线，国民经济步入正常轨道，为“七五”期间的再发展，摊铺了一条平坦的道路。今天，当我们回忆起这段工作时，更加认识到调整的决策是英明的。

只因为那时进行了大刀阔斧的调整，才有今天大踏步地前进。试想，如果不是小平同志同中央的其他领导当机立断，主持党中央作出调整的决策，很可能国民经济现在仍然在1978年的生产水平徘徊，或出现大幅度下降，经济危机可能无法避免。

三、创建有中国特色的经济格局

中国是在没经过资本主义社会过渡的半殖民地，半封建社会基础上进行社会主义建设的，是国际共产主义运动史上的特例。这样的国家如何进行社会主义建设，尽快富国裕民是马克思主义经典著作的空白。小平同志认真总结我国新中国成立以来经济建设的经验教训，详细研究东欧一些国家进行社会主义建设的例证，并借鉴资本主义国家发展经济的一些做法以及整个人类的进步精华，抽象出了一些建设有中国特色社会主义的理论片段，并在此基础上勾勒了中国社会经济发展格局的总体设计，开创了在生产力比较落后的国度发展经济的新尝试。小平同志在党的十二大开幕词中指出："我们的现代化必须从中国的实际出发，无论是革命还是建设，都要学习和借鉴外国的经验。但是，照抄照搬别国经验，别国模式，从来不能得到成功。这方面我们有过不少教训"。这一光辉思想，是对马克思主义关于社会主义建设理论的重大发展，是在新的历史条件下探索、创新、丰富社会主义经济建设经验的重大突破。

小平同志认为，创建有中国特色的经济格局，首要的问题是正确估量客观情况，认识自然的、社会的有利条件与不利因素，进而弄清国情。什么是中国的国情，小平同志指出："我国的国情，至少有两个重要点必须注意到的，一个是底子薄，第二条是人口多，耕地少。"还说："中国有百分之八十的人口在农村，中国社会是不是安定，中国经济能不能发展，首先要看农村能不能发展，农民生活是不是好起来，翻两番，首先要看这百分之八十的人口能不能达到"。基于对国情的分析，小平同志一贯重视农民，注意调动广大农民的生产积极性。早在1962年时，小平同志在接见中国共产主义青年团三届七次全会全体同志时就说过："农业本身问题，现在看来，主要还得从生产关系上解决。这就是要调动农民的积极性"。今天我们重温这段论述，不难看出它是近年农村改革的思想"胚胎"。

在小平同志看来，实现"翻两番"也好，创建有中国特色的经济格局也好，都有赖于改革。而这种改革应首先从农村有所突破。小平同志曾在1978年的中央全会上说："如果我们现在还不实行改革，我们的现代化事业和建设社会主义的事业就会被葬送。"关于建立农业生产责任制，小平同志指示“在全国的统一方案没拿出来以前，可以先从局部做起，逐步推开。中央各部门要允许和鼓励他们进行这种试验”。鞭辟入里的论说，引燃了令全世界瞩目的改革“导火索”。峨眉山、黄山脚下的农民，举起了改革旧的管理体制的大旗，向“一大二公”的不适应生产力的生产关系宣战，实行了包产到户。1979 年 9 月，小平同志又在中央全会上，对农村的改革试验给予充分的肯定和鼓励。随之，改革的星火迅即在 960 万平方公里的土地上燎原，把中国农村推向一个崭新的阶段，到 1984 年，全国粮食产量一跃登上了 4 000 亿千克的台阶，人均占有粮食达到了 400 千克，棉、油的产量也大幅度增长。

在社会实践中，小平同志的改革思想不断升华，农村经济也不断得到发展。解决了温饱的八亿农民，又在原始、封闭、落后的小生产的樊篱中反思、自悟和觉醒，砸碎了自给自足自然经济的枷锁，开始向现代化的、大规模的商品经济进军。商品市场得以重视和青睐，生产要素开始出现自由流动，产业结构得到调整，初步架起了农林牧副渔齐上，工商建运服全面发展的产业框架。农民的生产经营范围已从平面的田野扩展到立体的空间，农民的产品已从田野走向世界。

把农村的改革引入城市，这是小平同志创建有中国特色经济格局的又一战略部署。小平同志号召各行各业都要改革不适应四化建设的陈规旧习。他反复强调，一定要打破某些固有的陈旧模式，提出了改革分配关系，改革流通体制，改革经营管理体制等一些重大改革思路。在十一届三中全会前，小平同志就针对现行经济管理体制的弊端指出“非改革不可”。他说：“现在我国的经济管理体制权力过于集中，应该有计划地大胆下放，否则不利于充分发挥国家、地方、企业和劳动者个人四个方面的积极性，也不利于实行现代化的经营管理和提高劳动生产率。应该让地方和企业、生产队有更多的经营自主权。”1985 年 8 月 28 日，小平同志会见津巴布韦非洲联盟主席、政府总理穆加贝时说：“我们要发展生产力，对经济体制改革是必由之路。”按照小平同志的构想，中央在十二届三中全会上，作出了《关于经济体制改革的决定》。《决定》中关于社会主义阶段的根本任务是发展社会生产力，不能把贫穷当作社会主义的论述，关于中国式的有活力的社会主义既根本区别于资本主义，又完全不同于僵化的社会主义模式的论述，关于社会主义计划经济必须自觉依据和运用价值规律，是在公有制基础上的商品经济的论述，等等。这些从历史的现实的实践经验中抽象出来的新观点、新结论，以及根据这些新观点、新结论作出的关于加快全面改革的各项基本政策，对社会主义的经济格局作出了质的规定性。十二届三中全会后，改革的大潮冲击着工业、商业、外贸、金融等各条战线，党组织领导下的厂长负责制、扩大企业自主权、实行承包和租赁经营、改革财政体制等一些行之有效的改革措施相继出台。

春华秋实。暂短几年的改革，使中国的经济状况发生了深刻的变化，经济实力得到增强。“六五”年末，国家财政总收入比1980年增加了795亿元，提前一年完成了“六五”计划。与此同时，预算外资金也有了大幅度增加，1985年已达到1 430亿元，预算内外收入两项合计，比1980年增加了1倍。

小平同志在倡导改革的同时，还提出了对外开放，主张国民经济向外向型、开放式的方向发展。1984年10月6日，小平同志在会见中外经济合作问题讨论会全体代表时说：“中国长期处于停滞落后状态的一个重要因素是闭关自守。经验证明，关起门来搞建设是不能成功的。中国的发展离不开世界。”在小平同志对外开放思想的指引下，我们用“他山之玉，琢我峰之石”，在试办深圳、珠海、汕头、厦门四个经济特区之后，开发了长江、珠江三角洲和闽南三角带，开放了十四个沿海城市。利用这些经济的、技术的窗口，我们引进了资金、技术，获得了知识，学到了一些管理经验，也培养了一批新型企业家。小平同志经常鼓励在一线工作的中央领导，实施开放政策胆子要大些，要坚定必胜的信心。在小平同志的意向下，国务院于1988年4月初，作出了扩大我国沿海经济开发区范围的决定，将包括杭州、南京、沈阳三个省会城市在内的140个市县，纳入沿海经济开发区范围，实行特殊政策。这样，全国开放市县增加到288个，面积增加到约32万平方公里，区域人口增加到1.6亿，使特区——开放城市——沿海开放地带——经济开发区的骨架得到更进一步的加强。

“深圳的发展和经验证明，我们建立经济特区的政策是正确的”。这是小平同志视察深圳时，对特区经济的基本肯定。小平同志还一再强调，对外开放不是短期的政策，而是长期的政策，不会改变。并预言“如果开放政策在下一世纪前五十年不变，那么到了后五十年，我们同国际上的经济交往更加频繁，更加相互依赖，更不可分，开放政策就更不会变了”。到那时，中国的经济将跻身于世界强盛大国的行列，前途是令人欢欣鼓舞的。

四、抓主要矛盾

小平同志运用马克思主义的哲学原理，去解决经济工作中的实际问题——抓主要矛盾。从解决主要矛盾入手，用以促进一般矛盾的缓解、改变和自我转化。

抓中枢。1975 年 1 月，小平同志开始主持国务院的工作。当时“四人帮”猖狂至极，大肆鼓吹无政府主义和批判所谓的唯生产力论，党内、军内思想极度混乱，民心不顺，搞得经济战线的干部不敢抓生产。许多工厂停工停产，交通运输不畅，事故频繁发生，整个国民经济畸形运转。1974 年，铁路严重事故达 775 起，是 1964 年的 8.8 倍。为使中国这台已经是千疮百孔的大机器恢复功能，重新平稳地运转起来，小平同意首“发”击中要害，首先解决国民经济的“中梗阻”，以求各个产业协调同步运转。小平同志说：“当前的薄弱环节是铁路，铁路运输问题不解决，生产部署统统打乱，整个计划都会落空。”有理有据的分析、论证，使中央下定了解决铁路问题的决心，立即发出了《中共中央关于加强铁路工作的决定》。铁道部认真、全面地贯彻落实小平同志关于加强铁路领导和集中统一，恢复和建立健全一些行之有效的规章制度，努力增强职工队伍中的组织纪律性等重要指示，大刀阔斧地解决派性问题（派性严重的铁路局由小平同志亲自坐镇解决），使铁路很快呈现出安全正点、多拉快跑的新秩序，对国民经济的恢复和发展，起到了开路先锋的作用。

抓基础工业。随着铁路运输秩序的逐渐好转，小平同志又把注意力集中到对国民经济全局影响很大的冶金工业上。小平同志指出“现在钢铁生产上不去，主要是包钢、武钢，鞍钢、太钢等大钢厂的生产上不去。特别是鞍钢，它的产量要是上不去，一天掉下来两三千吨，别的厂是没有办法补起来的”。小平同志在 1975 年 5 月 29 日全国钢铁工业生产座谈会上，不但提出了恢复和发展冶金工业的指导思想，而且还具体地提出了建立坚强的领导班子必须同派性作斗争等措施。会上，小平同志还解剖了武钢一天跑两次钢水，却分不清是谁的责任的典型事例，再次强调必须建立必要的规章制度。

抓粮食生产。小平同志虽然不赞成以粮为纲的提法，但一直非常重视粮食生产。早在1962年，在一次省委书记会议上，小平同志就大声疾呼“现在最重要的是粮食增产问题”。粉碎“四人帮”后，他又多次指出，中国是个拥有10亿人口的大国，首要的是解决吃饭问题，然后才是建设，强调“粮食问题要抓紧”。小平同志要求全党一定要确立以农业为基础，为农业服务的思想，号召各行各业都要支援农业。对如何发展粮食生产，小平同志不但从宏观上提出了战略目标和设想，而且对微观的可行性操作，以及实现战略目标的措施，都有具体意见。如：依靠科技，增加投入，优选良种，进行集约经营等等。小平同志以粮食生产为主系的农经思想，不但对指导近期工作有重要意义，而且也是中国今后若干年内有重要遵循价值的精华。

抓科学技术。小平同志历来认为，科学技术是生产力，是人类社会进步的决定因素。在他主持中央或国务院工作期间，始终把科技和教育摆到各项工作的首位，作为发展经济不可或缺的战略重点来抓。小平同志还没恢复工作时就明确地说过，“我们要实现现代化，关键是科学技术要上去”。1978年初，他第二次恢复工作后，亲自承起了负责科技教育工作的重担。在拨乱反正的过程中，他带头冲破“禁区”，推翻了压在知识分子头上的“两个估计”，从而有力地调动了广大知识分子为把国民经济搞上去出力献策、忘我工作的积极性。小平同志在1978年3月18日全国科学大会开幕式的讲话中，首先提出了科学研究部门要实行党委领导下的所长负责制的英明论断。这一原则虽然今天听起来不觉新鲜，但在那“左”倾思想严重地束缚着人们的头脑，党组织包揽一切的非常时期，确实是伟大的创举。一系列开明政策在社会上引起强烈反应，科学技术界一改沉闷，消极的状况，呈现出从来没有过的政通人和，蒸蒸日上的新局面。广大知识分子消除了压抑感，迸发出一股向党报恩，用工作成绩报效祖国和人民的激情。全国上下吹拂着热爱科学，钻研技术，尊重知识，尊重人才的春风。

五、实事求是的楷模

小平同志把实事求是视为政治、经济以及做好其他各项工作的生命线。他一贯提倡讲真话，办实事，并身体力行，言行一致。在他的论著、讲话和实际行动中，处处显示着实事求是思想的光辉。

搞清事实。这是小平同志坚持实事求是思想路线的重要手段。1957—1960年间，我们党由于片面夸大主观意志和主观努力的作用，在经济工作中不按客观规律办事，不经调查研究和试点，轻率地发动了“大跃进”和“人民公社化”运动，加之反右派斗争扩大化的影响，使高指标、瞎指挥、浮夸和“共产”风肆虐，国民经济遭到严重摧残。在此期间，就任中共中央总书记要职的小平同志，会同周恩来同志向全党提出要大兴调查研究之风的要求，强调对任何事物的评价，都要从客观存在出发，不能从主观想像出发，要实事求是地搞清事实。只有搞清事实，才有发言权。小平同志带头深入到农村蹲点，摸第一手情况。1959年夏天，河北省给小平同志打来特急“报喜”电话，说他们那里创造了亩产万斤的奇迹。耳听为虚，眼见为实，小平同志带着秘书亲自到田间查看，终于弄清了那个生产队前一天出动几千人，把15亩地的秧苗拔出，移栽到一亩地上，第二天就向中央“报喜”的所谓亩产万斤粮的事实。庐山会议后，小平同志又去南京、信阳等地调查研究。在信阳的集市上，小平同志不但看到了凋零的摊点和人们的愁容垢面，也亲睹了七八个小姑娘无法忍受饥饿，在市场的角落围聚，准备卖身、换谷的情景，还听到了“行行好吧！搭救、搭救……”、“这姑娘愿意跟你们去，只换100斤谷”等凄惨的叫声。根据所了解到的真实情况和农民的意见，小平同志会同周恩来、刘少奇、陈云同志提出要取消过早实行的供给制，解散公共食堂，恢复高级社时的评工计分制度等，从而在一定程度上阻止了“左”倾思想的继续蔓延，减轻了因指导方针失误给国民经济所造成的损失。同时，也为我们党1960年冬开始纠正“左”的错误，提供了科学的依据。

粉碎“四人帮”后，小平同志多次在党的各种会议上强调，一定要贯彻执行好实事求是的思想路线。他在1978年6月2日的全军政治工作会议上说：“我们开会，作报告，以及做任何工作都为的是解决问题。问题解决得是不是正确，关键在于我们是否能够理论联系实际。”在实际工作中，小平同志为避免重蹈瞎指挥的覆辙，在百忙中科学地利用时间，深入实际调查研究。从1979—1985年的7年间，小平同志的足迹遍布全国近2/3的省、自治区、直辖市，亲临生产、建设第一线进行现场观察，倾听基层群众对改革、开放的意见，了解经济工作中的问题，为不断地修改和完善各项经济政策，提供了可靠的依据。并在调查研究的过程中，对一些急需解决的问题提出意见。

1984年初，小平同志针对对办经济特区和开放沿海城市褒贬不一的问题，在杨尚昆、王震等同志的陪同下，南下广东、福建、浙江等地，进行专题调查研究。在广泛听取一线生产、建设工作者意见的基础上，提出自己的意见，纳入中央的正式会议上去讨论。小平同志谆谆告诫全党“在我们面前有大量的经济理论问题、工业理论问题、农业理论问题、商业理论问题、管理理论问题，等等……一定要深入专业，深入实际，调查研究，知己知彼，力戒空谈，四个现代化靠空谈是化不出来的”。小平同志的率先示范，在全党产生了良好的效应。

决策要发扬民主。这是小平同志在经济工作中坚持实事求是思想路线的基本特点。在重大问题决策前，小平同志非常注重倾听专家和一线工作者的意见。对一些还拿不准的主意，力争先在小范围内统一认识，集思广益，实行民主决策。小平同志经常同国家计委、经委和一些在经济部门工作的同志座谈，讨论和分析经济问题。在《建设有中国特色的社会主义》（增订本）的44篇文章中，就有12篇是小平同志同中央其他领导以及国家机关负责同志有关经济问题的谈话。在一些重大问题的决策上，小平同志主张先提出几个方案，好让大家在决策时评头品足，进行比较。

不唯书，不唯上，只唯实。这是小平同志坚持实事求是思想路线的主要标志。1962年1月的中央工作会议以后，财政部门向中央把当年赤字20.3亿元的真情向中央全盘托出。对此，少奇同志专门在中南海西楼主持专门会议进行讨论。在会上，小平同志完全赞同陈云同志《关于我国财政经济工作上的问题以及解决问题的意见》的发言。后来，对陈云同志在国务院各部委党组负责人会议上所作的《目前财政经济的情况和克服困难的若干办法》的讲话，各部委纷纷要求传达，书记处讨论这一问题时，主持会议的小平同志首先主张全部传达，怎么讲就怎么传达。

小平同志对待经济工作不唯上，但一贯尊重党和国家其他主要领导正确的意见，对日常工作遇到的重大问题，总是按照工作程序审慎处理。1962年初的中央书记处工作会议上，在讨论通过陈云同志在国务院各部委党组负责同志会议上的讲话的同时，还酝酿讨论了恢复中央财经小组的议案。但当时毛泽东同志不在北京，小平同志在会上提出要向主席汇报。第二天，小平同志就同少奇、恩来同志飞往武汉，向毛泽东同志原原本本地作了汇报，并取得了一致意见，使陈云同志治理国家、发展经济的谋略，在一段时间里得到顺利地发挥。

1976年10月后，历史把治理国家的重任压在了邓小平等老一代革命家的身上。小平在指挥拨乱反正的过程中，注意尊重陈云同志的意见。在十一届三中全会前的中央工作会议上，陈云同志以党和国家的大局为重，对经济工作提出了五点意见，首先得到的就是小平同志的支持。根据客观情况，1979年3月，小平同志在中央常委会议上，提出对国民经济进行调整意见的同时，借助陈云同志的意见，开诚布公地提出了重新修订五届人大一次会议上所提出的到1985年要搞6 000万吨钢，完成120个重点建设项目等一些冒进指标的意见。当时小平同志说："三年调整，这是大方针，大政策。陈云同志提出到2000年搞8 000万吨钢有道理，过去提以粮为纲，以钢为纲，是到了该总结经验的时候了"。尔后，小平同志又指挥有关部门，在充分论证的基础上，采取化整为零、循序渐进等一些措施，妥善地解决了上海"宝钢"的建设问题。这些具体措施，都对我们国家减少经济损失，少走弯路，起到了决定性作用。

小平同志实事求是的思想，浸透在经济工作的各个环节。在对下级工作成绩的考核、典型的推广等方面，无不凝结着实事求是的精髓。"六五"期间，小平同志在中央的各种会议上多次指出："经济要有个实实在在的发展速度"。1983年初，当小平同志从统计部门报来的情况得知，1982年的工业总产值增长8%左右，比计划超4%左右的情况时，立即召集国家计委、经委和农业部门的负责同志座谈，分析增长的主要原因和统计核算的可靠性问题。在座谈中，小平同志对数字进行追根溯源，一连提出了许多问号。"如果我们的年度计划订低了，执行的结果，实际增长数字高出来很多，会产生什么影响？为什么会超过这么多？超出的主要原因是什么？会不会造成产品积压？

会不会影响国家重点建设的投资？”小平同志指示与会的同志“对这个问题要抓紧调查了解，作出符合实际的分析”，为尽快地肃清遗留在经济领域中的“左”倾思想，让各级领导都能向上级反映实情，小平同志不但经常鼓励各级干部讲真话，而且还提出对经济部门的领导成绩的考核标准。他主张评价部门的工作，要防止不符实际的数字掩盖实际存在的问题。他在 1978 年 12 月 13 日中央工作会议的闭幕式上所作的题为《解放思想，实事求是，团结一致向前看》的重要讲话中指出，“看一个经济部门的党委善不善于领导，领导得好不好，应该主要看这一经济部门实行了先进的管理方法没有，技术革新进行得怎么样，劳动生产率提高了多少，利润增长了多少，劳动者的个人收入和集体福利增加了多少。”这段话的实质是告诫大家，评价部门工作、考核干部，要去掉玄虚，注重实绩。

根据中国幅员辽阔，各地市之间地理气象条件差异较大的特性，在农村发展战略上，小平同志一贯主张因地制宜，分类指导，在不放松粮食生产的同时，大力发展林果业、畜牧业和乡镇企业，指出：“那里适宜发展什么就发展什么，不适宜发展的就不要去硬搞。向西北的不少地方，应该下决心以种牧草为主，发展畜牧业。”这一指导思想，对各地充分发挥资源优势，调整产业结构和产品结构，有着极其重要的指导意义。

六、教育全党勿忘艰苦奋斗

我国工业基础薄弱，生产技术落后，农业抗御自然灾害能力低，产业结构不尽合理，资金不足，发展经济的困难很多。小平同志认为，在这样的条件下进行社会主义建设，必须走艰苦奋斗，勤俭建国之路，提倡厉行节约，反对铺张浪费，把有限的财力、物力运用到经济建设的关键部位。小平同志经常提醒在经济部门工作的领导同志，一定要有一股艰苦奋斗的创业精神。指出：“我们国家穷，与世界发达国家比，差距是很大的。我们拥有各种有利条件，一定能够赶上世界的先进国家。但是也要认识到，为了缩短和消除两三个世纪至少是一个世纪所造成的差距，必须下长期奋斗的决心。在相当长的一段时间里，我们不能不提倡和实行艰苦创业。”

小平同志苦口婆心的说教，使一些高级干部充分认识到坚持艰苦奋斗的长期性，增强了艰苦奋斗的自觉性，坚定了充分发挥人的主观能动作用，千方百计挖掘物质潜力，尽快把国民经济搞上去的信心。在小平同志艰苦奋斗思想的指引下，一些省份的宏观调控部门严把理财、用财关。作生产建设规划时注意精打细算，尽可能地少花钱多办事，争取不花钱也办事，使投资效益不断提高。一些工厂在生产中，努力提高产品质量，降低消耗，力争用最少的投入取得质优量大的产品，使生产成本不断下降，百元产值的利税水平有所上升。一些农业比重大的省区，充分利用劳力优势，动员和组织农民因地制宜，有效地进行农田基本建设，用大搞劳动积累的办法，提高抗御自然灾害的能力。

依据小平同志进行长时期艰苦奋斗的思想，从 1986 年开始，在全国范围开展了大规模的增产节约、增收节支活动。国家严控了社会集团购买力，使一些省份的行政开支和部分企业的管理费用有所下降。一些工人、农民和知识分子在日常生产中量入为出，节俭度日，力争省出一些钱来发展生产，进行智力投资，或储存到银行支援国家建设。这些好的做法，不但收到了很可观的经济效果，而且也促进了艰苦奋斗良好社会风气的形成。党的十一届三中全会后，国民经济发展较快，财政收入逐年有所增加，这里自然含有小平同志艰苦奋斗的思想基因。

随着改革的不断深入和国家财政经济状况的逐年有所好转，人民生活水平也相应有了提高。在这种情况下，一些同志艰苦奋斗的观念有所淡薄，由此产生了企图用消费刺激生产的思想。小平同志洞察到这一问题，有针对性地指出，“艰苦奋斗是我们的传家宝，任何时候也不能丢”。在小平同志的著作和讲话中，用大量事实论证了在生产力很不发达，物质很不丰富的社会主义初级阶段，用消费来刺激生产不符合中国的国情，这条路在中国行不通。

在处理积累与消费的比例关系上，小平同志一贯主张城乡人民生活的提高，只能靠努力发展生产，不能靠国家减少必不可少的建设资金，工资和奖金的增长幅度，一定要低于生产和经济效益的增长幅度。告诫全党，不能图安逸，比排场，搞阔气，使一些人及时纠正了“新三天，旧三天，过了三天扔一边”的超前消费习惯。

小平同志的这些经济思想，深深地印在全国各族人民的心中，人们自觉地用它去规范行动。它将作为政治经济学、生产力经济学、科学社会主义等学科的一部分，载入马克思主义史册。

（1986 年初稿于北京，1989 年修改于长春）

对“农业基础论”的继承和发展

——《江泽民文选》读书笔记

江泽民同志的“三农”思想，是“三个代表”重要思想的重要组成部分。《江泽民文选》系统地反映了以江泽民同志为核心的党的第三代领导集体高度重视农业和农村工作，领导全国各族人民建设社会主义新农村的伟大实践。

根据农业部党组学习《江泽民文选》“要全面把握丰富的内涵，深刻领会关于‘三农’工作新思想、新观点”的要求，这几天来，我认真回顾了党的十三届八中全会和四次中央农村工作会议准备时，包括三次参与起草中央领导同志讲话稿的情景，系统地选读了《建设有中国特色的社会主义农业——党的第三代领导集体兴农大事记》中有关江泽民同志到农村考察、调研，在各种会议上的讲话和有关文件，就江泽民同志对“农业基础理论”的继承和发展进行了一些思考，产生了三点认识。

一、“以农业为基础”是江泽民同志治国方略的重要组成部分

在江泽民同志“三个代表”的思想体系中，始终贯穿着“以农业为基础”、“农业是国民经济的基础”的思想，并不断地把这个思想升华、丰富和发展，用于指导建设中国特色社会主义的伟大实践。

1989 年 6 月 24 日江泽民同志当选为中共中央总书记。7 月 21—24 日，他第一次下到省里视察，就讲到“中央和地方都要牢固地树立以农业为基础的思想观念”，“认真抓好农业生产和农业建设”。8

月 2—6 日，江泽民同志视察上海，在同郊县干部谈话时，要求大家“要牢固地树立以农业为基础的工作指导思想”，并指出，“在这个基础上，有步骤地发展乡镇企业”。11 月 9 日，江泽民同志在十三届五中全会上的讲话，要求中央、省、地、市、县各级党委和政府，必须把农业放到重要地位，各项经济工作都要贯彻“以农业为基础”的方针。据不完全统计，从党的十三届四中全会到党的十五大近九年间，江泽民同志在下基层视察，在各种会议上，在主持发出的文件中，至少有 20 次讲到“以农业为基础”的战略思想。虽然在表述上有：“农业是国民经济的基础”，“真正把农业放到经济工作的首位”，“继续贯彻落实以农业为基础的指导方针”，“坚定不移地把农业放到经济工作的首位”等一些不同说法，但中心思想都是强调“农业是安天下的产业，不可忽视农业的重要性”。

在江泽民同志执政的 13 年中，从时间延革上看，强调以农业为基础的工作指导方针，大致有两个突出时段。

第一时段，是党的十三届四中全会至党的十三届八中全会期间（1989 年 6 月至 1991 年 11 月）。当时中国经济及社会发展遇到了许多新情况新问题，比如，以粮食为主的农产品产量不稳定，年际间的波动很大，市场发育不全，储备调节能力很弱，江泽民同志当时形象地说，是跳“多了少了多了多，少了多了少了少”的秧歌舞；价格不稳定，双轨制还没彻底取消，粮价带百价的价格形成机制表现得非常强硬。在这种形势下，1990 年 6 月 16—22 日，中央政治局常委会委托中共中央政策研究室，在京西宾馆召开了农村工作座谈会，江泽民、李鹏、姚依林、宋平、田纪云、陈俊生等中央领导同与会同志共同分析形势，研究加强农业和深化农村改革的措施。会上，江泽民同志就农业的重要地位、深化农村改革、进一步提高农业生产水平和加强党对农村工作的领导等问题，作了重要讲话。江泽民讲到：“农业是国民经济的基础”。“我们要从经济上和政治上，从眼前和长远，从社会主义现代化建设的全局，从农村工作和农业在社会主义现代化建设中的战略地位，从把农业搞上去这个任务的极端艰难复杂性等方面，来加强认识农村工作和农业的重要性”。会后，中央开始组织起草加强农业的文件，于 12 月 1 日，中共中央、国务院发出了《关于 1991 年农业和农村工作的通知》。这是中央每年部署农业及农村工作的 1 号文件（1987年为5号文件）间断了三年后的第一次恢复。在贯彻落实这个文件的过程中，中央政治局常委会于1991年5月作出决定，在秋季召开十三届八中全会，专题研究和部署农业和农村工作。经过大致半年的准备，中共中央于1991年11月25—29日，在北京召开了十三届八中全会，作出《中共中央关于进一步加强农业和农村工作的决定》。这是中国共产党建党以来，第一次专题研究农业及农村工作的会议。

第二时段，是党的十五大至十五届三中全会期间（1997年9月至1998年10月）。当时的大环境是党的十五大提出从1997年至2010年，建设有中国特色社会主义的经济、政治、文化的发展目标。同时，亚洲金融危机爆发，国内确保粮食安全、确保大江大河安全度汛、确保农村社会稳定的任务很艰巨，加强农业基础设施建设，改善农业生态环境，转变农业增长方式迫在眉睫。中央着眼于长远发展目标的需要，决定召开全会，专题研究和部署农业和农村工作。1998年10月12—14日，党的十五届三中全会作出了《中共中央关于农业和农村工作若干重大问题的决定》。江泽民同志在全会上的讲话中要求，全党必须把发展农村经济，提高农业生产力水平作为整个农村工作的中心，一切政策都要有利于增强农村经济活力，依靠农民运用现代科技向生产的深度和广度进军，不断提高农民的物质文化生活水平。

在党的十三届八中全会到党的十五届三中全会的七年间，从1993年10月开始，中央建立了中央农村工作会议年度例会制度，每年召开一次中央农村工作会议，总结经验，分析形势，研究农业与农村工作中遇到的新情况新问题，部署阶段性的农业及农村工作。在1993年10月至1998年12月的七次中央农村工作会议上，江泽民同志每次都到会，有六次重要讲话，要求各级领导干部必须从战略和全局的高度，进一步加强农业的基础地位；一次接见会议代表，勉励与会同志努力争取农业大丰收，为经济和社会发展作出新贡献。

还是在十三届八中全会至十五届三中全会期间，江泽民同志深入农村，调查研究的脚步几乎走遍了全国31个省、自治区、直辖市，进农家、看农情、问寒暖，进行深入而广泛的调查研究，具体指导农业和农村工作。此间，江泽民亲自主持召开1992年12月的武汉会议，1996年6月的郑州会议，1998年9月的合肥会议，同各省、自治区、直辖市主要负责同志研讨农业农村工作，发表重要讲话，多次强调加强农业基础，深化农村改革，推进农村经济和社会全面发展。

二、江泽民同志丰富了“农业基础论”的内涵

“要牢固地树立以农业为基础的工作指导思想”这一具体表述，是江泽民同志在1989年8月到上海郊县调研时首次提出来的。但是，农业作为一个产业，它对其他产业和社会发展的基础性作用，是马列主义、毛泽东思想及邓小平理论中早有寓意的。江泽民同志在这个问题上作出了两大贡献。一是丰富了“农业基础论”的内涵；二是把“农业基础论”赋予中国特色的社会实践。

江泽民同志说：“农业是基础的思想，是马克思主义基本原理，也符合我国的基本国情。”农业是基础的理论，最早萌芽于马克思对农业劳动生产率的分析。有据可查的是1894年由恩格斯整理的德文版的《资本论》第三卷中，马克思说：“超越于劳动者个人需要的农业劳动生产率，是一切社会的基础”。马克思这个论断创立于19世纪70年代。当时的资本主义经济制度产生和发展已有二三百年的历史，比较先进的铁木农具被广泛利用，欧洲一些国家的粮食平均亩产量已达到100千克，产业分工已经界定清晰。按照马克思的推论，农业既然是一切社会的基础，当然是社会主义社会各产业和社会发展的基础。

世界上共产主义初级阶段社会的第一组织者列宁，从土地与农民的关系上来认识农业基础论。列宁认为，土地是农业生产资料的基础要素，农民则是农业的主体。在他看来，农业的基础地位依附于土地、农民，才得以显示。

毛泽东把“以农业为基础”确立为发展国民经济的总方针。早在1934年1月，毛泽东在江西瑞金召开的第二次全国工农代表大会的报告中指出：“农业生产是我们经济工作的第一位，它不但需要解决最重要的粮食问题，而且需要解决衣服、砂糖、纸张等项日常用品的原料即棉、麻、蔗、竹等的供给问题。”1943年，毛泽东指出，大规

模的生产运动，“包括公私农业、工业、手工业、运输业、畜牧业和商业，而以农业为主体”。大跃进运动之后，毛泽东通过回顾和反思，在1962年9月党的八届十中全会上，提出了“以农业为基础，以工业为主导”的发展国民经济的总方针。

邓小平同志指出，坚持以农业为基础的方针，是由中国的国情决定的。他在1957年8月18日国务院会议《关于发展工业几点意见》的报告中，第一个问题阐述的就是“确定以农业为基础，为农业服务”的思想。小平同志还专门给四川省的同志写过信，嘱咐他们“工业越发展，越要把农业放到第一位”。并多次告诫全党，无论在任何情况下，都不能放松农业，特别是不能放松粮食生产。

如果说，毛泽东从处理好诸产业之间的关系上阐述了“以农业为基础”的发展方针，邓小平从国情上阐述了“以农业为基础”的发展方针，那么，江泽民同志对其理论与实践的贡献是，他从经济、社会、政治等更大的范畴上，拓宽了“以农业为基础”的发展方针，从而与时俱进地丰富了农业基础论的内涵。这个理论的丰富过程，酝酿于十三届八中全会之前，成形于十三届八中全会上。其基本提法源于江泽民同志1991年2月5日考察河南时的讲话。当时，江泽民同志说：“解决农业问题始终是件头等大事，这是我们经济发展、社会安定、国家自主的基础”。在党的十三届八中全会召开前夕，江泽民同志1991年11月18—23日考察安徽时，在省地市负责人会议上强调，农业是经济发展、社会安定、国家自主的基础，农民农村问题，始终是中国革命和建设的根本问题。在几天后，召开的党的十三届八中全会上，江泽民同志对其给出了标准的命题。他在全会上指出，农业是经济发展、社会安定、国家自主的基础。没有农村的稳定和全面进步，就不可能有整个社会的稳定和全面进步；没有农民的小康，就没有全国人民的小康；没有农业的现代化，就不可能有整个国民经济的现代化。这次全会，对这个理论的实践，提出了具体措施和实施办法。

三、江泽民同志把“农业基础论”运用于建设中国特色社会主义的伟大实践

我国认真贯彻落实“以农业为基础”的工作指导方针，使农业在

社会转型、体制转轨的伟大变革中，比较好地发挥了基础性作用，有力地支撑了国民经济的持续、快速、健康发展，为深化改革、扩大开放提供了基本的物质基础。从1989年到2002年，我国在农业占GDP的比重由25%下降到14.5%的情况下，粮食总产量由4 075亿千克增长到4 571亿千克，13年实现了年际间增产粮食近500亿千克的生产水平；农民人均收入由601元增长到2 476元，增幅达312%。整个90年代以至到新世纪的前五年，中国经济社会突飞猛进地发展，农业功不可没。

以江泽民同志为核心的第三代中央领导集体，正确处理农业与其他产业的关系，实施重农发展战略，主要体现在五个方面。

第一，在指导思想和工作布局上，坚持把农业摆在经济工作的首位。江泽民同志多次强调，各省、自治区、直辖市党委和政府，要用很大的精力抓农业和农村工作；地、县两级，要把工作重心和主要精力放在农业和农村工作上。实行米袋子省长负责制、菜篮子市长负责制，协调各部门尽力支持农业的发展，加强对农业的督促、检查和指导。

第二，调整国民收入分配格局，确保农业发展的急需。在1995年的中央农村工作会议上，江泽民同志要求，在确保农业持续稳定发展的前提下，安排整个国民经济的发展规模和速度，安排工农业两大门类资金投放比例。宁可暂时少上几个工业项目，也要保证农业发展的迫切需要。他还多次强调，财政支农支出、基本建设投入、银行信贷资金三个方面，都要向农业倾斜，并要力争规模和资金足额到位。

第三，采取倾斜政策，扶持粮食主产区发展粮食生产和地方经济。从1994年开始，中央重点扶持500个商品粮大县和150个棉花重点县发展粮棉生产。1995年的中央农村工作会议，江泽民同志又要求要扶持发展“两高一优”农业示范区。在不同的场合江泽民同志多次讲到，要扶持发展农产品加工业，实现多次转化增值。

第四，保护农民利益，调动农民生产积极性。主要体现在“多予、少取、放活”的政策上。在保持家庭承包制长期稳定不变的前提下，实行粮棉油挂钩政策；农业生产资料限价政策；粮食的最低保护价和敞开收购农民余粮政策；减轻农民负担的政策，等等。

经济增长方式论纲

大自然造化了人类，人类在谋求生存和发展的同时，也本能地改造着大自然。经过世代相继的繁衍生息，人们已经不仅仅满足于向大自然掠夺物质而过活，自觉地产生了欲求发展的理念。于是，伴随着语言的发育、传播和交流，人类把物质财富的“多样性”作为追求的第一目标。社会的演进，极大地开发了人的智力。后人在研究人类进化的历史时，把为获得物质财富的劳作称为“经济行为”。经济行为创造了剩余产品，因此也派生出了增长经济学。

毋庸讳言，增长经济学说起源于西方，是专门研究发达的资本主义国家再生产和长期经济增长的理论。翻开西方经济学说史我们会看到，亚当·斯密和李嘉图都从不同的侧面探讨过经济增长问题，新古典学派的代表马歇尔在其经济理论体系中，也涉及到经济增长问题。第二次世界大战以后，国际形势发生了深刻的变化，日、德、意等战败国经济增长速度加快，第三世界经济在崛起，使一些资产阶级经济学家愈发感到深入研究经济增长规律的迫切性，经济增长问题成了资产阶级经济学界“第一等优先的经济论题”。美国经济学家巴克曾经说：“在许多不发达国家决定走共产主义道路，还是走资本主义道路时，在他们的眼里，比较美国的和共产主义集团的增长率是一个决定的因素”（《经济社会管理知识全书》第1卷第1055页）。

一些西方经济学家认为，增长经济学的主要任务是：找出决定经济增长的主要基因和变量，然后在深入分析和考证基因的基础上，经过数学的演绎，在相关变量之间建立某种函数关系，用来说明一个社会经济增长的过程和相关因素，并且研究什么样的增长是理想的，以及怎样才能实现这种理想的增长。经过他们的刻苦致学，建立起了许多变量各异的经济增长模型，给人们进一步地认识经济和社会发展规律，给予了很宝贵的提示。但由于他们受当时西方社会发展总体环境的局限和所采用静态分析方法的瑕疵，使他们的理论面对千变万化的现实社会，显得缺乏足以证明的解释和实施的对策研究。同时，也由于他们对后发展国家的具体国情分析的未及和对经济体制变革方面研究的空白，使他们的理论在发展中国家进行经济增长的社会实践中的借鉴意义大打折扣。

中国实行改革开放的政策以来，一些关心中国发展问题的经济理论工作者，致力于西方增长经济学的介绍、诠释和研究，旨在有助于解决中国现实经济发展过程中所出现的迫切问题。值得我们注意的是，运用舶来的理论来分析和解决异国经济发展过程中出现的新情况新问题，千万要看明这种理论产生的社会条件是什么，决不可忽视这种理论所舍弃的社会变量恰恰在异国是至关重要的。能够对中国的经济增长具有指导意义的学说，创建的基石是中国改革和发展的社会实践指导者，在相当一个时期中关注的焦点应该是中国共产党十四届五中全会所提出的“两个根本性转变”。投入精力研究在经济制度发生变革的过程中，如何将经济增长方式调整到符合一国国情、科学合理的轨道上来，是经济理论工作者和社会实践指导者的当务之急。而研究这个问题的起点，应该首先对经济增长的理性进行一些必要的分析和说明。也就是，要首先弄清楚什么是经济增长？只有在这个问题上能有个求同存异的认识，才能取得讨论经济增长方式问题的基础。

一、经济增长的概念

经济，原本是指物质财富的增加和社会消耗的节约。当人类社会发展到今天，社会实践不断给经济一词赋予新的涵义。《辞海》将经济释为：强国济民，治理国家。它的大概念是指人类社会进行物质资料生产活动的总和。

而经济增长，则援引于西方一些经济学家研究资本主义经济发展过程中，量的变化的人为命名。20世纪的50年代，在西方占学术主导地位的增长理论，是以美国索洛为理论代表的新古典增长理论。索洛在1956年时抛出了他的经济增长模型，提出经济增长的唯一自变量是资本的定理，用于阐述和证明生产的投入要素只有资本和劳动。他在1957年在完善“索洛增长模型”的过程中，引用了全要素生产率的分析方法来检验他的模型。他在演绎的过程中发现，资本和劳动的投入只能解释 12.5%的产出。另外的产出来自于哪里？于是他认为，科学技术是物质产出的重要组成部分。尽管这个检验过程还不尽如人意，但它势必又把他的增长理论向社会实际推进了一步。与索洛在学术观点上比较相似的经济学家罗默，在建立生产函数方程时，又增加了另一个要素，即：知识。从此使新古典学派的经济增长理论显得丰满。但是，事实上，他们的增长理论所反映的只是资本主义扩大再生产过程中的一些表面现象之间的联系及其数量关系，没有涉及到经济增长过程中与生产关系相关的本质内容。

在社会主义制度能够得到理知发展的六七十年代，东欧的一些经济学家也致力于经济增长理论的研究。1971 年，匈牙利知名经济学家亚诺什·科尔内提出了“经济的突进与和谐的增长”理论，论证了和谐增长因素，并对实现和谐的增长提出了 12 个方面的条件。与此同时，还有学者提出了社会主义经济成长理论。他们认为，在科学技术不断进步和社会主义制度不断完善的基础上，社会用于满足广大人民群众日益增长和多样化需求的能力和手段的增长，即为社会主义经济的成长。尽管成长与增长是两个不同的概念，但在这里他们特指的经济范畴，却是“异曲同工”。在我看来，这些理论一方面为科学社会主义的经济增长理论的形成起到了基础性作用，另一方面也明显地暴露出不能吻合地囊括现实社会主义经济增长的现实。他的不足之处主要在于定义域比较狭窄，只是承认“能力”的增长，而忽视了实际“财富”的增长。问题的症结在于他们关注的是增长的过程和能力，忽视了增长的物质效果。

所谓经济增长，是指在一定时空区间，人们能动地利用资源禀赋和自然条件，通过生产要素的组合和劳动分工协作，借助于物质投入的增加和科技的注入，进行物质资料增量的生产，以提高物质生产的总体水平和经济实力，增加经济流量，满足人们日益增长的物质文化生活的需要。它具有发育过程上的继承性，增量上的有效性和结果上的物质性等特点；它的计量评价标准是物质指标和价值指标的统一，一般用国民生产总值（GNP）和经价值变化调整后的国民收入的增长率来衡量。为了能够兼容劳动力再生产的因素，把人均的增长率作为辅助评价尺度，这是比较科学的选择。

经济增长与经济发展是两个完全不同的概念。在一些经济论著中，把经济增长混同为经济发展，是缺乏理性论证的。简单地说，经济增长主要是指物质财富的有效产出，指产品和劳务在数量上的增加，或指按人口平均的实际产出的增加。经济增长不单纯指扩大生产规模、增加要素的投入而获得的增长，而且也是指通过全要素生产效率的提高新获得的增长，即在投入不变的假设前提下，通过生产要素的优化组合和加强管理等内生性措施，所获得的产品的增加和社会服务能力的提高；同时还包括因变革社会经济制度、现存生产力的解放而引起的经济增长。经济增长是经济发展的前提和必要条件。而经济的发展不仅包括流量的增长，而且还包括存量结构的优化和整体经济运行质量的提高，它的实质是社会生产力诸要素构成形态在其总体运行上的相互协调，以及在社会生产力整体的全面发展与人类社会整体发展之间所能保持的一种良性关系，它的评价尺度，既包括经济流量的增长，又包括整体经济素质和社会条件的演变，是个相当复杂的经济计量体系。由此可见，经济发展是包含了经济增长在内的大概念，所反映的是经济的质与量的统一，经济与社会的协调。

经济增长与经济发展的共同属性是，二者都属于理论经济学家范畴的问题。它们本身并不应包括社会制度和意识形态（尽管社会制度和意识形态对经济的增长和经济发展具有一定的反作用），二者的统一性是经济学科中研究经济成长问题的两个分支。人们不但可以用其研究和解释资本主义社会经济运行的问题，而且也可以用其研究社会主义社会经济运行问题。毋庸讳言，最早引用经济增长和经济发展概念的，是西方资产阶级经济理论学者。他们给经济增长和经济发展所限定的适用范围是：经济增长理论以发达的资本主义国家为研究对象；经济发展理论则以经济落后的发展中国家为研究对象。人类社会发展到今天，经济理论欲摆脱社会制度和意识形态的束缚的趋势越发明显，各种经济制度和经济发展战略以及经济增长方式，每时每刻都在相互借鉴和融合之中发生变化。在这种情况下，再用过去研究经济增长与经济发展所给定的适用范围，显然是一种短视，缺乏科学性。事实上，发达国家欲求经济增长，发展中国家更需要经济增长；发展中国家面临着经济发展的首要任务，发达国家也同样需要经济发展。无论是什么经济制度的国家，都会本能地尽量利用一切有利条件，力图调动一切积极因素，促进经济的持续、快速增长，进而推动一国整体经济的发展。

二、经济增长的基因

所谓经济增长基因，是指能被生产实践所利用的经过形态转移能够出现增值的物质、能量、信息本体，是能对经济的增长起到基础性作用的基本因素。就其基因的个体来说，它具有物质性、附着性、增值性和可组合性的特点。它与生产力的要素有区别，也有联系。区别在于它不是简单地与生产力要素的重合，而是部分地超越于生产力要素的范畴；联系在于基因的部分本体同时具有生产力要素的属性。同时，经济增长的基因还部分地包括能被马克思主义的生产关系原理所解释的社会科学内容。就目前的物质世界来说，能给经济带来增长的至少有六项基因。或者说，经济要获得增长，在物质上、精神上至少应具备六个方面的基本条件。

（一）劳动力

在现代生产力条件下，所谓劳动力，是指具有相当的体力、生产经验、科学知识、劳动技能，运用生产工具加工劳动对象，改变自然状况和物质形态，直接或间接地从事物质和精神的生产或提供劳务的人的能力。对此，马克思在《资本论》中讲到："我们把劳动力或劳动能力，理解为人的身体即活的人体中存在的、每当人生产某种使用价值时就运用体力和智力的总和"（《马克思恩格斯全集》第 23 卷第 190 页）。按照马克思这个著名的定义，我们会理解到劳动力概念包含着三方面的内容。一是劳动力存在人的活体中，是同劳动力所有者不可分割的；二是劳动力只有在劳动中才能发挥出来，生产出某种使用价值和提供具体的服务；三是劳动力的构成是指从事劳动的人的体力和智力的总和。

世界各国经济增长的社会实践足以证明，劳动力是经济增长过程中最活跃、最能动、最关键的基因，是经济增长的决定性因素。对此，可以从三个方面来验证。从劳动力与自然资源的关系上看，劳动力是让其转化成为生产力的终极原因。中东地区地下的原油，在地下沉睡了不知多少亿年，只有当劳动力运用生产工具和相关技术进行开采，才使它成了现实的能源，造福于人类。亘古以来一直奔腾不息的长江，不知给中国人带来了多么大的灾难，只有当劳动力能动地对它进行治理、改造和驯服，才使它成为带动两岸区域经济不断发展的黄金水道。从劳动力与生产工具的关系上看，劳动力是生产工具的制造者。

生产工具的产生和不断更新换代，对经济的增长以及整个人类社会发展的贡献，是无比巨大的。但是，追根溯源，生产工具终究是劳动力创造的，是劳动者体力和智力的凝结物。从上古时代人类为获取食物进行耕作所用的耒耜，到18世纪的蒸汽机的发明，以至现代高智能电子计算机的问世，都是劳动力进行劳作的产物。从劳动力与科学技术关系上看，劳动力既是科学的探知者，又是技术的推广和使用者。科学技术在经济增长的过程中，越来越显示出巨大的作用。但是，这种作用的本源是劳动力。具有一定体力和智力的劳动力，把科学知识同生产工具结合起来，并运用于社会生产实践，就使科学由潜在的生产力变成现实的生产力。

值得说明的是，构成经济增长的第一位基因是劳动力，而不是劳动者。劳动力与劳动者虽然只有一字之差，但它们的含义却大相径庭。其一，劳动力是指孕育在人体中的认识自然和改造自然的能力，其概念具有明显的物理性质；而劳动者，是指能够从事或者正在从事某项具体劳动的人，其概念具有明显的社会性质。其二，劳动力的本意是劳动能力的物理量，这种量是有一定质的规定性的量；而劳动者所指的是人群的一般分类，不含有质与量的本意。其三，劳动力与经济增长是正相关关系，这种关系具有确定性；而劳动者与经济增长的关系，可能是正相关的，也可能是没有意义的，还可能是负相关的，二者之间的关系具有不确定性。比如，一些体力不强、文化素质低下、智力不全的劳动者，在一定范围的生产过程中，不仅不能促进经济的增长，而且还会出现损坏生产工具、破坏生产安全、浪费生产资料、失真信息等现象，给经济增长造成巨大的副作用或反作用。其四，只有体力强壮、智力超群的劳动者，才能成为被世界各国珍惜和争相引进的对象。而数量过大、增长过快、素质低下的劳动者群体，却是经济增长的包袱。据资料介绍，1949年至1969年的20年间，美国出于促进经济加快发展的目的，共从发展中国家“偷”走各类高智能劳动力14.3万人。不但使发展中国家蒙受50多亿美元教育支出的损失，而且还为美国创造了630多亿美元的经济效益。同时，美国利用各种手段极力控制一般人口的流入，采取各种办法驱逐外来人口的行动，却一天也没停止过。

（二）资源禀赋

这里主要是指土地、森林、矿藏和海洋等大自然无偿赋予给人类的物质，或者说是自然界中所存在的天然的物质财富。1972 年联合国环境规划署解释为："所谓资源，是指在一定的时间、地点的条件下能够生产经济价值，以提高人类当前和将来福利的自然环境因素和条件"（《社会经济管理全书》第 330 页）资源是人类社会赖以生存的物质基础，是经济增长的重要条件。试想，人类所生息的地球上如果没有资源，不但是否能进化成人类值得怀疑，而且也决不会创造出像现在这样的物质文明和精神文明。研究经济增长的基因，有必要将资源的外延相应缩小，限定在有形天然物质的范畴内，与环境和自然条件分开来研究。这样，便于通过基因的细化来分析个性，从而更加明晰地看到它们各自在经济增长中所起的不同作用。

资源有四个基本特征。一是自然性。它不需要任何人为加工，可以脱离人的有意识的劳动存在于物质世界上。人可以认识、改造、开发和利用它，但不能重造一个这样的物质世界。二是有限性。有些资源虽然目前还很难精确地计量保有量，但从理论上来讲，资源不可能是取之不尽、用之不竭的，客观规律注定它会越用越少。如果人类不加节制地索取，或者不能科学合理地开发利用，一些资源终究要枯竭的。三是关联性。各类资源不是独立存在的，它们之间有着千丝万缕的联系。比如，矿藏、森林和海洋都是依赖于地壳而存在的，森林离开水将不能成活。可供开垦的土地是在雨水的冲蚀以及岩石风化的作用下形成的，等等。四是可开发性。这种开发性不仅表现在它具有使用价值，可以开发利用上，而且还表现在随着科学技术的不断发展，经过勘探还可以陆续发现新的物种，一些资源的探明蕴藏量还会有所增加。据中国地质矿产部提供的一份报告，1981 年至 1994 年的 15 年间，世界上一些矿产资源的探明量是在增长的。在燃料矿产方面，石油证实储量 15 年间增长 3 290 亿桶，年均增长 3.1%；天然气增长 58.55 亿立方米，年均增长 4.2%。在非燃料矿产方面，钴、镍、铬、稀有金属、金刚石、重晶石、石墨等资源蕴藏量增长显著，金、银、铂族金属的蕴藏量也明显增长。

另外，从资源与经济增长的关系上看，资源丰度的差别，提供不同的生产率，从而影响投入或可能投入社会生产过程生产资料量的大小；资源品位的高低，与形成新的物质的总量关系很大，从而影响投入社会生产过程的生产资料量的大小；资源品种是否齐全，分布是否合理，不仅影响到投入社会生产过程中生产资料的量，而且影响到产业结构的形成和经济的协调发展。资源对经济增长的贡献率，可以用资源的消耗率来表示。即：资源消耗率＝资源消耗量/产品数量，资源消耗率低，同量的资源就可能生产出较多的产品；资源消耗率高，同量的资源则生产出较少的产品，经济增长就会缓慢，甚至得不到增长。

通过对资源特性的分析，我们会更加清醒地认识到，是否能合理开发利用资源和科学配置资源，是经济能否求得持续增长的关键一环。

（三）自然条件

凡是对物质循环、物质形态变异、能量转换、生物进化过程能起到抑制或促进作用的一切相关因素的总和，称为自然条件。虽然自然条件的组成部分大多不具有生产力的性质，有些只是生产力构成的外部因素。但由于它对经济的增长能发生重大影响，所以，我们说它具有经济增长基因的属性，是经济增长的自然基础。对此，马克思曾说："自然力不是超额利润的源泉，而只是超额利润的一种自然基础，因为它是特别高的劳动生产力的自然基础。"（《资本论》第 3 卷第 728 页）。当我们把自然条件从自然界中抽象出来，对其分层次进行研究，我们就会认识到，它每时每刻抑制或促进人类的经济活动，是左右经济增长的重量级合成基因。

自然条件可以分为三个层次。一是自然力。如水力、风力、潮汐力、地球引力、地壳震动力等。二是生态条件。如气候、气温、降水量、温度、日照、生物种群、土壤有机质含量等。三是地理环境。如方位、区位、毗邻、海拔、自然交通状况、成灾因素等等。上述这些基因有的通过附加劳动条件可以转化为促进经济增长的现实生产力，但大部分是游离于社会生产力系统之外，并对生产力的形成具有互相作用的自然因素。自然条件对经济增长发生作用的同时，经济增长也会对自然条件形成反作用。比如，经济获得增长的同时，也要改变生态，向大自然输出生产剩余物。

在研究经济增长基因时，把自然条件与资源区别开来，是有一定道理的。因为：自然条件不能向资源那样成为劳动对象；自然条件与经济增长不具有向资源那样的正相关关系，而是具有很大的不确定性。这种不确定性表现在自然力上，有些自然力可成为经济增长的推动因素，而有些自然力会对经济的增长起到阻碍或者是破坏作用。比如台风、洪水、干旱、地震、泥石流等，都是破坏经济增长的祸首。表现在生态条件上，降雨、阳光等是经济增长的有利条件，而低温、旱霜、云雾和气候异常等，又使农业、交通、建筑等产业受害。表现在地理环境上，沿海、沿江是对外开放的优越条件，大城市郊区可以得到都市经济发展的辐射和带动，而缺乏淡水的茫茫戈壁，气压较低的高山海拔，则成为经济发展的制约因素。处于海洋性气候向陆陆气候过渡的地带，往往受到旱涝灾害的侵袭。这些情况表明，自然条件具有极难的调节性，是不以人们意志为转移的客观因素。

（四）科学技术

对于什么是科学？何为技术？人们争论了几千年。20 世纪初期，一些专家学者比较一致的看法是："科学的一般含义是如实反映客观事物固有规律的系统知识"。后来，当人们从社会实践中认识到，科学技术在不断揭示和反映自然界一些客观规律的同时，它的本身也处在不断产生、发展或退化，乃至消亡的过程中。在科学是个不断变化的客观规律面前，人们警觉到，把科学单纯看成知识，完全归于意识形态范畴，显然是一种短视。综合先人的探究，我认为，科学是人类从事物质或精神活动的一个范畴，它的职能是总结关于客观世界的知识，并使之系统化。科学这个概念不仅包括获得新知识的活动，而且还包括这个活动的结果。技术的含义是：依据科学而作用于自然界，用来为人类生产和生活服务的各种物质手段、方式、方法，是工艺技巧、操作方法、程序规划和劳动经验的总和，是把人们新探知的客观规律运用于社会实践并取得预期效果的过程。科学与技术在融合的状态下，就会使劳动力和资源等经济增长基因得到"智化"和"物化"，最终转化为现实的生产力。

邓小平同志说，科学技术是生产力，而且是第一生产力。这两句话意义深长。我认为，第一句话说的是科学技术的基本属性，第二句话说的是科学技术在生产力诸要素中所居于的重要地位和作用。生产力这个概念与本文所研究的经济增长基因虽然有区别，但二者有着紧密的联系。科学技术作为经济增长的基因，就在于它与生产力的范畴有所区别和联系。在现代经济发展的过程中，经济增长的基因已经远远地超出劳动力、劳动对象、劳动资料的范畴，而是包括科学技术、经济信息和劳动组合等因素在内的多因素、多层次、多变幻的复合体，它对经济增长的贡献越来越大。据资料介绍，20 世纪初，科学技术对发达国家经济增长的贡献因素只占 5%～10%；在五六十年代，其比重上升到 50%左右；到 80 年代，其比重已高达 60%～80%。这是科学技术作为经济增长基因的定量分析。从科学技术与其他经济增长基因所固有的必然联系上看，无论是劳动、资源还是自然条件，以及信息和包括科学管理在内的劳动组合，无一不受科学技术的影响和制约。科学技术附着在劳动力的身上，就能使其从体力型向文化型科技型转化；附着在资源上，就会提高资源的可用性能和使用效率；附着在自然条件上，就会最大限度地抑制不利因素和最大限度地利用有利因素；附着在信息上，就会不断改善信息的收集、整理和传递方式，提高信息的品位；附着在劳动组合上，就会使各种资源得到科学配置和合理运用，降低成本，节约劳动，提高经济效益。科学技术，已经成了推动经济不断增长的第一位基因。

科学技术主要是通过五种方式促进经济增长。一是通过对物质世界的不断探究和了解，不断拓宽物质资源的用途，发现新型资源，增强再生产的物质基础，启动经济增长。二是通过改善劳动者的身体状态、文化品位、智力结构，提高劳动力的素质，推动劳动力的再生产和不断优化，促动经济增长。三是通过提高生产系统中的技术装备水平，用科学技术加快生产的自动化、专业化、现代化和集约化进程，节约劳动时间，提高劳动效率，带动经济增长。四是通过对生产实践经验的总结，从中摸索规律，不断改进工艺流程和操作规程，推动经济的增长。五是通过新材料、新能源、新技术的广泛利用，不断改造老企业，扩大高新技术产业和其他新兴产业的规模，延长产业链，形成新的产业群，用结构的调整来促进经济的增长。

（五）信息

信息是个广泛而又抽象的概念。它是普遍存在于自然界、人类社会、人们的认识及思维过程中，对世界上一切事物的状态、特征、相互关系和活动规律的具体反应。再具体一点说，它是表达某一抽象的有待传送、交换、提取、处理和应用内容的消息或信号。而消息又经常被人们概括为符号；信号则是比消息更加具体的物理量。因此，信息是离散和连续的消息或者更为具体的语言、文字、数据、图像等信号所含或者所载荷的内容，消息和符号是信息的抽象表达方式，而信号则是信息的具体物理表达形式。信息参与整个社会再生产的全过程，同资源、自然条件、劳动力、科学技术和劳动组合相联系而构成经济增长的基本因素。

信息具有六个方面的特征。一是价值的增值性。在市场经济条件下，信息也是一种商品，具有一定的价值。虽然取得信息的支出往往是比较低廉的，但当它的使用价值参与再生产过程时，就可能产生大于成本几十倍、几百倍甚至无法估量的增值。二是效益的间接性。信息是以为社会再生产服务的，它本身不能直接产生经济效益，只有当他与其他生产要素融合在一起，依附在一种媒体并投入经济运行的过程中，才能产生经济效益。同时，信息对效益的贡献份额，往往是很难精确计量的。三是知识的高度聚合性。信息是根据不同的服务对象和不同的需求，经过采取科学的方式、现代化的手段、合理的程序收集、整理、加工而成的高智能的消息和信号，它本身显示出具有非常强的归纳性和综合性，通常是多学科人员共同研究，并获得一定客观认证的成果，是人类多学科、多类别知识和经验高度聚合的产物。四是用途的广延性。一条有价值的信息，同时可被多个经济单位或相关的产业群同时利用，一项反映客观规律的发现或一项发明的信息，可以辐射整个社会的再生产过程。比如，人类发明金属线条切割磁力线可以产生电能的规律，不但使各行各业都受益，而且改变了整个社会的生产生活方式。五是传递的光速性。信息主要通过现代化通讯手段和计算机网络传递，不管在多么遥远的地方，供需双方可以在瞬间实现交割，它传递的速度可与光速媲美。六是应用的实效性。信息的应用价值与时间关系极大。一条刚刚问世的独家消息，会给应用者带来巨大的经济效益；而一旦失去使用机会，或者说过失的信息，可能成为没有任何应用价值的废品，在应用范围上，甚至可以缩小到零。

信息是推动经济增长的巨大杠杆。它的开发和利用，可以带来巨大的经济效益和社会效益。信息是转变经济增长方式不可缺少的手段。首先，利用信息可以找到新的经济增长点。经济系统是在不断变化的系统，时刻都在产生、发出或扩散各种不同的信息。这些信息一旦通过人的思维加工，就会提高人们对经济规律的认识能力，作出促进经济增长的各种选择。比如，通过研究人们消费预期和产业现状分析的信息，最近国家做出了用优先发展住宅业带动产业结构调整，满足人们消费需求，促进经济增长的战略选择。又比如，人们借助地面植物金属含量的信息，可以发现地下矿藏，从而不断拓宽生产领域，延长产业链。其次，利用信息可以调节资源配置，提高资源的利用率。发展社会主义市场经济，需要改变资源的配置形式，调节资源的流量和流向，具体操作的唯一依据就是信息。依据准确科学的信息，可以使资源流到最急需、使用回报率最高的地方或产业，从而收到节约运力、降低成本、提高经济效益的效果。第三，利用信息可以实现科学决策。信息是决策的基础，决策的过程也是发挥信息资源、处理和利用信息的过程。决策需要信息，如同生产离不开原料一样。科学的决策要以完整准确的信息为依据，离开信息的决策就是盲目决策，就会使经济蒙受损失。第四，利用信息的反馈，实施对经济运行的有效监督。各项经济决策付诸实施后，效果怎么样，实际操作过程出现了哪些偏离，情况的综合和决策的修正完善，都需要在收集、整理和加工各种信息，在做出分析评价的基础上做出补充和矫正，从而才能克服不利因素，解决实际问题，营造和保持经济运行的良好走势。第五，利用信息防灾抗灾。灾害是经济发展的天敌。对灾害的准确预报和相应的防范措施，是信息就是财富的有力佐证。比如，可以根据气候的变化信息预报降水量，达到防洪或抗旱的目的；可以根据观察海上鱼类、生物的变异行为的信息，去推测和防范台风；还可以根据动物异常的行为信息，去防御地震灾害。第六，开发和利用信息的过程，就会使信息成为新的产业，通过产业的发育和发展，提供越来越多的就业岗位，从而达到提高整个经济运行效率、促进经济增长的目的。据资料介绍，在信息业比较发达的美国，有40%的劳力就业于与信息有关的岗位，信息已成了推动美国经济增长的重要产业。总之，信息是运用潜力最大，能够有助人们解决一切问题的经济增长基因，如开发利用得好，将会给人类带来巨大的物质财富。

信息的采集和利用，也同自然资源一样有个成本的问题。要降低信息成本，首要的是解决信息计量的问题。1948 年，美国狭义信息计量论的奠基人仙农，利用概率论和随机过程理论，借鉴热力学中“熵”的概念，推出了信息“熵”原理。他认为，信息的计量单位是“熵”，熵越大，不确定性就越大。据此，在信息理论中就出现了反熵原理。把这个原理运用于经济过程中，就可以增加经济过程中的确定性。在经济决策中贯彻和运用反熵原理，可以删减对决策无用的信息，增加信息效益，减少信息成本。例如，中央决策者收集许多企业投入产出的微观信息，不但成本高，而且可用性很低；相反，中央决策者很容易掌握宏观经济信息，用其指导宏观经济的运行，不但信息成本低，而且效益高。

（六）劳动组合

就其上述各类经济增长基因的本身来说，它具有独立存在的分散性和可组合性。它们虽然都具有生产力的性质，但是这种生产力是分散的、潜在的。一个基因在经济增长的过程中不单独起作用，单个的基因不能完成生产过程。只有把它们通过劳动力的主导作用有机地组合起来，按照相应的比例和布局协调配置，构成生产力的运行系统，才能使它们对经济增长的作用有效地发挥出来。在把经济增长基因转化为经济增长动力的过程中，生产资料所有者对各种基因进行布局、配置、调节，并对生产运行实行有效监控的过程，就是劳动组合。劳动组合既含有生产力的因素，又含有生产关系的因素。它是“经济增长基因超越于生产力范畴，体现马克思主义生产关系理论”的重要标志。

劳动组合有三种基本形态。一是劳动力与劳动力的组合。比如，在一个物质生产单位中，经营管理层次上的生产、技术、销售等各类人员要按一定的比例配置，既各负其责，又要互相协调；生产组织层次上的经营管理人员与一线生产工人要按一定的比例配置；在一线生产层次上，甲、乙、丙各岗位之间要按相应的比例匹配，以实现节约资源、降低成本、提高效率。二是劳动力与生产工具和劳动对象的组合。比如，在一个挖煤作业小组中，一定数量的挖煤机要求匹配相应的劳动力，而掘进面的情况又要求按一定的比例来匹配挖煤机。三是自然资源与经加工的原材料的组合。比如在农业生产中，可耕地与一定量的种子、农药、化肥的组合。在这三种基本组合形态中，决定因素是人。因为人是经济再生产过程中最能动、最活跃、最关键的基因。就是在第三种看似物与物之间的组合中，也是在人的操纵下才得以实现的。

对劳动组合的评价标准，是“优化”。这种优化主要表现在三个方面。一是各生产要素之间的配比优化，其中包括要素的构成结构、比例和运动方式等内容。二是生产系统运行状态优化，包括经济增长的各项基因在空间上、时间上分布比较合理，并相互协调，与生产系统外界的联系更加融洽，从而使生产力系统能够发挥正常的功效。三是对各类经济增长基因调节手段的优化，包括市场、计划、宏观调控、行政指令、法律规范等一些调节手段运用自如，力度适宜，措施灵活有效。取得最优效果的最终目的是节约劳动，降低成本，提高效率和效益。

在经济增长的过程中，劳动组合的作用是其他基因无法替代的。如果把这种组合作用量化，它的合力大于各项基因作用力之和。对此，马克思曾做过很形象的论述。他说：“一个骑兵连的进攻力量或一个步兵团的抵抗力量，与单个骑兵分散展开的进攻力量的总和或单个步兵分散展开的抵抗力量的总和有本质的区别。同样，单个劳动者力量的机械总和，与许多人手同时共同完成同一不可分割的操作（例如举重、转绞车、清除道路上的障碍物等），所发挥的社会力量有本质的区别”（《马克思恩格斯全集》第32卷第362页）。能够将各类经济增长基因作用力扩大的奥妙，就在于各类基因具有可组合性，就在于组合后又增生了一个合力。这个合力作用于生产系统，就变成了推动经济增长的动力。

构成经济增长的六个方面的基因，它们分别存在于不同层次，在经济增长的过程中发挥着不同的作用。在这个基因系统中，处于最深层次上的是劳动力和资源，二者是普遍的、基础的、实体性基因。自然条件处于中间层次，因为它可以直接对经济的增长起到促进或抑制作用。科学技术、信息和劳动组合处于基因系统的上层，是附着性基因和渗透性基因。它们的共同特点是没有实物形态，只能附着在实体性基因之上或渗透到这些基因之中，通过改善它们之间的组合方式来发挥作用。由于各类经济增长基因在生产过程中所处的地位和作用不同，决定了它们各自对经济增长的贡献份额是有区别的。这种区别可通过这样的模型显示出来：

$$G=P\ (A+B+C+D)^n$$

式中，G——经济增长率；

P——劳动力的贡献份额；

n——科学技术的贡献份额；

A——为资源的贡献份额；

B——为自然条件的贡献份额；

C——信息的贡献份额；

D——劳动组合的贡献份额。

建立这样一个模型的用意旨在说明：资源和自然条件对经济的增长具有基础性作用；信息和劳动组合对资源和自然条件的贡献份额具有放大作用；劳动力的贡献份额是A、B、C、D四项之和的乘积；而科学技术的贡献份额与五项基因是乘方关系。这个模型突出了劳动力在经济增长中的主导作用和科学技术的重大作用。

三、经济增长的有效性质

经济增长有三个方面的性质，即：继承性、物质性和有效性。其中，起主导作用的是“有效性”。因为继承性和物质性都是依据有效性的客观存在而存在的。不管在什么样经济制度的社会中，如果在一个基期中经济的增长是无效的，那么，它的继承性和物质性是不存在的。经济增长的有效性，主要通过四个方面表现出来。

（一）表现在物质形态上，是劳动创造财富的增长

人类所理想的经济行为，是欲求用最短的时间和最少的劳动消耗（包括物化劳动和活劳动的消耗）创造出尽可能多而又有用的物质财富。按照马克思的剩余价值理论，在生产过程中新创造的价值总额剔除物化劳动的投入和维持劳动力再生产的必需之后，所剩余部分m，即是经济的有效增长。马克思将其称为剩余劳动。对剩余劳动核算的意义不在数量的本身，而在于它所对应的那部分物质财富。这部分物质财富的增加，是经济增长的有效标志。只有当生产过程能够真实地创造出m，或者创造出不断增量的m时，这种经济行为才是有效行为。

从经济再生产的现实出发，有必要在经济增长学说中引入资源效用负值的概念。1995年，世界银行制定了一种把经济、社会和环境

因素综合起来计算各国财富的新模型。这种模型的应用意义在于提出了“财富保存率”的概念。如果一个国家通过大量消耗财富，掠夺开采和出售矿物质和森林等自然资产，并把收入主要用于社会成员的消费，而不是用于投资，不增强物质生产的再生能力时，这种行为的财富保值率将成为负值。它的实质是无意义地消耗掉了财富。在这种情况下，产出的经济流量不能弥补生产过程已消耗掉的资源和用于劳动力再生产的必需生活消费，人们称它为不经济行为。生产过程如果是不经济的，显然无法赢得经济的有效增长。一些经济学家在研究经济增长的规律时，常常讲到不问市场、不珍惜资源、不对经济效果进行可行性论证，盲目铺摊子、上项目，不等于经济的增长。这段论证的理论依据，就是经济增长的有效性质。

经济增长的有效性排斥虚拟资本。所谓虚拟资本，是指由于股票等证券价格的人为膨胀，所形成的价格背离价值的“泡沫经济”现象。由于虚拟资本的本身不产生社会财富，只是人为地虚拟资本经济总量，进而引起经济流量统计失真。它的实质是价值所对应的物质财富处于虚无状态。这种虚无，是与经济增长的良好愿望背道而驰的。可以断言，在一个国家中，如果出现“泡沫经济”时，那么，这时的经济增长是有水分的。

（二）表现在价值尺度上，是人均占有量的增长

人是经济增长的主体。研究经济增长问题，不能离开人的因素。在进行经济流量分析的过程中，找出经济增长在时间上的变量与人口增长在时间上的变量二者之间的关系，更能证明经济增长的有效性质，即在价值尺度上，表现在人均占有量的增长。

经济增长的最终目的是，不断满足人的日益增长的消费需求，提高人们的生活质量。如果不能在原有的基础上提高人们的生活水平，即使经济流量呈增长的状态，那么，这种增长也不能称为有效的。以中国的情况为例来说明，会有助于我们对经济增长有效性质的理解。1995 年，中国国民生产总值达到 57 600 亿元（李鹏总理在第八届全国人民代表大会第四次会议上的报告），按届时人口人均占有 5 053 元。设 1996 年的计划出生人口为 1 400 万人，按 1995 年的人均占有水平推算，将分流消费 707.4 亿元。由此可以推导出，1996 年经济流量的增长总额必须大于57 600亿元＋707.4 亿元，其增长的性质才是有效的。即：

$$G > G_1 + G_2$$

式中，G——计期年度经济流量总额；

G_1——基期年度经济流量总额；

G_2——计期新增人口分流消费占有额。

G 大于 G_1+G_2 的部分，在平面图解上是个有效区间。当 $G > G_1+G_2$ 时，经济增长呈有效状态；当 $G=G_1+G_2$ 时，经济增长呈现零状态；当 G 小于 G_1+G_2 时，经济增长呈无效状态。这三种变化形态其中所包含的就是经济增长与人口增长的数量关系。由此可见，舍弃人口增长状况来研究经济增长问题，是不全面的，所得出的结论很难说明经济的增长是否有效。

（三）表现在产品性能上，是使用价值的增长

理论经济学家在给出“经济增长”这个概念的初衷，其主要目的是用以观察经济运行过程中量的变化。但是，马克思主义的基本原理告诉我们，世界上任何一件事物都是量与质的统一。从来就没有游离开“量”而独立存在的“质”；也没有任何脱离“质”而独立存在的“量”。经济增长过程中的“量”，天经地义地是具有一定“质”的规定性的“量”。当人类社会群体走出温饱“界圈”的时候，人们更加欲求舒适和享乐的生活。在这种情况下，解析经济增长过程中的产品使用价值，就会使人们更加明晰地认识到经济增长的有效性质。那么，经济增长“量”其中的“质”的标志是什么？按照马克思的“价值两重性”原理，这个标志就是产品的使用价值。当人们能够理智地透过现象和本质的时候，就会清醒地认识到，经济增长与产品的使用价值没有必然联系的说法是错误的。

所谓产品的使用价值，系指所生产的是符合质量标准规定和社会需要的产品。如果再做进一步分析，产品的使用价值具有物质和社会两重性。物质性能寓含在产品的本体，通过产品的适用性、可靠性、经济性、耐久性、安全性等技术经济指标表现出来；社会性能所表现的是产品本体与受用者之间的关系，通过满足社会需要的程度反映出来。物质性和社会性的核心是产品的使用价值。如果工厂所生产的是物质性和社会性都处于劣质状态的产品，那么，其使用价值大大降低，以至不复存在。由这样的产品所构成的经济增长，就是一种虚假增长，或者叫无效增长，甚至还会对已有的经济增长起到抵消作用。据有关部门对中国部分城市的调查，中国工业产品的抽样合格率为75%；市场抽查商品合格率仅为55%；而同期国际先进水平已达98%。据徐志坚的推算，中国工业因产品质量问题，每年经济损失高达约2 000亿元（《质量是效益的核心》人民日报1991年1月28日）。人类从事物质生产的大量事实证明，产品的使用价值低，是造成市场疲软、产品积压、资金短缺、效益低下的重要原因。由此可见，不能投入社会使用的产品，就是不具有使用价值的产品。凝结在没有使用价值产品上的人类具体劳动，不但从性质上讲是无用的，而且还会造成人力、财力和包括能源、运输、原材料和加工业等诸项消耗在内的极大浪费。

经济的增长，归根到底是为了满足社会消费。无论任何产品，只有通过消费才能体现它的使用价值，并最终表现出经济增长的有效性质。因此，经济的有效增长，必须建立在不断地生产出满足人们需要的凝结在产品中的使用价值。捷克经济学家在《经济—利益—政治》一书中指出："从质的方面决定社会中人们需要的发展和满足的规律，是使用价值的发展规律"。

（四）表现在经济运行上，是实际再生能力的增长

据美国学者D. 格林沃尔德主编的《现代经济学词典》的解释，给经济增长的定义是："一国或一地区内与商品和劳动的增长相结合的其生产能力的增长"（吉林人民出版的《论生产力经济学》第83页）。这段论述可作这样的理解：一是经济的增长是指生产能力的增长；二是这种增长是由商品和劳动二因素的相结合而产生；三是经济增长的统计区域可以是一国，也可以是特指的一个地区。人类社会经济活动发展到今天，经济增长的有效标志已不仅仅是个能力问题，也不是单指经济增长的过程，主要是指经济活动的结果，即社会物质财富通过流量在时间上的积聚而引起的总量上的增加。作为经济增长的定理，格林先生的这段话现在看来显得不那么充分。但是，他所说到的"生产能力的增长"，却是研究经济增长的有效性质的一个难得的佐证。

经济增长的过程，是个周而复始的不断运动和变化的过程。如果在时间纵向上把经济增长人为地分为几个周期来研究，我们就会认识到，每个周期的增长变化都是在上一个周期的基础上得以实现的。这就是我们所说的经济增长所具有的继承性质。所谓继承，主要是对上一个周期以物质为主要基础所形成的生产能力的继承。如果上一个经济运行周期期末继存的生产能力没有提高，那么，下一个周期的经济就很难得到增长。事实上，由于生产的主体——劳动者具有主观能动作用，在生产实践中总是不断改进技术，总结经验，调整结构，完善劳动组合形式，使整个经济亘古以来就是在不断扩大生产规模、不断提高全要素的生产率、不断增加物质基础的过程中进行的。这里所说到“扩大”、“提高”、“增加”三者的有机统一，合成经济的实际再生能力。当这个实际再生能力作用于整个社会的生产过程时，就会使每个部类所生产的产品，除去补偿其他部类已消耗掉的以外，还有剩余。这种剩余，所构成的就是经济的有效增长。

在讨论这个问题时，我用“实际再生能力”的本意，是认为有必要把理论设计能力与实际形成的能力区别开来。以一个微观生产组织的一个再生产周期实例来说明，就会明显看出“实际”的重大意义。设某个企业一年中投入的全部生产要素与上一生产周期的实际再生能力相结合，理论上应该产出100个单位的社会需要的产品，我们称这100个单位的产品是该企业应该达到的生产能力。倘若一年下来实际生产量达到90个单位，我们称这90个单位为实际生产能力。其间的差距，虽然具有潜力的性质，但还不够成实际能力。潜力的存在是一回事，能不能挖掘出来是另一回事。检验生产能力的唯一标准，应该是实际达到的生产能力。因此，我们所研究的经济增长，是指实际的再生能力的增长。

转变经济增长方式课题思考笔记

——研究范畴问题100例

1. 转变经济增长方式的内涵是什么？经济增长方式与经济发展

的关系。

2. 转变经济增长方式有四种提法。其中党中央提出的是从外延的粗放型向内涵的集约型转变。

3. 经济增长方式在经济发展的不同阶段有一个以哪种方式为主的问题，也有几种增长方式同时交叉存在的问题。

4. 经济从数量型增长方式向质量型增长方式转变基本特征有四个：①经济增长效率高；②国际竞争力强；③通货膨胀率低；④生态环境保持好。

5. 经济增长方式是个宏观问题，但是它的本质来源于微观基础。①它与企业是扩大再生产形式的选择关系；②它与产业是结构状况的调整关系；③它与经济效益是指标优化的关系。

6. 中国各产业间粗放与集约差距的现行比较，与国外同业差距比较。

7. 经济增长速度与经济效益相统一，是转变经济增长方式要达到的一个目标。

8. 从原始社会到奴隶社会，再到封建社会，经济发展速度是以几何形态叠加的；而从资本主义社会到社会主义阶段，其经济发展速度可能是另当别论。

9. 消费水平只能随着生产力的发展而逐步提高；只有社会财富的增长高于人口的增长，人民生活才能得到改善。

10. 资源投入的能力及使用效果制约着产出的大小及增长速度的高低。

11. 降低消耗可以节约投入，使资源配置的效率提高，因而能够促进经济更快发展。

12. 经济增长速度要受现实需求的限制，需求不足增长速度就难以提高。

13. 片面追求发展速度会降低资源利用效率，也会打破市场供需之间的平衡，进而破坏经济运行的良性循环。

14. 生产过程是物质财富增长的过程，也应该是产业结构的变化和技术进步的过程。

15. 内涵扩大再生产与外延扩大再生产的关系。

16. 讲求投入产出比，提高投资效果和资源利用率。

17. 向比例要效益。

18. 向规模要效益。

19. 向市场要效益。

20. 向环境要效益。

21. 转变经济增长方式与建立社会主义市场经济体制。

22. 目前中国不仅建立了独立的、比较完整的工业体系和国民经济体系，而且进入了追求标准化的工业发展阶段。

23. 经济集约型增长的动力与约束机制。

24. 生产要素不能优化配置的原因。如，地区封锁，不正当竞争，资本市场没有形成等。

25. 如果资本的投资增长率超过技术进步率，资本的边际生产率就会下降，这时市场机制就会使投资速度降下来。

26. 管理是企业发展的基础，是经济效益的灵魂。

27. 名牌产品和商业信誉。

28. 建立起国有资产有序管理、良性运营、自觉调整的新机制。

29. 经济增长的观察与评价问题。经济运行的良性循环，是对经济增长合理性的综合评价。

30. 衡量经济效率指标，实质是要素生产力的产出结果，可以用物质消耗和产出水平来衡量。

31. 经济增长方式具有明显的阶段性。粗放型增长与集约型增长一般是同时存在的；有时以粗放型为主，有时以集约型为主。

32. 经济增长方式的转变是个长期的历史过程，有时甚至会出现反复。

33. 经济的发展，必须是经济的有效增长。有效增长的主要表现是有用物质财富的增加。

34. 经济增长方式的实质问题是经济增长的动力问题。经济增长的动力与增长的平衡，是转变增长方式过程中要兼顾的两大要素。

35. 粗放型经营与集约型经营是一个动态的概念，今天的集约型经营可能是明天的粗放型经营，今天的粗放型经营与过去相比可能具有集约经营的因素。

36. 人均自然资源、人力资源和经济资产，可以作为衡量一国富裕程度的指标。

37. 经济增长过程中的资源配置、产业结构、产业布局、企业组织结构的相应性调整，是转变增长方式的重要途径。

38. 社会发展的不同阶段，生产生活消费对产品质量要求会不同。这个变化过程对研判经济发展的阶段性有意义。广义的质量观念包括规格、品种、技术性能、安全可靠性和经济性。

39. 企业的效益可分为有型效益和无形效益，有型效益标志着企业经营的阶段性成果，无形效益标志着企业的品牌、信誉和发展后劲。

40. 各地区各部门经济发展不平衡，是绝对的，平衡是相对的；不平衡总是趋近平衡，然后打破平衡，创造更高层次上的不平衡，往复循环，推动经济不断发展。

41. 经济学界对高储蓄率评价不一，有的认为高储蓄率是我国经济得以持续发展的重要原动力之一。如果这样的原理成立，就应继续保持高储蓄率，防止超前消费。

42. 从宏观上，要注意提高生产力的运行水平；从微观上，要注意解决决策与管理的有效偏差问题。生产力要素投入水平与生产力运行水平的比较，有效性的系统管理理论。

43. 企业活力，突出体现在企业的经营能力、经营质量和经营效率上。

44. 国有企业是国民经济细胞的基础。

45. 国有企业的投入质量决定着整个国民经济运行的质量。

46. 企业的运行方式、运行质量是整个经济运行方式、运行质量的缩影。

47. 提高企业的运行质量，至少包括三个相关方面：转变企业的经营机制，解决企业的经营动力和约束机制问题；提高企业的经营质量，强化企业自我调整能力和应变能力；提高企业的整体素质，特别是经营管理者的素质。

48. 要转变经济增长方式，就是要更多地注重质的方面，而质的方面，则与结构、布局密切相关。

49. 企业家必须从单一关注生产经营的成果，转向更加关注企业发展的原动力，即企业资本的营运、优化与增值。

50. 通过资本存量的流动、重组和资本增量合理配置，按交易费用递减原则优化资本的运营结构，是变粗放型为集约型的一个有效途径。

51. 现代企业资本增值的目标管理方式，包括资本的营运增值和资本结构的优化增值两部分。

52. 资本经营效率受三个方面的制约。①企业资本产权明晰、责权利到位是高效资本运营的先决条件。②欠发达和欠规范的资本市场的公开性和透明度，建立健全有效的中介服务和市场监督体系，使社会资本的转换与集聚的交易成本降低，能够促进企业经营规模的扩大和资本经营的多样化。③充分发挥人力资源在资本经营中的能动作用。人力资本是带动其他资本增值的资本。

53. 建立管理的系统。①生产经营指标系统；②财务结算核算系统；③资产管理保值增值系统；④投资研发开发系统；⑤机构、制度服务系统。

54. 新中国成立以来，一直处于资源约束型经济模式中，从来不为需求不足而发愁。

55. 清理企业的“三角债”，实质是追加流动资金贷款。在生产增长与利税增长不同步时，应努力促进总供给和总需求达到平衡。

56. 投资的增长与经济的增长是个“乘数”关系。因为随着投资的增长消费也会增长，增人—增支—消费需求扩大。从资金流向上调控结构，可以实行投资许可证和投资方向调节税等措施。

57. 职工总收入的增加超于劳动生产力的增长速度，就会推动成本上升，实际在很大程度上是由于工资福利的增加引起的。

58. 企业管理由注重供产销转为注重资本的营运。因为购进原材料、生产成品的同时，也购进了债务和生产资金的占用。只有从资本营运的角度来考核，才能使企业从过去的供产销管理的注重点中走出来。从资本营运的角度看，在价值正增长的同时，债务也跟着原料流动并增加，是效率的负增长。这种加与减，决定着该产品的效益。

59. 企业家在企业中营运的是资金，而构筑企业正确的资金结构，实现快速流动是企业家的基本功。把握了企业的资金结构，就把握了企业运营状况的实质。

60. 企业产销值的增长，不是以流动资金同比例增长作为必要条件的。企业的成功，主要不取决于资金输入（债务注入）总量的大小，而取决于运作的质量。带有正增长的资金循环是对债务链的解脱，如果解脱速度大于债务的增长，企业的资金结构就趋于正常，企业就成功。

61. 企业的技术改造，是使企业增后劲、产品上档次的重要措施。但它确实是同时又给企业堆积债务，构筑了暂时的资金畸形分布。机遇不一定都给企业的资本带来增值，有的是使企业破产的机遇。因为它导致了不可解脱的资金的错误分布。要用项目能够带来回报来选择技术的先进性。每进行一项技术改造，就是一项资本营运的实践和测试。必须把正确决策和不超预算的操作，作为衡量项目成败的两大关键来评价。

62. 企业的扭亏。①制止新的不正确的资金再注入。如果停产能缓解资金的畸形分布，停产就是减亏。以为用贷款产销并无希望的产品可以暂时获得职工工资，实际上是以高于几倍工资的代价来发工资，这是“饮鸩止渴”的错误决策。②用新的能带来正增长的快速循环和存量（未能增值或者在负增值的资本）变现来调整资本结构。③把握新的机遇，构筑新的正确的资本结构。

63. 资本营运与产业结构。资本流动重组是企业发展多产业的最佳方式。要想开发一个近期难以有效益的先进产业（产品），必须先掌握一个或几个立即有效益的现实产业（产品），用一个赚钱的去支撑一个超前的。

64. 资本营运与企业效益。资本营运者认为，企业的效益有基本值与最终值之分，效益最终值=效益基本值×系数。企业产品、工作质量决定了企业效益的基本值，因为质量是效益的根本，是企业的生命，没有质量就没有效益可言，但这不是效益的最终值。

效益的最终值系数的大小，取决于企业和企业家资本营运的本领与智慧。如企业形象、品牌、行销策略等等，是一个智慧系数，信誉度系数。该系数越大，效益的最终值越大，有时能起倍增的作用。研究系数变大是很重要的学问，其中主要内容是企业形象设计。

资本营运者企盼是资本增值的速度，是用回报率来选择投入。它的一招一式无不以资本的快速正增长为目的，它的一进一退，都是为了构筑企业的正确资金结构。

65. 结构的调整须治本。解决结构问题必须先从产品结构动手，才能触及产业结构，而产业结构的调整，必须遵循以存量调整为主，以增量调整为辅的原则。

66. 中国经济增长方式转变缓慢的原因分析。①关于市场机制对增长方式转变的调节作用；②关于宏观政策对增长方式转变的推动作用。

67. 加快改革开放是促进增长方式转变的基本条件。经济增长方式的转变固然依赖于作为经济增长主体的企业的生产经营目标和行为的转变，但从根本上说取决于市场机制的有效调节作用，取决于资源约束型经济向需求约束型经济的转变。

68. 调整宏观政策是推动经济增长方式转变的重要保证。①控制经济增长速度；②调整投资重点；③优化产业结构。

69. 企业转变增长方式的有效途径。①切实转变热衷于上项目、铺摊子、搞外延粗放型发展经济的路子。②加大技术改造的力度，把主要力量用在现有企业的调整、改造和提高上来，注意提高装备水平。③为了缓解资源稀缺所带来的矛盾，应当认真实行开发与节约并重的方针。④大力提高企业素质，特别是劳动力素质。⑤实行规模经济，开展规模经营。⑥深化企业用人机制和分配机制改革，解放生产力。

70. 宏观层面应解决的矛盾。①发展规模经营与农村劳动力充分就业的矛盾。②发展工业需要大量的资金投入与原始积累不足的矛盾。③降低速度与（经济增长速度已经主要不是由中央计划指标所推动）企业和地方政府的经济行为目标的矛盾。④建立全国统一的大市场与地方经济保护主义的矛盾。

71. 对中国所处发展阶段的认识和划分。①从工业化进程上判断，工业化发展初期、中期和成熟阶段，目前中国所处为工业化中期。②用全面实现小康水平来概括经济发展阶段。③按产业结构变动的趋势判断经济发展阶段。主张未来时期中国经济将走上以重化工业为主导的发展阶段。

72. 转变经济增长方式的客观因素。①发展阶段的变更。②人们收入水平的提高和消费层次的升级。③国际经济实力的竞争。

73. 转变经济增长方式的几个误解。①不能把外延的增长与内涵的增长看作是相互排斥的。②不能把外延的增长理解为发展劳动密集型产业；把内涵增长理解为发展技术、资本密集型产业。③不能简单地认为外延的增长经济效益就一定差，内涵的增长经济效益就一定好。④不能把经济增长方式与企业的经营混为一谈。⑤不能把增长方式的宏观层次问题与微观层次问题混为一谈。

74. 实行经济增长方式转变的国际国内形势必要。

（1）国际形势必要。国际性经济发展与科技进步加速。国际性产业结构、产品结构和企业组织结构的调整加快。国际性竞争加剧，经济融合性强化。

（2）国内形势必要。经济体制要实现旧体制向新体制的过渡，建立起比较完善的社会主义市场经济体制；产业结构要实现优化和升级，使一、二、三产业之间保持合理的协调发展；彻底消除贫困，人民生活水平将实现小康，并向比较富裕的水平迈进，精神生活更加丰富和健康；工农关系、城乡关系、社会环境、生态环境要更加协调与改善。

（3）解决当前经济运行中现存问题的必要。包括投资饥渴、效益低下、忽视科技进步等方面。旧的增长方式的主要特征可概括："三高"、"三低"。即：高速度、高投入、高消耗、低质量、低产出、低效益。这几种情况的危害：①经济总量控制不住，社会总供给与总需求难以平衡，通货膨胀不时抬头，物价上升超过社会承受能力；②投资饥渴不断膨胀，投入产业比下降，重复建设、盲目发展、上项目、铺摊子，忽视资源的合理配置和现有项目的更新改造；③弱质产业得不到扶持，结构不能优化升级，造成农业严重滞后，基础产业和基础设施"瓶颈"制约；④生产经营追求产值产量，外延投入、价格转嫁；⑤忽视技术进步、质量、品种、成本、利润。

75. 转变经济增长方式需要解决的重大问题。①解决我国经济总量的增加主要依靠生产要素外延扩张来实现，还是主要依靠提高有机构成和要素利用效率来实现的问题。②解决宏观经济决策中的战略性失误，特别是重复建设、盲目发展、产业趋同化的问题。③解决科学技术转化为现实生产力，技术进步在经济增长中贡献率低的问题。④解决资源利用率低与资源浪费的问题。⑤解决经济建设中环境污染与自然生态状况恶化的问题。⑥解决经济增长方式转变与扩大就业之间的矛盾问题。

76. 转变经济增长方式的内容。

（1）思想观念的转变。

（2）体制模式的转变。

（3）资源配置方式的转变。资源配置主体由政府为主变为以经济实体为主，并实现多元化；由行政调节为主变为由市场取向为主；由数量扩张带动变为质量提高带动；由搞“小而全、大而全”的结构体系变为专业化协作配置体系，强调规模效益。

（4）经济增长动力的转变。单一动力变多元动力，单一手段变复合手段；坚持公有制和多种经济成分共同发展；充分利用国内外两块资源和两种市场；政策手段的运用与经济机制相配合。

（5）生产布局取向的转变。公平与效率、社会效益与经济效益、地区平衡发展与投资回报率、长远利益与眼前利益。

77. 转变经济增长方式的目标：经济总量的增长要以提高经济增长的质量和效益为基础。①每增长一个百分点，要求投入最小、产出最多；②提高每个增长量中技术进步的含量；③要求形成优良的结构和良性循环。

78. 经济增长的转变要形成三个机制。①要形成有利于节约、降耗、增效的企业经营机制；②要形成有利于市场竞争、资源优化配置的经济运行机制；③要形成有利于宏观控制、高效协调的科学民主的宏观决策机制。

79. 经济增长方式与经济体制两个转变之间的关系。增长方式的转变是目的，没有增长方式的转变，不能实现设想的目标；经济体制的转变是动力，要实现增长方式转变，必须以实现体制的转变为前提。

80. 影响经济增长的非经济性因素。①权威与经济增长；②民主与经济增长；③政治稳定与经济增长；④社会利益结构调整与经济增长；⑤对干部效绩评价与经济增长。⑥劳动者的觉悟程度与经济增长。

81. 转变经济增长方式，需要控制发展速度和调整国民收入分配格局、投资结构，在经济增长速度过快的情况下，是不可能实现增长方式转变的。

82. 在现代科技和经济交往日益扩大的情况下，全球经济一体化已经成为大趋势。

83. 中国应实行人力资本、积累优先战略。①加大人才投资和国民教育；②开放人才市场，启动人才市场资源配置的导向功能；③实行大力开发人才、吸引人才的改革；④发挥政府在人才资源开发利用中的调控作用。

84. 建立经济波动与经济预警监测系统。经济发展的历史证明，一个社会的存在，不可避免地存在经济波动。严重的经济波动就是经济发展中的警情。即经济增长速度高于或低于最必要的限度水平，经济增长质量低于最必要的标准。宏观经济出现严重的波动警情，往往出现在投资失控、通货膨胀、农业徘徊、能源紧张、环境污染等严重的经济问题。

85. 利润不等于经济效益。利润是产值减去成本的绝对值，经济效益则是投入除以产出的相对值。利润额的增加，并不一定是投入产出率的提高。但是，利润率确是一个近似于经济效益的指标。因为二者都是相对值，都反映经济过程中一定的比率关系。经济效益的核心是提高效率。只有效率因素形成的增量，才是经济效益的提高。

86. 投资是经济增长的引擎，投资的扩张将以乘数效应带动经济的扩张。投资扩张将随之形成投资品需求高峰，从而拉动生产资料生产继续扩张。投资扩张期可能带来暂时性国民收入的增加。伴随城市居民收入的较快增长，作为收入函数的消费也将会维持一定年均的增长速度。

由于投资扩张带动生产经营单位的增多，流通企业队伍的扩大，随之还将拉动集团消费的迅猛增长。扩大需求，提高价格，形成循环。

87. 宏观经济调控体系的内容。①为保证实现国家发展的战略目标，对经济社会事务发展进行总的宏观调控。②调节国民经济发展总供给与总需求之间关系，求得二者的平衡，控制和制订经济和社会发展的总体规划。③对所有制结构以及公有制为主的形式，在宏观上加以引导和控制。④对分配制度及工资制度进行宏观调控，保证社会公平合理的分配。⑤为实现生产力合理布局，对国土资源合理开发和利用进行宏观调控。⑥对经济发展速度和投资规模进行宏观调节。⑦控制物价，规范市场秩序，建立健全市场物价的调控体系。⑧加强对外贸易的宏观调控，使国民经济在国际大市场竞争中更好地得到发展。⑨加强对科技教育的宏观调控，积累经济与社会共同发展的后劲。⑩控制人口增长，保持生态环境。⑪加强对政府自身发展状态的调控。

88. 设计宏观调控体系，应充分考虑的几个因素：①要考虑现阶段市场发育程度。②要考查经济发展不平衡性。③要正确处理中央、地方、企业、个人四者之间的关系，特别是中央和地方的关系。④要适应打破国民经济中“瓶颈”制约和加快支柱产业发展的要求。⑤探讨建立计划、金融、财政间相互配合和制约的机制。

89. 货币效应时滞。是指从决策者认识客观情况的变化到制定相应货币政策，再到产生结果，有一个过程，需要一段时间。

宏观调控手段之一，通过增减银行贷款，进而增加或减少货币投放量，使经济发展速度和物价发生变化来实现。只有通过增减货币供应量，才能发生最终的经济效应。

从贷款到现金发行之间，也有时滞问题。

90. 美诺贝尔经济学奖得主萨缪尔森认为：如果短期的经济增长强劲却伴随着严重的财政赤字，而后者又来自超量发行货币行为的话，那么，追求这种增长是很危险的。

克莱因认为：中国应对经济的周期性反复有所准备。因为中国的经济与世界经济接轨，世界经济的周期性变化及中国国内经济周期变化会使中国的整体经济出现波动。另外，15 年后，中国还会继续面临目前的“瓶颈”问题，所以，能源、交通、通信三个领域应继续基础设施投资。

91. 企业发展的原动力是资本的增值。包括资本的营运增值和资本结构的优化增值。在现代企业中，人已经成为一种最为能动的资本，是带动其他资本增值的资本。

92. 经济增长表现为量和质两个方面。提出增长方式的转变，就是要更多地注重质的方面。而质的方面，则与结构、布局密切相关。产业转移，比较效益低的产业向新兴国家或发展中国家转移，在世界范围内进行经济布局的变化。

93. 一般来说，推动经济发展的动力，主要是投资需求、消费需求和出口需求三大因素。从社会再生产循环上说，投资需求增长及相应的重工业生产不可能孤立发展，最终要受消费需求的制约。只要消费需求不振，由投资单项扩张支撑的高速增长就难以长久，社会供求总量矛盾就会凸显，经济运行就会失去平衡。

消费需求是最终的需求。消费是经济发展的动力。没有消费需求的强力推动，国民经济是难以加速发展的。

94. 经济增长与通货膨胀可出现四种情况：一是双低，二是双高，三是一高一低，四是一低一高（滞涨）。把较高的经济增长率猛然降下来，无疑会加剧国有企业的困难，恶化财政收支平衡状况，并使失业等方面的矛盾更加突出。还可能导致生产设备闲置，从另一方面加剧总供给与总需求的不平衡。

如果猛然把过高的通货膨胀降下来，也会使整个国民经济“伤筋动骨”。因此，提出“软着陆”。

95. 企业必须把自己作为一个高度开放的系统，运用现代化信息处理和企业管理手段，加强对企业的全面质量管理，着眼于21世纪发展的需要，全面提高企业素质。

信息、技术、质量、市场、效率、效益，是企业永恒的“关键词”。

96. 经济增长方式实质上就是生产力的一种水平状态。不同的社会发展阶段，由于受经济条件和科技水平的制约，增长方式以不同的方式实现。

由粗放型增长向集约型增长的转变，就是要使资本的构成发生变化。集约型增长就是资本的有机构成要提高，资本中的技术含量要加大。

97. 无论是社会主义制度还是资本主义制度，都会出现经济增长过程的畸型性、波动特性和呆滞趋向。社会主义制度可能有利于宏观调控资源配置。

98. 通过改善管理、技术改进和提高设备利用率，可以在不投资的情况下带来国民收入的增加。

英国著名经济学家道布认为：社会主义经济即使存在过盛劳动力，仍然应以提高资本密度来加速增长，短期里这会加剧增长和就业的矛盾，但就长期发展来看，最大化的增长道路也将是最大化的就业道路。

在一般情况下，特别是不发达的社会主义国家，资金稀缺是更严重的限制，如能适当降低资本密集倒是既能增加消费，又能提高经济增长的选择。

99. 生产性积累在社会主义经济增长中的动态就表现为投资，可以说正是以投资为主线的决策实施构成经济增长的基本内涵，投资机构主要可以从两个角度进行考察：一是国民收入与生产资料消耗的比率；二是国民收入中积累所占的比重。

100. 现代信息技术进步对包括生产方式、交易方式、决策方式、管理方式、传播方式等在内的政治、经济、社会的结构和运行机制的广泛影响，代表了技术进步制度变迁作用的又一个重要方面。

（1994—1995 年）

建立社会主义市场经济理论的哲学思考

党的十四大提出了社会主义市场经济的理论，这个理论是有中国特色社会主义理论体系的重要组成部分，是继承和发展马克思主义经济学说的杰作。在它孕育、萌生和发展的过程中，无时、无处不闪烁着辩证唯物主义和历史唯物主义思想的光芒。

一、从渐变中实现飞跃

由社会主义计划经济体制改向社会主义市场经济体制，经历了一个渐变到飞跃的历史进程。

社会主义市场经济理论和实践萌生的始点，要追溯到党的十一届三中全会。那次会议指出："实现四个现代化，要求大幅度地提高生产力，也就必然要要求多方面地改变同生产力发展不适应的生产关系和上层建筑，改变一切不适应的管理方式、活动方式和思想方式，因而是一场广泛、深刻的革命。"此前，邓小平同志在中央工作会议上强调要解放思想，正确地改革同生产力发展不相适应的生产关系和上层建筑，根据我国的实际情况，确定实现四个现代化的具体道路、方针、方法和措施。这些论断，为进一步研究和探索我国要建立一个什么样的经济体制，奠定了思想基础。

1979年3月8日，陈云同志在一份讲话提纲中指出："整个社会主义时期经济必须有两个部分：①计划经济部分（有计划按比例的部分）；②市场调节部分（即不作计划，让它根据市场供求情况的变化进行生产，即带有盲目调节的部分）。"这段论述揭示了搞社会主义建设，同时需要发挥计划和市场两种机制的双重作用。党中央集思广益，在认真总结实践经验，广泛听取各界人士意见的基础上，把"正确贯彻执行计划经济为主，市场调节为辅的原则"写进了党的十二大报告。

与引用市场机制相伴而生的，是我们党对商品经济的重新认识。我们认识到在社会主义社会商品和货币都有存在的客观必然性，只有承认它，利用它，才能走完工业化、社会化大生产之路，实现现代化。以邓小平同志为核心的领导集体，在马克思主义实事求是思想路线的指导下，正视现实客观情况，从富国裕民的大局出发，在党的十二届三中全会上提出了社会主义经济是有计划的商品经济的论断，从而肯定了社会主义可以而且必须同商品经济统一起来，推倒了社会主义与商品经济不相容的传统信条。

党的十二届三中全会后，社会主义商品经济理论在畅所欲言的争论中不断得到充实。到了1987年10月党的十三届全国代表大会，又对社会主义商品经济的理论有了标新和界定。大会指出："社会主义有计划商品经济的体制，应该是计划和市场内在统一的体制，"从理论上论证了商品经济、计划经济与市场经济三者的兼容性。从十三大到十三届七中全会，社会主义经济体制的理论大体又经历了近四年的完善过程。江泽民同志在党的十三届七中全会上明确指出："今后十年要初步建立社会主义有计划商品经济的新体制，建立计划经济与市场调节相结合的经济运行机制。"

今年年初，邓小平同志视察南方发展的重要谈话，为社会主义市场经济理论体系的确定铸就了基石，在人类对社会主义经济体制模式的认识上，产生了飞跃。又经半年多的集思广益，小平同志关于社会主义经济体制的思想在全党中取得了共识。于是，我们党把建立在社会主义市场经济体制，作为改革的总目标。写进了江泽民同志所作的十四大报告。由此，完成了社会主义计划经济到社会主义市场经济理论认识上的一次飞跃。

二、是扬弃，非抛弃

党的十四大所确立的社会主义市场经济体制，是我们党按照马克思主义的对事物要“去其糟粕，吸其精华”的思路，在总结了我国社会主义胜利和挫折的历史经验并借鉴其他社会主义国家兴衰成败历史经验的基础上，逐步形成和发展起来的。它不是对有计划商品经济的否定，而是对有计划商品经济的继承和发展，是对以往所实行的计划经济体制的扬弃，而不是全盘抛弃。

从社会科学进化的历史上看，计划经济也不是凭主观臆想提出来的。它是马克思主义经典作家在总结了几百年来资本主义市场经济的发展实践，作为一种防止出现周期性经济危机的对策而脱胎出来的，而且也曾经得到社会主义和资本主义两种社会的验证。20 世纪二三十年代，西方资本主义经济出现大萧条，美国罗斯福政权采取了“新政”，同时，凯恩斯提出要对经济加强宏观管理等等。当时由于一些资本主义国家加强了对宏观经济的预期计划和预测，采用行政干预和引导，使资本主义经济矛盾在一定程度上得到缓解。前苏联社会主义革命胜利后，为了巩固苏维埃政权，按照马克思主义政治经济学的基本原理，借鉴战时共产主义经济形态，在建立计划经济体制方面进行了探索。从 20 世纪 50 年代后期开始，原苏联的经济增长率下降，同原苏联经济体制和政策相似的一些东欧前社会主义国家，如匈牙利、保加利亚、波兰等，也都在施行计划经济体制的初始阶段有所收获，但后来普遍感到发展的后劲不足。因此，他们先后都提出了改革经济管理体制的要求。

新中国成立后，我们采用了与原苏联相似的计划经济体制。这种经济体制，对恢复生产重建家园，对调动资源和当时现存的生产能力迅速投入社会主义建设，对为加快国家工业化的进程组织和运用原始积累，都起到了积极有效的作用。但是，随着事实上的商品经济的不断发展和生产社会化组织程度的不断提高，这种经济体制的弊端越发显现出来。它不能很好地解决经济发展的动力问题，特别是缺乏公平与效率的有效机制。所以，必须对其进行彻底的改革。

我们所要建立的社会主义市场经济体制，最突出的特点是通过市场的作用，调节社会资源或劳动时间的合理配置，推动技术进步，降低物耗，提高社会综合效益，从而保证带有计划色彩的我国中长期经济发展规划、产业布局、产业政策的落实，使经济监测和宏观调控更具有客观依据性，为经济的发展再造比较宽松的外部环境。这种计划与市场两种经济手段的优化组合，将使长期困扰着我们的一系列经济问题得到缓解和解决。

三、坚持实践第一的观点，一切从实际出发

社会主义国家是什么样的经济体制？在马克思和恩格斯看来，应是计划经济体制。尽管他们没有直接写到“计划经济”这个字样，却意在言中。马克思曾经说，在未来社会里，联合起来的生产者“按照总的计划组织全国生产，从而控制全国生产，制止资本主义生产力不可避免的经常性的无政府状态和周期的痉挛现象”。恩格斯指出：“一旦社会占有了生产资料，商品生产就将被消除。社会生产内部的无政府状态将为有计划的自觉的组织所代替。”诚然，在马克思和恩格斯的书本上也是找不到“社会主义市场经济”的。然而，马克思的唯物史观告诉我们，世界间的事物是千差万别的，并且每时每刻都在变化和发展中。客观情况的变化，会不断地给已经形成的理论提出新问题；国家的不同，经济体制以及经济发展战略就理应有所不同。理智的做法应是从本国的国情出发，而不是从书本出发，作出符合本国客观情况的选择。

虽然社会主义市场经济体制的改革目标是于不久前召开的党的十四次全国代表大会上正式确定下来的，但是，向市场经济转换，或者叫做市场取向的试验和探索，却走过了一个较长的实践路程。在农村，首先是大面积实行了以家庭联产承包为主的责任制，使土地按照生产者的承接能力进行配置，并以效率原则出发，进行合理流动；然后，取消了对农产品的统派购制度，部分地放开农产品价格，使大批农产品自由流向市场，在市场中竞争和经受考验；接着，按照市场的需求调整农村产业结构，大力发展乡镇企业和第三产业，等等。在城市，企业经营体制、产权制度、劳动制度、分配制度等方面的改革，

设立经济特区和技术开发区，开放沿海、沿江、沿边城市等等，这一系列以市场为取向的改革，就是社会主义市场经济体制得以确立的客观实践依据。因此我们说，市场经济体制目标的确立，是广大人民群众勇于实践，大胆探索的结果，是改革的产物。

人们的认识来源于实践，又反作用于实践。这是马克思主义哲学的一条基本原理。党的十一届三中全会以来，我们党在鼓励广大基层干部和人民群众在转换经济体制上大胆试验的同时，注意及时总结经验，不断地把感性认识上升为理性认识，相机调整部署，把经济体制的改革和经济的发展不断推向前进。我们还得益于比较宽松的舆论环境，充分发挥理论工作者在社会实践中的职能作用，顺次推出了“社会主义商品经济论”、“市场调节论”、“计划与市场结合论”等一些积极而又不很规范的理论观点，并在实践中不断得到修正、补充和发展，使之日益完善起来，以致终于形成了今天的社会主义市场经济的基本理论。

（1993年1月）

关于经济、经济问题和经济问题研究

经济是人类生存和社会发展的基础。经，织物的纵线，在此引申为治理；济谓之救助，接济。《辞海》将经济释为：经世济民，治理国家。它的大概念是指人类社会进行物质资料生产活动的总和。人类为维护其自身的生存和求得社会发展，就要自觉地发挥自己的主观能动作用，并且尽可能地发掘和利用自然资源，进行物质资料的生产活动，以求温饱和进行扩大再生产。无论维持生存，还是搞建设，这些都是以物质资料为基本前提，才成为现实的。物质资料是人类赖以生存的条件。恩格斯说：“政治、哲学、宗教、文学、艺术等的发展，都是以经济的发展为基础的”（《马克思恩格斯选集》第4卷506页）。如果离开物质资料，人类社会将荡然无存。为获取物质资料而进行的生产、分配、交换、消费等社会活动，自然成其为人类生存和社会发展的基础。

经济是人类社会发展的产物。原始社会，猿人靠采果渔猎维持其生存。那只是一种天生资源的消耗，不存在物质资料的生产或交换。因此，那时的人类活动并不带有“经济”的色彩。随着人类的进步和社会分工的出现，人开始有理智地制造工具，为不断地改善生存条件而进行一些简单的再生产，并出现了“以物易物”的交换萌芽。生产的发展，反作用于人的思维。人开始向扩大再生产的领域涉足、探索，这就引出了经济问题。

经济问题需要研究。经济作为人类社会的一种活动形式，充满于空间各个角落，存在于每时每刻。它有其性质、活动规律和存在的表象。准确地把握性质，运用规律，认清表象，能够在同样的“时空”条件下，创造出更多的、适合人类需用的物质资料。这就需要进行理论概括、目标设计、实践考证、模式选定和对策分析。而要选出最佳方案，就需要进行系统的、深入的研究。

应重视经济实践问题的研究。经济研究，可分为理论和实践问题两个类别。所谓经济理论，就是人们由社会实践概括出来的如何能用最少的人力、物力、时间获得较大成果的系统、科学的结论。理论来源于实践，实践是理论的“摇篮”。经济理论可告诉人们，如何科学地制定发展目标和实施规划，如何把人们创造出来的物质财富，合理地用于满足人们日益增长的物质文化生活的需要，或使人们从中明鉴在某一方面问题上，历史的经验教训如何。但是，事物总是在不断运动的，运动就有变化。已经形成的经济理论，不可能全面覆盖经济活动，一些新的问题层出不穷，又不可能有固定的经济模式、规模、结构可效仿。这就需要进一步地揭示规律，相应地研究一些新的规范行为和解决问题的办法。特别是在传统的自然经济向大规模商品经济转化的现阶段，如何能有效地进行社会主义经济建设，马克思主义的经典著作中没有全面或者完全准确的论述，国际上又没有成熟的经验，只能在社会实践中进行探索。探索的过程，同时也是进行研究的过程。如果说经济理论侧重解决经济活动中“如何能”、“该不该”的问题，那么，经济实践就是解决“怎么能”的问题。

经济研究也要有明确的方向。根据社会主义初级阶段的理论和目前国内经济建设的实际情况，近期中国社会经济问题研究的重点应该是：对现实经济运行的实地考察和分析，变动中的国民经济总量问题和结构问题，考察分析生产经营单元中各项经济活动以及各类市场的关系，使人能够客观地、准确地把握现行经济的运行机制及其未来趋向。在此基础上，再展开规范性的分析和研究，解决好社会主义经济建设的动力和平衡问题。考察在既定经济体制下，能否使社会资源在目前科学技术条件下，达到有效、合理地配置，发挥出最大效益，能否使经济与社会协调发展，实现其生产目的。

解决经济活动中的新问题，是经济工作者的天职。作为一名经济工作者，需要具有实事求是的思想，开拓进取的气质，和对问题刻意求真的恒心，努力作好理论与实践相结合这篇文章。

（1988 年 1 月）

经济实践与经济理性研究

经济实践是人类的基本活动。实践，是人们改造自然和改造社会的活动；经济实践，就是社会物质生产和再生产活动的总和。这种实践活动，有三个特性：其一，活动的主体是人；其二，这种活动是有意识的活动；其三，这种活动的直接追求是用较少的人力、物力、时间获得较大的物质成果。经济实践的直接对象是有实形的物质资料，并且是囊括生活资料和生产资料两大部类的物质资料总称。它不但直接创造人类的物质文明，而且还为创造人类的精神文明奠定基础。如果离开经济实践，人的生存就难以为继，人类社会就不可能得到进步和发展。因此我们说，经济实践是人类赖以生存和社会发展的前提条件，是人类的基本活动。

经济实践离不开理论的指导。任何一种活动，都有其内在的自然规律。在经济活动中，人们对实践进行概括和总结，经过脑的升华，从中窥见具有一定意义的规律，然后再反作用于实践，使实践在原有的基础上得到进步、改善和发展，从而不断趋近科学。这就是马列主义的“实践—认识—再实践”哲理在经济活动中的循环。

在实践的基础上寻求规律的过程，就是理性研究。经济实践与其理性研究是相互促进、相互作用的。实践是理性研究的基础，理性研究是实践的继续和发展。没有实践，理性研究就无从谈起；没有理性研究，社会的物质生产就不可能在日益提高的水平和日益发展的规模上进行。

经济实践对其理性研究提出了较高的、迫切的要求。党的十三届七中全会通过的国民经济和社会发展“八五”计划和十年规划，对未来一个时期的经济工作提出了很高的要求。要把这个宏伟蓝图变成现实，有许多新情况、新问题需要研究。比如，如何实现计划与市场的有机结合，如何优化经济结构，如何消除潜在的滞（经济停滞）涨（通货膨胀）因素，如何调整国家与企业、企业与职工的利益关系，等等。特别是诸如“粮食的购销价格倒挂”，农民种粮积极性不高，企业资金呆滞、效益下降等一些迫在眉睫的难题急待解决。面对错综复杂的经济问题，我们不能麻木不仁，也不应等闲视之。出路只能是知难而进。广泛地动员各级领导、专家、学者和一切社会科学工作者，深入到生产建设的第一线调查研究，同广大工人、农民和知识分子座谈，集思广益，抛砖引玉，邀莅诸葛，攻克难点，解决难题。

应用现代科学和先进手段来进行经济理性研究。随着经济的发展，经济研究的领域不断拓宽，问题也更加复杂。就目前来说，不仅要探讨“总量”的问题，而且要研究“结构”问题；不仅要注意“动力”问题，而且要考虑平衡问题。随着综合生产能力的提高，经济生活中的“质”和“度”的问题越发不得忽视。客观要求我们：一是要延长智力杠杆，利用系统论、信息论、控制论等新学科来研究问题。二是加强调研课题的程序模式设计，抓主要矛盾，有选择、有步骤地攻克，争取用即短的时间赢得较大突破。三是运用辩证法，在定性分析中加强定量分析，搞“相对论”，不搞“绝对论”。

经济实践覆盖整个时空，对其理性研究的题目无穷。理智的对象是以严格的科学态度和创新求实的精神，坚持不懈地去探索人类经济活动的奥秘。

（作于1990年3月）

适应改革开放和经济发展的需要，把政策研究工作提高到一个新水平

政策研究工作是领导机关和领导者的一项基本工作，是做好各项工作的基础，是马克思主义政党的一项基本工作方法。无论是工作指导方针的制定、战略措施的确立，还是各项工作的实施，都离不开政策研究。在建设有中国特色社会主义的新的历史时期，加强和改善政策研究工作，尤其具有重大的现实意义和适用价值。只有在深入群众、深入实践的基础上，开展卓有成效的政策研究，不断总结新经验、解决新问题，才能做到工作部署和工作方法的科学合理，从而不断地把党的事业推向前进。

一、政策研究工作面临的形势和任务

在苏联和东欧社会主义国家都已经解体的情况下，我们中国共产党人如何发扬开拓精神，不断把革命导师开创的科学社会主义事业推向前进，走出具有中国特色的道路，肩负着重大的历史使命。完成这个历史使命，各级党委负有重大责任，同时，也给政策研究工作提出了新的要求。现在，有了十四大精神，有了十四大的既定方针，新的任务和目标都已经明确了。但是，如何把新的任务和目标付诸于实践，真正成为亿万人民群众的自觉行动，还有待于进行深入的对策研究。按照党的十四大所确定的战略方针，今后政研工作的努力方向应该是，紧紧围绕实现第二步战略目标，围绕国民经济和社会发展都要迈上一个新台阶的伟大任务而出主意、想对策，为各级党委的科学决策提供富有成效的服务。

第一，应紧紧把握为建设有中国特色社会主义服务的方向。建设有中国特色的社会主义，是全党和全国各族人民共同的奋斗目标，为这个大目标服务，是政策研究工作的总的方向。党的十四

大，对建设有中国特色社会主义理论的主要内容从九个方面进行了高度概括。这既是我们党对40多年、特别是最近10多年进行社会主义建设经验的总结，也是实现第二步战略目标的行动指南，理所当然地成为指导政策研究的理论基础。政策研究工作，只有紧紧地围绕建设有中国特色的社会主义，遵循十四大所提出的九条理论内容，才不至于偏离大方向。不论是选题，还是立论，都要符合建设有中国特色社会主义理论要求。换句话说，就是一定要把政策研究建立在这个理论基础之上。在这方面，我们已经取得了很大的成绩，积累了一些经验。比如，以解放生产力为基本目的，来研究经济体制改革的目标和模式；依据我国正处在社会主义初级阶段的理论，从这个基本国情出发，来研究和制定一系列的具体方针和政策；在坚持四项基本原则的前提下，来研究改革开放和经济发展问题，等等。在建设有中国特色社会主义这个大方向上，不得有半点含糊，一定要同党中央保持高度的一致。应清醒地认识到，党委的政策研究部门同一般学术研究机构不一样。理论界在讨论问题时，有什么看法都可以讲，那是学术讨论。政研室研究问题，必须按照中央已有的大政方针和基本思路来考虑，来寻求解决问题的办法。这是个原则问题，不可放任自流。

第二，应紧紧把握以经济建设为中心这个主题。江泽民同志在十四大报告中指出："我们要在90年代把有中国特色的社会主义伟大事业推向前进，最根本的是坚持党的基本路线，加快改革开放，集中精力把经济建设搞上去。同时，要围绕经济建设这个中心，加快社会主义民主法制和精神文明建设，促进社会全面进步。"政策研究为实现这个大目标服务，工作是多方面的。但关键的、第一位的是要在指导思想上和实际工作中，紧紧地把握经济建设这个中心，竭尽全力地服从于、服务于经济建设这个中心。政策研究只有紧紧地抓住这个中心，才能更好地发挥其作用，一旦偏离经济建设这个中心，政策研究工作就会失去生命力。据此，今后应加大对经济建设方面的问题及其对策研究的分量。投入力量研究建立社会主义市场经济体制问题，研究国民经济在保持一个较快的增长速度的同时，要研究如何提高经济效益、总体素质和发展后劲问题，研究经济结构调整和产业布局问题；研究国民收入的分配和再分配问题，等等。过去的实践已经证明，经济领域大有政策研究的用武之地。

当然，我们共产党人是两点论者，要精神文明建设和物质文明建设两手抓，两手都要硬。在工作安排上，既应抓住经济建设方面的主要矛盾、主要问题进行深入的调查研究，同时也要加强党的建设、民主法制建设、精神文明建设以及教育科学文化等领域中问题的研究。但是，无论研究什么问题，都要有利于社会主义社会生产力的发展，都要有利于社会主义国家综合国力的增强，都要有利于人民生活水平的提高。达到了这三条标准，就可以说政研工作真正抓住了经济建设这个中心。

第三，应紧紧地围绕改革和发展中的热点难点问题进行研究。现在，我国社会主义现代化建设已经进入了一个新的发展阶段。随着改革的不断深入、开放领域的不断拓宽和经济的快速发展，客观情况每时每刻都发生着变化，新事物、新问题层出不穷，各种矛盾交织，情况复杂，有许多热点难点问题亟待我们去探索，去研究。比如，怎样从国情出发运用好市场机制，使之与社会主义制度结合起来，建立起一种崭新的经济体制，有一系列的理论问题和政策问题亟须进一步研究。与此相关的是，国有企业怎样通过深化改革增强活力、提高效益、走向市场、发挥主导作用，并保证资产增值，怎样完善个体、私营、三资企业的有关政策；不同地区怎样结合各自的特点发展社会主义市场经济，并处理好地区间经济发展不平衡问题，如何进一步加强农业的基础地位，完善农村经营体制；在建立和发展社会主义市场经济的条件下怎样加强和改善党的领导，等等。解决这些热点难点问题，马克思主义经典著作中没有现成的答案，国际上也没有可资借鉴的先例，出路就在于大胆探索，勇于实践。把这些热点难点问题解决了，我们的事业就会前进，对这些问题如果没有一个符合客观实际的对策，改革就会停滞不前，经济也不可能保持持续、稳定、协调发展，我们的事业就要受到损失。

搞政策研究，是一项为领导决策直接服务的特殊工作，应主动取得领导的指导，跟踪领导的思路。多年的经验说明，领导头脑中思索的问题，往往是一个时期的重点工作和热点难点问题。捕捉领导的思路，在领导的直接指导下搞调研，这样的研究成果才有价值，可供决策的意见和建议才有被采纳的客观条件。在这方面，广东、山东、江苏、江西和京、津、沪等省、直辖市政研室积累了一些经验。广东省委政研室去年出了 80 多项调研成果，其中转化为领导决策的成果就达 20 多项。江西省委政研室去年在 12 项重大研究成果中，就有 10 项进入决策。一些研究室由于注意捕捉领导的思路，争取在领导的直接指导下搞调研，从而赢得了领导的好评。有的领导说，政研室是“离不得，丢不得，松不得，散不得”。

二、提高政策研究工作水平

做政策研究工作，都希望多出成果，快出成果，出好成果，使其进入党委的决策和有助于决策在实践中的丰富和完善。然而，在任何时候任何情况下，工作都不会十全十美，客观情况总是要求随着形势的变化和发展，不断改进工作。只有不断提高工作水平，才能更好地发挥职能作用。

提高政策研究水平的途径和措施是多方面的，但从主观上说，应该努力做到以下四点。

第一，要创新。政策研究工作同综合、秘书工作的一个显著区别就在于它具有较强的超前性，要求每一位调研人员必须具有开拓进取、大胆探索、勇于创新的气质，做到努力刻意求新。最忌讳的是重复别人的劳动，或人云亦云。

创新，首先是思想上的创新。什么是新思想？就是前人没有发现的能够揭示事物本质和内部规律，反映事物发展方向的新思想，说出大家都想说而又都没说出来的东西，在解决理论或实践问题的过程中给人以启迪，这种思想具有推动事物发展和进步的作用。特别是应在调研实践中注意理出能够冲破过时观念的新思想，能够据理给人答疑解惑的新思想，能够对事物的发展方向提出准确预测的新思想。二是研究形式的创新。应借助现代科学手段和调研工具来采撷基础材料，用新的方式方法来研究问题，注意不断拓宽研究问题的领域和对象，尽可能地增大信息的吸收量。应把调查了解本地的实际情况、同收集掌握外地乃至外国的相关信息融通起来，在更广泛的范围内考察社会现象。三是文字加工工作的创新。一份有分量、能够吸引人的研究报告，不但选题要准，研究问题有深度，而且行文要讲究，文字要精练，表现手段要新颖，具有较强的可读性。

要创新，就必须解放思想，不解放思想，就无法创新。我们是在改革开放和经济快速发展的新形势下来研究政策，一些过时的观念已不适应新形势的需要，一些老办法已解决不了现实问题。所以，必须解放思想，树立起敢为人先、敢担风险、敢于探索的意识，勇于研究新情况，提出新措施，解决新问题。否则，就难以提出符合改革开放要求、符合建设有中国特色社会主义思路的决策意见和建议。做政策研究工作的同志，在解放思想上应有所建树，应做解放思想的开路先锋。当然，我们所说的解放思想，是在坚持四项基本原则前提下的解放思想，是与实事求是相统一的解放思想，离开四项基本原则和党的实事求是的思想路线去解放思想，那就会走向另一方面，是很危险的。

第二，要求深。事物的本质藏在现象的背后，是深层次的东西。所以，政策研究必须求深，不能浅尝辄止。求深，首要的条件是深入下去，到生产建设的第一线中去，到广大工农群众中去，了解真实情况，占有第一手材料。深入下去，有利于透过复杂的社会现象，把握住事物的本质，作出正确的判断，得出科学的结论。其次，要善于进行科学的综合和分析。光占有了大量的基础材料，那只是调查研究工作的一个良好的开端；还有一个重要环节，就是运用马克思主义的认识论和方法论，对大量的基础材料进行科学的分析、综合和加工。这里既要有定性分析，也不可缺少定量分析。分析和综合的过程，就是毛主席所说的“去粗取精，去伪存真，由此及彼，由表及里”的加工制作过程。由此及彼，就是横向的比较和综合；由表及里，就是纵向的比较和综合。通过纵横的比较和综合，把研究对象放在一个整体和系统之中，从内在的矛盾运动、变化和发展及其相互间的联系中进行考察，就可以透过现象看到本质，使思想认识得到升华，从而得出有一定深度和较高价值的结论。

能不能站到领导的高度上来理解党的路线、方针和政策，能不能站到领导的高度上来认识问题和思考问题？往往也影响到研究成果的深度。我们所研究的课题，大多是关系到全局的重大问题。这就要求从事这项工作的同志，要摆脱部门利益的束缚，站在决策者的高度上，掌握全面情况，协调左右意见，观顾全局，从整体上、宏观上提出可供决策的意见和建议。做到这一点，就可以在一定程度上避免研究问题的肤浅和决策建议的偏颇。对重大的方针政策问题，不仅要进行决策前的调查研究，而且要做好决策实施过程中的跟踪调研，注意反馈信息，力求作出系列文章。

第三，要唯实。以实事求是为核心内容的党的思想路线，是马克思主义的精髓，也是从事政策研究工作不可须臾离开的座右铭。老一辈无产阶级革命家对调查研究要唯实，有许多精辟的论述。毛泽东同志有两句名言，一句讲实事求是就是从客观实际出发，去探求事物内部固有的而不是臆造的规律性，一句讲调查就是解决问题。邓小平同志说："我们办事情，做工作，必须深入调查研究，联系本单位的实际解决问题。"陈云同志指出："不唯书，不唯上，只唯实。"江泽民同志在 1992 年中央政研室全体人员春节茶话会上讲到："调查研究不能带着主观的框框下去，要坚持从实际出发，实事求是。要客观地倾听各方面的意见，用马克思主义的世界观和方法论去分析问题。"这些精辟的论述，说清了搞政策研究的基本目的，也揭示了取得高质量调研成果的一个至关重要的问题。政策研究怎么唯实？就是坚持实践第一的观点，把可供领导决策的意见和建议建立在充分的调查研究基础之上，把调查研究建立在实事求是的基础之上。脱离实际，是政策研究的一大忌。一般说来，决策的意见和建议出现偏颇，多是由于对下情了解不够，出现以偏概全，或者没能反映实情所致。不符合客观实际的决策意见和建议，一旦提供给领导，就很可能产生失误，后患无穷。有时稍有纰漏，就会"差之厘毫，谬之千里"，党的事业就会蒙受不应有的损失。所以，反映情况、提决策意见和建议一定要准确，有一说一，有二说二，有喜报喜，有忧报忧，不可感情用事，不可随波逐流，要讲实话，办实事，求实效。

唯实，另一方面就是要注意在实践中检验真理和发展真理。做政策研究工作，"本本主义"的路是行不通的。马克思主义最基本的、长期起作用的是辩证唯物主义和历史唯物主义科学的世界观、方法论。我们坚持马克思主义，主要是坚持它的立场、观点和方法。马克思主义没有穷尽真理，而是不断开辟认识真理的道路，在实践中丰富和发展。在实践中抽象出来，并被实践证明正确的理论才是真理。实践在发展，马克思主义也随着实践的发展而发展。研究成果，也需要不断地在实践中修正和完善。让广大调研人员人人都做唯实的模范，也有一个基本条件，那就是应创造一种民主、宽松的环境和气氛，鼓励不同意见的争论，支持大家提出符合客观实际的、具有开拓性的主意和意见。这样做，有利于集思广益，能够从多种侧面、多种角度来研究问题，使调研成果更切合实际。同时，这种办法也有利于提高研究人员的政策水平和业务能力，有利于研究人员的进步和成长，做到既出成果，也出人才。

第四，要协作。党委政研室系统，是一批精良的决策组织资源。如何把这批资源组织好、引导好、利用好，使之形成合力，最大限度地发挥职能作用，是提高政策研究水平的又一个有效措施。现在，从事调查研究工作的部门不少，力量很强，成果也很多。但是，力量比较分散，联系也不够紧密，多数是各自为战，缺乏强有力的协调和组织，这实质是调研组织资源的一种浪费。提高政策研究水平，需要在现有的调研队伍中挖掘潜力，在现有组织的利用上下点功夫，使这个系统形成整体合力。组织联合起来，协调运作，可以集中力量进行高水平攻关，避免顾此失彼和重复劳动。党委政研室在组织、联络、协调方面负有责任，在这方面应有所作为。应加强本地区内纵横之间的联合和协作，加强地区之间和上下之间的联系。无论上下之间，还是左右之间，都应当更开放些，更主动些，逐步形成团结合作、高度灵通和适应各级领导决策需要的政策研究网络。有些课题，可以根据不同情况，委托下面政研室或其他研究机构去搞，对一些重大课题，应组织有关单位进行联合攻关，更好地发挥群体优势，不断提高研究质量。

三、加强政研队伍建设

党的十三届四中全会以来，在中央政策研究室召开的两次政研室主任会议上，江泽民同志两次讲话都强调要加强队伍建设，要求选拔一些政治、业务都比较强的同志到政研室来工作，要求各级党组织要充分发挥政研室的作用。

落实江泽民同志的讲话精神，重要的是要把提高政研室工作质量切实建立在全面提高干部素质的基础上。现在，党委政研室系统已经形成了一支较大的队伍，并且有自己的一些长处。一是政治上比较强，能坚持党的基本路线，同党中央保持高度的一致；二是有一定的马列主义、毛泽东思想理论功底，并且能密切联系实际；三是能站在党委的角度，超越部门的局部利益，从宏观上考虑问题；四是有一定的研究和表述能力。多年来，这支队伍围绕党委的中心工作进行深入的调查研究，为领导决策服务，做了大量工作，取得了可喜的成绩，为两个文明建设做出了贡献。但是，从形势与任务的要求看，又确有不足之处。今后应不断加强自身建设，争取取得更大的成绩。

政策研究工作属于知识高度密集性的生产劳动，是探索未知世界的脑力劳动。它的任务是用输出智力成果的方式为领导决策提供有价值的依据，促进决策的民主化、科学化，最终目的是保证决策符合党和人民的利益，促进国民经济的发展、改革的深化和整个社会的进步。政策研究工作极其重要，自然对工作者的要求就更高。高质量的调研成果，在很大程度上取决于研究人员的素质。研究人员必须具备良好的政治素质、思想素质和业务素质。政策研究工作直接反映党的路线、方针和政策，对工作人员的要求，第一位的是政治素质。这主要有两个方面：一是牢固地掌握马克思主义的世界观和方法论，能够比较自觉地用马克思主义的观点和方法分析问题、研究问题；二是能够站在领导的高度上来理解党的路线、方针和政策，并能同本地区的实践结合起来，使自己在工作中时时、处处自觉地与党中央保持高度的一致。所谓思想素质，就是说政策研究工作是机关中比较清苦的幕后工作，时间紧、任务重、要求高，经常加班熬夜，连续作战，没有一种奉献精神和一个良好的精神状态，是难以胜任工作的。所谓业务素质，就是要求政策研究人员具有比较扎实的理论修养，比较丰富的实践经验和比较广博的知识面，具有敏锐的观察能力，较强的分析能力和文字表达能力。

加强队伍的自身建设，首要的是加强学习。加强学习，是政策研究人员的毕生任务，在新的形势下尤其要重视学习。我们所从事的是前无古人的事业，每时每刻都在探索中前进。这既需要理论的武装，用以指导实践，又要经过深入实践，不断丰富和发展理论。每个研究人员都要充分认识到，知识是力量和本领的源泉，要使工作不断有所成就，非加强学习不可。学什么？首先是学习马列主义、毛泽东思想，真正学会用马克思主义的立场、观点、方法指导政策研究实践。当务之急是学好邓小平同志关于建设有中国特色社会主义的理论，在此基础上，学习专业知识和有关政策研究的基本知识，不断吸收营养，使这支队伍更加成熟起来。

政研室主动取得党委的重视，充分利用党委的重视，是加强自身建设的一个重要环节。应学会利用有利条件，善于借助党委的重视和关心来发展自己。应给调研人员提供学习、深造和知识更新的机会，给他们创造进步的条件。应把政研室作为培养和输送优秀干部的基地，选派一些有发展潜力的干部到政研室工作，帮助他们开阔视野，提高他们从全局和宏观的角度思考问题、把握政策的能力；同时，从政研室选拔一些优秀干部参与不同层次的领导工作，锻炼他们的实际工作能力。应关心和关怀调研人员，注意改善他们的工作和生活条件，有计划地帮助他们解决一些实际困难，使他们感到组织的温暖，进一步调动大家的积极性，努力把政研工作提高到一个新水平，再上一个新台阶。

（1993 年 7 月）

论经济效益与社会效益的关系

辩证唯物主义认为，世界上一切事物都是对立统一的，都包含着既互相依赖又互相排斥的两个方面。按这个规律去分析经济效益与社会效益的关系，虽然这两个概念的外延和内涵各不相同，但是二者之间又存在着客观内在联系的辩证关系，即既矛盾又统一的关系。

所谓经济效益，就是生产、再生产过程中，一定数量、质量的活劳动和物质劳动的消耗，与所获得的在使用价值上符合社会现实需要的、有用劳动成果的比较或评价。即以最低的劳动消耗生产出尽可能多的高质量，适销对路的商品，并通过流通，分配，消费环节，最终取得最大的经济效果。社会效益系指在社会实践中，各个部门、各个产业在自我取利的同时，对整个社会的利益、发展和进步所具有的积极影响或促进作用。是对一个部门或产业为整个社会的发展和进步所做贡献的综合评价。它除了包含经济效益的内容之外，还要衡量对政治上的安定团结、民族和睦，各地区、各阶层劳动者利益的协调、科学文化的发展，人民生活质量、环境保护、生态平衡等方面的作用效果。用逻辑的观点去分析，社会效益属于属概念，经济效益为种概念，经济效益包含于社会效益，社会效益是比经济效益扩大了外延的高一层次的效益。

一、经济效益与社会效益的矛盾性表现

在一定的环境中，局部的物质资料生产单元的利益会与整体利益之间，存在着表面的或者暂时的互为对立的关系。这主要是由于社会主义时期物质资料生产部门的任务和地位的两重性决定的。在我国现阶段，有计划的商品经济和全民、集体、个体多种所有制形式的存在，对物质资料生产部门同时提出了双重要求。①国家要求物质资料生产部门要以不断地满足人们物质文化生活的需要为目的。社会主义企业是以公有制为主体的商品生产者和经营者，企业的局部利益与国家的整体利益紧密相连。这就决定企业在生产经营活动中，必须把整体的社会效益放在首位。②企业所处地位要求它要以追求自身的经济效益为目的。因为在商品经济条件下，企业本身的经济效果如何，是衡量它对国家贡献大小的重要标志，这是其一。其二，按劳取酬的分配方式，把企业的经济利益与职工切身利益紧紧地联系在一起，这就要求企业在考虑社会集体利益的同时，必须兼顾企业和职工的利益。其三，企业要获得自我改造和自我发展的能力，要在竞争中取胜，也必须考虑到自身的经济利益。这种企业的局部利益与社会整体利益的矛盾关系，最终导致经济效益与社会效益的矛盾。特别在价格关系没有得到理顺，税收法制、市场机制还没很好地得到完善的现阶段，这对矛盾就更显得突出。

二、经济效益与社会效益的统一性表现

第一，经济效益是社会效益的基础。单纯从经济范畴来分析，构成社会效益的经济要素，唯一的来源是物质资料生产部门。不论全民，集体还是个体企业，如果它本身的经济效益不佳，国家就要相对减少由它所提供的财政、税务收入。如做定量分析，国家减收到一定

程度，组成社会效益的诸要素间的平衡关系就要遭到破坏或瓦解，使社会效益失去存在的依附条件。只有物质资料生产部门经济效益的存在或不断得到提高，才能为社会上各种问题的解决提供物质条件。这种条件的积累，就构成了社会效益的基础。假设社会主义国家出现经济危机，则将导致社会效益的崩溃、消亡。因此，只有物质资料生产部门经济效益的存在或不断得到提高，才能为社会效益的实现奠定基础，才能保持社会效益间诸要素的平衡。

第二，社会效益对经济效益具有反作用。在整个社会运转中，社会效益要素状况的优劣，将对经济效益的实现起着积极的促进或者消极的阻碍作用。社会财力雄厚、治安状况良好、人民素质及生活水平较高，社会各阶层劳动者之间的利益协调合理，将对物质资料生产部门提供良好的投资环境和生产环境，促进企业管理的改善、产品质量的提高和技术进步，资助企业进行扩大再生产，从而形成大规模的现代化的生产能力，最终改变投入与产业比，使企业的经济效益不断地得到提高。如果构成社会效益的要素的状况得到恶化，将使企业管理水平、技术装备水平或产品质量无法得到提高，相应地会使生产产品的活劳动及物化劳动消耗增大，企业无力进行扩大再生产，不会获得较理想的经济效益。新中国成立三十多年来，经济建设的历史经验清醒地告诉我们，没有一个良好的社会环境，物质资料生产部门的生产就要受到影响，经济效益就无从谈起。目前，有些人错误地认为，在商品生产过程中，通过采取偷工减料、变相涨价的手段，可达到提高经济效益的目的。这确有实例。但只要稍加分析就会发现，这并非是经济效益与社会效益的矛盾所引起的，而是价格、税收等经济杠杆的调节作用没得到发挥，市场机制没得到完善的结果。

第三，经济效益与社会效益的作用方向是一致的。在物质资料生产部门进行生产的过程中，获得在使用价值上“符合社会现实需要的、有用的劳动成果”，是经济效益得以实现或提高的必要条件。而符合社会现实需要，就是强调物质资料生产部门必须考虑社会效益问题，因为在生产资料公有制形式占主导地位的现阶段，不论全民、集体还是个体企业，它们所进行的生产都是社会性的生产，所实现的经济效益都要参与社会效益的具体形成和体现。这就是说经济效益最终要导致社会效益，社会效益的宗旨归结于满足人们不断增长的物质文化生活的需要。这就从客观上把社会效益与物质资料生产部门的任务有机地联系起来。因此说，二者的作用方向是一致的。

关于对企业经济效益的形成或优劣，将影响产品质量与社会效益的关系问题，则也是相互一致的。一个企业只有产品质量可靠，物美价廉，适销对路，才能占领市场，具有竞争能力，使企业的经济效益在商品流通过程中得以实现。如果产品质次价高，名不副实，就会失去市场竞争力，使凝结在产品中的活劳动和物化劳动无法获得价值，经济效益也就无法体现了。

社会主义制度要求物质资料生产部门坚持经济效益与社会效益的统一。倘若一个企业忽视社会效益，不顾社会需要和产品质量而盲目地进行生产，其结果必然是销路不畅。产品大量积压，生产周期难以实现良性循环，经济效益不能实现，给社会、国家和人民带来不应有的损失，社会效益也就不存在了。只有在符合社会需要的前提下去组织生产，努力降低成本，提高产品质量，才能获得或提高经济效益，实现经济效益与社会效益的统一。

（摘自 1987 年 9 月 11 日《长春日报》）

加快县域经济发展的几个问题

县域经济作为宏观经济与微观经济的纽带，在国民经济的发展中占有重要位置。在创新和务实成为发展经济问题重要的一个方面是社会实践。但是，从理论上做些论证和分析，在理论与实践的结合上做些深入的探讨，明晰相关关系，这对推动县域经济的健康发展，无疑是有意义的。

县域经济对微观经济基础与宏观经济运行之间具有黏合和联结作用，是整个经济运行体系中的结构链。因为国民经济发展的总体规划和产业政策，要通过县域经济这个链条作用去贯彻落实，分散的生产经营单位要受社会整体经济运行情况的制约和影响，或者说依赖于整个经济大环境的支持和帮助。二者之间相互促进的动力，是靠这个链条去传递的。

它对生产经营者、地方和国家三个方面的增收具有客观的兼顾作用。县域经济的直接指导者是地方人民政府。地方人民政府既要对上级政府乃至中央人民政府负责，也要对作为微观经济基础的生产经营单位负责，同时还要照应本级财政收益，实现创收目标。对于一个县来说，如果县域经济得到比较规范的发展，那么，上级政府和下面的生产经营者，一定会各得其所。也就是说，县域经济的经营效果，与对上级政府的贡献和给老百姓所带来的实惠是正相关关系。县域发展的产业政策和经济增长点的选择，也可以引导个体和私营企业实现增收，同时通过税收和发展公益事业，使区域中的民众都受益。

它对解决好农民问题，具有推动作用。江泽民同志曾多次指出，农民问题是中国革命和建设的根本问题。在现阶段，农民都有哪些问题亟待解决？主要有：农民的钱从哪里来；农村的剩余劳动力到哪里去就业；农民的合法权益如何得到保护；怎么能保证让农民既安居又乐业。而这四个问题，都可以在发展县域经济的过程中得到解决。县域经济发展了，农民就会从中增收；就会创造更多的就业岗位，相对减少劳动力的剩余；就会使财政有增收的源泉，有钱兴办公益福利事业，甚至可以反哺农业，减轻农民负担，保护农民的利益就有了物质基础；农民收入增加和能够稳定地就业，为维护农村的稳定创造了条件，就可使农民既安居又乐业。

它对巩固县乡两级政权，具有基石作用。从政权与经济发展的关系上看，经济的发展，是政权得以巩固的基本保证。在一个县，如果经济长期发展不起来，政府对老百姓就没有凝聚力和号召力，政权就如同在沙地上建楼，很可能因基石不牢而出问题。另外，行使政权，也有个成本问题，涉及到支付能力。只有经济发展了，才能增强县乡两级的支付能力，才能很好地发挥管理、协调、指导、服务等职能作用，基层政权才能得以稳固。有人说，中国的经济增长是政府推动型的经济增长。这话有两个方面的涵义：一是推动经济增长是政府的本身职能；二是推动经济增长也是政府巩固地位和增强信誉度的客观要求。

县域经济的发展，需要从客观情况出发，进行主观努力。研究县域经济的发展战略，就是立足于县域的客观条件，对主观努力做出取舍。从主观上说，推动县域经济的发展，至少要做六项选择：

1. 有个中长期发展规划。现在我们讨论县域经济的发展，是以发展社会主义市场经济为前提条件的，市场经济并不完全排斥计划。特别是对经济的发展起到重要的规范和引导作用的中长期发展规划，是取得经济持续稳定健康发展，避免少走弯路或不走弯路的有效措施。因此，每个县区都应结合本地实际，制定出中长期发展规划，防止出现短期行为，避免随意性，并按规划锲而不舍地抓下去，一任接一任地干下去，一定能有所收获。

2. 培育出具有本地特色的主导产业。县域的范围，决定了产业布局应忌全求专。因为在这个中观区域中，如果样样都干，普遍上马，遍地开花，肯定干不好。出路在于找出本区域中的最大优势，集中人力、物力、财力发展最有优势的主导产业。有的地方说"一村一品"、"一乡一业"，就是这个道理。比如寿光的蔬菜，沾化的冬枣，都是培育具有本地特色的主导产业的典范。我们常说，经济的发展一定要找到增长点，符合本地情况的主导产业，就是本地的经济增长点，培育出了主导产业，也就有了增长点。

3. 实施平等的所有制政策。所有制问题属于生产关系范畴，而经济的发展是生产关系与生产力综合作用的结果。讨论发展问题，不能不涉及具有生产关系性质的所有制问题。所有制问题解决得好，会对经济的发展起到重要的推动作用。否则，可能形成经济发展的阻碍。发展是硬道理，所有制应服从和服务于经济发展的需要。在所有制问题上，应坚持生产力标准，只要能促进经济的发展，不管是哪种所有制形式，都应平等对待，都应支持其发展。改革开放以来，基层所创造的国有、集体、私营和股份制竞相发展，"多个轮子一起转"的发展战略，对区域经济的发展取得了巨大的促进作用。这一条宝贵经验，应牢牢汲取，政策千万不改变。

4. 注意经济增长的质量。我们追求的经济增长，是有效增长。即产品适销对路，生产经营活动周期循环优良，资产保值增值，经济效果明显。求得经济的有效增长，一定不要把眼睛盯在产值上，而应立足于经济的平稳而有效的运行，有发展的后续动力，使经济步入既有效益又能够持续稳定健康发展的轨道。

5. 同小城镇建设紧密结合。小城镇具有集中资源、集合信息、集散物流、要素优化组合的特点，是县域经济的增长极。通过加强现有建制镇和一般集镇的基础设施建设，逐步完善城镇总体功能，围绕本地主导产业发展加工业、商贸业，实行贸工农联合经营，可以打破城乡两元经济结构的壁垒，带动生产组织形式和应用科技体制的创新，从而为县域经济的发展开创出一条崭新的道路。以小城镇带动县域经济的发展，是一篇刚刚破题的大文章，可以绘出最新最美的图画。

6. 兼顾经济、社会、生态三方面效益。经济与社会的可持续发展，将成为21世纪的主流。县域经济，也必须立足于可持续发展。一切生产经营活动，不但一定要从经济效益出发，而且也一定要从社会效益和生态效益出发，力求满足经济、社会、生态三方面效益的要求。三兼顾的要点是：按产业政策要求上项目，按节约资源要求选择工艺流程，按环保要求配套设施；用经济效益的增长来保障社会效益和生态效益的实现，用社会效益和生态效益促进经济效益的增长，形成经济、社会、生态三大效益的良性循环。

必须注意加强农业这个国民经济的基础

农业是国民经济的基础。这是人们在社会实践中的一项科学总结。40多年来，党中央国务院始终坚持把农业放在国民经济发展中的重要位置，极力争取把农业搞上去。党的十三届五中全会指出，“实现农业的稳定发展，是经济稳定、政治稳定和社会稳定的基础，是关系国家安危的问题，也是调整经济结构的关键所在。”中央号召全党全国迅速行动起来，“造成一个重视农业、支援农业和发展农业的热潮，齐心合力把农业搞上去，确保粮食、棉花等主要农产品的稳定增长，促进农林牧副渔全面发展”。把中央的战略设想变成现实，首先应弄明白为什么要加强农业，然后从中国的国情出发，选择加强农业的有效途径。

一、从理论上来理解农业基础

马克思主义认为，农业是经济和社会发展的基础，这是由农业剩余劳动在社会再生产实践中的作用决定的。马克思说："超越于劳动者个人需要的农业劳动生产率，是一切社会的基础，尤其是资本主义生产的基础"（《资本论》第3卷第1025页）。他又说"一切剩余价值的生产，从而一切资本的发展，按自然基础来说，实际上都是建立在农业劳动生产率的基础上的"（《马克思恩格斯全集》第25卷第885页）。恩格斯则从能量积蓄的选题上论证了只有农产品能维持人类的生存。他在1882年12月22日致马克思的信中说："通过劳动积蓄能量，实际上只有在农业中才行……因此，一切工业劳动者都要靠农业、畜牧业、狩猎业和渔业的产品维持生活这一早已尽人皆知的事实，如果愿意的话，也可以用物理学语言来表达，但这未必有多大的益处"（《马克思恩格斯资本论书信集》第404页）。

如果说马克思恩格斯从农业是人类的生存和一切社会生产的首要条件上论证了农业是一切经济和社会的基础，那么，列宁是从商品交换关系和产业联系上论证了这一问题的。列宁说："用大规模的（社会主义化的）工业的产品来交换农民的产品，这就是社会主义经济的实质，社会主义的基础"（《列宁全集》第32卷第311页）。列宁又说，"党和苏维埃机关的所有工作人员，必须全力以赴、全神贯注地培养和唤起各地方在经济建设事业中的较大主动性——省里的要大，县里的更大，乡和村里的还要大，其目的就是要迅速地即使是用'小'资金和在小范围来振兴农民经济，靠发展附近的小工业来帮助农民经济。全国统一的经济计划要求把这件事作为注意和关怀的中心，作为'突击'工作的中心。在这里即在最接近极广泛极深厚的'基础'的地方所取得的某种改善，能使我们在最短时间内更积极更顺利地把大工业恢复起来"（《列宁选集》第4卷第527页）。列宁所指对"极广泛极深厚'基础'"的"某种改善"，就是指的振兴农民经济，即今天的社会主义农村经济。

与列宁共同进行了俄国伟大社会主义建设实践的斯大林，也提出了农业是工业进而也是其他产业发展的基础的经济观点，并在社会实践中，一面加快工业的发展，一面对农业和食品工业大量投资，大力发展农产品，用以提高劳动者的生活水平。

在中国，毛泽东把马克思的农业基础理论与中国的实践相结合，给定了“农业是国民经济基础”的伟大命题。毛泽东在 1957 年 1 月 27 日的省、直辖市自治区党委书记会议上指出：“全党一定要重视农业。农业关系国计民生极大。要注意，不抓粮食很危险。不抓粮食，总有一天要天下大乱”（《毛泽东选集》第 5 卷第 360 页）。毛泽东在《论十大关系》中，精辟地论述了农、轻、重的比例关系问题。他说：“重工业是我国建设的重点。必须优先发展生产资料的生产，这是已经定了的。但是绝不可以因此忽视生活资料尤其是粮食的生产。如果没足够的粮食和其他生活必需品，首先就不能养活工人，还谈什么发展重工业?”尔后，毛泽东又通过民生日用品比较丰富，从而稳定了物价和货币的事实，论证了农业发展对工业生产、市场以及社会安定所起到的作用，从而得出了必须加强农业这个基础产业的结论。

综合伟人上述一些基本观点，我认为，应从以下三个方面来加深理解。

第一，从农业对人类社会的存在和劳动力再生产的关系理解农业基础作用。农业生产，是人类生存的唯一营养源。农民的生产劳动过程，就是强化或控制生物生命的过程，来生产含有碳水化合物、蛋白质、脂肪等要素的各种食物，而食物的生产是人类的生存和一切生产的首要条件。没有农业，就没有劳动力再生产，人类社会将无法存在。从这个意义上说，农业劳动不但是整个社会的必要劳动，而且也是整个社会的基本劳动。

第二，从农业的剩余劳动派生出产业分工和社会扩大再生产的实现关系理解农业基础作用。农业的剩余劳动，是产业分工的基础。实现整个社会的扩大再生产，有赖于农业的发展——农业劳动剩余的累积。在原始社会一个相当长的时期里，农业是唯一的产业。因为当时农业生产力极其低下，不存在剩余劳动，每个有劳动能力的人只有都参加农业生产，才能得以生存。后来，农业有了剩余劳动，才从农业生产中分离出一部分劳动者，来从事非农生产活动。随着农业生产力的不断提高，派生出独立于农业之外的工业、商业、文化教育等部门。这就是我们通常所说的“农业是母产业”的道理。

第三，从农业在社会再生产过程中，两大部类之间以及农业、轻工业、重工业之间的相互联系和平衡关系理解农业基础作用。相对其他产业来说，农业是个既生产生产资料，又生产生活资料的特殊部门。这个产业特性决定了农业的发展对其他部门的发展有关系效应。根据马克思的社会再生产原理，实现国民经济持续、稳定、协调发展的一个首要条件，是两大部类生产的平衡，主要体现在农业与轻工业，重工业之间的比例关系上。重工业作为生产生产资料的部门，它的发展，归根到底是由生产消费资料和部分生产资料的农业、轻工业对生产资料需要的增长所决定的。优先发展农业，就可以把重工业的发展建立在逐步改善人民生活的基础上。这样，重工业就有了稳步发展的基础。

二、从国情上来认识农业基础

农业是经济、社会的基础，这对我们这样一个贫穷落后的农业大国来说，还有特殊涵义。从国情出发，找出我们有别于他国的个性，就能使我们更清醒地认识到加强农业基础的重要性和迫切性。

什么是中国的基本国情？小平同志指出："我国的国情，至少有两个重要点必须注意到的，一个是底子薄，第二条是人口多，耕地少。"小平同志多次强调，"中国有百分之八十的人口在农村，中国社会是不是安定，中国经济能不能发展，农民生活是不是好起来，翻两番，首先要看这百分之八十的人口能不能达到"。学习小平同志关于国情的论述，我认为，加强农业：

一是维持人们生存的需要。我国是个拥有11亿人口的大国，解决吃饭问题始终是国民经济的头等大事。而目前我国粮食生产形势不容乐观。1984年，全国粮食总产为4 073亿千克，创了历史最高纪录，登上了4 000亿千克的台阶。近五年，粮食总产一直在4 000亿千克左右徘徊，而人口却不断增加，粮食人均占有量由1984年的394千克下降到1989年的362千克。仅1988年一年，全国就新增人口1 541万人，每年得净增耗粮55亿千克，比西藏全区1987年的总产量还高出8.3亿千克。按照中央的规划设想，到2000年即或是全国粮食总产达到5 000万亿千克，届时人均占有量也不足400千克。据联合国粮农组织反映，1988年世界粮食总储量已由1987年的4.02

亿吨下降到2.8亿吨，世界人口食用储备天数已由1987年的89天下降到54天。目前，世界上有五六亿人口在遭饥饿或营养不良。像我们这样的大国，如果粮食出了问题，哪个国家也无法帮我们解决。所以，我们必须立足国内，把农业生产特别是粮食生产搞上去，以促进整个社会的安全与稳定。

二是弥补土地资源稀缺的需要。土地是农业的载体，是人类赖以生存的基本条件。无论是种植业、林业、畜牧业还是渔业，都直接或间接地依赖土地。我国人均占有耕地1.5亩，只相当于世界平均水平的28.8%，是个典型的贫地国家。稀缺的耕地不仅不可能扩大，每年还以700万亩的惊人数字减少。这种状况不但不能实现农业的廉价增长，而且使剩下的耕地首先必须弥补耕地减少所造成的损失，然后才构成增长。土地资源的不断减少，堵死了我们走外延扩大再生产之路。农产品供给需求的不断增加，逼着我们在办好常规农业的同时，努力办好开发农业，这就需要增加物质投入和提高生产者素质。然而，无论增加物质投入还是提高农民素质，都有赖于国家的重视和扶持。国家对农业重视和扶持的过程，就是加强农业的过程。

三是积累原始资本的需要。我国是在半殖民地，半封建的基础上进行社会主义建设的，最大的制约因素是原始启动资本不足。工业自身启动力的先天不足，逼着农业对其奉献。新中国成立四十年来，农业为启动我国工业化提供原始积累的功绩是很大的。据严瑞珍教授主持的《中国工农业产品价格剪刀差问题》的研究表明，我国从1952—1986年，通过剪刀差和纳农业税两种形式，共为启动国家的工业化提供了6 900亿元的资金积累。从目前我国国民经济和财政的情况看，工农产品“剪刀差”这一隐性分配方式，还将沿袭下去。如果农业歉收，来自农业这块启动资本丢了，社会再生产就不好维持。

四是繁荣城乡市场的需要。农村、农业、农民，是个大市场。农业生产要消费生产资料，农民的生存除了自耗部分剩余产品外，还要消费掉大量的轻工日用品。四十年来的经验证明，农业收成好，市场就繁荣，工业品就畅销，货币回笼和工业资金循环就快，国民经济就充满生机和活力。反之，市场就凋敝，工业品就积压，货币回笼和工业资金循环都受到影响，国民经济就不景气或出现萎缩。据测算，从1979年到1984年，我国新增加的社会购买力中，约有2/3来自农民。也就是说，国内工业市场的扩张主要依靠农业部门的发展。

五是发展外向型经济的需要。世界经济发展的实践表明，发展中国家的农业与外资密切相关。我国是个农业份额较大的发展中国家，出口创汇的相当一部分来自农业和与农业相关部门。1949 年至 1986 年的 37 年间，我国农业生产与外资出口之间的相关系数为 0.96，在 2 590 多亿美元的出口创汇总额中，农副产品及其加工品创汇额 1 380 多亿美元，占创汇总额的 53.3%。以吉林省为例，就更能说明这个问题。1989 年截止到 11 月末，全省农产品创汇 2.9 亿美元，占创汇总额的 54.7%，比国家的同口径数字高出 1.3 个百分点。农产品换回的外汇，除换回一部分农业生产急需的优质化肥外，还有力地支援了工业部门的“三引进”（引进技术、设备、材料）。目前我国的经济已走出封闭的“怪圈”，正在向开放式、外向型经济方向发展，需要大量的外汇，这就加重了农业出口创汇的任务。由此可见，外贸事业的发展，在很大程度上依赖农业的发展。

六是实现国民经济持续稳定协调发展的需要。马克思的再生产理论告诉我们，国民经济是个有机整体，只有各产业间保持协调和平衡，经济才能健康发展。目前我国的情况是农业短腿，工业过热。中共中央在《进一步治理整顿和深化改革的决定》中指出：“工农业比例关系严重失调，现有的农业已支撑不了过大的工业生产规模。”比例关系失衡，就要求平衡。用降低工业发展速度来求平衡，这固然是一条选择。但如果在工业“降温”的同时，实行“双向”选择，用“加强法”让农业“升温”，集中有限的财力、物力把农业搞上去，就会大大地缩短平衡的时间，调整的预期效果会更好。这种平衡也有保持的基础。

三、从战略上来加强农业基础

加强农业，既是一项经济工作，也是一项政治任务，既是农业部门本身的责任，也是各行各业的义务。研究这个问题，需要跳出农业本身的“圈子”，把农业摆到整个国民经济的大“盘子”中，从战略着眼，从长计议，从基础抓起。

（一）各级党委要集中精力抓农业

我们党是为人民谋利益的党，加强农业是我们党和人民的根本利益所在，是当前乃至今后一个相当长时期中的工作重点。因此，我们必须从这个大局出发，发挥我们的政治优势，集中精力，下功夫，把农业搞上去。各级党委应把农业工作摆到主要议事日程，抓住不放，一抓到底。地、县两级领导，应把主要精力放在发展农业特别是粮食、棉花生产上。应在地、县两级恢复或增设分管农业的副书记，选派事业心强，熟悉农业，有实际工作经验的干部来主管这项工作。要把粮棉和其他主要农产品的生产能不能搞上去，农业的后劲是不是增强了，作为考核各级领导干部的重要标准，从责权与利益的结合上，确保农业和党对农村工作的领导力量不断得到加强。

（二）建立“三位一体”的投资机制

目前，我国农业基础脆弱，再上新台阶的制约因素很多。突出表现在五个方面。一是水利设施老化，抗御自然灾害能力低；二是农业机械设备不足，田间农机作业能力不断下降；三是农用工业发展滞后，化肥、农膜、农药等一些大宗生产资料供不应求；四是科研和技术推广经费紧缺，手段落后，后续接力品种少；五是耕地减少，质量下降，水土流失及草原的沙化、碱化、退化严重，绿色植被遭到破坏。解决这些问题，调整一些相应的政策是一方面，更重要的是要多渠道筹措资金，逐年增加对农业的投入。

增加对农业的投入，在国家财力拮据，农村合作经济组织积累不多，农民又不富裕的情况下，单靠哪一方面都难以奏效，必须调动多方积极性，建立起国家、集体和农民“三位一体”的投资机制。农民是投入的主体。应通过对农民进行艰苦奋斗教育和预留生产费等办法，引导农民克服婚丧生娶大操大办的不良习气，减少馈赠，推迟建房，压缩消费，把钱尽可能多地用于当年生产和购置农机具上。并要增加劳务投入，大力开展农田基本建设和植树造林，积造农家肥，用劳务优势来弥补资金的不足。农村合作经济组织的积累，是农业投资的有效补充。应每年都结合收益分配，清理财务，回收欠款，活化集体积累资金，把有限的资金用于办乡镇企业，发展多种经营和搞开发性生产上。国家是增加农业投资的强大后盾。我国农业为国家的工业化的实现做出了巨大贡献，现在遇到了新困难，理所当然应该得到财政扶持和工商各业的关照。只有从国家渠道增加资金和物质投入，才能从根本上加强农业基础。诸如像大江大河的治理，中低产田的改造，农业科研和技术推广，发展农用工业等，都需要国家来投资。国家增加对农业的投资，一是要抓现有政策的兑现。例如，国务院决定水利基建投资和农田水利小型工程补助费要恢复到1980年水平，在农产品流通环节提取农业技术改进费，建立农业发展基金等一些政策，应不折不扣地按文件要求兑现。

增加对农业的投入，需要有相应的制度来作保证。过去的一些投资政策不能得到落实，主要原因就是缺少保证措施。一是建立奖励制度。从国家投资或补助中按一定比例提取资金，奖励政策落实得好，对农业的各项投资不断有所增加的县乡。二是建立匹配制。对农户的扩大再生产项目，国家在贷款或投资上，对自筹资金按一定比例给予匹配，以调动农民投资的积极性。三是建立补贴制。对地区性合作经济组织购置大中型农机具，地方财政应给以贴息，有条件的县，也可给以一定补助；农户打井种稻，应在资金和物资上给予扶持。四是建立审计制。财政部门应配合审计部门，对农业投资的筹集、投向按有关政策进行审计，及时堵塞漏洞，提高资金使用效益。

（三）提高农民素质

农民是农村生产力的重要组成部分，他们的素质如何，对农业发展关系极大。目前，我国农民无论是文化水平还是技术水平，都比较低下，远远不适应现代化农业的需要，是发展农业的最大制约因素。从这个意义上说，努力提高农民的文化科技素质，不但是发展农业的当务之急，也是加强农业基础的百年大计。我们应在继续抓好农村中小学教育，防止出现新文盲的同时，大力抓好农民职业技术教育。在近期，应动员各方面的力量，采取多种形式对农民进行技术培训，争取每户都有一人掌握一门以上的现代农业生产技术。

从长远考虑，应抓全体农民文化技术素质的提高，培养一大批具有初、中级专业知识的技术人才。目前，全国有一批数量可观的农技校、农机校、农民中专和农职高中等初具规模的人才培训场所，但在校生比较少，教室、教师也有闲置，扩大招生的潜力很大。如果充分利用现有的办学条件，每所学校每年多招收50～100名学员，设想经10年的努力，就可使每个村民小组有两三名初、中级技术人才。农业部门与教育部门联合办学，对农村青年进行定向培养，也是快出人才的好办法。还可在一些中学增设一至二年农业技术课，使学生毕业回乡既有文化，又有一定的专业技术。

（四）动员全社会的力量来支援农业

农业是个社会效益突出的产业。它的情况如何，直接影响到各行各业的发展，影响到整个国民经济的运行。从农业与其他产业的关系看，农业的发展，可为工业提供愈来愈多的原料，提供容量越来越大的工业品市场，随之，商业部门的商品销售额也会有所增加。从农业与城市居民生活的关系看，有了充裕的农副产品，居民装满了“米袋子”、“菜篮子”，就有了安全感，生产生活都好安排。从农业与上层建筑各部门的关系看，更是息息相关。在我们这样的农业大国，法律、新闻、出版、计生、土地、文化、教育、卫生等部门，工作任务在农村占很大比重，农业发展了，农村的形势好了，各个部门就有了做好工作、发展事业的基础。因此，各行各业都应树立农业发展我发展，我与农业共兴衰的思想，结合本部门的工作，组织人力、物力、财力，全力以赴地支援农业。特别要注意纠正那些卡农、伤农、坑农的不轨行为，实打实地为农民办好事、办实事，切实帮助农民解决一些实际问题。

（五）制订保护农业的法规

农业这个基础产业，理所当然地要有专项法规或条例来保护。从实践看，加强农业，急需制订一部有权威、符合国情的《农业保护法》，同时辅以相应的《农业投入法》、《农业科技推广条例》、《农民负担管理条例》等一些法律、法规，在法律上确立起农业的基础地位。不然，很容易出现“口号”农业。

（1989 年 12 月）

务必注意研究和解决农民问题

农民问题是农业农村乃至整个社会的根本问题，是我们党发展各项事业的基础。农民问题解决得好，农业、农村问题就迎刃而解，社会治安和城乡生产生活秩序都好维持，繁荣农村经济，实现农业的现代化必然成为现实。因此，我们务必注意研究和解决好这个当代社会的重大问题。

一、农民问题不容忽视

农民仍是国民主体和社会低收入阶层。中国是个拥有10亿人口的大国，其中有8亿多人口属于农民范畴。他们的人均收入，只相当于城市人口的50%左右，仍然是人数最多的低收入群体。农业份额较大，生产基础相对好一点的吉林省，1987年农民的人均收入也只相当城市人口的58.2%，还有76万人年收入在200元以下，处于吃粮靠返销，穿衣靠救济，生产靠贷款，不得温饱的贫困状态。

农民重任在肩。党中央规划到20世纪末人均国民生产总值要达到800美元，进入“小康”社会。而吉林省1987年人均国民生产总值只有315美元。要在13年中把国民生产总值在现有的基础上增到800美元，年递增率要达8%，这是一项令世人瞩目的伟大工程。在构筑这项伟大工程中，由于农民所从事的是最基础产业，在经济再生产和劳动力再生产中处于举足轻重的地位。吉林省农民要在占有不足全国1/25的耕地上，完成占全国1/11的粮食订购任务；省内轻工业总产值中，有70%是靠农民提供原料才得以实现的；担负着883.5万城镇居民肉、禽、蛋、奶、蔬菜等副食品的生产任务，还负有占全省80%的外贸出口创汇任务。显然，与其他产业的劳动者相比，农民的担子很重，任务很艰巨。

农民中蕴藏着巨大的能量。一是创造能量。农民作为农村改革的主体，完成以土地经营形式为核心的第一步改革，并不意味农民在生产关系变革方面创造能量的极限释放。近年出现的土地使用权的有偿转让，公司加农户、贸工农联营、产加销“一条龙”等多种新的各具特色的生产组织形式，正是农民富有创造能量的标志。而且这种创造能量随着改革的深入，观念的更新，农民本身素质的提高日益增大。二是智商能量。虽然农民的整体科技文化素质不高，对商品经济陌生，但就其因子来说，农民范畴包容了各种能工巧匠和具有一定水平的专业人才。特别是新一代知识青年不断充实农民队伍，使整体智商程度逐渐提高。“七五”期间，吉林省每年都有近30万名农民子弟初中或高中毕业，他们自然成为发展农村商品经济的生力军。三是劳动能量。十年改革，使中国农村彻底扭转了劳力不够用的被动局面，出现劳力的大批剩余。据测算，1987 年吉林省农村有 213.6 万人可走出田野另谋职业，而实际只有 70.7 万人在第二、三产业中就业，有 142.9 万人常年待业。这些人存在价值的有效聚合，就是推动经济与社会发展的一股强大动力。四是投资能量。在国家财政捉襟见肘，信贷几经紧缩，农村生产投资不足的情况下，农民中仍存有一定的自我发展财力。吉林省农民的现金收入，1983 年至 1986 年，年递增 12.5%，对应消费的 1984 年至 1987 年，生活消费及其他非生产性现金支出年递增 19.0%，而同期生产投资年仅递增 12.4%，比消费支出低 6.6 个百分点。如能做到生产投入与生活消费同步增长，每年至少可从消费中紧缩出 3.4 亿元资金用于生产建设。吉林情况如此，其他省亦然。

任何事物都有两重性。对农民自身能量发挥、利用得好，将成为经济以及社会发展的巨大动力，否则，也可成为“离心力”而走向另一面，这就是我们不容忽视农民问题的关键所在。

二、正确估量和辩证看待农民

正确估量农民是确定农村工作指导方针的依据；辩证看待农民则能防止认识上的片面性和行动上的盲目性。二者的恰到结合，就会使农村政策更加符合客观实际，工作方法科学得当。

经过十年改革，农民无论在思想觉悟、伦理道德，还是在生产、生活方式等方面，都发生了深刻的变化。归纳类比，我们说当代农民具有下列特征：

1. 他们热爱党，热爱社会主义。但把党理想为“纯玉无瑕”，把党的成员个别问题归咎于党的整体。农民对党作为中国革命的中流砥柱，领导人民群众不畏艰难，不怕流血牺牲，推翻了三座大山，使他们获得新生的恩情念念不忘，听党的话、跟共产党走在他们辈代中有很强的传承性。特别是党的十一届三中全会以来的富民政策，给他们带来了实惠，使他们更加信赖党，拥护党的领导，自觉地执行党的政策。比如，粮食收购“双轨制”，平议差价悬殊，交合同定购粮明显吃亏，而吉林绝大多数农民响应党的号召，视定购为义务，积极给国家交好粮，交足粮。1988年，就是在资金严重短缺，部分地方收粮“打白条”的情况下，农民仍体谅国家的困难，较好地完成了定购任务。由于历史的种种原因，农民看问题往往缺乏客观性和辩证法，把党“神化”，片面地认为党不应有任何缺点或毛病。因此，他们就把个别党员以权谋私，违法乱纪等行为，看成是党的整体的蜕变，言语中常常流露出失落感。

2. 他们拥护改革，支持改革。但缺乏对改革的全面理解，改革的主动性较差。以土地制度为焦点的农村第一步改革，使农民成为最实际的受益者。他们企望这样的改革继续下去，从中不断给他们带来叠加利益。然而，事实却不尽如人意。改革，这项宏大的系统工程，不可能直线到达目的，中途定会出现起伏跌宕。当第二步改革的“线条”不够清晰，给农民带来的利益与第一步改革的“超常”相对逊色时，农民则往往不能把握改革是促进生产力发展这一根本标准，而单纯用利益最大化去衡量。这样，农民对改革难免不出现为所不前，内原动力不足。他们对股份经济的观望，合作意识的淡化和对开拓生产要素市场的漠不关心，都是缺少激流勇进士气的具体表现。被动接受由上面贯下来的改革路数，被他们选为上策。

3. 他们善于勤俭节约，会过日子。但思想保守，商品经济意识不强。勤俭节约已成为中国农民的光荣传统。他们注意在日常生活中精打细算，注意节约一粒米，一分钱。由于当代农民是由小生产者转变来的，传统的自然经济思想在他们的头脑中根深蒂固，缺乏商品经济应具备的拓业观念、竞争观念和投资观念，在生产生活的料理上均带有小生产的传统和痕迹。他们多把紧衣缩食积蓄下来的钱用于婚、丧、盖新房或购置高档商品一次花掉，能理智地投入到商品生产或经营，用以追求增值的寥寥无几。1986、1987两年，吉林省农民用于盖新房人均投资238元，是同期人均收入总额的27.4%，用于购置彩电、冰箱、收录机、电风扇人均支出11.5元。这种“千日用笨力打柴一日烧”的事实说明，当前农民的经济收支行为是既不能挣，也不会花，只是低层次的节约。虽然这种节约在任何时期都是应该提倡的。

4. 他们忠诚、朴实、肯干。但文化水平不高，接受新的生产技术能力低。襟怀坦白，豁达开朗，说到做到，是当代农民的基本特征。他们吃苦耐劳，乐于用自己的双手来改造生活，反对不劳而获。价格政策使农民在城乡经济交换中处于不利地位，可绝大多数农民认真执行政府下达的计划，保证按计划种植油料、甜菜和蔬菜。特别是他们肯用强劳动去弥补生产手段落后、机械化程度低下的缺陷和基本建设投资的不足，只是因为他们的文化水平低，技术素质差，往往使他们的艰苦劳动收益甚微。目前，吉林省近30%的农民还是文盲，半文盲，40%的农民只有高小文化程度。这些人难以利用现代科学技术，不懂集约经营，不善于开拓新的生产门路，只能以地为本，年复一年地沿袭传统的“刀耕火种”。由于智力不发达，他们成了纯体力劳动者，在社会实践中能干，不能巧干。

5. 他们生活水平近年不断提高。但目光短浅，易于满足。十一届三中全会以来，吉林农民的人均收入连续上了300元、400元、500元三个台阶，1987年达到523元，比1978年增长了1.89倍，有5%的农户人均收入超千元，成了农村的富裕阶层。而随着生产条件的不断改善，一些农户却产生了“温饱便足，小富即安”的思想。在他们看来，一不缺吃，二不少穿，生活过得蛮好了，结果在生产上出现了短期行为，只求当年红，现得利，在投资上不是追求利润的最大化，而是尽量满足风险性最小的要求。

三、解决农民问题的关键是调动他们的积极性

农民是农村活的生产力，它有很强的萎缩或伸张弹性，这个弹性的调节机制就是其本身的积极性。农村经济的发展和农民收入的提高，归根到底都要依赖农民的积极性。农民有了积极性，就有了解决其他问题的基础。

党的十一届三中全会以来，吉林农民的积极性经历了“峰谷”交替、曲线循环的过程。过去，人民公社所谓的集体化，农民积极性在某种程度上已经不复存在；从1979年初开始，随着家庭联产承包制的逐步推行，农民积极性得到高度发挥，1985年达到“波峰”；尔后，由于农业生产资料价格不断上涨，种粮比较效益下降和局部地方“卖粮难”、“兑现难”的影响，农民积极性逐渐下降；直到1988年11月的全国农村工作会议，国家制定了增加农业投资，增拨外汇进口化肥，相对提高粮食收购价格等一些保护性措施，才有效地抑制了

农民积极性的继续下降。分析近十多年农民积极性变化曲线我们会看出，引起变化的主要基因是农民的“权”和“利”。因此，调动农民积极性要立足治本，对症下药，进一步解决农民的“权”和“利”问题。

1. 稳定家庭承包制。半个世纪以来，中国农民的积极性有两次高涨期。一是新中国成立时，他们分到世代梦寐以求的土地，心理得到满足，出现了前所未有的人欢马跃闹生产的局面，农村经济在千疮百孔的状态下很快发展起来。二是党的十一届三中全会后，家庭承包制使农民获得了土地的期限使用权，农民被压抑多年的积极性一激即发，由此引出了近代农村经济的“超常”发展。这两次积极性“波峰”，其导火索都起源于土地使用权的变革。在商品经济刚刚起步的现阶段，以种植为主业的粮区农民还没有理想的替代产业，这就决定了他们仍对土地有很强的依附性，视土如金的意识并没淡化，土地使用权的轻易变动，不能不对他们的积极性产生影响。稳定家庭承包制，正与农民维护土地使用权的要求相吻合，从而达到调动农民积极性的目的。

稳定家庭承包制，一是坚决执行土地承包期不变的政策。承包的责任田，不能随意调整，以维护合同的严肃性，人口变动较大的地方，要部分地调整口粮田，必须征得群众的同意，相应地进行小调或微调，切忌大动，这种调整在15年中限定在一次为宜。二是搞土地租赁要慎重。对土地实行租赁经营，有可能成为农村土地制度改革的方向和解决上缴统筹提留难的一条出路。但要把握三点：一个是由承包改租赁的第一年，农民既要按合同缴清本年的统筹提留款，又要交上下年的土地租金，能否承受得了；另一个是改制就免不了要相应调地，这与中央土地15年不变的政策相悖，怎么向农民解释，如何引导农民消除“党的政策像月亮，初一十五不一样”的想法；再一个是把承包改租赁，农民愿意不愿意接受，改后能否使绝大多数农民满意。由承包改租赁，如果条件不具备，前期准备工作不周密，将削弱农民对党的农村政策的信赖程度和稳定感，需要认真研究，审慎从事。先在经济条件较好的一个村试点，待摸索到解决由此派生出新问题的办法后，再根据群众愿意，逐步推开，近期试点面也不宜扩大。三是规模经营不能急于求成。土地的规模经营，不单单是个经营面积问题，主要是个效益问题，衡量的标准是经营单元生产力与经营土地面积的适应程度。就吉林省来说，西部白城地区四市五县，农村人均占有耕地 5.9 亩，比全省同口径指标高出 42.9%，户均占有耕地 26.4 亩，在某种程度上，已具有规模经营的性质；东部的延边州、通化和浑江两市属山区和半山区，人参、林果、珍奇动物饲养等特产业较发达，土地转让往往出现“倒贴”现象，近期规模经营也很难搞起来；中部的粮食主产区，虽然人均占有耕地少，但因产业结构单一，劳动力转移的速度相对缓慢，目前尚不具备土地集中的条件，只能采取“政府引导，群众自便，顺乎自然、缓机从之”的对策，任何时候再也不能用行政手段搞超前的“归大堆”。

2. 尊重农民自主权。要充分调动农民积极性，就必须尊重农民自主权。历史经验已经证明，什么时候尊重农民自主权，农民积极性和农业生产就高涨；什么时候违背农民的主观意志搞长官意志、瞎指挥，农民积极性和农业生产就受挫折。农村经济体制的改革，使农民有了一定的自主权。但由于旧的计划经济体制、家长式的领导作风和习惯势力仍在起作用，农民自主权不可避免地要受到制约。在农村，乡镇干部春催种、夏催锄、秋催收，下达地方性指令计划，越俎代庖的现象并不少见。

尊重农民自主权，主要体现在生产和交换环节上。基层政府在对农户实行计划指导时，必须遵循平等、自愿的原则，同农民商量，必须主要借助价值规律，让农民进行自我选择，必须采取合同制的办法，用经济手段替代行政命令。农民在遵守国家法律和经济合同的前提下，一切生产经营权利都属于自己，并有权抵制来自领导机关的瞎指挥。在保证完成订购任务的前提下，农民有种植的自主权和产品销售自主权，政府不能强制他们种什么或不种什么，也不能违背政策规定强制农民卖给谁、不卖给谁或卖什么价格。就是在投入方面，基层政府也不能强令亩均达到多少肥，应让农民量力而行，自我决策。乡镇合作基金会和村生产合作社等合作经济组织，应摆脱行政干预，实行会员代表大会制和民主管理。

在尊重农民自主权的同时，还要保障农民的合法权益，包括经济权益和政治权益。农民有了安全感，才能有奋发努力的积极性。比如，我们加强市场法规建设，农民在交换中有经济法规和经济合同作保证，他们就能放心地进入市场。

3. 减轻农民负担。合理的负担可调动农民积极性，过重的负担，则挫伤农民积极性。目前的实际情况是，一些地方不顾农民的承受能力，超度提取统筹提留款和公共事业费，合同外临时性派款逐年增加，还有名目繁多的乱收费、乱罚款，农民负担累累加码。据我们对吉林省8个地市州中8个村的抽样调查，1987年农民人均负担64.4元，超过省委，省政府规定最高限额一倍多，农民对此意见很大。

减轻农民负担，首要的是坚决贯彻执行中共中央、国务院1985年所发《制止向农民乱派款、乱收费的通知》。按文件搞好清查，合理地确定提留款和公共事业费统筹标准，两项合计应控制在不超上年人均所得的5%。第二，建立统筹提留款和公共事业费的预、决算制和审计制。年初按“定项限额”做好预算，经县主管部门审核后，报乡人民代表大会批准，纳入账内核算，年中不得追加，年终决算后，要将收支情况公布于众，接受群众监督。在乡镇农业经营管理站现有编制和人员中进行调剂，设专职审计员，对统筹或提留款的来源及运用定期审计，及时纠正乱摊派和胡花乱支行为。第三，发展乡办、村办企业，使村社干部报酬、误工补贴和一些必要的公益事业开支，逐步过渡到从这些企业的利润中列支，以减轻农民的直接负担。第四，改革统筹费及提留款的提取方式。有条件的地方可选择一个有代表性的乡镇，进行统筹费和提留款改附加税的试点，用税收的形式来规范统筹费和提留款的提取，防止八方伸手向农民乱摊乱派。

4. 搞好社会化服务。农民从事商品生产，需要社会提供多形式，多层次的服务。目前农村中，剩余劳动力再就业门路狭窄，部分资源得不到合理开发和利用，农副产品多了卖难，少了买难，生产常常在积压与短缺之间波动、徘徊，等等。这些现象都说明我们的社会化服务程度低，满足不了农民发展商品生产的需要。由于社会化服务跟不上，加大了生产的风险性，降低了投资的预期效益，直接影响到农民发展商品生产的积极性。对农民提供有效的社会化服务，使千家万户的分散生产以社会为依托，逐步走向专业化、规模化，就可使农民避开在商品经济汪洋大海中那种“一叶小舟”的风险，以较好的经济效益来激发农民的生产积极性。为此，应积极发展农用生产资料供应、良种繁育、田间机械配套，农机具修理、农副产品的储藏、运输、生产技术和产销信息咨询等服务业，将这些与多种形式的生产经营组织相配套，进而提高农村商品经济的组织程度和社会化服务水平。

四、从长计议——提高农民素质

解决农民问题必须从长计议，解决农民的质量问题。商品经济不同于自然经济。它要求要有一支高质量、敢于突破、大胆创新、适应现代化建设需要的农村产业大军。提高农民素质，是国家昌盛人民富裕的百年大计，需要采取一系列战略措施。

1. 提高政治素质。在农民素质的诸多方面，政治素质是第一性的。无论是实现农业的现代化，还是达“小康”，都有赖于农民政治素质的提高。

提高农民政治素质，主要是通过党的光辉形象教育、党的方针政策教育、形势任务教育、理想道德教育、民主法制教育和多种形式、丰富多彩的社会主义精神文明活动，提高农民的社会主义觉悟，促进农民思想进步，增强党对农民的凝聚力，增强农民执行党的政策的自觉性，增强农民的法制观念和组织纪律性，使他们成为爱党、爱祖国、爱人民、爱劳动、爱科学的社会主义新型农民。

2. 提高文化素质。农村生产力的发展和农村财富的增加，与农民的文化素质息息相关。据调查，在资源和其他条件基本相同的情况下，农民文化程度与收入的递增比例是：小学比文盲高 35.6%，初中比小学高 21.0%；高中比初中高 19.3%；大专比高中高 36.0%。近年农村崛起的各类专业户，绝大多数是文化程度比较高的农户。由于他们占有文化优势，能够准确地把握时机，较快地接受新的生产技术，善于把各种生产要素有机地结合起来，生产门路自然广，经营水产比一般农户高出一筹，因而率先富了起来。

提高农民的文化素质要从基础教育抓起。国家矫正城市倾斜，在师资、投资等方面对农村给以照顾。加快普及九年义务制教育的进程，是一条治本措施。调动各方面的积极性，尽快解决老、少、边、穷地区小学教育中的“3、6、9”（10 个儿童 9 个在校，6 个读完小学，3 个能真正毕业）的问题。加强扫盲工作，通过办文化夜校的办法开展农民文化补习活动，力争农民队伍中文盲比重能逐年有所减小。

移风易俗，也是提高农民文化素质的一个重要方面。通过举办图片展览、乡村文艺晚会、集体婚礼和组织农民音乐队巡回演出等形式，向农民传播文明、先进、健康的思想，启蒙他们自觉改掉不适应社会主义经济和社会发展的愚昧、落后、陈腐习俗，树立社会主义新风尚。

3. 提高科技素质。农民的科技素质如何，直接关系到农民的劳动强度、劳动生产率、经营成本，关系到生产经营的经济效益和社会效益。提高农民科技素质，是农民由自给自足的小生产者向商品生产者转变的必由之路。目前农村大多数劳动力不懂现代适用技术，有一半劳动力不懂或基本不懂农业生产的常规技术，能采用先进技术从事生产的，更是寥寥无几。因为愚昧无知，有的地方竟闹出把已经退化的“火”苞米同“单交”玉米挨垄花种，说这就是杂交的笑话。由此可见，提高农民科技素质的任务很艰巨。

提高农民科技素质，一是利用现代大众传播媒介，反复宣传农业科技基础知识，让农民在日常生活中得到熏陶，培养他们热爱科学和自觉接受技术的情趣，引导他们科技入门。二是普及乡农业中学，县设立农民技术培训中心，逐步形成多层次的农民正规教育网，通过全日制教学提高农民的科技理论水平。三是通过开展“科技之冬”活动、办短期技术培训班和开展专业函授教育等，向农民灌输常规技术，传授实用技术，介绍先进技术，指导农民进行科技实践。四是开展学术交流，组织农民到国外自费留学或勤工俭学，办各类农民技术学会、协会，组织农民进行技术研讨，沟通信息，制定农民技术职称等级标准，定期搞好职称评定。五是用科技成果商品化等手段，促进农业科研成果的推广和应用，让农民在实践中得到锻炼和提高。

4. 提高身体素质。人的身体是灵魂的载体。思想觉悟、文化知识、生产技艺都是依附身体才得以存在。身体素质如何，对政治、文化、科技等素质起着至关重要的作用。

提高身体素质，主要是：在营养结构上，注意动、植物食品结合，粗、细粮搭配，实行科学配餐，适当增加营养；开展群众性体育活动，增强抗病能力；尽快缓解老、少、边、贫地区缺医少药的问题，做好日常防疫和地方病防治，实行计划生育，优生优育。

政治、文化、科技和身体素质是相伴依存、互为条件的，必须统筹兼顾，同步操行。这样，才能收到事半功倍的效果。

（1989 年 1 月）

农村工作的“两手抓”

党的十一届三中全会以来，我们党把马克思列宁主义的基本原理同我国社会主义建设的实践相结合，确立了物质文明和精神文明建设一起抓的工作指导方针。各级领导在指导农村工作的过程中，组织和动员广大基层干部和农民群众，在进行物质文明建设的同时，注意加强精神文明建设，在农村经济持续、稳步、健康发展的同时，亿万农民群众的思想得到解放，观念得到更新，民主法制意识增强，科学文化素质、道德水准、健康水平普遍得到提高，一批有理想、有道德、有文化、有纪律的社会主义新人正在农村成长。从总体上看，农村的精神文明建设随着经济的发展不断有所成就。同时，也积累了两个文明建设一起抓的经验，涌现出了像河南的刘庄、南街，江苏的华西、沂涛，山东的九间棚，北京的韩村河、窦店等一大批两个文明建设都得到了大发展的先进典型。但是，深入到农村去走走，同广大基层干部和农民群众一交谈，我们就会发现，农村精神文明建设方面还存在着一些问题，在个别地方问题还比较严重。主要表现在：农民的科学文化素质普遍偏低，封建迷信活动蔓延，宗教势力抬头，非法宗教活动猖獗，环境卫生较差，社会风气不正，铺张浪费严重。特别是在一些地方社会治安状况不好，赌博、卖淫、抢劫、偷盗、拐卖妇女儿童等犯罪活动日益加剧，搅得老百姓不得安宁，不仅严重干扰和破坏经济建设，而且也直接波及到城市。据有关部门提供的情况，近几年在城里的刑事犯罪案件中，有相当一部分是农村的流窜犯所为。这个情况说明，农村的精神文明建设差距不小，任务很重。因此，无论是现在还是将来，都要按照中央的两手抓、两手都要硬的指导方针，坚持不懈地抓下去，努力把两个文明建设都搞上去，让农民既能丰衣足食，又能安居乐业。

在我国农村，贯彻落实坚持两手抓、两手都要硬的工作指导方针，必须紧紧抓住发展农村生产力这个中心，努力加强社会主义精神文明建设，提高广大农民的思想道德水平和科学文化素质。针对农民特别是青年农民的思想状况，采取他们易于接受的方式，加强经常性的思想政治工作，坚持爱国主义、集体主义、社会主义教育；加强法制教育；大力弘扬新时期的创业精神，广泛宣传艰苦奋斗、勤劳致富、见义勇为、互助友爱的具有时代特征的先进典型，净化社会风气；遏制封建迷信和宗教势力的蔓延，引导农民效仿健康、科学、文明的生活方式，组织农民广泛开展各种健康有益的体育活动；用社会主义思想占领农村阵地。精神文明建设，是个长期积累的渐进过程。在这个漫长的过程中，不但需要尊重人的自身发展的一般规律和各种不同岗位对人的不同要求，而且也有赖于建设精神文明所需要的物质条件的逐步完善。因此，在注意改造人的世界观的同时，也要注意加强“硬件”建设。

农村的两个文明建设由谁来组织？坚持两手抓的责任由谁来承担？应该由以党支部为核心的基层组织来组织、来承担。在农村，能否坚持两手抓的一个前提条件是能否建设坚强有力的基层组织。这是两个文明建设的可靠保证，是新时期党的建设这个伟大工程中的重要基础工程。要真想推动农村改革的深入、经济的发展和社会的进步，就要下真功夫抓这个基础工程。各地的实践证明，凡是党支部坚强有力、基层组织认真负责的村，不但经济发展快、人均收入高，而且人的精神面貌、村容村貌、社会风气和社会治安状况也都比较好。也就是说，精神文明和物质文明协调发展。而相反，在一些基层组织软弱涣散甚至瘫痪的地方，由于村里无人管事、无钱办事和无章理事，不但经济发展是慢的，集体是空的，而且秩序是乱的，人心是散的，干群关系是僵的，各项工作必然都是落后的。目前农村基层组织的状况大体可分为三种情况。第一种情况是：基层组织健全，党支部坚强有力，有一个好的支部书记，能够认真贯彻执行党的路线、方针、政策，经济发展快，集体实力强，有能力帮助群众解决生产和生活中的一些实际问题，村里的文化福利和公益事业搞得好，人的精神风貌和村容村貌也比较好，群众满意。尽管这样的村还不算多，但是它们代表着农村发展的方向。第二种情况是：领导班子贯彻执行党的路线、方针、政策比较得力，在群众中有一定威信，努力完成各项突击性任务，能够在产中环节开展一些服务，经济有所发展，群众的生活有所改善，社会秩序相对比较稳定。这样的村占大多数。第三种情况是：领导班子的能力软弱，在群众中的威信一般，只能一般完成上级布置的突击性任务，但不能为群众生产生活提供服务，经济发展慢，群众生活水平低，困难多。村风村貌很差，计划生育问题突出，社会秩序不稳定。在这一类村中，有的领导班子处于瘫痪状态，有的领导权被宗教或宗教势力把持，甚至出现黑社会势力和帮会组织。这样的村虽然所占比重不大，但群众意见大，影响面大，加强的难度大。湖北房县的土城镇，22 个村春节前后有 1/3 的村干部撂了挑子，8 个村党支部处于瘫痪状态，还有些村干部给镇领导捎话，说今年再凑合一年，明年让镇上另请高明。这些村集体除了发包土地之外，再没有什么统一经营项目，人均 526 元的收入，都是来自家庭经营。农民交不起统筹提留款交木耳，乡镇干部发不出工资发木耳。与此同时，反动组织“门徒会”活动猖獗，几经打击，几经复活，严重地侵蚀着农村的基层政权。像这样的村，在中西部地区不是个别现象，在某种程度上具有一定的代表性。如果不采取措施进行整顿和给予必要的帮扶，那么，别说小康目标实现不了，温饱都难以维持，农村也不可能稳定。如果农村基层组织不巩固，在农民群众中缺乏凝聚力，在改革和建设中缺乏战斗力，那就难以完成党在农村的各项任务，而且将削弱和动摇党在人民群众中的根基，影响党和国家的大局。由此可见，农村基层组织建设非下功夫抓不可，非抓上去不可。否则农村是没有希望的。

党的十四届四中全会，对加强和改进包括农村在内的基层党组织建设作出了全面部署；之后召开的全国农村基层组织建设工作会议，对农村以党组织为核心的基层组织建设提出了明确的目标和具体要求。按照中央的安排，今后几年，农村以党支部为核心的基层组织建设要努力实现五项目标：一是建设一个好的领导班子，尤其要有一个好书记，能够团结带领群众坚决贯彻执行党的路线方针政策。二是培养锻炼一批好队伍，共产党员能够发挥先锋模范作用，干部能够发挥示范带头作用，共青团员能够发挥助手和后备军作用。三是选准一条发展经济的好路子，充分发挥当地优势，加快农民脱贫致富奔小康的步伐。四是完善一个好的经营体制，把集体统一经营的优越性和农户承包经营的积极性结合起来，增强集体发展的活力，引导和帮助农民走共同富裕的道路。五是健全一套好的管理制度，体现民主管理原则，保证工作有效运转，使村级各项工作逐步走上制度化、规范化的轨道。这五项目标，是中央根据全国农村形势的发展和农村所面临的新任务提出来的，也是对近几年来各地抓农村基层组织建设经验的总结。这五项目标实现了，农村的两个文明建设就会取得实质性进展。

农村基层组织建设这项工作具有综合性、艰巨性、反复性，需要坚持不懈地抓，协调配套地抓，反复认真地抓。中央提出，要紧紧围绕奔小康这个大目标，配套地抓好以党支部为核心的村级组织建设，以增强服务功能为重点的经营体制建设，以民主管理为主要内容的工作制度建设。这几项建设是相互联系的整体，要全面搞好，不能单打一。村级组织的建设，关键是切实搞好党支部领导班子建设，稳定队伍，调整结构，按照干部“四化”的要求充实德才兼备的年轻干部，培养有发展前途的后备干部，努力造就一批能够带领群众致富奔小康的群体带头人。经营体制的建设，要在稳定家庭联产承包制的基础上增强集体“统”的功能，充分履行生产服务、协调管理、资产积累、资源开发、兴办企业等职能，根据发展社会主义市场经济的需要，开展产前、产中、产后服务，解决一家一户从事生产经营难以克服的困难，引导农民更有效地进入市场。特别是要注意发挥村级集体经济组织的作用，积极壮大村级集体经济实力。如果集体没有经济实力，就很难开展服务；办什么事都向农民伸手，就会逐渐失去农民的信任。只有不断发展壮大集体经济，才能不断增强为农户服务、凝聚农民的物质基础，党组织的核心领导作用才能得以充分发挥。工作制度的建设，应着重建立和完善三项制度。一是村民议事制度。村里的大事，包括村组干部任免、经济发展战略、举办大的公益事业以及直接涉及全体村民利益的大事，都必须由村民会议或村民代表会协商决定。二是村务公开制度。凡属村民普遍关心的事情，特别是财务收支、宅基地发放、计划生育指标及罚款处理等，都应该定期向村民张榜公布。三是村规民约制度。按照国家有关的法律、法规、条例，从当地情况出发，经村民代表会或村民讨论，制定出本村人人必须遵守的行为规范，约束村组织和村民的行为。

按照中央的部署，农村基层组织建设的当务之急是要力争用三年的时间，从各级机关和事业单位中抽调干部下乡驻村，帮助把处于软弱涣散和瘫痪状态的基层组织整顿好，建设好。干部下到村里，从帮助解决群众普遍关心的突出问题入手开展工作，如组织兴办公益福利事业，帮助研究发展思路、上项目，清财理账，落实减轻农民负担政策，协助有关部门开展社会治安的综合治理，打击各种犯罪活动等，普遍受到群众的拥护。多年来的时间证明，抓农村基层组织建设一般号召不行，必须组织大批干部深入到农村具体帮助。尤其是对后进村、贫困村，一定要抽调得力干部蹲到村里，踏踏实实地帮助解决问题。组织和发动群众发展生产，才能改变贫困落后的面貌，这是一条基本经验，应坚持搞下去。否则，没有干部下基层，就是再讲多少遍，再喊多少年，可能也无济于事，那里的面貌将会依然故旧。

加强农村基层组织建设，是做干部工作。着眼于基层干部素质的提高，是抓好这项工作的根本大计。干部素质怎么能提高，出路在于加强学习，深入社会实践。不论哪级干部，要想取得发言权、指导权，就必须学习、学习、再学习；实践、实践、再实践。特别是在建立社会主义市场经济体制的过程中，发展农业和农村经济遇到许多新情况，有许多新问题需要探索和解决，而对于社会主义市场经济的特点和基本规律，农村广大基层干部又知之不多，知之不深，加强学习和社会实践就显得非常紧迫。广大农村干部，要按照四中全会和中央农村工作会议的要求，认真学习邓小平同志建设有中国特色社会主义的理论，特别是要深刻领会邓小平同志关于农业、农村、农民问题的论述；认真学习中央关于加强农业和农村工作的方针政策，包括党中央、国务院下发的文件和领导同志的讲话，用中央的精神统一大家的思想，用以指导农业和农村工作的实践；认真学习社会主义市场经济基本知识，提高自己的决策能力和处理复杂情况的能力。同时，要深入生产建设的第一线，到农民群众中去，直接听取群众的呼声，关心群众的疾苦，不断研究新情况、解决新问题。广泛开展学习孔繁森、焦裕禄、张鸣岐的活动，提倡解放思想，反对因循守旧；提倡实事求是，反对弄虚作假；提倡勤政务实，反对懒散摆阔；提倡艰苦创业，反对奢侈腐化；提倡团结协作，反对本位主义。努力造成一种精神振奋、争先向上、互助促进、共同提高的局面，为深化农村改革、发展农村经济、稳定农村社会，提供强有力的精神支持和组织保证。

论交通运输企业的安全生产

——在汽车运输企业技术安全员集训班上的讲稿

安全生产问题是所有的物质资料生产部门都极为重视的一个根本性问题，更是交通运输企业不可须臾忽视的致命问题。

作为国民经济“先行官”的交通运输企业，它承担着输送旅客或人们所需用的生产生活资料的重要任务，对整个国民经济的运行和社会发展具有重要的促进作用。它的安全情况如何，不但直接影响到企业的生产进度和经济效益，而且直接影响到相关部门的生产和人民生命财产安全，以致影响到整个社会的安定。从整个国民经济和社会发展的高度来认识交通运输企业的安全生产问题，用科学的方法分析、研究和评估交通运输企业安全生产特性，从中窥探实现安全生产的规律，具有重大的政治意义和经济意义。下面，力求运用现代企业管理知识，结合交通运输企业的安全生产实践，对安全生产在交通运输企业中所处的重要地位、安全与生产进度和安全与经济效益的关系作一些通俗的讲解，并对如何实现安全生产，作一些可操作性的对策阐述。

一、确保安全生产，是交通运输企业的首要任务

在我们这样的社会主义国家中，所有的交通运输企业都把安全生产日数、安全行车间隔里程、单位运输量人身伤亡等，列入规范统计项目，作为对企业考核的重要经济技术指标。这样的考核选择，不是由人的主观愿望所决定的，是由安全问题在企业中所处的重要地位和作用所决定的。这样的选择符合社会主义企业的性质要求和进行经营

管理的要求，具有客观性和科学性，在某种意义上说，也具有法定性。

1. 从政治上看安全生产的重要地位。我国的交通运输企业，是全民所有和劳动群众集体所有性质的社会主义企业，是为人民谋利益、为国家创造物质财富的企业，保护国家财产和人民生命安全，是社会主义制度对交通运输企业的起码要求，是社会主义优越性的一个具体体现。这样的企业性质。就决定了安全问题是社会主义企业管理的重要组成部分，实现安全生产是企业的首要任务。毛泽东在建国初期就指出："在实施增产节约的同时，必须注意职工的安全、健康和必不可少的福利事业，如果只注意前一方面，忘记或稍加忽视后一方面，都是错误的。"这个论断告诉我们，社会主义企业必须把保护人民的生命财产安全与发展生产统一起来，把对国家负责、对人民群众负责与对企业、对职工负责一致起来。任何只顾生产而不管国家财产和人民生命安全的做法，都是与社会主义制度背道而驰的，是党纪国法所不允许的犯罪行为。正因如此，我国刑法规定：工厂、矿山、林场、建筑企业或其他企业、事业单位的职工，由于不服从管理，违反规章制度，或者强令工人违章冒险作业，因而发生重大伤亡事故，造成严重后果的，处以七年以下有期徒刑。从这个意义上说，安全生产不仅是个经济问题，还是个政治问题、法律问题。它在对企业管理评估和对国家贡献的评估中，占有举足轻重的地位。

2. 从经济上看安全生产的重要地位。安全生产，是社会主义经济管理的一项基本原则，这是由社会主义社会的基本经济规律所决定的，是不以人们的意志为转移的。首先，安全生产是保护社会生产力的需要。我们所说的生产力，包括三个方面：一是劳动者，即有一定生产经验和生产技能的人。在运输企业中，这是司、乘、装卸人员和车辆保修人员；二是劳动资料，在运输企业中系指公路、汽车及装卸设备等；三是劳动对象，系运载的旅客和生产、生活资料。在生产过程中，无论出现交通肇事还是机械事故，都将使已经形成的生产力遭到破坏。如果我们采取一些行之有效的措施，杜绝重大伤亡事故，减少一般事故，就会减少生产力的意外消耗，从而保证企业的正常运行，促进国民经济的发展。其次，是实现企业生产目的的需要。用以不断满足人们日益增长的物质文化生活的需要，这是所有社会主义企业的生产目的，自然也是交通运输企业的生产目的。应该说，运输过程的本身并不是目的，只是一种实现目的的手段。倘若在生产过程中出了事故，那么，企业的生产目的将无法实现。所以我们说，必须在保证安全的前提下进行生产，否则，就要受到经济规律的惩罚。

3. 从产业特性上看安全生产的重要地位。交通运输企业是个产业特性突出的企业。一是点多，面广，战线长，人员分散，生产工人或乘务人员远离领导。在一个拥有百八十台货运汽车的运输企业中，它的工作面几乎覆盖全国960万平方公里的土地，且是分头作业，车台间很少有互相照应的条件，经常是人自为战，遇到特殊情况没法请示汇报，很不利于企业进行安全管理。二是流动性大，工作环境复杂。产品运输企业是个中转人力或产品的企业，不像生产产品的工人那样有固定的厂房，有固定的作业位点，而是在生产环境每时每刻都将发生变化、生产工具每时每刻都将发生位移的情况下作业，且气候、道路等恶劣条件无法回避，是在各种因素交织、极其复杂的情况下作业的，具有随时发生重大事故的危险。三是企业的工种繁杂，岗位差别较大。企业中，既有一线运输的流动作业，也有从事保修、机加等定点作业；既有运输、修配、机加等单独核算的生产单位，也有对其起辅助作用的供油、供件等一些服务单位，是个关联性、综合性很强的企业。这些产业特性说明，交通运输企业除了具有机械、轻工、电力、纺织等固定作业企业的机障、失火、触电等共性的不安全因素外，还潜伏着有别于上述企业的个性不安全因素。在这样不利于安全的条件下进行生产，如稍一麻痹大意，就可能出现车毁人亡的重大事故，危机国家财产和人民生命安全的后果是令人发怵的。

通过上述三个方面的分析，我们可下这样的结论：确保生产的安全，是交通运输企业的首要任务，如果安全出了问题，将给企业以毁灭性的打击，给社会造成难以挽回的经济和政治损失。安全的警钟必须时刻常鸣，万万不可掉以轻心。

二、正确处理安全与生产进度、安全与经济效益的关系，是企业实现安全生产的基本点

安全与生产进度、安全与经济效益二者联系密切，不可分割，是既对立又统一的辩证关系。只有确保安全才能加快生产进度；只有确

保安全才能提高企业的经济效益。否则，将事与愿违，欲速不达，生产进度定会慢下来，企业的经济效益也会降下来。

（一）只有确保安全，才能加快生产进度

安全与生产任务的完成情况呈正相关关系。吉林省的一个地区所属19户运输企业，1976、1977、1980三年，安全生产搞得好，同时生产任务完成的也好；而事故频繁的1978、1979两年，就没完成当年的生产任务。就运输企业横向说，安全生产情况较好的，就能圆满地完成生产任务；就一个运输企业的时间纵向说，安全生产情况较好的年际，生产任务完成得也好，事故频繁，伤亡较重的年际，就欠产。一家搬运公司为了抢生产进度，在车辆灯光有故障的情况下贪黑作业，结果造成翻车死人的恶性事故，一台车进厂大修，耽误了两个多月。因重大事故而停产，其损失的绝对值是很难计算的。就是一些磕磕碰碰的小事故，对生产的影响也很大。再加事故对职工情绪的影响，由此引出的负效应是无法估量的。一些企业提出“安全第一”、“生产必保安全”等一些口号，是对安全与生产进度关系的高度概括和总结，是用血的代价换来的真理。对此，交通运输企业一定要时刻牢记，在抓生产的同时，一定要首先抓安全；在生产进度与安全生产发生矛盾时，一定要舍弃生产进度来保安全。决不能单纯为了完成生产任务而不顾安全，违章作业。只有这样，才能从根本上加快生产进度。

（二）只有确保安全，才能提高经济效益

安全生产是企业提高经济效益的前提条件。提高经济效益，有赖于安全生产的实现。在企业生产成本构成中，事故费用支出具有不确定性质的一项开支。它的特性：一是占生产成本构成份额的波幅较大，有时可趋近于零，有的可在统计期间突然上升到百分之十几或百分之几十；二是事故费作为一种投入，它不像燃料、电力、劳务等投入那样可带来收益，是一项被迫性的、难以预见的纯支出，它直接、对等地侵蚀着企业利润。以上两个特点说明，生产事故能在企业财务、技术、劳动等项管理兼优的情况下，大幅度降低企业利润，以致出现使企业濒临破产、倒闭的巨额亏损。相反，它的支出可趋近于零的性质又说明，降低这项支出的潜力很大，是提高企业经济效益的一个突破口。就一个企业来说，安全生产间隔天数越多，事故间隔里程越大，事故费支出占总成本的份额越小，企业的经济效益相对要好；反之，就越差。榆树县运输公司1979年造成的21人死亡的重大恶性事故，一次就使两年的生产利润毁之一旦，本年度的账面当月出现赤字。许多事实说明，要想提高企业的经济效益，必须首先在安全生产上下功夫。生产过程一旦出了事故，经济效益就无从谈起。这一点对于运输企业尤其重要。

三、建立精干、高效、具有权威的安全生产领导体系和监督体系，是实现安全生产的可靠保证

安全生产是一项融政治、经济、科学技术为一体的比较复杂的综合性工作。做好这项工作，需要一个精干、高效、具有权威的领导和监督体系来统筹兼顾，综合治理，把各项技术措施落到实处。这个体系应主要由三个方面构成。

一是建立由企业主要领导人挂帅的安全生产委员会。在企业中，任何一项工作都离不开领导者的指挥和努力。像安全生产这样关系到全局的重要工作，如果不投入一定的领导力量，再好的技术措施恐怕也要束之高阁，再完整、全面的规章制度，恐怕也会流于形式。由企业主要领导人牵头，吸收工会、技术、生产、安全等有关部门和基层单位负责同志参加的安全生产委员会，能从分工上明确责任，落实任务，发挥领导者抓安全、管安全的权威作用，避免互相推诿，纠正没出事故谁都管、有了事故谁又都不管的现象。成立这个组织，有利于做到“五同步”，即在计划、布置、检查、评比、总结生产的同时，兼顾安全工作；有利于定期开展安全生产形势分析和组织安全生产竞赛活动。有利于及时堵塞漏洞，解决生产过程中的一些实际问题，把不安全因素消灭在萌芽状态中，特别是在安全工作与生产进度出现“顶牛”、“碰车”时，有没有安全生产委员会，决策和结局大不一样。

二是建立具有综合、协调、监督职能的安全业务部门。安全生产是企业管理范畴中的一项重要内容。既然是属于管理工作，就要有管理机构，这是实现安全生产的组织措施。实践证明，即使有完善的技术措施，如果没有相适应的组织措施，技术措施就很难落实。诸如像安全生产情况的综合，各项安全指标或与安全有关的经济技术指标的统计，各项规章制度的贯彻执行，上情下达和下情上达等等，都需要有一个职能部门来具体落实。缺少这个部门，安全管理工作很容易流于形式。从一些企业设置安全监督管理部门的实践看，虽然增加了几名管理人员（这是《汽车运输企业技术管理规范》中按车台、人头的比例明文规定的），但它在安全生产工作中所起到的，是作用事半功倍或功几倍于事的。

三是在车队、车间等基层生产单位设专职安全员。对一些交通事故实例进行分析，我们得出这样一个结论，酿成交通事故的主要责任在基层。有的基层领导和生产第一线的司、乘、保修人员，在工作一忙，生产任务一紧的时候，就可能忽视安全生产，违章作业，结果酿成大祸。在基层设专职安全员，是强化安全管理，加强监察的一个好办法。安全员专职专责，受公司安全科室和所在车队、车间的双重领导，对所在单位的安全生产负有直接责任，在安全方面具有一定的自决权和对一些不安全做法的否决权，并能经常活动在运输生产第一线，直接接触工人，便于发现问题，解决问题；及时纠正违章。专职也有利于钻研，迫使安全员刻苦学习安全业务，积累经验，不断提出改善工作、加强安全防范的建议和意见。要指出的是，选什么样的人来担任安全员，这是个重要问题。一定要注意选派政治觉悟高、责任心强，具有开拓进取气质，安全生产经验比较丰富的同志来承担这项工作，并要在工作上学习上给他们创造条件，鼓励他们一心一意地做好安全生产工作。

四、健全各项操作规程和安全制度，是实现安全生产的基础工作

对任何一项工作来说，打好基础都是至关重要的。安全生产的基础工作是什么？就是各项技术操作规程和安全生产的各项规章制度。在安全生产这项复杂的工作中，对主体行为进行科学的规范，是工作的入手之处。只有对安全工作的主体——企业和人的行为用确定的方式明确起来，分明指出应该怎么做或不能怎么做，才能从根本上消除不安全因素，实现安全生产。而对行为的规范，最有效、最优选的办法就是各项技术操作规程和规章制度。可以断言，一个技术操作规程不完善、安全生产规章制度不健全的企业，是不可能实现安全生产的。

交通运输企业，应根据不同工种和不同的工作环境建立各种技术

操作规程和各项安全工作制度。主要包括以下三个类别。

1. 建立操作规程。主要有：

（1）运输机械操作规程；

（2）汽车技术等级检验标准；

（3）汽车安全检查规程；

（4）机加、保修设备操作规程；

（5）装卸作业安全规程。

2. 建立设备检修保养制度。主要有：

（1）汽车检修保养制度；

（2）机加及其他机械设备检修保养制度。

3. 建立安全生产的各项工作制度。主要有：

（1）安全生产岗位责任制；

（2）车辆和机械运行管理制度；

（3）事故的报告制度；

（4）驾驶人员的资格审查（年审）制度；

（5）汽车保修作业的监护制度；

（6）安全技术学习、培训制度；

（7）安全工作的检查、抽查制度。

五、加强对职工的安全教育和培训，是实现安全生产的有效手段

综合分析一些企业的事故事例，导致事故的原因大体不外乎三种情况：一是不执行安全制度和技术操作规程的；二是麻痹大意，一时疏忽的；三是不懂技术操作规程或缺乏安全生产知识的。针对这三种情况，做好职工思想政治工作，引导他们学习技术和业务，对他们进行岗位培训，定会增强职工的安全生产意识，提高他们作业确保安全的技巧和处理应急情况的能力。这对于杜绝重大伤亡事故，减少一般事故，具有现实意义。

第一，通过开展思想政治工作，杜绝习惯性违章。习惯性违章，是企业潜在的最大的不安全因素，消除的办法只有一个，就是有针对性地开展思想政治工作，帮助职工解除思想障碍，注意在日常生产中、在平时的举止言谈中发现不安全苗头，及时进行教育，以增强职工的组织纪律性，使他们都能自觉地执行技术操作规程和各项规章制

度，并做到赏罚分明，好的表扬表彰，差的批评教育，对屡教不改者要严肃处理。

第二，通过经常性的安全教育，增强职工的安全生产意识。对安全问题一定要年年讲，月月讲，天天讲。领导和安全员要利用班前班后的时间，有重点地组织职工重温有关操作规程和安全制度，根据每天的工作情况，提示职工在哪些方面注意安全。采取各种有效办法，强化职工的安全意识，使他们在灵魂深处树立起“安全第一”的观念，时时刻刻、事事处处都能自觉地对国家财产和人民生命安全负责。

第三，通过搞好技术培训，提高职工的安全技巧和技术水平。采取业余技术讲座或办集训班等形式，向职工灌输安全生产常识，进行安全知识教育和技术教育，让他们牢固地、比较全面地掌握安全知识，提高操作技能，增强对企业特性的适应能力和对各种应急、复杂情况的应变能力。

今天所讲的，主要是让大家理解这么几个重点：安全工作是交通运输企业中第一位的工作，必须时刻抓紧，不得忽视；以往的教训告诉我们，正确处理安全与生产进度、安全与经济效益的关系，既是安全生产的重点，也是安全工作的难点，在安全与生产进度、安全与企业效益发生矛盾时，切忌只抓生产不顾安全；建立安全生产的领导监督体系，健全企业的各项技术操作规程和规章制度，加强对职工的安全教育和培训，是企业实现安全生产的三大主要环节，要下功夫抓好。

（1980年3月）

运用社会综合功能　缓解交通运输窘境

交通运输是国民经济的重要组成部分，是连接城市与乡村、生产与生活以及农工商各业间的桥梁和纽带，是传播精神文明的窗口。基于它在国民经济运行和社会发展中的重要地位和作用，党和国家把它列为“七五”期间经济与社会发展的重点。

新中国成立以来，我国的交通运输业虽然有了较大的发展，但公路等级低、车辆技术状况差、运输企业的经营管理水平不高、城市公共交通基础设施落后，远远不适应人民生产、生活的需要，是国民经济运行和社会发展的薄弱环节。如何使这个薄弱环节在较短的时间里得到突破性的发展呢？显然，光靠加大投资，新建和改建公路，增添车辆，是很难达到目的的。这就要求我们放开眼，抛开交通运输的本身，从整个经济运行和社会发展的宏观上去思考问题，充分运用社会综合功能，注意理顺交通运输业和其他产业的关系，用改变与交通运输业有密切关系的其他产业或部门内部基因的方法，来获得对交通运输业的调节作用。运用社会综合功能去促进交通运输的发展，至少应考虑以下几点：

一、发挥邮电通讯业对交通运输业的互补作用

交通运输业与邮电通讯业如同一对孪生姊妹，总是相互促进，相依为命的。罗马尼亚、匈牙利等一些东欧社会主义国家，便就专门设有运输邮电部，可见它们之间的联系是极其密切的。正是这种极其密切的联系，为我们从中获得互补作用奠定了基础。目前，我国的邮电通讯业也同交通运输业一样，正处于发展阶段，每百平方公里有电报线路、长途电话线路和每万人拥有电话部数，都落后于欧、美和日本等一些发达国家；邮政业务项目不多，一些特殊物品无法从邮局中寄出，中转周期长。特别是农村“两户一休”的兴起，给本来就不发达的邮电通讯业又提出了新的要求。据调查，每天在客流总量中，有百分之五十五的人是出于联系业务，推销产品，捕捉信息，送物报信，携款结算的。如果邮电通讯部门能增加电讯的承接能力，不断增设新的邮政业务，将有相当部分的旅客免于乘车之苦，能够坐家解决问题，这对整个社会交通运力与运量的平衡，将起到很大的作用。

二、城镇总体规划一定要考虑交通运输问题

城镇交通拥挤、阻塞，事故增多等问题的出现，与我们城镇内部功能分区不合理有直接关系。我国的一些大、中城市，都是在老城的

废墟上进行改造和扩建的。当时没有规划，不讲布局，城区地面私人占有，互相割据，随意滥建，难免出现功能分区不科学，小区生活设施不配套等问题。孩子隔区上学，乘公共汽车去买粮、打酱油，甚至要坐上几站地去邮信的事不足为奇。这就给已经超限运行的城市公共交通加重了负荷。从现在起，在对旧城改造时，要一并考虑小区功能配套和服务半径等问题。新兴城镇的小区规划，应以街路为轴心，对住宅小区的商业网点、影剧院、学校等文化福利设施进行合理布局，形成若干个自成体系的住宅新区。这样，不但能对已超负荷运转的交通运输业起到调节作用，而且也方便群众的生活，可谓一举多得。

三、工业的科学布局是实现合理运输的基础

工业布局的首要原则是生产接近燃料和原料产地，接近产品的销售地，使每一单位产品从原料、燃料的采掘直至成品送到消费者手中，消耗劳动最少。运输劳动消耗的节约，从反向等于增大了运输生产能力。对于这些经济规律，前些年我们运用的并不好，以致造成了许多多余中转、迂回运转、对流运输和重复运输等一些不合理的运输。例如，以生产汽车配件为主的吉林“一〇九”厂，原设在全国机械基地的长春市，无论原料还是产品销售，都占有很大的优势，可在动乱的年月里，非得搬迁到远市近山的桦甸县的山沟里，结果造成了一些不合理的运输，劳民伤财。就是目前，因工业布局不合理新造成重复运输的现象仍然存在。我国供应城镇商品粮的大型粮油加工厂，大多是设在大、中城市，调运毛粮进城加工，糠麸再返回粮食产区作饲料，浪费了很大运力。如将大型加工厂设在粮食产地，大、中城市上调成粮，光一个吉林省就可冲减运量六十万吨，由此带来的社会效益是很可观的。合理布局工业，不能只满足于靠近铁矿石基地建钢铁厂，林区、草区建造纸厂或甘蔗、甜菜产区建糖厂等最起码的要求，要用综合效益的观点去分析、考证，向合理运输的更高阶梯迈进。

四、价格对交通运输业有着巨大的调节力

从 1985 年 10 月起，全国上调了百公里内短途客运票价，短途旅客相对减少；长春市为了缓解居民乘车难，从 1986 年 5 月份开始，将月票该为本票，同时为了刺激短途乘客免乘的积极性，把站距票价

改为乘次票价，使交通紧张的问题大为缓解。上述事例足以说明，作为经济杠杆的价格，对交通运输业有着巨大的调节作用。价格对交通运输业的调节，不但有正作用，而且还会出现逆作用。像上面列举的通过调整交通运输业内部价格，用以刺激减少运量所获得的调节力为正作用；与之相对应的，由于其他产业某种价格的变动，致使增加运量的调节力为逆作用。例如：宾馆、旅店宿费的上调和饮食价格的上调，使旅客加大食宿费用的支出，因而产生了厌住心理，出现了追求早进城，晚回乡，办不完事明天再往返的现象。其实，逆作用不同于副作用，它的出现并非是坏事。因为它在运输淡季可给承运企业带来经济效益。由此也说明，空、时条件的变化，对交通运输业也具有调节作用。

（《人民日报》海外版 1987 年 5 月 20 日）

缓解吉林交通运输紧张的双重途径

新中国成立以来，吉林省的交通运输业虽然有了较大的发展。但运输能力的增长、运输企业的经营管理水平和城市公共交通基础设施的建设，远远适应不了国民经济发展和人民生活的需要。解决交通运输方面的问题，加大投资，增添车辆，兴建高速公路，固然是出路。但这些办法受到财力、物力、技术等许多因素的制约，难以付诸实施。根据我省情况，本着立足现状，积极发展，量力而行，注重效益的原则，提出两点意见。

一、改善路的质量是增加运输能力的主攻方向

路是运输能力的重要组成部分。发展交通运输业，路是先行。道路的质量对运输过程的影响，并不次于车辆结构质量对运输过程的影响。一个比较完善的运输系统，需要良好的道路和完善的交道管理来配合。

近年来，我省的城乡道路虽然有了较大的发展，但与整个社会汽车拥有量的猛增是很不适应的。道路技术等级低，通过性能差，特别是混合交通的问题日益严重，对车辆的时速、使用寿命、物质消耗和行车安全影响很大。在我省汽车总量中占有较大比重的长白山型客车和解放型载货汽车，在公路行驶的平均时速已分别下降到 30 公里和 35 公里，比设计能力降低了 40%和 41.6%；城市公共交通的汽、电车时速已下降到 12.5 公里。如果不顾及这些客观情况，一味地追求增加车辆，只能使道路上车与车之间距离压缩，过密的车流在道路上缓缓爬行。

发展公路要讲求实效，不能贪大求洋，应着重抓好以下几个环节：

一是立足现状，对现有的道路进行挖潜、改造。全省现有公路通车里程已达 24.6 万公里，平均每平方公里有公路 0.133 公里，比全国平均水平高出 37.8%，全省基本达到了县县有公路，乡乡镇镇通汽车，四通八达的公路网已初具规模。虽然公路长度与其他省区相比不算落后，但四级路和等外路就占总长度的一半，低级路面和无路面的路就达 1.8 万公里，占总长度的近 75%；断头路、卡脖涵、倒危桥等在各市县境内都存在。公路长度不算小，通过性能差的现状要求我们对现有公路进行挖潜和改造。应在现有公路的基础上，按照一定的标准，充分利用老路，加宽路基，开山撤岭改造弯道，新建和改建桥涵。要防止不顾客观条件，不管地形地貌，不讲经济效益和社会效益，片面地追求“大直线”，“高标准”。从吉林省的实际情况出发，近期应以国、省干线和大中城市进出口公路的技术改造为重点，到 1990 年，基本完成交通量在 1 000 台次以上的老路的改造；到 2000 年，争取完成县级以上公路的全部改造任务；从长远战略上，要向线路标准化、桥涵永久化、路面黑色化、筑养路机械化、路旁林荫化、公铁交叉立体化的方向发展。

二是向管理要效益，解决混合交通的问题。人车混行，畜力车与机动车混行，严重危及交通安全，影响道路通行能力的发挥。机动车、畜力车、自行车和行人，都拥挤在不足 20 米宽的有效路面上，迫使机动车减速、躲让，造成“压车”或阻塞。近几年北京、沈阳等城市对有些道路在宽度允许的情况下，实行路口渠化，一般都收到了提高通过能力20%～30%的好效果。就是在不拓宽路面的情况下，采取分道划线、隔设围栏、交通管理人员现场指挥等办法，也收到了较理想的效果。在条件允许的情况下，修筑地下人行道或自行车过街横道等一些比较先进的做法，也可考虑采用。

二、要注意挖掘车的潜力

发展交通运输业，一定要克服重视外延扩大再生产，忽视内涵扩大再生产的思想，纠正争投资，千方百计增加车辆的做法。着眼点要放在对现有的车辆进行科学管理，合理使用，定期保养，计划修理上；努力提高车辆的技术等级，完好率和里程利用率，向车要效益。

吉林省汽车拥有量与其他省区相比，并不算少。但运力发挥的不够好，无论是经济效益还是社会效益都不够理想。由于车辆分配的不合理，大小单位自备汽车4.47万多辆，分散在千家万户，各自按照自己的需要调派汽车，缺乏合理组织和统一平衡，造成大量的空驶、迂回倒流。以长春市为例，机关企事业单位自备客货汽车占全市客货汽车总量的87.4%，所完成的客货运输量占全市客货运输总量的38%；而占全市车辆总数的12.6%的专业部门的运输车辆，却担负了全市62%的客货运输量，人力、物力、财力的浪费是很惊人的。

就是专业运输部门，其管理水平与先进的省区相比，差距也是很大的。有些技术经济指标还达不到1966年时的水平。部分企业管理混乱、消耗大、成本高、事故多的局面至今没有得到明显好转。就是说，我们进行内涵扩大再生产，开展增产节约、增收节支的潜力很大。

充分发挥机关企事业自备汽车的运输潜力。按行业把机关企事业的运力组织起来，编成若干个专业运输队，纳入交通运输部门进行“四统”管理（统一计划，统一调度，统一运价，统一供油），优先承担本行业的运输任务。对多余运力进行社会平衡，调剂使用。哈尔滨市组织市内机关、企事业单位的客车投入社会运输，用于解决城市公共交通运力不足的问题，值得借鉴。

专业运输部门应加强基础工作，强化生产指挥系统，充分发挥专业运输的主力军作用。造成专业运输企业成本高、消耗大、效率低、经济效益差的主要原因：一是运行车辆与保修设备不相适应。车辆的技术性能已经达到了80年代的先进水平。可保修设备仍停留在60年代的水平。大部分企业还没实现二级保养机械化；检验仪器寥寥无几，排除故障只能凭眼看、手摸、耳听的经验方法；至今有的保修厂还露天作业，保修质量低，导致车辆技术等级和完好率低，技术性能达不到设计标准，使用达不到保修间隔里程。二是先进的技术定额与落后的企业管理方法不相适应。部分县级运输企业对省交通厅制定的《汽车运输企业技术经济定额》贯彻执行的不好，原始记录不健全，考核不精确；对于一些运用与修理的新技术、新工艺、新设备不愿推广使用，习惯于“穿旧鞋，走老路”。三是职工的素质与现代的技术、文化的要求不相适应。相当部分司机只会开车不会修车；随着老技工的离退休，保修技术力量青黄不接，以致使保修厂变成了换件厂；有着传统历史的旧件修复项目，几乎全盘丢掉。“七五”期间，如果专业运输部门能使上述三个不相适应的问题得以解决，方方面面蕴藏的潜力就会形成强大的聚合力，汽车运输企业的经济效益与社会效益都将得到提高。

逐步更新改造车辆和设备，加快技术进步的步伐。“七五”期间，要按照国家对改造老旧车的规定，做好对耗油高、技术状况差、配件没来源的老旧车辆的更新改造；载货汽车要向大吨位、专用化的方向发展，大力发展集装箱运输；保修企业要力求实现汽车二级保养机械化和检验仪表化；货运企业要向装卸机械化的方向发展。

（摘自于《新长征》1987年第8期）

关于医疗卫生部门的经济效益问题

人吃五谷杂粮，难免不生病。生了病就要去“看”医生。大千世界，风雨雷电，星移斗转，人也会遇到无法抗拒的天灾人祸。一旦有不幸，也离不开医院。实事求是地说，如今，上医院“看”医生，可不容易。对此，有人说，医院这地方救人，个别也有“害”人的。的确，在那里，有悖救死扶伤精神的事时有发生。

浙江来长春“做”劳务的张桂友，路见火灾，奋不顾身去救，烧伤了身子，竟被一家很有名气的医院以没有押金为由，拒之门外。无独有偶。5月22日，《人民日报》又刊出新闻：“洛阳市第一人民医院认钱不认人，贻误输血时机，致使见义勇为，与歹徒搏斗身受重伤的青工孙富军很快死亡。”这两例是比较典型的。在一些人民医院中，药品随意加价，一药多价；重复收取理疗费、处置费、挂号费；对住院治疗的患者，因押金接续只差几小时而给停药的，也不少见；还有的开“变通”药方，等等。已被人们看“习惯”了的“金钱效应”现象不胜枚举。一些“人民”医院在“转向”、“变型”。由为“人民服务”转向为“钱”服务；由社会福利事业部门变为追求利润的“创收”部门。但这又是事实。“红十字”何以能染上“铜臭”？归根结底是救死扶伤的革命人道主义精神的“淡化”和来自“金钱拜物教”的“异化”。

记得60年代初期，毛泽东提出：“发扬救死扶伤的革命人道主义精神。”依时间纵向上溯，在我们这块古老的中华大地，救死扶伤的人道主义精神虽没作褒扬口号提出，而内涵其意的事例已开先河。古代有孙思邈、老华佗等人，抗日战争、解放战争时期有白求恩、柯棣华。1939年，毛泽东在《纪念白求恩》中说“晋察冀边区的军民，凡亲身受过白求恩医生的治疗和亲眼看过白求恩医生的工作的，无不为之感动”的中国人能为一位外国医生树“心碑”，除了他具有国际主义精神和共产主义精神外，还在于他富有救死扶伤的革命人道主义精神。“弹指一挥间”。今天，中华民族已由衰败走向欣欣向荣；中国人民已不是30年代时的“东亚病夫”。但很遗憾，毛泽东所提倡的“那种精神”，并没完全得到继承和发展。当然，解放前那时尽管有些发扬救死扶伤人道主义精神的事例，但那都是发生在中国共产党领导的解放区内。新中国成立后，特别是到了60年代，堪称是救死扶伤的革命人道主义精神的“成果”期。当时，想患者所想，急患者所急，帮患者所需，全心全意为患者服务蔚然成风，可歌可泣的事迹层出不穷。人们在追忆、向往、企盼。

以哲学范畴类分，救死扶伤是精神，金钱是物质。当“精神”与

“物质”发生矛盾时，行为人为什么能抛弃前者取其后者？值得深思、争鸣。伟大的文学先驱鲁迅喜欢用“剥竹笋”来明辨是非。这里，我们不妨把救死扶伤人道主义精神的“淡化”、“异化”予以一剥。概言之，“精神”向“物质”倾斜、错位，其演化反应过程是，金钱效应——医德衰败——“磁化”精神——只顾挣钱不管人命。如详细考证，我们还会看出，作为演化主体的“医”和“院”，在演化过程中各司“其职”，各有“千秋”。

农、工、商各行各业，司机、店员、教师、医生、“三教九流”，都有自己的职业道德。救死扶伤的人道主义精神，是医护人员起码的职业道德。有人编出“年代歌”说：“50 年代闹革命，60 年代学雷锋，70 年代大批判，80 年代都捞钱”。在一些人的眼里、心里，“有钱能使鬼推磨”。民传，熏染。久而，个别医务人员也就不要“脸皮”，不顾医德，钻心捞起钱来。多收费多得奖金；为“完成”床位周转指标保奖金而提前撵走患者，不给钱就不加班、加点；X 光室取消了钡粉应拌的白糖；药剂师为完成经营指标，青霉素一色进氨基苄的，本是负债治病，出院时再给你带上 20 盒人参蜂王浆，让其“保养”身体，弄得患者哭笑不得。雅典修辞学家郎吉纳斯曾经说过：“金钱的贪求和享乐，促使我们成为他们的奴隶。”见利忘义，哪还顾得上救死扶伤的人道主义精神。

在“院方”，医政管理也有畸变。有的美其名曰“事业单位企业办”，缩主业，增副业，搞“创收”承包，不断增加“服务”项目。药房经营起“磁疗”背心、“健身”拖鞋、“治癣鞋垫”、“美容”香霜、变色镜……照此下去，“人民”医院岂不成了杂货店、破烂市儿！如不敲敲警钟，令其调整办院指导思想，不周多时，救死扶伤的革命人道主义精神将荡然无存。

也有人说，医院“那种精神”的淡化，是改革、开放的结果。对此，笔者实在不能苟同。80 年代是中国改革的年代，改革大潮冲击着 960 万平方公里的大地，作为社会福利事业的医疗卫生部门，也在改革其列。但怎么改？改什么？确大有讲究。社会分工决定改革的预期目标。对生产企业来说，改革就是需解放和发展生产力，提高企业的经济效益。对医疗卫生部门来说，改革就是要弘扬救死扶伤的人道主义精神，进一步挖掘医疗潜力，不断提高服务质量和社会效益。一切与这个宗旨反其道而行之的做法，都不成其为改革，要硬说是"改"，那只能叫错改。以盈利为主要指标的承包责任制，在工厂比较有效，照搬到医疗卫生部门，是否适用，我就持怀疑态度。在我们国家，凡事"一刀切"、"一律化"、"一概而论"的苦头吃得还少吗！该到整顿整顿的时候了。

毋庸置疑，"那种精神"的淡化与社会分配不公有关。医护人员也是血肉之躯，也有七情六欲。在商品经济时代，他们也要靠钱养家糊口，求生存。在"拿手术刀的不如拿剃头刀"的事实面前，他们抱怨、消极，是可以理解的。问题是头痛脑热看似小事，实质人命关天，无论如何不能拿人的生命当儿戏。不管发生什么事情，救人是第一位的。一切"小道理"都应服从救死扶伤这个大道理，千万不能把救死扶伤的人道主义精神"商品化"。

既然查到了"淡化"的"病灶"，就应立足治本，对症"下药"。首先，医疗卫生界要正视自己在社会分工中的位置，树立人民医院为人民的思想，摒弃利润观念，处理好经济效益与社会效益的关系。有人用我国医疗卫生部门的管理体制与西方一些发达资本主义国家相比，得出"无利难以养医"的结论。笔者没出过国，对西方医疗卫生部门的情况了解甚少。但从大众传播媒介得知，就是在美国、加拿大这样私人医院占有一定比重的国度里，医院也不是单纯追求利润的最大化，慈善、救死扶伤仍被他们奉为高尚的医德。他们也提倡尊重、关心和照顾患者，注意引导医护人员树立以患者为中心的世界观。我们是社会主义国家，生老病死、天灾人祸要得到全社会的关怀和照顾，这是我们优于资本主义制度的一个重要标志。我们的医疗卫生部门，是社会主义制度约束下的社会福利部门，乃非赚取剩余价值的赢利部门，工作预期只能以救死扶伤为目的，不应该、也不允许追求利润的最大化。邓小平同志在党的全国代表大会上指出："思想文化教育卫生部门，都要以社会效益为一切活动的唯一准则，它们所属的企业也要以社会效益为最高准则。"这就为医疗卫生部门指明了方向。如果医疗卫生部门也"一切向钱看"，那就背离了社会主义的根本原则。诚然，医疗部门在服务中，不仅要付出艰辛的脑力劳动和体力劳动，而且要消耗物质资料，这要通过成本核算来补偿。医务人员的奖金多寡，应主要体现在服务上。单位时间的增收，也主要是通过挖掘医护、器械潜力，提高工作效率的途径来取得。再不能干“主”“副”颠倒，有悖于人民医院声誉的事。

人缺德就要“补”德。“商品经济时代就是认钱，救死扶伤精神值几吊钱!”这个认识“习惯”了，要改，自然难度不小。“疗救”医道上的“疾痼”，至少要“三管齐下”。一是对现有医护人员进行医德教育，让大家懂得，穿上白大衣不光是为挣钱，而是为祛除人的疾患，延续人的生命，这个神圣天职是无价的。试想，如果光为挣钱，就不如上大街卖棒冰去了。二是培养、树立现代的“白求恩”，用身教取代言教，以正气祛邪。三是从长计议。从基础抓起，在医学院校中设“医德”课，启蒙后生立志做救死扶伤的“活菩萨”。“那种精神”的淡化，“冰冻三尺，非一日之寒”。炎黄子孙有着知难而进的秉性。只要心诚，“石头都能开出花”。这些都是后话，当务之急是对不履行救死扶伤职责的怎么办？尚需研究点“补救”措施。

《西游记》中，唐僧用念“紧箍咒”来“控制”孙悟空的“不轨”行为。小说的虚构对现实也有借鉴之益。我们不妨也对不履行救死扶伤职责的“院”或“医”念点“紧箍咒”。对他们的“创收”项目进行一次检查，辨明真伪；对巧立名目，抬高收费标准的，追究领导责任；对“偷工减料”，或以药搭售商品的，不能让其在经济上占便宜；对乘患之危，揩油、索贿的，严肃党纪政纪；对极少数只认钱不认人，贻误治疗时机的，应从重从快，“杀”一儆百。还可赶点“时髦”，在医疗卫生主管部门建立举报中心，实行群众监督，及时查处“不轨”行为，在“医道”上增加点“透明度”。报刊、广播、电视等大众传播媒介，若能开展诸如像“社会主义医德”讨论，或称颂当代“白求恩”，或及时揭露“阴暗”，针砭时弊，走有助于救死扶伤精神的大发扬。

电影《人到中年》，虽是“老声”，但有“重谈”的必要。看这部影片，只理解到一代中年知识分子在家庭负担很重，生活条件得不到改善，政治上得不到关心的情况下，仍对事业执著地追求，坚毅地在人生的“沼泽”中跋涉、拼搏，这是不够的。影片还有“第二主题”。那就是眼科大夫陆文婷对工作一丝不苟，对患者极端负责的高尚医德。一名刚从医科院校毕业的弱女子，顶着“造反派”的威逼和恐吓，终于保住了“走资派”焦副部长的右眼，还有王小嫂的斜视矫正，张老汉的角膜移植。在手术台上，当助手亚芬问她："你小孩的肺炎好了吗?"她的回答是："现在我除了这只眼睛，什么都不想。"手术，患者；患者，手术……她极度疲劳，她"断裂"了。弥留之际。她仍惦记着患者的眼睛。这是什么？这就是救死扶伤的人道主义精神。患者，家庭，社会；工，农，商，学，兵；时代在呼唤："陆文婷，你在哪里?"

正因为有上面这些一孔之见，所以我说："救死扶伤的人道主义精神是永生的。"我们应该高呼："救死扶伤精神万岁!"

（摘自《新长征》1989 年第 9 期）

农民是中国革命和建设的主体力量

——兼论农民的历史和现实社会地位

伟大的中国农民，创造了中华民族发展的先例。在漫长的民主革命、社会主义革命和社会主义建设中，亿万农民充分发挥了主体作用。他们为中国革命的胜利，为创造中华人民共和国，作出了巨大贡献，也付出了巨大代价。同时，中国革命的成功和新中国的建立，也彻底改变了中国农民的人生。

一、中国革命在厄运和挫折中，确认了农民这支浩大的、坚不可摧的同盟军

按照马克思、恩格斯的预言，无产阶级革命的力量和源泉，是大机器工业中进行集中生产的产业工人，革命可能首先在人口相对集中的、工业比较发达的大城市取得胜利。可中国革命却独辟蹊径，走出了一条适合中国国情的道路。这条道路的选择，曾经历了一段艰辛和曲折的探索过程。孙中山领导的辛亥革命，对推动社会的进步，促进中国人民思想的解放起到了重要作用。但它的失败，却值得人们深

思。失败的一个重要原因就是没有能比较广泛地发动占中国人口最大多数的下层劳动群众，而理想地依靠旧军队从事革命活动。或者说，革命的运动同广大的下层劳动群众严重脱离。

中国共产党在创建初期，比较重视发动工人、组织工人运动，活动的空间也大多局限在北平、上海、武昌、广州、郑州等大城市。结果是几乎所有规模较大的工人斗争都受到反动军警的镇压。在挫折中，党的领导集体逐步认识到，中国是一个农民占人口绝大多数的国家，农村中的阶级矛盾十分尖锐，反动统治者不可能牢牢地控制全国极为广大的农村。在这样的客观条件下，党应该把活动的重点首先转到农村去，依靠广大农民来开展武装斗争。直到 1925 年 1 月 11 日至 22 日召开的党的第四次代表大会，才明确提出要注意发动和组织农民，第一次提出了工农联盟问题。大会指出：中国革命“需要工人农民及城市中小资产阶级普遍的参加”，其中农民是“重要成分”，他们“天然是工人阶级的同盟军”，无产阶级及其政党如果不发动农民起来斗争，中国革命的成功和无产阶级的领导地位是不可能取得的。

在轰轰烈烈的大革命时期，毛泽东、周恩来等一些无产阶级革命家，都对发动和组织农民起来革命有一些论述。1926 年 9 月，毛泽东在《国民革命和农民运动》一文中指出：“农民问题乃国民革命的中心问题”，“所谓国民革命运动，其大部分是农民运动”。1927 年初，毛泽东在对湖南农民运动进行了 32 天的考察后，给中央写出了报告，着重论述了农村革命的伟大意义。毛泽东强调，必须依靠贫农作为革命先锋，团结中农和其他可能争取的力量，建立农民协会和农民武装，掌握农村一切权利，然后进行减租减息，分配土地等斗争。“八一”南昌起义后，周恩来在总结起义的教训时说：“当时武装暴动的思想，不是马上就地深入农村，发动土地革命，武装农民”，“它用国民革命左派政府的名义，南下广东，想依赖外援，攻打大城市，而没有直接到农村去发动和武装农民，实行土地革命，建立农村根据地，这是基本政策的错误”。此前，广大农村的革命武装，只被看成是配合力量，在国际共运史上，也不曾有过先夺取农村的先例。秋收起义后的井冈山斗争时期，特别是党的第六次代表大会后，我们党逐步形成了比较系统地组织和武装农民的救国方略，以至于最后走出了一条农村包围城市，武装夺取政权的道路。1929 年 9 月 28 日，中央在给红四军前委的指示信中说："先有农村红军，后有城市政权，这是中国革命的特征，这是中国经济基础的产物。"在这个救国方略形成的过程中，毛泽东作出了最卓越的贡献。他不仅在实践中首先把武装斗争的重心转向农村，创造了坚持并发展农村革命根据地，开展敌后游击战争的最完整的经验，而且从理论上论述了中国农民在革命战争中的重要地位和作用，从而丰富和发展了马克思主义的科学社会主义学说。

二、农民以无私奉献的精神，全力支撑了中国革命

中国革命取得胜利的根本原因，是广大贫苦农民站到了革命这一边，从人力、物力以及精神等方面全力支持革命战争。正像《中国共产党的七十年》书中所说："没有广大贫苦农民的全力支持，战争的胜利是不可能的。"广大农民对中国革命的支持，不单体现在减租减息、分配土地等与农民切身利益极为直接的土地革命时期，更重要的是体现在漫长的抗日战争时期和解放战争时期。从鄂豫皖、湘鄂川黔等革命根据地的创立到抗日战争时期的敌后游击战，从五次反围剿到闻名于世的辽沈、淮海、平津三大战役的开展，都是以农民为主体力量才得以实现的。

农民对中国革命的支撑，主要表现在两个方面。一方面，在人民军队的构成中，绝大部分是贫苦的农民子弟，另一方面，农民皆尽全力地配合着革命活动。在整个革命活动和若干战役中，广大农民为部队送军需、搞掩护、抬担架、补兵源，同大部队战斗在一起，胜利在一起，出现了许多可歌可泣的英雄事迹。回顾中国革命的历史，时时、事事、处处铭刻着广大农民的赫赫战功。据统计，仅抗日战争时期，我们共产党领导的人民军队就伤亡 60 余万人，其中绝大多数是贫苦的农民子弟。敌后抗日根据地的人民群众更是牺牲巨大，伤亡达 600 余万人。以农民为代表的中国人民，用鲜血和生命洗雪了 19 世纪 40 年代以来的民族耻辱。它用铁的事实向全世界公告，中华民族是一个伟大的民族，是一个不可战胜的民族。

在解放战争中，由于有了农民这支坚不可摧的后备军，使人民解放军的作战能力与日俱增。到 1948 年秋季，我人民解放军已从战争开始时的 120 万人发展到 280 万人。与此相反，国民党军队却由战争开始时的438万人下降到365万人，而且士气低落，战斗力锐减，防线濒于崩溃。此时，国民党反动派虽然还统治着全国3/4的地区和2/3的人口，但由于遭到广大人民群众特别是贫苦农民的强烈反对，处境十分孤立；而我解放区的民运工作步步深入，基本完成了土地改革，广大农民的革命、生产两个积极性空前高涨，后方根据地固若金汤。这“一增一减”、“一强一弱”的交替变化，敲定了蒋家王朝走向灭亡的丧钟。在这增与减、强与弱的交变过程中，决定因素仍是广大农民。

发动和组织农民，走农村包围城市，武装夺取政权的道路，把一盘散沙的农民凝聚成万众一心的、不可战胜的革命力量。这个事实说明，农民是革命胜利之本。

三、农民是中国革命的最大受益群体

农民鼎力相助了中国革命，中国革命的胜利也从政治上、经济上和其他方面给农民带来了巨大利益。

辛亥革命以前，上溯到1840年的鸦片战争甚至更为远古的历史，中国农民为了摆脱外国殖民者的蹂躏、封建制度的统治和地主阶级的剥削，曾发起了多次起义，进行了不屈不挠的斗争，但都没改变农民的卑贱地位和艰难维生的处境。三国时的曹操相对比较重视发展农业，他招募流亡农民，利用荒地屯田，但也没能改变人口集中的黄河流域的“白骨露于野，千里无鸡鸣”的凄惨景象。在安徽凤阳，佃农中曾出了个朱元璋，后来他做了皇帝，但也没能改变贫苦农民那受苦受难的命运。唯有中国共产党领导的无产阶级革命，才彻底改变了农民的人生。

革命，解放了中国农民。在政治上，复原了农民自由人的本性，使他们成了国家的主人，获得了自由，有了民主和参政议政的权力，可凭选民资格来体现当家作主的意志，在法律面前人人平等。在经济上，农民比较公平地获得了土地的使用权，自己拥有一定的生产资料，并可从生产、经营等劳动中获得相对合理的收益，绝大多数农民得到了温饱，衣食住行的条件同解放前有天壤之别。在科学、文化、教育、卫生等各方面，都给农民带来了利益。他们有接受教育、应用先进科学技术、患病及时得到医治的权力，老弱

病残者可以得到人们的同情、救助和国家的照顾，国家对鳏寡孤独的人实行“有房住、有衣穿、有饭吃、有病得医，死后得葬”的“五保”政策，对其生命保障，是人类历朝历代都无法比拟的。在人的精神面貌方面，他们的整体情况与新中国成立前相比，更是判若两人。过去一提到农民，自然就会想到那衣衫褴褛、满面污垢的外貌，想到那弯腰驼背、自体难撑的众相，想到那目不识丁、不晓生年的愚昧。获得了解放的农民，精神抖擞，意气风发，“东亚病夫”之说已被“东方巨人”之词所取代。

广大农民为中国革命做出了巨大的牺牲，人民政权建立后，他们也曾几度受到党和国家的厚待。在三年调整时期，党和政府组织农民按照自愿互利的原则，发动劳动互助合作，国家还通过减免税赋、发放农贷、疏导供销、推广技术、奖励丰产等措施，帮助农民恢复和发展生产，建设家园。特别是国家在财政仍很困难的情况下，拨出了大笔资金用于水利建设。3 年间，全国直接参加水利建设的总人数达2 000万，完成的土石方约 17 万立方米，工作量相当于 23 条苏伊士运河。著名的根治淮河、官厅水库、长江荆江段分洪等重大水利工程，都是这时开始施工的。十一届三中全会后，我们党恢复了实事求是的思想路线，从中国的国情和农村实际出发，率领广大农民进行生产关系的大变革。以家庭联产承包为主的责任制的推行，对于农民来说，不啻是又一次解放。同时，农民又从提高农产品价格、改革统派购制度、调整产业结构、发展乡镇企业等方面得到实惠，农业生产、农民生活水平进入了一个超历史、超常规增长的鼎盛时期。现在，部分农户已经走上了富裕之路，农民的生产活动已从平面的土地拓展到立体的空间，农民生产的产品已从田野走向世界，农民中的西装革履者，也并不显得富有。瞧瞧农民家中物，数数农民手中钱，看看农民盘中餐，就会使广大农民更加深刻地认识到，今天的幸福生活源于革命的成功。于是，农民发出共同的声音：共产党是我们的大救星。

四、在社会主义建设时期，仍要注意充分发挥农民的主力军作用

过去，我们依靠广大农民建立了新中国，现在，我们仍需依靠广大农民来建设新中国。在社会主义这个漫长的历史过程中，广大农民

既有参加建设的外部拉力，也有积极参加建设的内在动力。新中国成立以来，农民为社会主义现代化建设，通过工农产品价格的剪刀差和纳税等形式，已贡献出了1万多亿元的工业启动资本。农民负担着为11.4亿人口提供生存食品的艰巨任务，轻工产品的生产、外贸出口创汇、城乡市场的繁荣、整个社会的稳定，都有赖于农民的努力和农业的发展。可以说，没有农业的现代化，就不可能有工业、国防和科学技术的现代化，没有9亿农民的小康，就不可能有全国人民的小康。这就是农民参加社会主义现代化建设的外部拉力。在整个四个现代化进程中，农民要富裕，农业要发展，农村要繁荣，这就是农民参加社会主义现代化建设的内在动力。

搞建设不同于打仗。在新的历史时期，要充分发挥农民参加社会主义建设的主力军作用，不单要解决农民的积极性问题，而且还要注意解决农民的经济收益和素质问题。这是要充分发挥农民主力军作用的三条主要措施，但至关重要的是要有政策保证。那就是：从大的方面说，要保证以“一个中心、两个基本点”的党的基本路线一百年不变，从具体方面说，就是要坚持以家庭联产承包为主的责任制长期不变。这样才能把农民的积极性引导好、保护好和调动好。

发挥农民的主力军作用，首先应充分相信农民群众和依靠农民群众。广大农民群众中蕴藏着巨大的改革和建设的能量，只要我们充分相信他们和紧紧依靠他们，就没有突破不了的难关，也没有解决不了的难题。充分相信和依靠农民群众，是我们中国革命取得胜利的一大法宝，也是我们进行社会主义建设的一大战略措施。

（1992年3月）

加强对县以上党政领导干部特别是年轻干部的培养教育

《中共中央关于加强党的建设几个重大问题的决定》在提出要选

拔大批德才兼备的年轻干部，努力形成坚定地走建设有中国特色社会主义道路、善于研究新情况和解决新问题、干练而又充满活力的领导层的同时，也对干部的培养、教育和锻炼提出了具体要求。指出，要“切实加强对县以上党政领导干部特别是年轻干部的培养教育”。这个战略部署，是一项事关全局的基础性工作；是保持党兴旺发达、国家长治久安、社会不断进步的根本大计；是把改革开放和社会主义现代化建设的伟大事业不断推向前进的关键所在。对此，县以上各级党委应当引起高度的重视，相应地研究和制定具体实施办法，全力抓好落实，见成效。

一、县以上党政领导干部特别是年轻干部的素质如何，直接影响到党的政治路线的贯彻执行

党的组织路线是与党的政治路线紧密相连的，组织路线是实现政治路线的可靠保证。对此，邓小平同志曾高屋建瓴地指出：“正确的政治路线要靠正确的组织路线来保证”（《邓小平文选》第3卷第380页）。组织路线的核心问题是干部问题。

县以上党政领导干部的素质，对党的政治路线包括基本方针政策的贯彻执行，具有决定性的作用。县以上党政领导干部，处于党和国家的重要工作岗位，是党和政府一切活动的组织者和指挥集团的成员。他们的政治修养和素质如何，对党的政治路线及方针政策的态度如何，理解和执行得怎么样，直接关系到党的事业的兴衰成败。他们要在实际工作中通过自己的模范带头作用来影响、号召和带领群众，把党的路线和一系列方针政策变为亿万群众的自觉行动。如果没有领导干部的这种作用，如果缺少领导干部的扎实工作，党的意志就无法体现，方针政策则不能得到贯彻落实。

优秀的年轻干部，肩负继往开来的历史使命，将来要走向治党、治国、治军等重要领导岗位，是党的事业得以延续的希望所在。注意对他们进行培养和教育，是保证我们党的领导权牢牢掌握在忠诚于马克思主义、坚定地走有中国特色社会主义道路的人手里，保证党的事业兴旺发达和国家长治久安的战略需要。早在60年代，毛泽东同志就高瞻远瞩，向全党提出了努力培养和造就千百万社会主义事业接班人的战略任务。现在，这个任务比以往任何时候都更加紧迫。进入21世纪之前的这几年，是我国经济和社会发展的关键时期，培养和选拔年轻干部，已经成为十分紧迫的一件大事。

在党的社会主义初级阶段的基本路线确定之后，广大干部能否带领群众坚定不移地把握经济建设这个中心，坚持四项基本原则，坚持改革开放，在建设有中国特色社会主义的伟大实践中不断有所成就，主要在于有一支政治素质好、组织能力强、懂业务、善管理、能够开创新局面的干部队伍。所以。必须采取积极措施，培养和造就一大批素质优良的县以上党政领导岗位的领导者。

二、注重培养教育干部是马克思列宁主义党的建设学说中的一个重要组成部分

革命领袖历来重视党的干部队伍建设。列宁在十月革命取得胜利以后多次强调，干部问题是社会主义建设的一个根本问题。他指出："要研究人，要寻找能干的干部。现在关键就在这里；没有这一点，一切命令和决议只不过是些肮脏的废纸而已"（《列宁全集》第35卷第542页）。

中国共产党有重视培养教育干部、加强党的干部队伍建设的优良传统。早在1938年，毛泽东同志就指出："中国共产党是在一个几万万人的大民族中领导伟大革命斗争的党，没有多数才德兼备的领导干部，是不能完成其历史任务的。十七年来，我们党已经培养了不少的领导人才，军事、政治、文化、党务、民运各方面，都有了我们的骨干，这是党的光荣，也是全民族的光荣。但是，现有的骨干还不足以支撑斗争的大厦，还须培养人才。在中国人民的伟大的斗争中，已经涌出并正在继续涌出很多的积极分子，我们的责任，就在于组织他们，培养他们，爱护他们，并善于使用他们。政治路线确定之后，干部就是决定的因素。因此，有计划地培养大批的新干部，就是我们的战斗任务"（《毛泽东选集》第2卷第526页）。刘少奇同志也曾经指出："在过去，没有党这批干部的牺牲奋斗，人民事业就不能有今天这样成就；在今后，如果没有我们党全体干部的一致努力，人民的解放事业就不能彻底胜利。因此，党的干部问题，确是中国人民事业中决定一切的问题。"在革命战争年

代，党的主要领导人不仅认识到了培养干部的重要性，而且还进行了卓有成效的探索和尝试。党一方面组织广大干部在革命实践中学习提高，一方面又在十分艰苦的条件下，创办了党校、革命大学、艺术院校等各种类型的干部学校，培养了一大批党政、军事、经济、文化、教育等各方面人才。在新中国成立前夕，毛泽东同志又及时指出："夺取全国政权的任务，要求我党迅速地、有计划地培训大批的能够管理军事、政治、经济、党务、文化教育等项工作的干部"（《毛泽东选集》第4卷第1 347页）。新中国成立以后，为了适应大规模经济建设的需要，为了使广大干部掌握原来不熟的建设知识和本领，在大力倡导和组织干部在职学习的同时，又在全国从上到下创办了大量的党校、干校和各种形式的训练班，培养造就了一大批社会主义建设的组织领导者。

党的十一届三中全会以后，以邓小平同志为核心的党的第二代领导集体，根据改革开放和社会主义现代化建设新形势的需要，一再强调要高度重视培养教育干部，指出一定要努力造就一支懂得马克思主义基本原理和党在新时期的路线、方针、政策，坚持社会主义道路，具有专业知识，勇于改革，大胆实践，富有艰苦创业精神的干部队伍。邓小平同志对培养和选拔年轻干部特别关心。1981年时他就讲："这是个战略问题，是决定我们命运的问题"（《邓小平文选（1975—1982年）》第339页）。他多次指出，摆在老同志面前的任务，就是要有意识地培养和选拔一些年轻的、身体好的人来接班。他要求老同志在这个问题上，眼光要放得远一些，要积极发挥骨干作用，选好接班人，带好接班人。邓小平同志曾语重心长地对一些老同志说，老干部要把培养和选拔中青年干部，作为第一位的、庄严的责任。由于中央领导集体对培养教育干部、特别是对培养和选拔年轻干部的高度重视。在改革一开始，党和国家就结合党的建设和经济建设的实际，采取了一系列有效措施，抓紧了培养教育干部工作。1982年2月，中央宣传部、中央组织部联合发出了《关于加强干部教育工作的意见》；1982年10月，中共中央、国务院作出了《关于中央党政机关干部教育工作的决定》；1984年12月，中共中央批转了中央组织部、中央宣传部《关于加强干部培训工作的报告》，明确提出：干部培训要经常化、正规化、制度化；

要通过培训提高干部的政治素质、业务素质和经营管理水平，实现干部队伍的革命化、年轻化、知识化、专业化。1992年初，邓小平同志在视察南方的重要谈话中又指出："中国的事情能不能办好，社会主义和改革开放能不能坚持，经济能不能快一点发展起来，国家能不能长治久安，从一定意义上说，关键在人"（《邓小平文选》第3卷第380页）。1982年以来，全国共选拔任用县以上党政领导干部36万人。现在在省、地、县三级党政领导岗位上任职的干部，主要是在改革开放的初期，经过强化培训，加强教育，不断压担子而快速成长起来的，他们在中国的社会主义现代化建设中，很好地发挥了领导和骨干作用。应该说，各级领导干部的健康成长，是改革开放以来党的执政地位不断得到巩固、党的建设不断得到加强的一个显著标志。

以江泽民同志为核心的第三代中央领导集体，也非常注意培养教育干部，选拔社会主义事业接班人。江泽民同志曾指出，在社会主义制度下，建设好党和国家各级领导班子，选拔和培养无产阶级革命事业的接班人，是一个战略任务。他多次告诫全党，运用马列主义、毛泽东思想和邓小平同志建设有中国特色社会主义理论的立场、观点和方法，全面地建设好各级党政领导班子，培养跨进21世纪的建设有中国特色社会主义事业的接班人，是党兴旺发达和国家长治久安的根本大事，是关系到我们党和毛泽东、邓小平等老一辈无产阶级革命家开创的社会主义事业是否后继有人的关键性问题。中央领导同志多次要求各级党政领导班子，要在建设有中国特色社会主义的伟大实践中不断提高决策能力和领导水平。其中重要的是全面贯彻执行党的基本路线的能力和水平；成功地推进改革开放和社会主义现代化建设的能力和水平；坚持"两手抓、两手都要硬"的能力和水平，等等。

党中央在实践中明确和逐步完善了提高领导干部素质的标准。1990年6月，江泽民同志在全国党校工作座谈会的讲话中，就领导干部的素质问题，明确提出了五个方面的要求。第一，要具备履行职责所需要的马克思主义理论功底，懂得中国国情，注意理论联系实际。第二，站稳无产阶级立场，正确贯彻执行党的基本路线，自觉地坚持四项基本原则和改革开放，反对资产阶级自由化，经得住执政、改革开放和反对和平演变的考验，在错综复杂的国际、国内形势下不迷失方向。第三，坚定不移地沿着有中国特色的社会主义道路前进，有开拓新局面的信心和决心，有为实现党中央提出的奋斗目标百折不挠地进行奋斗的勇气和能力。第四，全心全意为人民服务，密切联系群众，走群众路线，发扬党的艰苦奋斗的优良传统，做到拒腐蚀永不沾。第五，坚持贯彻民主集中制原则，心胸开阔，有全局观念，善于团结同志，特别是能够团结有不同意见的人一道工作，有领导和组织才能。这五个方面，既是衡量干部素质的标准，也是对干部进行培养教育要力求达到的目标。近些年，在培养教育干部方面中央所采取的一系列措施，为造就一支具有“四化”特征和德才兼备的干部队伍起到了重要作用。

三、注重培养教育干部是新形势新任务的需要

县以上党政领导干部特别是年轻干部，是党的事业的骨干。在新的历史时期，加强党的建设的重点，是适应新形势和新任务的需要，努力培养和造就一支能够坚定不移地贯彻执行党的基本路线，全心全意为人民服务，有领导和组织能力的干部队伍。这是时代所赋予党的一个重要历史使命。

1. 注重培养教育干部，是把老一辈无产阶级革命家所开创的伟大事业继续推向前进的需要。以毛泽东同志为核心的党的第一代领导集体，把马克思列宁主义的基本原理同中国革命的实践相结合，选择了一条“农村包围城市、武装夺取政权”的道路，率领全国人民推翻了“三座大山”，建立了新中国。新中国成立以后，党的第一代、第二代、第三代领导集体坚持在马克思列宁主义、毛泽东思想的指引下，根据各个不同时期的情况和环境的不断变化，相继推出了一系列治党治国治军的大政方针，不断解放和发展生产力，推动经济的发展和整个社会的进步，组织和领导全国各族人民向着人类美好的共产主义进军。但是，实现共产主义，不是一代人、两代人可以完成的，而是需要若干代人长期的、艰苦卓绝的努力。这就需要一批又一批新老干部的合作和交替，需要若干代忠诚于马克思主义和社会主义事业的领导者的不懈奋斗。党的十一届三中全会以来，大批经过长期革命斗争锻炼的领导干部相继退出领导岗位，新中国成立后成长起来的干部逐步成为各级领导班子的主体，给党的事业增添了新的生机和活力。但是，应当指出，目前，一些领导班子特别是县、处以上领导班子结构不够合理，部分领导成员特别是主要负责人年龄偏大的问题已经突出出来。因此，大力加强干部队伍特别是县以上党政领导干部队伍的建设，加速培养社会主义事业的接班人，就成了党的建设的当务之急。

2. 注重培养教育干部，是完成党所肩负的伟大历史任务的需要。现在我国正处于实现第二步战略目标的关键时期。我们能不能在 90 年代巩固和发展 80 年代所取得的辉煌成绩，在本世纪末实现小康，并以此推动社会的全面发展，这直接关系到社会主义事业的兴衰成败，关系到中华民族的前途和命运。完成这样的历史使命，一方面要求我们必须把现在的各级党政领导班子、特别是县以上党政领导班子建设好，使其能够在建设有中国特色社会主义的伟大实践中更好地发挥领导核心作用；另一方面，要求我们必须胸怀大志，高瞻远瞩，着眼未来，培养和造就一大批跨进 21 世纪的中青年领导干部，保证党和国家的领导权牢牢地掌握在忠于马克思主义的人手里，保证改革开放和现代化建设能够沿着社会主义方向健康发展，为实现“三步走”的战略目标奠定好坚实的组织基础。

3. 注重培养教育干部，是发展社会主义市场经济的需要。建立社会主义市场经济体制，是一项艰巨复杂的社会系统工程，涉及到经济基础和上层建筑的许多领域，需要有一系列相应的体制改革和政策调整，有许多迫在眉睫的新问题需要解决。而这些艰苦细致、实实在在的工作，要靠各级领导干部去做，特别是县以上党政领导干部，承担着责无旁贷的责任。他们的决策能力和组织领导水平如何，直接关系到发展社会主义市场经济的进程。由过去的计划经济转入发展社会主义的市场经济，这是摆在各级领导面前的一项全新的事业。过去的领导经验和工作方式方法，有些已不再适用，有许多领导干部原来不熟悉、不懂得的东西需要尽快学懂弄通。各级领导干部特别是县以上党政领导干部，只有不断更新观念，增长知识，尽快适应发展社会主义市场经济的需要，学懂弄通新的东西，才能推动社会主义市场经济迅速、健康地发展。

四、采取措施，把党中央关于培养教育县以上党政领导干部特别是年轻干部的战略部署落到实处

建设有中国特色的社会主义，对县以上党政领导干部特别是年轻干部的素质，提出了更高的要求。

适应新形势和新任务的需要，把《决定》关于培养教育县以上党政领导干部特别是年轻干部的要求落到实处，应着重抓好以下三个环节。

1. 开展学习和培训，提高县以上党政领导干部特别是年轻干部的马克思主义水平、执政水平和组织领导能力。干部理论素质的提高，仅靠工作中日积月累是不够的，必须采取多种形式强化对其培训，组织干部系统地学习。要组织县以上党政领导干部认真、全面、系统地学习马列主义、毛泽东思想，中心内容是系统地而不是零碎地，实际地而不是空洞地学习和掌握邓小平同志建设有中国特色社会主义的理论。同时，要组织学习社会主义市场经济知识，学习现代科学技术知识，学习世界历史和中国历史，特别是要学好中国近代史和中共党史。为了实现这一基本任务，干部的培训和教育要走科学化、正规化和经常化的路子，就是根据干部的特点和干部成长、培训教育规律，有组织、有计划、分期分批地进行，并要坚持理论同实践相结合，克服教条主义和形式主义。通过学习，使县以上党政领导干部特别是年轻干部掌握马列主义、毛泽东思想和建设有中国特色社会主义理论的立场、观点和方法，并用于研究新情况，解决新问题；更加自觉地坚持党的基本路线，增强工作的原则性、系统性、预见性和创造性；理解社会主义市场经济的基本内涵，掌握社会主义市场经济体制的基本运行规律，提高组织领导经济建设的能力；了解中国革命史，特别是要了解中国共产党所走过的艰难曲折的通路；了解中国的国情，结合本地区、本部门的实际把党的路线和各项方针政策落到实处，创造性地开展工作。

2. 加强教育和管理，增强县以上党政领导干部特别是年轻干部的党性和拒腐防变能力。一个领导人才的培养和造就，是主观因素和客观因素综合作用的结果。其中起决定作用的因素，是通过系统的教育和强化对其进行科学管理。实践已经证明，对干部加强教育和管理，是提高干部素质的一项经常性措施。

建立社会主义市场经济体制，是前无古人的伟大事业。这种选择，给中国的发展带来了新的机遇。但市场经济的消极因素，会对党政干部的观念形成较强的冲击，在一些放松对世界观的改造的领导干部身上，可能诱发金钱至上、个人主义、见利忘义等不正确思想，也可能导致淡化党性观念。所以，必须加强对干部特别是县以上党政领导干部和年轻干部的教育和管理，严肃党的纪律。

领导者的坚定信念、高尚品德、广博知识、卓越才能，都是靠系统教育和训练取得的。这种教育不单纯指学历教育，也包括思想政治教育。要结合工作的实际，有针对性地开展思想政治工作，以达到对干部培养、教育和提高的目的。

力求通过有效的教育和管理，不断提高干部队伍的整体素质。使他们增强党性，坚定政治信仰，牢固地树立全心全意为人民服务的思想，发扬无私奉献、艰苦奋斗的优良传统。模范地遵守党纪国法，当好人民的公仆。

3. 认真研究党政干部成长的规律，采取多种形式，放手让他们在实践中学习、探索、锻炼、提高。实践出真知，实践出人才。发展社会主义市场经济，进行改革开放和社会主义现代化建设的实践，不仅为干部施展才干提供了良好的机遇，同时也为培养和锻炼干部提供了最佳场所。要鼓励和引导县以上党政领导干部、特别是年轻干部深入基层，深入群众，到改革开放的第一线上去经受考验，在错综复杂的社会环境下经受锻炼。只有这样，才能同群众保持密切的联系，吸收丰富的营养，提高决策水平和解决实际问题的本领，使其成为能够驾驭全局的领导者。

要按照党的十四届四中全会的要求，对基本素质好、有发展潜力的年轻干部加紧培养。对缺乏主要领导工作经验的，要及早放到一定层次的关键领导岗位上压担子；对缺乏基层工作经验的，要放下去任职锻炼。领导干部的成长有一条规律，即：早压担子早成才，晚压担子晚成才，不压担子不成才。由此可见，抓“早”，是培养干部的一条基本经验。培养教育干部，还要注意从政治上关心他们，组织上应正确对待他们所遇到的挫折和工作失误，帮助他们总结经验教训，在风浪中锻炼成长。

从实际出发
把“党要管党”落到实处

《中共中央关于加强党的建设几个重大问题的决定》全面分析了党的建设所面临的新形势和新任务，充分肯定了十一届三中全会以来全面加强党的建设所取得的巨大成就，明确提出了在新的历史时期加强党的建设的各项任务，重申和强调了“党要管党”，制定了进一步坚持和健全民主集中制、巩固和加强党的基层组织、培养和选拔德才兼备的领导干部等一些重大措施。从实际出发，把中央关于加强党的建设和党要管党的战略部署落到实处，是摆在各级党组织面前的一项重要任务。

(一)

在建设有中国特色社会主义的伟大事业中，党的领导处于至关重要的地位。党必须用改革的精神来认识自己，加强自己、提高自己，认真研究和解决在自身建设中遇到的新矛盾和新问题。规模空前广阔的社会主义改革开放，促进了人们思想观念的深刻变化和利益关系的重大调整，调动了各种积极因素，搞活了经济，加快了发展；同时，也难以避免地出现了一些消极因素。党的队伍空前壮大，党的思想教育和组织管理任务比过去任何时候都更加繁重。这些新的情况，要求党首先要管好自己，注意在错综复杂的环境中不断加强自身建设。

“党要管党”，这是加强党的建设的一条重要原则。如果放松了党的自身建设，党就会失去凝聚力、号召力和战斗力。在新的历史时期，中央进一步强调“党要管党”，具有重大的现实意义。

1. 只有“党要管党”，才能巩固共产党的执政地位。中国共产党是社会主义中国的执政党。我们党的执政地位不是自封的，而是党在长期革命斗争和社会主义建设的实践中形成的，是历史的选择。党的执政地位是与党的自身建设的状况密切相关的。

党取得执政地位之后，成了国家和社会生活的领导者，代表人民执掌着国家政权，这就使党面临着如何处理好巩固和运用国家政权的问题，也就是面临着执政的考验。怎样才能经得住考验？关键就在于通过一些行之有效的措施，把自己真正建设成为为广大人民群众谋利益、深得人民群众拥护和依赖的坚强领导核心。历史的经验表明，党只有不断加强自身建设，才能巩固执政地位，进而保证社会主义事业顺利发展。在改革开放、建立社会主义市场经济体制、进行社会主义现代化建设的新的历史时期，任务、环境和条件都发生了很大的变化，新情况新问题层出不穷，如果不加强党的自身建设、提高全党的整体素质，党就难以胜任领导的重任。

2. 只有“党要管党”，才能推进社会主义市场经济体制的建立。在20世纪末初步建立起社会主义市场经济体制，这是全党和全国各族人民在新时期的伟大历史使命。能不能把这个历史重任担当起来，成功地创造人类历史上前无古人的经济体制和运行机制，关键在于党，在于加强党的自身建设，提高党的执政水平和领导水平。

马克思主义的基本原理告诉我们，经济基础决定上层建筑，上层建筑又对经济基础起着能动的反作用。社会主义市场经济同任何新生事物一样，既需要掌握了客观规律的人们去引导它在正确的轨道上运行，又要通过人的主观能动作用随时克服和纠正这一事物在发展的过程中某些消极东西的影响。在计划经济体制向社会主义市场经济体制转轨的过程中，两种体制相互交叉，一方面原有的旧体制中缺乏激励，约束机制和风险机制的弊端仍然存在；另一方面，市场在社会资源配置中的基础性作用的机制还尚未形成，一些过渡性的措施和办法还在探索，特别是党的各级组织领导发展社会主义市场经济还要有一段适应过程。因此，作为组织建立社会主义市场经济体制的中国共产党人，必须在其发展的过程中加强队伍的自身建设，不断提高领导和驾驭社会主义市场经济的能力，引导它朝着正确的方向有效、顺利地发展。党的领导，是发展社会主义市场经济的可靠保证。要建立社会主义市场经济体制，就必须加强党的自身建设，把“党要管党”落到实处。

3. 只有“党要管党”，才能更好地发挥党的基层组织的战斗堡垒作用和广大共产党员的先锋模范作用。党的基层组织，是党联系群众的桥梁和纽带，是党的战斗力的源泉。党的基本路线和一系列方针政策，要靠党的基层组织去贯彻落实；改革开放、建立社会主义市场经济、完成社会主义现代化建设的各项工作任务，要靠党的基层组织率领广大人民群众去实践；广大共产党员和群众，要靠党的基层组织去组织、去凝聚。如果党的基层组织软弱涣散，不起作用或起不到应有的作用，党的各项工作将一事无成。所以，在新的历史时期，党必须从客观需要出发，把党的基层组织建设好，使其能够在建设有中国特色社会主义的伟大实践中发挥战斗堡垒作用。

中国共产党是拥有 5 400 万名党员的大党，党的凝聚力、战斗力来自党员的先锋模范作用。保持党的队伍的纯洁性和先进性，必须加强党的自身建设。特别是在改革开放和发展社会主义市场经济的条件，要防止一些党员或党的领导干部滋长官僚主义、主观主义、命令主义和独断专行，出现消极腐败现象。在这种情况下，落实“党要管党”，管好党员和党的干部，就显得比以往任何时候都重要和紧迫。

4. 只有“党要管党”，才能坚持贯彻执行党的基本路线不动摇。党的十三大确立了“一个中心、两个基本点”为主要内容的党在社会主义初级阶段的基本路线。这条基本路线是党在认真总结我国新中国成立以来特别是党的十一届三中全会以来社会主义建设的丰富经验，从我国的国情出发，集中全党的智慧制定出来的。它既是党在现阶段的奋斗目标，也是党的活动的政治基础。坚持党的基本路线不动摇，必须依靠坚强的党的领导。党的建设搞好了，党的各级组织坚强有力，党就不但能够依据马克思主义的基本原理，从不同阶段的现实情况出发，制定出符合客观实际、代表广大人民群众利益、体现全党意志的政治路线，而且能够把这条政治路线一以贯之地坚持下去。

（二）

全面贯彻落实十四届四中全会精神，加强党的自身建设，把“党要管党”落到实处，责任主要在各级党委。当前，各级党委应结合本地区本部门实际，着重抓好以下几个环节。

1. 要摆上重要议事日程。各级党委要高度重视加强党的自身建设，认识到这是关系党的前途命运、社会主义事业能否延续下去的头等大事，牢固地树立越是改革开放，越是发展社会主义市场经济，越要加强党的自身建设的思想，把加强党的自身建设作为发展经济、稳定大局、推动社会全面进步的根本性措施，紧紧抓在手上，坚持务实、求真、创新，不断强化管党措施，努力开创党建工作的新局面。

2. 要健全工作机构。自上而下，不断强化管党意识和党委管党的职能，发挥书记在管党工作中的表率作用。一级抓一级，一级带一级。各级党委特别是地县两级党委。要定期召开会议研究党的建设工作，定期部署、检查和总结党的建设工作。地、县委书记要统揽本地党建工作的全局，对党建工作中的一些重大问题及时解决，带头对基层实行具体指导，及时解决党建工作中所遇到的倾向性问题，以此带动“一班人”和党员行政领导干部履行管党职责。

3. 要抓重点。坚持党要管党、从严治党的原则不动摇，紧紧围绕经济建设的中心不偏离，抓住提高党员整体素质这个根本不放松，大力增强基层组织的战斗力不滞后，真抓实干、务求实效不空谈。每年都要根据形势的变化和任务的要求，解决一两个关键性的问题，在一些关系全局的重点环节上力求有所突破。

4. 要把党建工作与经济工作结合起来一道做好。要树立党的建设为改革开放和发展经济服务的思想；依据本地区经济发展的总体战略，谋划党的自身建设的总体设计；把“抓住机遇，深化改革，扩大开放，促进发展，保持稳定”作为党建工作的出发点和落脚点，努力形成集中精力抓经济、扎扎实实抓党建的工作格局，用党的建设水平的不断提高来带动经济的发展，用经济的不断发展来促进党建工作再上新台阶。在党建工作与经济工作的衔接上，一些地、市委创造了“三个结合”，即：把党建工作目标与经济工作目标结合起来；把培植和发展党建工作的典型与经济发展的典型结合起来；把检查部署党建工作与检查部署经济工作结合起来。有的县委从农村党的建设的实际情况出发，围绕实现小康的总体目标，把经济的发展列入评选和创建先进党支部标准中，实行目标管理。这些好的做法，都应在实践中推广。

注重从思想上建设党

(一)

党的建设包括思想、政治、组织、作风、制度等诸多方面。其中思想建设贯穿在党的建设的各个方面，是整个党的建设的中心环节。

党的思想建设是党的政治建设的基础。加强党的政治建设，是为了把党建设成政治上坚强的工人阶级先锋队，建设成领导全国人民进行社会主义建设的坚强核心。政治建设的主要标志即政治路线的确定。政治路线的确立，是在思想路线的指导下产生的。有什么样的思想路线，就有什么样对应的政治路线。

党的思想建设是党的组织建设的可靠保证。党的组织建设，不能离开正确思想路线的指导。党的组织原则是民主集中制，党的纪律是以高度的自觉性为特征的。组织原则和组织纪律的维护和贯彻执行，依靠党员的思想觉悟，包括政治立场和党性修养等来得以实现。如果党员队伍的思想混乱，没有一个能够统一全党思想、指导和规范全体党员行动的思想路线，党的纪律就要涣散，民主集中制的原则就难以贯彻执行。更重要的是，党的组织建设的一个极其重要的任务是使党的各级领导权牢牢地掌握在忠于马克思主义的人手里。这就需要通过加强思想建设的途径，让广大党员掌握马克思主义基本理论，提高思想理论素质、政治水平和分析问题解决问题的能力，归根结底有赖于党的各级领导干部世界观的改造。

党的思想建设是党的作风建设的必要条件。所谓党风，就是党的队伍整体的起决定因素的风气状况。党的作风建设直接取决于党的思想建设。在发展社会主义市场经济的过程中，受其负面效应的影响。社会上滋长起来的唯利是图、“一切向钱看”的倾向，也会影响到党员。面对这些新情况，要未雨绸缪、防微杜渐，根本的办法还是靠加强党的思想建设。一个思想建设状况很差的政党，肯定不会有好的党风。

（二）

把思想建设放在党的各项建设的首位，注重从思想上建设党，是我们党在长期的新民主主义革命和社会主义建设的伟大实践中，摸索出的一条加强党的建设的基本经验，是党的三代领导集体团结和率领全党持续努力、大胆实践的结果，是对实践过程的升华、概括和总结。

从1921年建党到现在，我们党在思想建设上的每次飞跃，都给革命或建设带来了转折和新的发展机遇。

党的十一届三中全会前后，以邓小平同志为核心的党的第二代中央领导集体，坚持把马克思列宁主义的基本原理同中国的实际情况相结合，倡导和支持批判“两个凡是”的错误，强调实践是检验真理的唯一标准，恢复和重新确立了党的实事求是的思想路线，为彻底纠正“左”的错误，把党和国家的工作重点转移到经济建设上来，奠定了坚实的思想基础。从此，中国的社会主义现代化建设推向了一个崭新的阶段。早在1985年，邓小平同志在党的全国代表大会上就指出：“我希望党中央能够作出切实可行的决定，使全党的各级干部，首先是领导干部，在繁忙的工作中，仍然有一定的时间学习，熟悉马克思主义的基本理论，从而加强我们工作中的原则性、系统性、预见性和创造性。”改革开放16年来，我国在经济、政治、国防、外交等各个领域，都取得了辉煌的成绩。这是与我们从根本上加强党的建设，特别是首先加强党的思想建设密不可分的。

党的十三届四中全会以来，以江泽民同志为核心的党的第三代中央领导集体多次强调，必须紧紧围绕把党建设成为领导全国各族人民建设有中国特色社会主义的坚强核心，密切联系贯彻执行党的基本路线和改革开放的实际，加强党的思想建设，为改革开放和社会主义现代化建设提供有力的思想指导和支持。中央领导还有针对性地指出，要用马列主义、毛泽东思想特别是建设有中国特色社会主义的理论统一全党的思想和行动，要系统地进行党的基本路线和基本知识的教育，并以党性教育贯彻始终。在党中央的直接指导下，编辑出版了

《邓小平文选》第三卷，为进一步加强党的思想建设，落实党的十四大提出的用建设有中国特色社会主义理论武装全党的战略任务，统一全党的思想，提供了最好的教材。

(三)

加强党的思想建设，是保持党的队伍先进性的需要。党章中规定，中国共产党是中国工人阶级的先锋队。先锋队的作用主要体现在党的战斗堡垒作用和广大党员的先锋模范行动上。行动的先进，源于思想的先进。没有先进的思想，便没有先锋模范的行动。先进思想获得和传播的过程，就是党的思想建设不断得到加强的过程。从目前党员队伍的思想状况上看，还存在着一些不适应新形势需要和不符合党组织要求的思想观念。比如，有的党员对坚持四项基本原则的极端重要性缺乏清醒的认识，党的先进性的观念淡化了。有的党员思想不够解放，还没完全摆脱自然经济和产品经济的束缚，对改革开放的现行政策缺乏正确的理解，缺少开拓进取、大胆创新的勇气。还有的党员缺乏民主法制观念，纪律松弛。也有个别党员还没真正解决思想上入党的问题。如果不从加强思想建设上来解决这些问题，党就会失去凝聚力、号召力和战斗力，也难以赢得群众，先锋队的作用就难以发挥。

加强党的思想建设，是巩固党的领导核心地位的需要。中国共产党领导中国人民前赴后继，浴血奋战，推翻了“三座大山”，建立了社会主义的新中国。在长期的社会主义建设的实践中，党的领导核心作用不断得到加强，执政地位不断得到巩固。但国际共产主义运动中出现的一些新情况新问题，也会对我们党产生一些影响。在这样一个大的社会背景下，亟待提高广大党员的思想觉悟和鉴别能力，亟待用建设有中国特色的社会主义理论武装全党，统一全党的思想，提高党员队伍的整体素质。一旦忽视党的思想建设，一些非社会主义的思想和反马克思主义的论调就会乘虚而入，侵蚀党的肌体，瓦解党的组织，最终使党丧失对社会主义国家的领导权，经几代人卓绝斗争建立起来的红色江山，就会改变颜色。

加强党的思想建设，是贯彻落实邓小平同志提出的“两手抓，两手都要硬”工作指导方针的需要。改革开放以来，邓小平同志曾多次强调，在工作的指导上一定要坚持一手抓物质文明、一手抓精神文明，一手抓建设、一手抓法制，一手抓改革开放、一手抓惩治腐败，等等。坚持用马列主义、毛泽东思想和建设有中国特色的社会主义理论作为党的行动指南，是我们党更加坚强的精神条件。加强党的思想建设，相对于物质条件来说，也是精神条件。思想，属于意识形态的东西，属于精神建设范畴。精神文明的程度，与建设的投入密切相关。党内的精神文明建设搞好了，整个社会的精神文明建设就会不断有所收效。党的思想建设状况如何，对于进一步搞好改革开放和社会主义现代化建设，具有强大的反作用。只有坚持不懈地抓好党的思想建设，才能把社会主义现代化建设的伟大事业不断推向前进。

（四）

党的思想建设的目的，就是用马列主义、毛泽东思想和建设有中国特色社会主义的理论武装全党，用它的世界观和方法论去指导全体党员的行动；坚持党的实事求是的思想路线，从思想上保持党的队伍的先进性和纯洁性；为进行党的政治、组织、作风、制度等各方面的建设提供思想保证和理论支持；使党成为领导建设有中国特色社会主义的坚强核心。目前，加强党的思想建设的当务之急是：对全党普遍进行一次马列主义、毛泽东思想和建设有中国特色社会主义理论教育，党的基本路线教育，党的基本知识教育。

要对广大党员进行马列主义、毛泽东思想和建设有中国特色社会主义理论的教育。党的十四大提出了用邓小平同志建设有中国特色社会主义理论武装全党的战略任务。这是推进改革开放和社会主义现代化建设伟大实践的迫切需要，是加强党的思想建设的重大举措，也是坚持党的基本路线一百年不动摇的根本保证。要采取多种形式，组织广大党员认真学习建设有中国特色社会主义理论。无论是党员干部还是普通党员，都要花大力气认真研读原著，完整准确地掌握邓小平建设有中国特色社会主义理论的形成过程、基本内容和精神实质，进一步提高贯彻执行党的基本路线的自觉性、坚定性、创造性，提高理论素养和政策水平，提高分析问题和解决问题的能力。要发扬理论联系实际的马克思主义学风，有针对性地解决思想认识上和社会主义现代化实践中所遇到的一些实际问题。通过学习，要使广大党员认识到，建设有中国特色的社会主义理论，是对毛泽东思想的继承和发展，是党和国家在社会主义初级阶段以至更远的将来的行动指南；使广大党员掌握科学的世界观和方法论，学会用实践的观点、历史的观点和不断创新的观点来观察问题，在改造客观世界的同时，努力改造主观世界；使广大党员特别是党的各级干部认清社会主义社会的基本矛盾、基本特点、基本任务，坚定社会主义信念，坚持社会主义方向。

要对广大党员进行党的基本路线的教育。党的十三大报告中指出，在党的思想建设中，必须全面宣传党的基本路线，牢牢把握“一个中心、两个基本点”。一个中心，就是经济建设，就是发展社会生产力。两个基本点，就是坚持四项基本原则，坚持改革开放。掌握党的基本路线，是共产党员党性的要求，是我们做好各项工作的保证，是摆在每个党员面前的迫切任务。

学习党的基本路线，要注意弄清四个问题。一要弄清党的社会主义初级阶段的奋斗目标；二要弄清“一个中心、两个基本点”的基本含义和二者之间的辩证关系；三要弄清进行社会主义现代化建设为什么要坚持自力更生、艰苦奋斗的方针；四要弄清建设有中国特色社会主义的领导力量和依靠力量。通过学习，使广大党员懂得，只有紧紧地抓住经济建设这个中心，大力发展生产力，才能创造丰富的社会产品，才能不断提高人们的物质文化生活水平，从根本上改变我国贫困落后的面貌。使广大党员认识到，坚持四项基本原则是立国之本，坚持改革开放是强国之路；不坚持四项基本原则，社会主义就要发生大倒退，不改革开放，社会主义的伟大事业就不能发展。要使广大党员明白，“两个基本点”之间是相辅相成的，二者缺一不可。离开坚持四项基本原则去搞改革开放，就会偏离社会主义方向，改革开放就会失去根基和保证；离开改革开放去坚持四项基本原则，就会回到僵化封闭的老路上去，社会主义现代化建设就没有希望。

要对广大党员进行党的基本知识的教育。要按照中央的统一部署，组织广大党员系统地学习党章，深入地学习党的十一届五中全会通过的《关于党内政治生活的若干准则》。要使广大党员懂得，中国共产党是中国工人阶级的先锋队，每一个党员都要在两个文明建设中起模范带头作用。要通过学习，增强党员作为执政党成员的意识，自觉地同一切动摇、否定党的领导的思想和行为进行坚决的斗争。要教育广大党员牢记党的宗旨，进一步发扬党的优良传统和作风，发扬无私奉献的精神，自觉地抵制腐朽思想的侵蚀，全心全意为人民服务。党的各级领导干部还要树立马克思主义群众观点和坚持走群众路线，坚持贯彻民主集中制原则，坚决克服官僚主义作风。通过学习，使每个党员都能自觉地维护党的团结和统一，严格遵守党的纪律，努力为党的兴旺、国家繁荣、人民富裕建功立业。

总之，要通过加强思想建设，不断提高全党的马克思主义理论水平，坚定共产主义信念，增强组织纪律观念和为人民服务的自觉性，从思想上铸就反腐防变的钢铁长城，以饱满的热情去经受执政、改革开放、防止和平演变等各种考验。

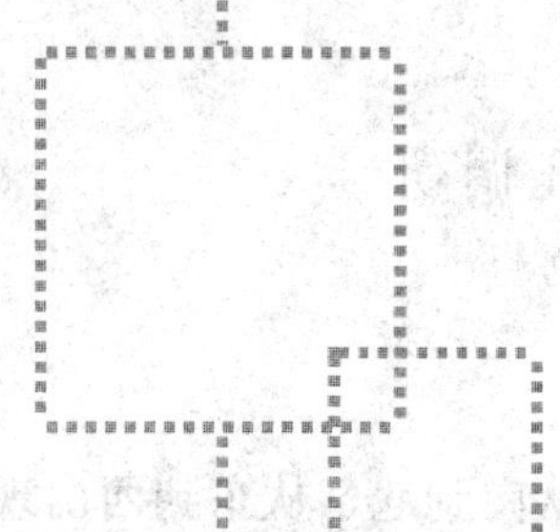

[乡村调查篇]

实施宏观调控　稳定粮食市场

——全国粮食市场情况调研

从1993年10月份开始，我国粮食市场从南到北、从东到西出现了一场涨价风波。为什么会出现这种情况？全国粮食供求会不会出现大的问题？如何对粮食市场进行宏观调控？带着这些问题，我们邀请农业部、内贸部、统计局、国家计委等有关部门的同志进行了座谈，形成了一些初步看法。

一、粮食市场的变动情况及我国的粮食供给能力

目前，粮食的市场价格，经过一段时间的持续上涨和国家调控之后，已于12月中旬开始逐步趋于稳定。据国家计委价格局的价格日报显示，12月21日，大米、小麦、玉米三种粮集市均价位每千克1.053元，仅比11月末的每千克1.021元上升3.13%。全国大体可分为四种情况。一是粮价大幅度上涨的地区，价格都有程度不同的回落。广东省粮价从12月10日开始回落，标一米已由最高时的每千克2.40元下降到2.00元，标二米由每千克的2.00～2.20元下降到1.6～1.8元。湖南、江西粮价比最高时每千克下降二角以上。安徽、浙江、湖北等省，粮价都有程度不同的回落。二是粮价上涨较快的地区，涨价的势头已得到控制，市场价格基本稳定下来。江苏、山东、河南、福建、贵州、云南、四川、陕西、广西等省、自治区属这种类型。三是价格上涨幅度不大，市场比较平稳的甘、宁、青、京、津、晋等省、自治区、直辖市。大多规定了粮油的最高限价，有效地控制了价格上涨的势头。四是粮食价格略有上涨，市场一直平稳的辽、吉、黑、冀和内蒙古，目前正抓紧安排粮食加工，组织节日的粮油供应，情况比较正常。

1993年我国粮食丰收，据国家统计局统计，总产量达4 564亿千克，比历史最高水平的1992年增长了102亿千克，增长2.3%。随着粮食产量的增加，国家对粮食市场进行宏观调控的物质基础也不断增强。1993年11月末，国家拥有专项储备粮412亿千克，地方拥有储备粮93.5亿千克，加上周转库存，全国库存粮食共1 150亿千克，处于供给安全线以上。到12月20日，国家粮食收购总量已达668.7亿千克，其中合同定购粮410多亿千克，已完成定购计划的82%，从收购进度看，也不算太慢。就国家掌握的粮源情况看，1994年，有能力基本稳定粮食市场。但由于1993年南方稻谷减产，大米供应将出现一定的缺口，必须设法解决，否则可能影响整个粮食市场的稳定。

二、粮价上涨的原因

推动这次粮价大幅度上涨的原因，据分析主要有以下几个方面：

1. 南方粮食减产。据国家统计局统计，1993年我国南方的上海、江苏、浙江、福建、江西、湖南、湖北、广东、海南9省、直辖市，粮食播种面积比1992年减少2 104.7万亩，再加上面积增加产量减少的四川省，10省、直辖市粮食比1992年共减产79.06亿千克，其中稻谷占50多亿千克。

2. 沿海省份粮食库存下降。由于粮食减产和粮食部门为降低经营成本而压缩库存等原因，南方沿海省份粮食库存越来越少。据国家粮食储备局统计，1993年11月末，广东、广西、福建、湖南、海南五省、自治区，库存粮食仅为27.93亿千克，比1992年同期少37.6千克，减57.4%。其中，广东省的粮食库存只相当于3个月的销量，且地区分布不均。海南省库存粮食最高时达3亿千克，而11月末的库存量只相当于最高库存量的31%。由于库存薄弱，再加上运输不顺畅，补库不及时，造成供应紧张。

3. 物价总水平上升的拉动。在国民经济快速增长，物价总水平较大幅度上升的背景下，粮食的市场价格也必然要随之上涨。1989—1992年，农产品收购价格仅上升34%，“剪刀差”扩大16.1%。预计1993年零售物价总指数比1992年上涨13%，而到11月份大米、小麦、玉米三种粮食的全国集市均价比年初上涨13.7%，基本上与零售物价涨幅相同，“剪刀差”未能缩小。

4. 提高粮食收购价格的预期影响。中央农村工作会议之后，新闻媒介不断发出1994年提高粮食收购价格的消息，进一步强化了农民盼望粮食涨价而惜售的心理，以及城里人害怕涨价而多购多存的心理，加上各种渠道趁机抢购，一时造成了粮食供应趋紧的态势。此外，由于对工资改革、外汇并轨、实行新税制等一些改革措施，缺乏必要的宣传解释，使许多人产生了物价（包括粮价）要大幅度上涨的预期。

5. 粮食市场机制发育不全。一是没有形成竞争有序的国内统一市场。二是对粮食经营企业缺乏必要的制度和法律约束，企业经营行为不规范，粮食流通领域中的不正当经营得不到及时的纠正。如在市场粮价上涨时，有的粮店不坚持正常营业，关门等待涨价。三是基础设施差，市场信息不灵，运输能力不足，流通不畅。

6. 政府对粮食市场的宏观调控不灵。目前，国有粮食系统兼有以营利为目的的企业和代政府行使宏观调控职能的双重身份，既是矛，又是盾，难于及时有效地调节市场供求和合理稳定粮价，搞不好往往出现负面效应。

三、近期稳定粮食市场的主要措施

党中央和国务院对最近一些地区粮价大幅度上涨十分重视。国家计委、内贸部等4个部委联合发出了《关于平抑粮油价格、稳定市场的安排意见》。根据朱镕基副总理的指示和《意见》精神，国务院有关部门近期采取了一系列平抑粮价和稳定粮食市场的措施。主要有：

1. 动用国家储备，抛售一批粮食。国务院已决定春节前在全国范围内抛售25.5亿千克粮食。重点投放在市场粮价上涨幅度较大的省份，如广东、广西、贵州、湖北、湖南等。抛售价格低于市场粮价。初步目标是使粮价上涨过高地区的大米价格稳定在每千克1.50元左右，进而再适度降低一些。目前已在湖南长沙抛售了0.5亿千克，效果较好。各省为稳定粮食市场，也安排了地方储备粮的抛售，主要是大米。如安徽安排了1.2亿千克，贵州500万千克，陕西4 650万千克。

2. 抓紧粮食调运。由国家粮食储备局同国家经贸委、铁道部、交通部协商，安排粮食紧急调运。初步方案是：12 月份追加 26～29 个粮食专列；今年一季度安排调运 47 亿～48 亿千克，其中一月份 6 亿～7 亿千克，二月份 9 亿千克，三月份 22 亿千克。目前湖北省紧急安排的粮食调拨已全部到位，江西省 1 亿多千克的调拨任务已基本完成。

3. 抓紧粮食收购工作。1993 年 11 月份以前，粮食收购进度缓慢，两次全国粮食收购工作电话会议后，入库进度加快。到去年 12 月 20 日，国家合同定购已完成计划的 82%；专储粮收购已基本完成。

4. 全力以赴安排好粮食市场。全国粮食部门把保证供应、稳定粮价、稳定粮食市场作为今冬明春第一位的大事。北京、天津、上海以及江西、安徽、山东、河南、湖北、湖南、陕西、甘肃、青海、宁夏的大城市基本上都采取了最高限价措施。

5. 对市场粮价反映敏感的单位进行重点安排。首先保证军供；对大专院校采取特殊措施，保证其供应；对主要灾区、贫困地区、水库移民地区重点安排。

除以上措施外，新闻单位做了不少宣传工作，对克服群众恐慌心理、安定民心起了积极作用。

四、搞好粮食市场宏观调控的思考

1. 建立和完善粮食市场体系，逐步形成全国性统一市场。近几年来，中央和地方政府兴建了一批粮食市场，初步形成了以国家批发市场和期货交易所为龙头，以区域性批发市场为骨干，以城乡初级市场为基础的三级市场体系。市场体系的建立对搞活粮食流通起了重要作用。目前存在的主要问题是：无论是初级市场，还是批发市场都尚未形成合理的规模和布局，辐射范围有限；粮食批发主要是买卖双方相对成交，因此到处是市场，到处都有成交价格，而且在遇到价格变动时，相互转移风险，履约率较低，人为地放大了粮食市场的波动信号，不仅起不到积极的指导作用，反而容易发生误导；粮食市场在一定程度上被地方人为地分割，加上运输困难，迟迟形不成全国性统一市场。今后粮食市场体系建设的重点应是优先发展批发市场，提倡供求双方签订远期合同，在此基础上逐步健全期货市场。要继续选择一些条件较好的城市，建立一批规范化的大型批发市场，通过大宗批发业务，带动搞活流通。省际间粮食调剂应改计划调拨制为在大型批发市场上的现货拍卖制；国家为调控市场而进行的粮食吞吐也应在批发市场上进行。粮食期货交易是市场发育的高级形态，其风险性和投机性很大，管理要求高，现阶段要按照国务院要求，在搞好上海粮油交易所和郑州粮油商品交易所试点的基础上，又控制地发展。同时要加强对期货交易行为的规范化管理，发挥期货市场形成指导价格信号、规避经营风险的功能。粮食初级市场比较灵活，直接面对消费者，具有不可替代的作用，要进一步发展。要通过立法，打破地区封锁和行业垄断，逐步形成全国统一的粮食市场。

2. 加强对粮食市场的宏观调控。相对于微观领域的改革来讲，我国粮食市场宏观调控方面存在的问题更为突出，表现在：政企不分、钱粮脱节、调度不灵、调控乏力。要解决这些问题，但凭小修小补已无济于事，必须从管理体制、制度建设等方面进行改革。

——继续加强和完善粮食储备调节体系。要尽快使国家粮食储备体系与国有粮食企业明确分开，只有这样才能为保证国家储备粮管得好、调得动、用得上创造必要的条件。同时，在资金方面必须给予充分必要的保证，否则储备机制难以运行。在管理体制上，有些同志认为储备局划归农业部门管理可能更为有利；从维护全国统一的粮食市场的安全出发，以实行中央一级宏观调控为好。但结合我国财政体制、运输能力和各地吃粮习惯等特点，除国家储备外，中央还应明确规定各省份保有自己一定的储备库存，但调控行为要接受中央政府的指导，实行“两级储备，一级调控”。

——政府对粮食市场实行目标价格管理。目标价格应包括支持价格和干预价格两种。支持价格为最低保护价格，干预价格即社会所能承受的最高价格。在西方，目标价格一般是每年由政府与农民组织的代表共同协商确定。当前我国在尚无农民组织的情况下，应由政府有关部门联合组织力量，搞好市场调查，兼顾农民、消费者和粮食企业三者利益，合理的研究决定，经国务院批准，每年 8 月份公布一次，并严格执行，不能随意变来变去。国家为掌握粮源实行的合同定购，其价格必须适当优惠，低于市场价格强迫农民交粮的做法副作用太大，得不偿失，应当坚决废止。政府调控市场的主要任务，就是要把粮食市场价格控制在支持价格和干预价格之间。当市场价格低于支持价格时，国家要以支持价格放开收购粮食，以保护农民利益；当市场价格高于干预价格时，政府就动用库存，平抑粮价，以保护消费者利益；粮食企业执行目标价格的损失，政府应当补偿。

——建立灵活有效的粮食进出口机制，积极参与国际贸易。中国国情决定了我国粮食进出口对世界粮食市场具有举足轻重的影响，因此粮食进出口权不宜过于分散。相比较而言，大宗品种由中央统一管理的代理制是一个较好的办法，可以在调动地方进出口积极性的同时保证中央政府必要的控制权。

——建立粮食市场信息系统。粮食市场信息的收集、加工、传递无论对于宏观调控决策的制定和实施，还是对于粮食生产和经营都是十分重要的。近年来因信息不可靠而给农民和国家带来损失的事例屡见不鲜。当前许多同志对粮食产量和库存数量有怀疑，但也说不清楚，给宏观调控造成很大困难，亟须建立一个灵敏可靠的粮食信息系统。但信息工作直接经济效益小而社会效益大，粮食信息系统的建立需要耗费大量的投入，因此需要政府来承担或资助。

（1994 年 1 月）

现代农业看南桂

——广西壮族自治区农业发展见闻录

尽管天气有点阴沉，广西隆安金穗农工贸有限公司董事长卢义贞的脸上却挂满了灿烂的笑容。公司一直从事香蕉、木薯、甘蔗等农产品的种植和销售，产品以前都是散装直接卖给经销商，2005 年公司为自己的香蕉注册了品牌，开始了品牌化经营。这不，有了品牌的香蕉，价格一下翻了几番，效益和知名度节节攀升。

“随着时代进步，我们也要不断用现代农业的生产经营理念武装自己。”卢总不仅道出了自己的心声，更点明了广西农业发展的脉搏。今日的广西农业，已不是以往人们心目中的“老土”行当了，区域化布局、标准化生产、产业化经营、集群化发展和市场化运作成了主旋律，生态农业发展风头正劲，美丽壮乡的现代农业浪潮正大步走来……

产业化与品牌的交响乐，奏响向农业要效益的强音

金穗公司就坐落在G324国道南百（南宁至百色）二级公路旁，交通的喧嚣不仅没有破坏农作物的生长态势，反而愈加凸显了果园的秀美和产业的兴旺。站在公司香蕉园中间的休息亭朝四周望去，满目翠绿，连片的香蕉长得郁郁葱葱，“长流不息”的感觉油然而现。卢义贞董事长告诉记者，公司现有8 666.67公顷的现代农业示范园区，主要种植有333.33公顷优质香蕉、333.33公顷良种高产木薯、133.33公顷优质高糖甘蔗、66.67多公顷瓜类作物。

土地流转过程中的利益分配，是土地集约化绕不开的话题。而这对卢义贞来说，却从来都是轻车熟路、游刃有余。一方面以每公顷4 500元（一年）租种土地，另一方面反聘出租土地的农民管理香蕉，保证其年收入不低于1万元，公司带领农民致富的声誉远近闻名。目前，公司能带动农户700多户，周围欲出租土地的农民仍络绎不绝。

这，就是农业产业化的“魅力”所在。时代发展到今天，农业面临的主要问题不再是解决温饱，而是提高效益，促进农民富裕。广西壮族自治区农业厅厅长张明沛告诉记者：“农业产业化企业开拓市场、组织营销，引导农户生产，可以帮助农民解决种什么有销路、养什么效益好的问题，把农业产业结构调优调出效益；且能发展规模化生产，从而实现规模效益。一句话，农业产业化在提高农民进入市场的组织化程度、促进农业效益提升、持续稳定增加农民收入等方面发挥着重要作用。”

近年来，农业产业化被广西自治区政府列为全区经济工作的第一项重点工作。广西农业厅在落实组织机构、扶持产业化经营组织、强化服务、实施龙头带动战略和合作经济发展战略等方面开展了一系列工作，在全区掀起了产业化热潮。据了解，广西目前已有辐射带动能力较强、与农户联结关系较紧密的农业产业化组织3 000多个，覆盖并带动了全区近一半的农户。

农业产业化经营，必然要求发展农产品深加工，增加农产品附加值。曾经，缺乏深加工型的龙头企业，是广西推进农业产业化发展遇到的“瓶颈”之一；如今，深加工型龙头企业已如雨后春笋，发展态势喜人。桂林莱茵生物制品有限公司，一家以开发利用罗汉果、银杏等天然植物提取物和农副产品深加工为主的企业，已成为国内具有独特竞争优势、技术水平领先、规模最大的天然植物提取物研发生产出口基地之一；北海果香园果汁有限公司，配置了最现代的水果加工设备，通过了ISO9001、HACCP和Koshen认证，是全国最大的菠萝和芒果浓缩果汁生产企业和出口商……

“市场竞争就是产品竞争、质量竞争，而提高产品质量往往又是通过品牌竞争来促成的。”广西农业厅韦吉田副厅长对农业产业化和品牌经营有着独到的思考，“农业产业化经营组织要提高产品在市场上的竞争能力，必须创立自己的名牌产品。只有实行名牌战略，才能保证自己的产品在市场竞争中立于不败之地，才能促进农业产业化健康有序地发展。”

为鼓励龙头企业做强做大，从2004年开始，自治区对产值跨越10亿元的重点龙头企业，给予百万重奖，获全国驰名品牌认定的给予50万元奖励，获中国名牌产品认定的给予30万元奖励。目前，广西已经涌现了一批名牌龙头企业和名牌农产品：以黑五类食品为代表粮油品牌，以贵糖股份为代表的食糖及纸业品牌，以美通食品为代表的果蔬品牌，以莱茵生物、北海国发为代表的生物制品品牌等。

农业在向着深度和广度进军，农业效益也被不断挖掘和开发出来……

优势农业产业集群，带来生产力竞争力的跃升

“一骑红尘妃子笑，无人知是荔枝来”，唐代诗人杜牧的名句千古流传，也传出了广西荔枝的悠悠盛名。然而今天，以曾经显贵一时的荔枝为代表，广西一些传统优势农产品却面临着调整和变革。

市场环境注重竞争，特色、品质、效益是现代农业永恒的追求。

据了解，由于生产分散、规模小、产业链短以及资金、技术、营销、服务滞后等，广西一些传统优势农产品出现了优势不够优、效益不够好的尴尬状况。

“以优势产业集群发展农业，实现农业的区域化布局、专业化生产和产业化经营，是世界农业发展的趋势，也是现代农业发展的必由之路。”农业厅一名负责人谈起了广西的应对策略和发展思路，“要提高农业的整体竞争力，就必须突出农产品的比较优势和地方特色，打造优势产业集群，对优势农产品实施强势布局，形成规模，实现价格优势向竞争优势转变，比较优势向经济优势转变。”

几年来，在“突出区域特色，优化区域布局，推行优势农产品和特色农产品向优势区域集中”的发展思路的指导下，广西各地紧锣密鼓地推进着农业和农村经济结构战略性调整。2005 年 1 月召开的全区农村工作会议，明确提出把加快农业优势产业发展作为“三农”工作的重点来抓，大力培育和发展农业优势产业在八桂大地更是热火朝天，风起云涌。目前，糖料蔗、水果、蔬菜、生猪、家禽等产业快速发展，优质粮食、桑蚕、食用菌、烟叶、中药材、香料、花卉方兴未艾，正在向新的农业优势产业群挺进。

桂北、桂中、桂东南和沿海地区大力发展优质谷；桑蚕业主要落户在桂中、桂西北、桂南三个优势地带和河池、南宁、来宾、柳州、贵港五大优势产区；桂中、桂东南重点发展蘑菇，桂北重点发展香菇，桂西南重点发展中高温食用菌，中心城市重点发展珍稀食用菌；以对虾、大蚝、珍珠和罗非鱼为主的优势水产品，侧重在北海、钦州、防城港和南宁市、崇左、来宾、柳州、贵港、玉林市安家……清晰明了、分工明确的优势产业区域布局，已在广西大地“落地生根”。

“产业集群”本是工业领域的一种现象，是指在某一产业领域相关联的企业及其支撑体系，在一定区域内大量集聚发展并形成具有持续竞争优势的经济群落。打造农业优势集群，就是引入工业的理念和机制，围绕优势、特色农产品，提高集中度，实现区域化布局、规模化生产，通过产加销互动、延长产业链形成产业的综合竞争优势，实现多个产业的集群发展。

“特色更特、优势更优、亮点更亮、弱项变强、强项更强、效益更好”，这一串简单朴素的短语，正是广西优势产业集群战略正在和将要发酵出来的良好效应。

农业与现代科技结合，散发的“芳香”更浓更广

荷兰小青椒、墨西哥食用仙人掌、珍珠菜、土人参、小南瓜、甜瓜、春菊……走进位于南宁市郊的广西现代农业科技示范园，琳琅满目、色彩斑斓的瓜果蔬菜，真有“乱花渐欲迷人眼”的感觉！而反季节栽培技术、大棚技术、无公害蔬菜、新品种开发区、沼气能源综合利用示范区等技术和设施，也让人目不暇接，惊叹不已。

据广西八桂农业科技有限公司董事长、广西现代农业技术展示中心主任陈正秋介绍，园区内现有 50 大系列 200 多个品种的蔬菜、40 大系列 160 多个品种的水果和近 100 多个品种的花卉。园区主要通过引进国内外名特优新品种、吸收应用先进的有机栽培和设施栽培技术等手段，展示现代农业的科技成果。

现代社会的农业生产，不是传统人畜耕作、人工收种、精耕细作的简单复制和循环，良种、良法占据着重要的位置。行走于八桂大地，记者总能感受到现代农业技术的冲击和震撼，也获得了全新的学习机会。在广西果树甘蔗良种繁殖基地，记者发现果树上总套着白色的大袋子，颇为不解和疑惑。广西水果生产技术指导总站站长李标解开了记者心中的疙瘩：“这是果实套袋技术，主要用于苹果、香蕉、桃、葡萄、杨桃、芒果等水果上，在套袋中的水果不会受到鸟类的侵害和果蝇细菌的感染，避免阳光的直接照射和被树枝刮伤，而且套袋本身的透气性可产生个别温室效应，使水果保持适当的湿度、温度，提高甜度，改善光泽，增加产量。”

这仅仅是广西应用先进技术的一个缩影。近年来，广西在全区大力推广水稻免耕抛秧、玉米免耕栽培、马铃薯稻草覆盖免耕栽培三大免耕技术和农作物避雨、避寒、避晒“三避”技术，收到了显著的效果。

“非典无情，网上有路”，广西农民在困难时期感受到了信息技术的“温暖”。2003 年 6 月 5 日，正值“非典”严控时期，广西农业厅开通了网上销售的通道，客户只要在网上就可完成订购，使广西农产品得到了及时顺利的流通，当年网上销售额即达到 16 亿。从此一发不可收拾，2004年接近40个亿，2005年上半年已有20多亿进账。

如今，全区已建成广西农业信息网、农产品商务网和15个专业服务网，开通了14个市级农业信息网络平台、100个县级农业信息服务平台和675个乡镇农业信息服务站，部分县农业信息服务网络已延伸到村一级，培养形成了一支6 000多人的农村信息员队伍。农业信息服务已进入到农业生产、加工和流通领域，信息农业的号角浩然吹响。

从遥不相干到触手可及，科学技术让农业实现了跃升，让农民品尝到了现代农业的惊喜。

生态循环理念，引领农业产业大变革

“猪沼果灯鱼”，也许你见过许多生态模式，但相信如此模式还是会令你倍觉新鲜！而在八桂大地上，该模式却正“大行其道”，如火如荼。

恭城县有着“全国沼气第一县”之称，沼气入户率达到88%。记者来到了莲花镇红岩村，只见果树成阴，果树别墅交相辉映，一派新村景象。村民朱永伦说：“家里从2003年开始发展‘猪沼果灯鱼’模式，诱虫灯能杀死果树上的害虫，不用喷施农药，杀死的虫子还可用来喂鱼，真是一举多得，果品品质提高了，价格也涨了不少，而且还增加了养鱼收入，每年仅农产品的收入就有3万～4万元。村里大部分村民都是如此，有了经济的基础，建设漂亮洁净的住房也就不再是难事了。”

“问君哪得清如许，为有源头活水来。”广西在“养殖＋沼气＋种植”三位一体生态模式的基础上，综合运用、科学组装生态养猪、沼气池建设、生态水果（菜、蔗、粮、茶、药、桑）、高效生态杀虫灯、小水池生态养殖、捕食螨、水果套袋、黄色诱虫板、低毒高效低残留农药、生物有机肥等生态农业技术，成功探索出了“猪沼果灯鱼”等10多种生态模式。据统计，在短短两三年间，“猪沼果灯鱼”模式就在全区推广了2万多户。

沼气循环链，连起产业一片。生态富民，不是仅仅发展一般传统产业，而要实现生态产业的提升和创建。广西树立了大产业理念，各地大力推广先进适用的生态农业模式及技术，延长生态产业链，将传统的粮食、水果、甘蔗、茶叶、蔬菜等产业提升为生态型的农业产业，发展无公害农产品、绿色食品、有机食品和生态食品；而且还将农业产业生态化延伸到农产品加工、储运、销售等环节，生态循环效应日益显现，安全、优质、高效的农产品层出不穷。

一组数字，广西生态农业的勃然之机就可显露无遗。生态水果面积超过 1 200 万公顷，年产量 500 多万吨；蔬菜面积超 66.67 万公顷，年产 2 600 万吨；全区创建了 50 个无公害农产品生产示范县，建立了 200 个面积共 40 万公顷的农产品标准化生产基地，示范带动农产品标准化生产面积 166.67 万公顷，生态型农业产业群、产业带、产业区和产业基地鳞次栉比。

“生态就是生命，生态就是财富，生态就是生产和生活的基础，生态与广大人民群众息息相关。”张明沛厅长的话，也许最能代表广西生态农业发展的旋律。到 2004 年年底，全区已累计建设沼气池 245.5 万座，农村沼气入户率 28.8%，在全国独占鳌头。如今，走在八桂大地上，随意往房前、屋后，果园、稻田中看，随处可见各式各样的生态农业模式和技术，可谓生态不止，绿色常在，生生不息。

生态为基础，农业有了更宽广的内涵，休闲农业、观光农业等新型农业形态迅速发展成为与产品生产农业并驾齐驱的重要产业。恭城县莲花镇红岩村就是个闻名遐迩的旅游新村，生态家园、月柿节、瑶寨风雨桥等的吸引，让红岩村自 2003 年以来共接待游客 36 万人次，村民的非农年收入达到 7 000 元。八桂田园——广西现代农业技术展示中心本身就是集“现代农业展示；新品种、新技术、新成果应用推广；农业科普技术培训；农业产业化经营和观光旅游农业”五大功能于一身的多功能农业示范区，迄今已开展农业科技培训人数 11 万人次，接待观光旅游人数 100 万人次。

沼气——福气，广西农民将生态农业演绎得淋漓尽致。

农业部门的开拓性服务，构筑农民致富的阳关道

“为农服务要为到点子上，为到关坎上，为到农民致富健康上。”不时挂在张明沛厅长嘴头的话，是广西各级农业行政部门主抓农业工作的真实写照。

“心系百姓小康事”，一枝一叶总关情。近三年，广西自治区农业厅领导为解决鲜活农产品运销不畅的难题，多次到基层去调查研究，与有关部门协调沟通，堪称历尽千辛万苦，道尽千言万语，最终在全国各省市区首先开通了鲜活农产品运输“绿色通道”，全免了路、桥、隧道及渡口过路费，大幅降低了运输成本，促进了农产品的外运和外销。为了方便农民办理“绿色通行证”，农业部门在全自治区各乡镇都设立了办证点，24 小时值班服务。据了解，以前农民花在农产品运输的钱要占到生产成本的 1/3 还要多。“绿色通道”的开通给农民带来直接和间接效益达数亿元，农民们感激地将“绿色通道”称为“增收通道”。

象州县中平镇良山村，房屋兴建热火朝天。2005 年 6 月，洪水的侵袭无情冲走了许多村民的住房，百废待兴，村民们正重建家园。一块牌子赫然出现在记者眼前，原来是广西农业厅援助灾后恢复生产的标牌。村民丘春玲正忙着管理蚕茧，据她估计，2005 年还能养 4 批蚕，种 4 亩桑树，预计当年就能收入 1 万多。说这话时，她笑容满面。

市场在前进，“三农”在发展，农业管理人员的理念也“蒸蒸日上”。2005 年 6 月，广西农业厅专门组织了农业代表团赴浙江考察学习，并举行广西农业招商引资项目推介等活动。北海联农农业科技开发有限公司、北海丰岛现代农业有限公司等一些花卉企业都是这次招来的企业，其负责人几乎一致地认为，来广西北海投资发展花卉，一方面是考虑到这里的气候优势，但更主要的还是为农业部门的诚恳和周到服务而打动。

“现代农业发展的一个重要方面就是要善于走出去，引进来。我们既要炼好内功，又要搞好服务，引进外省及国外投资商，利用他们的资金、技术、管理等优势，进一步推动我们自身的发展。要栽下梧桐树，引来金凤凰。”北海农业局叶山局长的话具有代表性，平实中蕴涵远见。

声声心语，深深行动。敏锐、细心、执著、自信，农业系统的公务人员正驾驶广西农业这辆列车，载着壮乡农民驶向远方，开往现代化……

（选自《农村工作通讯》2006 年第 1 期）

在自立中强本 在反哺中固基

——青岛市建设现代农业撷要

濒临黄海岸的青岛市，20世纪能够同深圳、大连、宁波一样跻身于计划单列市的行列，是因为这里的工业基础较好、城市规模较大、发展后劲较足。简言之，是“工业”和“城市”，成就了青岛的计划单列。而今，青岛人又在说：“是农业有力地支撑了工业和城市的发展”。青岛在工业高速发展，城市建设突飞猛进的同时，市辖的莱西、即墨、胶州、胶南等五个县级市，全部跻身于全国百强县的行列。青岛市的领导说：“青岛市的产业结构调整成效显著，公共事业进展顺利，市民能够安居乐业，其中农业功不可没。”

青岛的农业能够与工业比翼齐飞，根蒂在于坚持用工业理念谋划现代农业的发展，在工业反哺农业、城市支持农村的主张下，农业自我强本固基，加快实施农业产业化、标准化、国际化战略。据青岛市市长助理、农委主任迟华东介绍，2006年上半年，全市农民人均现金收入达到3 350元，同时增长13.2%；农业总产值达到134亿元，同比增长3%；夏粮总产达到154.38万吨，同比增长0.5%。“青岛市农委在推进现代农业发展和社会主义新农村建设过程中，因地制宜，科学规划，抓住高效、生态、品牌农业的主攻方向，实施农业产业化、标准化、国际化战略，取得了明显的成效”。原农业部部长杜青林对青岛农业作出了如此评说。

特色，推动农业产业升级

青岛农业的决策者们，在严酷的农产品出口技术壁垒和大量的大路货滞销的现实条件下，第一感悟就是必须以优取胜，以特取胜。立足资源区位优势，按照“壮大优势农业、突出畜牧业、发展特色农业”的思路，加大结构调整力度，优化农业生产结构和区域布局，推动农业产业升级，已经成为青岛市农口各部门的自觉行动。

加快优势产业带建设。突出抓好“四百工程”，即：建设 6.67 万公顷高产优质高效粮食示范区，提高优质专用粮生产能力；沿大沽河流域，建设 6.67 万公顷以设施蔬菜为主的现代农业示范区，打造无公害蔬菜品牌；沿平度、莱西北部山区，建设 6.67 万公顷优质出口花生生产基地，提高出口创汇能力；依托平度、莱西、胶南、崂山等果茶产区，建设 6.67 万公顷优质果茶和花卉生产基地，提高农业区域化、优质化、规模化、专业化生产水平，形成具有青岛特色的优势产业带。6.67 万公顷粮食示范区已完成投资 10 980 万元，基本达到了林成网、田成方、路相通、品种优、旱涝保丰收、机械化作业的要求，农业基础条件和生态环境明显改善；其他 3 个 6.67 万公顷生产基地正在有条不紊的建设中。

大力发展畜牧业。在产业调整、优化升级的过程中，青岛从干部到农民一致认识到，发展畜牧业是又一条农民增收的优选途径；同时，他们也认识到，发展畜牧业的难点在于体制和机制创新。莱西的九联集团，过去采取的是“公司＋农户”为主的经营规模。随着生产经营规模的不断扩大，这种模式固有的利益联结机制易破裂、养殖质量难稳定、企业与农户签约成本高等问题日益突出。对此，九联实行了经营体制改革，创造了以股份制为利益纽带、“六统一”为内容的“九联模式”，并在全市中因地制宜地推广这种模式，从而促进规模化、标准化养殖小区建设，引导分散的养殖户向养殖小区集中，转变畜牧业增长方式，提高畜牧业标准化生产能力和市场竞争力。全市已规划建设 27 处标准化饲养基地，建成标准化养殖小区 65 个。在解决了体制机制问题的基础上，加大重大动物疫病防控力度，健全疾病控制网络，建立村级动物防疫员队伍，保障畜牧业健康发展。2006 年上半年，在全国畜牧业发展比较低落的情况下，青岛的畜牧业总产值同比增长 3%，肉蛋奶总产量同比增长 6%。

积极发展特色农业。突出抓好茶叶、新奇水果、花卉等具有地方特色的优势农产品的生产和加工，提升生产水平和规模化效益，以此为依托，采取建设观光园、举办农业节会等形式，大做观光农业文章，大大提高了农业效益和农民收入。如：今年崂山区樱桃节收入达

1 010 多万元，拉动相关经济增收 3 300 万元；参节农户 7 000 余户，户均收入 3 500 元。

品牌，助强农业竞争力

青岛的海尔、海信、青啤，筑就了工业的成功。借鉴工业的经验，青岛的农业部门十分重视培育品牌，不断出台扶持政策，鼓励创造品牌，建设品牌农业。目前，全市已注册农业品牌 128 个，其中国家级名牌 13 个，省级名牌 17 个，市级名牌 36 个。涌现出胶州大白菜、晓阳春绿茶、大泽山葡萄、马家沟芹菜、TOPSUN 花生、佳乐花生等一批以地方名优特色产品为主导的知名农业品牌。品牌农业的快速发展，有效带动了农业结构调整，促进了农民增收，推进了全市农业标准化和产业化进程。

积极发挥龙头企业和合作组织带动作用，培育品牌。龙头企业和合作组织是争创农产品品牌的主体。青岛市 95%以上的农产品品牌来源于龙头企业或合作组织。始终坚持把充分发挥资源和区位优势，积极引进、培育大型龙头企业和农民专业合作组织，作为培育品牌的载体。莱西市素有“花生之乡”美誉，近几年，该市依托青岛东生集团、青岛佳乐公司等龙头企业，充分发挥其技术、人才、资金及规模经营优势，大力推广优良品种，在全市发展 2.67 多万公顷优质花生生产基地。目前，TOPSUN 牌、佳乐牌、宝泉牌花生及其制品出口量达到 20 万吨，占全省出口量的 50%。万福集团所生产的“万福牌”畜产品，在市场上享有誉名，久盛不衰。全市 80%的农产品和 70%以上的耕地纳入“品牌”农业产业经营体系，农民收入的 80%来自于品牌农业。胶州市臧家庄通过成立蔬菜协会，严格要求会员按照标准化技术规程种植蔬菜，培育村级品牌，使“臧家庄”品牌成为当地蔬菜的代名词。

大力推行标准化生产提升农产品质量，做强品牌。优良的品质是农产品品牌的生命线，这已经成为青岛人的共识。为此，各级农业部门高度重视农业标准化生产，用标准化促进农产品的优良化。为做强“胶州大白菜”这一传统品牌，胶州市专门成立了胶州大白菜协会，注册了“胶州大白菜”证明省标，建立了 20 多处专门的种植基地，实施标准化生产和管理，基地用肥全部采用农家肥、豆饼，杀虫尽量采用物理方法而不用农药，保证药残不超标。基地出产的每棵大白菜都有编码，并加贴“胶州大白菜”标签，消费者可根据编码查询真伪，“胶州大白菜”在激烈的市场竞争中赢得了良好信誉。

着力推进农产品认证带动规模化生产，做大品牌。截止到2006年6月末，全市已认定无公害农产品产地65处，无公害农产品127个，通过绿色食品认证54个，有机食品认证33个。通过无公害农产品产地认定的胶南市铁山悬泉茶厂，生产的“悬泉碧兰”和“悬泉春早”茶分别荣获第四届、第五届“中茶杯”金奖，居江北地区第一名。目前，“悬泉”茶在当地已具有绝对品牌优势，呈现出供不应求的态势，由原来的卖难到现在的买难，品牌效应得以彰显。

以兴办各类农业节会为载体，宣传品牌。培育农产品品牌的目的是扩大品牌影响力，提高市场地位，让其走进千家万户。为此，近几年，各市紧紧围绕地方名优特色农产品，积极兴办与各类农产品相关的农业节会活动，如崂山国际茶文化节、北宅樱桃节、大泽山葡萄节、枯桃花会，吸引城市居民、国内外客商前来观光旅游，大大提高了本地特色农产品的知名度，有力地推动了品牌农业、观光农业的发展。崂山区以第九届国际茶文化研讨会和第三届崂山国际茶文化节为契机，整合崂山茶品牌，投资3 000多万元，建成北方最大的中国茶叶文化博物馆、观光式茶叶加工车间、生态茶园、特色茶楼（馆）等茶文化基础设施，目前，崂山茶已发展成为全区农业增效、农民增收的特色支柱产业。农业节会的成功举办，不仅带动了第三产业的规模化发展，更重要的是宣传推介了农业品牌。

创造良好的发展环境，扶持品牌。青岛市委、市政府先后多次出台扶持农产品品牌发展的政策措施。2004年，政府发布了《青岛市农产品名牌评价管理办法》，加快实施名牌战略，规范农产品名牌评价管理工作。2005年，在《关于进一步推进城乡互动做好郊区工作的意见》中又明确提出，“争取国家和省级农产品名牌，对获得知名品牌和驰名商标的，参照《青岛市人民政府关于建立创新工业知名品牌奖励制度的通知》规定给予奖励”。为进一步加强对全市农产品品牌培育工作的宏观指导，2006年年初，市农委会同市质量技术监督局联合下发了《关于加强全市农产品品牌培育工作的意见》，《意见》提出了今后一个时期农产品品牌培育工作的指导思想、工作原则、总体目标和工作重点，并围绕加强对农业品牌培育工作的领导、培育品牌发展载体、制定落实培育计划、加强品牌产品基地建设、推进农业标准化、强化品牌农产品质量跟踪监测、加大政策扶持增加财政收入等方面提出了具体措施。各市区都结合当地实际，制定了相应的鼓励政策。即墨、胶州、胶南和崂山等区市对农业名牌产品都给予数额不等的资金扶持。这些扶持政策的出台，对于促进青岛农业品牌的发展壮大，起到重要推动作用。

加工，拉长农业产业链条

明智的青岛人清醒地意识到，以生产原粮、原菜和活猪、活禽为主的传统农业，不但生存和发展的空间有限，而且也难以承担农民增收的迫切要求。出路就在于，把传统的农业生产体系作为现代农业生产体系的第一车间，在此基础上扩大加工和市场营销的产业链条，实施贸工农一体化、产加销一条龙的多层次经营，实现农产品的多次增值。据青岛市市长助理兼农委主任迟华东介绍，目前青岛农产品的加工转化率已达42%。在农民收入的增量中，农产品加工和市场营销收入占有重要份额。

扶持发展龙头企业。为迅速膨胀农业产业链条，加快发展农业产业化经营体系，青岛市着重抓了龙头企业的引进、培育和壮大，按照引进“洋”龙头，培育“新”龙头，膨胀“原”龙头的思路，加快了龙头企业集群化进程。全市有农副产品加工企业2 172家，其中省级龙头企业30家，国家龙头企业9家。年销售收入过千万元的203家，过亿元的35家，康大、大洋、雀巢、万福、九联等10多家企业年销售收入超过和接近20亿元，青岛六合集团年销售收入过百亿。全市农产品加工能力已达570万吨，实现销售收入208亿元。农副产品加工龙头企业集群化发展，带动形成了七大农业产业化经营链条。一是奶牛及奶制品加工产业链。以雀巢、六合、迎春乐、锐宗等大企业为龙头的奶牛及奶制品加工产业链，年加工奶类51万吨，带动全市2万多户农户从事奶牛养殖，增加农民收入5亿元，户均增收2万多元，增加地方财政收入1亿元。二是肉鸡及肉鸡制品加工产业链。以九联、万福、正大等大企业为代表的肉鸡及肉鸡制品加工企业群，年养殖屠宰肉鸡18 000万只，出口创汇7 000万美元，带动农民增收3

亿元。三是生猪及猪肉制品加工产业链。以万福、希杰、德红益食品为龙头，带动全市10 000多农户从事生猪养殖，年增收16 000万元。四是蔬菜及蔬菜制品加工产业链。以万福、大洋、复生、金海源、亚西亚为代表的蔬菜加工企业群，共有加工企业150多家，有冷藏库、保鲜库1 260个，储存量达300万吨，带动全市30万农户从事蔬菜种植，年增加农民收入180亿元。五是花生及花生制品加工产业链。以东生、佳德、长生、亮泉等为代表的花生加工龙头企业群，有加工企业560多户，年加工花生接近100万吨，出口15万吨，接近全国出口总量的1/4，成为全国最大的花生集散地，带动农户增收15亿元。六是果品及果品加工产业链。以南南、三丰和海升等为代表的果品加工、贮运龙头企业群，有加工企业112户，带动全市19万农户从事果树种植，户均收入7 500元以上。七是水产品加工产业链。以正进、佳元集团为代表，以成为青岛农产品出口的主导行业。

搭建企业集群化发展平台。为加快农副产品加工企业集群化发展，青岛市加快了对农产品加工企业的服务和扶持力度。政府颁发了加快发展农业产业化经营的意见，每年拨出专项资金用于农产品加工企业贷款贴息，对新上农产品加工企业，由政府负责搞好基础设施的配套。良好的发展环境为农副产品加工企业的集聚提供了平台。陕西海升果业发展股份有限公司投资1.5亿元，年生产浓缩果汁10万吨，带动农户发展酸苹果1.33万公顷；波尔旺肉业有限公司投资7 000万元，新上肉牛肉羊屠宰生产线，年可屠宰肉牛肉羊40万头，带动了全市肉牛肉羊养殖业的发展。

构筑原料与加工、展销的链接平台。生产、加工以及内外贸易，需要有一个媒介相链接，才能实现资源的优化配置。各市区不断完善农副产品产地市场建设。以突出市场硬件建设、膨胀市场规模和规范市场管理为重点，着力发展城阳蔬菜水产品批发市场、南村蔬菜批发市场、东庄头蔬菜批发市场等部级定点市场，着力培育3到5家新的部级定点市场，未来的青岛将成为胶东半岛乃至华东和华北地区农副产品集散地。

开放，融入国际大市场

在青岛，无论是农业的指导者，还是农产品的生产品，即或是物流企业老板，都对开放情有独钟，都在各自的岗位上为农业的国际化实践着、奋斗着。据青岛海关统计，青岛市以蔬菜、畜产品为主的农产品出口总额，2005年达到19.6亿美元，与上年同比增长25.7%；2006年1—8月，农产品出口总额达到13.89亿美元，比上年同期增长20.1%。

为应对日本进口食品的肯定列表制度，政府部门与出口企业同舟共济，及时采取相应对策，实施国际市场多元化战略，使对日的蔬菜出口依然保持了强劲势头。1—8月，蔬菜对日本出口总额为6 159万美元，同比增长了15%；对其他国家和地区的出口也都大幅增长。

把农产品销出去，把农业项目引进来，实施双向战略，这是青岛创办开放型农业的又一特色。据有关部门统计，2006年1—8月，青岛市共批准农业外资项目83个，投资总额1.43亿美元，其中投资总额过1 000万美元的大项目7个，200万美元以上的项目21个。据统计，仅莱西市在2004、2005两年间，引进农产品加工企业191家，利用外资2.5亿美元，利用内资7.1亿元。

全力打造山东国际农产品展示交易中心，构建农业对外开放的大舞台。青岛占有港口和农产品加工出口两大优势，市政府采取民间投资、政府补助的方法，多方筹资5.4亿元，在青岛国际机场附近建成了集名优农产品展示展销、采购交易、物流配送、信息发布、检测认证、合作交流为一体的山东国际农产品展示交易中心，10万平方米的中心场馆，于2005年10月21日正式开业，并于2005年11月成功举办了青岛国际农产品交易会。展示交易中心内部特别设立了5 000平方米的常年固定展示交易区，使青岛农产品交易会成为中国第一个真正永不落幕的农交会。

组织企业举办或参加各种招商推介会及农业展会，努力拓宽招商引资和农产品出口渠道。2002年5月份，在深圳、香港两地成功举办了2002青岛推介会；2003年9月份，在日本东京举办了促进农产品贸易和农业招商引资说明会；2005年1月份，在日本三重县四日市举办了青岛食品产业招商推介会。2004年、2005年连续两年，组织企业和有关人员参加了在韩国和日本举办的日本“青岛周”和韩国“青岛周”宣传推介活动。近几年，市农委投入人力物力，组织涉农企业参加在国内举办的各类大型农业展会，如北京中国国际农产品交易会、烟台 APEC 果蔬博览会、西安杨凌农业高新技术博览会等。

加快实施“出口农产品绿卡行动计划”，强化农产品出口认证工作，鼓励企业取得更多的国际市场“通行证”。2005 年青岛市财政投入 100 万元专项资金，积极实施出口农产品绿卡行动计划。按照发达国家制定的 GAP 规范，逐项落实到种植、加工等各个环节，实现从田间到餐桌全过程食品安全保障。主要是规范生产操作规程，制定农残动态试验方案，联合有关区市和出口企业建立示范试验基地，举办绿卡行动计划知识培训班等，进而使“绿卡行动计划”深入人心，从源头上保障出口农产品的质量安全。同时强化农产品出口认证工作，鼓励出口企业获得符合进口国要求的有机产品认证、卫生注册、原产地标记注册等“国际市场通行证”。青岛市对获得进口国或地区注册商标、产品认证的企业，根据出口规模，按注册、认证费用的 50%给予补助。据不完全统计，目前，全市已有 182 家农产品加工企业获得国际出口食品卫生注册，有 22 家农产品加工企业通过了 ISO9000 系列国际质量体系认证，有 71 家水产品加工企业获得美国 HACCP 检验证书，46 家水产品企业获得欧盟注册，5 家禽肉加工企业获欧盟认证，53 家加工企业获国外兽医卫生注册，9 家企业获日本偶蹄动物加工出口认证。这几年，尽管许多国家对进口农产品不断提高技术贸易壁垒，出口难度越来越大，但青岛市通过强化有关出口农产品质量安全措施，仍然使主要农产品出口保持了较高的增长率。

加快引进步伐，不断提高农产品的国际竞争力。市委、市政府高度重视农业优良品种的引进工作，连续多年累计投入了 3 000 多万元扶持农业引进新技术、新工艺、新设备。先后从国外引进推广了温室技术、苹果套袋技术、滴灌技术和农产品贮藏、保鲜等先进技术。从日本引进的地膜覆盖栽培技术，年推广面积已达到 10 多万公顷。从国外引进的红富士、新红星、乔纳金等果树品种产量已占到青岛市苹果总产的 80%以上；引进的西红柿、荷兰豆、芦笋、绿菜花等蔬菜品种已成为蔬菜出口创汇的主导品种。通过引进国外优良品种和先进技术，极大地改良了农产品品质，改善了产业内部的品种结构，缩小了与世界先进水平的差距，同时也改善了人们的饮食结构，丰富了城乡民众的“菜篮子”。

评论：

农业当自强

——青岛市建设现代农业的启示

这期特别报道专栏所刊出的《青岛市建设现代农业撷要》一文，从总体上集中反映了青岛市在经济结构调整，经济体制完善，经济增长方式转变的社会实践中，在农业增加值（GDP）占全市GDP的比重逐年有所下降的情况下，仍然坚持以农业为基础，把农业放到经济工作的首位，仍然采取了一系列措施加强农业、支持农业，从而取得了城乡互动、工农比翼齐飞的理想效果；也从总体上反映了青岛市建设现代农业的重点、选择和效果，反映了农业当自强的伟大精神。

党的十六大以来，国家出于加强基础产业，缓解现存矛盾，协调各产业持续发展，缩小工农之间以及城乡之间差别的要求，提出了“以工补农，以城带乡”，“工业反哺农业，城市支持农村”的战略方针。这一战略方针，无疑是符合“社会的和谐应该建立在产业协调发展、经济与社会同步进化”的理论基础的，也是适应现阶段中国社会生产力水平和生产关系现状的，问题是如何把中央提出的战略方针付诸实践，怎么在这一方针的指导下对现有资源进行导向性调节？特别是在这一战略主张实施的初始阶段，农业怎么能自强起来？这是摆在各级决策者特别是省、地两级领导面前的一道新的“方程式”。解这道“方程式”，出路只能是实际工作者的大胆创新和社会实践。青岛无疑坐上了解这道“方程式”的“早班车”，并且大有成效。

青岛处于东部沿海，第二、第三产业发展迅速，经济基础较好。具备了开始实施以工补农、以城带乡的基本条件，能够较快地把中央的精神落实下去。对于全国大多数地、市来说，还不具备青岛这样的经济条件。所以，在尽可能地争取对农业大力支持、加快“以工补农”进程的同时，“农业当自强”不但是必要的，而且也是大有作为的。

实施“以工补农”，是实现农业持续、快速、健康发展的外部条件，是“外补”；“农业自强”，是实现农业持续、快速、健康发展的根本依据，是“内生”；“外补”，是宏观政策调节范畴，“内生”，是产业自我发展范畴。青岛的做法还告诉我们，只有当农业自身有了一定的基础，才能具备吸收和消化“补”的条件，才能使“补农”取得事半功倍的效果。否则，当农业不具备吸收和消化“补”的自身条件时，即或是“补”了，结果也可能是事倍功半。顺着这样的思路再分析下去，还可能得出这样的结论：外补和自强不是矛盾的，而是统一的。作为农业的本身，要争取“外补”，但不可依赖“外补”，也就是说，不管能否得到“外补”，也不管能得到多少“外补”，都不可放松“自强”。作为对经济与社会具有管理职能的中央以及地方政府，在调节社会资源和安排发展政策时，一定要有“以工补农”、“以城带乡”的意识，充分考虑到农业的弱质性，尽力向农业倾斜，提供必要的扶持。只有“外补”和“自强”两个积极性结合起来，那才是建设现代农业的相得益彰。

在现阶段，人们对工农关系的认识，往往停留在“两个阶段论”。即：国家在工业化的初始阶段，必然要从农业中抽取原始积累，支持工业和城市的发展；而当工业发展到一定程度，城市具有了相当的规模，工业就要回过来反哺农业，支持农业，改善生产条件，提高综合生产能力。其实，这两个阶段的后面，还必然会有第三个阶段，那就是当工业和农业都进入高度发达的状态时，当工业的产品与农业的产品具有了一定的互补性时，工农彼此之间依托扶持的关系将彻底消失，二者将出现一种新的竞争关系，相对于这种情况的发展阶段即为平等竞争阶段。对于第三阶段，不管人们认识到没认识到，也不管对这种说法认同不认同，但有一点是不可争辩的，不论是工业抽吸农业，还是工业反哺农业，都是扶弱济贫的无奈之举，不可能成为人类社会长期进化过程中调节工农关系的常态。从这个意义上说，“农业当自强”，不仅有现实意义，还将有未来意义。

农业作为一个国家或一个地区的基础性产业，在任何时候，任何情况下，都应当自强。这是不需要讨论，而且也不会有争议的问题，需要研究的是如何能自强。农业的自强，固然要靠政策、靠科技、靠投入。但光有这三靠还不行，还必须找到“作用点”，即力量集中往哪方面用。青岛提供的经验是：跳出传统思维定式的束缚，用工业的理念谋划农业的发展，重点抓住特色、品牌、加工、开放四个环节。青岛的实践证明，抓特色，能推动产业升级；抓品牌，能助强农业竞争力；抓加工，能延伸农业链条；抓开放，能使农业融入国际大市场。抓住了这四个环节，就是抓住了农业的“牛鼻子”，每个环节都见效了，农业的本身必然会也自强了，也就能不断将农业现代化推向前进。

（选自《农村工作通讯》2006 年第 11 期）

编者按：

2003 年，胡锦涛总书记在北京视察工作时提出发展都市型现代农业的要求。近四年来，北京市郊各区县认真贯彻落实总书记的指示精神，积极拓展都市型现代农业领域，不断提升都市型现代农业质量，取得了瞩目的成就，积累了宝贵的经验。2007 年 5 月下旬，本刊记者应邀全程参加了北京市农村经济研究中心组织的“专家学者参观考察都市型现代农业”活动，先后访问了大兴、通州、顺义、怀柔四个京郊区，身临其境地感受京郊都市型现代农业的蓬勃发展。

在京郊希望的田野上

——北京市郊区都市型现代农业见闻录

2007 年 5 月 21 日，时值农历“小满”。虽然已过了大地回春、桃李争艳的季节，尽管与果实累累、大地丰收的秋季还相距数月。但是，此时在北京郊区，既能看到春季的鲜花盛开，又能看到夏季的满目葱绿，也能看到秋季的硕果累累。农业生产形态的创新，已跨越了四季的界线，京郊发展都市型现代农业的构想，已经开花结果。

车出北五环路，乡村一派生机盎然。陪同的北京市农村经济研究中心主任焦守田介绍："发展都市型现代农业，是北京市农业发展的战略定位"，"按照这样的战略定位，各区县结合自身区位优势和经济要素特点，大力发展籽种农业、设施农业、精品农业、加工农业、生态农业、创汇农业、观光农业，京郊已经初步形成了具有多种功能的都市型现代农业格局。同时，京郊也十分注重农业生态功能、社会和文化功能的开发。"记者一路上的所见所闻，诠释了这番介绍的丰富内涵。

科技——都市型现代农业的支撑

北京人都知道，大兴庞各庄镇的西瓜全北京第一；大兴人也都知道，"老宋瓜园"的西瓜全庞各庄第一。这背后正是大力依靠科学技术的结果。迈步走进宽敞明亮的现代化农业大棚，各种新、奇、特品种让人目不暇接。单就西瓜而言，除了种植传统品种外，公司还引进了经过卫星搭载的现代高新科技航天西瓜（航兴三号）、有机西瓜，以及黄小凤、新秀、红富士、金冠等国内外名、特、优新品种。通过立项，成功引进了中国农科院的西瓜树。一个个硕大的西瓜被网袋包住，悬挂在从天而降的树藤上，着实地"金贵"。其他品种，比如十分形似天鹅脚的天鹅葫芦、有如壁虎尾功能砍后还能再生的砍瓜、每个能拍卖到几万元的刻字巨型大南瓜……传统的瓜园，已经变成了新科技的试验基地，游客的观光基地和青少年的植物知识启蒙教育基地。在历届的全国西甜瓜擂台赛中，老宋瓜园的西瓜屡获冠军和瓜王称号，在北京大兴第十届西瓜节金街精品拍卖会上，老宋瓜园的"西瓜王"拍卖了13 200元，创造了最昂贵西瓜的纪录，被载入《吉尼斯世界纪录大全》。这，就是科技作用于农业的魅力。与其说是科技给传统农业增加了"附加值"，倒不如说是科技诱发出了农业的真正价值。

同样，在大兴区北京信采养殖有限公司，科技的力量也得到了充分体现。公司以生产切菊花为主，从日本、荷兰引进优良品种，年产鲜花600万支，大部分产品出口创汇。而正是因为他们走出了一条高科技支撑的精准农业道路，公司才得以快速发展。在一间宽敞明亮的办公室中，我们看见了公司的核心——一台价值80万元的精准农业控制计算机。通过这台主机，可以同时对50个菊花生产大棚共计

200 亩土地进行监控。在菊花大棚中，我们更是感受到精准农业已经“武装”到每个角落。大棚中安装了网络型温室环境智能控制系统，网络型灌溉管理系统和负水头精准灌溉系统，“温室娃娃”，精准施肥系统，可以通过计算机精准地控制温度、湿度、通风和施肥情况，达到了节煤、节水、节约劳动力，省肥、省药、提高菊花品质等效果，年增加收入 200 万元。“在精准农业的帮助下，我们养花就像自己养小孩一样仔细，所以我们的花品质最好，我们有一种可食菊花，如果没有精细农业的保障，消费者是不可能放心食用的。”一个大棚内的工作人员说。

农业科技超出了传统农业的外延，属于发展领域的范畴，其普及最大的难点在于投入，也离不开政府的大力支持。大兴区政府多年来一直把“科技农业”作为都市型现代农业发展重点模式提出，把提高科技水平作为建设都市型现代农业的支撑手段。大兴区农委主任汪宝国深有体会地告诉记者：“针对处于弱势地位的农民，政府必须拿出足够的力度和气度进行扶持。我们最早建立科研成果转化基地，就是下全力、大投入支持科研院所和高校把自己的新成果拿到大兴来进行试验、示范，现在我们可以保证新品种‘推向市场一批、准备一批、研发一批’，力争长盛不衰。最终来看，受益的还是农民。”在政府的扶持下，老宋瓜王科技发展有限公司已经发展成带动本协会 400 户和周围协会 700 户村民致富奔小康的“龙头”。

市场——都市型现代农业的桥梁

熟悉股票的人都知道“顺鑫农业”——北京市第一家农业上市企业，1998 年上市以来，公司总资产由 11.5 亿增至 43 亿，利润总额近 10 亿元，上交税金 11 亿元，是名副其实的农业龙头企业。走进设在顺义金马工业区内的顺鑫农业创新食品有限公司厂区，其宽阔大气的整体设计和优美舒适的工作环境让人耳目一新。“整体布局是请日本有关公司设计，可以保证今后 20 年内在世界范围内不落伍。”顺鑫绿色物流有限公司副总经理宋彦斌自豪地说。这些年，顺鑫依托绿色基地，集检验、加工、包装、配送四位一体，全程冷链，为消费者提供纯洁净、真优质的生鲜果蔬和畜禽类精细加工产品。销售产品主要针对中高端顾客，通过其强大的物流体系进入北京市大型连锁超市，如沃尔玛、家乐福、物美等。

由于农业企业自身的薄弱以及农产品对保鲜时限与保质标准的严格要求，使得市场流通渠道成了发展的瓶颈和难点，很多企业“买难”和“卖难”的弊病更多来源于中间渠道的不畅通。而这恰恰是顺鑫农业的优势所在。多年来，顺鑫农业摸索出了一条自建渠道的路子。他们出资 2.2 亿元，建设起最现代化的物流配套设施，20 000 多平方米的仓储配送中心、可容纳近万个仓位的托盘货架系统，电子标签系统和信息采集技术的应用，让顺鑫的绿色物流远远领先于其他竞争对手。目前，其物流体系不仅能够解决自身配送货的需求，同时也具有为其他合作者提供物流服务的强大实力。讲解员指着应用电子标签系统轻松配货的工作人员对大家说：“北京市全部华普超市的所有大约 5 000 个品种的产品都是从这里发出的，当然也包括所有的日用品甚至电器。”记者看到，工作人员把订单提前输入电子系统，然后只需要根据红色指示灯提示从相关货架取出货物即可，取出后指示灯会自动熄灭。公司还计划扩大第三方物流的职能，目前已筹备土地 12 公顷，其中 60%建设新的物流配送车间，另外 40%作为绿化用地，宋彦斌介绍说：“那 40%土地是我们的储备资源，也是今后发展的后劲。”

解决了中间渠道的问题，顺鑫农业通过建立国家级优质农产品基地和“订单农业”相结合的方式，保证产品充足供应和质量安全。比如应对近期北京市场猪肉大幅度涨价的局面，顺鑫农业并不紧张，宋经理说：“我们可以在很短的时间内从内蒙古、河北甚至四川调运价格相对低廉的原材料，而这是其他竞争对手不具备的。”在市场的销售环节，专家们热衷于探讨的是市场的“扣点”和农产品“售后回收”问题。所谓“扣点”，是指市场对进市产品收取一定的销售提成；所谓“售后回收”，是指入市的生鲜产品，在一定期限内对未售出产品由厂家收回并处理，这对利润较低、容易腐败变质的农产品是很大的难题。针对这个问题，中国社科院农村所副研究员杜吟棠认为最好的办法是拥有自己的特色销售点、销售店以及物流、冷冻设备等配套体系，但在没有形成规模之前，更多地需要依靠农产品自身循环的优势来应对，对回收的生鲜产品，也应研究再次开发利用，比如回收做沼气料和肥料等。

架起生产与市场的桥梁，解决农产品销售问题，顺鑫农业创造了经验。对此顺义区政府正在因地制宜地推广。一是建设农产品物流中心，促进生产与销售的紧密衔接；二是建设农产品加工中心，促进一产与二产的融合发展；三是发展农民专业合作社，促进企业与农民无缝对接。

生态——都市型现代农业的关键

大兴区长子营镇留民营村和顺义区赵全营镇北郎中村，是京郊赫赫有名的“富裕村”、“文明村”，也是世界著名的生态村。两个村的共同特点，是把经济发展、富民强村和生态农业建设有机地结合起来。

留民营村是联合国环境规划署正式承认的中国生态农业第一村，其有机农业基地是全国有机农业科普示范基地。这个村从20世纪80年代初开始，进行以农业废弃物循环利用为基础的生态农业试验，创造了畜禽养殖的废弃物制沼气，沼气供农民生产发展，沼渣还原田园生产有机农产品的循环农业模式。沼气的利用带活了整个有机农业的发展，采用有机肥料种植作物，并配合相关科学手段进行质量控制，使所生产的农产品均达到有机食品的要求。目前基地核心区建成了有机农业观光采摘、有机畜禽养殖、农业废弃物处理、有机农业示范、有机农业生物能源转换、有机农业体验和技术辐射七个功能区，已经实现了内部物质良性循环、能量充分利用、环境保护、生态经济协调发展的格局。在有机农业示范区，村总支张广惠副书记告诉我们，这里的农产品摘下来不用清洗就可直接食用，她说：“我自己有个思考，把这种有机农业模式引入城市，放到普通市民阳台上，既可美化环境，又可吃到有机产品，一举两得。”她的想法得到很多专家的赞同，“这正是很多学者研究的课题，可以算是一种小型的‘景观农业’，它是都市农业的另一个落脚点，今后肯定大有潜力。”国务院发展研究中心农村部副部长谢扬说。

顺义区的北郎中村由于股份制改革而闻名，被称为京郊“股份第一村”。同时，它也是个有名的“生态村”。北郎中村依据自身优势，确立了以绿为主（发展绿色经济、营造绿色环境、奉献绿色产品、共享绿色生活）；构建以养猪产业化和种苗与园林植物为主的两个生态产业体系；以两个生态产业为载体发展观光农业；实施生产、生活、生态、观光四位一体的战略定位，实现依托科技、依靠农业产业化带动的生态观光型现代化新农村的目标。在发展过程中，北郎中村不断进行产业结构调整，优化升级，大力发展以绿化种苗、果树种苗、高档苗木、花卉、牧草、紫芦笋等种植品种为主的绿色产业和食用农产品加工项目。大力扶持村民发展生态养殖，利用农业部工程研究院的科技攻关项目——关于规模猪场粪水治理技术，采用生物发酵生产沼气的工艺进行粪水治理，具有粪水达标处理、水资源零排放、能源再利用等综合效果，有效地解决了该村养殖业的粪水污染问题，实现了生态养殖，同时变废为宝，村民家家户户用上了清洁燃料沼气。生态养殖，生态种植，安全食用农产品生产加工，完整的生态产业链条，使北郎中村经济走上了良性循环的轨道。

行进在北郎中宽阔的林阴路上，看到两旁正在规划中的村民新居，整洁清新的环境令每个人为之叹服。是生态农业建设让新农村的发展更加可持续和更有生命力，农业资料的相互循环和利用正是这两个“生态村”为我们总结出来的最好经验。

旅游——都市型现代农业的希望

步入怀柔，正赶上天降大雨，雨水滋润的空气中沁透着清新和爽快。用怀柔主管农业的区委常委、副区长赵文广的话说就是“来到怀柔，可以养眼、洗肺、静心”。怀柔区位于北京市区的东北部，整体形状呈哑铃型，南北长128公里，东西11～46公里，其中88.7%的土地是山区和半山区，其他地区则为浅山和平原，农业人口占总人口约73%，全年气候适中，雨水相对丰富。怀柔区地下水资源丰富，有发展特色冷水鱼养殖的自然条件，“两条沟”里的鲟鱼、虹鳟鱼养殖，给前来观光旅游的人们增添了美味佳肴。

由于怀柔与市区距离适中、自然环境优美、农产品特色鲜明，使农业的职能不断拓展。以休闲度假、游山玩水、运动吸氧、静止修身为内容的“农家乐”旅游，得到迅猛发展，成为全区的希望产业和最具有挖掘潜力的经济增长点。2005年全区接待乡村旅游游客320万人次，实现旅游综合收入3.3亿元，同比分别增长77.8%和37.5%。2006年是怀柔“乡村旅游特色年”，仅五一节就接待游客101.2万人次，全年接待1 042万人次，呈明显上升趋势。谈到发展农业旅游的初衷时，赵文广认为根本目的是农民增收的需要，“由于区域问题，我区农民增收手段有限，而发展农业旅游最直接地实现了农业资源、农业劳动力、农副产品的转移，而且不需要经过其他中间环节就可以直接把利益还给农民，实现了农民利益的最大化。”

发展农业旅游最令人担心的就是自然环境保护问题。对此，赵文广这个在怀柔成长和生活了一辈子的怀柔人认真地说：“我们有一个原则：发展服从于生态。山就像是我们的原始股，我们不仅靠山吃山，而且要靠山养山，我们不为自己着想，也要为我们的子孙后代着想。”但他也表示，现在确实担心农业观光旅游的承载能力问题。专家们也提出建议，通过培育农村旅游合作社、组织家庭培训等方式规范经营，通过划分消费档次、提高接待标准来分流旅游人群等。赵文广还呼吁广大前来观光的市民提高保护环境的意识，“希望大家共同保护我们的这一方净土。”

春雨连绵，暂短两日，所到之处，所闻所感，无不深切感受到京郊都市型现代农业的魅力。作为一种先进的、可持续发展的农业模式，它必将为其他城市和地区提供宝贵的经验。京郊都市型现代农业就像这场春雨，带给了我们无限的希望。

（选自《农村工作通讯杂志》2007年第7期）

题记：

一位智者，开创了一项事业；

一群企业，带动了多方经济；

一种理念，诠释了人与自然的关系。

豪吉之路

——一个藏于大凉山深处的企业集团

电视里，人们通过“豪吉鸡精，中国味道”的广告词，了解了豪吉鸡精；餐桌上，人们通过豪吉鸡精的溶入，品尝到了“中国味道”。但是，这些只能使人了解豪吉的产品。要真切地感悟豪吉，还需要通过产品看企业，看企业的管理、运行以及企业精神，看企业的过去、现在以及未来发展。出于“解码”豪吉的冲动，我们踏上了四川省凉山彝族自治州的腹地，去感悟豪吉，零距离接触豪吉，发现那充盈着豪迈而又吉祥的企业运行轨迹。

创业：唱出“三步曲”

隶属于四川省凉山彝族自治州的普格县，藏身于大凉山深处。这里交通不畅、信息闭塞、经济落后，2005 年，全县农民人均纯收入只有 1 950 元，比全国平均水平低 40.1%，是国家重点扶贫开发县。就是在这隅穷山恶水之中，崛起了一座现代化的联合企业——中国豪吉集团。如今，当你迈进豪吉集团普格总部荣誉室的门槛，映入眼帘的是，中国食品工业协会授予的中国十大农业产业化经营龙头企业、国务院扶贫办授予的国家扶贫龙头企业，中国名牌、中国驰名商标、中国绿色食品、质量标准认证等证书、证章、奖状、奖杯琳琅满目，沿着展示的路线看下去，就会清晰地看出豪吉——企业的豪杰。

豪吉集团的母系是：普格县农机修配厂——普格县味精厂——四川豪吉食品有限公司。上溯到 1987 年，四川普格县味精厂背负 120 多万元的债务，产品因质量问题而大量积压，员工拿不到工资，企业走到了“山穷水尽”。“家贫出孝子，国乱出忠臣”，企业在困境中杀出了“一匹黑马”。时年 28 岁的严俊波，受命于危难之中，以对职工、对父老乡亲高度负责的态度，以知难而进的勇气，从供销科长走上厂长的岗位，从此开始了他的企业家生涯，率领大山的儿女们，唱响“山歌”唱“国歌”，唱好“国歌”再唱“国际歌”。唱出了企业发展的“三步曲”。

第一曲：“唱山歌”，1987 年生产出中国第一包鸡精。上任伊始，严俊波分两条战线施展文韬武略。一是进行清产核资，明晰债权债务，补发员工工资，调整职工队伍，为新产品的投产做人财物的基础性准备。二是立足山区资源优势，力求把资源优势转化为产品优势，进行生产技术创新，研制和开发新产品。严俊波带领科技人员走出大山去考察，经风雨、见世面，博采众家之长，研究鸡精的配方和生产设施的改造。经过反复试验，终于独立研发出符合国内原材料特征的生产工艺和设备，当年试机成功，生产出具有自主知识产权的中国第一包鸡精，而当时的世界，只有美国和瑞士两个鸡精品牌。投产的第二年，普格味精厂开始扭亏为盈。

第二曲："唱国歌"，走出大凉山谋发展。随着豪吉牌鸡精的市场走红，企业走上了稳步发展的轨道，乐意迎对挑战的严俊波，把目光投向更广阔的空间和更深入的领域。诞生于深山僻壤的豪吉，从不讳言自己的出处——大凉山，但又从不囿于大凉山的禁锢。他们确立了"立足西南，着眼全国，面向世界"的发展目标，并且为之不懈地奋斗着。豪吉集团的大事记显示：1991年，建立全国少数民族聚居县首家中外合资企业；1993年，建立西昌分厂；1995年，建立成都双流分厂；同年，建豪吉集团；1997年，在全国建立了80多个销售办事处；1998年，成功收购西昌丝绸厂；2000年，系列新产品豪吉牌"天府三宝"面世。在豪吉产品市场份额不断扩大的同时，国内鸡精生产厂家迅速增加，市场竞争越发激烈，产品质量参差不齐。有鉴于此，豪吉集团率先提出制定产品国家标准，规范鸡精生产，创造品牌，维护广大消费者利益。豪吉集团在同业中率先通过ISO9000国际质量体系认证、HACCP食品安全控制体系认证，获得中国绿色食品质量标识，中国名牌产品，豪吉商标为中国驰名商标。

第三曲："唱国际歌"，走上世界同业大舞台。企业走出大凉山，产品畅销全中国。在蒸蒸日上的大好形势下，豪吉人并没就此而安，而是不断设定新目标，在时空两方面去拓展产业，最大限度地缩短同国际同业接轨的时间，最大限度地拓展国际市场。2001年，豪吉集团成功与世界著名500强企业——瑞士雀巢公司合资，组建了四川豪吉食品有限公司。雀巢资金的注入，世界先进生产技术的输入，国际销售网络的接入，使豪吉集团得以快速进军国际市场。如今的豪吉，鸡精的国内市场份额高达40%，并且启动了大中华区域以及世界各大洲的营销策略。如今的豪吉，从大山深处的羊肠小道，跨上了纵横四方的国际列车，从村寨走向了世界。

理念：食安“绿为先”

在采访中，记者提问：豪吉的发展理念是什么？对此，严俊波说，“对人类的尊重与对自然的珍惜，对物质的追求与对精神的弘扬，这就是豪吉的发展理念”。考察完豪吉的生产基地及豪吉系列产品流水生产线时，当嗅到那鸡精最原始香味以及厂区那飘着森林般的郁香时，我们得出的结论是，绿色是豪吉的主张，豪吉走出了一条成功之路，也走出了绿色发展之路。

绿色主张。豪吉人认为，当社会走上现代文明，人们再不用为温饱而奔波的条件下，能否坚持发展的决定因素，是产品的质量安全。传统产品在市场上表现出的是竞争，而绿色无公害产品，在市场上表现出的是青睐和融合。在竞争中胜出，是一个进步；从竞争走向融合，又是一个进步。

绿色原料。豪吉的西昌鸡精厂、普格鸡精厂，都处于大凉山腹地，产品的主料来源于大凉山上放养的无污染的本地乌骨鸡、高山鸡。豪吉鸡精投产二十年来，生产产量一再增长，市场份额一再扩大，但豪吉对原料的选择并没有丝毫的改变。豪吉人向全社会承诺：豪吉牌鸡精的主料一律使用高山上农家自然放养的乌骨鸡、高山鸡，产品中不添加任何化学成分，不使用抗结剂和防腐剂。用“绿色”原料生产“绿色”产品，这是豪吉胜出于市场的关键环节。

绿色生产。绿色的生产原料要靠绿色的生产过程来保持。豪吉的绿色生产，主要体现在三个环节。一是切断污染源。采用自主创新的全封闭式生产工艺，原料一旦进入生产线，就再不可能接触到外界，生产车间的空气都是经过净化的。二是控制污染源。雇佣健康的经过严格体检的生产者，进入车间之前实施严格的消毒，生产者的衣帽严格达到无菌标准。三是处理污染源。对于生产过程中的废水废气，100％地进行无害化处理，并尽可能做到循环利用，确保回归自然的物质也是良性的。

绿色产品。由于有绿色主张的指导、绿色原料的基础、绿色生产的保证，这就注定所生产的产品为绿色产品。1998年，经中国绿色食品发展中心认证，豪吉产品在全国同行业中率先且唯一使用“绿色食品”标识。对此，严俊波说，这就是我们的产品能够从市场竞争走向市场青睐的真谛。

营销：削平“金字塔”

营销，是企业经济循环的引擎。豪吉人认为，营销的根本是经营，经营好了，销在其中。经营的动力在于创新，在于营销理念、营销体制、营销关系的创新。创新营销理念。市场上竞争的常识是商场如战场。而精明的豪吉人却说：商场毕竟不是战场，不能以你死我活的心态去面对市场的竞争。豪吉不主张“赢—输”的竞争手段，倡导“赢—赢”的双赢竞争方式。主张在博采众家、取长补短中提高自己，努力谋求与竞争对手联手发展和谐共生的市场环境。

创新营销体制。传统的营销体制是“厂家—总经销商—二级批发商—零售商—消费者”，业界人士称为“金字塔”式营销体制。而豪吉人在多年商场的摔打中意识到，这种传统的营销体制虽然辐射力较强，但控制力不足，市场信息反馈迟钝。因此，豪吉人对其单纯以大城市为中心，靠少数经销商辐射整个区域市场的格局，进行了大刀阔斧的改造，推出了新的“扁平式”市场营销体制。即：重心下移，细化市场，减少层次，填补空白。在地区设立销售中心，通过增加网点增强营销辐射力，实施营销总部直接调控的管理办法，有效地缩短了市场信息反馈时间，强化了为消费者的直接服务。

创新营销关系。在传统的厂家与经销商的链条上，厂家与经销商的关系主要体现在交易关系，实质是“油水”关系。由于互相的“博弈”，使这种链接关系在利益的接点上表现得很脆弱，如果市场稍有变化，博弈双方在“利益最大化”的驱使下就可能做出“损人利己”的选择。豪吉集团在供销双方关系的处理上，推崇战略伙伴关系，力求把“你我”关系变成“我们”关系，力求把“油水”关系变成“鱼水”关系。在具体操作上，打诚信牌。强化厂商为销售商的服务，让利于商，用货真价实来赢得消费者的口碑。

创新营销广告。一种产品问世，利用媒介进行宣传，以求提高产品的社会知名度和市场认知度。这个经营常识，对于豪吉人来说，只是“有为”，他们所追求的是“善为”。豪吉的广告用语，别具一格地画出了企业“善为”的图谱。1995 年，豪吉在央视的广告语是“豪吉鸡精，调味更新”。2000 年，豪吉敏锐地意识到消费文化的变化，不再把广告诉求定位在产品功能上，力求体现产品的独家优势和对消费者的人文关怀，打出“绿色调味品，幸福好家庭——豪吉鸡精”。2004 年，随着产品市场占有份额的进一步提高，豪吉再造了延续五年的广告语，打出“豪吉鸡精——中国味道，味道中国”的业内领军壮语。“善为”，不但有力地提高了产品的知名度，而且也有力地提高了企业的美誉度，豪吉产品能够走上千家万户的餐桌，“善为”广告功不可没。

管理：有容“纳百川”

一流的产品，出于一流的管理。同世界上成功的企业一样，豪吉也走出了一条具有鲜明特色的企业管理之路。“以人为本，以法为准，以德为先，以勤为荣，以廉律己”，被豪吉集团奉为企业管理的基本原则。

人力资源的人本管理。管人用人，管好人用好人，是企业发展的决定性因素。在各类人才竞争越发激烈，企业用人选择余地很大的现代社会中，豪吉用人，“以容”乃大。首先把好人力入口，一旦进入企业，就要“容”人。用其所长，容其所短，企业从不轻言“辞退”。主张用“感情留人、事业留人、待遇留人”，努力给员工创造有利于施展才华，有利于身心健康的工作环境。就是员工进厂所用的消毒液，都要求既要保证消毒质量，又要保证对员工的皮肤不造成伤害，充分体现“以人为本”的治理理念。十多年来，无论是管理者还是普通员工，没有因对企业不满而离开企业的。员工们说：“在这个大家庭里工作、生活，觉得踏实，有安全感”。总裁严俊波说：“幸福别人，也快乐自己。”

产品质量的分解管理。豪吉将产品质量分为原料准入、生产过程、标准计量、质量检验、销前看装五个环节。生产鸡精原料所用的乌骨鸡，一律选取山中散养，即使在鸡精产品市场供不应求的时段，也不可有丝毫的动摇；生产过程严格执行无菌、安全、文明的技术标准，不得有丝毫的马虎；包装精确计量，不得超出万分之一计量误差；按批次严格质量检验，不虚开一张合格证；销前看包装，不得使有任何一点瑕疵的产品流入市场。各环节紧逼，环环扣紧，以环保线，以线保质，以质取胜的全面质量管理路线，赢得了产品和企业的好口碑。

企业科研的优先管理。采用集团与各院校、科研院所联合开发的方式，豪吉一直也没停止过对开发新产品的研究，积蓄了一支新产品开发的科研力量。以科学的态度，以优选的方法严格论证新产品开发方案，被豪吉视为选题立项的准则。即或在企业蒸蒸日上市场形势稳定的情况下，他们也没头脑发热，从没盲目确立一个科研项目。在满足企业优势明显、原料来源安全、生产工艺先进、市场预测准确的条件下，豪吉继主要产品鸡精之后，又先后开发出豪吉牌鲍鱼鸡精粉、松茸精、鲍鱼松茸粉等一系列调味品，销售市场在逐渐扩大。经优选的科研项目，给豪吉的未来装上了二级三级引擎。

终极：回馈“大凉山”

“创造财富是企业家的天职，也是企业家的信仰”；“企业创办时，属于自己的，企业办大了，属于社会的”；“企业在困难时不要过分依赖国家，企业富裕后千万不要忘记国家”。从这些不加任何粉饰的“语录”中，不难窥出企业掌门人的胸怀，也表明严俊波的“大凉山扶贫状元”的称号当之无愧。

豪吉从生产出中国第一袋鸡精起步，现在已经发展成为集调味品生产、农业物流、餐饮、房地产和正规化学历教育为一体的现代化企业集团。豪吉总资产近6亿元，2005年销售收入9亿元，给国家（地方）上缴税金6 000多万元；普格县、西昌市、成都双流县的三处鸡精加工厂员工加上遍布全国的产品销售人员，集团给社会提供了近一万个就业岗位。豪吉集团的社会价值还在于它每年的山鸡投入量大约在200万只，使周边若干个县域中过去“养鸡为换盐”的数以万户老百姓，走上了以养山鸡增收的商品生产道路。豪吉基地所在的普格县县委书记吴闯对记者说：“普格县去年的财政收入4 858万元，其中有2 500万元是由豪吉集团贡献的”。对此也有人说：“豪吉集团的发展，在某种意义上说，确能左右着当地县级财政经济状况。”

豪吉集团对招收的农家子弟，实行先培训后上岗。但是，企业管理者们普遍感到一些学历不高、基础较差的年青人，很难有大的造就。实践使他们领悟到，农民的文化素质如何，直接关系到个人的进步，关系到企业员工质量，关系到社会发展后劲。扶贫，先扶志，让大凉山的孩子们能够走出深山，首先得抓教育。正是适应这种社会上现实的需要，豪吉集团于 2003 年投资 1.6 亿元，在西昌建起了一所现代化的西昌一中俊波外国语学校。建设一流的校舍，实施一流的管理，配备一流的教师，目标是培养出一流的学生。当我们漫步在校园中，站在地面刻有全世界地图的世界广场上，走在记载着人类大事记的时光大道上，观看着对人类作出过重大贡献的世界知名科学家的雕塑，呼吸着经鲜花草坪而“纳新”的空气，一种心旷神怡的感觉油然而生，而对豪吉人的赞叹却埋在了心底。

豪吉的未来，仍有大手笔。以高半山马铃薯和苦荞麦为原料的淀粉深加工项目，在西昌、普格、喜德、昭觉、成都高新技术开发区等地，正紧锣密鼓地建设中，项目建成投产后，每年将加工转化 100 万吨鲜马铃薯，3 万吨苦荞麦，可实现销售收入 23.95 亿元，创造8 000 个就业岗位。集团到 2010 的“十一五”规划中，预计实现销售收入 80 亿元，年利税达到 6 亿元。

“豪吉走的是一条豪迈而又吉祥之路”！这就是我们采访的感悟。

（选自《农村工作通讯》2006 年第 6 期）

发挥粮食优势　振兴吉林经济

吉林省地处北纬 40°52′～46°18′之间，为东北平原的腹地，土质肥沃，有机质含量高，雨量充沛，气候适宜，有利于玉米、大豆等农作物的生长，是世界著称的商品粮生产基地和横卧于松辽平原上的“玉米带”。“六五”期间，粮食的商品率居全国各省首位，粮多，是吉林的最大优势。

但是，吉林省的财政经济困难，农民并不富裕，有 38 个市县靠国家补贴过日子，一些粮食产量高的市县，出现了粮增债长的反常现象，吉林成了全国有名的高产穷省。那么，如何在较短的时间中使吉林的财政经济状况有明显好转，人民尽快地富裕起来？发挥粮食优势，开发粮食产品的深加工、精加工，实现粮食、资金、技术、劳力诸生产要素的最佳组合，努力把粮食优势变成商品优势，把商品优势变成经济优势，不失为最佳选择。

一、粮食深加工的物质基础和客观可行性

1. 有丰盛的粮源。新中国成立以来，吉林的粮食总产量已由1949年的45.9亿千克增长到1986年的139.78亿千克；人均占有粮食622千克，比全国平均水平的390.5千克高出59.3%。每年除完成国家的合同定购任务外，还将有49.2亿千克剩余粮食（主要是玉米或大豆），部分流入外省或廉价卖于国外，用于省内工业加工的，不足5亿千克，只占剩余总量的9.85%。粮食的大量外流，使吉林失去了机会效益。另外，随着世界贸易活动中初级产品价格的下跌，愈发削减了原料粮的效益。外商对粮食的挑肥拣瘦（据日本《经济新闻》3月27日报道，今年日本与中国不再签订玉米进出口合同，而采取现场交易），逼着我们对剩余产品另寻出路，进行深精加工和综合利用，以获多次增值。据考证，用玉米生产原淀粉、玉米蛋白和玉米油，可增值一倍，如将淀粉用于造纸、酒精、纺织工业，增值数额还将翻番。用4吨玉米生产黄酒，可创税利70万元。由此可见，粮食的深精加工大有作为。

2. 有较强的科研技术力量。吉林省的科研技术力量，无论数量，还是质量，与全国其他省区相比，都为上乘。全省现有自然科技人员25万人，平均每万人口有自然科技人员110人，列居全国第八位，其中，高中级科技人员占科技人员总数的比例也高于全国平均水平。全省有46所大专院校和405所自然科学研究机构，每年都将有50多项科技新成果在吉林问世，特别是在全国处于领先地位的化工、食品、制药和酶工程等一些科研成果，为吉林开发粮食的深精加工奠定了良好的技术基础。

3. 有大量的剩余劳动力。农村经济体制改革的不断深入，使劳动生产率大幅度提高，土地集约经营和合作经济的发展，使大量的剩余劳动力从土地中转移出来，以至于对社会提出了重新就业的要求。据测算，全省有338万农村剩余劳动力可作为开发粮食的深加工精加

工的后备军。

4. 有一定的初加工基础。党的十一届三中全会以来，吉林省在改革开放搞活精神指引下，以粮食为主要原料的食品和酿造两大工业门类，已仅次于机械、化工而居第三、四位。1984 年，全省食品工业总产值为 20.69 亿元，占全省工业总产值的 12.2%。与此同时，化工、制药、制糖等一些以粮食的再生产品为原料的工业，也得到了较大的发展；农村传统的以粮食为原料的各种手工作坊也星罗棋布地发展起来。但是，加工能力比较低，多半处于初加工水平，加工的深度和层次不够，缺乏广泛性。与世界先进技术相比较，所存在的差距就是进行开发和发展的潜力。

二、粮食深加工的原则

马克思主义认为：经济的再生产过程，总是同自然的再生产过程交织到一起的，劳动并不是物质财富的唯一源泉，科学性劳动和自然界结合在一起，才是一切财富的源泉，自然界给劳动提供材料，科学性劳动才把材料变成财富。根据马克思主义的这一科学原理，开发粮食深加工的战略原则应该是：

第一，应能获得较高的经济效益和社会效益。粮食和粮食再生产品的深加工，其宗旨是在产品转化的过程中，争取用最少的活劳动和物化劳动消耗获得最大限度的增值，用于增加整个社会再生产和不断满足人们日益增长的物质文化生活需要的能力。评价粮食及再生产品深加工搞得好否的标准，不是吞吐和消化粮食的能力如何，面是产品转化过程中的经济效益与社会效益如何。基于这一点，目前至少用纯粮做饲料不宜提倡。因为现阶段用纯粮做饲料追求肉蛋奶，在畜产品价格不能上涨的情况下，是不合算的。说农区有发展畜牧业的有利条件不在于有粮，而在于有糠麸和加工后的浆渣和青秸秆。

第二，要立足市场，产品应具有较强的竞争能力。不断增加产品门类、品种，争创名优产品，是进行粮食深加工的一条不可忽视的战略原则。粮食的深加工，原料的供应和产品的销售，都主要靠市场调节，议购议销。如果产品不能适销对路，将在市场上失去竞争能力，使产品不能变成商品，劳动价值无法实现。因此，一定要注意掌握市场信息，按市场的需求和不断变化的情况组织生产。

第三，应因地制宜，“初”“精”相兼。初级加工对技术、装备以及劳动力的智能条件要求低，有广泛的适应性。例如：原淀粉，榨油、膨化等生产项目，大多数农民都可以掌握生产技术。初加工为深加工提供原料，深加工的逐步递进又带动初加工的不断发展。只有搞好了初加工，才能考虑深加工的问题。与初加工相比，深加工较复杂，难度大，要求高，但增值明显，投资利税率要比初加工高，有着广阔的发展前景。科学的布局应该是：初、精加工相结合，产品在转化的过程中实现多次增值，有用成分得到综合利用，形成“一条龙”的加工增值体系。

第四，应有利于发挥长处，避开短处。吉林在人、技术、资金三要素中，劳动力有大量的剩余，技术基础比其他省区优越，是长处，但财政经济困难，资金短缺，是短处。客观事实要求在考虑总体规划时，用较先进的技术武装企业，用活劳动的消耗去弥补资金的不足，辟建一些投资少、见效快、用人多的劳动密集型和技术密集型企业。

第五，应有利于维持生态平衡。开发粮食的深加工，是一项生物转化综合利用的系统工程，在实施的过程中，不可避免地要出现一些人与自然界的矛盾。这就要求我们要处理好经济效益和生态效益，目前利益与长远利益的关系，牢固树立生态学的观点，做到千方百计保护资源，有效成分综合利用，废水废渣无害化处理，生产生活协调发展，生态生产全面兼顾。

第六，坚持艰苦奋斗的方针，勤俭办事业。艰苦奋斗是我们中华民族的美德，是我们党进行社会主义革命和社会主义建设所一贯坚持的方针，特别是在经济比较困难，物质基础还不雄厚的客观条件下去开发粮食的深加工，艰苦奋斗就更具有现实意义和深远的历史意义。上项目，一定要例行勤俭节约，力争少花钱多办事，不花钱也办事。在保证产品质量的前提下，充分利用现存的物化劳动，能改造的不重建，能替代的不更新，能修旧利废的不换新，能自制的不外购，能土的不求洋。对已经取得的初步效益，不要扩大开支，防止分光花净，要采取“滚雪球”的办法，投入扩大再生产，让其在加工增值的循环中，最大限度地发挥作用。

三、粮食深加工近期可选择的项目

粮食本属生物性再生资源，进行深加工的政策性、技术性、区域性、季节性较强，且受市场变化的影响大。必须谨慎地分品种从微观技术上认真论证，对于一些新萌生的精尖产品，要通过试验，积极引用，稳步发展，做到进能“攻”，退能“守”。从目前的形势看，吉林省至少可先从以下九项入手，开展深加工与综合利用。

1. 变性淀粉。目前，原淀粉的价格虽然不断上涨，但随着省内的郭家店、榆树、伊通、吉林等新建厂和老厂的技术改造，将来将由卖方市场变为买方市场，出现价格下跌，企业对原料、燃料、电力的提价因素将失去自我消化能力，经济效益难求，迫使另辟蹊径。加工淀粉衍生物，改变淀粉结构，形成各种不同用途的变性淀粉，不仅价值升高，而且用途广泛，可收到一业带百业的效果。如阳离子淀粉可用于造纸、纺织工业，乳化淀粉可作为食品工业的增调剂和乳化剂，羟乙基淀粉用作代血浆，高度交联淀粉用作橡胶制品的润滑剂，交联淀粉黄原酸酯用于处理工业废水和重金属等。据资料表明，国外变性淀粉已发展到 1 000 种以上。

生产过程中，淀粉副产品的深加工或综合利用的潜力是很大的。玉米胚在籽粒上的比重大，可榨出 12%的油。玉米油且有防癌抗癌性能，饼粕可做饲料或综合利用，玉米浸液含有很丰富的赖氨酸，玉米皮、玉米浸液、玉米饼粕可通过养奶牛而转化成牛奶，产生新的价值。

2. 酶制剂。玉米面、麸子、豆粕粉制成糖化酶，代替麸子用于造酒，不但能提高酒的产量，而且还能降低产品成本。吉林大学是全国重点酶工程研究中心，科技成果处于领先地位，如走厂校联合的路子，酶制剂的科研成果将变成巨大的生产力。

3. 动力燃料。用玉米制酒精，作工业动力原料，是粮食再生产品深加工的又一新成果。美国以玉米为原料年生产动力酒糟 6 亿加仑，到 1990 年预计将增产到 16 亿加仑。巴西已生产用酒精作燃料的汽车 100 万辆，还有 800 万辆用酒精和汽油混合燃料的汽车。我国四川大学用粮食的再生产品生产动力酒精已获成功，不久将得到大面积推广和应用。

4. 工业粘合剂。在我国用玉米面作原料，生产质好价廉的粘合剂已有先例。大连轻工业研究所与大连市纸品厂合作研制的新型玉米粘合剂，工艺简单、周期短、成本低，剥离强度、耐压强度、透水率等理化指标均优于水玻璃粘合剂。

郑州大学对玉米面进行化学改性，制成一种玉米胶。用这种胶粘合一个零点五米见方的瓦楞纸箱，一个体重为65千克的人站在上面连续跳动，纸箱毫无破损。生产这种胶所需的设备简单，制作一吨玉米胶，成本只需100元。

5. 抗菌素。粮食是生产抗菌素的最佳培养基。目前，国内的土霉素、四环素、白霉素和麦迪霉素等抗菌素的原药供不应求，国际市场也一直畅销。另外，还由于药品的销量在人们的日常生活中比较均衡，受市场制约力较弱，将有稳定的发展前途。如能对医大、辉南、吉林、榆树等一些有生产抗菌素历史的厂家进行改造和扩建，由此而取得的经济效益和社会效益会是很显著的。除此之外，玉米还能制取维生素、麻醉剂、降压药、植酸钙、谷氨酸、赖氨酸、山梨醇等几十种药品。中国科学院学部委员，著名化工专家苏元复研究成功了人造柠檬酸新工艺，这对进行粮食的深加工和缓解国内柠檬酸短缺都有重要作用。

6. 果糖。我国自产糖量不足，每年都得部分进口。随着生活水平的不断提高，糖的消费量还会有所增加，这就为发展玉米制糖业提供了出路。玉米淀粉本身没有甜味，但它的化学结构是由葡萄糖分子缩合而成的多糖，通过水解反应可转变成具有甜味的果糖和葡萄糖。果糖糖浆甜度高，味道好，价格便宜，被广泛用于饮料、面包、罐头、糕点、乳制品等食品中代替蔗糖，很受欢迎。玉米果糖还可用于制造固体果糖、果酱、冰淇淋、药品等许多新产品。美国过去每年都要进口相当数量的蔗糖，从1973年以来，大力发展淀粉糖浆和玉米果糖业，使蔗糖的进口量逐年减少；世界上已有30多个国家和地区在发展果脯糖浆生产上下功夫。吉林省发展玉米制糖业应以兼用为主（范家屯、九站糖厂甜菜制糖的淡季可生产玉米糖）和配套为主（郭家店、农安、伊通、榆树等淀粉厂实行淀粉、浸油、制糖连续作业）。

7. 膨化食品和方便食品。在国外，膨化技术作为一种新型食品加工技术发展较快。到目前为止，美国膨化技术专利有近百份，英、法、联邦德国、瑞士等西欧国家以及苏联和东欧诸国也有大量的膨化技术专利和试验成果，玉米方便食品成了快货。据美国食品制造者协会调查，在超级市场中陈列的1.2万种食品中，有1 160种含有玉米衍生物，直接用玉米加工制成的食品也有150多种。如膨化玉米食品，玉米片、玉米烤糕、玉米饼干、玉米人造肉和玉米人造奶油等。联邦德国用玉米制作面包；美国将玉米用蒸气漂白，干燥后装盒即成方便饭，还用玉米花做菜；英国用玉米制成代乳粉、婴儿粥等婴儿系列食品，一些国家还用培养成含蛋白质10%～15%的玉米粉加豆粉、脱脂奶粉、维生素和矿物质制成混合玉米粉。这些好的做法，都为我们实现玉米糕点化、熟食化、大众化、方便化，改善其形、色、味，提供了一些有益的经验。

8. 大豆、玉米啤酒。用大麦、大米酿造啤酒工艺复杂，发酵周期长，设备投资大，成本高，有时原料还要靠进口，因而很难在中小城镇投产。北京粮食科学研究所退休工程师陆颖伦采用大豆粕浸出全糖为原料，用固相酵母发酵的啤酒酿造新工艺，使鲜啤酒的生产周期由三周缩短为一周，工艺和设备比较简单，投资少，投产快，经济效益高。这种大豆啤酒除色、香、味同普通啤酒相同外，所含氨基酸比普通啤酒高一倍多，还含有丰富的钾、钙、铁等微量元素，堪称高蛋白营养啤酒。黑龙江省轻工业研究所、富锦县啤酒厂等单位，研究成以30%麦芽为辅料，70%的玉米为主料的高配比啤酒，黑龙江省宾县啤酒厂与黑龙江商学院合作，进行玉米膨化酿造黄酒的试验也取得了发酵周期短、出品率高、成本低、节约能源的良好效果。

9. 提取蛋白质。大豆可分为原豆、油、粕三种基本产品。吉林省目前利用的只是前两种。豆粕一般都用作饲料或廉价作为工业原料卖出，这与国外从粕中提取蛋白质制作食品的情况相比，是相当落后的。对油的精炼以及从中提取磷脂、脂肪酸，还是空白。这样，油既不好吃，又是一大浪费。大豆深加工的重要途径就是制取大豆蛋白质，使口味、色泽、形态上都接近肉类。黑龙江省成功地从大豆饼粕中提取高质量的大豆蛋白质，作为食品添加剂生产高级营养品，还从饼粕中提取有机酸，制成金波汁饮料。外国早已把脱脂豆粕加工成豆粉，浓缩蛋白与分离蛋白，作为大豆加工工业是不可缺少的环节。这样利用大豆不仅合理，而且经济效益较高。

玉米在制取淀粉的过程中，也可以分离出蛋白质。玉米蛋白质又可分离成谷蛋白和醇溶蛋白。醇溶蛋白具有成膜性，把它用气溶胶法喷涂在点心的表面，可防止其变性，喷到糖果的表面上可防止受潮，成膜性在工业上也有很多用途。

四、粮食深加工应采取的几项措施

1. 依靠技术进步。市场上产品的竞争，实质是技术的竞争。只有依靠技术的进步，才能不断更新产品，提高其竞争能力。一是挖掘传统技艺，提高产品质量，发展名优特新产品。二是适当增添一些先进的技术装备，不断提高生产能力，扩大生产规模。三是积极引进或推广产品销路好、技术适用的科技成果。企业可结合生产实际提出课题，向科研单位、大专院校进行技术招标，定题进行技术攻关。四是广泛开展技术协作，积极稳妥地办好技术市场，多方面创造技术条件。

2. 充分发挥科技和管理人才的作用。在生产力的诸要素中，人才是最活跃、最有潜力的要素。用人战略应该是：注意启用本地的，用优惠待遇招聘外地的，着手培养年轻的，还要注意调动已经离退休或退居二线老干部的积极性，让他们的余热发光。逐步建立起一支结构合理、门类齐全、品学兼优、后继有人的人才队伍，以尽快适应发展生产的需要。

3. 建立比较配套合理的产业格局。以专业户或兼业户初加工为基础，以县级深加工为骨干，形成相互促进、配套的产业结构，是适应吉林开发粮食深加工的合理格局。这种“小经济”、“大生产”的发展层次，将为未来实现专业化现代化的精加工奠定了良好的技术基础。县办企业以深加工为基点，将带动和促进乡下专业户、兼业户初加工的发展，并要自觉地担负起为他们提供产品销售、工艺技术、新产品信息服务。

4. 加强重点市县的食品工业基地建设。从长远战略上，可考虑在吉林、公主岭、辽源、榆树、农安、永吉六个市县的附近建立以粮食为主要原料，综合配套的食品工业区。它包括玉米淀粉厂、玉米果糖厂、玉米燃料厂、大豆榨油厂、油脂精炼厂、植物蛋白厂、蛋白质膨化厂以及糕点、饼干、面包、糖果等食品厂和啤酒饮料厂，在外围可考虑建奶牛场和养鸡厂。工业基地的规模各地可根据原料情况和人们对食品的需求以及可能外销的情况而定。

5. 应注意解决好的三个突出问题。开发粮食深加工，产粮区的原粮外调量就要相对减少，国库储存能力不足的问题就愈发严重，同时，随着再生产品的出现，产品的保鲜、运输、销售等一系列问题将应运而生。这就要求，一是要增加储存，保鲜能力。规划企业时，要一并考虑原料及产品的储存、保鲜问题，兴建一些投资少、见效快的土窖、土仓，使仓储能力与生产能力相适应。二是要组织合理运输，做好车货的综合平衡，减少在途时间，防止迂回运输和空车行驶。三是要广开销售渠道。可建立区域性的开放型商品交易会，主动到各地的订货会上搞展销、试销，同时加快供销系统的改革，使之担负起乡村粮食深加工的产品和原料的购销任务。

6. 应给予特殊政策。对于以粮食为原料的给国家缴纳利税已超过投资数额，因市场的变化或设备失修、工艺落后而出现亏损的老企业，应实行减税让利政策，提供进行技术改造和开发新产品的条件，使之得到休养生息，尽快摆脱窘境，恢复生机和活力。对产品质量好、适销对路，有发展前途但生产规模小的企业，应提供低息或贴息贷款，减免自筹资金等政策，资助企业扩大再生产。为有利于开辟新的生产经营领域，扩大财源，对新建的集体或联合体企业前三年的税后利润国家应不提不缴，全部留给企业作为扩大再生产的专项资金。

吉林粮食生产的喜与忧

吉林省是我国重点商品粮基地。这个省的粮食生产，不论是近期还是长远，都有一些难以解决的问题。近期是粮食收不了，储不下，调不出，长远的再上新台阶，也有一些具体问题亟待中央进行统筹考虑，予以解决。

1. 烘晒能力严重不足。全省国库烘晒、收储能力只有50.8亿千克，除国家订购的46.5亿千克粮食可足额收入国库外，只能收余粮11.5亿千克。而全省去掉种子、口粮、饲料“三留”，农民手中还将存留41.35亿千克粮食不能收入国库。尽管省委主要领导深入到榆树、扶余、公主岭等重点产粮县、市实地踏查，现场办公，同有关部门拟定了玉米站秆扒皮、晚收、田间降水和最大限度地腾倒库容、扩大晾晒场地等措施，但终因待储数量过大，大部分余粮仍是无法收储。有的群众说：“春天政府动员我们种粮，秋天却不收粮，明年只好不种了。”占总产25.4%的粮食分散在没有仓储能力的千家万户进行露天保管，风吹、雨淋、日晒、虫咬、鼠吃、鸡啄，将给国家和农民带来巨大损失。

2. 运输受阻，销路不畅。就我们国家目前来说，粮食生产远没过关。只有吉林、黑龙江、湖南、湖北、河南等少部分省区有粮外调，多数是粮食调入省。广东、福建两省每年分别缺粮25亿、20亿千克，这是吉林外销粮食的大市场。可由于交通运输问题，使吉林的粮食出省外调极为困难，逼着南方的一些省用大量外汇从泰国进口玉米，对吉林粮食的外运，津浦线德州站以南和京广线各站不予安排车皮计划，通过大连口岸出口，每年也只能安排65亿千克。况且，吉林国库目前还有23亿千克的陈粮积压待运。

3. 生产成本上升，粮农增产不增收。由于生产资料价格上涨，拉大了粮食与工业品生产的比差，加大了生产成本，种粮比较效益下降。从1984年开始，化肥、农膜、农药、农机具等大宗农用生产资料的价格大幅度上涨。计划外二铵由720元/吨上涨到1 150元/吨，上涨了59.7%；硝氨由374元/吨上涨到480元/吨，上涨了28.3%。居全省粮食总产首位的公主岭市，1987年仅化肥涨价就多花2 056万元，每千克粮成本提高了1.36分，人均减收29元，户均减收150元。

4. 资金紧张，农民收入不能及时兑现。省金融部门的支付能力只能满足收购定购合同粮用款的需要，“活一块”的流通价款，则无法支付。如采用短期拆借的办法解决，一是利率太高，粮食部门承受不了，二是期限太短，解决不了根本问题。再有，“活一块”如不能及时找到销路，农民就根本领不到现金。长春市所辖五县定购粮可收入5.16亿元，扣除当年农贷、预购粮定金、三级统筹款、农业税和代储粮尾欠价款共4.9亿元，只剩现金2 600万元，平均每个农业人口只能得到5元钱。农民过冬换季、过春节和明年的生产准备，都没有着落。

5. 再上新台阶，主观愿望有余，客观条件不足。“六五”期间规划，到2000年时全省粮食总产要达到200亿千克。如果按近9年的递增比率发展下去，有提前8年达标的可能。尽管前两年受水灾和工农产品的比价继续拉大、种粮微利等因素的影响，粮农种粮的积极性有所下降，但吉林农民种粮积极性已走出了1985、1986年的“低谷”。他们更加青睐化肥，努力增加投入。只是化肥、农膜等一些主要生产资料的短缺和价格累累看涨，给粮食的再上新台阶设了障碍。吉林省年用化肥量已达276万标吨，国家计划内调拨部分仅为用肥总量的1/8，大部分要靠外协去解决，实在难以为济。每年春耕前，县、乡、村三级主要领导都要出去“跑”化肥，同时，农民哄抢化肥的现象在各市县都程度不同地出现过。缺肥，已经成了粮食主产区的一大难题。

上述这些问题如解决得不好，不能不引起农民种粮积极性的下降，随之，粮食生产不可避免地要出现萎缩。事关重大，刻不容缓，亟待国家采取措施。

第一，国家投资，在吉林兴建烘干、储晒设施，解决玉米水分高不便储和库容紧张储不下的问题。田纪云同志的“国家要拿出20亿元资金，用于储粮200亿斤”的规划意见，能在吉林实施，是比较合适的。此外，国家科委应将粮食分户烘干降水技术列为“七五”重点攻关项目，组织科技人员进行攻关，试制体轻、方便、耗能少、操作简单的，适用于一家一户的小型烘干设备。

第二，禁止进口玉米，力争国内省际间调运平衡。南方省区用外汇大量进口玉米，北方玉米主产区却积存大量玉米难以销出，这不但抑制了国内的粮食生产，而且也加重了国家的经济负担。对此，从现在起，国务院应明令禁止各省再外进玉米。采取旱路不通走水路的对策，设法把吉林玉米在大连、秦皇岛等港口装船南下福建、广东，由国家财政和调出调入省均摊水路比旱路运输所增的成本支出。

第三，打开通商口岸，大量出口创汇。根据国际贸易形势，吉林玉米出口的主要对象是原苏联。对苏出口玉米，按瑞士法郎结算。由于瑞士法郎升值，吨价可达110美元。对日本出口用美元结算，最低吨价曾降至66美元。外贸部门可放权于省，由省直接对苏开展粮食贸易，或以粮换木，以粮换肥。近期铁路运输，经黑龙江省的满洲里车站进原苏联。长远考虑，国家可投资兴建前扶港，利用松花江水域，打开同江港通道，使吉林的玉米从粮食主产区的扶余装船顺松花江而下，从同江口岸运往原苏联。

第四，建立粮食深加工基地。玉米是酿造、酒精、制糖、制药、食品、饲料等工业主要原料。但由于吉林省的工业基础薄弱，财政困难，开发玉米深加工的能力甚微，使其大量玉米只能作为原料廉价出卖，失去了加工增值的机会效益。目前国际市场上，土霉素、四环素等一些消耗粮食较多的原料药走俏，酒精一直短缺，玉米制糖业前景广阔。如果国家能在吉林投资兴建一些以转化粮食为主的工业企业，形成系列加工基地，可收到既富国又安民的效果。这对振兴吉林经济，解除粮多的困惑，有深远的战略意义。

第五，发展农用工业，保证化肥、农膜等主要生产资料的供应。近几年吉林省的粮食之所以能大幅度增产，除了大包干责任制调动了农民的生产积极性外，很重要的就是化肥投入量加大和推广使用农膜技术。据匡算，在缺乏营养，有机质含量不足的地块每多施一千克化肥，可增产近10千克粮食。采用农膜技术，可使粮食产量提高1/3。吉林省的化肥产量只能达到40万吨（相当施肥总量的14.5%），农膜的缺口就更大。为增强吉林粮食生产的后劲，国家应将吉林的化肥农膜生产列入“七五”期间的重点建设项目，在中、西部地区分别建一座年产30万吨的合成氨厂，在化工基地吉林市续建20万吨乙烯工程，主要用于农膜的生产。

第六，稳定生产资料价格，使农民在增产的同时能得到增收。国家实施在粮食主产区上布建合成氨厂、乙烯工程和增加计划内生产资料的调拨指标等政策的同时，还应对生产资料的流通实行宏观控制，严禁层层加价。对议与平的上浮比价，要控制在20%比率以下。

第七，增加对粮食流通环节的货币供应量。农民卖粮，要及时结算，收入兑现，以便稳定民心，保护农民的种粮积极性，也有利于及早安排下年的粮食生产，实现资金到粮食的良性循环。

关于粮增债长的问题

——一个商品粮重点县的呼声

到商品粮产区走走，看到实行大包干责任制后，粮食的产量获得超常增长，商品粮基地建设的成效显著，这固然是一喜。但同乡、村基层干部座谈，到粮农中听听意见，得知这里的粮农并不富裕，生活条件改善不大，大部分农户只刚刚解决了温饱问题，欠国家的债务连年有所增长，出现了一些令人担忧的高产穷县。

“六五”期间向国家交售商品粮名列全国各县（市）前茅的吉林省公主岭市和榆树县，到1985年末，人均欠国家的债务已分别高达164元和128元。惊人的数字，迅猛的债长速度，怎能不令人担忧！

高产穷县，是粮食的价格背离价值的结果。除了各产粮县（市）的产业结构单一，经济基础薄弱等一些历史的客观原因外，不能不承认，以下几项来自外界的原因，在产量与债务的变化过程中，起到了反向的调节作用：

1. 生产资料涨价。1983—1986年，化肥、种子、农机配件和农用油料四项主要生产资料的价格，平均上调了34.8%，使粮食生产的亩成本提高8～9元，每千克粮成本提高了3.0分钱。农民从种粮中得不到应有的实惠。公主岭市每年仅化肥涨价一项，全市就多支出生产费用2 086万元，人均减收29元，户均减收150元。

2. 贷款利率提高。农业贷款1983年年利率为5.76%，1985年提高到8.28%。据榆树县物价局统计，仅此一项1985年全县就增加支出414万元。

3. 农业税提高。榆树县1984年前全县上缴国家农业税的基数为1 252万元，亩均3.3元，从1985年由征粮改为征折代金后，在遭受特大水灾，72万亩耕地绝收的情况下，全县上缴农业税上涨到1 668

万元，亩均达到4.4元，比1984年提高了33%。

4.“民代国储”使粮农减收。1984年农业获得了空前的大丰收，在产粮区出现了粮食的地区间、品种间的结构性相对过盛。面对国库容积、烘晒和运输等条件的制约，相应地采取了民代国储的办法。但由于大多数农户不具备储存保管粮食的条件，容储设备简陋，粮食经风吹、雨淋、日晒、鼠害而出现霉变、减量或降等，因而尾欠下代储粮款。吉林省1984、1985、1986三年，全省共尾欠代储粮款近1.5亿元。

5. 加价政策的变更使粮农减收。1979年国家对粮食实行超购加价，使粮食超购的比例逐年上升，粮农增加了收入。从1984年起，粮食由超购加价改为按“倒三七”比例价收购，粮农减少了超购加价的收入。大丰收的1984年，吉林省的水稻、玉米、小麦、高粱、谷子五种粮的实际平均价为0.27千克，比超购加价价格下降了3.8%；1985年粮食受灾减产，五种粮的价格比超购加价的单价降低了5.2%。如全省累计，粮农因此而减收的数目是很大的。

6. 负担陈欠利息，增加了粮农的开支。1978年以前，由于经济工作指导思想上的偏差，强迫一些产粮市县搞超越客观条件的“大办”（学大寨改土造田，大兴水利和大办农机化），致使贷款大量沉积，每年要由粮农支付利息。所谓的全国农业机械化重点县榆树县，每年粮农要负担745万元的因“大办”而欠陈贷的利息。

据调查和一些资料表明，粮增债长、高产穷县的问题，并非一地一县的偶事，而是商品粮产区的一个共性问题。因此，适当地调整政策，对产粮区给以休养生息之机，助以扶持发展之力，是完全必要的。鉴于这一问题政策性强，涉及面广，有“牵一发而动全身”的特性，本着积极稳妥，合理调整，立足完善，既要有利于发展国民经济又要有利于富民的原则，提出以下几点思考：

1. 缩小工农产品剪刀差，适当上调粮食价格。工业品的逐年涨价，粮食购价的稳中有降，不但直接影响到粮农的收入，而且也使粮农的种粮积极性大为下降。粮农普遍认为种粮没利可图，不合算，不愿对土地进行投资，使自然农业广种薄收的状况改观不大。当然，撂荒土地的现象是极个别的。吉林省大宗粮食产品玉米的定购合同价格，比全国同品种平均每千克粮价格低3.8分钱。在这种情况下，光靠口头的“用科学，重投入”的说教去调动粮农的积极性，是无济于事的。关键是要利用价格这一经济杠杆的作用。结合调查的实际情况，综合平衡各种物价上涨指数，把大宗产品玉米的价格由 0.27 元/千克，上调到 0.31 元/千克，恢复原超购加价的计价标准为宜。

2. 稳定生产资料价格，给予补贴或实行优惠价。对化肥、农药、农用柴油、农机配件等生产资料，要通过降低生产成本，减少流通环节等办法，稳定或逐步地降低销售价格；对种子可采取国家对短途运输单项补贴或降低管理费用提取比例等办法，力争把玉米每千克种价格下降到 1.30 元为宜。或对商品粮主要产区实行生产资料优惠价，粮、肥、油挂钩，按商品率分别档次给予适当的补贴，鼓励粮农对土地进行投入。

3. 削减定购合同指标，增加市场议销量。与中央一号文件精神相悖，个别地方增加了粮食定购合同基数，这在市场议销与合同收购价格相差悬殊的情况下（今夏民代国储粮入库时，合同定购玉米每千克价为 0.27 元，同时市场议销玉米每千克价为 0.36～0.40 元），明显使粮农减收。考虑到商品粮产区经营单一，经济基础薄弱，粮农很不富裕的客观实际，如将合同定购基数下调 10%，相对扩大粮农的市场自由议销份额，让利于民，对缓解粮农收入偏低，是有补益的。

4. 压缩“民代国储”量，尽量减轻粮农负担。“民代国储”的做法，是在粮食大丰收的历史背景下应运而生的。它对缓解国库仓储能力和交通运输能力的不足，无疑起到了一定作用。但这必定是一种补救措施，并非长远之计。这种做法近三年的实践，由于损失等，加之保管费用不足，给粮农增加了经济负担，给各级干部增加了很大的工作量，对于这种弊多利少的做法，应及早动手，进行改之。一是加大粮食部门的基础设施建设投资，不断扩大烘干、晾晒、仓储能力。粮食经营部门经济状况好，盈利水平高，有扩大投资的能力。榆树县的粮食部门，1985 年共盈利 640 万元，相当于 2.37 万吨玉米的价值。如能每年拨出一定的资金用于基础设施建设，设想三四年内，可取消民代国储。二是挖掘现有仓储容积潜力，为多收少储创造条件。三是合理组织公、铁运输，缩短港口待运时间，积极组织调运，倒出库容，秋季可多收高水份粮。四是利用价格杠杆，调动粮农自储的积极性。可采取湿干分等，分价的办法，拉开秋后交湿粮与明年夏季交干粮的价格档次，让储户有利可图，鼓励有存储能力的粮农多储，不具备存储条件的户就可以不储。这样将有利于减少储粮损失，减轻粮农的经济负担，同时也能保证代储粮如数入库，解决尾欠粮款的问题。

5. 调整外汇分成比例，增强粮区的自我发展能力。目前，出口粮食所换外汇分成的比例不尽合理，产粮区得不到好处。现分成比例是：国家75%，省、市、县三级25%，省里将这25%按100%计算，省留50%，市分45%，县里只剩5%。就这个小小的份额，也是由省里控制，县里也没有使用的自主权。相反，粮区发展地方工业需要引进的设备，则因无外汇而不能实现。基层干部对这种现象称为“以农补工”。如将粮食创汇总额的15%～20%分给粮食产区，支持发展地方工业，增加粮区的“造血”机能，这就有了“以工补农”的基础。

6. 在金融信贷方面给予优惠，扶持粮区发展粮食生产。对历史遗留的债务，应在充分调查摸底的基础上，分别不同情况，确属“瞎指挥”造成的，可适当地考虑挂账停息，待经济条件转好后还本，或部分地减免，量力而行地帮助粮区卸一些经济包袱，减少利息的支付负担。所用于粮区的当年生产贷款利率，也要本着稳中求降的原则，不应再提高，还可适当地发放一些贴息贷款。

金秋、金玉粟、金光大道

——来自粮仓的报告

在中国这块恰似“金鸡”的地图上，吉林这片肥田沃土，正巧居于“嘴巴”的位置。耕地总面积不足全国的1/25，却承担着全国1/10的商品粮供应任务。时值金秋，被人誉为“金珠玉粟”的玉米棒子，挣脱穗衣的束缚，在阳光的照耀下，发出耀眼的金光泽；火红的高粱垂着头，受秋风的吹拂，身子略有迟钝地摆动着。赤橙黄绿，把田野点缀成一个五彩缤纷的世界。农村改革已十载，吉林迎来了第十个丰收年。据有关部门预测，今年全省粮食总产量可达173亿千克。

一、曾被泪水浇灌的黄金玉米带

亘古到如今，大自然赋予吉林得天独厚的粮食生产条件，历史却开了个令人心酸的“玩笑”。吉林地处北纬40°52′～46°18′，东经121°38′～131°19′，有140余条长30公里以上的河流流经境内，年降雨量400～800毫米，无霜期120～140天，全年日照2 200～3 000小时。可谓土质肥沃，雨量适中，光照充足，耕地平坦，占有生产粮食的天时、地利。十年动乱破坏了这里的“人和”，使这块黄金玉米带饱受“左”倾思想的践踏、蹂躏，部分生产能力在内耗中消失，1 300万农村人口在温饱线上挣扎着。那时搞“以阶级斗争为纲”，“七斗”、“八斗”，无休止的大批判，农民囿于“宁要产量下降，也不能让红旗落地”的偏激，只好要“社会主义的草”，砍“资本主义的苗”。所谓“学大寨，赶小乡”的群众运动，害得30个产粮市县都程度不同地在平地上修梯田，黑钙土层被黄土覆盖，好地变成了几年不长庄稼的不毛之地。为秋翻报捷，有的地方竟在没来得及割倒的地下犁翻地，农民眼睁睁地瞅着含辛茹苦的劳动果实被压于地下。再加封建、愚昧的效应，种田人不相信科学，不注意应用先进的栽培技术，惯于原始的刀耕火种。一些无知的人指着上边拨下来的优质化肥说：“靠这‘碱坨子’不得把地种瘦了。”于是，动员社员在地头上挖坑，一埋了之。1966—1976年，全省粮食总产一直在65亿千克左右徘徊，不足1987年粮食总产量的39%。最低的1969年，全省产粮只49.85亿千克，全省人均占有粮食仅达225千克，当时的48个市县，有一半靠吃返销粮度日。

二、是转机，也是奇迹

党的十一届三中全会如同报春的惊雷，震醒了吉林大地。1980年初，部分地方在一些人思想还比较固执的情况下，默默地寻求着新的出路。于是，联产到劳责任制诞生了。随后，怀德县八屋公社搞大包干的做法，被长春电影制片厂以《不该发生的故事》为题搬上银幕。由此，吉林这块18.7万平方公里的土地，掀起了变革生产关系的大潮。党的富民政策与推广先进科学技术融合，把吉林的粮食生产接连推上两个台阶。全省普遍实行大包干的1983年，农民当年就解决了温饱；1984年粮食总产一跃迈上了150亿千克的台阶；1987年在耕地比1984年减少7万亩的情况下，粮食总产量达到167.6亿千克，全省人均占有粮食752千克。其中，光玉米就产125亿千克，只比原苏联全国玉米总产量低16.7%。比法国、加拿大的全国产量分别高15.2%。玉米的含淀粉量、色泽、千粒重等指标，都优于美国、阿根廷、泰国等国家的同类产品。1979—1987年间，全省共产粮1 115.2亿千克，比1949—1965 17年的847.05亿千克的总产量增加31.66%；比1966—1978 13年932.35亿千克的总产量增加19.6%。近五年，全省共出口玉米86.5亿千克，给国家换取外汇8.86亿美元。五年来，全省粮食人均占有量、商品率、出口量均居各省、直辖市、自治区首位。随着粮食的增产，农民人均收入也从1978年的109.8元上升到1987年的523.1元，农民的生产生活条件都有明显改善。

三、与困惑的抗争

粮多，已成吉林经济的一大优势。但由于仓储、整晒、运输能力不足，收储粮食占压资金较多，农用生产资料价格上，给吉林的粮食生产和流通带来一些困惑。今年8月末收粮高潮过后，全省库存玉米总量高达66亿千克；同时，农民手中还有近20亿千克的玉米因没库容和资金不能入库。每年有40亿千克的粮食运往省外或国外，每天平均要装220节车皮，加上省内调拨和串换品种，铁路运力无法满足需要。1988年粮食年度，国家核定收粮贷款42亿元，而实际用了55亿元。面对这些困惑，吉林在中央政府的支持下，采取了一些得力措施，有的已初见成效。1987年筹资7 000万元，在公主岭、榆树等重点产粮市县续建烘干设施，使全省的粮食烘干能力由原来的35亿千克增加到46亿千克；今明两年，国家拨给2亿元专款，用于增加粮食的烘干能力。工程竣工烘干能力将达到85亿千克，可基本满足需要。今年8月份，中央政府又作出旱、水路分流，由国家增拨400万元用于补贴水路运费，再从吉林出20亿千克玉米；由中央财政付款，转入省代国储20亿千克；提前拨付部分粮食仓库烘晒、建设资金；金融部门要保证收粮用款等若干决定，解决吉林粮食收储调运中的些实际问题。同时，吉林也在调动方方面面的积极因素，发展畜牧业和粮食加工业，努力实现转化增值。目前，畜牧业年转化原粮的能力在25亿千克左右；随着公主岭市“黄龙”、吉林市“松源”、榆树县“变性淀粉”等一些玉米转化工程的投产，全省工业转化粮食将达近10亿千克。为保护农民生产粮食的积极性，今年吉林省取消了化肥、农膜和主要优质农药的价格“双轨制”，实行统一购销价格，并指定农业生产资料公司专营。所有这些措施，都对调动农民的积极性，促进粮食生产的稳步发展，起到了重要作用。

目前，吉林农民正以饱满的热情在广袤的大地耕耘，向着新的台阶一步一步地攀登。

（1988年10月）

一个深受农民欢迎的合作经济联合社

榆树县红星乡红星村合作经济联合社，在以农为本，努力为农业生产服务的基础上，注重村办集体企业的发展，广开创收门路，促进了本村商品经济的繁荣。1988年，全村粮食亩产643千克；人均收入978元，其中，多种经营收入就占46%。

一、办好集体企业，增强为农户服务的经济实力

实行家庭联产承包责任制后，红星村经联社适应发展商品经济的需要，从本地实际出发，大力发展村办集体企业。五年来，共办起机砖厂、植物油厂、面粉厂、饭店、商店等18个企业。1988年，企业实现产值158万元，上缴经联社21.7万元。经联社有了机动财力，就有了为农户服务的基础。从1987年开始，村、社干部的报酬由原来的农民统筹改为从集体企业上缴利润中列支。1988年企业所缴利润中，除有2.3万元用于支付村、社干部报酬外，还拨出7.6万元用

于改善办学条件；2.6万元用于购置拖拉机、五铧犁等农机具，提高田间机械化服务水平；8.2万元用于新建一处综合商店，扩大农民就业和集体创收门路。这样，既方便了群众的生产生活，促进了本村商品经济的发展，又减轻了农民的直接负担，缓解了农户发展家庭创业和多种经营缺少资金的问题。

集体企业的发展，拓宽了农民致富渠道。农民有机会参与运、销等一些中间环节，由此带出186个个体。21个联合体企业；经联社进行的多种经营生产也对农民起到了示范作用。经联社有葡萄园两处，成龄葡萄687棵，每年上缴经联社利润5 000元。农民看到栽葡萄挣钱，就效仿。全村40%的农户都栽上了葡萄。现在成龄葡萄在100棵以上的专业户就有37个。红星村成了远近闻名的葡萄专业村。

二、以农为本，努力为农业生产服务

红星村地处拉林河坎上，有耕地17 670亩，土质肥沃，有生产粮食和种植经济作物的优厚条件。经联社以农为本，建立了农业生产的系列化服务体系，为农户搞好产前、产中、产后服务。

帮助农民筹集生产资金。红星村农业生产每年需要资金40万～42万元。面对银根紧缩，生产资金严重不足等情况，经联社不等、不靠、不推。除了动员群众自筹，合理利用预购粮定金外，还通过活化集体积累资金、村干部筹款等办法，补充生产资金的不足。去年他们只用农业贷款1.6万元。今年，集体积累垫付生产费用4.5万元，村、社干部筹款5.5万元，实现了农业生产资金全部自给。

生产资料送货上门。几年来，这个村一直是统一供种、统一供肥。每年春节前，经联社就开始跑货源，抓落实，春耕或追肥前，种子、化肥分送到户，不违农时。

优化农机服务。经联社下设农机作业队，有5台链轨拖拉机和田间作业配套农机具。他们采取集体所有、单车核算的管理形式，有效地克服了农机包干的那种作业质量不能保证，农机具不好保管等弊端。服务收费也很低廉。同时经联社注意改进机具，提高机械耕种水平。他们委托村小农具厂研制了“半精量点播”耖耙，垧地育种20千克，而且播种均匀，保苗率高。

三、适应需要，开展多形式服务

一是提供致富信息。经联社订了18种与农村经济信息有关的报刊，并经常同报社、咨询服务部门取得联系，收集信息，及时传给农民。1987年，经联社将温室种葡萄一年可收两茬的信息传给葡萄专业户王维宝，王维宝带着“信息”到哈尔滨市拜门学习，并引种了170棵，当年可产葡萄900千克。三社韩广顺利用《食用菌》杂志介绍的技术生产平菇，每年获利都在7 000元以上。

二是引进新项目。1985年，经联社从省农科院果树所引进200棵矮化苹果进行试验，嫁接了5个品种，都获得了成功。取得栽培经验后，及时在农民中推广。今年又为农民解决了发展矮化苹果的苗源问题。对已经发展起来的葡萄，经联社每年都组织一次现场观摩，让大家互相切磋技术，找差距。现在，全村户户庭院果树收入都达600元左右。

三是开展科技培训。1984年，经联社办起了农户技术学校。每年都举办各种技术培训班，聘请专业学校教师、“技术”大王给农民上课，传授技术，提高了农民的科技水平。1988年，农民技术学校共办作物栽培、畜禽防疫、农机维修、植物保护、土木建筑等15期技术培训班，培训农民2 000多人次，平均每农户受训近2人次。

（摘自《吉林简报》1989年第38期）

粮农不富的原因何在

——对吉林省榆树县的调查

位于松辽平原中部的吉林省榆树县，耕地平坦，土质油黑肥沃，有机质含量高，气候适宜，雨量充沛，具有得天独厚的生产粮食的自然条件，早就以“粮豆之乡”而驰名。党的富民政策，进一步调动了全县人民生产粮食的积极性。实行大包干责任制之后，粮食产量逐年大幅度上升，为国家提供了大量的商品粮，也支援了外贸出口。然而，榆树县的人民并不富裕，生活条件改善不大，大部分农户只是刚刚解决温饱问题，欠国家的债务连年有所增长，出现了“粮增债长”的反常现象，成了有名的“高产穷县”。

一、粮食生产及欠债情况

从1953年到1985年，全县累计生产粮食210亿千克，年均产粮6.35亿千克，累计向国家交商品粮93.5亿千克，商品率达到了44.5%。“六五”期间向国家交粮23.05亿千克，其中1983、1984、1985三年向国家交粮17亿千克，平均每年每个农业人口交粮660千克，外贸出口粮食1.9亿千克，创汇1 940万美元。

在粮食大幅度增长的同时，债务也有所上升。截止到1985年末，全县共欠国家贷款1.41亿元。剔除1982年前搞超越客观条件的大办农机化、大鹿场、大砖厂、大林场、大猪场所欠陈债的因素，从1982年到1985年，纯用于当年农业生产投资的贷款沉积了4 782万元。

表1　粮食与债务增长对比表

年　份	粮食总产（吨）	比上年增减（%）	农贷尾欠（万元）	比上年增减（%）
1982	821 109		6 604	
1983	1 190 813	45.02	7 496	13.5
1984	1 200 241	0.8	8 643	30.9
1985	941 648	−21.5	11 386	73.8

二、直接影响粮农收入的几项客观因素

1. 生产资料涨价。1983年以来，国家对部分农业生产资料的价格做了一些调整，使粮食生产亩成本提高了8.28元，每千克粮成本提高2.62分；全县年均增加生产费用3 146.4万元，每个劳力多负担生产费用87.13元。1986年随着亩均水电费的继续涨价，农业生产成本还要相应地有所加大。

2. 贷款利率提高。农业贷款1983年年利率为5.76%，1985年

提高到 8.28%，仅此一项就使粮农增加支出 414 万元。

3. 农业税提高。1984 年前，全县上缴国家农业税的基数为 1 252 万元，亩均 3.3 元；从 1985 年由征粮改为征折代金后，在遭受特大水灾，72 万亩耕地绝收的情况下，全县上缴农业税上涨到 1 668 万元，亩均达到 4.4 元，比 1984 年提高了 33%。

表 2　主要生产资料涨价情况表

品　种	单位	1982 年价格（元）	1985 年价格（元）	增长（%）
化肥　硝铵	吨	310	394	27.1
尿素	吨	450	520	15.5
二氨	吨	560	780	39.3
种子：（玉米）	千克	0.80	1.80	125
小四轮拖拉机	台	3 567	4 471	30.9
农用柴油	吨	230	430	87
犁铧	吨	500	890	78

4. “民代国储”减收。由于大多数农户不具备储存保管粮食的条件，容储设备简陋，粮食经风吹、雨淋、日晒而减量、降等。1985 年全县民代国储粮遭霉变、火烧、鼠害和“晒过火”共损失 1.935 万吨，粮农减少收入 515.7 万元；等内粮降为等外粮的比例上涨到 6%，粮农减少等级差价收入 680 万元。

5. 加价政策的变更使粮农减收。从 1979 年起，国家对粮食实行超购加价，使粮食超购的比例逐年上升，粮农增加了收入。从 1984 的起，粮食由超购加价改为按“倒三七”比例价收购，粮农减少了超购差价的收入。在丰收的 1984 的水稻、玉米、小麦、高粱、谷子五种粮的实际平均价为 0.27 元/千克，比超购加价的 2.288 元/千克平均价格下降了 3.8%，1985 年粮食受灾减产，五种粮价格水平下降到 0.266 2 元 1 千克，比超购加价价格降低了 5.2%。由于计价政策的变动，两年就使粮农减少收入近2 000万元。

6. 负担陈债利息，增加了粮农开支。1978—1982 年，国家在榆树县进行农业机械化试点，共投放贷款 5 989 万元。购置大中型拖拉机 2 214 台，各种农业机械 3 100 台（部），农用汽车 133 台，增加储油设备 2 000 吨，修建机房 324 处；每千克粮食农机投资 6.2 分。

1979—1985 年，用于水利投资 6 144 万元（其中：国家贷款 2 457.6万元，群众自筹 3 686.5 万元）。扩大防洪排涝面积 18 万亩，开发水田 29 万亩，每千克粮食水利投资 1.2 分。

1983 年榆树县被列为全国重点商品粮基地县，共投资 340 万元（其中：国家贷款 320 万元，县里自筹 20 万元）进行了农田基本建设。三年平均每千克粮投资 1.0 分。

上述项目的投资，造成了贷款的逐年沉积，每年将支付陈欠利息 745 万元，加重了粮农的经济负担。

三、有利于解决问题的几点思考

据调查和一些资料表明，“粮增债长”、“高产穷县”的问题，并非是一地一县的小事，而是全省、乃至全国都有类似情况，如不加以解决，可能蔓延到“高产穷省”。因此，适当地调整粮区政策，给以休养生息之机，助以扶持发展之力，是当前理顺农村经济关系的一项当务之急。

1. 在稳定粮食价格的基础上，逐步恢复和降低农用生产资料价格，提高粮食生产的比较效益。对化肥、农药、农用柴油、农机配件等农用生产资料，要通过加强企业管理、减少流通环节来降低生产成本和流通费用，逐步降低销售价格。同时，国家也可通过降低征税比例的办法，来缓解生产企业的经济压力。对商品粮产区所实行的粮肥油挂钩政策，一定要落实，防止中间截留或挪用，让粮农在效益上得到补偿。

2. 逐年减少“民代国储”。目前，粮食经营部门经济状况比较好，盈利水平也比较高，有扩大仓储运输能力的条件。应在经营利润中拨出一定比例的专款，用于基础设施建设，不断扩大烘干、晾晒和仓储能力，加强公路、铁路、水运的衔接，积极组织调运，以便秋季多收粮，减少“民代国储”，减轻粮农的经济负担。

3. 在财政、金融政策上给予优惠。在稳定粮食生产信贷利率的同时，应考虑发放一些贴息贷款，扶持粮农发展生产。对一些确因“瞎指挥”给老百姓留下的历史包袱，应考虑采用停息挂账或由财政适当补贴的办法，缓解对粮农的压力，待经济状况好转后，再还本。在财政、计划预算时，应尽量考虑帮助农民卸掉一些历史包袱，使他们得到休养生息，积蓄力量发展生产。

此外，还有增加扶贫资金、缩减粮食定购任务，扩大市场议销比重等一些办法。搞好了，对解决“高产穷县”的问题都会有一定帮助。

关于吉林省扶贫工作的研究报告

按照国家发展经济的三步规划，到20世纪末人民的生活要达到小康水平，到21世纪中叶赶上或者超过中等发达国家。实现这个宏伟目标，农村占有举足轻重的地位。没有8亿农民的小康，就没有全国人民的小康。8亿农民的小康，是个总体水平。在这个群体中，一部分农民进入小康，一部分农民仍然生活在贫困线以下，这样的结局是不公平的。因此，在新的历史时期，在争取抓好农村经济的整体发展和农村社会全面进步的同时，投放力量抓好扶贫工作，使仍处于贫困线以下的这部分农民跟上致富奔小康的大队伍，逐渐趋近于共同富裕，是摆在各级党组织和各级政府面前的一项艰巨任务。本文在对吉林省扶贫工作现状和遇到的新情况新问题作以剖析的基础上，立足于贫困地区和贫困户的脱贫致富奔小康，进行对策研究。

一、近年扶贫工作成效显著

农村改革的10年来，吉林农村经济出现了一个超常规增长阶段，农民的人均收入已经登上了500元的台阶，大多数地方农民的生活水平不断提高，生产条件不断得到改善。在农村经济快速发展的同时，全省的扶贫工作和贫困地区的经济开发工作也登上了一个新台阶。各级党政领导对扶贫工作和贫困地区的经济开发给予了高度重视，列入重要议事日程，作为一项硬任务来抓，相当部分的贫困市县建立了专门机构，配备了得力干部，有了脱贫致富的规划，并千方百计把这个规划付诸实施。在一些重贫市县，采取了直接扶持与间接扶持相结合、当年受益与长远受益相结合、经济开发与智力开发相结合等方式，帮助贫困乡、村和贫困户脱贫致富。基层干部和广大群众在扶贫实践中动了不少脑筋，想出了一些很得力的办法，积累了一些宝贵的经验，取得了可喜的成绩。

1. 扶户工作效果明显。1982—1988 年，全省共对 105 万个贫困户采取了不同的扶持措施。其中，有 92 万户相继脱了贫（一次性计算，有的脱贫户后来又返了贫）。仅 1988 年一年，全省就筹集扶贫资金 1.03 亿元，扶持了 22.1 万户，有 14.7 万户当年脱贫，脱贫率为 66.5%。这一年，无论是扶贫资金的投入还有收效，都是历史上比较好的一年。在短暂的几年中，就有这么多的贫困户甩掉了贫困的帽子，这在全省的经济发展和社会进步中，是一个重大的历史性变化。

2. 贫困地区的经济开发步伐较快。在过去的几年里，由于各市县坚持了扶贫与经济开发并举，发展县、乡经济与帮助贫困户发展生产同步这样一条方针，在贫困户大面积脱贫的同时，一些县、乡根据各自的地理条件、资源优势、资金来源、生产能力、市场需求等情况，选上了一批投资少、产出多、周转快、效益高、覆盖面广、辐射力强的启动性生产项目，从而使贫困县、乡的后续经济实力相应得到了增强。到 1988 年末，各级财政部门扶持贫困县进行经济开发，累计投入了 1.8 亿元资金，共扶持新上和改造了 140 个生产项目，有 16 项已建成投产并还清了投资。这 16 个项目年创产值 3 亿多元，创利税 4 000 多万元。为了达到扶贫的目的，一些企业还将竞争机制、风险机制引入经济开发项目，使项目建设目标明确、责任清楚。

3. 扶贫经济实体有了新发展。根据民政部的山西潞城会议精神，结合吉林的实际情况，通过各种方式，积极兴办救灾扶贫经济实体，注意用经济实体来增强贫困户的“造血”功能。到 1988 年末，全省已办起扶贫经济实体 985 个，普及率达乡镇总数的 71%；固定资产投资已达 1 亿多元；容纳了 2.6 万个贫困户或受灾户中的劳动力就业；1986—1988 年，共创产值 3.45 亿元，实现利税 4 000 多万元。兴办扶贫经济实体，使国家、集体和贫困户三方相得益彰，成了一条扶贫致富的主渠道。

4. 扶贫互助储金会不断完善。为缓解扶贫资金的短缺，一些地方兴办了互助储金会，把千家万户中的分散资金聚集起来，用来发展商品经济。从各地的实践看，这是一种群策群力的好办法，在扶贫中起到了不可低估的作用。据民政部门统计，目前全省已建起 4 001 个互助储金会。其中，乡级 905 个，占乡镇总数的 96.4%；村互助储金会 3 056 个，占行政村总数的 30%。储金会共有资金 6 029 万元，1988 年末时借出 5 600 万元。各地在兴办互助储金会的过程中，不但注意量的增加，而且更注意质的提高。在集资、发放、核查、回收等环节上，逐步健全了规章制度，使互助储金会这个民间性质的金融组织，不断向规范化、制度化的方向发展。

5. 扶贫重点县的扶贫工作取得显著成果。通榆、镇赉、洮南、和龙、珲春、汪清 6 个省里确定的扶贫重点县，在有关部门的配合下，抓紧落实脱贫规划，充分利用一些优惠政策，采取超常措施，使扶贫工作年年都有新进展。1988 年，这 6 个县总共扶持了 41 029 户，有19 686户脱贫，脱贫率为 47.9%。除汪清外，人均收入都达到了 300 元以上。如果按照这个良好的势头发展下去，实现贫困地区达到温饱生活水平的规划的预期，会大大提前。

二、工作中的不足之处

扶持贫困户发展生产，支援贫困地区进行经济开发，这是吉林省委、省政府的一项既定方针，是振兴吉林经济的一项重要措施。近几年，各地区、各部门为贫困地区改变贫困落后面貌，进行了不懈的努力，成绩是很大的。但是，也应该看到，这项工作在吉林还刚刚起步，还有一些问题亟待研究，采取有力措施进行解决。从基层所反映的情况看，在扶贫工作中主要有四点不足之处。

一是个别领导对这项工作缺乏责任心和紧迫感。在贫困县、乡中，个别领导认为他们那里贫困主要是由于生产条件差，交通不便，信息不灵，农民文化素质低等一些客观原因造成的，靠主观努力难以奏效。因此，对扶贫工作只是一般号召，既缺乏战略性的“软件”，也没有硬措施。贫困地区在发展县、乡经济方面，一些领导者的等、靠、要思想比较突出。全省有 28 个县（市）由财政补贴，每年补贴额为 2.5 亿元，平均每个县近 900 万元。在这些县（市）中，较为普遍地是领导者没有工作压力，甚至不愿成为财政自给县，怕丢掉补贴这块实惠。对贫困户的扶持时紧时松，存在着以生活救济代替扶持的现象。

二是缺乏强有力的协调机构。贫困地区的经济开发和对贫困户的扶持，分别由几个部门负责，各自为政，缺乏应有的联系以及必要的综合、协调，没有形成合力。

三是缺乏综合治理的战略性规划。一些贫困县乡的扶贫目标不够明确，基本上是碰到啥抓啥，没有长远打算和根治的措施。

四是扶贫资金使用分散，回收滞后，且周期长、效益差。为了使贫困地区增强内部活力，尽快改变面貌，财政、金融、民政等部门，每年都有一些扶贫款或用于贫困地区经济开发的专项资金，这充分体现了党和政府对贫困地区群众的关心，体现了社会主义制度的优越性。但是，有的地方往往把扶贫款当救济款使用，撒了“胡椒面”，杯水不能解渴。有的地方由于上项目调查研究不够，草率从事盲目上马，结果使资金砸了“死坑”，不见投资回报。有的人对经济开发资金错误地认为就是无偿使用的资金，有了效益也不愿还款，直接影响到经济开发资金的周转。这个问题是扶贫工作中的突出问题，应下决心尽快解决。

三、扶贫工作面临的新情况

扶贫工作同其他事物一样，随着社会、经济、文化以及自然条件的变化，会不断地出现一些新情况、新问题。认真分析，准确把握不断变化的新情况和新问题，对于我们不断修正战略部署，做出更加符合客观实际的决策，是大有裨益的。通过我们的考察，目前吉林的扶贫工作，至少有以下四点新情况值得大家去研究、去认识。

第一，因灾致贫的新贫困户比重加大。吉林是农业份额比重大的省份，农业基础比较脆弱，抗御自然灾害的能力低。近 4 年水、旱灾害较重，使贫困户与正常户之间出现了“串动”或交替变化的现象。在一些扶贫措施和经济开发项目相继发挥作用，一大批老贫困户脱贫的同时，又出现了大量的因灾致贫的新贫困户。据省有关部门在 1988 年末的统计，全省共有 17 万户贫困户，其中有 41%的户是近年来新产生的贫困户。全省 6 个扶贫重点县之一的珲春县的 3 409 户贫困户，有 1 797 户是近年来新产生的贫困户，占贫困户总数的

52.7%。吉林今年遭灾面积较大，又出现了一批新的贫困户。这无疑加大了扶贫的工作量。

第二，贫困户的脱贫难度加大。贫困户的总数虽比过去减少了，但现有的贫困户多数分布在生产条件差的地方，或者是痴呆傻户、丧失自理能力的病残户。这样的户由于自身的“造血”机能极低，虽经多年扶持，贫困面貌依旧。在这样户的身上，用于生产开发的启动资金，多数变成了现得力的救济款。大安市属于低洼易涝的5个乡镇，80%以上的农户连续多年人均收入不到200元。据测算，全省属于智力低下、丧失自理能力的户约占贫困户总数的20%。要使这样的贫困户脱贫，显然难度很大，必须作打“持久战”、“攻坚战”的准备。对这样的户来说，扶贫工作已经进入了攻坚阶段。

第三，贫困户与富裕户之间的生产能力和生活水平的差距不断拉大。包干到户前，大家都吃集体的“大锅饭”，按劳分配政策实质虚无，平均主义色彩极浓，能劳者、多劳者并不多得，贫困户与富裕户之间的差距不大。近几年的情况就大不一样了。由于劳动力素质及经济条件等方面的差别，贫、富户之间的差距愈拉愈大。据抽样调查推算，全省人均收入1 000元以上的富裕型农户约占12.5%，他们的收入水平相当于贫困户的5倍多。有些贫困户维持简单再生产都很困难。

第四，贫困地区开发经济的外部环境逐渐变劣。国家对经济领域进行治理整顿，紧缩银根，压缩基本建设规模以及能源、原材料供应、销售市场等方面情况的变化，直接影响到贫困地区开发工业项目，影响到兴办扶贫经济实体。

上面这四点新情况足以说明，扶贫工作是摆在各级领导面前的一项艰巨而又紧迫的任务。

四、近中期扶贫工作的指导方针和任务

扶贫工作是一项集经济、政治及社会等诸因素为一体的一项系统工程。它直接关系到社会主义制度的优越性能不能得到发挥，关系到党的富民政策能不能全面落实，关系到党群关系能不能融洽，关系到社会能不能安定团结。在新的形势下，做好扶贫工作有着重要的现实意义和深远的历史意义。

在新的历史时期，扶贫工作的指导方针应是：以尽快脱贫致富为目标，兼顾富县与裕民两个方面，动员全社会的力量，争取5年大见成效。要着眼于改善生产条件，实行综合治理，搞好系列开发，提供配套服务；把扶志与扶贫、治穷与治愚、资源开发与智力开发结合起来，走出一条立足治本，多方扶持，突出重点，注重实效的路子。

根据吉林贫困县、乡分布情况，现状和特点，要脱贫致富，必须有步骤、分阶段进行，不可搞一步到位。从现在起到1995年，主要是实施“温饱工程”，待贫困户得到休养生息后，再实施“致富”计划，引导贫困户走上富裕之路。到1995年，省上确定的6个扶贫重点县的人均收入应在1989年的基础上翻一番；人均粮食占有量应达到450千克以上；全县工农业总产值年递增10%以上；人口自然增长率降到12‰以下；主要的地方病应得到控制。同时，力争每个贫困户掌握一到两门适用生产技术，为1995年后的致富起步，奠定基础。

五、用政策启动脱贫致富的内在活力

对贫困地区和贫困户的扶持，使他们尽快脱贫致富，最有效的办法是给政策，用政策来启动贫困地区和贫困户脱贫致富的内在活力。在这方面，许多地方已经尝到了甜头，积累了很丰富的经验。通榆县连续4年遭受洪涝灾害，全县40%的耕地被水淹，有一半农户缺口粮，是全省贫困户比重较大的一个县。1988年初，白城地委、行署对通榆县给予了优惠政策。包括允许三地（林地、草地、耕地）串用；放开作物种植计划，增加经济作物种植面积；农民自产的羊毛、芦苇等农副产品可以自由销售等。通过调整政策，全县新增种植面积30万亩，促进了粮经作物种植结构的调整，开阔了收入来源，使贫困状况明显好转，有56%的贫困户当年脱贫。从贫困县、乡的实际情况看，对于贫困面较大的县、乡和贫困户，从以下6个方面放宽政策，将有助于他们加快脱贫致富的步伐。

1. 对重点贫困县和乡镇，放开作物种植计划，引导贫困户根据市场的需要，什么来钱就种什么；因调整种植结构完不成粮食订购任务的，可区别不同情况，用两种办法来解决。一是按政策减免定购任务；二是可补交粮食的平议差价款。

2. 对连续多年贫困的乡、村，粮食、油料的定购任务应当有所减少，对于其他农副产品，一律取消各种限制，由农民自由销售。

3. 对智力低下，丧失生产经营能力的贫困户所承包的土地，经与村、社合作经济组织协商，可以转包给种田能手耕种，在转让土地使用权的同时，由接包户提供一定量的口粮或给予一定的经济补偿，并尽量帮助贫困户安排力所能及的生产或经营活动。

4. 重点贫困县、乡的中、低产田改造任务重，潜力大，但最大的制约因素是缺少资金。对其进行改造的自筹资金匹配比例，应适当减少。

5. 对持有民政部门核发的贫困证的农民，进城经商、做劳务，有关部门应尽快审批，并尽力帮助安置，提供就业方便。

6. 对贫困县中的乡办、村办集体企业，户办、联办个体企业及扶贫经济实体，在产品税、增值税、营业税、所得税上应给予减免照顾。

六、千方百计改善生产条件

生产条件差，抗灾能力低，是致贫的一个重要原因。解决问题，还须对症下药。从各地实践的情况看，通过改善生产条件可以收到区域脱贫的良好效果，而且脱贫面大，也有利于巩固成果，防止出现脱贫后再返贫的现象。白城地区在实施改善生产条件用以扶贫的措施，大体分为三种情况。一是低洼易涝地改种水田。洮南市幸福乡位于洮、蛟两河汇流处的三角地带，是个有名的穷乡。全乡 6 万亩耕地中 80%外洪内涝连年受灾。从 1986 年开始，大面积实施旱田改水田，共发展水田15 000亩，去年在仍有洪涝灾害的情况下，粮食总产达2 025万千克，其中水稻占总产量的 35%，人均收入 605 元，仅水稻一项收入超万元的农户就有 62 户，全乡偿还农业贷款、扶贫贷款和支农周转金 43 万元。二是碱地打井种稻。大安市舍力镇民新村双龙山屯，耕地严重碱化，产量极低，1986 年人均收入只有 56 元左右，1987 年试行以稻治碱，打井 35 眼，开发水田 1 125 亩，当年纯收入 22.4 万元，人均收入猛增到1 302元，一举摘掉了多年贫困的帽子。三是山区耕地少、气候差的地方，选种适应当地条件的作物品种，发展效益高的经济作物，也能取得脱贫致富的效果。

改善生产条件是根治贫困的一个重要途径，往往需要国家的大力支持，同时也需要调动农户自身脱贫致富的积极性。有一些较大的工程，全部竣工投入使用，一些设施都配起套来，确实需要许多钱。但有的地方的工程已有了一定基础，只要想办法筹措资金解决配套的问题，就能产生明显的效果。单靠国家或单靠农民自身，都难以办到，比较可行的办法是多方筹措，多渠道增加投入。对于农民这一头，应主要在实现活劳动与物化劳动的替代上作文章。水利部门对这项工作负有直接的责任，应组织工程技术人员深入到贫困县、乡，搞好实地踏查，进行规划设计，并尽可能多拿出一些资金，帮助搞好工程的配套。财政、民政、农行等部门，也应尽可能地安排一些贴息贷款，投放到贫困县、乡用于发展水田或引种经济作物。国家用于中低产田改造的专项资金，应优先照顾贫困地区，同改善生产条件挂钩使用。目前，各级各部门都掌握一些扶贫资金，使用上一定要讲求整体效益，按照“统一规划、统筹安排、渠道不乱、性质不变、相对集中、配套使用、确保效益”的原则使用，有计划地、分步骤地改善贫困地区的生产条件。以求大面积区域性脱贫的好效果。

七、不断拓宽脱贫致富门路

在一些地方，产业结构单一，生产门路狭窄，农民的就业率低，也是不能脱贫致富的一个重要原因。从本地实际情况出发，通过产业结构的调整来开辟新的生产门路，提高农民的就业率，改善农村的经济环境，是扶持贫困地区贫困户及早脱贫致富的理想选择。

一是利用资源优势，搞开发性生产。应最大限度地发挥优势，把山川、水面、苇塘，交通、信息、城镇，天时、地利、人合等地理的、经济的、社会的条件都发掘利用起来，不断开辟新的生产经营领域，拓宽致富的门路。汪清、和龙等县市，可以靠山脱贫；通榆、镇赉等县，可以在草原上打主意，发展畜牧业和土畜产品加工业；一些平原县、乡，就可利用邻近城市和工矿区的优势，发展庭院经济，搞多种经营。

二是兴办扶贫经济实体。兴办经济实体的特点是见效快，脱贫后容易巩固。这在那些分布在收入较高或中等水平乡、村中的贫困户更为适用。延边朝鲜族自治州共办各种扶贫经济实体 198 个，安置贫困户劳动力 1 985 人，去年有 777 户脱贫。办扶贫经济实体要注意两个问题。一是安排的人员，一定要体现双扶对象占多数；二是企业利润应大部分用于扩大再生产或用于扶贫，使之形成良性循环，不断巩固扶贫成果。

三是互助互济，兴办联合体。扶余市三义乡双发村。通过“能人带、群众帮、国家扶”的办法，把全村 12 户特困户组织起来，形成一个松散的经济联合体，靠种植业一年全部脱贫。他们采取的办法是，各户原承包耕地的使用权不变，各个经营自己的土地，收入归己。在生产组织上，实行统一安排生产计划，分户因地种植；统一购买种子化肥，分户保管使用；统一种、趟、拉、打，分户互相换工还工；统一搞副业生产和偿还扶贫资金，分户计算收入。这种办法实质是发挥了集体的作用，体现了团结协作精神，还可以共同走上富裕之路，是应大力提倡和因地制宜推广的一个好办法。

八、组织和动员全社会的力量来齐抓共管

扶贫工作不单是一项经济工作，同时也是一项政治任务，是社会慈善事业的一个重要组成部分。由于这项工作涉及到方方面面，直接联系到各行各业，以往的经验证明，单靠哪一个部门来管，往往是杯水车薪，难以收效。所以，必须组织动员全社会的力量，发动大家来齐抓共管。

首先要抓政策和措施的落实。这些年，各级各部门都围绕扶持贫困户发展生产出台了一些政策，采取了一些措施，现在需要的是抓落实，需要的是通过艰苦扎实的工作，把这些政策措施真正变成贫困地区农民群众的自觉行动，力求做实功，见实效。目前，农村经济已进入了新的发展时期，扶贫工作中有许多新情况新问题需要认真研究。建议各地、市、州，特别是白城、延边两个比较贫困的地区，应召开一次会议，由主要领导主持，请有关部门负责同志参加，大家在一起认真议一议，进一步明确近期工作的方向和目标，研究出点切实可行的措施，做出周密的安排和部署。省直各有关部门应进一步端正业务指导思想，视扶贫为己任，安排工作和办事情，都要想着贫困地区，特别是在资金和物资的分配上，一定要对贫困地区给予应有的照顾。近几年我们所组织的直接有关厅局对口包贫困县、乡，组织机关干部

下到贫困地区帮助改善落后面貌的做法，对于扶持贫困地区发展生产很有效，是一个借助外力脱贫致富的有效途径，应继续坚持搞下去，实行一定三年或五年，不改变面貌不撤点。下去的同志要确定工作重点，根据省里对贫困地区对贫、病、愚进行综合治理的要求，突出抓好科技扶贫。在那些自然条件很差，人口出生率比较高，病、贫、愚交织的地方，应把引导农民实行计划生育、防治地方病工作作为扶贫的一项主要措施去落实，坚决防止出现计划外超生，抓好钾病、氟中毒和克山病的防治。不少地方的扶贫经验证明，科技扶贫可以治本，是一项带有根本性质的措施，应根据需要，采取多种形式，向贫困户传授种植业、养殖业的科学技术，开展科技培训，从开发智力入手，不断提高贫困户劳动力的素质，提高他们的生产经营能力。

加强对扶贫工作的领导，是搞好扶贫工作的重要环节，离开领导的具体指挥和大力支持，贫困地区是难以脱贫致富的。一是应注意处理好抓致富与抓扶贫二者之间的关系。无论是抓致富，还是抓扶贫，二者的共同目的都是发展经济，增加农民的收入。对于一些贫困户来说，扶贫是致富的基础，首要的是脱贫，然后才是致富，不能脱贫，就不能致富。对于一个县、一个乡来说，贫困户不脱贫，整个县、乡就富不起来。领导者一定要消除抓致富容易见成效，抓扶贫难度大，不容易干出政绩的不正确思想，在实际工作中，不但要锦上添花，更要注意雪中送炭。二是领导者要身体力行，经常深入贫困县、乡或灾区了解情况，进行现场指导，不断发现问题和解决问题。三是要抓好贫困县、乡、村的领导班子建设。对于至今还没有解决温饱问题的县、乡、村领导班子，应结合干部的年度考核进行一次全面的整顿，属于领导水平低、工作平庸、长期打不开局面的，要进行必要的调整，注意挑选一批对扶贫工作有经验、工作政绩突出、事业心强的干部到贫困地区去任职，落实扶贫责任制，限期改变落后面貌。对于本地没有党支部书记人选的，可动员县、乡机关干部下去任职，待遇从优。在贫困地区，对领导班子的工作成绩考核，应主要看扶贫工作成效如何，各级组织部门应把扶贫工作列入考核领导干部的重要内容，作为提职重用的一项依据。四是要注意工作方法。吉林的幅员辽阔，地形地貌多变，情况复杂，县与县之间，乡与乡之间的地理、社会、经济差异较大，扶贫工作和贫困地区的经济开发，千万不可搞一个模式，一定要从本地实际出发，分区决策，分类指导。

（1989 年 8 月）

守摊吃饭企业山穷水尽
艰苦创业工厂起步振兴

——对吉林省榆树县油脂化工厂的调查

坐落在五棵树镇西部的榆树县油脂化工厂，是隶属于县经委的财政预算外大集体企业。它的前身是榆树县化工厂的一个车间。1983 年前，原企业因产品单一，原料没来源，产品无销路而连年亏损，企业负债累累，银行停止借贷，被迫停产。职工只好“八仙过海”，另谋生路，有的靠作小买卖或卖冰棍为生。1983 年 3 月，县经委将已经倒闭了二年之久的化工厂一分为四家。今天的油脂化工厂，就是在原化工厂的油脂车间的基础上发展起来的。

如今，这个企业已今非昔比了。年产值已由 1983 年刚恢复生产时的 10 万元增长到 1986 年的 26.4 万元，人均年创利税 2 236 元，企业职工已由分户时的 21 人增加到 110 人（不含 45 名退休职工）。分户时同时立户的催化剂厂和制胶厂，因生产经营不景气相继解体，这两个企业的 36 名职工和 21 名退休工人先后于 1984 年 3 月、1986 年 9 月归到油脂化工厂。企业的固定资产已由分户时的 2 530 元上升到 50 万元，自有流动资金由分文皆无猛增到 25 万元，连续 3 年分别被县委、县政府和县经委评为优秀企业，1985 年在企业整顿验收中，被评为一类企业。

一、创业的责任感

刚立户头的油脂化工厂，全部家当只有缺窗少门的 20 平万米厂房、一个办公桌和一口裂了纹的熬油大锅，厂内没电、没水，21 名职工如同一把“散沙”，难以聚合。面对这窘境，新上任的厂长石井山陷入了深沉的思索中。想到组织的信任，想到21名职工的期望，想到连退休职工在内的30多户人家的生活，他终于鼓起了勇气，立志要大干一番。3月1日，石井山找齐了21名职工，借本厂职工王亚芹的家召开了第一次职工大会。会上，石井山的“就职演说”，在职工中激起了立志振兴的热情。会议围绕企业的出路在哪里，作出了这样的决策：

——职工自愿集资，领导出去求援原料、寻找销路，尽快恢复老产品乳化油的生产；

——立即着手开发新产品，向生产一代、试制二代、构思三代的方向努力，以产品求生存、求发展。

当天下午，石厂长收到职工集资共630元。厂领导携带着职工们的重托，分别开始了“南征北上”。他们不顾劳累，昼夜兼程，在一个多星期的时间中先后到了长春、四平、沈阳、齐齐哈尔4个城市，以诚求援。终于借到了原料，口头订下了少量用货“合同”，使企业恢复了生产。1983年当年创产值10万元，创利税1万元，企业见到了曙光。

二、新产品的魅力

石井山一班人深知，恢复生产老产品，只是一种补救措施，企业的腾飞在于创新。于是，他们集中人力、物力、财力，千方百计引进技术，开发新产品。三年来，共开发生产了合脂油、福美纳、防冻机油、防锈油四种新产品。刚恢复生产不久，企业领导从省动力机械厂得到一瓶合脂油样品，如获至宝，急速去长春求师指教。在吉林工业大学两位工程师的大力帮助下。经实验室试剂分析和鉴定，得到了产品配方，很快使实验室的成果转为批量生产，并请有关部门作了技术及质量鉴定。由于质量可靠，产品很快畅销于市。此后，又在长春市化工五厂工程技术人员的热情帮助下，得到沈阳、唐山等5个化工企业、科研单位的大力支持，先后引进了防冻机油、防锈油等生产工艺技术，给已经摆脱了窘境的企业，又添生机和活力。

1986年，他们又同大连工学院搞联合，新上了“福美纳”生产项目。这种产品是大连工学院参照日本、联邦德国等国家的产品，经多年试验所取得的科技新成果，是填补国内空白项目。我国对这种产品用量很大，过去一直靠进口。他们所生产的“福美纳”，经技术鉴定和第一用户吉林“104”厂的试用，反映很好，说质量可同日本的同类产品媲美，这个产品被长春市评为优秀新产品。1986 年 5 月份试生产，当年产值就达 33 万元，占企业年度总产值的 33%；获利 8 万元，占企业年度利润总额的 53.5%。

新产品开发，使这个企业结束了银行长期拒贷的历史，被长春市人民银行命名为信用户。今年，长春市银行对这个企业投资 40 万元，帮助引进了苯胺生产项目。此项目正式投产，年产值可达 175 万元，是 1986 年总产值的 1.75 倍；可创利税 35 万元，是 1986 年企业利税总额的 1.43 倍。

三、重要的是艰苦奋斗

如今，这个企业米黄色的厂区围墙已取代了过去的残垣断壁。步入大门，只见三条笔直的红砖大道在三座古朴的月亮门的衬托下，分别伸向生产、办公、原料及产品储存三个功能小区。新建的一栋栋平房，虽然不具备大庆油田当年那“干打垒”的外貌，但却饱含着艰苦奋斗的精神。厂区西部昔日那丘陵起伏、杂草丛生的荒甸子，已平整一新，一排排待运的产品纵横成行地摆放在那里。车间里文明整洁，生产井然有序。工厂中的耳闻目睹，无不闪烁着艰苦奋斗的光华。

刚立户头时，全厂行政办公共用一个两屉桌，开会没有坐处，厂长石井山从家里拿来 4 个小板凳，不够用大家就轮着坐。在追求高消费，一些企业领导出差大手花钱之风盛行的情况下，这个企业的领导者 1984 年前从没坐过出租汽车，没住过每宿宿费超过 3 元钱的招待所或宾馆。出差为了节约宿费，他们白天办事，夜间行车，曾经出现过一星期每人只花了 1.5 元钱宿费的事例。厂里每办一件事情都要精打细算，力争少花钱多办事，或者不花钱也办事。仓库区到合脂油车间长达 40 多延米的过道，完全是动员职工拣碎砖头铺起来的。

企业的党政领导常说：“我们要穷不气馁，富不奢侈。”为使企业不断登上新台阶，他们历尽艰辛。当新产品合脂油试制成功时，书记、厂长亲自坐着毛驴车拉着产品，行路 40 余公里，到省动力机械厂去请求试用。省动力机械厂传达室按厂规对毛驴车不放行，二人就卸下毛驴，厂长前边拉、书记后边推，把产品送到厂里。看到这些，对方的领导及业务人员很受感动，当即表示接受试用。由卖方市场变为买方市场的今天，推销新产品何其难！可油脂化工厂不畏难。厂长到黑龙江某林业局去推销产品，正逢主管供应的业务员在家里盖房子，不能接待。厂长就找上门去帮了两天工，诚意感动了对方，至此建立了长期用货关系。

一些人曾经预言，要使油脂化工厂起死回生，比登天还要难。可如今，这却变成了毋庸置疑的现实。

（1987 年 5 月）

建设美丽富饶的浑江

浑江市位于吉林省的东南边陲，处于长白山腹地，与朝鲜或隔江相望或陆地毗邻，是抗日战争和解放战争的根据地。浑江辖长白、抚松、靖宇三县和临江、八道江、三岔子三个区，全市幅员 1.784 万平方公里，117 万人口。浑江的森林、矿藏、中药材、珍奇动物、旅游等资源丰富，素有立体资源宝库之美称。

过去，由于受左的思想影响，这里自给半自给的自然经济色彩浓烈，产业结构凝固，经济发展缓慢，人民的生活水平改善不大。直到党的十一届三中全会后，改革开放的大潮冲击着浑江的山山水水，荡涤着人们的思想，给这个既古老而又年轻的城市增添了前所未有的生机和活力。特别是通过“六五”期间的调整，使浑江的经济结构发生了深刻的变化。工业初步形成具有本地特色的能源、木材综合加工、医药、建材、冶金、食品、采矿、机械八大主体产业；农村初步形成中药材、畜牧业、食用菌、经济作物、水果五个特产基地；乡镇企业得到长足发展；整个浑江经济朝着持续稳定、协调的方向发展。

但是，浑江人已经清醒地认识到，这里的自然优势和经济优势还没得以全部发挥，轻工业的发展还不能完全满足人民生活的需要，交通、能源、旅游业发展缓慢，农业生产的后劲不足，积累与消费的比例关系和投资结构不合理，总体经济效益差。针对这些问题，我们应该审时度势，不断修正发展战略，改进我们的工作，力争把浑江的事情办好。

第一，继续调整农业内部结构，以求农林牧副渔各业全面发展。浑江人均占有耕地面积高于长春、四平两个重点商品粮产区，但粮食单产却远远低于这两个重点商品粮产区，平欠年头，粮食还不能自给，粮食增产的潜力很大。因此，无论是现阶段还是今后相当长的一个时期，浑江都应把粮食生产放到发展经济的重要位置，抓紧抓好。浑江的粮食产量低，除了受自然、气候条件的影响外，主要是投入不足和粗放经营所致。如果能逐年增加投入，进行精耕细作，积极推广地膜覆盖、模式化栽培、防病灭虫等一些先进或适用的科学技术，实行集约经营，并注意改土造田，粮食生产上个新台阶，是大有希望的。

同时，要在保证粮食生产稳定增长的前提下，利用山坡草滩、沟河湖汊积极发展林业、畜牧业、水产业和副业，进行多种经营，全面发展。近期应有重点地抓好人参、蕨菜、食用菌、山葡萄、田鸡等传统特产的生产。

第二，大力发展能源、冶金工业，为振兴浑江经济奠定物质基础。浑江地表水资源丰富，地下矿产资源品种多、存量大、易开采。现已探明的矿产有46种。其中煤炭储量7亿吨，镁矿石储量近2亿吨，铅锌储量7.4亿吨，硅藻土储量3 000万吨，还有大量的大理石、珍珠岩等，都有很大的开采价值。首先应充分利用地表水，采取集资入股。同外地进行经济联合利技术协作等一些形式，发展中、小型水电事业，用于矿藏资源的开采。在此基础上，发展铁合金等一些耗能较大、经济效益较高的能源型工业企业，形成资源——能源——采矿——加工的系列化生产格局。同沈阳、辽阳等大中城市以电易物、以木易物，换取机械设备和一些紧俏工业原料，这也是促进经济全面发展的一条出路。对于煤，不仅是开采原煤出售，更重要的是利用它来发展煤炭化学工业，注意在加工中得到增值。

第三，优先发展交通运输和邮电通讯业，以交通、通讯促流通。交通运输业是连接城市与乡村、生产与消费的桥梁，是经济和社会发展的先行条件。多年的实践已经证明，交通若不流通就不畅，经济就不活。因此，发展经济，必须把发展交通运输业当成战略突破口，争取在较短的时间中改变交通运输业滞后的被动局面。纵观浑江的自然与社会条件，近期发展交通运输业的重点是——路。“七五”期间要加大对公路建设的投资，采取新建、延伸、拓宽、改造等多种办法，提高单位幅员中公路的指数，提高公路的技术等级和通过性能。特别要注意加固桥涵，排除险工险段，改造急弯和陡坡，保证安全行车。根据浑江地形地貌复杂，修筑公路成本高，养护费用大的地理特性，可考虑地面不通走“空中”，“八五”期间修建浑江机场，沟通长春、沈阳、延吉的空中网络，以增加对投资、技术、人才的吸引力，促进经济的振兴和旅游事业的发展。

随着经济的繁荣与管理的逐步现代化，迅速、准确地传递信息，这是经济与社会发展的基本要求。因此，浑江的信息传输事业必须有个大发展。主要是提高邮电、通讯业的装备技术水平，提高邮电通讯的输出能力，扩大邮政业务范围。争取到2000年，在浑江建起一个技术比较先进、组织结构比较合理，效率比较高的，包括收集、整理、储存、传输信息在内的邮电、通讯网络。

第四，加快农副土特产品加工业和生活服务等第三产业的发展速度，建立比较完整的社会化服务体系。浑江的野生动植物和土特产品种类多、分布广，是驰名中外的人参、貉皮、鹿茸角的故乡，土特产品中具有较高的深加工价值和储备经济效益。过去由于经济基础薄弱，深加工的能力低，加之重视不够，使大批珍贵的中药材和土特产品廉价卖给外省、外地，或以初级产品形式出口，造成财源的大量外流。今后，我们应虚心学习外省、外地借“才”生财、借“地”生财的经验，用优惠政策引进人才、技术、资金和设备，不断开辟新的生产领域，改造土特产业的生产格局，改变传统的初级产品结构，解决农副土特产品加工、保鲜、收储、运销和出口问题，有重点地兴建一批具有地方特色的技术密集型和知识密集型企业，把浑江建成名贵中药、强化食品、现代家具、珍稀裘皮等产品生产基地。

经济的发展和人民生活水平的不断提高，对第三产业提出了新的要求。因此，还要发展为生产生活服务的商业、住宅业和饮食服务业；特别是要大力开展咨询服务，积极发展金融、保险、信息等事业，建立农副产品贸易中心，生产资料服务中心，进出口商品交易中心，努力使第三产业与第一、二产业同步协调发展。

第五，利用自然景观，开发旅游业。浑江市地处长白山腹地，自然风貌独特，既有山地垂直景观带、温带针阔叶混交的原始森林及纯美人松林，又有独特的火山地貌，多瀑布、温泉和悬崖峭壁，白头山天池已成为驰名中外的旅游热点；冬天的浑江银装素裹，天际洁白，是赏冰看雪的好去处。浑江有得天独厚的旅游资源。只要我们统筹规划，打开交通，搞好服务，浑江不久的将来定会成为旅游胜地和创汇基地。

（1987年10月）

这样的农村基层组织需要强根固本

——对湖北房县土城镇的调查

1995年4月中下旬，我到湖北省房县土城镇调查了解农村工作。调查过程中，在听取镇、村干部介绍情况、分别同村组干部、党员和农民群众座谈的基础上，利用吃住在乡村的便利条件，或午休间、晚饭后走门串户，或到田间地头，同干部群众进行交谈，从中了解到一些很难得的信息，听到一些令人担忧的情况。

房县处于鄂西北，贺龙、李先念、徐向前等老一辈无产阶级革命家曾在这里战斗过，建立过红色革命根据地。这里的农民群众为中国革命做出了很大贡献。新中国成立后又无私地支持了“三线”建设。但是，近几年在农民群众还没有摆脱贫困的情况下，非法宗教活动猖獗，几经打击，几经蔓延，严重侵蚀着农村基层政权。非法宗教为什么在这样的地方能兴风作浪，屡打不灭？通过这次调查我们看到，农村基层工作薄弱，集体经济不发展，基层组织软弱涣散和工作的方式方法不适应新形势的需要，是问题的症结。房县的自然条件和经济状况较差，这个县所存在的一些问题，对于我国的中西部地区来说，具有一定的代表性。对这样的地方，如果我们不能对现状作出实事求是的评估，还不采取一些根本性措施来下力气扭转被动局面，那么，随着时间的推移，党在农村这块社会主义阵地就会逐渐被瓦解，革命前辈经过浴血奋战所建立起来的农村基层政权，就有可能滑向消亡。实地到农村去作些深入的调查，就会意识到这并不是危言耸听。

(一)

像土城镇这样的地方，对农村基层政权构成威胁的，主要有以下几个方面。

1. 农民负担累累加重。近几年，土城镇贯彻落实减轻农民负担的政策，农民所负担的村提留和乡统筹费，已回落到“定项限额”之内，群众对此没有意见。但是，农民的总体负担水平，还是呈迅猛增长的态势。主要表现在五个方面。一是农林特产税连年加码，全镇由1990年实际完成的6.36万元增加到1994年的17万元。增长167.3%。1995年县里下达17万元的计划，如按查实征收，只能完成6.5万元。二是农业税随着粮价的上涨而增加，全镇已由1990年的9.28万元增加到1994年的20.6万元，增加122%。三是教育集资数额过大。1992至1994年，全镇在民办教育事业费统筹之外，又集资了200万元用于教育达标活动，人均117元。四是完不成粮食定购任务要找差价款。1994年，全镇共收取4万元的粮食定购任务差价款，户均10元钱。农户无力交差价款，镇里由信用社先贷款，然后将贷款债务摊给农户。五是农用生产资料价格持续猛涨。1995年元月至4月，尿素吨价由1 670元上涨到2 500元，上涨49.7%；碳氨吨价由789元上涨到1 070元，上涨35.6%；农膜吨价由7 990元上涨到1 0470元，上涨31%。这五项加到一起，就是一个不小的数码。可见，农民哪能承受得了。

2. 财政经济陷入窘境。1994年，全镇财政收入53万元，支出62万元。赤字9万元。问题远不在于这9万元的赤字，而在于这53

万元的收入是怎么收上来的，财政的收与支之间是如何运转的。去年，因农民欠缴农林特产税和财政直接回扣支农周转金，而使收入不能完成，县财政就从行政经费中扣除 14 万元，相当于镇上所负担干部三个月的工资总额。本地特产木耳在这里已具有了货币的职能，农民交不上特产税交木耳，镇直干部发不出工资发木耳。1994 年末，镇、区干部每人给发 17.5 千克的木耳，用于抵欠工资。后因干部没人去领，经县领导出面做银行的工作，给贷款 10.5 万元发了工资。剩下的木耳由镇里降价卖出，赔了 2 万多元。1995 年春节直到我们离开这里的“5.1”前，镇里一直没给干部发工资。与此同时，农民群众担心把给干部发工资的贷款再摊到他们头上。

3. 非法宗教活动猖獗。20 世纪 90 年代初，非法宗教从陕西传入房县。不法分子打着宗教的旗号，煽动和欺骗群众，扩充队伍，以此瓦解基层政权。非法宗教组织把矛头指向共产党和社会主义制度，在群众中散布攻击党和社会主义的反对言论，公开诋毁党和国家的现行政策公然叫嚣“先杀党，后杀团，不入教的全杀完”。全县入教的骨干分子1 050多人，直接参与活动的有上万人。1991 至 1993 年，公安部门曾三次组织严厉打击，但每次过后不久就恢复活动，到目前，仍有 500 多名骨干分子在活动，严重地威胁着这一带的基层政权和社会的稳定。

4. 基层组织状况堪忧。土城镇所辖 22 个村。春节前后有 8 个村的党支部、村委会处于瘫痪，有 1/3 的村党支部书记、村委会主任和村文书撂了挑子，还有村干部给镇领导捎话，说今年再凑合一年，明年让镇里另请高明。镇委领导分别下去做工作，一个村一个村地“班子”，才勉强有七个村有了支书或者有了村委会主任，直到我们离开的“五一”前，还有一个村组织仍然瘫着。这个村的原支部书记说：“向农民要钱等于刀割肉，说啥也不能再干了。”乡镇领导介绍，像这样的“班子”，每年都得搞一次。镇委书记说：“这里根本没人愿意当干部，支部书记岗位是全村党员‘轮流坐庄’的不在少数。按《村民委员会组织法》，村委会主任应选举产生，可我们不敢让群众选。因为一选，催粮催款任务完成好的村干部非选掉不可”。主管农业的副镇长对我们说：“今年班子这关是过去了，如果没点新办法，明年可就惨了”。我所到的龙坪村，共有 29 名党员，其中 60 岁以上的 12

名，30 岁以下的只有一名，是 1992 年入党的小学教师。1993 年以来，还没发展党员。村党支部书记说："最近几年就没有写入党申请书的。有的年轻人你动员他入党他都不入，说党的形象不伟大，不好"，"过去认为入党光荣，现在不是这样了。有的党员不愿交党费，认为没有什么意义"。党员们认为，他们主要是在交粮交款上起带头作用。说让党员带贫困户，有的党员本身就是特困户。大多数党员认为自己没有经济头脑，不会挣钱，起不到带头作用。这个村的团员才 27 名，比党员还少，共青团工作基本是空白。

5. 干群关系趋向恶化。当我们问到干群关系是不是比较紧张时，县、镇、区、村各级干部都毫不掩饰地说："不是紧张，而是恶化"。村干部说："每天在农民中收粮收款，组织孕检引产，人混生了，狗混熟了。有的农民说中央的是首长，省里的是领导，县里的是干部，乡、村管事的都是混"。1993 年，李坡村有两名村干部因上门收款和执行计划生育公务而被刺、被打成重伤。龙平村前任党支部书记因上门催粮收款，一次被打，一次被刀砍未遂，一次被火药枪打未遂。至此他就撂了挑子不干了。至于因催粮收款同农民发生争吵、推推搡搡的，经常发生。小进村 1994 年被县里评为文明单位。今年 3 月份，这个村支部书记和分管计划生育的干部家里的三头猪、28 只鸡在一夜之间全部被毒死，损失 2 300 多元。今年春节前，镇里主管农业的副镇长和本村联防队长家的猪同时被人偷走。一些村干部反映，村组干部家里出点事，群众不但不帮忙，反而幸灾乐祸。

6. 群众生活重度贫困。这个镇的人均收入，1992 年是 402 元，1993 年是 430 元，1994 年是 526 元。扣除物价上涨因素，实质是负增长。在 526 元的收入中，货币收入只有 145 元左右，扣除各项税费，没有剩余。不但没有扩大再生产的能力，而且连基本的生存都难以维持。大部分农民因没钱买化肥而种"白茬地"，个别农户种不上地。有的农民说："连咸盐都吃不上，还哪有钱买种子、买化肥"。我们走访了 30 多农户，看了家境，也摸了坛坛罐罐。有的极贫户除了房屋外，其余家当总共不值几十元，睡觉铺稻草、盖棉絮的户，并不少见。龙坪村的干部说，春节过后就有 31 户没粮吃了。占总户数的 9%。六组的群众说，没粮吃的比这个数要大。这个组有 53 户，有 16 户没粮吃了，占 30.2%。

（二）

产生上述问题的原因，主要有以下几点。

1. 自然和人文条件较差。房县地处五当山脉与大巴山脉之间，土城镇沿十（堰）房（县）公路，分布在近70公里的狭长地带上。山岭占幅员面积的60%，耕地稀缺，地块零散、坡度大、产量低。人均占有耕地1.19亩，正常年景的粮食平均亩产380千克左右，有的农户靠种坡度在25度以上甚至到40度的“挂画地”维持生计。耕作制度落后，生产的科技含量低，投入不足，严重地制约着农业的发展。自然灾害频繁，尤其是“卡脖旱”、秋涝或阴雨天气经常发生。几乎是十年九灾。森林资源虽然丰富，但由于分山到户后曾一度放松了管理，使责任山变成了“光溜山”，森林资源渐趋危机。据龙坪村干部反映，因花栎木砍的所剩无几和特产税收的不合理，全村棚架木耳已由过去的1 100架下降到今年的700架。

人口素质低。据县有关部门80年代的统计，文盲、半文盲要占32%。大家在座谈时说，近几年文盲的比例是上升的趋势。流感、脑膜炎等传染病还没得到控制。甲状腺水肿、克汀病、头癣、麻风等地方病仍在危害着人们的健康。据1981年对全县43.1万人口的普查，地甲病患病率高达22.07%，克汀病的患病率为0.91%。到村上走走，盲聋哑、痴呆傻的先天性残疾人处处可见。人们的生产意识还没能从小农经济的束缚中解脱出来，商品经济观念仍很淡漠。

2. 集体没有经济实力。实行家庭联产承包责任制时，由于缺乏必要的引导，便积累多年的集体家当基本分光分净。目前，各村集体的固定资产主要是土地、山林、学校和送变电设施。因为没有集体经济组织，对土地相山林的发包职能，是由村委会代行的，集体无力对农户开展服务，发展木耳、香菇等多种经营，也由千家万户分头面对市场，经常是户与户之间降价倾销。全镇22个村，都没有工业企业。镇里办2个木器加工厂，也没有效益。1992年，镇里借用了干部的11.2万元工资，办了一处花岗岩厂，目前也因没有流动资金而停产了。近两年发展绿色企业，镇里建起了杜仲、板栗、茶叶基地，但还没有回报。农民的收入，都来源于家庭经营。由于集体没有经济实力，没钱给农民办事，基层组织也就必然地没有凝聚力和号召力。

3. 基层工作的重心有失偏颇。像房县这样的贫困地区，基层干部工作的重心应该是组织和带领广大群众发展生产，致力于尽快脱贫。但由于种种原因，导致基层干部主要忙于催粮收款、“刮宫引产”。由镇村干部收缴的税费主要有农业税、特产税、屠宰税、流通环节税、砍伐证费、村提留和乡统筹费、教育集资、报刊费、计划生育超生费和孕检费等十几种。镇党委书记说：“现在的行政干部不行政，镇村两级从党委书记到支部书记，都成了税费收缴员，一年得有七、八个月的时间在村里催粮收款，长此下去，真不知道要走到哪一步上”。我参加了一次龙坪管理区（镇下设的派出机构）的村干部会议。正值春耕大忙季节，可会议的议题是收款。区党总支书记要求：“第一，原定4月20日前把去年的计划生育超生费收上来，今天交钱；第二，从今天起到五月末，工作重心要由前段收计划生育超生费转入收特产税；第三，开展计划生育孕检，收齐孕检费”。然后，管理区主任布置收缴屠宰税任务，要求把这项工作纳入重要日程，作为经济工作中的一项重要内容来考核。他还说：“法院对今年的农村工作很支持，对历年欠缴统筹提留款的，各村要赶快把名单报上来，法院准备协助镇上下达执行通知书，强制收款，法院要收取一定的服务费”。镇党委书记说：“按照省政府的要求，这次清收从1988年3月以来的计划生育超生治理费，全镇估计可收100万元（相当于1994年全镇农民纯收入的11.56%），绝大多数超生户承受不了，赶猪、扒房子的事是难免的”。基层干部要完成上述几项“重心”工作，自然就站到了群众的对立面上。

4. 对基层干部缺少激励机制和必要的关怀照顾。镇村干部普遍反映，他们工作难度大、待遇低、后路狭窄，一年四季在村里奔波，却得不到应有的回报。在乡镇工作的，不但子女就业没有出路，而且有的几个月也领不到工资。当他们看到刚参加工作的银行信贷员、税务专管员、保险业务员、工商管理员比他们挣得多、待遇高、条件好，而且还可以对乡镇干部指手画脚时，心里极为不平衡。主管农业的副镇长对我们说：“现在基层干部太难干了。我们白天下村收款时对农民恶着脸，晚上回家哭着脸。我家4口人，21岁和18岁的两个小孩都找不到工作，老伴还是农村户口，每月只靠我的250元工资维持，可今年春节到现在还没开支。在子女就业方面，我们不如邮电、电业系统中的一个工人。我没想能落到这个地步”。在我国，机关事业单位中党的工作者的薪水是由国家财政负担的；企业中党的工作者的薪水是由生产经营成本中列支的；而唯独农村党组织负责人的报酬是从农民中收取的。在土城镇，由一半村干部因收不上提留款而拿不到工资，他们工作起来只是凭党性、尽义务、做贡献。调查中我们感到，村镇两级干部普遍情绪不稳定，心里不舒畅，工作劲头不足，只是应付、凑合。这是这些地方农村工作被动的一条重要原因，也是巩固农村基层政权中亟待解决的一个重要问题。

5. 涉农政策在基层走样。比如，在减轻农民负担上，一些达标升级活动仍在泛滥。有教育达标、改水改厕达标、民兵组织整顿达标、派处所建设达标、法庭建设达标、计划生育服务站达标、林业工作站达标等。派订报刊等问题越发严重，层层发文件、下任务，要求每个村必定三级党报，还有《半月谈》、《党员生活》、《湖北政报》、《楚天风纪》、《湖北青年》、《中国民兵》、《民兵生活》、《知音》、《警笛》、《湖北人口报》、《国防教育》等。每个村按要求订齐至少得1 500元，一般村人均3元钱，像只有200多人的干沟村，人均得支出8元钱。政策规定乡统筹由乡镇统一管理使用，可房县擅自规定，民办教育统筹要按比例调入县教育局平衡使用，民兵训练经费要调入县武装部使用。1994年，县教育局从土城镇调走民办教育统筹费53 300元，占教育统筹的53.3%；向农民统筹的5 100元民兵训练经费全部调到县武装部使用。又比如，在税收上，把应查实征收的特产税和屠宰税变成了“人头”税。再比如，在经营体制上，中央多次强调要宜统则统，宜分则分，并注意加强集体统的功能。而在土城镇普遍存在着统的不够、分的彻底的问题。

（三）

贫困落后地区所存在的一系列问题，已经严重地影响到社会的稳定和基层政权的巩固。解决这类地区的问题迫在眉睫，不可迟滞。

1. 应强化因地制宜、分类指导的方针。像房县这样的人均收入只有500多元的贫困落后地区，2000年奔小康基本没有希望，当前的工作重点应着力解决人们的温饱，维持生计，尽快脱贫。在工作部署上，应同沿海和内地一些发展比较快的地区有所区别，强调从本地的实际情况出发，不可要求过高，不能急于求成。在工作安排上，让广大基层干部从催粮收款中解脱出来，脚踏实地地做一些想群众所想，急群众所急，维护群众利益的工作，着力帮助农民解决生产生活过程中的实际困难。办好事，也要坚持量力而行的原则，经济基础较好、发展较快地区应做到的事，在这里可以缓办或不办，需要动用民财的，要极其慎重。如果不顾及这些地方的特殊情况，像目前这样一味地向农民索取，只能是伤筋动骨，越索越穷，陷入索与穷的恶性循环中。应遵循“欲取之，先予之”的原则，让农民得到休养生息。

2. 用政策启动自我发展的内在活力。一是对于人均占有粮食在300千克以下的贫困村、贫困户，减免粮食订购任务。二是农林特产税、屠宰税按1995年查实征收确定基数，一定五年不变，激励农民发展多种经营。三是立即停办一切达标升级活动，取消统筹提留款以外的教育集资，纠正派定报刊的做法，及时查处乱收费、乱摊派和乱罚款。四是扩大以工代赈规模，组织群众改善生产条件，对于生存条件恶劣的，可借鉴宁夏搞“吊庄”的做法，开辟新的生存和发展空间。五是由财政补贴直接供应一部分农用生产资料，支持发展生产。

3. 发展壮大集体经济。在贫困地区，无论是群众的脱贫致富，还是基层政权的巩固，出路都在于组织起来，发展集体经济。这些年的实践证明，凡是集体经济发展起来的地方，不但群众的生产生活条件和社会面貌变化大，而且基层政权牢固，干群关系融洽。应把发展集体经济作为农村工作的一个重要思想明确起来，作出切实可行的部署，研究出扶持发展的具体措施。应教育和引导广大基层干部，消除“一朝被蛇咬，十年怕井绳”的顾虑，增强商品经济和市场意识，利用本地优势，因地制宜地发展农副产品加工业，建筑建材业和绿色工厂等各种类别的集体企业，不断拓宽生产门路。有关部门和宣传、新闻单位应及时总结和推广这方面的典型经验，树立具有借鉴意义的样板。

4. 严厉打击宗教组织和邪恶势力。农村中活动日益猖獗的非法组织和邪恶势力，严重地涣散民心，威胁社会稳定，离间干群关系，侵蚀基层政权。如果任其发展下去，后患无穷。对此，必须保持高度的警惕性，依法从重从快狠狠打击。目前，应把捣毁非法宗教组织列入社会治安综合治理中的一项重要内容，有步骤，分阶段地打几个战役，取缔活动场所，揪出反动头目，绳之以法。这项工作要反复抓，抓反复，使犯罪分子无机可乘，无处可栖。避免以罚代刑，够收监的一定要收监。同时，在农村深入开展爱国主义、集体主义和社会主义教育，大力宣传党的宗教政策和无神论，弘扬时代的主旋律，让社会主义思想占领农村阵地。

5. 解决基层组织建设中面临的突出问题。一是建立激励机制，留住称职的干部。对工作15年以上、认真负责、成绩突出的村党支部书记，给晋升副乡级待遇后继续留村工作；由县劳动部门负责安排一个子女就业；补充乡镇干部，也要注意从村干部中选聘。二是采取多种措施培养后备干部。重点是在初、高中回乡毕业生和复员退伍军人中选苗子，不是党员的培养入党，送县委党校或相关学校学习马克思主义理论和社会主义市场经济知识，增长才干，然后回村任职。这样，有助于解决党员年龄老化和村干部后继乏人的问题。三是从县直机关中选派干部到村任职。对那些选不出支部书记和村委会主任的村，可由县委组织部统一抽调科、股级后备干部到村任职，把班子建起来，工作理顺了之后再撤回来。四是国家和地方财政分别按相应比例拨出专款，对报酬无法兑现的村干部给点补贴，以稳住现有干部。以房县为例初步匡算，设想每个村民小组长每月补20元，每个村干部每月分职务补40～45元，那么，全国592个贫困县每年需支出近10亿元。这笔资金实质是一项政治投入，很值得。

（1995年5月）

一项推进农村民主政治建设的有益探索

——对河北省赵县建立村民代表会制度的调查

在建设有中国特色社会主义的新形势下，如何把《村民委员会组织法》（试行）落到实处，不断推进农村基层的民主政治建设，是深化农村政治体制改革的一个重要组成部分。河北赵县的干部群众，从农村实际出发，大胆探索民主政治的实现形式，逐步推行了村民代表会制度，从而活跃了农村的民主生活，调动了广大农民当家作主、管理村政事务的积极性和创造性，比较好地解决了农村经济建设和社会发展中所遇到的一些难题，给农村工作注入了新的生机和活力。

一、村民代表会的由来

党的十一届三中全会后，农村在进行经济体制改革的同时，也对政治体制做了相应的改革。按照宪法的规定，将人民公社改为乡（镇）政府，将行政机构生产大队改为自治性质的村民委员会，用统分结合的双层经营体制取代了“三级所有、队为基础”的集体统一经营体制。这种改革，有力地推动了农村经济和各项事业的蓬勃发展。但是，旧的管理制度虽然革除了，新的民主政治制度并没相应建立起来，农村工作出现了一些新情况和新问题。历史延续下来的行政手段不灵了，基层干部在处理村政事务时经常“碰钉子”，他们普遍反映“官难当，事难办，人难管”；有了自主权的农民，要求民主的愿望越来越强烈，他们普遍认为干部办事“不民主、不公开、不公道”，民告“官”的事情逐年增加，干群关系越发表现得不融洽。二、三产业特别是乡镇企业的发展，使广大农民既离土也离乡，农村人口的流动性很大，一个村，一两千人，又因没有活动场所，致使村民大会无法召开。村里的大事往往是几位少数干部说了算，“村民自治”变成了“干部自治”。由于缺少民主理事和监督的有效机制，干部的决策没有群众基础，群众就有抵触情绪，不乐意执行。

为了解决这些矛盾和问题，赵县的许多村曾进行过尝试，一些由村党支部或村委会提出、或农民群众自发组织的“村民理事会”和“村民议事会”等群众组织应运而生。这些组织对调节矛盾、融洽干群关系、稳定农村局势，起到了积极作用。但这种组织只能起到参谋和咨询作用，有议事权，没有决策权，还不能从根本上解决村务不民主的问题。

针对这一情况，赵县人大党组在广泛调查研究、抓好试点的基础上，依据《河北省村民委员会组织条例》的有关规定，于1990年10月向县委、县政府提出了改“村民议事会”、“村民理事会”为“村民代表会”的建议，并得到了县委、县政府的肯定和大力支持、积极配合。由于这项改革适应农村的实际，符合农民群众的民主愿望和要求，得到了广大基层干部和农民群众的拥护，很快在全县推广开来。现在，全县281个行政村除5个小村实行村民大会制度外，都建立了村民代表会制度。

二、村民代表会的特征

社会主义的本质和核心内容是人民当家作主。赵县村民代表会的一个基本特征，就是具体地体现了村民当家作主。

1. 民主选举代表。各村按照居住区域、作业性质和自愿结合的方法划分出若干个选区，一般10户至15户为一个选区，每个选区选出一名代表。为保证村民充分行使民主权利，村、组对村民代表不提建议名单，让选民按自己的意愿，选举有参政议政能力、办事公道、自己充分信任的人当代表。村民代表会设主席一人，副主席一至两人，负责召集村民代表会议。村民代表会每届任期三年，代表可以连选连任。村民代表会议一般每月或每季召开一次，遇有特殊情况可临时召开。村民代表会对村民负责，受村民监督，根据大多数选民的意见，可以随时撤换不称职的代表。

2. 民主决策村里的重大事宜。村镇建设规划、经济发展计划、公共建设项目、财务收支和其他涉及村民利益的重大事宜，都要由村民代表会议讨论决定。村民代表会议讨论的重大事宜，可由党支部或村委会提出，也可由10名以上代表联名提出。在审议时充分发扬民主，新作出的决定必须有2/3以上的代表通过。村民代表会议召开前两天，即向代表发出通知，告知内容，以便代表会前走访村民，征求意见，使作出的决定具有坚实的群众基础。

3. 民主管理村政事务。对粮棉定购、计划生育、集体统筹提留、宅基地发放等村政事务，村民代表会议根据党的方针政策和国家的法律法规，讨论制定具体实施意见，由村委会负责落实。村民代表会讨论制定村规民约。村民代表有责任向群众宣传并带头执行党的方针政策和国家法律法规，热情支持村委会的工作，协助村委会完成上级布置的各项工作任务。

4. 民主监督村委会的工作。村民代表会可以听取村委会的工作汇报，监督对各项决策的贯彻执行，评议村委会成员的工作。凡是村民代表会决定的事宜，一律在公开栏上向全体村民公开，由广大村民监督执行。在执行中遇有特殊情况需要变更内容时，需提请村民代表会议修改，任何人无权擅自改变村民代表会的决定。村民代表会对多数群众不信任的村委会成员或村办企业负责人，有权罢免或撤换。部分村还开展了村民代表会评议教师、评议电工等项活动。

三、村民代表会的作用

实践证明，赵县普遍实行的村民代表会制度，对于调动村民参政议政、民主监督的积极性，化解农村的诸多矛盾，推动农村集体经济实力的壮大和社会化服务体系的发展，促进农村良好的社会风气的形成和社会秩序的好转，改善干群关系等，都起到了积极作用。

1. 调动了村民当家作主的积极性。过去，由于缺少群众参政议政、民主理事的有效机制，言路不通，即或是群众的正确意见也得不到采纳，民主虚无，群众普遍对集体的事漠不关心。村民代表会建立之后，大家的事情大家参与决策，大家来办，每位农民都有权利和机会对集体的事情提出意见和建议，民主有了实在的内容，有力地调动了村民当家作主的积极性。双庙乡王家庄村有一个砖窑，过去每年以8 000元的低价承包，群众意见很大。建立村民代表会后，村民代表会依据绝大多数群众的意见，把这个企业收归集体经营，并民主推选大家信任的管理人员，制定出一套管理制度，使这个企业当年就赢利4万元，是原承包金的5倍。民主议政，大家理事，一些决策建立在群众意见基础之上，从而也避免了许多决策的偏差或失误。1991年，全县对准备上的集体企业项目，交村民代表会讨论，批准了80个，否决了36个。避免经济损失230多万元。新建的项目投产快、效益好，1992年全县村办企业利润比上年增长24.8%。

2. 化解了一些矛盾。建立村民代表会后，村民由过去的决策被动执行者变成决策的主动参与者，决策有了群众基础，增加了权威性和约束力，执行起来就顺当，由实行计划生育、发放宅基地、收缴统筹提留等工作所引起的矛盾大为减弱。1991年全县长效节育率比上年提高了14%，计划生育工作由落后县变成先进县。南斯庄乡东向隅村，17年没有发放过宅基地，几位干部都不敢捅这个

“马蜂窝”。村民代表会成立后，代表们逐家逐户征求意见，研究制定了发放标准，逐户拉出清单张榜公布，顺利地发放了73户宅基地。得到的有理，不给的有证据，干部群众都很满意。全县通过村民代表会解决宅基地遗留问题179起，没一户上访告状的。近三年来，全县夏粮定购10 900万千克的任务，都不过7天就完成了任务。同时，村民代表会还配合村干部，清理收购往年定购粮尾欠任务200多万千克。

3. 推动了农村集体经济实力的壮大和社会化服务体系的发展。村民代表会协助社区性合作经济组织清理回收欠款，研究制定经济发展规划，兴办集体企业，组建社会化服务组织，使社区性合作经济组织的生产管理、协调服务、资产积累、兴办企业等职能得到进一步发挥。这几年，通过村民代表会卓有成效的工作，全县共收回集体应收款800多万元，有效地补充了发展集体企业资金的不足。盛产雪花梨的谢庄乡郜家庄村，因有一段道路难走，汽车开不进去，使梨价每斤比邻村低几分钱。经村民代表会讨论决定修路，共集资约40多万元，村民自愿投义务工1.6万个，出纳各种车辆1 200多辆次，修了1.1万平方米的水泥路面，改善了运输条件，农民增加了收入。在村民代表会的直接参与下，全县组建各种生产服务组织310个，购置大中型农机具8 694件，安装变压器62台，新打机井130眼，有1/4的村建立了“互统一分”的社会化服务体系，有力地推动了农村经济的发展。

4. 促进了农村良好社会风气的形成和秩序的好转。过去，赵县农村社会秩序不稳定，寻衅滋事、打架斗殴、赌博偷盗现象经常发生。成立了村民代表会后，通过制定村规民约，落实帮教责任，建立起自我管理、自我约束的良好机制，使正义的力量不断增强，歪风邪气大为收敛。西封斯乡北王村过去偷盗集体财产现象严重，曾在一夜之间白杨树被盗242棵。针对这个问题，村民代表会制定了护林公约，村民代表自发护林，不要报酬，寒夜巡逻，配合公安人员破获了一起涉及7个村30多人的偷盗团伙，从而稳定了这一方的社会秩序。赵州镇石塔村有几个青年成了拘留所的“常客”，公安人员认为是难以救药的不法分子，村民代表会把他们列为重点帮教对象，落实帮教责任，终于使这几个青年“浪子”回头，改邪归正了。村民代表会积极参与调节民事纠纷，解决了许多家庭不和、邻里不睦和承包合同的纠纷，有效地减少了群众上访案件，使全县32个社会秩序比较混乱的村发生了根本变化。村民代表会中设“红白”理事小组，遇有“红白事”，理事小组入户督导，科学合理地安排“吃、送、用”等项开支，把“红白事”办得既文明又节俭，深受群众的欢迎。

5. 改善了干群关系。农村干群关系不融洽，其中一条原因就是缺少了民主监督机制和干部的自我约束机制。干部处理村政事务不公开、不民主、不公平，本身不廉洁，群众对此意见很大，计划生育、收缴统筹提留款等项工作没有群众基础，使村组干部往往坐到群众的对立面上。建立村民代表会，就把干部置于群众的监督之下，对“几大难题”由代表共同商量解决，既约束了村干部，也支持了村干部，从而把干部与群众的行为方向一致起来，消除了一些互相之间的隔阂和猜疑，不融洽的关系找到了融合点。西封斯乡北王村，过去村干部办事不公，将20间的校舍建筑工程高价包给了亲友，盖成了危房；财务不公开，村里每年用公款吃喝万元以上，干群关系紧张，七年换了六任班子，各项工作仍长期落后。村民代表会成立后，对群众意见较大的财务开支、果园承包、宅基地发放等全部公开，实行民主监督，定期对干部进行民主评议，根据代表们的意见撤换了三名有问题的村委会成员，从而顺了群众的怨气，激发了干部的士气，使这个老大难村变成了全县的文明村，村党支部也成了先进支部。根据代表的意见，全县普遍清理了农村财务，建立了财务公开制度和民主评议干部制度。通过民主评议，全县共罢免和撤换了45名有问题的村委会成员，使干群关系逐渐密切起来。

四、几点启示

赵县实行的村民代表会制度，尽管时间不长，做法不尽完善，有些地方还处于发育时期，但这项旨在推进农村民主政治建设的探索，却给我们留下了一些有益的启示。

启示之一，任何一项改革措施，都要经过试验。所谓改革，就是办前人没有办过的事情，走前人没有走过的道路。改革的设计符不符合客观实际，能不能在面上推得开？答案只能来源于实践，而这个实践必须经过小范围的试验和试点。赵县推行村民代表会这项改革，正是经过杨家郭乡高庄村的试点，取得经验后，才逐步在全县推开的。把遇到的问题解决在点上，可使面上的工作少走或不走弯路，增加改革成功系数。赵县在推开的过程中，强调从实际出发，因地制宜，不搞生搬硬套。在人口比较少的 5 个小村，仍采用村民会议制度。

启示之二，任何一项新事物的发育和成长，都要有人精心培育。赵县在建立村民代表会这项改革中，县委、县政府大力支持，并投入一定的力量来抓这项工作，县人大做了大量细致的基础性工作，省人大主任郭志同志、副秘书长蔡一润同志亲自到试点村调查研究，具体指导，帮助研究解决试点过程中所遇到的问题。我们在走访的过程中，听到一些乡、村干部说："没有县领导的重视和省人大的支持，这项改革是搞不起来的"。

启示之三，任何一个组织，都要置于党的领导之下。赵县依据党的性质和执政地位，明确提出，村党支部与村民代表会的关系是领导与被领导的关系。村民代表会首先要主动争取党支部的领导和支持，及时向党支部汇报工作，反映民情民意，并善于把党的主张通过村民代表会的民主决策程序，变为全体村民的意志和自觉行动，实现党的意图。村民代表会积极围绕党的中心任务开展工作，认真负责地行使职权。在村民代表的组成上，也充分体现了党的领导作用。全县6 879名村民代表，党员占了 38%，通过民主选举，绝大多数是村党支部副书记兼任村民代表会主席。从实践看，村民代表会这项制度，既体现了党的执政地位和领导核心作用，又迎合了村民自治、当家作主的愿望，基点是党和人民的一致性。

启示之四，任何一种制度的建立，都要试图达到法律的支持。赵县的村民代表，不享受任何补贴，履行代表的职责多用业余时间，占用劳动日的，顶替义务工，不增加农民负担。可以说，是一项投入极小、作用很大的改革。但《村民委员会组织法（试行）》中，只对村民会议做了规定，建议村民代表会，虽然没有不准的条文，似乎还缺少法律依据。河北省人大和赵县的同志们一致呼吁，在修改《村民委员会组织法（试行）》时，把村民代表会这项制度写进去，使其能名正言顺地在农村两个文明建设中发挥作用。

自然保护区保护资源与农民脱贫的矛盾

——对湖北省神农架林区的调查

地处鄂西北的神农架自然保护区，是湖北省人民政府于1982年确定的省级自然保护区，1986年升格为国家级自然保护区，1990年加入联合国教科文组织“人与生物圈”保护区网。保护区界定总面积为105.7万亩，涉及到6个乡镇中的24个村，区内居住1 768个农户、8 336人，其中核心区63户、321口人。自1987年《湖北省神农架自然资源保护条例》发布实施以来，全区人民认真贯彻执行对自然资源保护第一的方针，切实加强对区域内生态的保护，为这座“绿色宝库”的回归自然作出了贡献。但是，在《条例》贯彻执行的过程中，也出现了一些值得研究和亟待解决的新情况、新问题，保护自然资源与当地农民脱贫的矛盾十分突出。

1. 特产业的发展受到限制。神农架属于我国西部高山向东部丘陵的过渡区，是南北植物区系的交汇点，动植物资源、水能资源、矿产资源、旅游资源十分丰富，是一块“风水”宝地。仅可入药的动植物就达2 013种。但由于实行静态保护，使多种很有价值的植物或药材不能控取、不能利用，只能自生自灭，连保护区内翻建学校想用点木材，都不能就地伐取。划定保护区之后，区域内限制发展经济林，人工栽植黄连由1984年的367个棚减少到1994年的81个棚；生产规模缩小了78%；过去保护区域中有3个药材厂，现在都被取消了。在人均收入中占有相当比重的特产业只好弃长扬短，发展板栗、茶叶等周期长、见效慢的果茶产品，又因起步晚、贷款利息高而债台高筑。保护区内的农民人均负债164元。处于保护区域中的东溪乡，人均收入1992年292元，1993年363元，1994年475元，分别比同期全区人均收入低126元、153元、220元。

2. 野兽毁害庄稼猖獗。对动物禁猎后，野兽繁衍迅速，常常有成群的野猪、黑熊、猕猴糟蹋庄稼，农民辛苦一年的成果往往可在一夜之间被野兽毁于一旦，仅此每年损失补粮就达40万～50万千克。东溪乡在1987年以前，每年产粮520～530吨，近三年下降到270～280吨。有的当地农民说：“保护了四条腿的，坑害了两条腿的”，“打了狗熊就判刑，损害庄稼不心疼”，“上级号召种地膜，农民投了一大坨，种者没有捞到好，只给野兽接个早”。

3. 减免税收的改革没兑现。《湖北省神农架自然资源保护条例》规定：“对自然保护区内的农民免征农业税和特产税”。调查中了解到，1991、1992、1993三年虽然对这两项税收进行了减免，但这种减免是在省财政厅没有核减征收基数的情况下，林区政府所采取的变通政策。一是从地方机动财力中解决一点；二是从农业税差价中解决一点；三是从省财政厅下达的贫困地区农民税减免指标中调剂一点（注：挪用了非保护区的减免指标）。但由于计算农业税的粮食提高价格，农业特产税增加税目，提高税率，林区地方财政已捉襟见肘等原因无力继续执行减免的变通办法，从1994年开始，又给保护区下达了开征特产税的任务，当地干部群众对此反应强烈。

4. 有能力的青壮年纷纷外流。贯彻执行《条例》迫使过去以狩猎和采集业为主的农民无业可就，断了收入来源。他们对脱贫丧失了信心，纷纷外流。对这样地方劳动力的外流，不能简单说成是坏事，问题在于青壮年出走后，家里只剩下老弱病、孤鳏寡、盲聋哑或智力低下的人，他们难以维持生计。只有706个人家的东溪乡，自划定保护区以来，有58名女青年外嫁，38名男青年到外地做了上门女婿，在22岁至40岁的男人中，有116位单身汉。卢院村有432人，其中有各种残疾的51人。这样的家庭脱贫极其困难。

解决上述这些新矛盾新问题，因为有些直接涉及到法规的完善和补充，自然难度很大。但可采取长短结合，分两个层次来寻求办法。从目前的情况看，对于野兽糟蹋庄稼，应利用现代科技成果研究新的防范措施，强制进行人为的干扰，尽量减少损失。对于免征农业税和特产税的规定，应由省里核定指标，坚决贯彻执行。在保护资源的同时，还应注意研究利用资源，开辟新的生产门路，如有限制地发展采集业和珍奇动物饲养业，培植后续财源。特别是应重点利用得天独厚的自然景观，发展旅游业，同长江三峡和葛洲坝等旅游景点联网，开辟旅游专线。适当扩大以工代赈规模，加强农业和特产业的基础设施建设，改善生产条件。从长远看，采取移民政策，有计划、分期分批地把保护区内核心区、实验区中的708户搬迁出来，是一项既有利于农民脱贫又有利于保护自然资源的两全选择。有关部门应进行勘查和论证，并多方积蓄财力，待时机成熟时开始实施这项工程。

病树前头万木春

——对大兴安岭林区的调查

大兴安岭，它以巍峨的雄姿屹立在中国的东北部，横在内蒙古高原与松嫩平原之间。它同小兴安岭恰似左右对峙的“两片肺叶”，分秒不停地为祖国的现代化建设“输氧”，不知疲倦地为东北、整个中国乃至东北亚地区净化着天空和碧水，为给人们营造良好的生态环境而默默地奉献着。

大兴安岭之大，是名副其实的。仅依偎在东北坡上的黑龙江大兴安岭林区，总面积就达8.46万平方公里，比荷兰和瑞士两国国土面积之和还多出2 100平方公里。黑龙江大兴安岭林管局这个在全国国有企业500强排行榜中居第98位的大型企业，经营着830.4万公顷的林地，是全国国有林工企业经营总面积的20.1%；林木总蓄积5.35亿立方米，是全国国有林工企业林木总蓄积的18.8%。它在国有林区中所占的位置，可谓举足轻重。

严冬时节，这里早已是万里林海银装素裹，冰封大地的白雪皑皑，气温已下降到零下30度左右。我们的所见所闻，不仅仅是“好一派北国风光”。透过冰雪晶莹的世界，我们感受到了林区人民不畏艰难困苦，乐于奉献的大无畏精神；也了解到了林区经济运行过程中的一些矛盾和问题；还看到了“治危兴林”的曙光。

一、人与森林的奉献

大兴安岭原本是一块原始森林。由于这里纬度高，气候寒冷，无霜期短，生态条件恶劣，在新中国成立之前，例朝例代将其视为人类的禁区，而没得开发利用，使这颗珍珠久久地沉眠于历史的长河之中。只有在共产党领导下的新中国，才使它得以发出光和热。50年代末，党和政府开始筹划开发建设方案、工作指导等多方面的原因，致使1958年、1960年两次开发都失败了。国民经济经过三年的恢复调整，开始走入正常发展的轨道。1964年2月，党中央、国务院在认真总结前两次开发建设经验教训的基础上，重新拟订方案，决定再次开发建设大兴安岭林区。当时采取“军民协作，先建铁路，分段安营，逐步深入”的战略。中央调林业部罗玉川副部长和铁道兵郭维城政委到开发前线，组建大兴安岭林区的开发建设。开发初期，铁道兵部队调入两个精锐师，以嫩江为始点，筑铁路向林区延伸。同时，林业部在黑龙江的小兴安岭林地区的长白山林区抽调上万名工程技术人员和工人奔赴大兴安岭创业。

第一代大兴安岭拓荒人，在“夏天吃干菜（没有蔬菜）、吃水背麻袋（上山刨冰块）、帐篷四面风、睡觉缺铺盖”的极其艰苦的条件下，安营扎寨于莽莽林海之中，同大自然展开了不懈的斗争。他们在改造大自然的同时，也重塑了自己的高尚灵魂，铸就了同大庆精神一样熠熠闪光的大兴安岭精神。开发建设的攻坚阶段，正逢“十年浩劫”。可创业的脚步并没因此而停下。这一代人用自己的青春和热血，开创了大兴安岭为社会主义现代化建设服务的新纪元。如今，这一代创业者相继离休或退休。但他们的生命却在这里扎下了深深的根基。有的老工人说：“我们这一代人对大兴安岭是献了青春献终身，献了终身献子孙”。在嫩江——加格达齐——漠河的铁路修筑工程中，铁道兵立下了不朽的功绩，也付出了巨大代价。据知情者回忆，铁路每前进一公里，就有一位战士献出宝贵而又年轻的生命。

创业者在开发建设林区的同时，也繁衍了自身。现在，林区的生活条件尽管比沿海和内地要艰苦，但从整体上说，人的基本生存条件是今非昔比了。整个林区常住人口已达54.3万。全国除台湾、西藏两省、自治区外，都有人在这里安家落户，汉、蒙、满、达斡尔、鄂温克等22个民族兄弟在这里融洽相处。

经过30多年的开发建设，大兴安岭林区在最大限度地保持原本林业生态体系的同时，初步建成了林业产业体系。全林区已建成大型林业企业13个，形成年生产534.4万立方米木材的能力；年筑路能力达650公里；发电装机容量达48万千瓦。按1990年不变价格计算，森林工业年产值已由投产初期的7 236万元增加到185 500万元，增长了25.6倍，年均增长速度为12.8%。到1995年末累计生产商品木材9 027.2万立方米，给国家上缴利税22.8亿元，为社会主义现代化建设做出了贡献。

二、令人困厄的“三危”现象

整个国有林区的发展，最大的制约因素是“三危”，即资源危机、经济危困、人才危殆。

六七十年代，我国钢铁和建材工业比较落后。在这种情况下，国家为了满足社会主义建设的急需，对森林企业采取了以木材采运为主的生产经营指导方针，结果引出了一些矛盾。主要表现在：重视采伐产量，忽视对森林的抚育；重视资源的加快索取，忽视资源的永续利用。在大量的原木源源不断地运往全国各地、有利地支援了国家建设的同时，也因对资源的过分开采、掠夺经营和抚育不够而导致森林的过量消耗和永续利用。对此，有的老工人说我们“吃了祖宗饭，砸了子孙碗”。目前，大兴安岭林区在5.35亿立方米的活立木总蓄积中，可采蓄积仅为1.78亿立方米，占总蓄积的33.27%。在贫乏的可采资源中，还有相当部分分布在水湿地、低价林、老头林、高山脚等地带。据测算，可采资源相对充裕和林价好的局，可采25年左右；可采资源相对贫乏和林价情况差的局，还能开采15年左右；有的局再过七八年，就将无林可采。

大兴安岭林管局的同志说：“在传统的计划经济体制向社会主义市场经济体制转轨的过程中，林业的发展，一方面要受制于整个经济运行的大环境；另一方面，林业本身的经营体制、运行机制和企业管理等方面问题，将直接起到制约作用。主管和客观因素交织在一起，就构成了森工企业的经济危困”。主要表现是：企业内部的产业结构不合理，资金短缺，生产成本上升，经营管理粗放、经济效益下降和社会负担重。大兴安岭林区由于开发阶段，仍然属于“独木支撑”的单一经济结构。整个林区按开发建设规划，国家欠投资3亿元资金，企业流动资金只有100万元，仅占企业总资本金的1/264，生产急需的流动资金，绝大部分部分来源于负债。依附企业建社区，使企业背上了相当沉重的社会性经济负担。“八五”期间，林管局负担森警部队、公检法司、文教卫生事业和政府经费等各项木材生产战线实现利润总额的36.5%。欠收的木材贷款，如同雪上加霜，无疑又钳制了企业资金的正常运营。

大兴安岭林区由于地处高寒山区，气候不好，基础设施及生活福利事业欠账很大，生活艰苦，职工收入低，致使人才大量外流。据统计，同样生活、工作在加格达奇区域的林业、铁路、邮电职工，其三者之间的收入比例为1∶2.09∶2.17。1995年，林业职工的月平均收入仅为359元，还不能及时、足额发到职工手中。最近三年，每年都有720名左右有职称的科技和管理人才调出林区，本地出去的大中专毕业生却一个也分不回来。对此，地区劳动局局长形象地说：“不但孔雀东南飞了，就连鸿雁也不甘在这里受苦，纷纷开路了”。资金危机，加重了经济危困。然而，人才危殆，将使资源危机和经济危困陷入无力扭转的地步。这是林区经济走出低谷的最大制约因素。

三、“治危兴林”的曙光

在辞旧迎新之际，大兴安岭人不但向我们诉说着困惑，而且也满怀信心地憧憬着未来。干部职工的言谈，充分表现出大兴安岭人在党的十四届五中全会精神的鼓舞下，决毅克服艰难困苦，立志“九五”再次创业的信心和继续发扬大兴安岭精神，实现“治危兴林”目标的决心。地委书记杜宇新同志说：“只要林区干部职工团结起来，认真贯彻落实五中全会精神，在转变经济体制和经济增长方式上下功夫，继续深化改革，积极调整结构，加强经营管理，理顺各方关系，那么，大兴安岭林区一定能再度辉煌”。行署专员兼林管局局长肇志强同志说：“解决林区经济运行中的矛盾和问题，应调动多方面的积极性。在争取国家和各有部给予支持的同时，一定要注意发挥国有企业的政治优势和人的主观能动作用，尽力自我消化矛盾，努力开拓出一条崭新的‘治危兴林’之路”。

事实上，近几年，大兴安岭林管局已在“治危兴林”上下了功夫。为使森林资源能够永续利用和林业的持续发展，林管局采取了“两手抓”。一手抓限量采伐政策的落实，首先遏制资源的过度消耗，让森林得到休养生息；一手抓后续森林资源的培育。“八五”期间，林管局在经济形势趋紧、就业压力较大的情况下，坚决执行国家的限采政策，把木材年均采伐量调减至361.2万立方米，比建局以来产量最高的1989年调低了43.9%。同时，加大营林投入，扩充营林队伍，加快更新造林、天然中幼林抚育和低价林改造步伐，努力提高森林覆盖率、林木生长量和林分质量。五年来，营林投入14.88亿元，是“七五”营林投入总额的2.6倍；更新造林、天然中幼林抚育、低价林改造面积分别比“七五”增加160%、28.3%、77.1%。

“林业的发展，必须适应发展社会主义市场经济的需要，打破独木支撑的产业结构，建立起比较完备的林业生态体系”。这是大兴安岭林区各级干部和广大职工在“治危兴林”实践中所形成的共识。他们情形地认识到，不打破“独木支撑”的产业格局，林区的发展是没有希望的。于是，大兴安岭人在立足与保护、培育森林资源的基础上，合理地开发和综合利用林区资源，大力发展产业和多种经营，培育新的经济增长点。“八五”期间，在注意提高以原木和“三剩物”为原料的人造板、纸浆、木片的生产能力的同时，新上了一批采煤、采金、炼钢、机制炭、废纸再生、皮带加工、笔杆制造等工业项目。特别是以桦木为原料的深、精加工业得到长足发展，卫生筷子、雪条棒、牙签、木珠制品等系列产品进入国际市场。每立方米桦木经过深、精加工，可增值5～10倍。林产工业产值的比重已上升到17.3%。以垦荒种田、动物繁育、野生浆果的采集与加工、食用菌类开发为重点的多种经营正在向规模化、基地化的方向发展，一批名优特新产品相继问世。多种经营产值在林工总产值中的比重，已由“七五”的5.6%上升到“八五”的15.1%。“独木支撑”的产业格局正在逐步被木材采运、林产工业、多种经营的“三维经济”所取代。经过“九五”的深度开发和规划建设，大兴安岭这颗珍珠，一定会在“雄鸡”冠下发出更加灿烂的光辉。

借鉴国外经验 发展中国林业

新中国成立以来，我国的林业建设虽然取得了很大成绩，但我们仍是少林的国家。全国现有森林 20.06 亿亩，森林覆盖率仅为 13.92%。林业的整体发展水平，不但与瑞典、挪威这样的发达国家差距较大，而且也落后于一些发展中国家。从我们少林的国情出发，借鉴其他国家的发展经验，我们认为，今后在相当长的一段时期中，我国林业发展的战略选择应该是在努力培植后续林业资源的同时，加强对现有森林资源的管护，坚持森林的持续发展和永续利用的原则，力求建立一个良好的林业生态体系和林业产业体系。

1. 加大改革和对林业的扶持力度，加快绿化祖国大地的步伐。 林业肩负着优化生态环境和促进经济发展的双重使命，是国民经济的重要组成部分。它造福于全民，发展也依靠全民。过去，我们坚持全党动员、全民动手、全社会办林业的方针，大力开展义务植树、绿化祖国的群众运动，适时推进林业重点工程建设，为农业生产条件的改善、农村产业结构的调整和整个社会生态环境的优化，做出了贡献。今后，我们仍要坚持这样的指导方针，继续广泛发动群众，组织和动员全社会的力量，深入持久地开展植树造林运动，集中人力、物力、财力进行重点工程建设，加快绿化祖国大地的步伐。“九五”期间，每年应坚持完成植树造林 6 000 万亩以上，力争到 2000 年使森林覆盖率达到 15.52%的水平，努力创建一批高质量、高水平的平原绿化区域。

与农村经营体制改革相互配套，积极实施农村集体宜林“四荒”使用权的拍卖和林业股份合作制等项改革，鼓励林农或其他独立法人以资金、实物、技术、土地使用权和劳务等生产要素作为股份，组建各类林业股份合作企业，引导林业实行规模经营。扶持发展家庭林场，用政策鼓励广大林农发展林业的积极性。鉴于林业具有发展周期长、见效慢等特点，宜林“四荒”使用权的拍卖年限应从现在的 50

年、70年延长到100年，甚至更长一些。鼓励企业、部队、机关、学校到农村或林区办林场，动员各行各业都来参加林业建设。

国家不断增加对林业的资金投入，是加快林业发展的重要保证。目前，国家林业投入的增长速度大大低于国民经济建设的总体投入水平。1978年至1993年，全国基本建设投资增长8.3倍，而同期林业基建投资的比重由0.62%下降到0.48%。林业投入不但数量不足，而且有的投入项目资金还不能兑现。国务院立项的七大防护林工程建设，每年国家应补助的4.25亿元，而实际每年只给安排1.35亿元的资金，资金到位率仅为31.7%。同时，林业事业费短缺和地方林业主管部门负债的问题也十分突出。资金不足，是导致林业发展的最大制约因素。解决资金问题，应主要从三个方面着手。一是各级政府用于林业基本建设投资的增长水平，应不低于同期财政收入的增长水平。鉴于生态林的建设主要体现在生态效益和社会效益上，投资应以国家财政预算内拨款为主。二是适当增加林业事业经费，用于加强林业基础科研和应用技术的推广，加强林业服务体系、护林防火和执法监督体系建设。三是在贫困山区，要从农业综合开发、以工代赈和扶贫资金中按比例划拨一定的资金，用于“治荒”和发展经济林。

2. 加强林木管理，实行以发治林。发展林业，植树造林是基础，但更重要的是管护。如果缺少必要的管护，植树造林活动就会事倍功半，甚至事而无功。瑞典、挪威两国的林业之所以发达，是与他们加强林政工作，用法律的、经济的、行政的手段对林业的生产和经营进行宏观调控密切相关的。在我国植树不成林的问题突出，乱砍滥伐的现象经常发生，森林管护的形势比较严峻。据统计，仅1994年1—10月乱砍滥伐林木案件就发生4万多起，损失立木24万立方米。在一些经济比较困难的林区，“要致富先砍树”已司空见惯，甚至在过去平原绿化的先进地区，也有大面积砍伐农田防护林，用牺牲“绿色屏障”来换取一时实惠的事例。同时，乱占滥用林矿床的现象屡禁不止，每年都在600万亩以上。

加强对森林的管护，当务之急是完善法规，做到有法可依。我国的《森林法》经过8年的实践，已经发现有些条款不完备，约束软弱，应尽快修改，及早报国务院提请全国人大审议。同时，要加快林业法规研究，组织有关人员拟定与森林法相配套的法规或实施细则，力求使各级政府、林业企业和家庭林主在林木的生产经营过程中应该干什么、不能干什么，都有法律约束。

要做到以法治林，光是有法可依还不够，关键是要做到有法必依、执法必严、违法必究。首先，各级政府和林业行政主管部门的负责人要提高认识，严明纪律，增强依法行事的自觉性。其次，要加强对林农的法制教育，让他们知法、懂法、守法。第三，加强林业执法队伍建设，经常开展林业执法检查，发现问题及时处理，维护法律的严肃性。第四，严格执行违法的惩罚和赔偿规定，运用法律手段来维护林业的经济权益，保护林业建设的伟大成果。

3. 调整林业政策，依靠科技提高木材的利用率。我国基本就是应一个少林的国家，理智的做法应该是珍惜林木，控制采伐，重视后续材源的培育，节约用材，合理用材。近几年，我国对木材采伐量虽然进行了控制，但在一些地方，采伐量大于生长量的局面还没有得到扭转，资源危机的态势仍在加剧。一些林业发达国家的经验证明，林业必须走持续发展和永续利用之路，千万不可搞竭泽而渔。用牺牲林业长远利益来换取林业的一时稳定，资源就不可避免地遭到严重破坏。这种做法是不明智的。在林木过量超采的同时，我国木材的加工工艺落后，设备陈旧，出材很低，浪费木材的现象严重。瑞典和挪威这两个国家，不但林木的采伐量大大小于生长量，而且木材加工工艺、设备先进，原木出材率达50%以上，木材的综合利用率高达100%，无论是树皮还是小径木，都能派上用场。我国的原木出材率仅为30%，木材的综合利用率为85%，远远低于瑞典和挪威的水平。与先进国家的指标差距，就是我国木材加工业的潜力。因此，我国的木材生产应该大幅度缩减采伐量，大跨度提高成材加工技术，大力开发木材的代用品，大规模开展节约用材。采用这样一个发展战略，可让森林得到休养生息和永续利用，造福于子孙后代。

借鉴瑞典、挪威的经验，我们应把木材的采伐量控制在年生长量70%以下。为了弥补因减少采伐量给用材带来的缺口，可以采取适当进口木材，用进口替代来换取对我国森林资源的培育。与此同时，加强同林业发达国家的合作交流，引进木材加工和综合利用的先进技术、设备、大力发展纸浆、造纸、密度板等以木材为原料的加工业，并注意在加工、精加工上下功夫，把林产工业搞上去，为采伐的减员提供就业机会。这次我们访问瑞、挪两国，对这两个国家的林政、营林和林产工业等部门、企业界的有关人员进行了广泛的接触，不但增进了相互的友谊和了解，而且也就营林、木材加工和综合利用技术进行了交流和探讨，在造纸机械、木浆生产及木质黏合等方面的合作提出意向，有关部门应加强组织和协调，搞好衔接，促动及早进入实质性的商务谈判，做好合作、引进和共同开发工作。

4. 适应发展社会主义市场经济的需要调整产业布局。而在我国，有关部门职责交叉，上下衔接不够，政企分开，林产工业布局不合理等问题都程度不同地存在，严重地制约着林业的发展，非进行一些必要的改革不可。比如，在林地管理上，林业主管部门的职责不清，致使林业大量流失。一些国有林场、森林公园及自然保护区被无偿划拨，侵占了国有林业生产单位的合法权益，挫伤了发展林业的积极性。又比如，一些木材加工企业建在远离林区的大城市，从林区调运原木到城市加工，不但使林区失去了就业岗位和加工的机会效益，而且造成人力、物力、财力和运力的巨大浪费。解决这些问题的出路：一是深化体制改革，明确部门职责，还权于企业。在林地的使用权属上，应明确“地随林走”；通过有关部门的联合调研，拿出解决林业企业的办法；应由企业做的事，政府就不要去干预，应由林业部门管理的，其他部门就不要去插手。二是调整产业政策，进行生产经营组织的制度创新，发展林工贸一体化的企业集团。在林产工业布局上，力求把木材加工企业建在原木产地，把市场建设、基地建设和综合利用有机地结合起来，形成专业化、区域化集约生产，构筑林工贸一体化的产业格局，发展名、优、新产品，不断增强林产品的有效供给能力。

解决实际问题　加强农村工作

——与黑龙江省几位县委书记的谈话纪要

1994 年 4 月，我到黑龙江省的绥化、庆安、望奎等市县调研，耳闻目睹，感到黑龙江省农村经济稳步发展，农村社会比较稳定。粮食产量连续三年稳定在228亿千克的水平上，1993年达到239.1亿千克。1993年全省农民的人均收入是1 028元（统计数字，据省农业厅测算，实际要低50元左右），扣除物价上涨因素，比上年增长2.1%，绝对数比全国平均水平高出100多元，增长幅度大体相当于全国平均水平。农村产业结构和农业内部结构得到调整，乡镇企业和畜牧业得到较快发展。农村形势同煤城、林城和国营大中型企业相比，尽管也存在一些问题，但表现得比较缓和。当然，县、乡两级干部也表露出工作上有难言之苦，广大农民群众也有一些不满情绪。对贯彻落实党在农村的各项方针政策，几位县（市）委书记从不同角度提出了一些意见和建议。综合起来，有十个方面的呼声。

1. 应注意调动广大农民和基层干部两个积极性。基层的同志说，没有广大基层干部的努力，党在农村的方针政策就无法落到实处，一些难度大的工作任务就无法完成。各级领导应理解基层干部的难处，给予支持和鼓励。现在，有些工作把基层干部推到了群众的对立面。比如说，动员农民卖大豆，卖给国家完成定购任务和卖议价每千克差0.8元多，农民卖2 500千克大豆，就少收入2 000多元。农民哪有白白扔掉这么多钱的觉悟？报纸上曾报道农村一些地方强迫农民交粮，好像是基层干部非要农民给国家交粮。农民负担是自上而下加重的，主要原因也不在基层干部。现在干群关系比较紧张，烧村干部家的仓房、柴垛、砸住房玻璃的事，在各地时有发生。去年庆安县元宝乡和丰田乡有两个党支部书记的粮食刚上场，被人放火烧个净光，连亲属的也烧了。富锦县长安乡务本村，一年放了57把火。农村干部普遍感到难当。中央以及省委对农民说什么，一定要斟酌，能办到“五”，最好说“三”。否则，如办不到，老百姓就认为中央的政策好，都叫下边搞坏了。基层干部希望在调动和保护广大农民积极性的同时，注意调动和保护广大基层干部的积极性。

2. 对农业和农村工作要把握好宣传口径，做到内外有别，少说多做。如对政治体制改革、机构改革的宣传，没等改就大造舆论，宣传了两年，弄得各机关单位人心浮动，都等着改，没有心思琢磨工作了。类似这样的事，是党政机关内部的事情，中央有个意见，下边照办就是了，不宜超前公开大讲。宣传不当，往往起副作用。庆安县的同志说，前两年宣传收购农产品打白条要追究领导的责任，1992年我们县有30%的粮款平均打两个半月的白条，直到春节过后的正月初九才兑现，今年又有的粮款欠了一个多月，收购甜菜和亚麻的价款，现在还有没兑现的（据省农委的同志说，目前全省还欠农民的甜菜款8 000多万元）。这样的问题是县乡政府解决不了的，银行资金保证不了，地方的同志没有办法，责任难负。包括对落实知识分子政策、解决住房问题的宣传，也值得研究。现在各地都是吃饭财政，没有多少钱能拿出来给知识分子盖房子，但中央一说出去，下边就被动了。中央对各项工作的宣传口径，一定要好好研究。“文化大革命”以前有个很好的制度，8点涨价，7点55分都不准说出去。对农村工作的宣传，一要是把握好口径，二是要留有余地。

3. 对农林政策的变动要慎重，千万不能朝令夕改。庆安县委书记说：“改革开放是前人没有干过的事业，没有现成的经验借鉴，但重大改革措施的出台要详细研究，变动要慎重。去年中央农村工作会议上讲粮食要保量放价，广大基层干部和农民群众都很欢迎。但最近听说变了，粮食要保购限价。当时宣传保量放价，信号一出，没等粮食的价格涨上去，柴油、化肥等生产资料的价格就涨上去了。现在又提出保购限价，农民的心不托底，认为政策总是在变。”

4. 应注意解决税制改革过程中出现的新情况、新问题。基层的同志反映，税制改革宣传一年多了，实际操作也有四个月了。但现在听说税种还没定下来，税票子还没到县里。实行新税制后，先交税、后返回，交税到返回有较长的时间间隔。在这段间隔中如衔接不及时，就要影响到地方经济的正常运行。比如，因没及时退税，庆安县职工的3月份工资到4月10日时还没发出去，望奎县职工春节后就没发过工资。

5. 减轻农民负担应从上面做起，多面着手。去年自上而下抓了减轻农民负担工作，收效不小。但小头减了，大头继续增。减掉的负担被生产成本上升所抵消。今年庆安县光农用生产资料涨价这一项，农民就多支出60万～70万元，加上农副产品的增值税，全县最少要拿走300万元，平均一个村增支减收2万元。一些基层干部怀疑中央减轻农民负担的政策能否坚持下去，认为现在中央仍有新的口子。比如，去年中央取消了个体、集体矿管费的收费项目，但今年国务院又出台收取矿产资源费的政策。基层的同志说，农民负担的最大开销是用于办教育。比较贫困的望奎县，财政收入的50%用于办教育，敏三乡的统筹费60%用于办教育。每隔10～15年村上就要维修一次学校，过去10万～20万就可以办一所学校，现在得花30万元，有些贫困村实在承担不起。对这样的村，国家应尽力给点资助。

6. 应研究和解决条块分割的问题。庆安县委书记说，县这个层次要管经济，但管不了经济部门。银行、石油、电业、保险、烟草、邮电等有经济实力的单位都是三权之上，连法院、工商、县社、统计和群团组织等单位还得协管。黑龙江省去年把挣钱的林产工业上收到省里管，后来看是个包袱，今年又提出要放给地方，但三个林产工业效益比较好的县不下放。把挣钱的收上去，包袱甩给地方。林产工业归省里统管，但责任重大的防火工作却留给地方，人、财、物管不了，要增加点防火投入都办不到。法院院长是地方选举制，法院上收，地方召开人代会还得保证上级法院提出的候选人给选上，选不上还得找地方党委。条块分割的问题如果得不到解决，任其发展下去，地方党委和政府有被架空的可能。这个问题关系重大，应引起中央的重视。

7. 国家扶持发展农村经济的政策应落到实处。基层的同志说，中央重视农业，光讲不行，得研究点实招，把出台的政策措施落到实处。国家把农业当成基础产业，但对农业的投入并没有增加。庆安县今年职工干部增加工资，平均每人加108元，县财政得支出1 200万元，地方财政保开支都有难度，没有对农业再投入的能力。国家不应过早地取消对农业生产资料的补贴，这在我国粮食还没过关、个别地方还比较紧张的情况下，尤其不应这样做。这几年农业税的增长幅度也很大。1983年庆安县农业税仅380万元，1993年到了1 200万元，今年又新增加400万元。种粮比较效益低，农业生产成本直线上升，这与农业的基础地位不相称。农业基础设施年久失修，这是个普遍问题，农民对农业生产的后劲不足很担心。对农业生产和收购农产品的资金要保证。望奎县委书记说，上边说收购农产品不打白条，县里这个层次感到压力很大。解决这个问题，办法是中央在资金上作出充足的安排。县里没有调度和安排资金的权利。黑龙江省农委的同志提出，取消粮食预购定金后，应把这项资金转为农业贷款，用于扶持发展粮食生产。

8. 应采取措施稳定农业生产资料的价格，增加生产资料的有效供给。庆安县的同志反映，今年二铵的吨价由1993年的1 800元上涨到2 240元，上涨了24.4%，个别地方高达2 600元；尿素吨价由1993年的900元上涨到1 230元，上涨了36.6%，柴油吨价由1993年的510元上涨到2 450元，上涨了3.8倍。国家说对生产资料的限价，实际没起作用，物资一进入流通领域，价格就猛涨。生产资料价高，同时货源也不足。黑龙江省每年需化肥350万标吨，有货源保证的仅220万标吨，占需要量的62.8%，磷、钾肥更缺，在黑龙江氮磷用肥的比例应是1∶1，今年货源的比例是2∶1，钾肥今年还没有。这些问题都需要认真研究，拿出解决办法。

9. 应解决农民子弟读不起书，毕业后就业难的问题。学费上涨，各项杂费增加，一些农民子弟读不起书，已经成了各地的普遍呼声。一些农民说，大学扩大自费招生比例，农民子弟上了也读不起。高校毕业分配实行双向选择，工作的选择不是靠成绩，而是靠门路，靠爸爸妈妈，有门路的差学生能找到好工作，没有门路的好学生也找不到工作。银行的子弟毕业后到银行就业，电业子弟毕业后到电业部门就业，农民的子弟得永远当农民。长此下去，将重复封建式的世袭制社会。

10. 中央应改进群众来访接待工作。现在上访的越来越多。庆安的县委书记说，他平均每天接待两三起。每年人大、政协会前，上级都要求做好工作，不要上访。这样做的本意是好的。但实际情况是一些人都在这个时候集中上访，有的上访者到处串联，说“往中央跑，县里就害怕了”。有的到北京上访。回来到处说“那里管吃又管住，还给拿路费”。有的到上边上访三次，不管符不符合政策，上边就要求下边给解决了。无理取闹的上访者得不到应有的处理和教育，靠文件让基层的同志管，是不可能管好的。应研究一套办法，中央与地方密切配合，上下一致地解决好上访问题。

（1994年5月）

关于内蒙古改革与发展情况的调研汇报

遵照中央领导指示，我在内蒙古参加座谈会期间，抽出时间，同省委政研室的有关同志，就目前内蒙古全区改革与发展的有关情况进行了座谈。在伊克昭盟、呼和浩特、包头等盟市所属旗县、乡镇（苏木）、村（嘎查），也了解了一些这方面的情况。

内蒙古的同志们普遍反映，党的十一届三中全会以来，全区改革和发展的成绩是很大的。今年初，小平同志南巡发表谈话之后，全区上上下下按照小平同志的重要谈话的要求，深化改革，扩大开放，加快经济建设的步伐，出现了一些新情况、新举动。总体来说，我们所到之处，深化改革、加快发展的呼声很高，正在逐步形成巨大的潮流，在一些方面动作也较快，已经有所收效。我们认为，能够体现内蒙古特点的主要有三个方面。

第一，确定了全区“两带一区”的发展战略。这是自治区党委书记王群同志在最近召开的区党代会上提出来的。所谓“两带一区”战略，就是“沿边开放带、沿铁路线经济技术开发带和资源富集区的分区开发建设”的发展规划。

沿边开放带的建设，主要是加快边境地区由“点”到“线”的开放进程，与周边国家建立广泛的经济联系，开拓不同层次的国际市场，实现经济领域的全方位开放。自治区党委提出：放开边民互市和小额贸易，凡有条件的地段，都可开设边民互市市场，允许持有两国地方当局共同认可证件的公民，在互市贸易区进行国家法律、政策允许的买卖；简化出入境手续，鼓励边境旗市国营、集体工商企业直接同外商洽谈生意，打破地方贸易公司一家垄断的局面；兴建一批边境小“特区”；大力发展边境地区的旅游业等。

沿铁路线技术开发带的建设，主要是沿线重点城市要以发展外向型经济为目标，重点建设出口加工生产基地，兴办高科技开发区，促进现有产业、企业的“嫁接”和改造，形成一批支柱产业和“拳头”产品，不断增强这些区域性中心城市的吸引、辐射功能。力争在一两年内，每个沿线城市建成一两个经济技术开发区，发展若干个出口创汇企业。

资源富集区的开发和建设，主要是发挥本区资源优势，以煤炭、电力为先导产业，大力发展冶金、化工、建材、轻纺、食品等工业。一是大办煤炭、电力工业。继续抓好东胜、准格尔、元宝山、平庄、霍林河、伊敏河、大雁等矿区建设和达拉特、准格尔、乌海等大电厂建设，力争到“九五”期末，全区煤炭产量达到1.4亿吨，电力装机容量达到2 000万千瓦左右。二是大力发展钢铁和稀土工业。扩大白云鄂博、达茂旗铁矿资源和稀土资源的开发规模，巩固和发展以包头为中心的稀土科研、生产基地，积极开发哲盟801重稀土金属矿，加快包钢的技术改造。到2000年，钢产量力争达到530万吨。三是大力发展有色金属工业。逐步建设以呼盟、赤峰、包头、巴盟等地区为主的有色金属基地。四是大力发展建材工业。重点发展水泥、玻璃系列产品，新型建筑材料和陶瓷系列产品，加快石墨、膨润土、高岭土的开发，发展高科技无机非金属材料。五是大力发展以石油化工、煤化工和盐碱硝化工为重点的石油化工业。加强二连油田和开鲁油田的勘探，扩大原油生产，抓紧筹建石油精炼工程，加快通辽有机化工基地建设，努力发展精细化工、医药和农药工业。六是加快农牧林资源的开发和建设。抓紧东郊地区、土默川平原的二期开发，搞好河套灌区的治理改造，做好乌兰布和沙漠开发的前期准备，建立不同类型的农牧林业商品生产基地和创汇产品原料基地。七是放手发展乡镇企业。可按照不低于25%的速度发展，力争“八五”期末，产值达到150亿元以上。八是加快以交通、通讯为重点的基础设施建设，大力发展第三产业。

第二，提出经济发展速度要力争上到两位数。内蒙古的同志认为，根据国家发展战略的布局，区内资源情况和市场需要，并经过有关部门的测算，把发展速度搞到两位数，是可行的，也是能够达到的。未来8年，全区新上的重点工业项目，按1990年不变价计算，产值可达到500亿元左右，原有企业经更新改造和转换经营机制后，产值可上到900亿元左右，这样，全区工业总产值就可达到1 400亿元左右，年递增17%左右。对农牧区发展速度的安排比较慎重，要求按照年递增5%的速度发展，到20世纪末总产值可达到260亿元左右；乡镇企业按照年递增25%的速度发展，到20世纪末总产值可达466亿元左右（按当年价）；第三产业按照18%的速度发展，到20世纪末总产值可达到377亿元左右。根据这个测算，全区的国民生产总值到2000年可达到1 000多亿元，年递增13.5%左右。其中，“八五”可达12%左右，“九五”可达15%左右。内蒙古的同志认为，按照两位数的速度发展，即使把某些不确定因素考虑进去，提前实现翻两番的目标也是能够办到的。

第三，以“精简上层，充实基层，转变职能，强化服务”为主要内容的旗县级综合配套改革，在全区范围内大面积铺开。区党委提出，按照“小机构、多实体、大服务”的总体趋势，采取各种鼓励政策和措施，促使行政事业单位的富余人员流向各种经济单位和服务实体。采取一事一办的政策，“先开渠后放水”或“边修渠边放水”，先脱钩后“断奶”或逐步脱钩“断奶”。到4月末，全区已撤并行政或事业机构388个，13 397名党政机关或事业单位职工转到各类经济实体，或停薪留职，自谋职业。搞得比较好的是卓资县和察右前旗。他们的经验已经受到国务院的充分肯定，现在各地正借鉴这两个旗县的做法，结合本地实际大面积推开。

我们下到乡镇（苏木）、村（嘎查），看到一些区在开展社会主义思想教育的地方，认真贯彻落实党的十三届八中全会《决定》和小平同志南巡谈话精神，紧紧抓住经济建设这个中心，大力发展社会主义商品经济的动人场面。达拉特旗大树湾乡的西城村，社教工作队员帮助农民建起了两处养猪场，二河滩村建起了两处蔬菜大棚。伊金霍洛旗新街镇塔尔河一队，共有40户农户，今春共打机井24眼，从而解决了多年的干旱问题，实现了每人一亩水浇地。土默特右翼前旗的美岱昭镇，今年集资500万元，正在建立一个一公里长的以药材为主的销售市场，紧张施工，计划10月份建成营业。还有呼和浩特市郊、包头市郊到处可见的正在加紧建设的乡镇企业，也给我们留下了深刻的印象。

此外，内蒙的农业和农村工作有三点值得注意的问题。一是水土流失严重，耕地沙化、盐碱化还没得到有效控制。二是去年牧民的收入比上年有所下降。牧民的人均纯收入，1990年是905.67元，1991年下降到868.07元，下降了37.6元，下降幅度为4.15%。三是农民卖粮、卖糖（菜）得不到及时兑现，势必要影响到生产积极性。达拉特旗今年春共欠农民卖粮、卖糖（菜）的白条子1 800多万元，前段时间兑现白条子，只给农民发70%的现金，其余30%是给的成品糖。兑现时，有的农民是背着几个糖袋子回家的。

关于农牧区改革与发展的一些基本情况，内蒙古政研室搞了一个文字材料，现一并送上，请参阅。今后，我们还将关注着内蒙古的改革和发展问题，适当时机再深入下去调研，写出书面调研报告。

（1992年7月17日）

一位省委书记的“三农”观

——听回良玉同志一席谈

在亚洲出现金融危机，引进外资的环境发生变化，国内农业占整个国民经济份额下降，乡镇企业改制大面积推开，“三农”工作出现了许多新情况、新问题的形势下，江苏作为中国先发展省份，如何解决好“三农”这道“方程”，如何在观念和措施上带头有所突破。带着这个问题，我们采访了中共江苏省委书记回良玉，听到了他对在经济结构进行战略性调整的过程中，如何突破“三农”瓶颈制约的高见。

采访回良玉同志，是一次富有理性意义的交流和认识的升华。这位曾在四个省和中央部门领导岗位上任职，有着浓烈的“三农”情结，对中国的“三农”问题很有研究和见地的省委书记，谈到当前的“三农”问题时，自有一番深刻的认识和实际的思考。

一、形势变了农业基础地位没变

针对新形势下“三农”问题面临的新变化，回良玉强调说，要进一步深化对“三农”问题的认识。他说：“虽然农业在国民经济中的比重不断下降，但农业的基础地位没有变；虽然农业发展进入了新阶段，但农民在农业和农村工作中的主体地位没有变；虽然城乡关系发生了变化，但农村工作在全局工作中的战略地位没有变；虽然国内外形势发生了变化，但我们党解决农业、农村和农民问题的基本方针没有变。因此，我们一定要坚决按照江总书记‘三个代表’的重要思想和关于‘三农’问题的一系列重要论述，高度重视农业、农民和农村问题，一定要从全局的战略的高度，真正地而不是表面地，实际地而不是口头地，全心全意地而不是半心半意地加强农业这个基础，认真贯彻落实党中央、国务院一系列方针政策，切实加快农业结构的战略性调整。”

二、“三农”问题的核心是发展问题

中央多次强调，要强化农业，繁荣农村，富裕农民。这是个大的战略，如何把这个大战略演化成行动的措施，对此，社会议论颇多。回良玉同志对于把这三个要求具体化的问题，有着高屋建瓴的思考。对此他提出：“强化农业，还得大力发展非农产业；繁荣农村，还得大力推进城镇化；富裕农民，还得大量减少农民。”他说，改革开放以来，江苏农村改革和发展都取得了辉煌成就，农村面貌发生了历史性的巨大变化。可以说，没有农业和农村经济生机勃勃的发展，没有农村社会的稳定，就没有江苏今天的大好形势。但是，面对新世纪，站在新高度，用跨世纪发展的战略眼光来审视江苏的农业、农民和农村问题，还存在着不少薄弱环节，面临着许多困难和矛盾。目前农村最大的难题是农业增效难、农民增收难；目前农村最大的矛盾是农业结构不优，产业化程度不高。因此，目前和今后一段时期，江苏省农业和农村工作的总的指导思想是：以农业增效、农民增收为核心，以农村经济结构战略性调整为主线，以农业和农村的制度创新和技术创新为主动力，以新型农村合作经济组织和农民经纪人队伍为进入市场的主渠道，大力推进农业产业化经营，加快农村宽裕型小康社会的建设，遵照江总书记的嘱托，为全省率先基本实现现代化打下坚实的基础。

三、农业结构调整要做到“五个结合”

“作为经济大省，江苏的农业仍然落后于其他产业，农村仍然落后于城市。全省在进行经济结构的战略性调整的同时，也必须加快实施农业结构的战略性调整”。回良玉同志说出了农业结构调整在整个经济结构调整中的重要性和必须性。回良玉认为，农业结构的战略性调整，是一项集政策性、群众性、经济性、社会性于一体的系统工程，涉及方方面面的工作。农业结构战略性调整是当前江苏农业和农村工作的主线，必须坚持做到“五个结合”。一是坚持适应性调整与战略性调整相结合，以战略性调整的要求指导当前的适应性调整，以适应性调整的实际成效来推进战略性调整。二是坚持发展特色农业与扩大规模、提高档次相结合，面向市场，在发展特色农业和优势农业上做文章，努力形成区域性的规模比较优势和龙头企业的规模比较优势，以先进的科学技术作支撑，大力提高发展的档次和水平。三是坚持农业结构调整与体制、机制的创新相结合，加快建立农村土地使用权流转机制，加快建立农业产业化经营的利益机制，加快科技成果储备和体制创新机制，加快农村市场体系建设，加快新型农村专业合作经济组织的发展。四是坚持农业结构调整与发展乡镇企业、推进小城镇建设相结合，根据城乡发展的目标和任务，统筹安排社会生产力，合理配置城乡生产要素，统一调整城乡产业结构，把城乡两个生产基地、两个市场、两个资源的优势结合起来，建立统一的城乡社会经济网络。五是坚持农业结构调整与扩大农业对外开放相结合，解放思想，更新观念，把扩大农业的对外开放作为农业结构战略性调整的重要内容，作为开放型经济的重要组成部分，作为整个经济发展的重要增长点来筹划。这不仅是农业结构调整的方向之一，也是适应加入WTO必须采取的对策。

四、各级领导要高度重视“三农”问题

“解决‘三农’问题，关键是领导重视。这不是一句空洞的口号，而是具有实践依据”。在前不久召开的江苏农业结构调整会议上，回良玉同志是这样向全省各级领导强调重视“三农”问题的意义的：“农业是国民经济的基础，没有农业的现代化，就没有江苏的现代化；

农民是最大的社会群体，没有农民的富裕就没有全省人民的富裕；农村是现代化建设全局的重要组成部分，没有农村的经济繁荣和社会进步，就没有全省经济的繁荣和社会的进步！”基于这样的认识，江苏各地正在战略性的调整中，掀起一股重新认识“三农”，高度重视“三农”，全力支持和发展“三农”的热潮。

（沈建华参加访问并完成初稿 《农民日报》2000 年 11 月 11 日）

李文学同志近照

支农政策的"代数学"

列宁在评价十九世纪俄国民主主义思想家赫尔岑的伟大功绩时，说得他充分领会了黑格尔的辩证法，懂得辩证法是"革命的代数学"，从而使他达到了伟大思想家的水平。中国共产党人在指导伟大的社会主义建设中，特别是在解决"三农"问题的实践中，将支农政策作为发展的杠杆，用于提高以粮食为主的农产品产量和质量，且政策投入的"乘数效应"明显。用数学模型解析现行的促进粮食增产、农民增收、农业综合

当代中国

农政系论

（第三卷）

李文学 著

中国农业出版社

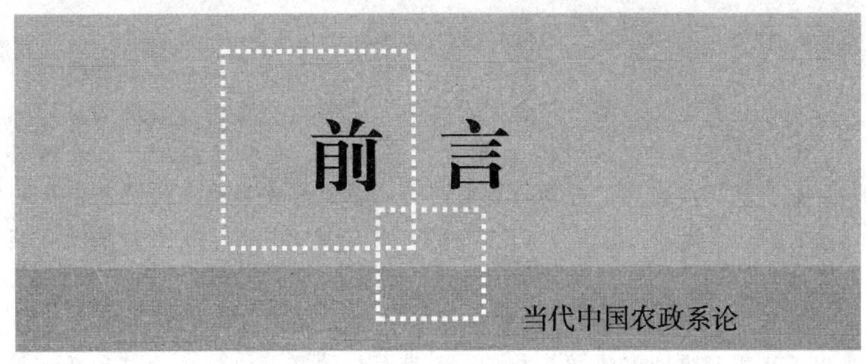

前言

关注“三农”问题，与我的成长经历相伴；研究“三农”问题，与我的知识积累和工作历程同行。

(一)

我最早接触经济学原理，始于毛泽东同志的“以农业为基础，以工业为主导”这句至理名言在社会上的传颂。当时，我并不十分明白社会运行中的产业分工问题，只是崇拜毛泽东的朴素感情，让我意识到农业是个了不起的产业。后来，系统地读了书，才得知在18世纪下半叶，马克思就说过：“超越于劳动者个人需要的农业劳动生产率，是一切社会的基础。”如果说初步理解毛泽东的话，使我懵懵懂懂地认识到农业与工业之间存在着一种重要关系，那么，当我读完《资本论》时，才深刻地认识到：农业是推动社会生产力发展和物质财富增生的原始产业；工业以及后发展的建筑、运输、金融等行业，都脱胎于农业，都是农业发展到一定程度的产物。

对马克思主义政治经济学原理的一般性掌握，又引起了我对前马克思主义经济学说渊源的追问。一些经济学说史书，又告诉我，在马克思恩格斯的政治经济学形成之前的封建社会早期，就已经形成了以“家庭生产与土地关系”为“蓝本”的经济学说。从法国查理大帝的“关于领地的敕令”，到基辅罗斯王公的“斯关而得”土地村社分类，都是围绕农地、农耕、农奴问题而展开讨论的。

从封建社会再上溯到原始社会，从古罗马到古希腊，从基督教的产生到斯巴达克起义，整个社会变革的导火索都是所有制与经济利益的抗争，期间的经济学说或政治经济学的萌芽，都是以家庭生产、庄园经济、奴隶主占有奴隶的劳动为基本因由而孕育和发展的。古罗马时代的考鲁迈拉，曾著有12卷的《论农业》，其经典名句："城市如果没有演员或律师，则过去和将来都是幸福的；而人们如果离开农夫，不用说，便不能生存、不能吃饭。"沿着这样的史迹上溯，可以在公元前4世纪发现最古老的农业经济学善本。古希腊大哲学家苏格拉底的学生斯诺芬对其思想的记述，由此而产生的人类第一部经济学著作——《家庭经济学》，被后人称为组织和管理奴隶主经济的指南。

所有这些成形的或不成形的、古典的或现代的、单一的或系统的农经思想，占领着我的头脑，左右着我的研究，统治着我的思维方式，成就了我对现代"三农"问题的判断、比较和选择。

（二）

对农业经济学理论上的认知，由一知半解到比较系统的掌握，以至于研究问题注重用实证说话，得益于我的出身、亲身经历和社会实践，得益于我与生俱来的"三农"情愫。

我出生在全国著名的粮豆之乡吉林省榆树县。在那个偏僻的小山村，我得到了以农耕为先的启蒙教育，逐渐长身体，长见识。孩提时的所见所闻，都是农田、农具和庄稼，还有那世代"面朝黑土背朝天"的父老乡亲。童年的崇高理想就是读好书，以求改变人生，有朝一日能有办法生产出足够的粮食，让全村的父老乡亲都能吃饱肚子。1970年，国家对初高中毕业生有"四个面向"的政策，我幸运地进了工厂。后来，又到长春去学习。再后来，顺着榆树县交通局、榆树县基本建设委员会、中共榆树县委、人民日报社农村部、中共吉林省委、中共中央政策研究室这样的工作经历一路走上来，以至到农民日报、中国农村杂志社任副总编辑、总编辑。此间，虽然工作岗位和职务几经变化，工业、交通、基建产业都有所涉足，但是，出身于农、献计于农是我前半生道路的基本轨迹并没有变化，由此也将我的"三农"情愫提升为"三农"情结。

研究"三农"问题，为解决"三农"问题而鼓与呼，是我的职责，也是我的兴趣。在20世纪80年代初中期，我结合所在工作管辖区域的具体情况，重点研究了商品粮基地县的粮增债长、补贴县的财政状况、粮食的民代国储和村组干部设置等一系列当时“三农”的热点问题；80年代末期，调研的视角由微观拓展到中观，重点研究了粮食经济、农村经营体制、农民负担制度、农村产业布局、农村发展资金等问题，研究成果通过“内参”、“信息快报”等形式，上送到中共中央办公厅、国务院办公厅等有关部门，有的通过新华社或者人民日报的内参渠道转发给领导参阅。

20世纪90年代，是我研究“农事”、“农政”、“三农”问题的黄金时代，是著述的“盛果期”。假如认为这个时期我有所作为的话，源于我的努力，但更重要的是源于组织上赐给我千载难逢的历史性机遇。1990年，我奉调进京，到中共中央政策研究室工作。这里是国内国际信息的集散地，是各种战略决策的“孵化器”，是思想者最好的用武之地。在这里，我每天都有看不完的参考资料，经常可以出席高层的工作汇报会、座谈会和研讨会，更重要的是有聆听党和国家领导人阐述“三农”战略问题的优越条件。无与伦比的从事调查研究的“软”、“硬”件条件，使我的立论眼界得到空前的拓宽，思维方式得到空前的洗练，研究成果得到领导重视。此间，我比较系统地研究了农业增长方式、农业现代化、粮食安全、农业生态环境建设、农业应对WTO战略、农民就业、农民权益保障以及农村经济与社会发展的组织资源等20个系列问题，有一些研究成果公开发表并赢得社会的关注。研究成果的连续“出炉”，一些想法不断得到农经界、理论界、新闻界同仁的善意校正，从而把我的调研层次推上了一个新的平台。

（三）

工作中、业余时，或草记或行文。多年坚持的思考和笔耕，成果日积月累，逐渐丰厚。除了在报刊上已经发表了一些文章之外，案头还存有一些自认为有读头、有意义的草稿，将其收集、整理，在力求满足理论联系实际、注重解决实际问题，并要保持“原汁原味”的条件下作出取舍，出版了这本《当代中国农政系论》，作为对组织、对领导、对老师、对同仁的成果汇报。

辩证唯物主义认为，世界上的一切事物每时每刻地都在发生变化，人类认知世界是个漫长过程。面对错综复杂的“三农”问题，即时的、

一孔之见的认识，狭隘或不透彻之处在所难免。但是，好在任何理性都源于实践，实践是检验决策意见正确与否的标准，任何理论概括上的偏差或思维梳理上的不完善，都会在实践中得到鉴别或更正。

仅以此书，同关注中国现代“三农”问题的专家学者来讨论。

2009年9月于北京

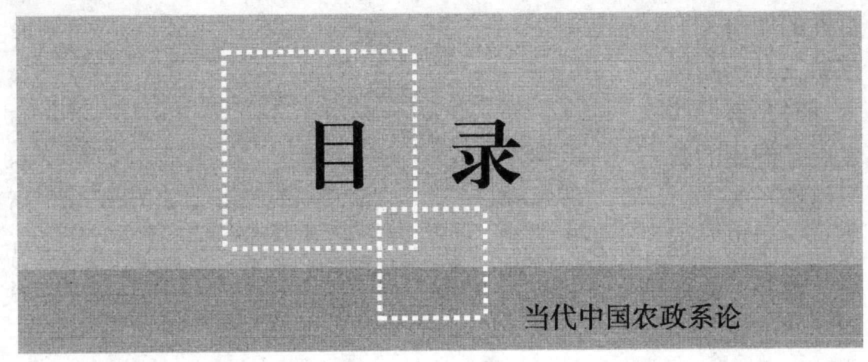

前言

时 鲜 思 考 篇

系 列 时 评 篇

理 论 升 华 篇

乡村调查篇

专 题 研 究 篇

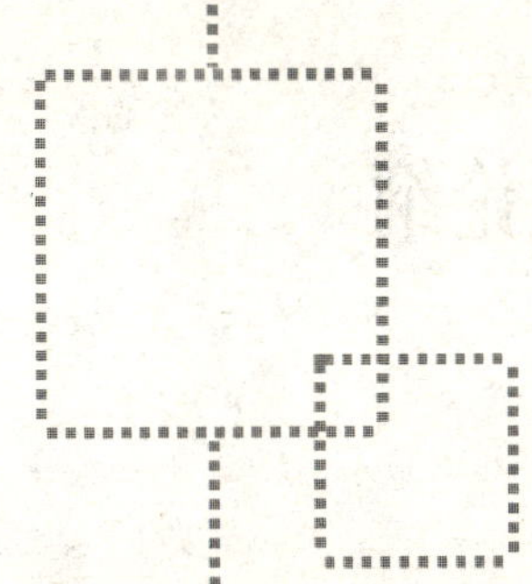

[专题研究篇]

第一章

中国“三农”问题论纲

在已经过去的20世纪，中国这个令世人瞩目的东方巨人，经济及社会面貌发生了翻天覆地的变化。特别是20世纪80年代以来，始于农村并燎原于工业、贸易、建筑、交通、金融等产业，涉及到政治、经济、文化等多个社会形态的改革，着实改变了中国人的思维方式，改变了政权组织对社会的控制程序，改变了整个社会运转机制，改变了人们的生活质量，也改变了中华民族的世界地位。中国这“睡狮”的苏醒，给整个人类带来了前所未有的生机和活力，中华民族对人类的进步与发展作出了巨大贡献。

在已经到来的21世纪，将是中华民族再铸辉煌的新世纪。在新世纪中叶，中国人要按照已故邓小平总设计师的设计，实现第三步发展战略的宏伟蓝图，赶上或超过中等发达国家的水平。构建这一人类进化史上无与伦比的伟大工程，需要中国共产党人一如既往地组织和动员民众，需要全体民众坚持不懈地奋斗、拼搏，向着既定目标进行长期的艰苦的努力。占国民绝大多数的农民，过去是中国社会进步的中坚力量，今后仍然是实现第三步战略目标的生力军。

跳出传统思维定式的窠臼，用辩证的、动态的、发展的观点审视农村经济发展的过去，窥测发展的未来，各级领导、经济理论工作者以及广大农民群众，都会清醒地认识到，中国农村经济在持续发展中遇到了许多新情况、新问题，正面临着更加严峻的考验。如果能采取得力措施解决好现存问题，突破阻碍，经得住新的考验，中国农村经济就会走向兴盛；如果不能认识到前进中所遇到问题的严重性，或者仍沾沾自喜于过去的辉煌，在困难和矛盾面前得过且过，那么，中国农村经济有可能从此走向衰败。深入解剖现存问题的成因，分析发育的机理，研究发展的趋势，在纵横比较中给出可供参考的选择，这就是本篇研究问题的宗旨。

(一)

同世界各国人民一道，中国的近13亿人恋恋不舍地送走了人类创造辉煌的20世纪，满怀信心地迎来了再造辉煌的21世纪。在20世纪的前叶，中国饱经战争蹂躏，在黑暗中求索，在悲愤中抗争，终于走上了一条实现“平等、博爱”、“自主、自立”的道路，中国人在世界的东方站起来了。在20世纪的后叶，中国人在共产党的领导下，走上了建设有中国特色社会主义的道路，使中国这块960万平方公里土地，发生了翻天覆地的变化，其基本标志是：国家的综合国力大大增强，政治地位日益提高，人民生活步入小康，中华民族整体强壮起来了。在已经开始的新世纪，中国人要继续发扬一往无前的精神，全面推进社会主义现代化建设的伟大事业，争取为人类的进步与发展做出更大的贡献。千里之行，始于足下。新的发展阶段需要有阶段性目标，需要实现“十五”计划，需要实现十年目标，需要经过四五十年的艰苦奋斗，赶上或超过世界发达国家的中等水平，以告慰中国改革开放总设计师邓小平的英灵。

未来5年，中国国民经济在保持一个较快发展速度的同时，应在结构调整上取得实质性进展；基本建立起现代企业制度、社会保险制度、国际经济合作制度；比较好地解决民众的就业问题、生态建设与环境保护问题、民主法制建设问题。未来10年，国民经济素质应显著提高，资源实现优化配置，社会主义市场经济体制比较完善，经济增长方式由粗放转为集约，人民生活水平应从小康走上富裕。未来50年，人民生活要达到当时发达国家的中等水平，科学技术达到世界领先水平，全面实现农业、工业、国防和科学技术的现代化。

实现阶段性发展目标，需要全面落实“以经济建设为中心”的基本路线，把发展作为主题，把结构调整作为主线，把改革开放和科技进步作为动力，把提高人民生活水平作为根本出发点，利用一切有利条件，调动一切积极因素，排除一切干扰和阻碍，向着既定的目标坚持不懈地走下去。经济的发展，社会的进步，需要有战略部署；实现发展战略，需要周密而又实际的策略。在近期乃至更长一段时间，中国都应该十分注意处理好这样一些重大关系：一是短期目标同中长期目标的关系；二是速度与效益的关系；三是经济发展与生态建设的关系；四是增加收入与创造就业岗位的关系；五是物质积累与精神支持的关系。

（二）

农村经济的发展，第一位的是农业的发展。对于农业发展具有决定性作用的是基础条件。过去，中央政府对农业的一贯重视，已经得到了丰硕的回报。但是，那已经成为历史，不能代表未来。沉湎于过去的辉煌，安乐于现状，农业是不可能再登上新台阶的。必须面对严峻的现实，清醒地认识到良好的目标愿望与现实农业综合生产能力上的差距，不是短时间就可以弥合的。正视农业再上新台阶所面临的不利因素，汲取以往在战略选择上的教训，博采众国之长，立足于夯实基础，创造人与自然的和谐，谋求持续、快速、健康发展，才是农业的根本出路。中国人靠自己的力量养活中国人，这是必须要实现的目标。“走上华山一条路”，中国只能奋起搏击，别无其他选择。

社会各界对农业在国民经济中所处重要地位的认识，已经形成共识；对重视农业的宣传和加强农业的号召，已经到了无以复加的程度。问题是导致农业基础脆弱、综合生产能力不高的主要原因，并不是来自农业的本身，而是与综合国力和产业政策密切相关。显然，解决农业问题，应跳出农业本身，从长计议，从全局去统筹规划，从战略上作出抉择，动员全社会的力量办农业。农业投入的不足，有可能使各方面的努力功亏一篑。在国民收入增长总量短期内不可能实现大的突破的情况下，通过调整国民收入分配格局，开辟农业专项资金渠道，对农业给予物质扶持，借鉴发达国家的经验，建立对农业的有效支持和保护体系，这对农业再上新台阶，是至关重要的选择。能够这样做的前提条件，是各级政府对农业一如既往的重视，在工作的指导上自觉校正重工轻农的思想，真正把农业放到经济工作的首位，采取休养生息的政策。同时，农业本身对于改变生产条件也具有很强的主观能动作用，农业还潜伏着一定的生产力，受制于体制、制度的约束，没能全部释放出来。按照中央的要求，不失时机地推进“两个根本转变”，把经济效益、社会效益与生态效益兼顾起来，无疑会收到进一步解放和发展生产力的效果，进而把农业推上一个新的发展阶段。

（三）

农业的增长靠什么方式来推动？也就是说，农业采用什么样的增长方式？这属于发展的动力范畴问题。总结以往的经验，粗放型增长引发了许多矛盾和问题，路越走越窄。

按照中央政府2010年远景目标规划，经济增长方式由粗放型向集约型转变，这是与经济体制由计划经济向社会主义市场经济转变并行不悖的两个具有历史意义的转变。农业在深化体制改革的过程中，也只有把增长的动力取向由过去的粗放型转入集约型，才有出路，才能获得源源不断的发展后劲，积蓄解决资源紧缺与需求膨胀矛盾的条件，把农业引向稳步增长的康庄大道。

目前农业的增长方式，从性质上说，属于粗放型增长。分析问题的难度不在于给出这样的定性，而在于通过对这个定性给予论证支持的若干量的解析，推导出由粗放转向集约的充分必要条件和有效途径，研究对增长方式具有重要作用的相关因素，从客观上作出排列组合的设计，通过对总量与结构的调节和变化，加快增长方式由粗放型转向集约型的进程。

农业不同于工业，它有自己的产业特性。研究农业增长方式的转变，应注意既要遵循转变经济增长方式的一般规律，又要充分考虑农业自身的特殊生产环境和生产经营形式。从理论上消除农业转变增长方式的误解，对于不失时机地推进农业增长方式的转变，避免走弯路或争取不走弯路，是个客观要求，也是个不可忽视的实践过程，应引起重视。

（四）

实现农业现代化，是中国共产党几代领导集体都梦寐以求的建设目标。实现农业现代化是解决农业、农村、农民问题的重中之重。现在的问题是应深入地、系统地研究什么是农业现代化和怎样实现农业现代化。

农业现代化的理论与实践问题，已经成为建设有中国特色社会主义的重要组成部分。求证历史文献，是毛泽东同志最早使用了“农业现代化”这一概念，邓小平阐述了中国农业现代化的特点及其道路问题，江泽民从农村和农民范畴丰富了农业现代化内容。尽管目前人们对农业现代化概念给出多种定义，争论颇多，但各界人士都认识到这是一个动态的概念、发展的概念和阶段性概念。它的基本涵义是：生产过程的机械化、生产技术的科学化、增长方式的集约化、经营循环的市场化、生产组织的社会化、生产效绩的高优化和劳动者的智能化。

小康目标的实现，标志着中国农村进入新的建设阶段。由于农业产业素质的升级和在国民经济中的份额不断下降，由于农业综合生产能力的不断提高和市场供求关系的根本性变化，由于工业化城市化的进程加快和资源的重新配置组合，等等，客观情况凸显对推进农业现代化的迫切要求。其重大意义主要表现在：一是在新的历史阶段巩固农业基础地位的需要；二是保障食品安全和强壮国力的需要；三是解决“三农”现存问题的需要；四是实现各产业间协调发展的需要；五是应对加入 WTO 挑战的需要；六是继承邓小平遗志的需要。

农业现代化作为一项系统工程，需要有一套近似完善的指标体系，用于统一实践者的思想，检验其进程，修订其实现的策略。在设计指标体系的过程中，应满足四个方面的要求：一是应具有先进性；二是应简单明了便于考核；三是考核项目应有共性；四是应体现目前中国农业经营管理水平的实际情况。由此可见，农业现代化指标体系，应反映农业经济基础和增长情况的综合性；应反映以农业生产条件和生产手段为标志的生产力发展程度；应反映生产结果的效率和效益。农业现代化与农村工业化、农村城市化、农民知识化有着千丝万缕的联系。这种联系主要体现在互为条件、相互依存、共同发展的性质中。具体地体现在：农村工业化为农业现代化积累物质条件；农村城市化为农业现代化创造良好的经济和社会环境；农民知识化为农业现代化提供智力支持和技术保障。在推进的时序上，应该是农村工业化、农村城市化和农民知识化先走一步，为农业现代化奠定基础。

中国农业现代化之路应该怎么走？这不仅关系到进程和运作成本，而且还关系到现代化的质量。立足于中国的国情，农业现代化应围绕十大战略重点来稳步推进。即：调整优化农业经济结构；加强农业基础设施建设；拉长农业的产业链条；依靠科技兴农；用农村工业化、农村城市化和农民知识化推进农业现代化；用现代信息技术装备农业；坚持走可持续发展道路；再造微观经济组织和经营体制；消除城乡分割的两元经济结构；沿海发达地区率先实现农业现代化。

在中国实现农业现代化，是前无古人的伟大事业。在推进的过程中，应尽量有所遵循，尽量“摸准石头过河”。因此，应特别注意处理好五个方面的问题。一是立足于中国国情来借鉴国际经验；二是在不改变家庭经营的基础上来运作；三是把确保粮食安全放到重要位置予以关注；四是循序渐进，不要“刮风”；五是要充分考虑经济性，降低成本。

(五)

世间万物，依土而生。没有土地，就不会有万物的繁衍生息，当然也就不会有人类的生存与发展。土地是重要的生产资料，是人类生存和发展的唯一载体，这是人所共知的道理。“土地是农民的安身立命之本”这一命题，把土地与农民的关系刻画得淋漓尽致，得到了各级领导者和经济理论工作者的一致认同。

过去，亿万农民群众能够跟着共产党闹革命，一个根本原因就是他们渴望得到能够属于自己的一片土地，求得“耕者有其田”；党的十一届三中全会后，亿万农民群众能够率先举起改革的大旗，改革土地的经营管理体制和农业生产组织形式，实行分田到户，也是迫于解决温饱之需；现在，农村形势好，粮、棉、油等主要农产品产量逐年持续增长，农民能够安居乐业，从根本上说得益于党的土地政策和农村稳定的土地承包制度。这些事实足以证明，土地是农民赖以生存的命根子，谁违反土地政策，剥夺农民的土地，就等于剥夺了农民的生存和发展权利，矛盾至深，农民是要“打扁担”的。

值得忧虑的是，在一些目无国法政策、乱占滥用耕地的地方，被人们颂为“衣食父母”的大大小小的“官儿们”，却忘记了“衣食父母”本为土的道理，变着法儿地剜农民的“命根子”。一些“官儿们”站到了农民的对立面上，个别人甚至由“公仆”变成了出卖父老乡亲“命根子”的“土地倒爷”。这样的事例虽属极个别现象，但它对于干群关系的破坏作用极大，有损于党和政府在农民心中的光辉形象。因此而付出的政治代价，是难以估量的。

再往深思，那些“官儿们”不是不懂得破坏耕地给农民的生产生活所带来的后果。那么，为什么他们还要背义而行？可以断定，是利益使然。按理说，“公仆”与农民的利益是一致的。之所以出现见利忘义的现象，根源是个别“公仆”忘记了为人民群众谋利益的根本宗旨。这样的“公仆”如果不能检讨自己，不能主动地按照党和国家的政策处理好占用土地的遗留问题、纠正错误，其后果不堪设想。曾记得，一位中央领导在谈减轻农民负担时说，谁得罪了我们的衣食父母，我们就对谁不客气。

我国已经确定采用世界上最严格的手段管理土地，应该说，农民“安身立命”有了可靠的政策保障。问题是有了政策与贯彻落实好政策，还有大量的艰苦工作要做。要把中央土地的保护和使用政策落到实处，各级政府领导自然是第一责任人。

（六）

到21世纪的30年代，中国总人口将要达到16亿。约占世界1/4人口的吃饭问题，是中国党和政府十分重视的重大问题，也成了近期国际政治、经济论坛上关注的焦点。邓小平为中国经济与社会发展所勾画出的第三步设想能否成为现实，在很大程度上取决于国民的吃饭问题解决得如何。如果16亿人口吃饭这一关过不去，中国就不可能实现现代化，也就不可能强盛起来。

解决中国人的吃饭问题，可供选择的道路有两条：一条是继续延续向工业倾斜的产业政策，舍弃大量的农业资源支持工业化，靠大量进口粮食补充国内供给总量的不足。根据中国国情，这条路受制于世界粮源、交通运输条件、外汇支付能力和粮食问题政治化等方面的制约，是一条受制于人的选择；走另一条道路，即实施重农政策，支持保护粮食生产，充分挖掘增产潜力，提高产量，节流消费，实现粮食基本自给，并相机参与国际粮食贸易，用进出口调剂丰歉或品种余缺。这是一条有基础、可以办得到的选择。

国外热心于中国问题研究的学者，曾得出“新世纪中国人不能养活自己”的结论。从开源与节流两个方面对中国粮食供需作出前瞻性预测，就会看到，国外学者所给出的结论，明显缺乏客观支持。事实可以论证，中国人靠自己的力量不但可以解决吃饭问题，而且还能够吃得相对好一些。如果潜力发挥得充分，中国还可能对欠发达国家缓解粮食不足作出贡献。一切悲观的论点和无所作为的论点，都是不符合实际情况的，也是需要纠正的。

中国分散的家庭小规模经营粮食生产格局，使传统的经济学上供给与需求曲线，发生了变异。这种变异给粮食的生产、流通、分配和消费，带来了许多新情况、新问题，引发了许多非正常因素，给政府对粮食的供需进行灵活有效的调节，造成了一定的难度。从中国的实际情况出发，改革粮食管理体制，明确事权，划分责任，是实施粮食自给战略的重要组成部分。政府进行宏观调控这只“看得见的手”与市场这只“看不见的手”相配合，联手运作，可以使供需矛盾大为缓解甚至可以消除，实现粮食安全这个终极目标。

（七）

伴随发展社会主义市场经济兴起的农业产业化经营，以迅雷不及掩耳的速度在全国各地大面积铺开。它的功能主要表现在：能够引导分散的农户进入市场，能够提高农业总体效益，能够促进农业转变增长方式，能够优化农村产业结构，能够促进社会主义市场经济体制的建立和完善。它有利于创造就业机会、增加农民收入、稳定农村秩序、提高农民组织程度的作用，越发显现出来。在它给农业、农村和农民带来看得见、摸得着、实实在在的利益面前，人们已经善于运用“三个有利于”标准审视它，开始厌恶那种没有实质意义的名词之争、内涵之争，把劲头用在了解决矛盾和研究建立利益调节机制上，把功夫下在组织、发展和完善上。无论是各级领导者还是经济理论工作者，一致认识到农业产业化经营是农业走向现代化的一个重要途径，将在相当长的一段时期中保持强劲的发展势头，随后将进入一个完善和提高阶段。

人们明智地不把精力花费在产业化名词和内涵之争上，不等于说产业化这个概念没有特定的涵义。争论不争论，是人为的；有没有涵义，是客观存在的。关于产业化经营的发育形态，由于各地发展的基础条件不同、主导产业不同和发育程度不同而呈现出多种多样，可以列举出许多种类。但基本形态是贸工农一体化经营，实质是农业传统产业链的延伸。因此，把这种社会实践活动定义为农村微观经济组织再造和制度创新，是比较贴切的。对于它的内涵，也有许多说法见诸报端。用“属概念加种差”定义法推导出：农业产业化是一种新型经营体制；它的种差是农业的企业化、市场化、集约化和现代化，这是大家比较认同的。

农业的产业化经营，是一种社会实践活动。这种实践，是在马克思主义经济学原理和邓小平理论指导下进行的，因而是有理论依据的实践。它的理论依据，主要表现在四个方面：“商品生产是建立在专业化、社会化基础之上的大生产”；“经济性是选择经营体制的取舍条件”；“社会分工条件下的均衡生产有赖于社会平均利润率的能动调节”；“用市场来配置资源”。

理论的价值在于指导社会实践。总结各地的实践经验，能够把产业化经营这个良好的愿望成为现实的最佳选择，应着眼于经济和社会发展的全局，对其进行科学运筹和精心组织，在确立和培植主导产业、突出加强龙头企业建设、开发建设大规模的原料生产基地、开拓国际国内两大市场、建立一体化经营的运行机制等方面下功夫，并注意给产业化经营营造发育和发展的社会环境。

（八）

按照马克思主义经济学原理，适应生产力发展水平的生产关系一经建立，就应该保持相对稳定和不断完善。据此，在相当长的一段时期中，稳定家庭联产承包责任制，完善统分结合的双层经营体制，这是农村的基本经济政策。但是，在实施经济体制和经济增长方式两个转变的过程中，不可能不触及现存的经营体制。事实上，目前农村已经形成的经营体制，还有一些与两个转变的要求不适应之处，需要通过对微观经济基础的再造来加以克服和改进。对于农村经济经营体制来说，变化是绝对的，不变是相对的。

从未来的发展趋势上看，农村经济经营体制还将发生一些变化。

其基本特征是：产权结构的多样化，组织形式的多元化，经营主体的兼容化，经营区域的国际化。随着社会主义市场经济体制的基本框架在农村的不断完善，农村集体经济所采用的统分结合的双层经济体制，要有一部分发生裂变或转化，统种分管的规模经营，土地相对集中的家庭农场经营，多方投入主体联合的股份经营，资产与劳动联合的股份合作经营，私人的雇工经营，公司加农户的联利经营，贸工农一体化的集团经营等形式，将得到竞相发展。未来农村多元的经营体制，会给农业和农村经济注入新的生机和活力，推进农业的商品化、市场化、现代化。

在不同地区、不同产业、不同层次上，作为社会经济细胞的生产经营单元，都应该选择有利于扬长避短的、各具特色的经营体制。这个“选择”，从理论上说，具有科学性。遵循科学，就能成功；悖于科学，就注定要受到惩罚。借鉴历史的经验，在经营体制的选择上，应遵循的基本原则是：要消除“左”的和“右”的经济指导思想；要同建立社会主义市场经济体制接轨；要适应生产力的发展水平；要注意区别各类经济组织和各种产业的不同特性；要满足提高经济效益和社会效益的双重要求；要有利于实现共同富裕；要尊重广大农民群众的意愿。

（九）

在新的历史时期，农业的改革和发展向何处去，总的方向是什么？对此，已故的中国改革开放总设计师邓小平提出了“两个飞跃”的理论。深入理解两个飞跃的精神实质，准确把握内涵，这对于不断把农业的改革引向深入，实现农业持续、快速、健康发展，具有很强的现实指导作用。不同级别的领导者和一些理论工作者，曾以不同形式多次召开研讨会，对“两个飞跃”进行学习和讨论。大家在对其历史意义和现实指导作用给予一致高度评价的同时，对第二个飞跃的组成内容、第一个飞跃与第二个飞跃的关系、第二个飞跃的时效等问题，却各抒己见。从理论和实践的结合上，进一步研究这些问题，力争统一大家的思想，这对于实现邓小平的遗愿，加快第二个飞跃的进程，无疑是极为有意义的。

两个飞跃的理论，是邓小平经过十几年的深思熟虑提出来的。它大体上经历了三个补充和完善的过程。每一次理论的升华，都给两个飞跃注入新的寓意。按照小平同志的设计，第一个飞跃与第二个飞跃虽然是两个不同的发展阶段，但二者之间却有着紧密的内在联系，前者是后者的必要准备，后者是前者的必然发展。科学种田、生产社会化、规模经营、发展集体经济，是构成第二个飞跃的“四要素”。在向第二个飞跃进化的过程中，推广先进科学技术和提高劳动者素质，是关键；生产社会化，是基础；发展适度规模经营，是动力；发展集体经济，是主线。实现第二个飞跃，是个很长的过程。这是由农业脆弱的基础条件、各地发展的梯度差别和生产力的提高要有一个逐步积累的过程所决定的，是与中国经济与社会发展的第三步战略目标相吻合的。预计到21世纪中叶，当经济与社会发展达到中等发达国家的水平，第二个飞跃就可能变成现实。把握两个飞跃精神实质的难点，是对适度规模经营和发展集体经济的正确认识。实行适度规模经营，不是人为想推开就可以推开的，而是要具备充分必要的条件；在规模经营的形式上，也是多种多样的，不可能是一种模式；在工作的指导上，只能根据群众的意愿进行必要的引导，积极创造条件，不可强制推行。发展集体经济，也不是传统意义上的集体经济，它是与社会主义初级阶段相称，与现阶段生产力发展水平相适应的新的生产经营组织形式，它的目标不是所有制形式的升级和过渡，而是组织农民走共同富裕的道路。

（十）

农民负担问题，一直是中央政府比较重视的问题；减轻农民负担，也是一直困扰着各级政府的难点问题。一些涉农部门从本部门利益出发，置中央关于减轻农民负担的三令五申于不顾，变着手法对农民和农村集体经济组织乱收费、乱摊派、乱集资和乱罚款，激起了广大农民的义愤，也引起了各级党政主要领导的不满。农民纷纷拿起“肖方宝剑”，到各级领导机关或信访部门上访，以法抗争，要求讨回公道。由于经济利益关系，加重农民负担与减轻农民负担的抗争，不大可能在20世纪岁末得到解决。如果不在统筹提留款筹集制度上进行彻底改革，那么加重与减轻的抗争，延续到21世纪将是一个无可辩驳的事实。

进入20世纪90年代，党中央国务院将能否把农民负担减下来，提高到关系党群关系能否融洽、农民的生产积极性能否持久、农村社会能否稳定的高度上来认识，采取了一系列措施，不断加大工作力度，对加重农民负担进行了专项治理。但是，喜忧参半的效果，不能不使人认识到，这项工作具有复杂性和艰巨性，加重农民负担的一些不合理做法，呈现出顽固性、反复性、流行性和表面合理性。从基层反映的大量情况看，加重农民负担的事例数不胜数，做法花样翻新，违纪行为处处可见，个别地方搞上有政策、下有对策，仍然我行我素。究其根源，有领导者给开的口子，有经济体制所固有的不足之处，有经营管理方面的缺陷，有社会环境的影响。

减轻农民负担，有法规依据和政策要求，减而不轻的症结是法规和政策没落实没兑现。因此，增强法规和政策的约束力，校正对中央文件的不正确认识，坚决贯彻执行国务院颁布的《农民承担费用和劳务管理条例》，加强执法督查，严肃处理违纪行为，当是减轻农民负担的着力点。从长远看，改革农村统筹提留款筹集制度，进行农业税附加的试点和实验，与年复一年地进行减轻农民负担的攻坚做法相比，可能具有釜底抽薪的作用，是一项治本之策。

（十一）

在21世纪，中国要解决占世界总人口1/6的农民就业问题，其难度大大超过控制占用耕地、实行计划生育和解决吃饭问题。预测到2000年全国将有1.345亿农村劳动力待业。在20年以前，农村劳动力将始终处于总量不断增加，供给大于需求的态势，农民就业的压力会逐年增大。这种压力，来自农村劳动力的累积性剩余、地域性剩余、结构性剩余、替代性剩余、隐蔽性剩余和周期性剩余。解决这一大社会难题的实质，是在消化新中国成立初期实行无节制生育政策所酿成的“苦果”。

研究新世纪的农民就业，不但要研究供需之间的矛盾，而且还应该研究就业条件的变化。说未来农民就业的压力较大，有总量的因素，也有就业条件变化的因素。这种变化集中体现在安置难度的增大。通过分析，可以给出这样的结论：农业内涵空间扩大就业的职能萎缩；乡镇企业吸纳劳动力的能力明显下降；流向城市就业的入口变窄；就业依附资源的流失不可逆转；对劳动力就业条件的要求会越来越苛刻。

在看到就业条件变化的同时，也应该认识到劳动力本身对改善就业条件具有主观能动作用。有的条件不容易改变，有的条件可以通过政策的调整，促进劳动力与其他资源改变组合方式，创造新的就业空间。在现有农业内涵就业职能萎缩的情况下，通过内部生产结构的调整和资源的开发利用，延长传统农业的产业链条，仍然是21世纪中国解决农民就业问题的一条重要途径。把发展乡镇企业同小城镇建设结合起来，可使就业能力扩张50%以上。从一些发达国家的实践结果看，工业化、城市化、现代化的突出作用就在于能够大量安置劳动力。“三化”的过程，就是创造就业岗位的过程。开大国门，拓宽国际劳务合作空间，走出国门去就业，是未来农村劳动力就业的一条重要渠道。

当有利条件和不利因素都得以充分显现时，能否妥善地安置巨大数量的农村劳动力就业，在很大程度上取决于政府的工作指导和政策支持。在安置总体规划、建立劳动力市场、改革户籍制度、加强立法和执法监督等方面，政府可以利用各种有效手段，最大限度地体现安置农民就业的意志。只要政府重视，下决心解决这个问题，在21世纪让农民既能安居又能乐业是大有希望的。

（十二）

中国从争取“复关”（GATT）到“入世”（WTO），经过长达十五年的谈判，终于在2001年年末成为现实。摆在中国人面前的，已不是研究和总结谈判的对策和技巧，而是应抓紧研究应对对策，尽可能地规避不利条件，最大限度地利用积极因素，借加入WTO之机来推动经济的发展，使中国真正走上强国之路。

加入WTO，首先要熟悉WTO，研究WTO，弄清楚它的历史演变、组织特征、法律基础和运行机制。认识到，从关贸总协定到世界贸易组织的转换，不单是换了名词，而是在“游戏规则”、运作制度等方面都寓意了新的涵义；认识到，目前的WTO虽然是被美国、欧盟和日本等主要发达国家所控制，但其控制能力在日益削弱，发展中国家与其对抗的能力在增强；认识到，在发展成为世界主题的现实条件下，WTO 的经济联合国的本质还会对处理世界范围内的政治问题有影响，而且还可能带来重要影响；认识到，WTO 遵循公平贸易和非歧视原则，但是这种“公平”和“非歧视”的背后，是国际政治和经济实力的较量，公平中有不公平；认识到，加入 WTO 对发展本国经济是机遇，但更多的是挑战，而且机遇是理论的，是要靠人去努力才能成为现实的，挑战是现实的，是无法回避的。只有深入地研究，认清 WTO 的本质面目，才能达到自觉地运用它，让它为中国经济发展提供动力的目的。

中国从复关到入世，经过了艰苦的谈判过程。回顾这段难忘的历史，大体可划分为四个阶段。第一阶段，1986—1987 年，为一年准备阶段；第二阶段，1987—1993 年，为六年解决市场经济体制阶段；第三阶段，1993—1999 年 10 月，用 6 年时间解决了市场开放问题；第四阶段，从 1999 年 11 月开始，基本结束双边谈判，转入公文准备和申请阶段。谈判的最大难点是市场准入和农产品补贴问题，中美农业合作协议的签署，是中国度过了谈判的艰难期的标志，随之，同欧盟等的双方、多边谈判有了实质性进展。

加入 WTO 会给中国农业的发展带来哪些机遇和挑战？机遇主要表现在六个方面：一是将给中国农业的发展带来宽松的国际政治环境；二是将有利于营造农产品贸易的新格局；三是将有利于农业的对外开放；四是将有利于促进中国农业产业结构的调整；五是将有利于在参与制定国际农业贸易规则中充分体现中国的主张；六是将有利于提高农民的生活质量。挑战主要表现在：中国农业现存体制和运行机制遇到挑战；农产品的出口遇到挑战；乡镇企业的发展遇到挑战；农民收入的提高遇到挑战；劳动者的素质遇到挑战。

最大限度地利用机遇，加快发展步伐；最大限度地规避不利条件，扫除发展的障碍，是中国应对 WTO 策略选择的基本原则。其策略选择应该是：转变观念，增强“入世”意识；利用有利条款，保护农业；择优发展，提高经济的总体竞争力；转换体制和经营机制，创新生产经营组织；健全法制，与国际惯例接轨；学习国际贸易规则，培养专门人才。中国加入 WTO，绝大多数公民持积极支持态度，但也有一些人从另外角度看问题，产生了一些误解。应该开动宣传机器，做积极广泛的引导，把人们的思想都统一到积极应对 WTO 的挑战上来。让广大民众明白，中国加入 WTO，是为了积蓄经济发展的后劲，而不是放弃经济利益；对于农业来说，加入 WTO 也有发展机遇，而不是“全民覆灭”；WTO 规则是权利与义务的统一，而不是发达国家制约发展中国家的“杀手锏”；中美农业协议是个互补协议，而不是中国全部出让农产品市场。这些误解构成积极应对挑战的思想桎梏，是要不得的。否则，应对战略措施的实施，就可能要打折扣。

先于中国迈进 WTO 门槛的国家，在利用规则、规避不利、促进发展方面，做出了许多各具特色的探索。比如，日本的破译技术措施；泰国的积极开放措施；新加坡靠外资发展服务业的措施；马来西亚的市场逐步准入措施以及印度坚持向发展中国家倾斜的谈判措施，等等，都会对中国有所启发和借鉴。借鉴其他国家的经验教训来发展自己，这是成本最低廉、成功率最高的选择。对此，中国政府不可忽视。

（十三）

20 世纪的中国，经济的持续快速发展是最大所得；生态环境的逐步恶化是最大所失。在严酷的事实面前，中国政府及其民众已经深刻地认识到，生态环境是人们赖以生存的基本条件，也是经济可持续发展和社会能够不断进步的基础。如果不从现在做起努力提高生态环境质量，中国人将因为自己的短视和无知而遗害自己、祸及子孙，将付出历史性的无法挽回的巨大代价。至此，中国人开始重视生态环境建设，并将其列入“十五”计划重点，欲求再造秀美山川，争取为国人为世界作出贡献。

毋庸置疑，中国共产党的三代领导集体都比较重视生态环境的保护，问题是保护的力度不及生态恶化的速度，建设生态与破坏环境的行为并存，使农业的可持续发展遇到了前所未有的生态环境挑战。突出的问题是：水土流失加剧，沙化面积扩大，湖泊水面缩小，黄河断流时间延长，土地污染严重，野生动植物资源减少，土地资源受到蚕食，海洋生态环境变坏。触目惊心的事实告诉国人，保护和建设良好的生态环境刻不容缓，再不能做以生态环境恶化的代价换取经济发展的傻事了。生态环境与经济发展的关系，并不是一种此消彼长的关系，如果处理得当，实质可呈现出一种互相依存、互为条件的关系。这一特点，在农业表现得尤为突出。农业的外延扩大再生产，有可能对生态环境造成影响，但如果采取在确保生态环境不遭到破坏的前提下去发展农业，就可能收到借助农业的发展而改善生态环境的效果。因为农业的本身不仅有经济再生职能，而且还具有生态再造职能。

从理论上说，人在处理与生态环境的关系上，要经历三个阶段，即利用阶段、保护阶段和建设阶段。在利用阶段，人们是一味地向大自然索取，根本没有生态环境与人的生存发展是密切相关的概念；在保护阶段，人们开始意识到如果不注意保护生态环境，经济和社会就不可能取得可持续发展；在建设阶段，人们应该认识到，在高度发达的社会生产系统中，生态环境占有举足轻重的地位，对生态环境，光有保护措施是不够的，还必须与经济社会同步建设。中国现在的生态环境状况处于什么阶段？很难给出确定的判断。但是，说中国已经从单一的利用阶段走向利用和保护并举阶段，是可以被多数人所接受的观点。这也说明，中国走上建设生态环境的阶段，路还很长很长。尽管是漫长的路，也应“千里之行始于足下”，应逐步向这个大方向趋近。况且这种趋近是客观形势所迫，是不以人的意志为转移的。

中国的农业生态环境，现阶段应以改善和保护为主，但从长远战略上，还应该把进行大规模的农业生态环境建设作为奋斗目标提出，并从经济与社会可持续发展的要求出发，研究和选择战略措施，从整体生态保护和建设，农业环境保护，自然生态区和生物多样性保护，地质环境保护，海洋环境保护等若干方面，做出切实规划和部署，通过实施建立农业生态环境质量标准和监测体系，建设防灾抗灾专项工程，继续推进生态农业县建设的试点，抓紧乡镇企业污染治理，多渠道增加生态环境建设资金，以法保护农业资源和环境等措施，争取在“十五”期间扭转生态环境恶化的局面，再经过若干年的奋斗，达到生态环境与经济社会协调发展的目标，逐步使中国走上建设生态环境的新阶段。

中国政府应汲取毛泽东早期不接受马寅初人口论建议的教训，在建设生态环境上征意纳柬，广开言路，并将规划措施脚踏实地地付诸实践，努力在建设一个经济强国的同时，建设一个生态良国。

（十四）

农村生态环境建设，是构成农村经济与社会可持续发展的要素，而农村能源建设，特别是可再生能源的开发与利用，又是改善农村生态环境的一个重要措施和有效途径，二者之间的关系，可以从经济再生产循环过程中的促进作用中具体表现出来。

传统的经济再生产理论，主张经济的循环是由生产——交换——分配——消费这支运动链往复运动而构成的。本课题主持人认为，随着客观情况的变化和人们对自然界认识的逐步深化，就不难看出这样的运动链是不全面的。因此，我们主张，现代经济再生产理论应该是，所谓现代意义的经济循环，标志性的变化是融入了生态学原理，经济循环是在可持续发展目标约束下，形成资源采集——生产过程——流通领域——产品消费——废物降解再生的运动链。再生能源建设具有改善生态、保护环境的作用，主要体现在经济循环过程中的资源采集和废物降解再生两节链条上。一个浅显的生物进化原理告诉人们，在农村由于对能源介质开采利用不当对生态环境所产生的破坏主要来自三个方面。一是对具有生态功能的植物，如对乔、灌、草的滥采，导致原生植被的破坏，引发水土流失和土地的荒漠化、石漠化；二是生活用一次性能源燃料，比如薪柴和煤炭，燃烧排放的大量碳和硫等元素，形成对大气的污染，导致酸雨，干扰动物的繁衍和植物的光合作用，进而危及到自然生物的多样性；三是由于滥采造成对地形地貌的破坏，引发危害生态环境的地质性灾害。

农村能源建设特别是可再生能源建设的开发利用，从两个环节上实现了节约资源、保护环境的目标。从循环经济首链即资源开发环节上说，避开对具有能源功能又有不可再生特点的矿物植物的开采，就强化了对生态环境的支持体系，保留了青山，净化了绿水，坚固了植被，解除了水土流失和荒漠化的危险。从循环经济尾链即废物降解再生上说，由于采用了取之不尽、用之不竭的太阳能、地热和沼气生物工程等再生能源，使污染变清洁，减少了碳积累和硫排放，从而使空气得到净化，实现了在生产生活过程中来改善生态环境，生态环境为提高生活质量奠定基础的良性循环。这就是进行可再生能源建设的重大意义。人们的生活总是同能源特别是不可须日离开的热源相伴而就的。受现代经济循环理论启发，采用新的可再生能源来替代传统的碳能源，通过减少废物排放来达到改善生态、保护环境的目的，这就是应大力开展可再生能源建设的现实选择。由此可见，实施可再生能源建设战略，是进行生态环境建设的一个有效途径的道理，是不言而喻的。这也是本课题将生态环境——可再生能源——可持续发展三个主题词联系起来，进行充分论证研究的理论与实践价值。

一部人类进步史，总是在人与自然这对矛盾中相互排斥、互相适应的过程中而发生变化的。以秸秆和薪柴为标志的第一代能源，以煤炭石油为标志的第二代能源，以核电为标志的第三代能源，它们的共同属性是不可再生性。既然是不可再生的，就注定是有限的。人类要繁衍生息下去，而不可再生能源总有一天会用尽，面对这个客观情况，人与自然之间适者生存的抗争性，注定了人类必须另辟蹊径，千方百计寻找新的替代能源。实现新的、可再生的、清洁的能源与传统能源的替代，必须在物质财富生产方式、人们生活方式、社会管理方式等一系列领域，实行带有革命意义的变革。这种变革的实质，是人类的一场革命。

（十五）

从1999年开始，中国共产党和政府的主要领导人在不同场合一致地提出，要实施西部大开发战略，并于2000年10月，在党的十五届五中全会上取得共识，写进了《中共中央关于制定国民经济和社会发展第十个五年计划的建议》。翌年3月，九届全国人大四次会议遵照中共中央的建议，把实施西部大开发，促进地区协调发展，作为中国迈向现代化建设第三步战略目标的重要战略措施，纳入第十个五年计划，做出重要部署。由此不难看出，开发西部，将成为新世纪中国社会主义建设的最大举措，按照既定方针坚持不懈地实施下去。

开发西部，是以邓小平理论作指导的具体实践。至少有四个方面的理论支持。一是两个大局论。即在改革开放初期，让东部沿海地区先发展起来，这是个大局；沿海经济发展后，要带动内地经济的发展，这又是一个大局。二是均衡发展论。即整个中国一盘棋，发展虽然有先有后，但最终目标是各地区的协调发展。三是共同富裕论。即先富起来的地区和先富起来的人们，应该扶持落后地区加快发展，最终走上共同富裕的道路。四是民族团结论。即动员社会一切积极因素，帮助少数民族地区改善生产条件，使少数民族人民和汉族人民一道过上安居乐业的日子，从而实现中国各民族的大团结和社会的长治久安。正是在这样的理论原则指导下，中央第三代领导集体下定了在新世纪实施西部大开发战略的决心。

对西部坚持长期的开发性建设，是一项造福于中国惠及人类的系统工程。它的重大意义主要是：一是优化资源配置的需要。政府通过一系列的优惠政策和宏观调控手段，最大限度地促进资源的流动和优化组合，使东西部在优势互补、扬长避短中得到发展。二是扩大内需的需要。通过西部开发做大经济“盘子”，做大西部市场，把潜在的投资需求和消费需求都挖掘出来，可以使西部市场成为推动国民经济发展的新的动力源。三是创造就业岗位的需要。通过开发，可以在充分利用有效资源的过程中创造大量的就业岗位，解决西部乃至全国劳动力增长快、就业难的问题。四是实现第三步战略目标的需要。中国在新世纪上半叶能否实现第三步战略目标，重点在西部，难点也在西部。只有西部尽快赶上来，缩小地区间的差距，才能保证全国第三步战略目标如期实现。五是实现社会稳定的需要。维护西部尽而维护全国的稳定，最根本的是加快发展。西部的经济发展了，人民生活水平提高了，稳定就有了坚实的基础。

既然西部开发是个大战略，在实施中就应该有战略方针，用以指导亿万人民的伟大实践，避免走弯路。从基本国情出发，开发西部应遵循：坚持可持续发展的方针；坚持以开放促开发的方针；坚持东中西部互助互利的方针；坚持打持久战的方针；坚持物质文明与精神文明同步建设的方针。重点的功夫应下在：开发观念、开发基础设施、开发产业、开发科技教育、开发人才、开发生态环境。

开发西部，要靠西部自身的力量。但是，国家从政策法律法规上给予支持，是加快西部发展的必不可少的外部条件。中央政府应在财政、货币及信贷、税收、资源开发、科技、人才、对外开放等方面予以倾斜，扶持西部利用一切有利条件，加快发展步伐。应通过健全法律法规，规范政府、投资人以及其他参与者的行为，使西部走依法开发的道路。

（十六）

解决农业、农村问题，归根到底是解决农民问题。而解决农民问题，根本是如何保障农民权益，重点是保障农民经济权益。近年来，随着农村生产关系的变化，人们对法律法规界定的农民集体共有财产所有权的认识，也发生了偏离性变化。侵犯农民集体财产共同所有权和收益权的现象，比较普遍地存在。重申农民集体共有的财产所有权，以法保障农民集体所有财产收益权，纠正一切侵权行为，是保障农民经济权益的基础。在现阶段，土地是农民无法替代的重要生产资料，农民惜土如金，保障农民拥有的土地使用权，就等于保障了农民的基本生存条件。与此同时，土地资源的稀缺性和不可再生性，又决定了对其使用必须遵循效率与效益原则，必须适应发展社会主义市场经济的需要，按照有利于解放和发展生产力的要求，放开放活土地使用权，给农民提供增加土地收益的机会和条件。

保障农民的经济收益权，是保障财产所有权和土地使用权的最终结果。用实证法分析农产品增产与农民增收的关系，人们会重新认识到，农产品增产与农民增收是个不等式，由此对农产品增产与农民增收的正相关关系提出商榷。农业产业的弱质性、生产过程的自然性、生产信息的不对称性和生产者的非组织性，决定了农民在整个经济活动中处于不利地位。平衡增产与增收的不等式，还原于农民作为独立的商品生产者和经营者的经济地位，不是农民主体或哪个社团组织能够办到的，只有政府，才具备让农民具有公平竞争地位的条件。因此，政府是保障农民经济收益权的第一责任人。

保障农民的民主理事权，是保障农民经济收益权的重要组成部分。不赋予农民应有的民主理事权，农民的经济收益权就不可能完全得到保证。目前，农民民主理事权力的虚化，值得重视。一些地方大面积推行的村民代表会制度，是保障农民民主理事权的一种有效办法，应积极推广，并不断完善。农民的民主理事权，大体上应由五个方面组成。即：民主选举、民主议政、民主决策、民主理财和民主监督。

（十七）

对于任何一种社会制度下的任何一个社会发展阶段来说，政治组织和社团组织的组织、协调、指导、服务和推动，是经济发展不可缺少的重要条件。把政治组织和社会团体视为构成经济增长的重要资源，从经济理论上去研究它的建设规律和能动作用，采取相应措施，解决政治组织和社团组织肌体中现存的问题，这无疑是研究经济发展战略的题中应有之意。

发展农业和农村经济，要靠政策、靠科技、靠投入。但是，这“三靠”最终要靠党和政府设在农村的基层组织去实施、去落实。政策，只有变成广大农民群众的自觉行动，才能真正发挥其威力；科技，只有被越来越多的群众所掌握，才能更广泛地转化为现实的生产力；投入，只有同群众的创造性劳动相结合，才能获得更好的效益。实施“三靠”的过程，实质是利用组织资源，充分发挥组织作用的过程。

利用组织资源的前提条件，是开发、催生和建设组织资源，使其适应形势和任务的需要，在经济和社会活动中发挥中流砥柱作用。在农村，把以党支部为核心的基层组织（包括村民自治组织，社区性、专业性合作经济组织）建设好，使党支部能够发挥领导核心作用，共产党员能够发挥先锋模范和骨干带头作用，村民委员会和经济组织能够发挥职能作用，就能够增强组织对农民的凝聚力、吸引力和号召力。农村组织资源的开发利用，功夫应该下在“有人管事、有钱办事、有章理事”上。达到了这三个方面的要求，农村经济的发展就有了组织保证。

第二章

未来发展目标

第一节　百年功勋

在过去的100年中，中国经历了“五四”运动、北伐战争、抗日战争、解放战争、新民主主义革命、社会主义革命和社会主义建设。推翻了帝制，消除了军阀割据，找到了旨在将中国引向繁荣昌盛的道路，中国由“东亚病夫”变为世界上最大的、最有潜力的发展中国家，中国人站起来了，硬起来了，强起来了！

在过去的50年中，勤劳勇敢的中国人民在中国共产党的领导下，由新民主主义革命转入大规模的社会主义现代化建设，使一个积贫积弱的旧中国，发生了翻天覆地的变化。1998年与1948年相比，国民生产总值由400亿元增长到79 553亿元，增长了199倍；综合国力在世界的排名由第40位上升到第7位；钢铁产量由40.8万吨增长到2.35亿吨，在世界上的排名由第26位上升到第一位；粮食产量由1.1亿吨增长到4.9亿吨，上升到世界第一位；城镇人口占总人口的比重由10.3%上升到32%。中国人靠自己的力量，奇迹般地解决了12.6亿人口的吃饭问题，美国人艾奇逊的“中国政府不能解决中国人吃饭问题”的预言不驳自倒。与此同时，中国的农业、工业、国防和科学技术现代化的步伐在加快，国家政治地位日益提高，东方的“睡狮”不但苏醒了，而且还在人与自然的抗争中强壮起来了！

在过去的20年中，在党的十一届三中全会精神的指引下，摒弃了“以阶级斗争为纲”的错误指导方针，把工作的重点转入以经济建设为中心的轨道上，坚持发展是第一位的，发展是硬道理，勇敢地举起了改革的大旗，向旧的经济体制和生产组织方式宣战，在农业、工业、交通、基建、财政、金融、内外贸易等各个领域实行了多种形式、全方位的改革，使国家的经济体制和经济增长方式发生了前所未有的变化。从而收到了社会生产力大发展，综合国力大提高、人民生活大改善的惊世之效。1979年与1998年相比，在人口增长2.7亿的硬约束下，人均占有粮食由342.5千克增长到394千克；钢铁总产量由7 121万吨增长到23 422万吨，增长了2.29倍；财政收入由1 103.3亿元增长到9 853亿元，增长了7.9倍。1979—1999年，国内生产总值年均实际增长9.6%，比改革开放前高3.5个百分点，比同期世界经济增长快7个百分点。1995年提前实现国民生产总值比1980年翻两番。我国的外汇储备从无到有，2000年已达1 500亿美元，位居世界的第二位。与此同时，所有制结构和经济结构发生了重大变化，市场供需情况发生了实质性的转换，生产资料和生活资料的供应由全国性的短缺转为供需基本平衡，大部分品种有剩余，城乡人民生活质量大大提高，有2.5亿贫困人口基本解决了温饱，过上了吃有粮、住有房、有病得医、儿童有学上的幸福生活。工农差别在缩小，城乡差别在缩小，中国与外国的差别也在缩小。

在过去的5年中，全国各族人民认真贯彻落实党的十四届五中全会精神，胜利地实现了国民经济和社会发展的第九个五年计划，国内生产总值年均增长8%，2000年国内生产总值达87 000多亿元，按现行汇率折算超过1万亿美元。经济运行质量与效益提高，综合国力进一步增强，生产力水平迈上了一个大台阶，人民生活总体上达到小康水平，社会经济生活出现了商品市场供求关系、经济发展的体制环境和对外经济关系三个历史性的重大变化。1997年，提前实现了人均国民生产总值翻两番，小平同志在改革开放初期所提出的三步走的战略目标，已经胜利地实现了第二步。以此为标志，具有中国特色的社会主义现代化建设进入了新阶段。

第二节 未来的阶段性目标

过去的辉煌已经成为历史，未来的辉煌还要靠民众去创造。从新世纪开始，我国将进入全面推进社会主义现代化建设的新的发展阶段。新的阶段，需要有新的目标作为全民的努力方向，需要有新的目标统一全民的思想，需要通过各个阶段性目标的实现最终赶上和超过世界发达国家的水平，以实现小平同志的夙愿。根据十五届五中全会精神，在未来的半个世纪中，总的要求是赶上和超过中等发达国家水平，全面实现社会主义现代化。具体说来，应分为 5 年、10 年和 50 年去运作。这样，目前至少应有三个阶段性目标。

一、“十五”发展目标

“十五”计划，是进入新世纪的第一个五年计划，是开始实施现代化建设第三步战略部署的第一个五年计划，也是在社会主义市场经济体制基本框架下运行的第一个五年计划。着眼于国际国内的现实情况，从战略性、宏观性上研究问题，“十五”期间要完成的目标应该是：①国民经济保持较快发展速度，经济结构战略性调整取得明显成效，经济增长质量和效益显著提高；②国有企业建立现代企业制度取得重大进展，社会保障制度比较健全，完善社会主义市场经济体制迈出实质性步伐，在更大范围内和更深程度上参与国际经济合作与竞争；③就业渠道拓宽，城乡居民收入持续增加，物质文化生活有较大改善，生态建设和环境保护得到加强；④科技教育加快发展，国民素质进一步提高，精神文明建设和民主法制建设取得明显进展。

从经济范畴上说，若把“十五”目标具体化，①年均经济增长速度要保持在 7.2%左右。②人均国民生产总值应达到 1 130 美元。③在全国范围内消灭贫困。对于农业和农村来说，“十五”期间农业增加值的增长速度应保持在 4.2%以上，“十五”末农民人均纯收入按 1990 年不变价计算，应达到 2 970 元以上。与此同时，农业基础条件应有个比较大的改善，国家食品供给安全能力应有个比较大的提高，农业和农村经济结构应有个比较大的升级，农村社会面貌要有个较大的变化。

二、未来10年发展目标

未来的10年是我国实现第三步战略目标的关键时期。到21世纪中叶我国能否达到中等发达国家的水平，未来10年对此将起到至关重要的作用。根据十四届三中全会和十五届五中全会精神，2010年国民经济和社会发展的主要奋斗目标是：国民经济的整体素质和技术水平显著提高，资源配置优化，社会主义市场经济体制比较完善，经济增长方式由粗放转入集约；经济和社会走上可持续发展之路，在大中城市和沿海地区基本实现工业化，人民的生活水平由小康转入富裕。

从未来10年的经济指标来说，社会劳动力的就业率应达到95%以上。人均国民生产总值应比2000年翻一番，力争达到1 700美元，其年均增长率应达到7.5%；就农业和农村来说，2005年至2010年期间，农业的发展速度应保持在年均4.5%以上，农民人均收入按1990年不变价计算，应力争达到4 700元以上，建立起适应社会主义市场经济需要的农村经济经营体制，建立起农业社会化服务体系、农产品市场体系、质量标准体系和国家对农业的支持保护体系，建立起具有现代文明素质的劳动力队伍，在沿海发达地区基本实现农业现代化、农村工业化和农村城镇化。

三、未来50年发展目标

从2011—2030年，国民生产总值的年均增长率应达到6%，2031—2050年应达到5%～5.5%；人民生活达到当时中等发达国家的水平，科学技术达到国际领先水平，全面实现农业、工业、国防和科学技术的现代化。就农业和农村来说，到2050年时，要全面实现农业现代化、农村城镇化和农民知识化，彻底消灭城乡差别、工农差别，基本消灭区域差别。

第三节　实现战略目标的操作要点

今后一个时期，是我国经济和社会发展的重要时期，是进行经济结构战略性调整的重要时期，也是完善社会主义市场经济体制和扩大对外开放的重要时期。这个时期的任务艰巨，实现目标的困难较多，这就需要我们以饱满的热情、创新的精神和超常规的动作，抓住重点，以点的突破带动整体战略布局的全面推进。

一、必须把发展作为主题

“九五”以至更长一段时间，我国要继续保持国民经济较快发展速度，实现阶段性目标，一个重要的操作选择就是必须把发展作为主题，作为考虑和安排一切工作的出发点。没有发展，再鼓舞人心的目标也将成为海市蜃楼，可想不可及。邓小平同志曾多次说过：“发展是硬道理”。我国社会主义建设的过程和改革开放20年的社会实践充分证明了这是一句至理真言。我们所走过的道路告诉我们，什么时候坚持以发展社会生产力为根本任务，我们的国家就发展，社会就进步；什么时候忘记发展社会生产力这个根本任务，事业就要受挫折，人民的政治和经济利益就要受损失。“文化大革命”期间搞“以阶级斗争为纲”，批判唯生产力论，其结果使国民经济走到了濒临崩溃的边缘。党的十一届三中全会决定把工作重点转移到社会主义现代化建设上来，于是才有了改革的步步深入、发展的大好形势和人民生活的不断改善，中国才有了今天的强盛趋势和被人看重的国际地位。基于对实践经验的高度概括和总结，邓小平同志提出中国解决所有问题的关键是要靠自己的发展，要抓住机遇发展自己。这一思想精华过去是指引我们实现小康的法宝，未来仍然是我们进行全面社会主义现代化建设，赶超世界先进水平的法宝。在未来的道路上，不管遇到什么问题，只要没有大规模的外敌入侵，我们就一定要牢牢坚持以经济建设为中心不动摇，也就是坚持解放生产力、发展生产力，一心一意搞建设。以发展为主题，抓住机遇，加快发展，是时代赋予我们这一代人的使命。从国际形势看，现在中国正处在最近100年来少有的和平与发展的大好环境中，世界走向和平，通过谈判和对话消除矛盾、解决争端，全球经济一体化，科技革命的大趋势，为我们保持国民经济持续快速健康发展，创造了良好的外部条件。从国内形势看，通过新中国成立50多年来特别是改革开放20多年来的建设，我们已经有了一个比较好的物质技术基础，综合国力大为提高，来自经济体制上的障碍已经基本消除，过去的产业“瓶颈”制约已不复存在，经济结构正在优化升级，这些因素构成了我国加快经济发展步伐的内在要求。如果我们不能抓住这千载难逢的大好时机，那么，我们就无法应对日益激烈的国际竞争，也就无法实现未来的阶段性发展目标。

发展，是解决一切问题的根本途径。提高人民生活水平，消除各种国际矛盾，解决经济生活中所遇到的一些新情况新问题，无疑都有赖于发展。国际竞争的实质是以经济和科技为基础的综合国力的较量。谁的实力强，谁就会在激烈的竞争中占领先机。落后就要挨打，这是人人皆知的常识。改革开放的20多年来，中国之所以经得起国际国内各种风浪的考验，都是经济迅速发展、综合国力显著增强的结果。现在中国经济总量虽然已经达到一定规模和水平，但由于人口基数大，历史欠账多，人均国民生产总值水平仍然很低，农村和城市经济虽然有长足发展，但由于人口的增长和结构调整所带来的就业压力越来越大；人民生活虽然已经达到小康水平，但对占人口比重很大的农村人口来说，还很不富裕。解决这些现实矛盾，唯一的有效途径是发展。只要经济发展了，我们的一切事情就都好办了。

通过对各种情况的客观分析，我们不难得出这样的结论：在未来的50年中我们要实现第三步战略目标，必须坚持以经济建设为中心不动摇，必须紧紧抓住发展这个主题。

二、必须把结构调整作为主线

经济的发展，必须建立在经济结构不断优化的基础上。没有一个合理的经济结构，想快速发展是不可能的。由于经济结构的优劣对经济的发展具有明显的促进和妨碍作用，十五届五中全会提出在相当长的一个时期中，经济工作要以结构调整为主线。《中共中央关于制定国民经济和社会发展第十个五年计划的建议》明确指出："实现国民经济持续快速健康发展，必须以提高经济效益为中心，对经济结构进行战略性调整"，并要求把结构调整作为今后经济工作的主线。

经济结构与经济以及社会发展的关系极为密切。这是中央提出必须把结构调整作为主线的理论依据。结构不合理，各方面关系不协调，经济就不可能持续快速健康发展，社会就不可能有效地推进。从国际经济发展趋势上看，面对市场的变化、科技的发展和人民生活要求的提高，许多国家，尤其是一些发达国家面对越来越严峻的国际竞争形势，都在抓紧时间，利用一切有利条件，对本国的产业结构、产品结构和企业组织结构进行大规模的调整，努力建立以技术进步为推动力的新的经济结构，并通过结构调整创造新的经济增长点。

从我国经济结构的现状上看，虽然我们经过多年的努力，已经建立起了门类比较齐全、产业比较完整的国民经济体系，但是目前的经济结构还不能适应经济持续快速健康发展的要求，存在一些亟待解决的问题。突出的是生产结构不合理，地区发展不协调，城镇化水平低。生产结构不合理主要表现在：生产供给结构不能适应国际国内市场需求变化，一面是低消费水平下的阶段性、结构性、地区性过剩；一面是低素质下的高消耗、高成本、低效益。地区发展不平衡主要表现在：地区之间产业结构趋同化严重，各地追求自成体系，重复生产、重复引进、重复建设的问题一直没有得到彻底解决。城市化水平低主要表现在：城市人口比重低，城市功能不完善，基础设施不配套，对周边地区的辐射带动作用不强。基于上述分析可以得出结论：经济结构调整势在必行，必须抓紧调整，大跨度地调整。早调整早主动，晚调整就被动。结构调整的必要性和紧迫性，决定了这项工作的分量很重，必须作为经济工作的主线来运作。否则，将失去机遇，后果是经济总量不会增长，经济素质也不会提高。

这次经济结构调整，不是一般意义上的适应性调整，而是将用新技术改造传统产业的大调整；不是局部的调整，而是包括产业结构、地区结构和城乡结构在内的，以提高经济的整体素质和竞争力，实现可持续发展目标的全面调整。大调整与全面调整的要求，构成了这次结构调整的战略性。既然是战略性的大调整和全面调整，那么，将其作为经济工作的主线，其含义就不难理解了。

国民经济的现状和新阶段的目标发展要求，决定了一个时期结构调整的重点应该是：优化产业结构，加强第一产业，提高第二产业，大力发展第三产业，全面提高经济的整体素质和效益；合理调整生产力布局，东部要巩固提高，中部要加快赶超步伐，西部要大开发大发展，促进各地区经济的协调，优势互补；积极稳妥地推进城市化进程，努力创造就业岗位，增强辐射功能，向城乡经济一体化的方向趋进；着力改善基础设施，保护环境，建立良好的生态产业，实现可持续发展。这四个方面的调整，哪一个方面都对国民经济具有重要的基础性作用，可以说是牵一发而动全身。因此，这是经济工作的重中之重，只有把它摆到战略地位，作为主线，才能做好。一般性号召，捎带去做，将无济于事。

结构调整，是个动态概念。经过一个时期全面的、大规模的调整，可能使一些原本不适应发展需要的东西适应起来。但还会出现新的情况和新的问题，还要依赖调整去解决。也就是说，结构调整是一项长期性、战略性的工作，在任何时候，任何情况下都要给以关注，注意研究新情况和解决新问题。这样，国民经济就有了持续快速健康发展的结构基础。

三、必须依靠改革开放和科技进步这两个动力

发展离不开经济结构的优化。经济结构对其发展具有很强的促进作用，但就其结构的本身来说，还不是发展的动力。纵观世界经济发展的历史，审视近 20 年来世界范围内的改革开放过程，我们会清晰地看到，改革开放和科技进步是经济以及社会发展的两大动力源，是实现国民经济持续快速健康发展的终极因素。用足这两大动力，就会把社会主义现代化建设事业不断推向前进。

改革是通过解放生产力来推动经济发展的。社会生产力的存在是一方面的问题。而能不能把现存的生产力都调动出来，形成对经济发展的推动力，又是一方面的问题。中国改革开放的社会实践证明，通过对生产关系的改革，可以使潜在的生产能力发挥出来，创造出比以往要多得多的物质财富。农村通过改革，全面实行以家庭承包经营为主的经营体制，极大地调动了亿万农民群众和乡村干部的积极性，使潜在的各方面的生产能力得以释放，从而推动着中国粮食产量接连登上 4 000 亿千克、4 500 亿千克和 5 000 亿千克三个大台阶，一举解决了不断增加的中国人的吃饭问题。改革所有制结构，引出了乡镇企业的异军突起，使得 1.2 亿农村剩余劳动力找到了新的就业岗位。改革人事制度和人才管理体制，使人力资源得到优化配置，科技和管理人才的聪明才智得到有效发挥。总之，过去的 20 多年，中国靠改革创造了经济发展的奇迹；未来的 10 年，中国要实现国民生产总值在 2000 年的基础上再翻一番，仍然要靠改革提供动力。只有坚持深化改革，才能充分发挥社会主义市场经济体制在资源配置中的基础性作

用；只有坚持深化改革，才能在更深更广的范围内调动人的积极性，从而积蓄持续发展的后劲。

开放是通过调整生产力的布局和投向来推动经济发展的。对于任何一个国家来说，在资源禀赋、区位、发展状况等方面都有其长、有其短，要在国际经济大循环上实现优势互补，需要借鉴整个人类的文明来发展自己。通过实行对外开放，可以达到增优避劣，使潜在的生产力在区位移动的过程中得以释放，最大限度地转化为物质财富。回顾新中国成立后所走过的发展道路，前30年所走的是一条主张独立发展的道路，结果是使本国的发展游离于世界大环境，严重地削弱了发展动力的发挥。后20年所走的是一条开放式的发展道路，使我国在国际交流与合作中得到收益，先进技术和管理经验的引进，进出口范围的扩大，不但拓宽了中国的产品市场，而且也大大地提高了参与国际社会的程度，也解决了一些靠自己的力量无法克服的困难。今天我们回过头来看，没有对外开放，就不会有经济特区和沿海开放地带、沿海地区的发展，就不可能有今天这样的繁荣景象。中国的发展离不开世界各国的交流与合作，世界的发展离不开最大的发展中国家——中国的参与。在未来的发展中，我们要经受加入世界贸易组织的考验，要在更大范围内开拓市场，寻求协作空间，这就必须一如既往地坚持对外开放政策，发展外向型经济，千方百计利用好开放的窗口，为加快中国现代化建设步伐提供重要的推动力量。

科学技术是通过创造生产力来推动经济发展的。社会生产力在于创造，这个创造生产力的源泉就是科学技术。科学技术是生产力，而且是第一生产力，这已经成为定论。近百年来，全世界所创造的生产力比以往人类创造的生产力总和还要多，主动力就在于科学技术的飞速发展。电的发明、蒸汽机的问世、电子计算机的出现……有谁能计算出它们对经济发展和社会进步的作用。最近几年兴起的网络技术、基因技术、纳米技术，又有谁能度量出它们对物质财富增长的贡献。由此可见，科学技术对经济发展的推动作用，是不可估量的。科学技术能够造就大量的新兴产业，也可以对传统产业的大规模改造提供动力支持，推动经济增长方式由粗放逐步转向集约，加快现代化建设的步伐。因此，在新的发展阶段，必须坚持贯彻实施科教兴国战略，在抓好人才培养的同时，抓紧基础科学和应用研究，在把科技成果转化为现实生产力上下功夫，为新世纪阶段性目标的实现提供雄厚有力的科学支持和技术保障。

四、必须把提高人民生活水平作为根本出发点

“十五”时期以及在未来10年中，实现战略目标的操作要点有四句话：把发展作为主题，把结构调整作为主线，把改革开放和科技进步作为动力，把提高人民生活水平作为根本出发点。具体分析这四个方面，会看到它们之间有因果关系。结构调整、实施改革开放和推进科技进步是为了更好地发展，而发展的最终目的是为了提高人民的生活水平。由此可见，前三句话是原因，只有提高人民生活水平才是最终结果。把提高人民生活水平作为根本出发点，其依据是：

1. 是由社会主义的生产目的所决定的 社会主义组织社会化大生产，其目的是什么？对此斯大林曾经说过，社会主义社会的生产目的就是为了不断地满足人们日益增长的物质文化生活的需要。追求物质文化生活水平的不断提高，这是每个自然人的天性。每个人、每个组织、每个国家不停的奋斗和发展，其最终目的是为了过上幸福美满的生活。想人民群众之所想，急人民群众之所急，帮人民群众之所需，这是社会主义社会的一个基本特征。人民群众想什么？急什么？需什么？最急迫的就是想有人帮他们过上好日子。从这个出发点来思考问题、部署工作，应该说是坚持社会主义道路的一个重要表现。

2. 是由党的“三个代表”的精神所决定的 江泽民总书记2000年3月在视察广东高州时指出，共产党人要代表最广大人民群众的根本利益。其涵义就是我们共产党做事情，一定要把广大人民群众的根本利益摆在首位。每一项决策的出台，都要考虑人民高兴不高兴，赞成不赞成，答应不答应。人民能否高兴、赞成、答应，最基本标准就是看是不是给他们带来了实惠。把提高人民生活水平作为工作重点，其实质就是代表了广大人民群众的根本利益。所以我们说，这是充分体现了“三个代表”精神的决策，是符合亿万人民意愿的决策。

3. 是由如期实现发展目标所决定的 实现三个阶段性目标与提高人民生活水平，二者的基点是一致的。在未来5年、10年或者更长一段时间，我们已经有了一个基本的发展目标。不论是国民生产总值的翻番，还是使人民小康生活更加富裕，以至到21世纪中叶全面

实现社会主义现代化，其核心都是人民生活水平的提高。这些目标实现了，人民生活水平也就自然地随之提高了。把提高人民生活水平作为工作的重点，是实现阶段性发展目标的题中应有之意。人民生活水平不断提高的过程，就是我们为实现阶段性发展目标而奋斗的过程。

4. 是由保持经济运行良性循环的要求所决定的　求得国民经济运行良性循环的基本条件是：速度与效益协调，产业之间发展协调，积累与消费协调，社会成员的贡献与收入协调，劳动力再生产与就业岗位协调。而实现这“五个协调”的基础是物质财富的增加和人民生活水平的提高。人民生活水平提高了，能够避免经济运行中的许多问题。比如，人民生活水平提高了，说明经济的快速发展是有效益的；说明人民群众的购买力增加，会产生新的市场空间；说明人民有扩大再生产的财力而再造就业岗位。由此可见，抓住了提高人民生活水平这一环，就是抓住了根本，就会使国民经济走上良性循环的轨道。

第四节　应注意处理好的几个关系

实现阶段性发展目标，不但是艰巨的任务，而且也是一个复杂的过程。在这个过程中，人的主观努力总是与客观条件有一定的距离。采取有效措施，尽量缩短主观与客观的距离，使二者趋近一致，这就要研究操作方式方法，提出要注意的问题。如果能注意处理好下面这五对矛盾关系，就能够避免少走弯路或不走弯路，按预定目标到达胜利的彼岸。

一、短期目标与中长期目标的关系

相对来说，“十五”计划是短期目标，未来10年规划和到21世纪中叶的第三步战略目标即为中长期目标。短中长三者之间的关系是基础与台阶的关系。即：“十五”目标是十年目标的基础，十年目标是“十五”目标的台阶。在实施的把握上，应“立足基础，着眼台阶，以五保十，拾阶而进”。首先要干好5年、10年，然后才能向未来50年的目标趋进。如果五年、十年的目标落空，到21世纪中叶达到中等发达国家水平的前途就很渺茫。当然，5年、10年是短期目标，但在实施的过程中不可以搞短期行为，要注意对长远有利，注意积蓄发展的后续力量。

二、速度与效益的关系

国民经济发展的标志是经济增长率，往往被人们简称为速度；劳动者薪金、企业利润和财政税收，是属效益范畴。良性的发展应该是既有较快的发展速度，又要有较好的经济效益。对速度的评价标准应该是效益，没有效益的速度，即或是高速度，也是没有意义的。所以，经济要有一定的发展速度，没有发展速度就不能实现目标；经济发展速度要建立在经济效益基础上，没有效益或效益低下的速度，它的经济价值会大打折扣的。在“十五”期间，国民经济增长率要争取在7.2%左右，才有可能实现经济与社会发展的阶段性目标。但是速度达到了，效益如果不好，人民收入和财政收入上不去，自然会带来储蓄率的下降，投资的减少和市场的萎缩，实现发展目标就会困难重重。正确的主张应该是速度与效益的统一，在保证效益的前提下追求速度。

三、经济发展与生态建设的关系

有人说，在进行大规模经济建设时期，对生态环境造成破坏是在所难免的。这种把经济建设与生态环境对立起来的观点，值得商榷。其实，经济建设与生态环境并不存在必然对立的关系，二者之间更多地表现为一种相互关联的促进关系。即：生态环境为经济建设创造条件；经济发展为生态环境建设积累物质能量。在进行大规模的经济建设时，只要是注意采取措施，完全可以避免对生态环境的破坏。随着社会的进化，今后完全可能走上经济与生态同步建设的新时代。经济发展与生态建设的前提条件是，在进行经济建设时，一定要充分关注生态环境，十分注意保护生态环境。如果不是人为地这样去做，那就有可能对生态环境造成破坏。处理好二者关系的关键是：消除先经济建设，后改善生态环境的错误认识，坚持经济与生态同步建设，做到人与自然的和谐，决不可走牺牲生态换取经济发展的路。

四、增加收入与创造就业岗位的关系

增加收入，是每个社会成员的所思所盼，也是经济效益的直接体现，应该千方百计地去争取，这是没有疑义的。提出要处理好增加收入与创造就业岗位的关系，意思是要说明创造就业岗位与增加收入不但同等重要，可能更为重要。在一个地区，如果就业岗位严重不足，群体的人均收入是无法增长的。就业不足，一是导致社会成员收入差距的进一步拉大，二是影响社会稳定。列宁曾经说，饿着肚子的人是什么事都能干出来的。如果人们的思想混乱，社会治安状况不好，大规模的经济建设就可能停滞不前，发展目标就可能落空。所以，在千方百计增加收入的同时，也要千方百计创造就业岗位。

五、物质积累与精神支持的关系

实现经济发展目标，主要是依靠物质财富的积累。但是，不能说精神范畴对物质的积累无作为。事实上，物质积累离不开精神范畴的支持。在某种程度上说，这种支持是不可缺少的。社会越发展，精神的范畴越显得宽泛，物质与精神的关联程度越紧密。比如，电子计算机的机壳、硬盘、光驱等零部件，就其存在的形态来说是物质的。但人脑对它的发明过程，却属于精神范畴。这种精神支持对发展生产力的促进作用，是无法估量的。因此，在加快经济发展步伐的同时，应注意搞好精神文明建设，为经济的发展和社会进步提供强大的思想保证、精神动力和智力支持。

第三章

农业基础条件

当中国这台具有东方个性的“大机器”在改革开放大潮推动下加速运行，还来不及进行必要的“小憩”或调整时，历史已经渐渐地逼近了21世纪。在未来这个崭新的时代，中国要按照总设计师邓小平所描绘的宏伟蓝图，向着赶上或超过中等发达国家水平的第三步战略目标迈进。这个目标能否成为现实，关键在于亿万人民孜孜不倦的努力，在于各民族的团结奋斗。而农业能否在这个过程中起到基础性作用，是目标实现的极为重要的前提条件。值得全体民众欣慰的是，以江泽民同志为核心的中国共产党第三代领导集体，已经睿智地认识到了农业基础条件与其所担负的历史重任的差距，把加强农业，放在了经济工作的首位，给予了特殊的呵护和关照。

对农业现状作出基本估计，客观地分析农业继续发展的有利条件和不利因素，根据中央的既定方针给出可供参考的战略选择，是研究解决21世纪农业、农村和农民问题的首善之举。

第一节　历史的简要回顾

党的十一届三中全会以来，中国农业取得了巨大成绩。粮食生产连续登上了3 500亿千克、4 000亿千克和4 500亿千克三个台阶，油料、糖料、棉花等经济作物产量持续增长，畜产品、水产品产量不断创造新纪录，中国人民世代梦寐以求的温饱问题，在人口4亿、6亿、8亿时都没能得到解决的艰难情况下，当人口超过10亿时，却奇迹般地得到了解决。特别是在“八五”期间，以江泽民同志为核心的党中央，从“抓住机遇、深化改革、扩大开放、促进发展、保持稳定”的大局出发，采取了一系列加强农业和农村工作的措施，很快使农业走出了徘徊，步入了稳步发展的轨道。“八五”期间，是历史上农业发展最好的时期。说这个时期农业成绩显著，科学的依据是来自于国家统计局的统计资料，主要表现在五个方面。一是粮、油、糖、棉四种主要农产品全面增产。粮食产量累计为224 453.7万吨，比“七五”时期增长9.9%；油料产量累计为9 323万吨；比“七五”时期增长241.5%；糖料产量累计为39 996.2万吨，比“七五”时期增长30.7%；棉花产量累计为2 276.3万吨，比“七五”时期增长12.5%。二是畜产品、水产品产量连年大幅度增长。肉类产量累计为19 915.9万吨，比“七五”时期增长62.0%；水产品产量累计为9 412万吨，比“七五”时期增长80%。三是农业经济结构得到进一步调整。1995年与1990年相比，农业内部的农、林、牧、渔业产值构成已由64.7∶4.3∶25.7∶5.4转变为57.6∶3.6∶30.4∶8.4。四是农业劳动力就业情况发生了变化。农业劳动力与非农业劳动力的就业比例，已由1990年79.4∶20.6转变为71.7∶28.3；从1992年开始，农业劳动力结束了逐年增加的历史，四年共净减少1 863.4万人，年均减少465.85万人；而“七五”时期共增加2 984.9万人，年均增加596.98万人。五是农民收入水平显著提高。1995年全国农民人均纯收入为1 286元，比1990年的667.62元增加1.3倍，扣除物价因素，实际增长23.2%，年均增长4.3%。农业的大跨度发展，有力地支撑了整个国民经济的快速发展，为推进城乡的全面改革奠定了最好的物质基础。

农业的形势好，来自于广大农村基层干部和亿万农民群众的艰苦努力，同时也是对党和政府加强农业和农村工作的丰硕回报。党的第三代领导集体刚一形成，就对农业和农村工作给予了极大的重视。1990年6月，中央政治局常委会责成中央政策研究室召开了农村工作座谈会，江泽民、李鹏、姚依林、宋平四位中央政治局常委和分管农业农村工作的国务院领导到会直接听取代表讨论，同与会同志共商兴农大计。先后有20位省部级领导在会上发言，从不同角度分析形势、研究问题，提出加强农业和农村工作的建议。会后，中央立即组成了文件起草小组，系统地研究和规划农村经济的发展和社会进步。在此基础上，中央于1990年12月，就做好1991年的农业和农村工作发出通知，从此拉开了“八五”期间加强农业和农村工作的帷幕。紧接着，中央开始考虑90年代农业和农村工作总体部署，从长计议农业和农村工作。1991年8月，中央向各省、自治区、直辖市党委发出关于拟将召开十三届八中全会，专题研究农业和农村工作，要求搞好会前调查研究的通知，并就会议文件（草稿）广泛征求各方面的意见；1991年12月，中央召开了十三届八中全会，作出《关于进一步加强农业和农村工作的决定》。由中央全会来专题研究农业和农村工作，这在我们党的历史上是空前的。文件下发后，实施的效果如何？这是中央领导日常考虑比较多的一项工作。经过一年的实践，江泽民同志于1992年12月，亲自在武汉主持召开了农业座谈会，就着力解决阻碍农业和农村经济继续发展的几个主要问题，做了重要讲话。同时，李鹏同志在北京主持召开了全国农业工作电视电话会议，决定采取具体措施，保护农民的积极性，保持农业稳定发展。此后，从1993年10月到1996年1月，中央在两年零三个月的时间中，相继召开了四次农村工作会议，不断研究新情况，解决新问题，对农业和农村工作作出相应的阶段性部署。进入20世纪90年代以来，中央对农业和农村工作的重视，已达到了历史上前所未有的程度。

中央支持发展农业的政策措施，概括起来有十个方面：一是坚持稳定家庭联产承包责任制，延长土地承包期30年，进一步稳定土地承包关系；二是控制基本建设规模，增加农业投入，对粮棉生产大县安排专项贷款，重点扶持，实施农业综合开发，大搞农田水利建设、林业建设，提高农业的综合生产能力；三是大幅度提高粮食的定购价格，1994年提高40%，1996年又提高42%，两次提价使粮食综合平均定购价提高了近一倍，同时大幅度提高粮食收购价格，鼓励农民发展粮棉生产；四是保证农业生产资料供应，增加化肥生产和进口，改革农业生产资料流通体制，稳定化肥价格；五是实施科教兴农战略，大力推广农业先进和适用技术，提高科技对农业增长的贡献率；六是建立粮食储备体系和风险基金制度，保护生产者、消费者和粮食经营者的利益，保证全国粮食供求总量平衡；七是深化粮食流通体制改革，实行政策性和经营性业务“双轨运行”，推行以国有粮食部门为主、农业农垦部门和供销合作社及社会上用粮大户参与的多渠道流通体制，探索既能支持生产又有利于搞活流通的新的经营体制；八是加大扶贫攻坚力度，增加财政扶贫资金和贴息贷款，实施以建设基本农田为重点的扶贫开发，不断减少贫困人口的比重；九是实行“米袋子”省长负责制和“菜篮子”市长负责制，调动地方政府发展农产品生产的积极性；十是突出解决农民负担过重的问题，保护农民的权益，增强农户自我发展的经济实力。实践证明，这十个方面的政策措施进一步解放和发展了农村生产力，促进了农村改革，有效地缓解了农产品供需矛盾，为建立社会主义市场经济体制提供了物质支持。

在党中央“重农”方针的指导下，“八五”期间中国在以法兴农方面也迈出了较大步伐。全国人大常委会颁布了《中华人民共和国农业法》、《中华人民共和国农业技术推广法》等一些涉农法律；国务院颁布了与法律相适应的法规条例或实施细则。比如，国务院下发了《农民承担费用和劳务管理条例》、《基本农田保护条例》、《关于发展高产优质高效农业的决定》、《九十年代中国农业发展纲要》等一批农业法规和指导性文件，对支持和保护农业起到了重要作用。

第二节　农业再攀新高的有利条件

按照《国民经济和社会发展“九五”计划和 2010 年远景目标纲要》，到 2010 年，中国的人口将要达到 14 亿；到 2030 年，将达到 16 亿。巨大的人口再生产基数，无疑要转化成对食品有效供给的压力，养活占世界近 1/5 的人口，有赖于农业在 90 年代快速发展的基础上再攀新高。农业，经过中国人民近 50 年的努力，已经有了一个比较好的发展基础，为再攀新高，积累了一定的有利条件。

1. 已经形成了符合中国国情的多元的经营体制。中国始于农村的经济体制改革，建立起了以家庭联产承包为基础的统分结合的双层经营体制。它作为农村占主导地位的经营体制，适应了现阶段农村生产力水平，体现了广大基层干部和农民群众的意愿，在未来相当长时期中，仍具有一定的生命力。说农村经济体制具有多元的性质，是因为在双层经营体制之外，迎合发展社会主义市场经济的需要，在微观经济组织再造的过程中，新创造的各具特色的新型经营体制或生产经营组织。包括：贸工农一体化的产业化经营集团；公司（工厂）加农户类型的专业性合作组织；股份制或股份合作制；各种不同形式的联合或合作企业等。其中，也包括社区性集体经济组织经过不断完善而保留下来的统一经营形式。这种经营形式，虽然数量少，还占不到农村生产经营单位总数的1%，但由于这样的村基础条件好，都有一个甘于奉献、一心一意带领农民群众脱贫致富的领导班子，呈现出经济效益显著、发展后劲充足的良好状态。随着社会主义市场经济体制的不断完善，农村必将还要涌现出具有时代特征的经营体制或生产经营组织形式。这是农业再攀新高的体制基础。

2. 积累了一定的物质基础。提高农业的装备水平和机械化程度，是新中国成立以来中央政府力求夯实农业基础的一项根本性措施。中央领导集体在40多年的治国过程中，已经历了三代的新老交替，但提高农业的综合生产能力的不倦追求，一直延续至今并没有改变。年复一年的大规模农业基础设施建设和农田水利建设，明显增强了人与自然的抗衡能力，为农业再攀新高，奠定下了一定的物质基础。国家统计局的统计资料显示：1995年，全国农机总动力达到36 069万千瓦，比1990年增长25.6%。其中，拥有各种小型农用拖拉机863.8万台，比1990年增长23.8%；农用载重汽车80.5万辆，比1990年增长29.5%；排灌机械总动力8 071万千瓦，比1990年增长13.2%。农业生产的物质投入量增加，现代化程度提高。1995年，化肥施用量（折纯）3 571万吨，比1990年增长37.9%；农村用电量1 628.2亿千瓦小时；比1990年增长92.8%；农田有效灌溉面积达到4 937.5万公顷，比1990年增长4.2%。

3. 有了一个趋近合理的农业内部结构。与农村改革相伴而生的产业结构调整，以农业比重下降，非农业比重大幅度上升的明显成效，向人们昭示了它的伟大成绩。与此紧密相联的是农业内部结构的调整，各业之间的比例关系在逐年变化中趋近合理，特别是1993年以来，农村产业结构调整遵循发展社会主义市场经济的原则，进入了适应市场规律的自我调整新阶段，从而加快了农业内部结构变化的速度。农业内部各业产值的变化，呈现种植业和林业比重下降，畜牧业和渔业比重上升这样的轨迹。产业结构的变化，实质是农业产业素质的升级，它对改善农产品结构和有效供给能力，都具有不可小视的积极作用。

4. 初步建立起了推动农业科技进步的有效机制。对于中国这样的自然资源、商品能源和资金供应不足的发展中国家来说，农业找到了一条较多地依靠劳动和科技投入，提高资源和资金利用效率，用先进适用技术的投入来节约稀缺资源的道路，这对于农业再攀新高，具有长效的推动作用。这种作用来自于一种合力，其组成结构是：具有中国特色的农业科技体系框架基本形成，农业技术推广组织在经历一段震动后，得到了恢复性的发展；农业科技政策体系和法规体系越发完善，把科技兴农建立在了以法兴科技的基点上；农业科研和试验条件得到改善，先进仪器设备和现代化设施初具规模；与农业息息相关的天气和灾害性气候预报达到一定水平，用以改善生态环境的科研手段有所进步；国际科技合作与交流的渠道不断拓宽，具有引进、吸收和消化世界先进成果的科技基础。农业科技软硬件的同时改善，直接推动着科技在农业增产中贡献份额的加大，这是农业再攀新高的技术基础。

5. 形成了一整套能够保护和调动农民积极性的政策措施。中国经过20年改革所建立起来的有利于调动农民积极性，有利于解放和发展生产力的一整套重农、兴农、支农的政策措施，在相当长一段时间中仍有效力，是任何资源都不能替代的农业经济增长动因。个别因情况变化而显得滞后或失去以往力度的条款，还会在建立社会主义市场经济体制的过程中得到矫正和补充，注入新的“内应力”。这些政策措施主要是：稳定家庭联产承包责任制，完善统分结合的双层经营体制；允许进行多种试验，鼓励进行经营体制和生产组织形式的创新；在决不放松粮食生产的同时，大力发展多种经营和乡镇企业；增加农业投入，扶持贫困地区发展生产；进行农业综合开发，扶持粮棉主产区发展经济；发育市场主体，培育市场体系，搞活农产品流通；足额供给农产品收购资金，完善农产品储备调节和风险基金制度，等等。

6. 有一个促进农业进一步发展的良好社会环境。人们对农业的基础地位有了比较统一的认识，支持农业发展的舆论不断升温，地方政府能够成功地运用行政权力和经济杠杆，确保政策措施的基本落实，忽视农业的做法在一定程度上得到纠正。

第三节　农业基础薄弱的表现

从时间的纵向上看，中国农业成绩巨大，贡献巨大，目前仍有再攀新高的客观条件。但是，从国民经济运行的整体情况看，农业的现状与所担负的历史重任，还显得有些不适应，农业的基础还相当薄弱。主要表现在以下十个方面。

1. 抗御自然灾害的能力低。我国现有的水利设施，大部分是 20 世纪 80 年代以前修建的，多数属于“三大”（大跃进、“文化大革命”、农业学大寨）产物，经过几十年的运行，已经严重老化失修，抗御自然灾害的能力明显减弱。据统计，全国 8 万多座水库，有 1/3 带病运行；万亩以上灌区，工程基本完好的只占 30%，报废的占 10%，不同程度损坏失修的占 60%。每年因水、旱灾害减产粮食几百亿千克，减产棉花几百万担，损失几千亿元。

2. 科技含量低。中国农业科技总体水平与国外相差 10～20 年。科技在农业增产中的贡献份额仅为 39%，而欧洲一些国家都在 70% 以上，美国高达 80%。发达国家的农业科技成果转化率在 60%左右，而中国仅为 30%～40%，特别是缺少像杂交水稻、地膜覆盖等这样的大幅度增产措施。畜牧业的饲料报酬率比先进国家低 30%，猪的出栏率为美国、德国的 2/3。林果业、食品加工业的技术差距更大，农产品的附加值低。发达国家已将计算机、生物技术、生物制剂、高效低毒农药等高新技术广泛用于农业，而中国在这些领域还处于实验阶段。

3. 技术装备水平低。中国每亩耕地占有农机总动力只有 0.16 千瓦，装备水平不但远远低于发达国家，而且也低于一些发展中国家。农机总量少，结构也不合理，大中型农机及配套农具老化严重，更新困难，田间作业机械装备不足，机耕面积占耕地总面积的 55%，而机播、机收面积仅占 18%和 11%。联合国粮农组织曾经对 159 个国家进行过调查：每公顷耕地的固定投资，发达国家一般在 1 000 美元以上；按每个农业劳动力平均的固定投资计算，发达国家一般在

4 000～6 000 美元之间，最高的荷兰达 14 195 美元。而中国同类指标，与发达国家相比，差距是很大的。

4. 单位面积产量低。1995 年，粮食平均亩产 282 千克，比英国、法国 1979 年的亩产水平还低 5.5%和 4.9%。水稻、小麦、玉米等大宗农作物的单位面积产量与世界粮食高产国家相比都有不小的差距。我们可以 1994 年的情况为例来说明。1994 年，我国水稻亩产 358 千克，虽然比世界平均水平 236 千克高出 122 千克，但却比世界最高的澳大利亚低 320 千克；小麦亩产 230 千克，比世界平均水平 167 千克高出 63 千克，但却比世界最高的荷兰低 369 千克；玉米，我国 1993 年亩产 311 千克，比世界平均水平 246 千克高出 65 千克，但却比世界最高的荷兰低 1 356 千克。我国现有的耕地，2/3 是中低产田，与高产地块相比，产量要低 40%以上，有的甚至要低一半以上。

5. 劳动生产率低。1995 年，中国农村从事种植业的劳力人均生产粮食 1 604 千克；农业劳动力人均创造增加值 3 365 元。据资料介绍，发达国家每个劳动力年生产粮食 2 万～10 万千克，肉类 3～4 吨。我国农业的各项效率指标都与发达国家有着不小的差距。从劳动力人均创汇值上看，与发达国家的差距更大，我国农业创汇总额还不足荷兰的 1/2。

6. 资源约束硬化。主要表现在水土资源的人均占有量逐年递减和人口的逐年增加。“八五”期间，人口每年增加 1 300 万～1 400 万，耕地每年减少 300 多万亩。人均占有耕地已从改革初期的 1.55 亩下降到 1.18 亩。水资源不但紧缺，而且时空分布不均匀。长江以北耕地占全国耕地的 64%，而地上水资源仅占 17%。其中粮食增产潜力最大的黄淮海地区，耕地占全国的 42%，而地上水资源的占有量不到全国的 6%。

7. 生态环境不佳。我国森林覆盖率为 13.92%，远远低于 31.3%的世界平均水平。不少地方由于植被稀少，水土流失严重，土壤沙化、碱化、盐渍化加剧。土壤侵蚀面积占国土总面积的 38%，沙化面积每年以 2 100 平方公里的速度推进。每年大约有 50 亿吨的土质流入江河，携带走 4 000 万吨的氮、磷、钾养分，比化肥的全年产量还高出 63.3%。耕地的有机质含量已下降到平均 1.5%的水平，远远低于欧美国家 2.5%～4%的平均水平。工业“三废”的排放和居民生活垃圾、农业的本身因喷农药施化肥等，严重污染着生态环境。据材料介绍，1994年全国工业共产生废渣废料达6.2亿吨，工业固体废物排放量1 900万吨。工业固体废物历年累计堆存量已达64.6亿吨，占地83.5万亩，这些废物需要几年、几十年甚至上百年才能烂掉。全国的废水排放量每年以2.7%的速度增长，特别是乡镇企业三废的排放量迅猛增长。农业生态环境治理任务越来越重。

8. 工农业比例失调。历史经验证明，工农业的发展速度在2.5∶1左右区间，国民经济才能平稳运行，各业才能协调发展。“八五”期间，我国工业与农业的平均发展速度比为4.3∶1，有两个年份在5.0∶1～5.3∶1区间运行。由于农业发展滞后，使经济运行的宏观环境偏紧，引发了许多矛盾和问题。农业已经连续多年全力支撑国民经济的快速发展，显得极为疲惫。1996年虽然工农业比例关系有所好转，但发展的速度差仍比较高。

9. 农产品供给处于紧平衡状态。“八五”期间，虽然粮、油、肉、蛋、奶和水产品等全面增产，市场供应大大改善，但供给与需求仍处于紧平衡状态，特别体现在粮食上。尽管1996年粮食产量创造了4 900亿千克的历史纪录，但人均占有量也只有402千克，仅达到世界人均占有水平，增产的粮食有很大部分被人口、工业和饲料用粮的增加所抵消。“八五”期间的油、糖供应，年际间也是靠少量进口调剂来求平衡。

10. 农民的生产积极性波动。自然灾害的侵袭，农业比较效益的下降，农用生产资料价格的攀高，农民负担的反弹和中央加强农业政策措施落实上的“棚架”，都对农民的积极性发生直接影响。这些不利因素交织变化，连带着农民积极性的起伏波动，在很大程度上拉动或钳制农业的发展。

第四节　农业基础薄弱的原因

农业基础薄弱，是主客观因素交织作用的结果，大致有以下六个方面。

1. 自然条件和资源禀赋的缺陷。进入20世纪90年代，自然灾害越来越频繁，几乎年年水旱灾害并发。全国农作物受灾面积已由

60年代的3.34亿亩上升到5.96亿亩，成灾面积由1.39亿亩上升到2.91亿亩。成灾面积的增大，有三个原因：一是农业经济发展了，经济遇灾受害的概率增大。比如，同样的降雨量，在西北戈壁与黄淮海平原、东北平原相比，其结果是不一样的。特别是这几年在城市和工业占地增长的同时，也新开垦了一些荒地，新开地块的抗灾能力很低。二是生态环境恶化的后果，也就是我们所说的“老天爷”的惩罚。三是与灾区所处的地理方位和自然条件关系密切。比如，安徽、江西、湖南等省域，是陆地与海洋性气候的过渡地带，来自东南方向的海风与来自西北方向的陆风在此相交，很可能造成气候的异常，或暴雨成灾，或干旱少雨。华北、西北和东北的西南部地区，都有沙漠戈壁，难免不出现干旱和风、雹灾害。川、藏、云、贵处于喜马拉雅山东部，受制于山脉地壳的运动，是地震的多发区。尽管现在科学技术比较发达，人们可以认识自然、改造自然，但还不可能驾驭自然。至于资源的禀赋，也是先天不足。中国淡水资源人均占有量仅为世界人均量的1/4，居世界的第109位，是联合国所列出的13个严重贫水的国家之一；中国耕地占幅员总面积的9.98%，而法国的同类指标是34.44%，英国是26.6%，美国是18.83%；人均占有耕地仅为世界平均水平的25%。其中，1/3的省市人均占有耕地不足1亩，广东、福建、浙江人均占有耕地已经下降到0.6亩以下；人均占有森林面积0.11公顷，只相当于美国的11%、巴西的3.42%、全球人均的15.94%。按照联合国把资源视为财富的论断，中国农业资源的先天不足，固然要通过财富积累的不足来表现出对农业发展的制约。

2. 城乡倾斜的“二元”经济结构导致工业抽吸农业，城市吸吮农村。新中国建立初期，中国在发展国民经济的总体部署上，实施以重工业为主体的工业发展战略。为了尽快建立起比较完备的工业体系和国民经济体系，采取了向工业大角度倾斜的政策，从农业抽吸大量剩余作为工业化的原始积累。这种战略选择虽然具有客观性，但是，它使本来就很落后的农业更加薄弱，导致工农业发展长期处于失调的状态。据有关专家测算，在工业资本原始积累的过程中，农业通过工农产品价格的“剪刀差”等形式，被抽走大约13 000亿元资本，农业平均每年要把所创造价值的12.4%无偿贡献给工业或城市。由于工农产品的非等价交换，使城乡居民的收入差距无法弥合，二者的收入差距比，1978 年为 2.2∶1，1984 年缩小为 1.7∶1，1992 年又扩大到 2.8∶1，1995 年为 2.5∶1。

政策对工业和城市的偏爱，不单体现在有价资本的抽吸上，同时也体现在对农民机会收益的剥夺上。比如，当年数以百万计的知青下乡，无偿占有了农民群众集体所有的大量资源，却得不到分文补偿。而相反，随着我国工业化进程的加快，近几年部分农业剩余劳动力到城里就业，不但身份与城市居民不能相提并论，而且要受户籍制度、居留条件等限制，有的甚至还要付出数量可观的城市增容费。对农村资源的多渠道抽吸，严重削弱了农业的自身发展能力，使它越发显得步履维艰。

3. 投入不足。历史经验表明，投入是农业发展的基础，没有投入就没有产出。这是一条千真万确的经济规律。人们对这条规律有所认识，但并没有更好地利用它。由于种种原因，目前中国对农业投入与整个经济发展需求相比，仍然显得偏低。据有关部门统计，农业投资占整个国有单位投资的比重，80 年代初为 5%，1992 年下降到 3.7%，1993 年又下降到 2.8%，1995 年下降到 2.0%。国家财政支农支出占财政总支出的比重，"五五"时期为 13.2%，"六五"时期下降到 9.5%，"七五"时期下降到 8.4%，"八五"年际间一直在 8%～9%之间徘徊。由于国家财政收入占 GDP 的比重下降，财政支农支出占 GDP 的比重由 1978 年的 4.3%下降到 1993 年的 1.3%。农业信贷资金的增长幅度也低于国家信贷总规模的增长幅度。一部分来自农村的储蓄不能用于农业、农村，而被转移到城市或工业部门。对农业科研和科技成果推广的投入，就更显得不足。世界各国用于农业科研的投资占农业总产值的比例为 1%，而我国仅有 0.17%～0.27%，农业技术推广经费"断奶"、人员"下海"已司空见惯。由于投入不足，使农业基本建设和基础设施建设严重滞后，生产条件得不到改善，不少科技成果不能转化为现实生产力。在一些财政比较困难的省、地、县，农业投入不足的问题更加突出。在一些贫困市县，地方政府没有能力增加对农业的投入，上级拨下来的用于农业发展的专项资金往往被挤占挪用。资金的短缺，是导致农业基础薄弱的重要原因。

4. 经营粗放。"八五"期间，中国农业虽然得到了较快发展，有力地支撑了整个国民经济的快速运行。但是，还应该清醒地看到，这种发展明显带有粗放经营的性质。特别是在农产品供需长时间处于紧平衡的状态下，往往强求发展速度，忽视产品结构的调整、质量和效益的提高。在农业的劳动生产率、农业生产单位经营规模、科技在农业增产中的贡献份额等方面，比世界上的中等发达国家都有差距。

5. 存在着一些严重削弱农业积蓄自我发展能力的问题。主要是“一高一难一重”，即农业生产资料价格高，出售农产品难和农民负担重。1995年以来，化肥价格在1994年高位的基础上又普遍上涨30%～40%，有的地方二铵和尿素吨价分别达到2 900元和2 500元，农民抱怨地说：“化肥的价格比庄稼长得还快，几天一个台阶。”在一些贫困山区，农民根本用不起化肥。有农民说，化肥这样高的价格，用它种粮食不行，种大烟还差不多！尽管农资价格在1996年得到控制，但潜伏的涨价因素并没从根本上消除。由于农产品流通不畅、储备调节设施滞后、收购资金被挤占挪用等原因，丰收年度农产品卖难在部分地区不可避免地出现，打白条现象还没杜绝。由农民负担的乡统筹、村提留加重的势头虽然得到控制，但一些地方“定项限额”之外的集资、摊派并没有按照中央的要求完全减下来，一些中央已经明令禁止的达标升级活动还没有完全停下来，农民负担的教育经费数额居高不下，名目繁多的罚款一有机会就泛滥。国家统计局农调总队的研究结果表明，1994年农民因农产品涨价人均增收239元，而同时因农用生产资料价格上涨人均多支出69元，因消费品价格上涨人均增支153元，增收增支相抵，农民人均只得到17元的好处，仅占人均纯收入的1.39%。1994年农民人均纳税22.1元，上缴集体承包费22.5元，集体提留和摊派20.8元，三项合计是66.4元，比1993年上涨了58%，占上年人均纯收入的7.2%。这“一高一难一重”，严重地侵蚀着农民的利益，直接影响到他们的积极性，削弱了他们增加投入的能力，进而影响到农业发展的后劲。

6. 宏观调控体系不完善。近几年，中国按照建立社会主义市场经济体制的要求，从扶持农业、减轻市场波动和确保农产品供求总量基本平衡的需要出发，相机使用了一些宏观调控措施，也见到了效果。问题是这样的调控是在发展社会主义市场经济的过程中，带有实验性质的尝试，距离建立起运作灵活、及时、准确、有效的宏观调控体系，差距比较大。农产品的储备调节体系还不完善，市场风险基金制度还没卓有成效地运作起来，按价值规律和供需情况形成价格的机制还没形成，指导农业生产和经营的信息往往不灵、滞后或失真，农用生产资料与农产品的买难卖难交替出现，仍没走出“多了多了多、少了少了少”的怪圈。

第五节　夯实农业基础的战略选择

在中国这样的农业大国，几任中央领导集体一贯强调“农业是国民经济的基础”；加强农业，堪称是年年讲、月月讲、会会讲；领导对农业的重视，已经到了无以复加的程度。那么，农业基础为什么还很薄弱？从客观上讲，受制于综合国力，农业状况的改变是个相当长的历史过程，而非几年十几年就可明显见效。从主观上看，有对现有综合国力调度使用上的偏差，也包括对已有的兴农政策没有兑现或者没有完全兑现等因素。21 世纪，中国农业任重道远。要肩负起支撑国民经济快速发展和推动社会进步的历史使命，必须矫正短视，从长计议；必须跳出农业本身，立足于全局；必须摒弃满足于一般号召，着眼于战略来研究和实施夯实农业基础的对策。

1. 调整国民收入分配格局，落实投入政策。目前，在国民经济运行中，一方面农业投入严重不足，基础设施建设严重滞后；一方面二、三产业固定资产投资规模过大，房地产开发热占用的大量资金已经变成了“混凝土”，有相当的数额不可能吐回来。这两个方面的问题，都要通过调整国民收入分配格局来解决。农业十分饥渴的现实，迫切要求下决心调整国民收入分配格局，千方百计增加对农业的投入。这个问题已经引起了中国领导人的关注。1994 年 11 月，中央领导在几位中央部门负责同志给中央的建议报告上指示：“历史经验说明，对农业是基础，民以食为天，可以说，特别是高中级干部，几乎是无人不知，无人不晓，但在实际工作中落实不够。近年来不仅固定资产投资规模过大，难以控制，特别是房地产热往往占用了大量资金。我们对农业问题一定要未雨绸缪，下决心逐步加大投资力度，千万不要等到出了问题，大家才引起重视，那将事倍功半。”近几年，中央关于农业和农村工作的文件都反复强调：要力争挤出一些资金，不断增加对农业的投入。落实中央的要求，增加对农业的投入，应该在财政支农资金、金融信贷资金和农业基本建设投资等方面都有所作为。各级财政部门应严格执行《农业法》，做到财政对农业投入的增长幅度高于经常性财政收入增长幅度，“九五”期间中央财政设定的各项支农专款的政策应予以保留，并应根据中央财力的增长情况，适当增加一些支农专款，各级财政部门应保证各项支农资金足额按时到位，保证不被挤占挪用。国家在安排信贷计划时，要确保农业贷款增长率高于总贷款增长率 2 个百分点，并不断完善农业政策性贷款制度，给予农业贷款利率优惠。农业基本建设投资应争取在 2010 年前恢复到历史上最好的比重水平。在资金平衡上，一定要坚持宁可少上几个工业项目，也要保证农业的迫切急需。

调整国民收入分配格局，增加农业投入，已经在全党形成了共识，有些规定也是立了法的。值得研究的是，对不落实投入政策的怎么办？怎么开辟新的农业投入资金来源？可供选择的解决这两个问题的途径，一是加强权力机关的执法监督，对于没有执行有关农业投入的法规法令的要及时进行查处，令其采取补救措施；二是开通新的筹资渠道，想方设法把“蛋糕做大”。在这方面，近几年有些省曾做了一些有益的探索，积累了一些经验。比如，有的省从地市到乡镇，建立了农业发展基金、水利建设基金和粮食风险基金制度；有的省建立了以工补农或以工建农基金、农业重点工程建设基金、粮油技改基金；有的省从工商企业销售收入、金融部门当年利息收入、保险部门财产保险收入中提取防洪保安基金，专项用于修筑防洪设施。这些做法虽然还有待完善，但为增加农业投入确实开辟了新的财源。这样的经验值得总结，值得因地制宜地加以推广。有的专家学者曾建议，用征收粮食消费税的办法来筹集农业发展资金。对这样的意见应予以重视，组织有关部门进行研究和论证，也可以选择某个区域进行试验。

2. 校正工农业发展比例，真正把农业放到经济工作的首位。社会主义现代化，必须建立在工农业协调发展的基础上。新中国成立近 50 年的建设经验证明，如果工农业不能协调发展，特别是农业较长时间处于极其薄弱的状况，整个国民经济的运转就不平稳，经济建设就不可避免地出现大幅度波动。历史上几次大的调整，都是因为农业上出现了问题。调整的结果不能不使发展受到影响，代价是巨大的，教训是沉痛的。因此，在对全局工作的指导上，在安排和部署工作时，要坚定不移地贯彻以农业为基础的方针，坚定不移地把农业放在经济工作的首位。越是加快改革开放，越要重视农业；越是加快发展社会主义市场经济，越要注意协调工农业之间的比例关系。应在确保农业持续稳定发展的前提下，安排整个国民经济发展的规模和速度，安排工农业的发展比例。应该确立这样的指导思想：工业的发展速度，要控制在农业以及交通、能源、原材料等基础产业所能承受的范围内；工业的着力点应由追求产值速度转到提高经济运行的整体素质和效益的轨道上来。应逐步矫正依靠农业为工业发展提供原始积累的政策，停止对农业剩余的过度抽吸，为农业走向自我积累、稳步发展创造条件，努力营造农业与其他产业平等竞争的社会环境。

3. 深化改革，为农业再发展创造体制条件。在21世纪的第一个年代，社会主义市场经济体制的基本框架要由初步建立转向比较完善，这是针对整个国民经济而言。作为国民经济基础产业的农业系统，当然应积极、主动、自觉地向中央所提出的改革目标迈进，努力为农业的再发展创造崭新的体制条件。农村普遍实行家庭联产承包责任制后，改革并没大功告成，在经营体制和经济运行机制等方面，还有许多不适应社会主义市场经济的要求之处，体制转换和经济发展的过程中所出现的一些新矛盾和新问题，还有待于依靠深化改革来解决。近几年一些人对农村改革的认识不尽一致。倾向性的问题有两个：一种认为农村改革的思路不清楚；另一种认为农村本身的改革已无所作为，把改革的希望寄托在外部环境的改善上。问题的症结在于对改革的长期性、艰巨性和复杂性认识不足，把改革简单地理解为是一种轰轰烈烈的运动。同时，也有心情迫切、对改革的期望值过高的因素。中央对农村改革的大思路比较清楚，改革的重点是明确的。农村改革总体思路是：改革不适应社会主义市场经济体制要求和阻碍生产力发展的生产关系，建立起生产方式内在统一的农村经济经营体制和具有生机活力的运行机制；改革的方向是组织和引导农民走共同富裕的道路；改革的主线是面向市场，调整各方面的利益关系，营造众多的能够联接生产、交换、分配和消费诸环节的微观经济组织，建立起新的经济运行秩序。近一个时期，完善社会主义市场经济体制的功夫应下在：①大力培育市场主体，使亿万个农户成为真正独立的商品生产者和经营者，自觉地运用市场经济规律来开展生产经营活动，使各类集体经济组织能够充分发挥职能作用，并不断地发展壮大；使各种所有制形式的企业更加充满生机和活力。②积极完善市场体系，规范集贸市场，活跃批发市场，试办期货市场，发育生产要素市场。③加快培植市场中介组织，组织和引导农民进入流通，提高农民从事经济活动的组织程度。④建立健全公平、开放、统一、有序的市场运作规则，规范市场主体和中介组织的行为，努力建立起能够兼顾各方面利益、进行自我调节的经济行为规则。

4. 依靠全体民众的努力，求得农业的可持续发展。建设可持续发展的农业体系，是国民经济持续、快速、健康发展的基础，是新世纪所赋予全体民众的历史责任，也是社会主义现代化建设的重要组成部分。为农业创造一个良好的生态体系和发展环境，不仅仅是农民、农村的事情，而且也是城市居民和社会各界的共同责任。农业的可持续发展，必须依靠全体民众的共同努力。对于任何一个国家来说，经济的发展都不应只求满足当代的需要，而要考虑到子孙后代的生存；任何一个产业都不能单纯追求经济效益，而要兼顾社会效益和生态效益。越是需要农业加快发展，越要注意加强环境与资源保护，把农业物质财富的再生产与自然资源的再生产有机地统一起来，重塑经济发展的评价观念，为实现农业的可持续发展奠定下思想基础。

农业要走可持续发展的道路，不是一种美好的理想，而是一种实实在在的社会实践；不是一个口号，而是从现在就要抓紧做并要求世世代代坚持做下去的一个发展的行为准则。从整个社会来说，各行各业都应加快对污染的治理，控制“三废”的排放量，为山长青、水长清、土长肥和生物的多样性而做贡献。从大农业本身来说，应加快水土流失的治理和防护林体系建设，坚持不懈地开展全民义务植树活动，提高森林覆盖率；合理开发利用和保护土地、水源、森林、草原、海洋、矿产和其他自然资源，建立对资源使用的补偿制度。通过一些强制性的措施和手段，建立起生态农业体系，使中国的农业在21世纪走上可持续发展之路。

5. 借鉴发达国家的经验，建立对农业的有效支持和保护体系。由于农业天生弱质和比较效益低下，在工业化的进程中，在各行业普遍以利润最大化为目标的市场经济条件下，农业在同各行业的竞争中，处于极为不利的地位，发展的外部环境趋紧。所以，亟需政府通过一些行之有效的宏观调控手段，对农业进行保护和必要的扶持，否则，农业的基础就不牢固，由此可能引发出一些社会问题。农业一旦出现曲折，三五年缓不过来。从国际经验看，凡是农业发达的国家，政府都对农业实行有效的支持和保护。各国农业发展的状况，与其所采取的支持保护政策紧密相联。有代表性的大体可分为四种情况。

一种情况是，在工业化初期，就注意保护农业。美国是这样的国家代表之一。尤其在20世纪二三十年代罗斯福实行新政后，颁布了一系列政策法规，形成了一套支持和保护农业的体系，包括农产品价格保护体系、信贷支持体系、农业保险体系等等。农民按政府的计划生产，出售农产品价格低于保护价时，由政府给以补偿。某些农产品市场过剩时，由政府收购贮存。对农业基本建设发放低息贷款。农作物受灾减产时，政府提供30%的保险金给以补偿。1991年美国联邦政府用于农业预算支出是487亿美元，每个农业人口平均1万美元。1986—1995年，美国政府给农场主的直接补贴就高达1 081亿美元，年均108亿美元。由于政府强有力的支持，加上得天独厚的自然条件，美国的农业很发达，成为世界上最大的农产品出口国。美国粮食总产量占世界总产量的1/5，出口粮食占世界粮食出口量的一半左右。农业不仅支撑了本国经济的发展，而且成为政府实行外交战略的重要手段。

另一种情况是，在工业化过程中农业发展滞后，以后通过借鉴美国的经验，对农业采取一些保护措施，使农业很快发展起来。有代表性的是欧共体国家。他们在20世纪30年代前，农产品长期靠国外供给。二次世界大战之后，特别是成立欧共体以后，开始对农业采取有力的扶持和保护政策，政府出台农产品最低保护价，敞开收购或给以差价补贴，从经济收益上鼓励农产品的出口。1991年，欧共体国家用于农业的补贴达835亿美元，农民收入的一半来自政府补贴。近30年来，欧共体国家小麦单产提高两倍，牛奶单产提高3.5倍。每个农民负担能力由过去的5人提高到30人，由过去世界上的最大谷物收买商变成世界上第二大谷物出口基地。

再有一种情况是，工业实力比较强，农业一直没有搞上去，前苏联就属于这个类型。本来苏联有发展农业的自然条件，人均占有耕地的数量占世界的前几位。但由于长期实行优先发展重工业的战略，没有处理好工农业的关系，农业的经营体制缺乏应有的发展动力和活力，农产品长期不能满足国内需要，每年大约进口200亿～250亿千克粮食。农产品由于量的不足导致价格上涨，进而严重地影响到社会稳定。

还有一种情况是，工业搞上去了，农业却因资源的大量流失而发展缓慢，工农业发达程度的反差较大，如日本、韩国等。据资料介绍，日本、韩国几十年来工业快速增长，大量占用了农田和其他农业资源，结果工业发展了，农业不能满足市场需求，人们靠大量进口农产品来维持生计。到1993年，这两个国家粮田面积比过去分别减少52％和42％，粮食总产量分别减少33％和31％，每年进口食品分别占需求总量的77％、64％。

我国的情况同这些国家不一样，特别是在现阶段，还不可能做到以工补农，但也应量国力对农业给以必要的扶持和保护，避免导致日本、韩国那样以牺牲农业为代价来实现工业化。综观我国的经济实力，借鉴国外经验，现阶段应对农业采取六项保护措施。①实行补贴制。主要是对化肥、农药、农膜和农业机械等农用生产资料的生产和供应给以补贴或实行优惠政策，让工厂保本或微利，有生产的积极性；让农民用得起，用了有效益，同时，也应对开发性生产和扶贫的启动项目贷款给以贴息。②实行价格保护。逐步缩小工农产品价格的“剪刀差”，缩小粮食定购价和市场价的价差，完善基本农产品的最低保护价制度。③保护农业资源。充分发挥行政管理、经济约束、法律强制三大杠杆的作用，严格控制对农业资源的污染，控制非农占地，通过利益的调节来强化节约用地、合理用地，对越权批地和违法占地、乱搞开发区和随意圈地的行为，应严肃处理。建立永久性的基本农田保护制度。④加强对农产品市场的调控，熨平市场波动，畅通流通，让农产品在市场上公平交易，完善粮食专项储备和风险基金制度，保证农产品收购资金及时到位。⑤开办农业保险，建立农业风险的补偿机制。⑥逐步健全农业相关的法律法规，使农业走上依法保护的轨道。

6. 予民休养生息，调动农民的积极性。农业和农村经济能否得到发展，在很大程度上取决于农民的生产积极性如何。新中国成立

40多年的历史证明，什么时候农民积极性高涨，什么时候农业就增产，整个国民经济就顺利发展；什么时候农民积极性受到挫折，农业就徘徊不前，甚至出现萎缩，整个国民经济的发展就要受到严重的影响。如果农民没有积极性，中央政府规划的到2010年的农村经济发展目标就可能落空，进而对整个社会主义现代化建设造成影响。

调动农民的积极性，应抓好三个方面的工作，处理好一个关系。①应抓好中央关于加强农业和农村工作的一系列政策的落实，不在政策上打“白条”；②应在经济上保护农民的利益，帮助农民开辟脱贫致富的门路，搞好各方面的服务，解决农民生产生活中的一些实际困难；③应在政治上保护农民的民主权利，建立村民议事和村务公开制度，凡涉及农民切身利益的事情，都要由农民自主讨论决定。调动农民积极性，关键在于处理好“给”与“取”的关系。在现阶段应立足多给予、少索取；让农民得到休养生息，壮根固本，增强自我发展能力。历史上有名的贞观之治和康乾盛世，都是朝廷扶助百姓垦田、囤粮，实行轻徭薄赋，让农民休养生息的结果。古人能够做到的，共产党人不但能够做到，而且能够做得更好。如果长期悖理于民，不但经济发展要受到影响，而且可能危及到社会的安定和政权的巩固，这并非危言耸听，而是历史的忠告。

第四章

农业增长方式

在21世纪，农业资源紧缺与人口增长、农业现行生产方式与环境约束、农产品供给能力与有效需求这三大矛盾，将会更加突出。面对各种矛盾交织且逐步硬化的发展环境，中国高层领导不能不重新审视农业增长方式，不能不认识到靠大量消耗资源和粗放经营，已不再适应新世纪农业发展的要求。经过高层领导者、经济理论工作者和农业生产经营实践指导者之间的各自酝酿和反复磋商，在党的十四届五中全会上，终于在寻求出路上形成了共识，作出了转变经济增长方式的历史性选择，即实现粗放与集约的替代，旨在把中国的农业推上高产、优质、经济和稳定增长的轨道。在未来的若干年间，中国农业如果不能在转变增长方式上有一个实质性的进展，就不可能承担起养育16亿人口的重任，高速发展的国民经济也会因失去农业基础性的支撑而被迫放慢速度。

第一节 增长方式的理性思考

经济增长是由许多要素同时作用的结果。这些要素以不同的方式组合，以不同的能量起作用，使经济增长呈现出不同特点和效果的生产活动过程，就是经济增长方式。单纯的经济增长，本属于生产力的范畴；而经济增长方式，则是生产力与生产关系相互作用的结果。转变经济增长方式，是指通过改变生产要素的配置结构和组合能量，以求达到事先预定的经济效果和评价标准的经济活动过程。农业增长方式同大口径的经济增长方式一样，都具有阶段性、客观性、渐变性、兼容性四个特点。

1. 阶段性。回顾人类社会发展的历史，会清晰地看到，与生产力发展阶段相对应的，其增长方式大致经历了四个阶段。

第一阶段，为依顺型增长。在原始社会中，生产力水平极其低下，人类对自然的了解处于蒙昧状态，并不具有抗御自然灾害的能力，取得维持生存的唯一方式，是依顺于大自然的馈赠，作为生产与消费主体同一的人群，没有让食品不断增生的主观意识，食品总量的增加，主要靠各种具有食品功能的动植物的自然繁殖。当人类社会进化到今天这样的文明程度时，人们把这种增长追认为依顺型增长。由于这种增长的最大特征是自然性，故此，也可以称之为自然型增长。

第二阶段，为利用型增长。由原始社会末期到奴隶社会，随着生产工具的出现和有所改进，人们出于提高生存质量的要求，大脑中产生了增加生产的主观意识，野生植物人工种植和飞禽走兽住所繁殖的成功，使人们获得食品的能力大大增强，劳动产品的剩余由人的想像成为了现实。这种利用自然物质初级形态来获得食品增量的方式，用现代语言概括可称为利用型增长。

利用型增长与依顺型（自然型）增长的主要区别：利用型增长是在劳动者产生了产品增量的主观意识，并对生产过程进行一些人工控制的情况下所产生的增长；而依顺型增长则完全排除了生产者的主观意识，维持生计的食品增量靠自然本性所取得的增长，这种增长的经济效果，往往出于满足人口增量的需求，对人均食品增量的贡献微乎其微。

第三阶段，为粗放型增长。奴隶社会过渡到封建社会和资本主义社会（包括后期所出现的社会主义社会形态），在这段漫长的历史过程中，随着机械、动力和能源的推广应用，生产力得到飞跃性发展，产业分工细化，畜牧业从农业中（种植业）游离出来，在此基础上派生出了加工业和商贸业。社会生产力的显著提高，反作用于人脑，使人的生产活动由利用自然上升为改造自然的高度，生产手段的不断改进，推动着产品结构的变化，人们的生产活动由以生产消费品为主转向生产生产资料与生产消费资料并举，对生产追加投入，有了物质基础。在这种情况下，通过大量追加物质投入，尽可能多地获得大量剩余产品的生产方式，就是现存于各种社会形态中的粗放型增长方式。

粗放型增长与利用型增长的主要区别是：在生产意识上，不但有了利用自然的意识，而且产生了改造自然的意识；在生产过程上，注重大量地利用机械力来延长人的器官，从而达到减轻劳动强度，降低生产过程的人身伤害，提高劳动效率；在生产结果上，在力求满足于人们日常消费需求的同时，努力增加能够再投入生产过程的生产资料的生产，生产规模的扩大和产品产量的增加，被生产经营单位作为追求的主要目标。

第四阶段，为集约型增长。当资本主义社会进入比较发达阶段和马克思、恩格斯所设想的优越于资本主义的社会主义社会的出现，人们认识自然、利用自然、改造自然的能力会以几何级数形式增长，可以根据需求主动调整生产结构和产品结构，生产社会化程度得到空前发展，先进科学技术被广泛应用，生产管理水平和经营水平不断提高，人们可以在节约资源和劳动的生产过程中，获得适用于生存、发展和享乐需要的产品。集约型增长的特征，主要体现在生产要素配比的优化和使用效率的提高；生产经营系统运营质量的升级。

集约型增长与粗放型增长的主要区别是：在生产投入上，粗放型增长增加的投入主要是生产资料和劳动力的数量，集约型增长追加的投入主要是科技含量，着眼点是生产要素功能的充分挖掘和利用。在增长基点上，粗放型增长一般立足于简单地增加生产项目，追求扩大生产规模，扩张资产总量；而集约型增长注重利用现存资产，通过对其调整实现优化组合，形成新的增长能力，同时进行具有先进水平和时代特征的基本建设，以求发展的后劲。在运营效果上，粗放型增长偏重于生产速度的加快，产量的提高；而集约型增长则偏重于资源的节约、产品质量的提高和结构的改善，追求生产的经济性、持续性和稳定性，满足于环境保护的要求。

2. 客观性。增长方式是一种客观存在，不管对它的特征和特性人们认识不认识，认识到什么程度，它都以生产力为载体，溶解于整个生产过程且起到一定的作用。有人提出，在生产力水平极其低下的原始社会或奴隶社会，究竟有没有增长方式？历史唯物主义认为，回答应是肯定的。因为，经济增长的实质是物质财富的增加，物质财富的增加，是经济增长的重要标志。有增加必有增长；有增长，就必然有一种方式在其过程中起作用。在原始社会或奴隶社会，由于经济增长的漫长性和变量的微小性，导致人们认识上的盲目性和无知性。换句话说，就是当时人类的智力发育程度还不可能对其认识罢了。道理很简单，客观存在是一回事，人们能不能认识到是另一回事。今天，当人们研究和讨论增长方式时，可以给出利用型、粗放型或者许多其他形式的命名。这种命名是人们对社会实践活动其中的一个理论概括，是主观行为。但是这种主观行为是建立在社会实践的基础上的，是对人们生产斗争活动中的一种概括和总结，是有客观依据的。这种客观依据，就是增长方式存在的客观性质。

把经济增长方式分成若干个类别，是出于方便研究经济理论和对社会实践进行具体指导而为。由于看问题的角度不同，可能对不同时期并具有不同特征的增长方式，给定出各不相同的概念，经过争论，终会找到各方比较认同的说法。至于集约型增长之后还会出现什么类型的增长方式？由于目前的生产力水平和人类文明还没有达到出现飞跃的程度，还不可能作出科学的预见，新的增长方式要不断地出现，这是历史的必然，有待于后人去认识和进行理论升华。

3. 渐变性。事物发展的客观规律，决定了一种类型的增长方式必然要被另一种新出现的增长方式所代替。这种代替，具有渐变的特性，而不会出现突变。一种类型的增长方式向另外一种类型增长方式的转变，需要具备一定的客观条件。客观条件有个逐步积累的过程，过程的漫长性，决定它具有渐变性。增长方式渐变的速度，可能随着社会文明步伐的加快而加快。从依顺型进化到利用型增长，大约经历了几十万年的光阴；从利用型转变为粗放型，至少也用去了几千年的时间；完成粗放型增长到集约型增长的转变，可能缩短到几百年的时间。增长方式渐变周期的缩短，与之相对应的是生产力发育程度的趋优。同理，增长方式的无穷过程，也说明生产力的发展不会有终结。

4. 兼容性。对于任何一个社会或一个发展阶段来说，经济增长方式都不是一种类型，而是几种增长方式交织在一起，同时起作用，只是各种类型的方式对增长的贡献率不同。其中，必定有一种增长方式在经济增长的过程中起主导作用，贡献率占据首位。对此，我们就可以称为是这种类型的增长方式阶段。两种或多种增长方式在同一增长过程中存在，互相之间所具有的融合而不是排斥、继起而不是抛弃、补充而不是诋毁的性质，就是增长方式的兼容性。

随着工业化的到来，人们在农业生产过程中大量使用单一元素或含量较低的化肥、残毒农药和比较笨重的机械设备，以求得农产品产量增加的这种方式，相比之下确实是比利用型又上了一个台阶的粗放型增长。但是，就在这个粗放型增长起主导作用的同时，整个增长过程包含着利用型增长，孕育着集约型增长。这种增产物质的投入，是在对大自然馈赠物进行利用的基础上产生的，这是对利用型增长的继起；且又利用了当时很先进的科学技术，这是对集约型增长的孕育。设想，在未来的若干年中，伴随“克隆”技术的应用，生物基因革命或电子计算机等高科技的普及，经济增长方式在集约型增长的基础上一定会派生出新的增长方式，届时由于利用型增长贡献份额会大大减少，甚至忽略不计，其增长方式可能以新的增长方式为主导，原有的一些增长方式在一定的范围中起作用的“复合体”。在这个“复合体”中，还有可能孕育着一种更新的增长方式的萌芽。

第二节　增长方式的阶段性评估

把中国农业的现状摆开，对构成增长的各种因素进行定量分析，用比较法找出与一些发达国家的相对差距，就会明显地看出，目前农业的增长方式是粗放型占据主导地位的增长。也可以说，中国的农业正处于粗放型增长阶段。农业的粗放型增长，主要表现在以下六个方面。

1. 生产规模不经济。在以家庭为生产经营单位的条件下，充分考虑农业劳动力素质、机械作业程度、科技水平等对农业增长具有重要作用的因素，户均占有耕地在45亩以上，比较经济合理。而目前的实际情况与理论设计差距甚大，全国户均仅占有耕地10.21亩，一般又要分布在若干个地块上，平均每块地的规模很小，农民形象地说：“盆一块，碗一块，草帽底下扣一块。”在如此狭小细碎的生产规模上，集约化生产的份额很难得到提高。

2. 生产手段落后。多数地方农田作业仍以手工劳动和畜力耕作为主，人拉犁、人拉耧、人拉车的屡见不鲜，个别地方还沿袭着“刀耕火种”的原始生产方式。产后的产品储藏、烘干或保鲜、运输、销售等环节的基础设施建设，总体水平十分滞后，在有些环节上还是空白，迫使农民对收下的产品急于出手，同时一齐拥向本不发达的市场，使整个市场随着农产品收获季节而大幅度波动，产品霉烂、变质，损失无法避免。

3. 资源浪费严重。主要表现在水、肥、种和劳动力的浪费上。中国本属水资源严重短缺的国家，农用水的利用率极低，天然降水的利用率只有10%。由于采用大水漫灌的原始灌溉方式，水的有效利用率不到40%。一些农业发达国家，同类指标都在70%以上。每立方米灌溉用水增产的粮食，以色列为2.3千克，而中国只有1千克。

中国农业单位耕地面积施用化肥数量是世界平均水平的1.6倍。由于不能按作物品种、生产季节、土壤成分等进行科学配方施肥，使化肥的有效利用率大大降低。据1996年的统计，农业化肥有效利用率仅为30%。而同类指标在农业发达国家已达70%以上。1985—1995年，全国农业化肥使用总量增加了一倍，同期粮食总产只增长10%，化肥使用报酬率明显递减。

目前所采用的播种方法，每亩小麦用种15千克，全国每年粮食作物共用种125亿千克。如果采用精量播种，每亩用种只需5千克，据此每年全国可节约用种83亿千克，相当于2 943万亩耕地的总产量。农村劳动力由于总量多、就业能力差，使大批应该转入非农产业的，仍然滞留在有限的土地上，造成大量的浪费。如果每个农业劳动力经营耕地数量按世界平均水平的30.72亩计算，至少可从农业游离出2.34亿个剩余劳动力。

4. 科技对农业增长的贡献份额低。据农业部的最新统计，1996年科技对农业增产的贡献份额为39%，世界上农业发达国家同类指标在60%以上，最高的美国达80%。全国每年大约取得6 000项农业科研成果，能够转入生产领域的，只占1/3；已转入生产领域并得到普及的，也只有1/3。大部分科研成果滞留在实验室或试验田，没能转化为现实生产力。种子不能及时更新换代，对一些动植物病虫害缺少有效的防治措施，没有像杂交水稻、地膜覆盖这样的大幅度增产新技术，已经对农业增长形成了“瓶颈”制约。科研储备不足和项目结构不合理，技术推广体系不健全，是导致科技对农业增产贡献份额低的主要原因。

5. 机会收益流失。由于农业的产业链条短，农产品大多以原字号、大路货的姿态直接进入市场，没有形成生产、储藏、保鲜或烘干、包装、运销的系列化生产经营，失去了转化增值的机会。在一些农业发达国家，已将农产品的附加值列入了经济效果评价指标体系。在世界上农畜产品出口占有举足轻重地位的荷兰和丹麦，2/3的农畜产品是经过深加工、精加工之后才进入市场的。相比之下，中国农业生产经营方式的落后，可见一斑。

6. 管理的粗放。在生产管理环节上，缺少精耕细作和先进的田间管理，对生产过程的不利因素，缺乏有效的控制，在相当一部分地方仍然是“种地在人，收成在天”。在经营管理上，不计成本、不讲核算、不问经济效益的问题十分突出，作为生产经营基本单位的农户，绝大多数没有账簿，没有对生产经营活动及效果进行监控的手段，应有的数据采集变成了随口而出的估计。

上述六种粗放型增长的表现，在每一轮的生产经营周期中往复作用，其后果是劳动生产率低、产品附加值低、经济效益低。按每个劳动力生产的谷物量计算，中国只相当于美国的0.8%，加拿大的0.6%，日本的25%，世界平均水平的50%。粮食的单位面积产量，中国虽然高于世界的平均水平，却比日本、德国、法国低35%～50%。1990年，单位土地的产出效益，中国为1，法国为30.9，英国为58.9，德国为62，日本为115，中国与之相差几十倍、上百倍。

第三节　增长方式由粗放型转为集约型的有效途径

对农业的发展曾起到决定性推动作用的粗放型增长，在发展社会主义市场经济的要求下，其弊端已暴露无遗。未来农业要承载起养育16亿国民的重任，必须按照中央政府的规划，争取用尽可能短的时间，把粗放型增长方式转变为集约型增长方式。当然，增长方式本身所具有的渐变性质，决定了这是个渐变而又漫长的过程。通过定量分析预测，若能在21世纪前30年圆满完成这项巨大的系统工程，把集约型增长的份额提到90%，就可告慰邓小平的英灵：在21世纪中叶，农业一定能够赶上中等发达国家的水平。

值得说明的是，在发展社会主义市场经济的条件下，生产与经营是不可分割的。转变增长方式，必须在生产与经营这两个环节上同时下功夫。在讨论转变增长方式的有效途径时，理应把生产与经营兼顾起来，从战略上给出可供参考的优选途径。

1. 优化结构。农业增长受生产结构变动影响，在解除对生产要素流动限制的条件下，劳动力和资本可以从生产效率低的产业向生产效率高的产业转移。这种转移，能够通过增加生产过程的集约份额而加速经济增长。由此可见，经济增长不光是总量问题，而且还与结构密切相关。世界经济发达国家的经验证明，结构的调整是增加集约对经济增长贡献份额的重要途径。

"集约"，脱胎于农业经济学。它是指在单位耕地面积上，通过追加投入和调整各生产要素之间的配比，在边际效益递增的前提下来求得产出量的增加和质的提高。这里的追加投入，既包括活劳动的投入，又包括物化劳动的投入；投入追加的决定因素是边际效益变化状况；所产出的量，是具有一定标准的能够满足市场有效需求的量。生产要素的配比和质与量的统一，实质是结构问题。结构问题解决得好，就会通过高产、高质、高效的程度反映出集约的程度。

第一，优化作物种植结构。目前中国所采取的是粮食—经济作物的两元种植结构。这样，为适应发展畜牧业的急需，就必领用粮食代替饲料。这样做，一是成本高、不经济，二是浪费资源。因为在单位面积中，种饲料比种粮食作饲料的报酬率要高出15～20倍。将粮食—经济作物的两元结构改为粮食—饲料—经济作物的三元种植结构，能够大幅度地提高土地的产出率和饲料报酬率，每年可获得等于增产上千亿千克的粮食。同时，相应采取三元分系管理，就会使农作物的种植结构走向科学、优化、经济的轨道。

第二，优化品种结构。1993—1996年，优质大米涨价幅度较大和供应相对紧缺，是导致粮食市场波动的主要原因。与此同时，口感不好、生长期短的早稻，却受到市场的冷落。这个事实说明，当食物的总体消费水平达到一定标准时，消费者就会对品种和质量产生挑剔。食物消费水平越高，各品种之间的替代性能越差。北方大豆和南方油菜籽的增产，弥补不了优质水稻减产所造成的供求紧张；玉米的增产，也缓解不了对优质大米的需求。不适销对路的品种，它的供给能力是无效的。粮食供应是这种情况，人们对畜产品、水产品和蔬菜、水果品种和质量的挑剔，就更加明显。因此，应优化品种结构，扩大优质品的生产，创造名牌，发展无污染的绿色食品和高能量食品。当人们的生活水平从小康走向富裕时，优化食品品种，提高食品质量，满足人们高标准、多样化的消费需求，就显得更为迫切和重要。

第三，优化农业内部的产业结构。在抓紧粮、棉、油等初级农产品生产的基础上，大力发展林、牧、副、渔业，进行农工贸的多种经营，拓宽传统农业的产业链条，提高农业的整体素质和效益。重点是综合利用农业的初级产品，加快发展畜牧业和农产品加工业。对于一个农业份额占有相当比重的国家来说，畜牧业的发达程度，是改善食品结构、提高食品营养质量的一个重要标志。荷兰畜牧业总产值占农业总产值的60%；丹麦的同类指标高达90%，农民收入的85%来自畜牧业。而中国畜牧业产值只占农业总产值的30.4%，对农民收入的贡献份额尚不到10%。中国发展畜牧业和农产品加工业，不单出于满足需要，而是具有大发展的客观条件。全国每年产作物秸秆5.7亿吨，用50%来进行氨化处理发展秸秆养牛，每年可增产10亿千克牛肉，即使按14亿人口计算，人均0.715千克。经过深加工、精加工的农产品，既可满足消费者的多样性需求，又可大幅度增值，还可出口创汇。用现代技术装备并形成一定规模的加工业，会反作用于初级产品的生产，加快增长方式转变的进程。

2. 调整规模。规模的严格定义，是指根据不同的产量或质量要求，按生产所需各种资源的相应比例，调整所有资源投入量的结果。生产规模不经济，是农业在转变增长方式过程中理应解决的一个突出问题。这个问题解决得怎么样，进展情况如何，直接影响到转变增长方式的进程和效果，进而影响到农业中长期发展目标的实现。

调整生产经营规模，与稳定和完善以家庭联产承包责任制为基础的统分结合的双层经营体制关系极大。因此，首先应消除对家庭联产承包责任制的误解。对家庭联产承包责任制，应该说两句话：第一句，不是纯玉无瑕；第二句，瑕不掩瑜。所谓不是纯玉无瑕，是指它在给农业、农村以至整个中国带来巨大变化的同时，在发展社会主义市场经济的过程中，又出现了一些新情况、新问题，比较突出的表现是五个方面的矛盾。即：人口劳力的变动与土地承包期 30 年不变的矛盾；地块零碎与采用机械和加强统一服务的矛盾；土地兼有的福利属性与提高产出率的矛盾；追求利润培养地力和保护资源的矛盾；其他形式的改革试验试点与稳定家庭承包的矛盾。所谓瑕不掩瑜，是指它本身有不足之处，但它仍然是适应现阶段农村生产力水平的一项基本制度，仍然具有旺盛的生命力。

基于对家庭联产承包责任制的客观评价，调整生产经营规模的指导原则应该是：坚持以稳定完善家庭联产承包责任制为基础，坚持以农民群众的意愿为取舍，坚持以明晰集体所有权、稳定家庭承包权、搞活土地使用权为方向，积极开展多种形式的试验，不失时机地推动土地资源与其他生产要素的优化组合，不断提高土地产出率、产品商品率和资源利用率。

调整生产经营规模的形式是多种多样的。土地按照有偿转包的形式向种田能手集中，发展种粮专业户、大户和家庭农场，这是一种形式；在联合和合作的原则指导下，农户用土地入股，与其他经营主体的资金、技术和劳力优化组合，组建合作农场或股份制企业，这又是一种形式；由村办集体农场或厂办农业车间来统一经营，内部实行专业承包或其他形式的责任制，这也是一种形式；在社会化服务体系比较健全的地方，在保持农户分户承包土地不变的条件下，实行作业不受阡陌限制的统种分管制，也可以达到解决矛盾，提高效率和效益的目的。

从一些大城市郊区和沿海发达地区实践情况看，推行土地的适度规模经营，要尊重农民的选择，这一条尤其重要。如果广大农民没有这方面的要求，即使具备了一些条件，也不可违民意而操行。

调整生产经营规模，应着眼于大农业的范围。不但要调整存量，而且也要调整增量；不但要调整土地的经营规模，而且也要调整林、牧、副、渔以及工商各业的生产经营规模。对于待开发的农业后备资源，应按照宜农则农、宜林则林、宜牧则牧、宜工则工的要求，积极推行使用权的拍卖，促进林果业、畜牧业、水产业、加工业的规模经营。通过对生产经营规模进行积极而又稳妥的调整，实现中央政府提出的“向规模要效益”的奋斗目标。

3. 应用科技。应用科技是一个把人类创造的新知识、新技术、新材料、新设备不断注入社会生产实践活动，使其转化为现实生产力，实现资源增值和财富增生的过程，是推动生产力发展和社会进步的第一位措施，也是决定性措施。世界各国研究发展战略的专家们认为，21世纪是科技的世纪、信息的世纪。这就不难看出，在未来经济与社会发展过程中，科技将占据十分重要的战略地位，将起到无与伦比的推动作用。农业增长方式的转变，在一定意义上说，就是应用科学技术这一杠杆，推动生产能力的增加、经济结构的优化、产品质量的升级、经济效益的提高。离开科技的注入和劳动者素质的提高，农业增长方式将无法转变，农业基础也就不可能得到加强。

第一，大力推广已有的先进适用技术，把科技成果转化为现实生产力。应以农业技术推广服务体系为依托，以农业“丰收计划”和吨粮田建设为载体，突出抓好新优品种、新型耕作制度和栽培技术、科学配方施肥、节水灌溉、病虫草害防治技术的推广应用。应把生物措施与工程措施结合起来，把农机硬件与农艺软件结合起来，把现代技术与传统技术结合起来，实现技术对资源的有效替代，争取在2010年之前，把农业科技成果转化率和科技对农业增长的贡献率提高到50%以上。

第二，组织科技攻关，争取有充裕的科技储备。充分发挥科研人员的“龙头”作用，有效地利用现有科研基础条件，组织科技人员对重大课题联合攻关，缩短科研周期，力争在生物工程、新优品种培育、病虫害防治、植物保护等关键技术领域取得较大技术性突破，为农业的快速发展积累可靠的后续技术基础；鉴于这是一项增强农业发展后劲的长远大计，是关系到新世纪中国人能否养活自已的大局，渴望国家在平衡资金时，对这部分资金需求给予特别的关照。农业科技体制的改革措施，也应充分体现加强科技储备的远见，有助于形成科技人员联合攻关的有效机制。

第三，引进发达国家的新品种、新技术，借国外的科研成果来满足加快发展农业的急需。预计在新世纪的第一个年代，农业发达国家一定能在某些基因工程研究、组织培养和细胞工程育种、畜禽胚胎工程等方面，取得具有实用价值的高新技术成果。对其进展情况，国内农业科技界应给以足够的关注，伺机争取为我所用。农业行政部门应会同有关部门，按照中央政府发布的国民经济和社会发展2010年远景目标的要求，在满足资金、项目、责任“三落实”的条件下，编制中期农业技术引进规划，报国务院审批，力争及时把生产急需的技术或先进设备引进来，并组织科技人员做好消化、吸收和推广应用工作，使其及早转入生产领域，及早发挥作用，及早见到效益。

第四，加强农业科技队伍建设，充分发挥技术推广人员的主力军作用。应在2005年之前，建立起上下贯通、比较完备的农业技术推广网络，扶持各类民办专业技术组织的发展，形成国家、集体和各种民办技术组织互相配合、互相补充的农业技术推广体系。采取措施，解决农技推广人员不足、待遇低、手段落后等阻碍科技成果转化的关键性问题，调动科技人员的积极性，形成科技兴农的合力。

第五，提高农民文化科技素质，减低科技推广的阻力。实现适用技术的大面积普及，一个重要的制约因素是农民的文化技术素质低。因此，必须把对农民的技术教育和培训作为推动农业技术进步的一项重要工作，并列为增加农业投入的一项重要内容。中国国土辽阔，农民居住分散，交通不便，但广播电视普及率已大大超过低收入国家的水平。可以利用这个条件，开办农业科技教育节目或专题讲座，利用录像送农业科技下乡，对广大农民进行初级和中级培训。力争用15年的时间，使农业劳动者中技术人员的比重由目前的0.7%提高到2%以上，万亩耕地占有技术人员不少于3人。

4. 强化管理。强化管理，是生产经营过程中的永恒主题，也是农业转变增长方式的重要途径。生产的专业化、商品化、社会化程度越高，对管理的要求就越迫切、越严格。在发展社会主义市场农业的前提条件下，强化管理的重点是通过协调和控制措施，保证生产诸环节组织上的连续性，生产经营决策的科学性，农业内部各产业发展的协调性；强化管理的核心内容是科学组织生产和经营，使资源得到合理配置；强化管理的最终目的是以较小的劳动消耗取得最大的经济效益和效率。

第一，强化资源管理。资源的保护、节约和科学利用，对农业增长方式的转变具有重要的促进作用。从农业资源利用的现状看，应从四个方面强化管理。①管好土地。随着经济与社会的发展，土地资源的稀缺不可逆转。但可以通过行政、经济和法律手段，控制土地的非农占用，降低土地资源的稀缺程度。即使用世界上最严格的手段管理土地，把耕地的占用控制在年均 350 万亩以下，到 2030 年时，全国人均占有耕地也将下降到 0.78 亩，紧逼联合国制定的警戒线。应把保护耕地列为基本国策，加大保护力度，坚决把乱占滥用耕地的势头遏制住，实现耕地的动态平衡。②管好水源。大力抓好蓄水、保水、节水，把天降水、地表水、地下水最大限度地利用起来，采取严格的控制措施，限额用水，按量收费。③科学用肥。化肥由人工漫撒改为机械深施和配方施肥。争取用 10 年时间，把化肥利用率在现有的基础上提高 10 个百分点，每年可节约1 500万吨化肥。再把改进施肥方法同增施有机肥结合起来，既可降低成本，还可改良土壤。④节约劳动力。计划用工、合理用工，能够降低单位农产品劳动消耗，提高劳动生产率。

第二，强化生产管理。实行家庭联产承包责任制后，还要不要对生产过程进行管理？对此相当一部分人有误解。认为以家庭为生产经营单位，生产规模小了，管理不存在了。这种认识是片面的。需不需要生产管理，不取决于基本核算单位的大小。凡是有生产活动，就有管理并存。无论是家庭经营层次，还是集体经营层次，都需要强化生产管理。田间管理，是生产管理的重点，应在推广先进技术的同时，注意搞好精耕细作，根据节气和天气情况安排生产，适时播种、浇水、除草、灭虫，对农作物的生长采取有效的人工控制。管好排灌设施和机械动力，修浚渠道，努力建设旱涝保收的高产稳产农田；对机械设备定期保养，提高设施设备的完好率和利用率。随着农业机械化、电气化、化学化程度的提高，把安全生产摆上重要位置，健全安全生产制度，严格执行机械操作规程，加强对化肥、农药、燃油的管理，防止出现人身伤亡事故。

第三，强化成本管理。农业生产成本，是指农产品在生产和经营的过程中，所消耗的物化劳动和活劳动与所创造价值的数量关系，是构成农产品价值的基本条件。不计成本，不讲投入产出效益，是小生产的产物，是粗放型经营的主要特征。从事社会化大生产，必须强化成本意识，通过成本管理来节约劳动，减少投入，杜绝浪费，提高效益。①建立成本核算制度，在记账、算账的过程中监督劳动消耗。②

对经营成本进行考核，应用比较法对成本的增减变化进行分析，找出增加成本的原因，采取降低成本的措施。③在增产措施的采用上，也应充分考虑成本问题。比如，增施化肥和采用地膜覆盖，会大幅度增加成本。而采用优良品种和施用农家肥，就可能在很少增加成本的前提下获得增产增收。没有簿记账目，成本核算就会变成口头估算；只计算物化劳动的消耗，不计算活劳动的报酬，就不能真实地反映生产过程中的完全成本。有关部门应研究制定成本核算指标体系，统一账簿，统一核算标准，让农户有所遵循，推动农户的生产经营逐步走上科学管理的轨道。

第四，强化质量管理。农产品也要讲质量，这是发展社会主义市场经济的客观要求。质量低劣，不适销对路的农产品，它的数量即使存在，也会贬值，甚至成为毫无使用价值的废品。当人们还没解决温饱时，食品的数量是第一位重要的；当人们生活从小康走向充裕时，消费倾向会跃上质的选择。近几年市场上部分农产品卖难，实质是质量问题。比如水果的卖难，主要是传统的大路货卖难，开发和引进的新品种，仍然是市场的抢手货；生猪的卖难，主要是传统的肥猪难卖，瘦肉型猪的销路一直看好。如果能把成熟玉米的含水量下降5个百分点，把水稻、小麦的出粮成品率提高5个百分点，因而得到的物理增量将是惊人的，由此可使解决储存、运输等一系列问题由难转易。在未来的新世纪，农产品的竞争，主要是质量的竞争。只有改进品种，提高质量，才有出路。否则，就要受到市场经济规律的惩罚。在生产者提高质量的同时，政府也应制定农产品的质量标准，完善检验手段，实行优质优价的政策，在观念、行动和制度三个方面作功，以质求量的增长，以质求农业的发展。

第四节　转变增长方式的条件

农业增长方式的转变，是有前提条件的，要受许多因素制约，人可以努力改造现状，为加快转变速度创造条件。

1. 总量条件。农业也要转变增长方式，是以现有的综合生产能力为基础条件而提出来的。过去所走的以粗放型增长为主的道路，是历史的必然选择。现在看，并不能因为粗放型增长存在着许多弊端，就否定过去所走过的道路。因为对于一个一穷二白的农业大国来说，首要的任务是增加总量，在此基础上才可谈质量的提高和结构的优化。在人们还不得温饱的情况下，由于对农产品量的需要具有强烈的扩张要求，因此，理应不惜任何代价，不计成本，千方百计把总量搞上去。这样的选择在当时具有相当的合理性。没有过去粗放型增长，也就不会产生向集约型转变的客观要求。世界各国的实践已经证明，当经济总量发展到一定程度时，就具备了一定的优化结构和提高质量的客观条件。这时，具有战略眼光的领导者，就会抓住机遇，因势利导，做出转变增长方式的相机抉择。

经过48年的发展，特别是得益于改革开放大潮的推动，中国农业已经形成能够基本满足12亿多人口饮食需要的生产能力。1996年与1978年相比，全国人均占有农产品：粮食402千克，增长26%；棉花3.5千克，增长39.1%；油料18.1千克，增长229.1%；猪牛羊肉39.2千克，增长335.6%；水产品25.4千克，增长418.7%；水果38.2千克，增长453.6%。全国人均消费的恩格尔系数已经下降到0.52，人们的营养摄入量，已经高于低收入国家的平均水平。这些情况足以说明，中国农业已经具备从粗放型向集约型转变的物质条件。

增长方式的转变要取得实质性进展，光靠现有的农业总量还不足以能够支撑。在转变的过程中，还需要有总量的相应增加。也就是说，理想的总量条件应该是不断增加的变量。从农业增长的任务上看，保持食品的有效供给，自然要考虑到人口自然增长的因素。比如粮食的供给，每年要叠加1 300万人口的需求，按1996年的人均占有量计算，需增52.26亿千克的粮源，至少得保持0.53%的增长速度。这个增长速度只可满足新增人口的消费需求，对于全局来说，还必须大大高于这个增长速度才行。按工农业增长比例关系，当人均国民生产总值保持在8%左右的增长速度，那么，农业的增长速度要在3.2%以上，才能获得转变增长方式的总量条件。由此还可引申出，农业离开总量的相应增长，转变增长方式的宏伟计划则难以实施。

中国幅员广阔，发展的梯度差别较大。在老少边穷地区，特别是在居住着5 800万人口的贫困地区，短期目标取向是解决吃得饱，而不是吃得好，这就决定了转变增长方式还需要有一个总量积累的过程。当然，在向脱贫致富目标趋进的过程中，也要接受现代文明，把增加集约型增长份额作为努力目标，融合到生产实践中去。

2. 观念条件。实现农业增长方式的转变，对于一直在传统落后的生产方式下繁衍生息，并长期受制于封建思想和小农意识禁锢的生产经营者来说，不啻是一场深刻的思想革命。观念属于意识形态范畴，它对生产力和生产关系都有很强的反作用。当人们的观念与生产力和生产关系的现实要求相吻合时，它就会推动经济的发展；当人们的观念与生产力和生产关系的现实要求相悖时，它就会阻碍经济的发展。农业增长方式能否按照中央政府经济和社会发展规划要求在2010年之前取得实质性转变，主要取决于生产经营主体的观念更新。人类的社会发展历史告诉人们，经济发展的过程，实质也是人们的新旧观念相互影响，新观念取代旧观念的过程。

长期以来，由于受传统的计划经济和自然经济思想的影响，人们在生产生活中形成了种种陈旧观念和落后的思维方式，严重地阻碍着农业增长方式的转变。与发展社会主义市场经济相左的观念主要表现在：对市场经济的开放性、市场需求的多变性、市场交易的多样性、市场竞争的无情性，以及生产经营的科学性在认识上的盲目。这些陈旧观念在生产经营的过程中又会形成具有粗放性质的行为束缚，对集约型增长形成排斥惯性。主要表现在：承袭小生产方式，满足自给自足；陶醉产量的增加，忽视质量的提高；乐于广种薄收，不善精耕细作；习惯耗费体力，不懂应用科技；沉湎于敞口开销，不计生产成本。转变增长方式，必须首先革除这些观念的束缚。在生产目标上，应从单一的产量观念转到产量、质量和结构三方并重的轨道上来；在生产规模上，由狭小分散转到规模化、集团化的轨道上来；在生产效益上，由依靠体力转到依靠科技和提高劳动者素质的轨道上来；在经营形态上，由生产经营转到生产经营与资本经营相结合的轨道上来；在交易眼界上，由本地市场转到外地市场与国际市场双向开发的轨道上来；在产权的组合上，由单项主体转到多元主体相融合的轨道上来。可以断言，在农业以至任何产业中，生产经营主体挣脱低效、封闭、落后观念的桎梏之日，就是增长方式将要发生转变之时；没有观念的转变，就不可能有增长方式的转变。

领导干部是农民转变观念的榜样。俗话说："村看村，户看户，农民种啥看干部”。对农民群体观念的动员，是由区域中具有带动作用的先进分子所完成的。这个先进分子，就是广大基层干部。因为他们具有带动农民的职能和能力，可以通过示范机制和鼓动作用，引导农民采取集体行动。如果基层干部的观念落后，思想意识僵化，则会直接影响到农民的观念更新，进而影响到他们潜在的积极性和创造性的充分发挥，形成对转变增长方式的思想阻碍。人类社会发展史证明，观念的变革都是在生产方式变革之前出现或相伴而生的。观念的前移或相伴，是增长方式转变的前提，是行为方式变革的思想基础和精神动力。因此，转变观念，实质就是为转变增长方式创造条件。

3. 体制条件。增长方式的转变与经济体制的转变之间具有密切的相关性。增长方式的转变，是生产力发展途径的重大调整，是发展战略；经济体制的转变，是生产关系的变革，是改革战略。前者为后者奠定物质基础，后者为前者提供体制条件。没有经济体制的转变，就不可能有经济增长方式的转变；而没有经济增长方式的转变，经济体制也很难真正转过来，还可能因为行为的经济成果缺损而夭折。农业乃至整个国民经济这辆“列车”，若想在21世纪继续匀速直线前进，必须依赖经济体制和经济增长方式这“两个轮子”互相协调，同步运作。不论其中哪一个“轮子”发生故障，轻则影响到运行的经济性和稳定性，重则影响到运行的安全性。

在传统的计划经济体制条件下，由于片面追求生产规模的扩张和发展速度的加快，结果必然形成粗放型比重较大的增长。而在比较成熟的市场经济条件下，由于市场机制在资源的配置中能够起到基础性作用，有利于生产力结构的优化和先进科技的采用，强化了市场主体单元之间的竞争力，结果必然是集约型比重较大的增长。由此可见，农业增长方式的转变，对农村经济体制改革有很强的依赖性。

农业增长方式的转变，有赖于市场主体的发育、市场体系的完善、市场运行规则的健全和政府宏观调控能力的增强。市场主体的发育，主要是指通过改革再造农业生产经营的微观经济组织，形成多种生产经营组织互相融合、多元产业结构互相补充、多种所有制实体竞相发展的格局，培育和发展具有规模化、专业化、一体化特色的农业企业或企业集团。市场体系的完善，就是建立起能够满足供需之间进行交易的载体和运作机制，包括商品市场和生产要素市场，重点完善劳务市场、技术市场和信息市场。健全市场运行规则，就是依据发展社会主义市场农业的要求，通过制定法律、法规和专项条例来规范市场主体行为，建立起农业集约型增长的法律控制和保障机制，使农业经济在有序、规范和法制的轨道上运行。增强政府对农业的宏观调控能力，就是政府应适应“两个转变”的需要转变职能，由过去的催种、催收转入制定宏观管理政策、规划农业的中长期发展战略、调节总量和优化结构上来，维护公平、公正、公开的市场交易秩序，为农业增长方式的转变创造良好的社会环境。

对于整体国民经济来说，可能是经济体制的转变落后于经济增长方式的转变。对于农业来说，由于经济体制改革的先行探索和持续推进，明显削弱了体制对增长方式转变的制约力，增长方式的转变已经有了比较好的体制基础。因此，应抓住机遇，明确目标，落实措施，组织动员广大基层干部和农民，不失时机地推进农业增长方式的转变。

4. 经济效果评价条件。提倡什么样的经济增长方式，就应该相应建立什么样的经济技术指标评价体系。过去，农业在粗放型增长的条件下，经济技术指标不但没有形成科学的评价体系，而且还具有明显的先天缺陷。一是只有产量、产值指标，缺少质量和效率指标；二是只有生产指标，缺少交换指标；三是只有经济指标，缺少技术指标；四是只有单项指标，缺少综合指数指标。经济技术指标体系框架的不完备和指标项目的缺陷，导致对农业经济运行状态和阶段性效果的缺乏依据判断，给微观经济分析和宏观经济决策带来了许多不便，远远不能适应集约型增长的需要，应对其体系重新进行构筑，对指标设置给以必要的充实和调整。试想，以集约型为追求方式的农业增长，若沿用过去在粗放型增长条件下的考核评价体系，这种目标与手段的非对称性，结果必然是管理的伪科学和宏观决策依据的失真。

建立新的农业经济技术指标评价体系，应遵循五条原则。一是指标体系的设置要适应发展社会主义市场经济的要求。准确科学地反映农业生产经营过程中资源配置与劳动成果之间的变动关系，在充分满足生产情况分析需要的同时，对交换、分配、消费环节给予照应。二是指标体系的设置应充分体现转变增长方式的要求。应客观地反映出集约型增长的程度，考虑到结构优化、质量升级、效率提高、技术进步等具有集约的寓意。三是应体现农业的产业特性。不宜为了方便国民经济的综合统计而硬性套用国家宏观经济分析指标，也不宜照搬工业的考核指标。四是对指标项目要做精选和取舍。能够反映农业经济运行情况的指标有许多项，具有列入指标体系意义的项目也不少，但受制于农村核算人才和统计成本支付条件，只能列出重要指标。五是所设置的指标要适应农业管理的现实条件和统计技术的客观水平，遵循科学、准确、简便、易行的原则，所取指标应具有简捷性、可靠性和可比性。

从周延意义上说，农业经济技术指标体系应由三部分组成。即：效果衡量指标、效果分析指标和效果目的指标。考虑目前农业经济管理人才和操作成本等因素，21 世纪初叶，农业经济技术指标的考核重点应该是效果衡量指标。大体可设十项指标：①主要产品产量；②主要产品优质品率；③农业增加值；④土地产出率；⑤劳动生产率；⑥资金收益率；⑦单位产品成本；⑧科技贡献率；⑨劳均纯收入；⑩增长方式综合指数。这十项指标基本囊括了产品产量和质量、生产效率和科技等对农业经济具有评价价值的主要方面，勾画出了农业集约型增长的一般特征，具有代表性和综合性。

从理论上建立起农业经济技术指标评价体系并不难，难的是按照各项指标的内在要求，通过数据采集和统计手段把真实情况反映出来，对下一生产经营周期的决策和策略选择给出可靠的依据。这就需要加强农经管理人员队伍建设，通过培训提高他们的业务素质，不断改进统计调查方法，提高统计资料的可靠性和使用价值，使指标评价体系更好地为农业的发展服务。

第五节　消除对转变增长方式的误解

农业要转变增长方式，这是毫无疑问的。没有增长方式的转变，农业就无法担负起新世纪所赋予的伟大历史使命。但是，农业和农产品的生产，不同于工业和工业消费品的生产，具有本质的特殊属性。农业生产是自然再生产与经济再生产的结合，它的生产组织、生产手段、生产条件、生产周期以及农艺技术等，都与工业消费品的生产有很大区别，生产力水平也落后于工业。因此，农业在转变增长方式的过程中，应根据本身的产业特性和所处的生产力阶段来进行操作选择，不应完全拘泥于工业增长方式转变的做法。这样，在工作的指导上，首先应澄清四点模糊认识。

1. 不能简单地把外延扩大再生产等同于粗放经营。农业实行集约经营，需要在内涵扩大再生产上下功夫，但同时又不完全排斥外延扩大再生产。因为在中国这样一个农产品供需处于紧平衡状态的人口大国中，还要通过后备资源的开发利用来扩大农业生产能力，还要培育新的增长点。就粮食生产能力来说，如果没有生产规模的扩大，将来要依靠自己的力量解决 16 亿人口的吃饭问题，难度会更大。中国现有宜农荒地3 500万公顷，其中可开垦为耕地的约有 1 470 万公顷。如果未来几十年每年有计划地开垦 30 万公顷以上，就会保持耕地面积相对稳定，也就有了增产的基础。开发利用后备耕地资源，在扩大原有生产规模的过程中，由于采用了先进的农艺、技术和设备，借鉴了人类多年积累下来的生产组织形式和管理经验，相对过去来说，具有规模经济的性质，我们没有理由说这种外延的扩大再生产是粗放的。但是，对后备耕地资源的开发利用，一定要在保护生态环境的大前提下进行，注意追求人与自然的和谐。

2. 不能把劳动密集型生产与实行集约经营对立起来。对于一个经济组织或生产经营单位来说，劳动密集的程度对集约程度有一定影响。但它不是评价粗放与集约的主要标准。评价的主要标准是生产效率和经营效果。进行农田基本建设，改善生产条件，加强田间管理和实行精耕细作，培育发展名优特新产品，生产无污染的绿色食品，都需要投入大量的活劳动，其中包括用丰富的劳动力资源去替代物化劳动，有的还需要用劳动力的高智能来保证在作业动作极其复杂的情况下的工作精度。只要活劳动的投入能够增产，能够提高农产品质量，能够形成新的综合生产能力，尽管这种资源的配置属于劳动密集型的，但无论如何不能说这种经营方式不是集约的。特别在我国农村人口众多，就业岗位严重不足，农民隐性失业问题越来越突出的情况下，把劳动密集型生产与粗放经营区别开来，更具有现实意义。

3. 不能借口实行集约经营而减少对农业的投入。实行集约经营，需要调整资源的配置，行为取向应注意产业总体素质、全要素生产率和经营效果的提高。但是，这种提高并不排斥资金的投入，而是建立在不断追加投入基础上才能得到的提高。扩大集约在农业增产中的份额，必须依靠抗灾能力的不断增强、技术的不断进步、装备水平的不断提高和管理手段的不断加强。所有这些，又都有赖于资金的投入。不增加投入，农艺无法改进，装备水平也无法提高，一些加强管理的基础性工作也难以付诸实施。不能对农业提供有效的资金支持，其增长方式将无法向集约型转变。特别是在农业基础很不稳固、基本建设投资欠账很大、抗灾能力极其低下的情况下，如果不增加投入，农业不但不可能按中长期规划登上新台阶，而且连目前的生产水平都难以保持，由此可能引发出一系列经济和社会问题。在新的世纪，全国农业机械总动力应快速增加，综合机械化水平应迅速提高。没有投资，或农业投资在现有的基础上不能逐年有所增加，这两个目标是注定要落空的。

4. 不能把粗放与集约绝对化。党的十四届五中全会，对经济增长方式所提出的是由粗放型向集约型转变。也就是说，转变的度是“型”，而不是“化”。就其农业来说，无论从宏观、中观还是微观上，我们都不能说过去的经营是完全粗放的，也不可否认集约在增产中的作用。事实上，新中国成立以来中国农业的增长，是多方因素综合作用的结果，是粗放中有集约。比方，中国化肥的使用，单纯从30%的有效利用率来说，带有粗放的性质。但这种投入的本身确是集约的。因为化肥中凝结着先进的化学工业技术，它的使用，是提高粮食产量的重要技术措施。从世界各国经济增长方式更替和演进的历史上看，任何一个国家的农业增长方式都是粗放与集约并存的，区别只是两者所占的份额不同。

在资源的配置方式和采用科学技术方面，在今天的条件下可能明显地具有集约性，而由于事业的发展、人类的进化、科技的不断进步，人们会在社会实践中创造出新的既能降低成本又能提高效率和效益的有效途径，到那时再回过头来看今天的集约，又显得粗放了。由此可见，粗放与集约是相对的。在转变增长方式的宣传和工作指导上，应避免二者的绝对化。农业现代化的提出，在中国已经有40多年的历史了。它作为一个宏伟而又远大的奋斗目标，曾令中国政府和亿万农民群众一样欢欣鼓舞，并在社会主义建设过程中不停顿地为之奋斗。当人类跨入21世纪时，用历史的辩证的观点审视中国农业的过去、现在和未来，会清晰地认识到，今天重提农业现代化的伟大目标，或许表现得与中国农村的实际更贴切，感觉到再不那么遥远。

第五章

农业现代化

第一节 农业现代化概念的历史演变

查阅党和国家的历史文献，首次出现农业现代化字样的时间是1957年。此后，毛泽东、邓小平、江泽民三代中央领导核心，都根据农业和农村发展不同时期的情况，对农业现代化问题做出过多次阐述。

一、毛泽东最早使用了农业现代化这一概念

1957年2月27日，毛泽东在最高国务会议第十一次扩大会议上讲："随着农业的技术改造逐步发展，农业的日益现代化，为农业服务的机械、肥料、水利建设、电力建设、运输建设、民用燃料、民用建筑材料等将日益增多，重工业以农业为重要市场的情况，将会易于为人们所理解"。在当时，美、英等一些发达的资本主义国家，已经实现了农业现代化。虽然当时这些发达国家对农业现代化没有制定任何标准，也没有经过什么考核验收。毛泽东提出农业现代化问题，是出于赶英超美的需要，作为一个努力方向提出来的。至于农业现代化是什么样子，毛泽东并没有具体的描述。

1957年10月9日，毛泽东在党的第八届中央委员会扩大的第三次全体会议上的讲话，又从工业与农业的关系上，谈到了农业现代

化。他说："以重工业为中心，优先发展重工业，这一条毫无问题，毫不动摇。但是在这个条件下，必须实行工业与农业同时并举，逐步建立现代化的工业和现代化的农业。"这段论述无疑是告诉人们，现代化的工业和现代化的农业是互相促进，相辅相成的，应采取同步建设的战略，不能因为强调优先发展重工业而排斥或忽视农业的现代化。

20世纪60年代初期，毛泽东相继提出了"农业的根本出路在于机械化"、"水利是农业的命脉"等口号。受这种思想的影响，党和国家给农业现代化赋予了新的涵义，即提出了实现农机化、水利化、化学化和电气化。在当时的情况下，这种提法从理论上把农业现代化具体化了，从实践上界定了为其而奋斗的具体内容。

1962年，党的八届十中全会决定中指出："经过20年到25年时间的努力，基本实现农业现代化。"这是我们党和国家在实现农业现代化问题上，列出的第一份时间表。这个决定精神在贯彻的过程中，使农机化、水利化、化学化、电气化的"四化"目标得到强化。现在回过头来看，只用20～25年的时间就可能实现农业现代化，在经济基础很薄弱，国际环境并不宽松的条件下，是难以达到目的的。

1975年，周恩来总理在四届全国人大的政府工作报告中，向全党、全军和全国各族人民发出了"为实现工业、农业、国防和科学技术现代化而努力奋斗"的号召，这就是著名的"四个现代化"概念的提出。

20世纪70年代中后期，出于提高农业生产力和粮食产量的需要，突出强调要在1980年基本实现农业机械化。其实质是调整了实现农业现代化的步伐，缩小了现代化的内涵；至少是把农业机械化在现代化组成中的地位和作用看得过重了。后来，由于中国农村以土地制度为标志的经营体制发生了大规模的变化，使继续推进农业机械化遇到了新的情况和困难，党和国家又恢复了实事求是的思想路线，以此使实现农业机械化的口号逐步淡化了。

二、邓小平阐述了中国农业现代化的特点及其道路问题

邓小平主张，实现四个现代化是最重要的新情况新问题。1979年3月30日，邓小平在党的理论工作务虚会上的讲话中指出："要在

本世纪内实现四个现代化，把我国建成一个社会主义强国，这是一个非常艰巨的任务。”他说：“什么是我国今天最重要的新情况，最重要的新问题呢？当然就是实现四个现代化，或者像我在前面说的，实现中国式的现代化。”

邓小平主张，实现现代化要从中国的实际出发。在同一篇讲话中邓小平说：“耕地少，人口多特别是农民多，这种情况不是很容易改变的。这就成为中国现代化建设必须考虑的特点。”1980 年 12 月 25 日，邓小平在中央工作会议的讲话中指出：“我国农业现代化，不能照抄西方国家或苏联一类国家的办法，要走出一条在社会主义制度下合乎中国情况的道路。”

邓小平主张，实现现代化必须坚持四项基本原则。他说：“中央认为，我们要在中国实现四个现代化，必须在思想政治上坚持四项基本原则。这是实现四个现代化的根本前提。”他认为，努力按照客观经济规律办事，就是坚持了科学社会主义；没有民主就没有社会主义，就没有社会主义的现代化，不能再搞踢开党委闹革命那一套；必须重新恢复马列主义、毛泽东思想的科学面目，使它成为实现四个现代化的指南。

邓小平主张，实现农业现代化，离不开科学技术的大力支持。他继承和发展了马克思主义关于科学技术是生产力的学说，提出“科学技术是第一生产力”的论断，并要求农业实现现代化，要紧紧依靠科学技术，多次强调：“农业的发展一靠政策、二靠科学”，“科学技术的发展和作用是无穷无尽的”。

邓小平主张，实现现代化，要以人为本。他说：“我国 80%的人口是农民。农民没有积极性，国家就发展不起来”。农民积极性提高了，农产品大幅度增加，大量农业劳动力转到新兴的城镇和新兴的中小企业。这恐怕是必由之路。深入理解这段话的涵义，不但告诉人们农业现代化的主体是农民，而且还告诉人们要想实现农业现代化，必须尽可能地转移农业劳动力，必须注意发展新兴的小城镇，必须大力发展中小企业。除此之外，没有什么更好的路可走。

三、江泽民从农村和农民范畴丰富了农业现代化内容

江泽民从理论上阐述了农业现代化同其他现代化的关系问题。他

认为，农业现代化是其他现代化的基础，农业现代化应先行。他在1992年12月25日武汉六省农业和农村工作座谈会上指出："没有农业的牢固基础，就不可能有我们国家的自立；没有农业的积累和支持，就不可能有我国工业的发展；没有农村的稳定和全面进步，就不可能有整个社会的稳定和全面进步；没有农民的小康，就不可能有全国人民的小康；没有农业的现代化，就不可能有整个国民经济的现代化"。

江泽民从理论上阐述了农业现代化与农业基础地位的关系问题。他认为农业现代化是动态的，要变的，而农业在整个国民经济中的基础地位，则相对是静态的，不变的。他说："我看就是将来基本实现现代化以后，我国农业的基础地位也不会变，农业问题仍然会很重要。"

江泽民从理论上阐述了农业现代化与农民的关系问题。他认为，在整个农业现代化的进程中，都不可忽视农民问题；实现农业现代化是解决农民问题的必由之路。1990年6月15日，江泽民在中央农村工作座谈会上讲话指出："越是搞现代化建设和改革开放，越是要加强对农民的教育，农村的思想阵地，社会主义思想不去占领，落后的、错误的思想就会去占领"。1993年10月18日，江泽民在中央农村工作会议上又讲到："农业、农村和农民问题，始终是一个关系我们党和国家全局的根本性问题。民主革命时期是这样，社会主义现代化建设时期也是这样"。以后在与农业、农村工作有关的会议上，江泽民多次阐述这一思想，强调各级领导在现代化建设的过程中，一定要注意解决好农民问题。

江泽民从理论上阐述了实现农业现代化应有先有后。他认为，中国幅员辽阔，各地基础设施和基本情况千差万别，农业现代化不可齐步走，应从本地的生产力水平实际出发，积极稳妥地、有先有后地、坚持不懈地努力奋斗下去。他明确提出沿海经济发达地区要率先实现农业现代化。

依据江泽民同志关于农业现代化的思想，1998年10月党的十五届三中全会通过的《中共中央关于农业和农村若干重大问题的决定》中提出："东部地区和大中城市郊区要提高农村经济发展水平，有条件的地方要率先基本实现农业现代化"。十五届五中全会又要求东部沿海地区在全国经济发展中继续发挥带动作用，有条件的地方争取率先基本实现现代化。

第二节　农业现代化的内涵

什么是农业现代化？农业现代化概念都包括哪些内容？这是经济理论界和农业农村工作者一直在积极探讨的理论与实践问题。各种定义性说法颇多，意见不一致，但都从不同的角度给人以启迪。

国家发改委农经司司长杜鹰认为：所谓农业现代化，是用现代生产要素、科技成果、管理经验装备农业，以提高农业生产力，使其成为有效益、有竞争力的产业的过程。它既是个特定的概念，又是一个动态的概念。

黄佩民、郑重认为：农业现代化是个历史的发展过程，是一个相对的概念，其内容可以概括为五个方面：一是用现代工业装备农业，打破小生产的自然农业的局面；二是用现代科学技术武装农业，逐步取代或提高相形见绌的生产技术和传统经验；三是由掌握现代科学技术知识的劳动者从事农业，大大提高劳动技能和创造力；四是在充分认识和掌握自然规律的基础上，比较合理地利用自然资源，不断挖掘土地和气候资源的增产潜力；五是采用现代化的管理体系经营农业，实行专业化、社会化生产，充分发挥人们蕴藏的主观能动性和物质条件的作用。

农业部农村经济研究中心副主任关锐捷认为：所谓农业现代化，是指运用现代科学技术、现代管理经验，合理开发配置农业资源，优化市场和农业发展环境的过程。它的发展，没有终极指标。

上海市农业委员会的同志认为：农业现代化，是指用现代工业装备、现代科学技术和现代组织管理方式改造农业的过程和目标。技术、市场、制度是农业现代化的三大基础。农业现代化具有动态性、渐进性、不均衡性和阶段性的特点。

山东省农业厅的同志认为：农业现代化是以实现农民富裕、减少工农差别和城乡差别为目标，以建设现代农业基础产业为方向，通过生产条件、生产手段、经营管理的现代化，特别是依靠现代科学技术的扩散、现代化生产要素的投入、市场机制的引入和社会化服务体系建设，把传统农业转变为科学化、集约化、市场化和社会化的现代农业，从而实现传统农业社会向现代工业社会的转变。

在沿海地区率先实现农业现代化的座谈会上，一些同志还认为，随着情况的变化，应该拓宽农业现代化的范畴，使之能够成为总揽农业和农村工作全局的奋斗目标。比如，有的同志说，农业现代化属于发展的范畴，提到发展，就不能不考虑到可持续性，因此，生态的良性化也应包容在实现农业现代化之中。还有的同志提出，农业现代化的一个重要方面是农民素质的现代化。因此，农业现代化应是包容生产、管理和农村精神文明建设的现代化。

要给农业现代化下定义，首先应从字面上准确理解农业现代化这五个字。就是说，我们讨论的现代化，是农业的现代化，而不是什么别的现代化，不能随意扩大外延，只标明农业的直接性，不包容农业的相关性。同时也要防止人为缩小外延。这里所说的农业，是广义的农业，即大农业的概念。不仅包括以植物生长为特征的种植业，而且还包括畜牧业、渔业和农产品运输以及加工业。应该指出的是，不能把农业现代化等同于农业机械化。农业机械化只是农业现代化所包容的一部分。比如说，有些属于农村范畴的内容，尽管与农业问题有着千丝万缕的联系，但它并不是农业的本身，只能留给农村现代化去完成职能。又比如，所谓现代，必须具有先进性，要“前卫”。人类农业的发展，大体要经历自然农业、传统农业、现代农业、知识农业四个阶段。这里的现代农业应明显区别于传统农业和知识农业。再比如，“化”是一种事物要达到一定的程度；达不到这个程度，就不可称其为“化”。

综上所述，笔者认为，所谓农业现代化，系指用现代技术装备和管理手段改造传统农业，使资源配置、生产工具、生产效率、劳动者素质达到世界先进水平的过程。

对于中国的农业来说，只有在经济、技术和劳动者素质三个方面接近世界先进水平，才算是基本实现了农业现代化；赶上世界先进水平，才称得上实现了农业现代化。

第三节　农业现代化的基本特征

农业现代化的基本特征是其先进性。研究基本特征的实质，是研究它主要在哪些方面必须具有先进性。从目前世界农业发展的大趋势和社会环境来看，中国的农业现代化，至少应具备以下七个方面的基本特征。

一、生产过程的机械化

生产过程的机械化，是指运用先进设备代替人力的手工劳动，在产前、产中、产后各环节中大面积采用机械化作业，从而降低劳动的体力强度，提高劳动效率。所谓全过程的机械化，应包括选种、育秧、耕地、播种、施肥、除草、灌溉、收割、脱粒、烘干、仓储、加工、包装、运输等从种粒到餐桌上的所有环节的机械操作。机械化不等于现代化，但它在现代化的构成中确实占有重要的地位，它是实现现代化的基础，或者说是充分必要条件。没有机械化的支持，也就不可能有农业现代化。

二、生产技术科学化

科技，是农业向现代化进化的动力源泉。农业生产技术科学化，其涵义是指把先进的科学技术广泛应用于农业，从而收到提高产品产量，提升产品质量，降低生产成本，保证食用安全的效果。实现农业现代化的过程，其实就是先进科技不断注入农业的过程，不断完善农业的基础科研、应用科研及推广体系，不断提高科技对增产贡献率的过程。21世纪，是科技的世纪。新技术、新材料、新能源的出现，将使农业现状发生巨大的变化，科技将在对传统农业的改造过程中，发挥至关重要的作用。如果离开科技的注入，农业的现代化就会停滞不前。

三、增长方式集约化

现代农业与传统农业相比，传统农业是落后的；集约经营与粗放经营相比，粗放经营是落后的。粗放经营与传统农业有一定的对应关系；集约经营与现代农业有一定的对应关系。由传统农业向现代农业的方向进化，一个基本的同步条件是农业增长方式要从粗放经营向集约经营转变，摒弃传统的粗耕简作，推广现代的精耕细作，在化肥、农药、灌溉等方面的投入边际效益递减、外延扩大生产已经余地很小的情况下，把增产的基点转到以挖掘内部潜力，降低生产成本，提升产品档次，提高综合效益，提高劳动者素质的轨道上来。

四、经营循环市场化

现代农业的一个显著标志是，市场成为农业经济运行的载体。面向市场组织生产，“投入一产出一消费”的经营循环都要在市场上得以实现。这是农村经济由传统的自给自足的自然经济形态走上现代的、商品的市场经济形态的必由之路。在资源的配置上，行政手段的退出与市场功能的发挥，是现代农业的一个基本特征。在生产目的上，产品自给自足生产目的的消亡与纯粹用于商品交换的转换，是现代农业的又一基本特征。这个“发挥”和“转换”的量变过程，是传统农业向现代农业趋近的一个重要组成部分。产品的商品率如果达不到一个较高程度，农业的现代化就“化”不起来。

五、生产组织社会化

所谓生产组织，就是对微观经济单元的组合布局进行引导，对社会分工进行协调，对专业化生产进行管理的实施过程。立足于整个社会来设计这种过程、实施这种过程，就是生产组织的社会化。它意味着农业生产与流通活动的各个部门、各个环节，必须和社会上的有关部门、市场主体有机地联系起来，并要随着现代化的不断推进提高这种依赖程度，以达到扬长避短，优势互补，提高劳动生产率的目的。现代化的生产，应该是社会化大生产。它排斥生产的小而全和封闭型经营状态，青睐按专业化分工组织生产，要求走开放式经营的道路。生产的专业化、生产组织的合理化、流通范畴的洲际化，构成了社会化大生产的“三要素”，这是实现农业现代化过程中要刻意追求的发展方向。

六、生产绩效高优化

我们所要的农业现代化，是高产优质高效的现代化。能否做到高产优质高效，这是我们检验现代化成功与否的决定性因素。如果生产经营的最终成果是产品产量低、质量次，经济效益低，那么，就应该问一问装备配置是否科学，生产工艺和技术是否落后，增长方式是否还停留在粗放的形态上，经营理念是否还停留在传统的农业经济上，生产的社会化程度是否理想。结论可能会不尽如人意。也就是说，生产的绩效如何，对是否真正实现了现代化，具有一票否决的作用。生产经营的绩效，应该是个实实在在的指标考核体系，比如：单位产量、优质品率、劳动生产率、企业利润等。实现农业现代化的真功夫，应该下在提高绩效成果上。

七、劳动者智能化

劳动者智能化，在这里是指从事农业生产或经营的人，一定要具备现代要求的文化知识和技能水平。劳动者是生产力构成中最具基础作用、最有活力的因素。他对农业增产增效的贡献，占有相当的比重。在农业生产经营过程中，先进的生产工具靠人去创造，先进的科学技术靠人去摸索，先进的管理经验靠人去总结，先进的经营体制和运行机制靠人去应用。无论是增长方式的转变，还是生产绩效的提高，都是在人的主观能动作用下得以实现的。离开人，现代化是不复存在的。从这个意义上说，我们要实现的农业现代化，是以人为本的现代化。提高劳动者的文化知识和技能水平，既是农业现代化的目标，同时也是要实现目标的可靠保证。

第四节　实现农业现代化的重大意义

实现农业现代化，作为一个时期的奋斗方向，在党和国家的高级会议上多次提出来，是新中国成立后几代人梦寐以求的志愿。但人的主观看法和客观条件的距离，总是不以人的意志为转移而存在的。做任何事情，都要考虑到基础条件。如果条件不成熟，再美好的愿望也是纸上谈兵。通过人们的反复认识和多年实践，现在各级领导都已经看清了实现农业现代化是个巨大的系统工程，可不是一蹴而就的事情。20 世纪 70 年代中期，出于迫切发展的需要，曾提出要到 20 世纪末基本实现工业、农业、国防和科学技术现代化的奋斗目标。但后来人们逐步认识到，这个时间表“离谱”，还是应该保持头脑冷静，注意积蓄发展力量，逐步创造条件，因而才有以“实现小康总揽全局”的工作指导思想。

现在的情况同20世纪70年代中期相比，已经发生了实质性的变化，以小康生活为标志的第二步战略目标已经实现，经济基础、政治形势、文化条件都出现了利好。在这个世纪之初把实现农业现代化作为几个年代的奋斗目标提出来，并进行周密计划，抓住机遇组织实施，是恰逢其时的。

一、实现农业现代化，是在新的历史阶段巩固农业基础地位的需要

小康目标的实现和新世纪的到来，标志着中国社会主义建设已经进入了一个新阶段。所谓新阶段，就农业本身和它的外部环境来说，是因为出现了前所未有的新情况。一是随着第二产业的不断优化升级和第三产业的大力发展，农业在整个国民经济中的比重逐年下降；二是随着农业产业链的延伸和农村工、商、建、运、服务业的发展，农业在整个农村经济中的比重也在逐年下降；三是随着农业综合生产能力的提高，农产品市场发生了根本性变化，农产品供大于求，商品短缺状况已经结束；四是随着城市化、工业化步伐的加快，在资源配置上出现了亲城市、疏农村的倾向，土地、资金、劳力纷纷流向城市。在这种情况下，农业在整个国民经济中的基础地位变没变？如何巩固农业基础地位？就成了迫切需要研究的现实问题。

我们认为，农业的基础地位是由它在整个经济与社会所担负的重要职能所决定的，不是因为出现了上面这四个方面的新情况就可以改变的。在新的发展阶段，不论情况怎么变化，农业要保证食品安全，要创造良好的生态环境，要为第二、第三产业的发展提供原料，要保障社会安全的重要职能不会改变，它的基础产业的性质不会改变。只有进一步巩固和加强农业的基础地位，才能保持国民经济的持续稳定健康发展，才能保证中国的长治久安。那么，在新的发展阶段怎么能巩固和加强农业基础地位？这就需要有一个统领农业和农村工作全局的奋斗目标，这个目标就是基本实现农业现代化。在未来的50年中，用实现农业现代化去统领农业和农村工作的全局，就会使农业的基础地位在发展中完善，在变化中巩固。

二、实现农业现代化，是保障食品安全和强壮国力的需要

对于一个国家来说，保障食品安全能力是综合国力的重要组成部分。以粮食为基础的食品，除了具有商品属性之外，还具有确保人们生存安全的特殊属性。不管新世纪的经济、政治格局怎样变化，粮食所具有的双重属性不会改变。一个国家综合国力的提高，是以保障食品安全为基本前提的。没有这一条，综合国力很难得到提高，即或是有所提高，也不具有稳定性。中国的粮食虽然供需基本平衡，个别品种有剩余，但还不能就此得出粮食过了关的结论。因为在未来的50年中，人口要由12.6亿增长到16亿，同时对粮食的品质和食品的档次也会不断提出新的要求，还有一些难以预料的可变因素。所以，对食品安全，一刻也放松不得。在耕地资源硬约束，投入的边际效益递减，潜在生产力已经通过改革使得基本释放殆尽的情况下，要提高食品的综合生产能力，必须有新的战略性措施，有大的动作。而实现农业现代化，通过生产过程机械化、生产技术科学化、增长方式集约化、生产组织社会化、生产绩效高优化、劳动者智能化，能够把粮食以及食品的生产能力推上一个新台阶，从而达到保障粮食及食品安全、提高国力的目的。

三、实现农业现代化，是解决“三农”现存问题的需要

目前在农业、农村以及农民身上存在的突出问题主要有：一是农业经济结构、产品结构和生产组织结构不合理，增长方式粗放，比较效益低；农村生态环境不佳，城镇化水平低，不富裕；农民文化知识水平低，专业技能低，社会化组织程度低。

这些问题像“瓶颈”一样，严重地阻碍着农业经济发展和社会进步。解决起来难度大，常规的办法不奏效。比如，解决经济结构和产品结构的问题，靠过去一般的适合性调整已经无济于事，必须下决心进行战略性调整。再比如，要增加农民收入，再不可能靠农产品数量的增加和价格的提高，必须转向提高质量和效益上来。至于提高农民的素质，更是个从现在开始就应给予足够重视从长计议的大问题。而把解决这些问题都能包容进去的办法，只能是从长期战略性综合性的举措上来寻找出路，即推进农业现代化建设。可以断言，如果用30

年时间基本实现农业现代化，上面所列举的问题将不复存在。农业和农村的再发展，将是更高层次上的问题，是在现代化基础之上派生的又一类新问题。

四、实现农业现代化，是各产业协调发展的需要

“十五”期间，虽然农业得到了稳定发展，但与快速发展的工业相比还是显得滞后，不协调。有些经济理论工作者认为，我国工业门类齐全，在装备、科学技术程度、产品档次和产出水平等方面，有一些微观经济组织已经走到世界前列，我国已经进入了后工业化时代，在近一个时期将是工业化与信息化时代的交替和融合时期。用这个基本判断来衡量农业，差距是明显的。

对于一个发展中国家来说，各产业长期不协调，特别是农业与工业两大主要产业不协调，经济的运行就很难平稳，快速发展的工业和其他产业一定会因失掉农业的基础性支持而走不太远。解决的办法，决不能“削足适履”，走放慢工业发展速度给农业余留空间的路子，只能是在工业保持强劲发展势头的同时，加快农业的发展步伐，让农业迎头赶上去。实现农业现代化，在操作选择上比较好地满足了这个客观要求。农业向现代化目标进化的过程，就是矫正工农业比例关系，实现协调发展的过程。

五、实现农业现代化，是应对加入WTO挑战的需要

中国加入WTO后，农业融入国际贸易商圈，市场的竞争，将更加激烈。有专家分析，中国加入WTO，有利有弊，长期利好。但开始进入的前几年，对农业的冲击是一定的，农业的发展将面临着许多前所未有的困难。所谓的机遇，也还都是理论上的机遇。国外的低成本农产品要打入中国市场，中国具有优势的园艺产品、劳动密集型产品要打入国外市场，这些都得靠人去争取，去采取得力措施，去极力替代产品的进口和极力扩大优势产品的出口。

如何把理论上的优势转化为现实优势，把理论上的劣势控制在最小的范围？根本出路在于中国农业自身的发展，在于中国用现代的装备技术改造传统的农业，以把农业真正办成高产、优质、高效的产业。这样，我们就有可能抵得住冲击，顶得住阵痛，真正把农业融入世界，真正受益于 WTO。

六、实现农业现代化，是继承邓小平遗志的需要

邓小平同志在中国政治舞台上四起三落，他用心血和生命，改变了中国的前途和命运。党的十一届三中全会后，是他人生的最辉煌时期。他运筹帷幄，解决了中国的社会主义体制、经济发展道路、香港澳门回归三大难题，他的改革开放思想，不但惠及了中国人民，也对人类科学社会主义的实践，作出了巨大贡献。在他的发展思想中，最著名的是“三步走”的发展战略。即：第一步，在 80 年代末基本解决人民的温饱问题；第二步，以 1980 年为基础，到 20 世纪末国民生产总值翻两番，人民过上小康生活；第三步，在 21 世纪的前 30 年或 50 年中，争取国民生产总值在 2000 年的基础上再翻两番，达到中等发达国家水平，基本实现现代化。

在小平同志的有生之年，他亲眼目睹了第一步、第二步战略目标的顺利实现。现在正是我们认真总结经验，继续艰苦奋斗，团结一致地向第三步战略目标迈进，争取实现现代化的最佳选择。我们应该不失时机地组织和动员全国人民，继承小平同志的遗志，坚决实现第三步战略目标，使中国在 21 世纪中叶，真正强盛起来，以告慰小平同志的英灵。

第五节　农业现代化的指标体系

2000 年末，中国国内生产总值已经达到 1 万亿元人民币，按照可比汇率计算，人均可达到 840 美元的水平；恩格尔系数在 52 左右，其中有 8 个省市已在 50 以下；就全国而言，人民的生活基本达到了小康水平。在这种情况下，把实现农业现代化作为中长期奋斗目标提出来，既是鼓舞人心的，同时也是切合实际的。对这一点，领导层、农经界和理论界的意见基本统一。需要研究的是要不要建立一个指标体系，建立一个什么样的指标体系。

主张没有必要建立农业现代化指标体系的意见大致有三个方面：一种意见认为，农业现代化是农业大的发展方向，用以统一人们的思想和行动，并不是具体进程的检验标准，所以，没有必要建立指标体系。一种意见认为，在中国由于受“左”的思潮影响，一项阶段性任务提出来，往往被人看成是一种运动，容易刮风，重蹈“大跃进”的覆辙，把好事办坏。还有一种意见认为，有了指标体系，领导干部为了突出政绩，很可能搞短期行为，或者在指标统计上弄虚作假，使指标不反映客观实际情况，失去意义。这三种意见有一个共同的弱点，就是低估了各级领导干部的觉悟程度，其实质是在一种担心的心态下所产生的想法。

建立科学的农业现代化指标体系，其积极作用远远大于消极作用，它的好处在于：一是可以把远大的奋斗目标具体化，使人们对农业的现代化轮廓有个清楚的认识，从而可以统一人们的思想认识，凝聚广大农民群众和县乡干部，共同地携起手来，为实现这个宏伟目标而奋斗。二是可以使工作有个检验标准，对农业现代化的起点、进展和变化有所考核，从而方便及时总结经验，修正偏差，引导其健康地发展。三是可以使县与县之间、市与市之间有个互相学习、借鉴和比较的参照，从而鼓励先进，鞭策后进，使不同情况的地方都能按着一个统一要求追求下去，使农业现代化真正地而不是虚假地、全面地而不是局部地、健康地而不是偏离方向地“化”起来。

农业现代化的指标体系要科学，就要满足四个方面的要求。第一，应具有先进性。现代的涵义是具有先进性，所建立的指标体系，应该达到或接近世界的先进水平，只有这样，才有赶超世界先进水平的实质意义。第二，应简单明了，便于计算和考核。应突出最重要的指标，舍弃相关指标，尽量避开二次计算。第三，应有共性。构成体系的各类指标，要避免区域性，从个别中寻找同一点，以利进行横向比较。第四，应体现实际情况。分项指标的设立要经过深入调查研究，进行必要的国际比较，并找准基点，在此基础上确定出的比率才具有客观性，也才能对实际工作具有指导意义。第五，应准确把握外延。我们要实现的是农业现代化，而不是什么别的现代化。在选择分项指标时，一定要把握“农业现代化”这一概念，不可随意搭车设项目，以防止出现一般冲淡重点的现象。

根据其要求，拟建立的农业现代化指标体系，应该由三部分组成。即：反映经济基础和增长情况的综合性指标；反映农业生产条件和手段的生产力指标；反映生产结果的效率和效益指标。指标体系应由10项组成。

1. 社会人均国内生产总值。

2. 人均纯收入。

3. 农业从业人员占全社会从业人员的比重。

4. 农民的生产技能等级。

5. 农业生产全过程的机械化程度。

6. 旱涝保收田占耕地总数的比重。

7. 单位资源产出率。

8. 农业劳动生产率。

9. 农产品加工增值率。

10. 科技对农业增长的贡献率。

农业现代化指标体系，应该是动态的，可视需要情况进行阶段性的修改。但是，一旦公布实施，就不要轻易变动，尽量保持其指标体系的稳定性和连续性。

在建立农业现代化指标体系的具体操作中，应发扬民主，利用大众传播媒介在农村范围广泛地开展讨论，动员县乡干部和广大农民积极参与，献计献策，使定出的指标让广大农民理解，这样有利于把政府行为变成亿万农民群众的自觉行动。

第六节　农业现代化与农村工业化、农村城市化和农民知识化的关系

农村工业化和农村城市化是推进农业现代化的条件，并不是具体内容。而农民知识化对于农业现代化来说，既是推进农业现代化的一个重要条件，又是农业现代化中所追求的一个内容。处理好农业现代化与农村工业化、农村城市化和农民知识化的关系，使三者最大限度地在农业现代化进程中发挥积极的促进作用，是加快农业现代化进程的一个有效途径。

一、农村工业化为农业现代化积累物质条件

农村工业化，是指在以传统农业为主业的广大农村区域中，在不放松农业的前提下大力发展制造业、加工业，使工业增加值在农村社

会增加值中所占的比重大幅度上升，从而实现农村产业布局合理、资源配置优化的过程，它的达标条件应该是工业增加值占统计区域社会生产增加值的60%以上。

农村工业化对农业现代化的促进作用主要表现在三个方面：

第一，优化经济结构。农业现代化，必须建立在经济结构优化的基础上。没有相对优化的经济结构，就不可能有农业现代化。目前，推进农业现代化所遇到的一个最大不利条件就是农村的经济结构不合理、产业之间发展极不平衡，资源闲置和浪费严重存在。就农业内部结构来说，种植业腿长，畜牧业、渔业、林草园艺业腿短；粮食腿长，经济和饲料作物腿短。就农村经济结构来说，第一产业有基础，第二产业不适应，第三产业严重滞后。如果把整个经济循环分为产前、产中、产后三个阶段来说，产中阶段的问题解决得比较好，而产前、产后阶段的生产经营领域还有许多空白需要填补，特别是农产品的加工、贮藏、包装、运输、出口等环节，还亟待开发。解决上述这些问题，出路在于农村工业化，达到了这个目的，农业的现代化就向前推进了一步。

第二，创造就业岗位。中国农村人口众多，劳动力就业压力大，这是实现农业现代化的最大制约因素。据专家估计，目前农村富余劳动力在1.5亿人左右，而且每年还以大约1 200万的速度递增。随着农业增长方式的转变和乡镇企业的调整，农业和乡镇企业吸纳劳动力就业的能力不会有大幅度的提高。解决问题的出路也在于农村工业化，走工业化的道路。农村工业化的速度加快，自然要造就新的就业岗位，缓解农民就业难的问题。农民都能安居乐业了，就会大大加快实现农业现代化的速度。

第三，增加原始积累。搞农业现代化需要大量的投资。我国经济基础薄弱，各级财政实力不强的实际情况说明，农业现代化的投资不能完全依赖国家，需要发挥国家、集体和农户多方面的积极性。由于农业目前还局限于原粮和初级原料的生产，失去了加工增值的收益机会，再加上农产品已经没有价格优势，靠生产原料和原粮增收的潜力不大。而相对应的是，农产品的精加工、深加工前景广阔，农村资源丰富，有拓宽产业链条的基本条件。

发挥区域优势，因地制宜地拓宽产业空间，通过办工业获益，就会大幅度提高农村集体和农民的收入水平，扩大再生产就有了资本。当原始积累达到一定程度时，以工补农、以工建农的理论设想就可以进行实际操作，也就会推动农业现代化不断登上新台阶。

二、农村城镇化为农业现代化创造良好的经济和社会环境

所谓农村城镇化，是指组织动员广大农民群众，经过改革和发展，使农村都能达到城镇的基本条件、基础设施、生产水平和生活方式的过程。它的核心是向城镇的进步与文明看齐，而不是把广大的农村都变为城市。农业现代化对农村城镇化的促进作用主要体现在四个方面：

1. 完善的基础设施。农村与城市的区别，最明显的是基础设施的完善与否。农村道路、交通、通讯、电力供应等基础条件较差，严重地影响着农村经济的发展和社会进步。而这些基础设施，又都是实现农业现代化必须具备的基本条件。通过农村城镇化的有效实施，将使这些基础设施原来是空白的，填补上；原来就有的，完善起来；档次低的，使之升级优化。农村基础设施完善了，就会加快推进农业现代化。

2. 配套的产业布局。城镇与农村相比，最大的特点就是产业门类相对齐全，生产集中，生活方便。在农村，具有服务职能的第三产业的发展严重滞后，给农民的生产生活带来了许多绕不开的难题。农村留不住资金、留不住项目、留不住人才，其重要原因就是农村的服务功能不全、产业不配套。农村向城镇看齐，把这个问题解决好，就会使发展环境发生变化，就能更多地吸引项目、资金、人才，加快推进农业现代化。

3. 较高的文化品味。农村与城市、农民与城市居民之间的最大差异是文化品味。农村文化气息淡薄，农民文化程度低、见识短、理解能力和接受新事物的能力差，这是人们的共识。农民觉得低人一等，自愧不如城里人；城里人往往贬斥农民，其根源之一就是文化品味的差距。在农村城镇化的过程中，如果能使农民的文化层次上一个新台阶，将使农民阶层以崭新的面貌出现在历史舞台上。农民文化层次的提高，就会给农业现代化创造条件，加快推进的步伐。

4. 健康的生活方式。城镇居民所享有的良好的卫生条件、医疗

设施、体育设施、劳逸结合的作息制度，业余得以消遣，追求时尚和广泛的社交范畴，是农民人人都向往的生活。缩小城镇与农村在这些方面的差距，虽然不是农业现代化的题中应有之意，但它的潜在作用是推进农业现代化。

三、农民知识化为农业现代化提供智力支持和技术保障

中国所要实现的农业现代化，是以人为本的现代化。提高农民的文化水平、生产经营技能和整体素质，是农业现代化的必由之路。要想实现农业现代化，首先要实现农民知识化。没有农民知识化，就没有农业现代化。农民知识化是农业现代化的智力源泉和技术保障。它的作用主要表现在三个方面：

1. 通过思想观念的现代化推进农业现代化。搞现代化建设，关键是从事现代化建设的主体——人要有现代的思想观念。具体表现在人要有较高的智力、较好的判断力、较强的对新事物的吸收力和模仿力。能够准确地判断出先进与落后、传统与前卫、基本特征与发展趋势，能够不断地用进步的东西衡量自己，及时修正偏差，这是人的现代化的基本特征。这个特征是以文化知识的积累为前提条件的。文化知识的积累促进观念更新，观念更新促进最大限度地接受新事物，从而达到推进农业现代化的目的。

2. 通过生产技术的科学化推进农业现代化。知识，是推广应用先进技术的基础。一个文化程度很低的人，是不可能运用现代技术对传统产业进行改造的，同时也会在不断涌现的农用新产品新设备面前表现茫然和束手无策。农民有了知识，一是可以消化吸收已有的园艺技术，把科技成果转化为现实生产力；二是可以在生产经营实践中进行技术创新，提升园艺技术档次，创造更高的生产能力。这种行为的最终结果是提高科学技术对农业生产经营的贡献率。而这一指标正是农业现代化的一个重要标志。

3. 通过经营管理的现代化推进农业现代化。经营管理，是农业生产的软件。在现代化进程中，这个软件的作用无限，软件不软。让软件硬起来的唯一条件是农民知识化。

农民有了知识，就会自觉去掉传统的封闭的思想意识，树立起先进的开放的思想意识，就会产生扩大交流与合作的欲望，并且能够在

交流与合作中准确理解和客观接受现代管理经验。用现代管理经验和手段去管理农业，是推进农业现代化的重要组成部分，二者的对应关系，就是农民知识化对农业现代化具有促进作用的佐证。

综上分析，在时序上，农业现代化与农村工业化、农村城镇化、农民知识化不可能完全同步，理想的是农村工业化、农村城镇化和农民知识化先走一步，为农业现代化奠定基础。农村工业化、农村城镇化和农民知识化接近了目标，农业现代化也就指日可待了。

第七节　农业现代化的道路选择

中国农业现代化要走什么样的道路？也就是说中国要用什么途径去实现农业现代化？这不仅直接影响到农业现代化的进度，而且还影响到农业现代化的质量。在充分分析农业基础条件、资源禀赋、物质支持、发展环境以及政策导向等诸因素的基础上来讨论问题，可使人们在发展道路上基本达成共识。立足于中国国情，农业现代化应选择十个战略重点，围绕这十个方面的工作来积极而又稳步推进。

一、调整优化农业经济结构

实现农业现代化，有赖于农业经济结构的优化。没有一个合理的经济结构，是无法实现农业现代化的。在沿海率先实现农业现代化座谈会上，与会者一致认为，农业走向新的发展阶段，摆在面前的中心任务就是对农业和农村经济结构进行战略性调整，认为这是基本实现农业现代化的基础性工作，是一个战略重点。

农业经济结构战略性调整，明显区别于以往的边际性调整和适应性调整。它主要是解决农产品质量问题，解决农业生产的合理布局问题，解决农产品加工问题，归根到底是解决农业的效益问题。在农业内部，压缩传统农业比重，腾出有效资源用于发展畜牧业、水产业和园艺特产业；在农产品品种上，减少没有市场的大路货、传统产品的生产，大力发展市场前景看好的名、优、特、新产品和有机产品；在产业布局上，着力发挥区位优势，突出地方特色，解决产业布局趋同的问题。

值得说明的是，对农业经济结构的调整不应是权宜之计，而是应贯穿于农业发展的全过程，大规模的战略性调整过后还要不断地进行微调。就是过若干年后实现了农业现代化，对农业经济结构的调整也不会消失，只是调整的程度不同而已。

二、加强农业基础设施建设

新中国成立以来，国家采取多渠道筹集资金，大规模地坚持不懈地进行农业基础设施建设，大幅度提高了农业综合生产能力。但是，农业基础仍然很薄弱，仍然是实现农业现代化的一个明显制约因素。只有下决定，继续坚持大规模的农业基础设施建设，努力改善生产条件，才能不断提高农业的综合生产能力，才能实现农业现代化。加强农业基础设施建设，一定要山水林田路综合治理，近中期的重点是兴修水利，防旱排涝；改造中低产田，培肥地力；进行小流域治理，防止水土流失；改造农电网络，提高电气化水平；适当采用机械降低劳动强度，增建仓储设施，提高农产品的贮存保鲜能力；广泛应用计算机技术，推进农业的信息化、标准化。应该有一个阶段性规划，用于指导工作，使农业基础设施建设免受领导班子的更替而出现间断或废止。

三、拉长农业的产业链条

传统农业的特点，一是种植业比重大，林牧副渔业比重小；二是产业链条短，只局限于产中部分，产前和产后的购销、运输、服务、加工、保鲜、包装等能力严重不足，使农业失去了很大一块机会效益。

农业不能再继续走只提供初级产品和原料的路子，必须把生产和加工、营销、出口结合起来，拉长农业的产业链条，提高农业的综合效益。应走贸工农一体化的道路，重点是创优质名牌产品，形成区域经济支柱和具有地方特色、民族特色的农产品加工体系，形成兼容产前、产中、产后的社会化服务体系，形成储藏、包装、运输、出口的营销体系。

四、依靠科技兴农

科技，是推进农业现代化的直接动力；科技进步，是农业经济增长的主要因素。农业现代化建设，应建立在高度依靠科技兴农的基础之上。

在21世纪，全世界范围内的新一轮农业科技革命必将到来，包括基因工程、遗传工程、细胞工程在内的现代生物技术，通过无性繁殖和变异方式创造新的生物类型，也可做到把不同生物优良性状结合起来，定向改变生物遗传特征，培育出光合作用好、抗逆性能强、生长速度快和种养成本低的优良动植物品种，推动农业加快发展。中国应抓住这个契机，组织力量研究、引进和推广一批先进实用技术。建立国家试验室，建立国家工程技术研究中心，建立科技示范基地，把产学研结合起来，不断提高科技成果转化、吸收、推广能力。坚持抓好“丰收计划”、“跨越计划”的实施，加强国家技术交流和合作，借助国外的科研成果发展中国农业。

五、用农村工业化、农村城镇化和农民知识化推进农业现代化

农村工业化、农村城镇化和农民知识化对农业现代化具有推动作用的性质，决定了一定要借助农村工业化、农村城镇化和农民知识化的力量，来丰富农业现代化的内容，加快农业现代化的步伐。在实际操作上，应将农业现代化与农村工业化和城镇化三者结合起来，相互促进、协调发展。沿海发达地区的实践表明，乡镇企业向小城镇集中，不仅可以发挥聚集效应，而且还可以发挥与小城镇建设之间的良性互动效应，加速城镇化的发展和农村富余劳动力的转移，进一步提高城镇化水平，其结果必然促进农业现代化。

农民知识化应从长计议，从基础性教育抓起，首先在普及九年义务制教育上下功夫，让农民有基本的文化基础知识；然后启动新世纪中国农民培训工程，计划用10年时间使农民都能具有一两门技能；在此基础上，实行“绿色证书”制度，组织农民参加多种形式的专业技术培训，推动农民的科技能力上台阶。

六、用现代信息技术装备农业

21世纪，是信息技术主宰一切生产领域的世纪。把信息技术广泛地应用于农业，是提高农业现代化装备水平的必由之路。没有信息技术的应用，就不可能实现农业现代化。

西方发达国家是在完成了农业现代化任务之后，进入信息社会的。而中国是在农业现代化发育不全的基础下跨入信息社会的。这样，对包括农业在内的产业改造和升级，必须在短时间中走过发达国家几十年甚至上百年所走过的路，任务相当艰巨，对农业来说任务就更艰巨。摆在中国面前的选择，应该是把农业现代化与信息化“合二为一”，两步并做一步走，尽量缩短赶超的路程。应把计算机、网络技术、现代通讯设施、生产过程的自动控制技术广泛应用于农业，构筑起农业系统的信息流程图，建立农业生产的自动化试验园区，取得经验后在全国范围大面积推开。同时，也应运用信息技术改造气象、天气、水文、检疫等部门，提高灾害预警预报水平，使农业能够防灾避险。

七、走可持续发展的道路

农业现代化，是造福子孙后代的现代化。既然是造福子孙后代，在操作的过程中一定要着眼于中华民族的长远利益，走可持续发展的道路。世界各国几乎都已经认识到，坚持经济的可持续发展，是选择发展战略应优先考虑的基本原则。中国是在人口不断增长，人均占有资源不断下降，生态环境压力日益加剧，发展波动难以避免的情况下推进农业现代化建设的，必须把可持续发展置于战略重点，把经济发展与生态效益、社会效益统一起来，协调好人与自然、农业现代化与保护生态环境的关系。

走可持续发展的道路，一是要摒弃那种搞建设不能不破坏生态环境的错误思想，把对生态环境的影响作为决定项目的一票否决；二是要抓紧治理土壤、水、大气的污染，改善生态条件；三是要建设生态农业示范区，探索经济与生态同步建设的经验；四是要保护资源，减轻资源与人口之间的矛盾。

八、再造微观经济组织和经营体制

实现农业现代化，必须进行制度创新，再造微观经济组织和经营体制，建立起适应发展社会主义市场经济的管理制度和组织制度。发挥市场在农业资源配置中的基础性作用。

现代化的农业，经营体制和生产组织形式应该是多样的。应发展

“公司＋农户”、“专业市场＋农户”、“合作经济组织＋农户”、“科技和服务组织＋农户”、“行业协会＋农户”、“运销户＋农户”、“经纪人＋农户”等多种经营组织形式，提高农民进入市场的组织程度。大力培育各类市场主体，加快发展以劳动联合与资源联合为重点的专业合作经济组织和股份合作制企业，扶持发展营销队伍、经纪人队伍。完善市场体系，办好批发市场，催生要素市场。扶持龙头企业，鼓励和引导多种所有制参与贸工农一体化经营。基本建立起完善、充满活力、高度市场化的经济运行机制；全面运用市场经济手段对农业生产经营实施科学管理。

九、消除城乡分割的两元结构

中国特殊的经济基础，造就了根深蒂固的“两元结构”，在经济管理上、文化管理上都不同程度地存在。竞争的不对等、管理手段的因出身而异、信息的不对称导致城乡分割，城市浸润农村，每时每刻地制约着农业现代化建设。如果要搞市场经济，就必须下决心打破城乡壁垒；如果要实现农业现代化，就必须消除“两元结构”。

消除两元结构的最佳途径是推动城乡融合。可资借鉴的经验：一是产业融合，城里的农产品加工业和农用服务业下乡，农村为城市生产生活服务的产业进城。二是市场的融合，通过城乡之间的链接和渗透，形成不受区域局限的大市场、大流通、大贸易的交换格局。三是功能的融合，城市优势互补，城市为农村的发展提供人才、技术、资金，农村为城市提供食品、劳力和良好的生态环境。取消工农之间、城乡之间不平等的条款，放弃对农民进城的管制，建立起适用于城乡、适用于工农、适用于各种所有制的政策支持系统，为农业现代化建设创造良好的政治环境、政策环境、社会环境和舆论环境。

十、沿海发达地区要率先实现农业现代化

中国幅员辽阔，各地的资源占有、经济发展水平、社会文化底蕴都有很大差别，实现农业现代化，不可能在同一个起跑线上开步，必须有先有后，发达地区先走一步，摸索经验，逐步在面上推开。沿海发达地区，有率先实现农业现代化的条件。一是人们有比较开放的思想观念，没有内地那么多来自思想上的阻碍；二是有比较好的经济基

础，为现代化建设积蓄了物质力量；三是已经形成了一批具有带动功能的支柱产业和产品，有较高的市场占有率；四是已经形成了一套支持发展的兴农政策，各级政府积累了予以引导的经验。

事实上，沿海发达地区已经走过了农业现代化的初始阶段，进入了稳步发展阶段。由于同内地所处的发展阶段不同，对沿海下步工作要求也应该有所不同，其工作重点是提升小城镇的层次，实现与大城市以及国外的链接；进一步优化结构，发展高产优质高效农业；提高科技含量，用科技手段替代资源和劳力的不足；融入世界，发展外向型经济。争取用 15 年时间，率先实现农业现代化。

第八节　农业现代化进程中应注意的问题

农业现代化作为有中国特色社会主义的重要组成部分，对国家经济和社会的发展具有相当重要的作用。它的成败，将直接影响到社会主义建设的全局。避免失误，就需要把问题研究透彻，把不利因素和有利条件看准，把应该避免的问题摆出来。基于对国情、经济基础、社会条件和发展趋势的分析，中国在农业现代化进程中，特别应注意处理好五个问题。

一、立足中国国情来借鉴国际经验

世界上一些发达国家，在农业现代化的实践中积累了许多经验，对我们这样的发展中国家来说，确实有借鉴之处。但由于国情不同，基础条件不同，要达到的目标也有差异，怎么借鉴外国的经验，值得深入研究。其基本原则是一定要立足于本国的国情来借鉴外国的经验，走自己的路，努力把良好的愿望与实际情况统一起来，免得失去机遇，出现偏差和挫折。

在已经实现了农业现代化的国家，他们所走过的道路大体有三种类型：一是以美国为代表的资源推动型。美国土地、山林、水面等农业资源丰富，人均占有量大，可以在扩大单位规模的条件下，通过大面积的机械化作业来补充劳动力的不足，求得规模效益。美国最大的农场主拥有耕地 1 200 公顷，就土地占有量和经营规模来说，是任何国家无法相比的。二是以欧洲为代表的技术推动型。欧洲相对美国来说，资源不很富裕，但工业基础较好，科技发达，通过投入资金加强产学研一体化来带动农业现代化。三是以日本、以色列为代表的政府推动型。这类国家农业的最大制约因素就是资源匮乏，日本的土地是世界上人均占有量最少的国家之一，以色列的水资源人均占有量也是世界上最少的国家之一，但他们有经济实力，政府可以通过财政转移支付来支持农业现代化。

我国同美国相比，没有资源优势；同欧洲相比，没有科技优势；同日本相比，没有财力优势。这些国家的办法，在我们国家都没有实施的条件。基于中国国情，只能多方筹集资金，组织动员全民的财力，引进科学技术，采取劳动力与资源的替代，在小规模生产单位上通过集约经营来实现农业的现代化。

发达国家实现农业现代化的道路中国没法借鉴，但对他们重视科技、加强管理、注重经济效益的一些具体办法，应虚心学习。

二、在不改变家庭经营的基础上来具体运作

家庭承包经营，是经过长期艰苦的探索找到的一种符合广大农民心愿的经营体制，并仍具有旺盛的生命力，在推进现代化的过程中，要长期坚持不变。事实上，家庭经营与农业现代化并不矛盾，直到目前，世界上还没有一个国家不是在分户经营的体制下实现了农业现代化的。虽然各国生产单位占有土地的规模差别较大，但没有哪个现代化国家去动脑筋改变家庭经营。

土地不仅是生产要素，而且还具有农民生存保障功能。在土地延包过程中出现的一些问题，要在坚持土地使用权有偿和流转自愿的原则指导下通过发育土地市场去解决。一些地方创造的用土地使用权入股、反租倒包等一些办法，都能起到缓解人地矛盾的作用。只要开动脑筋，办法总比困难多。

三、把确保粮食安全放到重要位置予以关注

粮食安全，是经济安全、国家安全的组成部分。有粮食，是国家自立、民族自强的标志。像中国这样近 13 亿人口的大国，如果粮食安全出问题，没哪个国家能背得动、解决得了。由于中国用粮基数大，进口量稍有增加，就会对国际粮食贸易市场产生影响。陈云同志

曾经说，首先是吃饭，然后才是建设。所以，在任何时候、任何情况下，对于粮食安全问题都不能掉以轻心，应放到关系全局的重要位置上予以关注。推进农业现代化，要在确保粮食安全的前提下去安排、去部署、去谋划。

所谓粮食安全，包括生产、流通和储备，还涉及到国民收入分配和社会保障体制，其核心是指在任何时候任何情况下都要保证粮食供应，并且使每个人都消费得起。现在中国粮食供略大于求，库存有5 000多万吨。2000年粮食比上年减产4 600多万吨，因为库存量足，没有出现任何问题。但从长远看，中国的粮食还不能说过关了，粮食偏紧的因素还仍然存在。年际间的产量波动不会出现大问题。但是大城市郊区和沿海发达地区进行结构调整，要减少粮食播种面积，西部要退耕还林还草，在这种情况下，东部粮食主产区再出现大面积撂荒，就会出问题。国家在宏观上应有总体把握，避免盲目性，中部的结构调整，不应该大幅度减少粮食种植面积，而应把重点放在提高粮食品种质量和加工转化上。从长期战略上看，中国储粮于库，不如储粮于地，也就是要保持粮食的综合生产能力。

四、循序渐进，不要刮风

实现农业现代化，对于全国来说，是个长期战略目标，就是发达的沿海地区，也要经过相当长一段时间的努力。这样，在工作要求上要实事求是，不急于求成；在工作部署上，应放眼于长远；在抓法上，要从基础工作做起，注意量的积累，脚踏实地，稳步发展下去。受过去建设教训的影响，中国人做事爱攀比、爱刮风。这种不甘落后的精神是好的，但要看条件。采取什么样的进度，制定什么样的阶段性目标，都应从本地的实际情况出发，量力而行，千万不可劳民伤财。考核标准，应主要看现代化建设的质量，而不是看进度。

五、要充分考虑经济性，降低成本

做任何事情，搞任何一项建设，都有个成本问题。实现农业现代化，也要讲究成本，追求投入产出比，不能做高投入低产出的事情，更不能做有投入没产出的工作。计较成本，一是对投入的资金，一定要讲效益，把有限的资金用在刀刃上。二是在采用农机设备上，要讲科学配置，注意提高机械设备的利用率，防止出现大量的闲置和浪费。三是在现代化试验区的扶持上，一定要经可行性研究，不可搞“拍脑门”工程或人情工程。四是在政府行为上，要由计划经济彻底转入市场经济的轨道上来，多服务、巧引导，不可搞强迫命令。

第六章

土地经营管理

土地是不可再生的资源，是人类赖以生存的物质基础。土地的开发和利用，对于推动经济建设和社会进步，起着至关重要的作用，是人类永恒的主题。研究土地问题，既要考虑分配的公平，又要兼顾使用的效率，这是土地经济学中的一条基本原则。土地经济理论的实践，就是应用马克思主义的地租理论，探索土地开发使用的科学的有效途径，也就是要追求土地资源配置的科学性合理性。在现阶段，研究土地资源配置的法定程序、地权的收益使用权的合理流动，是土地制度建设中更具有现实意义的选择。目前，我国土地的开发经营正方兴未艾，新情况、新问题层出不穷，亟须政策的指导和法规的规范。近几年，适应形势的需要，国家陆续出台了一些有关土地管理的政策法规，对开发经营土地的实践，起到了有效的规范和法律保障作用。下面，就围绕理解已经实施的土地政策法规，讲十个方面的问题。

第一节　土地管理和使用的法律法规和政策

中国共产党于 1978 年 12 月召开的十一届三中全会，在实事求是思想路线的指导下，重新审视了近 40 年来经济发展的指导思想，拉开了经济体制改革的序幕。改革开放的大潮，首先冲击的是中国引用前苏联的高度集中下的土地制度。农村中家庭联产承包责任制的大面积铺开，也在城市引起了强烈的反响，给国土管理制度的改革，提供了一条全新的思路。于是，在深圳、珠海、海南等经济特区，率先兴起出让国有或劳动群众集体所有的土地使用权，进行大面积经济开发和建设的探索。党中央、国务院因势利导，及时总结和比较谨慎地推广了各地的经验和一些好的做法，相继出台了一些符合社会主义初级阶段理论要求、适应中国国情的土地管理、建设投资的法律、法规和政策，使港、澳、台同胞和世界各国的投资商在中国内地有了发展生产、从事经营的用武之地。

到目前为止，与土地的管理和使用直接有关的法律、法规主要有《宪法》、《土地管理法》、《国有土地使用权有偿出让收入管理暂行实施办法》、《城镇国有土地使用权出让和转让暂行条例》、《外商投资开发经营成片土地暂行管理办法》和《股份制试点企业土地资产管理暂行规定》。与土地的管理和使用间接有关，港、澳、台同胞和外国投资者应该知道的法律、法规和政策，还有《中外合资经营企业法》、《中外合作企业经营法》、《外资企业法》、《关于鼓励外商投资的规定》、《关于鼓励台湾同胞投资的规定》和《关于鼓励华侨和香港澳门同胞投资的规定》等。

《宪法》对土地制度的规定，是相应制订土地管理的专业性法律、法规和政策的根本依据。它的本身，也是根据改革开放和经济发展的要求，而不断修订和完善的。宪法在第十条中，对境内土地的所有权和使用权进行了界定。指出，城市的土地属于国家所有。农村和城市郊区的土地，除由法律规定属于国家所有的以外，属于集体所有；宅基地和自留地、自留山，也属于集体所有。国家为了公共利益的需要，可以依照法律规定对土地实行征用。要求一切使用土地的组织和个人必须合理地利用土地。这些条款，自1982年全国六届人大制订的宪法以来，没有改动。在土地管理方面，得到修改的条款主要是土地的使用权。1982年的宪法规定，任何组织和个人不得买卖、出租或以其他形式非法转让土地。也就是说，对土地买卖、出租或以其他形式转让，是一种非法行为，要受到法律的追究和制裁。但随着城乡改革的不断深化，一些地方在土地管理和使用方面有所创新的社会实践，给法律提出了一个新的问题：不允许土地使用权的有限转让，到底符不符合中国的国情？对社会生产力的发展是害？是益？事实作出了公正的回答：允许有限地转让土地的使用权，有利于提高社会主义社会的综合国力，有利于提高社会的生产力，是一件利国益民的事情。因此，中共中央首先在农村工作的文件中对土地的转让做了应允。中共中央1987年的5号文件规定，长期从事别的职业，自己不耕种土地的，除已有规定者外，原则上应把承包地交给集体，或经集体同意后转包他人。从此，转包耕地的使用权就成了合法行为。尔后，全国人大常委会提出修订宪法有关土地管理条款的建议，七届全国人大一次会议通过了这条宪法修正案，规定土地的使用权可以依照法律的规定转让，进而为土地使用权的转让开了禁。

依据宪法，1986年我国制定了新中国成立以来的第一部土地管理法典，即《土地管理法》。它是调整人们在管理、保护、开发、利用土地过程中所发生的社会关系的法律依据。目前所执行的《土地管理法》，是1986年6月25日第六届全国人民代表大会常务委员会第十六次会议通过，又经1988年12月29日第七届全国人民代表大会常务委员会第五次会议修正的一部专业法。土地法共分为七章，五十七条。第一章是总则。阐述了加强国土管理的重大意义，土地所有制、进行土地管理的基本原则，授权于国务院土地管理部门主管全国土地的统一管理工作。第二章对土地的所有权和使用权做了规定，第三章对土地的利用和保护做了规定，第四章对国家建设用地做了规定，第五章对乡（镇）村用地做了规定，第六章对土地使用和管理的法律责任做了规定。第七章是附则，共用三条四款，授权于国务院和国务院土地管理部门分别制定有关配套法规和实施条例，同时宣布废止1982年国务院发布的《村镇建房用地管理条例》、《国家建设征用土地条例》两个法规。

国务院于1988年9月27日发布的《中华人民共和国城镇土地使用税暂行条例》，是根据国有土地有偿使用的原则，所制定的调节土地所有者、使用者之间利益关系的法规，也是土地管理法的第一个配套性法规。这个法规共十四条，主要对土地使用税的收缴、计征标准、免征条件和减征优惠作出了具体规定。

国务院于1989年5月12日发布的《关于加强国有土地使用权有偿出让收入管理的通知》，是依据宪法的修订相应制定的，是《土地管理法》的又一个配套性法规。这个法规主要规定，出让土地使用权的收入必须上缴财政，并专款专用，主要用于城市建设和土地开发，要求财政部会同有关部门研究制定具体实施办法，要求各地区、各部门对已经发生的土地使用权出让的收入认真进行清理，按照这个通知的规定进行处理。根据国务院的要求，财政部于 1989 年 9 月 26 日发布了《国有土地使用权有偿出让收入管理暂行实施办法》，对土地使用权出让的收入项目、收入的缴纳、管理和使用以及外商获取土地使用权缴纳出让金等，作出了具体规定；授权于国家税务总局制定土地使用权出让有关的税收征收办法，授权于财政、土地、物价部门制定土地使用权的出让价格，授权于各省、自治区、直辖市依照本法制定具体实施细则。

1990 年 5 月 19 日，中华人民共和国国务院第 55 号令，发布了《中华人民共和国城镇国有土地使用权出让和转让暂行规定》。规定共分八章、五十四条，主要对土地使用权的出让、转让、出租、抵押作出了具体规定，还对土地使用权的划拨、终止等一些事项相应作出了规定，并明确了外商投资从事开发经营成片土地的其土地使用权的管理依据。同一天，中华人民共和国国务院第 56 号令，发布了《外商投资开发经营成片土地暂行管理办法》。这个规定共有十八条，主要针对经济特区、沿海开放城市和沿海经济开放区，阐述了吸收外商投资从事开发经营成片土地的重大意义；界定了土地成片开发的内涵；明确了土地开发的立项要求和审批权限；规定了开发区域对供水、供电、邮电、通讯等公用设施和基础设施的配套建设；指出了投资商必须遵守的一些法律行为。

继 1992 年初邓小平同志南巡重要谈话传达贯彻后，为适应深化改革、扩大开放、发展经济的需要，国家土地局、国家经济体制改革委员会，于同年 7 月 9 日发布了《股份制试点企业土地资产管理暂行规定》，明确了改组或新建股份制企业时，所涉及的国有土地使用权的作价入股、土地登记的变更、权利和义务的归属和使用集体所有土地股份制企业的有关事宜等一些政策。

此外，上海市、深圳市、厦门市、海南省等一些开放地区，根据国家所颁布的上述有关土地管理和使用的法律、法规，结合本地的实际情况，在土地的使用和管理方面都相应做出了一些具体规定，特别是给予了一些比较优惠的政策。有意去这些地方开发房地产业的投资者，先熟读一下本地的有关文件，对实施投资决策，是大有裨益的。

第二节　土地管理和使用的基本原则

我们所说的土地，是指由土壤、地貌、岩石、植被、水文、气候等组成的自然综合体。土地是自然历史过程的产物。它具有可利用性、永续性、不可再生性和固定性。土地是人们赖以生存的首要条件，是人类的唯一营养源。人类维持生命和进行人口再生产所必需的水和食品，都是因为有了土地才能够获得，离开土地，人类将荡然无存，这就是它的可利用性。土地作为一种资源，在投入生产或从事其他活动的过程中，不会发生磨损和消失，这就是它所具有的永续性。但在使用的过程中，根据物质运动规律，地壳地貌可以发生变化，它的幅员却是个定值，不可能增加或减少。也就是说，人们可以把荒芜的和未经开发的土地垦殖利用起来，增大它的有效使用面积，但却不可能再造一块土地，这就是它的不可再生性。土地不能搬迁，它的位置不能移动，具有固定性。

土地管理，是指国家运用法律、行政、经济、技术等手段和措施，来维护国家的土地所有制度，调整依据土地所发生的国家、集体、个人之间的相互关系，贯彻落实国家在土地开发、利用、保护和改造等方面的法律、法规和政策，从而达到促进国民经济的发展、推动社会进步的目的。土地的管理项目主要包括：土地权属管理、开发利用管理、节约用地管理和做好土地规划、统计等一些基础性工作。土地利用，是指人们进行耕作、养殖、做工、经营、服务等，以土地作为主要活动对象的总体行为。土地资源的开发利用主要是开垦利用荒地资源，预防和治理水土流失，采取措施遏制土地的沙化、碱化和盐渍化，制止乱占耕地和滥用土地，利用先进手段和工程设施改革耕作制度。根据土地本体固有的特性和中国的国情，国家制定了土地管理和使用的基本原则。即：加强管理，维护土地的社会主义公有制，保护、开发土地资源，合理利用土地，切实保护耕地，提高土地的产出率和有效利用率。

在加强土地管理方面。我们国家的总体方向是不断完善土地的开发和利用规划及相应制度，健全管理机构，相机颁布与土地管理法配套的法律、法规，使土地管理法制化、科学化和规范化。党的十一届三中全会后，我国在土地管理上取得了很大的成绩。首先，我们颁布了土地管理法和一些其他相关的配套性法规，从中央到地方的各级政府中，都设立了土地管理部门，并赋予其统管土地的职能，不断完善了土地建设、使用规划，国家还建立了土地调查统计制度，在利用现代科技管理手段和计量经济学等来管理土地上，也有所收效。这些都为我们进行土地的开发和利用，创造了一个比较好的外部环境和法律保障。

在维护土地的社会主义公有制方面。我们以法明确了产权，以法确立了土地使用权的概念，建立了土地的社会主义公有制，也就是全民所有制和劳动群众集体所有制。国有和劳动群众集体所有土地的使用权，可以在法律允许的范围内进行转让。

在保护和合理利用土地方面，国家要求，无论是在城市还是在乡村，都必须按照规划来使用土地。在江河、湖泊的安全区内，土地的利用还要符合江河、湖泊的综合开发利用规划。开发国有荒山、荒地、滩涂用于农、林、牧、渔业生产的，还要经县级以上人民政府批准，才可进行开发使用。

在切实保护耕地方面。国家要求各级人民政府采取措施，保护耕地，制止荒废和破坏耕地的行为。国家建设和乡（镇）村建设必须力争节约每一寸土地，可以利用荒地的，不得占用耕地；可以利用劣质地的，不得占用好地。采矿、取土后能够复垦的土地，用地单位或个人应当负责复垦，恢复利用。新建砖瓦窑厂的，应充分利用荒山、荒地，严格控制占用耕地。如果确实需要占用耕地的，要有切实恢复耕种的措施。毁坏耕地、私自买卖土地的，属违法行为，应坚决制止和及时处理。国家严令禁止在承包的耕地中挖鱼塘、种果树或造林。山区、半山区发展林果业要向山上发展，平原区栽果、造林要选在路边、田埂、渠坝、荒滩、村头、宅院等闲散空地。新开挖鱼塘要选择涝洼地、河滩、盐碱地和海涂等不宜耕种的地方。

在提高土地的产出率方面。为了鼓励土地使用者对土地进行投资，培肥地力，不断提高单位面积产量，党和政府曾作出过一系列原则规定。例如，稳定土地承包关系，延长土地使用期限，对土地投资者给以补偿，对掠夺地力，搞短期行为，弃耕撂荒的给以处罚等等。

特别强调要注意维护耕地的排灌工程设施，改良土壤，防治土地沙化、盐渍化和水土流失。

第三节　土地的所有权和使用权

土地的所有权，是指土地所有者在法律规定的范围内，对土地拥有占有、使用、收益、处置的权力，是土地所有制在法律上的体现。土地所有权的主体，是指在土地所有权法律关系中，权利义务的享有者和承担者。享有权利的一方，称为权利主体，承担义务的一方，称为义务主体。土地所有权的客体，是指权利和义务分别指向的对象。即权利主体可以控制的，具有经济、文化、科学等价值的物质财富。土地的占有权，就是对土地依法控制的权利；土地的收益权，就是指对土地所产生的利益收取的权利；土地的处置权就是指依法对土地进行处置的权利。

土地的使用权，是指以法取得特定土地的使用资格后，使用者依据法律规定或与土地所有者有效合同的约定，对土地享有利用和收取收益的权利。土地使用权可以与土地的所有权分离，但与收益权却不可分割，一般情况是与所有者按不同的份额共享收益。土地的使用权获得者，一般没有处置权，只是在与所有者有特定约成的情况下，才有有限处置权。比如，有依照法律和契约来转让土地的使用权的有限处置权利。

中华人民共和国实行土地的社会主义公有制，即全民所有制和劳动群众集体所有制。具体地说，国有土地包括以下 6 个部分：

（1）城市、县城、建制镇建成区的土地（包括城镇居民宅基地，不包括乡村在城镇的集体所有的土地）；

（2）依法确定为国家所有的矿藏、水流、森林、山岭、草原、荒地、滩涂和风景名胜区、自然保护区等土地（不包括在此区域内的集体所有的土地）；

（3）新中国成立初期，依法接收敌伪，没收地主、战犯、汉奸、官僚资本家、反革命分子的未分配给农民的土地；

（4）国家依照法律征收、征购、征用、收归国有，接受农民集体赠送的土地；

（5）批准征地转户、撤销建制后，原农业集体经济组织剩余的零星土地、宅基地等；

（6）土改时未分给农民和1962年“四固定”时未确定为集体所有的土地。

集体所有的土地包括以下4个部分：

（1）农村和城市郊区的，除法律规定属于国家以外的土地；

（2）农村农民使用的宅基地、自留地、自留山；

（3）乡（镇）村企业用地以及城市集体所有制企业与农村集体经济组织联营的企业中，由集体入股的土地；

（4）原为集体所有的土地，后以场带队并到国营农场经营的仍为集体所有的土地。

村农民集体所有的土地和乡（镇）农民集体所有的土地包括：村农民承包集体的耕地、林地、草地、水面、滩地、山场，农村联办企业、村办企业、联户和个体务工经商用地，专业户生产用地，农村道路、沟渠、墓地、家庭住宅、堆场、晒场及集体公益设施用地等。

乡（镇）农民集体所有的土地一般包括：在人民公社时期实行公社为基本核算单位，土地归公社所有的乡（镇）的土地，归乡（镇）农、林、牧、渔场及工业企业，乡（镇）公共设施、公益事业等使用的已属于乡（镇）农民集体所有的土地。

国有的土地可以依法确定给全民所有制单位或者集体所有制单位使用，国有土地或集体所有的土地可以依法确定给个人使用。村农民集体所有的土地由村农业生产合作社等农业集体经济组织经营管理或者由村民委员会代管。全民所有制单位和集体所有制单位使用的国有土地、集体所有的土地，可以由集体或者个人承包经营，从事生产和经营活动。

集体所有的土地，由县级人民政府登记造册、核发证书等，确认所有权。全民所有制单位、集体所有制单位和其他所有制形式的单位或个人依法使用的国有土地，由县级以上地方人民政府登记造册，核发证书，确认使用权。林地、草原的所有权和使用权，水面、滩涂用于从事养殖使用权的确立，分别依照《森林法》、《草原法》和《渔业法》的有关规定办理。土地的承包权和使用权一经以法确定，就受其法律保护，任何单位或个人不得侵犯。当土地的所有权和使用权发生争议时，首先由当事人自行协商解决，协商不成的，应交由人民政府处理。全民所有制单位、集体所有制单位和其他所有制单位之间的土地所有权和使用权的争议，由县级以上人民政府处理；个人与单位之间、个人与个人之间的土地使用权争议，由乡级人民政府或县级人民政府处理。当事人对处理决定不服的，可以向人民法院提起诉讼。在土地所有权或使用权争议解决之前，当事人不得改变土地现状，不得破坏土地上的附着物。

第四节　土地的成片开发利用

根据我国宪法和土地管理法，我国土地制度建设和改革将步步深入。一些曾被资本主义所利用的有利于土地资源优化配置，使其最大限度地发挥效益的管理制度和开发办法，逐步被借鉴和引用。应该说，符合中国国情的土地管理配套制度的框架初见端倪，对经济发展的促进作用，愈发显示出来。

我国土地的开发，随着改革开放而兴起，又随着改革开放的不断深入而不断发展。1979 年 7 月，党中央和国务院根据广东、福建两省靠近港澳、华侨众多的有利条件，决定对这两个省的对外经济活动实行特殊政策和优惠措施，决定在广东的深圳、珠海、汕头和福建的厦门设立经济特区。尔后，中央又批准建立了海南经济特区，开放了大连、秦皇岛、天津、上海、宁波、福州、广州等 14 个沿海城市，相继批准建立一些经济技术开发区。党的十三大、十三届四中全会和 1992 年 3 月的中央政治局全体会议以来，改革开放的力度不断加大，沿江和沿边开放开始得到重视，对外投资政策不断放宽，以土地为媒介，吸引外商到中国来从事开发、发展生产的经济以及社会环境得到进一步优化。通过土地使用权的出让和转让，来促进改革开放，已经成为中国绝大多数人的共识。设立经济特区、开放 14 个沿海城市和建立沿海经济技术开发区初始，只是由政府征用成片土地投资开发，作为一种招商手段，吸引外商和内资企业兴办工业、第三产业和其他建设项目。依据宪法和土地管理法的修订，我国在部分沿海城市开始试行土地使用权的有偿、有限期出让，才有外商来到中国从事土地成片开发。同时，一些省、市、县也自筹资金或贷款成片开发土地，兴办科技、工业、贸易开发区或加工区。

目前，我国进行土地开发的形式主要有三种：

一是使用国内资金进行开发建设的招商形式。利用国内资金建设厂房或住宅、道路、通讯、供水、供电等基础设施，吸引国内外客商投资兴办工业或其他项目。这样的土地开发，按资金的来源又可分为两种类型。一种是由政府投资开发的所谓“官办”形式。就是由政府征用土地，进行基础设施建设，然后向国内外招商，投资风险由政府来承担。另一种类型是利用社会资金开发土地的所谓“民办”形式。主体成分是农村集体经济组织自筹资金，自行开发，自行招商，政府不承担投资风险。

二是外商独资或中外合资、合作进行土地开发的招商形式。它是由政府有偿有限期地出让土地使用权，吸引海外土地开发商，利用外资和中外合资进行基础设施建设，然后将土地及其地面设施转让给国内外工商户使用。在中国的开发区中，像海南洋浦开发区、大连日本工业园地、福建石狮振狮开发区等，都属于这种形式。随着中国改革开放的不断深入，这种形式具有较强的活力，在整体土地开发中，会占有相当比重。

三是以投资项目带动土地成片开发。具体地说，这种形式是先由国内外厂商建设工业项目，占用、开发一片土地，相应完成城市公用配套设施建设。对于投资者来说，这种形式能够减少投资风险，缩短投资回收期限，提高资金和土地的利用率，是一种综合效益较明显的投资渠道。

我国的土地成片开发项目虽然目前大多是处在建设中，但它对提高生产力和繁荣经济方面，却有着积极作用。

一是有利于促进土地所有权与使用权的分离。我国的土地资源，过去囿于教条的、封闭式的经济体制，使之紧缺与闲置、不足与浪费并存，特别是致使土地所有权有名无实，不能明晰地得到体现。实行土地所有权有偿、有限期的成片出让开发，不仅使土地所有权在收益中得到强化，而且促进了土地使用权的合理流动和科学利用。这充分体现了土地作为生产资料的重要属性，能够让其最大限度地在社会再生产的过程中发挥积极作用，随之将带动整个房地产业和相关诸产业的发展。

二是有利于解决经济发展资金的不足。由于我国经济基础薄弱，发展经济的一个主要制约因素是资金不足。而实行土地使用权的出让或转让，能够使潜在的土地这种生产要素与多方面的资金重新组合，从而实现用潜在的资源来替代短缺的资金，促进经济的发展。最近几年，一些地方政府有计划地出让或转让土地，由此而得到可观的收入，再把收入投入生产，往复增值的事实说明，土地制度的改革是阻力小、效果大，人们易于接受，政府便于操作的一项改革。当然，土地转让的补偿政策需要完善，转让土地其收益的管理和专用政策需要明确。

三是有利于加快开放进程。通过出让或转让土地使用权的办法来招商，不仅能够吸收国际资本来参与振兴我国的房地产业，而且可以通过这种形式加强国际交流和合作，利用国际商务关系和信誉招商，更多更快地引进资金、技术和管理人才，加快我国经济建设步伐。

四是有利于落实产业政策和进行经济区划。集中成片地开发土地，各级政府按照城市发展规划、土地用途、使用资格和项目的前途等若干条件进行审核批准，从而使产业政策得到贯彻执行，基础和商业及生活设施同步进行，社会协调发展。深圳、珠海等一些特区和经济技术开发区，通过出让或转让土地的所有权，来促进工业区和高新科技园区的建设，带动了城市总体功能的增强和相关产业的科学布局，率先进入了现代化工业生产阶段或准小康社会。他们所走过的路，对于沿江、江边开放城市来说，具有极其重要的借鉴意义。

进入 1992 年，邓小平同志的视察南方重要讲话和中央政治局全体会议精神传达之后，我国的土地成片开发进入了一个新的发展阶段。其主要标志：

一是土地的成片开发从沿海地区迅速向沿江、沿边地区扩展，规划开发的面积急剧增加。天津的开发区面积已从原定的 33 平方公里扩大到 270 平方公里；福建计划推出 74 个开发区，规划总用地面积达 233 平方公里；北京市先后增加上地新技术产业基地和亦庄工业开发区，规划面积 21.8 平方公里；乌鲁木齐设立了规划面积为 55 平方公里的经济开发区；石家庄、武汉、昆明、锦州等市也都有成片开发的项目，待投资者来洽谈、投资开发。

二是开发用地项目从单一的工业扩展为工业、农业、商业、科技、金融、房地产、旅游等多产业的综合开发，集教育、科研、生产为一体，项目的关联起点较高。在一些边远山区，进行农业开发有着广阔的前景，农作物新品种的种植、花卉及新奇果木的栽培、珍奇动物的饲养在开发区将得到长足发展。在大城市的近郊区，具有现代设备、又有乡间幽静环境的别墅的建设，将逐步被投资者所重视，在名胜古迹景点和自然风光区，开发建设旅游区仍是进行土地开发投资的热点取向。

三是开发的投资主体多元化。已由初始时的单一的国家投资开发，发展到国家、集体、个人和外商独资、中外合资的多渠道投资开发。同时，投资结构和筹资形式也发生了变化。已由过去的自有资金和贷款开发发展到股份、联营、合作等多种开发形式。

四是进行土地开发的投资环境不断得到改善。不少省、直辖市、自治区政府将工业立项审批权或管理权下放。与土地开发有关的法规逐步完善，各项优惠政策的出台，对于保障投资者的权益、降低投资风险起到了作用，调动了各界人士投资开发土地的积极性。

总之，在我国，土地开发的投资环境看好，政策比较优惠，经济利益有所保障，有着令人羡慕的收益和很宽阔的发展前途。

第五节　取得土地使用权的途径和方法

取得土地使用权的程序大体包括前期准备、现场勘察、协商洽谈（参与拍卖）、支付土地出让金、办理登记手续和土地使用证等。目前土地使用权的出让主要有协商出让、公开招标和公开拍卖三种形式。

（一）前期准备

取得土地使用权的前期准备工作，一般是由土地受让者自行来完成，有关部门也有协助的义务。首先，应到土地管理部门进行咨询，索取有关资料。土地管理部门应提供的资料主要有：

（1）土地的坐落、四至范围、面积及地形图；

（2）土地的规划用途，建设项目的完成年限，必须投入的最低建筑费用和发展面积的下限；

（3）建筑容积率、密度和净空限制等各项规划要求；

（4）环境保护、园林绿化、卫生防疫、交通和消防等要求；

(5) 市政公用设施现状和建设计划或建设要求；

(6) 地块的地面现状情况说明；

(7) 出让的形式和年限；

(8) 出让金的付款方式和要求，受让人要负的经济责任等项规定；

(9) 有关对于转让或继承方面的具体规定；

(10) 出让合同标准格式；

(11) 建筑物管理及出售的有关规定；

(12) 土地管理部门认为有必要提供的资料或受让人要求提供、土地管理部门可能提供的有关资料。

欲用招标形式出让土地使用权的，除了有必要向受让人提供上述12个方面的资料外，还要提供：

(1) 投标人应具备的资格；

(2) 投标地点、截止日期及投标程序、要求、规定和决标标准等；

(3) 投标时需缴纳的保证金额及缴纳手续；

(4) 中标后土地使用证件办理的有关事宜。

用拍卖的方式出让土地使用权的，还要相应提供与本项有关的资料或要求、规定文件。其次，对准备拟建项目的投资规模、交通、能源、给排水、环保、原料、产品销售等方面的基础资料，提出建设用地的初步规划。以上生产或经营项目申请土地使用权的，还有必要向土地管理部门提交中请用地报告书；有关部门对建设项目的批准文件，资信、资质证明和其他土地管理部门要求提供的文件。

(二) 现场勘察

土地开发的投资人，也可以在向土地管理部门提出用地申请前，就先与城市规划部门取得联系，协商选址。由城市规划部门根据城市总体规划和投资人的建设要求，推荐一个或多个选址意向方案，然后同有关部门到意向选址地点勘察，共同议定意向选址位置和用地初步意见，也可由城市规划部门发给建设用地规划许可证和有关资证文件，作为投资者向土地管理部门申请用地的凭证。

(三) 协商洽谈或办理手续

协商洽谈或参与拍卖，是投资者根据土地使用权的不同出让形式，进行商谈、交涉、办理的过程。

协议出让的程序是：由土地投资人提出用地书面申请，并按照土地管理部门的要求提供有关文件，交由土地管理部门申请用地。土地管理部门一般可在接到申请用地文件的30日内作出答复。经过协商一致，土地管理部门与受让者可签订土地使用权出让合同，受让人按合同规定支付出让金，办理用地登记手续，领取土地使用证书。

公开招标的程序是：土地管理部门发出招标公告，投标者领取投标文件、交付投标保证金，土地管理部门会同有关部门聘请专家组成评标委员会，由评标委员会主持开标、评标和决标，确定中标人。评委对中标人发给中标通知书，中标人在通知书规定的有效期间内，与土地管理部门签订土地使用权出让合同，按规定缴纳出让金，办理登记手续，领取土地使用证书。

公开拍卖的程序是：土地管理部门公开发出公开拍卖土地使用权公告，竞投者到土地管理部门领取拍卖土地使用权文件，按规定交付竞拍保证金，主持人按规定时间、地点主持拍卖，竞拍者按规定方式应价，价高者中标。中标者即时与土地管理部门签订土地使用权出让合同，事后在规定期限内按中标价缴纳出让金，到土地管理部门办理登记手续，领取土地使用证书。

（四）有关规定

国有土地使用权的最高使用年限各省、直辖市、自治区分别有所规定。一般是按不同行业或建设项目确定。海南规定最高不超过70年。上海市的规定：娱乐用地20年；工业用地40年；公寓、住宅、旅馆、商业、办公、科技、教育、文化、卫生、综合或其他用地50年。厦门市规定：工业用地40年；商业、交通、公用事业用地59年，科技、教育、文化、卫生用地60年；住宅用地70年，其他用地20年；临时用地2年。呼和浩特市规定：居住用地70年；工业用地50年；教育、科技、文化、卫生、体育用地50年；商业、旅游、娱乐用地40年；综合或其他用地50年。

国有土地出让期限届满，由人民政府无偿收回土地使用权及其公共基础设施，注销其土地使用证；地上其他建筑物、附着物在指定的期限中不能按时处理的，也无偿收归国有。出让期限届满需要续期的，土地使用权受让人应在期满的前一年提出申请，经双方协商同意后重新签订合同，按新的出让地价缴纳出让金。土地使用权一经续期，在续期内地上原有基础设施、建筑物、附着物为受让人继续使用。土地使用权出让期未满，不得收回使用权。但国家因社会公共利益需要的，可以法定程序提前收回使用权，根据土地已使用的年限和开发、利用的实际情况，给予相应的补偿。除出让合同另有规定外，受让人的土地使用权可以继承、转让或抵押。

第六节　土地使用权的转让

土地使用权的转让，是指国有或集体所有的土地使用权出让后，受让人将土地使用权再转移的法律行为。转让的方式包括出售、交换、赠与和继承。以有偿的形式转让土地使用权或以土地使用权作为联营条件的，对其基本条件各地的法规、政策都有一些规定。海南省规定，转让或以联营的形式转让土地使用权，必须同时具备下列条件：

（1）持有土地使用证或以法批准使用土地的文件；

（2）土地使用权转让或作为联营条件后的用途，必须符合土地利用总体规划和城乡建设规划，并经城乡规划部门协商同意的文件；

（3）缴清全部出让金和土地使用、管理方面的税费；

（4）在该幅土地上投入的开发建设资金，应达到土地使用权出让合同规定的建设投资总额的25%以上。

土地投资者与国有土地管理部门共同签订的国有土地使用权出让合同，是进行土地使用权转让或以土地使用权作为联营条件的基础法律依据。在签订转让或联营合同时，不得有悖于国有土地使用权出让合同的规定。转让土地使用权的年限，只能转让土地使用权出让合同规定使用年限内的余期使用权。随着土地使用权的转让，土地出让合同规定的受让者的权利、义务也相应转移，由转让后的受让者承担。土地使用权转让后，需要改变出让合同规定的土地使用性质和规划要求的，必须事先向土地管理部门提出申请，由土地管理部门提请城乡规划部门审核批准后，按规定补足出让金，重新签订合同或签订补充合同，并即时办理登记手续。把土地使用权作为联营条件进行转让的，双方也要按照土地使用权出让合同规定签订联营合同，到土地管理部门登记和更换土地使用证。所签订的转让合同或联营合同，都要经过公证机关公证，以保证合同的法定权威性。

在我国，与土地的公有制和劳动群众集体所有制相适应，土地的使用权与地面上的建筑物、附着物，除可及时拆除移地重新组装的外，一般是不可分割的。所以，转让土地使用权时，地面的建筑物、附着物随之转让；地面建筑物、不可移动的附着物转让时，建筑物、附着物使用范围（包括庭院、围墙等）所占用的土地使用权同时转移。搞房屋预售的，还要事先征得房产管理部门的批准。

在转让土地使用权或出售地面建筑物、附着物时，还要考虑到产权和使用权分割的因素。同一建筑物分割转让的，各房产所有人共同占有相应的土地使用权。也就是说，在同一建筑物所占用的土地，其使用权是一个不可分割的整体。同一建筑物分割出售时，出售人应事先定明各购买者应按对应比例的土地使用权所分担的权利和义务，并按城乡建设或房地产管理部门的有关规定，签订建筑物的使用管理维修公约。总之，对于共同占有的土地使用权，应本着有利于开发建设和生产经营的原则，维护其整体效用。

通过继承方式转让国有土地使用权的，应先到公证机关办理土地使用权继承的公证手续，然后再到土地管理部门办理登记过户手续。通过交换方式转让土地使用权的，当事人双方要签订交换合同，并在指定的限期内，到土地管理部门办理登记手续，更换土地使用证。通过赠与方式转让土地使用权的，要事先到公证部门进行赠与公证，然后到土地管理部门办理登记手续，更换土地使用证。

为适应改革开放的需要，一些省、直辖市、自治区还对土地使用权转让的国境限制问题作了明文规定。上海市人民政府1987年颁发的《上海市土地使用权有偿转让办法》规定：“土地使用权的转让，可以在中国境内进行，也可以在中国境外进行。但没有与中华人民共和国建立外交关系或没有在中华人民共和国设立商务代表处的国家和地区除外。转让活动在中国境外进行的，应取得所在国或地区的公证、外交机构的认证和中华人民共和国驻该国使领馆或商务代表处的认证。”

转让土地使用权，是一项很严肃的法律事情。各地都在国家法律、法规和政策的原则指导下，结合本地的实际情况，相应地制定了一些配套法规和政策。在转让前，应熟知和掌握国家和当地政府的有关规定，按照规定程序办理。切不可草率行事，否则，后果责任重大，也可能给当事人带来无法弥补的经济损失。

第七节　土地使用权的出租与抵押

准许土地使用权的出租、抵押，不是土地管理法的规定。而是国务院依据土地管理法关于“国有的土地和集体所有的土地的使用权可以依法转让”的规定，于1990年5月19日颁布的《中华人民共和国城镇国有土地使用权出让和转让暂行条例》中，所作出的具体法规性规定。准许土地使用权的出租、抵押，是经济体制改革不断深化的产物，是符合中国国情的土地制度的一个重要特点。

（一）出租土地使用权应遵守的规定

土地使用权出租，是指依法取得土地使用权的单位或个人作为出租人，将其土地使用权或土地使用权连同地上的建筑物和附着物租赁给承租人使用，由承租人向出租人支付租金的法律行为。受让土地使用权的单位或个人，将其土地使用权出租后，他应向土地所有者即国家或集体所履行的义务责任，并不能随土地使用权的租出而转移。也就是说，当受让人把土地使用权租出去之后，他仍要继续按照出让合同的原有规定，享有权利和履行义务。国有土地使用权出租，只能出租土地使用权出让合同规定使用年限内的余期使用权。未按土地使用权出让合同规定的期限和条件投资开发利用土地的，土地使用权不得出租。土地使用权出租的条件，与土地使用权转让的条件大体相同。海南省的规定是必须同时具备下列4条：

（1）持有土地使用证或依法批准使用土地的文件；

（2）土地出租后，其用途必须符合土地利用总体规划和城乡建设规划；

（3）缴清出让金或有关税、费；

（4）在该幅土地上投入的开发建设资金，应达土地使用权出让合同规定的建设投资总额的25%以上。

土地使用权的出租，双方当事人要签订土地使用权租赁合同，并在所规定的期限内到土地管理部门办理登记手续。租赁合同要以土地使用权的出让合同为基本依据，不得违背土地使用权出让合同规定。双方协商签订的租赁合同，须经公证机关公证。出租土地需要改变用途的，要由土地使用权受让人报经土地管理部门批准，并按重新核定的出让标准补交出让金，办理变更登记手续。

出租国有土地使用权的租金，一般应由出租人和承租人自行商定。在缴纳出租金时，土地管理部门要收取一定比例的增值费。由于各地的情况不同，国家对收取土地使用权出租增值费方面，没有统一规定，只是一些地方政府从本地的实际出发，相应做了规定。比如，有的省规定："出租人必须按租金额的10%向市、县、自治县国土局缴纳增值费。"凡是对此有所规定的，出租和承租双方就要严格执行。否则，就要受到追究或惩处。

（二）抵押土地使用权应遵守的规定

按照国家规定，单位或个人以法取得的土地使用权，可以抵押。土地使用权的抵押有两种情况。一是抵押时，其地上建筑物、其他附着物随之抵押。这是"物"随"土"的抵押。还有一种情况，就是"土"随"物"的抵押。当地上建筑物、其他附着物抵押时，其使用范围内的土地使用权随之抵押。无论属于哪种形式的抵押，抵押双方当事人都要依据国家法律、法规和土地使用权出让合同的规定，签订抵押合同，到土地管理部门办理抵押登记手续。

在土地使用权抵押的经济活动中，国家对其债权、债务的处置，也作出了一些规定。国家规定，抵押人到期未能履行债务或者在抵押合同期间宣告解散、破产的，抵押权人有权以照法律、法规和抵押合同的规定处分抵押财产。因处分抵押财产而取得的土地使用权和地上建筑物、其他附着物所有权的，应当依照规定办理过户登记手续。处分抵押财产所得，抵押权人有优先受偿权。抵押权因债务清偿或者其他原因而消除的，应当依照规定办理抵押注销登记手续。

（三）有关划拨土地使用权出租、抵押的规定

划拨土地的使用权，是指土地使用者通过各种方式依法无偿取得的土地使用权。这里所说的无偿，不包括土地使用者按规定缴纳的土地使用税。划拨土地的使用权，只有同时具备下列六项条件时，才准许转让、出租或抵押。否则，就是违法行为。这6项条件是：

（1）土地使用者为公司、企业、其他经济组织和个人；

(2) 持有国有土地使用证；

(3) 具有地上建筑物、其他附着物合法的产权证明；

(4) 依照国有土地使用权出让的规定，办理土地使用权出让手续，补交土地出让金或者以出租、抵押的收益抵缴土地使用权出让金；

(5) 满足国家对国有土地使用权转让、出租、抵押条件，并按对应要求办理手续；

(6) 符合上述5项条件后，还要报经土地管理部门和房产管理部门批准。

对未经批准擅自转让、出租、抵押划拨土地使用权的单位或个人，要受到追究和处罚。处罚形式是：由土地管理部门收回其划拨的土地或同时没收其非法收入；同时根据情节处以罚款。

第八节 土地的出让金和税费

土地既是国家的重要资源，又是进行社会生产的主要生产资料。在让渡使用权时，理应得到补偿。由于土地的坐落方位、地形地貌、周围环境等条件的不同，对让渡使用权的补偿就有所不同；由于土地的用途和取得土地使用权的途径相异，对让渡使用权的补偿价格也就不一样。目前，在我们国家，土地使用权获得者对土地所有权者让渡土地使用权的补偿形式，大体有缴纳土地使用权出让金、收取土地使用税或者收取土地使用费和土地开发费。

(一) 有关缴纳土地使用权出让金的规定

所谓土地出让金，是指土地使用当事人通过协议、投标或拍卖等形式获得土地的期限使用权之后，向土地所有者即所有权的法定代理机构所缴纳的土地出让价款。对于这种价款计价标准，国家没有统一规定，由各省、自治区、直辖市人民政府按照当地情况自行拟定。所以，各地单位面积价格的差异较大。一般情况是沿海地区高于内地；城区高于农村；工业用地高于商业、农业用地，投标高于协议，拍卖高于投标。上海市 1987 年 11 月时规定的土地出让金的计价标准是：1 000 平方米以下的地块，每年每块地缴纳人民币 1 000 元；超过 1 000平方米的地块，每年每平方米缴纳人民币 1 元。采取投标形式的，投标者先要缴纳保证金，中标后还要缴纳定金。中标者所交的保证金，定金可以抵充出让金，未中标者所交的投标保证金，由收款部门在规定的日期内按交款原数原址退还。土地使用权转让的价格，一般由当事人双方商定，但要服从各级人民政府及其有关部门的管理和监督。各级人民政府可规定最高或最低限价，也可制定相应的指导价格。港、澳、台和外国受让人，应以外币支付土地出让金。

与土地出让金密切相关的，还有续期土地出让金和合同改约补偿金。续期土地出让金是指土地使用期满，土地使用权受让人需要续期时由土地出让主管部门收取的续期土地使用权出让价款。合同改约补偿金，是指土地使用权受让人经过批准改变土地使用权出让合同指定的土地用途时，按规定补缴的价款。这两种款项，缴纳的程序与土地出让的缴纳金程序相同。所不同的是计价标准。这两个款项的计价，应按缴纳时的规定标准执行。

对出让合同期未满，国家根据社会公共利益的需要，提前收回土地使用权的，受让人可以依法要求国家给予补偿。补偿金额应按出让合同的余期、土地的使用性质、地上建筑物、其他附着物的价值和出让金等项内容，由土地管理部门与受让人协商确定。补偿金额协商有争议的，争议双方都可以向人民法院起诉。收回出让期未满的土地使用权，也可以由双方协商，将另一块地的使用权与受让人交换。交换时，土地管理部门与受让人应在协商确定收回的土地使用权的补偿金额和换得的土地使用权的出让金金额后，进行结算。

出让土地使用权收取的出让金、续期出让金和改约补偿费，经土地管理部门上缴财政。40％上缴中央财政，60％留归地方财政。不论上缴中央财政的，还是留归地方财政的，其用途都主要是用于城市土地的开发建设。

（二）有关缴纳土地使用税的规定

收取土地使用税，是国家为了使土地使用者能够合理利用土地，提高土地使用效益，调节土地级差收入、加强土地管理的一个经济措施。城镇土地使用税的纳税义务人包括在城市、县镇、建制镇、工矿区范围内使用土地的单位和个人。其中，国家规定下列土地使用人免缴土地使用税：

（1）国家机关、人民团体、军队自用的土地；

（2）由国家财政部门拨付事业经费的单位自用的土地；

（3）宗教寺庙、公园、名胜古迹自用的土地；

（4）市政道路、广场、绿化地带等公共用地；

（5）直接用于农、林、牧、渔业的生产用地；

（6）由财政部门另行规定免税的能源、交通、水利设施用地和其他用地。

此外，国家还规定，经批准开山填海整治的土地和改造的废弃土地，从使用的月份起免缴土地使用税 5 年至 10 年。对于纳税义务人纳税确有困难的，国家也有定期减免政策。

国家规定，土地使用税以纳税人实际占用的土地面积为计税依据，依照规定税额按年计算，分期缴纳。土地使用税每平方米每年税额是：

（1）大城市 0.5～10 元；

（2）中等城市 0.4～8 元；

（3）小城市 0.3～6 元；

（4）县城、建制镇、工矿区 0.2～4 元。

根据国家准许的收税幅度，一些省、自治区、直辖市人民政府根据市政建设状况、经济繁荣程度等条件，相应制定了适用税额标准或实施细则。与土地使用税有关的还有四种税收。一是契税。出让、转让土地使用权的合同签订后，要到税务部门办理纳税登记，按规定缴纳契税。一些地方都有优惠规定，出让合同的契税有的地方是免予征收。土地使用权连同房屋转让的，受让人也要按规定缴纳财产契税。二是房产税。受让人在出让的地块上建筑房屋，应按城镇房产税的有关规定缴纳房产税。三是工商统一税。在建筑物竣工后，受让人将土地使用权连同房屋转让或将房屋出租时，应按《中华人民共和国工商统一税条例》缴纳工商统一税。出售的按售价收入的 3%纳税，出租的，按租屋收入的 5%纳税。四是所得税。经营房地产的，还要按规定缴纳所得税。

国家对新征用土地的起税时间，也作出了具体规定。征用的耕地，自批准征用之日起满一年时开始缴纳土地使用税，征用的非耕地，自批准征用次月起缴纳土地使用税。

（三）有关缴纳土地使用费和土地开发费的规定

土地使用费是土地资源有偿使用的费用，为土地所有权的经济体现。它是一项地方性收费，国家没有统一规定。在收取这项费用的地方，主要收费对象为三资企业。即外商独资、中外合资和中外合作企业，也包括外商在境内的常驻代表机构和内联企业土地使用者。土地使用费由企业法人缴纳。以土地折价入股或作为条件进行合资、合作的土地使用费用，由提供土地的一方缴纳，租用公房、私房的企业，土地使用费由房屋所有权人缴纳。收费标准是根据不同地区、不同行业，分类确定，按年按每平方米计价收取，由企业一次缴纳。收费面积以土地管理部门的批准面积为准。各地对这项收费都有一些优惠政策和具体规定。比如，对新办企业在基建期间，免缴土地使用费，对开办教育、文化、卫生和其他不以盈利为目的的社会公益事业一律免缴土地使用费，对外商投资以生产出口产品为主的先进技术企业，减收土地使用费等。

所谓土地开发费，是对土地开发投资的一次性补偿，包括征地补偿安置费用，国有土地原有建筑物的拆迁费用以及人员的安置费用，为外商投资企业直接配套的厂外道路、管线、小区绿化等一些公共基础设施建设应分摊的费用。土地开发费按批准开发的平方米数一次计收，计收标准各地不同。在大多数地方，通过出让方式取得土地使用权的，一般不再收取土地开发费。对于下列项目，一般只收取土地开发费，不收取土地使用费。

（1）从事农、林、牧、渔业开发性项目；

（2）与乡镇企业合资经营、合作生产的项目；

（3）兴办交通、能源、基础设施的项目；

（4）开发利用滩涂以及企业自行改造利用废弃土地的项目。

第九节　国家建设征地

国家在进行社会主义经济、文化、国防建设以及兴办社会公共事业，需要征用集体所有的土地或者使用国有土地的，所涉及的单位（包括农村集体经济组织）和个人，都应服从国家的建设需要，服从全局利益，积极提供方便。国家为了调节在征地、用地活动中国家、集体或个人之间的利益关系，保证有效、合理地使用土地，在建设用地方面制定了一系列比较具体的法律、法规和配套政策。综合起来，主要有以下五个方面的规定。

（一）关于征用土地的办理程序和审批规定

国家建设申请用地的条件，是列入国家固定资产投资计划的或者准许建设的国家建设项目。符合这个条件，才能办理征地或用地手续。办理征地用地申请手续要由用地单位承担。其程序是，建设单位须持有国务院主管部门或者县级以上地方人民政府按照国家基本建设审批程序批准的设计任务书，或者其他有关文件，到县级或县级以上人民政府的土地管理部门提出用地申请，经县级或县级以上人民政府审查批准后，由土地管理部门具体负责土地的划拨，办理征用或土地使用手续。

国家建设用地主要分为两种情况。一种情况是进行国有土地使用权属的重新调整，另一种情况是征用集体所有的土地。集体所有的土地一经国家建设征用，其所有权就属于国家，用地单位只有使用权。征地或用地单位，在办理征、用地审批手续时，还必须遵守两条规定。一是一个建设项目需要使用的土地，应当根据总体设计一次申请批准，不得化整为零；二是分期建设的项目，应当分期征地，不得先征待用。考虑到铁路、公路和输油、输水等管线建设用地和施工的特殊性，对于这些建设项目所需要使用的土地，国家允许分段申请批准，分别办理征、用地手续。

（二）关于征用土地的补偿规定

国家对建设征地、用地实行补偿和补助制度。补偿和补助的分类有三种。一是征用耕地的补偿费，二是人员安置补助费，三是地上附着物和青苗的补偿费。这三种费用都要由用地单位来支付，征用耕地的补偿费，为该耕地被征用前3年平均年产值的3～6倍。征用其他土地的补偿标准，国家没有统一规定，可按各省、自治区、直辖市的有关规定或参照征用耕地的补偿标准给予补偿。征用耕地的安置补助费，按照需要安置的农业人口数计算。需要安置的农业人口数，按照被征用耕地数量除以征地前被征地单位平均每人占有的耕地数量计算。每一个需要安置的农业人口的安置补助费标准，为该耕地被征用前3年平均每亩年产值的2～3倍，但是，每亩被征用耕地的安置补助费，最高不得超过被征用前 3 年平均年产值的 10 倍。征用其他土地的安置补助费，国家没有统一规定，可按照各省、自治区、直辖市的有关规定或参照耕地安置补偿费的标准给予补偿。按照标准发给补助费和补偿费后，尚不能使需要安置的农民保持原有生活水平的，经省、自治区、直辖市人民政府批准，可以增加安置补助费。但是，土地补偿费和安置补助费的总和，不得超过土地被征用前 3 年年产值的 20 倍。关于对被征用土地上的附着物和青苗的补偿，国家也没有统一标准，各省、自治区、直辖市有这方面规定的，可按规定办理；没有规定的，应由土地管理部门出面，组织双方当事人商定。为了保证城市郊区的菜田面积不至于随着国家建设用地而减少，国家规定，征用城市郊区的菜地，用地单位还应当按照国家的有关规定缴纳新菜地开发建设资金。这笔资金专款专用，投入新菜地的开发和建设。

（三）关于征用土地的劳动就业及户籍变动的规定

由于国家建设征地所带来的多余劳动力，其就业问题主要靠所在地人民政府及土地管理部门组织被征地单位、用地单位和有关单位帮助开辟新的生产门路，用安置补助费和补偿费上一些新的生产项目，通过发展乡镇企业或第三产业等途径，来安置劳动力就业。对安置不完的，可以安排符合条件的人员到用地单位或其他单位就业，并将相应的安置补助费也转拨给吸收劳动力的单位。

在农村，被征地单位的土地全部征用的，经省、自治区、直辖市人民政府审查批准，原有的农业户口可以转为非农业户口，原有的集体所有的财产和所得的补偿费、安置补助费，由县级以上地方人民政府与有关乡（镇）村协商处理，主要用于组织生产和不能就业人员的生活补助，不得私分。

（四）关于使用荒山、荒地以及临时用地的规定

国家建设使用国有荒山、荒地以及其他单位使用的国有土地的，按照国家建设征用土地的程序和批准权限，经批准后划拨。这种划拨，有无偿的，也有适当补偿或帮助搬迁的。使用国有的荒山、荒地，是无偿划拨。使用其他单位使用的国有土地，原使用单位因此受到损失的，要由土地管理部门出面协商，由建设单位给予适当补偿；原使用单位需要搬迁的，建设单位应当负责搬迁。

国家建设项目在施工期间，往往还得需要材料堆场、运输通道和临建一些其他临时设施。这些方面的用地，应尽量在征用的土地范围内安排，一般不再增加临时用地。如果确实需要增加临时用地的，由建设单位向批准工程项目用地机关提出申请，说明临时用地的用途、数量和期限，经批准后，签订临时用地协议，并按该土地前三年平均年产值逐年给予补偿。架设地上线路，铺设地下管线，建设其他地下工程，进行地质勘探等，需要临时使用土地的，也要报经当地县级人民政府批准，按照上述规定给予补偿。在临时使用的土地上，不准许修建永久性建筑物。使用期满，用地单位应负责恢复土地的生产条件，并按协议规定及时归还。

（五）关于使用集体土地举办联合企业的规定

全民所有制企业、城市集体所有制企业同农村集体经济组织共同投资举办的联营企业，需要使用集体土地的，也要报当地人民政府批准。提出申请用地的条件是有国家基本建设设计任务书或其他有关批文。经批准使用的土地，可以按照国家建设征用土地的规定实行征用，也可以由农村集体经济组织按照协议将土地的使用权作为联营的条件或者股份。在改革开放中，各地对于这样的用地还有一些新的规定，当事人在决策前可以先到当地土地管理部门作一些咨询，然后再行决策，这样更为有利。

第十节　外商投资土地的开发与经营

国家为了吸引外商来中国内地投资从事开发经营成片土地，以加快公用设施建设，改善投资环境，引进各国投资商到成片开发的区域中举办先进技术企业和产品出口企业，于1990年5月发布了《外商投资开发经营成片土地暂行管理办法》。这个管理办法发布之初，旨在经济特区、沿海开放城市和沿海经济开发区范围内实施，同时对港澳台地区的公司、企业和其他经济组织或者个人投资从事成片开发，也明确要参照执行。随着改革的深入、开放领域的不断拓展，这个暂行管理办法的适用范围也不断有所扩大。应该说，在沿江、沿边开放地带和绝大多数省会、自治区首府，已经对外商投资成片开发土地，给予了同经济特区、沿海开放城市和沿海经济开发区一样优惠的政策。这个管理办法，以法律的形式明确了什么是土地的成片开发，对外商投资成片开发土地的立项审批、开发企业的法律行为、开发区域的管理等，作出了具体规定，是外商投资开发成片土地的主体依据，是外商用以保护自己合法权益的法律保障。

（一）对成片开发土地的界定

我们所说的外商投资成片开发土地，是指外商在取得国有土地使用权后，依照规划对土地进行综合性的开发建设，主要包括平整场地、建设供排水、供电、供热、道路交通通讯等公用设施，形成工业用地和其他建设用地条件，然后进行转让土地的使用权，经营公用事业；或者进而建设通用工业厂房以及相配套的生产和生活服务设施等地面建筑物，并对这些地面建筑物从事转让或出租的经营活动。构成成片开发的前提条件是，有明确的开发目标，有明确的利用开发后土地的建设项目的意向。

（二）成片开发土地的立项和审批

吸收外商投资进行成片开发的项目，首先要由市、县人民政府组织编制成片开发项目建议书或可行性研究报告，然后按照审批权限相应地报省、自治区、直辖市人民政府或国务院审批。对项目建议书的审批权限是：使用耕地 1 000 亩以下、其他土地 2 000 亩以下，综合开发投资额在省、自治区、直辖市人民政府审批权限内的成片开发项目，应报省、自治区、直辖市人民政府审批；使用耕地超过 1 000 亩，其他土地超过2 000亩，或者综合开发投资额超过省、自治区、直辖市人民政府审批权限的成片开发项目，应经省、自治区、直辖市人民政府报国家计划委员会审核和综合平衡后，由国务院审批。

（三）对举办成片开发企业的规定

凡是到大陆从事土地成片开发的，首先，要根据企业所有制形式和资产的有机构成情况，相应依照《中华人民共和国中外合资经营企业法》、《中华人民共和国中外合作经营企业法》、《中华人民共和国外资企业法》的规定，成立从事开发经营的合资、合作或外资企业。其次，应依法取得开发区域的国有土地使用权。第三，必须在实施成片开发规划，并达到出让国有土地使用权合同规定的条件后，才有资格转让国有土地使用权。第四，开发企业投资建设区域内自备电站、热力站、水厂等生产性公用设施的，可以经营开发区域内的供电、供水、供热等业务，也可以交地方公用事业、企业经营。公用设施能力有富裕，需要供应区域外，或者需要与区域外设施联网运行的，开发企业应与地方公用事业企业按国家有关规定签订合同，按合同规定经营。第五，国家对开发企业实行以法自主经营管理的政策。可以吸引投资者到开发区域投资，可以受让国有土地使用权，可以举办企业。但开发企业在其开发区域内没有行政管理权，开发企业与其他企业的关系是商务关系。

（四）对开发区域的规定

（1）开发区域的各项建设，必须符合国家环境保护的法律、行政法规和标准。在城市规划范围内的开发区，各项开发建设还要符合城市规划要求，服从规划管理。在开发区域举办企业，应符合国家有关投资产业政策的要求。

（2）开发区域的邮电通讯事业，由邮电部门统一规划、建设和经营。也可以经省、自治区、直辖市邮电主管部门批准，由开发企业投资建设，或者开发企业与邮电部门合资建设通讯设施，建成后移交给邮电部门经营，并根据协议，给予开发企业经济补偿。开发区域接引区域外水、电等资源的，由地方公用事业企业经营。

（3）开发区域地块范围涉及海岸港湾或者江河建港区段的，岸线由国家统一规划和管理。但准许开发企业按照国家交通主管部门的统一规划，建设或经营专用港区和码头。

此外，国家为了给开发区创造一个良好的投资环境和良好的经济秩序，授权于地方政府和各有关部门对开发区域的行政管理、司法管理、口岸管理、海关管埋等，制定了一些具体实施办法和优惠政策，是到开发区进行开发投资和举办企业的必须所知，投资者应在决策之前到相应的管理部门进行咨询。这样，更有利于投资者用足现有的优惠政策，进行生产投资和搞活经营。

第七章

粮 食 安 全

在21世纪上半叶，中国人口将要达到16亿高峰，人均占有耕地资源将要逼近世界粮农组织所规定的警戒线，人们的生活水平要从小康走向富裕。无论是变化的中国国情，还是变幻的世界形势，都要求中国的粮食供给必须具有安全性和可靠性。在未来的若干年中，中国粮食供需情况如何，是个举世瞩目的重大问题。对此，有热心于中国问题研究的外国学者，曾以“下个世纪谁来养活中国”为题，作出预测。尽管这样的预测所采用的信息、参数和方法值得研究，所给定的结论也不能令人苟同，但就其国外学者所提出的影响未来中国粮食供需平衡的因素以及危及粮食安全的严峻形势，的确值得中国政府及其领导人深思。用实证分析法将中国未来粮食生产、流通、消费的可预见因素展开，做深层次的研究，人们就会看到，中国未来粮食需求增幅较大，但增产的潜力巨大。可以断言，中国人靠自己的力量，不但可以吃饱，而且可以吃得相对好一些。

第一节 粮食安全战略推论

中国未来粮食安全保障战略，可供选择的道路只有两条。一条路是继续顺其于工业倾斜政策，以加快工业化进程为首取来调节工农业资源配置的矛盾，依靠进口粮食平衡供需。另一条路是通过调整工农业比例关系，充分挖掘国内粮食生产潜力，提高产量，节流消费，实现粮食的基本自给。在国家外汇储备充足，世界粮源丰裕，储运设施条件具备，国际贸易政治倾向淡化的情况下，采用第一条发展战略，在维持粮食生产现状的同时，集中资源加快工业化进程，这可能不失为一种理想选择。问题的症结是上述几方面充分必要条件都不存在，依赖进口粮食解决众多人口的吃饭问题，明显缺少安全性和可靠性。

一、缺少稳定而又充足的粮源

20 世纪 90 年代以来，全球谷物总产量一直在 18 亿～20 亿吨区间徘徊，比较高产的 1996 年也只有 20.11 亿吨，比 1995 年增产 6%，这是历史上罕见的。同期，能真正纳入国际贸易进行交换的，只有 2.1 亿～2.3 亿吨，相当于总产量的 9.5%～11.5%。粮食短缺，一直是个令一部分发展中国家政府要员头痛的大问题。据联合国粮农组织驻华代表库瑞希先生介绍，1996 年世界有 8.41 亿人口因缺少安全营养食品而患慢性营养不良，有 88 个低收入国家成为缺粮国，主要分布在非洲南部、亚洲和中东地区。中国用粮基数大，进口比重稍一增长，就会敏锐地影响到世界粮食贸易的总体格局，带来价格上涨。在 1979—1994 年的 16 年间，有 11 个年份是净进口，有 5 个年份是净出口，进出相抵，年均净进口为 562 万吨，占世界贸易粮总量的 2.2%～2.4%。1995 年，中国进口的玉米量只占美国玉米出口总量的 10%，却引起美国玉米出口吨价由 92 美元上升到 198 美元。1996 年中国停止进口玉米，美国玉米出口吨价立即回落到 120～130 美元。其实，任何一个国家增加粮食进口，都会引起国际市场粮价较大的波动。1993 年日本大米减产，到国际市场买回 250 万吨，引起国际米价上涨了一倍。这些事例说明，世界可供调剂的粮源极其有限。特别是在亚洲，由于日本、韩国和朝鲜对国际粮源的依赖性大，自然对中国吃进口粮形成一种商家排斥作用。

二、缺少外汇支付能力

从 1993 年 6 月，中国实施财政货币双紧调控政策，又于翌年进行了外贸、外汇体制改革，使外汇储备大幅度上升，到 1997 年末，国家外汇储备达 1 300 亿美元以上。但是，对于中国这样的发展中国家来说，仍是个外汇不足的国家。有限的外汇应主要用于引进先进技术和设备，装备和改造工业，适当进口国内难以解决的原材料，用于支持经济的快速发展和增长方式的转变。中国目前外汇储备总额虽然较高，但外债余额已经超过1 000亿美元，2000年以后将进入还债高峰期，因此，从付汇能力上说，不具备大批进口粮食的条件。

三、缺少储运设施

据农业部农村经济研究中心刘志仁提供的调研报告，1992年在铁路15.2亿吨的货运量中，粮食占有6 409万吨的份额，为4.2%；粮食水运量为2 012万吨，占水运货物总量的4.8%；铁路日均粮食装车数为2 919个车皮，仅占货运日装车数的3.9%；港口吞吐进出口粮食总量仅为2 539万吨。近几年，虽然交通的“瓶颈”制约大为缓解，但港口粮食的吞吐能力也不过3 000万吨，仍然不具备大量进口粮食的条件。

国内的卖粮难，也往往是交通、流通不畅所致。东北尤其是吉林的玉米，几乎每年都是卖难。同时，南方14省、区、市发展畜牧业，几乎每年都缺少饲料。供需之间不能理想成交，有市场发育不良的原因，也有运力不足，外调困难的因素。在铁路运输紧张季节，吉林玉米外运需有中央的调运指令，或由领导出面协调，否则，津浦线德州站以南和京广线各站，很难获得车皮计划；通过大连港外运，每年也只能安排近70亿千克，只相当于年玉米总产量的46%。解决港口及陆路运输“瓶颈”制约问题，不但需要大量的投资，而且短期很难见效，其经济性也值得研究。省际间粮食调运如此难，大量进口粮食，储运问题就更难解决。

四、缺少国际贸易的非政治环境支持

国与国之间意识形态的分歧，导致了粮食在贸易过程中由使用商品演变为政治商品。曾几何时，“粮食武器”之说，被超级大国实施禁运的制裁行动所验证。70年代中期世界出现粮食危机，美国政府乘机将原来对有关国家的粮食援助改为粮食贸易，并要求现金支付，搞得用粮国家无法应对。80年代，美国对前苏联的粮食禁运，虽然结果使美国大失所望，但粮食是战略武器，靠进口会受制于人的警钟，不能不给各国决策者们留下警醒的思索。

在当今世界，占据贸易粮霸主地位的是美国。次于美国的粮食出口国是法国、加拿大、澳大利亚、阿根廷。1989年以来，中国政府的腰杆子能够在错综复杂的国际交往中硬起来，有政治集团的策略因素，同时也有中国人靠自己的力量能够解决12亿人口吃饭问题的粮食支持。如果中国粮食出现大的缺口，美国绝不会因为要标榜他是讲人权的“救世主”而善意地伸出援助之手。这一点是历届中国政府领导人都所铭记的。

上面四个方面的分析，明明白白地否定了中国粮食安全的第一条道路。至此，只有第二条道路可行。那就是：实施新的重农政策，支持和保护粮食生产，充分挖掘增产潜力，提高产量、节流消费，实现粮食基本自给；并相机参与国际粮食贸易，用进出口调剂丰歉或品种余缺。

第二节　中长期供需预测

影响粮食中长期供需预测的可变因素和不可预见因素较多。因此，要求得预测的近似科学，得出可靠程度较高的预测结论，必须立足于现有的生产、交换、消费状态，锁定一些可变条件，求得在不同年代供给、需求总量与人口变量的参照数值。本文在设有必要假定条件下，分别对2010年、2020年和2030年的粮食供需及余缺作出预测。

一、供需预测的假定条件

1. 人口自然增长率。按1978—1996年年均降低0.13‰的比率测算，到2030年，人口自然增长率下降到7.03‰。

2. 耕地保有量。实行世界上对耕地的最严格管理手段，从2000年开始，耕地做到动态平衡，即年度非农占地总量低于开垦、复耕的耕地量。

3. 可变函数。预测的可变量是人口增减、人均消费需求和粮食增产率。到2010年、2020年、2030年，人口分别为13.96亿、14.96亿、15.96亿。人均消费量按适度从紧的要求设定，最低标准以人均400千克为起点，每个年代增加10千克；最高标准以450千克为起点，每个年代增加20千克。粮食增长率：取美国农业部对中国未来粮食总产量年均递增1%的预测为下限；取中共中央政策研究室和农业部固定观察点办公室对农户抽样调查，1986—1995年年均递增1.85%为上限（1949—1995年，全国粮食总产量递增3.13%）。以低增长对紧消费，以较快增长对相对宽裕消费为对应关系。

4. 政策。20世纪90年代所采用的支持发展粮食生产的政策延续使用，根据财力逐年增加对农业的投入，工农产品价格剪刀差逐年有所缩小，到预测期末完全停止对农业原始积累的抽吸。

5. 经营体制。保持现有经营体制的基本稳定，保持生产核算单位经营规模和组织方式的基本稳定，让农民群众自由决定生产经营，排除政治手段对生产的干预。

二、供需平衡预测

表7-1 单位：亿千克

年份	方案	需求量	生产量	供需余缺
2010	低	5 584	5 500	−84
	高	6 284	5 925	−357
2020	低	6 133.6	6 000	−133.6
	高	7 031.2	7 021.1	−10.1
2030	低	6 703.2	6 600	−103.2
	高	7 820.4	8 320	499.6

三、预测结果分析

1.2010年，取用供给总量的低速增长和从紧的消费安排，年需进口粮食840万吨，对进口的依赖程度仅为1.5%，相当于1990年时的进口水平；取用供给总量的较快增长和相对宽裕的消费安排，年需进口3 570万吨，对进口粮的依赖程度为5.68%，可能成为进口粮的历史上最高阶段。

2.2020年，取用供给总量的低速增长和从紧的消费安排，年需进口1 336万吨，对进口的依赖程度为2.18%，略低于1992年的进口水平；取用供给总量的较快增长和相对宽裕的消费安排，仅需进口101万吨，对进口的依赖程度仅为0.14%，可以说是供需的基本平衡。

3. 2030 年，取用供给总量的低速增长和从紧的消费安排，年需进口 1 032 万吨，对进口的依赖程度为 1.54%，略低于 1991 年的进口水平；取用供给总量的较快增长和相对宽裕的消费安排，可余粮 4 996万吨，相当于年产量的 6%。

4. 冷眼一看，则 2030 年还将有 4 996 万吨的余粮，可能使人怀疑。但是，只要是在预测期间年产量以 1.85%的速度递增，就注定要产83 200万吨粮食；届时将人均消费量控制在 490 千克以下，就注定要节余4 996万吨粮食。在历史上，粮食增长最快时期的 1978—1984 年，只用 6 年时间就从 3 000 亿千克登上了 4 000 亿千克的台阶，年均增产 170 亿千克。而在 30 年中把粮食总产由 5 000 亿千克提高到 8 320 亿千克，年均增产 110 亿千克，这在国际国内的政治环境看优，生产关系比较稳定，投入注定要增加，科技在粮食增产中的贡献份额注定要增长的现实情况下，也不是不可能的。

5. 值得说明的是，到 2030 年有可能出现余粮，这只是理论上的测算结果。实际上，当出现供大于求时，市场这只“看不见的手”就会自发起作用，调节价格，刺激消费或转化。相反，当 2010 年粮食可能出现3 500万吨的缺口时，未必就必须如数进口才能解决问题。也可能通过紧缩消费，实施节约和替代，辅之少量进口来求得平衡。

第三节　中国能够实现粮食自给的理论支持

到 2030 年，中国粮食可能出现自给略有盈余的有利条件不少。尽管中国粮食生产再上新台阶会遇到许多新情况、新问题，但无论如何也得不出“21 世纪中国人将不能养活自己”的错误结论。其实，怀疑中国人不能养活自己的观点，并非现在才有。早在新中国成立的前夕，当时的美国国务卿艾奇逊就曾预言：中国每一届政府都将无法解决中国人的吃饭问题，中国共产党也解决不了中国人的吃饭问题，还要依靠外国的面粉。的确，吃饭问题是中国历届政府所面临的第一大难题。但是，开天辟地以来，只有中国共产党领导的政府，才比较好地解决了中国人的吃饭问题。从 1840 年到新中国成立的 100 年间，由于水、旱、虫等灾害，战争和外敌入侵，加上封建土地所有制的制约，中国粮食的生产能力相当低下，到1949年时，人均占有粮食只有210千克，中国人民长期受到缺粮的威胁。新中国成立后，党和政府在社会主义制度不断完善的过程中，极为重视粮食生产。1949—1984年，粮食总产由1.1亿吨增加到4亿多吨，年均递增3.7%。这期间，人口虽然从5.4亿增加到10.43亿，但人均占有量却由210千克增加到390千克，中国人梦寐以求的温饱问题，奇迹般地解决了。1985—1996年，进行了农业内部结构调整，大力发展经济作物和多种经营，大力发展畜牧业，在副食品生产发展较快的情况下，粮食生产又登上了5亿吨的台阶。现在的中国人，不但能吃饱，而且吃得还相对好一些。事实早已宣告艾奇逊预言的破产，事实还将宣告“21世纪中国粮食危机论”的破产。这样说，并不是出于强硬的争论，而是有很确凿的客观依据和理论支持。

一、耕地的潜力

中国粮食的单位面积产量虽然略高于世界平均水平，但与美国、欧盟等发达国家的同类指标相比，差距很大；国内高产地区与低产地区相比，差距就更悬殊。在山东、河北、河南等省，都有一些亩产“吨粮”的县、“吨粮”的乡，但也有很多地方的亩产只有100～150千克。就是在同样的条件下，单产水平也有很大差距。长江中下游及东南沿海地区是中国粮食高产区，平均亩产400千克，比全国的平均水平高150千克。有关专家预测，在未来十年，这个地区理论上的增产潜力年均可达600亿千克以上。

改造中低产田。中国有9亿亩中低产田，比相同气候条件下的高产田亩产低150～200千克左右。主要原因是地形地貌不好，水利排灌条件差，土质肥力低和盐碱化。通过修建田间水利工程，平整土地，增肥改土，旱改水等措施加以改造，每亩至少可增产150千克。在中期完成改造计划，年可增产粮食1 350亿千克。

提高复种指数。目前全国复种指数为155%。而最高的江西省，复种指数已达246%，比全国平均水平高91个百分点。这个情况说明，与江西气候条件相近的省份，都有望达到或接近这个指标。据农业专家预测，农业复种指数全国平均可达195%。通过改革耕作制度，增加物质技术投入，每年将复种指数提高一个百分点，到2030

年达到1.85%的水平，就相当于增加4.8亿亩耕种面积，届时可年增产1 440亿千克粮食。

二、利用后备耕地资源的潜力

中国有5亿亩宜农荒地，中期可开垦农田2.2亿亩，到2030年，即使按亩产300千克的水平计算，即可增产660亿千克的粮食。从1988年开始，利用农业银行和世界银行低息贷款，利用财政支农资金在三江平原、松辽平原和黄淮海平原进行大面积综合开发，已经初见成效。如果在现有的基础上加大投入力度，加快开发步伐，加强资金和项目管理，预计到2010年时，就可大见成效，成为新世纪粮食的增长点。

三、开发利用非耕地资源的潜力

中国耕地资源有限，但可开发利用的非耕地资源相对充裕。除有5亿亩宜农荒地外，还有20亿亩可利用的荒山荒坡，10亿亩可开发的沙荒地。如果采用“宜粮则粮、宜林则林、宜牧则牧、宜果则果”的开发改造措施，发展木本粮油和新源食品，每亩可产出相当于100～150千克粮食的食品。中期开发出1/3，就可提供相当于1 500亿千克粮食的可用食品。

四、采用先进技术的潜力

大面积推广先进适用的科学技术，可使农业耕地资源、后备耕地资源和非耕地资源的潜力得到最大限度的发挥，大幅度提高粮食和粮食替代品的产量。中国如果能在2010年赶上发达国家现在的农业科技应用水平，粮食生产将出现继实行家庭联产承包责任制之后的第二次飞跃。近期到2005年，将国家科委提出的十项新品种、新技术全部推开，每年就可增产180亿千克粮食。当然，取得这样成果的前提条件是不断增加投入，并且实现科技与其他生产要素的优化配置。

种子更新换代、科学施肥、工厂育秧和模式化栽培等新技术配合使用，对增产的作用是无法估量的。中国农业在过去的48年中，粮食品种更换了四五次，每次都带来10%～30%的增产效益。增施复合肥和改进施肥办法，可增产8%～15%。广东、福建、浙江等沿海省份亩用肥量已达 56 千克，而后备耕地资源潜力较大的黑龙江、内蒙古等省区，每亩用肥量不足 10 千克，用肥的边际效益还处于递增阶段。水稻采用旱育稀植和抛秧技术，亩产可增 50 千克，预期到 2005 年时推广到 4 亿亩，仅此一项就可以增产粮食 200 亿千克，采用稀土元素助长技术，还可增产 10%。诸如耕作制度改革，栽培技术更新，都能够实现大幅度增产。科技的注入，是推动粮食生产再攀新高的关键性措施。

五、发展粮食替代品的潜力

粮食安全问题，实质是人的生存营养源问题。营养源具有很宽泛的内涵，解决粮食问题的思路，不能只拘泥于粮食本身，应着眼于整个国土水资源，在动物、植物、微生物三个方面的开发利用上下功夫。

现在，一些农经学者已经认识到，人类用于维持劳动力再生产的营养结构，与所处时代的生产力水平和整体文明程度有一种密切的对应关系，即当社会进入到一定的文明阶段时，人均对粮食的需求量将随着新源食品的不断问世和食品结构的调整，逐年呈下降趋势。这个认识已被中国的情况所验证。据有关专家统计，1994 年城镇居民的口粮消费已从高峰期（1986 年）人均 138 千克降至 102 千克，降低幅度为 26.3%。同时，人均消费肉、蛋、奶和水产品用粮折算也从高峰期（1992 年）人均 122 千克下降到 116 千克。依此推算，1994 年比 1988 年城镇人口增长 19.68%，粮食人均消费（含肉、蛋、奶和水产品）则减少 11.2%。由此可见，畜产品、水产品、木本粮油和瓜菜、水果总量的增长，会大大地降低对粮食的直接需求。

大力发展畜牧业。中国有近 40 亿亩草原草地，每年可产 5 亿吨秸秆，大部分农户具有养畜的技能，发展畜牧业的潜力巨大。北方草甸草原的牧草生产力与北美温带草地相似，但由于沿用靠天养畜的生产方式，掠夺经营，单位面积的畜产品产量仅相当北美的 1/27。通过建设人工草场，改良天然草场，培育新品种，发展围栏集约放牧等工程措施和生物措施，可使草原载畜力提高一倍。农区采用秸秆氨化技术养牛，如果把 50%的秸秆利用起来，每年就可多养 3 800 万头牛，增产 76 亿千克牛肉，大约相当于 304 亿千克粮食所提供的营养。

大力发展水产养殖业。发展水产业对中国来说，更具有现实意义。因为它不与粮食争耕地，又不与畜牧业争草原，在很少消耗粮食或者不消耗粮食的情况下，就可获取优质的动物蛋白。海域和内陆水面是个巨大的食物宝库。据中国农业科学院包建中研究员的研究报告称，如将近海领域自然生长的藻类植物，开发利用加工成成品，年产量就相当于目前世界小麦产量的 15 倍以上。设想在高新技术的作用下，将藻类和浮游生物都变成营养丰富、味道鲜美的食物，那海洋就可以养活 300 亿人。过去讲“沧海变桑田”，现在看，是“沧海变食源”。

六、节约用粮的潜力

国际一些研究粮食经济的专家认为，发展中国家的粮食损失率高达 20%～40%。一位美国学者在中国江南调查后认为其粮食产后损失率达 30%以上。有证据证明，这个比例数是把问题放大了。据中国农业大学 150 名师生对 22 个省 574 个县的专题调查，中国粮食的总损失率为 18.1%。其中：收获环节占 4.9%，加工环节占 3.8%，储藏环节占 2.11%，运输环节占 0.7%，销售环节占 0.3%，消费环节占 6.3%。按这个样本比例推算，1997 年，中国粮食损失总量大约在 887 亿千克左右。据《经济日报》1997 年 6 月 17 日报道，全国每年被老鼠糟蹋的粮食在 200 亿千克以上。由于仓储设施不足，每年大约有 3 500 亿千克粮食在农家院落简陋存放，与国库储粮比较，损失率由 0.2%上升到6%～9%，全国总计起来，又是 100 多亿千克。至于餐桌上的浪费，更是触目惊心。做到不损失一粒粮食，那是一种空想主义。但要争取做到少损失，是能够办到的。如果在收、储、运、消等环节最大限度地减少浪费，把粮食损失比率在现有的基础上下降一半，就等于每年多产出 490 亿千克粮食。由此可见，减少粮食损失和节约用粮，潜力是巨大的。

调整用粮结构，是节约粮食的又一有效途径。主要是调整饲料和工业用粮结构。用原粮作饲料，由于报酬率低，导致大量粮食因没能发挥效益而被浪费掉。改“粮—经”二元种植结构为“粮—经—饲”三元种植结构，可以减少 30%的饲料用粮，大约为 403 亿千克。把高度酒改为低度酒，粮食酒改为水果酒，蒸馏酒改为酿造酒，每年还可节约20亿千克原粮；把普通味精改为强化味精，每年又可节约4亿千克原粮；食品工业利用残渣提取淀粉和蛋白质，每年还可节约2亿千克原粮。

上述这六个增产节约方面的潜力，尽管是客观实际情况，但毕竟是理论上的潜力。理论上的可能性和实践的结果，总会有误差。要把理论潜力真正转化为现实生产力，还需要有不少附加条件和艰苦的努力。

第四节　影响粮食安全的隐性因素

粮食安全保障问题，涉及到经济的均衡理论和粮食经济的运行机制。但是，要把问题解决得好，提高供给安全系数，单纯用传统的均衡与非均衡理论来分析现实问题，就显得刻板和不够用，不足以解释和回答不断变化的情况。在研究供给、需求与价格变化的关系时，应尊重传统的经济学原理，还要自觉摆脱传统经济学原理的束缚，重点考察粮食经济的现实运行情况，揭示隐蔽在体制、习惯和调控操作背后的深层次原因。这对形成保障供给安全的决策战略，无疑是不可小视的。

一、自耕农粮食的安全性与城市居民用粮保障的不确定性

与西方一些发达国家不同的是，中国的粮食供给是建立在2.4亿个农户小规模分散经营基础上的，是在生产者首先满足自己消费需求之后，才安排商品生产的。这种首先保障自食安全的行为，实质是粮食安全保障的家庭化，也构成了中国粮食生产与交换的特殊格局。

值得研究的是，这种供给格局，改写了传统的供给曲线，使其产生了由“S—m”到“N—C—m”的变化（图7-1、图7-2）。

这个变化说明，自给性需求恒等于自给性供给，“O—N”之间所对应的产量，不受市场变化的影响。尽管目前农民的口粮并不是完全意义上的种什么吃什么，有的需要借助市场进行品种调剂，但农户中比较低的粮食商品率，对这个理性分析给以支持。

供给曲线的变化，决定了自耕农的粮食具有稳固的自给保障，这是中国粮食安全的一个最大的稳定因子。在自给基础上的商品生产

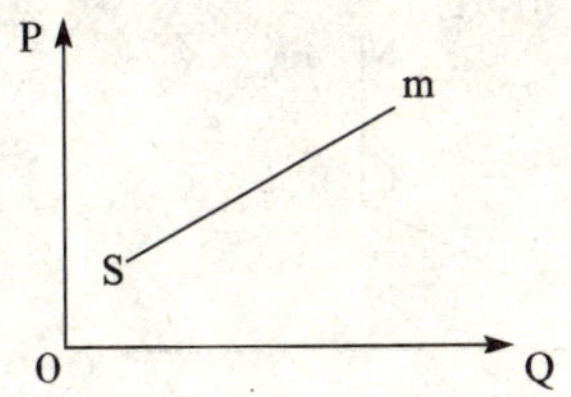

图 7-1　传统的供给曲线

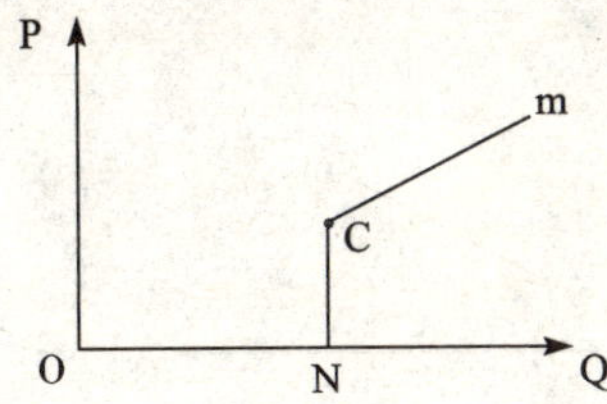

图 7-2　自耕农基础上的供给曲线

者，他的一般选择是不管种粮合算不合算，都要千方百计保证自己的需求。先于自给后于商品的生产行为，使自耕农群体获得了极为可靠的粮食安全保障，即使遇到灾年，只要是不绝收，就可以有一定的粮食用于维持劳动力的再生产。

在自耕农取得粮食安全保障的同时，另一方面是城市居民用粮安全保障系数的降低。在粮食生产比较稳定，供给基本平衡的情况下，这种保障体制所导致的城市居民用粮安全保障系数的降低，是个可以忽略不计的因素。一旦粮食供给安全发出预警信号，自给性的生产会得到强化，自耕农家庭储粮也会相应增加，城市居民用粮有面临承受紧缺的可能。对此，有人说："中国再出现 60 年代初的粮荒，要挨饿的将不再是农民，而必定是城市居民。"现阶段，粮食供给相对充裕的现实，使这种潜在的可能性趋近于零。由此可得出，研究中国粮食安全保障问题，应主要是研究城市居民粮食安全保障问题。

二、价格调节的局限性与比价变动的灵敏性

以往在研究供给与需求的平衡关系时，一致认为价格具有无条件的调节作用。当粮食价格上调时，会刺激生产，抑制消费；当价格下调时，会刺激消费，打击生产。这种认为似乎可以被传统的供给与需求曲线得以证明。遗憾的是这种论证忽视了两个条件，即生产能力的有限性和需求弹性的稳定性。就是说，供给能力的主要制约因素不是价格，而是综合生产能力。在一定的生产力水平上，即使是大幅度提高价格，也不会得到大幅度增产的回报；粮食价格的下跌，对于文明理智的消费者来说，也并非就会无所顾忌地浪费粮食。这种情况将传统的"S—m"供给曲线改写为"S—C—N"曲线（图 7-3、图 7-4）。

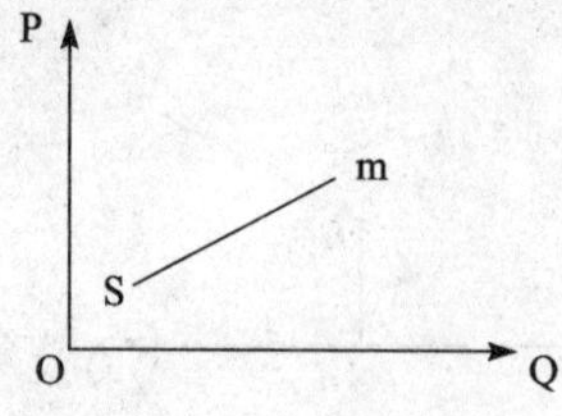

图7-3　传统供给曲线

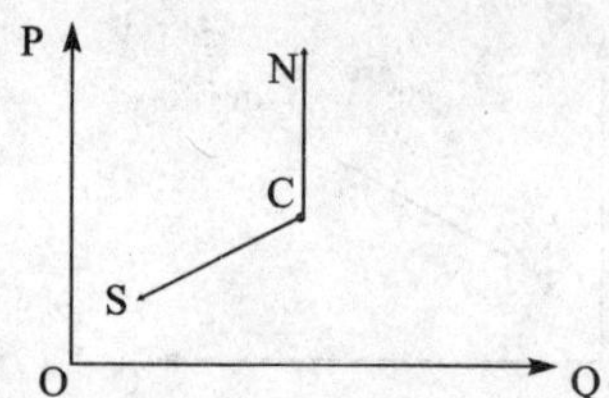

图7-4　加入生产能力因素的供给曲线

价格调节的局限性还表现在：对农产品的等比例提价，对增加有效供给的效果并不是很大，这个认识可以从社会学的角度得到佐证。在一个有2位处长、5位科长、15位科员的机关，同时把大家的工资都上调一个等级，并不大可能具有调动积极性的作用。价格调节局限性的根源是土地资源的稀缺性。

当认识到农产品整体价格弹性较小时，还会发现，对粮食生产的拉动，是某一个品种（主要是谷场）的弹性价格。在提价余地很小的情况下，调整农产品内部比价，可以收到刺激粮食生产的效果。提高谷物价格，生产者就会自觉地调整作物布局，减少其他作物种植面积，增加粮食的种植面积，实现增产增收的目的。据此，政府用以增强粮食安全保障的政策取向，从长远看，第一位的不是价格，而是科技的进步。因为同一数量的投入，用于提价与用于新品种、新技术的研究、开发和推广，后者的回报不知要比前者大出多少倍。

三、经营行为的趋利性与交换选择的相逆性

自耕农留足口粮和饲料粮，剩余部分是可以到市场出售的商品。既然是商品，其生产者就应追求收益的最大化。这是市场经济的一般规律。同理，作为消费者，所要追求的是用最小的支付获得最大的使用价值，即质优量大的粮食。

但是，在市场信息不完全、不透明、不对称的情况下，生产经营者和消费者的市场选择行为，往往会做出逆市场规律的选择，主要表现生产者的越贵越不卖，消费者的越贱越不买，形成价格上涨刺激购买，价格下跌加重市场疲软的与经济规律相悖的现象。生产者与消费者这种逆市场而行的心理预期，无疑在粮食紧缺时放大了供需缺口，

在粮食出现剩余时加重了卖粮难。对市场预期的放大，作用在中国这样的人口大国中，累计的量是惊人的。在粮食供给紧缺时，3亿多城市居民每人多存10千克粮食，就是30多亿千克，相当于全国贸易粮总量的3.3%；在粮食出现卖难时，2.4亿农户每户多卖10千克“过头粮”，就是24亿千克，相当于新加坡全国2年的粮食消费总量。生产者与消费者在市场上的推波助澜，给政府的宏观调控和粮食总量平衡，增加了无法避开的难度，由此可见，粮食市场的运作，要比理论上假设的情况复杂得多。在粮价下跌时，并不能证明是粮食多得不得了，在粮价上涨时，也不意味着粮食缺得很多很多。政府在施行以总量平衡为目标的宏观调控时，不可忽视市场主体意识的偏差和市场信息的准确程度。

四、调整结构和总量平衡之间的相左性与相向性

调整粮食结构，对总量平衡的影响，具有相佐性与相向性的双重可能。但透过现象看本质，最终结果是相向的。所谓相佐性，是指调整粮食作物的种植结构，可能引起产量的下降，给总量平衡增大难度。这种难度，主要是通过粮食品种之间的替代性而反映出来的。北方玉米的增产，无法替代或补充南方水稻的减产；南方的早稻增产，又由于口感不好和饮食习惯不同，而无法补充北方小麦的歉收。所谓相向性，是指结构调整的结果，可能引起总量的增加，还可能通过质量的提高来减少人均的消费量，从而加大总量平衡的物质基础。

粮食经济的运行，所追求的目标是供需之间实际的平衡，而不是理论上的平衡；是宏观上的平衡，而不是微观上的平衡。分析结构调整对总量平衡的联动关系，要看对实际平衡的最终贡献。把适应种饲料的耕地改种饲料，从表面上看粮食总产可能降低，但在单位面积上，其报酬率要比种粮食作饲料高出几倍甚至十几倍，用于发展畜牧业，产出的优质“粮食”——畜产品，对粮食的总量平衡具有很强的补充作用。在结构调整过程中，某些优质粮食品种的引种，也有可能对粮食总产量产生影响。由于引种的效果是提高粮食的成品率或优质品率，因而这种结构调整与总量平衡是相向的。这些情况足以说明，对粮食结构进行调整并不能得出总量下降的结论。如果结构调整的目

标明确、方法得当，对总量的平衡有益而无害。

五、粮食消费的刚性与收入关系的不对称性

从粮食的生产目的上看，并不是典型意义的经济再生产，而更重要的是使用价值的再生产。在粮食供给总量出现较大缺口的情况下，不论哪一个国家或哪一届政府，都会以追求使用价值为决策目标，适当兼顾经济性。政府要考虑的第一件大事就是让全体民众吃饱肚子，在此基础上才能进行建设。

民众对粮食的消费，弹性很小。年际间的消费，有个基本的要求，达不到就会出问题；多了，也不可能都消费掉。消费的刚性，导致对多与少的内在消化能力缺损，给粮食市场的平稳运作增加了难度，需要进行人工调和，需要建立柔和的交换环境和完备的储备调节支持系统，否则市场就可能出现振荡，跳“多了多了多，少了少了少”的秧歌舞。

对世界一些发达国家和中国人均收入增长与粮食消费的关系进行分析，就会得出人均粮食的消费与收入的增长之间是一种不对称关系。中国在1978—1997年的20年间，人均收入提高了几倍甚至十几倍，但同期的粮食消费量只从320千克增加到390千克，增加22%左右。印度的粮食人均占有量400千克多一点，并不是高的。但为什么他能由一个粮食进口国变成出口国？原因主要有两条。一是粮食的消费具有刚性，多了也不能消费掉；二是粮食消费与人均收入的增长具有不对称性，人均收入水平提高并不一定拉动粮食消费量的对应上涨。这个结论也可以在恩格尔定律上得到进一步证明。粮食消费的刚性和消费与收入增长的不对称性，说明未来粮食的人均需求量不会随着收入的大幅度增加而增加，很可能恒定在一个相当水平上，年际间做微量摆动。

第五节　实现均衡的宏观调控取向

粮食是特殊商品，关系国计民生。实现其供需基本平衡，完全靠市场这只“看不见的手”是做不到的，必须依赖政府运用行政、经济和法规手段进行调控。

一、划分事权，建立中央与地方分级管理责任制

粮食在经济和社会发展中所占有的重要地位和作用，决定了中央政府要管，要协调，要进行统筹规划和综合安排。但总结以往的经验，中央政府全管，一是管不了，二是管不好。从粮食流通体制改革的实践上看，建立“中央统一领导，分级负责”的粮食管理体制是可行的。

中央政府主要负责全国粮食的总量平衡，实施对全国粮食的宏观调控，管理国家储备，协调调运军队、移民和救灾用粮，平衡粮食进出口计划。省级政府负责本区域的供需平衡，负责组织粮食生产、购销、调存和地方储备，保持市场的良性运作和价格的基本稳定。较大面积的自然灾害和大的市场波动，由中央政府负责调节；区域性的自然灾害和市场波动，由地方政府负责调节。对于已经走向市场的饲料和工业用粮，中央不再负责安排和平衡调运，由供需双方遵循市场规则自由买卖。

二、实行政企分开，放活国有粮食企业

国家粮食行政管理部门要与国有粮食经营企业彻底分开。国家粮食行政管理部门与国有粮食经营企业性质不同，职能作用不同，追求的目标不同，把二者人为地混在一起，不可避免地要造成一些矛盾，使中央的宏观调控措施难以落实或在落实的过程中走样。过去的实践说明，国家粮食行政管理部门如果与国有粮食企业的收益联在一起，在粮食的收储调运过程中，粮食行政主管部门往往不顾国家的整体利益和农民的利益，以给盈利提供方便为目标，通过粮食的转储、账面划拨等手段转嫁经营负担，袒护企业进行压级压价或限价收购，为企业提高收益率大开方便之门。在市场粮价上涨，中央政府要求抛粮平价时，国有粮食企业很可能囤粮不动，推动价格上涨多卖议价；在市场粮价下跌国家要求保护粮农的积极性时，它又可能拒收拒付或伸手向政府要补贴。这种“二合一”的粮食经营体制，严重地破坏了粮食流通秩序，非改不可。否则，中国的粮食经济就不可能走出市场振荡的“怪圈”。

在发展社会主义市场经济的条件下，粮食流通主要是通过市场来

完成的。与计划经济体制相对应而设置的庞大的粮食行政管理部门，应该进行大的改组。从国家粮食储备局到各省、地粮食行政主管部门，都应在政企分开的原则指导下，转变职能，精简机构。机关除保留一部分精干的管理人员外，大部分转入国有粮食企业。省级不设粮食行政管理部门，只设对国家粮食储备局负责的储备分局。国家粮食储备局以及在各省设的分局，是社会性公益部门，主要职能是收储和调运国储粮（农业税征实和少部分市场收购），不准许搞以盈利为目的的经营。国家粮食储备局和各省分局不再向市、县延伸，实行垂直领导，直线管理到库，其粮食存储的费用，由中央财政负担。

国有粮食企业应真正走向市场，通过改革、改组、改造，建设成无上级主管，不承担任何粮政管理职能的自主经营、自负盈亏的贸易企业。大中型国有粮食企业应在资产重组的过程中进行联合和兼并，建立现代的股份制集团公司。对小企业全部放开，可以改造成股份制企业，也可以改造成职工持股的股份合作制，也可以租赁或拍卖，国家收回投资用于基础设施建设。

三、完善粮食市场体系，建立通过市场形成价格的有效机制

粮食市场体系不完备，市场主体发育不成熟，市场运作规则不统一，是影响粮食进行良性流通的明显制约因素。对粮食流通具有骨干作用的批发市场，没有形成合理规模，辐射效应较差，相互转移风险，履约率较低，人为地放大了粮食市场的波动信号。因此，完善粮食市场体系，重点是建设好批发市场。一是进入批发市场的供需双方应建立起稳定的交易关系，通过大批量的批发业务，带动和活跃粮食流通。二是省际间的粮食调剂，应在大型批发市场上实行现货拍卖。三是国家用于调控市场而进行的粮食吞吐，要纳入批发市场中进行，以发挥调节供需、平抑价格的作用。期货市场具有形成预期价格信号，规避市场风险的功能，应积极试点，并不断总结经验，有控制地发展。应通过立法制约地区封锁和行业垄断，规范主体行为，防止不公平竞争，维护市场的运作秩序。

依据市场经济规律，积极创造条件，争取及早取消合同定购制度，不足部分到市场上议价收购。国家物价管理部门，对市场的粮食价格负有引导责任，每年新粮上市之前，都应发布指导性价格。国家

储备粮和地方储备粮的吞吐，要以调节供需余缺、平抑市场价格为主要职能，通过相机选择收购和抛售，来减低市场波动。

四、加强粮食流通的基础设施建设，改善市场运作条件

仓储设备紧缺，烘晒能力不足，保管手段落后，运输通道阻滞，是导致粮食流通不畅的主要症结。1986—1996年，粮食丰歉最大变异系数为0.25，应该说属正常现象。但一遇丰收年，粮食收不了、储不下、调不出、运不走的问题随之出现，使本来应该平和的供需秩序受到很大冲击。如果不在改善基础设施上下功夫，可能中国的粮食经济运行就不能走出"炒作"的怪圈。

进行粮食基础设施建设，资金的来源应以国家投入为主，多渠道筹集。面对21世纪将要达到16亿人口的国情，国家应从长计议，对粮食流通的基础设施建设作出中长期规划，对仓储设施、烘干设施、运输工具、专用码头及市场信息的硬件等建设项目，作出阶段性的统筹安排，排出次序，分轻重缓急，抓好急需工程和骨干项目，力争在2005年以前，彻底解除粮食流通的瓶颈制约。在国家投资的基础上，鼓励利用世界银行贷款，鼓励引进外资，鼓励实行储运企业的股份制，鼓励民营企业投资，集中分散的财力办大事。对新开户的粮食储运经销企业，除了要求有足够的注册资本金以外，还要有硬件，即储运和保管设施，不符合要求的，工商部门不应办理营业登记。对在粮食流通体制改革过程中转入市场经营的国有企业，储运设施不配套的，也应限期填平补齐。不论国家储备单位还是以盈利为目的的粮食经营企业，都应注意引用储运和保管的先进技术和设备，不断改善条件，提高技术装备水平。

五、实行内外贸一体化，利用国际市场调剂余缺

中国粮食总产量占全世界总产量的24%，是世界上用粮量最大的国家。中国的粮食供需情况如何，对国际粮食市场确实具有重要的影响作用。及时洞察世界粮食生产和贸易的变化情况，充分利用国际市场来调节国内的供需矛盾。但目前这种内外贸分割的体制，已经无法适应国家施行统一的宏观调控的需要，理应进行彻底改革，指令由一个部门来统管粮食的内外贸易。

解决体制问题是手段，建立起利用国际市场、运作灵活的有效机制，取得利用市场的理想效果，才是最终目的。新的体制一经建立，就应完善跟踪国际市场的手段，适时、适度利用国际市场，通过进出口贸易主动参与国际流通，力争能够做到该进的足量进来，该出的及时出去。同时，国家的粮食进出口政策也要完善，并根据年际间的贸易变化相应调整，在丰收年景采用出口补贴，鼓励出口，使国库推陈储新；在歉收预警一出现，就及早做进口调剂的准备，按需组织进口，防止受制于人。在进出口运作的过程中，应巧妙地利用新闻媒体，适时发布为我所用的信息，消除进出口的国际舆论障碍。

六、加强供需理论研究，建立粮食经济学科

粮食与人的生存质量极为密切，它的再生产和流通是个很复杂的过程，其中有许多值得人们下工夫思索的问题，也有许多至今尚未被人类所认识的奥秘，有待于人们去揭示它的本质。中共中央政策研究室和国务院研究室，应联合组成专家小组，对粮食的生产、交换、分配和消费诸环节进行深入的理论研究，对一些非常规的市场现象进行解剖，为中央政府实施宏观调控，提供科学的决策依据。在此基础上，认真总结中国和世界各国的粮政管理经验，系统地进行理论梳理，形成对后人有所启发和借鉴的粮食经济学。

第八章

农业产业化经营

20 世纪 90 年代以来，在中国农村广泛兴起的农业产业化经营，是农村继实行家庭联产承包责任制以后，在建立社会主义市场经济体制过程中，又一次微观经济组织的创新，是改革不断深化的结果，也是农村经济增长方式的自我转变。它的应运而生，不但为农村经济再上新台阶提供了新的动力，而且还为在新的历史时期妥善地解决农民问题开辟了一条理想的坦途。

目前，农业产业化经营，已经成了广大基层干部和农民群众普遍关注的热点，成了农经理论界下工夫研究的重点。认真总结广大基层干部和农民群众的实践经验，深入研究这种经营体制在发育和成长过程中所出现的新情况、新问题，给出促进其健康发展的对策，并在理论上提供有理、有据、有效的支持，是把这种经营体制提强扶壮的极为有意义的举动。并注意透过经济现象，揭示它对解决农民问题，以至于推动整个社会进步的巨大作用。

第一节　产业化经营的内涵和基本特征

研究和实施农业产业化经营，有必要首先对它的内涵给出科学的界定，对它的基本特征作些比较，以便找出此事物与彼事物的区别，使之成为人们普遍认同并付诸于社会实践的一个目标。农业产业化经营，是伴随社会主义市场经济体制的建立和完善而发展起来的，并与之相适应的一种农村经济新的具有较强生命力的经营体制。这种经营体制的基本内涵是：以国内国际市场为导向，以提高农业的总体经济效益为中心，以农业增产、农民和国家财政增收、农村社会稳定为目的，以龙头企业为依托，以农户家庭经营为基础，以社会化服务为纽带，围绕当地已经形成和有可能形成的支柱产业和主导产品，调整和从优配置各种生产要素，延长原始农业的产业链条，形成区域化布局、专业化生产、一体化经营、社会化服务、企业化管理的各具特色的“龙型”经济；通过市场牵龙头、龙头带基地、基地连农户的形式，把农村的一、二、三产业有机地联系起来，把生产、加工、储藏、运输、销售统筹兼顾起来，把种养加、产供销、经科教各环节结合起来，使农工贸结成风险共担、利益均沾、互惠互利、共同发展的经济共同体，把农业引向市场化的轨道，以此推进农业现代化的进程。简单地说，就是贸工农一体化、产加销一条龙的“龙型”经济。因为它的实质是原始农业产业链的延伸，所以，还可以把这种社会实践活动定义为农业关联产业群的再造。

农业产业化经营（或者称为贸工农一体化经营），与传统的小规模、分散的自然农业相比，具有五个基本特征。

一、资源的市场化

在产业化经营组织中，各种生产要素的组合，排除传统的计划手段，打破了行业、地域、隶属和经济成分的界线，劳力、资金、技术可以在广阔的社会再生产领域中自由流动，由各生产经营主体依据市场来进行优化配置，并根据运行情况及时进行一些必要的整合或调节。

二、产品的商品化

产业化经营组织所生产的产品，不是为了成员的自给自足，也不是求得自给自足基础上的剩余，而是完全用于到市场上出售的商品。企业的生产目的，是在商品与货币的往复循环过程中得以实现；企业的一切经济活动，都是围绕商品展开的。

三、生产的专业化

企业在生产力的总体布局上，重点武装一个主导产业或主要产品，从原料的生产到产品的初加工、精加工，都尽可能地提高专业化程度，企业以专来发挥优势，以专来创造特色，以专来求得规模效益。

四、效益的最大化

产业化经营组织的兴起，其终极原因是效益的驱动。以效益为中心，是这类企业从事生产经营的准则。生产经营的决策，是以效益为依据进行分析、比较，最终决定取舍；经济核算体系，也是建立在对效益的监控和计统分析的基础上，效益在企业中具有相当的否决权。另外，受国家宏观调控和产业政策的引导，企业在主要注重经济效益的同时，也按照现代企业制度的要求，尽可能地兼顾社会效益和生态效益，可持续发展战略，被企业予以充分的重视。

五、企业的集团化

由于产业化经营是发展社会主义市场经济的产物，这就规定了它的发展方向是现代企业制度规范下的集团化。走集团化的道路，是每一个产业化经营企业所追求的共同目标。尽管目前一些产业化经营组织发育还不成熟，规模也不算大，有的仍然处于初级形态的联合与合作，但向集团化的方向发展，是它的必然选择，也是历史的趋势。

第二节　产业化经营的发育形态

农业产业化经营，来源于广大基层干部、涉农部门、企业和农民群众的创造，得力于各级党政领导的引导、培育、扶助和支持。这种经营体制能否凭借协同效应和组合功能，发育成长为具有辐射和带动作用的经济增长极，形成经济、有效、科学的运行机制，在很大程度上取决于它所采用的组织方式。在一些农业产业化经营搞得比较早、效果比较明显的地方，成功的奥秘之一是他们创造了符合本地实际的、各具特色的、形式多样的实体组织方式。在研究其发展规律和经济实体的组合形态时，一般可以从三个不同角度给出分类。

一、以基础产业划分

一是种加销一体化经营。这种形态是依托传统的粮、棉、菜种植业发展起来的。其产业链条主要有：粮食—原粮加工—食品—配合饲料—销售，粮食—淀粉—葡萄糖—医药—销售，油籽—榨油—副产品精提炼—销售，皮棉—纺纱—织布—印染—服装—销售，蔬菜栽培—加工—保鲜—配送，等等。吉林的黄龙股份公司、江苏的如意集团、湖南的华威棉产品开发有限公司等一些一体化经营实体，就属于这种类型。

二是养加销一体化经营。这种形态是依托畜牧、水产和特种养殖业发展起来的。其产业的基本链条是：良种繁育—分户饲养—屠宰加工—冷藏保鲜—销售，有的还可以派生出制革、服装鞋帽以及保健药品等产业链。山东诸城外贸公司、吉林德大股份有限公司、江苏龙山鳗业联合公司、黑龙江双城的兔业集团等，都是属于这种类型的一体化经营实体。

三是植加销一体化经营。这种形态是依托林果业和花卉、药材、食用菌等特种栽培业发展起来的。具有代表性的产业链是：植树造林—林产加工（纸浆、造纸、人造板、家具）—销售，花卉栽培—整形（包装）—销售。这种形态的主要特征是一村一品，一乡一业，产品的系列化开发和生产的专业化程度比较高。湖南长沙的食用菌开发集团和桃江的竹星集团公司，属于这种类型的一体化经营实体。

四是采加销一体化经营。这种形态是依托矿产资源的开发和利用发展起来的。其主要产业链是：矿石采集—精深加工—销售，沙石建材采集—加工（建筑）—销售。开采的重点是黄金、煤炭、大理石、膨润土、稀土元素等。

二、以龙头企业划分

一是由城市中的国有企业牵头，通过提供优惠条件和周到的服务，在农村建立原料生产基地，同众多的专业生产农户进行联合生产和经营。

二是由乡、村集体经济组织牵头，创办龙头企业或专业公司，以初级产品的多次加工增值带动众多的专业农户发展生产。

三是由供销合作社牵头，与农民联办产加销一条龙的合作组织。

四是由涉农事业单位牵头，通过技术转让、技术指导、技术承包、投资建原料生产基地或加工企业等，带动农户从事种植、养殖、加工、运输和销售，或者按生产经营环节进行分工，协同进行生产经营。

五是由各种学会、协会等民间组织牵头，创办加工或贸易企业，以会员形式吸纳农户从事专业生产。

六是由城乡个体户或民营企业牵头，用利益互补的形式来联结众多的农户，形成紧密的合作关系，来从事贸工农多环节的生产或经营。

三、以发育形态划分

一是经销公司、协会、龙头企业加农户。由于这种形态中工贸环节与分散的农户之间的关系主要是契约下的买断关系，作为基础层次的农户往往分享不到工贸环节所获的高额利润，所以，人们通常称为这是比较松散的联合与合作。这是一体化经营的初级形态。

二是集贸工环节为一体，对农户提供专项服务和技术指导，给予资金扶持，实行风险和利益补偿，是真正意义上的利益均沾、风险共担的共同体。这是一体化经营的中级形态。

三是农业产业化经营的企业集团。这是一体化经营的高级形态。因为这种形态把贸工农各环节紧密地联结起来，按照各自的分工从事生产或经营，并实行独立核算下的盈亏调节补偿的财务制度，作为生产原料的基础层次的农户，实质是分公司下设的一个车间。企业集团与贸工农各环节连心连利，每个环节的生产经营情况都对总公司的经营效果发生影响，总公司的经营效果对每个员工的利益得失形成约束。企业集团不是以一体化的某个环节为龙头来带动其他环节的发展，而是以一个具有综合功能的经营实体为物质载体，因而具有更强大的牵引力和带动力。它能够在企业微观组织运行的各个领域中发挥应有的作用，以更大的生产经营规模和更为显著的经济效益作为抗御自然风险和市场风险的经济基础，使一体化经营表现出强大的生命力和其他生产经营实体无法比拟的优越性。当一体化经营逐级过渡到这种形态时，产业、城乡、经济成分理所当然地会融合，各种差别将缩小。生产的专业化、社会化、现代化水平将出现新的飞跃。

就其一体化经营的发展过程来说，一般都是由初级形态的联合与合作开始，逐步向一体化经营的形式演进，都要经过一个由低级到高级、由松散到紧密的逐步完善和提高的过程。应当说明的是，任何分类，都是人为的，因而是相对的。任何一种分类方法，也不可能把形形色色和形态各异的经营体制收录无遗。因此，上述这种分类，旨在于对一体化的形态给出个大体的概括，以便于研究发展的大致趋势。

第三节　产业化经营的经济学依据

产业化经营，发端于城乡的配套改革，起源于广大基层干部和农民群众的创造，是社会实践的产物。把这一实践活动置于社会主义经济发展理论的范畴，进行一些深入的分析和论证，就会清楚地认识到，这种社会实践具有坚实的理论支持。

一、依据“商品生产是建立在专业化、社会化基础之上的大生产”的理论

马克思主义经济学原理告诉我们，当人类社会进入到一定文明程度时，社会成员用于维持生命的给养和用于自身发展的物质资料的来源，将由自给转入在市场交换的过程中取得。随之，社会成员的劳动也将逐步从自然经济状态中脱离出来，开始从事用于交换的大规模的商品生产。由于商品生产的成果要经市场验收，产品的价值要在市场上进行交换才得以实现，这就迫使生产者立足于最大限度地发挥本身的技能，最大限度地利用资源、区位、物流、交换手段等一些优越条件，从事对自己最为有利的一种或一个系列的产品的生产，于是就出现了生产的专业化。又由于社会分工越来越细，生产协作范围越来越大，生产单元彼此之间有着千丝万缕的联系，整个社会呈现一个密不可分的经济运行实体，于是又出现了生产的社会化。

生产的专业化和社会化是商品经济发展的结果，反过来它又成了促进商品经济发展的杠杆。如果没有专业化和社会化程度的相应提高，也就没有商品经济的发展。对此，列宁说：“社会分工是商品经

济的基础”（《列宁选集》第一卷第161页）。目前在中国，随着绝大多数社会成员温饱问题的稳定解决和生产的专业化、社会化程度的不断提高，社会已经步入了大规模发展商品经济的阶段。据有关部门统计，目前农产品的商品率已达60%左右。但由于生产单位的规模狭小，商务信息闭塞，商品流通不畅，劳动者素质不高等原因，制约着专业化、社会化程度的提高，影响到商品经济的发展。为有效地解决这些问题，克服不利因素，一些地方开始从体制和制度上找出路，通过实践探索，选择了农业产业化经营。实践证明，这种经营体制，便于劳动者发挥最佳专长，便于提高劳动者的生产技能和进入市场的组织程度，便于充分利用当地资源优势和有利条件发展生产，从而促进社会化服务体系的健全、商品批量物流的形成、劳动效率的提高。蕴涵在这些具体表现中的实质，是生产的专业化和社会化程度的提高。这种提高所形成的杠杆力，推动着社会商品经济的加速发展。

二、依据“经济性是选择经营体制的首要取舍条件”的理论

在传统的自然经济阶段，人们为了维持生存的基本需求，往往以“有用”为第一选择，不惜一切代价去攫取物质资料。当社会进化到商品经济时代，生产手段有了质的飞跃，物质财富总量大幅度增加，这时的经营行为方式的取向，第一位的选择是经济性。经济性的本源有两个方面：一方面是增产，另一方面是节约。即在投入量一定的情况下最大限度地增加产出；在产出量一定的情况下最大限度地节约劳动和节约资源。被马克思称为对政治经济学的起源做出了贡献的亚当·斯密在著名的《国富论》中说：“节约可以增加资本，而浪费则蚕食资本”。“由于劳动生产力的发展能够节约固定资本的维持费，所以企业的生产基金也会相应地增加，从而引起土地和劳动的年产物以及社会实际收入的增长”（张赞洞、李善明：《剩余价值理论概说》第1册第183、189页，四川人民出版社）。亚当·斯密是从物质的实物量和价值量两方面来论述“年产物”增产的。年产物增产的实质就是物质财富的增长。而“社会实际收入的增长”，则是物质财富所对应的价值量的增长。这里的增长，是指在最大限度节约劳动情况下的增长，因而是具有经济性的增长。

农业产业化经营，正是从增产和节约两方面来满足“生产经营经

济性”要求的。第一，通过流通对生产的反作用，促进初级产品的增长。在商品经济刚刚起步的初期，农产品的供需波动较大，买难卖难交织，各种购销大战此起彼伏。究其根本原因，主要是市场发育滞后，流通不畅，初级产品的生产与流通之间缺少一种有效的利益联动机制。由于这种机制不健全，往往使初级产品的生产不能实现产品到商品的“惊险跳跃”，受损失的也只能是初级产品的生产者。农业产业化经营，恰巧在生产与流通之间架起了桥梁，建立起了二者利益兼顾的调节机制，消除了生产的盲目性和流通的自顾性，使初级产品能按市场需求组织生产，并力争做到均衡上市，使产品价值实现投入到产出的良性循环，从而推动着农产品生产基地的大发展。第二，通过科技的注入，使资本的收益率得到提高。重农学派在把资本的流通和再生产联系起来加以考察时，曾提出资本周转具有“年预付”和“原预付”的概念之分。魁奈认为，所谓年预付是指种子、肥料和工人的工资等每年的生产性支出；所谓原预付是指耕畜、农具、仓库、房屋以及土壤改良等多年一次的支出。农业产业化经营，使生产在不断扩大规模的基础上来提高专业化和社会化程度，为采用先进技术和提高劳动者的素质创造了条件，大大地增加了科技在增产中的贡献份额，从而使年预付和原预付资本的收益率都能得到提高。第三，通过组织强大的“航空母舰”，增强生产经营单位抵御自然风险和市场风险的能力。各个分散的生产经营单位联合起来，各方面的优势可以得到互补。通过新的优化组合，它们的合力大于分力之和，从而能够把大的风险化小，小的风险化了。第四，通过形成批量物流来降低生产和交易成本。对于任何一项生产经营活动来说，降低成本对其经济性的重要作用，都是不言而喻的。商品能否形成批量物流，对成本的构成具有刚性约束力。这对于以市场带动型的农业产业化经营来说，其作用效力更加明显。山东寿光市，历史上就盛产蔬菜。但因没有商务组织和交易场所，使产品无法变成商品，价值无法实现。久而，农民种菜也只能满足于自食自用。自从采用了农业产业化经营，使分散在千家万户的小批量蔬菜形成了大批量物流，正是由于物流批量的形成，大大地降低了生产和交易成本，才使得蔬菜成了这个县的支柱产业。从各地的实践看，农业产业化经营为什么能够具有如此的生机和活力？其中一个至关重要的奥秘就是它具有理想的经济性。这是它能够得到发育和不断壮大的终极原因。

三、依据“社会分工条件下的均衡生产有赖于社会平均利润能动调节”的理论

在社会分工明确的条件下，商品生产的内在矛盾要转化为使用价值和价值的对立，转化为生产与加工、流通、消费之间的对立。由此可以推导出，初级产品生产与加工、流通之间，存在着一种利益对立的关系。在这种利益对立所引起的摩擦运动中，初级产品生产者往往处于极为不利的地位。从初级产品生产与加工业的利益关系上说，初级产品的生产要受制于资源供给和自然风险的双重制约，且生产周期长、改进技术的难度大、降低生产成本的潜力小。多种因素交织作用，致使加工业的附加值要高于初级产品的生产。从初级产品的生产与流通业的利益关系上说，流通的周期短，资本周转速度快，占用的资本量小，能够对复杂多变的市场情况作出及时而又灵活的反应，所承担的风险相对小。而初级产品的生产周期长，资本周转速度慢，对市场变化的反应滞后，调整经济行为的难度大，生产的风险大，比较效益低。特别是在社会主义市场经济体制还没真正建立起来，市场机制还发育不全的情况下，初级产品生产者与工业厂家和专业商人发生交易关系时，初级产品生产者总是处于被动接受价格和其他商务条件的不利地位。他们作为卖者，往往要受到来自于买方的价格垄断，从而迫使他们接受比自由竞争条件下较低的产品价格，由此形成了工农产品价格的“剪刀差”和原料产业与流通业的“不平等利润率”两种经济现象。对此，马克思在《资本论》第三卷关于平均利润的理论中详尽地揭示了这两种经济现象。马克思认为，在生产与流通没有分离的时候，商品的生产和销售都隶属于同一个产业资本，由于资本的所有权属于同一资本家或资本家集团，在各产业间的利润分配具有一种潜在的可以趋近均衡的有效机制。但当生产和流通一旦分离，由于资本所有权的分属和产业特性的作用，不可避免地要出现利润的非均衡分配。又由于初级产品生产的天生弱质性，使生产者必然地处于被剥夺的位置上。

马克思在《资本论》中揭示：当各产业之间利润出现非均衡分配时，处于不利地位的产业渴望得到平均利润率，会本能地采取经济补

偿手段，追求利润的平均化。农业产业化经营，就是在交换中处于不利地位的初级产品生产者为获取社会平均利润率而采取的有效措施。因为解决这个问题的根本办法是调节和重新整合生产与流通的关系，把二者的利益统筹兼顾起来，建立一个合理的利益分享机制。这正是农业产业化经营能够得以兴起的初衷。这种经营体制，在一定程度上缓和了产业资本与商业资本之间的矛盾，在一定程度上消除了生产与流通的利益对峙。当生产、加工和流通都为了共同的利益进行经营时，就会促进生产的发展，促进宏观经济效益和微观经济效益的提高。这就是农业产业化经营的经济性的真谛。

四、依据“用市场来配置资源”的理论

中国的经济体制改革，总的方面是建立社会主义市场经济体制。农业产业化经营，正是经济体制在计划经济向社会主义市场经济转变的过程中，所造就的一种适应社会主义市场经济要求的新型经营体制。这种经营体制的主要标志是：使市场在国家宏观调控下对资源的配置起基础性作用。

在农业产业化经营体制中，市场机制主要在三个方面发挥基础性作用。第一，通过市场调节实现生产要素的优化组合。分布在城乡之间、工农之间以及各种所有制实体中的生产要素，在利益的驱使下，借助于市场这个载体发生流动和重新组合，再造市场的微观基础，形成新的经济生长点，在经济增量的增值作用下，推动农村经济以及城乡总体经济的加速发展。第二，通过市场体系衔接产销关系。产业化经营打破了地域、行业和所有制等壁垒，以市场为纽带把初级产品的生产、加工和销售诸环节有机地联系起来，初级产品生产者按市场需求进行生产；加工企业的生产能力建立在有充裕的原料来源的基础上；流通企业和运销的基础设施与初级产品的生产和加工能力相匹配；各方面在结构和总量上都能有规则地照应起来，从而提高了农村经济增长的质量和经济运行的稳定性。第三，通过市场机制来调节各方面的既得利益。伴随着一体化经营体制的形成，内部利益联动机制也相应形成，可根据经济运行情况能动地调节初级产品生产者、加工企业和流通产业之间的利益关系，矫正由产业间的竞争所引起的不公平，从根本上扭转“生产亏本、流通赚钱”的不合理分配格局。

从上述这四个方面的作用会明显看出，农业产业化经营是发展社会主义市场经济的产物，它的发育和成长，反过来又有力地促进了社会主义市场经济体制的建立和完善。从这个意义上说，社会主义市场经济理论是指导产业化实践的基本理论，是这种社会实践的坚强有力的理论基石。

第四节　产业化经营的经济意义

从一些省份的实践看，选用产业化这种经营体制，对于解决农村发展社会主义市场经济过程中所遇到的一些矛盾，对于进一步解放和发展生产力，对于促进经济体制和经济增长方式的转变，都产生了积极的推动作用。它的经济意义，主要表现在以下五个方面。

一、能够引导分散经营的农户进入市场

在我国农村，95%以上的农户是实行分散的家庭经营。这种经营格局，一方面使生产不能形成规模和产品的批量物流，农民难以稳定地进入市场；另一方面由于农民不了解市场，即使有了批量物流，也会因流通不畅和中间利益的盘剥而出现卖难。因此，在农村发展社会主义市场经济，遇到的一个重要难题就是怎么把千家万户的小生产与千变万化的大市场连接起来，把初级农产品与精深加工的产品在生产、交换、分配、消费诸环节兼顾起来，建立起稳定的农产品商品生产基地和供销渠道，消除农产品市场的周期性波动、原料抢购“大战”、买难卖难交织和压等压价收购农产品的不正常现象。实践证明，推行贸工农一体化、产加销一条龙的经营体制，是解决这个问题的有效途径。这种经营体制，通过龙头企业、专业市场和中介组织，在分散经营的农户与大市场之间架起了桥梁，通过契约和利益调节机制，把农产品生产与国内外市场衔接起来，从而在稳定和完善家庭联产承包责任制的基础上，把农业和农村经济纳入了社会化大生产的轨道，提高了农民进入市场的组织程度和抵御市场风险的能力。比如，农业产业化经营搞得早的山东省，到 1995 年末，全省已有较大的龙头企业 1.3 万多家，带动各种农产品生产基地5 500万亩，占全省总耕地面积的 54.58%，使全省 35.54%（700 多万户）的农户稳定地进入

了市场，按市场的需求从事生产和经营，从而增强了生产的预见性、稳定性，避免了盲目性，使农民真正成了能够自主的商品生产者和经营者。

二、能够提高农业的总体效益

农业产业化经营，主要是通过三个方面来提高效益。一方面，通过兴办农产品精、深加工企业，实现多层次转化增值；另一方面，通过延长传统农业的产业链，兴办仓储、运输、销售业，提高农产品的附加价值和综合效益；再一方面，通过采用现代化的管理手段和产销直接见面，减少中间环节，降低生产消耗，节约经营成本，从而大大地提高企业的总体赢利水平。这三个方面同时作用，就能在一定程度上改变农业的低效性和弱质性，使其走上高产、优质、低耗、高效的路子。据有关部门的典型调查，粮食的初加工一般可增值30%～50%，其他农产品加工增值率都在一倍以上。有的产品围绕出口创汇来进行深精加工，可增值十几倍乃至几十倍。湖南的楠竹，如果卖原料，一根竹子只能卖8元左右；如果加工成系列竹制品，可增值3～5倍。近几年，桃江县以50万亩楠竹基地为依托，实行农业产业化经营，先后兴办竹制品加工厂700多家，开发系列产品20多个，产品远销日本、香港等国家和地区，每年获产值都在3亿元以上。

三、能够促进农业增长方式的转变

我国农业的增长，总体上是属于粗放型占有相当比重的增长。主要表现在：经营规模过小，人均只有0.75～1.3亩耕地，这种超微型的生产规模，对于推广先进的科学技术，采用现代化的装备，提高经营管理水平和劳动生产率，都有明显的制约。我国农业科技在增产中的份额只占39%左右。同时，机械化程度也不高，机耕占总面积的55%，而机播和机收只分别占18%、11%；管理手段也落后，缺少精耕细作，在边远山区和一些少数民族地区，还处于“刀耕火种”的原始生产方式阶段。粗放经营，直接导致了土地产出率、产品商品率和劳动生产率的低下。实行一体化经营，可以在规模经营、科技进步和企业化管理等四个方面来促进农业增长方式的转变。首先，可以扩大经营规模。这种经营体制能够使稀缺的耕地资源在市场机制和利益驱动的作用下发生自由流动，同其他生产要素进行优化组合，实现具有集约意义的集中连片开发，用经营规模的扩大来求得效益的提高。其次，可以促进科技的进步。经营规模的扩大，为引用和推广先进适用的科学技术创造了条件，大大缩短了科研成果转化为现实生产力的周期，使技术真正进村入户，一推一个系列，一收一片成果。产业化经营实体内部科技成果的推广和应用，也辐射和带动了整个周围地域科技推广工作的开展，从而有力地促进了农业增长方式的转变。产业化经营起步比较早的山东潍坊市，科技进步因素在经济增长中所占的份额已达到50%以上，比全国的平均水平高出11个百分点。第三，可以把现代化的工业管理手段引入农业。贸易、工业与农业的融合，使传统农业的落后管理体制得到改造，一些应用于现代化工业的管理手段在农业领域得到实施，工业管理经验被农业所借鉴，使农业逐步走上管理的规范化和产品的标准化。第四，可以增强农业发展的物质基础。科技的进步和管理水平的提高，也会带动投入的增加，使得农业的生产条件得到改善，装备水平得到提高，发展后劲得到增强，从而推动经济增长质量和整体素质不断登上新的台阶。

上述情况足以说明，实行农业产业化经营，是农业向规模经营、结构优化、科技进步、加强管理要效益，是从根本上转变增长方式的具体实践，也是一项成功的实践。

四、能够优化农村的经济结构

我国农村经济结构不合理，不适应发展社会主义市场经济的需要。从种植业结构上看，粮棉作物比例偏大，饲料和经济作物比例偏小，用粮食作饲料，大大地降低了土地的报酬率。从农业内部产业结构上看，种植业的比例偏大，林牧副渔各业近几年虽然得到了一定的发展，但比重仍然偏小，不能满足人们多样性的消费需求。从农村经济总体结构上看，一次产业在基础不稳的情况下又显得比例偏大，二、三产业比例偏小，特别是发展市场经济所必需的信息业、交通运输业、商贸服务业很不配套，商品流通的基础设施建设严重滞后。从农产品的结构上看，传统的只局限于能够解决温饱的大路货多，具有市场竞争能力的名优特新产品少；以初级形态直接进入市场的产品比重大，精深加工的产品少。由于经济结构不合理，致使生产、交换、分配、消费环节上不断出现一些新情况、新问题，严重地影响到整个国民经济的正常运行。通过实行产业化经营，培育主导产业，发育市场主体，建立商品生产基地，大力发展农产品加工业和流通服务业，能够使各方面的结构相应得到调整，使之向合理的方向趋进。从各地的实践看，凡是农业产业化经营起步较早的地方，农村经济各层次上的结构都程度不同地得到了调整和改善。据湖南省有关部门的调查，岳阳、常德、益阳等地市，由于因地制宜地推行一体化经营，粮食作物与经济作物的种植面积已由过去的 80：20 调整到 60：40。湘乡市实行生猪生产、肉食加工、皮革加工、饲料加工、产品销售一条龙的系列开发，贸工农综合经营，加快了养殖业的发展，全市畜牧业产值占农业总产值的比重已接近 60％。一体化经营，延伸了传统农业的产业链，各环节能够通过利益调节机制的作用，平均分享到整个产业链上的利润，必然会带动二、三产业的大发展，促进整个农村经济的繁荣。

五、能够促进社会主义市场经济体制的建立和完善

党的十四大在总结改革开放和社会主义现代化建设基本经验的基础上，正式确立了建立社会主义市场经济体制的改革目标。实现这个伟大目标，对于农村来说，难点在于摆脱城乡分割、条块分割、产销脱节的两元经济结构严重的束缚，解决好市场主体发育不全、市场体系不完善、农村经济的经营体制和运行机制很不适应等与建立社会主义市场经济体制的需要相左的现实问题。这个难点如何突破？从近几年各地的大胆实践和积极探索中看到，实行农业产业化经营，有利于打破旧体制的束缚，有利于营造新的生产经营体制的基本框架，有利于加快建立社会主义市场经济体制的进程。一体化经营体制，突破了地域、所有制、行业界线，资源是在效率和效益的原则规范下、在市场机制的作用下优化配置，进行生产要素的重新组合，使存量资产得以充分利用，增量资产实现投入与产出的良性循环。在一体化经营实体内部，利益调节机制能够比较好地发挥作用，使收益分配具有公平与效率的双重约束；企业运行机制、积累机制和投入机制比较好地得到了规范，管理走上了制度化的轨道。公司加农户、股份合作制、具有一定经济实力的企业集团等一些一体化经营组织的发育和成长，再

造了具有时代特征的市场主体，贸工农各业之间的兼容，为在广阔的农村培植新的经济增长点开辟了道路。上述这些情况，充分显示了在社会主义市场经济条件下，实行农业产业化经营，是农村经济经营体制的一个选择走向。

第五节 产业化经营与解决农民问题的关系

中共中央总书记江泽民曾经说：“农民问题始终是我国革命和建设的根本问题”（《十三大以来重要文献选编》中册第1158页，人民出版社）。中国有12亿人口，其中9亿是农民。农民的生产积极性如何，生活状况怎么样，直接关系到农村经济的发展，关系到农村社会的稳定，关系到基层政权的巩固，关系到整个国家的长治久安。没有农民的小康，就没有全国人民的小康；没有农业的现代化，就没有整个国家的现代化。在进行社会主义现代化建设的新的历史时期，解决好农民问题，是摆在党和政府面前紧迫而又艰巨的任务。

一、讨论农业产业化经营与解决农民问题的关系，首先应弄明白农民都有哪些主要问题需要解决

1. 要不断地增加农民收入，使农民尽快脱贫致富。改革开放以来，随着党在农村政策的调整和农村经济的发展，农民收入有了较大幅度的增加，生活水平相应得到提高。但是，就农民的总体生活水平看，还是刚刚解决温饱，生活并不富裕。1995年，农民人均收入1578元，扣除价格因素，实际只有1 286元。这个收入水平，与国内城镇居民和国际上农民的收入相比，都有很大的差距。在国内，城镇居民与农民收入相比，为2.5∶1；在国际上，不但与经济发达国家差距很大，而且也达不到世界的人均水平。对于广大农民来说，增加收入，改善生活，提高生存和发展的质量，是众盼所归的第一位愿望。如果农民收入不能得到增加，农民生活的改善，农村经济的发展，就都失去了物质基础。同时，还会因农民的购买力不足而引起市场疲软，影响到工业品的销售，影响到整个国民经济的持续、快速、健康发展。农民收

入，不仅仅是个经济和社会问题，也可能转化为严重的政治问题。尤其是城乡居民收入差距无节制地扩大，会引起农民的心态失衡，滋生不满情绪。从这个意义上说，增加农民收入，是解决好农民问题的基础，是第一位的任务。

2. 要广泛开辟生产门路，使农民能够充分就业。中国农业资源紧缺，人口在高基数上逐年大幅度增加，农民就业岗位严重不足，隐性失业的问题越发突出。据湖南省有关部门的调查，目前农村劳动力有26%处于常年闲置。以此推算，全国大约有1.3亿农村劳动力待业。其中，大约每年有3 600万农民流入城市寻求生存空间。在乡务农的劳动力，也因生产规模的狭小而产生大量的劳动剩余时间。农民就业岗位的不足和隐性失业的问题，已经对社会的稳定构成威胁，如果不能逐步得以缓解，有可能引发出一系列社会问题。这是解决农民问题的一个难点。

3. 要千方百计稳定农村秩序，使农民安居乐业。目前，我国正处于经济体制改革的关键时期。由于在体制变革期间各种利益关系发生了变化，人们的思想空前活跃，加之农民收入增长缓慢，农民不能充分就业等原因，给农村社会秩序的维持带来了一些新的矛盾和问题。主要表现在：个别地方社会秩序混乱，治安状况不良，使农民的生产生活受到影响，农民意见很大。对此，中共中央文件曾客观地指出："当前，我国社会治安形势仍然很严峻，刑事犯罪和其他治安问题有增无减，不少地方人民群众缺乏安全感"（《中共中央国务院关于加强社会治安综合治理的决定》，《新华日报》1991年第3期）。近几年中央采取了一系列强硬措施，加大了严打的力度，有效地遏制了社会治安状况的下滑，但潜在的不稳定因素仍然很多。社会治安状况不良对农村经济的发展和农村社会稳定的消极影响是不言而喻的，这是无法回避的问题，必须下工夫解决好。如果农民不能安居乐业，农村的两个文明建设都搞不上去。

4. 要保障农民应有的民主权利，使农民的素质和组织程度不断提高。以实行家庭联产承包责任制为标志的农村改革，使农民真正成了独立的商品生产者和经营者，也使他们自觉参与社会政治的积极性大为增强。农民可以通过村民自治组织的活动，实行民主选举、民主决策、民主管理、民主监督的权力。这充分体现了农民当家做主的社会主义制度的优越性。现存的问题是，在发展社会主义市场经济的过程中，在商品交换环节和价格形成方面，农民的对话地位比较低，党和政府给予农民和支持发展农村经济的一些优惠政策，往往得不到完全落实，农民的经济利益还缺乏应有的保护措施，在某种程度上也挫伤了农民的积极性。因此，应通过一种经济组织把农民组织和团结起来，赋予他们公平交易和在经济交往中对等谈判的权力，使他们在经济交往过程中的一些合理愿望得以实现，这是解决好农民问题的关键环节。

二、围绕上面所列举的四个问题做一些实证分析，就会看到产业化经营为解决好农民问题奠定了基础，开辟了一条理想的道路

1. 产业化经营是增加农民收入的有效途径。这种经营体制，利用经济手段把贸工农各环节联系起来，把一、二、三产业融合起来，通过传统农业产业链的延伸、农村经济结构的优化、科技的注入，使价格低廉的初级产品在加工和贸易的过程中得到增值，使生产经营者的收入随着产业系统总体经济效益的提高而相应地得到增加。一些地方广泛采用的公司加农户、基地带农户、市场联农户等生产经营组织方式，有效地改变了过去那种企业与农民利益直接对立的逆向状态，形成了利益均沾、风险共担的顺向利益关系，经营主体内部各个核算单位之间的收益可以在有效机制的作用下得到调节和互补，农民除了可以得到初级产品的第一层次收益外，还可以分享到加工业、流通业和服务业中的部分利润。据山东省邵桂芳副省长介绍，1996 年，全省农村由于大面积推行农业产业化经营，使农产品转化升值达 200 多亿元，全省每个农户平均增收 200 多元。潍坊市的花卉产业一条龙，使农民每年增收 7 亿多元。农业产业化经营，已经成了农民收入新的增长点。

2. 产业化经营是拓宽农民就业渠道的战略选择。贸工农各类企业和企业集团的兴起，打破了农民原始的以地为本、以农谋生的就业格局，为农民提供了新的发展机会和就业岗位。农民的就业空间从产中向产前产后延伸，就业的产业由原始的种养业向加工、储藏、运输、销售、服务等产业延伸。一些已经发展起来具有雄厚经济实力的乡镇企业，在以资产存量重组、增量优化为主要内容的产权制度改造的过程中，也积极向贸工农一体化的方向靠拢，借推行农业产业化经营的机遇来不断扩大生产规模，形成了很强的吸纳农村剩余劳动力的能力。据农业部统计，截止 1996 年末，在乡镇企业就业的农民已达 1.32 亿人。这其中的一部分，就是在企业转化为一体化经营才得以就业的。至于这种经营体制由于带户功能所联动的农民就业，尽管很难做出精确的统计，缺乏定量分析，但它的作用是不可低估的。

3. 产业化经营是稳定农村的有效措施。导致一些地方社会秩序混乱、个别村不稳定的原因固然是多方面的。但是，农民就业岗位严重不足、收入增长缓慢和盲目的无序流动，是一个不可忽视的因素。列宁曾经说过，受饥饿折磨的人，是什么事情都干得出来的。实行产业化经营，使一些无业游民得到了安置，有了维持生计的基本保证，就能安居下来。农民能够安居乐业，自然消除了对社会不满的情绪，能够自觉地用法律法规来规范行为，不再去做铤而走险的事情，大大增强了保持社会稳定的积极因素。在农村调研看到，凡是农业产业化经营起步早、搞得好的地方，社会秩序都比较稳定，精神文明建设也搞得有声有色。一些地方的实践告诉我们，保持农村社会的稳定，首先要从农民就业和增加收入抓起。这两个方面搞好了，农民就可稳定下来。如果不解决好人往哪里去、钱从哪里来的问题，农村稳定就要受到影响。

4. 产业化经营是提高农民组织程度的体制保证。一体化生产经营组织，具有政治与经济的双层属性。从经济范畴上说，它是经济组织；从政治范畴上说，它又是社团组织。既然具有社团的性质，就必然具有组织和凝聚成员，引导其政治倾向的职能，这就为农民参与社会政治，提高他们的对话地位，提高他们的组织程度奠定了基础。把广大农民组织起来的目的，是让他们在党的基层组织和地方政府的领导下，齐心协力进行两个文明建设。实行农业产业化经营，正好迎合了党组织动员广大农民群众，坚持党的基本路线，实现小康目标，建设社会主义现代化新农村的要求，使党和政府的各种主张在组织的作用下，完全变成广大农民的自觉行动，较快地走上以共同富裕为基本标志的有中国特色的社会主义道路。这也是大力发展农业产业化经营的政治意义。

第六节　产业化经营的相关因素

一、产业化经营与统分结合的双层经营的关系

所谓统分结合的双层经营，是我国农村社区性集体经济组织现阶段所采用的以家庭联产承包责任制为基础，社区性集体经济组织与农户二者按各自的职能进行分工，所形成的有统有分，统分结合的经营体制。双层经营的内涵是集体的统一经营和农户的分散经营。在这个经营体制中，土地等主要生产资料由承包者按照与集体约定的生产目标、条件和用途，进行自主经营，对产品实行“交够国家的，留足集体的，剩余都是自己的”分配制度；集体经济组织主要行使生产指导、协调服务、资产积累、资源开发、兴办企业等职能，工作的重点是通过完善服务功能来为农户提供产前、产中、产后的配套服务。这种经营体制与产业化经营，共同之处是都属于农村经济经营体制，其目的都是为了更快地发展农村经济，组织和引导农民走共同富裕的道路。二者的区别是：统分结合的双层经营的主要标志是所有制的集体性、管理的民主性、成员的社区性；而产业化经营的主要标志是所有制成分的多元性、生产的专业性和成员区域的广延性。二者之间在发育的基因和经济交往上，因经营主体的情况各异，有的有联系，有的没联系。但从逻辑关系上说，没有必然的联系。所谓有联系，是指有的一体化经营体制是借助于双层经营休制得以发育和成长起来的，有的在生产经营上具有稳定的合作关系或密切的业务往来。所谓没联系，是指有的一体化经营体制的发育、成长以及运行，与双层经营没有太直接的关系，是一种完全意义上的经营体制的自我创新。从理论上说，在统分结合双层经营体制比较健全、服务功能比较强的地方，是产业化经营孕育和发展的良好的基础条件。相反，在一些双层经营体制很不健全，职能作用发挥不好的地方，也有产业化经营发展快、效果好的例证。所以，二者没有必然的联系。

二、产业化经营与股份合作制的关系

近几年，几乎与贸工农一体化相伴而生的股份合作制，就其组织

形式来说，是一种经营体制；就其产权分类来说，是一种所有制形式。它的基本特征是，分散经营的农户在资本联合、劳动联合的基础上自愿组织起来，形成具有法人资格的经济组织，以求得生产过程中的自我服务、生产要素的优化组合和经济利益的自我保护。这种经济组织，有的作为一体化经营的一个基础层次而运行，有的本身就是一体化经营的实体。它的本质属于专业性的新型合作经济组织。它的应运而生，对贸工农一体化的完善和发展，起到了“助力器”的作用。它的作用主要表现在：有利于解决加工农产品的龙头企业要求原料供应的批量性、稳定性与农户供货的分散性、随意性的矛盾；有利于解决农户分散经营与一体化经营要求提高生产专业化和集约化程度的矛盾；有利于解决农民利益需要保护与农民自身缺乏保护能力的矛盾。山东省莱阳市推进产业化经营，农民自发兴办了300多个股份合作社，入社农户达12.5万户，占全市农户总数的56.8%，入社股金达5 173万元，从而有效地促进了一体化经营与股份合作制的有效对接和有机结合，使一体化经营的运行机制更加完善。股份制与农业产业化经营，二者的共同优点在于它有效地实现了在社会主义市场经济条件下农村市场主体的微观再造。

三、产业化经营与公司加农户的关系

公司（工厂）加农户这种经营体制，诞生于80年代中期。当时在一些农产品商品率比较高的地方，出于解决加工企业与农户之间建立稳定的原料供应基地和供销渠道，消除农产品市场周期性波动、原料抢购大战、买难卖难交织和收购农产品压等压价等不经济、不规范的现象的需要，所创造的定项生产、连利经营的一种生产经营的组织形式。党的十四大召开以后，一些采用了这种形式的经营主体，又按照发展社会主义市场经济的要求，进一步调整了各方利益关系，完善带户功能，改善经营管理，从而有力地推动了本地由传统的自然经济向大规模商品经济转化的进程。有的还在原有的基础上，转化发展成了产业化经营。

公司（工厂）加农户，是以农副产品为原料的生产企业同农户以产品为纽带，连接生产与生产、生产与流通环节，共同进入市场的模式。实质是生产和销售的联合与合作。二者功能互补，相得益彰，共

同发展。公司加农户，是农业产业化经营的初级形态。说它是初级形态的标志，主要是体现在前者是后者发展的雏形，后者是前者发展到一定程度的必然趋势，二者之间明显地存在着继承和被继承的关系。一些以加工和销售农产品为初衷，办得很成功的工贸企业或企业集团，就是在“公司加农户”的基础上发展起来的。公司加农户这种体制不断完善和壮大的过程，就是向一体化经营方向发展的过程。因此，注意培育公司加农户，对加快农业产业化经营的进程，具有重要的现实意义。

四、产业化经营与农业改革和发展第二个飞跃的关系

1990年3月，邓小平同志在谈到农业问题时指出：“中国社会主义农业的改革和发展，从长远的观点看，要有两个飞跃。第一个飞跃，是废除人民公社，实行家庭联产承包为主的责任制。这是一个很大的前进，要长期坚持不变。第二个飞跃，是适应科学种田和生产社会化的需要，发展适度规模经营，发展集体经济。这是又一个很大的前进。当然这是很长的过程”（《邓小平文选》第3卷第355页，人民出版社）。

产业化经营，就是在“两个飞跃”理论指导下得以发育和发展起来的。实现小平同志所提出的第二个飞跃，有两个极其重要的着力点：一方面，它的启动点是深化农村改革；另一方面，它的具体标志是农业和农村经济再上新台阶。二者的核心是用深化改革来推动农村经济持续、快速、健康发展。而实行产业化经营，一个重要的出发点就是建立起新的能够适应发展社会主义市场经济需要的农村经济经营体制，再造农村的微观经济主体，发育市场体系，完善有利于千家万户进入市场的经济运行机制，规范市场秩序和主体行为。完成这个任务，唯一的出路就在于深化农村改革。否则，实现第二个飞跃没有体制基础。农业产业化经营，在充分发挥市场在资源配置中的基础性作用，促进生产要素优化组合的同时，要通过经济增长方式的转变来提高资源的利用率、土地的产出率、农产品的商品率，提高农业产业的综合效益。这几方面的收益，无疑构成了经济的有效增长。当这种变量积蓄和达到一定程度时，农业和农村经济就会出现第二个飞跃。

产业化的具体内容，是与“两个飞跃”的理论要求完全统一的。

深入理解“两个飞跃”理论，我们就会清楚地认识到，科学种田、生产社会化、规模经营、集体经济是第二个飞跃的“四要素”，也是实现第二个飞跃的具体操作措施。从一些地方实行农业产业化经营的实践效果看，这种经营体制能够促进农业科技的进步和劳动者素质的提高，能够把千家万户的小生产纳入社会化大生产的轨道，能够在合理扩大生产经营规模中提高规模效益的贡献份额，能够促进集体经济的稳步发展。这种情况说明，实现第二个飞跃的“四要素”，是与产业化经营的组织基础相一致的。

农业产业化经营，是兼容了改革和发展两个着力点的“复合体”。它可以把“四要素”有机地结合起来，使其发挥综合作用，从而推动实现发展的第二个飞跃的进程。“四要素”的综合作用，又反过来促进新的适应社会主义市场经济需要的经营体制的建立和完善，从而加快改革的第二个飞跃的进程。这种互相促进的现实效果，从实践上论证了实行农业产业化经营，是实现农村改革和发展的第二个飞跃的重要途径。

第七节　产业化经营的操作选择

实行产业化经营，是一项复杂的系统工程。它集改革和发展为一体，关联了生产、交换、分配、消费诸经济范畴，兼容了城乡之间的利益调节，需要从全局着眼，实行科学运筹和精心组织。根据这几年一些地方的实践经验，在具体操作上，应着重抓好五个关键环节。

一、确立和培植主导产业

确立和培植主导产业，是实施农业产业化经营的前提和基础。如果没有一个能够充分利用本地资源优势，具有本地特色，符合市场消费需求的主导产业和产品，产业化是化不起来的。综观各地农业产业化经营搞得好的典型，其共同特点就是选准了一个主导产业。山东省产业化发展快、效益好的基本经验是因地制宜地确立了主导产业和产品。到目前为止，这个省初步形成了以两个门类为轴心的 21 个主导产业和产品。第一类是物质生产性产业。有粮油、棉麻、果品、蔬菜、畜牧、水产、林业、烟草、桑蚕、花卉、药材、建材、工艺品等

13个。第二类是生产要素流通与服务性产业。有农机、水利、科技、信息、气象、劳务、金融、保险等8个。各地的情况不同，主导产业也不同。如寿光、苍山发展蔬菜；诸城、昌邑发展猪、鸡等肉食；定陶发展畜牧、裘皮；荣成发展水产；莱芜发展“三辣”（葱、姜、蒜），等等。凡是主导产业形成规模的，发展速度就快，效益就好。这是一条规律。山东的情况这样，全国的情况也是这样。因此，在创造农业产业化经营体制的过程中，一定要立足于本地资源优势和基础条件，发展各具特色、布局合理的主导产业和优势产品，以主导产业和优势产品为载体，催生农业产业化经营的经济实体，实现带动区域经济发展的目的。一是对现有产业进行结构调整，重新确定重点发展的主导产业；二是着眼发展新的支柱产业，延长产品的系列开发链条；三是注重对名特优新珍产品的开发，在创特色和名贵品牌上下功夫。例如，注重发展别具特色的畜禽和特种水产养殖，特种经济作物的栽培、加工和包装等。

二、突出抓好龙头企业建设

龙头企业内联千家万户，外接国内外市场，具有引导生产、深化加工、搞好服务的综合功能，是发展农业产业化经营的“火车头”。它经济实力的强弱和牵动力的大小，决定着农业产业化经营的规模和成效。建好一个龙头企业，就能带起一种或几种农副产品综合开发，扶持一方农民致富。因此，应把龙头企业的建设作为实行农业产业化经营的重点环节，下工夫抓好。特别应注意培育和发展企业集团。因为集团经营型一体化不是以一体化的某个环节为龙头带动其他环节发展，而是以一个综合功能的经营实体为物质载体，因而具有更强大的牵引力和带动力。它能够在更广泛的领域，以更大的规模和更显著的经济效益作为经济基础，使经营一体化达到更高层次。在发展方向上，要注意扶助大、高、外型龙头企业的发展。所谓大，就是大规模。围绕本地的主导产业和优势产品，培植集传递信息、推广技术、深化加工、贮运销售等多种功能一体的联合企业或企业集团。所谓高，就是企业的技术起点要高。不管是新上项目，还是老企业技术改造，都要坚持高科技含量和高附加价值。所谓外，就是发展外向型企业。重点扶持面向国际市场的龙头企业，扩大出口创汇。对于在本地区具有较强带动功能的龙头企业，应给予重点扶持，实行优惠政策。一是鼓励领办龙头企业。不论生产、加工、销售部门，不论国家、集体、股份联合或私营，只要具有开发生产和带动作用，具有组织加工和开展系列服务的能力，都应该积极扶持，大力发展。二是支持龙头企业引进先进的技术和设备，增强加工能力。以发展农产品的精深加工为主攻方向，支持搞好系列开发和综合利用。三是企业内部应搞好基础设施，特别要注意适应市场变化、抵御价格波动的需要，注重搞好仓储、运输等配套设施建设，健全信息网络，加强营运调度，使企业能够具有自我调节余缺、熨平市场周期、缓冲价格波动的能力。

三、开发建设大规模的原料生产基地

原料生产基地的建设，是实行农业产业化经营的基础层次，是龙头企业得以发展的依托和基本条件。在一个一体化经营实体中，原料生产就是初级产品的一个先导车间，是整个产业链的起点。它的产品产量、质量以及管理水平如何，它的生产规模是否能同加工能力优化匹配，将直接影响到整条产业链的正常运行。如果这个基础层次出了问题，后续的加工和销售将成为无米之炊，贸工农则无法连成一体。

在基地建设上，应力争做到“四化”。一是布局区域化。结合农业区划和产业结构调整，本着因地制宜、发挥优势、相对集中、高产优质高效的原则，统一规划，合理布局，有组织有计划地进行生产，实行一村一品、一乡一业。围绕带头产业，大力发展专业户、专业村、专业乡，逐步形成与资源特点相适应的区域化经济格局。二是经营集约化。龙头企业应围绕重点产品进行定项投入、定向服务、定向收购，引导农民发展适度规模经营，实行专业化生产，提高集约型经营在经济增长中的贡献份额。三是服务系列化。按照配套、有效、及时的要求，加强服务组织和服务设施建设。龙头企业应与经济技术部门或乡村合作经济组织结合，发挥各自的长处，从技术、物资、资金、运输、信息等方面为基地提供服务，努力做到产前统一供应良种、化肥、种雏，产中提供有效的技术指导，产后统一收购、加工、运销，使基地建设与服务体系建设相互配套、相互促进、共同发展。四是产销合同化。按照社会主义市场经济的要求，遵循价值规律，坚持用经济手段和法律手段规范企业同农民的经济行为，大力推行合同制，用契约明确产品收购总量、质量和价格，防止出现少了农户不卖，多了龙头企业不收的现象。所有的签约，必须以双方自愿、平等、互利为前提条件；必须明确有关方面的权利和义务；必须写明单方毁约应承担的经济责任。

在工作的指导上，应大力推广山东省采取的围绕龙头建基地、突出特色建基地、连片开发建基地，以基地建设促进龙头企业发展，以龙头企业发展带动基地建设的经验，把基地建设与主导产业的形成和龙头企业的发展有机地结合起来，形成互相促进、共同发展的良好的运行机制。

四、大力开拓市场

农产品和加工品迅速畅通进入流通领域并实现其价值，是实行产业化经营的宗旨。能不能以市场为导向，把产品推向市场，占领市场，这对于一体化能否真正形成，“小龙”能否长成“大龙”，是至关重要的。在一些地方，一体化化不起来，“小龙”长不大，最主要的原因是市场发育不良，没有形成通畅的产业环流。因此，应适应一体化经营的要求，积极调动一切因素，加快市场体系建设。

开拓市场，应在发育市场主体和建设市场体系两方面下工夫。一是大力培育市场主体。在稳定和完善家庭联产承包责任制，积极进行农村经济微观组织再造的过程中，发展个体、联合体、股份制和新型合作经济组织等各类市场主体，重点发展具有抗御自然风险和市场风险双重功能的联合企业或企业集团，提高农民进入市场的组织程度和龙头企业驾驭市场的能力。二是大力发展农产品市场和要素市场。在有关经济技术管理部门的统一规划下，在重要农产品产地或集散地，兴建一批能够贯通城乡，辐射全省、全国的农产品专业批发市场，力争开辟长期、稳定、广阔的农产品和加工品流通渠道，加强规范和管理农贸市场，谨慎而有秩序地试办期货市场；采取走出去、请进来的办法，积极开拓国际市场，为一体化经营组织参与国际经济循环奠定基础。同时，扶持发展劳动、技术、资金、信息等生产要素市场，通过生产要素的重新组合，促进农业产业化经营体制的完善和发展。三是大力发展市场中介组织。要支持乡村集体经济组织和农民创办各种专业协会、研究会、产销合作社等自我服务组织，充分发挥一些社团组织服务农民、搞活流通的积极作用，引导其向辐射带动能力强的专业化中介组织方向发展。

五、建立和完善一体化的运行机制

建立起一套科学、合理、有效、完善的经济运行机制，是农业产业化经营得以健康发展的内在动力。这几年，各地在贸工农一体化组织内部以及与之相关联的外部等方面，比如说积累投入机制、利益调节机制、宏观调控机制、经营管理机制、法律保障机制等方面，进行了一些有益的探索和实践，也积累了一些宝贵的经验。应对其进行总结，因地制宜地推广。

总结各地的实践，在农业产业化经营正在发育和成长的初始阶段，应着重建立四个有效机制。一是建立利益调节机制。建立利益调节机制的基本原则是：本着利益均沾、风险共担的原则去处理各有关方面的经济关系；注意保护弱者，特别要注意保护初级产品生产者的利益；科学合理地分配贸工环节的经营利润，支持初级产品生产基地建设。其实质内容是要重点研究探索合理调节生产、加工、销售之间，生产者与经营者之间，以及城乡之间、条块之间的经济利益关系。在经营过程中，龙头企业应通过向农户发放预付定金、提供贴息贷款、赊销生产资料、实行保护价收购等措施，支持农民发展初级产品的生产，保护生产者的经济利益。生产经营组织一旦真正形成一体化的经营实体，就应该把加工和销售环节的部分利润返还给农民。能否做到这一点，是判定生产经营组织是否真正形成一体化经营的主要标志。如果做不到这一点，就够不上真正的一体化经营。二是建立行为约束机制。要充分利用合同契约来规范各利益主体的经济行为。一经签订的合同，就具有了法律效力，就应自觉执行。要建立违约的经济补偿制度，违约者，应承担经济责任。工商执法部门，应加大对一体化经营契约的监督力度，客观、公正、及时地处理经济纠纷，依法保护各方的权益。三是建立风险保障机制。要建立风险基金制度，在流通环节按一定比例在经营金额中提取风险基金，用于调节丰歉年际间初级产品生产者的收入和抵御市场风险，也可用于弥补加工和销售环节所出现的亏损。要开展社会保险业务，合理分流自然灾害所造成的损失，使初级产品生产者遇灾之后不伤元气，并有恢复生产的经济来源。四是建立宏观调控机制。各级政府及有关部门应适应发展农业产业化经营的需要，加强宏观调控，充分发挥协调、指导和服务等职能作用。应彻底打破计划经济条件下形成的条块分割、产加销脱节的旧体制，按一体化经营的要求，建立起新的管理体制，运用有效手段引导企业调整产业方向、产品结构和各方面利益关系，调动各方面扶持发展一体化经营的积极性，为农业产业化经营的发育和发展创造一个良好的社会环境。

第九章

农村经营体制

第一节　农村经营体制理性概述

一、马克思主义关于集体经济的理论

伟大的无产阶级革命导师马克思和恩格斯，在论证科学社会主义基本原理的过程中，曾经设想社会主义、共产主义是在没有小农经济、单一资本主义化了的社会基础上发展而来的，他们主张无产阶级夺取政权后，就应立即消灭商品和货币。但是，他们并没有把无产阶级夺取政权以后由社会占有全部生产资料当作社会主义的唯一模式，更没把社会主义集体所有制看成只有一种统一的形式。他们运用唯物辩证法的基本原理，具体分析不同国家的土地占有情况，提出了合作经济的多种形式，把集体所有制视为一个多形式、多层次，既复杂而又适用的经济结构。他们曾经不止一次地论述过集体所有制合作经济及其不同形式，并对具有集体所有制性质的合作经济的组织原则和组织途径，也提出了一些设想。

1874 年，马克思在《巴格宁“国家制度和无政府状态”一书摘要》中指出，凡是农民作为土地私有者大批存在、而没有像英国那样为雇农所代替的地方，无产阶级在夺取政权以后，“将以政府的身份采取措施，直接改善农民的状况，从而把他们吸引到革命方面来；这些措施，一开始就应当促进土地私有制向集体所有制的过渡，让农民自己通过经济的道路来实现这种过渡；但不能采取得罪农民的措施，例如宣布废除继承权或废除农民所有权”。马克思认为，全民所有制并不是社会主义公有制的唯一形式，在存在着个体农民的地方，还可以实行另一种形式的公有制，即带有合作性质的集体所有制。对于私有制向集体所有制的过渡形式，只能“让农民自觉地通过经济的道路”来实现，而不能采取诸如废除农民所有权这种“得罪农民的措施”。

恩格斯在马克思初步论证的基础上，继承和发展了集体所有制合作经济的理论。他的主要理论贡献，是提出了集体所有制合作经济的多种形式以及组织合作社的原则和途径。1886 年，恩格斯在《致奥古斯特·倍倍尔》的信中指出：“我们一旦掌握政权，我们自己就一定要付诸实施：把大土地产给（先是租给）在国家领导下独立经营的合作社，这样，国家仍然是土地的所有者。”尔后，恩格斯在《法德农民问题》一文中又进一步指出：“我们的党一掌握了国家的权力，就应该干脆地剥夺大土地所有者，……我们将把这样归还给社会的大地产，在社会监督下，转交给现在就已耕种着这些土地并将组织成合作社的农业工人使用。”恩格斯也指出：个体农民“应当把自己的土地结合为一个大田庄，共同出力耕种，并按入股土地、预付资金和所出劳动力的比例分配收入。”恩格斯还指出，对个体农民不能剥夺，“而是通过示范和为此提供社会帮助”，把个体农民的“私人生产和私人占有，变为合作社的生产和占有”。对恩格斯的这些论述，可从三个方面来理解。一是恩格斯提出了在废除大土地所有制以后，在国有土地上组织合作社的设想。这一点是对马克思这方面论述的认同。二是提出了组织合作社的具体途径以及分配原则，从而把马克思的“不能采取得罪农民”的措施具体化了。三是提出了通过经济道路来实现过渡，也就是“通过示范和为此提供社会帮助”。这里萌生着组织合作社的自愿互利的指导原则。

当俄国无产阶级建立了苏维埃政权，开始引导农民从个体经济向共耕制过渡时，列宁也指出：“过渡到共耕制只能是自愿的，在这方面，任何强制手段都是工农政府所不能采取的，而且是法律所不容许的。”列宁在《论粮食税》、《论合作制》等著作中，提出了一系列走集体化道路，发展合作制的理论、方针和政策。列宁主张，组织合作社必须坚持自愿原则，采取说服教育和典型示范的方法；生产合作社的组织形式是共耕社和劳动组合。在组织合作社的种类顺序上，列宁提出先在流通、消费领域组织农产品供销合作社和消费合作社，然后在生产领域组织农业生产合作社。苏联在十月革命胜利后不久，列宁就率领苏联农民开始进行农业合作化的试验，力图把马克思恩格斯关于发展集体所有制合作经济的思想同苏联的具体情况结合起来，用于指导苏联的社会主义新农村的建设。在农业集体化的理论方面，列宁的贡献是把马克思恩格斯所视为过渡性质的合作生产，肯定为完全社会主义的生产，从而确定了农业合作化的社会主义道路。

列宁逝世后，斯大林继承列宁发展集体经济性质的合作制的思想，努力把这一理论付诸实践，不断探索在社会主义条件下农村经济的经营体制问题。1927 年，斯大林在党的第 15 次代表大会上提出了实现农业集体化和用新的技术改造农业的计划，旨在农村消灭剥削阶级，即富农阶级，把国内人数最多的劳动人民——农民阶级引向社会主义康庄大道。1929 年，苏联农业推行合作化的经营体制掀起高潮，到 1937 年时，苏联完成了列宁所制定的农业集体化的计划。但由于当时对集体农庄的产品实行义务交售制，征购过重，价格太低，曾一度影响了农业的发展。斯大林在领导苏联实现农业集体化的过程中，还论述了社会主义工业化与农业集体化的关系，论述了农业集体化的途径、形式，农业中集体经济与国营经济的关系，以及集体农民的家庭副业等等。

在中国的社会主义革命和建设时期，毛泽东逐步形成了一整套发展集体经济性质的合作制思想。早在 1933 年时，他曾对中央苏区的经济工作者说："命令主义地发展合作社，是不能成功的；暂时形式上发展了，也是不能巩固的；结果是失去信用，妨碍了合作社的发展。" 1934 年春季，毛泽东在江西瑞金召开的第二次全国工农代表大会上的报告中指出："我们的经济建设的中心是发展农业生产，发展工业生产，发展对外贸易和发展合作社。" 在当时，合作社事业得到了迅速的发展。据 1933 年 9 月对江西、福建两省 17 个县的统计，共有各种合作社 1 423 个，吸收农民股金 30 万元。发展得最盛的是消费合作社和粮食合作社，其次是生产合作社，而作为融资手段的信用合作社，在当时才刚刚筹建。毛泽东主张，合作社经济同国营经济配合起来，经过长期的发展，将成为经济方面的巨大力量，将对私人经济逐渐占优势并取得领导的地位。在抗日战争胜利前夕，毛泽东在谈到必须学会做经济工作时，分析了当时农村土地所有制、农业个体生产和使用落后工具的情况时，又指出："为了提高农民的生产兴趣和农业的劳动生产率，我们就采取减租减息和组织劳动互助这样两个方针。减租提高了农民的生产兴趣，劳动互助提高了农业劳动生产率。"

中华人民共和国成立后，毛泽东身临其境地研究和具体指导了农村集体经济经营体制的建立和改善，从组织生产互助组、初级社、高级社，到普遍成立人民公社，毛泽东作出了一系列的讲话、指示和批示，亲自领导了中国农村集体化运动的伟大实践。在《毛泽东选集》第5卷中，可以看到大量的毛泽东论述中国的合作化的文章。当时，毛泽东曾多次召开专门会议研究和商讨农业合作化问题，多次给省委、市委、自治区党委书记作有关农村要走集体化道路的专题报告。毛泽东在《关于农业合作化问题》的报告中，阐明了我国农业合作化的可能性和必要性，重申了自愿互利的原则，提出了在我国条件下必须是先合作化、后机械化的原理，并且要求对合作化事业的发展加强领导，全面规划。这些无疑都是正确的。但毛泽东又认为，在中国，只要实现了合作化，就解决了社会主义工业化同个体农业经济之间的大矛盾。虽然毛泽东在中国农业合作化问题的理论认识和工作指导上带有浓厚的"左"的色彩，在许多措施上不符合中国当时的国情，甚至在某种程度上起到了阻碍农村经济发展的负面作用，但是，毛泽东关于社会主义农村要走集体化的道路，实行联合生产和民主管理的思想，的确需要认真地研究和实践的检验。他的"组织起来，联合劳动，互惠互利"的思想和"发展经济，保障供给"的至理名言，对能够及早地解决中国众多人口的温饱问题，是一份有意义的设计。

以邓小平同志为核心的党的第二代中央领导集体，从中国的实际出发，把马克思列宁主义的基本原理同中国社会主义建设的实践相结合，从不同时期、不同角度阐述了农村进行经济体制改革、发展壮大集体经济、走集体化道路的客观必然性，制定了一系列旨在巩固发展和壮大集体经济的操作性很强的政策措施，从而把马克思列宁主义的互助协作、联合生产、共同发展的集体经济思想，提高到了一个新的认识和实践阶段。邓小平同志在1978年12月召开的中央工作会议的讲话中指出："现在我国经济管理体制的权力过于集中，应该有计划地大胆下放，否则不利于充分发挥国家、地方、企业和劳动者个人四个方面的积极性，也不利于实行现代化的经济管理和提高劳动生产率。应该让地方的企业、生产队有更多的经营管理的自主权。""在管理制度上，当前要特别加强责任制。"以邓小平的这一改革思想为指导，从此拉开了农村经营体制改革的序幕。1980年5月，邓小平同志同中央负责工作人员谈话时说："我们总的方向是发展集体经济，实行包产到户的地方，经济的主体现在也还是生产队。这些地方将来会怎样呢？可以肯定，只要生产发展了，农村的社会分工和商品经济发展了，低水平的集体化就会发展到高水平的集体化，集体经济不巩固的也会巩固起来。关键是发展生产力，要在这方面为集体化的进一步发展创造条件。"邓小平同志的这段论述，充分肯定了包产到户的集体经营主体的性质，提出了农村总的方向是发展集体经济，从而纠正了把实行包产到户与发展集体经济对立起来，认为包产到户就不要集体了的错误思想。陈云同志全力支持小平同志的这个观点，主张中国农村还是要坚持走集体化的道路。1985年8月，小平同志在党的全国代表大会上又指出："在改革中，我们始终坚持两条根本原则，一是以社会主义公有制经济为主体，一是共同富裕。"1990年3月，小平同志在同中央的几位负责同志的谈话中又讲到："中国社会主义农业的改革与发展，从长远的观点看，要有两个飞跃。第一个飞跃，是废除人民公社，实行家庭联产承包为主的责任制。这是一个很大的前进，要长期坚持不变。第二个飞跃，是适应科学种田和生产社会化的需要，发展适度规模经营，发展集体经济。这是又一个很大的前进，当然这是很长的过程。"这就是小平同志著名的发展集体经济要有两个飞跃的思想。这个思想深深地印在了各级干部和广大农民群众的心中，它将作为政治经济学、生产力经济学、科学社会主义理论的重要组成部分，载入马克思列宁主义、毛泽东思想和建设有中国特色社会主义理论的史册。

党的十三届四中全会以来，以江泽民同志为核心的党的第三代中央领导集体，曾多次强调在深化农村改革的过程中，要稳定和完善统分结合的双层经营体制，逐步壮大集体经济实力。1990 年 6 月，江泽民同志在中央农村工作座谈会上的讲话中指出，完善统分结合的双层经营体制，“目的是使以双层经营为特点的农村集体经济更好地向前发展。在壮大集体经济的问题上，要吸取过去的经验教训，防止脱离生产发展的实际水平、不顾农民的愿望、勉强地去追求组织起来。不要一窝蜂、一刀切，不许‘一平二调’”。1992 年 10 月，江泽民同志在党的十四大报告中又指出：“要把家庭联产承包为主的责任制，统分结合的双层经营体制，作为一项基本制度长期稳定下来，并不断充实完善。积极发展多种形式的农业社会化服务体系，从各地实际出发，逐步壮大集体经济实力”。1994 年 3 月江泽民同志在中央农村工作会议的讲话中，把加强村级集体经济组织建设作为加强农村基层工作的一项重要措施予以强调，并结合农村集体经济发展的实际情况，进行了分析和阐述。江泽民同志说：“村级集体经济组织建设，重点是稳定完善家庭联产承包为主的责任制和统分结合的双层经营体制，逐步壮大集体经济实力，积极搞好为农户的服务”。“集体统一经营的功能必须逐步增强，为此就要十分重视壮大集体经济实力。毫无疑问，凡是集体经济实力比较雄厚、服务功能比较健全的村，村级组织都有较强的凝聚力。这样的村，不仅经济发展比较快，而且干群关系比较融洽，社会治安、社会风气、群众的精神面貌都比较好”。对用什么办法来壮大集体经济实力，江泽民同志也讲出了大的思路。他说：“各地要从实际情况出发，充分利用当地资源，搞好开发性生产，兴办集体企业”。江泽民同志关于要从各地实际情况出发，注意发展集体经济的思想对避免再犯主观的、脱离实际的错误，起到了警示作用。

二、农村集体经济及其经营体制

集体经济是指在社会主义社会里，生产资料归一个集体经济单位的劳动人民共同所有的经济形式，是相对于国有经济、私营经济而界定的所有制概念。在集体经济中，最先进的标志是废除了土地等基本生产资料的私有制，有望消灭剥削，劳动者成了集体单位的主人。他们按照不同的分工共同劳动，在生产经营过程中建立起平等、互助、合作的关系。集体经济组织在国家法律、法规和政策的规范下，在国家宏观调控下，实行独立核算、自主经营、自负盈亏、自我积累，所创造的经济收入，除以税收的形式上缴国家外，其余部分在集体内部进行分配。个人消费品的分配实行以按劳分配为主、其他分配方式为补充的原则，个人所得水平取决于生产经营的水平和成果，集体成员对其生产资料和劳动产品具有独占性，排斥集体经济组织以外的侵犯和任何占有。

适应社会发展要求的集体经济，在整个国民经济中应该占有重要地位，它对发展经济、保障供给、活跃城乡市场、积累建设资金、扩大劳动就业、不断满足人们日益增长的物质文化生活的需要等方面，都应该起着其他经济形式不可替代的作用。这种经济组织形式，能够自发地调节成员之间的收入，抑制贫富差距，防止两极分化，是组织和引导农民实现共同富裕的一种有效途径。

经营体制，实质是生产关系的一个组成部分。它是指在一定的所有制形态下，生产经营单位组织生产、流通、分配的具体形式，以及这个生产经营单位内部的经营管理制度、方式和机构的总称。对于微观经济组织来说，只有寻找到和建立起一个恰当的符合本组织物质条件和外部环境的经营体制，才能获得一个良好的运行机制，实现其生产经营活动的有效组织和顺利运作。它的完善直接关系到管理组织程度的提高，资源的优化配置，经济效率与经营效果的提高。它对经济组织的发展，具有十分重要的意义。当经营体制适应本组织的主客观情况时，本组织就会有强大的生命力，就会相应得到发展；当经营体制不适应本组织的主客观情况时，本组织就很难得到发展，甚至出现萎缩。

在我国农村，乡、村集体经济组织是依照宪法所设立的经济组织。这种经济组织，既区别于以产业分工而设立的行业管理机构，又不同于工厂、公司等企业生产经营实体。它具有明显的社区性、综合性和内部利益互补性。

社区性，是说这种经济组织是在依据居住地域和成员之间的血缘关系基础上建立起来的。我国农村生产力水平低下，自然条件差，农民要得到生存和发展，就要从事改造大自然的劳动。这种劳动不但是艰苦的，而且需要联合行动，组织区域中的人们共同奋斗。由于同一居住村落中的人们生产经营活动相似，要求大体相同，再加上在一个村落里宗族关系、人际关系交织在一起，在这样的基础条件下建立起来的集体经济组织，带有明显的社区性。

综合性，是指这种经济组织在职能作用、社区服务功能、生产经营范围等方面，具有宽阔的涉足领域，能够囊括较多方面的社会活动。从职能作用上说，既要从事建立在各个生产经营基础单位之上的经营管理，又要直接兴办企业，从直接的生产经营活动中取得经济收益。从社区服务功能上说，既要对农户承担生产过程中的服务，又要承担产前和产后的一些必要的服务；既要承担生产经营方面的服务，又要承担生活方面的服务；既要履行集体经济组织内部所规定的一些服务义务，又要接受基层政府所下达的一些为农户服务的任务。从生产经营范围上说，不但可能从事粮食生产，而且还可能从事油料、糖料、烤烟等经济作物的生产；不但可能从事种植业，而且还可能从事养殖业；不但可能从事“小农业”，而且还可能从事林牧副渔各业；不但可能从事农业，而且还可能涉足工业、商业、建筑业、运输业，有的还要发展对外贸易和国际经济技术合作。生产经营领域囊括了一、二、三产业，经济活动直接涉及到生产、交换、分配、消费等环节；在工作的指导上，要兼顾物质文明建设和精神文明建设两个方面。上述这些，就是集体经济组织具有综合性的具体体现。

内部利益互补性，是指这种经济组织在收益分配以及公积金、公益金的使用上，要照应到各个方面的相关因素，相应地采取扶持弱者的措施，用利益调节内部产业的协调发展，特别注意对农业这一基础产业的支持和保护。这种利益互补性，主要体现在三个方面。一是在集体成员之间，在利用市场手段配置土地等主要生产资料的同时，对素质、技能有缺欠的劳动者，帮助适当安排从事力所能及的生产经营活动，使他们在联合劳动、优势互补的过程中，也能有相应的劳动收益，取得起码的生存和发展的物质条件。二是在集体统一经营这个层次上，以赢利的活动来弥补无利或微利的活动。比如，通过兴办生产经营实体取得收益，用于补贴和开展对农户的生产、生活服务，兴办一些社区成员都受益的基础设施和公益福利事业。又比如，在生产和交换两个环节上，当销售产品的收益率大于生产环节上的收益率时，在销售环节上按一定比例提出收益，返还给生产者，或补贴生产者的收益，或用于这种产品的生产基地建设。在农工商各业之间，在扩大再生产的安排上，把效益好的产业收益调出一部分，用于支持和发展农业，或投入到目前没有收益而发展前景看好的产业或生产经营项目上，培植后续财源，增强发展后劲。

在改革人民公社体制的过程中所形成的新的集体经济组织，经过十几年的实践，经营体制和组织形式不断得到完善，职能作用越发明显，规章制度越发健全，特别是集体经济组织与其他组织、集体经济成员与村民等方面的关系，已经有了界定。

1. 农村集体经济组织与乡镇集体经济组织的关系。村集体经济组织是社区性公有制经济组织，是社区公有制财产的代表，具有法人资格，对外代表村集体组织与各方对话，以村集体经济组织的名义签订合同，进行经济往来，并以集体的财产承担经济责任，按照章程设置经营管理机构和选举经营管理者。它与乡镇集体经济组织没有隶属关系，只是一种商务交往、经济合作或联合的关系，二者的联结纽带是通过生产经营的合作各自取得经济利益。乡镇集体经济组织与村集体经济可以通过协议联合经营，共负盈亏。但乡镇集体经济组织无权替代村集体经济组织进行生产经营决策，更不允许平调财产、资金和劳力。

2. 村集体经济组织与村民委员会的关系。村集体经济组织是经济组织，它的重要职能体现在发展经济上；而村民委员会是村民自治组织，它的重要职能体现在管理本村事务上。村集体经济组织以集体资产所有者的身份发包土地，管理集体资产，并做好资产积累。村委会不得干预村集体经济内部事务。只是在村集体经济组织不健全的地方，才允许村委会暂时代行村集体经济组织的职能，管理集体资产和发包土地。待建立集体经济组织之后，交回集体经济组织管理。在一些集体经济有基础、群众愿意的地方，都应专门设立集体经济的管理机构；在集体经济相当薄弱，基本没有统一经营项目的地方，可以将集体经济组织与村委会合二而一，或一套人马两块牌子。

3. 村集体经济组织与村办企业的关系。村办企业，是集体性质的企业，它的所有权应属于村集体经济组织。在集体经济组织内部，企业应按同集体经济组织的生产经营合同从事生产经营，上缴利润；对外则区别情况行使权利。财产独立并进行法人登记，企业以其独立财产承担经济责任，村合作经济组织仅以其出资承担有限责任，因此企业可以完全自主对外进行经济活动；反之，因需要由村集体经济组织承担经济责任的同时，就必须在村集体经济组织授权范围内独立活动。企业经过改造实行股份制以后，村集体经济组织对企业的所有权，仅限于属于该组织公股的份额，只按份额对企业行使管理权、分取企业利润和对企业的债务承担经济责任。

4. 村集体经济组织与专业性合作组织的关系。村集体经济组织和专业性合作组织都具有合作制的成分，但这两类组织的服务对象和社会经济功能不完全相同，各有其存在的依据；它们不是对立的，而是相辅相成、并行不悖的。村集体经济组织突出的特点是社区性和综合性，其功能是其他经济组织不能替代的。而专业性合作经济组织一般都是围绕一个产业或生产项目，以国有或集体企业以及一个服务组织为依托，有的还是以几个能人牵头，自成体系地对生产经营者开展专项服务。由于这种服务能够帮助农民解决生产经营过程中的一些难题，并且是利益共享，所以深受农民的欢迎。村集体经济组织与专业性合作组织不是隶属关系，只能互相补充，互为依托，不能相互替代。二者同时并举，更有利于农村服务体系的建立和健全。

5. 集体经济组织成员与村民的关系。由于村集体经济组织是按地域建立起来的，一般成员都具有成员与村民的双重身份。这种双重身份的一致性，决定了他们履行权利和义务的一致性。但对集体经济组织区域内的非成员（村民）来说，二者之间确实存在一个经济关系的区别问题。虽然二者之间是伙伴关系，而非相斥关系，但经济利益是明晰的。非成员使用了集体经济组织的生产设施，接受了集体经济组织的服务，集体经济组织可以按照等价交换的原则收取一定的费用；集体经济组织新建公用设施时，应按受益情况向社区内的非成员收取一定的建设基金。集体经济组织在非成员交纳一定的管理费和风险基金、并以合同的形式明确各自的责任之后，可以对其生产经营提供挂户服务，也可以进行生产经营的联合和合作，共同取得收益，共同发展。

三、农村集体经济经营体制的变迁

在我国农村，集体经济组织的体制大致经历了合作化、人民公社化、以家庭联产承包为主的统分结合的双层经营体制三个阶段的变迁。解放战争后期和新中国成立之初，几户或几十户个体劳动农民在自愿互利的原则指导下组织起来，进行换工互助，克服劳动力、耕畜、农具缺乏的困难，土地、耕畜、农具等生产资料和收获的劳动产品均属私有。它的组成形式有临时（农忙季节临时组成）互助组和常年互助组之分，有的常年互助组还积累少量的公共财产。由于互助组具有联合劳动的特征，能够实行生产资料与劳动能力的重新组合，所以，有利于提高农业生产力和土地产出率，培养农民的集体主义观念。但由于这种经营体制不触及生产资料的私有制，不能从根本上打破个体经济的局限，还不构成社会主义的生产关系，只能说在某种程度上带有社会主义生产关系的萌芽和因素。

农业合作化这种体制始于带有社会主义萌芽的劳动互助组。合作化时期又可以分为初级社、高级社两个阶段。从 1951 年开始，我们党遵循马克思恩格斯的关于无产阶级掌握政权后，要通过示范和社会帮助的办法，让农民通过经济的道路，逐渐把按入股土地、预付资金和投入劳动的比例分配收入，发展合作经济，引导分散的农民从小生产过渡到大生产，从私有制过渡到公有制的理论，兴起和发展农业合作化。那时，广大贫下中农刚刚分到土地，个体农民的劳动力和生产工具的占有是不平衡的，特别是耕畜和农具，一般要几家合用，单个农民不走合作的道路，连简单再生产也难以进行，因此，广大农民对生产资料的合作，有比较强烈的要求。当时，我们党适应农民这种要求，在互助组的基础上，建立了以土地为纽带、以农业生产为主要内容、以统一使用生产资料和劳动力为特征的农业生产合作社。农业生产合作社根据自愿互利的原则，将私有土地入股，统一经营，耕畜和大型农具交社统一使用，由社付给适当报酬。社员集体劳动，产品由社统一分配，在交纳农业税、扣除生产费用、提留公积金和公益金以后，所余部分作为土地等其他生产资料的使用报酬和社员的劳动报酬。劳动报酬根据按劳分配的原则按劳动工分分配。由于初级合作社既包含私有的又包含着合作的两重性，这种经营体制既受商品生产的基本经济法则的支配，又受资本主义经济法则的支配，同时还受社会主义基本经济法则的支配，所以，它的性质，大多数人认同的是属于半社会主义性质的经济组织。而高级社实行生产资料的集体所有制，社员私有的土地无代价地转为合作社集体所有，实现了主要生产资料的公有制，所以，它的性质，属于完全意义上的社会主义性质。高级社与初级社相比，从理论上说，应该能够更合理地利用土地、劳动力和其他生产资料，能够较大规模地进行农田水利基本建设和使用新式农具，采用先进农业技术，能够不断地发展农业和进行多种经营，在经营体制上，是一个较大的进步。1953 年，我国过渡时期的总路线公布以后，农业的合作化加快了进程。党中央原来预计在 15 年内完成农业合作化，但到了 1955 年，农业合作化运动就进入了高潮。到 1956 年末，参加合作社的农户从 1954 年的 20%猛增到 96%，其中高级社占入社总农户的 88%。中央的要求过快过急，但基层的工作还很粗，大多数地方只是挂出了牌子，还没有进行集体生产和分配。所以，说我国在 1956 年完成了合作化，这是不符合实际情况的，实质上它是在 1957 年完成的。

1958 年，我国农村在高级农业生产合作社的基础上，联合组建了人民公社。这种经营体制，实行公社、生产大队、生产队三级所有，而以生产队一级集体所有制为基础。在公社内部实行三级核算，生产队是基本核算单位。在生产经营上，生产队坚持社会主义方向，接受国家计划指导，实行独立经营，统一使用生产资料和劳动力，统一组织生产，实行自负盈亏。在收益分配上，以生产队为单位，在扣除生产费用、交纳农业税、提留公积金和公益金以后，其余部分根据按劳分配的原则，在社员中进行分配。在组织上，人民公社的各级管理机关是公社、生产大队和生产队管理委员会，各级管理委员会由社员或社员代表选举产生。人民公社根据本地的资源情况和社会的发展需要，统筹发展区域中的农、林、牧、副、渔各业，有计划地兴办社队工业。人民公社不但具有管理区域经济的职能，而且还要接受县人民政府的直接领导，处理区域内的行政事务，既是经济组织，同时又是基层政权，具有“政社合一”的特点，它的所有制形式是社会主义集体所有制。

50 年代农村经营体制的变革，既有成功的经验，也有失败的教训。开始实行初级社时比较慎重，步子比较稳妥。所以，在合作化过程中农业生产是逐年上升的，没有像苏联那样在农业集体化过程中出现农业生产倒退现象。但是到了 1956 年，就出现了急于求成的问题，农业集体化的步伐不断加快，导致了农业生产的增长速度下降，牲畜的总量减少。1958 年，在农业高级社的脚步还没有站稳的情况下，又急于向人民公社过渡，有些地方还一步过渡到以公社为统一的生产和分配单位，个别县还举办了“县联社”，要求全县统一分配，实质上取消了集体所有制。由于“一平二调”，刮“共产风”，挫伤了广大基层干部和农民的生产积极性，加上其他原因，从 1959 年起，我国的农业生产连续三年大幅度下降。1958 年 12 月，党的八届八中全会虽然区分了社会主义和共产主义、集体所有制和全民所有制的界线，提出了要坚持按劳分配和商品生产，但还是把集体所有制到全民所有制的过渡看得太容易了。直到 1962 年中央公布了人民公社的“六十条”，农村的生产关系才开始稳定，农业生产才得到恢复和发展。问题的症结是：我们主观上过分夸大了改变所有制和生产关系的作用，忽视了生产关系必须适应生产力发展的规律。

1978 年 12 月党的十一届三中全会召开之后，中国农村广大基层干部和农民群众，率先举起了改革农村集体经济经营体制的大旗，在短短的几年时间里，普遍实行了以家庭联产承包为主的责任制和建立了统分结合的双层经营体制，废除了人民公社制度。这种统分结合的双层经营体制，摒弃了原来高度集中统一的经营方式，使农民从人民公社的政治和经济控制之下摆脱出来，成了相对独立的生产经营者，从根本上再造了农村集体经济的微观组织结构。

四、选择经营体制应遵循的原则

经营体制属于生产关系范畴。它直接涉及到生产经营者的权力和利益，是经济组织内部人与人之间、人与自然之间以及各种关系的具体体现；它对经济组织的存在、发展以及经营效果，起着至关重要的作用。能够寻找和选择一个好的经营体制，将给这一经济组织带来生机和活力；反之，将给这一经济组织带来一系列困惑和难点，严重脱离主观情况的，甚至可以葬送经济组织的“生命”。

选择经营体制的原则，实质是个社会实践问题。需要把握的标准是：从本地的实际出发，依据社会主义的生产目的，遵循有利于发展社会主义社会的生产力，有利于增强社会主义国家的综合国力，有利于提高人民生活水平的要求；运用发展的观点、效率和效益的观点，突出激励机制的作用，重点衡量发展动力，兼顾社会总体情况，选择一个充满生机和活力的、具有一定先进标志的经营体制。具体应注意把握以下几点。

1. 要消除“左”的经济指导思想。建国以来，我国在农村集体经济经营体制的选择上，为什么出现几度周折、几度变革？为什么诸如人民公社这样的体制还很不成功？根源就在于经济理论上“左”的错误，误导了经济活动的社会实践。因此，在经营体制的选择实践中，关键是消除“左”的经济理论和不符合客观实际的指导思想，防止重犯“左”的错误。

（1）要认清所处的社会发展阶段。目前我国还处于社会主义的初级阶段。一方面，从社会性质上看，它已经是社会主义社会；另一方面，从发展程度看，它还处于社会主义初级阶段。这个初级阶段的社会，在经济、道德、精神等方面，“带着它脱胎出来的那个旧社会的痕迹”就更为明显。特别是在农村，表现得更为突出。因此，农村集体经济在选择经营体制时，要充分考虑到社会主义阶段所固有的一般特性和社会主义初级阶段的特殊因素两个方面，要与时代的客观要求相吻合，不能“超越时代”。

（2）要摒弃纯粹集体所有制的认识。农村的劳动群众集体所有制，与书本上集体所有制的界定不完全相同，不是纯粹意义上的集体所有制。因为在农户这个具有生产经营职能的基础层次上，还拥有相当数量私有的生产资料，包括一些在生产资料存量占有相当份额的大型农机具。也就是说，集体经济组织内部的公有程度还不完全，在某些地方明显地带有私有制的色彩。客观实际要求在经营体制的选择上，既要满足集体所有制经济形态的要求，又要照应存在着私有成分的实际情况，一定要按照它的实际经济形态对待。

（3）要坚持责、权、利的统一。集体经济组织的成员，既是生产者，同时又是经营者，他们对经营的效果承担一定的经济责任和享受一定的经济利益。应按照责、权、利相结合的原则来选择经营体制，使集体经济组织成员在人、财、物、产、供、销等生产经营方面，享有充分的自主权，建立起一种有效的激励和约束机制。

（4）要承认局部利益和个人利益的存在。农村集体经济劳动集体与劳动者个人之间，既有公有制所决定的根本利益的一致，又有局部利益和个人利益的差别。在经营体制的选择上，应充分体现互助互利的交换关系。

（5）要消除分配上的平均主义。在劳动产品的分配上，要贯彻落实“以按劳分配为主，其他分配方式为补充，坚持效率优先，兼顾公平”的分配原则。单一的按劳分配将降低效率，也明显有失公平；按生产要素的投入量和生产经营成果进行分配，是选择经营体制时要充分考虑的一个重要因素。

2. 要同建立社会主义市场经济体制接轨。

（1）要突出市场主体地位。在市场上从事交易活动的组织和个人，是市场的上体。这里既包括自然人，也包括以一定组织形式出现的法人；既包括赢利性机构，也包括非赢利性机构。按照这样的界定，农村社区性集体经济组织、专业性经济组织、各种企业和为生产经营服务的中介组织，都是市场的主体，在选择经营体制时，都要能够突出自己的主体地位和独立性。所选定的经营体制，应该是经营者能够独立自主地作出生产经营决策，并能够使其独立地承担生产经营风险。

（2）要有利于生产要素的优化组合。社会主义市场经济的本质是由市场对资源的配置起基础性的作用。实行市场经济后，价格要在市场上形成，生产要素要在市场上自由流动，企业的竞争能力要在市场上得到检验。这样，在选定经营体制时，要注意能够最大限度地开发市场，以求土地、劳力、资金、技术等生产要素能够按照市场的需求顺畅地流动和优化组合，从而提高产品的市场占有率、企业的竞争能力和应变能力。

（3）要立足于宏观调控的约束。政府的宏观调控，是社会主义市场经济体制的重要组成部分。农村集体经济组织，应把自己置于国家的宏观调控之下，在国家给定的取舍范围内来确立和选择经营体制。这种体制应是信息通畅，能够对生产经营情况实行监控，及时发现问题，排除故障，弥补不足。

（4）要依据法律法规。以法律法规来保证经济的运作，是社会主义市场经济的基本特征之一。这就对经营体制的选择提出了两点要求。一是生产经营单位的本身要符合法律法规；二是能够有利于在企业内部建立起一套生产经营的规定和运作制度，以达到岗位责任明确、经济利益直接、生产经营行为规范的目的。

(5) 要遵循国际通行的惯例。社会主义市场经济，是一种开放型经济。市场经营主体与国际上的交往将日益频繁，经营的活动空间将不断得到拓宽。这就要求所选定的经营体制能同国际上的一些惯例一致起来，同国际上的通用规则衔接起来，以至能在国际交往中立于不败之地。

3. 要适应生产力的发展水平。

(1) 要把发展社会生产力，作为衡量经营体制取舍的一条重要标准。搞社会主义，归根到底就是要发展生产力，不发展生产力，不提高人民的生活水平，不能说是符合社会主义要求的。发展生产力既然是社会主义的本质特征，也当然构成了农村集体经济组织的第一位任务。看一种经营体制是否科学合理，主要看它能否促进生产力的发展。阻碍或促进生产力发展的性质，对经营体制具有“一票否决”的作用。我国目前还处于社会主义的初级阶段，生产力水平不高，特别是农村的生产力水平还相对更低，这就决定了我们的根本任务是促进生产力的发展和尽快改善人民生活。从这一原则出发，要求我们在选择经营体制时，着重考虑到生产力发展的影响预期效果。

(2) 不可单纯追求经营体制的先进性。经营体制属于生产关系范畴。生产关系一定要适应生产力性质的规律，是一切社会形态共有的经济规律。所采用的经营体制，只有当它符合现阶段的生产力发展水平，才能为生产力的发展开辟广阔的道路，才能促进生产力的发展。

(3) 适应生产力发展需要的经营体制一旦建立，就要保持相对的连续性和稳定性，不可随意频繁变动。在生产力与生产关系这一矛盾中，生产力是第一位的，经营体制是经济发展的结果；经营体制形成后，反过来又变成原因对生产力的发展起促进作用。但是，过去我们似乎忘记了这一点，不着眼于生产力的发展，而是频繁地变动经营体制，为了加快公有制的进程去强制农民合并财产，似乎只要人为地变动一下财产关系，建立了公有制，生产力就能发展起来。这实质是人为地夸大了生产关系对生产力具有一定的反作用的结果。

4. 要注意区别各类经济组织和各种产业的不同特性。我国农村在由过去计划经济体制向社会主义市场经济体制转轨的过程中，各种政策因素汇成一股强大的推动力，推动着经济的繁荣和生产力的快速发展。就所有制结构来说，过去那种单一的集体所有制经济结构格局已被彻底打破，形成了以集体所有制为主导、多种经济成分互相渗透和融合的新型经济结构，国家的、集体的、股份的、私营的、混合的等各类经济组织竞相发展。复杂的经济结构，决定了农村经济的经营体制必须是多层次、多形式、多样化的。

就农村的产业结构来说，已由过去的单一种植业发展成农、林、牧、副、渔、工、商、建、运、服的多部类经营，集体经济组织的经营活动空间不断拓宽，经营内容不断得到充实。由于产业的不同，其生产力布局、经营结构、生产周期循环特性和组织形式的差异很大，自然对经营体制有着不同的要求。比如农业，小的口径有种植业、养殖业、园艺业之分，大的口径又有农、林、牧、渔之分。又比如工业，既有农产品加工业，又有机械制造业；既有建筑材料工业，又有能源工业。这是从同门类上看对经营体制要求的不同。如果我们再换一个角度，从产业特性上看对经营体制要求的不同，就更为明显。农业生产是经济再生产和自然再生产的相互交织。其劳动对象是有生命的动植物，有自身生长、发展和繁殖的规律，并且依赖于一定的土壤、阳光、水分等复杂的自然条件。因而具有明显的季节性和地域性。同时，农业再生产又是经济再生产的过程。产前、产中和产后的许多重要环节，都存在着经营者自身难以克服的困难，需要在诸产业的分工协作中得到解决。再来看工业的产业特性。工业和农业不同，它的特点是受自然条件制约的因素小，资金密集，技术含量高，对劳动者素质的要求也比农业相对苛刻，对动力和能源的供应要求具有不可替代性，且是一种完全意义上的商品生产。所有这些不同的情况，都对经营体制提出了不同的要求。如果我们不顾这些产业特性，去统一规定在一个行政区域间的微观经济组织都采用一个经营体制，那将使企业的优势不能充分发挥，而劣势却无法避让，浪费资源，企业没有活力，经济效益和社会效益都不会得到好的回报。因此，根据各类不同的经济组织和产业的不同特性来选择经营体制，是一条重要的经济规律，人们可以利用它，但不应改造它，更不可违背它。如果人为地去违背它，必将受到经济规律的惩罚。

由历史延续下来的集体所有制性质的农村社区性合作经济组织，分布在祖国辽阔的幅员上，地域差异显著，基础条件不同，这就决定了它们的发展程度和它们在当地经济发展中的地位和作用具有显著的差异性。所以，它们的经营体制和生产组织形式，也应长期呈现多样化的态势。所谓苏南模式、温州模式、南街模式等，它们的经营体制虽然不同，但它们都能得到较快发展的事实，给我们留下了一些可资借鉴的启示。

农村在社区性集体经济不断得到发展的同时，以产业或产品为媒体的专业合作组织，以社会化服务为纽带的各类服务组织，以联合劳动为特征的合作工厂等各类经济实体，都得到了空前发展。这样的经营实体，应通过经营形式和生产组织形式的创新，来摸索和选定适应社会主义大环境的经营体制，从而突出市场主体地位，增强生存、发展和应变能力。

5. 要满足提高经济效益和社会效益的要求。经济效益是指在一定的、有目的的生产经营活动中，一定数量和质量的活劳动和物化劳动的消耗，能获得在价值上大于这些劳动消耗的总量；在使用价值上，符合一定社会发展阶段的社会现实需要的生产成果。也就是说，用最少的消耗生产出尽可能多的高质量产品，通过市场交换收回超于投入的价值量。

讲求生产经营中的经济效益，节约生产中的劳动消耗，增大生产中的成果，是任何一个社会进行生产经营的共同要求。对一个生产经营单位（排除政策性的生产或经营）来说，提高经济效益是第一位的。如果经济效益不佳，这个生产经营单位也就很难得到发展，甚至可能失去生存的价值。经济效益对生产经营单位的生存和发展具有决定性作用的这一性质，就决定了我们在选择经营体制时，必须把它摆到重要的位置上给予慎重的考虑。

科学合理的经营体制，对提高集体经济组织的经济效益会起到基础性的作用。一是科学合理的经营体制，能够摆正国家、集体经济组织以及内部员工的物质利益关系，使他们有发展生产搞活经营的内在动力和外在拉力，促进其不断提高生产经营效率。生产经营效率的提高，最终的结果会体现在经济效益上。二是科学合理的经营体制，能够使集体经济组织内部的员工做到责、权、利的有机结合，使其最大限度地调动各方面的积极性、主动性和创造性，通过促进发展生产和扩大经营，来实现经济效益的提高。三是科学合理的经营体制，可以有效地发挥预测、决策、计划、组织、指挥、协调、服务等各种经营管理手段的作用，协调各环节的衔接和各方面的配合，从而达到高产、优质、低耗的目的，促进经济效益的提高。四是科学合理的经营体制，有利于采用先进技术，提高装备水平，用促进技术进步来达到提高经济效益的目的。我们为什么要改革经营体制？其中的一个重要原因就是为了满足上述这几项要求。

选择经营体制，在考虑满足有利于提高经济效益的同时，也要兼顾对社会效益的影响。这是因为经营体制的优劣，对社会效益也将发生一定的作用。所谓社会效益，是指在社会活动中，各个部门、各个产业在自我取利的同时，对整个社会的利益、发展和进步所具有的积极影响或促进作用。这是对一个部门或产业为整个社会的发展和进步所做贡献的综合评价。它除了包含经济效益的内容外，还要衡量对政治上的安定团结、民族和睦、科学文化的发展，各地区各阶层劳动者利益的协调、人民生活质量、环境保护、生态平衡等方面的作用效果。社会主义制度要求一切微观经济组织在选定经营体制时，不但要考虑到提高经济效益的需要，而且还要满足有利于取得最佳的社会效益的要求。这样的经营体制，才能具有生命力，才能在为本企业不断得到发展的同时，对整个社会作出应有的贡献。作为具有社区性的集体经济，在选择经营体制时，要兼顾经济效益与社会效益这两个方面，是由它的组织宗旨和自身特性所决定的，这也是评价集体经济经营体制先进与否的一条标准。

6. 要有利于实现共同富裕。实现共同富裕，是有中国特色社会主义的一个重要标志。建设社会主义的新农村，要允许和鼓励一部分地区一部分人通过诚实劳动和合法经营先富起来，但最终的目的是实现共同富裕。如果农户之间收入的差距越拉越大，那么，两极分化就不可避免地要出现，有中国特色的社会主义就值得怀疑了。所以，农村集体经济选择经营体制，必须要满足有利于全体农民实现共同富裕的要求。因为中国农村走的是社会主义道路，消除或防止出现两极分化，是由社会主义特征这个大的前提条件所决定的。

选择有利于实现共同富裕的农村集体经济经营体制，至少要考虑到以下几方面因素。一是要有利于地区之间、各个集体经济组织之间的交流与合作。经济及地理等条件好，发展快的地区，一般说来在信息、资金、设备、技术、人才等方面占有一定优势，但往往缺乏原料、市场和劳动力；地理位置不好、经济条件差、发展慢的地方，劳动力资源丰富，有广阔的市场容量，但一般情况是生产门路狭窄，缺乏信息、资金和技术。集体经济的经营体制，要有利于地区间生产要素的流动、融合和交流，在优势互补的情况下创造新的生产力，这样就能缩小贫富之间的差距。二是要照应到集体经济组织内部成员之间的素质差异。在我国农村，由于劳动者受教育的程度不同和身体健康状况不同，有的劳动者只具有从事笨重体力劳动的能力，有的劳动者在能从事体力劳动的同时又有相对发达的智力，具有经营管理的经验。这样的人不但能干，而且会干，会巧干。如果有一种机制能将前者的体力劳动能力与后者的智力或经营管理经验结合起来，让二者在联合劳动和合作经营中都能得到相对自己所付出劳动的收入，也就会抑制贫富差距的拉大。这种理想的机制，就要在确定经营体制的过程中相应建立起来。三是要有利于调节不同成员之间的劳动收入。要选定的经营体制，在坚持以按劳分配为主其他分配方式为补充，效率优先、兼顾公平的总原则指导下，要照顾到集体经济内部成员不同层次的情况，使生产资料占有相对不足和劳动能力低下的农户，也能获得起码的生存条件，也能为集体经济的发展做一些力所能及的事情。四是要有利于增强集体的公共积累和壮大集体经济实力。集体经济实力的不断壮大，是集体经济赖以生存和得到发展的基本条件。集体经济只有不断地增加积累、不断壮大经济实力，才能建设公共基础设施，兴办各种公益事业，开展各种服务。经营体制的选择，一方面要有利于管好用活现有的公共积累，使其最大限度地发挥效益；另一方面要有利于不断发展生产经营项目，拓宽经营领域，以获取更多的积累。也就是说，集体经济的经营体制，要具有规范现存集体积累的使用和不断扩大集体积累这两个方面的激励职能。

在我国农村，集体经济组织由于选定了适合本地实际情况，能够不断壮大集体经济实力的经营体制，从而把全村、全乡的农民都引向了富裕之路的典型事例屡见不鲜。特别是在苏南、粤南等一些集体经济发达的地区，更具有这样的代表性。比如江阴市华西村，他们选择了一条适应发展集体经济的经营体制，全村农民都富了起来。现在，全村 320 户农民都住进了楼房，烧的是液化气，用的是自来水，家家是彩电、冰箱、电话、汽车齐备。户户有较大额度的存款，村里没有几千万元的暴发户，也没有不足万元的贫困户。上海市闵行区的旗忠村，也是选定了一条发展集体经济的经营体制，使集体经济不断得到巩固和壮大，全村农民都富了起来。1978 年全村集体固定资产只有 21 万元，集体积累资金只有 6 万元。到 1991 年末，全村集体拥有固定资产总值达到 3 000 万元，比 1978 年增长了 43 倍，年递增率为 68%；集体积累资金达到 3 419 万元，人均拥有 2.85 万元，人均收入达到 1 784 元。还有河南的刘庄、南街，北京的窦店，都是靠选准了一条有利于实现共同富裕的集体经济经营体制，率先富了起来。这些典型所选择的经营体制，对指导面上的工作，具有重要的借鉴意义。

7. 要尊重广大农民的选择。中国是社会主义国家。建设社会主义的新农村，总的方向是发展集体经济。这个大的方向是一致的。但是，采取什么样的经营体制，应区别不同的发展阶段，区别不同地区的自然条件，区别不同的经济基础和农民群众的觉悟程度，从本地的实际情况出发，尊重群众的首创精神，让广大人民群众去选择。

在广大农村，由于生产力水平低，商品经济还不够发达，劳动者的素质还不够高，还存在着大量的小农经济，个体和私营经济也将在一个相当长的阶段中存在。客观情况需要我们在总体向社会主义过渡的同时，在经营体制上有必要采用一些中间性的形式，保留一些过渡性的办法。甚至对一些过去曾经用过的形式，只要能够促进生产力的快速发展，就可以进行大胆的探索和尝试。只要生产发展了，农村的社会分工和商品经济发展了，低水平的集体化就会发展到高水平的集体化，集体经济不巩固的，也会巩固起来。有社会主义政治制度的存在，有公有制为基础的大的社会环境，不符合社会主义的东西，就会在实践中得到控制和调节，以于于使其最终走向消亡。有些过渡形式，可能会在相当长的一段时间延续下去。只要群众乐意接受，就应实行。对于在建立社会主义市场经济的过程中，各地通过改革和创新而涌现出的一些新的经营体制，也不应以行政命令的方法强行推行，更不可搞一个模式的一哄而起。应该采取冷静的态度，让广大人民群众去考虑、观望、体会一个时期。一旦农民看到了好处，就会形成强大的向心力，积极主动地效仿。小平同志在 80 年代初期就说过：“生产关系以什么形式为最好，恐怕要采取这样一种态度，就是哪种形式在哪个地方能够比较容易比较快地恢复和发展农业生产，就采取哪种形式；群众愿意采取哪种形式，就应采取哪种形式，不合法的使它合法起来”。这段精辟的论述，阐明了农业生产经营方式的选择，在指导思想上，必须遵循三条原则：一是在土地等主要生产资料所有权不变的情况下，经营方式可以不断改革，不能固守某种固定的模式；二是选择农业生产经营方式要从农业生产的自身特点和各地的自然条件出发，从生产力发展的实际出发，允许有差别，有先有后，不能搞“一刀切”；三是选择什么样的经营方式，什么时候推行，推行的方式和方法，都要尊重农民的意愿，对农民的创造要及时帮助总结和指导，对于一些成功的做法要及时予以法律的规范。我们用这些原则指导农村的改革和发展，顺利地实现了第一个飞跃。今后，要实现第二个飞跃，也必须坚持这样的指导思想。

第二节　统分结合的双层经营体制

实行家庭联产承包责任制，建立统分结合的双层经营体制，是党的十一届三中全会以来中国经济体制改革的最大举动，也是最成功的改革措施。它对解决9亿农民的温饱问题以及农民解决温饱之后农产品产量的成倍或数倍增长，促进农村产业结构的调整，都起到了巨大的推动作用，它的功绩举世瞩目。

一、统分结合的双层经营体制的本源

农村建立集体所有制的经济形态之后，对其采取什么样的经营体制，用什么样的方式组织生产和经营，广大干部和亿万农民群众曾对此进行过各种不同形式的探索和尝试，走过了一段艰难曲折的道路。直到党的十一届三中全会后，由于党中央端正了发展社会主义农村经济的指导思想，才认识到了双层经营体制这种选择的生机和活力，充分肯定了广大基层干部和农民的创造，并积极组织和引导，使这项改革由点到面、由局部到全局、由单项到配套地推广开来。这种经营体制的孕育和发展，是广大基层干部、农民群众的创造与党的正确组织和及时引导两个因素同时作用的结果。因此，它是“两极”智慧的结晶。

农村集体经济在生产资料公有制的基础上，如何建立有效的适合生产力发展需要的经营体制，使广大基层干部的创造性和农民的生产积极性都得到发挥，从而促进社会主义农村集体经济的迅速发展，对于这个问题，几经反复，才找到了解决的途径，这就是建立起农村集体经济组织与农户分层经营的各种生产责任制。在农业合作化过程中，就已经开始探索集体经济的劳动组织形式和经营管理制度。50年代中后期，陆续出现了各种形式的农业生产责任制。主要有三种形式。一是小段包工，定额计酬。根据农业生产的不同阶段、不同活计，安排出一段时间内应做的农活，定出完成每项农活的数量和质量标准，计算出每项农活的用工量，作为定额。然后，把任务分配到作业组或个人，按完成定额的多少和达到的质量标准计算报酬，由集体经济组织（生产小队）统一核算分配。这种责任制形成有利于实现按劳分配，多劳多得，实行的时间比较长，有的地方一直延续到“文化大革命”，当时被作为“大寨记分法”的对立面，受到一些人的批判，不得不被取消了。二是“三包一奖”。即包工、包产、包生产费用和超额奖励制度。由集体经济组织根据生产计划提出包产指标，并根据定额计算出所需工数以及生产费用，包括作业单位，超产奖励，减产赔偿，用工数及生产费用节余归承包单位，超过不补。这种责任制形式找到了解决承包组与生产队之间矛盾的有效途径，加强了集体经济的经营管理，提高了社员的责任心和生产积极性。但在人民公社化运动中，受到“共产风”的冲击。到了1961年，人民公社的基本核算单位下放到生产队一级，核算单位变小了，这种制度便基本被取消了，只有少数以生产队为基本核算单位的集体经济组织，还继续采用。三是包产到户、包工到户。这种形式最早出现在浙江省，1956年冬，温州地区的永嘉县开始实行，1957年发展到约1 000个社，包产到户的社员占社员总数的15%。其主要做法是把集体的土地“按劳分田”包给社员分散经营。社员对承包土地的产量负完全责任，超产全奖，减产全赔。平时社员单独生产，农忙时小组互助，全社性农活大家出工。集体的农具搭配到户，或者轮流使用。几乎在同一个时期，安徽省阜阳县新华农业社出现了分户田间管理责任制，山西省榆次县海燕农业社实行了个人责任地制度。这些责任制度都具有集体所有、统分结合、社员与集体双层经营的性质。这种形式，出现得比较早。1957年秋，农村进行社会主义和资本主义两条道路大辩论，把包产到户作为资本主义道路的靶子进行批判，并且普遍纠正了这一做法。但是，“野火烧不尽，春风吹又生”，包产到户这种责任制，并没就此而绝迹。它始终被广大基层干部看成是调动农民生产积极性的有效手段，始终被广大人民群众看成是能够实现增产增收、个人的力气使得上的一种有效形式，一遇政策稍一松动，有的地方就重新实行起来。在1959年到1961年的三年困难时期，全国又有一些省、区出现了包产到户。60年代初期，安徽省曾希圣同志任省委书记，他在全省普遍推行了“责任田”制度，实质上也是“包产到户”。贵州和四川当时也搞过“包产到户”，但很快被当成资本主义的东西给取消了。现在看，各种形式的生产责任制的出现，不是偶然的，它反映了社会主义集体经济寻求适当的经营管理体制的客观要求。

在各种形式的农业生产责任制连遭厄运的同时，在农业高级生产合作社还没有稳固下来的情况下，1958年搞起了“一大二公”的人民公社化。人民公社这种体制，全盘否定家庭经济，搞供给制，企图跑步进入共产主义。虽然曾一度从大队核算制退回到“三级所有，队为基础”，以生产队作为基本生产和分配单位，但由于“文化大革命”期间又推出了“大概工分”、“政治评工”等一些“左”的做法，使劳动效果与劳动者的利益失去直接联系，多劳者不多得，少劳者不少得，结果严重地挫伤了农民的生产积极性，严重地束缚了农村生产力的发展。在那个年代里，“左”的政策把8亿农民围困在这块既古老又瘠薄的土地上，每天日出而作，日落而息，面朝黄土背朝天，年复一年的耕耘，却不得温饱。当时，在全国504万个生产核算单位中，有27%的生产小队人均收入在50元以下，除去口粮、柴草，没有剩余。人均口粮，旱田地区150千克以下的生产队占19%，水田地区200千克以下的占18%，整个农村有20%的人口处在极度的贫困之中，吃粮靠返销，生产靠贷款，生活靠救济的“三靠”生产队，比比皆是。现在看，搞人民公社化，初衷是好的，问题出在“左”的思想指导下，生产经营方式特别是分配方式超越了生产力的发展水平，把平均分配劳动产品，不断提高共产程度看成了是集体经济统一经营的优越性。

粉碎“四人帮”之后，安徽、四川等一些贫困地区的基层干部和人民群众，出于生存的需要，迫于解决吃饱饭不饿肚子的压力，若明若暗地酝酿着改变生产组织形式和经营方式，曾一度被严格禁止的“包产到户”，在个别地方悄悄地搞了起来。安徽省凤阳县的小岗村，在党的十一届三中全会闭幕仅 6 天的 1978 年 12 月 28 日下午，被贫困、饥饿折磨得难以再忍受的小岗人急红了眼，生产队副队长严俊昌偷偷地把全队 18 户人家的户主召集到会计家，紧急而又秘密地商讨着如何度过饥饿这一关。几条生路比较，大家最终把主意打到了“包产到户”这种选择上了。严俊昌当时提出同意包产到户，但大家必须答应两个条件。第一，夏秋二季每户打的头场粮食就要把国家的公粮和集体提留交齐，谁也不能装孬。第二，咱们是“明组暗户”，不准对上级和外村人讲。严俊昌的话音刚落，有一位户主紧接着又补上了一条。他说：“今后队长如果因搞包干到户犯法坐班房，老严家的农活由队里包下来，他的小孩由全队养到 18 岁”。口说无凭，立据为证。于是 18 位淳朴的农民眼含着热泪，带着几分祈祷，几分希冀，在协议书上按下了鲜红的手印。1979 年秋天，小岗村迎来了大包干后的第一个丰收年。粮食产量，从 1978 年的 1.8 万千克猛增到 6.6 万千克；人均收入，由上年的 22 元一跃为 400 元。生产组织和经营形式的改变，终于使小岗人摆脱了饥饿和贫困。1979 年秋季到 1980 年春季，北方一些省区在安排新一轮农业生产时，大胆地安排了包产到组、包干到组、包干到户等多种形式责任制的试点。到 1981 年 10 月，我国人民公社的基本核算单位，已经基本上建立了各种不同类型的农业生产责任制。其中，包干到户的，大约占 40%。1982 年初，中央批转了《全国农村工作会议纪要》。这个文件的下发，在广大农村又一次引起了强烈的反响，其他形式的生产责任制纷纷被联产承包责任制所取代。到 1983 年末时，全国有 99%的生产小队实行了家庭联产承包责任制，集体经济新的经营体制的基本框架显现出来。之后，随着这种责任制在实践中的不断完善和人民公社的撤销，我国农村集体经济以统分结合双层经营为主要标志的经营体制，真正建立起来了。这是在中国共产党领导下广大农民对具有中国特色社会主义制度的一项伟大创造。

二、双层经营体制的政策延革

在短暂的几年中，统分结合的双层经营体制之所以能够在中国广大的农村普遍推开，广大基层干部和农民群众积极探索、勇于创造、大胆实践是其中的一个重要因素；而更重要的是党中央恢复和重新确立了实事求是的思想路线，在经营体制变革的过程中充分相信群众和依靠群众，放手让基层去实验、试点，让广大农民群众去选择，对改革的萌芽给予热情培植，对生产组织形式的创新给予大力支持，及时总结经验，因势利导，分阶段有步骤地利用政策予以规范。党的十一届三中全会以后，党中央几乎每年都要发一个有关农业和农村工作的文件，针对不同时期的特点，对农村的改革和发展提出不同的要求和一些必须遵循的基本原则，从而把农村的改革不断引向深入。

建立统分结合的双层经营体制的政策启蒙，始于党的十一届三中全会。在这次全会上，党中央以“解放思想，实事求是，团结一致向前看”为指导思想，集中讨论了《关于加强农业发展若干问题的决定(草案)》。《决定（草案)》从我国农村的实际情况出发，确定尊重生产队的自主权，因地制宜地发展多种经营，纠正生产指导上的主观主义和分配上的平均主义。会后，中央将这个文件发到各省、自治区、直辖市讨论和试行。广大社员群众在十一届三中全会精神的鼓舞下，解放思想，从本地的实际出发，开始了各种责任制的试点。对于有的责任制来说，虽然还算不上真正意义上的经营体制的改革，但确对后来彻底改革经营体制起到了基础性的重要作用。面对实践的呼唤，党中央在1979年召开了十一届四中全会，作出了关于加快农业发展若干问题的决定，对农业生产责任制予以肯定和支持。此后，中共中央又于1980年9月27日，发出了《关于印发进一步加强和完善农业生产责任制的几个问题的通知》。这就是深受广大农民群众拥护的“75号”文件。这个文件规定：“专业承包联产计酬责任制，就是在生产队统一经营的条件下，分工协作，擅长农业的劳动力，按能力大小分包耕地；擅长林牧副渔工商各业的劳动力，按能力大小分包各业；各业的包产，根据方便生产、有利经营的原则，分别包到组、到劳力、到户；生产过程的各项作业，生产队宜统则统，宜分则分；包产部分统一分配，超产或减产分别奖罚。”这是一个最早出现“统一经营”、“宜统则统”、“宜分则分”字样的中央文件。

自1982—1987年，中央连续发出了五个1号文件和一个5号文件，各有侧重地循序渐进地对统分结合的双层经营体制的职能予以规范，对建立和完善这种体制的实践予以指导。1982 年 1 号文件，指明了实行包干到户后，农户与集体的关系。文件指出，包干到户是建立在土地公有基础上的，农户和集体保持承包关系，由集体统一管理和使用土地、大型农机具和水利设施，接受国家的计划指导，有一定的公共提留，统一安排烈军属、五保户、困难户的生活，有的还在统一规划下进行农业基本建设。1983 年 1 号文件，首次使用了“联产承包责任制”，并指出统一经营和分散经营相结合，是这种责任制的一个原则；分户承包的家庭经营只不过是合作经济中一个经营层次；这种分散经营和统一经营相结合的经营方式，具有广泛的适用性，既可适应当前手工劳动为主的状况和农业生产的特点，又能适应农业现代化进程中生产力发展的需要，从而解除了一些人对实行统分结合的双层经营体制是解决温饱问题的权宜之计的误解。1984 年 1 号文件，提出了在完善统一经营和分散经营相结合的过程中，要相应地设置以土地公有为基础的地域性合作经济组织，发展不同规模的各种专业合作经济组织。对于建立地域性合作经济组织，给出了可供群众自主选择的范围。文件指出：“地域性合作经济组织，可以叫农业合作社、经济联合社或群众选定的其他名称，可以以村（大队或联队）为范围设置，也可以以生产队为单位设置，可以同村民委员会分立，也可以一套班子两块牌子”。1986 年 1 号文件，对统分结合的经营体制给出了“双层经营”的界定，提出要进一步完善这种统分结合的双层经营体制。1987 年 5 号文件，对统分结合双层经营体制的载体——集体经济组织的职能作出了规定，指出集体经济组织应承担生产服务、管理协调、资产积累，有条件的地方，还要组织资源开发，兴办集体企业。这就是集体经济组织的五个重要职能。中央 5 个 1 号文件和 1 个 5 号文件，对农村经营体制的规定，其要旨是改革不适应发展生产力需要的生产组织形式，孕育、培植和发展集体经济新的经营体制。贯彻执行这 6 个中央文件的过程，实质就是新的经营体制建立的过程。

1989 年党的十三届四中全会以后，以江泽民同志为核心的中央领导集体，针对农村改革和发展过程中所出现的一些新情况、新问题，相继制定了深化农村改革、加强农业和扶持发展农村经济的一系列政策措施，其中包括稳定和完善以家庭联产承包责任制为主的统分结合的双层经营体制。1990 年中央 18 号文件指出：“在农村改革中，通过实行以家庭联产承包为主的责任制，建立了统分结合的双层经营体制，为集体经济找到了适应生产力水平和发展要求的新的经营形式。这种经营形式，具有广泛的适应性和旺盛的生命力，一定要作为农村的一项基本制度长期稳定下来，并不断加以完善”。“要通过完善承包合同，把承包者应向国家和集体上交粮款等义务同承包土地的权利联系起来，把发包方应为承包者提供的各种服务明确起来，把集体统一经营的优越性同农户分散经营的积极性结合起来”。这个文件还提出，要健全乡、村合作经济组织的管理制度。

1991年召开的全国七届人大四次会议，根据中共中央的建议，把健全统分结合的双层经营体制写进了《中华人民共和国国民经济和社会发展十年规划和第八个五年计划纲要》。文件提出：“要继续深化农村改革，稳定和完善以家庭联产承包为主的责任制，积极发展多种形式的社会化服务体系，逐步壮大集体经济实力，健全统分结合的双层经营体制。有条件的地区可以因地制宜，实行不同形式的适度规模经营”。这个文件，为党的十三届八中全会提出的深化农村改革的重点，奠定了基础。

1991年11月召开的党的十三届八中全会，是建党以来史无前例的专题研究农业和农村工作的一次重要会议。全会全面总结了党的十一届三中全会以来农村进行经济体制改革的基本经验，进一步明确了深化农村改革的重点。会后中央发出了《关于进一步加强农业和农村工作的决定》。决定指出：“深化农村改革的重点是：坚持稳定以家庭联产承包为主的责任制，不断完善统分结合的双层经营体制，积极发展社会化服务体系，巩固壮大集体经济实力。”后来相继召开的党的十四届三中全会和四中全会，都从不同的角度重申了十三届八中全会提出的深化农村改革的重点，以于于在1994年10月中央召开的全国农村基层组织建设工作会议上，把完善统分结合的双层经营体制，作为加强农村基层组织建设的一个重要组成部分，提出了具体要求。现在，完善统分结合的双层经营体制，已经形成了全党的共识，正在变成广大基层干部和亿万人民群众的自觉行动。

三、双层经营体制的基本特征

双层经营体制，体现了发展集体经济的社会主义方向，反映着低水平集体化向高水平集体化发展的过程。

1. 坚持了土地等主要生产资料的公有制。实行统分结合的双层经营体制，归集体所有的土地、山林、水面、企业以及大型农机具，虽然都采取了承包到户的方法分散经营，但这些生产资料的集体所有并没有改变，集体经济的性质也没有改变。土地等主要生产资料的发包，是集体经济行使所有权的具体体现。尽管承包的办法各异，有的是按人口，有的是按劳力，有的是按人劳比例，有的是招标承包，但集体经济组织成员中接包土地的权利，都是均等的。农户对承包的土地，只有承包期间的使用权，没有所有权。集体凭借土地的所有权决定着土地的承包方式、流转方式和使用方向，不准买卖、荒废和私自改变用途；集体在耕地常年撂荒等情况下，有权收回或按照绝大多数农民的意愿调整承包田。水利及其他大型生产设施，还归集体所有，实行专业承包的，也由集体统一协调使用，并且在承包协议中，相应地做出避免垄断的规定和限制条件。车马农具等，有的作价变卖给农民，所收回的价款仍然归集体所有，用于集体的扩大再生产和兴办公益福利事业。这些都是所有权没有变的基本标志。在坚持土地等主要生产资料集体所有制的基本条件下，集体仍对承包出去的土地在宏观上实行管理，对农户的生产经营提供服务，管好用活集体所有的固定资产。实行统分结合的双层经营以后，由于劳动者与基本生产资料的结合大体是均等的（不排除采用价值调节法），劳动者之间就不会因集体所有生产资料占有的不同，而引发收入上的差别。承包者之间承包收入的差别，主要是劳动技能和经营管理水平的差别，这正是多劳多得的体现。

2. 兼容了统一和分散两个经营层次。所谓双层经营，是指集体经济内部有两个经营层次。一个是统一经营层次，其主体为集体经济；一个是分散经营层次，其主体是以家庭为基本标志的承包方。统一经营层次，是行使集体所有的土地和其他主要生产资料所有权的发包方，承担生产服务、协调管理、资产积累、资源开发、兴办企业等职能。这个层次虽然不具体组织生产，但仍然要帮助农户搞好经营，特别是帮助购入化肥、种子、农药、农膜等生产资料，帮助解决产品销售过程中所遇到的一些实际问题，尤其是要为家庭经营提供生产、科技、供销等社会化服务。并要通过提取提留款和统筹费等环节，参与农户的收益分配。此外，集体经济这个经营层次，还可能拥有村办农场、林场、果园，工业、商业、建筑业、运销业、服务业等一些统一经营项目。

家庭经营层次，主要是通过接包集体的土地、山林、水面、企业等，形成基础的生产经营单位，取得生产经营的自主权，成为具有相对独立地位的商品生产者和经营者。家庭经营包括承包经济与自营经济两部分。承包部分通过合同的形式同集体经济组织确立发包与承包关系，按合同的规定承担责任，履行义务。这一层次虽然属于分散经营，然而有集体统一经营层次统筹安排农业基础设施建设和农田基本建设，提供其社区性服务，这就有效地克服了分散经营的局限性。同时，家庭经营这个层次，可以根据自己优势、技能、特点和长处，大力发展多种经营和各类企业，不断拓宽生产门路，增加收入，增强扩大再生产的经济实力。由于有统有分，统分结合，从而使集体统一经营的优越性和家庭分散经营的积极性都得到了充分的发挥。

3. 体现了按劳分配为主其他分配形式为补充的分配原则。统分结合双层经营的分配形式，简言之就是"交够国家的，留足集体的，剩下的都是自己的"。收益分配过程是，首先按国家一定几年不变的标准产量上交农业税（国家的），然后再按国家所规定的"定项限额"提留公积金、公益金、管理费和应该统筹到乡镇统一使用的统筹费（集体的），剩下的都是农户生产经营的所得收益。这种"大包干"分配方式的性质，既有按劳动量分配的含义，又有按劳动成果分配的含义，还带有按生产要素分配的色彩。它把农户的个人物质利益同生产的最终成果紧密联系起来，公平地处理了占有集体生产资料与个人劳动效率、劳动质量和经济效果的关系，兼顾了国家、集体和个人的三者利益，为集体经济找到了多方利益的融合点。

4. 保持了联合劳动这一社会主义生产的基本特征。实行统分结合的双层经营之后，农民的生产劳动一改人民公社时期的统一出工、"大帮轰"的劳动组织形式，形成了单家独户自由劳动。这种分散的劳动，还是不是社会主义性质的联合劳动？回答是肯定的。马克思主义认为，社会主义生产的基本特征是联合劳动。所谓联合劳动，就是通过生产资料的公有形式，把单个劳动者的劳动凝聚起来，从而生产出优于资本主义私有制的劳动产品。在联合劳动中，劳动者不管是集中作业还是分散作业，都要受到生产资料公有制的制约，这种制约主要表现在个人的劳动要符合社会的需要和集体的大目标。统分结合的双层经营体制，集体仍然是土地等一些生产资料的所有者，可以通过行使所有权来体现集体的意志，掌握着生产资料的发包和收益分配权；这些手段，最终把单家独户的分散劳动凝聚成为生产资料公有制基础之上的联合劳动。另外，集体所提取的公共积累，是个人劳动成果的集合。这种集合的形式又说明，为创造这种集合的劳动产品的劳动，是联合性质的劳动。既然承包者要受到生产资料集体所有的支配，个人的劳动又与集体生产经营的目的相一致，这就说明，统分结合的双层经营体制，仍然具有联合劳动这一社会主义生产的基本特征。

5. 适应了中国农村的实际情况和农业的产业特性。中国农村的实际情况主要有五个方面：一是农村人口众多，占人口总数的比重大，劳动力资源充足，具有用人力弥补机械、动力的不足，通过精耕细作来提高土地产出率的条件；二是劳动者文化素质低，文盲和半文盲占很大比例，推广普及先进技术的难度大；三是人均占有资源特别是土地资源和水资源的量少，人均占有耕地仅 0.086 7 公顷，相当于美国、前苏联的 1/9，不足世界平均水平的 1/3，扩大再生产的空间受到限制；四是农业生产的物质条件差，基础设施简陋，机械装备不足；五是幅员辽阔，省与省、县与县之间自然条件差异较大，经济发展不平衡，对生产组织形式的客观要求不同。

农业的产业特性主要有五点：一是具有高度的分散性。农业生产不像工业生产那样有固定的厂房和工位，劳动者是在不确定的广阔空间、比较分散的情况下来从事生产活动，劳动管理的形式应具有分散作业性质的相对集中统一。二是很大程度受制于自然条件。农业是自然再生产与经济再生产的统一。作为自然再生产，它很大程度受制于诸如气温、雨量、土壤等自然条件。而这些条件又变化异常，一个因素发生变化，就要求其他因素重新组合。这就要求劳动者应能够高度负责地、十分认真地、随时随地地掌握情况，并能当机立断地作出决策。三是生产周期长。一般是一年一熟或一年两熟，几个月以后才能出产品。在整个生产周期中，劳动强度不一，闲忙不均，劳动成效难以计量。产品对应的劳动者“一贯到底”，有利于使劳动者的报酬更接近于按劳分配。四是生产的产品一般属于最终产品。劳动者没有中间收益，生产的经济效益只能体现在最终产品上，每个劳动环节都会影响到最终产品的质量和数量，应有一个能够把劳动者的既得利益与最终产品的数量和质量相挂钩的有效机制，使劳动者能自觉地干好每一个环节的工作。五是它的主要生产资源即土地具有不可再生性，且生产的潜力很大。对土地的投入，一旦转化为生产潜能，就会取得级差收入。这就要求使用这种特殊生产资料的人，能自觉地保护它，利用它，不断补以“给养”。

双层经营体制，具有灵活、简便、易行等特点，有利于克服和弥补上面所谈到的不利因素；通过所有权与经营权的分离，既能唤起生产经营者的高度责任感，又能克服家庭经营势单力薄的局限性，从而更加适应农业的产业特性要求。

6. 符合生产关系要适应生产力水平的基本原理。有人说，实行统分结合的双层经营体制，基层干部拥护，群众欢迎，效果显著，但最大的问题是缺少马克思主义理论根据。这种说法是不对的。以家庭联产承包责任制为基础的统分结合的双层经营体制，有着极为确切的马克思主义理论根据，即生产关系一定要适应生产力水平的基本原理。这条原理告诉我们，生产关系落后于生产力水平，会束缚生产力的发展；相反，生产关系远远超越于生产力水平，也会妨碍生产力的发展。我们前面讲到，过去的人民公社化之所以没能成功，一个重要原因就是生产关系严重超越了生产力水平，或者说当时所选择的那种经营体制超越了历史发展阶段。当时由于我们党在经济工作的指导思想上出了毛病，主要表现是急于求成，导致了对生产关系的变革过快，工作过粗，形式过于单一，以致发展到掀起人民公社化运动，跑步进入共产主义，无偿平调生产队的劳动、生产资料和其他物资，刮起了“共产风”和瞎指挥，严重地挫伤了基层干部和群众的积极性，使农村经济陷入了困境。要矫正这种生产关系与生产力水平的严重失衡，唯一的出路就是调整生产关系。这样，统分结合的双层经营体制，就应运而生了。所以我们说，建立统分结合的双层经营体制，是人们自觉遵循生产关系一定要适应生产力水平这一客观规律的产物。

评价一种经营体制是否先进、科学、合理，唯一的办法就是用实践来检验，看它是否促进了生产力的发展。统分结合的双层经营体制，有效地克服了人民公社时期存在的生产"大帮轰"、"大呼隆"和分配上的"大锅饭"，激发了广大农民的生产积极性和经营管理上的创造性，把中国的农业推上了一个崭新的发展阶段。从1979—1994年，我国的粮食生产连续登上了3 750亿千克、4 000亿千克、4 250亿千克三个台阶，棉花、油料、糖料、肉类的总产量都以几倍甚至于十几倍的幅度增长。1978年前，我国农产品总量在世界上占据第一位的仅有烟叶，而现在，总量居世界第一位的已有谷物、棉花、肉类、油菜籽、蛋类、人参和烟叶等七八个品种，农产品的综合商品率已由1978年的不足30%上升到60%以上。主要农产品总量在世界上不断上升的位次和不断提高的商品率，已成为我国建立社会主义市场经济体制和综合国力显著增强的一个重要标志。现在我们可以自豪地说，长期困扰着我们的穿衣吃饭问题已经解决，这一伟大成就受到了世界各国人民的赞誉。

四、双层经营体制与人民公社体制的区别

在我国农村，通过经济体制改革，原来人民公社那种"一大二公"的高度集中的统一经营体制，已被统分结合的双层经营体制所取代。这是对马克思主义集体经济思想的继承和发展。这种新的经营体制，既克服了人民公社体制的弊端，又保留了农业合作化形式中的积极成果。所以，它既不同于合作化以前的个体农民的单一的分散经营，也不同于人民公社体制的高度集中统一。那么，这种新的经营体制与过去的人民公社体制有何不同？区别是什么？主要有以下几点。

1. 理论基础不同。旧的人民公社体制，是在否定社会主义社会存在商品经济和市场手段的理论指导下，完全套用前苏联所推行的计划经济理论和实践模式，在自然经济的基础上，按产品经济的要求并强化这种被扭曲了的性质，搞脱离客观实际的集体化，其政治目的主要是来改变所有制的形式。统分结合的双层经营体制，是在承认社会主义时期存在着商品经济，市场手段要发挥重要作用的理论指导下，为适应商品经济的社会化协作、专业化生产、市场化交换、越来越细的社会分工和不断扩大的、纵横交错的内外经济联系的现实需要，而大面积实行和采用的，其政治目的主要是发展社会主义社会的生产力。

2. 形成方法不同。人民公社体制，是在政权效力的作用下，采

取强迫命令的方法，限期推行，搞违背民意的“归大堆”，合作经济组织的参加者是被动接受，实属一种刻薄的、公式化的政治运动。统分结合的双层经营体制，是在农村经济体制改革的过程中，生产经营者出于发展商品经济和有效地发挥市场调节作用的需要，为了实现资金、技术、劳力、资源等生产要素的优化组合，本着互惠互利的原则，自发地对人民公社体制进行改革，对农村集体经济的组织形式进行完善。它在发育和进化的过程中，没有自上而下的号令，而是一切服从当地的生产力发展水平，促其水到渠成，不搞拔苗助长，由群众来选择。这种组合不再是政治运动，实属是一种资源的重新配置过程，利益关系的重新调整，是一种自我开放、灵活多样、有先有后的经济活动。

3. 经济目标不同。人民公社体制，是在新中国成立不久，贫苦的农民刚刚挣脱剥削的枷锁，经济极其贫困，农业生产力水平极其低下，粮食严重不足的情况下，出于维持生存的需要，党和政府硬性组织农民联合起来，企图在较短的时间内就实现共产主义社会。统分结合的双层经营体制，虽然也是在农业生产力水平极其低下，相当部分农民没有解决温饱的情况下实行的。但这种实践是在认真总结三十多年来进行社会主义建设经验教训，党和国家的工作重点转移到经济建设上来之后，立足于社会主义的初级阶段，重新调整了发展战略，旨在先解决温饱，再奔小康，然后在下个世纪中叶成为中等发达国家的目标指导下，以求得从解决基本问题开始，实现稳步发展，把社会主义的目标分为几个发展阶段来具体实施。同时，所追求的目标包括了物质文明和精神文明两个方面。

4. 所有制构成不同。人民公社是“三级所有、队为基础”的集体所有制。社员入社的物化劳动不均等，一些大型农机具和重要的生产资料还部分地归国家所有，存在着“一平二调”，参加者所带入的生产资料一次性投入，没有退出的自由。不允许发展私营和个体经济，其实质是一种“小全民”形式。统分结合的双层经营体制，成员以对不可分割的集体资产拥有一定份额的权力，获得承包或租赁经营权，还可以用自己的活劳动和生产资料入股，或以联销自己的劳动产品，购买自用的生产资料而直接参与生产经营活动。以其自己所占有生产资料的份额，参与集体的收益分配，取得生产经营或要素投入的收益。入股部分，以股权的形式记入自己的名下，有的还可以按照条例或章程的规定而入退自由，退出时自己所投的资金或物品可有条件地带走。个人对集体来说，具有一定的独立性。可以通过家庭这个层次开展私有性质的生产经营活动，扩大积累，增加投入，取得收益。集体不限制成员在经济上的个性发展。这种复合的财产关系，是一种集体所有制占主体地位的、包含于家庭私有成分的复合型所有制。

5. 性质不同。人民公社体制，是以村落为组合基础，经济职能服从政治职能，一切生产经营活动都是在行政命令的统一领导下进行，是政权至高无上的政社合一性质。统分结合的双层经营体制，主要具有经济职能，排除政治因素。它的载体，是一个不带有任何政治色彩的经济单位，不管规模大小，都是相对独立、自主经营、自负盈亏的社会主义经济细胞，生产经营行为只受国家政策法令的约束和宏观指导的调控，不受其行政干预。生产经营者以法人身份，直接参与市场竞争，价值规律取代了过去按隶属关系一级管一级的行政指挥和指令性计划，发展经济是根本宗旨。

6. 分配方式不同。人民公社体制，在分配方式上出于人人都能生存的需要，实行统一核算，按工分配，不管干好干坏、干多干少，人人有份，甚至不干者也可有参与分配的特权，其实质是平均主义的大锅饭。当时是“共产风”、“供给制”盛行，基本没有约束和规范分配行为的规章制度，形成“上工一窝蜂，干活大呼隆，分红按出工”的畸形管理，社员的生产积极性严重受到压抑。统分结合的双层经营体制的分配原则是：以按劳分配为主、其他分配形式为补充，效率优先，兼顾公平。这是对平均主义的彻底否定。成员之间在生产经营的过程中，平等竞争，各显其能，各得其所。参加者所提供劳动成果的数量和质量，作为利益分配的尺度，衡量个人所得，人与人之间的经济收入是有差别的。这是一种价值观念，而不再是维持生存的简单观念，是一种符合社会主义要发展生产力这一根本要求的、能够调动生产经营者积极性的最佳选择。

7. 合作范畴不同。无论是人民公社体制还是统分结合的双层经营体制，都是以生产资料的集体所有制或不完全的集体所有制为纽带而组建起来的。这两种所有制，都具有合作经营、联合劳动的性质。但是，二者的合作，是有很大区别的。人民公社合作的领域很窄，大多数局限在以粮为纲、单一经营的农业生产上，而且是一种纵向组织，经济单元之间没有横向联系。统分结合的双层经营体制，它的合作领域不断被社会实践所拓宽，不再是单一特指的农业生产合作经济，而是多种所有制、多种经营方式并存的全方位范畴。它不但继承了人民公社体制的地域性合作，而且还不断发展横向的、开放式的、外贸形的专业性合作。合作形式也没有固定的模式。按产业部门分，有工业合作社、建筑合作社等等；从再生产环节分，有生产合作社、消费合作社、信用合作社等等。规模有大有小，既可是跨地区的横向企业集团，又可是囊括农林牧副渔、工商建运服等各个产业的总公司；合作经营范围既可是生产全过程的，又可是一件事、一个项目、一个生产环节；组织形式有松散的、紧密的；经济成分既可是单一的，又可是多样的。

8. 交换渠道不同。人民公社是按产品经济的要求，全部实行计划经济和统购统销政策，所生产的产品只能在纵向进行交换，生产资料也只是按纵向隶属关系逐级下拨，排斥市场手段，不搞市场调节，产品流通区域形成闭关自守的堡垒。统分结合的双层经营体制，在组建初期，是为了适应发展商品经济的需要，采用了计划经济与市场调节两元并存的方式，变单一的纵向交换和流通为以横向交换和流通为主，在国家宏观控制下，更加注意运用市场调节。同时，价值规律对疏通交换渠道起到很大的调节作用。

党的十四大以后，利用市场来配置资源成了双层经营体制从事生产、交换、分配和消费的主要手段，具有法人资格的集体经济的市场主体构成之一的地位更加明晰，热心培育市场，面向市场组织生产和安排流通，是这一新的经营体制从事生产经营活动的一个显著标志，生产资料的供给和产品的销售，主要在市场中进行。市场，已经成了双层经营体制赖以存在和得以运行的基本条件。

五、双层经营体制在现阶段的作用

1. 有利于实现生产要素的合理流动和重新组合。在社会每个生产经营单元中，不论其规模大小，在劳力、资金、技术、设备等生产要素的占有或自身的基础条件方面，都相对存在着优势或劣势，又受其自身能量的限制，使优势难以得到发挥，劣势却很难避开。统分结合的双层经营体制，是按生产经营能力配置生产资料、以求提高劳动效率和利益机制的作用下建立起来的。利用市场手段，是这一体制在建立之初就做到了而没有说出来的一个重要特征。它一建立，就强化了市场调节的作用，生产经营单元重新对生产资料进行选择和配置，商品、货币关系和市场交换范围的扩大，为优势与劣势的互相弥补和生产资料的物尽其用创造了条件。在发展商品经济的过程中，生产要素就会形成自由流动和组合，社会主义市场经济体制和运行机制的建立，进一步拓宽了生产经营者对生产要素的选择空间。而有统有分、统分结合的双层经营体制，正满足了资源自由流动和重新组合的要求，可以在市场的作用下自发地得到调节，使潜在的生产要素汇聚成新的生产力。新的生产力并非是原生产细胞优势能量的简单相加，而是一种大于子细胞合力的集合。

2. 有利于加快农业现代化的步伐。实现农业现代化的关键是用现代科学技术和设备武装农业，提高生产过程中的科技含量，不断扩大生产规模，实行集约经营。如果是完全意义上的单家独户的分散经营，一是增添大型设备的能力很弱；二是即使增添了，利用率也很低；三是不利于现代科技的大面积推广。双层经营体制中所具有的“统”的功能，正适应了现代农业要不断扩大生产经营规模的要求，避免千家万户搞“小而全”，实现其农业机械的配套和先进耕作技术的大面积推广。由双层经营体制所派生出的各种科技服务组织和各种协会，及时为农民提供咨询服务，促进种植业、养殖业品种的更新换代和优化；集体对化肥、农药等生产资料的及时供应，种子基地良种的繁育和集中处理，都会从不同侧面推进农业现代化的进程。

3. 有利于缩小工农业之间的效益差别。过去，由于集体对农产品的加工能力低，有的产品还将大部分作为工业原料廉价卖出，使农民失去了应有的机会效益。统分结合的双层经营体制，除了集体要兴办一些企业，不断拓宽生产加工领域外，还鼓励家庭经营这个层次投资兴办个体或私营性质的各类加工企业，使农民对农产品的加工、处理、储存、保鲜能力大大增强，进行深加工、精加工的领域不断拓宽，能把过去被国营工业加工的产品留于本地进行加工或实行系列化生产，从而获得了多次增值，缩小了工农之间的机会收益，为农民开辟了新的财源。另外，这种双层经营体制能够对牛奶、水果、鱼虾等一些鲜活产品实行按预定合同收购和销售，从而有效地避免了生产的盲目性，使农民少损失、多收入，这也有利于缩小工农业之间的整体效益。

4. 有利于繁荣小城镇经济。统分结合的双层经营体制，基本脱离了国家机关的行政干预，能够自我调节对市场的适应能力和应变能力，独立自主地选择时空机遇，开辟新的生产和经营领域。作为沟通城市和乡村、生产与消费及农工商各业之间的桥梁和纽带的小城镇，自然被初步迈向市场经济的农民列为投资的首选之地，使小城镇的工商建运服各业得到发展。与此同时，原来在大中城市经营不景气的一些企业和新兴的第三产业，也会借助于集体经济组织这种开放性的经营体制，把自己的生产经营活动不断向小城镇延伸，使大批农村剩余劳动力涌入小城镇来就业。这些因素同小城镇中的文化福利设施以及市政建设有机地结合起来，构成了新型农村的雏形——以发展市场经济为第一职能的小城镇。小城镇经济功能的发挥，又加大了对城市企业以及各类科技、管理人才的吸引力，提高了对大中城市产品扩散的承接能力，形成小城镇经济稳定发展的良性循环。

5. 有利于促进社会主义的竞争。统分结合的双层经营体制，作为社会经济躯体的分支，跻身于社会主义市场经济的海洋，至此打破了国有工商业长期垄断市场、独家经营的流通格局。新的集体经济统一经营的企业或企业集团的不断壮大，使过去分散在千家万户的农村生产力得到聚合，又借助于占有稳定的原料来源的优势，形成了同国有工商业进行竞争的能力，迫使国有工商业放下老大的架子，不断寻求进一步占领市场的出路，在节约原料、降低成本、提高质量上下功夫。国有工商业的不断转轨变形和农村双层经营体制所具有的内在发展冲动、外在扩大市场的拉力同时作用，使市场主体在市场上竞争的意识日趋浓烈，竞争的手段不断完备。竞争与合作的同时并存，推动着市场的繁荣和整个社会经济加速发展。

6. 有利于提高抗御自然灾害的能力。统分结合双层经营体制所具有的“统”的功能，能够把分户承包的农户办不好、办不了或办起来不经济的事情承办起来，集体与农户两个层次统筹兼顾、综合安排，使单户所分包的土地在某些生产环节具有相对集中的条件，扩大了经济细胞的组成份额，一般性灾害分摊到垧亩，就可忽略不计。而这时如果是规模很小的单元，很可能是斤两不获的绝收，将给生产经营者的家庭经济带来致命性的打击。生产要素的最佳组合，使生产经营单元中的遇险抗击能力有所增强，一般性的灾害可在短期内得到控制或平息，使灾害程度降到最低水平，生产经营很快得到恢复。

双层经营这样的体制，还可以有效地避免农民眼顾近利，不作长远打算，不愿投入的短期行为，有利于集中人力物力财力大兴水利工程，进行农田基本建设，组织和协调农民投入人力进行劳动积累，实现旱能浇，涝能排，这就为抗御灾害奠定下了良好的物质基础。

7. 有利于增强劳动者的集体意识。统分结合的双层经营体制，使劳动者生产经营活动的范围从狭窄的家庭延伸到社会各个活动空间，人际关系得到改善。生产经营的实践使他们认识到，自己的力量再大也是单薄的，集体的力量再小也是雄厚的。使大家懂得，集体富裕了之后，能够带动千家万户实现共同富裕。生产经营组织中的个体成员同集体连心连利，有力地激发了他们关心集体、热爱集体的热情，淡化了自我封闭的小农经济思想，增强了依赖集体，为维护集体利益而忘我工作的意识，这一点不但具有经济价值，而且也有利于保持和巩固社会安定团结的政治局面。

农村改革的实践已经证明，属于集体经济性质的统分结合的双层经营体制，只有在运行的实际过程中不断探索和创新，完善和发展，才能使其趋近科学与成熟，才能对发展社会主义市场经济起到应有的推动作用。

第三节　完善统分结合的双层经营体制

我国农村改革的总方向，是发展社会主义的集体经济，引导农民走共同富裕的道路。十一届三中全会以来，农村通过实行以家庭联产承包为主的责任制，把过去那种单纯的集体统一经营体制，转变为统一经营和分散承包经营相结合的双层经营体制，增强了农村经济的活力，这是一个很大的进步。今后，随着社会主义市场经济的发展，我们要在保持家庭经营稳定和发展的基础上，增强集体统一经营的功能，进一步完善双层经营体制，逐步壮大集体经济，发挥合作服务的优越性，使集体所有制的合作经济由目前的低水平向较高水平发展，这将是一个意义更为深远的进步。

一、稳定完善家庭联产承包责任制

家庭联产承包责任制，是中国经济体制最为成功的一项改革。它的历史功绩，令世人瞩目。

但是，随着农村改革的深入和生产力的发展，家庭承包这种经营形式也确实显露出了一些新的矛盾和问题，有些矛盾和问题还十分突出。不承认这一点，就不是唯物主义者。有了新的矛盾和问题就要解决，解决这些矛盾和问题的过程，就是稳定和完善以家庭联产承包为主的责任制的具体操作。稳定和完善家庭联产承包责任制，重要的和大量的是稳定和完善土地的家庭承包。

1. 土地的家庭承包一定要稳定。土地的家庭承包，是一项大政策，是党在农村经济中的最基本的政策，它是农村稳定、经济发展的基础。这方面如果出了问题，将是影响农村和整个社会的大问题。土地的所有权及与之相联系的经营权等，涉及国家、集体、个人三者利益关系，它的变动，应慎之又慎。大量的事实已经证明，家庭联产承包适应现阶段农村生产力水平，仍有旺盛的生命力，要保持相对稳定，决不可轻易变动。土地目前仍是大多数农民安身立命的基本生产资料，为大家普遍关注。近些年农民来信来访中，大量的涉及到土地承包问题。这一问题处理得如何，不仅关系到经济的发展，也关系到社会的安定。这是完善双层经营体制过程中应注意重点把握好的一个大问题。

同任何事物的发生、发展过程一样，土地的承包并非至美至善。突出的矛盾表现为：由于人口、劳力增减变化，形成的福利不公、负担不平；由于经营水平的梯度差异，一些农户的土地产出率低下，制约着总产量的增长；由于管理机制不健全，造成土地公有观念淡化，收缴统筹提留难，随之引出了一系列制约农村经济运行和社会发展的问题；由于对政策理解不同，人们在处理基建占地、农业开发、区域种植等涉及到土地的问题，操作方法争议颇多。实践表明，最需要稳定的土地承包政策，恰恰矛盾较多，不稳定因素不容忽视。

稳定和完善土地承包的政策，原则上作如下表述：对于已经形成的土地承包关系，要保持相对稳定；只要承包办法基本合理，群众基本满意，就不要变动。因基建占地、人口变动确实需要调整的，应尊重绝大多数群众的意愿，从严掌握。个别确有条件发展农业适度规模经营的地方，应经乡政府呈报县政府批准后，可以因地制宜地对土地承包形式作适当调整。无论采取什么形式，都要正确处理国家、集体、个人三者利益关系。应通过完善承包合同，把承包者应向国家和集体上缴粮款等义务，同承包土地的权力结合起来，把发包方应为承包方提供的各种服务明确起来，把集体统一经营与农户分散经营两个积极性和优越性都发挥出来。土地的家庭承包，是一种生产组织形式，或者叫经营机制，它本身并没完全回答土地的管理问题。建立一套适应中国农村实际情况的土地制度，是解决承包中的诸多矛盾和问题的根本性建设措施，应摆上日程，积极探索。土地问题比较复杂，建立健全既保证稳定，又有利于解决矛盾的管理制度，避免问题成堆后集中的大面积调整，是一个有意义的选择。在实践中应处理好土地的福利保障与提高产出率、家庭承包制的稳定与土地的流转、土地的开发利用与资源保护的关系。需要遵循的原则是：从实际出发，尊重群众意愿，把工作做实做细；学习和引进外地典型经验，要注意与本地情况相结合。

90年代，我国农村面临两大课题，一是农业生产要登上一个新台阶，适应国民经济发展战略目标的需要；二是组织农村劳动力向非农产业转移，使农民的生活达到小康水平。解决土地问题，应立足于这两个问题的高度来思考，来寻求出路。应瞻前顾后，考虑得全面一些。既考虑其土地的福利属性，使农民有饭吃，又要考虑到社会效益，考虑到为国家生产出更多的粮食和其他农产品。我们的土地制度，不同于封建社会农民革命提出的均田制，也不同于民主革命时的耕者有其田。如果不注意研究已经变化了的新情况，土地将陷入无限细化、难以自拔的恶性循环中。应着眼于发展生产力，对改进土地承包形式进行试验和试点，并注意把握好“度”，以减少盲目性，避免一阵风、“一刀切”。把干部和群众的注意力引向开发利用新的农业资源，兴办二、三产业，这对于从总体上解决人口增长与土地稀缺的矛盾，具有战略意义，是个大有前途的方向。

2. 稳定完善以家庭联产承包为主的责任制的规定。自党的十一届三中全会以来，党中央、国务院对稳定和完善以家庭承包为主的责任制极为重视，投放了一定的力量来研究这项工作，连续发出了十几个有关文件，紧紧把握年际间的情况变化，作出了一系列明确部署。总的精神是：坚持不变，积极完善，尊重民意，稳步实施。归纳起来，大致有以下八个方面的政策规定。

(1) 关于土地和其他生产资料承包后所有权的规定。实行以家庭联产承包为主的责任制，是集体经济组织内部的一种经营管理和生产组织形式。这种责任制，虽然使生产资料的所有权与经营权分离，但并不改变财产的隶属关系，这是以家庭联产承包为主的责任制社会主义性质的一个重要标志。中发（1982）1号文件规定："我国农业必须坚持社会主义集体化的道路，土地等基本生产资料的公有制是长期不变的。"中央书记处农村政策研究室在中研发（1987）30号文件中规定："合作经济组织在统一安排下，将公有的生产资料和其他财产交由社员承包使用，并没改变集体对这些财产的所有权，承包方只能按合同生产和经营，而不能任意处置。"集体划分给社会长期使用的自留地、自留山以及宅基地，所有权仍属集体。坚持土地等生产资料的公有，是家庭联产承包的一项基本原则，任何时候，任何情况下都不得动摇。

(2) 关于承包期限的规定。为了稳定家庭联产承包责任制，进一步调动农民增加投入、发展生产的积极性，中央于1984年，对土地等生产资料的承包期作了具体规定。中发（1984）1号文件规定："土地承包期一般应在15年以上。生产周期长的和开发性项目，如果是树、林木、荒山、荒地等，承包期应当更长一些。"1993年，中央从一些地方的土地第一轮或第二轮承包相继到期的实际情况出发，又一次作出了延长土地承包期的决策。中发（1993）11号文件规定："为了稳定土地承包关系，鼓励农民增加投入，提高土地的产出率，在原定的耕地承包期到期之后，再延长30年不变。开垦荒地、营造林地、治沙改土等从事开发性生产的，承包期可以更长。"对于耕地，只要承包者按合同经营，在承包期满后仍可优先续包，已经形成一定规模并确实增产的农业开发性生产项目，可以签订更长期的承包合同。对农机具和农用车船的承包期，中央书记处农村政策研究室规定，一般应与这些设备的折旧年限相一致，并要足额收缴折旧费，以保集体财产不受损失。

(3) 关于对承包土地作适当调整的规定。由于耕地的稀缺和特有的不可替代性，使农民对其普遍关注和珍视。对承包地进行调整，涉及到千家万户，牵连到方方面面，一定要尊重农民的意愿，谨慎从事。中央总的精神是："大稳定，小调整"。所说的"大稳定"，一是稳定以土地为主的生产资料的公有制；二是稳定已经形成的土地承包关系和群众满意的承包办法；三是稳定双层经营的分配关系。所谓"小调整"，就是指在承包期内，根据绝大多数群众的意见，并经上级有关部门批准，可对承包的地块和不合理的承包基数做一些部分变动。中央有三个文件对此做了规定。一个是中发（1984）1号文件，另一个是中发（1990）18号文件，再一个是中发（1993）11号文件。1984年的1号文件规定："在延长土地承包期前，群众有调整土地要求的，可以本着'大稳定，小调整'的原则，经过充分商量，由集体统一调整。"1990年的18号文件指出："对已经形成的土地承包关系，要保持稳定；只要承包办法基本合理，群众基本满意，就不要变动。地块过于零散不便耕作的，可以按照基本等量等质的原则适当调整。因基建占地、人口变动等确实需要调整的，也要从严掌握。"中发（1993）11号文件规定："为避免承包耕地的频繁变动，防止耕地经营规模不断被细化，提倡在承包期内实行'增人不增地，减人不减地'的办法。"这三个文件都具有共同的含义，那就是：对承包的土地不是凝固不动；只要有利于解决矛盾，有利于提高土地的产出率和利用率，在尊重群众意愿的前提下，在土地延包之前可做一些小调整；不允许对承包土地进行大动。

(4) 关于注意保护和利用土地的规定。在建立和完善生产责任制的过程中，要切实注意保护土地和合理利用土地，这是党中央、国务院加强土地管理的一贯方针。1982年1号文件指出："集体所有的耕地、园地、林地、草地、水面、滩涂以及荒山荒地的使用，必须服从集体的统一规划和安排，任何单位和个人一律不准私自占有"。"严禁在承包土地上盖房、葬坟、起土"。1987年的5号文件规定："承包户应按合同规定使用土地，不得私自转为非农用途"。1990年的18号文件规定："要十分注意节约耕地。农村建房，应基本采取内涵发展的原则，严格控制占用耕地。"此外，还有对承包户向土地投资给予补偿的政策，对掠夺地力、弃耕撂荒、破坏地貌者给予处罚的政策等。这些政策规定，都对保护和合理利用土地起到了积极作用，今后也要一丝不苟地贯彻执行。

(5) 关于逐步完善承包合同的规定。承包合同体现集体经济组织与其成员之间的经济关系，与一般的经济合同不完全相同。建立健全承包合同，一个重要的意义就是正确处理国家、集体和个人的三者关系，借助法律手段来管理经济。农村集体经济组织中的承包合同，不仅要符合国家的法律、政策，还要符合集体经济组织成员共同约定的事项。为使承包和发包双方有一个共同遵守的准则，承包合同应对双方各自承担的具体责任、权利、义务加以明确，对承包土地的，还应对土地的质量等级指标作出规定。承包方要按合同规定向集体缴纳提留和统筹，完成国家农产品订购任务；发包方也要按合同规定提供生产资料和必要的服务。1987 年 5 号文件规定："少数确实属于仗权承包、侵犯群众利益的，可以修改或中止合同；属于合同不完备的要加以完善；由于承包条件发生较大变化，致使原承包指标明显不合理的，可以根据群众的要求，经过协商，对合同指标作适当调整或采取其他补救办法。"承包合同发生纠纷，首先应由本集体经济组织按照章程和承包管理办法处理；集体经济组织不能解决的，应由县、乡农村经营管理部门进行调节或仲裁，也可直接向当地人民法院起诉。

(6) 关于土地转包的规定。土地的转包，是家庭联产承包责任制在发展和完善的过程中，所出现的新事物，是农村商品经济得到发展的结果。对于这个问题，前几个中央 1 号文件没有涉及，只有 1987 年的 5 号文件和中央农村政策研究室 1987 年的 30 号文件做了规定。中发（1987）5 号文件规定："长期从事别的职业，自己不耕种土地的，除已有规定者外，原则上应把承包地交回集体，或经集体同意后转包他人。"对此可作两点理解：一是就一般情况来说，转包者要把土地交回集体，由集体重新发包；二是有特殊情况需要自己转包的，一定要征得集体经济组织的同意，尽量转包给种田能手，以促进土地的适当集中。

(7) 关于对土地实行规模经营的规定。土地的规模经营，是在家庭联产承包之初，中央就提到的一项政策。中发（1982）1 号文件规定："社员承包的土地应尽可能连片"。在此基础上，中央书记处农村政策研究室的（1987）30 号文件又接着补充说："承包后分家的，也要尽量保持连片经营”。以后，又有四个中央文件和部门文件提到规模经营问题。中发（1987）5号文件规定：“从长远看，过小的经营规模会影响农业进一步提高积累水平和技术水平。目前在多数地方尚不具备扩大经营规模的条件，应大力组织机耕、灌溉、植保、籽种等共同服务，以实现一定的规模效益。在京、津、沪郊区，苏南地区和珠江三角洲，可分别选择一两个县，有计划地兴办具有适度规模的家庭农场或合作农场，也可以组织其他形式的专业承包，以便探索土地集约经营的经验。”中发（1989）11号文件规定：“少数确实具备条件的地方，在尊重群众意愿的情况下，可以引导农民实行适度的规模经营，以进一步提高农业的劳动生产率。”中发（1990）18号文件规定：“少数确有条件发展农业适度规模经营的地方，根据群众的意愿，可因地制宜地作适当调整，但决不可不顾条件强制推行。”综合理解中央的文件精神，那就是土地的规模经营是我国农业的发展方向，是社会化大生产和农村经济发展的必然趋势，在条件成熟、大多数群众又有要求的情况下可以搞。但全面实行的过程将是漫长的，万万不可急于求成。

(8) 关于责任制形式的规定。“生产责任制的形式可以多样化”，这是生产责任制从萌生、发展到普及的全过程，中央一再申明的政策。它的理论基石是十一届三中全会精神。党的十一届三中全会指出：“我们对农业的领导，一定要从实际出发，尊重和保护农民的民主权利。决不能滥用行政命令，决不能搞瞎指挥和不顾复杂情况的‘一刀切’”。以后，中央反复强调这个精神。中发（1980）75号文件规定：“在不同的地方、不同的社队，以至在同一个生产队，都应从实际需要和实际情况出发，允许有多种经营形式、多种劳动组织、多种计酬办法同时存在。”文件要求，各地应当根据群众自愿，加以引导，因地制宜地逐步推广各种形式的生产责任制。文件对不适当的做法，提出了批评，指出：“在建立健全农业生产责任制的过程中，违背当地群众意愿，强制推行一种形式，禁止其他形式的做法是错误的。”关于这方面的规定，归纳起来，就是要从实际出发，因地制宜，让农民去选择，那里适应什么形式就搞什么形式的，不适应的，就不要去硬推。

3. 注意研究和解决家庭承包中的新情况新问题。党中央、国务院把稳定和完善以家庭联产承包为主的责任制，作为一项要长期坚持不变的制度明确起来，这并不意味着这种制度已纯玉无瑕。事实上，由于当初我们缺乏这方面的经验，缺乏理论准备和总体设计，在人们的认识还很不一致的情况下就大面积铺开，工作跑粗，现在明显地暴露出一些不足之处。特别是随着农村社会、自然、经济以及人文等情况的变化，在家庭承包中出现了一些不容忽视的新问题。农村干部和广大人民群众，应继续发扬80年代那种大胆改革、积极探索的精神，为解决这些新问题出谋划策。目前，应正确处理以下几个关系。

（1）正确处理稳定与完善的关系。稳定以家庭联产承包为主的责任制，是稳定农村政策的重要组成部分，不能有丝毫的动摇。但是，马克思主义的唯物辩证法告诉我们，任何事物的静止和稳定都是相对的。对于家庭承包来说，稳定是完善的基础，完善是稳定的必要条件。不稳定，就不可能有完善；不去完善，想稳也稳不住。稳定不排除也不可能排除随着时间的推移和情况的变化，不断地对某些方面进行完善。正如中发（1990）18号文件所指出的："完善不是要改变家庭联产承包，而是要妥善解决实施过程中存在的问题。"对"土地承包期一般应在15年以上"的政策，不能僵化地理解为在15年内不许作任何调整。近年来，许多地方为解决家庭承包中出现的诸多矛盾调整了土地，但由于坚持了稳定的方针，并没影响家庭联产承包的基础地位。据中央政策研究室和农业部1991年的联合调查，在抽样点上的274个村中，有219个村进行过耕地调整，调整过2次以上的占219个村的47.6%。通过调整，缓解了人口变动与耕地增减的不平衡；改变了以人口变动为中心的耕地分配方式，解决了户营耕地的田块分散问题。这样的调整，有利于提高土地的产出率和利用率，是符合中央文件精神的。就土地的承包来说，按照中央的精神，该收回的要收回，该补给的应尽可能补给。对干部仗权承包的土地、户口在人不在撂荒的土地、有了稳定收入的农转非户的土地、从事工商业无力和无心种田户的土地要收回。补给的，主要是利用收回的土地，补给所增人口的口粮田；新增劳力的责任田，也要尽可能地补给，但更主要的是通过开发农业和发展非农产业来安排就业。进行小调整，一定要尊重农民意愿，调不调，怎么调，必须经民主协商议定。

（2）正确处理家庭承包与规模经营的关系。土地的规模经营，有利于促进以农业机械化为特征的科技进步；有利于解决田块零碎，不便耕作的问题；有利于降低生产成本；有利于推进农业生产的专业化、商品化、现代化的进程。它是农业发展的必然趋势。但是，提倡土地规模经营，并不是要否定家庭联产承包责任制，也不是要回到人民公社集中统一的老路上去。恰恰相反，发展土地规模经营必须以家庭联产承包责任制为基础。因为就全国的情况说，家庭联产承包与农业的产业特性、生产力发展水平、农民的觉悟程度等相适应。如果抛开家庭联产承包去搞规模经营，就会使许多存在于家庭内部的生产要素潜力得不到发挥。规模经营的基本条件是：相当部分农民已从土地上游离出来，从事二、三产业并有相当稳定的收入来源；经营主体拥有用现代化技术装备农业的能力；有比较健全的社会化服务体系。搞规模经营，不能单纯地扩大经营面积，而应主要用于提高土地的产出和增强农业的自身发展能力。土地规模经营的形式是多种多样的，既可以是家庭农场、联户农场，也可以由专业队承包。近年来，一些耕地人均占有量较大的地方，在家庭承包的基础上，实行耕地轮翻制和统种分管制，解决了大农机与小地块的矛盾，形成了不受阡陌限制的规模经营，这也是一种好形式。我国的土地规模经营，将是一个漫长的过程，目前大部分地方尚不具备条件，切不可操之过急。但是，对于新开发的荒地，一开始就应该招标承包，注意形成一定规模。

（3）正确处理完善承包合同与减轻农民负担的关系。完善承包合同，有三方面的工作。一是要按合同签约程序进行签约；二是要按集体所确定的承包原则、财产关系、承包方式等，商订合理的承包基数；三是合同上要明确双方的权利和义务。在完善的过程中，要按照国家的“定项限额”来确定统筹、提留款，合理负担产品定购任务，不准通过完善承包合同来抬高定购任务基数，加大统筹提留款的提取数额。应该说完善承包合同有利于抑制农民的不合理负担，保护国家、集体和农民的三方利益。中发（1990）18 号文件规定：“要通过完善承包合同，把承包者应向国家和集体上交粮款等义务同承包土地的权利联系起来，把发包方应为承包方提供的各种服务明确起来，把集体统一经营的优越性与农户分散经营的积极性结合起来。”那种借完善承包合同之机，抬高承包基数，加大农民负担数码的做法，是有悖于中央减轻农民负担的要求的，要进行纠正。对于“定项限额”以外的摊派和统筹，农民有权拒付。根据已有的经验，承包合同应明确以下内容：承包项目、期限、方式和双方的负责人；发包方为承包方无偿或有偿提供的物质、技术条件以及其他应承担的义务；承包方应完成的生产任务以及向发包方提交公积金、公益金、管理费、劳动积累的数量；双方在交纳国家各种税收和完成国家农产品订购任务时应负的责任以及具体完成形式（例如是由各户直接交纳、交售，还是由发包方统一交纳、交售）；对公有资产利用、维护、改良等方面的要求和奖罚办法；合同变更、解除的条件以及因违约而使对方遭受损失时违约者应负的赔偿责任。

（4）正确处理土地的福利保障作用与提高产出率的关系。由于历史的、经济的、社会的种种原因，我国的耕地兼有着生产要素和福利待遇的双重属性。在非农产业还不够发达的绝大多数地方，农民仍要靠土地来保障基本生活。在这个意义上说，农民的口粮田不容随意取缔。同时，我国人多地少的基本国情又要求必须不断提高产出率，以满足日益增长的社会需求，支撑国民经济的正常运行。这样看来，土地的双重属性都具有存在的合理性和必要性。因此，在完善家庭联产承包制的过程中，必须兼顾这两个方面的目标，既要保障农民对土地的基本生存需要，又要有利于提高土地的产出率。

目前在农村，土地家庭承包的不完善之处，也主要表现在部分人的生活出路和提高土地产出率的矛盾上。据一些商品粮基地的调查，土地的福利属性与提高产出率的矛盾十分突出。一方面是新增的人口没有口粮田，劳力没有责任田；而另一方面却是一些老弱病残户无力去种田，一些呆傻痴鳏户种不好田，一些懒汉户不好好种田，一些工商户种“应付”田。这些人所占有的土地，虽然较好地体现了福利属性，但却以降低土地的产出率为代价。这是不明智、不经济的做法。为缓解这对矛盾，近几年有些地方试行了“两田制”，即口粮田人均有份，只负担农业税；责任田招标承包，根据农户的经营能力和有利于提高土地产出率来选择经营者，既保障了民心的相对稳定，又促进了生产的发展，是一条解决问题的出路。

（5）正确处理开发利用资源与保护资源的关系。按照中央已有的规定，社区性集体经济组织内部的成员，有按照社员大会决定的办法来承包集体发包的土地和其他生产资料的权利；同时，也有按照国家和集体的规定保护资源、合理利用资源的义务。在承包中，往往是对这个义务尽的不够。一些农户出于对利润的追求和急功见利，在生产经营过程中，重视投入化肥，轻视使用农家肥；注意利用土地资源，忽视对其进行保护和必要的整治，导致了土壤的有机质含量下降，理化性能变劣；有的甚至在承包地上起土烧砖等。掠夺性经营和破坏资源的做法与承包者和集体都没好处，应坚决纠正。不论是承包者还是发包者，都必须提起保护资源、合理利用资源这根“弦”。在这方面，一是要加强制度建设，实行养地基金制度、农田基本建设劳动积累制度以及对掠夺地力、弃耕撂荒、破坏地貌的处罚制度；二是要探索培肥地力的新途径，采取秸秆还田、粮草间作、“高位灭茬”等办法来培肥地力。

(6) 正确处理执行现行政策与改革探索的关系。中央已有的一系列稳定和完善以家庭联产承包为主的责任制的政策，是经过实践检验的，是符合广大人民群众意愿的，必须不折不扣地贯彻执行。然而，继续进一步完善责任制，需要有一个探索、创新和积累经验的过程。过去，我们靠集中广大基层干部和人民群众的智慧和力量，创造了这种具有中国特色的家庭联产承包责任制。今后，稳定和完善这种制度，仍然要依靠广大基层干部、群众的智慧和创造。改革的试验、试点，与执行现行政策是并行不悖的。我们只有积极地进行一些改革试验、试点，才能不断地弥补现行政策的不足，把工作做得更好。各级领导干部应尊重群众的首创精神，热情培植改革萌芽。一些地方围绕完善家庭联产承包责任制，在尊重群众意愿，并经过试点的基础上，所进行积极有益的探索和创新，是符合中央一贯倡导的改革精神的，个别领导干部的疑虑和担心，应在逐步提高认识中来消除。

尊重群众的首创精神，就要深入实际，了解下情。中发（1987）5号文件指出：“改革愈深入，愈需要领导调查研究，到第一线去熟悉改革，提高指导水平。”只有深入实际，掌握新情况，及时总结群众创造的经验，才能带领广大人民群众把中央的“稳定和完善以家庭联产承包为主的责任制”的政策落到实处。

二、加强集体统一经营这个层次

实行家庭联产承包责任制的同时，客观规定了农业统分结合的双层经营体制的确立。在社会主义的集体经济中引入双层经营，在发挥家庭作为农业生产经营基本单位作用的同时，又继承、注意和发挥了以往合作经济中统一经营的积极作用，从而把分散的家庭经营与集体统一经营紧密地结合起来。这种制度的基本内容不仅与社会主义制度相吻合，而且具有经济合理性。

1. 家庭承包与双层经营二者之间是互为依存的关系。联产承包和双层经营，一个内涵是管理制度和形式，一个内涵是经营体制和结构。二者有着不可分割的内在联系。联产承包与双层经营，是一个制度互相依存的两个侧面，而不是两种制度，不能互相排斥或互相取代。没有联产承包的存在，就没有双层经营；没有双层经营也就不成其为联产承包。为了进行联产承包，社区性集体经济组织必须根据需要与可能，对集体所有自然资源的开发利用、布局作出统一规划；必须对集体所有的资金的使用作出合理安排；必须选择适当的承包形式，提供必要的服务；必须按照公平合理的原则取得发包收益。这些经济活动，既是集体作为发包方的必要工作，也是进行其统一经营的内容和标志，承包者在统一确定的目标、条件的范围内，对如何实现目标，又怎样改进管理，采用何种技术，以及确定投入额度等等，可以自主决策。这些经济活动，是承包者的权力，也是分散经营层次的内容和标志。每一个承包项目，都包含着统一和分散两个侧面，都是“双层经营”的。家庭承包的内容是由集体发包出来的。所以我们说，这种家庭承包与单干有着本质的区别。

2. 双层经营是对合作制的完善和发展。把统分结合的双层经营体制引入具有合作性质的社区性集体经济组织内部，决不会改变集体经济的性质，也不会削弱合作的功能，而恰恰是找到了适合生产力发展水平的社区性集体经济组织经营管理的实现形式。这种双层经营体制，否定了人民公社时期的那种“左”的经营模式，有效地克服了那种管理过于集中、生产大帮轰和分配上的平均主义等弊端，能够把家庭承包经营的积极性和集体统一经营的优越性结合起来，从而达到解放和发展生产力的目的。统分结合的双层经营体制，坚持了土地、水利设施和一部分大型农业机械等主要生产资料的集体所有。集体作为土地所有权的代理人通过土地的发包和收取承包金来体现所有权，车、马和部分农具虽然变价卖给了农民，但收取的价款仍为集体所有，每年还要提取新的积累用于扩大再生产和兴办公益福利事业，还具有生产服务、管理协调等统一经营的职能。这些就是对以往社区性合作经济组织经营形式的继承。所谓完善，就是说在继承以往合作制优点的基础上，实行了有统有分、宜统则统、宜分则分、统分结合的双层经营。经过这一生产关系的变革，比较好地体现了灵活决策和按劳分配的原则，促进了农村资源的合理配置。这三个方面的明显作用，正符合发展合作制的要求。实践已经证明，“统”与“分”是我国社会主义初级阶段农村新型合作经济制度的两个基本点，二者的有机结合，是农业生产出现超常规增长的一个重要因素。

3. 完善双层经营体制的重点是增强集体经营层次“统”的功能。 统分结合的双层经营体制在农业的发展中发挥了巨大作用，但这并不能说明这种体制已纯玉无瑕。事实上，目前这种经营体制的现状还很不理想，重要的缺陷是严重地倾斜于家庭经营这个层次，统一经营的实力和功能还十分脆弱，双层经营还尚未形成一个稳定的运行机制，致使不少地方把“统”的功能简单地归结为依靠行政手段进行强制性干预。随着农村商品经济的发展和农业生产经营内部环境的变化，单纯家庭经营本身所具有的局限性和弊端日渐突出，矛盾越来越大，亟待我们采取措施予以解决。

增强集体经营层次“统”的功能，第一位的是健全集体经济组织。如果没有集体经济组织这个载体，双层经营就会失去主体；如果没有集体经济组织这个发包方，也就不会有家庭这个承包方，家庭联产承包制也就不能成立，所谓的家庭经营就必然成为个体的小农经济。我国农民素有依据社区从事生产经营活动的习惯，可以根据农民的意愿，以自然村或原生产大队为单位，设立集体经济组织。目前的农村经济已不是单一的农业经济了，它包括农、林、牧、副、渔以及工、商、建、运、服务各个行业，特别是乡镇企业的异军突起，在发达地区已经成了农村经济的主导产业。所以，这种村级集体经济组织，可以统称为农村经济合作社。在乡镇企业和第三产业较为发达的地方，可以设农工商联合公司，也可以设股份合作制形式的企业公司。农村经济合作社的管理人员，可以同村党支部或村委会成员交叉任职。这样，一方面是有利于发挥农村现有组织资源的潜力，另一方面是不增加群众的经济负担。

第二位的是增强统一经营的内容。农村集体经济组织应把单家独户不便办、办不了或办了不经济的各项经营活动统一起来，把农业、乡镇企业和第三产业的发展协调起来。在那些集体家底薄、生产比较单一而且商品量不大的地方，除了管好公有土地和集体财产外，还应力所能及地开展些带有基础或启动性的工作。例如，在有排灌条件的地方，应组织群众管好用好这些设备；在需要联合进行植保、防疫的时候，集体经济组织应出面协调；在集中出售农副产品的季节，应帮助联系销路，组织运输；在“五荒”较多的地方，应有计划地组织群众采取多种形式进行开发；在劳动力有空闲时，应把群众组织起来进行农田基本建设和基础设施的建设，或者帮助组织劳务输出等。通过一些艰苦扎实的工作，不断充实统一经营的内容，增强集体的活力。

第三，要防止出现偏差。增强集体“统”的功能，不是旧体制的复归，更不是走回头路。当年实行家庭联产承包责任制时，着眼于发挥家庭经营的积极性，这是一个历史性的进步。现在强调增强集体经济“统”的功能，是为了更好地挖掘家庭联产承包的潜力，充分发挥集体经济的优越性，进一步解放和发展农村生产力，这无疑更是一个社会主义制度本质意义上的进步。应认真总结历史的经验，加强宣传，给广大农民群众讲清楚，以免引起新的混乱或出现背离初衷的现象。在工作的指导思想上，要注意因地制宜，分类指导，循序渐进，稳步发展，一定要避免重犯“一平二调”的错误。

三、搞好社区性的综合服务

搞好社区性的综合服务，这是稳定以家庭联产承包为主的责任制、完善统分结合的双层经营体制的内在要求；是加快社会主义市场经济发展步伐的需要；是农业走向专业化、社会化必不可少的条件；是农业现代化的重要标志。社区性集体经济组织通过发展综合性服务，可以把分散的家庭经营联结为社会化的大生产，取得整体的规模效益，提高农业的生产力水平和现代化程度。

1. 社区性的综合服务是双层经营的重要职能。目前，我国农村正处于由传统农业向现代农业、自然经济向社会主义市场经济转化的过程中。日益明显的小生产与大市场的矛盾，给完善经营体制提出了新的课题，客观要求集体经济组织把社区性综合服务提到重要日程，作为完善双层经营体制的一个重要环节抓好，抓出成效。建立统分结合的双层经营体制后，以一家一户为基础生产单元，普遍遇到了家庭经营与推进农业机械化进程的矛盾；分散经营与水利统一排灌的矛盾；农民文化素质低与推广先进科学技术的矛盾；农民之间收入差距的扩大与实现共同富裕的矛盾。在生产的不少环节上，存在着大量的不经济行为。一家一户的生产经营素质不同，必然影响到农户的生产水平和经营效果。建立起适应现阶段农村生产力水平的社区性综合服务体系，通过各方面提供有效的服务，可以解决一家一户难以解决的问题，特别是有利于解决低素质农户在生产经营活动中遇到的难题，这等于普遍提高了农民的生产经营素质，进一步发挥了所有农户的生产潜力，易于创造和实现大面积的增产增收，从而有利于实现社会的公平分配，把农民引上共同富裕的道路。社区性综合服务水平的提高，是农村生产力得到发展的一个重要标志。在农村的社会化服务体系中，重要的起基础性作用的是社区性集体经济组织的综合服务。我国农村的社区性集体经济组织，是一种适应性较强的社会主义经济形式。它的基本特征是：以公有的土地、农业设施和其他财产为基础，以村落或居住区为单位，实行统分结合的双层经营体制，进行农工商综合经营。这个特征决定了为农户提供综合性服务，是它的重要职责。社区性集体组织的社区性与农业生产的地域性相一致，便于把利益关系的协调同经营管理结合起来，把组织生产与服务结合起来。国家经济技术部门的专业性服务，一般也要借助于社区性集体经济组织，才能延伸到农户。上述这些，就决定了社区性集体经济组织的服务具有综合性和其他组织的不可替代性。强化社区性集体经济组织的综合服务功能，发挥它优越的服务作用，是加强社会化服务的基础工作。

2. 社区性综合服务的基础性标志。这种标志，主要体现在四个方面：

一是可派生出社团组织的专业服务。随着改革的深入和社会主义市场经济的发展，农村集体经济组织适应广大农民发展经济、搞活经营的需要，或以发起人的身份，或为参与的一员，以产品为龙头，组建了一些专业学会、协会和研究会。这类组织虽然还很不完善，有的甚至还不健全，但这类组织的服务与集体经济组织的综合性服务融合起来，便于解决农户生产经营过程中所遇到的技术难题。社团性的专业服务，可以搞单项的技术指导，也可以搞比较松散的联合与合作，还可以搞技术承包。通过一些有效的手段，把社团组织的服务质量和最终结果同利益结合起来。

二是可带动个体、联合体的单项服务。农民群众的生产生活需要服务的范围很大，涉及面广，不论集体经济组织的服务手段多么完备，也难免有鞭长莫及的地方。对一些不便统一兴办的零星服务项目或一些集体经济组织办起来不经济的项目，集体经济组织发挥个体、联合体具有灵活和应变能力的比较强的特点，组织他们拾遗补缺，或办生产经营性的服务实体；或采取充当经济人的办法，提供信息，帮助联系原材料；或充当产销的中介，联系销售农副产品。通过参与社区性服务，可收到一人带四邻、四邻带全村的效果。

三是可衔接国有企事业单位的系列服务。国有企事业单位与农户相比有比较雄厚的物质技术基础，也有一定的风险承受能力。如果把国有企事业单位的技术和加工能力同农户的生产经营结合起来，将使生产要素得到更新组合，双方利益互补。但是，这种服务是在社区性集体经济组织综合服务的基础上才得以实现的。这种系列化服务模式有两种基本形态：一种是产加销一体化。国有企事业单位在农村建立原料基地，同农民建立原料生产和收购的供销关系，并提供一定的服务，支持农民发展生产；或者国有企事业单位与乡、村、农户组建联合企业，进行综合经营，国有企事业单位通过加工增值，返利于农，进行扩大再生产。另一种是场（站）带户。主要适用于畜牧业生产。由基层畜牧场（站）提供优良种雏、防疫和技术，带动农户发展商品生产。

四是可承接政府及各部门的协调指导服务。各级政府是发展社会主义市场经济的组织者和领导者，为农业、农村、农民提供服务，也是其重要职能。在发展社会主义市场经济的过程中，旧的利益约束被打破，新的利益关系还没完全建立，需要政府去协调；农民的文化技术素质较低，商品经济意识淡薄，需要政府去引导；实现自然经济向商品经济的转轨，需要政府去组织；方方面面的工作都离不开政府，特别是配套服务搞的如何，责任主要在政府。面对分户生产经营的千家万户，政府及各个部门的服务怎样才能付诸实施？唯一的途径就是借助于双层经营这种体制，借助于它的中转和承接，最终才能使服务延伸到千家万户。在各种服务中，政府部门的协调指导服务与双层经营体制中的综合服务相结合，显得尤为重要。

3. 社区性综合服务的作用。双层经营体制内部的社区性综合服务，是农业再生产和农村经济发展过程中各环节的纽带，在整个社会化服务体系中，占有举足轻重的地位。党的十一届三中全会以来，我国的粮食生产连续登上了 3 750 亿千克、4 000 亿千克、4 250 亿千克三个台阶，多种经营得到长足发展，乡镇企业几经翻番。这些成绩的取得，是多方因素的综合作用，但注意加强双层经营体制内部的社区性综合服务，解决新经济体制运行过程中所出现的一些新矛盾，是重要的原因。从实践看，社区性综合服务的作用主要表现在以下四个方面。

第一，有利于解决小规模与大市场的矛盾。商品生产的基本要求有两点：一是生产的产品，要形成批量物流；二是在原料、产品上，要有稳定的供销关系。目前，农村以家庭为基本核算单位的经营体制，虽然调动了农民的积极性，但生产规模狭小、经营分散的弊端日益突出。特别是靠市场调节的农产品，由于过小的生产规模不便进行仓储、运输等基础设施建设，供与销之间缺乏有序的衔接，导致产品总量不足与局部或短期积压并存，买难卖难交织，商品流通不畅，市场波动较大。有的省养猪、养鸡业的几次兴衰和波动，主要是因为缺少必要的社会化服务。以后，注意在产前、产中、产后服务上下功夫，逐步发展以集约经营为标志的规模饲养，并通过加工、销售等系列化服务，努力把分散的家庭经济纳入社会主义市场经济的轨道，有力地促进了畜牧业的发展。

第二，有利于解决增机具与降成本的矛盾。加快农业专业化、商品化、现代化的进程，要不断地提高农业的装备水平，增加先进机械，用以降低生产成本和提高劳动效率。而家庭联产承包这种经营形式，除缩小了原核算单位的生产规模外，也不可避免地出现了地块零散、设备投资决策分散等问题，给发展农业机械化提出了一个新课题。采用先进的农业机械，首要的是要考虑成本问题，理想的设计是靠规模效益来保证投入效益，提高投入产出比。而户均几亩的经营规模，不可能也没必要拥有比较全面的机械装备。像大型拖拉机、联合收割机这样的农具，一家一户去搞，结果也只能增加了机具，提高了成本，造成机具的闲置和浪费。而通过完善双层经营来发展农业专业服务组织，就较好地解决了这对矛盾。近几年，全国重点商品粮基地的公主岭、榆树、梨树等市县，以村为单位建立农机专业服务组织，对耕地实行统种分管，形成了以农机为依托，不受阡陌限制的规模经营，解决了单家独户对大型机具“用不了”、“用不好”的问题，提高了农业机械化水平和经济效益。

第三，有利于解决分户包与统一管的矛盾。目前，在双层经营体制运行中，一个突出的问题是“统”的不够，社区性集体经济组织“统”的功能衰弱。解决统与分的矛盾，最直接、最有效的办法是搞好社区性服务，用服务来增强统的功能。不论社区性集体经济组织内部的服务，还是国家经济技术部门通过社区性集体组织延伸到农户的服务，都具有借助于合作与联合、辅以协调或指导，把分散的生产单元用经济利益连接起来的功能，从而动员方方面面的力量，齐心合力把一家一户办不了、不好办的事情办好。比如，用赤眼蜂防治玉米螟技术，尽管效果很好，但单家独户却难以实施，必须有一个服务组织去组织农户，大面积同时施用。对构成统与分两个方面的集体与农户来说，社区性服务能使二者有机地融合起来，使集体的优越性和家庭的积极性都得以充分发挥。

第四，有利于解决贫困户与共同富裕的矛盾。既要允许和鼓励一部分地区和一部分农户先富裕起来，同时又要引导他们帮助和带动还没有富裕起来的地区和农户，使贫富差距不至于过大，最终走上共同富裕的道路，这是我们党在农村坚持社会主义方向的一个重要原则。解决贫困户与共同富裕的矛盾，出路主要有两条：一是国家补助；一是通过集体经济组织的社区性服务来扶持和帮助农户发展生产。由于国家财力有限，扶贫只能局限在部分地区和农户，局限在“有房住、有饭吃、有衣穿”，带有急救性质；通过集体经济组织的社区性服务来扶持和帮助贫困地区和农户发展生产，能够增强他们的造血机能，特别是吸纳国家经济技术部门下去包贫困乡村，帮助上项目，开发经济，对缩小贫富差距，效果更明显。这一点已经成了全社会的共识和基本经验，体现了“一富一点点，共富一大片”的特点，应该说这是走具有中国特色的农村社会主义道路的一个重要标志。

4. 社区性综合服务的内容。广大基层干部和农民对产前、产中、产后的服务，概括起来有十个方面的需求。一是供应服务。主要应做好化肥、种子、农药的供应；信贷资金的供应，农机及配件和农用电的供应，解决农业生产中的买难问题。二是销售服务。农民最起码的要求就是生产的产品能及时出手，得到交换，解决卖难问题。三是加工服务。主要是畜、禽的饲料加工和农产品的初级加工、保鲜加工。四是储运设施服务。主要是修筑道路，开通航运，组织好农产品运输，增设产品的速冻保鲜和储存设施，搞好生产与流通环节的衔接。五是科技服务。科技服务的范围涉及到水利、农机、畜牧兽医、作物栽培、良种繁育、植物保护以及工业所需要的各种生产过程的技术指导。重点应搞好技术培训、技术咨询和技术承包。六是信息服务。主要是为农户经营和乡镇企业经营提供各种消息、情报和资料。七是法律服务。主要是法律常识咨询、契约公证、合同仲裁和提供起诉方便，以法保护农民的权益。八是经营决策服务。包括生产计划的安排、项目的选定、产品的销向和其他经营的意见和建议。九是生活服务。包括普及九年义务制教育；广播、电视、电影等文化设施建设；乡村生活环境的治理、保护；紧俏生活用品的集中采购和分配。十是社会保障服务。包括合作医疗、救灾扶贫、财产和人身保险。这些不同内容的服务要求，具有较强的时代特点和市场经济的特征。综合方方面面的意见，我们认为，目前社区性综合服务的难点是流通，重点是科技，薄弱环节是加工，努力方向是配套。还应在实践中不断丰富服务内容，扩大服务范围，提高服务质量。

科学技术是生产力，但不是现实的生产力。只有通过生产环节的转化和应用，科学技术才能成为现实的生产力。商品生产需要科学技术，不同区域的梯度差，重要原因在科技，农业潜力的发挥关键在于科技的注入。科技成果转化为现实生产力，需要服务为纽带。农民素质的高低，是农村经济发展水平高低的决定因素。我国的整个情况是农民的科技文化素质偏低，对科学技术的接收和应用能力较差，这已经成了阻碍农村经济发展的一个重要制约因素。因此，为农民搞好科技服务是当务之急，是投资少、见效快，普遍受农民欢迎的服务。

流通的能动作用在商品生产中十分重要。流通不畅已经成为市场经济进一步发展的“瓶颈”。在大多数地方，无论是农民群众还是广大基层干部，还没有完全跳出自然经济的圈子，也没有完全冲破产品经济的框子，只注重生产，忽视流通，是个比较普遍的问题。具体表现是：在产销关系上，农产品有效供给不足与结构性、区域性、季节性积压交替出现；在流通过程中，大宗农产品交易组织程度低，各种“大战”时有发生，秩序混乱；在流通体制上，主渠道不活，多渠道过乱；在宏观调控上，手段落后，举措不力。攻克这些难点，有赖于服务水平和生产组织程度的提高。

农产品加工是生产与流通的中间环节，制约着产品的档次、质量和效益。目前，大多数农产品仍是原字号、大路货，竞争能力弱，经济效益不理想。解决这些问题的出路，就在于根据实际情况，建一些加工企业，上一些储藏保鲜项目。而这些措施对于生产环节来说，是带有服务性质的。因而我们说，发展农产品加工业，也属于加强社区性综合服务的范畴。

5. 联结社区性综合服务的基点是利益机制。目前农村的社区性服务不能令人满意的原因是多方面的，而核心问题是利益关系问题。一些组织往往是无利不干，甚至是办了一些损害农民利益的事情。这种现象告诉我们，在加强社区性服务的过程中，必须尊重经济规律，协调好各方面的利益关系，把贡献和收益有机地结合起来。对服务组织来说，应提倡“农业发展我发展，我与农业共兴衰”的思想；提倡让利于民，微利服务；提倡风险共担、利益均沾，把着眼点放在发展生产和提高农民的经营效益上。农民需要服务，是对功利的追求。服务者的活动也需要利益驱动。这是商品经济法则所决定的。按劳分配是服务取酬的一个原则；按生产要素分配，是服务供需双方一个有效的利益制衡机制，是不可缺少的调节手段，应成为构成收费基价的一个重要因素。在实践中寻求各方利益的均衡点，是使服务体系得以存在和发展的关键；悉心培植各类农工商、政技物结合的典型，是服务体系创新的现实途径。特别是在新旧体制交替过程中，只有注意到这一点，才能减少摩擦与内耗，降低社会成本，提高总体效益。

四、壮大集体经济实力

壮大农村集体经济实力，是我们党指导发展农村经济的一贯方针，是完善双层经营体制的题中应有之意，是建设社会主义新农村实践中的一项重要任务。在 80 年代初，小平同志就说：“我们总的方向是发展集体经济。实行包产到户的地方，经济主体现在也还是生产队。这些地方将来会怎么样？可以肯定，只要生产发展了，农村的分工分业和商品经济发展了，低水平的集体化就会发展到高水平的集体化，集体经济不巩固的也会巩固起来。”这一段高屋建瓴的论述，鲜明地提出了农村发展集体经济、走社会主义道路的方向。1990 年 3 月，小平同志在同中央负责同志的谈话中，又进一步强调了这个精神。以后，江泽民、李鹏等中央领导同志在中央召开的一系列有关农业和农村工作的会议上，分别强调要在深化农村改革、完善双层经营体制的过程中，发展和壮大集体经济，引导农民走共同富裕的道路。

1. 集体经济是双层经营的载体。在我国农村，统分结合的双层经营体制是在集体经济这种形态基础之上建立起来的。集体经济是双层经营体制的根基，双层经营体制是集体经济的生产经营组织形式和运行机制。没有集体经济这种经济形态和经济组织，也就不会有统分结合的双层经营体制。从各地的实践看，凡是乡、村集体经济实力强的地方，双层经营体制就比较完善，各项职能和作用就发挥得好，农村经济就发展得快，两个文明建设的成绩都比较显著。相反，一些集体经济薄弱的村，办什么事都很困难，统一经营的作用就难以得到较好的发挥。因此，在完善双层经营体制的过程中，必须把发展壮大集体经济摆到重要位置，作为一项基础工作来抓。

我国是个农业大国，实行双层经营后，亿万农民分包着不断细化的小块土地，大多数农户是以手工操作为主。在发展社会主义市场经济的条件下，为了提高农业的劳动生产率，为了把集体统一经营的优越性和家庭承包经营的积极性都发挥出来，就必须兼顾集体经济和家庭经营这两个方面，把二者统一起来，实现其优、劣势的互补。只有这样，才能发展农村社会生产力，巩固集体经济的地位。忽视其中任何一个方面，都会造成农业生产的萎缩、农村经济的停步不前。我们已经有过忽视农民在生产中的自主权和个人既得利益对生产的推动作用的教训，现在千万要防止再走到另一个方面。所以，要侧重研究和着力增强统一经营层次的集体经济的实力，大力扶持和发展村级集体经济。当然，还有其他的经济形式也要发展。

2. 发展集体经济是客观的需要。发展集体经济，除了是为了更好地完善双层经营体制之外，还具有更高层次的战略意义。

第一，是坚持走社会主义道路的需要。我们搞社会主义，一个重要的目标是建立以公有制为主体的所有制关系，根据生产力的发展，有步骤地用社会主义公有制代替资本主义私有制。农村集体经济，有不可分割的财产和不断得到补充的积累，实行以按劳分配为主、其他分配形式为补充，注重效率、兼顾公平的分配原则，是农民群众共同所有的公有制性质经济。它不断发展壮大的过程，就是社会主义新农村日益进化的过程。不发展集体经济，农村社会主义建设就会止步不前。

第二，是实现“小康”的需要。按照中央的既定方针，90年代，我们要实现国民生产总值再翻一番，人民生活达到小康水平的第二步战略目标。实现这个目标，困难很大，任务艰巨。在农村，把这个重负荷单独压给分散的家庭经济，显然难以承担；在农村大批兴建国有企业，无论经济条件还是社会条件，都不允许。出路只有利用农村劳力、资源和市场优势，发展资本有机构成低，具有“短、平、快”特点的集体经济。

第三，是抑制贫富差距，实现共同富裕的需要。共同富裕，这是社会主义有别于资本主义的一大特征，是社会主义制度优越性的具体体现。发展集体经济，把能人的智慧和管理水平与一些智能比较低下的劳动者的体力结合起来，使各方优势互补，相得益彰。在集体生产单元中，低能的劳动者只要出手干活，也可得到相应的收入，这就是我们常说的：“集体经济有较强的带户帮贫功能”，使生活困难的农户，也会随着集体经济的发展逐渐富裕起来。

第四，是深化农村改革的需要。增强集体经济组织“统”的功能，健全服务体系，是深化农村改革的重点。而这两项都有赖于集体经济的发展和壮大。只有集体经济发展了，积累才有源泉，才能统一进行农业的基础设施建设；才能以工补农、以工建农；才能开展产前、产中、产后服务，把千家万户的分散经营纳入社会化大生产的轨道。随着集体经济实力的不断增强，集体对农户的感召力和凝聚力，也会相应增强，使农民更加拥护改革，支持改革。

3. 发展集体经济应针对现状，有的放矢。目前，我国农村集体经济发展得很不平衡。按其生产力水平，大体可分为三类。一类是集体经济实力比较强的。这样的村，不但村办企业经济效益好，而且集体家底厚，资产管理严格，坚持按规定收取各项承包费和固定资产折旧，对农户除了能较好地开展供种、供肥、排灌、机耕、植保等方面的产前、产中服务外，还能提供农产品购销或加工方面的服务，进行多种经营。这样的村，产业结构也比较合理，农民负担较轻，村组干部的工资完全由集体收入中列支，不向农民摊派，农民很满意。像河南的刘庄、南街，苏南的盛泽镇，上海闵行区的旗忠村，北京房山区的韩村河村等，都是这类典型。可惜，这样的村并不多见。另一类是集体经济比较薄弱的。这样的村，企业没有活力，有的甚至亏损，集体对农户只能靠收取的土地承包费或向农民筹款进行一些种植业的产前、产中服务，或开展一些协调性质的服务。集体提留年提年用，积累不多，调整产业结构的步伐缓慢。再一类是集体上基本没有财产，没有村办企业，人们叫“空壳”村；有的还“寅吃卯粮”，欠下债务，很难开展服务，致使双层经营变成单层经营。据有关部门对农业比重大的吉林省的统计，1990 年农村集体经济产债相抵后的“空壳”村达 34. 7%，其中产不抵债的为 26%。在西部一些欠发达省份，集体的“空壳”村比例比吉林的数还要大些。这样的村发展集体经济的难度更大，不容忽视。总起来说，农村的集体经济还很不发达，大多数村处于起步阶段。因此，发展农村集体经济就显得十分急迫。

4. 发展集体经济应梯度递进，分类指导。解决“空壳”村是当务之急。“空壳”村应从健全社区性集体经济组织，增强集体“统”的功能入手，收足用好各项承包金，量力对农户开展一些能够收支平衡或带有协调性质的服务；组织群众开发荒山、荒坡、荒水，兴办小农场、小林场、小果园等绿色企业、水面企业或养殖企业；地理位置、交通条件好一点的村，还可兴办农副土特产品加工业、理石、砖瓦建材业，适当发展运输业，或组织专业队到城里开展劳务服务。这样的村发展集体经济，靠自我启动难度大，需要有关部门在资金、物资和技术等方面给以必要的帮助和扶持。比如，组织地、县机关干部下乡包村，帮助研究路子，选准项目，开辟生产门路；财政给点贴息贷款；税务部门对其实行“预取先予”等一些优惠政策。当然，“空壳”村也要发扬自力更生、艰苦奋斗精神，流汗实干，节衣缩食，集腋成裘，把“回头钱”用于扩大再生产，使之繁衍增殖，不断增强自我发展能力。

集体经济有一定基础的村，应强化“内功”。挖掘潜力，改进技术，加强管理，搞活企业，提高经营水平、经济效益和应变能力。

集体经济实力雄厚、产业结构比较合理、农工商各业比较协调的村，应“壮根固本”。应注意处理好农业与其他产业、积累与消费、内涵扩大再生产与外延扩大再生产的关系，在搞好以工补农、以工建农，加强农业基础设施建设的同时，向生产的深度和广度进军，发展跨区域、跨行业的联合与合作，把集体经济推向一个新的发展阶段。

5. 壮大集体经济实力的主攻方向是大力发展乡镇企业。在改革中异军突起的乡镇企业，已经成为集体经济的支柱。它对于加快发展农村社会主义市场经济的进程，实现共同富裕的目标和农村的城市化、工业化、现代化，具有决定性的作用，应继续扶持和引导，使之健康发展。发展乡镇企业应从实际出发，量力而行，那里适宜发展什么项目，就上什么项目，逐步形成各具特色的村级集体经济生长点。发展好了，可以走以工补农、以工建农的路子，反过来再支持农业的发展。集体经济和乡镇企业的发展，固然需要国家的支持，但应强调自力更生。可采取开发新的资源、寻求新的生产项目的办法，依靠生产的发展和自身积累来逐步壮大集体经济实力。

6. 发展集体经济应循序渐进，不能急于求成。集体经济由低水平向高水平过渡，是个渐进的过程。悲观和无所作为的思想要不得；异想天开、急于求成，指望在极短的时间创造奇迹的思想更要不得。在实践中，不但要理直气壮地讲发展，更重要的是用实事求是的思想来指导发展。过去我们搞“大跃进”，发展人民公社，为什么效果都不好？一个重要原因就是主观愿望与客观实际相脱离，过高地估计了人的主观能动作用，错误地认为，“人有多大胆，地有多大产”，“只要提到，就能做到”，历史的教训一定要吸取。因此，发展集体经济不能搞突击，切忌一哄而起，更不得“一平二调”。要本着“合理规划，稳步实施，因地制宜，分类指导”的原则，把需要与可能统一起来，讲求经济效益，兼顾生态效益和社会效益。千万不要不顾客观条件，把点上的经验在面上强行大面积推广。还是小平同志 16 年前说的那句话：“那里适应发展什么就发展什么，不适宜发展的就不要去硬搞。”

7. 发展集体经济要注意处理好集体经济与个体经济、私营经济的关系。发展集体经济与允许个体、私营经济存在，是并行不悖的。个体经济、私营经济与集体经济，虽然所有制形式不同，但最终的目的都是发展生产力，增加社会的物质财富。允许个体经济和私营经济健康发展，这是我们党在一个相当长的历史时期中坚持不变的一条基本政策。所以，在发展集体经济的同时，不能排斥或虐待个体和私营经济。应一视同仁，加强管理和监督，兴利抑弊，注意引导其健康发展，使它们在社会主义建设中真正发挥其重要作用。同时，应通过税收调节等办法，逐步缩小贫富差距。

五、发育市场主体和完善市场体系

统分结合的双层经营体制，它的载体是集体经济组织。在建设社会主义市场经济的过程中，发育成具有法人资格的农村社区性集体经济组织，自然成为市场主体的重要组成部分，它在完善双层经营体制方面采取的一些措施，在某种程度上说，是以发育市场主体为目的的。在发展社会主义市场经济的条件下，双层经营体制的运行质量与市场体系建设密切相关。没有好的市场环境，双层经营体制也难以得到完善、巩固和发展。因此，农村集体经济组织在完善双层经营体制，发育市场主体的同时，也要从发展自己的需要出发，积极参与完善市场体系，为产品的流通和消费，创造一个良好的市场环境。

商品生产以商品流通为前提。商品生产与商品流通是不可分割的整体，生产决定流通，流通反作用于生产。生产与流通的衔接，是构成再生产过程的重要环节，生产的商品化程度是经济发展的一个重要标志。目前，我国农产品的商品率已超过 60%，这标志着我国农业已摆脱了传统的自给半自给的状态，进入了商品农业发展的新阶段。当前的问题是市场发育不良，流通严重滞后于生产。在农产品总量相对不足的情况下，连续发生区域性、季节性的农产品买难卖难，积压与短缺并存，即是农产品流通滞后于生产的一个明显标志。剖析这个现象，可以看到有四个方面的后果。

第一，农产品流通阻滞，出现卖难，商品的价值就不能实现或不能完全实现，造成农民增产不增收或增产减收，严重地挫伤农民的生产积极性。

第二，农产品主产区经销部门的农产品商品处于“购不进，销不动，存不下，调不出”的窘境，资金被大量占用，导致各行各业的发展受阻和经济环境的全面紧张，农民与政府的矛盾加剧，必然影响到地方政府发展农业生产的积极性。

第三，由于农产品流通滞后所造成的积压，往往给人以“过剩”的错觉，导致各级政府自觉或不自觉地放松对农业的领导和支持，农业很可能因此而出现萎缩。

第四，由于农产品的价值不能实现，生产者兑现不到货币，必然降低农民的购买力，导致工业品的滞销，也要影响到下一个周期生产的投入，最终制约着整个经济的运行和发展。解决农产品流通不畅的问题，既要采取应急措施，又要从长计议，从基础抓起，深化流通体制改革，解决深层次的矛盾。

培育市场主体，是搞活农产品流通的基本条件。市场的建立与其主体的发展相互促进，相辅相成。没有流通主体活动的市场，市场形同虚设；没有市场可依附的流通中介组织，流通中介组织也就失去了存在的意义，这两项要素缺一不可。发育市场主体主要是：

第一，农村集体经济要组建自己的购销服务组织。具有合作性质的为广大农民服务的基层供销社，有经营农产品的比较完备的设施和丰富的经营管理经验，已经形成了覆盖全国农村的购销网络，应更好地发挥其主渠道作用。但随着社会主义市场经济的发展，农村商品流通包括产品的销售和生产资料的供应，光靠基层供销社已不能适应农民的需要，农民必须从促进生产的发展，保护自己的利益出发，培育和组建自己的购销组织。这种组织可以是集体经济组织下设的，可以是合伙的，也可以是股份制的。近几年来，一些地方创造的农商联营和农产品的合购联销等经营模式，是个发展方向，应因地制宜地推广。

第二，组织农民进入流通领域。随着农村商品经济的发展，一部分农民进入流通领域，是个必然趋势。由农民自愿联办的产销直挂的合作商业，能够减少中间环节，降低交易成本，是一种农民进入流通的好形式，应扶持发展。

第三，积极发展产供销联合组织或企业集团。在粮食油料和其他农副产品大部分放开的条件下，为开拓市场，实现产品向商品的转化，生产者、经营者、加工者、消费者和管理者都在进行积极的探索。一些按产品组成的产供销联合组织，包括产加销衔接、农工商一体化的多种合作和联合，表现出坚挺的生命力。这种组织由于实行了服务的系列化，实现了跨地区、跨部门、跨所有制的联合和商品的直线流通，从而拓宽了生产的广度，延伸了系列开发的深度，提高了商品经济的组织程度，对发育市场体系，具有重要的促进作用，而且可操作性较强，是农村经济新体制的生长点，也是搞活流通的优选途径，应热情扶持，精心培育。

建立起货畅其流的运输系统，是搞好农产品流通的基本要求。这几年所出现的农产品流通阻滞，有组织和经营方面的原因，也有运力不足的因素。有一些消费区域急需的农产品就因运力的不足，买卖无法成交。由此可见，合理配置运力，挖掘现有运输潜力，相应增加公、铁、水路的运输能力，对于搞活农产品流通来说，如同雪中送炭。此外，应整顿公路运输秩序，撤销所有滥设的关卡，取消一切非法罚款和不应有的收费，打破地区封锁、条块分割的市场行为，保护农产品正常运销活动，这对于解决农产品流通不畅的问题，对于建立全国统一的大市场都有益处。

加强农产品储存、加工、保鲜等基础设施建设，是搞活农产品流通的基础。储存、加工、保鲜等基础设施落后，是目前农产品流通中的薄弱环节。应把生产建设与流通设施建设通盘考虑，除了中央和地方政府以及商业、供销、粮食、外贸部门投资建设储存、加工、保鲜设施外，农村集体经济组织应投资建设农产品储存、加工、保鲜工程，经营相关业务。同时，国家对关系国计民生的重要农产品建立储备制度和风险基金制度，也会起到以丰补歉、缓解流通、稳定市场、保护生产的作用。

积极培育和完善市场体系，是搞活农产品流通的根本性措施。农产品流通的阻滞，根本原因是市场体系发育不成熟。改革的重点在这里，难点在这里，卡壳也卡在这里。应重点抓好农产品批发市场建设。有计划地在农产品主产区、传统集散地、交通要道和大中城市建立农产品批发市场，建立起稳定的供货关系，保护生产者和消费者的双重利益。同时，还要打开城门，建立一批布局合理、数量适宜的零售市场，产品直接同消费者见面，保持货畅其流。有了这两种市场，完善农村的双层经营体制，搞活农产品流通就有了基础。

第四节　积极进行经营体制的创新

经营体制，是经济组织在一定的经济形态约束下，在生产经营活动中所采用的组织方式和运行机制。在一个产业中，各个微观经济组织所采用主要的、带有共性规律的、能够起主导作用的经营体制，又构成这个产业总体的经营体制。人类从事经济活动的历史表明，只有寻求和建立起一个恰当的符合不同社会发展阶段和经济形态的经营体制，才能实现社会经济活动的有效组织和顺利运行。经营体制是个动态的概念。随着经济的发展和社会的进步，经营体制也总是处在变动和发展之中。不适应于新的条件和发展需要的、过时的经营体制，总是在人们的探索和实践中让渡于和转变成新的经营体制，这就是经营体制的创新。

中国农村的改革，是从集体经济经营体制的改革开始的。这种改革，不仅解放和发展了生产力，而且在生产关系方面，使农村集体经济从微观经济组织结构到宏观运行机制，都发生了有利于发育市场主体、培育市场体系的重大变化，推动了整个国民经济的调整和方方面面的改革。但任何一种经营体制都会有一定的适应范围和时效。实行统分结合的双层经营体制，也引发出了一些新的矛盾和问题，也有明显的局限性。这种局限性，突出地表现在两个方面。一方面是双层经营体制的本身发育不全，千家万户分散经营与千变万化大市场的矛盾、稳定家庭承包与扩大经营规模的矛盾、农户经营规模过小与实现农业现代化的矛盾十分突出，亟待从体制的深层次上加以解决。另一方面是双层经营这种体制虽在农业上适应性强，却远远不能适应日益发展和壮大的二、三产业的需要。目前的农村经济，已从单一的种植业发展到养殖业、加工业，并形成了农林牧副渔全面发展、工商建运服综合经营的经济格局。经济活动的内容和形式，已经大大超越了集体经济所管辖的范围；对经营体制的要求，已经大大超越了双层经营的职能。随着社会主义市场经济的发展，解决农业社会效益高与自身效益低的矛盾、解决城乡分割的矛盾等等，已紧迫地摆上了议事日程。解决这些矛盾和问题，还需要在经营体制上做文章，还要靠经营体制的创新。过去，我们靠改革农村经营体制，实现了农村经济发展的第一个飞跃；今后，我们要实现农村经济发展的第二个飞跃，也仍然有赖于经营体制的创新。

经营体制的创新，从微观经济组织上来说，应该是多样化。但是，经过若干时间的实践，政府行为应力求起到积极促进作用，对多样化进行总结和规范，引导走上规范化。为了冲破根深蒂固的旧体制和陈旧观念的束缚，多样化的改革实践已经说明，它可以减少操作风险，提高改革成功的可能性。同时，我国幅员辽阔，各地经济与社会发展差距很大，这是进行经营体制创新的客观基础。在整个新旧体制交替过程中，总会出现一些较深层次的共性问题，要靠统一组织和规范，才有利于问题的解决。在经营体制创新的过程中，“转化”和“借鉴”具有特别重要的实践意义。转化，即改造现存的物质；借鉴，即参照别人的模式建立起适用于自己的体制和价值标准。正像马克思主义绝不是背离人类文明的产物一样，建设具有中国特色社会主义的新农村，也不可以闭门完成自身的创新。建立统分结合的双层经营体制给中国带来了翻天覆地的变化，但解决这种体制运行中所出现的一些新矛盾和新问题，已经迫在眉睫。如果我们不能一如既往地坚持探索下去，中国农村经济的发展和社会的进步，就有停滞不前的危险。

建立统分结合的双层经营体制之后，农村广大基层干部和农民群众并没有因为曾创造了一度辉煌的业绩而沾沾自喜，也没固守着这种体制而喊“万岁”。事实上，他们在努力提高综合生产能力、不断拓宽生产经营领域的同时，一直在进行着生产组织形式和经营方式的探索，旨在从经营体制的创新上获取实现农业和农村经济发展的第二次飞跃的有效途径。尽管各地的探索和试验还很不规范，甚至还五花八门，但是各地在体制创新的基点是相同的。那就是：适应发展社会主义市场经济的要求，有利于农村非农产业的发展，有利于农村劳动力的合理有序流动，有利于农村资源包括组织资源在内的合理开发和利用，有利于农户经营效益和农村总体经济效益、社会效益与生态效益的提高，有利于农村以至整个社会的繁荣和稳定。认真总结各地的实践经验，把在改革试验区上和面上一些地方好的探索和创新做法因地制宜地引用和推广，是一种投入少、风险小、成功率高、收益大的选择。

一、土地的规模经营

农村实行以家庭联产承包为主的责任制，建立统分结合的双层经营体制，充分发挥了农户家庭经营的积极性和集体统一经营的优越性，解放和发展了农村生产力，把农业和农村经济推上了一个新的发展阶段。但是，从经济发展规模效益的需要看，户均分散经营，不利于大规模地发展农业和粮食生产；从长远的奋斗目标上看，不利于实现农业的现代化。首先，按人口或人劳比例平均分包土地，不能充分发挥劳动力和土地的潜力。由于农业每个劳动力经营土地的能力是各不相同的，大家都种等量的田，对种田能手来说，不能发挥专长，劳动能力有剩余，经营管理能力还不能全部派上用场，造成资源的闲置。而对无力种田的农户来说，由于无力按农时进行生产，不善管理，不但降低了土地的产出率，有的还会降低土地的利用率，造成资源的浪费。其次，单家独户的分散经营，只要用部分劳力或部分劳动时间就可以了，不需要普遍使用机械，不利于新技术的大面积推广，因而阻碍了农业机械化的步伐，制约了农业科技在增产中作用的发挥。第三，在一些经济比较发达的地区，随着大批强壮农业劳动力转移到二、三产业，农业变成了兼业或副业，农业收入已经降到了次要地位，加上种粮比较效益低，导致投入减少，土地的粗放经营甚至抛荒。第四，建设农业现代化、农村工业化、乡村城镇化，要求对土地进行统一规划，合理布局，这同土地分户承包、小块经营、长期固定不变，发生了很尖锐的矛盾。在深化农村改革，进行农村集体经济经营体制创新的过程中，一些地方为了解决上述这些矛盾，从本地的实际出发，发展土地的适度规模经营，收到了很好的效果。

土地的适度规模经营，是指以土地为主的生产要素向一定的农业经营实体集中，扩大生产规模，增加人力、物力和科技的投入，使土地获得较高的生产效率和效益的一种经济活动。土地适度规模经营是个动态的概念，随着主客观条件特别是生产力发展水平的变化而变化。所谓“适度规模”，是指在一定的生产力水平下，能够取得最佳生产效率和经济效益的生产规模，它不单指经营面积，而是指其他生产要素的投入与用于生产的土地面积之间的最佳配置。影响土地经营规模大小的主要因素，从经营实体的外部看，主要有劳动力的转移程度，劳动力价格水平，土地流转规模，社会化服务水平和政府的扶持力度等。从经营实体的内部看，主要有农业装备水平和机械化程度，经营者素质，农作物的种植结构等。在不同时期、不同地区和不同经营主体，适度的经营规模是不同的。目前的土地适度规模经营，主要是从事粮食生产，一定要在保证稳步发展粮食生产的基础上，来扩大经营规模，使生产经营者能够从粮食规模效益中获得较高的收入，要在提高农业生产力的基础上，进行专业化生产、集约化经营。必须用足够的土地量来保证产品的产出和经营者收入目标的实现。实施的要求是从当地的实际出发，以适量的土地和其他生产要素相结合，使土地产出率、劳动生产率、资源利用率、产品商品率、资金收益率等经济效率和效益指标不断地得到提高。随着生产条件的改善，生产力水平尤其是农业技术和装备水平的不断提高，生产经营实体经营土地的规模还将逐步扩大。

实行土地适度规模经营，必须具备相应的条件。从一些地方的实践看，大体上应具备这四个方面的条件。一是农业劳动力大部分稳定转移。就一般情况来说，农业总劳动力有6%以上稳定转向非农产业；农户收入60%以上来自非农经营，农民才能有转包或退回承包土地的意愿。二是集体经济组织或其他经营主体要具有一定的投资实力。实行土地的适度规模经营，需基本具备农业生产全过程的农机作业条件和相应的道路、水利、仓储设施，据江苏省的试验，平均每公顷地需增加投资15 000元左右。没有这样的经济实力，就搞不了规模经营。二是能够满足农业生产所需服务的基本要求。有比较健全的农业服务体系，能够提供农业生产过程中的供种、育秧、管水、植保、农技等基本服务，并随着生产经营规模的扩大和市场机制的转换，进一步发展生产资料供应、仓储、运销等产前产后的系列化服务。四是拥有相应的农业机械装备和作业能力。要求达到翻、种、耕、收等机械作业，并有相应的动力、排灌、运输等设备。上述这些条件虽然不是必备的，但确实是基本的。条件具备的，应抓住时机积极发展；条件不具备的，决不可盲目地推行。

实行土地规模经营的形式，要坚持多样化。从一些地方的试验情况看，大体有这样几种可供选择的形式。一是种粮大户和家庭农场。其特点是以农户家庭为生产经营单位，独立核算，自主经营，集中在产前、产中、产后提供一些必要的服务。二是合作农场和股份制农场。特点是农户与农户或村社、部门、单位、农户之间在自愿互利基础上，按不同的份额投入土地、资金、劳力、技术等生产要素，合作从事生产经营。合作中有的属于紧密型，有的也可以搞松散型。紧密型的要统一经营、统一核算；松散型的带有互助合作性质，经济上采取分户核算。三是村办集体农场和厂办农业车间。特点是土地、农机等主要生产资料的所有权、使用权均属于该经营单位集体所有，统一组织生产经营和核算。其内部可以采取专业承包、实行“几定一奖”的责任制。四是技术服务型的规模经营。其特点是统分结合、双层经营，在保持农户分户承包、种植管理、经济核算不变的前提下，由村、社集体经济组织在农业生产的主要环节上进行统一服务。

实行土地适度规模经营，重要的是要建立起有利于土地相对集中的流转机制。在土地产权关系上，坚持“一个不变”、“两个分离”。即坚持土地集体所有权不变；所有权与使用权分离，稳定承包权，放活使用权。允许使用权流动转让，可以有偿，也可以无偿。为便于土地向种田能手或经营能力强的生产经营者手里集中，可以选取招标承包的方式，投标者可以是当地的农民，也可以是外地的农民。总的工作指导方针应该是：坚持条件，积极引导，因地制宜，分类实施，规模适度，形式多样，分步推进，逐步提高。在经营的形式上，要让农民自己选择，允许多种多样，不搞一个模式或“一刀切”。

二、工厂（公司）加农户

农村由传统的自然经济转向发展大规模的商品经济，遇到的一个重要难题就是怎么把千家万户的小生产与千变万化的大市场连接起来，把初级农产品与精、深加工的产品在生产、交换、分配、消费诸环节兼顾起来，建立起稳定的农产品商品生产基地和供销渠道，消除农产品市场的周期性波动、原料抢购“大战”、买难卖难交织和压等压价收购农产品等不正常现象。从80年代中期开始，一些商品经济发育比较早、农产品商品率比较高的地方，逐步探索解决上述矛盾、消除市场大幅度波动的有效途径，参考国外的一些做法，创造了工厂（公司）加农户这种一体化生产、联利经营的经营体制，从而带动了农村产业结构的调整和农村商品经济的发展。党的十四大召开以后，一些采用了工厂（公司）加农户这种经营体制的市场主体，又按照发展社会主义市场经济的要求，进一步解放思想，调整利益关系，改善经营管理，从而完善和发展了这种经营体制，有的还在这种体制的基础上转向了贸工农一体化、产加销一条龙的经营体制。

工厂（公司）加农户，是以农副产品为原料的生产企业（如烟厂、糖厂、植物油厂、罐头厂、屠宰厂、速冻蔬菜厂等）同农户以产品为纽带，连接生产与生产、生产与流通环节，共同进入市场的模式。实质是一种生产的联合与合作。其运作形式是：以农副产品为生产原料的加工企业，将生产环节延伸到农村，在农村建立原料生产基地，以基地带动农户的生产。加工企业以合同的形式同农民确立产销关系，并对农户提供相关的服务，比如预付定金、提供良种、进行科技指导等，帮助农户解决生产过程中的一些难题；农户按照预定的供货合同安排生产，按期交货，再由加工企业进行深加工、精加工，实现多次增值。农户在这种联合与合作中，建立了比较稳定的初级产品销售渠道，不断扩大生产规模，增加收入；加工企业在这种联合与合作中，获得稳定的原料货源，不断扩大经营，多取利润。二者功能互补，相得益彰，共同发展。

这种经营体制对促进农产品加工业的发展和引导农民进入市场等方面的作用，是很明显的。

第一，这种体制能够实现产销直挂。对于农户来说，能够做到以销定产，增加了产品适销的稳定性，减少了生产的盲目性，并从一开始生产就能对效益情况做出预期预测，调动了他们的生产积极性。对于加工企业来说，原料有了稳定的来源，改过去的到市场上去“找米下锅”为“定米下锅”，解除了因原料供应不足而停产的后顾之忧。

第二，使农民分户生产的农产品形成批量物流。通过这种体制，把农民千家万户的生产能力聚集起来，提高了农产品的商品率，提高了农产品的档次和科技含量，增强了市场对经过深精加工产品的供给能力，满足了人们对高质量、精加工食品的需求。

第三，能够形成规模效益。这种体制造就了集中连片生产、集约经营的条件，又降低生产成本和流通费用，使农户和加工企业都可以在不断扩大生产规模的基础上取得规模效益。

第四，提高了农民从事商品生产的组织程度。刚刚涉足于商品生产的农户，对生产经营过程中所遇到的一些新情况新问题，往往是束手无策，特别是对市场经济的特点掌握的不多，不容易自我作出比较恰当的选择，急需一个“领头雁”，把大家组织起来。而与农民联产联利的加工企业，正应了广大农民的迫切需要，在满足本企业生产要求的同时，还对若干家农户的生产安排和经营管理起到了“领头雁”的作用，在很大程度上帮助农户完成了从产品到商品的“惊险跳跃”，从而大大地提高了农民从事商品生产的组织程度。

第五，有利于健全农村的服务体系。农业和农村经济的发展，需要多方面的服务，其中包括各类加工企业对农民提供生产的系列化服务。加工企业引导农民依据市场进行产业结构调整，在产品选型、先进技术应用、资金扶持等，对农户进行多方面的服务，深受农民的欢迎。在实行加工企业加农户这种经营体制的地方，企业对农户的服务，已经成了当地社会化服务体系的重要组成部分。

选择工厂（公司）加农户这种经营体制，需要注意解决好三个问题。

第一，要解决好企业怎么连接千家万户的问题。千家万户面对不断变化的大市场，往往表现出无所适从。而企业面对千家万户，也有许多难题。工厂连接千家万户，光靠产品这个纽带还不行，还必须有一个能够兼顾农民与企业两方面利益，特别是有一个能够保护农民利益的中介组织。缺少这个基本条件，这种体制就难以运转起来。谁来承担这个中介组织的任务？从目前农村现存的组织资源情况看，让社区性集体经济组织来充当中介组织，是一个现实的选择。社区性集体经济组织能够代表农民的利益，同加工企业进行对话、议价、商务、签订合同，同时也能兼顾加工企业的利益，督促农民按合同安排生产，保证质量，按时交货。

第二，建立起加工企业与农户之间的利益调节机制。加工企业与农户虽然可以联利，但不一定都连心。因为加工企业与农户之间的利益在某种条件下存在着此增彼减的关系。当加工企业的经营目标与农户的生产趋向吻合，农户生产的产品能为企业的生产带来一定利润时，二者尚能同舟共济、共享利益；一旦加工企业因某些因素造成利润减少，甚至亏损时，就很可能出现把经营危机转嫁给农户的现象。这就需要有一个能够兼顾两方面利益、规范双方行为的制约机制。这个机制应由合同签订、纠纷仲裁、公证服务、违约的经济责任等构成。从长远看，有必要建立起加工企业对农户的利益返还制度，以求得在支持生产初级产品的过程中共同发展。

第三，应发挥政府的宏观调控、协调、指导、服务的作用，为这种经营体制的发育、发展和巩固创造一个良好的外部环境。

三、贸工农一体化经营

进入90年代，特别是党的十四大确立建立社会主义市场经济体制的改革目标以来，我国大中城市郊区和沿海经济发达地区，按照发展社会主义市场经济的要求，借鉴国外发展市场农业的经验，把农村主导产业的产供销、种养加、内外贸、经科教紧密结合起来，形成了一体化的经营体制，为使农业在市场竞争中发展成为高效益的产业，为使农村经济逐步走上专业化、社会化、现代化的轨道，找到了一条可资借鉴的有效途径。

一体化经营，是以市场为导向，以生产基地为基础，以科教为支柱，以效益为中心，通过对农村的主导产业实行区域化布局，专业化生产，社会化服务，企业化管理等措施，把农工商贸生产经营各环节统筹起来，形成一体化的经营体制。目前，这种一体化经营大体有四种形式。一是以农产品加工、冷藏、运销企业为龙头，围绕一项产业或产品，实行生产、加工、销售一体化经营。二是通过发展农产品市场，特别是发展专业批发市场，带动区域专业生产的产加销一体化经营。三是从利用当地资源、发展拳头产品入手，逐步形成区域性主导产业。四是以中介组织为依托，农产品加工企业跨区域联合经营，组成产加销一体化的企业集团，实现生产要素的大跨度优化组合，增强产品在国际市场上的竞争能力。据有关部门调查，进行一体化经营试验比较早的山东省，现在已有30％左右的县市在主导产业和产品实行了这种经营体制。在这个省的东部中部地区，在畜牧、水产、果品、蚕茧、烟草、花生、建材等产业和产品上，实行一体化经营的进展较快，规模较大，有的已突破了地域、所有制、行业界线，向大范围、深层次、高水平发展。

在农村实行产业的一体化经营，之所以显示出明显的优越性和强大的生命力，从根本上说，是由于这种经营形式有利于解决我国农村向社会主义市场经济转化的过程中所遇到的突出矛盾。这种经营体制，通过各种龙头企业，把农民引入市场，把农产品的生产与国内外市场衔接起来，从而把分散的家庭经营纳入了社会化大生产的轨道。每个龙头企业实体，为了在市场竞争中占据有利地位，在选育良种、栽培和养殖管理、加工、贮藏等各个环节，都千方百计地推广和使用先进技术和设备，实行严密的现代化管理。龙头企业可以把一家一户的小规模分散经营联结起来，形成较大规模的产业群、产业链，从而推进了各产业的适度规模经营。通过产业链的延伸，一方面带动了农产品加工、贮藏、运销业的发展，实现农产品的多次转化增值，提高了农业的比较效益；另一方面通过采用先进科学技术和设备，挖掘耕地潜力，大幅度地提高了土地产出率。按一体化经营的模式发展农村经济，打破了城乡壁垒，促进了各种生产要素的跨区域流动，有利于实现城市的人才、技术、资金与农村的土地、劳动力等资源的优化组合。城市企业与农产品生产基地和农户结成利益共同体，既支持了农村经济的发展，又扩大了企业的经营规模，增强了城市的辐射能力，为加快城乡一体化进程创造了条件。

实行一体化经营应着重抓好以下几个环节：

一是因地制宜确立主导产业。一定要以市场为导向，从本地实际出发，立足于自己的资源优势和基础条件，发展各具特色、布局合理的优势产业和产品，形成区域性主导产业，以主导产业带动区域经济发展，使区域优势转化为产业优势。

二是把建设龙头企业作为发展农村市场经济的重点、作为实施产业化经营的关键环节来抓，注重发展带动面大、科技含量高、产品能够出口创汇的龙头企业。实行国家、集体、个体、私营、合资、外资一齐上，对于跨地区、跨行业、跨所有制的大型龙头企业，给予必要的支持；对市场潜力大的农副产品精深加工、高科技、外向型的龙头企业，应给以重点扶持。

三是大力推广山东省围绕龙头建基地、突出特点建基地、连片开发建基地的经验，把基地建设与主导产业的形成和龙头企业的发展紧密地结合起来。

四是不断完善经营体制和运行机制。围绕实施一体化经营体制，培育市场主体，增强企业的生机和活力，加强社会化服务体系建设，相应建立健全约束机制和利益调节机制，并要不断总结新经验，研究新情况，解决新问题，加强组织和引导，不失时机地把这种适应社会主义市场经济需要的新型经营体制推而广之。

四、股份合作制

农村发展社会主义市场经济、进行经营体制的创新，面临着两个亟待解决的共性问题。一个是经过亿万农民群众四十多年艰苦奋斗而形成的、具有雄厚经济实力的社区性集体经济，通过什么样的形式改造、改组，才能更加符合发展社会主义市场经济的要求，与现代企业制度实现合理的对接，从而使它继续在建设社会主义新农村的伟大实践中发挥应有的作用。另一个是用什么样的方式才能把农村现存的土地、劳力、资金、技术等主要生产要素聚集起来，使其能够按照提高使用效率和效益的原则重新排列，实现优化组合，形成新的生产力，创造出更多的物质财富。第一个问题属于农村经济存量的调整；第二个问题属于农村经济增量的发展。二者的共性是怎么能更好地让市场手段在资源的配置中起基础性的作用。近些年，一些地方针对解决上述这两个问题，在对农村集体经济进行产权制度改造的过程中，结合农村经营体制的创新，以促进生产力的发展为目的，创造了股份合作制这种新的经营体制。实践证明，这种经营体制有许多长处，应积极引导，不断完善，促其健康发展。

股份合作制，是社会主义集体占有制经济在建立社会主义市场经济体制的条件下，所产生的一种新的经营体制。它在集体所有制的惯性作用下，把以联合劳动为主要特征的合作制与以资本收益为主要特征的股份制融合，应用于农村集体经济的产权改造，不仅保持了集体的公益性，而且明晰了各种资产所有者的责、权、利，并通过量化原有资产和盈利分红等手段，使劳动者的个人联合资产与集体所有的资产同时具有主体地位。应该说，股份合作制是农村深化改革、进行经营体制创新的产物。目前，我国在农村社区性集体经济中，实行股份合作制主要有两个方面的尝试。一是在集体经济内部引入股份制；二是在集体经济所属的企业中引入股份制。集体经济内部引入股份制的做法，是对集体的财产作价折股，一部分作为集体股，一部分作为个人股。个人股按人口或按劳动贡献等群众议定的标准予以确定，作为分红的依据，一般都规定不能提取、抵押、转让和继承。这种折股是把已经形成的资产价值加以分解，以明确和理顺内部经营和分配关系，提高生产经营水平。这种体制的特点是分解集体资产的价值，而不是分解实物。这种价值的分解，正是为了保全实物，为了使其增值。乡村集体企业引入股份制的做法，大体上也是资产评估折股、设股和分配股权，确定分红制度，成立管理机构等。这种引入一般只限于单个企业，而不触动整个社区集体经济，并多数还与资产的扩股结合起来。一般是按企业的资产来源进行折股，并进行扩股，因而股权总类相对要多，其中包括乡村集体股、企业股、个人股、社会法人股、外资股等等。集股（包括土地、劳力、技术、知识产权的入股）新建的股份制经济实体主要是扩股，是把各种分散的生产要素聚合起来，以形成新的生产经营能力。突出生产要素的聚合，是股份合作制的主流。股份合作制既是生产资料的公有制，又是集体共同占有的个人所有制。它不是个人与企业的被迫结合，而是一种自由、宽松的有机结合。股份合作制与集体所有制、股份制、合作制之间，有着浓厚的“血缘”关系，对这三种经济组织形式有极强的借鉴吸收能力。它不仅吸取了合作制民主、公平和为成员谋福利的一些原则，而且还继承了股份制聚集分散的生产要素形成规模使用的功能，同时还保留了集体经济所具有的一些优势。它介于传统的集体所有制经济、经典的合作经济和现代的股份制经济之间，有自己独立的组织目标、组织功能和形态特点，是一种新型的经济组织形式。

股份合作制有明显的四点优势。

（1）在产权制度上，既保持了集体资产的总体性，又确立了个人资产的收益权；既保证了内部成员的资产所有权，又兼顾了外部多方资产所有者的利益。

（2）在生产组织结构上，职工具有劳动者和资产所有者的双重身份，使职工能从劳动收益和资本收益最大化的动机出发关心企业的生产和资本的积累，有助于解决企业发展的长短期利益矛盾和消费与积累的矛盾。

（3）在分配方式上，企业对职工投入的最高份额有一定的限制，以保证按劳分配为主、其他分配形式为补充，由于企业税后利润要部分地转为新的股份，使集体资产与个人资产同步增长。职工增加了浮动的股金红利收益，改变了过去刚性的工资收入格局。

（4）在经营机制上，企业虽然是以市场为取向，追求生产经营效益的最大化，但由于坚持了互助合作、民主、公平的原则，从而减少了利益与风险的对立，有利于经营体制改革的平稳实施。

实行股份合作制，应特别注意处理好以下三个问题。

一是要注意吸收土地、劳力、知识产权等非资金性质的生产要素入股。作为股份合作制企业，资金是兴办企业的先决条件，应鼓励农民自筹资金，入股办厂，合股经营，按股分红。但是，股份合作制企业吸纳生产要素，不应单纯地吸收资金，土地等其他生产资料、技术和知识产权都可以计价入股。目前，在一些股份合作制企业中，往往偏重于资金入股，忽视了技术、劳力和知识产权的计价入股。土地是集体经济赖以发展的基础，对其入股，一定要合理议价，防止集体资产的利益流失。

二是要建立起合理的利益分配机制。股份合作制企业与全民、集体企业比较，利益分配关系相对复杂。它既有按劳分配，又有按股分红。如何正确地把握二者之间合理的分配关系，是一个极其重要的政策问题。股份合作制企业在利益分配上，应适当提高公共积累和按劳分配的比重，适当控制按资分配。税后利润应有60%以上用于扩大再生产，其中50%作为不可分割的公共积累，股金分红一般不超过20%为宜。对集体公共积累部分，也应同个人股一样，公平计股，参与分红。以保证集体积累部分在提高企业经济效益的过程中，也能相应得到增值。对国家的减免税额，实质上等于国家对企业扶持发展基金，应全部作为企业公共积累，用于生产的发展，不应作为利润进行分配。特别是对少数人控股的企业，减免税应该慎重，以防止国家税收流失，抑制分配不公。

三是注意规范股份结构。适当引导和鼓励城乡集体企业和股份合作企业相互参股，以增加其企业中集体经济性质的因素。对那些已经发育成型，但由少数人控股的企业适当引导向职工扩股，逐步提高职工参股人数与股额的比重，增加企业内部的凝聚力，形成利益共同体，逐步形成集体股份和劳动者之间的联合占主体地位，以抑制收入差距的拉大，引导全体农民走共同富裕的道路。

第十章

农业改革和发展的两个飞跃

中国农业的改革和发展，在取得举世瞩目的辉煌之后，下一个历史时期的路怎么走？这是个事关中国现代化建设大局的宏观课题。对此，邓小平同志以一个巨人的足智多谋，提出了“两个飞跃”的理论，对农业的改革和发展作出了总体设计。深刻领会邓小平同志“两个飞跃”思想的内涵，准确把握精神实质，不失时机地把农业的改革和发展不断推向前进，是摆在各级领导和亿万农民群众面前的一项跨世纪任务，是建设有中国特色社会主义的题中应有之意。

第一节　两个飞跃思想的演进

邓小平同志关于农业改革和发展要有“两个飞跃”的理论，是在总结建国以来指导农业和农村工作的经验教训，依据80年代以来农业改革和发展的实践，经过深思熟虑逐步升华而形成的。从理论形成的时序上看，大体经历了三次演进过程。

第一次，是1980年5月31日，小平同志在同中央负责工作人员谈话时，针对有的同志担心包产到户会影响集体经济时所讲到的。小平同志说：“我看这种担心是不必要的。我们总的方向是发展集体经济。实行包产到户的地方，经济主体现在也还是生产队。这些地方将来会怎么样呢？可以肯定，只要生产发展了，农村的社会分工和商品经济发展了，低水平的集体化就会发展到高水平的集体化，集体经济不巩固的也会巩固起来，关键是发展生产力，要在这方面为集体化的进一步发展创造条件。具体来说，要实现以下四个条件：第一，机械化水平提高了（这是说广义的机械化，不限于耕种收割的机械化），在一定程度上实现了适合当地自然条件和经济情况的、受到人们欢迎的机械化。第二，管理水平提高了，积累了经验，有了一批具备相当管理能力的干部。第三，多种经营发展了，并随之而来成立了各种专业组或专业队，从而使农村的商品经济大大发展起来。第四，集体收入增加而且在整个收入中的比重提高了。具备了这四个条件，目前搞包产到户的地方，形式就会有发展变化。这种转变不是自上而下的，不是行政命令的，而是生产发展本身必然提出的要求。”（《关于农村政策问题》，《邓小平文选》第 2 卷第 315 页）。

第二次，是 1990 年 3 月 3 日，小平同志在同中央几位负责同志谈话中说：“中国社会主义农业的改革和发展，从长远的观点看，要有两个飞跃。第一个飞跃，是废除人民公社，实行家庭联产承包为主的责任制。这是一个很大的前进，要长期坚持不变。第二个飞跃，是适应科学种田和生产社会化的需要，发展适度规模经营，发展集体经济。这是又一个很大的前进，当然这是很长的过程。”（《国际形势和经济问题》，《邓小平文选》第 3 卷第 355 页）。

第三次，是 1992 年 7 月，小平同志在审阅党的十四大报告送审稿时说：“农村现在还是联产承包责任制。我以前提出过，在一定条件下农村走集体化，集约化的道路，还是必要的。但一定要适度，不要勉强，不要‘一窝蜂’。如果条件成熟，农民自愿，不要阻碍。北京郊区搞了适度规模经营，我看就是集体化、集约化。从长远来说，科技越发展，管理能力越提高，又是一个飞跃。过去我讲过，农业要有两个飞跃，一个是废除人民公社，搞承包责任制，再一个是将来走到新的集约化。社会主义要以公有制为主体，农村的集体所有制，也是公有制的范畴。农村经济最终还是要实现集体化、集约化。农村现在希望搞联产承包责任制，不想动，但不等于将来永远不能动。科学种田发展了，超过了村的界线，甚至超过区的界线，到那时你不搞集体化，集约化就适应不了了。如果老是仅仅靠双手劳动，仅仅是一家一户地耕作，将来也不向集体化发展，农业现代化就不可能实现。就是一百年、二百年，还是要走集体化、集约化这条路。现在还是坚持家庭联产承包责任制，切不可以‘一股风’，如果农民不搞集体化的事，也不要急。总之要条件成熟，农民自愿了再搞。”（中共中央政策研究室、国务院研究室主编《学习·研究·参考》1995年第8期）。

小平同志三次谈话，基本观点是一致的。但是，各篇有各篇的侧重点。第一次谈话，重点是有针对性地回答了家庭联产承包责任制与发展集体经济的关系，指出发展生产力是低水平的集体化向高水平集体化发展的关键，指出社会分工和商品经济发展的程度，是影响集体化进程的两大因素，阐述了为发展集体经济所要创造的四个方面条件。第二次谈话，是小平同志“两个飞跃”思想的核心。主要标志是比较完整地提出了“两个飞跃”的命题，告诫人们实现第二个飞跃“是很长的过程”。第三次谈话，是小平同志对前两次谈话的完善和补充。这种完善体现在对“两个飞跃”思想的坚持和强调；体现在集体化与集约化的并列。这种补充，主要是对工作指导方针的具体化，提出实现第二个飞跃不要急，不能刮风，一定要注意条件的积累，一定要尊重农民的选择。

第二节　两个飞跃的重大意义

在邓小平同志关于农业、农村和农民问题的精辟论述中，对农业的改革和发展起着重要指导作用的是“两个飞跃”的光辉思想。这是邓小平同志对中国农业改革和发展做出的创造性贡献，是指导农业改革和发展的总纲领，是建设有中国特色社会主义理论的重要组成部分。

“两个飞跃”的光辉思想，具有深邃的理论价值。邓小平同志把马克思列宁主义的基本原理同改革和建设的实践相结合，从中国农村的实际出发，成功地运用“两个飞跃”的理论概括、指明了中国农业的改革和发展必须坚持社会主义方向；阐述了社会主义初级阶段农业改革和发展的阶段性、渐进性、长期性和质的跃变性；揭示了事物总是不断向前发展的客观必然性。这个光辉思想，表达了社会主义以公有制经济为主体、其基本任务是解放和发展生产力的政治主张，充分体现了马克思主义的生产关系与生产力相互联系、相互作用的原理，是运用辩证唯物主义思想指导农业改革和发展的经典之作，是对科学社会主义理论的继承、发展和完善。

“两个飞跃”的光辉思想，具有重大的实践意义。它充分肯定了农业改革和发展已经取得的伟大成果，明确提出了前进的方向，规划出了两个战略部署；预示了农业改革和发展的趋势和途径。它不仅是对过去农业改革和发展历程的科学总结，而且也为现在和将来农业改革和发展的社会实践奠定下了坚实的思想理论基础，是组织和引导亿万农民群众最终实现共同富裕伟大目标的行动指南。用“两个飞跃”思想指导农业改革和发展的实践，必将有利于强化农业的基础地位，推动农村经济登上一个新台阶，促进整个国民经济的持续、快速、健康发展。

第三节　第一个飞跃与第二个飞跃的关系

“两个飞跃”思想是内在有机统一的整体。第一个飞跃与第二个飞跃虽然是两个不同的发展阶段，但二者之间却有着紧密的内在联系，前者是后者的必要准备，后者是前者的必然发展。

从实行家庭联产承包责任制与发展适度规模经营、发展集体经济的关系上，清晰地显示出“两个飞跃”之间的必然联系。实行家庭联产承包责任制不仅提高了农村的生产力水平，而且促进了农村经济结构的变化和产业的拓宽，推进了劳动力资源的趋优配置，使发展适度规模经营的条件日趋成熟。这正是二者之间因果关系的具体体现。发展集体经济与稳定和完善家庭联产承包责任制之间，具有明显的互助促进性。家庭联产承包责任制是统分结合的双层经营的基础层次。实行统分结合的双层经营之后，对加强集体统的功能提出了客观要求。而加强集体统的功能，则离不开集体经济的发展。集体经济越发展，越能为家庭经营提供物质支持和比较满意的服务，使家庭经营在稳定的基础上得到发展。集体经济壮大起来，就能更有条件地发挥应有的职能作用。事实证明，实行家庭联产承包责任制与实行规模经营和发展集体经济是相容的，而不是相斥的。这种相容性，构成了“两个飞跃”之间的内核。这种相容性也告诫人们，千万不要一谈到巩固和完善家庭联产承包责任制，就把发展适度规模经营说成是超越时代的

“冒进”，是历史的“倒退”；千万不要一谈到在沿海发达地区和大城市郊区因地制宜地发展适度规模经营，就把家庭联产承包责任制说成是分田单干和小农经济；千万不要一谈到发展集体经济，就误认为是要“归大堆”，走回到人民公社体制的老路上去。这些认识都是片面的，因而是缺乏辩证思维的。

“两个飞跃”之间的相容性，还表现在二者之间的继承关系上。飞跃是前进，但它是在现实基础上的前进；飞跃是对旧质的否定，但它同时又是对原有事物的积极继承。从我国农村集体经济的发展过程来说，正是第一个飞跃为第二个飞跃奠定了基础，创造了条件；而第二个飞跃自然会把第一个飞跃的积极成果继承下来。这种继承主要体现在两个方面。即：生产力成果和制度的继承。以实行家庭联产承包责任制为主要标志的第一个飞跃，提高了农业劳动生产率，扩大了农村的生产经营领域，促进了乡镇企业的发展，以此形成的生产专业化和社会化成果，自然成为实现第二个飞跃的基础条件。在实现第二个飞跃的过程中，虽然生产要素要发生新的组合，生产经营的组织形式也会相应地有所变化，但实行统分结合、双层经营的基本精神和一些行之有效的作法，仍会被保留下来，并得到充实、完善、巩固和提高。

第四节　第二个飞跃的内涵

对第二个飞跃精神实质的领会，可做两种理解。第一种理解认为，实现第二个飞跃的实质内容是发展适度规模经营和发展集体经济，至于“科学种田”和“生产社会化”，是由第一个飞跃向第二个飞跃过渡的两个前提条件。第二种理解认为，科学种田、生产社会化、规模经营、集体经济是构成第二个飞跃的四要素。这两种理解都是有道理的。但从社会实践的角度看，似乎第二种理解更有利于第二个飞跃中诸要素的同步积累。因为科学种田和生产社会化同适度规模经营和发展集体经济一样，其本身都是第二个飞跃的组成部分，在事物进化的过程中，这四个要素相伴而生，互相促进，同时作用。

推广和应用现代科学技术和提高劳动者的素质，是实现第二个飞跃的关键。我们为之奋斗的第二个飞跃，是在社会主义市场经济条件下，伴随着科技进步而产生的飞跃。在这个不断向既定目标趋进的过程中，科技将起到决定性作用。在社会主义市场经济条件下，激烈的竞争驱使科学技术日新月异地发展，农业或农村的微观经济组织，如果缺少先进科技的注入和劳动者素质的提高，缺乏强劲的技术更新机能，就不会得到发展。微观经济组织生产经营的停滞不前，最终要阻滞或延缓第二个飞跃的实现。小平同志所说的“科学种田”的内涵，实质是科技是第一生产力原理在改革和发展上的具体运用。

生产社会化，是实现第二个飞跃的基础。第二个飞跃中的“生产社会化”要素的寓意，体现着社会分工、专业化生产与生产的社会化之间的一种递进关系。农业任何一次质的飞跃，都同社会分工的突破密切相连，每一次社会分工的裂变，都把农业生产力向前推进了一步。社会分工，一般地直接表现为专业化的进程，而专业化生产的实现过程，就是向社会化过渡的过程。社会分工与专业化是构造生产社会化形态的基础。只有在社会分工和专业化生产不断进化的条件下，才能更有效地发挥市场在配置资源过程中的基础性作用；只有在生产社会化的条件下，才能形成不断提高劳动生产率的规模效应和经济扩张的动力。因此，小平同志所讲的“生产社会化”是个很宽泛的概念，其中包括社会分工和专业化生产等多层涵义。

发展适度规模经营，是实现第二个飞跃的动力。如果说实行家庭联产承包责任制是实现第一个飞跃的动力，那么，农业的适度规模经营就是实现第二个飞跃的动力。农业从分散经营到适度规模经营，是农业专业化、社会化、现代化的客观要求，也是提高土地产出率、劳动生产率、农产品商品率的重要途径，更是现阶段农业登上新台阶的动力。这个动力的源泉，是广大基层干部和农民群众的社会实践。在一些农村经济发展较快的地方，随着乡镇企业的发展壮大，大量的农业劳动力转向非农产业，广大农民希望规模经营；随着农村经济实力的增强，农民的务工收入与务农收入的差距日益扩大，一批种田能手要求规模经营；随着机械化程度的不断提高，零星的条块农田不适应机械操作，理应逐步发展适度规模经营。一些地方的试验证明，农业走适度规模经营的道路，是实现第二个飞跃的具有里程碑意义的标志。

发展集体经济是实现第二个飞跃的主线。小平同志在这里所提出的集体经济，已经不是传统意义上的集体经济。它是指在社会主义初级阶段，各种不同所有制形式通过生产要素的融合，所形成的一种新的生产经营组织形式。它的最终目标不是向其他的所有制形式过渡，而是用共有制的生产关系把广大农民组织起来，走共同富裕的道路。选择这样一条主线，既符合建设有中国特色社会主义新农村的客观要求，又反映了广大人民群众的强烈愿望。农村政权的巩固、精神文明建设，都有赖于集体经济的发展。把握了发展集体经济这条主线，就把握了实现第二个飞跃的社会主义方向。同时，发展集体经济也是巩固完善第一个飞跃成果的工作重点。因为不论是稳定家庭联产承包责任制、完善统分结合的双层经营体制，还是建立社会化服务体系，都是以集体经济的发展为物质基础。没有集体经济的发展，农村社区就会失去吸引力，基层政权就会失去凝聚力，第一个飞跃的伟大成果就难以巩固。马克思主义认为，集体经济的本质是生产资料和劳动成果归劳动群众集体共同占有，它可以有不同的组织形式。从这个意义上来理解，小平同志运用马克思主义的基本观点来解决中国农村的现实问题，赋予了在新的历史时期发展集体经济新的涵义。这个新的涵义包括不仅乡村的社区性集体经济应该得到发展，而且各种跨社区的专业性集体经济也应该得到发展。

第五节　第二个飞跃的时效

实现第二个飞跃是生产关系与生产力相互适应和运动变化的历史过程。这个过程在时间的延续上，正像小平同志所说的那样“是很长的过程”。这是因为它并非仅仅归结为生产组织形式的适度调整，关键在于生产力的进步，在于农业生产和农村经济的发展。由于这种进步和发展，同原来生产力状况相适应的生产关系会变得不那么适应了，而要求以新的经营方式、组织形式和管理体制代替它。经过这一周期的变革之后，小平同志所提出的低水平的集体化才能向高水平的集体化方向发展。生产力的发展，虽然在质的跃变上可以划分出不同的阶段，但这种跃变的过程是漫长的。因为一切质的跃变的前提条件是量的不断积累，而量的积累又需要人们伴随着时间的变化而刻苦努力、不懈奋斗、扎实工作。

小平同志提出的实现第二个飞跃是“很长的过程”的论断，可能是与他所设计的中国经济与社会发展分三步走的战略目标相衔接的。小平同志指出，到下个世纪中叶，中国要达到中等发达国家的水平。把这个宏伟蓝图与目前农村经济和社会发展的现状联系起来理解，就会感到实现第二个飞跃的任务是相当的繁重和艰巨，不是在短期内就可以实现的。因此，实现第二个飞跃要有一个过渡时期。从经济范畴来说，这个过渡时期的主要任务是调整经济结构，转变经济增长方式，进一步解放和发展生产力。

实行适度规模经营和发展集体经济要有必要的客观条件。这个客观条件的形成是个很长的过程。比如实行适度规模经营，至少要具备四个方面的客观条件。第一，农业生产的整个过程包括产前、产中、产后各环节的机械化水平提高了；第二，生产经营的组织程度和管理水平提高了，劳动者获得了具有现代化水平的生产技能和管理经验，造就了一批具备相当组织、协调、管理和服务能力的干部；第三，多种经营发展了，生产的专业化、社会化程度有明显的提高，生产的产品主要用于市场交换，而不再是单纯为了自给；第四，集体收入增加而且在总收入中的比重提高，具有提高技术基础和装备水平的经济实力。具备这样的条件，才有改变生产经营组织形式、实行适度规模经营的可能。而要获得这样的条件，没有长时间的基础工作和艰苦努力是不可能的。

实现第二个飞跃是个很长的过程，还表现在发展水平的地域性梯度差别上。对于一个地区、一个县或一个乡来说，在出现跃变的时序上，必然会呈现出有快有慢、有早有晚、有先有后。自然资源丰富、地理位置优越、经济基础厚实、发展步伐较快的地方，就会在第一个飞跃的基础上早些实现第二个飞跃；反之，自然资源贫乏、地理位置较差、经济基础薄弱、发展步伐较慢的地方，实现第二个飞跃的时间就会相对滞后。实现第二个飞跃是就中国农村的整体而言。东部地区的率先发展体现了方向，但是却不能代表总体发展水平。飞跃的难点在中、西部地区，到达总体目标的关键在于中西部的演进速度。而目前中西部地区的经济社会情况，又钳制着它的演进速度，进而迟滞全国实现第二个飞跃的时间。这也是“很长过程”的一个重要的客观依据。

第六节 第二个飞跃的实现途径

实现第二个飞跃，要从实践上把握好这么几条：一是从目前全国大多数农村地区的现状上看，以家庭联产承包为主的责任制，适合生产力的发展水平，能够调动广大基层干部和农民群众的积极性，应作为集体经济组织的一项基本制度，长期坚持下去，并不断加以完善。二是从长远的发展方向看，随着农村生产力的发展，农村社会分工和科学种田水平提高了，农民群众要逐步走上新的集约化、集体化的道路上去，这是建设社会主义新农村的必然选择。三是从领导的作用上看，应精心培育改革的作用点和新的经济增长点，尊重广大基层干部和农民群众的探索和创造，鼓励他们用改革的精神去研究新情况、解决新问题，积极创造条件，为实现第二个飞跃积累力量，不失时机地引导他们向集约化、集体化方向发展。四是从工作的方法上看，应坚持实事求是、群众路线、循序渐进、分类指导，以此推动农村改革的深化，经济的发展，社会的进步。

对于土地适度规模经营，应区别情况，审时度势。就全国大多数农村地区来说，目前进行土地适度规模经营的条件还不够成熟，绝不能超越客观条件，违背农民的意愿，用行政手段强制推行。那样，不仅不会加快实现第二个飞跃的进程，反而会阻碍生产的发展。在当前和今后相当长的一个时期内，工作的重点应放在进一步完善家庭联产承包责任制上，通过延长土地承包期，赋予农民神圣不可侵犯的承包经营权，允许土地的使用权依法有偿转让，依靠科技的投入，提高土地的产出率和利用率。同时，在一些沿海经济发达地区和大城市郊区，随着大量农业劳动力稳定转入非农产业，农民的非农收入有比较稳定的渠道，已经具备了实行适度规模经营的起步条件，应抓住机遇，在尊重农民意愿的前提下，积极引导、鼓励、支持和发展土地适度规模经营。实行适度规模经营的时间有早有晚，其具体形式也应该是多种多样的，应防止出现“一刀切”或一个模式，避免重犯破坏生产力的历史性错误。

对于发展集体经济，应按照各地的基础条件和经济实力，采取梯度递进、稳步实施的发展战略。集体经济比较薄弱的地方，应从加强集体“统”的功能入手，收足用好各项承包金，量力而行地开展一些能够收支平衡或带有协调性质的服务，不断拓宽生产经营领域，组织群众兴办绿色企业，开辟资源利用型的开发性生产门路，打好起步发展的基础。集体经济有一定实力的地方，应在健全服务体系，加强管理，搞活企业，提高生产经营水平上下工夫，注意调整结构，改进技术，不断提高经济效益，增强自我发展的能力。集体经济实力雄厚的地方，应“壮根固本”，在把相当的财力用于反哺农业的同时，通过转变增长方式来积累新的发展力量，向生产的深度和广度进军，发展跨区域、跨行业的联合与合作，向专业化生产、一体化经营、集团化管理的方向发展，把集体经济推向更高的发展阶段。集体经济在进行产权制度改革的过程中，在保持集体财产和企业不被拆散的情况下，按集体成员的劳动年限折股量化到人，以体现集体所有和调动集体成员的积极性，这是可行的。

对具有集体经济性质的股份合作制企业，在管理上应同股份制的惯例区别开。应坚持一人一票的管理原则；集体企业的纯收入，应用于扩大再生产、支援农业、兴办社区公益事业、留作后备金和按股分红，不准由经营人员分掉。

实行产业化经营，是实现农业改革和发展第二个飞跃具有突破意义的重要途径。农业产业化经营，是一种由市场牵引龙头产品，龙头产品带动资源基地，资源基地连接农户的农工商、产供销、农科教一体化的具有先进性和广泛性的生产经营体制。这种经营体制的特点：一是能够优化生产要素；二是能够形成批量物流和大规模的商品生产；三是能够实现生产与交换的紧密衔接；四是能够提高生产经营单位的风险承受能力和自我发展能力。发展产业化经营，应重点抓好四个环节：一是从本地的实际出发，立足于资源优势和基础条件，生产具有地方特色的产品，形成区域性主导产业。二是重点建设好带动面大、科技含量高、产品市场容量大的龙头加工企业。三是大力推广围绕龙头建基地、突出特点建基地、连片开发建基地的经验，把基地建设与主导产业的形成和龙头企业的发展紧密地结合起来。四是不断完善这种生产经营方式的内部运行机制，注意研究新情况，解决新问题，不失时机地把这种适应发展社会主义市场经济需要的新型经营体制推而广之。

实现农业改革的第二个飞跃，不能采取单项推进的办法，应按照城乡一体化的总体设计，实施“整体推进，稳步深入，综合配套，重点突破”的改革指导方针。改革应适应建立社会主义市场经济体制和转变经济增长方式的需要，重点完善农村集体经济在现阶段的基本经营制度，积极健全社会化服务体系，提高农民进入市场的组织程度。应把农产品流通体制的改革，作为深化农村改革的重要环节，下工夫改出成效。应依据商品等价交换原则，遵循价值规律，加快形成主要农产品的按照市场供需形成价格的机制，加快农产品的市场体系建设，进一步完善中央与省的两级粮食储备和风险基金制度。供销社和信用社是由农民办起来的合作经济组织，应在改革的过程中不断完善经营机制，进一步搞活经营，在为农服务中更好地发挥作用。

农业的改革和发展，需要得到政府以及有关部门必要的支持、公平的待遇和及时的指导，需要政府在实施宏观调控的过程中，为农业的改革和发展营造一个良好的社会环境。在转变经济增长方式、调整工农业比例关系、调整投资结构、调整国民收入分配格局的过程中，应把农业放到基础地位，予以必要的扶持和保护。只有这样，才能不断推动第二个飞跃的进程。如果离开政府及有关部门对农业的支持、对农村的关照和对农民利益的保护，那么，第二个飞跃将遥遥无期，进而影响到实现整个经济与社会发展的第三步设想。

第十一章

农民负担

中国有9亿多农民。农民的生产积极性和生活水平如何，直接关系到国民经济能否持续、快速、健康发展，关系到社会的稳定，关系到国家的长治久安。对此，中共中央总书记江泽民曾精辟地指出："农民问题始终是我国革命、建设、改革的根本问题。"（《人民日报》1992年12月28日一版）。中国正处于由计划经济体制向社会主义市场经济体制转变的关键时期。在深化改革和对社会各群体利益进行调整的过程中，如何确立农民在经济利益分配格局中的相应地位，建立起适应社会主义市场经济体制的、能够兼顾国家、集体、农民三者关系的收入分配机制，维护农民的合法权益，切实减轻农民负担，是现阶段能否解决好农民问题的一个难点。

本章采用定性分析与定量分析相结合，典型引证与理论阐述相结合，提出问题与给出对策相结合的方法，通过回顾工作，阐述党和政府一贯关心农民的立场和始终注重解决好农民问题的重大举措，宣传和领会中国共产党坚持减轻农民负担的方针政策；通过对农民负担的现状考察，重点剖析加重农民负担的内在规律和特性，提示人们要注意澄清一些模糊认识；通过对加重农民负担行为的追根溯源，找出解决问题的突破口，对应提出进一步落实党的农村政策，切实减轻农民负担的对策选择；通过对目前所实行的统筹提留款筹集制度不足之处的商榷，对从制度上根本解决农民负担过重问题进行深层次思考，提出从长计议的建设性意见。

第一节 党的第三代领导集体高度重视农民负担问题

以江泽民同志为核心的中国共产党第三代领导集体刚刚形成，就对农业、农村和农民问题给予了极大的关注。在对全局工作的指导上，特别注意保护和调动农民的积极性，要求党的各级组织和各级政府一定要落实重农惜民政策，采取有力措施，坚决把不合理的农民负担减下来。江泽民总书记在就职还不到一年的时候，就通过深入基层进行调查研究和广泛听取各方面的意见，睿智地意识到加重农民负担问题的严重性和危害性，下决心解决这个问题。他在 1990 年 6 月农村工作座谈会上指出："有些部门没有很好地为农民服务，而是乱摊派、乱收费、乱罚款，巧立名目加重农民负担"。"这些问题，引起了农民群众的不满，必须下大力气解决"。(《十三大以来重要文献选编》中册第 1165 页)。在党的十三届八中全会的讲话中，江泽民总书记把农民负担过重提高到伤害了农民对党的深厚感情的高度上来认识，强调想问题、办事情、定政策，都要把调动农民的积极性作为根本的出发点和归宿，切不可忽视农民的合法权益，伤害农民对党的深厚感情。在 1992 年 12 月的武汉六省农业和农村工作座谈会上，江泽民总书记比较详尽地分析了加重农民负担的原因，重申"中央有关部门和地方各级政府一定要坚决把关，切实把农民负担控制在上年农民人均纯收入 5%的规定之内"(《人民日报》1992 年 12 月 28 日一版)。尔后，江泽民总书记在历次中央农村工作会议上多次强调：要坚定不移地减轻农民负担。

1993 年 6 月，江泽民总书记亲自审阅国务院负责同志在全国减轻农民负担工作电话会议上的讲话稿，对重要方面做出四点批示。他批评有关部门，不经审核就自行发文，宣布继续执行过去的规定，依然我行我素。他希望各地就中央和国家机关涉及农民负担的集资、基金、收费项目，还有哪些应该取消，哪些应该核减收费标准，提出意见。他要求各地要把对农民负担的清理结果上报党中央、国务院。

李鹏总理在每年一次的政府工作报告中，都讲到要继续落实减轻农民负担的措施，并提出对突出问题要进行专项治理。按照中央全会和全国人民代表大会的要求，李鹏总理在一些有关会议上，对减轻农民负担工作做出阶段性部署和具体安排。在1994年3月国务院召开的反腐败工作会议上，李鹏总理提出对于农民负担问题要严肃纪律。他要求对已经公布取消的乱收费项目要不折不扣地落实到基层，对顶着不办、边整边犯的要通报批评，严肃处理。

党和国家领导人关于要坚决减轻农民负担的意志，引起了全党和各级政府负责同志的共鸣，以此在党和政府的一些会议上形成了一系列决议，对于整治乱收费、乱摊派、乱集资和乱罚款提出明令禁止的要求，划清行为是非界线，要求各级政府和各有关部门督促检查抓落实。1990年9月，中共中央、国务院作出决定，坚决制止乱收费、乱罚款和各种摊派的决定，从十个方面作出了部署，决定对现有的收费、罚款、集资项目和各种摊派进行全面整顿，要求今后各级政府要把对收费、罚款、集资、摊派的检查，列为税收、财务、物价大检查的一项重要内容，使之制度化、经常化。1991年11月召开的党的十三届八中全会，对进一步加强农业和农村工作作出了40条决定。其中，专门用一个条款对进一步减轻农民负担作出部署，规定用于民办公助事业的乡统筹费，要由乡政府根据当地经济状况提出预算，乡人民代表大会批准，报县人民政府备案，严格执行定项限额、一年一定、统筹使用，不得追加。除此以外，任何部门和单位不得向农民摊派任何费用。1993年11月党的十四届三中全会《关于建立社会主义市场经济体制若干问题的决定》中强调：对农民负担的费用和劳务实行规范化、法制化管理，切实保护农民的经济利益。在“八五”期间，党中央、国务院或以中央办公厅和国务院办公厅名义下发的涉及减轻农民负担的文件就有11个；同时，国务院各部、委、局共发出具体落实中共中央、国务院关于减轻农民负担政策的文件25个；各省、区、市分别依据当地的实际情况，对减轻农民负担作出了明文规定。所有这些强硬措施，都对清理整顿、纠正违规、保护农民的经济利益，切实减轻农民负担，起到了推动作用。

党中央、国务院关于坚决减轻农民负担的重大举措，得到了全国人大代表的一致呼应和全国人大常务委员会的大力支持，顺应民意，全国人大常委会加快了保护农民利益、规范农民负担的立法进程。于

1993年7月2日，第八届全国人民代表大会常务委员会第二次会议通过了《中华人民共和国农业法》。这个法规在农业生产经营体制一章中，用四个条款对向农民和农业生产经营组织收费、罚款、集资和摊派作出了法律规定。在农业法酝酿起草的同时，国务院于1991年12月，颁布了《农民承担费用和劳务管理条例》，对村提留、乡统筹费和劳务的提取标准、使用范围、管理、监督以及奖罚等，作出了具体规定，明确了农民应尽的义务，使得农民保护自己的合法权益，有了法规依据。这个《条例》颁布后，相继有10个省的人大常委会配套地颁布了《条例》或实施细则；有18个省、自治区、直辖市相应下发了管理办法或若干规定。应该说，农民负担已经迈上了以法管制的台阶。

第二节　减轻农民负担的重大举措

在“八五”期间，特别是召开党的十四大以来，党中央、国务院对减轻农民负担工作极为重视，把能否将农民的负担减下来，提高到关系党群关系能否融洽、农民的生产积极性能否持久、农村社会能否稳定，国家能否长治久安的高度上来认识，不断加大工作力度，采取了一些坚决而又果断的措施，对加重农民负担进行了专项治理。

一、统一思想，实行领导负责制

党中央、国务院三令五申，要求各级领导要从政治上认识农民负担问题，从思想上牢固地树立起切实减轻农民负担的信心和决心，从行动上不折不扣地贯彻落实中央的指示精神，坚决把不合理的或过重的农民负担减下来。各地各部门在贯彻落实中央指示精神的过程中，首先解决的是领导问题。在省一级，都成立了由党政领导任组长的农民负担监督管理或清理审核领导小组，山西、辽宁等14个省明确了党政一把手亲自抓减轻农民负担工作。在地、县两级，党政主要领导都把减轻农民负担工作纳入了重要议事日程，经常深入到村、到户，调查研究，了解情况，倾听呼声，现场办公，及时解决问题。不少地、县把减轻农民负担工作列为考核县、乡两级领导干部政绩的重要内容，实行领导负责制和包干责任制。

二、加大宣传力度，创造减轻农民负担的良好社会环境

国务院《关于农民承担的费用和劳务管理条例》发布后，各省、区、市通过广播、电视、报刊、宣传车、贴布告、发手册、办培训班等多种形式，开展了《条例》的宣传活动。有的省、地、县领导亲自到电台、电视台发表讲话，讲解《条例》的主要规定和党的减轻农民负担的政策；有的行政主管部门同新闻单位合作，开办减轻农民负担的专题系列讲座；有的省把宣传、贯彻《条例》纳入“二五”普法规划，结合学法活动向广大基层干部和农民群众讲解《条例》的基本内容。农业部、监察部和国务院法制局等有关部门在进行农民负担执法检查的同时，还把查处和纠正违规违纪行为与宣传党的减轻农民负担政策有机地结合起来，一面深入群众中去调查了解情况，一面组织广大农民收看农民负担政策宣传录像片，很受农民群众的欢迎。通过各种行之有效的活动，使大多数干部和相当一部分农民群众知道《条例》的基本内容，为农民群众积极履行应尽义务，以法抵制不合理、不合法负担奠定了基础；提高了各级领导对进一步做好减轻农民负担工作重要性的认识。同时，也相应规范了各级政府职能部门的行政行为，增强了各涉农部门依法办事的自觉性。

三、进行大规模的清查整改，对突出问题进行专项治理

1992年10月29日，继江泽民总书记在武汉主持召开农业工作座谈会后的第四天，国务院召开了全国农业工作电视电话会议。在会上，李鹏总理提出，要坚决制止违反法规的各种集资和摊派，取消农村一切达标竞赛活动。农民负担凡是超过限度的，不论来自上边任何部门的文件，一律不办。会后，有关部门相互配合，对涉及农民负担的文件进行了大规模的清查清理。在清理审核的过程中，一些中央国家机关和各有关部门，从大局出发，给予了积极的配合和大力支持。林业部按照国务院的会议精神，主动提出取消森林资源更新费、取消向农村集体经济组织和农民收取的林政管理费和林区管理建设费；公安部主动提出取消在农村收取的治安联防费；全国妇联主动提出取消在农村的中华女子学院集资，纠正基层妇女工作达标和报刊摊派；国家无线电管理委员会主动提出农民集资办的电视差转台可以免交频率

占用费；交通部主动提出对长江干线航道养护费和内河航道养护费不再向从事农业生产的船舶收取；国家教委明确表示今后不再召开全国性的改造危房表彰会议，等等。在各有关部门的积极配合下，1993年5月26日，国务院授权农业部宣布取消了43项达标升级活动，纠正了10种错误的收费和管理办法。6月20日，国务院召开全国减轻农民负担工作电话会议，宣布了第一批取消的37项中央和国家机关有关部门涉及农民负担的集资、基金、收费项目，提出对17项收费要进行修改。各省、自治区、直辖市基本都按照中央的要求，立即组织抓落实，并参照国务院公布的审核原则，对本行政区域内涉及到农民负担的项目进行了一次清理和清查，重新审核，相继向社会公布了结果。有的省政府宣布，除以法纳税和在5%以内的提留统筹外，其他一切收费、集资、摊派一律停收；凡是要向农民收费搞的各种达标升级活动，一律废止；凡是采取平均分配、强行摊派的收税收费方法，一律取消；凡涉及农民负担的文件，未经农民负担监督管理部门审核同意，一律不准擅自出台；凡违反《条例》和“中办”“国办”紧急通知的行为，由监察机关会同农民负担监督管理部门严肃处理。有的省还有针对地开展了“三清五整顿”。即清文件、清项目、清超编人员、清非生产性建设、清承包合同；整顿统筹提留款的管理，整顿以资代劳，整顿收费、罚款的使用管理。

四、明确职责，强化管理手段

国务院在认真总结农民负担监督管理经验教训的基础上，明确作出规定：各级农业行政主管部门和乡镇人民政府主管本区域农民承担费用和劳务的监督管理工作；乡镇的日常工作由乡镇农村经济经营管理部门负责。规定农民负担的监督管理部门有四项职能：一是负责检查有关农民负担的法律、法规和政策的执行情况；二是会同有关主管部门审核涉及农民负担的文件；三是协助有关机关处理涉及农民负担的案件；四是培训农民负担监督管理工作人员。

按照国务院的要求，一些县、乡相继建立了相应的制度。一是预决算制度。村提留和乡统筹费由村集体经济组织和乡镇人民政府在作出当年决算的同时，编制出下一年度的预算方案，并上报县农民负担监督管理部门备案。二是业务公开制度。每年的预算和决算，都要张榜公布，接受群众的监督。三是举报制度。对于加重农民负担的行为，任何单位和个人都可以向有关部门举报，对举报者有理有据的举报，给以鼓励和奖励。四是执法监督制度。主要有群众监督、审计监督、新闻舆论监督和农民负担主管部门的日常监督。一些省市，还结合本地情况，创造出了各具特色的加强监督管理的制度。比如，湖北、四川等省对乡统筹费实行乡镇经营管理站一本账的统收统支制；山东、黑龙江等省区建立了农民负担的固定观察点制度；黑龙江、新疆等一批省区实行了农民负担监督卡制度。

五、发挥人大的权威和政协的参政议政作用，组织各方面的力量齐抓共管

一些地方的农民负担重，不但使广大农民不满，而且也引起各级人大代表和政协委员的关切与重视，已经成了全国人大和全国政协会议上的议政话题。各位代表和委员对解决农民负担过重问题给予了大力支持和热心关注。他们通过会前提提案，会上进行专题发言，会后深入基层进行专题调研等多种形式，强烈呼吁要切实减轻农民负担。近几年，一些省、市的人大常委会，顺应代表们的意见，相继组织了不同规模的农民负担检查活动，有的省人大常委会还不定期地听取本级人民政府关于减轻农民负担工作的报告。江苏、黑龙江等一些省区的人大常委会，尊重人大代表的建议，作出了维护农民合法权益，切实减轻农民负担的决议。湖南省的各级政府都聘请了一部分人大领导和人大代表作为农民负担监督员。在相当一部分市县，人大的领导对农民负担的政策掌握得很全面，对工作很熟悉，对情况很清楚，对监督也抓得很紧。一些省、市、县政协，自觉地组织委员深入到广大农民群众中去做农民负担现状调查，针对存在的问题，提出解决的办法和建议。有的县政协还组织委员到乡村宣传党中央、国务院关于减轻农民负担的文件精神，宣传《条例》的基本内容。人大、政协的这些举动，对集中清理和切实减轻农民负担，起到了很大的推动作用。

第三节　减轻农民负担的效果评估

“八五”期间，党中央、国务院下了很大决心，采取了一系列措

施，投入了很大精力来抓减轻农民负担工作。效果如何？从对一些省、区、市进行执法检查和农村基层日常反映出的情况看，应该说工作有成效，但对成绩不能估计过高；现存的问题不少，有的还相当严重，但不能不看到已经摸索出了一些解决问题的有效办法。总体情况是“喜忧参半”。

所谓喜，是喜在农民负担过重的问题已经引起了各级领导的重视，党和国家关于减轻农民负担的政策、法规在一定程度上得到了贯彻落实。主要表现在：中央、省、地、县四级涉及农民负担的文件和项目普遍得到认真清理；一些中央国家机关积极配合，使明令取消和暂缓执行项目在大多数地方得到贯彻执行；各种要求农民出钱、出物、出劳的达标升级活动明显减少；农民承担的村提留；乡统筹费合同内负担得到有效控制；合同外的收费、集资、基金等社会负担逐年加重的势头得到遏制；农民负担过重的矛盾得到缓解。从国务院农民负担主管部门的统计资料上读出：“八五”期间，全国农民人均负担的乡统筹和村提留款是：1991 年 29.2 元，占上年人均纯收入的 5.20%；1992 年 30.96 元，占上年人均纯收入的 5.20%；1993 年 32.40 元，占上年人均纯收入的 4.68%；1994 年 41.13 元，占上年人均纯收入的 4.91%；1995 年 54.72 元，占上年人均纯收入的 4.92%。从这里可以看出，农民人均负担的乡统筹和村提留款占人均纯收入的比例总体是呈下降的趋势，减轻农民负担是有所收效的。

所谓忧，忧的是党中央、国务院关于农民负担的政策、法规在一些地方没有得到完全的贯彻落实，过重的农民负担还没有真正减下来，加重农民负担的隐患没能得到根除。主要表现在：国家已经明令取消或停止的涉农负担项目，少数部门或一些地方仍在变换手法继续执行；由农民负担的教育经费还没减下来；农民建房、农用拖拉机、电力、邮电、婚姻登记等方面的乱收费还程度不同地存在；强制保险、派订报刊的现象还很严重；农民隐性负担的问题更加突出，一些地方花费很大力气减下来的负担又被生产资料涨价因素所抵消；个别地方还有采用“小分队”强行收款、收物的做法。从国家有关部门联合检查组对有关省、区农民负担检查的总体情况看，减轻农民负担、防止“反弹”的任务还很重。

第四节　加重农民负担的表现

加重农民负担的表现，大致有20种。

1. 农民负担的教育费增长过猛。在各级各部门多次组织的农民负担大检查中，凡是深入到广大基层干部和农民群众中了解情况，都会听到农民异口同声地说负担的最大数额是民办教育费的无节制迅猛增加。有的省按上年人均纯收入2%或3%的比例提取民办教育事业费，在中小学中搞“围墙栅栏化、校园花园化、体育器材钢管化”。在校舍建设中，把一些本来还能使用的土房改为砖房，平房改为楼房；有的一律强求教室带走廊、正厅，这样就得追加30%的工程造价。有的省教育部门规定，教育实现达标，农村小学都要配上钢琴等一些先进设备。有相当一部分乡镇，在乡统筹民办教育事业费之外，又统筹了校舍建设费、教师补助费、学校绿化费、民办师资培训费、教师奖励费等。教育部门对一些超过农民承受能力的建校集资给予表彰奖励的做法，助长了加重农民负担的行为。1985年以前，国家每年按人头拨给农村小学生22.5元、中学生31.5元的教育经费，一些地方从1986年开始停拨，转为由农民负担。城里教师超编，占用农村公立教师指标，农村用民办教师补充，其费用由农民负担。

2. 兴办公益福利事业超前求快，开展文体活动规格升级。一些地方大办电视差转台、修体育场和开大规模的农民运动会，逢庆各种节日活动，建高标准敬老院。

3. 乡、村干部冗员，补贴标准上调。乡镇干部队伍不断扩大，机构越简越多，一切开销都得由农民承担。有的农民说：“乡里穿绿的、戴蓝的，都是向农民收钱的。”应由部门干的工作由农民出人摊钱去干。比如乡镇设电管站，村设治安联防员，抽人搞人口普查、办身份证等。村干部的定额补贴和误工补贴标准越来越高。有承包田的村干部的收入，一般是当地农民人均纯收入的1.5倍到2倍，有的甚至高达3倍以上。

4. 统筹项目增多，数额加大。按中央规定，只在乡镇搞统筹，可有的村除提留外，也搞统筹，有的乡统筹项目由规定的五项增加到十几项甚至几十项，且数额逐年上涨。

5. 巧立名目，乱派款。有的乡镇向农民摊派购买小汽车费，团委、妇联活动经费，农业新技术推广补助费、人武干部着装费、法庭建设费等。在相当的一部分乡镇中，都发生过以共同生产费的名义向农民下摊非生产性开支的现象。有：乡政府会议费，农田基本建设会议费，治保主任会议费，党员、组织委员、宣传委员培训费，纪检办案摊款，乡政府管理费，预备役部队建设、国防知识竞赛摊款，村支书、村民组长、技术员、小学校长外出考察费等近20项摊款。

6. 各种集资过多。带有共性的有教育集资、修桥筑路集资、供电集资、法庭和派出所建设集资、精神文明建设集资等。有的地方集资建电厂，就在农户照明用电的电费上搞附加，每度电增收2～8分钱。

7. 硬性参办各种基金会。对于一些应该自愿加入的各种基金会，也搞“一刀切”，统一摊款加入。如宋庆龄母校基金、林业建设基金、教师奖励基金、民办教师基金等。有的地方还办了“见义勇为”基金，等等。

8. 派定报刊。从中央到省的各个部门，都有自己的报纸或刊物，在农村搞发行，一些地方是层层下指标，搞摊派。据对32个村的调查，平均每村每年的报刊要订30种以上，需开销3 000～5 000元。有的报刊发行单位利用给回扣、发奖金、给发表文章、提供旅游条件等手段，拉拢一些党政领导，让利有关职能部门，通过行政手段强行订阅。辽宁一个有500户人家的村，光《美报》一项就得让农民订330份（《瞭望周刊》1992年第34期16页）。有的农民抱怨地说，不识字也得订《通讯》，已经“结扎”了也得订《人口报》，说是订报，实质是生抢硬要。

9. 强制投保。发展农村保险事业，这本来是一项有益于农民的事情。但如不考虑农民家庭的实际情况，强制推行一些保险项目，就会损伤农民的利益。现在农村保险项目名目繁多。有家庭财产保险、劳动力意外伤害保险、房屋保险、牲畜保险、灾害保险、平安保险、恩爱夫妻保险、长效还本保险等等。面对这么多的险种，农户怎么能保全？也没有保全的必要。有的地方县、乡做出统一规定，砖房的投保面要达100%，只保砖房，不保茅草房、危房和土坯房。有的乡镇发文，对凡不参加养老保险的农户实行“十一不”政策：“不得劳务输出，乡政府不开任何证明，不享受社会救济，不享受农业税减免，不安排到乡镇企业工作，不得招工、参军，不发给计划生育准生证，不安排宅基地，不办理工商营业执照，不享受福利待遇，不评文明户”。有的地方农民投了保，发生问题却得不到理赔。对此，农民说：“保险公司最保险。”更有甚者，有的省保险公司同有关部门推行村干部养老保险，村里没钱，就动用公积金或公益金投保。

10. 以有偿服务为名，乱收费。农民反映最突出的有四项：一是教育收费，二是农民建房收费，三是农用拖拉机收费，四是各种牌、证、照收费。

一些中小学以学杂费名义加收的费用有：文体费、档案费、班费、实验费、水电费、图书资料费、电影费、报刊费、自行车保管费、绿化费、卫生费、防疫费、补课费、自习辅导费、查卷费、锅炉费、厕所维修费、勤工俭学费等。强行摊派给学生的有：保险费、服装费、书包费、香皂洗衣粉费。有的寄宿中学要收：烤火费、茶炉费、厨工费。有的地方作出规定：凡考上中专以上院校的考生，在领取录取通知书时要交 64 元的录取费；学生毕业要交一笔教育补偿费；毕业分配工作要交派遣费。

在一些地方，农民建房要交：耕地占用税、土地管理费、勘测费、青苗补偿费、土地使用证费、规划管理费、施工许可证费、房产登记费、宅基地有偿使用费。有的地方除了要向乡镇土地管理所交税费外，还要向村镇建设管理所交 7 种费：规划建设管理费、勘测定点服务费、基础设施配套费、违章建筑查处费、建设行业管理费、空间费、排面费。一般农户翻建房屋，要交 10 种以上的税费，约在 500 元以上。

在一些地方，亦农亦运的拖拉机要交：车船使用税、牌照费、供水费、车辆年检费、农机管理费、公路管理费、工商管理费、公路建勤费、养路费、保险费、货物保险费、公路运输协会会费等十几种税费；要办：行车证、驾驶证、供油证、环境污染监测证、公路营运证、个体运输营业证等近 10 种证照。有的农民因交不起各项税费而到交通管理部门报停，还要收报停手续费。据调查测算，小型拖拉机每年各种税费大约在 700 元以上，大中型拖拉机要交 2 000 多元。

对农户所发的牌、证、照，一是过多，二是超标准收费。一些应由部门承担费用的宣传牌、图册等，也向农民高价索款。有的地方农民领取结婚登记证要交：登记费、体检费、计划生育宣传材料费、计划生育保证金等。农民在日常中还要接连不断地交“灭鼠费、卫生费、护林费……”

11. 各种罚款仍在泛滥。什么完不成订购任务罚；不按时除茬子罚；不按时开犁种地罚；春节不办秧歌罚；不按上级指派的计划种植罚；没有护林防火牌罚；不订报刊的罚；完不成罚没款任务的罚等等。农民气愤地说“我们简直成了罚国”。

12. 实行“上打租”，巧占农民的便宜。个别地方的农电所将按月收电费改为年初预交电费，把预收的钱存入银行“吃”利息；文化部门将放映电影按场次收费改为年初按人头预收，结果造成不看电影也花钱或者光收钱不给放映电影。

13. 把财政借款下摊给农民。从 1988 年起，国家为缓解中央财政的紧张，集中一些资金保重点建设，实行了中央财政向一些有节余的地方财政借款制度。有的地方在实际工作中背离中央的要求，把这项借款列入各县财政上缴基数，县又把这项任务核定到乡，有的乡财政没有节余，就摊到了农民身上。南方的一个县，从 1988—1992 年的五年中，共向农民下摊了 1 185 万元的财政借款，而且没有任何手续或收据。

14. 截留国家给农民的好处，使农民少收。有的农资部门截留国家调拨化肥的旱路补贴；有的公路部门截留国家修路建勤工的补助费；有的将国家调拨用于棉、粮挂钩的柴油高价卖掉。

15. 市民吃肉，农民出钱。前些年，在生猪收购没有放开的地方，一些乡、村完不成订购任务，只好采取“大家抬”的办法，买议价猪平价交给国家，用于供应城镇居民。

16. 大吃大喝，挥霍浪费。一些村本来就不富裕，但用于吃喝的数额却不小，一个村一年的吃喝费用少则几千元，多则上万元，都得摊给农民支付。据权威人士测算，全国光村级每年用于吃喝招待的费用大约在 90 亿元以上。有的是公安办案经常吃，计划生育会战吃，村组干部开会吃，下乡干部蹲点吃，办班学习集中吃，检查灾情暗中吃，外来要账的住着吃。群众称公积金变成了“公吃金”。

17. 义务工、劳动积累工搞“以金代劳”，增大开支。主要是由农民出钱雇人植树造林、修建公路、修缮校舍等，有的村随意用零工，敞口花钱。

18. “抬”钱办事，多付利息。一些村对上边摊下来的摊派款，如修公路、修养鱼池等，一时摊不下去的，就高利“抬”钱，本利一并摊给农民。

19. 电业部门卖电由农民出钱架线、改造或维修。农村的供电设施大多是六七十年代建设的，维修改造的量大，用款集中，都由农民出钱，难以承担。有的地方还向农户收取“管电组织维护费”。

20. 平调农民的资金和劳务。在一些地方，把乡统筹费和乡财政资金捆在一起使用，从而改变了农民筹资的性质和用途。平调的项目是把教育统筹平调到县教育局统一使用，把民兵训练统筹平调到县人民武装部使用，把义务工或劳动积累工统筹平调到县交通局、水利局使用，把优抚资金统筹平调到县民政局使用。

对上述所列的加重农民负担的表现需做两点说明。第一，这些表现是笔者在多年农村调研中所见所闻的积累，并结合有关部门多次组织农民负担大检查的情况归纳分类而成。对此，既不可理解为同一时间出现的情况，也不可理解为同一地点都存在的问题。本意旨在反映曾出现过这类的问题。第二，这些曾出现的问题，有的可能在不断加大减轻农民负担工作力度中有了改进或得到了解决，同时也不排除有的做法已改头换面，仍然在泛滥。不管问题解决得如何，但这些问题仍构成农民负担的反弹压力，一有机会就可能旧病复发。因此，把它原原本本地列出来，对进一步采取控制措施和研究监督对策，是极为有利的。

第五节　加重农民负担的特性

对加重农民负担的表现作进一步的剖析，我们能看到它具有一定的特性。

一、表面合理性

在加速社会主义建设步伐的新的历史时期，农村的基础设施建设和公益福利事业欠账很大，要干的事很多。在国家财政紧张，对农业和农村的投入不可能大幅度增加的情况下，这些事只得由农民出钱抓紧办。各行各业都强调自己的工作重要，强调要加强行业管理。要行使管理职能，就得有人去干事，有钱去办事，设人、办事就得给钱，在财政不给拨款，本部门又没有资金来源的情况下，逼出了一条“以费养人”的错误办法。

二、顽固性

乱收费、乱摊派、乱罚款、乱集资，由于作“乱”行为利益直接，可以从中得到好处，他们的积极性就高。要纠正这种行为，就等于断了他们的财路。所以，他们就想方设法把收费、摊派、罚款和集资说得有理有据，千方百计维护其部门既得利益，这无疑增加了解决问题的难度。

三、反复性

为了把农民负担真正减下来，各级党政机关都分别采取了发文件、开专业会议研究、组织检查组巡回检查等一些措施。每项举动在行动之初，都有点收效，但就是不持久。事实是，上面抓一抓，下边的不妥做法就有所收敛，大规模的清查过后，立即旧“病”复发，上有政策，下有对策，仍然是我行我素。

四、流行性

收费、摊派、罚款、集资和办公益福利事业等，地区之间、部门之间、行业之间互相效仿、攀比和“借鉴”，甲县出了一个“花样”，乙县很快就跟上来，各地都有一些不妥的做法，致使这个痼疾像瘟疫一样流行，大有“法不责众”的色彩。

第六节　加重农民负担的主要原因

农民负担久减不轻，主要有四个方面的原因：

一、领导者给开的口子

从省级到各乡镇，党政的主要领导与分管某一方面工作的副职由于职责范围、工作预期目标不尽一致，对于减轻农民负担的心态就有较大差别。这一点在地方财政困难，各项事业费严重不足的情况下，尤其显得突出。分管某一方面工作的副职（除分管农业工作的领导外），工作与农民的联系不直接，他们一般只对自己分管的那条“线”负责，政绩也主要体现在自己分管的那条“线”上，农村工作及农民积极性调动得如何，与他们关系不大。因此，他们往往只顾本位工作，很少想到农民的负担如何。于是，分管教育工作的领导就主张向农民要钱来增加农村教育经费和用于提高民办教师的待遇；分管交通工作的领导就赞同向农民筹款修公路；分管宣传工作的领导就批准让农民集资来建电视差转台和更新文化和广播设施；分管民政工作的领导就支持建高标准敬老院……四面八方都向农民伸手，尽管有的单项用款不多，但总计起来，就是一个很大的数码，农民自然承受不了。

作为主要领导，对本区域内的各项工作要全权负责，他们对待工作是统筹兼顾，全面安排。对他们来说，农村工作的好坏，农民积极性发挥得如何，直接关系到全局工作和本人政绩。但是，面对诸位副职们在钱上的“纷争”，他们也往往不愿为减轻农民负担把大家都得罪了，以免影响一班人的团结和各项工作的开展，往往以让步为和。主要领导一让步，向农民集资、摊派的“闸门”就愈开愈大。这就像人们所说的，在农民负担较重的地方，几乎没有主要领导不抓减轻农民负担的，但又很少见到真正把农民负担减下来之后，能保持不反弹的。

二、经济体制所固有的不足之处

过去那种单一地以计划手段来配置资源的高度集中的经济体制，使农民与城镇居民的利益形成了二元结构，在生产建设和公益事业的投资上，城镇优于农村，城镇居民与农民之间，也不是按等价原则来交换劳动产品。比如，城市的教育经费由国家负担，农村的教育经费就以农民自筹为主；城市的拥军优属和民兵训练经费由地方财政列支，而农村的则都由农民来负担；一些全社会受益的修路、筑堤等基建项目，也全由农民包下来，等等，这方面的事例举不胜举。在计划经济向社会主义市场经济过渡的过程中，在调整城乡利益关系中，往往以牺牲农民的利益来保全城镇居民的利益。比如，在改革之初农民高价买猪给城里交平价任务，农民平价向国家出售粮、棉、油，但却不能以平价买回生产资料和生活消费品，等等。城市和城镇居民能够捷足分享市场经济所带来的甜果，而在经济体制交变运行中因摩擦而产生的"阵痛"，往往要由农村和农民去忍受。这种同一公民身份而经济权益却亲疏不等的管理体制，在某种意义上说，是把"公民"等级化了。

三、经营管理方面的缺陷

在一些乡镇中，集体提留和公共事业统筹费的预算，不是经民主商定，而是少数干部"内定"；提留或公共事业统筹费不进行决算或不公布决算结果，一年下来，农民不知道总共摊了多少钱，钱都干什么了；对农民的筹款和摊派缺乏民主监督和必要的审计，使胡摊乱派得不到制止、纠正和处罚；也还有一些地方设"两本账"，躲避有关部门的核查。

前些年，县、乡两级干部基本建立了岗位责任制，而并没把农民负担纳入考核目标。收集筹款、摊派款的各种奖励和回扣，却从另一方面调动了乡村干部加重农民负担的积极性。比如，在订报刊和预收电影费上，一些地方的工作人员就可按比例拿到"回扣"，订的和收的愈多，分管的干部得的也愈多；由农民出钱搞什么"大奖赛"，主持者可得到精神上的、物质上的奖励；一些不可摆到桌面上的摊派，具体落实者就更有利可图。一些基层干部在物质利益的诱惑下，想方设法完成筹款、摊派任务，而很少有人站出来抵制这些不合理摊派。一些条条部门，不是从大局出发，而是以本部门的利益为重，自立政策，自发文件，或增加收费项目，或提高收费标准，或搞集资、摊派。对此，地方党委和政府不便干预，使一些严重损害农民利益的事畅通无阻。

四、社会环境的影响

整个社会全方位改革开放的大好环境，有力地促进了农村经济的发展和农村社会的进步，但也出现了一些拉动农民负担上涨的新情况。其中有正常因素，也有非正常因素。所谓正常因素，就是按照中央实现第二步战略目标的规划，加快奔小康、建设社会主义新农村的步伐，就要尽可能地组织和动员民力，有重点地上一些生产项目，办一些急需的事情。所谓非正常因素，是指受城市基本建设的影响，不顾农村的客观条件，上一些超前求快、贪大求洋的项目，搞一些达标升级、图名摆阔、虚张声势的活动。比如，建高标准体育场和敬老院；电视拥有量比较低的乡镇也赶着建电视差转台；县、乡、村层层开农民运动会；节日的“大庆”、逢事的“大办”等。不管该办的还是不该办的，最终结果都免不了要加重农民负担。

此外，在个别地方也有因领导图虚名、急功近利，堆砌“政绩”给农民带来灾祸的因素。按国家规定，农民承担费用的数额是依据上年农民纯收入确定的。在一些地方，由于浮夸、虚报和计算方法的不尽合理，统计上报的农民人均收入数额往往高于实际水平，农民负担数额也当然随之加大。前任领导把农民的人均收入指标“抬”了起来，下任就很难实事求是地降下来。久之，农民多负担就成其自然了。

第七节　加重农民负担的危害

农民负担既是个经济问题，也是个政治问题。加重农民负担的行为，从小的方面或部门利益出发，或许能说出一些小道理，似乎有可取之处。要从大的方面着眼，从全局和整体利益上分析，从政治上来度量，就不难看到，这种选择付出了昂贵的经济和政治等多方面的代价，后果是令人发怵的。

一、削弱农民进行扩大再生产的投入能力

农民的人均纯收入，不同于城市居民的生活费收入。城市居民收入的主要职能是用于生活消费。而农民的收入具有投入生产领域进行再生产和投入消费领域、用于维持家庭成员日常生活的双重职能。农民在一定的纯收入数值中，生产与消费的开支二者之间具有此增彼减的关系。向农民筹取的统筹提留款，特别是各种合同外的摊派，绝大部分是用于社会性消费。这方面消费的开支过大，是以减少农户当年和长远生产性投入为前提的。一年大于一年、无限度地随意增加农民负担，使农户的生产投入能力逐渐趋近于零，不但不能扩大再生产，

而且连简单再生产都难以维持。久而，农村的生产力就会萎缩。生产力一旦萎缩，农村的两个文明建设就会因为没有物质基础而停滞不前。据《瞭望》周刊记者夏海龙对辽宁省铁岭市凡河镇的调查，1990年全镇农民卖粮所得共计1 645万元，可各种负担摊派就达1 635万元，另外还欠200多万元的贷款，农民入不抵出，下一年的生产费用没有着落（《瞭望》周刊）1992年第34期）。据有关部门的联合调查，目前农村用于生产建设的公积金被乡统筹、公益金和管理费挤占的现象时有发生，一些集体经济组织没有能力进行农田水利基本建设，没有能力购置生产性固定资产，没有能力兴办集体企业。在一些地方，集体经济组织的经济实力越来越弱，农业发展的后劲严重不足，这与农民负担较重有直接关系。

二、迟滞农民生活水平的提高

从农民收入用于社会性消费与家庭消费的关系上看，一旦出现社会性消费挤占家庭消费的现象，农民的生活水平就很难得到提高。近些年，随着农村改革的深入和经济的发展，农民的生活水平有了一定的提高。但是，这种提高具有明显的补偿性和滞后性，就农村的总体情况说，农民还不富裕。特别是全国还有5 800万人没能解决温饱问题。在这种情况下，如果无节制地加重农民负担，无限地扩大社会性消费的份额，其结果只能是农民的家庭消费资源越发匮乏，生活水平难以提高。

从生产与生活的关系上看，生活水平的提高，是以生产的发展为物质基础的。如果生产力得不到发展，生活水平就不可能提高。过重的负担，迫使农民减少对生产的投入。没有投入，就没有产出；没有产出，就没有生活水平的提高。当产出水平在原有的基础徘徊时，农民的生活水平也将随之徘徊；当产出水平有所下降时，农民的生活水平也将随之下降。一些农民常说："干一年，不剩钱"，"一年盼一年，年年生活没改善"。究其根源，其中之一是农民负担较重，挤占了本来应用于改善生活的消费资金。

三、破坏经济运行秩序

尽管加重农民负担的项目数不胜数，手法多样，但它的直接根源是乱收费、乱摊派、乱集资和乱罚款。这四个方面问题的共同之处是“乱”。乱的结果，是通过逆向改变各方面的经济关系来破坏经济运行秩序。一是破坏农村收益分配格局。使“交够国家的，留足集体的，剩下的都是自己的”分配格局，变成了“交够国家的，留足集体的，扣除多方瓜分的，没有多少是农民自己的”。二是破坏积累与消费的比例关系。在一些农民负担较重的地方，集体积累被蚕食、挪用或挤占；不断追加的社会性消费支出，又瓜分了农民的日常生活消费资金。在这样的地方，积累与消费的比例呈畸形状态。三是破坏农村资金的正常营运。主要表现在：一些地方对交不上临时追加的收费和集资的农户给摊派贷款，使本应用于支持发展生产的信贷资金改变了用途；一些集体经济组织为了应付上面摊下来的派款，不得不举债，出现了“寅吃卯粮”，套上了沉重的而又恶性循环的“债务链”；对统筹提留款的平调和挪用，引发了资金的“农转非”，等等。各种日益泛滥的非正常筹资手段，每时每刻都在破坏着农村经济的正常运行。

农村经济是整个国民经济的重要组成部分。它的运行秩序混乱，必将给整个国民经济的运行带来干扰或故障，进而破坏整个国民经济的运行秩序。

四、助长了腐败行为

从农民手上敛来的钱，有的用于给领导堆砌“政绩”的“市长工程”或“书记项目”，有的用于县乡机关的招待、公务、送礼，上程控电话，购买“大哥大”和小汽车，有的给部门干部发奖金，盖大楼，还有的被少数干部挥霍或中饱私囊。上述这些行为，都是党纪政纪所不允许的腐败现象。据有关部门对一个镇中22家向农民收费的审计，一年共收费113.9万元。其中，收费单位自用占80.1%，上交主管部门的占14%，用于当地生产生活设施建设的仅占4.1%，节余1.8%。一些部门从农民手中收上来的不合理的摊派、集资、收费和罚款，无论是自用的还是上交主管部门的，其中很大一部分款项是作为单位的“小金库”，用于非常性开支。由此可见，不按中央的规定办事，部门出台政策加重农民负担，本身就是一种腐败行为。对此，有的农民气愤地说：“干部下乡三遍酒，收齐摊派坐车走，有钱就去搞腐败，哪管农民吃糠菜。”

五、离间干群关系

各种收费、集资、摊派和罚款，有的是由有关部门直接到农户中收取，有的是作为硬指标分派给乡、村两级干部。凡是农民出的钱，都是由干部到农户中一分一分敛起来的。乡、村两级干部，每年要投入很多的时间和很大的精力到农户中收粮、收款。由于加重农民负担直接侵犯了农民的经济利益，无疑把为完成各项收款任务而不择手段的基层干部推到了农民群众的对立面，使干群之间的鱼水关系发生了逆转。湖北房县的一位镇党委书记曾对记者说：“乡村干部现在都成了税费收管员，收完乡统筹村提留接着收农业特产税，特产税还没收齐上边又让收计划生育罚款，还有日常的屠宰税、防疫费、教育集资、以金代劳款、孕检费，……一年四季都要收费，这样下去，农民都让我们得罪遍了。”在一些农民负担较重的地方，乡村干部忙于完成各项收缴税费任务，自然无暇顾及诸如像农业开发、产业结构调整、兴办企业等涉及经济发展的工作，就更不能帮助农民解决生产生活中遇到的一些实际困难。久而，农民群众就把他们当成“异己分子”。特别是在个别地方，组织“小分队”，甚至采取挑粮食、牵牲口、抬家具等办法搞兑现，使干群之间的摩擦逐步升级，矛盾越发尖锐，严重损害了党和人民政府的形象，破坏了党与农民群众的血肉联系，削弱了基层党组织的凝聚力、战斗力和号召力。这是加重农民负担所付出的最昂贵的政治代价。

六、影响社会稳定

由于负担超过了农民的承受能力，使农民普遍积怨下了抵触情绪，思想和行为都发生了变化。一些地方出现了农民集体不交统筹提留的现象，有的还引发了恶性案件。有些生活极度困难的农民，在沉重的负担面前丧失了行为控制力，为维持生计铤而走险，走上了违法犯罪的道路，严重地威胁着社会治安秩序。

农民负担重，也使一些农民撂荒耕地，弃家出走，流入城市，给城市的管理带来了一系列新的问题。

第八节　亟待澄清的模糊认识

农民负担久减不下，与我们的“诊断”误差不无关系。其中，有这样几个亟待澄清的模糊认识：

一、把农民还不富裕看作是农民负担过重的主要原因

无论是在一些研究报告，还是在一些地方领导的讲话中，都把农民还不富裕作为加重农民负担的一条主要原因提了出来。其实，农民负担重否与农民的富裕程度只有相关关系，并没有直接关系。农民的富裕程度高与低，只能对农民负担的承受能力有关。农民比较富裕，其承担负担的能力就强；反之，就弱。至于与富裕程度相关联的5%的限额，是个水涨船高的关系。也就是说，负担重否的关键是看符不符合政策和法规。符合政策和法规的，负担100元也不能说重，不符合的，负担一分钱也是加重了负担。由此我们可以设想，等农民富裕了就可以胡摊乱派了吗？显然不是这个道理。

二、把农民负担问题看成是纯经济问题

从表面上看，农民负担体现在经济往来的支付关系上，而它的实质，是关系到党在农村的一系列基本政策能否得到落实，农民的积极性能否保持持久，农村社会能否长治久安，党与农民群众的联系能否密切的一个极其重要的综合性问题。如果不能从政治的高度上和保护农民的合法权益上认识问题和研究解决问题的对策，则往往导致解决国家、集体和个人三者经济摩擦的局限，使政策法规失去应有的约束力，农民的负担自然是减不下来。

三、把合理混淆为合法

国家在《农民承担费用和劳务管理条例》中，对需要农民承担的费用和劳务，即作了定项规定，又作了限额规定。按规定，由农民承担的费用和劳务即使是合理的项目，但因总额超过上年人均纯收入的5%，就不合法了。有些事情由农民出钱办是合理的，但若干件事都集中到一年来办，就会大大超出农民的承受能力，这样又不合法了。

如果把凡是合理的事就办看成是政策法规所允许的，农民负担只能是逐年有增无减。因为事业的发展是无止境的。如果不能不加节制地控制负担，不能科学合理地确定收益分配原则，农民即或是真的富起来了，有再多的钱，也是不够支付胡摊乱派的。

四、把“大家”都是这样干的视为政策法规允许

有些需要农民出钱出劳务的事，明显有悖于国家政策和法规，但从横向上说，由于甲地、乙地、丙地都这样干了，丁地也就认为这样干是允许的；从纵向上说，由于一年、二年、三年都是这样摊下来的，第四年再这样摊也就“顺理成章”了。这些做法的实质，是降低了政策法规的刚性约束力。

第九节 减轻农民负担的对策

加重农民负担，是由多方面因素交织相汇而成，农民负担过重是个社会性问题。解决好这个问题，不但有利于农业的发展、农村经济的繁荣和农村社会的进步，而且有益于各行各业的兴旺发达，有助于加快建设有中国特色社会主义的进程。因此，需要得到社会各界的重视、支持、帮助和理解，需要从战略上、全局上研究对策，需要从根本上解决问题。

一、至关重要的是各级各部门的领导应做减轻农民负担的促进派

各级各部门的领导对由于加重了农民负担给农民生活、农业生产和整个社会所带来的严重后果应有足够的认识，对减轻农民负担应高度重视，应有同情感、紧迫感和责任感。把这项工作提到端正党风、加强廉政建设、密切党群关系的高度上来，从我做起，从本部门做起，坚决刹住乱收费、乱摊派、乱罚款和一些不必要或不急需的集资，争取通过持之以恒的工作，把农民负担真正减下来，使农民的负担水平保持在中央所规定的“定项限额”标准以内。

一是各级各部门的领导应加深对农业基础地位的认识，时刻不要忘记广大农民在国民经济发展和国家政权建设方面所具有的巨大作用，牢牢树立起只有九亿农民富裕了，各项事业才能兴旺发达的思

想，按照党中央和国务院的要求，脚踏实地地抓好落实。

二是严格把住加重农民负担的关口。想问题、办事情都应从大局出发，兼顾国家、集体和农民的多方利益，凡是有碍于提高社会主义社会的生产力，有碍于提高社会主义国家的综合国力，有碍于提高人民生活水平的事坚决不做。做任何工作一定要坚持从实际出发，量力而行，对由农民承担的费用和劳务，强调“取之有度，用之合理”，切不可“杀鸡取卵，竭泽而渔”。因此，一定要按照中央的要求，坚决取消一切由农民出钱的达标升级竞赛活动，不得出现反复。

三是把减轻农民负担列入领导岗位责任制。要把这项工作抓紧、抓实、抓出成效，必须搞好分工，明确任务，落实责任，把量化指标纳入领导岗位责任制进行考核，作为评议领导政绩的一项依据，凡超“定项限额”的，要追究领导责任。

二、认真贯彻落实《农民承担费用和劳务管理条例》

《农民承担费用和劳务管理条例》的颁布，只能说明农民负担初步有了法规可依。要做到有法必依和违法必究，还相距甚远，还需要做大量的、艰苦细致的工作。

一是应加强宣传。采用政府发布告，办板报、画廊、广播讲座，文艺节目等一些生动活泼的形式，大张旗鼓地宣传《条例》，使之家喻户晓，人人皆知，让广大农民明白自己应承担的义务，同时，也让他们知道自己有抵制不合理负担的权力。应把对《条例》的宣传列为普法活动中的一项内容，结合学习其他法律、法规知识来一并进行，使农民能够充分运用法规来保护自己的权益。

二是应加强对农经管理人员的培训。减轻农民负担，各级农业行政部门和农经管理部门负有一定责任。要真正把这项工作纳入制度化、法制化管理的轨道，首先是农经业务人员精通业务，掌握政策和法规，知道哪些该摊，哪些不该摊，做到摊之有理，拒之有据。这需要抓紧培训各级农经管理人员和与农民负担有关的业务人员，提高他们的政治素质和业务水平。

三是加强执法监督。应充分发挥农民负担主管部门和纪检、检察、监察、审计部门对农民负担的执法监督作用，定期组织抽查和巡回检查，对加重农民负担的，应按照法规规定和有关政策，及时追究责任。对违反规定向农民乱收费、乱摊派、乱集资和乱罚款，要全额退给农民；对超限额负担的义务工、劳动积累工，要从下一年度的筹集指标中抵扣回来，不能让违规者占便宜，更不能让听话的农民吃亏。对检查中所发现的问题，一定要一宗一宗地进行严肃处理。属于违反《中华人民共和国行政监察条例》的，由行政监察机关依法处理；属于违反《中华人民共和国治安管理条例》的，由公安机关依法处罚；构成犯罪的，由司法机关依法追究刑事责任。在建立农民负担举报制度的同时，要注意保护揭发、检举、控告人员，维护农民的合法权益。新闻部门也要发挥舆论监督作用，注意报道减轻农民负担的好经验和惩处加重农民负担的典型事例。动员全社会的力量，坚决抵制和纠正加重农民负担的行为。

三、定期集中进行农民负担的清查

鉴于目前农民负担在一些地方仍然很重，各方收费、集资、摊派、罚款还在若明若暗地泛滥，农民意见仍然很大的实际情况，利用半年时间，再集中进行一次大清查，是十分必要的。

一是清思想。从中央到乡镇的各级机关和有关部门，都应在贯彻落实党的十四届五中、六中全会精神，转变工作作风的过程中，通过谈学习体会和回顾工作等形式，查一查以农为本、为农业和农民服务的思想扎得牢不牢；查一查在减轻农民负担方面还有哪些模糊认识；查一查在工作规划中还存在哪些有可能加重农民负担的隐患。

二是清文件。不论是条条，还是块块，都应从保护农民合法权益的观点出发，以《条例》和中央有关减轻农民负担的文件为依据，对本级、本部门的文件进行一次彻底清查，坚决废止与《条例》和中央减轻农民负担政策相悖的文件，修正一些不合理的收费、摊派、集资、罚款规定。

三是清账目。在机关和企事业单位中，应把对农民负担的清理纳入财务、税收、物价大检查，作为其中的一项内容进行清理。凡违反《条例》和中央有关减轻农民负担规定，向农民或农村集体经济组织收费、集资、摊派、罚款的，要一笔一笔地清理。农村的清理工作，应由农业行政部门主持，组织农经管理人员和村组财务人员，对农民承担的费用和劳务账目进行清查。一查农民负担的项目是否应当；二查农民负担的总量是否适度；三查农民负担的提留、统筹款及劳务是否用得合理。应在理清账目的基础上，公布收支，组织退还和赔补。对挥霍浪费、贪污挪用集体提留和统筹费的人和事，要严肃处理。除了赔补经济损失外，还要根据情节和态度，给以党纪、政纪处分，直至追究刑事责任。

四、按照社会主义市场经济体制的要求调整各方利益关系，分流直接负担和减轻隐性负担

建立社会主义市场经济体制的改革目标，为进一步理顺城乡之间、工农之间、农村各业之间的利益关系，提供了良好的机遇。应抓住这个机遇，研究和解决好各方利益协调机制不尽合理的问题，以达到分流农民的直接负担和减轻隐性负担的目的。

一是按照市场经济的要求，理顺工农产品的比价关系。市场经济的一条重要标志，就是遵循价值规律，实行公平竞争。农民的隐性负担，比较突出地体现在国家用行政手段或偏低的价格收购农产品，农民以不断大幅度上涨的价格购买日用工业品和农用生产资料，这是与市场经济所具有的公平竞争的原则格格不入的。因此，从长远上看，应建立市场形成价格的机制；近期，要着手缩减工农产品价格的“剪刀差”，采取有效措施控制下乡工业品特别是农用生产资料价格的上涨，同时建立粮、棉等大宗农产品的价格调节基金，使其价格在有最低保证的条件下逐年有所上浮，使农民在增加收入和减少支出两个方面增强负担能力。

二是按照市场经济的要求，解决收购农产品过程中农民利益受损的问题。比较突出的是一些地方不按时收购农产品，收购农产品时压等压价和不能及时兑付现金。订了合同的，就要执行，否则，就应按违约处理；收购的价格标准应是以货论质、以质论价，不能因为农产品多了就“拿大头”；至于兑现问题，市场经济讲的是一手给钱，一手提货。每年在农产品收购季节，国家都对农产品收购资金做出安排，按预定收购量基本可以满足需要，问题出在资金不到位，层层挪用。据中央电视台《焦点访谈》专栏1996年12月7日的报道，黑龙江五大连池市截止到1996年12月，共欠下农民交粮款1.3亿元。1995年以来，这个市有青山、团结、和平、龙镇、二龙山等六家粮库挪用收粮专项资金1 962万元，用于饮料厂的建设。类似的情况并不少见。所以，必须严肃金融政策和财经纪律，对挪用或侵占农产品收购资金的，应及时查处，并要采取措施补救和调度资金，把农民手中的农产品都收上来。

三是按照市场经济的要求，调整财政负担与农民负担的政策。从长计议，应在两个方面来进行政策的完善和调整。一方面，在教育、文化、卫生、体育等公益福利事业的建设上，应逐步向城乡一个政策的目标趋近；另一方面，对于原来由农民负担的，现在已经“农转非”了的水库和一些社会性基础工程的更新、改造、加固和维修，改为由财政负担。

四是按照市场经济的要求，调整村提留、乡统筹和劳务分担办法。改目前的按人头、地亩平均分担为按生产经营的实际收入分担；改目前的农业从业人员分担为农林牧副渔工商建运服诸产业共同分担；按照“谁生产经营谁纳税、谁受益谁付费”的原则，坚决纠正按人头或地亩平均分担农业特产税、屠宰税、烟叶税和畜禽防疫费的做法。

五是按照市场经济的要求，改革机构，转变职能，裁减冗员。取消临时雇佣的由农民分担工资及办公费用的武装、治保、电管、民政等一些编外人员。整顿民办教师队伍，进行任课资格复查，减掉超编或不称职的民办教师，组织城市多编的教师下乡任教。农业科技、卫生防疫、农机水利等一些服务性组织的事业经费，也应靠提供优质服务来取得，决不允许按人头分摊给农民承担。享受定额补贴和误工补贴的村组干部设置，也要本着少而精的原则，进行一次必要的裁减。

第十节　矫正对中央文件的误解

面对农民负担在强烈的减轻声中不断加重的严峻事实，中央领导集体在一起进行了反思。大家一致认为，农民负担久减不轻，不是政策规定不具体，而主要是政策法规贯彻执行得不力，根源是工作的力度与中央的要求差距较大。于是，中央又一次下定决心，于1997年春作出《关于切实做好减轻农民负担工作的决定》，重申了减轻农民负担政策的严肃性和不可变通性，要求加大工作力度，抓好落实。文件下发后，农村基层贯彻落实的情况如何？是不是真管用了？来自基层的大量情况反映说明，贯彻落实中央文件，尚需进一步统一认识，矫正对中央文件的误解。

一、首要的是提高认识

中共中央、国务院《关于切实做好减轻农民负担工作的决定》公开发表后，立即在农村引起强烈反响，农民朋友对此拍手称快。但是，他们欣喜之余，又表现出几分疑惑，担心政策停留在口头上，得不到兑现；担心减负的高潮过后，旧病复发。

这几年，党中央对农民负担问题极为重视，相继采取了许多措施，反复强调要把过重的和不合理的农民负担减下来。与中央的要求相左的是，在相当的地方农民负担并没有真正减下来，甚至在个别地方还有愈发加重的趋势。由此可见，农民的担心事出有因。

导致农民负担减而不轻的原因固然是多方面的。其中，认识上的偏差是主要“病因”。比如，有的地方领导认为，建设社会主义新农村需要大干快上，必须尽可能多地向农民筹资；有的部门领导认为，这些年农民收入提高了，农村钱多了，应该让农民多出钱兴办公益事业，等等。认识上的偏差，必然导致行动上与中央的要求相悖，结果也只能使农民负担有增无减。近几年的“减负”实践说明，解决农民负担过重的问题，首要的还是解决认识问题。

首先，做好减轻农民负担工作是一项政治任务。从表面上看，农民负担是一种货币的支付和劳务的输出行为，属于收益分配范畴上的经济问题。而它的实质，是关系到党与农民群众的关系能否融洽、农村的基层政权能否巩固、社会能否长治久安。因此，它不单是个经济问题，更重要的是个政治问题。只有从政治的高度来认识问题，才能引起各级领导的高度重视，从而把这项工作摆到重要的位置，按照中央的要求抓好落实，抓出成效。

其次，做好减轻农民负担工作是稳定农村社会秩序的需要。在一些地方，由于农民负担累累加重，引起农民强烈不满，上访的人数逐年增多，由此诱发了一些不安定因素，甚至发生了恶性案件，严重影响了那里的两个文明建设。到农村调查研究看到，哪里的农民负担重，哪里的社会秩序就难以维持。从这个意义上说，把过重的和不合理的农民负担减下来，也是稳定社会，让农民安居乐业的一条重要出路。

第三，做好减轻农民负担工作是进一步密切干群关系的有效措施。凡是要农民出的钱，都要由广大基层干部挨家挨户地从农民手中一分一角地敛起来。不断追加的集资和摊派，对于没有支付能力的农户来说，无疑难以完成。在这种情况下，基层干部往往又不能体谅群众的疾苦，为了完成任务而采用强硬、粗暴或令人不能接受的方法向农民索款，造成农民怕干部、躲干部的不和谐氛围，使原本很密切的干群关系疏远了。“解铃还需系铃人”。既然我们已经认识到加重农民负担是造成一些地方干群关系紧张的主要因素，那么，认真贯彻落实中央的指示精神，坚决制止乱收费、乱摊派、乱集资、乱罚款，取消由农民出钱开展的一切达标升级活动，真正把过重的农民负担减下来，一定会得到广大农民群众的拥护，随之，被离间了的干群关系也一定会逐渐弥合起来。

第四，做好减轻农民负担工作是加强农业的题中应有之意。近些年，党和国家采取了一系列加强农业、保护和调动农民积极性的措施，收到了农业增产、农民增收的显著效果。但从整体情况看，农村的人均收入水平仍然比较低，农户的经济实力还相当薄弱，扩大再生产的能力非常有限。特别是农村发展的地区差异较大，全国尚有5 800万人口没能稳定地解决温饱问题。这个客观事实要求，必须采取予民休养生息的战略措施，坚决而又果断地把过重的和不合理的农民负担减下来，以不断增强农民的自我积累、自我投入、自我发展的能力，推动农业和农村经济不断登上新台阶。否则，会严重挫伤农民的积极性，使农村的生产力遭到破坏。

上面所列举的，实质是做好减轻农民负担工作四个方面的重大意义。以此引申，再讨论下去，就会越来越感到加重农民负担的危害太大了，如果现在还不能警醒起来，还不能从政治的全局的高度上来认识这个问题，不能自觉地按照中央的要求狠抓落实，其后果是不堪设想的。大凡有点历史知识的人，都会深刻地认识到，这并非是危言耸听。

二、功夫下在收“钱”以外

中共中央、国务院《关于切实做好减轻农民负担工作的决定》下发后，个别基层干部认为中央下发了《决定》，今后的农民更“不好管”了，“钉子户”可能会越来越多，担心连合理的负担也难收了。

这种想法是一种偏见。首先是他站到了广大农民群众的对立面上去看问题，忽视了广大基层干部同农民群众根本利益的一致性；二是他低估了广大基层干部的工作能力和水平；三是他对广大农民群众的爱国家、爱集体，积极响应国家号召的高尚情操和思想境界缺乏足够的认识。其实，如果能换个角度，站在客观公正的立场上来讨论这个问题，就会清醒地认识到，所谓农民“不好管”，主要还是由于“不会管”造成的。只要基层干部都能按照中央的要求，增强群众观念，牢记全心全意为人民服务宗旨，用多给予、少索取的要求来规范自己的行为、学会做深入的细致的群众工作，那么，收足合理的统筹和提留款，组织农民完成劳动积累工和义务工都会顺利如愿的。所以说“管理好农民负担”应在收“钱”之外下工夫。

过去，一些地方由于乱收费、乱摊派、乱集资、乱罚款的泛滥，使农民群众分不清哪些是该负担的哪些是不该负担的，由此产生了一种抵触情绪，给基层干部收缴合理的统筹提留款增添了许多难处。现在，中央文件说得清清楚楚，明明白白，使收缴合法负担的基层干部有了“尚方宝剑”。这实质是把基层干部从农民的对立面上拉了回来，用政策弥合了不融洽或很不融洽的干群关系。基层干部和农民群众两个方面都有法可依、有章可循，应当说工作是好做了。诚然，中央下发文件，只是说明加强农民负担管理有了政策依据，要把政策付诸实施，还需要做大量艰苦细致的工作。适应形势和任务的需要，就得学习，就得下工夫去研究，就得在实践中去大胆探索。首先，应认真、反复学习中央文件，全面掌握和准确理解有关农民负担的政策法规，并要虚心学习和吸取其他地方的管理经验，结合本地的实际情况，形成一个从根本上解决农民负担过重问题的总体工作思路。这是把功夫下在收“钱”之外的基础性工作，也是关键的一个环节。

把功夫下在收“钱”之外，还有必要在思想上树立起行为准则。广大基层干部的主要工作职责是为农民群众服务。有了这个思想基础，就会自觉地抵制一些达标升级活动，减轻农民负担就会收到实效。

加强对农户的服务，也有利于管理好农民负担。如果平时服务跟上去了，舍身出力地帮助群众解决生产生活中所遇到的一些困难，为农民发展生产和改善生活出了力、尽到责，农民自然会支持他们的工作，按规定交足统筹提留款是没有问题的。

有的农民不愿意交统筹提留款，是担心干部拿他们的“血汗钱”去胡花乱支、挥霍浪费，没有用到该用的地方上。平心而论，这种事情在农村还真不少见。一些地方在加强民主法制建设上找出路，实行政务公开、财务公开，增加财务管理的“透明度”，定期公布开支项目和预决算情况，让群众明白，还干部清白，类似这样的做法，值得效仿和借鉴。

三、也需给乡村干部“减负”

中共中央国务院《关于做好减轻农民负担工作的决定》下发后，一些乡村干部在表示一定要坚决贯彻落实的同时，也要求上级领导体谅他们的工作难度，在减轻农民负担的过程中，注意给乡村干部“减负”。

一些乡村干部说，减轻农民负担他们举双手赞成。但是，他们最担心的是上边出“主意”，让乡村干部收“票子”。一些不合法的收费、摊派和集资，绝大多数都是通过地方“红头文件”或领导讲话的形式，把收款任务作为必须完成的硬指标压给基层的。对此，虽然乡村干部不赞成、不情愿，但又不敢顶或顶不住，只好硬着头皮掏农民的“腰包”。在一些地方农民的负担为什么久减不下？上边的领导给有关部门开的“口子”，是一个重要原因。由此可见，给农民减轻负担和给基层干部“减负”是一致的。先给干部“减负”，才能真正把农民负担减下来。

给乡村干部减负，首先应搬掉强压在他们头上的不合理的硬指标，按照中央的要求，取消统筹提留款以外的一切不合理摊派，坚决制止在农村搞法律规定外的任何形式的集资活动，禁止一切由农民出钱出物出工的达标升级活动。把这几件事情办好了，乡村干部的负担就会相应地减轻了。

给乡村干部“减负”，还有赖于确立正确的对干部政绩的考核标准。各级组织部门应明确指出，靠加重农民负担、超农民承受能力兴办不切实际的“事业”，不是政绩，而是“败绩”。对掠夺农民的“血汗”为自己堆砌“政绩”的，应追究责任，情节严重的给予处分。

给乡村干部“减负”，更重要的是规范涉农部门的行为。一些涉农部门以自我利益为重，自立项目、变着法儿地掏农民的“腰包”，为什么能屡屡得手？问题就出在对他们的行为约束软化。因此，凡是涉农部门同农民打交道，一定要遵循政策法规。已经有了明文规定的，一定要认真执行，还不完善的，要尽快完善起来。

乡村干部“官”不大，但管事不少，责任重大。“上边千条线，下边一根针”。广大农民要靠他们去组织和引导，农村的各项工作要靠他们去安排落实，党的各项方针政策要靠他们去贯彻执行，他们很辛苦，他们需要得到来自多方面的关怀、支持和理解。在减轻农民负担的过程中，不能忽视减轻他们的“负担”。把他们从没完没了的收款中解脱出来，使他们集中精力带领农民群众发展经济，专心致志地为农民的生产生活服务，这才是解决农民负担的根本之策。

四、农民也应自觉尽义务

中央在《关于切实做好减轻农民负担工作的决定》中，强调了“两手抓”。一方面强调要“切实把不合理的农民负担减下来”；另一方面又要求“管理好合理负担”。这两个方面的实质，是明确了责任和义务。农民过重的负担能否减下来？责任主要在各级各部门的领导干部；合理的负担能否管理好？自然离不开广大农民群众的理解、配合、支持和监督，需要农民群众自觉尽义务。由此可以得出这样的结论：做好减轻农民负担工作，应坚持“两依靠”的工作方针，在调动各级各部门领导干部积极性的同时，注意调动广大农民群众的积极性。

怎么依靠广大农民群众？或者说在减轻农民负担的过程中需要农民做什么？按照中央的要求，广大农民群众至少应在以下四个方面有所作为。

一是认真、反复地学习《决定》及相关的政策法规，明确行为准则，获得保护自己的“武器”。这是掌握中央文件精神实质，维护自己合法权益和自觉尽义务的基础。只有准确理解和充分掌握中央的政策法规，才能理智地规范自己的行为，维护自己的合法权益，监督政策法规的贯彻落实。

二是按照中央的规定，自觉地缴纳税金，完成农产品定购任务，承担村提留款、乡统筹费和限额的劳务。在任何一个社会，都要依靠公民的财力来安排社会性的公共支出和兴办公益福利事业。自觉地承担合理负担，不仅是应该的，而且也是光荣的义务。所以，广大农民应服从国家和集体经济组织发展的大道理，理解和体谅基层干部的难处，支持他们的工作，按时足额缴纳合理的负担。

三是充分行使自己的民主权利，监督“减负”工作的开展。国家的政策法规赋予农民群众一定的监督和管理权力。对此农民群众应特别珍惜和充分利用。比如，积极参与年度农民负担预算的制定，关注村提留和乡统筹费的使用，对违反政策法规的行为进行揭露和举报，等等。

四是应冷静、理智地对待因负担问题所引发的各种矛盾和冲突，自觉维护安定团结的政治局面。农民群众在遇到违反政策法规被加重了负担时，头脑要冷静，情绪要稳定，相信真理一定会战胜谬误，相信党和政府的承诺最终会兑现。在解决问题方式方法的选择上，应坚持按程序、依制度办事，如实向上级反映情况，争取协商解决问题。当然，在协商无效的情况下，也可以诉诸法律，依法解决问题，万万不可采取自寻短见、暴力对抗或聚众闹事等偏激和不正确的行为。因为那样不但不利于解决问题，而且还会激化矛盾，引发出新的问题。俗话说：“有理者说理，定能讨回公理”。这话寓意深长，对冷静地处理负担问题，大有裨益。广大农民群众是建设有中国特色社会主义新农村的主体力量，也自然是全面贯彻落实党在农村的各项方针政策的积极因素。

党和政府关于减轻农民负担的政策法规贯彻落实得如何，与农民群众的行为取向关系极大。如果广大农民群众都能模范地遵守有关农民负担的政策法规，“管理好合理负担”就有了群众基础，就可以推动农民负担监督管理工作走上制度化、规范化轨道。

第十一节　值得商榷的几个具体问题

一、关于农村教育事业费问题

在农民负担总额中，由农民所承担的教育事业费占有相当的比重，是农民负担突破“定项限额”的一个重要原因，也具有相当的节筹潜力。按国发（1984）174号文件规定，农村教育事业费附加征收的比例和办法不强求统一，贫困地区可以免征。现在一些地方不但统一提出计征比例，而且有的比例高达3%或2%。国家规定，农民负担的限额不超上年人均纯收入的5%，仅此一项就拿走这么大个比例数，用于其他公益事业的经费，就只好超限额筹措了。在一个省、一个地区很大的范围内，各乡镇的情况千差万别，统一确定计征比例，难免不符合那里的实际情况。事实上，在一些经济比较发达，地方财政状况好，农民收入比较高，校舍建设已经上了一个台阶的地方，可能不需要按比较高的比例提取教育附加费。如果在这样的地方也作出硬性规定，还可能造成资财的浪费。

国家拨给民办教师的补助费，除10%的福利费和书报费外，应一律计入工资总额，不足部分才向农民统筹。这部分补助费如不计入工资总额，农民就要多负担。在经济基础好、人均收入高的地方这样做，农民往往忽略不计，在一些比较贫困地区这样做，农民就有意见了。

二、关于乡统筹与村提留的份额问题

处理好村提留与乡统筹之间的关系，是有利于减轻农民负担的一个环节。对乡统筹费和村提留在5%的总额各占的份额，《条例》没作统一规定，这就有个统筹兼顾、合理掌握的问题。从下面执行的情况看，由于乡统筹费和村提留的预、决算由乡、村两级分别管，所以常常出现二者的纷争，这也是农民负担突破限额的一个因素。在纷争中，往往是村提留让步于乡统筹，结果有可能使得村里“吃”掉“老积累”。在一个乡镇中，如果能按照这两项费用在前三年负担总额中各占的平均比例搞一个参考比例，将有助于缓解由两者纷争所导致的超限额的现象。对一般的乡镇来说，两者可考虑各占一半，但在一些贫困地方，村提留的比例可大于乡统筹的比例。

三、关于义务工和劳动积累工的管理问题

在义务工和劳动积累工的管理上，有三个问题。一是搞“以金代劳”，二是超限额负担，三是平调劳动力。义务工和劳动积累工都属

于劳务负担。搞“以金代劳”，有的劳务价格过高，农民难以承担；有的还会给贪占挪用集体积累留了缺口。所以，还要强调出劳务，至少不得集体统一搞“以金代劳”。对于一些工商户愿意出资雇劳务的，应由个人协商，集体经济组织不宜参与。国家规定的义务工和劳动积累工的限额，没有极特殊情况不得突破，一定用得合理。即或是因抗灾而突破限额的，也应在下年指标中扣除，决不允许再出现劳民伤财的现象。至于平调劳动力，是一种违反规定的行为，一是要坚决制止，二是要追究领导责任，并应警钟长鸣，决不能开这个口。

四、关于依据人均收入来提取统筹提留款问题

从目前农村经济发展和农村社会的整体情况看，把农民上年人均纯收入作为提取村提留和乡统筹费的参照依据，这是比较科学的。这个依据作为提取的总量宏观控制可以。不足之处是如果再依据它来反向用于具体到每个农户应承担费用来进行摊派，就显得不那么科学了。农民人均纯收入是将各项收入之和扣除各项生产费用和税金之和得出的多位主体的平均值，具体到某一个体身上，显然就不是这个数了，至少有三分之一的农户实际收入水平要低于这个平均值。而这样的户又多半是家境贫困或以比较效益低的种植业为主的农户，让他们同其他农户以等同份额去负担，就会大大地超出他们的承受能力。农民负担重，恰恰是重在了这部分农户上。据《经济日报》1996年12月10日五版王郁昭的文章所引用中纪委研究室的调查，江苏省灌南县某村，1993年富裕户人均收入6 500元，贫困户人均收入200元，该村人均收入700元。按5%计算，人均负担35元，占富裕户人均收入的0.5%，占贫困户人均收入的17.5%。如果按实际收入5%计算，富裕户少负担290元，贫困户却多负担了25元。对于富裕户再负担290元来说，仍然显得轻松；对于贫困户多负担25元来说，尽管数额不大，但因负担能力极低而显得不堪重负。所以，总体按5%的限额提取后，具体到每个农户怎么个摊法，还得进一步研究和改进。如果把这个问题解决好了，农民负担重的矛盾也就不会这样突出了。

农民人均纯收入计算上的误差，也对农民负担有放大作用。因为，现行农民人均纯收入的统计方法，把农民自给自足的粮食、蔬菜等都统计在了纯收入之内，这部分所谓的收入随着价格的上升而增加，但却不表现为现金收入，也不表现农民改善了生活。而农民承担的费用以现金上缴。因此对某些地区而言，由农民承担的村提留和乡统筹费虽然控制在了上年人均纯收入的5%以内，但由于纯收入中的现金收入并没有多少增加，农民仍然感到是加重负担了。由此可见，从长远来说，对农民人均纯收入的界定和计算方法进行一些必要的改进，也是值得投入力量进行研究的。这个问题解决好了，对减轻农民负担会起到积极的推动作用。

另外，依据上年纯收入来提取提留款和统筹费，从“纯”字上说，也应扣除上年农民已经支付了的负担总额。现在普遍没有这样扣除。在计算农民负担时，把农民上年已经负担的在人均收入中扣除，是有一定道理的。

五、关于农民负担的“上打租”问题

在大多数地方，农民承担的费用都是在夏秋两季农民出售农产品时，由乡、村农经管理人员统一结算，一次性扣取的。这样做，农民卖掉农产品后往往不知道卖了多少钱，也不知道扣的都是什么款，有的扣后所剩无几。农民出售产品得不到钱，虽然方便了乡村干部，但却增加了农民的不满情绪，离间了干群关系，是一项弊大利小的选择，理所当然应改进。出路就在于坚持户交户结的原则，增加透明度，防止出现好户给赖账户背包袱的现象。对于有些暂时还用不着的款项，也提前提取，无疑又使农民失去了资产增值的机会，也不符合发展社会主义市场经济的要求，理应纠正。

六、关于在村组之间平衡历年积累问题

有关部门曾提出，村组在进行收益分配时，对一个村中组与组之间的集体积累应采取逐年填充补齐的平衡措施。在一些集体经济基础较好，经济发展较快的地方，这是一条既有益又可行的措施。但是，对于原来基础比较薄弱、集体经济组织和农民都比较困难的村组，也要求补齐，势必会加重农民负担。所以，这一条应作为指导性政策提出来，采取提倡和引导的办法，能做到且广大农民群众又同意做的，可以逐年补齐；不具备条件的，可以不做。总的原则是因地制宜，不应搞“一刀切”。

七、关于核减征收农业税指标问题

广大基层干部和农民群众一致认为，在乱收费、乱摊派、乱集资和乱罚款久禁不止，农民负担不断加重的同时，农业税确经过一段时间的逐年下降之后，基本稳定在适中的水平上。自1958年颁布《中华人民共和国农业税条例》以来，农业生产的实际产量不断提高，农民实际负担的农业税率还出现了下降。“二五”、“三五”时期为11%，三年调整时期为7%，“四五”时期为6%，“五五”时期为5%，“七五”时期下降到4%。“八五”和“九五”前两年，税率没有发生大的变化。对此，农民比较满意。但也有两个方面的问题值得商榷。

一是近几年随着改革开放的不断深入，城市的扩张、小城镇建设和房地产开发，都占去了一部分耕地。但大多数占地没有核减农业税计征指标。土地改变了用途，农业税还仍然由农民承担，这样是否合理？有待于商榷。今后应该明确，凡由县以上人民政府批准的非农占地，农业税应由占地单位负责，核征折代金后，同土地占用费一并结算，农业税上缴给国家。同时核减农民的农业税缴纳任务。

二是农村在调整产业结构的过程中，一些原来已征收农业税的耕地，有的改种了经济作物，但在不减农业税的同时，又开征了农业特产税。这样做似乎属于重复计征。考虑目前农民还不富裕和负担较重的实际情况，兼顾鼓励发展商品经济，是否可以采取在征收特产税时扣减已征收的农业税。这样可以收到既减轻了农民负担又支持了发展高产优质高效农业的双重效益。一旦经济作物、特产业和园艺农业发展起来了，农业特产税的税源扩大了，因扣减农业税而出现的歉收，一定会成倍地得到补偿。这也合乎税收的“欲取之，先予之”的道理，体现了让农民休养生息的政策。

第十二节　现行统筹提留款筹集制度的不足之处

在我国农村，现行的统筹提留款筹集制度，是伴随着家庭联产承包制的推行和人民公社的解体应运而生的，它又伴随着农村改革的深入和农村经济的发展不断得以完善。这种制度，经过一个多年代的实施实践，它的最大功绩就在于能够使国家、集体、农民的三者利益关系以及农户中积累与消费的关系，在一定程度上得以规范和约束，在探索和完善新时期农村分配制度、促进农村公益福利事业的发展、维护农村经济正常运行、保持农村社会稳定等方面，都起到了积极作用。但是，在建立社会主义市场经济体制的过程中，这种制度的不适应之处越发暴露，弊端越发显现，进行改革的客观要求愈发迫切。现行统筹提留款筹集制度的不足之处主要表现在五个方面。

一、项目繁多，总量不容易控制

虽然国家对由农民承担的费用和劳务已作出明文规定，但由于这种筹集办法是直接向农民敛钱，在缺乏刚性约束的情况下，敛钱频率加大，搭车现象严重，各种摊派项目不断增加，数额不断加码，该收的不该收的都混于筹集统筹提留款中，一并摊给农民，造成农民负担超出国家所规定的“定项限额”。据农民负担主管部门调查统计，在对农民负担没有进行集中清理之前，仅中央国家机关所编制的涉及农民负担的收费项目就达 99 种，另外还有相当数目的要求农民出钱、出物、出工的达标升级活动。南方有一个县，1991 年混于统筹提留款中向农民收费的项目就有 98 项，乱摊派乱收费数额相当于统筹提留款的 5 倍。就是合理的统筹提留，也有 10 多项。不但农民不知道哪些该摊哪些不该摊，许多农村基层干部也说不清楚。这种筹集制度的实质是根据需要筹款，而不是根据民力、财力安排预算，反向的操作，加重了控制农民负担总量的难度。

二、负赋畸重畸轻，不公平

以乡为单位，按上年人均纯收入的 5%收取统筹提留款，极易产生负赋不均、畸重畸轻的现象。这种制度，固有的不足之处就是忽视了人均收入的差距。不必说一个乡之间村与村之间的人均收入不平衡，即使在同一个村中，户与户的收入水平也相差悬殊。少数的个体户、私营企业主的人均收入可能高达万元乃至数十万元，而大多务农户人均收入才千把百元，一个村中有一两户百万富翁可以把一个村的人均收入抬高几倍甚至十几倍。在这种情况下，按全乡人均收入的 5%收取统筹提留款，固然导致户与户之间的苦乐不均，对于少数的高收入户来说微不足道，对于一些在人均收入平均线以下的农户，则不堪承受。

人均收入统计的失真，也加重了畸重畸轻的症状。在相当数量的地方，一些基层干部为了多向农民要钱，随意夸大农民人均收入指标，以便把不合理的收费摊进去。还有些乡村干部出于“政绩”的需要，对上虚报和抬高人均收入，使农民多负担变成了“理所当然”。

三、工作成本昂贵，不经济

收缴统筹提留款，已成了广大基层干部的一大难事。面对千家万户，广大基层干部得用很大的时间和精力去走门串户敛钱，往往是一项收费任务完成后，又有新的任务紧跟上。统筹提留款年中的频繁追加，搞得基层干部叫苦不迭。一些基层干部反映，这项工作的代价是昂贵的。在中国这样农业份额较大、农村基层干部素质参差不齐的国度中，更应珍惜基层组织资源。它的浪费是最大的浪费。况且，这种浪费的后果又是恶化干群关系，削弱基层组织的凝聚力和号召力。这种政治上的代价，不能不对经济工作产生负面影响。

四、游离于国民收入的宏观管理，不科学

农村统筹提留款筹集制度，涉及到国家、集体、农户三方面的经济利益，是一项重要的农村经济政策。这种经济行为，当属国民收入的分配和再分配范畴。既然涉及到国民收入的分配和再分配，就应积极创造条件，逐步过渡，最终纳入国民收入的宏观管理之下。而目前，农村统筹提留款的管理和使用，游离于国民收入的宏观管理，或者说，是一种国民收入分配再分配的“体外循环”。长期分散的相对自由状态，往往导致乡、村领导随心所欲，胡花乱支，串项挪用，不能使财力综合平衡和集中办一些大事。全国农村统筹提留款总额每年都在400亿元以上，相当于财政年度收入的10%。这么大的资金数额，长期游离于国民收入的宏观管理之外，一定会对整个社会的经济运行产生影响，特别是对经济工作的评估和决策影响更大。比如，国家机关和事业单位党务工作者的工资，是由国家财政负担，通过国民收入再分配的渠道支付的；国有和集体企业中党务工作者的工资，是列入企业生产成本，由国民收入初次分配的渠道支付的；而作为农村党务工作者的村党支部书记，他的工资是靠农民自筹来解决，是从农民纯收入中支付的。这种自筹，往往引发农民群众的抵触情绪。

五、一些应由政府负担的社会性公益事业经费也由农民承担，不合理

目前，在农户收取村提留款之外，还要收取相当数额的乡统筹费。筹集乡统筹费是否合理？还应根据实际情况作一些分析。乡镇是一级政权组织，它所行使的是政府职能，毋庸置疑，它的一切费用开支，应由国家财政来承担。考虑到目前国家财政状况不好，完全承担有实际困难，从有利于发展事业的愿望出发，可以借助民力，办一些社会性公益福利事业。但向农民筹款办社会性公益事业，一是得合理，二是得有度。而实际情况是乡统筹费的统筹，有一些项目不合理，加重了农民负担。比如，我国已经颁布了义务教育法，对国民普及义务教育的开支，无论是农村还是城市，都应由国家财政来承担，搞城乡分割，农村的教育经费完全由农民承担，是不合理的。又比如，计划生育是一项基本国策，用于贯彻落实国策的开支，理应纳入国民经济的整体预算，由国家统一安排资金。再比如，对农村的民兵进行军事训练和技术培训，是出于巩固国防、维护国家主权、保卫现代化建设的需要，这笔经费应由财政预算中的国防开支科目列支，也不应下摊给农民。国家财力的来源，自然包含农民创造价值这个组成部分。增强国家财力，可以通过征税和增收的渠道解决，实行收支两条线，采取向农民直接提取的办法，显得不伦不类。

第十三节　改革农村统筹提留款筹集制度的选择

按照社会主义市场经济一般规律的要求，重新审视现行的统筹提留款筹集制度，研究改革的思路，是解决农民负担过重的治本之策。

一、改革的方向

适应建立社会主义市场经济体制的需要，改革筹集制度，突出制度建设这个重点，力求革除弊端，不断完善管理办法，强化对资金的约束和规范，提高资金的使用效益，努力建立起符合社会主义市场经

济规律的农村公益事业费和集体提留资金的运行机制。

二、改革的要求

改革农村统筹提留款筹集制度，至少应满足这样几项基本要求：①有利于加强国民经济的宏观调控，把农村公益事业费和集体提留资金置于国民经济的宏观管理之下。②符合发展社会主义市场经济的一般要求，降低成本，减少投入。③立足于理清国家、集体、农民的三者利益关系，减轻农民负担。④能够促进农村经济结构和产业结构的调整，发展“两高一优”农业。⑤便于操作，做到公平、公开、简单、明了、省事。

三、改革的途径

综观农村各地改革统筹提留款筹集制度的试点、试验和探索，用收取农业税附加的办法来筹集农村公益事业费和集体提留资金，实行“费改税”，是一个可供选择的途径。就是以乡为单位，以当年农业税总额和上三个年度统筹提留款总额为基数（超出限额的要以限额为基数），计算出统筹提留款与农业税的相关比例，按比例附加于农业税上，在收缴农业税时一并收缴。农业税附加部分全部返还给乡镇，用于支付“三提五统”诸项开支。乡村两级根据所得款额，作出使用预算，量入为出地安排开支和兴办公益福利事业。农民交完农业税后，有权拒绝一切收费和摊派。实行“费改税”的改革，使农村的公益事业费和集体提留也同税收一样具有强制性、无偿性、固定性的法律特征，是一种具有重大意义和实用价值的改革。

四、改革的步骤

1. 编制方案。抽调农村综合、农业、农经、税务、粮食、银行、供销、民政等部门的有关人员，组成方案编制小组，在进行深入细致的调查研究基础上，按照改革的具体要求，结合本地的实际情况，拟定出具体的、可操作的实施方案，并经反复讨论，广泛征求意见，进行修订和完善，报上级政府批准。方案中，要对实施中可能涉及到的一些难点问题提出解决的方法。

2. 搞好试点。选择农业税入库前一段时间，从机关抽调干部，组成试点工作队，深入到乡村，帮助基层组织试点。试点工作应以地（市）为单位组织进行，并注意首批的试点面不要过大，一般一地（市）选择一个县中的三个乡镇为宜。确定试点乡镇时，应考虑选择乡村两级领导班子健全，有一定号召力；经济基础和发展水平居中；在本区域内有代表性；种植业有一定优势，人均占有耕地的数量居中；产业结构相对合理，二、三产业有所发展的地方。在这样的地方搞试点，有利于落实改革措施，摸索和总结经验，有益于面上的引用和推广。也就是说，这样试点的成果具有普遍意义。

3. 逐步推开。在认真总结试点经验，不断完善试点办法的基础上，积极稳妥、因地制宜地推开。由于这项改革关系到整个农村工作，涉及到各个方面，是一项大的改革。所以，在实际操作时，一定要坚持循序渐进的原则，逐步推开，不可一哄而起；防止急于求成和不适当地扩大试点面。所遇到的一些难题，都要在点上得到解决。设想能够用三年的时间完成这项改革，那就是一个很大的收获。

4. 加以规范。改革总的目标是建立社会主义市场经济体制，任何一项改革都应在这个原则指导下进行。实行“费改税”，也要符合社会主义市场经济所特有的竞争、有序、规范、法制的规律。在试点过程中，应尊重广大基层干部和农民的首创，鼓励他们大胆地试，大胆地闯。一旦全面铺开，就要不失时机地总结经验，深入研究，加强具体指导，不断完善相关机制，使之向制度化、规范化、法制化的方向发展。经过几年的观察和运作实践之后，应由有关部门牵头，组织有关人员起草相关的法律法规，把这项改革纳入法制化的轨道予以规范。

五、改革过程中应注意解决好的几个具体问题

1. 关于合理确定农业税附加比例问题。能否合理地确定农业税附加的比例，既关系到正确处理积累与消费的关系，又关系到农民的收入水平和承受能力，是多方关注的利益焦点，是这项改革的重要环节。如果这个环节出了问题，轻则影响到改革的成效，重则导致改革的失败。因此，注意解决好这个环节的问题，对于这项改革来说，是至关重要的。应根据近三年农民人均负担统筹提留款的水平和目前农民的承受能力，考虑到发展的动态因素，兼顾积累与消费两个方面，

通过精确的测算，寻找出最佳的能够照应各方面经济利益的坐标点，以此确定农业税附加的比例。应通过改革理清思路，纠正以公益事业和提留的需要来确定提取统筹提留款盘子的逆向做法，坚持有多少钱办多大事的原则，克服超农民承受能力急办、大办公益福利事业的习惯。特别要防止出现根据发展公益事业和集体提留的需要来推算确定农业税附加比例的现象。

2. 关于附加税的退回、管理和使用问题。实行“费改税”，正税部分上缴国家财政，地方附加部分全额退给乡镇，用于公益事业的支出和集体提留。对由地方附加所返回乡镇资金，要实行规范化、制度化管理，有计划地使用。健全预算、决算、审计和财务公开、民主管理等各项制度，提高透明度，加强监督，真正做到取之于民、用之于民。对地方附加资金各科目的使用分配，也应通过合理的测算，大致有个参照比例，以此确定乡留多少，给村里多少。这样，有利于编制预算和防止串项挪用。近几年一些地方对统筹提留款实行“村有乡管”，有利于加强管理、统筹兼顾、合理使用、提高效益，是个好办法，应认真总结经验，继续执行，并不断完善。

3. 关于务工经商以及其他非农收入的税收附加问题。实行“费改税”后，把承包土地的农户应承担的经济义务解决了。但随着农村产业结构的调整和社会主义市场经济的发展，将有愈来愈多的农民转向非农产业。这样的农户虽然离土，但还有相当部分不离乡。他们仍在这个社区范围中生活，由农业税附加资金兴办的公益福利事业，诸如对村庄环境的改善、道路的铺修、水电设施的置备等，有的是不可避免地使他们得到享用。既然享用，就应尽义务，也就是要负担。通过什么形式收取这部分生产经营者应负担的公益事业统筹费和应交给村集体经济组织的提留？还有待进行探索和实践。也在税收的附加上来思考，可能有助于找到解决问题的出路。可不可以在流转税或所得税上按一定比例搞附加，收取后再采取合理渠道退给乡村，用于支付相对应他们所享用的公益福利事业费和向村集体经济组织提供的积累。

4. 关于农业税附加征收实物还是征收货币的问题。18世纪著名经济学家亚当·斯密曾提出课税的四大原则，其中之一是“课税费用应低廉”，也就是要注意降低税收的成本。农业税附加若征收实物，不但价格难以合理确定，操作比较复杂，而且需要增加收、储、运、晒和管理等许多方面的投入，还会出现自然损耗。一方面要增加税收成本，另一方面还可能出现附加税款蚀失，况且还有个价值转换即实物转换成货币的问题难以解决。权衡利弊，农业税附加征收实物，弊多利少，不宜采用。比较科学的办法，还是征收货币。这样，既符合社会主义市场经济运行的一般规律，又可降低税收成本，减少许多麻烦。

农民负担直接关系到农业和农村经济的发展，关系到农村社会的稳定，是农民与国家、集体三者利益关系的焦点问题。在新的历史时期，如果不能妥善地处理这个问题，不但会挫伤农民的生产积极性，而且有可能引发一系列社会问题，需要引起高度重视。但农民负担过重也不是不治之症，有许多值得乐观的解决问题的办法。首先要理清加重农民负担的各种表现，找出其内在规律和特性，特别要注意澄清一些模糊认识，在此基础上才能找准原因，研究出符合客观实际的对策。同时，要注意研究不断出现的新情况和新问题，以利不断改进工作。在制度上实行改革，是彻底解决农民负担问题的治本之策，值得下工夫去探索和实践。

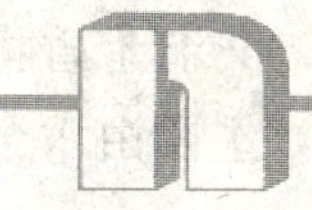

第十二章

农 民 就 业

一些社会学家认为，21 世纪的中国农村，将面临着耕地减少、人口增加、就业困难的三大挑战。在这三大挑战中，由于政府对加强耕地保护和后备土地资源开发利用的强硬措施的落实，使占用耕地得到控制；又由于计划生育政策的成功和人的生育观念的转变，使人口的生产基本走上了遵循计划的轨道，人口总量将在 21 世纪中叶走向负增长。相比之下，农民的有效就业问题，将成为影响经济发展和社会进步的突出问题。对此，也有国外学者预言，在 21 世纪，中国要解决占世界人口 1/6 之众的农民就业问题，其难度要大大超过 20 世纪解决他们吃饭问题的难度。中国农民能否安居乐业？是对共产党驾驭社会局势、处理棘手问题能力的现实检验。值得庆幸的是，中国共产党的领导集体已经睿智地意识到，让广大农民既安居又乐业，是在 21 世纪前半叶必须完成的重要任务。

第一节 就业的压力

中国人口多，主要是农村人口多；中国人口自然增长率比较高，也主要是农村人口的自然增长率比较高。这是中国社会的一个基本特征。在 21 世纪之初的 20 年中，农村劳动力将始终处于总量不断增长、供给大于需求的态势，农民就业的压力，会逐年增大。只有到了

30 年代之后，农村劳动力供给才能从高峰上逐年回落，供求矛盾将得到较为理想的缓冲。农民就业的压力即劳动力的剩余，主要由六个方面构成。

一、累积性剩余

农村劳动力自然增长总量大于同期的吸纳就业总量，其差额逐年累积下来，就构成了累积性剩余。据调查，目前农村劳动力有 26%处于常年闲置，无业可就。据此推算，到 2000 年末，全国农村共有 1.3 亿劳动力待业。2000—2005 年，农村每年还将新增劳动力 666 万人。同期，如果乡镇企业的发展速度继续保持在 15%的水平上，可提供 2 240 万个就业岗位，还将产生 424 万的新的剩余。两项相加，到 2005 年时，农村将有 13 434 万剩余劳动力待业。又因在此间城市经济结构的调整和农业推广新技术对劳动力的排斥，它们对剩余劳动力的吸纳是有限的。由此分析得出，在相当长的一段时间，农村劳动力就业的压力不是减少，而是逐年增加的。作与国民经济和社会发展 2010 年远景目标对应分析，可看出大体将维持在“十五”期间状况的趋势。2001—2010 年，全国农村将新增劳动力 6 356 万人，年均增加 635.6 万人。同期，祈求于乡镇企业的稳步发展，每年大体可安置 480 万人，10 年积累还将出现 1 556 万人的剩余。这部分人能否得以稳定就业，主要出路在于农业本身的发展和城市吸纳。但无论如何，也无法得出值得乐观的结论。

农村劳动力剩余总量的加大，与我国农村人口劳动年龄的变化有关。从劳动力供给量上看，80 年代以来，我国进入了劳动年龄人口增长的高峰期，劳动年龄人口占总人口的比重明显上升。国家统计局的资料表明 1953 年、1964 年第一、第二次全国人口普查时，劳动年龄人口大约占总人口的 50%；1990 年第四次全国人口普查和 1995 年抽样调查时，这一比例上升到 60%左右。劳动年龄人口占总人口比例的增大，源于建国后 30 年我国人口生育政策的失误。“错批一人，多生 3 亿”的苦果，要靠 21 世纪前叶经济与社会的快速发展，才可以消化掉。

二、地域性剩余

中国农村劳动力的剩余，明显地表现出地域性，地区中的劳动力剩余量与人口的密度呈负相关关系。在东中西三个经济区域中，人口密度最大的东部沿海地区，由于改革开放的先行和经济的快速发展，使劳动力处于短缺的状态，不但比较好地解决了当地农业剩余劳动力的就业问题，而且还吸纳了大批中、西部农村剩余劳动力的再就业。而人口密度相对小一些的中、西部地区，则是剩余劳动力的主要发源地。说中国农村劳动力有大量的剩余，主要是这两个地区的剩余。据中国社会科学院农村发展研究所李璠的调查报告：1993 年，我国东、中、西部地区外出劳动力占本区域农村劳动力总数的比例分别为 7.18%、14.33%和 13.41%。从数量上看，东部地区也发生了劳动力的转移。但如果进行一些深层次的分析，我们就会看到一个比例数之外的情况，即东部地区劳动力的转移，绝大多数是在本区域中产业之间的转移；而中、西部地区的转移，则主要是向东部地区的输出性转移。据中共中央政策研究室农村组的统计，1993 年，四川、安徽、湖南、湖北、河南、江西六省共有 2 400 万农村剩余劳动力跨省流动。其中，有 2 000 万人流入沿海城市和东部发达地区。仅一个安徽省，就有 10 万农民进入北京谋生。专家们预测，在 21 世纪的前半叶，东部沿海地区和京、津、沪等大城市，仍将保持强劲的发展势头，是中、西部地区农村剩余劳动力的主要就业去处。同时，中、西部地区还会因经济发展落后于东部地区而成为剩余劳动力的产出区域。由此可见，农村劳动力区域性剩余现象，将在一个相当长的历史时期中维系下去。

三、结构性剩余

在城乡二元经济结构趋近解体、劳动力市场空前开放的劳动就业环境下，农村剩余的劳动力就业难，其原因不单是就业岗位不足，农村剩余劳动力智力低下、技能残缺和对新的就业环境的不适应，是影响他们就业的功能性障碍。有大量的调查材料证明，我国在农村剩余劳动力总量不断增加的同时，沿海发达地区和一些大中城市的新兴行业和新型岗位，也出现了劳动力供不应求的现象。这种有人没活干、有活没人干，供给剩余与需求缺员二者并存，其实质是现代化大生产对劳动力的高要求与目前劳动供体智力低下、技能残缺的矛盾的具体反映。有资料介绍，目前在我国农村 4.5 亿多劳动力中，文盲达

21%，小学文化程度的占40%，初中文化程度的占20%，高中文化程度的仅占9%，大专以上文化程度的寥寥无几。值得注意的是，由此引发的劳动力结构性剩余，不是通过短期的努力就可以解决的。“十年树木，百年树人”，提高劳动者的素质和就业技能，非几年之功，劳动力的结构性剩余，将在相当长的一个时期中与中国的现代化建设并存，至少在21世纪的前10年，不会出现根本性转机，这是解决中国农民就业的最大难点。

四、替代性剩余

劳动力的就业和转移过程，实质是与其他资源重新配置的过程。在资源重组的过程中，其他资源对劳动力资源的排斥性能，就会显现出来。这种排斥的结果，导致产生新的劳动力剩余。在经济扩张余地变小的情况下，改进生产工艺、应用先进技术、提高装备水平和劳动生产率，自然成了任何经济组织孜孜以求的目标。当这种追求得以回报时，就会出现技术、工艺、设备等资源对劳动力的替代，迫使企业减员。同时，由于各产业间平均利润率差异的存在，使一部分农业资源因农业产业的比较效益低而改变用途，结果导致农民失业。这两种现象同源于“替代”，故此，由其产生的劳动力剩余，就称为替代性剩余。

目前，农村劳动力的替代性剩余，主要表现在三个方面。一是传统农业向现代化农业转变而产生的“替代”。传统农业向现代化农业的转变，一个显著的特点就是提高农业的有机构成，降低劳动密集程度，从而将一部分劳动力排斥出农业领域。这个转变的过程，明显地带有物与人的替代性质。据浙江农业大学农经系徐加、黄祖辉对本省26个样板村的抽样调查，1980—1989年，每亩耕地拥有的农机总动力增加了23.77%，机灌面积比重提高了3.1%，而占用劳动力总量却减少了21.4%。二是乡镇企业素质的提高所产生的“替代”。乡镇企业在刚一兴起时，受制于当时的资金、技术和经营管理水平等条件约束，曾一度采用发挥劳动力资源优势，吸纳了大量劳动力。而企业一旦在转变增长方式上有所突破，就会大量地减少劳动力的占用和劳务消耗，以达到提高劳动生产率和降低成本的目的。80年代初期，乡镇企业每增加千元资产就可吸纳0.31个劳动力就业；而“八五”

期间，千元资产对劳动力的吸纳能力已下降到0.15以下。三是转移资源所产生的“替代”。在发展社会主义市场经济的过程中，由于效益的驱动和城市化、工业进程的加快，使农村的土地、资金等生产要素大量流入城市，从而削弱了农村的产业开发能力，减少了农民的就业机会。1991—1997年，因城市的扩张和兴办开发区，全国共占用耕地2 963万亩，按1990年的劳均占有耕地数计算，仅此一项就把644万名劳动力“替代”出农业。其中，相当一部分人汇入“民工潮”，在大中城市流动，引发了一些新问题。

在21世纪，由于经济增长方式的转变和劳动力价格的变化，来自这三方面的“替代”，是增加的趋势，而不会出现减弱。由此替代出的劳动力，如果在一年内不能重新就业，就必然要转入累积性剩余的队伍，加大解决农民就业问题的难度。

五、隐蔽性剩余

农村经济体制的改革，大幅度地解放了农村现存的生产力，大幅度地提高了劳动生产效率，使从事种植业的农民在有业可就的前提下，出现了大量的剩余劳动时间。对此，有些农民曾形象地说：“现在的农民是四个月种田，两个月过年，六个月休闲。”一些县乡负责同志和经济理论工作者把这种现象称之为农民的隐性失业。目前我国农村共有4.5亿劳动力。如果每个劳动力年均“休闲”三个月（扣除已经到乡镇企业和城市就业人数），一年中全国就等于有750万劳动力没有被有效地利用起来。这样的匡算提示我们，对农村劳动力的隐蔽性剩余所产生的社会压力不可低估。据农业部的权威人士预测，在未来的若干年中，农业随着科技的注入和机械化程度的提高，劳动力的剩余时间还会逐年有所增加，对劳动力总量的剩余，会起到雪上加霜的作用。

六、周期性剩余

对任何一个国家来说，经济发展的坐标图上都不可能是一条上升的直线，必定是一条高低起伏的波浪式曲线。劳动就业状况，与这个曲线具有极为密切的对应关系。即：当经济发展曲线上升时，劳动力就业岗位也相应增加；当经济发展曲线下降时，劳动力就业岗位也相应减少。经济周期性波动对就业岗位所产生的联动效应，叫做劳动就业的周期性效应，由此引发的劳动力下岗现象，称为劳动力周期性剩余。我国 1988—1991 年的“治理经济环境、整顿经济秩序”，使国民经济增长速度回落。但由于压缩基本建设规模，直接冲击了农民就业，当时的1 300万农民建筑队伍中，有 500 万被迫放下泥瓦刀歇业回乡。当然，我们应当承认，这种周期性剩余不是每个年份都会发生的。但它对劳动力就业的总体影响，它对社会秩序的冲击，它给各级政府所带来的工作压力，却数倍于一直固守田园的隐性失业。在 21 世纪的前叶，劳动力还能不能发生周期性剩余？如用辩证唯物主义的观点解释，则没有任何理由否定这种潜在的可能性。

第二节　就业条件的变化

通过上述对中国农村劳动力剩余情况的分析，已经足以得出农村劳动力就业问题，将成为 21 世纪中国突出的社会性问题的结论。但问题的严重性还远不止此。因为我们研究劳动力的就业问题，不仅要研究供给总量和有效需求，而且还要注意研究就业条件的变化。只有把这两个方面都兼顾起来，才有利于做出符合国情和就业规律的科学选择，才能把供与需之间矛盾的对立减少到最低程度。通过大量的调查和预测，我们有充分的证据说明，在 21 世纪前叶，中国农村劳动力的就业条件将同 20 世纪末叶发生很大的变化，这种变化，集中体现在安置难度的增大。

一、农业内涵空间扩大就业的职能萎缩

任何一个产业的兴起，都会给劳动力的就业带来机遇，农业更不例外。值得注意的是，这种机遇是有条件的，也不是永恒的。经济发展规律告诉我们，产业的劳动力就业的职能作用，要经过一个扩张——平衡——萎缩的变化过程，世界上的农业发达国家都曾先后出现过这样的变化。对于农业来说，这个变化过程与增长方式的变化相对应。当增长方式处于粗放经营阶段时，往往都要最大限度地发挥劳动力的优势，普遍采用以劳动力的充裕弥补资金不足和技术的落后，这时的劳动就业条件比较宽松；当增长方式处于集约经营阶段时，劳

动力的投入对增产的作用会大大减弱，农艺、机械和化工产品对劳动力的替代作用越发突出。当这种替代作用积累到一定量时，对劳动力的排异现象就不可避免地出现了，使整个生产过程发生减员。

贯彻落实中央拟定的经济发展规划，在21世纪初期，中国农业的增长方式要实现由粗放型向集约型转变。在这个转变的历史进程中，随着农艺的改进、先进机械设备的采用和产业管理水平的提高，将使一批“以地为本”的劳动力从现有的生产规模中游离出来，重新就业。如果种植业集约程度和劳动生产率在未来的30年中达到发达国家20世纪末的水平，届时将排挤出一大批农业劳动力。经济学家和理论工作者一致认为，未来农业内涵空间扩大就业职能的萎缩，是客观发展的必然趋势。这是农民就业条件的最大变化，也是在讨论农民就业问题时千万不可忽视的一个重要因素。

二、乡镇企业吸纳劳动力能力明显降低

改革开放以来，具有“异军突起”性质的乡镇企业，使1.32亿农村剩余劳动力得以就业，从而大大缓解了农民就业的压力。这种具有中国特色的就业岗位的创造，堪称是人类社会发展历史上的奇迹。不能让人乐观的是，进入21世纪，乡镇企业对劳动力的吸纳能力明显降低。在发展社会主义市场经济的条件下，乡镇企业兴办初期的灵活机制和优惠政策在逐渐弱化，扩大再生产的难度在增加；企业的升级和技术装备水平的提高，无疑要降低劳动力的密集程度；生产要素按市场经济的要求重新组合，将使劳动力的价格和企业的活劳动成本上升。各种因素聚集的结果，导致乡镇企业的就业弹性下降。乡镇企业从业人员/固定资产原值弹性系数，1980—1985年为0.81，1985—1990年为0.23，1990—1993年为0.22。这三组数字说明，同量固定资产投资带动就业的能力下降了4倍，剔除投资品价格上涨的因素，实质下降了2.7倍左右。

三、流向城市就业的入口变窄

1986—1996年，在城乡不相容的两元户籍管理体制的严格约束下，仍有3 850万农民冲破重重阻力，到城市里自谋职业。其中，已有2 200万农民在环卫、建筑、工矿、油田、废品回收和餐饮服务业

相对稳定地就了业。在今后的若干年内，虽然大中城市和建制镇仍然是安置农村剩余劳动力的一个重要去处，但目前的流入口径仍是缩小的。这种入口的紧缩，主要体现在三个方面。一是来自就业岗位的不足。在城镇里，特别是大中城市，比较适合农民就业的纯体力型就业岗位有限，该用农民工的地方已经都招用了，岗位的再生，不会出现较大的突破。二是来自城市下岗职工的竞争。城市在调整经济结构、实施兼并和破产的过程中，出现了大批正式职工下岗，他们仍要重新就业。据报纸公开报道，到上个世纪末，全国还有近 1 000 万名国有或城市集体企业下岗职工没能再就业。相对农民来说，下岗职工的就业条件还要比农民高出一筹，这就客观地加大了农民进城就业的难度。三是来自生活成本的约束。住房、饮食、水电价格以及个体经营税费额度的上涨，会大幅度增加农民进城成本，对寻职者形成强有力的经济约束。从这三个方面推论，在未来的若干年中，如果不对农民进城的政策做出大的调整，那么，农民进城就业的大环境是偏紧的。

四、就业依附资源的流出不可逆转

21 世纪，是中国进入工业化、城市化、现代化社会的世纪。在“三化”过程中，土地、资金这两大对农民就业起决定性作用的资源，将不可逆转地流出，遏制的效果，也只能是流出总量的减少和速度的相对放慢，方向确实很难改变。对于土地，即或是采取世界上最严格的管理手段，可以使村庄占地趋近于零，但城市和工业扩张占地，每年至少还将以 150 万亩的速度递增。通过废弃地的整理和复垦，每年可补充 30 万亩，两项相抵，每年仍要有 120 万亩左右的硬流出。按这个速度推算，到 2020 年，还得减少耕地 2 400 万亩，其后果是将把至少 42 万劳动力从种植业上置换出来，形成新的就业因子。

对于资金，主要是通过农业生产资料的涨价和农村储蓄进城两个方面流出。工农业产品价格的剪刀差，已经引起了政府的关注，有可能随着市场化程度的增加而步入逐年缩小的轨道。但在 21 世纪的前 20 年中，如果没有超常规的农用生产资料价格管制政策的调整，剪刀差的存在，仍是个无法改变的事实。预测，剪刀差可由每年的 1 200亿元下降到 800 亿元左右，20 年仍要有 16 000 亿元的农业收益不知不觉地被各级政府、农副产品收购和生产资料供应部门分割，相当于削掉了可以安置 6 000 万农民就业的安置财力。农村储蓄资金的流出，变化的因素较多，难以作出量的预测，但具有净流出的性质，是不可怀疑的。

五、对劳动力自身条件的要求会越来越苛刻

21 世纪，是知识、科技、信息的世纪，也是这三大媒体相融合推动生产力快速发展的世纪。在新的历史时期，经济发展质量和社会进步评估标志，都要发生很大的变化。这种变化，首先要在劳动力的素质上表现出来，形成对劳动力就业自身条件的苛刻和就业资源标准的攀高。在过去看来是可颐养终生的技能，也会随着新工艺、新材料、新设备的采用，而显得竞争力弱化。知识和技能的更新周期，会以惊人的速度缩短，劳动者在自身素质和技能上一旦出现欠缺，就会落个“车车晚点”的下场。而在这方面，又恰恰是农村剩余劳动力的突出弱点。21 世纪的农民就业，将由“关系就业”转为“技能就业”，这实质是抬高了农民就业的门槛。

第三节　就业岗位的再造

21 世纪初叶，中国农村劳动力供给与需求的矛盾将会有所增大，这是一个不以人的意志为转移的现实问题。指望通过短时间的努力就能从根本上消除这种矛盾，是一种理想主义；采取顺其自然或无所作为的态度，只会使后果更严重；走上“华山一条路”，以积极的态度去缓解矛盾，利用一切积极因素再造就业岗位，才是争取解决问题，取得理想效果的明智选择。只要把全民都动员起来，有一种勇于实践、大胆探索的勇气，改变传统的思维方式，办法总比困难多。中国的农民，只能自己安置自己。

一、拉长传统农业的产业链条，就地安置

在现有农业内涵吸纳劳动力职能萎缩的同时，通过内部生产结构的调整和资源的综合开发利用，延长传统农业的产业链条，仍然是 21 世纪解决农民就业问题的一条重要途径。一是对农业后备资源进行综合开发，创造就业岗位。中国有 5 亿亩可开垦宜农荒地，11.7 亿亩宜林荒山荒坡，6.7 亿亩宜牧草坡，4 000 万亩淡、海水面和 2 亿亩滩涂尚待开发，如果把其中的 50%利用起来，就可以安置一大批剩余劳动力。二是提高复种指数，创造就业岗位。目前全国农业复种指数为 155%。按农业发展中长期规划，到 2010 年可提高到 165%，相当于增加 1.4 亿亩耕地，考虑到生产集约水平提高的因素，也可安置 1 000 万劳动力就业。三是通过调整种植业结构，在棉花高产区扩大棉花的种植面积，发展庭院经济、特产农业等，创造就业岗位。四是通过发展以转化粮食和饲料工业为基础的畜牧业来创造就业岗位。五是发展水利经济，组织专业队伍进行职业性的农业基础设施建设，增加劳动积累的用工量。据预测，利用好上面这些途径，至少可使 1.3 亿劳动力就业。

二、把发展乡镇企业与小城镇建设结合起来，离土就乡安置

在未来的一个时期中，乡镇企业生产规模的扩大速度，要比 90 年代有所降低，大批企业工作的重心将转向企业素质升级和结构调整，不大可能再出现吸纳劳动力的高潮。但是，如果把乡镇企业的发展同小城镇建设结合起来，就如虎添翼，可开拓出一条宽阔的就业之路。

到 2010 年，中国的小城镇可能在现有的 31 559 个发展到 6 万个。新兴的小城镇自然要汇入国家工业化的大潮流，在产业政策的规范和经济发展总体战略的引导下，首先发展第二产业，并与城市工业实行有效的对接，成为就业岗位的增长带。同时，对现有小城镇进行改造，可大大扩充其就业岗位的生成能力。据有关部门测算，乡镇企业向小城镇集中，形成若干新的工贸小区，可使就业能力扩张 30%以上。

经济发展的实践证明，同量资金投入第三产业，所创造的就业岗位是第二产业的 3～4 倍。1994 年全国第二产业投资 4 941.3 亿元，净增加就业岗位 444 万个；第三产业投资 4 433.7 亿元，净增加就业岗位1 386万个，相当于第二产业吸纳人数的 3.48 倍（据 1997 年 6 月 2 日《经济日报》张苏平、张昌彩的文章）。由此可见，在小城镇中发展第三产业，创造就业岗位的潜力巨大。

三、加快工业化、城市化、现代化进程，吸收农民进城就业

应该首先说明的是，前面已经讲到农村剩余劳动力流向城市就业的入口变窄。这个判断是在现有城市规模和城市经济运行出现了许多新情况新问题的前提下给出的。在21世纪前半叶，中国要实现邓小平同志所提出的赶上或超过中等发达国家水平的宏伟目标，必须加快工业化、城市化、现代化的进程。从一些发达国家的实践结果看，工业化、城市化、现代化的突出作用就在于安置农村剩余劳动力。实现“三化”的过程是经济发展和社会进步的过程，同时也是创造大量新的就业岗位、解决劳动力就业问题的过程。

在美国，1926—1950年，是其现代化建设较快时期。此间，农业劳动力年均以100万人的速度进入城市或非农产业就业，农业就业人数占总就业人数的比例，由78.8%陡降到14.4%。在日本，1958—1976年，是其工业化快速推进阶段，农业就业人数以年均80万的速度向城市或非农产业转移（据黄林《论我国现阶段农业劳动力转移的目标模式》）。在西欧一些国家，农村人口的大量减少也是伴随着战后经济出现了高速发展、城市化的进程加快而得以实现的。改革开放以来，我国城市发展与农民就业情况的变化，也可以看出城市化进程对安置农村剩余劳动力的突出贡献。1988—1995年，随着城市规模的不断扩大和经济的快速发展，每年有456万人口从农村迁徙到城市，城市化的比重已由1980年的19.39%上升到1995年的28.85%。

按照国民经济与社会发展的远景规划，预计到2010年，中国人口的城市化水平将达到45%以上，届时还可吸收4 800万农村劳动力到城里就业。工业化推动城市化，城市化的发育程度，关联着农村剩余劳动力的进城就业。虽然这“三化”是个缓慢的过程，但它是历史的必然趋势。这个定义是许多经济学家一致的认同。就中国目前城乡结构看，大批农民到现有城市或新兴城市就业，不是可以不可以的问题，而是如何能加快转移速度的问题。

四、拓宽国际劳务合作空间，走出国门就业

对于中国这样的经济文化落后、人口众多、资源贫乏的发展中国

家来说，大批剩余劳动力要立足于国内就业，这是无可非议的。但是，在和平与发展成为世纪的主题，开放成为世界潮流，国际合作领域将不断拓宽，各国之间的经济联系越来越密切的新世纪，倘若把劳动力的就业仅仅局限在国内，这是不开明的选择。通过开展国际劳务合作，不断扩大劳务输出，是解决农民就业问题的一条不可忽略的崭新渠道。据山西运城地委王大高的资料：原南斯拉夫每年向国外提供的劳务，要占全国劳动力总数的10%；只有3 000万人口的巴基斯坦，向国外输出的劳力达321万人，每年为国家创汇100亿美元，劳务输出成了这个国家的主要创汇产业。而我国的劳务输出，尽管这几年开了禁，但年输出量只有20万～30万人，还不及非洲一个中等人口国家的输出量。与这些国家的差距，就是中国开展劳务输出的潜力。

从世界各国劳动力供需总量以及结构和资源开发的情况看，中国劳务输出的着眼点应该是：非洲的农业开发；俄罗斯远东地区的林矿资源开发；中东地区的石油、天然气开采；欧美发达国家的城市环卫、餐饮和家庭服务领域。适应国外就业范围的扩大和层次的提高，在劳务输出工作指导上，进行思路转换是十分必要的。总结以往的经验，要把重体力型的劳务输出与服务型、智力型结合起来，不断提高输出劳动力的适应能力；要把工程承包与纯劳务性输出结合起来，大力开拓新的国际就业领域；要把官方组织的劳务输出同民间自由的劳务输出结合起来，积极鼓励农民到国外投亲靠友和自谋职业。总的原则是：在遵守我国及输入国家（地区）法律法规的前提下，多形式、多途径、多层次、多方位地输出剩余劳动力，着眼于整个地球去解决中国的农民就业问题。

第四节　就业的政策支持

在21世纪初期，要妥善地安置数量巨大的农村剩余劳动力，使他们得以稳定地就业，是把中国社会这个最大的包袱转变成推动经济发展的财富的战略选择。能否使绝大多数农村劳动力有业可就，不仅关系到第三步战略目标能否实现，而且关系到农村基层政权能否巩固，关系到整个中国社会能否稳定。在严峻的就业形势面前，如果只沿用于过去那种流动劳动力的组织和引导，放手让基层去寻求就业出路，就显得工作力度的欠缺和措施的权宜之计。因此，必须转换思维方式，着眼于治本，调整相关政策，完善配套法规，为劳动力就业创造宽松的社会环境。

一、明确政府安置农民就业的相应责任，并纳入全局工作规划

具有中国特色的社会主义，区别于其他社会制度的一个显著标志，就应该是不但要考虑政权的巩固，而且还要考虑让绝大多数社会成员能够安居乐业。这二者之间，具有因果关系。倘若有相当数量的社会成员无业可就，生活没有保证，经济建设将无法进行，社会秩序也难以维持。这种不利态势发展到一定程度，就可能动摇政权的根基。因此，无论是出于政治的需要还是出于经济的需要，都要求各级政府对农民就业予以高度重视，采取根本性措施，最大限度地满足就业这一基本要求。

把农民就业纳入国民经济及社会发展的中长期目标，统筹规划城乡劳动力的开发利用，有利于多渠道解决农民就业，特别是有利于城市有组织、有计划地吸纳农村劳动力进城就业。同时，应把就业任务分解落实到政府制定的经济增长、投资、财政、金融、税收、外贸、教育和人口等各项重要政策中去。城市规划和建设，要充分考虑农村劳动力向城市的转移。劳动部、人事部、国务院发展研究中心应组织有关人员对农村劳动力就业问题进行专题研究，弄清楚劳动力供需的阶段性变化，以正确处理城乡关系、工农关系和改革、发展、稳定的关系为基本前提条件，对农村劳动力的转移提出切实可行的工作方案。对“八五”以来18个省、区、市开展的农村劳动力开发就业试点工作，有必要进行跟踪调研，对不同类型地区农村劳动力开发就业规划、组织和途径进行效果评估，认真总结各地的创造性经验，因地制宜地进行推广。

二、建立和完善竞争有序的劳动力市场，促进劳动力资源与其他生产要素的优化组合

劳动力市场是生产要素市场的重要组成部分，没有发达的劳动力市场，就没有完善的生产要素市场。建立劳动力市场的目的，就是运

用价值规律和竞争机制，使劳动力的供需双方直接见面，双向选择，以实现人力资源与生产资料的合理配置。

在指导思想上，要坚持运用市场配置劳动力资源的方向，努力建立起国家调控市场，市场调节需求，城乡通开，公平竞争，开放有序，沟通全国的劳动力市场体系。

1. 工作的重点是发育劳动力中介组织。积极发展职业介绍所、乡镇劳动服务站以及民办的各种劳动就业服务体系，逐步形成能够覆盖城乡的就业服务网络。网络建设要从基础工作做起，由低级向高级发展。在尽快投入运作的基础上，不断完善和提高。市场的功能不单是解决就业问题，还应搞好市场的预期预测，按照市场对各类人才的需求，开展就业培训，不断提高劳动力的素质和岗位技能。

2. 要注意改善劳动就业的"软环境"，不断提高市场的发育程度和组织水平，建立健全一套符合国际惯例要求的劳动力市场管理制度。

3. 要运用现代化的管理手段，建立起市场预测预警系统和综合管理系统，搞好市场营运的基础设施建设。

三、处理好加强管理与放开搞活的关系，完善宏观调控机制

建立适应发展社会主义市场经济需要的劳动用工管理制度和运行机制，首要的是要注意处理好加强宏观调控与微观放开的关系，坚持宏观调控到位，微观放开搞活的原则。各级政府要把工作的着力点放到运用市场配置劳动力资源的基础上，着重管好市场，规范市场行为，提供政策保证，力争建立起有利于劳动力流动的公平、公开、公正的社会择业制度。在需要控制人口规模的大中城市，应从宏观上控制总量，调整用人结构，在劳动力就业规划上，明确招用农村劳动力的行业、工种及相应的标准。

作为政府主管劳动工作的职能部门，应彻底转变职能，适应需要，强化服务，在实现人力资源配置由行政化向市场化的转变上下功夫。应尽量简化企业用工和劳动力流动就业手续，实行职业介绍、岗位培训、合同签证、办理安全保险等一条龙服务。同时，要注意发挥其他民间劳动就业组织如个体劳动者协会在劳动力流动中自我组织、自我管理、自我服务作用。

劳动就业服务组织和民间劳动中介组织，在开展工作、提供服务的过程中，要兼顾企业效益和社会效益两个方面，防止出现单纯追求收费而忽视服务的现象。

四、打破城乡分割的户籍壁垒，完善农村劳动力进城务工、经商到稳定定居的移居政策

一批农村劳动力能到城镇找到相对稳定的就业岗位，有的还将年复一年地干下去，一个不可辩驳的事实说明，城镇的运转和开发建设需要他们。从长远战略上看，总不能让这样的民工三年、五年乃至更长时间作为户籍在异地的“二等公民”生活下去。他们既然能在城镇中乐业，政府就应考虑他们定居的问题。珠江三角洲上的一些乡镇，外来就业人口已数倍于本地人口。社会成员结构的变化，对社会的管理体制提出了现实的挑战。不能使这部分劳动力合法定居，每年一度的民工潮，就将周而复始地“痉挛”下去。我国所实行的城乡二元管理的户籍制度，在某些地方已经制约了经济和社会的发展，到了非改革不可的时候了。

说改革户籍制度，并不意味着全面放开，而是要通过一些行之有效的改革措施，分层次、有区别地解决阻碍经济与社会发展的一些实际问题。

1. 在严格控制特大城市、大城市落户指标的前提下，对按产业政策进城就业的民工，实行有条件的开禁。对于按照产业政策到特大城市、大城市就业的农民，可采取第一年办暂住证（有效期一年），第二年换发居住证（有效期三年），第四年可凭居住证、就业合同、居住房产证明，批准落户。

2. 适当放开中等城市和县级市的户籍管理。对进城从事二、三产业二年以上，有劳动部门就业手续和工商部门的营业执照，有固定住所，按规定缴纳税费的，应批准落户。

3. 基本放开县城和建制镇的户口。只要有相对稳定的职业和固定住所，即可批准落户。

五、采用优惠政策，鼓励发展乡镇企业和加快小城镇建设

乡镇企业和小城镇对解决农民就业问题的载体作用，已经成为无可辩驳的事实。将乡镇企业的发展与小城镇建设结合起来，是指导农民就业工作的一条原则，应在其指导下，制定具体办法和优惠政策，吸引乡镇企业向小城镇适当集中，以增加吸纳农民就业和连带就业的能力。

在乡镇企业方面。宏观政策上应予以特殊的扶持，减轻乡镇企业的社会负担。在产业布局上，国家应考虑将劳动密集型产业和农副产品加工业向小城镇扩散。特别应注意扶持中西部乡镇企业的发展。这样可以实现劳动力的就近就业，可以降低安置成本。

在小城镇建设方面。应结合户籍制度的改革，对小城镇实行鼓励开发、自主创业、自谋职业的优惠政策，吸引技术、资金和人才，大力发展二、三产业。在建设资金的筹集上，要走政府、企业、农民共同出资、多元化筹集建设资金的路子。其中，搞活小城镇房地产市场，以地生财，是一条重要途径，应不断完善运作规程和管理办法。应允许农民利用出让土地使用权的收益带资进镇重新安家立业。市（县）一级应给小城镇适当放权，以增加镇一级的统筹协调能力，避免多头管理，提高办事效率。同时，进行社会保障、文化教育、医疗保健、社区服务等一系列配套改革，努力把小城镇建设成吸纳农村劳动力的优选载体。

六、加强立法和执法监督，规范招用工行为和保护非农就业农民的合法权益

在社会主义市场经济条件下安置农民就业，必须建立可靠的法律法规体系，用以规范各方面的行为。对于离开土地的农民来说，大多数人将在乡镇企业、外资企业、个体和私营企业等非国有企业中就业。这些年的情况说明，由于这类企业发展快，相应的法律法规不健全，对执行已有的法律法规监督不够，侵害民工合法权益的问题比较严重。因此，加强这方面的法律法规建设，搞好执法监督，切实保护再就业农民的合法权益，已成了当务之急。

在认真贯彻、严格执行《劳动法》的同时，应抓紧制定《就业法》、《劳动力市场法》、《职工权益保障法》、《劳动合同法》和职工劳动保护规定、最低工资标准、农民流动、迁居等法律、法规和条例，逐步形成比较完善的劳动法规体系和劳动力市场运行规则，使劳动就

业服务组织、用工单位和劳动者几个方面的行为都得到规范。各级劳动部门应在劳动争议调解和仲裁、劳动监察等项工作中自觉发挥作用，积极做好工作。

第五节　消除民工潮的周期性“痉挛”现象

伴随着改革开放应运而生的农村劳动力跨区域流动，是生产商品化、农村工业化、社会现代化进程中的必然。它的兴起，有力地推动了经济的发展和社会进步，其历史作用不可低估。

在一大批农民冲破小农经济的桎梏、自发地流入城市或沿海发达地区，得以重新就业的同时，由于人们观念、经济体制、劳动管理制度、交通运输能力、城市基础设施建设等诸多方面的条件，还没能来得及相应地跟上，一些社会性问题就不可避免地突然显现出来。特别是每年春节旅客输送期间，节前回乡探亲节后又返就业岗位的民工，像潮水一般涌动，给本来就发展滞后的交通运输业，造成了很窘迫的局面。公路、铁路、水运、民航全面紧张，车站、码头、机场人满为患，车上旅客成倍甚至几倍超员，人们形象地把这种现象称为“民工潮”。由于年复一年地循环，人们又借喻医学病理定义，称为民工潮的周期性“痉挛”。据统计，每年春运期间，仅铁路部门就运送旅客1.85亿人次，平均每天309万人次。

能否依据社会主义市场经济的基本规律，妥善地运筹好劳动力的跨区域流动，不仅关系到改革的深化、经济的发展，而且关系到社会的稳定。因此，彻底消除民工潮的周期性“痉挛”现象，使劳动力的跨区域流动能够合理而又有序地进行，具有重要的现实意义。外省农民就业量最大的广东省，近几年在民工的有序流动方面进行了一些有益的探索，积累了一些可资借鉴的经验。

一、各级领导重视，协调各有关部门齐抓共管

广东省的各级领导首先是省委、省政府的领导充分认识到，劳动力跨区域流动是经济和社会发展的需要，是随着改革开放应运而生的新事物，组织和引导好劳动力跨区域流动，使其最大限度地发挥积极作用，采取措施抑制负面影响，是进一步推进改革开放，保持社会稳

定的一项战略任务。因此，各级领导把这项工作纳入重要议事日程，不断研究新情况，总结新经验，投入了大量的人力、物力、财力来解决劳动力输入过程中所遇到的一些实际问题。省政府设外来人口管理协调领导小组，省领导任组长，公安、劳动、民政、计生、卫生、工商等部门领导参加，并下设了办公室。领导小组和办公室的主要任务是：研究制定外来人口管理的政策措施，组织安置和疏导外来劳动力，协调各部门开展外来人口的管理。在明确各职能部门对这项工作要负的责任的同时，强调相互间的协同配合，要求建立起分工协作、齐抓共管、规范有序的外来人口管理体系。

注意用法律和政策规范劳动力流动的市场行为，使其合理有序地流动，这是广东的得意之作。近几年，广东省人大、省政府及有关部门，先后颁发了《关于整顿劳务市场秩序、加强劳动力管理的意见》、《关于加强外省民工管理工作的通知》和《广东省违反招用工人规定处理暂行办法》等一系列地方性法规和文件，并在实际工作中不断加以补充完善。与此同时，深圳、珠海等劳动力输入量大的城市，依据省里的规定，结合本地的实际情况，也制定了一些地方性法规和政策性文件。所有这些，都对规范劳动力的市场行为，组织和引导省际间劳动力的有序流动，起到了重要作用。

每年春运期间，广东省各级党政领导倍加重视。他们分头深入到企业、车站和码头，组织安排运力，平衡运量，疏导旅客，保证了春运工作正常运行。

二、在坚持以市场配置劳动力资源的前提下，注意加强管理

为了有效地克服劳动力流动的自发性和盲目性，广东省在坚持以市场配置劳动力资源的前提下，在劳动力流动的管理方面，进行了一些卓有成效的探索。

一是对使用外省劳动力实行总量和结构控制。每年根据各市经济和社会发展的情况，由省下达招用劳动力计划，各市在计划内组织招用。对年中因上新企业和扩大生产规模原招工计划指标不够用的，可以申请追加。

二是实行外来人员就业证制度。外省劳动力到广东就业，凭户口所在地出具的外出务工证明和计划生育管理部门出具的婚育证明，到

输入地劳动部门办理就业证，并尽力帮助妥善安置。

三是加强劳动监察。经济特区和珠江三角洲各市、县，都成立了劳动监察大队，与公安、工商等部门协作，每年对企业的劳动管理进行大检查，查处违反规定招工和侵害工人合法权益的行为。一次比较集中的行动，是全省各级劳动部门对3.7万家企业劳动管理进行了检查，涉及到350多万人，对没签订合同、拖欠克扣职工工资、超时加班等现象，责令企业改正。四是做好“三无”（无暂住证、无职业、无固定住所）人员的劝返和遣送工作。深圳和珠海等市，以公安干警为主，组织劳动、民政、工商、城管、国土等有关部门密切配合，不定期地清理“三无”人员，纯洁劳动力队伍，维护社会秩序。据深圳市的不完全统计，建立特区以来，共清理劝返和遣送“三无”人员28万多人，查拆私搭乱建的临时住所7.2万间。珠海市投资200多万元，在全国城市中率先实行了暂住人口计算机管理。全市8个计算机管理中心联网，准确记载流入人员的基本情况，从而方便了管理和案件的侦破。

三、加强输出地与输入地之间的协作，提高劳动力跨区域流动的组织程度

从90年代初期开始，广东省同入粤劳动力较多的四川、湖南、广西三省（自治区）建立了劳务协作关系，以后又将协作范围扩大到贵州、江西、安徽、湖北、河南五省，并卓有成效地开展工作。

——成立省际劳务协作协调中心，由各协作省（自治区）劳动就业服务机构的负责同志组成理事会，每年召开一次例会，协商解决劳务协作中的问题，联合下发了一些文件，明确劳动力输出和输入地劳动部门在劳务协作中的权利和义务，不断完善管理办法。

——各协作省（自治区）在粤设立劳务办事机构，与当地劳动部门和用工单位密切配合，组织劳动力的有序流动，进行跟踪管理和服务。

——沟通劳动力供求信息。广东省劳务市场服务中心，分别与协作省（自治区）的140多个地、市、县劳动部门建立了信息交流制度，用工量大的珠江三角洲各市、县举办劳务集市，都邀请协作省（自治区）劳动部门的同志参加，在集市设点，直接与广东用人单位洽谈劳务。省际间劳动力协作的开展，使曾一度困扰着劳动力跨区域流动的矛盾大为缓解，有组织、有秩序的流动，正取代着过去那种盲目、自发的流动。

四、建立乡镇劳动管理机构，不断拓宽就业服务领域

广东省经济的迅速发展，特别是珠江三角洲地区的经济腾飞，创造了大量的就业机会。但由于劳动力增量迅猛，使就业管理的问题很突然地呈现出来。深圳市宝安区有常住人口 23 万人，而从外地流入的务工经商者就达 91 万，约是本地常住人口的 4 倍。在珠江三角洲的大多数乡镇，一个乡镇所管理的劳动力比过去一个县劳动局管的还要多出许多。为适应新形势的需要，各县劳动部门不断完善职能，改变劳动部门只管城镇不管农村的工作格局，将工作范围扩大到镇、村。目前，全省 95％以上的乡镇建立了劳动管理和就业服务机构，承担着乡镇区域内各类企业的劳动力招收、安全生产管理、劳动争议调解和仲裁、劳动监察等职能，并不断拓宽服务领域，为外来人员提供职业介绍、技术培训等就业服务。乡镇企业比较发达的佛山市，不但在 51 个乡镇设立了劳动管理所，而且还在 198 个管理区（相当于村）设立了劳动管理站，共配备 441 名工作人员，承担着 86 万职工劳动管理的任务，每年都为各类企业有计划、有组织地引进大量外地劳动力；全市建立了 36 处就业培训基地，累计培训了 21.8 万名民工。乡镇、管理区的劳动管理所、站，作为劳动管理的基础层次，在按照市场经济要求配置劳动力资源方面，发挥着重要作用。

五、多方采取措施，积极化解“民工潮”

对于一年一度的“民工潮”，广东省各级党委和政府的领导认识比较一致。他们认为，不能简单地制止劳动力的流动，不可搞“因噎废食”，出路在于采取措施积极进行组织和疏导。①省政府规定，每年的一二月份暂停招用外省劳动力；在此期间，任何单位和个人都不准发布招工广告；禁止老民工探亲回来时随带新民工入粤。利用广播、电视、报刊等新闻媒介，大力宣传广东春运期间不招收外来劳动力的政策。②动员一部分民工就地过春节，并安排好他们的节日生活，减轻交通运输压力。③取得劳务协作省（自治区）的支持和帮助，劝阻民工不要盲目入粤寻找工作；春运期间，各协作省（自治区）停止发放外出务工证明，从源头上化解“民工潮”。④大力挖掘运输潜力，通过公路、铁路、水运和航空等多种渠道组织旅客分流；铁路部门扩大预购售票量和开设集体订票业务，调度加开列车、扩大编组；发动和支持外省交通运输部门直接到广东接送民工等。这些措施同时运作，有力地缓解了春运期间的“民工潮”，避免了发生大的问题，使外省劳动力到广东就业，开始走上了有组织、有秩序的轨道。

第十三章

农业发展与加入 WTO

经过长达 20 多年的改革开放实践，中国人进一步认识到，在世界经济一体化、贸易国际化的大趋势下，中国的发展应该融入世界，世界的发展离不开中国。由争取恢复中国的关贸总协定缔约国席位到争取加入世贸组织（WTO），中国历经艰辛，走过了 15 年的漫漫谈判路，终于迈进了 WTO 的大门。加入 WTO 是我国改革开放进程中的一个重大转折，必将对我国经济产生深远影响。深入研究世界贸易组织（WTO）的工作程序和运行机制，研究中国加入 WTO 的利与弊，研究如何应对加入 WTO 的挑战，研究其他国家利用 WTO 发展自己的经验，是我们加入 WTO 之后最具有基础意义的工作。

第一节　对 WTO 的初步认知

世界贸易组织是独立于联合国之外的经济性国际组织，它同国际货币基金组织和世界银行并称为世界三大经济联合国，它是世界多边贸易体系的法律基础和组织基础，其前身是于 1948 年缔约的国际关税与贸易总协定。世贸组织的总部设在瑞士的日内瓦，截止到 2001 年 10 月，已有 142 个成员。自它成立之日起，中国就为争取早日加入这个国际组织进行了不懈的、卓有成效的努力。

一、关贸总协定的缔约

关贸总协定即关税与贸易总协定，它是在一个“临时规则”的基础上发展成为一个临时性国际经济组织的。

1944 年 7 月，在布雷顿森林会议上，曾有与会者提出在成立世界银行和国际货币基金组织的同时，成立一个国际性贸易组织，意在使它们成为二次大战后左右世界经济运行的“货币——金融——贸易”三位一体的机构。1947 年联合国贸易及就业会议签署的《哈瓦那宪章》同意成立世界贸易组织，后来由于美国的反对，世贸组织胎死腹中。美国反对成立世贸组织，并不是他的本意。他的本意是想成立一个由他能够操纵的世贸组织。第二次世界大战期间，美国经济发展较快。战后的美国，其经济实力已经超于自诩为“日不落”的英帝国，处于领先地位。他为了推行霸权主义和强权政治，为了达到进一步扩张经济的目的，积极筹划成立一个贸易组织。就在《哈瓦那宪章》产生之前，他就已经有所动作。在美国的策划下，1947 年 4 月在日内瓦举行了筹备会议，通过了《国际贸易组织宪章草案》。在这次会议上，为了尽快进行关税减让谈判，参加会议的代表根据这项草案的有关关税的条款与各国达成的关税减让表汇编成一个文件，即成为关税与贸易总协定，并经过进一步谈判达成一项《临时适用议定书》，作为总协定的组成部分，于 1947 年 10 月 30 日在日内瓦由 23 个国家签署，并于 1948 年 1 月 1 日临时生效。

由 23 个国家共同签署的这份“协定”具有临时的属性，它的本意是向《国际贸易组织宪章》过渡，办成一个名副其实的世界贸易组织。但由于个别国家的国会没有批准这个《宪章》，也就是说没有得到升级，至此，这个总协定就成了缔约与调整对外贸易政策和措施以及国际经济关系的一个法律准则，一直延续到 1995 年 12 月 31 日，它被新成立的世界贸易组织所取代。由于它是个国际性组织，就不能不与联合国发生联系，但它不是联合国的专门机构。

二、世界贸易组织的成立

战后世界经济格局不断发生变化，西欧和日本的崛起，使美国在关贸总协定中的控制力受到严重威胁，一些第三世界国家陆续加入关贸总协定，也增强了发展中国家在这个国际经济组织中的地位。在这个总协定中，虽然主宰谈判的仍然是美国、西欧共同市场和日本等一些发达国家，但发展中国家与发达国家的对峙能力在不断增强，要求保护发展中国家利益的呼声越来越高，发展中国家千方百计争取享受优惠待遇。关贸总协定成员国在贸易活动中所应有的贸易保护权力，不断吸引一些发展中国家的积极加入。到 1994 年底，总协定的正式成员由初创时的 23 个增加到 128 个，成员国家的贸易额占世界贸易总额的比重已经上升到 90%以上。尽管关贸总协定的地位不断巩固，影响不断扩大，但在理论界仍将它称为是临时性的协定。所以改组成了它发展的必然趋势。

1986 年关贸总协定乌拉圭回合谈判启动后，欧洲共同体和意大利出于组织升级的需要，于 1990 年分别正式提出成立世界贸易组织的议案。1990 年初，意大利首先提出建立世界贸易组织的倡议，同年 7 月，欧共体把这一倡议以成员国名义向乌拉圭回合体制职能小组正式提出来，随后得到加拿大、美国的支持。1990 年 12 月，乌拉圭回合布鲁塞尔部长会议作出决定，责成体制职能小组负责《多边贸易组织协议》的谈判。这个小组经过一年的谈判，于 1991 年 12 月形成一份《关于建立多边贸易组织协议》草案，并成为年底《邓克尔最后案文》的一部分。后经两年的修改、完善和磋商，最终于 1993 年 11 月形成了《多边贸易组织协议》。1994 年 4 月，在摩洛哥乌拉喀什举行的关贸总协定部长级会议上，通过成员国表决的形式，通过了《多边贸易组织协议》，正式决定在原关贸总协定的基础上，成立世界贸易组织。1995 年 1 月 1 日，世界贸易组织取代了关税与贸易总协定正式建立。

世界贸易组织与关贸总协定相比，不但名词不同，而且内涵也发生了变化。其标志是：组织机构的正式性；协定法律上的权威性；管辖内容上的广泛性；权利与义务上的统一性；解决争端机制的有效性；与有关国际组织在决策上的一致性；世界贸易组织具有国际法人地位。

三、世界贸易组织的机构及其运作

世界贸易组织的职能是：旨在通过市场开放、非歧视性和公平贸易等原则，来达到推动实现世界贸易和服务自由化的目标。在管辖上，它除管理传统的和乌拉圭回合谈判新确定的货物贸易外，还包括长期游离于关贸总协定外的知识产权、投资措施和服务贸易等领域。

世界贸易组织的最高决策权力机构是部长大会：至少每两年要召开一次。下设总理事会和秘书处，负责世贸组织的日常会议和工作。总理事会设有货物贸易、服务贸易、知识产权三个理事会和贸易与发展、国际收支行政预算三个委员会。秘书处设总干事一人。1995 年 11 月 29 日，世贸组织还成立了由七人组成的仲裁机构上诉法庭，负责对各成员之间所发生的分歧进行仲裁。

世贸组织的成员有创始成员和新成员之分，创始成员必须是关贸总协定的缔约方，新成员必须由其决策机构——部长会议以 2/3 的多数票通过才可加入。部长会议的决议经合议做出，每一成员享有一票，从而保证了世贸组织在不经成员同意的情况下不能通过任何约束成员的决议。部长大会的主要任务是：贯彻世贸组织协定和多边贸易协定，提供多边贸易协议的执行框架，为成员间在协定的范围内的谈判以及其他谈判提供论坛。

四、世界贸易组织的基本法律原则

世界贸易组织的各类协定、文件、规则繁多，这些文件构成了 WTO 多边贸易体系，是各成员必须遵守的基本原则。由于这些基本原则都具有法律效力，故此称为 WTO 的基本法律原则。它大体由六方面组成。

1. 公平贸易原则。各成员的出口贸易经营者不得采取不公正的贸易手段，进行或扭曲国际贸易竞争，尤其不能采取倾销和补贴的方式在他国销售产品。世界贸易组织强调，以倾销或补贴方式出口产品，给进口方境内工业造成实质性损害，或有实质性损害威胁时，该进口方可以根据受损的工业的指控，采取反倾销和反补贴措施。同时，世界贸易组织强调，反对成员滥用反倾销和反补贴措施达到其贸易保护主义的目的。

2. 关税减让原则。关税减让一直是多边国际谈判的主要议题。关税减让谈判一般在产品主要供应者与主要进口者之间进行，其他国家也可以参加。双边形成的减让谈判结果，其他成员按照“最惠国待遇”原则可以不经谈判而适用。

3. 透明度原则。要求各成员将有效实施的有关管理对外贸易的各项法律、法规、行政规章、司法判决等迅速加以公布，以使其成员政府和贸易经营者熟知。各成员政府之间或政府机构之间签署的影响国际贸易政策的现行协定和条约也应加以公布。各成员应在境内统一、公正和合理地实施各项法律、法规、行政规章、司法判决等。

4. 针对国营贸易企业原则。世贸组织对国营贸易企业的主要要求是，在进行有关进出口的购买或销售时，应只以商业上的考虑作为标准，并为其他成员的企业提供这种参与购买或销售的充分竞争机会。

5. 非歧视性贸易原则。具体表现为一般最惠国待遇或国民待遇。最惠国待遇原则：如果一成员给予另一成员某种优惠的待遇，它就应该立即地无条件地将同样的优惠待遇扩展到所有成员，以保证任何成员没有受到歧视性待遇。最惠国待遇原则的多边性，使其成为世贸组织法律原则的首选基础。国民待遇原则：要求以对待本国产品同样的原则对待进口产品。对于服务贸易和与贸易有关的知识产权方面，最惠国待遇原则与国民待遇原则也成为基本准则。

6. 一般禁止数量限制原则。在货物贸易方面，世界贸易组织只允许进行关税保护，而禁止其他非关税壁垒，尤其是禁止以配额和许可证为主要方式的数量限制。但是，禁止数量限制也有一些重要的例外，如国际收支困难的国家被允许实施数量限制；在一定时期内，发展中国家的幼稚工业也被允许加以保护。

第二节　中国加入 WTO 的运作

中国作为关税与贸易总协定的缔约国，一直对关贸总协定（GATT）和后来的世贸组织（WTO）持积极的配合态度。虽然因种种原因使中国曾一度游离于 GATT，但是中国积极参与 GATT 的各种商务活动的初衷始终坚持，一直以锲而不舍的精神为恢复 GATT 的缔约国地位和加入 WTO 进行着不懈的努力。经过 15 年的准备、磨合、磋商和谈判，终于在 2001 年 11 月 9 日至 14 日在卡塔尔首都多哈召开的 WTO 第四次部长级会议上，通过了我国加入 WTO 的决定。从2001年12月11日开始，我国成为了WTO的正式成员。

一、从复关到入世

中国于1947年10月30日签署关贸总协定《临时适用议定书》，成为GATT的原始缔约国。1949年10月1日中华人民共和国成立后，台湾当局1950年以中国主权国家的名义退出GATT，此后又于60年代成为GATT的观察员。1971年10月，中国加入联合国，GATT遵循在政治上一般服从联合国决议的基本原则，取消了台湾的观察员资格。

中国在GATT席位空缺的情况下，采取主动同GATT接触的政策，恢复同GATT的联系。自1980年起，GATT应中国政府的要求正式向中国常驻联合国日内瓦代表团提供GATT文件资料。同年8月，中国政府官员作为中国唯一合法代表，出席了国际贸易组织临时委员会执行委员会会议，并取得了选举权，投票选举了GATT第三任总干事。1981年，中国代表列席了GATT纺织品委员会《多种纤维协议》的谈判，并获得了这个委员会的观察员资格。1984年1月，中国正式参加了第三个《多种纤维协议》，成为GATT纺织品委员会的正式成员。

80年代中期，中国的经济体制改革步步深入，国家经济形势、商品供应、财政状况都出现了根本性转变，国际交流与合作领域不断拓宽，贸易往来越发频繁。在这种情况下，恢复GATT的缔约国地位，被摆上了中央政府的重要议事日程。经过多方努力，1985年4月，中国成为GATT发展中国家非正式磋商小组成员。1985年10月3日至9日，以经贸部部长助理沈觉人为团长的中国代表团利用列席GATT特别缔约方大会的机会，在日内瓦分别同美国、加拿大、日本和欧共体代表团就中国复关问题进行了首次非正式磋商。1986年3月，GATT总干事邓克尔应邀访华，7月10日，当时的中国常驻联合国日内瓦代表团大使钱嘉东照会邓克尔，正式提出中国政府关于恢复在GATT缔约国地位的申请，从此拉开了中国复关的帷幕。

1993年年末，乌拉圭回合谈判达成协议，决定在1995年建立世界贸易组织（WTO）。1994年4月15日，中国政府作为乌拉圭回合谈判的全面参加方与其他100多个谈判参加方一起在摩洛哥的马拉喀什签署了《乌拉圭回合最后文件》。这个文件的参与，为中国争得了对话席位和制定游戏规则、获得权力、履行义务的地位。按照乌拉圭回合决议，1995年1月1日，WTO正式成立，取代了曾在世界经济舞台上活跃了近50年的GATT。从1995年11月，中国恢复GATT的申请转为入世申请，接续前期工作开展了紧锣密鼓的双边及多边谈判。

二、艰苦的入世过程

从1986年中国政府正式提出恢复GATT地位的申请到现在，中国政府走过了15年的漫漫入世路，整个过程波浪起伏，荆棘缠身。对此，一位美国经济学家曾说，中国入世，可能是20世纪世界上最为艰难的一件事情。值得欣慰的是，中国已走进了WTO的大门。回顾整个入世过程，大体经历了四个阶段。

第一阶段，从1986—1987年，为1年准备阶段。按照GATT的规定，申请加入GATT的国家必须提交系统的《经济贸易体制备忘录》。这份文件要求对申请国的经济体制、金融体制、外贸体制、外汇体制等方面的内容作出详细描述和说明，其用意是检验申请国的现行经济体制能否有效地实施关贸总协定的一切法律条文。中国政府临时成立工作小组，在充分调研、分析、讨论和借鉴的基础上，用一年时间完成了《中国经济贸易体制备忘录》，于1987年3月正式递交给GTAA。

第二阶段，从1987—1993年，为6年解决市场经济体制阶段。GATT收到中国政府提交的备忘录后，即成立中国工作小组，开始审查备忘录。审查小组认为，只有搞市场经济的国家才能实施GATT的多边规则。当时中国还没有搞市场经济，要复关，难度可想而知。中国在备忘录中说，我们所实行的是计划调节与市场调节相结合的商品经济体制，计划与市场是可以结合的，说我们虽然不搞市场经济，但GATT的各种法律文件在中国都能得到执行。而审查小组则认为，计划调节是官办，市场调节才是市场行为；计划是由人来操纵，有明显的不可预见性和不稳定性；计划是主观的，市场是客观的，计划和市场是不能结合的。当时中国的谈判处于非常尴尬的境况。正当谈判搁浅时，1992年初邓小平视察南方发表了重要谈话，阐述了社会主义也可以搞市场经济。同年6月，江泽民总书记在中央党校省部级培训班上讲话，提出中央常委赞成搞社会主义市场经济的意见；10月，将中国发展社会主义市场经济写进了十五大报告。至此，中国复关的体制性障碍彻底消除，由1993年转入双边实质性谈判阶段。

第三阶段，从1993—1999年10月，用6年时间解决了开放市场问题。在这期间，中国社会主义市场经济体制的框架已经设竣，以建立现代企业制度为主要内容的企业改革不断深入，抑制通货膨胀的宏观调控措施收到显著效果，平稳避免了亚洲金融危机的波及，经济一直在持续快速健康发展区间运行。应该说，国内难得的经济形势，为顺利入世创造了条件。问题是在这期间国际风云变幻，以美国为首的西方国家将中国复关或入世同一些不相干的事情无理挂钩，在谈判过程中“滚动式要价”，扩大了谈判内容。他们无视现阶段中国经济发展水平，要求中国提前从发展中国家出列，承担发达国家在GATT中所承担的义务，致使谈判反反复复，经常陷入僵局。中国政府采取了原则问题不让步，枝节问题可让开的对策，做了大量的、耐心的、艰苦的工作，在愿意开放市场，市场的开放程度和条件必须符合中国国情的主张下，并及时调整外贸政策，在减让关税、取消配额和准入许可证等方面做出实质性推进。从1992—1997年，中国四次大范围、大幅度降低关税，使关税税率从43%降到了17%，并承诺要继续降低到发展中国家的平均水平。在服务贸易领域，金融、保险、外贸、航运、旅游、中介机构的对外开放试点逐步扩大；通过签署WTO的技术信息协议，显示在通讯业开放的姿态，通过这些实质性工作，促动谈判对方拿出诚意，最终在1999年11月15日攻克了入世的最大难关，中美两国就中国加入世界贸易组织达成双边协议，取得了“双赢”的结果。此后，中国又陆续同一些成员就中国加入WTO达成了双边协议。

第四阶段，从1999年11月中美签署中国加入WTO双边协议到正式入世。在这阶段中，完成了同欧盟等的双边谈判，并由加入的双边谈判转入贸易组织内部的多边谈判。并最终于2001年11月9日至14日在卡塔尔首都多哈召开的WTO第四次部长级会议上，通过了中国加入WTO的决定。2001年12月11日开始，中国成为WTO的正式成员。

三、谈判原则及农业谈判协议内容

中国入世谈判虽然历尽艰辛，但最终结果是双赢的。谈判能在不丧失国家和民族利益的前提下一个一个地取得进展，归根于中央所制定的正确的谈判原则。江泽民总书记1993年在西雅图与美国总统克林顿首次会晤时，明确阐明了中国复关的三个原则：第一，关贸总协定是一个国际性组织，如果没有中国这个最大的发展中国家的参加是不完整的；第二，中国要参加，毫无疑问是作为一个发展中国家参加；第三，中国的参加是以权利和义务的平衡为原则的。中国在处理复关和入世的一切事务中，始终坚持了这三条原则，包括同美国达成的中美农业合作协议等一系列文件，都是在这一原则指导下谈成的。在同双边国家签署的入世协议中，涉及到农业的，主要有三个方面。

1. 农产品关税减让。按WTO的规定，发达国家6年内（到2000年），农产品关税平均削减36%，每一种产品关税削减幅度不低于15%；发展中国家10年内（到2004年），农产品平均关税削减24%，每一种产品关税削减幅度不低于10%。中国在谈判中，由于解决了按发展中国家入世的资格问题，争取到了5年关税减让的过渡期，可以逐年来降低，不至于给市场及农业经济的发展造成大的震荡。到2004年，中国的农产品关税水平将由目前的平均21.4%降低到17%左右。

2. 农产品关税配额管理。农产品关税的配额管理的实质是市场准入问题。中国在谈判的过程中，把互相让步同保护中国农业这两个方面统一起来考虑，在WTO农业协议规定的范围中，争取到对小麦、玉米、大米、棉花、豆油、食糖等重要农产品实行关税配额管理。按规定，关税配额准入量的确定实行就高不就低的原则，以近3年年均进口量和年均消费量的3%计算，两者中选择数量较大的作为关税配额基期准入量，并承诺每年应相应有增量，到实施期末要求达到国内消费量的5%。

3. 履行中美农业合作协议。中美两国于1999年4月达成的中美农业合作协议，并不是中国加入WTO的农产品市场准入协议，而是中美两方自己的事情。但由于不管中国加入WTO与否，都要履行这个协议，由此把它同中国入世的问题联系起来研究，是有道理的。

这个协议主要有两方面的内容。一是关于中美农业科技合作的安排；二是关于小麦、柑橘、肉类的检疫问题。关于动植物检疫，双边达成了三条协议：第一，中国解除对美西北七州小麦输华的禁令，双方确定了小麦矮星黑穗病（TCK）允许量的标准，超标的，中国拒绝进口。第二，中国解除对美国加利福尼亚等四州柑橘输华的禁令，同时美国承诺加快批准进口中国的园艺产品。第三，中国有条件地同意美国农业部批准的工厂向中国出口肉类。其条件是，中国对美国联邦肉类卫生许可的体制进行认证；中国具有对美国肉类出口工厂的抽查权。中美农业合作协议的重要意义，还在于它打破了中国加入WTO与美国双边谈判的僵局，争取到了坚持对话，发展合作，互让互谅的机会。

第三节　加入 WTO 给中国农业发展带来的机遇

中国人为了及早加入 WT[illegible]进行了艰苦的不懈的努力，真是“黑发人谈成了白[illegible]无疑是为了提高中国在国际上的政治地位，[illegible]的，而不是短期的。由于加入 W[illegible]易机制等方面要有一个调节和适应的[illegible]机遇。

加入 WTO 会给中国的各[illegible]业各个部门都带来发展的机遇，作为国民经济基础的农业，当然利在其中。有整个国民经济的受益，就有农业的所得。

一、将有利于给中国农业的发展营造宽松的国际政治环境

由于中国长期游离于世界贸易组织之外，对于挑拨中国与有关国家的关系，诋毁中国发展的恶意流言蜚语，没有机会去说理或澄清，严重地影响着中国的国际地位，破坏了中国发展的政治环境。比如，一些国家散布的“中国威胁论”等。中国加入 WTO，可使中国发展的国际政治环境大为改善。

中国人口基数大，粮食生产年际间有波动，于是就出现了中国人不能解决吃饭问题的“粮食安全威胁论”。中国近几年经济发展较快，

块头大，于是就有“经济发展威胁论”。如果加入 WTO，中国承诺对世界开放市场，给外国人创造到中国发展的机会，只要我们共同遵守一个规律，就没有什么“威胁”因素存在。市场是开放的，中国经济融入世界，中国经济越发展，越有利于外国到中国投资，也就毫无威胁可言。对此，就连美国前总统克林顿都说：“中国加入世贸组织，将给美国在中国市场提供更多的竞争机会，中国加入世界贸易组织符合美国人的利益”。在双赢的条件下，处理两个大国的政治经济问题，结论一定是共识要比分歧多。

中国加入 WTO，成为贸易大家庭中的一员，开辟了广泛的对话渠道，可以疏导对中国不正确的看法，会有效地防止把经济问题政治化，把一般问题复杂化，从而提高各国对中国社会稳定的信心，扩大同中国的国际交往，在广泛的领域进行多边合作，在互相尊重主权和领土完整的政治条件下，化解矛盾，互谅互让，共同发展。

二、将有利于营造农产品贸易的新格局

世界贸易组织成员的贸易总量已经占全世界贸易总量的 90%；而中国与 WTO 成员间的贸易[illegible]易总量的 90%。这个情况说明，世界贸[illegible]世界。但应该说明的是，由于以前不[illegible]等的谈判条件下进行的，特别是对农[illegible]些主要贸易大国都在不同程度上对中国农产品[illegible]一些歧视性的贸易限制措施。

加入 WTO 后，中国农产品能够享受到 WTO 成员提供的多边、稳定、无条件的最惠国待遇，免受其他国家在关税和非关税壁垒方面的种种歧视，充分拥有作为一个成员所具有的平等权利，降低农产品贸易的谈判成本和交易成本，提高农产品对外贸易的效率和效益。

WTO 本身是规定国际贸易法律准则的政府间的多边协定，同时也是解决国际贸易争端的权威机构。它解决贸易争端的机制被普遍认为是比较公正合理的。因而，中国加入后，就意味着中国可以缓解发达国家通过双边关系给中国农产品出口带来的压力，可以利用 WTO 解决争端的机制，平等地解决和处理与各成员之间的经济贸易纠纷，避免与其他国家的正面对抗，有利于营造一个农产品出口的外部环境，赢得更多的国际市场。

入世后，由于中国粮食和棉花生产成本难以降下来，在国际市场上失去了竞争优势。但中国的油料、糖料、水果、蔬菜等农业经济作物在国际市场上都具有较强的竞争力。中国的畜牧业的比较优势将得到发挥，水产业有相当的比较优势。如国际市场准入规则运用得好，中国完全可以通过出口有竞争力的农产品来补回在粮棉产品中的贸易损失。这应该说是实实在在的好处。

三、将有利于农业的对外开放

世界贸易组织与原来的关贸总协定相比，其管理范围已经拓宽，由管理传统货物贸易的关税和非关税措施，扩大到投资、服务贸易和知识产权等领域。目前中国的农业，相对其他产业来说，还不够开放，特别是吸引外商投资的比例较小，急需在互惠互利的前提下引进外资、技术、设备和人才，用以改造传统产业，提高农业的科技含量和装备水平。这个要求是与WTO的管理范围相一致的。

加入WTO后，中国的成员身份规定了必须按照国际规则，通过完善政策法规，开放市场，开放投资领域，给外国投资者以国民待遇，使外国投资者进入中国农业领域的政策更加宽松、透明和稳定。将会更多地吸引国外资金、技术和管理经验，进一步推动中国与其他成员在农业领域的广泛合作与交流，从而达到提高农业综合生产能力和整体素质的目的。

加入WTO后，不光是可以“引进来”，而且还为“走出去”敞开了大门。在对等的国际交流与合作中，中国可以使农业资源在WTO成员之间得到重新配置，充分发挥劳动力和其他方面的优势，到国外去寻求更大的发展空间。

四、将有利于促进中国农村产业结构的调整

中国的农产品已经由全面短缺转为略有剩余，再按传统的生产力布局去组织生产经营，已经没有了发展的空间，调整产业结构，是中国农业在新世纪要解决好的第一个难题。而加入WTO，将给中国进行农业结构调整提供一个契机。

加入WTO后，农业资源可以在国际范围中重新配置，中国可以在广泛的交流与合作中，充分发挥自己的优势，有效避免劣势，利用

国际国内两方面资源和两个市场，重新调整农村产业布局，大力发展农产品加工业，大力发展流通、运输、中介、保险等服务业；重新调整农业内部的产业布局，稳定种植业，大力发展畜牧业、水产业，大力发展园艺特产业；重新调整产品结构，缩减传统产品和滞销产品，大力发展适销对路的产品，特别是可以借此机会发展有出口前途的劳动密集型产品，替代土地、水等资源密集型产品。通过结构的调整，再造中国农业发展的优势。

五、将有利于在参与制定国际农业贸易新规则中充分体现中国的主张

中国的外贸交易额，已经上升到全球的第十位。随着经济全球化和世界市场一体化大趋势的进一步发展，中国包括农业在内的各产业同世界各国的交往会越来越频繁，中国农业与世界农业的关联程度会越来越高。但是，能否获得真正平等、公平的竞争机会，对未来中国农业的发展是至关重要的。

中国不是 WTO 成员时，没有参与修订服务、贸易与知识产权保护规则的权利，在与各国的竞争中，处于极为不利的地位。在同 WTO 成员进行商品交换时，WTO 成员应该享受到的许多好处中国却不能享受，而在 WTO 成员之间不能随便行使的贸易报复、制裁，却可以轻而易举地强加给中国头上，最突出的是中国在 WTO 成员中的反倾销方面，付出了沉重的代价。

加入 WTO 后，将使中国一改袖手旁观地让别人制定规则，自己只有执行的义务没有制定的权利的被动局面，获得参与 WTO 新一轮贸易谈判的权利和制定规则的权利，能够使中国的主权地位在世界经济舞台上得到充分体现，使表明中国的立场和主张成为现实，使维护中国的利益以及维护发展中国家的利益成为现实。同时，在广泛参与的过程中，还为更深入地了解和研究国际贸易的惯例与程序，积累开展国际农产品贸易的经验，掌握处理各种贸易问题的主动权，奠定了基础。

六、将有利于提高农民的生活质量

提高农民的生活质量，是新世纪发展规划中的重要任务。加入

WTO后，能够对其起到很大的促进作用。具体表现在三个方面：

1. 通过增加就业岗位来达到提高农民生活质量的目的。 不可否认，在加入WTO后的一段时间，农业要受到一定冲击，一些传统产业和产品要萎缩，农业劳动力要出现新的剩余。但放眼长远，加入WTO对提高农民就业有利。据专家推测，中国入世后，对国内生产总值可能形成两个百分点的上升拉动。中国经济建设的实践表明，国内生产总值每增加一个百分点，可以带来500万个就业机会。这在城乡两元结构逐步被打破，进城政策放宽的情况下，无疑是个利好消息。

2. 通过增加农民收入来达到提高生活质量的目的。 随着经济全球化的进程加快，农民可以在国际融合中寻找到新的增收机会，技术进步和生产效率的提高，也会降低生产成本，农民整体待业率的下降，这些都将通过收入的增加而表现出来。收入增加了，提高生活质量就有了物质基础。

3. 通过买高档消费品来达到提高生活质量的目的。 降低关税后，人们可以在节约开支的情况下买到外国的高档消费品，或者以同值货币买到更多的消费品，使消费多层次化、多元化、高档化，使百姓在中国还没有进入现代化社会的情况下，就提前享受到发达国家的文明与进步成果。

第四节　加入WTO给中国农业带来的挑战

在WTO中，权利与义务对等的原则，决定了WTO成员所面临的是机遇与挑战的并存。值得提出的是，所谓机遇，是理论上的机遇；所谓挑战，是客观实际的挑战。机遇，要靠人去努力寻求，要靠人去发掘利用；而挑战，则是实实在在地摆在面前，让人不可回避，没法躲闪。人们只能面对事实别退缩，从实际出发看清挑战，以积极的态度迎接挑战。

一、中国农业现存体制和运行机制遇到挑战

加入WTO的前提条件是实行市场经济体制，经济运行必须符合市场经济的一般要求。中国虽然从1992年就明确提出了建立社会主

义市场经济体制，并经过近 10 年的努力，社会主义市场经济体制的框架基本建立起来了。但是，应该看到，目前中国的市场经济体制还很不完善，在某些地方还明显地带有计划经济的痕迹。

中国农业遇到的挑战，主要表现在四个方面。一是政府管理农业或农村经济的职能没有完全转变过来，对农业生产活动特别是种植业管得仍然较细、较死，作为生产经营者主体的农民的自主权还没有完全落实，发展市场经济需要的在产前、产后环节上的服务，显得极为滞后。二是一些具有中国特色的法规政策与 WTO 的要求还有距离，个别支持和保护农业的条款需要修订和完善。三是由于农村微观经济组织发育不全，生产经营的组织化程度低，农业的生产单位还够不上企业，难以适应入世后来自国外的竞争。四是在土地、资金、技术等资源的分配上，还没能完全按照市场经济的要求去运作，用政府手段配置农业资源的问题还没得到解决。

二、农产品的出口遇到挑战

入世后，中国将失去绝大多数对农产品出口利好的非关税手段；到 2004 年，农产品的关税也要从目前的 21.4％下降到 17％。这就意味着农产品出口环境偏紧，没有特色、缺乏竞争力的农产品难以实现出口创汇。

从价格和质量上看，入世后将对玉米、小麦、大豆、棉花等大宗农产品的市场冲击较大。20 世纪 90 年代以前，中国粮食和棉花国内价格水平分别低于国际价格水平，有较强的竞争优势。但近 10 年来，这些大宗农作物的生产成本每年以 10％的速度递增，使其价格大幅上涨。据专家计算，目前中国小麦、玉米、大米等大宗农产品国内价格高于国际市场 20％～70％，同时，质量上也有一些明显缺陷，在国际市场上已没有竞争优势。对散户家养的生猪和烤烟、甘蔗等在国际市场上的竞争力，也将产生一定冲击。随着 WTO 规则的贯彻执行，必定对农业支持和保护政策进行调整，还将引发出新的矛盾和问题。这可能是中国加入 WTO 之后所遇到的最大挑战。

三、乡镇企业遇到挑战

在改革开放中异军突起的乡镇企业，现在的经济总量已是“三分天下有其一”，在广东、江苏、浙江、山东等地方，已经成了经济构成的主体力量。它的兴起，无论在拉动经济增长，解决农民就业，增加农民收入等方面，还是在稳定农村、稳定社会等方面，都作出了巨大的贡献。但是，中国加入WTO后，乡镇企业的发展在资源、市场、成本、价格等各方面，都会遇到前所未有的挑战。

乡镇企业在20年中得以快速发展，除了中国坚持了以经济建设为中心，大力推进改革开放的大环境外，更重要的因素还有：一是它的发展是在短缺经济的形态下形成的；二是它的发展是在经济的循环主要以国内为主构成的。加入WTO后，生产资料和生活资源短缺的条件已不复存在；企业由国内竞争转入到国际商品大市场上去竞争。显然，这在企业规模较小、基础不稳、产品档次不高、人员素质参差不齐的条件下，突破这两大障碍，是一次“爬陡坡”。把这段坡路冲过，乡企有可能又开辟出柳暗花明的境地。

四、农民收入的提高遇到挑战

适应国际竞争的需要，必须对中国的农村经济结构、农业内部之间农林牧渔各业结构、种植业的粮食、经济与饲料作物结构和整个农产品结构进行大幅度的调整，在转变其增长方式的过程中实现先进科技对劳动力的替代，以利降低成本，提高生产效率。这就毫无疑问地要影响到农民收入。

这种影响来自两个方面。一是在进行经济结构调整的过程中要有一部分农民暂时失业，或者造成隐性失业，由此影响到农民收入。二是在中国农业融入世界农业的大趋势下，农产品上档次、降成本、创名牌，建立起相对稳定的产销关系，需要一段时间，农产品的出口创汇在短期要受到制约。这一点在国内农产品已经从全面短缺转入供大于求的情况下，可能对农民收入的提高形成更大的压力。

加入WTO后要影响到农民收入，但这种影响可能是带有暂时的过渡性。因为在调整的过程中出现的劳动力剩余，可以在加快城市化进程和国际劳务输出方面找出路；还因为取消了歧视性政策后，如果中国农产品质量和包装等上了新台阶，也有可能成为国际市场的抢手货。

五、劳动者的素质遇到挑战

国际经济领域的竞争，从表面上看是产品质量和价格的竞争，而实质是人才的竞争，是劳动者素质的竞争。

创造新产品，创造就业岗位，采用先进科学技术，开展国际交流与合作，都需要具有一支较高素质的现代农民队伍。而目前中国农村最大的问题就是劳动者文化技术素质低下，不适应发展的需要。况且，这种制约又不是经过短时间的努力就可以见效的，需要在相当一段时间中坚持不懈的努力。有一天中国农村劳动者的素质上了台阶，中国就可能笑对 WTO，就能比较好地运用 WTO 的规则，加快发展农村经济，真正融入国际化的大市场。

第五节　应对 WTO 的策略选择

中国加入 WTO，是一项全新的事业。摆在中国政府和人民面前的是，应认真研究 WTO，准确把握 WTO，在进行充分的利弊分析基础上，给出兴利抑弊的选择，以积极的态度迎对挑战，使 WTO “为我所用”，借加入 WTO 的机遇，把中国经济融入世界，把中国农业融入世界，推动中国走向繁荣昌盛。

一、转变观念，增强“入世”意识

WTO 的规则，确定了各成员的经济行为要打破地域界线，从经济一体化、市场国际化的现实出发去调整生产力布局，在生产、流通、消费等环节实现国际大循环。面对这个全新的要求，第一位的是观念更新，调整思维方式，树立起适应 WTO 规则需要的新观念。

转变观念，一是应去掉被动应对 WTO 的思想，树立起主动迎接挑战，战而要胜的信心。不能因为我们不熟悉 WTO，就采取顺水推舟，应该使无所作为思想让位于有所作为，让位于争取有大的作为。二是应彻底消除计划经济体制的残余，打破以往的思维定式，在资源的配置上一定纳入市场经济轨道去思考、去谋划。三是要摒弃与己无关的思想，每个生产经营者都应该在市场主体上找准自己的位置，积极主动地去适应形势需要，积极主动去研究和调整生产和流通的思路，积极主动地寻找利用WTO发展自己的有利条件。四是要放宽生产和流通的眼界，变过去的着眼于生产为生产、流通并重；变过去的着眼于国内搞经营为国内国际双渠道经营并重；变过去的遵听政府引导为听从政府引导和发挥自己的主观能动选择并重，在更宽的领域、更高的层次上去思考和谋划生产经营。

二、利用有利条款，保护农业

WTO规则具有两重性，一是有限制措施，二是预留了“绿色通道”。特别是为了促进发展中国家发展经济和对外贸易，几乎在每个多边贸易规则上都明确规定了给予发展中国家优惠待遇。详细研读这些优惠条款，充分利用这些条款，将使农业在支持和保护中得到发展，最大限度地降低来自于WTO挑战方面所引起的波动。

从大的方面说，WTO规则对发展中国家的优惠待遇主要体现在三个方面。一是允许发展中国家成员在履行义务上有个较长的过渡期，使其在逐步调整中进入角色。二是允许发展中国家成员在履行义务时有一定的灵活性。三是发展中国家成员在履行某些义务时，发达国家成员应当提供技术援助。具体到农业上，可利用的优惠政策有三个方面：一是减让关税的优惠。发达国家成员6年内（到2000年），农产品关税平均削减36%，每一种产品减税幅度不低于15%；发展中国家成员10年内（到2004年）农产品平均关税削减24%，每一种产品削减幅度不低于10%。二是对农产品国内补贴的优惠。以1986—1988年这3年的补贴为基数期，发达国家成员6年（到2000年）削减20%；发展中国家成员10年（到2004年）削减13.33%。三是对农产品出口补贴的优惠。发达国家成员6年内削减对农产品出口补贴的36%，经过补贴的农产品出口数量减少21%；发展中国家成员10年内削减农产品出口补贴24%，经过补贴的农产品出口数量减少14%。把这些优惠政策落到实处，使之惠及中国这个最大的发展中国家，当是应对挑战的一个重要选择。

应在WTO规则允许的范围中，调整以往的对农业支持和保护的政策。比如，由过去的价格保护转向投入保护，增加对农业的基本建设投资，实施人才工程，建设农产品质量标准及市场信息服务体系，用财政转移支付引进先进的农业科技及设备等。又比如，通过政府的救灾补贴、环保补贴和防治病虫害补贴等，支持出口产品的生产等。还有，建立农业收入支持体系，成立政策性农业保险机构，各级财政设立灾害保险储备金，对农业保险提供补助。

从解决贸易争端环节对农业实施保护。严格进出口统计、检疫、检验制度，跟踪和分析进口情况，对于有倾销倾向的，运用 WTO 关于“反倾销”的规则提出交涉，控制恶意推销，避免歧视，依法保护中国政府和农产品生产经营者的权益。

三、择优发展，提高竞争力

加入 WTO 后，对中国这样的长期满足于自求平衡，喜乐于自给自足的农业来说，不啻是一次农业的产业革命。由于市场的拓宽、消费者的变动和产品质量标准的提高，必须对以往的发展战略进行必要的调整，实行择优汰劣，力争产业上档次、产品上档次，提高竞争力、提高市场占有率。

择优扶持，第一是体现在产业上，第二是体现在产品上。就农业内部来说，以粮棉为大宗的种植业因成本、价格、质量等因素，在国际市场上处于竞争的劣势。而以粮源为基础的畜牧业、水产业和农副产品加工业以及为出口配套的包装、运输等行业，在国际市场上仍有较强的竞争力。就种植业内部来说，在粮、棉传统产业已经失去竞争力的情况下，特种饲料、经济作物、园艺产品、水果、蔬菜等，在国际市场上仍有较强的竞争力。择优扶持，就是在土地、资金等资源有限的情况下，重点扶持畜牧、水产和农副产品加工业，重点扶持园艺特产、水果和蔬菜的生产。这样做，不但不能危机到中国的粮食安全，而且还能促进资源的优化配置。因为在近 10 年中，即或是中国人口达到 13.5 亿人，粮食综合生产能力还会有所提高，粮食供应也不会出现大的缺口，年际间进口1 000万吨左右，对进口的依赖程度控制在 2%以内，就不会出现任何问题。对于我们这样的资源紧缺国家来说，适当进口点粮食，就等于进口土地，腾出土地发展对外出口的产品，就是出口劳动力。这是一个一举多得的选择。

就农产品来说，择优扶持就是要扶持新产品、特产品、优等品的生产，扶持生产禁化肥、禁农药的安全食品，扶持发展生态农业的绿色产品，扶持创造名牌产品。就其粮、棉、油、糖，也有扶优的空间。因为目前所生产的还都是在追求产量、满足解决温饱条件下的传统品种，专用粮、双低油菜和高含量糖料、彩棉、长纤棉等，还是有待开发的处女地。

从消费者的购买欲望上看，农产品也应该精包装，注册商标，做广告，创品牌，把优质产品的内在质量与外表装饰统一起来，让好东西有个好市场，好东西卖出好价格，好东西在消费者中有个好的口碑。

通过扶优，扶强农业；通过扶优，扶强农产品，这是中国农业应对 WTO 挑战的一个不能忽视的重要选择。

四、转换体制和经营机制，创新生产经营组织

中国的市场经济历史，从 1992 年正式写入党的十四大文件算起，才刚满 10 年，用 10 年时间，基本建起了社会主义市场经济体制的框架，这是人类社会发展史上的一个先例。但是，目前这种市场经济体制还很不健全、不完善，在农业经营体制、管理体制、组织体制和市场运行机制等方面，还仍然具有计划经济的痕迹，与 WTO 规则的要求相比，还有一些不适应之处，仍需要通过改革和制度创新来抓紧完善，为应对 WTO 的挑战创造一个良好的体制环境。

第一，应通过改革，建立一个权威、高效、统一的国家食品供应管理机构。目前的国家农业部，只管生产，不管流通，难免不出现生产与市场脱节，内贸与外贸脱节的问题。发达国家已将农业外延扩大到食品，实行生产、加工、贸易的统一管理，有效地避免了许多矛盾。中国也应在农业部和国家粮食储备局的基础上，建立食品部，并重新调整职权范围，增设食品国际贸易职能，实行食品从育种到餐桌，包括食品加工和相关产业在内的统一协调和指导，彻底解决政出多门的问题。

第二，继续进行经营体制创新，培育能够参与国际竞争的生产经营主体。一是完善统分结合双层经营体制的功能，强筋壮骨，拓宽国际贸易渠道，提高农民组织程度。二是扶持发展专业性合作组织，使它们成为具有法人地位的经济实体。三是扶持发展以民营为主的市场中介组织和专业服务组织，提高生产的社会化和交换的国际化程度。四是培育贸工农一体化的龙头企业或企业集团，提高农民参与国际竞

争的实力和抗风险能力。

第三，继续按照市场经济的要求改革农产品流通体制。尽快建立起开放、统一、竞争、有序的农产品市场体系，发育农民流通组织，加快粮食、油料、糖料、棉麻等农产品购销企业的市场化、国际化进程，把内贸和外贸协调一致起来。粮食流通应在管好进出口的条件下，国内应放开市场，允许以原粮为原料的工业企业到产地收购原粮，允许私人企业经营粮食及其副产品。适应加入 WTO 的需要，农产品流通领域的重点是加强质量标准体系和市场信息网络建设，逐步向科学化、信息化、现代化的市场体系趋近。

五、健全法制，与国际惯例接轨

世界贸易组织，是在强有力的法律约束下的一个国际经济组织。参加这个组织的成员，一举一动都要符合法律规则的要求，否则，就要受到惩罚，经济与社会的发展和国际交易就要受到影响。同时，对中国来说，也有个在 WTO 规则指导下，健全和完善本国的经济法律法规体系问题。

应以加入 WTO 为契机，进一步推进立法进程。深入研究 WTO 规则，对我国现行的涉外经济法律、法规和政策进行充实、调整、补充和完善，加快建立健全我国经济贸易特别是农产品对外贸易法律法规体系，充分利用法律体系维护我国政府及商品生产经营者的合法权益。目前，应针对农产品的国际贸易形势，尽快制定《农产品反倾销法》，防范国外不法经营者的恶意投机，有效地保护国内农产品市场，维护流通秩序。

与国际经济贸易惯例接轨，立法是一个重要方面，严格执法是另一个重要方面。应认真遵守包括世界贸易双边、多边谈判在内的各项规则和协议，按法律程序履行执法义务、兑现承诺，在国际上树立起经济大国的良好风范，努力创造合作、和谐的农产品国际国内贸易环境。

六、学习国际贸易规则，培养专门人才

把中国农业经济纳入 WTO 的范畴运行，对中国的管理者来说，是个全新的事业。适应形势和任务的需要，就得加强学习，在全社会

普及 WTO 知识和相关国际规则的基础上，建立起具有较高水平的国际营销和谈判队伍，抓紧积累经验，提高谈判的艺术水平。

中央党校、国家行政学院应开设世界贸易培训班，短期培训地市县主管领导和企业经营者；经济类院校应视办学情况增加世界贸易专业招生指标，有目标地培训专门人才。对于专门人才，应采取启用已有的、培养后备的、引进国外的、留住在岗的。通过 5 年的努力，建立起一支世界一流的适应 WTO 需要的专门人才队伍，使中国在取得 WTO 的席位后，还具有发表意见的权威性。

第六节　消除对加入 WTO 的误解

随着中国加入了 WTO，国内对 WTO 的议论也在逐步升温，成了街谈巷议的热门话题。但由于宣传解释的不够，在基层特别是在农民群众中，由于不知情、不了解，也产生了一些消极的议论。这些不正确的议论虽然在总量上微不足道，但也会带来一些负面影响。因此，应通过正面宣传和舆论引导，使人们消除错误的认识，从而把人们的思想都统一到中央精神上来。

一、中国加入 WTO 是为了积蓄经济发展的后劲，而不是放弃经济利益

中国人为了早日恢复关贸总协定缔约国地位（后来是入世），投入了大量的人力、物力、财力，克服了许多困难，进行了长达 15 年的艰苦谈判，为的是什么？就是为了在政治上争得中国作为一个发展中国家应有的国际地位，在经济上争得一个能够公平、公正竞争的国际环境。

诚然，加入 WTO，要本着互惠互利、互相照应原则，在一些行业、一些领域的市场准入上做出让步。但是，这些让步一是有条件的，二是有取有舍的。中国政府在入世的谈判中，坚持了中国要入世；中国要以发展中国家的身份入世；中国要坚持权利与义务对等的原则。中国对一些国家的双边及多边谈判，是在这样的原则指导下进行的，是在这个基础上才谈具体条款的。原则问题不让步，具体问题以积极的态度坐下来谈，从而有效地保证了在平等互利的情况下达成

了若干协议。

WTO的本身就是权利与义务平衡的产物。中国加入WTO，绝不是把中国变成自由贸易区。中国作为发展中国家，在履行一些义务方面还有一个准备阶段和过渡期，预留了调整和适应的机会。中国人应该坚信，中国政府是人民的政府，是中国共产党领导下的代表广大人民群众利益的政府，政府决不会以牺牲国人的根本利益为代价去加入WTO的。历史将对其作出公平的检验。

二、加入WTO农业也有发展机遇，而不是“全军覆灭”

加入WTO，在短期固然要对一些产业或者产品带来冲击，如农业的粮食、棉花生产。但是，这种冲击是暂时的，从长远利益来看，如果采取“堤内损失堤外补”，“甲路不通走乙路”的对策，会把冲击减少到最低程度，同时最大限度地发挥WTO对农业的促进作用，农业经过一段的适应性调整，是仍然能够得到发展的。那种认为中国加入WTO后，农业可能“全军覆灭”的认识，是不确切的。

对中国农业发展具有利弊作用的WTO农产品协议，即乌拉圭回合谈判文本。按照这个协议，中国要降低农产品进口关税，有条件地开放农产品市场。由于农产品进口量要增加，对国内粮棉的生产有一定冲击。但就中国农业发展的现状看，这种冲击是完全可以承受的。一是开放粮食市场后，虽然进口粮食数量会增加，但粮食进口仍实行配额管理，我们所承诺的进口数量，是可进口约束，不是非进口约束。二是中国粮食生产是自给型的生产，出口数量极小，只限于个别品种的调剂，去到国际市场上竞争的比重很小。三是粮棉以外的农产品也都处于供大于求的状态，稳定本国的市场供应，有坚实的物质基础。四是中国已将农业和农村经济结构的调整列为农村工作的重点，无论是大农业内部的产业还是产品，不适应的会在调整的过程中逐步适应起来。五是随着农村工业化和城镇化进程的加快，农民收入的渠道正在不断拓宽，在人均收入构成中，粮棉生产所占的比重在逐年下降，二、三产业收入的比重逐年上升。六是中国对农产品进口加强海关检疫检验管理，不断完善质量标准走私会逐步减少，也可以缓解入世之后对农产品的冲击。

从上述分析不难看出，中国农业已经不弱质，已经具有了一定的抗击市场风险的能力。在此基础上，尽最大限度地发挥 WTO 的积极作用，挖掘一切有利条件为我所用，那么，农业会经受住入世的震荡，走向持续稳定发展轨道的。

三、WTO 规则是权利与义务的统一，而不是发达国家制约发展中国家的杀手锏

无论是原来的关贸总协定，还是现在的世界贸易组织，它的体制以及运行机制都体现了公平、公正、公开的原则，基本称得上是一个有理、用理、说理的国际经济组织。那种认为 WTO 由经济超级大国把持“朝政”的误解，理由是不充分的，是不符合实际情况的，因而是需要彻底消除的。

说 WTO 是权利与义务的统一，具有公正性，主要体现在五个方面。一是从 WTO 的体制上说，它实行的是成员不论大小，不论强弱，不论加入的先后，在决策时，都是一员一票制，任何成员没有任何特殊。二是在加入还是退出的选择上，是完全自愿的。你想加入就得写申请，并通过双边多边谈判；你觉得没有必要，也可以自愿退出，没有任何组织或国家强迫你要怎么做或不要怎么做。三是在谈判上，是对等的。你有充分发表意见的权利，在什么问题上坚持立场，在哪些地方可以互让互谅，都自主决定，对于谈判结果感到不满意，你可以不签约，找机会再继续谈。四是组织的性质是完全的经济性，规则范围限定在经济与贸易领域，一律排除政治歧见，不得使用军事干预。五是在解决权利与义务的争端上，基本可以做到客观、公正，按约定条款行事，不欺弱助强，对发展中国家或发达国家一视同仁，不搞两个标准。

当然，一些发达国家由于经济实力较强，承受能力强，回旋余地大，在双边或多边谈判中，他可以把他承受力很强的方面利益让出来，来换回发展中国家不情愿又没办法的让步。这种情况是属于成员与成员的基础条件问题，不是 WTO 规则所致，因而不能就此否认谈判的对等性。

从上述分析可以认为，加入 WTO 完全是自愿的；一些发达国家想控制 WTO，或者通过 WTO 来控制别的成员的目的，是很难实现的。在 WTO 内部，合作是第一性的，制约是第二性的。

四、中美农业协议是个互补协议，而不是中国全部出让农产品市场

1999 年 4 月 10 日，经过通宵达旦的艰苦谈判，中美双方就中国加入 WTO 问题达成了第一个协议——《中美农业合作协议》。这个协议主要的内容是：关于中美农业科技合作的安排；关于小麦、柑橘、肉类的检疫。应该说，中美达成的是农业合作协议，不是市场准入协议。有人根据中美两国关于小麦、柑橘、肉类市场准入条件，得出中国全部出让农产品市场的结论，这是错误的，其根源是没弄清楚协议的互让互利，没看到真面目。

这样的结论是错误的，主要是在分析时以偏概全。因为，一是这个协议是由两部分组成的，他们只看到市场准入条件的修订，而没认识到在农业科技领域的互利合作。二是只看到中国解除对美国西北七州小麦输华的禁令，没认识到中国对美输华小麦已经找到了一律进到海南岛进行封闭处理的对策，没有看到具有控制矮腥黑穗病（TCK）的技术措施，没有看到如果美方小麦不达标，中国可以拒绝进口的规定。三是只看到允许美国农业部批准的工厂向中国出口肉类的一面，没有看到中国政府具有对美国联邦肉类卫生许可的体制进行认证的权力，没有看到中国对美国肉类出口工厂具有随时抽查的权力。四是只看到中国对进口农产品有量的承诺，没有看到对量的承诺是指需要时可以进口的量，不需要时不是非得按量进口。如果能对市场准入条件有个详细的了解，从互惠互利、互让互谅两个方面去认识中美农业合作协议，就会认识到中国农产品市场是有条件的准入，而不是全部出让。

第七节　利用 WTO 加快发展的国际经验

在 20 世纪的国际经济领域，最值得赞扬的是建立了国际性的经济组织，即 GATT 到 WTO。它有力地推进了经济全球化、市场一体化的进程，它对人类财富的积累所作出的贡献，是无法用算术来计量的。目前，WTO 成员已由 1948 年 GATT 缔约时的 23 个国家（地区）增加到 2001 年的 143 个，其经济总量已占到全球的 91%，贸易

总量占全球的92%，在国际经济舞台上，越发显现出其主导地位。

这么多的国家（地区）经过自觉的努力加入了WTO，说明成为WTO的成员对发展本地经济及开展国际交流大有好处。但是，在资源一定的情况下，有取得的同时就一定有舍得。及早加入GATT的成员，在最大限度地利用有利规则，最大限度地规避不利规则，最大限度地利用WTO来发展自己方面，有许多各具特色的探索，给后加入的成员创造了可资借鉴的经验。

一、日本的破译技术措施

20世纪50年代初期，经过了二次世界大战的日本国，采取了放弃军备，加速发展经济，以经济立国的战略，经过五六年的努力，日本的经济理想地恢复到了战前水平。但是，就其经济实力来说，仍然很弱，特别是技术远远地落后于欧美国家。后来，日本走出了一条积极加入GATT，利用GATT的有效机制开展贸易、引进技术，消化提高技术的道路。

日本自1952年7月提出“入关”申请，经过3年的努力，于1955年9月取得成员地位。入关后，日本利用《关贸总协定》的自由贸易原则，最大限度地鼓励出口商品，同时也最大限度地引进先进技术和设备。分析二者的因果关系我们会看到，最大限度地出口商品是通过最大限度地引进先进技术和设备才得以实现的。“入关”初期，日本对外国消费品和外国资本采取拒之政策，但对于外国的先进技术和设备，却不惜一切代价地引进。政府采取的第一项鼓励引进先进技术和设备的硬措施是：对本国尚难以制造的新式或高性能的机械设备，对于有助于本国实现经济自立的机械设备，免征进口关税。日本在1955—1970年的15年中，大约用60亿美元的外汇引进了世界上几乎所有的主要先进技术。对此，有关专家认为，战后日本所实施的引进策略，使日本赶美超英的时间缩短了2/3。利用“他山之石琢日本之玉”，使日本的技术成本降到了最低水平，节约下了大约90%的研究开发经费。

日本靠引进技术振兴经济的特点：一是到发达国家购买先进机器设备的首要目的是通过购买破译技术，提高本民族的技术创新能力，其次才是提高生产能力。引进的宗旨在于破译、消化、吸收和发展技术。二是在购买“硬件”和“软件”的取舍上，首先是购买“软件”，即尽可能地购买专利，根据专利进行设计和制造。这样做的结果是降低取得技术的成本，避免重复引进。三是利用社会财力多方面搞引进，主要是用市场行为引进，而不是政府行为引进。引进、破译、吸收、发展的工作都是由企业来完成，政府只是提供鼓励措施和服务。四是引进的最终目的是出口。对此，日本有的企业提出“一号机引进，二号机国产，三号机出口”，实现引进—仿造—出口的良性循环。日本“入关”的经验表明，利用 GATT 规则取得先进技术，比取得市场更为重要。有了一流的产品，自然会有广阔的市场。

二、泰国的积极开放措施

泰国是开放程度比较高的市场经济国家。“入关”后，及时调整经济政策，以积极的态度对待 GATT 的规避条款，履行协议，推动市场的国际融合，从而有利地推动了外向型经济的发展。

泰国的政界要员认为，一个国家的贸易发展越快，这个国家的整体经济就会发展得越快。认为自由和公正的国际贸易最终将促进本国经济的发展。因此，尽管泰国政府不断更替，重视发展国际贸易的战略并没改变。

泰国是 1982 年“入关”的。“入关”后，积极参与世贸组织的乌拉圭回合谈判，主张消除各国贸易壁垒，建立国际融合的市场体系。由于泰国政府一直实行外向型经济政策，因此，“入关”后按照适应 GATT 的要求进行政策措施调整的难度相比要小一些。但他们积极按照规则要求去自觉调整。一是按照 GATT 的要求修订已有的不适应的法律法规，建立健全新的适应的法律法规。二是取消一切贸易壁垒，在世贸组织框架达成的协议指导下，比较好地处理国内既得利益集团与国外贸易伙伴的关系。三是在经济运行机制上进行必要的改革，为开展国际贸易提供条件。四是调整出口产品结构。在保持传统的农畜水产品出口的同时，扩大有竞争力的工业产品出口。目前泰国有汽车零部件、电子、电器、纺织品和食品五类产品在自由贸易中获益，橡胶、皮革、珠宝、家具、制鞋和装饰品在国际贸易中也具有较强的竞争力。

在乌拉圭回合谈判进行中，泰国政府就对拟将成立的 WTO 的原则和进一步开放市场的必要性有了清晰的认识。因此，政府在坚持以往的应对措施的基础上，适应开放农业市场的需要，主动地采取了超前措施，努力做好应对准备。一是通过行之有效的教育形式，使国民特别是农业和制造业的从业人员认识到转为世贸组织成员将给泰国带来的好处。二是利用媒体扩散泰国在乌拉圭回合谈判中所作出的承诺内容，让大家了解兑现承诺的客观条件，提高人民的信心和国际信誉。三是政府采取措施帮助企业促销，帮助拓宽销售渠道，帮助开辟国内国际市场。四是政府出面组成由生产者、加工者和政府官员参加的三方委员会，对泰国需履行的 WTO 义务进行评估，做好应对的准备。

1995 年 WTO 正式成立后，泰国根据新的规则，相应成立了若干个工作委员会或工作小组，重新审查包括关税税率在内的有关法律法规，修正颁布了一些新的法律法规，为的是顺利兑现在乌拉圭回合谈判中所做出的承诺。

三、新加坡靠外资发展服务业的措施

素有亚洲四小龙之称的新加坡，是 1973 年 8 月加入 GATT 的。"入关"后，政府一改以前的单一出口导向型发展战略，在取消所有进口配额、大幅降低进口关税的同时，靠大力建设基础设施，大力发展服务业，从而走出了一条出口增加、经济快速发展之路。

加入 GATT 后，采取什么样的措施对待关税与贸易规则，是摆在新加坡以及各成员面前的必须作出选择的问题。对此，新加坡从资源贫乏、发展服务业有优势的国情出发，积极主动调整经济贸易政策和法规，通过改善投资环境来吸引资金、技术和人才，发展具有优势的服务业和相关产业。刺激服务业发展的措施主要是：对外资投入服务业，给予减免税收的优惠；对国内在产业结构转换中，实施特许贷款或特殊项目补贴；对于一些产业配套的基础设施项目，由政府出资建设；对服务性出口的企业，给予一系列优先或优惠支持。优先发展的政策措施，使新加坡的服务业在国际上具有很强的竞争力。1999 年，新加坡服务出口达 229 亿美元，居世界第 16 位，同时获得了 36 亿美元的服务出口顺差。

比较发达的服务业，有力地推动了炼油和重化工业的发展。新加

坡没有石油和天然气资源，没有发展炼油工业的优势。但“入关”之后，受成龙配套、水平较高的服务业的拉动，吸引进来了大量的资金、技术，使以炼油为主的重化工业得到长足发展。现在，新加坡已成为全球三大炼油中心之一，炼油，已成为新加坡的支柱产业。

新加坡的经济发展速度一直名列亚洲各国的前茅，创造了世界发展史上的奇迹，原因是多方面的。其中，完善的基础设施和比较发达的服务业，功不可没。

四、马来西亚的市场逐步准入措施

马来西亚是东南亚较早加入 GATT 的国家。国家经济体制以产权和资本私有化为特征，奉行市场经济路线。近 30 年来，马来西亚政府在 GATT 谈判中，主张经济发展水平不同的国家，对在 GATT 承担义务方面应有所不同，主张在市场经济国家中政府在经济管理上仍要有所作为，不可放任自流，主张发展中成员应循序渐进地开放市场。从实践效果看，该国政府这样的应对战略，比较妥善地解决了权利与义务的关系，成功地使过去的商业型经济转换成以制造业为主的相对多元的经济，保持了经济的持续增长。

马来西亚是 1957 年加入 GATT 的。所采取的市场逐步准入措施主要体现在六个方面。一是逐步降低进口产品的关税，到目前，仍有 7 197个进口产品或项目受关税的强约束。二是利用关税与贸易总协定的一些伸缩性条款，保护国内工业，比如推迟开放汽车市场的时间，在东盟贸易区内，将开放汽车市场的时间由 2003 年推后到 2005 年，给国内汽车工业的调整和优化升级创造更宽松的时间环境。三是限制外资在一些重要领域参股。比如，政府规定，在电信业和金融业，外资的股权限额最高为 30%，在保险业，外资的股权限额最高为 51%。四是规定外企的进入方式。为了保护本国私人企业的利益，政府明文规定，外企必须通过联营方式方准进入，并采取严格的控制，很难得到变通。五是对一些关系国计民生的企业，实行优惠政策，政府尽可能地给予支持。六是充分利用 WTO 的贸易保护机制，特别是利用反倾销手段，对一些国家的倾销及时立案调查，征收反倾销税，主张平等有序地竞争。

马来西亚是经济实力不算很强的发展中国家。但它极为看重自己在国际经济舞台上应有的权力，在国际经济贸易谈判中注意用足用活自己的权力，不以经济实力不强而忍让，主张发达国家尽可能地为发展中国家的经济发展提供方便，主张发达国家应具有比发展中国家更加透明的国际经济政策。事实上，这个小国家在世贸组织中，已形成了第三世界国家代言人的谈判地位。

马来西亚在国际经济谈判的维权经验，主要有三个方面。一是有健全的与世贸组织打交道的组织机构，全面准确地掌握世贸组织的运行规则，熟知各成员的权利和义务，及时了解变化的情况，并采取应对措施。二是组织专才追踪世贸组织的发展轨迹，有人做前瞻性的战略研究。三是利用联合与合作的手段，维护发展中国家的权力，想方设法把自己的主张体现在世贸组织的各项规则中，以期达到利用世贸组织发展本国经济的目的。

五、菲律宾的关税及非关税措施

菲律宾是一个由 7 100 个岛屿组成的岛国。自 1979 年 12 月加入 GATT 以来，由于菲政府采取开放市场与保护民族经济相统一的战略，比较好地利用关税与非关税措施，从而大大地促进了本国经济的发展，比较平和地消除了亚洲金融危机给经济发展带来的冲击。刚加入 GATT 的 1980 年，菲律宾全国出口贸易总额仅有 20 亿美元左右；而到 GATT 即将转为 WTO 的 1994 年末，出口贸易总额已经达到 110 亿美元；转为 WTO 成员后，从 1995—1999 年，尽管菲律宾经济受到亚洲金融危机的冲击，但出口贸易仍以前所未有的速度增长，1999 年末增长到 350 亿美元，是 1995 年同类指标的 3.14 倍。菲律宾政府用关税保护民族经济的做法：一是循序渐进地降低关税。菲律宾政府认识到，加入 GATT，使本国产品获得更广阔的国际市场的同时，也必须履行规则，相应降低外国产品进入菲律宾市场的门槛。降低关税水平是必须的，但在降低的方式方法上可采取温和的循序渐进式，只是 1992 年之后，降低关税的速率比以往加快。1992 年，菲律宾的平均关税税率仍达 26%。7 年过后，菲律宾的关税税率已经降到了 10%左右。二是在平均关税的个别税种上作文章，重点保护民族产业和产品。比如，在工业上，重点保护汽车、纺织材料、服装、钢铁，在农业上重点保护咖啡、玉米、薯类、肉类、食糖和大米。由于菲律宾的汽车工业以组合装配为主，菲律宾政府采取了限制整车进口，刺激汽车零部件进口的关税政策，在整车进口关税为40%的前提下，对汽车零部件进口关税大幅降为10%。整车与零部件相差30%的进口关税税率，有力地缓解了与外国汽车工业的激烈竞争，保护了本国的汽车装配业。三是根据不断变化的国际国内经济形势，适时调整税收政策。1997年亚洲金融危机爆发后，亚洲各国产品大有向菲律宾低价倾销的势头。菲律宾政府审时度势，采取了临时性措施，果断地提高了化工产品、纺织品、机械产品和金属材料的关税税率，从而减轻了国外产品对菲律宾本国市场的冲击，缓解了金融危机的负面影响。

菲律宾政府用非关税措施保护民族经济的做法。一是限制外国投资。菲律宾政府规定，外国资本在菲律宾可以拥有个别银行的全部股份，但在整个菲律宾银行业中，外国投资比重不得超过60%。在很长一段时间中，菲律宾政府不允许外资和外国人经营商业、零售业，使这个广阔的领域一直成为国民的取利领地，只是在亚洲金融危机发生后，菲律宾政府才在个别地方允许外资有条件地界入零售业。二是采取不同的市场准入政策。菲律宾政府一贯坚持贸易往来互惠互利的原则，有对等利益的事才做。比如，菲律宾政府规定，只允许进口已经对菲律宾开放了市场的国家的产品，对菲律宾不采取市场准入的，菲律宾不准进口其产品。三是运用世贸组织框架内的争端解决机制来保护民族经济。比如，对外国的歧视进口及时提出交涉，在充分维护本国经济利益的前提下解决争端。

菲律宾政府的关税和非关税保护措施，不但推动了经济的发展，而且也促进了经济结构的调整，特别是服务业得到了突飞猛进的发展，服务业总产值已占国内生产总值的45.5%，就业人数占全国就业总人数的45%，成了菲律宾经济体系中的支柱。同时，电子信息产业也得到了迅速发展。

六、印度坚持向发展中国家倾斜的谈判措施

印度作为1948年关贸总协定的发起方之一，在1995年又转为世贸组织的成员。在执行GATT和WTO协定的过程中，印度采取的是贸易保护为第一的原则，走的是一条具有独特标识的道路，有许多

可供讨论和研究的地方。特别是在漫长的贸易谈判过程中，印度一贯坚持发达国家应让利于发展中国家的主张，坚持向发展中国家倾斜的谈判立场，在一些领域，取得了特殊的“优待”地位，也提高了第三世界国家在国际贸易舞台上的声音强度。

印度政府在处理国际贸易关系问题上，除了专门成立机构，认真研究对策与措施，引导工商业界人士在学习世贸知识、提高世贸意识的同时，加强立法和法律修订，对世贸组织还没有达成协议的问题，在本国相关法律上涉入，体现政府保护民族工商业的立场，为国际贸易谈判做充分的依据准备。

印度政府的谈判主张主要有八个方面：

1. 主张世贸组织的贸易规则，应以推动穷国弱国的发展为中心。印度政府在世贸组织的各种会议上，一贯坚持世界贸易组织的一个重要作用，是强者对弱者的扶持，富国对穷国的帮助。如果不能做到这一点，世界贸易组织将失去广大的发展中国家的支持和参与，它的生命力就会受到影响。因此，世贸组织的一切规则都要以推动穷国弱国的发展为中心，在各种谈判以及最终达成的协议中，都要给予发展中国家以优惠，并且发达国家要自觉地履约。

2. 主张一些履约条款应给发展中国家预留过渡期。印度政府强调，类似印度这样的发展中国家，由于经济基础薄弱，发展速度缓慢，在乌拉圭回合谈判中所做出的重大让步，实际超出了发展中国家所具有的调节和承受能力，应给预留足够的过渡期，以利做好调节和应对准备。在 WTO 成立之前的 GATT 时期，印度政府对进口产品的数量限制，以维护进出口收支平衡为理由，采取了延时对策。据 1997 年 5 月统计，当时印度进口商品受数量限制的仍然高达 2 714 种，并通过种种办法，取得了世贸组织的认可。此后，印度政府又将最终取消进口数量限制的时间表做了四次修订。

3. 抨击发达国家利用反倾销手段设置贸易壁垒的做法。印度政府认为，发达国家虽然在市场准入关税等方面的政策有利于发展中国家对其出口，但他们采取的限制进口的技术壁垒，有违世贸组织的有关协议，使发展中国家的产品出口经常受到阻碍。遇到这种情况，印度政府除了在谈判桌上据理相争外，积极鼓励本国的出口企业采取“反”反倾销措施，对企业在外交上给予必要的援手。印度政府还主张，随着WTO成员市场的逐步开放，反倾销的投诉会越来越多，国际仲裁机构必须对发展中国家的反倾销案给予足够的关注，缩短调查时间，提高仲裁效率，对其调查过程和结论应公开透明。

4. 反对发达国家提出的投资政策与贸易挂钩的意见。印度政府提出，GATT转入WTO后，摆在WTO面前的第一位的工作是抓紧讨论世贸组织框架以及各项规则和有关协议的执行监督、修订问题，而不应该像某些发达国家所提出的那样，即讨论贸易与投资以及环保、劳工等挂钩的新议题。在印度看来，超前的、多中心的讨论议题，不利于发展中国家的经济增长。

5. 主张发展中国家的农产品进口应有自主性和灵活性。印度政府深入领会世贸协议关于粮食安全等具有“非贸易因素考虑”的规定，强调像印度这样的农业大国，由于人口众多，食品需求量巨大，经济发展缓慢，外汇储备不足，粮食必须立足于自给，不可能过多地从国外大量进口粮食。发达国家对发展中国家的食品出口，应充分考虑到发展中国家的支付能力，考虑到发展中国家政府要维护本国利益的国情，让发展中国家自主地灵活地做选择，不要搞强迫贸易。

6. 主张将纺织品贸易纳入WTO协议框架。印度是纺织原料的生产大国，纺织业是其国民经济的支柱产业。因此，印度在参与乌拉圭回合谈判中，极力陈述纺织品的基础是农业的理由，主张一定要把纺织品贸易纳入世贸组织协议框架，并作为谈判要达到的一个重要目标，使世贸组织框架中有了纺织品和服装贸易协议。虽然它的有效启动要等到2005年，但这无疑为提高印度纺织业的国际竞争力，扩大出口，奠定了基础。由此可见，印度的强硬谈判态度是有成效的。

7. 主张发达国家应解除对劳动力流动的限制。印度本国具有劳动力优势。如何借WTO机遇，将劳动力优势变成本国在国际贸易竞争中的经济优势，这是印度政府在谈判中注意把握的又一个着力点。在世贸组织关于服务业贸易的协议中，印度特别强调应对自然人的流动条款纳入协议，要求在WTO成员中，应对劳务人员的国际间流动取消期限和数量限制。这样，印度实质是为本国的劳动力外流争取到了有一定限度的通行证。

8. 主张对发展中国家特产名牌的保护，应纳入知识产权保护范畴。印度是一个文明古国，在农林特产等方面，有许多独具特色的名牌产品。但由于这样的产品国际市场销路一直看好，一些品牌往往遭到外国人的盗用，使印度蒙受了一定的经济损失。针对这个问题，印度在WTO协议的谈判中，提出应把名酒的保护拓展到一些各国认可的特色产品的保护上，包括特色大米、茶叶、水果等。

印度政府在世贸规则谈判过程中，站在发展中国家的立场上，提出了许多有利于穷国、弱国加快发展的意见，并得到了发展中国家的声援和支持，使一些共识纳入了WTO规则中。从这个角度上看，印度政府在国际贸易舞台上，已具有发展中国家代言人的地位。尽管一些专家学者认为印度在履行GATT和WTO规则上有“时滞”措施，对本国工商业采取了强硬的保护手段，在某种程度上制约了国际交流和本国经济发展。但是，印度从本国利益出发，在谈判中极力维护本国利益的措施，会给后入世成员一些启示。

七、韩国的“贸易立国”措施

大韩民国是1967年4月加入GATT的东亚国家。此前，由于种种原因，其经济基础不是很好，经济发展速度也不够快。入关后，韩国采取了“贸易立国”，“出口第一”的战略，刻意发展出口导向型经济，走出了一条理想的借助GATT和WTO发展经济的成功之路。经过30多年坚持不懈的努力，韩国创造了世界各国经济发展历史上的奇迹，由一个比较贫弱的国家变成了经济水平居亚洲各国前列的经济强国。

在入关前，韩国政府就充分认识到，韩国应在发展同世界各国的贸易往来，不断扩大经济技术交流与合作中谋求发展，并提出以“贸易立国”为标志，把韩国经济推向一个新的发展阶段。

入关后，韩国首先按照GATT协议要求，对经济政策进行适应性调整。为顺利地实施出口导向型经济发展战略，首先从履约上入手，根据国内工商业界的承受能力，尽可能地在本国市场上让出空间，进而推动产业的振兴和产品的出口。其主要措施：一是下调关税。入关即时，韩国首先选取国内有替代能力、成本低廉、质量可靠、在国际市场上有一定竞争力的产品，大幅度减低关税，1967年末，其名义关税税率就下降到14%，工业品关税下降到12%。二是调整金融政策。与降低关税并行，相应地放松国家对外汇和金融行业管制，对外国银行实行有限度的开放政策，以活跃市场，引入外资，加快发展速度。三是支持发展出口导向型企业。政府为了加快经济国际化的进程，对一些能够起出口带动作用的工商业企业给予政策支持和资金资助，鼓励不断扩大市场，刺激出口创汇。出口导向型发展战略，吸引进来了大量外资，振兴了实业，增强了国际竞争力，推动了经济的高速发展。据统计，韩国在入关的前两个五年发展时期，其经济增长率：1967—1971 年为 9.7%，1971—1976 年为 10.2%；其中，靠国际经济的拉动分别为 4.9%和 3.3%。

1997 年亚洲出现了前所未有的金融危机，首先给农业部门带来重大打击，严重影响到农产品的进出口。1998 年与 1997 年相比，尽管韩国农产品出口量增长 13.8%，但由于发生金融危机后韩元大幅度贬值，导致出口额并没有随之增加，反而还下降 6.7%。在这种情况下，韩国仍然坚持出口导向型战略，首先在农业上采取了三条应对措施。一是在国内粮价高于国际市场三四倍的情况下，坚持对大米进口的限量管制，立足国内自给，同时部分地开放其他粮食市场，保持对国际市场的融合态势。二是大力发展以养猪为主的畜牧业，为饲养农户提供大量的资金支持和技术指导，促进扩大饲养规模，大幅度降低生产成本，增加出口创汇。三是扶持发展出口比重比较大的设施园艺，生产大量的名优新特产品打入国际市场。此外，政府还投入资金，对农产品流通体制进行了改革。出口导向型的经济发展战略，在消除金融危机的影响中，起到了重要作用，使韩国经济很快摆脱了金融危机的阴影，仍然保持全世界较快的经济增长速度，其国内生产总值，1999 年增长 10.7%，2000 年仍超过 9%。在资金紧张的情况下，由于采取了保重点的政策，使信息业得到长足发展。在近两年的国内生产总值的增长中，信息业占国内生产总值的 15%以上。

八、阿根廷的技术壁垒措施

阿根廷是在 1967 年 10 月入关的国家。从入关时间上，与韩国只迟几个月，但在应对入关的保护性措施上，却不完全相同。进入 20 世纪 90 年代，阿根廷在认真总结入关应对经验的基础上，一方面采取推行全面开放的新的自由主义经济政策，一方面强调充分享受入关权利，在贸易规则允许的范畴中，采取大量的技术性保护和其他保护措施，以求扩大出口、限制进口。

入关初期，阿根廷政府所执行的是进口替代发展战略，用关税和进口许可证等手段限制进口，以此保护民族工商业。到入关10年后的1976年，阿根廷政府规定的禁止进口名录中，仍然有734种商品在册，对3 800种商品实行进口前预付保证金制度，对一些商品实行进口许可证制度。同时，政府一直坚持较高水平的进口关税税率，最高时进口关税税率曾达180%以上。对此，一位经济学家曾经说，阿根廷的进口保护措施是一把双刃剑，在限制了外国商品大量进入的同时，也堵塞了本国商品的出口之路。阿根廷入关不久的1980年，商品出口的年均增长率为4.7%，而在1980—1989年的10年间，商品出口增长率仅为0.6%，应该说，阿根廷的对外贸易一直在低谷中徘徊。

进入20世纪90年代，阿根廷政府调整了经济发展指导方针，推行新自由主义经济政策，大幅度开放市场，随之而来的是进口额急剧上升，出现贸易逆差。到1998年时，年度贸易逆差达到50亿美元，占当年出口总额的20%。出于改善国际贸易收支结构、减少贸易逆差的需要，政府强化了限制进口、促进出口的保护性措施。

阿根廷政府对进口商品所采取的技术性措施主要有五条。一是制定严格而又配套的进口商品质量和技术标准，包括动植物产品的检疫检验标准，电器的技术标准，玩具的安全标准。政府规定，出具合格的商品检疫检验单，是办理进口手续的必要条件。二是指定商检机构。政府规定，进口商品必须到指定的商品检疫检验机构进行商检，商检名录以外的机构检验结果无效。对部分商品还必须依照国际公认标准在发货地由阿方所委托的专门性的国际私人公司进行全面商检。三是实行进口商品的产地证明制度。阿根廷对来自非WTO组织成员的进口商品，要求出具由出口国有关部门颁发的，并经阿根廷驻该国使馆的领事认证的原产地证明，才可办理进口手续。四是缩短反倾销案的调查裁决期限。阿根廷利用WTO的保护条款，对进口商品采取非常严厉的反倾销措施，对有证可查的倾销商品征收反倾销特别税和规定商品的最低离岸价，并将原定一年的调查裁决期限压缩为几个月，规定对商品实行反倾销措施的有效期一般为2～5年。据WTO规则处的记载，到1999年，阿根廷对中国提起的反倾销调查案件就有 20 起，占世界各国对华提出反倾销调查案件总数的 8%。五是对非贸易组织成员实行利益保障措施。即对某类进口商品实行配额和征收不等的高额从量税。

阿根廷政府促进本国商品出口的经济性行政性措施主要有三条。一是采取优惠的税收政策。比如，提高出口商品退税率，将原定的 4 000多种出口商品的退税率由原定的 10%提高到 12%；对用于在国外中标工程的出口商品，按离岸价的 10%退税；对某些特定地区的出口商品，给予 5%的额外退税。二是对出口企业提供优惠信贷。尤其对生产出口商品的中小企业，不但在贷款利率上给予优惠，而且还给予长于普通贷款的期限优惠。三是简化出口商品的出关手续。对信誉好，出口额达到一定数量，有长期稳定出口对象的出口商，免于办理部分手续，同时减收一定的出口办关手续费用。

在研究和讨论阿根廷对本国经济采取各种保护措施的同时，我们也看到，阿的经济增长一直缓慢，从 1980—1989 年，有些年份还出现负增长。其中，严格的国际贸易保护措施究竟起到了什么样的作用？在十分注意保护本国工商业的同时，是不是也失去了什么更有经济意义的东西？很值得研究。由此可见，借鉴应建立在符合国情，符合客观规律的基础上。

九、巴西的应对策略调整措施

巴西这个南美洲大国，是在 1948 年 7 月世界关税与贸易总协定刚刚生效即加入进来的国家，是继 GATT 创始国之外最早入关的国家之一。在当时，由于 GATT 在磨合运行中，对各国的约束软弱，在世界经济舞台上所起到的作用有限，各成员有一个灵活自主的选择空间。巴西也同其他南美洲国家一样，采取了“进口替代”的工业化模式。后来，在经济缓慢发展的过程中，巴西政府看到“进口替代”模式有许多弊端，又自觉地调整了应对策略，转为发展“出口导向”型经济战略，以此提高巴西经济与世界经济的融合程度。

在 20 世纪五六十年代，巴西的外贸体制具有明显的自主特色，并没随着 GATT 的要求而及时调整，又受制于国际外汇收支的制约，在工业化的进程中，主张用自己的力量发展钢铁、机械、化学、纺织等工业，对国内市场采取严格的行政、经济控制，对进口商品采取外汇分配、进口许可证、拍卖和多重汇率等管制措施。这样的策略，使巴西的物质生产部门的对外依赖程度下降，同时，也没有发展出口产品的积极性，外贸对整个经济发展的拉动作用明显减弱。据有关资料介绍，到20世纪60年代中期，巴西进口与国内生产总值之比已从20世纪30年代的0.3∶1下降到0.09∶1。

20世纪70年代开始，巴西政府逐步认识到，在已经走过了30多年的“进口替代”的工业化发展道路上，虽然建起了比较齐全的工业和国民经济体系，但也出现了诸如农业发展缓慢、通货膨胀等问题。同时，政府官员们还认识到，这种“进口替代”的发展模式，对产品市场有较强的约束作用，对外国资金的进入仍留有余地。特别是在工业化进程中，资金缺口较大，而靠本国的经济实力，并不能解决投资饥渴问题。实际情况迫使巴西政府调整应对GATT的策略，转而研究如何以积极态度利用GATT发展本国经济，重新确立“出口导向”的经济贸易发展策略。

“出口导向”的应对策略，使巴西的金属资源和劳动力资源优势得到了发挥，大幅度提高了矿石的出口，同时也促进了本国采矿业和机械制造业的发展；可可、咖啡、香蕉、蔗糖等农产品生产，依靠国际市场的力量得到长足的发展；畜牧业也在国际合作与交流中，得到迅猛发展，牲畜的保有量居南美洲各国的第一位。

自WTO的贸易规则实施以来的1995年，巴西经济进入了稳步发展阶段。据巴西官方2001年2月14日的公布数字，巴西2000年国内生产总值比上一年增长4.2%，创造了1995年以来同类指标的最好水平。

十、墨西哥的开放与保护兼行措施

墨西哥于1986年8月入关，随着WTO的成立，转为WTO成员，并且是北美自由贸易区的主要倡导者和受益者。加入关税与贸易总协定后，墨按照协议规则，大踏步地实行了对外全方位开放市场的政策，努力扩大国际贸易与经济技术交流；同时，充分利用GATT和WTO的有利条款，实行适宜的进口限制，保护民族工商业的发展。政府的这一实际举措，有力地提高了国际竞争力，促进了产业结构的调整，推动了经济的快速发展。墨西哥的人均国内生产总值，

1992年时不足2 500美元，到1999年时翻了一番，达到人均5 000美元。在国内生产总值的构成中，农业占7.6%，工业占32.5%，服务业占59.6%，其他行业占0.3%。呈现出了第一产业比重下降，第三产业比重上升的良好态势。

墨西哥政府的经济开放措施。一是按照承诺大幅度降低关税。1986年入关后，政府立即将最高关税税率由此前的100%降为50%，将平均关税税率由此前的75%降为42%；一年后，又将最高关税降到20%，平均关税降到10%；同时取消5%的进口附加税。在一年之间，一个国家将进口最高关税降了90%，将进口平均关税降了86%，这在GATT成员中是极为少见的。二是放宽对外国来墨西哥投资的限制。1989年，重新调整外来投资政策，取消了一些限制条款，规定除石油、电力等少数关系国计民生的行业之外，外国投资都可以进入，可以成立独资公司，也可以合资或入股。还规定，外资企业同墨资企业享受同等待遇，可以自主进口所需生产资料，可以自由汇出企业利润。1996年，墨西哥政府对产品外销企业进口原材料和零部件的税率、出口额较大的企业在国内采购物品的增值税等方面，又进一步实行了优惠政策。三是大幅度削减进口许可证控制的商品名录。入关后，实行进口许可证控制的商品占海关税则号总数的比例下降到7%。

墨西哥政府的经济保护措施。一是实行严格的反倾销制度。政府制定了《反对国际贸易不诚实行为条例》，对有倾销倾向的进口产品及时立案调查，经查证核实的，征收反倾销税。据资料介绍，墨西哥入关以来，先后对40多个国家的近300个产品经反倾销程序征收反倾销税。从提起反倾销案件数量来说，仅居美国和欧盟之后。二是对进口产品实行原产地证明制度。墨西哥政府规定，向墨西哥出口产品，世贸组织成员应在原产地办理产地证明，非世贸组织成员的对墨西哥出口手续，必须经墨西哥驻当地外交机构认证。三是对部分地区的产品实行进口申报制度。1998年，墨西哥政府对来自亚洲、东欧和南非的74个税则号的产品要求履行进口申报手续，对个别国家中的产品实行严格的进口控制。

墨西哥政府的经济支持措施。主要是利用经济、法律、行政等手段，对本国的工商企业给予支持，刺激企业积极开展国际贸易，提高本国产品的国际竞争力。一是支持工业企业生产出口产品。对生产出口产品的，在资金、用汇、税收等方面给予优惠，支持重点发展市场在外的产品。二是政府简化出口手续，做好市场服务，采取有利于出口的汇率政策。三是批准成立由工业企业与银行业联合的金融集团，为工业企业获得国际资本、分享银行的高额利润、增强再生能力提供政策支持。四是直接吸收大企业派出人员，参加各种国际贸易谈判，让大企业在对外商的直接对话中捍卫自己的既得利益。

墨西哥政府所实行的开放、保护和支持措施，有力地推动了出口贸易。入关的前10年，墨西哥出口额从1985年的229亿美元增加到1995年的795亿美元，增长了2.47倍；到1999年，出口总额已达1 367亿美元，是入关前的5.97倍。与此同时，墨西哥在世界各国出口名次排列1990年是第19位，1999年时已跃升到第13位。

墨西哥也从北美自由贸易区中受益。从1994年1月开始，墨西哥作为北美自由贸易区的成员，同美国和加拿大开展了自由贸易。仅用5年的时间，墨西哥对美双边贸易规模就达到1 968亿美元，已超过美国的同类指标，一跃成为美国的第二大贸易伙伴。同时，中国对美国贸易最有优势的纺织品和服装的出口地位，已经被墨西哥取代。

第八节　从八个方面深化对“入世”的认识

中国入世，标志着中国的对外开放和经济发展将迈上一个新的阶段。如愿之后，回顾过去，我们有劳累也有快乐；展望未来，我们有激情也有感悟。梳理所思所想，应从八个方面深化对“入世”的认识。

一、中国能够加入世贸，完全是党中央审时度势，与时俱进，采取正确决策的结果

从1986年7月，中国政府正式向关税与贸易总协定（GATT）提出恢复其缔约国地位开始，中国走过了长达15年的漫漫谈判路，对此有美国专家说，中国入世，是20世纪世界上所经历的最难的一件事情。困难重重，矛盾交织，一波三折，节外生枝，在如此不利的环境中，中国为什么还能如愿以偿，原因是多方面的，其中最重要的

也是最根本的，是党中央的审时度势，沉着应对，与时俱进，相机抉择，牢牢把握着谈判的主动权。

在“复关”与“入世”的整个过程中，中共中央总书记江泽民多次强调中国入世的三条必须坚持的原则，即：世界贸易组织如果没有中国这个最大的发展中国家参加，是不完整的，中国要入世，是中国的需要，也是世界的需要；中国要参加世贸组织，毫无疑问是作为一个发展中国家的身份参加；中国的参加，是以权利和义务相平衡为原则的。这个原则，贯穿于整个谈判过程的始终，是谈以致效的基石。

在国内出现风波，个别国家对我错误地实行制裁，谈判停滞的时候，当时的国务院总理李鹏以个人名义，给关贸总协定缔约成员代表写信，陈述缘由，表明立场，提出以推动世界和平与发展为大局，恢复中国“复关”的谈判，恢复中国的缔约成员地位。从而有效地打破了僵局，使各有关方面重新回到谈判桌上。

在中美谈判谈而无果，美国谈判代表团已做回国准备的关键时刻，朱镕基总理亲自坐镇指挥，同美国谈判代表团据理力争，在十个难题上达成共识，于1999年11月15日，中国外经贸部长石广生同美国谈判代表巴尔舍夫斯基分别代表本国政府在双边协议上签了字，使双边谈判很快终结，转入入世的文件准备、审核阶段。

二、15年“复关”“入世”历程，就是不断扩大对外开放的过程

从1987年到现在，中国伴随着“入世”谈判，不断改革外贸管理体制和投资体制，不断扩大对外开放区域，主动与GATT和WTO规则相衔接。此间，中国的外贸体制改革大体经历了稳步推进、重点攻关、继续深化三个阶段。在稳步推进阶段，主要是在全员实行承包责任制的同时，国家利用价格、汇率、利率等经济手段调控对外贸易，形成初步的宏观调控体系。在重点攻关阶段，主要是取消对外出口的财政补贴，建立自负盈亏的运行机制，使外贸逐步走上统一政策、平等竞争、自主经营、自负盈亏、工贸结合，推行代理制的轨道。在继续深化阶段，主要是适应建立社会主义市场经济体制的要求，在统一政策、放开经营上下功夫。

实行积极的对外开放政策，有力地刺激了外贸总额的逐年增长，到2000年，中国外贸总额进入世界排行第七位。与此同时，中国不

断自主地大幅度降低关税税率，算术平均关税税率已由1992年的43.2%下降到2001年末的15.3%。国际合作与交流领域不断拓宽，引进和利用外资逐年上升，中国企业到国外境外去上市融资从无到有，逐渐多起来。根据入世的需要，不断修订和完善经济法律法规，努力创造中国经济持续发展的政策法规环境。正是这些实实在在的政策措施，推动着开放领域的不断扩宽和开放区域的不断扩大，形成了由沿海到沿江沿边，最终全方位对外开放的贸易经济发展格局。

三、中国“入世”，是对中国国际政治地位和经济实力的一次检验

中国“入世”，标志着中国参与国际事务的地位上升。一个独立的国家，如果在国际舞台上没有说话的地位，就不可能代表本民族的利益在国际政治经济场合表达意志，也就不可能被重视，容易被世界大潮忽略，那么，这个国家就很难强盛起来。中国能“入世”，说明世界的发展离不开中国的参与，中国的大国地位不可忽视。

中国“入世”，标志着中国的综合国力大有提高。无论是GATT，还是WTO，都有经济联合国之称。参加这样的组织，应有两个现实条件：一是外国货物要进入，得有相应的外汇储备，得买得起，有支付能力；二是本国要开展对外贸易，得有物可贸。而中国逐年递增的外汇储备，在某些领域具有国际先进水平的生产能力，不断优化的经济交往环境和比较稳定的社会基础，使国际社会感到世界的发展离不开中国，与中国打交道是个“双赢”的选择。据权威部门的新闻发布，到2001年末，中国的GDP总值已达到10万亿元，财政收入已达到1万亿元，这是中国能够入世的最基本条件。

中国“入世”，标志着中国人有一种孜孜不倦、锲而不舍的精神。长达15年的马拉松式谈判，首席谈判代表4次易人，谈判桌前数以千计小时的纷争，谈判桌后数以千份的文件准备，波折连环，节外生枝不断，黑发人谈成了白发人，所有这些都没动摇中国入世的决心。中国政府虽然两次更替，但是入世的目标不改，最终把设计变成了现实。通过这件事可以证明，中国是个了不起的民族，中国人没有战胜不了的困难。

四、中国能够“入世”，其实质是解放思想的产物

1971年，中国恢复了在联合国的合法席位，并成为了安理会的常任理事国，以后又加盟世界银行和国际货币基金组织。应该说，在当时的形势下，中国提出恢复关贸总协定缔约国地位，阻力不大，顺理成章。但当时由于在“以阶级斗争为纲”“左”倾思想的禁锢下，认为关贸总协定是“富人俱乐部”，我们不需要恢复地位，中国靠自力更生，仍然可以建成社会主义。没有看到中国的发展离不开世界，世界的发展需要中国这一客观事实，使之失去了应得的机遇。是后来的思想解放运动和改革大潮的冲击，促动了当时国家领导人的反思和省悟，才提出了“复关”的申请。

1989年，由于种种原因，一些西方国家又借机打压中国，把中国复关作为一个制裁手段，中止了谈判。在这种情况下，如何同西方人打交道？就成了很现实的政治选择。中央领导集体并没被过去的一些思想所禁锢，而是采取了对内稳定局势，对外实行逐步渗透和接触的方针，结果没用多长时间就打破了僵局，使各方重新回到谈判桌上。

1992年，党的十四大作出建立社会主义市场经济体制的决定，彻底扫除了复关的最大障碍——经济体制。关贸的一个基本原则是国际经济贸易的市场化运作。而当时中国实行的是计划与市场调节相结合的经济体制，这与只有搞市场经济才能正规地进行多边谈判的要求是相背的。外国人认为，中国不搞市场经济，关贸总协定的一些规则就没法执行，致使谈而不拢。党的十四大确定了中国改革的方向是建立社会主义市场经济体制，使复关的体制障碍迎刃而解，中国的谈判开始理直气壮，于1992年末进入了市场准入的实质性谈判。

五、中国“入世”是适应国际经济发展潮流和国内经济发展需要的选择

进入20世纪90年代，国际经济形势在急剧变化，全球经济一体化的趋势日益明显，各类跨国公司如雨后春笋，遍布世界各地，高科技的发展使各国之间的距离缩短，世界社会化大生产、人类资源共享、全球信息大交流的潮流势不可挡。这样的客观形势，要求中国跟

上时代的步伐，以积极的姿态参与进去，争取在国际经济舞台上起到一个发展中大国应有的作用。

中国经历了20多年的改革开放，在取得成功的同时也出现了一些新的情况和问题，比如走私、骗税、商品的假冒伪劣等，这些都对经济的健康发展构成严重威胁。解决这些问题，就是要用规则去规范生产经营主体的经济行为，需要借鉴世界各国成功的经验来营造良好的经济环境，用规章制度来规范经济秩序。而这一点正好与WTO的规则相一致。

中国经济由短缺走向剩余，标志着改革走上了一个新的成长阶段。面对不断变化的国际国内市场，需要对经济结构、企业结构和产品结构进行战略性调整。调整可借助的最好外力，是加入世贸组织，用国际经济规则来促进对宏观和微观经济组织的改造，达到引入先进，摒弃落后，开拓市场，在借鉴和融合中积蓄发展后劲的目的。

六、辩证地认识机遇与挑战

机遇与挑战是可以相互转化的。在分析中国入世的利弊时，一个统一的认识是机遇与挑战并存。但仅此还不够，还要看到机遇与挑战的内在联系，既是对立的，又是可以转化的，二者之间很难说孰重孰轻，更无法用所占比重去度量。

机遇是潜在的，挑战是现实的。也就是说，机遇只是一种客观可能性，靠人去争取去利用，否则稍纵即逝；而挑战则是摆在人们面前无法回避的现实，人们只能面对它、战胜它，不大可能绕开它。

机遇与挑战是针对宏观的、全局的，而不是微观的、个体的。就一个产业来说，很难说出是机遇还是挑战。比如，假设入世对纺织工业的发展是个机遇，但不是对全部纺织企业的机遇。因为对于产品质量差、技术档次低、生产经营成本高的纺织企业来说，仍然面临倒闭的危险。再比如说，假设对汽车工业冲击较大，但不是对全部企业的冲击。因为对于设备先进、产品适销对路、售后服务好、物美价廉的汽车企业来说，仍然是个打开国际市场的机遇。

机遇不光体现在产品市场上，而且还体现在贸易环境上和体制转换上。入世固然对中国开拓国际市场、引进外资和技术有利，但更重要的也是可能被人所忽视的，是可减弱推进体制改革的压力，让各级政府官员和企业家们看到推进体制改革的必须性、迫切性，从而增强改革的自觉性，主动与 WTO 规则相衔接，与国际经济贸易惯例接轨。

七、应对入世挑战，大量工作需要政府去做

WTO 的大多数规则是针对缔约方政府而言的，其权利和义务都是由政府以“法人”身份来承担的，诸如“过渡期”的实施决策、关税减让、开放市场、取消补贴等，都需要政府统筹协调，作出统一安排。对此应该说，中国“入世”主要是政府先“入世”。

国内不适应 WTO 运作要求的表现是多方面的，但突出的最要紧的，是政府职能的不适应。适应 WTO 的需要，各级政府必须按照 WTO 的运作要求来转变职能，局部地调整机构设置，修订和完善相应法律法规，对保障权利和履行义务作出具体部署。以后对解决贸易争端的个案，也少不了政府出面协调，集中有关企业的力量一致对外。

加入 WTO 是件新事物，各个阶层各界人士都需要学习，掌握有用的规则。但更迫切的急需的是政府公务员要首先学习 WTO 知识，熟悉 WTO 规则，并用以指导工作。与政府公务员相比，广大工人农民的学习，就属于常识性的了解，学以致用的要求并不迫切。

八、中国真正“入世”是个长期的过程，目前不是大功告成

2001 年 11 月 11 日多哈会议通过中国“入世”，这只能说明中国取得了登上世界经济贸易舞台表演的“门票”，而“演出”能否成功，还是个未知数，还要经过多年的努力，经过历史的检验。现在不能说大功告成，就是过 5 年，10 年后也不一定说大功告成。

说中国真正“入世”是个长期的过程，主要来源于三个方面。一是适应规则要求是个长期的过程，对关税的减让还有 5 年的过渡期；二是政府经济行为的调整是个长期的过程，也不是一宣布“入世”了就什么都变得立即适应了；三是借助 WTO 之力推动经济发展效果的显现是个长期的过程，不可能在极短的时间里就创造出什么经济发展奇迹，而且还很可能经过相当长一段时间的剧烈阵痛。

第十四章

农村生态环境

中国作为农村居民占人口大多数的最大的发展中国家，欲求得经济、社会与自然的相协调，必须特别重视改善生态、保护环境、实现资源的可持续开发利用。由于生态与环境问题是个具有综合意义的问题，区域的色彩显著于产业色彩；又由于农村占据着国土幅员面积的绝大部分，全国范围中生态环境的改善首先依赖于农村生态环境的改善。由此可推导出，要实现经济、社会与自然的相协调这样的目标，农村以至农业的环境保护、资源保护和可持续发展十分关键。但形势不容乐观，我们面临的情况特别严峻，任务尤其艰巨。

2003年3月9日，中共中央总书记胡锦涛在中央人口资源环境工作座谈会上指出，我们要清醒地看到，中国是一个有近13亿人口的发展中大国，正处于并将长期处于社会主义初级阶段，解决好人口资源环境问题是一项长期的艰巨的任务，人口资源环境工作仍然面临着一些亟待解决的突出问题和严峻挑战。对此，全党同志务必高度重视，坚决克服盲目乐观、麻痹松懈和消极畏难的情绪，牢固树立可持续发展观念，不断增强人口意识、资源意识和环境意识，继续坚持不懈地把人口资源环境工作抓紧抓好。

以改革创新的精神和对子孙后代负责的态度，采取科学的对策，出台得力的措施，持续不懈地做好农业生态环境保护和农村能源建设等可持续发展工作，各级领导和这一代民众，必须担负起历史重任。

第一节　保护生态环境实现可持续发展是人类的共识

实现经济、社会发展与自然的相协调，是人类的警醒，全世界的呼唤。历史发展到今天，随着科技进步和社会生产力的极大提高，人类创造了前所未有的物质财富，加速推进了文明发展的进程，增进了人类的福利；但与此同时，人口剧增、资源过度消耗、环境污染、生态破坏和南北差距扩大等问题日益突出，经济发展与生态改善和环境保护严重背离，成为全球性的重大问题，严重地阻碍着经济的发展和人民生活质量的提高，继而威胁着世界的和平稳定和全人类的未来生存与发展。

根据联合国发布的统计资料，在过去的 10 年中，人类失去了 9 400万公顷的森林，今后每年预计还会有 1 460 万公顷的森林将从地球上消失；由于乱砍滥伐，全世界已有近 1/4 的土地变成了荒漠，100 多个国家的 10 亿人口受到了荒漠化的威胁。目前，800 多个物种已经灭绝，11 000多个物种濒临灭绝；40％的人面临用水短缺；每年有 300 万人死于空气污染造成的疾病。生态系统退化给人类带来巨大的痛苦和损失。根据世界卫生组织的估计，环境的恶化使全球可预防疾病的发病率增加了 25％。过去的 10 年，自然灾害频频发生，给人类带来的损失高达6 080亿美元，相当于此前 40 年的总和。作为发展的伴生物，污染、臭氧层空洞、水土流失、厄尔尼诺、海平面升高、全球气候变暖等令人不安的现象伴随着人类走过了 20 世纪，又伴随着人类跨入了 21 世纪，成为新世纪的难题。

在这种严峻形势下，人类不得不重新审视自己的社会经济行为和走过的发展过程，进而认识到通过高资源消耗追求经济数量增长和“先污染后治理”的传统发展模式已不再适应当今和未来发展的要求，必须努力寻求一条经济、社会、环境和资源相互协调的，既能满足当代人的需求而又不对满足后代人需求的能力构成危害的可持续发展道路。面对现实，国际国内的一些有识之士很早就开始为生态环境呐喊，开始探求可持续发展之路。

1972 年 6 月，在瑞典首都斯德哥尔摩召开了有 114 个国家代表参加的人类环境大会。这次会议通过了著名的《人类环境宣言》，也称《斯德哥尔摩宣言》，它标志着世界各国开始共同正视环境问题。

1980 年，由国际自然资源保护联合会、联合国环境规划署和世界自然基金会共同出版了《世界自然保护战略：为了可持续发展的生存资源保护》一书。该书第一次明确将可持续发展作为术语提出。该书指出："持续发展依赖于对地球的关心，除非地球上的土壤和生产力得到保护，否则人类的未来是危险的"。

1983 年 12 月，联合国授权挪威前首相布伦特兰夫人为主席，成立了世界环境与发展委员会，负责制定世界实现可持续发展长期环境政策，以及将对环境的关心变为在发展中国家间进行广泛合作的方法。

1987 年 2 月，世界环境与发展委员会在日本东京召开的第八次委员会上通过了一份报告——《我们共同的未来》，即布伦特兰报告。该报告明确指出：环境问题只有在经济、社会持续发展之中才能得到真正的解决。该报告首次给出了可持续发展的定义："能够满足当前的需要又不危及下一代满足其需要的能力的发展"。

1991 年，国际自然联合会等三家机构又联合推出了一份题为《关心地球：一项持续生存的战略》的报告。该报告从保护环境和环境与发展之间关系的角度，对建立可持续发展社会的主要原则和行动作了详细的分析与阐述。

1992 年 6 月，在巴西里约热内卢召开了联合国环境与发展世界首脑大会，明确提出了人类可持续发展问题，大会达成了重要共识，一致通过了《里约宣言》和《21 世纪议程》。这两个文件阐述了国际环境与发展合作、在全球范围内推动可持续发展的指导方针，成为在世界范围内实现可持续发展、开展国际环境与发展合作的框架文件。

1992 年 12 月，联合国成立可持续发展委员会，目的是监督并对各国执行里约会议各项协议的落实情况作出报告。

在 2000 年联合国千年首脑会议上，约 150 名世界各国领导人签署协议，发表了《千年宣言》，确定了一系列有时限的指标，包括把全世界收入少于一天一美元的人数减半，以及无法取得安全饮用水的人数比率减半。

2002 年 8 月 26 日至 9 月 4 日，在南非约翰内斯堡召开了联合国可持续发展世界首脑会议，这是继1992年联合国环发大会后又一次具有广泛影响的会议，会议最后通过了《执行计划》和《政治宣言》两个基本文件，表明了人类对自己的家园前所未有的关注和忧虑。环境保护和可持续发展成为国际上普遍关心的议题和开展国际交流与合作的重要领域，世界各国为保护环境和推进可持续发展采取了各种措施。

第二节 中国将生态建设和环境保护列入基本国策

基于对社会发展规律的认识、对历史教训的汲取、对世界共同发展经验的借鉴，从20世纪80年代初起，中国政府开始把计划生育和环境保护确定为社会主义现代化建设的两项基本国策。环境保护已经纳入国民经济和社会发展的中长期和年度计划之中。国家制定和实施了一系列行之有效的法律、政策和工作措施，按照同时处理好经济建设与环境保护关系的指导思想开展工作，已取得有目共睹的成绩。

1996年3月，全国人大八届四次会议批准的《中华人民共和国国民经济和社会发展“九五”计划和2010年远景目标纲要》，正式把可持续发展确定为国家发展战略。从1997年开始，在每年3月的“两会”期间，中央召开党和国家领导人参加的人口、资源、环境工作座谈会，讨论研究实施可持续发展战略中所遇到的重大问题。在中央精神指导下，许多部委将可持续发展战略列入各级规划之中，先后制定了本行业的21世纪议程或行动计划。如国家计委制定了《全国生态环境建设规划》，国家经贸委组织实施了《实施清洁生产试点计划》和《绿色照明计划》，国家林业局制定了《中国21世纪议程林业行动计划》，水利部制定了《跨世纪节水行动计划》，国家环保总局组织实施了《“九五”期间全国主要污染物排放总量控制计划》，农业部制定了《中国21世纪议程农业行动计划》，国家气象局制定了《中国21世纪议程气象行动计划》。为了推进国际合作，国家计委、国家科委推出了《中国21世纪议程优先项目计划》。

1998年，中国部分地区发生了特大洪水，随后几年，中国北方地区频繁暴发沙尘暴，这些自然灾害推动中国环境保护工作不断加强，中国可持续发展事业进入了一个新阶段。

"九五"期间，为推动可持续发展这一战略目标的实现，国家充分发挥政府的宏观调控、社会管理和公共服务职能，并调动企业和公众的积极性，落实各项行动规划，使可持续发展的国家战略取得积极进展。基本建立起了比较完善的生态环境与资源的管理体系，建立了与社会主义市场经济体制相结合的生态环境与能源建设的法规体系；使人口总量得到控制，素质有所提高；环境污染和生态破坏加剧的趋势得到基本控制。

随着改革开放的深化和经济的发展、社会的进步，中国越来越重视可持续发展上的国际交流与合作，积极参与了国际社会促进可持续发展的各项行动。1992 年 6 月巴西里约热内卢联合国环境与发展大会召开后，中国政府即着手研究进一步推动中国可持续发展事业的对策措施，随后制定了《中国 21 世纪议程》，全面阐述了中国可持续发展的总体战略思想，确定了要集中力量和优势解决实现可持续发展过程中的优先领域和重大问题。

在 2002 年约翰内斯堡联合国可持续发展世界首脑会议召开前夕，中国发布了《可持续发展国家报告》，在大会上，中国领导人再一次向世界宣告了中国坚定不移地走可持续发展道路的决心，并提出，经过长期探索，我们已经找到中国特色的发展模式。

第三节　从人与自然的和谐高度上认识可持续发展的内涵

2002 年 11 月，中国共产党把实施可持续发展战略，实现经济发展和人口、资源、环境相协调，作为党领导人民建设中国特色社会主义必须坚持的基本经验，写入了十六大报告。诠释中国领导层所确定的可持续发展战略的内涵，就是经济发展必须有利于资源永续利用，有利于生态系统的良性循环，决不能以浪费资源和破坏生态环境为代价。可持续发展作为一种新的发展观，其实质是改变传统的发展思维和模式。国人对可持续发展的认识，应在以下几个方面深化：

一、可持续发展的核心是发展

历史的经验和教训告诉人们，落后和贫穷不可能实现可持续发展的目标，中国要消除贫困，提高人民生活水平，就必须毫不动摇地把发展经济放在首位，各项工作都要紧紧围绕经济建设这个中心来开展，无论是社会生产力的提高，综合国力的增强，人民生活水平和人口素质的提高，还是资源的有效利用，环境和生态的保护，都有赖于经济的发展。经济发展是国家办一切事情的物质基础，也是实现人口、资源、环境与经济协调发展的根本保障。

二、可持续发展的重要标志是资源的永续利用和良好的生态环境

生态学原理告诉人们，当生物物理资源能够确保社会经济发展时，如果不能保证自然生物物理系统的长期健康状态，也就保证不了可持续发展。这里所说的生物物理资源包括土壤、水、植物动物、矿物和能源。可持续发展要求在严格控制人口增长、提高人口素质和保护环境、资源永续利用的条件下进行经济和社会建设，保持发展的持续性和良好势头。保护生态环境就是保护生产力；改善生态环境就是发展生产力。因此，保护好人类赖以生存与发展的大气、淡水、海洋、土地和森林等自然环境与自然资源，防治环境污染和生态破坏，是中国社会主义建设的一项战略性任务，也是中国的一项基本国策。

三、可持续发展要求既要考虑当前发展的需要，又要考虑未来发展的需要

不以牺牲后代人的利益为代价来满足当代人利益的发展。中国实施可持续发展战略的实质，是要开创一种新的发展模式，代替传统的落后的发展模式，把经济发展与人口、资源、环境协调起来，把当前发展与长远发展结合起来。在现阶段，要实现经济体制由计划经济向社会主义市场经济体制转变和经济增长方式由粗放型向集约型转变，使国民经济和社会发展逐步走上良性循环的道路。

四、可持续发展要求人们必须转变思想观念和行为规范

要正确认识和对待人与自然的关系，用可持续发展的新思想、新观点、新知识，改变人们传统的不可持续发展的生产方式、消费方式、思维方式，从整体上转变人们的传统观念和行为规范。

五、可持续发展要求必须积极开展国际交流和在各种领域的广泛合作

可持续发展是全人类共同的事业，需要各国人民共同携起手来，为一个共同的目标——经济社会的可持续发展而奋斗。中国所制定的可持续发展战略，是在改革开放的大环境下产生的，它的实施有利于以共同发展为目标，同有关国家建立相互尊重、平等互利的新型伙伴关系。积极开展技术转让，技术咨询、人员培训与技术援助，把信息、生物等高新技术领域的成果，广泛应用于资源利用、环境保护和生态建设。

第四节　生态环境的理性特征

如果把生态环境看成是由固态的岩土圈、液态的水质圈、气态的大气圈所组成的，与动物、植物、微生物繁衍生息的客观条件的总称，那么，包容在这个总称中的各个系统的互相作用就以特殊的形式表现出来。目前，人类至少应在以下四个方面来深化对生态环境基本特征的认识。

一、在时间上的纵伸性

在宇宙空间一切事物的演进中，没有哪件事物在改变形态过程中能像生态环境再造那样漫长、那样花费时间。人们进行物质生产过程中，由于一时不慎对生态环境抗逆行为所导致的后果，将要延续若干年甚至几代人的艰苦努力才可能有所得到恢复，也可能永远得不到恢复，危害将随历史的进程永远延续下去。素有森林王国之称的瑞典，在19世纪末期的工业化进程中，大量砍伐原始森林或用于冶炼金属的碳源，或用于建筑材料，几乎在20年之间就使大面积原始森林毁于一旦。而当人们在逐步恶化的生态环境面前认识到行为的短视，开展护林、保林，进而进行大规模的植树造林时，大约用了80年的时间，才使过毁的森林得以恢复。今天的瑞典是个山清水秀、环境优良的国家，是在瑞典人觉悟较早、措施得力的情况下才得以实现的。据科学工作者考证，塑料等制品的降解还原时间大约得用100年左右，最简单的人类对耕层的破坏也需要10年以上才能得以恢复；化肥、农药对农田的污染，一般也需要15年以上才能得到消除。当代人对生态环境破坏的苦果，要由他们的子孙、子子孙孙去吞噬。由于大气温室效应而导致的南、北极冰雪融化，海平面侵蚀陆地，它的危害将在400年以后显现。

二、在空间上的广延性

生态环境的载体是个立体的空间，而不是平面的大地。固土层、水域层、大气层是个相互交织在一起、互为条件、互相作用的统一体，一个层次上的环境改变，要不可避免地危害到另外一个层次。比如，对大气层氮氧化物的超标排放，会导致出现酸雨，酸雨的降临又会侵蚀大地及其依着的动植物，被酸性流体污染物随江河排入海域，也会导致近海“赤潮”。在人类赖以生存的空间中，哪一生态层次上出问题，都会使生物圈发生变异，这是一个被人类早已知晓的通理。

三、在利害上的波他性

建设良好生态的公益人，可造福于一方父老，也可惠及于子孙后代；破坏生态、污染环境的始作俑者，在自己获得蝇头小利的同时，将把对生存发展条件的危害后果嫁祸于他人。例如：小造纸、小炼铅厂的排污，其苦果要由农作物种植者、家禽的养殖者来吞噬，工业生产过程中所造成的粉尘及气体污染，要扩散到很远很远的居民区；城镇中所产生的大量具有严重污染源性质的垃圾，要到郊区（农村）去处理、堆放；因砍伐树木而降低的空气净化作用，将波及到广大区域中人们的生活质量。这种破坏强度，往往超于国界的限制。比如，起源于蒙古南部沙区的沙尘暴，要波及到华北，也会形成过路于华北平原，向韩国和日本方向“进攻”。直径小于10微米的尘粒能浮上4 000米高空，越过太平洋飞到美国。发达国家在经济发展过程中对生态环境的破坏，往往要疏散给发展中国家去承受。

四、在物质上的循环性

生态环境是一个系统，在这个母系统中，各个子系统以及组成子系统的“细胞”单体的表现形式，是在大自然新陈代谢过程中不断发生变异。这种变异形成封闭的运动链，使其物质在化学能或物理能的作用下形成循环。比如，化学变化过程中的"碳循环"，在大气中的二氧化碳经过光合作用转变为植物，植物"哺育"动物，动物自身的代谢物和最终的消亡，通过降解回归于自然，再还原成二氧化碳，开始新一周期的循环。再比如，物理变化过程中的"水循环"。阳光加热对地球表面水的蒸发，在空中形成冰雹雪雨，径流回地球表面，完成一个周期的循环后，再开始新一周期的循环。贯穿于生态和环境系统中物质的循环性，道理并不复杂，问题是人们应在这种循环中找到改变生态环境的规律，使其为建设良好的生态家园服务，这是列出生态环境物质循环特性的关键所在。

在生态环境系统中，物质循环具有两重性，即可能是良性循环，也可能是恶性循环。人们在生产生活中对空气结构和成分的破坏，就可能导致"酸雨"而危害土壤及其生长物，变酸的土壤及其生长物的变异又反过来加重"酸雨"的强度，以此形成恶性循环。人们进行植树造林和改良生态的努力，可收到涵养水源、净化空气、消除风沙危害的良好效果，使生态环境在变异的过程中形成良性循环。

第五节　人类与生态环境关系的三个阶段

在人与自然这对矛盾中，人是主体，对自然具有主观能动作用。由此可以推导出这样的结论：在经济与社会发展的过程中，可能破坏生态环境，可能改善生态环境，也可能建设生态环境。随着人们对大自然的逐步认识，生产力的不断发展，社会的不断进步，人在处理与生态环境的关系上，要经过三个阶段的演进，即适应阶段、利用改造阶段、保护建设阶段。

第一阶段，适应生态环境阶段。人类是从自然界进化出来的最有智慧最富于创造力的生物群体，因而人与自然具有紧密不可分割的依赖关系。对自然界的依靠，适应生态环境求得生存和繁衍，是人的天性。对此，18 世纪法国社会学家蒙德斯鸠曾提出人与自然的关系是地理环境决定论。他认为，国家制度、民族和道德面貌、宗教信仰、法律的性质和风俗等，都是由气候、土壤及他们所居住的领土大小所决定的；民族的生活条件，即地理条件，在社会发展中起决定作用。

在渔猎和农耕时代，由于人类对自然界以及生态环境的认识有很大的局限性，只认识到利用土壤、水面、山林和气候条件可以生产出维持生存的食物及初级用品，对自然灾害只能被动接受和避让，这就是人对生态环境的适应阶段。这个阶段，有三个基本特征。一是人对生态环境的适应是被动的，是出于生存的需要。二是人们只认识到生态环境的作用，并没认识到人类活动对生态环境有反作用，更没有认识到在利用生态环境的过程中，由于方式方法不当可能破坏生态环境，可能给后人的生存与发展埋下祸根。三是这个阶段是极其漫长的，从时序上说由有人类社会开始持续到工业社会之前。

第二阶段，利用改造生态环境阶段。当人类智力进化到一定程度，社会生产力达到一定水平时，人在漫长的生存发展过程中逐步认识到，人类对生态环境不是只能被动适应，而是可以通过人的努力对生态环境进行有针对性的利用改造，遏制其不利的一面，发展其有利的一面。这是人的主观能动作用在生态环境方面的第一性的具体体现。对此，普列汉诺夫曾强调人与自然环境可以相互作用。他认为，人通过努力可以改善环境，通过人去改善的环境称其为人为环境。他还认为，人为环境是人类活动和自然过程相互作用的产物，人与自然环境的关系是发展的，人为环境是随着历史的发展而发展的。1956年，毛泽东同志在《论十大关系》中指出："天上的空气，地上的森林，地下的宝藏，都是建设社会主义所需要的重要因素，而一切物质因素只有通过人的因素，才能加以开发利用"。毛泽东同志这段论述，揭示了人与自然的关系，那就是，人不但要认识世界，而最重要的是改造世界。这里的改造世界，自然包含着对生态环境的改造。这一阶段的基本特征，一是人们的思维方式从适应自然环境转向改造自然环境，在人与自然这对矛盾中表现出强烈的主宰意识。二是生产力的发展使人们改造自然的想法变成了现实，如人工驱雾、人工降雨、避雷技术等。三是在思想界、理论界出现了人为环境的概念，人可以改造环境的思想在社会上广泛传播。

第三阶段，保护建设生态环境阶段。在人类加速繁衍、科技加速进步、经济加速发展的现代，人们面对日益恶化的生态环境，非常理智地认识到，在人类社会走向文明的过程中，由于对生态环境遭破坏给人类带来的危害认识不足，在创造美好生活的过程中，也在每时每刻地毁灭着人类赖以生存和发展的自然生态环境，并且已经严重地影响到了子孙后代的生存和发展。认识到人对生态环境不仅要保护，而且必须发挥人的主观能动作用，进行大规模的生态环境建设。认识到建设生态环境，就是建设我们的家园，就是开辟美好的未来，就是延续人类自己的生命。认识到建设生态环境的关键是实施经济与社会的可持续发展战略。这一阶段的基本特征，一是人们在规划经济与社会发展时，把生态环境建设放到重要位置来考虑，经济效益、生态效益与社会效益的统一，已经成了生产过程所追求的复合目标。经济与社会的可持续发展，成了工作的一条重要指导方针。二是大批适应生态环境建设需要的先进科技手段和设备接连问世，用先进技术装备改造传统产业，降低污染，成了微观经济组织的具体行动。三是生态环境建设已从生产领域中的一个辅助手段发展成为一个新兴产业，成了一些地区的经济增长点。四是人对自然的主观能动作用得到最大限度的发挥，人工森林、人工草场、生态养殖场从无到有，农田生态系统和村镇生态系统不断得到完善。五是政府的生态环境建设职能作用得到充分发挥，加强生态建设和环境保护，防止污染，走上了有法可依的轨道。

人与生态环境关系的三个阶段，表明人类对大自然经历了由不认识到认识，由适应到改造，再发展到保护和建设的历史过程。

第六节 中国农业生态环境形势严峻

农业生态环境恶化是一个世界性的普遍现象，特别是欠发达国家和发展中国家，问题更为突出。据世界野生动物基金会的最新报告，1970—2002年间，全球生态环境指数下降了35%，呈加剧恶化趋势。美国科学院一份研究报告指出，如果人类不能遏制自身对自然资源的过度使用，地球将面临生态破产。中国作为一个发展中国家，是农业大国，更是人口大国，人均农业资源拥有量远远低于世界平均水平，其中耕地不到世界平均水平的一半，水资源仅有1/4，而人口密度却是全球平均数的3倍，资源短缺成为农业发展最重要的制约，也成为生态环境保护和资源永续利用的最大障碍。

由于巨大的人口压力，加上认识水平的限制，过去很长一段时间存在无节制地对天然资源盲目开发和过度利用，有意无意地随意“改造”大自然，奉行“先污染，后治理”，终于导致生态破坏、环境污染、资源衰退。工业污染、城市生活污染不断对农业生态环境造成巨大的破坏。同时，由于农村人口的增加，以及种养业的快速发展，农药、化肥的盲目和非科学使用，畜禽粪便的无管理排放，秸秆等农业有机废物的处理和各种无机肥料的大量使用，农村、农业生产中的污染问题相当严重。规模化畜禽养殖造成的有机污染已相当于全国工业污染的总量，目前成为中国最为严重的污染问题之一；中国化肥农药的使用量、生产量、进口量均为世界第一，对农村生态环境造成了极大的危害。可以说，农业生态环境形势非常严峻。

一、突出的问题

水土流失加剧。水土流失面积已从建国初期的约150万平方公里扩大到目前的约370万平方公里，而且每年仍以1万平方公里的速度扩展，水土流失面积已占国土面积38%，全国年水土流失总量达50亿吨，损失肥力相当于4 500万标准吨化肥。比较严重地区是辽河上游、黄土高原、嘉陵江中上游、金沙江下游、横断山脉以及西南喀斯特山地丘陵区。有水土流失的耕地约占全国耕地总面积的1/3。水土流失面积、侵蚀强度、危害程度在局部地区仍呈加剧趋势。在水土流失严重的黄土高原地区，水土流失面积达50万平方公里，严重水土流失地区占50%以上，其中每年大于1万吨/平方公里的面积占20%。每年入黄河泥沙达8亿吨，损失氮、磷、钾养分500多万吨。

土地荒漠化加剧。据《第二次全国荒漠化监测》公布的数据，1999年全国荒漠化土地总面积为267.4万平方公里，并以每年2 400多平方公里的速度增加，其中草地中度退化、沙化、碱化面积已达130万平方公里，占草地总面积的1/3。历史上水草丰美的科尔沁草原、鄂尔多斯草原等，由于过牧等多种原因，载畜量下降，草原退化严重。沙化土地主要分布在新、青、宁、陕、甘、内蒙古、冀、辽、吉、黑11个省、自治区，形成长达万里的风沙危害线，面积达168.9万平方公里。现在，全国近1/3的国土受到风沙威胁，每年因此造成的经济损失达500多亿元。20世纪90年代中期以来，北方地区发生“沙尘暴”的频率越来越高，危害程度越来越大，消极影响越来越大。在西南喀斯特地区，出现了严重的石漠化现象，并正在以每年2 500平方公里的速度迅速扩展。

水体污染日益加剧。据2001年全国重点水质监测断面资料显示，七大水系污染均比较严重，一类至三类，也就是较好的水质，所占比例不到三成，四类水质不到二成，五类和劣五类水质占一半以上。即使按干流统计，一类至三类所占比例不到一半。长江和珠江的水质较好，长江以二类水质为主，占八成，珠江以二类和三类水质占主体，近八成。但长江流域水土流失加剧，水中含沙量增高，水质趋于恶化。全国大型湖泊污染也很严重，有半数以上的水质为四类以上较差的水体。但大型水库的水质总体较好，以二类水体为主，部分为一类水体，部分为三类水体。

土地污染严重。工业“三废”对农业环境的影响正由局部向整体蔓延，全国因垃圾等固体废弃物堆存而被占用的农田面积已达13万公顷以上，有530多万公顷的耕地遭受不同程度的大气污染，约占全国耕地总面积的6%。在一些地方，“三废”污染已造成植物大面积死亡，粮食绝收，已形成局部的生态“死区”。大量施用化肥和农药，使土地板结，理化性能变劣，降低了食品安全。全国每年有40万吨地膜废弃在农田里，形成对耕地的白色污染。土壤遭受病菌污染的程度也逐年加剧。

湖泊水面缩小。因泥沙淤积、盲目围垦及气候干旱，全国湖泊水面比建国初期减少约140多万公顷；鄱阳、洞庭两个大湖水面比20世纪50年代初期缩小29.69万公顷，减少31%。不仅影响渔业生产，而且减弱调蓄洪水能力，加剧了湖区洪涝灾害。20世纪70年代，黄河年断流最长才21天，90年代年年出现断流，且断流时间越来越长，给中下游地区的生态平衡造成了严重影响。从本世纪开始，黄河断流有所缓解，但这种缓解是黄河上中游人为调水功能的调控所致，并非自然状况的改善，引起黄河断流的生态因素并没有发生质的变化。因此，有科学家认为，这种情况仍属隐性断流。对此，国人应有一个清醒的认识。

海洋生态环境恶化。近海海域水质不断恶化，赤潮时有发生。据中国新华社的统计公布，2001年中国海域共发生赤潮77次，赤潮累计面积15 000平方公里，在沿海的浙江、辽宁、广东、福建、江苏、山东、河北、天津、上海、海南十个省市都没幸免。其中，浙江共发生赤潮 26 次，占 1/3 强，受灾面积 7 000 平方公里，占 47%。据预测，在未来五年，赤潮灾害有进一步扩宽趋势。围海造地和养殖的过度开发，导致沿海自然滩涂湿地总面积减少了近一半，非法捕捞和炸礁造成我国南部一些地区的珊瑚礁资源已濒临灭绝。由于污染，中国渤海、黄海、东海、南海四大海区，约有 40%已不适宜于海洋渔业发展。

野生动植物资源减少。由于生态环境遭到破坏，使珍稀植物失去了再生的基本条件，珍稀动物失去了繁衍的基本条件，一些珍稀动植物已经灭绝，严重影响到生态平衡。中国有 5%～20%的动植物种类受到恶劣生态环境的威胁，在《濒危野生动植物种国际贸易公约》中所列的 640 个物种中，中国占了 156 个。

二、严峻的后果

环境污染、生态破坏的后果是非常严重的。全国每年发生大大小小的农业环境污染事故数千起，造成的直接经济损失超亿元。常常因为确定事故责任及赔偿额度产生纠纷，甚至激发企业和当地农民之间的矛盾，引起流血冲突。由于降雨量减少和水土流失等原因，黄河河道淤积越来越严重，加之超量用水，断流时间越来越长，长此下去，黄河有可能成为间歇性河流。由于不合理开发，长江流域植被减少，土壤流失，崩塌、泥石流等灾害频繁发生，泥沙量逐年增加，威胁中下游地区经济和社会发展。全国每年因干旱、洪涝等各种自然灾害造成的损失呈大幅度增长之势。

降低消费者对农产品的信任度。据有关部门对重点区域主要农畜产品监测调查，竟有 1/6 左右污染超标，部分地区农药残留超标的蔬菜、水果高达 1/4 以上，初步估算，全国农畜水产品每年因污染变质或无法食用造成的直接经济损失（未包括对健康的影响）高达 170 多亿元。全球经济一体化促使发达国家从环保角度构筑的“绿色贸易壁垒”日益牢固，中国一些传统出口食品因不符合环保标准，或被退货，或被全面禁止进口，甚至被销毁。由于化肥、农药的不合理使用，使部分地区饮用水井中的有害物质硝酸盐、亚硝酸盐明显超标，农产品尤其是蔬菜中农药残留量超标而引发的食物中毒事件频频发生。农产品质量安全问题，不仅威胁到人类的健康安全，而且严重影响了中国农产品的国际竞争力。中国部分地区农产品特别是蔬菜类中农药残留量超过国家允许标准的问题，还没有引起足够重视。由于氮肥施用过量，化肥有效利用率只有30%，部分农产品中硝酸盐和亚硝酸盐含量超过国家允许标准，导致水体富营养化和人体癌症率升高。农产品污染严重，危害人的健康。

使贫困地区农民脱贫任务更加艰巨。到2002年末，全国没有解决温饱的农村人口尚有约2 800万人，主要集中在自然资源贫乏、生态环境恶劣、生产力水平低、生活条件较差的老少边穷地区。恶劣的生态环境使其不具备最基本的生产、生活条件，成为脱贫的重要障碍。尤其令人担忧的是，近年来不少地区都出现了“生态难民”现象，一些本来就生活贫困的人口不得不进行生态移民。

可持续发展步履艰难。农业可持续发展的内容为农业生态环境的可持续性、农业资源的可持续性、农业经济的可持续性和农村社会的可持续性，其实质也是实现农业可持续发展应达到的基本目标。四者互为依存、互为促进，形成一条紧密的循环链。农业生态环境的可持续性是关键，没有农业生态环境的可持续性，就谈不上资源、经济、社会的可持续性，农业可持续发展的目标就不可能实现。在这样的不利生态环境下，中国农业距离可持续发展的要求还有很远的路要走。

第七节　依据已有成绩确定农业可持续发展的目标

实施可持续发展战略，涉及经济、社会发展和人口、资源、环境等诸多领域。由于特殊的国情，农业与农村的可持续发展，是中国可持续发展的根本保证和优先领域。农村的可持续发展，必须建立在农业可持续发展的基础上。因而，欲求得农村的可持续发展，首先要求得农业的可持续发展。

农业与农村的可持续发展是一个十分广泛的领域。2003年3月1日起实施的《农业法》规定：发展农业和农村经济必须合理利用和保护土地、水、森林、草原、野生动植物等自然资源，合理开发和利用水能、沼气、太阳能、风能等可再生能源和清洁能源，发展生态农业，保护和改善生态环境。重点是加强农村生态环境和农村能源建设。

农业是中国国民经济的基础。改革开放以来，中国农业农村经济取得举世瞩目的辉煌成就，较大改变了农村贫穷落后的面貌，农业农村经济发展后劲和可持续发展能力增强。但是中国农业和农村发展同时也面临一系列严重问题。中国的农业与农村要摆脱困境，必须走可持续发展的道路，必须大力加强生态环境建设与保护工作，积极推进生态农业建设和农村可再生能源建设。

改革开放以来，特别是上个世纪 90 年代以来，中国加大了农业生态环境建设和农村能源建设力度，并取得了显著的成绩。目前，全国生态农业县已达 300 多个，其中国家级试点、示范县 100 多个，已有 7 个生态农业示范点被联合国环境规划署（UNEP）授予“全球 500 佳”称号。农村可再生能源建设成为促进农业增效、农民增收、农村进步和环境改善的有效手段。到 2001 年底，全国已有 957 万户使用沼气，利用小型公益设施能源项目，建成畜禽养殖场大中型能源环境示范工程 600 多处；城镇生活污水净化沼气工程 9 万多处；秸秆气化集中供气示范工程 426 个；推广太阳能热水器 1 400 多万平方米，太阳房 1 095 万平方米，太阳灶 38 万台。在全国 369 个县的 2 036个村实施了生态家园富民计划，受益农户达 48 万户，直接增加农民收入 1.5 亿元。中国已初步建立起一个以农业部环境监测总站为牵头的国家、省、地、县四级农业环境监测网络，并对 100 个无公害农产品生产示范基地县，5 个重点城市郊区蔬菜基地的基本农田进行环境质量监测和评价。

毋庸讳言，由于基础薄弱，发展不平衡，历史欠账太多，中国农村环境保护和农村能源建设面临的形势仍然非常严峻，离发展的要求还有很大的差距。

按照国家制定的《中国 21 世纪议程》，农业可持续发展的目标是：保持农业生产率稳定增长，提高食物生产和保障食物安全，发展农村经济，增加农民收入，改变农村贫困落后状况，保护和改善农业生态环境，合理、永续地利用自然资源，特别是生物资源和可再生能源，以满足逐年增长的国民经济发展和人民生活的需要。要实现这样的目标，必须突出抓好三大重点任务，第一是合理开发和保护资源，保障农业生态安全；第二是加大环境污染治理力度，保障农业生产环境安全和农产品质量安全；第三是高度重视农村可再生能源建设，积极探索改善农业生产条件和农民生活方式的新途径。

第八节　科学认识农业生态环境建设的重大意义

严峻的生态环境形势，使人们对农业生态环境建设必须有一个系统的认识。只有提高认识，把握规律，才能采取自觉、科学的行动。

一、人类对生态环境与可持续发展的认识

生态是指生物的生理特征和生活习性。而环境，则有广义与狭义之分。从广义上说，环境是指围绕某个中心事物，并与该中心事物相关的整个外部世界。从狭义上说，环境是指人类赖以生存发展的自然的和人工改造过的空间场所各种条件的总和。生态环境系指动植物和微生物的生理特性与自然的和人工改造过的空间条件关系的总和。简言之，是指动植物和微生物再生和繁衍的自然与人工条件。

人类对生态环境的关注，主要是对生活质量提高和可持续发展目标的追求。什么是可持续发展？1987年，世界环境与发展委员会向联合国递交了一份《我们共同的未来》报告。在这份报告中，第一次对可持续发展的概念给出了定义：可持续发展是指既满足现代人的需求又不损害后代人满足需求的能力，促进人类之间以及人与自然之间的和谐与发展。可持续发展的理论内涵包括经济的持续增长，资源的永续利用，体制的公平合理，社会的和谐共生，传统文化的延续和自然活力的维系。它的核心问题是解决人与人、人与自然的关系问题。

联合国粮农组织从农业的特点出发，对农业的可持续发展给出了定义：管理和保护自然资源，实行技术变革和体制改革，以保证当代和今后人类的需要不间断得到满足。这种可持续发展（包括农业、渔业和林业部门）应使土地、水和动植物基因资源得到保护，它是一种无环境退化，技术上适宜，经济可持续性能为社会接受的发展道路。从结果上说，农业的可持续发展是指在保证当今农业发展的同时，通过环境保护和自然资源合理利用，以减少对环境的破坏和对资源的过度消耗为原则，为未来的发展得以持续留下足够的空间，以确保后人的发展机会。

二、生态环境恶化对农业发展的直接破坏作用

由于生态环境与农业的可持续发展因果关系明显。在发展过程中，生态环境不佳对农业的破坏作用主要体现在以下几个方面：

减少资源总量和降低质量，加剧人与自然的矛盾。主要表现在水土资源总量的减少和质量的破坏。水土流失，土地受到风蚀和水蚀，垃圾填埋占用耕地，河流改道造成耕地的坍塌使本来就很珍贵的土地每年还在大量减少。水土资源总量和质量的变化，将使子孙后代失去生存和发展的空间，加剧经济和社会发展的压力。

降低生产产量，增加直接经济损失。由于生态环境变劣，导致气候变化无常，中国每年都有一些地区遭受暴雨、洪涝、台风、风暴潮、干旱、冰雹等自然灾害，山体滑坡、泥石流等地质灾害，农作物、森林、草原等病、鼠害，火灾等。据专家预测，在短期内，中国自然灾害频率加快，受灾、成灾面积不断扩大的趋势不会发生逆转。

降低产品质量，破坏食品安全。粮食、棉花、油菜、小麦、糖料以及水果受灾后，从外形到内部物质积累，都会发生不理想的变化，大大降低产品质量等级，有的还可能变成无法出售的废品。由于土壤成分的改变和化肥、农药在产品中的大量残留，使一些本应给人体增加营养的农产品变成了携毒品，严重地影响到人们的身心健康。

降低人们生活质量，影响劳动力的再生产。农业生产除了具有经济职能和社会职能外，还具有生态职能，也就是说它有净化空气、水，防风固沙，保持土壤和动植物种群平衡等功能。通过这些功能的发挥，给人们带来一个良好的生存环境。一旦生态环境遭到破坏，生态环境系统失去平衡，就会波及到人们生活质量，影响到农业劳动力的健康，影响到自然界主体——人的正常繁衍生息。

三、发展生态农业是实现农业可持续发展的重要选择

经过几十年的发展，中国农业综合生产能力逐步提高，农产品供应由短缺转变为丰年有余，农民生活水平由温饱走向小康，中国农业发展进入了一个新的成长阶段。农业有了一定的基础，但也面临着严峻的挑战。在未来，农业能否妥善地解决现存的矛盾和问题，能否在高基点上保持持续稳定健康发展，不断地满足人民日益增长的穿衣吃

饭和各行业发展的需要，对于全面建设小康社会和实现既定的战略目标，至关重要。走农业可持续发展之路，不仅是中国实施可持续发展总体战略的重要组成部分，也是保障中国食物安全、维持中国社会安定的一项重大任务。

由于中国的经济基础差，技术水平低，资源配置不合理，环境污染严重，生态遭到破坏，使得农业生产经营活动与保护自然资源和环境的各种矛盾相互交织并趋于激化，给农业的可持续发展造成了极大的障碍。中国国情和农业发展的现状表明，如果不把合理使用资源，保护生态环境纳入经济与社会发展中统筹考虑。农业经济增长就难以持续，子孙后代也要因此而失去持续发展的基本条件。

在过去，由于种种原因，中国农业增长方式是属于粗放型的，长期依靠扩大规模求得增产，结果一是浪费了资源，二是破坏了长期发展的生态环境。在短缺经济条件下，农业发展目标往往追求量的提高，忽视质的增强和对生态环境的保护，导致这种决策的理念，是基于社会需要和经济发展方面考虑的，而不是从生物物理容量方面来考虑的。在新的世纪中，必须改变这种农业发展的指导思想，科学利用资源，走生态农业之路。

生态农业是一种投资少、能耗低、环境污染和生态破坏最小的农业生产经营方式，按照生态经济学原理和系统工程方法构建的农业生态系统，将粮食生产与多种经济作物相结合，种植业与林牧渔业相结合，农业与农村二、三产业相结合，利用传统农业的精华和现代科学技术成就，通过人工设计生态工程，协调环境与发展、资源利用与保护之间的关系，达到既满足当代人对农产品的需求而又不损害后代人满足需求能力。生态农业，它既不同于传统农业，又有别于现代化农业。它具有以下特点：①生态农业强调应用生态学理论指导农业生产；②生态农业吸取了传统有机农业的精华和工业化农业对现代科学技术的合理运用成果，同时又避免了传统农业生产率低和工业化农业高消耗、高污染的缺陷；③在产业结构上强调建立种植业、养殖业和农产品加工业协调发展的大农业生产结构；④重视利用先进科学技术，特别是生物技术，并将先进农业技术与传统的技术相结合；⑤注重经济效益、生态效益和社会效益的统一。

中国发展生态农业，必须合理开发利用农业生态资源，提高环境保护意识。资源的开发利用必须遵循自然生态规律，处理好资源开发利用与保护的关系，加大资源保护力度。

珍惜土地资源，切实保护耕地。对耕地资源合理开发、利用、保护和管理，避免耕地资源的缩减和退化，实现耕地资源的持续利用，是农业生产持续发展的前提。因此，要加强建设用地的规划管理，严格控制非农业建设用地规模，积极开展基本农田保护工作，划定基本农田保护区，严格控制农业内部结构调整占用耕地，保护有限的土地资源。在风沙危害地区，应因地制宜大力营造立体防护林结构体系，防止和治理水土流失，25度以上陡坡严禁开垦，推广绿肥技术，不断提高土壤肥力，提高耕地质量。调整乡镇企业布局，实行污染集中控制和综合治理。

合理利用和保护水资源，加强水资源的统一管理和协调调度。推广节水措施，建立节水型农业生产体系，纠正大水漫灌的传统用水方式，运用新技术提高农业灌溉的有效利用率。推广各种生态农业适用技术。实践证明，发展生态农业是在发展农业及农村经济的同时，实施对资源环境保护的有效途径，应不断探索和总结推广各种类型的生态农业发展模式，主要包括：模拟自然生态系统形态结构而设计的农业立体种植、养殖技术；利用生态系统物质循环原理设计的食物链结构的工程技术，使一个系统的产出（包括废弃物）成为另一个系统的投入，形成物质的良性循环；以种植业、养殖业和加工业相结合的四套生态工程技术；生物防治病虫害的农业生态系统技术；农业能源开发技术，如塑料膜育苗、大棚蔬菜瓜果等。利用太阳能技术、利用风能水能技术、利用地热能技术等都是农村可以开发的能源实用技术；大力种树种草，建造水源涵养林、护坡林、护堤林、防风林等防止水土流失；培育和采用抗病、抗虫的农作物、畜、禽品种技术；实行轮作换茬技术；利用昆虫天敌技术等综合防治农业病虫害。

第九节　农业生态环境建设的历史进程

中国对农业生态环境的自觉保护与建设始于改革开放以后，随着改革开放和现代化建设的推进，以及全球环境意识的增强，中国环境保护与建设工作逐步展开，并取得了相当的成就。特别是一些重点工程的开展，收到了明显的效益。

一、农业生态县建设工程

20世纪80年代初，针对农业生态环境和生产条件逐步恶化的趋势，农业部提出了发展生态农业的总体思路，即从国情出发，在继承传统农业精华的基础上，综合运用先进的科学技术和科学的管理手段，建立结构合理、生态优化、高效优质并可持续发展的农业生态经济系统，实现农业和农村经济的可持续发展。在这一思想的指导下，农业部组织了一系列的试点示范。1993年，农业部联合国家计委、财政部、科学技术部、水利部、国家环境保护总局和国家林业局在全国开展了生态农业试点县建设。经过近些年努力，生态农业试点县取得了显著的经济、社会和环境效益，得到党中央、国务院的高度重视和关注。在此基础上，国家八部委局又于2000年4月在全国启动了第二批50个生态农业示范县建设。多年的探索实践表明，生态农业是解决人口、资源、环境之间矛盾的有效途径，实现了经济、环境和社会三个效益的统一，是农业和农村经济可持续发展的必然选择。

经过二十多年发展，中国开展生态农业建设的县已达到300多个，其中国家级生态农业试点示范县102个，省级县200多个，遍布全国30个省、自治区、直辖市，生态农业建设在全国呈现蓬勃发展的态势。生态农业建设已经建立了一套有效的组织管理体系，并颁布了一系列有关生态农业的法律法规，制定了生态农业发展规划，为开展生态农业建设提供了法律保障。目前，全国已有20多个省、区、市出台了《农业环境保护条例》，进一步明确了生态农业建设的职责和任务。同时，还建立了一套生态农业建设专家支持系统，在国家一级成立了全国生态农业建设专家组；在省、县级相应建立了生态农业建设专家组或技术指导单位。各地还初步形成了以农业环境保护机构为主的国家级、省级、县级生态农业建设技术服务和监测网络，为生态农业建设提供技术保障。

生态农业建设取得了显著的经济效益、生态效益和社会效益。据统计，第一批51个生态农业试点县在实施生态农业建设前的1990—

1993年期间，扣除物价因素，其国民生产总值、农业总产值和农民纯收入平均年增长分别低于全国同期水平3.2、1.1、1.4个百分点，而实施生态农业的1994—1997年期间，平均年增长分别比前三年平均增长速度高4.7、4.5和3.3个百分点，比全国同期平均水平高出2.2、0.6和1.5个百分点。同时，试点县资源优势得到较好的发挥，农林牧渔结构趋于合理，脱贫致富步伐加快。生态农业建设促进了农业资源持续高效利用，生态环境显著改善。经过建设，51个生态农业试点县的土壤沙化和水土流失得到有效控制，其中水土流失治理率达到73.4%，土壤沙化治理率达到60.5%；森林覆盖率提高了3.7个百分点；秸秆还田率达到49%；省柴节煤灶推广率达到72%，节省了能源，保护了植被；废气净化率达到73.4%；废水净化率达到57.4%；固体废弃物利用率达到31.9%等。这些指标既比实施生态农业建设前有较大幅度提高，又大大高于全国的平均水平。生态农业建设推动了无公害农产品、绿色食品的发展，对提高农产品质量安全发挥了积极作用。目前，全国已有18个省、区、市出台了《无公害农产品管理办法》。

二、实施退耕还林还草工程

在全国耕地中有9 100万公顷坡度在25度以上，属于粮食产量低而不稳、水土流失严重以及易造成土地沙化的应退耕地。国家正有计划、分步骤地采取提供粮食补助、现金补助、种苗补助等办法，组织进行退耕还林还草。为调动农民群众的积极性，使退耕还林还草真正成为农民的自觉行动，在确定土地所有权和使用权的基础上，实行“谁退耕、谁造林（草）、谁经营、谁受益”的政策，将责权利紧密结合起来。退耕还林还草任务完成后，由当地政府主管部门进行核实登记，发放相应权属证书，促其安心从事林、草管护和其他生产，并为防止复耕提供法律保障。2002年，退耕还林工程正式全面启动，当年完成413.2万公顷（退耕地造林197.5万公顷，宜林荒山造林215.7万公顷），退耕农户补助钱粮得到及时兑现。1998年起，国家开始全面推广天然林保护工程，到2000年已在大部分林区全面停止了天然林的商业性采伐。天然林保护工程区的长江上游、黄河上中游13个省（自治区、直辖市）全面停止了天然林采伐。

三、加强湿地保护

以编制、推进《中国湿地保护行动计划》为中心，推动湿地保护。湿地的范畴包括所有季节性或常年积水地段，即沼泽、泥炭地、湿草甸、湖泊、河流及泛洪平原、河口三角地、滩涂、珊瑚礁、红树林、水库、池塘、水稻田以及低潮时水深浅于6米的海岸带等。中国于1992年加入国际《湿地保护公约》，近期开展的湿地保护优先行动主要有建立完善湿地保护政策和法制体系，建立湿地保护管理协调机制；减缓湿地退化，加强对湿地的综合保护治理；保护湿地野生动植物资源，加强湿地自然保护区建设管理；开展公众宣传教育和人才培训；进行湿地资源调查、监测，促进湿地资源可持续利用；组织相关科学研究，实施湿地保护专项行动和开展国际合作。通过退耕还林还草、平垸行洪、退田还湖、疏浚河湖等综合措施，基本遏制人为因素导致的天然湿地数量下降的趋势。

四、建立健全农业环境监测体系

全国农业环境监测机构已建设发展到800个，环境管理及技术人员6 000多个；西部重点省、自治区全部建立了草原监（管）理总站，加强了草原执法工作；渔业行政主管部门在主要海区、流域或省（直辖市）建立渔业环境监测站33个，形成了以国家渔业环境监测中心为枢纽的全国渔业环境监测网络。

五、积极发展无公害农产品标准化生产

各地相继建设了一大批无公害农产品生产基地，同时加强环境监测和评价工作，通过开展产品认证、制定无公害农产品标准和技术规范，促进农产品清洁化生产和生态农业产业化进程，逐步实现产前、产中、产后的全过程控制，让人民群众吃上“放心粮”、“放心菜”和“放心肉鱼蛋奶”。

六、防治草原退化、沙化、碱化

国家制定了草地载畜量、草地等级评定、草地退化标准等，开展了人工种草、飞播牧草、围栏封育、鼠虫害防治等生态建设和保护工

作。通过草地承包经营、有偿使用，使盲目开垦、滥采滥挖、过度放牧、只取不予、生态恶化得到了一定程度的遏制，调动了广大牧民保护草原、建设草原的积极性。

七、强化渔业资源与环境管理

为合理利用渔业资源，控制近海捕捞强度，国家依法建立水面、滩涂养殖使用证和捕捞许可证制度，实行休渔期、禁渔区和征收渔业资源增殖保护费制度，严格控制渔船盲目发展，限制捕捞幼鱼和危害资源的渔具、渔法，严禁向渔业水域排放“三废”，规定了77个海洋经济品种的最低可捕标准和渔获物幼体比例限额，鼓励发展外海、远洋渔业，采取投放人工鱼礁、人工放流苗种等办法增殖渔业资源。

八、实施林业生态环境建设六大重点工程

从经济、社会发展对林业的主导要求和国情、林情出发，国家对原有的林业建设工程进行整合，集中投入，突出重点，切实抓好天然林资源保护、“三北”和长江中下游等防护林体系建设、退耕还林还草、环北京地区防沙治沙、野生动植物保护和自然保护区建设、重点地区速生丰产用材林基地建设六大重点生态工程的建设。进入新世纪，全国造林绿化速度和质量取得了历史性突破。2002年全国造林绿化面积首次突破1亿亩大关，达到1.12亿亩（约746.7万公顷），新增封山育林面积61.3万公顷。六大林业重点工程建设全面实施，管理进一步加强，成效显著。2002年国家投入六大林业重点工程资金达264.98亿元。

九、加强法制建设和监督管理

国家相继制定、颁布、修订了《农业法》、《渔业法》、《草原法》、《森林法》、《土地管理法》、《水法》、《水土保持法》、《防洪法》、《环境保护法》、《海洋环境保护法》、《防沙治沙法》、《野生动物保护法》等一系列相关法律、法规，多数省、自治区、直辖市颁布实施了《农业环境保护条例》或规定，农业生态环境建设和保护正逐步走上依法行政的轨道。

十、加大投资力度

中国环保投资总额占国内生产总值（GDP）的比例，从“七五”期间的0.7%上升到“八五”期间的0.8%，“九五”期间首次突破1%，达到3 600亿元。1998年到2002年，中国在环境保护和生态建设方面的投入高达5 800亿元，占同期国内生产总值的1.29%，是1950年到1997年47年投入总和的1.8倍。

十一、履行国际环境公约，开展国际交流合作

在履行《生物多样性公约》、《湿地保护公约》、《保护臭氧层蒙特利尔议定书》、《气候变化框架公约》等国际责任和义务的同时，积极开展国际交流与合作，全面宣传介绍中国农业环境保护、建设工作和优先发展项目，通过双边和多边的政府、民间等合作形式，全方位引进先进技术、管理经验与资金，提高中国农业环保水平。

第十节　新时期农业生态环境建设的目标和任务

对农业生态环境进行大规模的建设，是实现经济与社会可持续发展的战略措施。生态农业是世界农业可持续发展的必然趋势，在新世纪，中国必须坚持不懈地开展大规模的农业生态环境建设，依法保护并合理开发土地、水、森林、草原、矿藏和海洋资源，完善自然资源有偿使用制度和价格体系，逐步建立资源更新的经济补偿机制。建设的重点领域包括：

一、生态保护和建设

继续大力开展植树种草、防沙治沙、改良草场、水土保持等工作，有效保护和恢复生态环境；把热带森林、天然林、湿地、生物多样性丰富地区和生态脆弱区等生态系统放到相应的位置，采取有效措施予以保护。继续坚持“谁开发、谁保护；谁破坏、谁恢复；谁利用、谁补偿”的原则，加强资源开发活动的生态环境管理，加速推行生态环境影响评价等行之有效的管理制度。到“十五”末，建立起生态环境保护和自然资源管理的法规体系，基本实现资源的开发与合理

利用，遏制生态环境加剧恶化的趋势，把农业生态环境建设引向良性循环的轨道。以增加森林资源、保护和改善生态环境为目标，以防护林体系工程建设为基础，加快造林绿化步伐，完善“三北”、长江中上游、沿海、太行山绿化、平原农田防护林体系工程，全面铺开黄河中游、淮河太湖流域、珠江流域、辽河流域防护林体系工程建设，基本构筑起绿色生态屏障。加快森林资源培育和用材林基地建设，提高森林资源的数量和质量，发挥森林在生态环境建设中的主体作用。

继续大力开展长江、黄河、珠江、海河、淮河、松花江和辽河七大流域的水土保持建设，重点治理黄河中游和长江上游的水土流失。加大风沙区生态建设力度，植树种草、治沙造田，合理开发利用沙区资源，积极发展沙产业，重点抓好治沙工程试验区的建设。加快对草原退化、沙化、盐碱化的治理，改良天然草原，建设高标准的人工草场，改良沿海滩涂。

二、农用资源环境保护

大力发展生态农业，控制农业污染和农药化肥对水环境的污染，扭转农业污染和农业生态环境破坏加剧的局面，改善农业环境质量，让农业走上可持续发展之路；与此同时，注意改善村镇环境和农民居住环境。

制定农业环境管理法规和标准，建立健全农业环境管理体系，加快农业环境监测网建设，实现监测工作常规化。对农业环境重点污染区进行治理，防治农用化学污染，有效施用化肥，加快农药新品种研制开发，增加高效低残留的新品种产量，推广病虫害的综合防治和生物防治措施，防治畜禽养殖场的粪便污染和水产养殖带来的污染。

严格执行《土地管理法》，落实《基本农田保护条例》，力争把每年耕地的净减少量控制在 33.33 万公顷以内。增施有机肥料，推广配方施肥技术，恢复耕层的有机质含量和改善理化性能。保护鱼类资源，大力开展生态渔业示范区建设。

三、自然保护区和生物多样性保护

加快建立和完善全国自然保护区网络，进一步扩大自然保护区的数量和面积，形成类型齐全、级别明确、布局合理、面积适宜、建设与管理初步协调的自然保护区网络。

加强对珍稀濒危物种的就地保护，积极开发物种迁地保护和繁育基地，建立国家级濒危动植物种基因库和各类物种遗传资料数据库；建设国家级生物多样性保护开发研究室和珍稀濒危野生动植物保护研究试验室，有效地保护生物多样性。

四、地质环境保护

强化地质环境监督管理，建立起适应社会主义市场经济体制要求的地质环境监督管理体系，保护地质环境，合理开发利用地质资源，努力减少地质灾害损失；查明中国地质灾害的区域分布规律和发育特征，完成全国省级地质灾害防治区划，开展地质环境监测和地质灾害预测、预报，建立和完善地质灾害监督网及数据库。到 2010 年，使一些有直接威胁的重大地质灾害得到治理；开展矿产资源开发对地质环境和地面生态环境影响的现状调查与评估，按时完成南水北调工程和黄河下游治理工程的环境地质影响论证和评估；加强对地下水资源的保护，使不合理开发地下水资源的状况得到控制，实现水资源的可持续利用。

五、海洋环境保护

海洋环境保护的重点是修复近海重要生态功能区，建立和完善各具特色的海洋自然保护区，形成良性循环的海洋生态系统。

加强海洋环境管理，控制近岸海域污染和对生态的破坏，使部分污染比较严重的重点河口、海湾、海域的环境质量有所改善，防止新经济开发区临近海域的生态破坏，力争减轻海洋环境灾害。

完成近海海洋环境功能区划，扩展管理领域，对海域逐步实施环境监督管理。建设海域生态监测网络和各种类型的生态监测站；建设国家海洋病毒检测中心，开展近海传染病毒监测；建立国家赤潮预报中心和赤潮监测网。

近期到 2005 年来，主要污染物排海量比 2000 年减少 10%，近海海域生态环境恶化趋势减缓，外海水质保持良好状态，海洋生物资源衰退趋势得到初步遏制。进一步提高对赤潮的控制能力，重点海域监控区内赤潮发现率达到100%，努力减轻赤潮灾害造成的损失。渤海综合整顿取得初步成效。逐步实现重点入海河口、湿地及滩涂资源的保护可持续利用。到2010年，入海污染物的排放应在2005年的基础上再减少15%，海洋生态建设取得显著进展。

六、大气层保护

由于大气污染具有极强的输出性，即密集的城市和工业群落所产生的污染让广大的农村地区和农业产业受到灾害，所以，研究改善农业生态环境的对策，要看到这个致污的外源性，从源头上解决问题。

“十五”期间，治理大气污染的重点是调整能源结构，减少原煤用量，开发油气层资源，提高天然气等清洁能源比重；开发燃料酒精等石油替代产品；积极发展水电，压缩小火电，适当发展核电，积极发展风能、太阳能、地热等新能源和可再生能源。

采用源头治理和末端治理相结合方法，限制含硫量大于3%的高硫煤炭的开采，推广烟气脱硫技术，组织实施烟气脱硫设备国产化的示范工程；提高机动车尾气排放标准，逐步推广机动车使用清洁燃料技术；控制城市施工现场扬尘。

推广和使用先进节能技术。提倡节约能源降低生产生活成本，建立起一个节能型社会，开发节能型家电，改进电力、化工、煤炭、钢铁等工业部门的技术、工艺、设备，降低单位产品的耗能量。与此同时，注意在西部大开发过程中的大气环境保护。

第十一节　加强农村生态环境建设的措施

要实现全面建设小康社会的宏伟目标，必须使可持续发展能力不断增强，生态环境得到改善，资源利用效率显著提高，促进人与自然的和谐，推动整个社会走上生产发展、生活富裕、生态良好的文明发展道路。按照这样的要求，在“十五”期间乃至相当长的一段时间中，要把生态环境建设放到农业和农村经济工作的突出位置，切实处理好人口、资源与生态环境的关系，把农业真正引入可持续发展的轨道上来。

一、提高对生态环境建设重要性的认识

实施可持续发展战略，首要的是解决好认识问题。应该说，频繁发生的自然灾害和人们生存环境的恶化，使绝大多数领导和群众已经认识到了生态环境建设的重要性和迫切性，但也确有那么一些人，对生态环境建设的认识还不到位，或者还有偏差。主要表现为“难免论”、“先后论”、“本位论”。有人认为，人类在进行经济建设的过程中，要发掘和利用资源，难免不对生态环境造成一定的影响。也有人认为，在生产力不发达的社会主义初级阶段，第一位的是发展经济，生态环境建设是次要的。还有人认为，发展生产，争取物质财富的增生，是实实在在的政绩，而生态环境建设，是社会问题，不是某个生产单位应顾及的。这些不正确的认识是实施可持续发展战略的思想障碍。各级领导应通过学习，不断提高认识，把各方面的思想都统一到中央的精神上来。整个社会都必须认识到，生态环境建设是造福子孙后代的伟大事业，是关系到中华民族的生存和发展的长远大计，是经济建设的基础，是提高人民生活质量的重要组成部分。在960万平方公里的土地上求生存、求发展、求进步，最终实现现代化，这是广大人民群众的根本利益。从这个利益出发，我们所追求的发展只能是可持续发展，既能够满足当代人的需要，又不损害后人的生存和发展的需要。要坚决反对那种只顾眼前利益而牺牲长远利益的短期行为，为人民的根本利益，宁可暂时放慢发展速度，也不能破坏人类赖以生存的环境和资源。在新的历史时期，一定要把保护和建立良好的农业生态坏境作为基本国策，长期坚持下去。各级政府应强化在保护生态环境方面的职能作用，坚持经济、环境与社会同步规划，同步实施，同步发展的方针，一定要摒弃“先发展、后治理”，“边发展、边污染”的错误思想，明确中央和地方各级政府保护环境、建设秀美山川的责任，争取用15年左右的时间，基本遏制生态环境恶化的趋势；在此基础上再用15年左右的时间，使生态环境状况有个明显改观；到21世纪中叶，在全国建立起适应国民经济可持续发展的良性生态环境，大部分地区做到山川秀美，江河清澈。

二、倡导农业清洁生产

1998 年，国家制定了《全国生态环境建设规划》。规划的重点是合理开发利用资源，大力开展农业生态环境建设，防治生态环境污染，防治水土流失，防治土地荒漠化和草原退化，防治水资源污染，减少自然灾害。规划的核心是实施可持续发展战略。有了规划，应抓好贯彻实施。为切实减少农业生产造成的环境污染，必须认真实施农药残留降解工程、农业废弃物无害化处理工程、化肥大面积污染控制工程，同时加强农业生态环境管理，加大农业、渔业污染事故查处力度，加快草原“沙化、退化、碱化”治理，大力恢复和改良草场。

在防治污染的同时，大力推动农业清洁生产，确保农产品的安全。为此，要制定农业清洁生产政策法规；研究开发实施农业清洁生产的配套技术，建立农业清洁生产监控体系；开发和推广有机资源循环利用，减少化学品对农业生态的干扰；建立农业清洁生产示范区，以点带面加以推广实施。

由于对大气污染主要是以矿物能源为主的煤炭燃烧所造成的，因此，国家应采取大力发展清洁煤技术，解决能源环保问题。国家应采取强制性政策，限制高污染煤的使用，限制对含硫量大于 3%煤的开采；含硫和灰分超过环保要求的煤炭必须洗选；采用先进的脱硫固硫技术改造工业造气设备。

三、建立农业生态环境质量标准和监测体系

目前，中国与可持续发展相关的指标体系很不健全，只有考核环境质量程度的污染指标，而没有生态环境质量指标，对区域生态环境状况仅限于水土流失量、森林覆盖率等的考核，缺乏综合系统的考核指标。因此，对农业生态环境的考核还缺乏足够的科学依据。

应加强对农业生态环境的研究和分析，包括生态工程技术研究，重点是生态环境检验的技术手段和标准，建立信息网络和状况监测网络，在实施对农业生态环境归口统一管理的基础上，不断规范检验程序，不断完善评估手段，不断完善监督体系。作为基础性工作，必须完善高效、快速的农业生态环境监测预警和重大农业生态环境污染事故监测体系，同时加强对大中城市郊区、工矿企业周围等重点区域土

壤环境质量的例行监测，以及主要农畜产品的污染监测。

四、实施防灾减灾专项工程

经过几十年的努力，中国在防灾减灾方面已有一定基础。通过兴修水利、营造防护林、人工种草、利用先进的栽培技术、病虫监测防治体系、草原防火体系、鼠虫害防治体系和气象服务体系建设等多种措施，初步建立起了一套防灾减灾体系。但是灾害仍然是破坏中国农业生态环境，影响农业可持续发展的重要因素。随着经济的进一步发展，环境污染和生态遭破坏的本身也已经成了灾害。因此，建立农业灾害监测系统和应急救助测报系统，形成有力的防灾减灾体系，最大限度地减轻灾害造成的农业损失，当是中国加强生态环境建设的一个重要措施。

应在“以预防为主、防抗结合”的原则指导下，加强平时防御体系建设。提高农业气象、虫情、污染、动物疫病、草原防火、鼠情、水产病害和其他灾害的监测预报能力，提高监测的准确性。加强抗旱、排涝、防风等抗灾指挥、救助体系建设，提高指挥、调度和应变能力，确保把灾害损失降到最低程度。

五、继续推进生态农业县建设的试点

中国地域广阔，区域差别显著，分析全国主要类型区影响生态环境建设及可持续发展因素，依靠科技和政策，建立国家生态农业试验示范区，进行长期的资源高效、持续、合理开发利用和可持续农业技术体系研究推广，创造农村可持续发展样板，为国家和地方政府制定农业可持续发展战略提供科学依据，不但是十分必要的，而且是应下力气抓好的。

始于1994年的全国农业生态县建设试点工作，初步显示了生态农业的旺盛生命力，取得了良好的经济、社会、生态效益。要争取到2010年，国家级和省级生态农业建设县达到500个，并使其成果和技术逐步辐射全国各县。现在需要研究的是，在逐步扩大示范和推广规模的基础上，加大项目投资力度，加强项目指导、组织管理和程序验收，促进试点建设规范化。结合流域生态治理，组织跨流域生态农业建设。同时鼓励进行农户、村、乡级规模的生态农业试验、示范，发动广大农民参与生态农业建设。

在生态农业建设规模扩大的同时，应注意研究新情况、解决新问题、总结新经验，对其做出理论的概括和升华，使生态农业建设逐步走向理性化、系列化和规范化。

六、抓紧对乡镇企业的污染治理

乡镇企业的异军突起，给中国农村带来了巨大变化，但是，它在创造了大量的物质财富的同时，也成了危害农业生态环境的重要污染源。由于受“先发展、后治理”思想的影响，乡镇企业的环保和治污措施严重滞后，大量的废气、废水和固体废弃物不经处理就排放，严重地污染环境，使本来就很脆弱的农业生态环境雪上加霜，在局部地方已经成了一大公害。如云南、贵州、四川等地区的炼硫、炼汞等排放的高浓度废气，造成大面积植物死亡，粮食绝收，使局部地区成了“生态死区”。在21世纪，中国要改善农业生态环境，走可持续发展的道路，必须加快乡镇企业治污的步伐，必须彻底扭转乡镇企业严重破坏生态环境的被动局面。首先必须加强宏观管理。按照国家产业政策和环保要求，采取环境管理与污染防治相结合，企业治理与工业小区治理相结合，控制新污染与治理老污染相结合，行业治理与流域治理相结合的办法，对耗能高、污染严重的企业和项目一律不许新建，对已有污染企业要限期治理。禁止采用严重污染环境的生产方式炼砷、炼汞、炼铅锌、炼焦、炼硫磺、炼油和选金，已建成的或正在生产的这类项目要关闭。对污染严重且无有效治理措施的小型化学制纸浆、小型化工等企业一律应责令限期关闭、停产或转产。要定期公布需要淘汰的耗能高、污染严重的生产工艺、技术和设备名录，推荐先进适用的生产技术和设备，鼓励企业进行技术改造，树立环境保护的典型样板。继续推进乡镇企业环保节能示范工程，及时总结经验，积极组织推广。

七、多渠道增加生态环境建设资金

要建设，就得有投入。过去生态环境之所以一年比一年变劣，建设滞后于污染和破坏，一个重要原因就是投入不足。要建设良好的生态环境，必须多方筹措资金，加大投入力度。

按照《全国生态环境建设规划》，进行生态环境建设的资金，应坚持国家、地方、集体、个人一起上，多渠道、多层次、多方位筹集的方针，坚持取之于民、益之于民。大的重点生态环境建设项目，实行国家负责和地方匹配制；中级范围的地方性、区域性工程，由地方负责建设；小型项目，应主要发挥中国劳动力比较富裕的优势，组织广大农民群众投工投劳，同时，国家用“以工代赈”的方式给予扶持。把投入责任明确了，事权划分清楚了，就会调动各方面的积极性，共同为建设良好的农业生态环境这个大目标而出力。

八、必须遵循自然规律和经济规律

进行生态环境建设，是人类依赖自然环境所开展的经济活动。这种活动的性质，规定了必须遵循自然规律和经济规律。过去，我们曾经搞过天然林保护工程和以粮代赈，退耕还林、还草试点，水土保持工程和治沙工程，应该说有效果。但是，与我们原来的设想，投入的收效还有很大的差距。究其原因，主要是在生态环境建设和治理中，没有自觉地遵循自然规律和经济规律。

遵循自然规律和经济规律，一是种树种草一定要坚持因地制宜、因品制宜的原则，当地条件适应种什么就种什么；二是注意解决好农民的温饱和烧柴问题，让种的植物留得下，长得好，避免因生活所迫而遭到掠夺性破坏；三是大力推广既科学又简便易行的治理方法，让农民便于掌握，只要按照要求做就有效果。做到这三条，就能使生态环境建设事半功倍，否则，就可能是事倍功半。

九、依法保护农业资源和环境

在农业资源保护方面，国家已颁布了《土地法》、《草原法》、《森林法》、《农业法》等一些专门法律，一些法律还进行了及时的修订；在环境保护方面，国家颁布了《环境保护法》，保护农业资源和环境，应该说有法可依。问题是没有很好地贯彻执行这些法律法规，对违法者没有及时追究法律责任。因此，在新的世纪，一定要在有法可依、有法必依、执法必严、违法必究上下功夫，使农业资源和生态环境走上依法保护的轨道。

首先，要通过加强执法队伍建设，强化农政、林政、牧政、渔政和资源保护的执法管理，解决有法不依和执法不严的问题。各级人大常委会或有关部门应定期有重点地开展执法监督检查。其次，要加强农业资源和生态环境保护方面的立法，抓紧修改相关法律，抓紧制定规章、条例和实施细则，从法律上加大资源和环境保护的力度。第三，开展法律法规和政策的宣传活动，对广大农牧渔民进行普法教育，增强他们保护资源和生态环境的责任意识。

十、要发扬艰苦奋斗的精神

农业生态环境建设，是一项经济、生态、社会效益相统一的社会系统工程，摆在新世纪面前的是基础弱、起点低、难度大；但只要我们发扬中华民族乐于吃苦，勇于拼搏，敢于胜利的大无畏精神，按照党中央、国务院的具体部署，把全国人民都组织和动员起来，一代接一代地、持之以恒地、锲而不舍地奋斗下去，就一定能够实现奋斗目标，在不远的将来，中华大地的山一定会更绿，水一定会更清，生态一定会更优良，环境一定会更秀美。

第十二节　从源头上治理城市对农村的输出性污染

生态环境是个包容在整个生物圈中的一种气候、资源、地质等互相作用而存在的复合体，它自身“在时间上的纵伸性、在空间上的广延性、在利害上的波他性、在物质上的循环性”的基本特征，决定了研究农村生态环境问题必须涉及城市，治理农村污染首先是治理城市污染。因为对农业农村环境的污染，比如，大气污染、水质污染、固体废物污染等，就其本质来说，是城市的、工业的对农村的、农业的输出性污染。因为城市在运行中所产生的一氧化碳、二氧化硫、二氧化氮和粉尘颗粒物，都要通过大气环流的作用向城市周边和农村扩散，最终危害到农村。城市的生产生活所排出的废水，在没能净化的情况下，也要通过排水管道汇集到江河，顺流而下，最终危害到农村。至于城里的垃圾，也都是到城周农村地区填埋，最终的污染也是加害于农村和农业。由此可得出，没有城市和工业对污染源的治理，农村和农业生态环境恶化的状况就不可能改变。

一、治理大气污染

据监测，我国每年大气污染物的排放量：二氧化硫约为 2 400 万吨；烟尘 1 150 万吨；工业粉尘 1 170 万吨。其中二氧化硫的排放总量超过欧洲和美国，居世界首位。据 2002 年《中国环境状况公报》，在监测的 343 个市县中，有 107 个城市的空气质量劣于三级，生活在空气未达标城市的人口占统计城市人口的 3/4。人们要呼吸到合格的空气，已经成为城市居民的一个渴望。据国家环保总局副局长汪纪戎教授主持的研究报告显示：1995 年，中国由二氧化硫排放所造成的损失估算，对农作物所造成的经济损失为 218 亿元，对人体健康所造成的损失为 172 亿元，对森林所造成的损失 776 亿元，三项合计约为 1 165 亿元，约占当年国民生产总值的 2%，每吨二氧化硫排放所造成的经济损失为7 915元。与此同时，对水体、材料和建筑物的腐蚀，也是客观存在的，只是缺少定量分析。由于大气污染的致源主要是工业烟尘、粉尘，汽车尾气排放，建筑工地扬沙，因此，治理的重点是从这三个方面减少源生物质的排放，使之达到排放物不至于造成污染的标准。治理工业污染。调整能源结构，在现阶段加强油气资源勘探和开发利用的同时，不断在能源质上进行创新，寻求新的具有人类发展史上重大发现价值的新能源物种。在现阶段，应重点解决“煤”的问题，限制含硫量大于 3%的高硫煤的开采，原煤生产过程配套安装煤炭选洗设备，关闭不符合环保生产标准的小煤窑。推广应用先进的造气、造热技术，通过控制温度和加添加剂等技术措施，提高生产过程的脱硫率。推广应用煤气化和发电一条龙生产技术，这项新技术脱硫效率可高达 99%，我国目前的工作是研究、引进消化和吸收阶段，应由国家投资建设示范工程。解决烟尘、粉尘问题。一是从源头上治理，控制不发生或少发生排放量；二是进行末端治理，通过加装硫清除设施减少排放量。扶持培育有技术经济实力的脱硫工程公司，组织科技攻关和技术创新，重点推广火电厂烟气脱硫成套技术和设备，以达到脱硫和消烟除尘的目的。治理汽车尾气污染。随着城市化和现代化建设步伐的加快，在七八十年代致污并不明显的汽车尾气排放，将大幅度上升。如果现在还不认识到问题的严重性，还不能采取措施进行综合治理，那么，可以预言，汽车尾气排放污染将成为大气污染的第一号罪魁祸首。对其进行治理的战略有四点选择。一是提高新车的尾气排放标准，改进汽车发动机的供油和燃烧机构，采用精确油气混合控制技术，争取用5～7年的时间，使所使用的汽车尾气排放都达到“欧Ⅲ”标准。二是大力推广使用新能源汽车和新式电动运输工具，城市公交车应向电（动）液（气）方向发展。鉴于柴油汽车致污的劣根性和治理的难度，国家应通过产业政策和宏观调控手段，逐年应缩减柴油车的生产和使用，争取用5～7年时间，使其退出历史舞台。与此同时，长期使用的机油、汽油混合型“二冲程”摩托车，也应相机淘汰，在规定的时间内退役，再不生产或投放市场。三是通过改进油品质量来达到控制排放的目标。汽车尾气能造成环境污染，终极原因是燃油燃烧不完全和油中含有大量的杂质。燃烧不完全是个技术问题，油中有杂质是个产品质量问题。因此，控制尾气排放，除了要通过技术创新来改进燃烧状况外，还要在油质上下功夫，降低油的硫、铅、硅、铁、钒等致污物质的含量。在管理环节上，不允许滥用添加剂，对加油站的油源进行科学管理等措施，也是不可忽视的治污手段。四是推广节能新技术。用最小的能源消耗量取得尽可能大的功率，这是减少大气污染的一个基本常识，问题是对于这一条措施，并没有引起人们足够的重视，运输企业和交通过程中的高耗能低效率的生产方式，应适应治理环境污染的需要，有一个阶段性的转变，其途径主要是：通过汽车技术性能的改进来节油；二是通过改进驾驶操作技术来节油；三是通过车辆的科学调配和运行管理来节油。治理扬沙扬尘。大气层中的可悬浮颗粒物，主要来源于裸露的地表和破土后的建筑工地。对此应采取点面结合的双重办法来解决问题。所谓点的办法，就是控制建筑工地的扬尘，包括取土后及时人工凝固表面，施工现场设置封闭防风防沙围栏；建筑残渣及时清运处理，控制城市通路及地下管线挖掘面积，缩短施工时间等等。所谓面的办法，就是对城区、街路施行绿化、硬化和铺装化，用提高森林和绿地覆盖率减少裸露和表层疏松等来达到防尘防沙的目的。

二、治理水污染

中国的城市在工业化和现代化进程中，由于对经济可持续发展在认识上的滞后，曾一度使先发展后治理的思想大行其道，甚至是只发展工业不治理污染，只要GDP不管生态环境如何，结果使城市工业污水和生活废水源源不断地泄向广大农村地区，每时每刻地恶化着农业、农村的生态环境。《中国环境状况公报》显示：2002年，全国工业和城镇生活废水排放总量为439.5亿吨，其中工业废水排放量207.2亿吨，城镇生活污水排放量为232.3亿吨。全国工业废水排放达标率（统计数）为88%，非重点工业企业废水排放达标率（统计数）为80%。更需要引起人们警醒的是，工业废水和城市生活污水排放量每年以2.3%和1%的比率增加。根据世界银行1995年的研究，中国因水污染而造成的经济损失325亿元人民币，约占当年GDP的0.56%；近年我国专家的研究结果，因水污染造成的经济损失占GDP的比率在1.46%～2.84%之间。分析这一组数字，我们可以得出三个结论：一是我国工业和城镇生活污水排放总量巨大，大约占全国总用水量的14.7%，相当于2002年全国3 093座大中型水库蓄水总量的22.3%；二是随着经济总量和物质生产能力的逐年增加，如果做不到经济增长与排污治理的同步，那么，排污总量的增加是不可逆转的；三是如此巨量的污水最终都要排向广袤的农村，导致农业农村生态环境的恶化。由此可见，改善农业农村的生态环境，特别是治理水污染，其源头是工业，是城市。工业及城市的污水得不到治理，任其污恶横溢，农业农村生态环境状况的恶化，就是铁的事实。工业和城市污水污染农田、水面已不是个别问题，是全国各地都存在的普遍现象。每年因排污所引起的恶性事件屡见不鲜，对此农民深恶痛绝。据国家环保总局等六部门的报告，2003年1～9月份，各级部门共接到致污举报电话33.1万个，有的得到了处理，有的处理后又旧病复发，有的已经成了影响社会稳定重要因素。治污，已经成了改善生态环境的第一要务。树立发展绿色经济的新观念。目前，中国水污染严重，一个重要原因是一些领导干部不正确的发展观政绩观在作祟，把经济发展与环境保护对立起来，认为要想快速发展工业、快速发展经济，对生态环境造成一定的污染在所难免。认为GDP是硬指标，生态环境是软约束，甚至有的领导主张经济优先、环保让路，不少地方在招商引资中不看环保条件，引进了一些重污染的企业。客观情况告诉人们，要解决污水的问题，必须首先解决“污脑”的问题，把保护生态环境、控制流体污染放到重要位置，树立绿色发展观，在工作的指导上，既要GDP、更要优良的生态环境，对因工作失误导致污染环境的企业，要追究领导者的责任。限期治理现存的致污企业。重点治理制革、化工、电镀、造纸、印染、冶炼、水泥等重污染企业，对在限期内不能达到排放标准的，坚决关闭。应通过新上污水净化处理配套工程、改进生产技术工艺、推行清洁生产等措施，大幅度降低污水排放率，大幅度提高生产用水净化率和再循环利用率。在“十一五”末期，力争有95%以上的企业的废水实现达标排放。实施洁净排放的产业政策。国家有关部委应共同修定产业发展政策。在国家有关鼓励、限制和淘汰产品、工艺、设备目录的基础上，组织制定产业结构调整目录，从源头上杜绝污染。各有关部门应依据本部门职能，最大限度地保证产业政策的实施，坚决淘汰严重危及人身健康和安全生产、环境污染严重的落后生产设备、工艺和产品，鼓励经济发达省份提高地方性环保标准，提升产业水平。倡导循环经济，推广水资源的循环利用技术，以减少单位GDP用水总量来降低污水排放总量。研究修订以《中华人民共和国环境保护法》为主体的环保法律法规，并相机出台一些配套性的法规规定，完善排污对生产项目的一票否决制度和水污染事件的领导责任追究制，用法律、法规和相应规定规范政府、企业和生产经营者的行动，创造良好的有法可依的保护水质的社会环境。

加强排污监察和执法能力建设。排污要有法可依，最根本的是有法必依、执法必严、违法必究。应加强环保执法监察，定期进行检查，及时处理不合格排放和违规排放。对违规者实行重罚，让违规责任者付出超出于净化处理成本的经济代价。对重点污染源安装在线监控装置，实现在线远程定量化监控，确保污染治理设施正常运转和长期稳定达标排放。注意发挥舆论对排污的监督作用，在全社会造成一种达标排放是时尚违规排放是犯罪的环境氛围。

三、治理垃圾污染

中国环境状况公报显示，2002年，全国工业固体废物产生量为9.5亿吨，比上年增加65%；工业固定废物排放量为2 635.2万吨，比上年减少8.3%。工业固体废物综合利用量为5.0亿吨，综合利用率为52.0%，与上年持平。危险废物产量1 000万吨。同年全国生活垃圾清运量为1.36亿吨，比上年增加1.2%；其中生活垃圾无害化处理量为7 404万吨，无害化处理率为54.3%。“九五”以来，尽管国家采取了控制工业固体废物产生量，增大处理能力、实施垃圾再利用等措施，力争解决日益增加的废弃物污染和垃圾堆放占用耕地问题，但总量的增加会随着GDP的增长和城镇人口的增加而增加，工业废弃物和生活垃圾以及医疗卫生废弃物给环境带来的危害，愈发严重地显现出来。

工业废弃物和生活垃圾对环境的污染，与水和大气致污的特点相比较，更具有危害性和治理难度。它的致污特点主要体现在衍生性、潜伏性、难控性。所谓衍生性，是指固体废物对生态环境的污染，往往是通过对土质层的首先污染连带着对水和大气的污染。固体废物在水和大气的作用下，通过媒介发生化学变化，又导致作为变化媒介的水和大气的污染，使致污性能在化学变化中不断增强。所谓潜伏性，是指固体废物对生态环境的污染是一个缓慢的过程，大部分属于不能即刻出现的污染，有的需要滞后几年甚至几十年才能显现。所谓难控性，是指固体废物特别是医疗卫生单位和有核部门的危险废弃物，一旦处理不得当，就很难得到补救，很难控制其危害，甚至可导致人类付出生命的代价。这三个方面的特点告诉人们，从某种意义上讲，固体废弃物对生态环境的污染，可能要比水和气造成的危害严重得多，对此人类不可小觑。

消除固体废弃物及垃圾的污染，世界上的一些国家有些可资借鉴的办法。中国也积累了一些处理措施。解决这个问题的渠道，从大的方面说有三个：一是在减少总量上下功夫；二是在寻求垃圾再利用上下功夫；三是在清除和销毁处理上下功夫。

用行政、经济、法律手段控制生产废弃物及生活垃圾的产生量。建立与经济及环境可持续发展的生产废弃物及生活垃圾的管理体制，把政府的垃圾管理职能和处置企业的再生利用职能区别开来，政府的权力主要是管理、服务和政策扶持，有必要建立城市垃圾经营许可证制度，对产生生产废弃物及垃圾的重点企业实行重点监控，并不断完善行政法规和法律，走以法治理的路子。通过提高城市居民的燃气化水平，减少因燃煤所形成的灰渣量；改变农副产品销售方式，大力推行精菜、净菜上市；提倡生活简约，避免商品的过量过度包装，等等，都可以收到废弃物及垃圾减量的效果。

大力发展垃圾综合利用行业，以废代新、循环利用资源。循环利用垃圾及废弃物的前提条件是垃圾的分类，第二步才是资源化处置和利用。应引导居民养成“分类”的良好习惯，并要配套地设置分类设备和区别运输的工具，使分后方便回收利用，能创造出效益。废弃物资源化的主要渠道是：可燃物的焚烧发电、废钢铁的再造、废轮胎及塑料制品的再生，矿渣、建筑剩余物通过烧结等工艺转型为建筑材料，废旧汽车和电子设备的回收利用，等等。

对于没有再利用价值的废弃物及垃圾，最终的处理要符合无害化的要求。应坚持谁产生谁负责处理和政府统筹的原则，对工业的废弃物应由产生的企业负责处理，对城市的生活垃圾应由政府出资或组建多种所有制的专业公司负责处理。在焚烧或填埋的过程中，一定要有尾气处理和防渗漏措施，避免造成二次污染。国家应明文规定，处理废弃物及垃圾一律不可占用耕地，有违者要追究其责任。

四、防治放射性污染

如果我们能用天体、宇宙的眼光去看待这个变幻莫测的物质世界，就应该认识到：人类发现了镭、铀和一些具有放射性的同位素，这标志着人类已经对天体及地球的认识又向自由王国的方向迈出了一大步。但如果对放射性元素的危害不能有效地控制，也标志着人类向自取灭亡的道路上又迈进了一大步。问题的严重性在于人类对这一点认识不足，还沉浸在放射性同位素给人类所带来的有用、有利的快乐中，只看到了核可提供动力、放射性同位素可帮助人类确诊疾病等，没看到这些元素如果利用或处置不当，它将每时每刻地吞噬人类的健康细胞。

防治放射性污染的重点部门是核工业、核电力部门，利用放射性同位素的医疗部门和科研机构。一是对于这样的会危及人类安全的特殊废弃物的处置，应明确政府是第一责任人，只有政府进行统筹兼顾，组织科学合理的处置，才能保证安全。二是从源头上做起，有效控制放射源，一定要使涉核物质在使用、销售、运输、转移全过程密封和安全控制，不得发生任何的泄漏，消除安全隐患。三是一定保证对涉核废弃物专业性和科学性的销毁，一定要留存警示后人的标识，一定要对填埋物进行定期的跟踪检测，把问题解决在萌芽状态，一定不可让前苏联的切尔诺贝利核事件在中国重演。

防治核污染是一个涉及生态环境又超于生态环境的社会性问题，对此人类要千万牢记，不可出现半点的疏漏和失误。

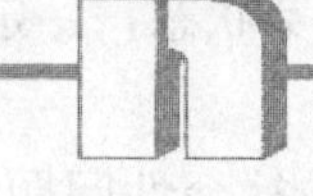

第十五章

农村能源建设

中国农村地域辽阔，人口众多，发展落后，能源建设是促进农村发展、全面建设小康社会必须下大力气解决的重大而紧迫的问题。加强农村能源建设既要坚持过去成功的经验，同时又要审视新的形势与任务，不断创新发展思路。

加快农村能源建设步伐，不断开辟新能源和替代能源的有效途径，是改善生态、保护环境的需要，也是缓解能源危机的需要。就石化能源的蕴藏总量来说，中国堪称地大物博，但人均水平却极其低下。国内外专家比较公认的是，中国石油可开采量为 135 亿吨，占世界总量的 3%，人均占有量只有世界的 15%；天然气可开采量为 9 亿立方米，占世界可开采量的 2%，人均占有量只有世界平均水平的 10%。据此，专家预测，中国的石油资源可供开采到 2015 年，天然气资源可供开采到 2020 年。未来的中国，不能不面对能源危机的压力。在这种情况下，农村能源不可能依赖传统的石化能源，现在必须未雨绸缪，开辟新的能源资源，发展可再生能源和具有环保意义的清洁能源。由此可以断言，加快农村能源建设步伐，是中国具有战略意义的历史性选择。

农村能源建设是指农村地区消费的各种能源资源的开发与节约利用。中国农村能源资源包括生物质能和畜力等生物能源资源，也包括水能、太阳能、风能、地热能、海洋能等自然资源。从形成和特征看，后者均属于可再生能源，即不会随着其本身的转化或因人类的开发利用而有所减少，可以不断再生和循环使用。同时它们在转换和利用过程中，没有或很少有污染性，因此属于清洁能源，资源特点决定了农村能源建设基本属于可再生能源建设范畴。所以农村能源建设具有特殊的意义，它不仅有利于提高农村人口的生活质量，而且有助于农业和农村经济的可持续发展和生态环境保护。

第一节　从经济循环理论上认识能源革命的必要性

农村生态环境建设，是构成农村经济与社会可持续发展的要素，而农村能源建设，特别是可再生能源的开发与利用，又是改善农村生态环境的一个重要措施和有效途径，二者之间的关系，可以从经济再生产循环过程中的促进作用中具体表现出来。

传统的经济再生产理论，主张经济的循环是由生产——交换——分配——消费这支运动链往复运动而构成的。本课题主持人认为，随着客观情况的变化和人们对自然界认识的逐步深化，就不难看出这样的运动链是不全面的。因此，我们主张，现代经济再生产理论应该是，所谓现代意义的经济循环，标志性的变化是融入了生态学原理，经济循环是在可持续发展目标约束下，形成资源采集——生产过程——流通领域——产品消费——废物降解再生的运动链。再生能源建设具有改善生态、保护环境的作用，主要体现在经济循环过程中的资源采集和废物降解再生两节链条上。

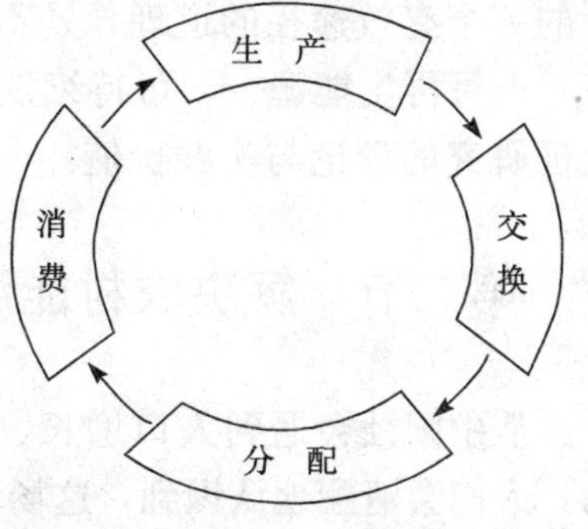

图 15-1　传统经济循环理论示意

一个浅显的生物进化原理告诉人们，在农村由于对能源介质开采利用不当对生态环境所产生的破坏主要来自三个方面。一是对具有生态功能的植物，如对乔、灌、草的滥采，导致原生植被的破坏，引发水土流失和土地的荒漠化、石漠化；二是生活用一次性能源燃料，比如薪柴和煤炭，燃烧排放的大量碳和硫等元素，形成对大气的污染，导致酸雨，干扰动物的繁衍和植物的光合作用，进而危及到自然生物的多样性；三是由于滥采造成对地形地貌的破坏，引发危害生态环境的地质性灾害。

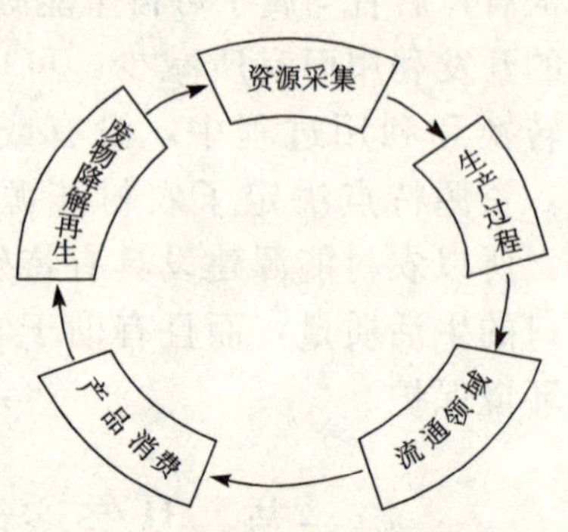

图 15-2　新经济循环理论示意

农村能源建设特别是可再生能源建设的开发利用，从两个环节上实现了节约资源、保护环境的目标。从循环经济首链即资源开发环节上说，避开对具有能源功能又有不可再生特点的矿物植物的开采，就强化了对生态环境的支持体系，保留了青山，净化了绿水，坚固了植被，解除了水土流失和荒漠化的危险。从循环经济尾链即废物降解再生上说，由于采用了取之不尽、用之不竭的太阳能、地热和沼气生物工程等再生能源，使污染变清洁，减少了碳积累和硫排放，从而使空气得到净化，实现了在生产生活过程中来改善生态环境，生态环境为提高生活质量奠定基础的良性循环。这就是进行可再生能源建设的重大意义。人们的生活总是同能源特别是不可须臾离开的热源相伴而就的。受现代经济循环理论启发，采用新的可再生能源来替代传统的碳能源，通过减少废物排放来达到改善生态、保护环境的目的，这就是应大力开展可再生能源建设的现实选择。由此可见，实施可再生能源建设战略，是进行生态环境建设的一个有效途径的道理，是不言而喻的。这也是本课题将生态环境——可再生能源——可持续发展三个主题词联系起来，进行充分论证研究的理论与实践价值。

第二节　解决农村能源问题的根本出路是革命

从中国社会遇到人口增长、传统能源有限、生态环境恶化的压力，人们会清醒地认识到，这场革命是必然而又急迫的，是一个历史的必然选择，也是一个聪明又富有智慧的选择。

一、从人口增长来看实行能源革命的重大意义

实行能源革命，是解决人口增长与用能量增大问题的需要。现在中国人口已达到12.8亿，其中农村常住人口为8.8亿，即或是在未来30年，人口的增长率达到零增长的要求，到2030年时，中国总人口也要达到16亿。与此同时，人们在维持人口再生产的过程中，还要在叠加人均耗能的基础上来提高生活质量，人均耗能量的递增，将成为对中国农村、全国乃至全世界的刚性约束。据中国科学院的《中国可持续发展战略报告》，每人每天耗能以公元前秦汉时期为一个能源单位，那么，1949—1990年这40年间，同比数据已由25上升到40，人均年增加能耗1.5个能源单位。以现有能源年用量为基数，加上人口达16亿时，人均耗能的增量，预计到2030年时，全国用能总量将增加到26.93亿煤标准吨。由此可见，实行能源革命，是解决人口增长与用能量增大问题的必然要求。

二、从石化能源蕴藏量来看实行能源革命的重大意义

中国一个基本国情是地大物博与人均物薄。据专家预测，中国煤炭可采量为1 145亿标吨，按现在每年开采速度递增3.3%的比例计算，还可开采43年；中国石油可采量为47.2亿标吨，按现在每年开采速度递增1.5%计算，可开采20年；中国天然气可开采量为22.6亿标吨，按现在每年开采速度递增6%的比例计算，可开采33年。中国农村的薪柴每年的采集量，可能还略大于生长量，理想的政策是应予以养生，禁止开采。解决中国能源问题，必须另寻出路，在开辟新能源，把实现新的可再生能源与传统的石化能源的替代作为战略目标，并采取有效措施缩短这个过程。由此可见，实行能源革命，是解决传统能源供给不足的必由之路。

三、从能源的战略性以及国际供需形势来看实行能源革命的重大意义

经济学家将能源（石化能源）称为是经济运行的血液；军事家将能源称其为战略物资。从1973年的世界性能源危机，到90年代初的海湾战争，以及2003年春季美国及其盟军的对伊战争，或许能说出

许多美其名曰的“理由”，但根本问题是为利益而战，为能源而战。有眼光的战略家已经断言，人类如不能及早地发现发掘新的可替代石油的能源，那么，能源危机不存在能不能出现的争论，而只是个时间问题；人类的可持续发展，必须突破能源“瓶颈”的制约，这是基本条件，中国概莫例外。据专家测算，全世界已探明的石化能源，石油还可以使用40～50年，天然气可以使用60～70年，煤炭可以使用225年左右。中国自1993年从石油净出口国变为石油净进口国以来，石油进口依存度逐年上升，2000年已超过30%，进口量达7 000万吨，预计到2010年石油进口依存度要达到40%。受世界资源总量和进口增量的双重约束，中国解决能源问题的出路，就不能不选择另辟蹊径——着眼于可持续发展的未来，寻找新的替代能源。由此可见，实行能源革命，是从战略上考虑问题的必然结果。

四、从遏制生态环境恶化的要求来看实行能源革命的重大意义

中国要实现经济社会的可持续发展，必须下决心采用超常规的措施，坚决遏制生态环境的恶化。而与这个目标格格不入的是，由于能源结构和采能方式等问题，导致人们在生产生活过程中每时每刻地、大量地、毫无节制地向大自然释放着碳、硫等污染元素和烟尘。中国目前的用能结构，煤炭占75%，石油占54%，天然气占2%，而可防治大气污染的清洁能源、可再生能源却只占相当小的比重。这种以石化能源为主体的用能结构，是造成大气污染不断加剧的症结，而且这种污染浸透到包括固态岩土层、液态水域层、气态大气层在内的整个生物圈。人类要建设美好家园，改善生态环境，必须首先解决污染问题。由此可见，实行能源革命是遏制生态环境继续恶化的必然选择。

第三节　农村能源建设的简要回顾

中国农村能源资源丰富，但过去由于人口压力增长过快，利用方式不科学，加上对生物质能源资源保护和自然能源开发利用重视不够，农村长期受到能源短缺的困扰，能源形势不断恶化。从新中国成立到20世纪70年代，随着农村人口增加和经济发展，中国逐

渐形成了事实上的“农村能源危机”。改革开放初期，农村地区能源短缺严重，消费水平低下，人均商品能源消费只有122千克标准煤，仅为全国平均水平的19%；在农村总能耗3.2亿吨标准煤中，70%属低品位的生物质能，其中83%用于生活；但全国缺柴户占70%，其中47%农户缺烧三个月以上，农村通电户只有50%。生产用能紧张，柴油短缺1/3。同时能源利用效率低下，浪费严重，炊用柴灶能源转换效率只有10%左右，煤灶为16%～18%；电网线损超过15%，农机用油普遍超耗18%。与此同时，由于事实上的能源危机，进一步加剧了农村生态环境恶化。由于秸秆2/3用作炊事燃料，很少还田，土壤有机质下降，牲畜饲料也紧张。薪材消费量高达1.8亿吨，其中一半以上是过量樵采取得的。由于林木大量樵采，植被破坏，水土流失，河道淤积，泥石流时有发生，严重影响生态环境。土地生产能力下降，自然灾害频繁，造成农业减产，危及国计民生。

进入80年代，随着工作重点转向以经济建设为中心和各项政策的调整，国家在加强农业和农村工作的同时，开始关注农村能源问题，确定了“因地制宜、多能互补、综合利用、讲求效益”的农村能源建设方针，将发展省柴节煤炉灶、农户沼气池、小水电和薪炭林作为国家指导性计划下达。农村能源建设列入国民经济计划，中央和地方各级财政部门相应安排了农村能源事业费。自此，全国范围的农村能源建设进入新的阶段，资源开发利用的规模从小到大，思路不断开拓，从单纯解决农村生活用能发展到包括生产用能的供应和节约，从简单的手工操作向高新技术、产品商品化和服务社会化发展，从单项技术推广发展到村级、乡级，直至以县为单元的农村能源综合建设。农村能源资源的开发、利用和保护进入新时期，农村能源建设成效显著。

一、生物质能资源量持续增长

随着中国植树造林获得进展，薪炭林营造面积扩大，根据最新森林资源清查结果，薪炭林资源增加到600万公顷。其他林种面积也有较大增长。秸秆资源量随着农业生产发展，尤其是水稻、小麦、玉米三大作物的增产，秸秆年产量平均达到6亿吨，其中3亿多吨用作燃料。同时，由于农村小煤矿的兴起和优质能源进入农民生活用能，生物质能的消费量呈下降趋势。目前，生物质能可开发资源量与消费量在全国范围的总量上已呈平衡状态，从而完全改变了过去消费量远高于资源量的现象，这是中国农村能源建设的一大成就，对国家生态环境保护具有深远意义。

二、新能源开发步伐加快

使低值生物质能转换为优质燃料的沼气迅速发展，各种沼气工程尤其是城镇沼气净化池也逐渐发展起来，进入21世纪，农村沼气建设迅猛发展，既利用废弃物增加了能源供应，又净化了环境。太阳能利用范围不断扩展，从太阳灶开始，扩展到太阳能热水器、太阳房，而太阳能暖圈、太阳能暖棚的应用，使农村能源直接服务于农民生活和农村经济。风、光、地热能得到初步开发，小水电装机稳步增加。

三、能源节约效果明显

可较大提高能源利用效率的省柴节煤灶和节能炕得到大面积推广，使70%以上农户受益。同时在农业生产上，广泛推广炒茶、烤烟和砖瓦窑节能技术，大大节约能源，其他行业节能也初见成效。

问题也是非常明显的。一是农村能源资源发展在地区之间不平衡，如还有一些省区的薪材消费量高于其可开发资源量，林木过度樵采，农作物秸秆过量燃用和因过剩烧荒的现象并存；二是农村能源资源的质量尚不高，亟须转换提高其能源品位，以满足社会经济发展的需求。如生物质能仍大量直接燃用，能效低下，而烟熏火燎的环境又影响农民的生活质量；又如来自乡镇小煤矿的大量煤炭，未经加工处理，质量不高，又易污染环境，有待改进；三是农村能源资源短缺和浪费依然并存。至今还有几千万住在山区和偏远地区的农民没有用上电，有些已经供电的地区供电率很低，故障频发，用电没有保证，农用油品价格上升并供应不稳定。在一些地区连生物质能都缺乏。农村地区能源管理薄弱，多数用能设备陈旧，技术和工艺落后，操作人员素质低，乡镇企业能耗高，无论在数量和质量上，能源利用效率较低，浪费严重。

第四节　农村能源建设的历史经验

几十年的农村能源建设，取得了显著成绩，探索了中国农村能源建设道路，并积累了丰富的经验。这些经验大致体现在以下四个方面。

一、重点解决农民生存面临的突出问题

在中国短缺经济年代，农村能源建设着力于解决农村生活用能紧缺的问题，特别是在改革开放初期，通过大力发展省柴节煤炉灶，示范推广农村户用沼气池等，有效缓解了农村能源供应短缺而又浪费惊人的矛盾，并为改善农村的环境卫生状况做出了突出贡献。进入20世纪80年代后期以来，随着生态环境不断恶化以及农民负担日趋沉重，农村能源建设工作的重心又转移到清洁、可再生能源的开发与利用方面，尤其是加大了农村沼气、太阳能、风能、微水电和地热等能源技术的推广应用力度，为减轻能源利用污染、减少农民家庭的用能支出等做出了重要贡献。为农民解决难题，方便农民生产，提高农民的生活质量，给农民带来实惠，是农村能源建设工作的力量源泉。

二、始终依靠科技进步

由于农村能源建设基础薄弱，面对的是知识技术水平不高的农民群体，能源建设的科技应用至关重要。只有使各种单项技术逐渐配套成熟，才能提高农村能源工作效率，获得农民的支持与参与，拓展农村能源建设范围。通过大量的科学试验和实践探索，农村户用沼气池及综合利用技术、改灶节柴技术等日臻成熟和完善，太阳能光热利用、风电、微水电等技术也如雨后春笋般涌现出来，大大丰富了农村能源建设的内容。新技术的成熟与推广，使农村能源建设产业化逐步成为可能，农村能源建设获得新的力量来源。

三、尊重农民意愿

农民的参与是农村能源建设成功的关键，但农民是最讲实际的群体，他们以自己的方式接受新的事物。无论是在事业发展的高潮期，

还是在发展巩固时期，各级农村能源部门都较好地坚持了试点示范、逐渐扩大推广规模的工作方法，使农村能源建设工作保持了较好的连续性。

四、重视宣传，争取社会支持

在现阶段，农村能源建设是一种公益性极强的社会建设活动，政府投入和社会参与是农村能源建设顺利发展的支撑性力量，要获得这种支撑，必须大力宣传。针对农村能源建设的公益性特征和新兴边缘科学属性，各级农村能源管理部门通过坚持不懈的典型宣传和科技知识传播，扩大了社会影响，而且较好地争取了政府的重视和群众参与，大大增强社会各方面的认同，在“八五”和“九五”期间，形成了各部门齐抓共管、协调参与的好局面。进入21世纪以来，国家对农村能源建设的重视程度迅速提高，支持力度逐年迅速加大。

农村能源建设毕竟是一项新的社会实践，由于各种原因，中国农村能源建设有过曲折，也走过弯路，其中的教训值得汲取。

其一，能源建设与农业和农村经济发展结合不够紧密。虽然思想上有认识，但在具体工作中，经常出现偏差。早在农村能源建设初期，有关部门就明确提出农村能源建设要为农村经济发展作贡献，要为农业增产和增效、农民增收服务；但在其后的实践中，农村能源建设与农业农村经济建设结合不紧，对促进农业增产和增效、农民增收的促进作用并不明显，贡献率不高，以致孤掌难鸣，步伐缓慢。

其二，技术和质量缺乏保障。虽然制订了一系列的技术标准，但在坚决贯彻技术规范、努力提高工程质量和效益方面缺乏强有力的保障手段，造成部分设施闲置和投资浪费。具体来讲，由于农村能源建设的法规体系建设滞后，行政执法的起步较晚，对技术规范的贯彻力度不够，产业支撑乏力，尤其在主体工程建造、工程附件安装、其他设施配套等方面，施工或设计的主观随意性很大、很不规范，给用户的使用管理带来许多不便，甚至造成了投资的严重浪费，毁坏了农村能源建设的声誉。

其三，应对变化能力不强。虽然在不同历史阶段，农村能源建设有不同的工作重点，提出了不同的发展战略，强调了不同的工作方式，但仍然不能很好地适应农村经济体制改革及国民经济市场化发展。一方面，虽然在技术推广方式上进行了不断改革与创新，并从技术储备上做好了应变准备，但以单一行政手段为主的格局始终没有大的改变，适应市场经济规律的市场化推广手段迟迟得不到广泛采用。另一方面，虽然注意了构建技术服务体系的重要性和紧迫性，但在从计划经济向市场经济转轨的过程中，缺乏灵活有效的强化或稳定队伍建设的具体手段，不仅造成人才严重流失，而且队伍的整体素质也不高，致使整个行业的服务功能不强，妨碍了农村能源建设成果的巩固和效益的稳定发挥。尽管从客观上讲，存在着农村消费水平偏低，国家和社会资金投入不足，技术服务体系所赖以生存、发展的市场空间狭小等制约因素，但主要还是受到了拓展市场规模的努力不够，行业自身积累不足等主观因素的障碍，制约了服务体系的建立、完善、高效运行和滚动发展。

第五节　农村能源建设前景与形势

一、资源开发潜力

中国农村传统能源资源总量匮乏，但新生的可替代能源贮量丰富，分布广泛，符合农村需求，并可就地开发利用。局限于人类对大自然的认识，现在所说的农村能源资源主要包括生物质能、小水电、太阳能、风能、地热能、潮汐能、畜力、地产煤炭等，它们有巨大的开发利用潜力。仅据太阳能、风能、水能和生物能粗略估计，在现有科学技术水平下，一年可以获得的资源量达87亿吨标准煤，大约是2001年全国能源消费量13.2亿吨标准煤的6.6倍，是全国农村能源年消耗量5.93亿吨标准煤（含生物质能）的15倍。而且大多数农村能源资源是可再生的，不存在资源的枯竭问题；相对于矿物能源而言，它还是一种干净的能源，一般不对环境构成威胁。符合保护生态环境，有利于经济、社会的可持续发展要求的特性，注定可再生能源、清洁能源具有广阔的发展和利用前景。

生物质能。生物质是有机物中除石化燃料外的所有来源于植物的可再生物质。农村地区长期以薪材、秸秆等生物质能为主要燃料。生物质能资源主要包括四个部分：

一是农作物秸秆中可以作为燃料使用的部分。按2002年农产品产量计算为6亿吨（不含经济作物秸秆量），合3亿吨标准煤；而同期实际消耗量为2.3亿吨，合1.15亿吨标准煤，尚有1.85亿吨标准煤的利用潜力。当然，对生物质能的利用，不单是作为能源，也还有其他用途。

二是合理采伐的薪柴。目前，按林地面积及林种推算，全国薪柴资源每年可采量约158亿吨标准煤，其中实际消耗量为1.82亿吨标准煤，年资源消耗量大于蓄积量。随着中国森林的发展和薪炭林建设的进展，薪柴资源可能进一步增加。

三是人畜粪便及其他有机废物。按现有农村人口及牲畜数量推算，全国人畜粪便干物质年产量近3亿吨，合标准煤1.3亿吨。目前除农、牧区直接燃烧畜粪每年约有700万～800万吨外，只有1%用来制沼气，还有很大潜力。

四是生活垃圾。据中科院资源综合考察委员会的研究报告，目前中国一年产生垃圾14亿吨。研究表明，垃圾中蕴含着丰富的能源资源，若实行综合利用，1吨垃圾约可获得300～400千瓦时的电能。如解决好设备及电厂建设，使垃圾再生利用率达到总量的1/3，就可获得2 334万吨标准煤的能源。

近年来，随着农村经济的发展，农民生活水平提高，使用煤炭和气体燃料的农户迅速增加，直接燃烧生物质的柴灶将逐渐减少，将有相当一部分生物质能转化为电力、热能、气体燃料和液体燃料供农村和小城镇生产和生活使用，利用效率将逐步提高。因此，生物质能的消费量将趋于减少。据初步预测，全国生物质能消费量，2000年为2.39亿吨标准煤，比1990年减少10%；预计2010年为2.20亿吨标准煤，比2000年减少8%。

小水电资源潜力。中国拥有世界第一位的小水能资源，其中可开发水力资源达7 530万千瓦。中国也是世界上小水电开发发达的国家之一。2001年农村小水电站装机容量已达2 940万千瓦，占可开发量的39%。中国小水电资源的特点是蕴藏量大，分布广，全国31个省市区（除上海外）均有分布，多集中于国家电网供电范围以外的地区。

太阳能资源潜力。在2003年5月20日，由国际能源机构在日本大阪召开的太阳能发电系统国际会议上，专家一致认为，太阳能将成为能源产业新主力。国际能源机构执行主席戴芬·诺瓦克说，太阳能发电无污染，可再生，易安装，成本低，在发展中国家的农村和山区可以发挥出巨大优势，有望超过传统的水力、火电等发电能源，成为推动当地经济、社会发展的新能源。据估算，在中国具有太阳能采集开发利用条件的约600万平方公里的国土上，太阳能年总辐射量超过60万焦耳/平方厘米，每年地表吸收的太阳能大约相当于17万亿吨标准煤的能量。从全国的分布来看，青藏高原地区最大，这里平均海拔高度4 000米以上，大气层透明度好，纬度低，日照时间长。从总体上说，中国是太阳能资源较丰富的国家，具有发展太阳能利用的自然条件。专家预测，在现有的技术基础条件下，适当增加投入，到2015年时，全国家用太阳能热水器有望达到2.32亿平方米，适宜采能的普及率将达到20%～30%。

地热资源潜力。中国已发现地热资源分布于28个省市区，已建的地热点3 000余处，热储温度在150℃以上的高温地区有150余处，其中有一定规模的大中型地热田50多处，已探明的地热资源总量约31.6亿吨标准煤，分布除台湾、藏南和滇西集中地区外，主要在环渤海的京津冀和东南沿海地区。地热的非电利用即直接利用，历史悠久，非常广泛。中国直接利用地热居世界第二位，仅次于日本。但是，相比较而言，地热已开发量（含直接与发电利用量）占资源总量中的比例很小，还有广阔的开发前景。

海洋能资源潜力。海洋能是潮汐能、波浪能、潮流（海流）能、海水温差能和海水盐差能的总称。海洋能同常规能源相比具有蕴藏量大，可再生，不污染环境等特点，因而受到包括中国在内的许多国家的重视。中国有18 000公里大陆海岸线，蕴藏着较为丰富的海洋能资源。粗略估计，潮汐能资源可开发装机容量达2 179万千瓦，年发电量可达624亿千瓦时，波浪能理论市场功率约1 285万千瓦，潮流资源的平均功率为1 394万千瓦。中国潮汐能开发已有近40年的历史，但从总体上来说，开发规模小，大多数技术尚处于研究试验阶段，资源的规模化利用还有很大的距离。

二、加快农村能源建设步伐的有利条件

农村能源建设经过 20 多年发展，取得了重要的社会、经济、生态等综合效益，为新时期农村能源事业发展创造了条件，奠定了基础。在全球重视生态环境建设，国家实施西部大开发、保护生态环境、重视农村小康建设等重大决策的大背景下，农村能源建设面临有利形势。

政府重视程度不断提高。不仅体现在文件、政策上，尤其集中体现在投入上。目前，政府对农村能源建设的扶持力度之大是前所未有的。无论是中央，还是地方，都大大加强了对农村能源建设工作实际支持的力度，各种支持措施“含金量”越来越高，越来越实在。在中央，不仅明确地把农村能源建设作为生态环境治理的重要措施，作为改善农村基础设施的重要内容，而且给予了前所未有的财力支持；在地方，各级财政普遍千方百计地增加对农村能源建设的导向性投入。2003 年国家安排了 10 亿元的国债资金发展农村沼气。

与此同时，农村能源建设的社会认同呼声也全面增强。社会参与协同工作的力度也是前所未有的。随着经济发展与环境变化，人们更加切身感受到农村能源建设的重要性，全社会越来越关注生态环境保护与改善、农业和农村发展，从而对农村能源建设给予不同形式的支持。农民参与建设的热情全面高涨。现在，农民群众不仅有迫切要求，而且有投入的积极性。由于农村能源建设不仅可以较低成本地解决能源供应问题，节约用户的经常性消费支出；而且还可实现传统意义上有机废弃物的资源化利用，对降低农业生产成本、提高农产品质量和比较效益具有显著作用。因此，群众实际参与的热情有增无减，自觉、自愿投入的势头也因此显得更趋强劲。这就从根本上解决了投资瓶颈的制约，促进了农村能源建设的健康发展，同时也在一定程度上拉动了农村消费。

具有加快发展的技术与物资支撑。现有的科技发展水平和先进管理模式，足以提供今后农村能源建设迅速发展所必需的环境支持，农村能源已开始步入产业化发展时期。随着现代科学技术的快速发展，经济运行格局由卖方市场转入买方市场，过去一直困扰着农村能源建设正常发展的技术性障碍、设备配套设施供应障碍、关联产业发展水

平障碍等因素已基本消除，当前农村能源建设已可以得到充分的技术、产业结构等外部环境的良好支持。仅以沼气建设为例，技术性能比较好的表式压力计、电子打火灶和灯具成套产品、沼气池预制件生产安装技术以及密封剂等硬件要素供应已经比较充裕。此外，不断成熟的市场化运作模式也为农村能源建设的发展提供了学习和借鉴的榜样，真空管太阳能热水器技术应用之所以能在短短几年间得到迅速推广和普及，与借助行政手段启动、充分运用市场化手段运作的模式是密不可分的，而这种模式恰恰来自于从市场经济大潮中积累起来的运作管理经验。

三、农村能源建设的重点

1. 加快农村沼气建设。改革开放以来，全国沼气建设稳步发展。随着中国农业进入新的发展阶段，农村沼气建设对农业增效、农民增收和农村生态环境建设的作用日益突出。沼气具有很高的经济效益、生态效益和社会效益。一个8立方米沼气池，可以使每户农民一年增收300元以上，每年节柴相当于3.5亩薪炭林或6亩林地的年林木蓄积量。实施沼气项目工程，农民使用沼气，生产生活垃圾基本实现资源化利用，既有效地解决了农民的生活燃料问题，协调推进了生态农业的发展，又改变了农民传统的生活方式，改善了农民生活环境，提高了农民生活质量。

实践证明，发展农村沼气，是为农民办实事的有效手段，是保护和改善生态环境的配套工程，是推进农村两个文明建设的重要举措。因势利导，因地制宜，推动沼气建设规模化发展，对实现农业和农村经济的可持续发展、农村全面建设小康社会，具有重大战略意义。

根据目前的发展基础和生态环境建设的要求，有关部门编制了《2003—2010年全国农村沼气建设规划》。《规划》提出，到2005年，新增户用沼气池1 100万户，全国沼气池总量达到2 000万户以上，使1/10的农户使用沼气，适宜地区沼气普及率达到15%；到2010年，再新增户用沼气池3 100万户，全国沼气池总量达到5 000万户以上，使1/5的农户使用沼气，适宜地区沼气普及率达到35%。同时，重点在东部沿海城市和部分省会城市郊区“菜篮子”养殖基地支持建设沼气工程，到2005年新建沼气工程2 500处，2006—2010年新建5 000处。该《规划》将全国划分为西部、粮棉主产区、革命老区和东部四个区域。西部地区和革命老区建设户用沼气并发展适合本地特点的综合利用模式；粮棉主产区重点推广以沼气为纽带的能源生态模式，建设生态家园；东部地区以建设规模化畜禽养殖场沼气工程为主，在条件适宜的地方适当发展户用沼气。

《规划》实施后，将有效提高农村优质能源的用能水平，使5 000多万农户使用清洁燃料的比重达到80%以上，受益人口超过2亿；将有效改善农村生活质量，减少传染病，减轻农民特别是农村妇女的家务劳动强度；可保护林地7 000多万亩，改善耕地4 000多万亩，年处理畜禽粪便2 000多万吨，改善农村卫生条件；将明显增加农民收入，仅燃料和肥料效益就可使户均年直接增收节支300元以上。《规划》的实施，将进一步推动生态家园建设，使农村面貌得到更大的改观。

发展农村沼气的重点在西部地区、粮棉主产区和革命老区。按照《全国沼气建设规划》，组织实施好农村沼气建设项目，把发展农村沼气同农业结构调整，特别是发展养殖业结合起来；同农村改圈、改厕、改厨、改路、改水结合起来；同退耕还林，保护生态环境结合起来。加大"生态家园富民计划"的实施力度，完善和推广"猪沼果"、"四位一体"、"五配套"等能源生态模式和技术。2003年，国家投资补助新建户用沼气池100万户。项目区的有关各方应发扬踏实肯干，求真务实的精神，以对农民群众高度负责的态度，组织协调好每一口沼气池的建设工作。一是要完善管理制度和运作机制，强化项目管理。坚持下沉工作重心，进村入户的工作方式，把项目直接下达给农户，做到国家一份文件，农民一张卡片，确保中央投入直接补助到农民身上。所有沼气建设项目必须严格履行国家有关项目管理程序和办法，按规划立项，按项目管理，按规程操作、考核和验收，作为村务公开的内容，接受农民监督。各地要对辖区内沼气建设情况进行监督检查，强化资金管理，提高使用效率。二是要提高队伍素质，保证建设质量。随着农村沼气事业的快速发展，施工技术队伍数量不足，人员素质亟待提高。要进一步加强技术推广和培训基地设施建设，开展多种形式的技术培训，提高沼气建设队伍的人员素质和技术水平。加强职业技能培训和鉴定工作，推行职业资格证书制度，实行施工技术人员持证上岗，保证沼气工程的建设质量。逐步建立沼气技术推广服务体系，做到产业化发展、市场化经营、物业化管理和社会化服务。三是拓宽工作思路，积极建设生态家园。温家宝曾批示，要求各地把发展农村沼气同农业结构调整，特别是发展养殖业结合起来；同农村改厕、改水等社会事业结合起来；同退耕还林、保护生态结合起来。要以系统的、综合的、宏观的思路来开展农村能源工作，把农村能源建设纳入农村经济可持续发展之中，寓于生态家园建设与富民之中。

2. 加速太阳能、风能、地热能的开发利用。推广应用太阳能热水器、太阳能电池和太阳能增温生产技术等，要形成规模，完善产业体系。加强太阳能和其他能源在农业生产中的综合利用研究并及时推广新技术、新成果、新设备。重视研究开发光伏发电系统，推广小功率系统，建立兆瓦级联网光伏示范性电站。

同时，要抓好小型发电风机生产、销售、服务工作，提高大型风机的设计和制造工艺水平，加速国产化进程，建立若干个大中型风力发电场；进一步扩大地热在农业上的应用，以及直接利用和发电规模；加快小水电资源的开发。

3. 开发利用新能源。随着人们对自然界认识的不断深化，在现代高科技的作用下，一定会不断地出现一些新型能源，或对传统能源实行有效的替代，或对第二代清洁能源实行有效的补充，为人类的生产生活增添新的热能或动力能。综观 90 年代以来新能源科学的开发和研究，至少有以下几种新型能源值得开发，通过一系列的科技攻关和降本措施，早日引入生产生活领域。

（1）氢能源。世界上的一些发达国家的科研和生产实践已经证明，从水中提取氢气，可用于制造氢燃料电池；氢分子通过燃烧与氧分子结合可以产生热能和水；通过液态氢与空气中的氧分子结合可以产生电能。对此，有些科学家预言，氢能是未来最经济、最有依靠、用途最广泛的新型能源，将是主宰未来世界的主要能源。美国总统布什在 2003 年初签署了一项指令，决定在未来的五年中投入 17 亿美元，用于氢能源的商业性开发利用，以求把国家对矿物能源的依赖减低到最小程度。几乎同美国进行氢能源的研究同步，日本也在投入巨资进行氢能的开发和应用。由于氢出于水，有取之不尽、用之不竭的物质基础，只要是解决了氢提取工艺、氢能贮存和制氢用氢成本三个关键性问题，氢能就能够成为能源市场的新宠。

(2) 乙醇。用生物质——玉米或甘蔗生产供汽车生成动力的乙醇，在一些国家已处于扩大推广的态势，在中国的吉林省已经走入商业运用时代。据巴西的试验，从甘蔗中提取乙醇与一定比例的汽油混合后作为汽车燃料，不但可以实现对石化能源的替代，而且还能提高燃料品质，同时又可以降低环境污染，是个一举多得的选择。据资料介绍，现在巴西的甘蔗总产量的2/3用于生产乙醇，比用于生产食糖的量还大。德国大众汽车公司与此匹配了“灵活燃料探测技术”，能依据探测器测定的燃料类型及混合燃料中各种成分的比例，自动调节发动机燃油的喷射系统，从而达到了提高发动机单位燃油功率的目的。如果在石油缺口越来越大、价格越来越高、食糖进口越来越便宜的情况下，在我国的海南、广东、广西等甘蔗主产区，可相机推广使用甘蔗转化汽车燃料技术，降低经济发展的石油依存度。

在产粮大省吉林，用玉米生产乙醇作为汽车燃料，已经从实验走上了推广使用阶段。据试验，用3.3吨玉米作为原料，可生产出1吨乙醇，同时还能生产出0.95吨蛋白饲料、0.95吨二氧化碳和70千克玉米油；发动机实验显示，汽车使用10%比例的乙醇与汽油的混合燃料，可降低30%的汽车尾气排放量。这一生产方式的变革，对于一个玉米过盛愁销路、石油紧缺价上涨的省份来说，不啻为是一项新的技术革命。如果能解决好使用推广过程中出现的新问题，它的经济及社会价值将更会进一步地显现出来。

(3) 二甲醚。从上世纪末，出于调整能源结构，推广使用清洁能源的需要，山东的久泰股份公司等企业开发了液相法复合酸脱水催化生产二甲醚新技术，并获得了国家专利，现已批量生产。无论是久泰公司，还是先行探索的美国、德国、英国、法国等国家的生产和科研情况，都证明用甲醇和煤作原料生产二甲醚，具有低污染、易液化、燃烧性能好等特点，其使用效果优于汽油、柴油、液化气。据西安交通大学的发动机台架试验，在同样的柴油发动机上，用二甲醚燃料，发动机的功率可提高16%，尾气排放达到欧Ⅲ标准，且可使工作噪声下降10～15个分贝。专家们预测，将二甲醚用于日常的炊事、采暖或作为汽车燃料，有明显的经济价值和能源战略价值，是未来实施新能源对石化能源替代战略的一个重要途径，只要国家统筹解决资金、技术、市场和政策等方面的问题，它将在中国未来的能源系列中扮演重要的角色。

(4) 深海甲烷。日本、美国等石油资源贫乏的国家经科学研究发现，在深海层下面，蕴藏着一种类似冰块的晶体——甲烷水合物。它可以像液化气一样燃烧，释放出很强的热能。科学家们认为，这种可作为新能源的物质厚厚地覆盖在整个海底，可供人类开发利用数百年。

据美国地质勘探局估计，全美的甲烷水合物藏量约为 9 600 万亿立方米，是全美天然气藏量的 200 倍。科学研究报告显示，甲烷水合物是甲烷气体和水分子的结晶形态，只在低温、高压环境下存在，采用甲烷与水分子分离工艺，就可获得天然气。开采甲烷水合物，需要攻克深海钻探，甲烷水合物采集、运输、贮存等技术难关。中国有浩瀚的海域和漫长的海岸，且大部分海域同日本南海的地质构造及纬度相似，日本通过物探发现了甲烷水合物，就一般情况来说我国的海域也会有大量的蕴藏。现在的选择应该是将其列入国家能源战略，及早立项，组织科学家攻关，并注意借鉴日美等国的开发经验，经科研、开发等步骤，及早步入商业性开采和利用，把潜在的蕴藏的能量转化为现实的生产生活能量，让这种新能源为国家建设和人民生活服务。

(5) 淤泥燃料。对淤泥的开发利用。英国、法国、荷兰、瑞典和澳大利亚等国家，从上世纪 80 年代末开始，推广用淤泥制备高效净化燃料技术，其热值比普通褐煤高出 30%，并在燃烧过程中不排放有害气体。全世界已有 70 多个国家、150 多个城市拥有专门的淤泥开发利用机构和淤泥收集、处理加工厂，每年利用淤泥总量达到 6 500万吨，单项创收达到 40 亿美元。中国是世界上的淤泥资源大国，近海滩涂、湖泊、河道和城市下水道淤积的淤泥可采集量至少在 2 000万吨以上，如果按加拿大每吨淤泥发电 800 千瓦时的利用效率计算，仅此一项就年增电量 160 亿千瓦时，相当于三峡水电站年发电总量 846.8 亿千瓦时的 18.9%。如果能采取技术引进，科技攻关、开发试点等办法，逐步探索，有计划地开采利用，前途是大有可为的。

4. 加大科技攻关力度。农村能源建设的整体科技水平不高，对农村能源建设形成制约。必须选择一批对生态环境建设和改善农民生产生活条件具有重大价值的资源保护、开发、利用技术进行研究开发。科技攻关的重点是：沼气工程技术、生物质气化供应技术、太阳能采暖技术、大型风力发电机组设备制造及配套技术、地热的开发利用技术、淤泥合成燃料开发技术等。

需要攻关的重点科技项目：①太阳能集热储存及均匀释放技术；②太阳能热水集热设备与建筑环境协调技术；③太阳能制冷与制热系统共用技术；④太阳能制热与电力制热转换共用技术；⑤太阳能集热器随太阳辐射角度变换技术；⑥山区利用光伏发电技术；⑦“绿色能源”作物品种培育技术；⑧生物质转化为液体气体燃料技术；⑨车用发动机燃料转换技术；⑩车用乙醇提高储备行程技术；⑪提高风力发电机组叶片强度技术；⑫氢能源提取和制备技术；⑬氢能源储存技术；⑭用煤提取二甲醚燃料技术；⑮深海甲烷钻探技术；⑯甲烷水合物提取、储存技术；⑰地热资源转换能源技术；⑱淤泥合成固体燃料技术；⑲沼气工程及配套技术；⑳激光束与核聚变发电技术。

加快这些技术的试点示范和科技成果的转化，促进产业形成，尽快实现商品化生产和市场化推广应用。研究开发高产和多功能的薪炭林树种及栽培工艺技术和速生林营造技术，重点放在农民缺柴、水土流失严重和有条件发展薪炭林的地区，建设商品性薪炭林基地，增强农村能源建设的再生物质基础。

在巩固、提高节柴灶的成果基础上，实现居民节能炉灶具的商品化生产和销售，完善省柴灶的产业体系和服务体系。

加速生物质能利用技术的更新换代，发展高效的直接燃烧技术，致密固化成型、气化和液化技术，并形成和完善产业服务体系。加强城乡有机废弃物再生利用技术的研究和应用，如发展沼气，使之转化能源利用。同时加强大中型沼气工程的设计规范，标准设备的成套供应。

5. 开展国际交流与合作。在经济全球化、人类信息资源共享的大环境下，农村能源不可能关上国门来搞建设，而必须借助国际的力量。他山之石可以攻玉。借鉴先进的科技和管理经验，总是加快自己发展的一个有效途径。因此，应继续加强同国际社会的交流与合作，引进资金、技术、工艺和设备，争取物质和技术的支持，开展国际间的技术、设备攻关活动，促进农村能源建设在技术、经济、管理、法制、政策、法规等方面的完善，促进能源利用效率和水平的不断提高。

第六节 农村能源建设要坚持的基本原则

农村能源建设意义重大，涉及面广，影响广泛，虽然已经取得了明显成绩，获得了广泛认可，但总体上仍然处在初级阶段，处在探索创新阶段。为使这项新兴事业顺利推进，必须坚持以下基本原则。

一、必须紧密结合农民生产效率和生活质量的提高

在农村，开展任何一项工作都要注意从农民的愿望出发，符合农民意愿，调动农民积极性。像农村能源建设这样具有长期战略意义的举措，一定要紧密结合农民生活质量的提高，满足农民用能结构优化的迫切需要。随着农民生活质量的不断提高，能源消费量的上升将呈加速趋势。今后开展农村能源建设，不仅要满足能源消费量增加的需求，而且要进一步优化消费结构，切实做好能源消费的替代工作，围绕农村能源建设要为维护国家能源安全做积极贡献来思考问题，制定规划，完善措施，抓好落实。

二、必须紧密结合保护生态环境的基本国策

在减轻能源利用污染的基础上，努力引导农民建设美好的生态家园。在广大乡村建设美好的生态家园，开发利用清洁可再生能源是基础性的工作之一。但是，仅有能源利用的低污染化还是不够的，要切实结合改路、改水、改厨、改厕、改圈等基础性建设工作，使农村能源建设真正融入营造生态家园、全面建设小康社会这项系统工程中去。

三、必须紧密结合农村工作的大局

要围绕农村经济发展、农业结构调整、生态农业建设、农业增效、农民增收和两个文明建设等农村工作的上题，突出做好基础性保

障工作。通过农村能源建设实现农业废弃物的资源化利用，尤其是以沼气综合利用技术为代表，通过与农业技术的整合，不仅能够满足农民群众对清洁可再生能源的需求，而且能提供肥料、饵料、天然饲料添加剂和病虫防治剂，对建设生态农业、增强农产品的市场竞争力、促进农业增产和增效、增加农民现金收入等具有明显的现实作用，更是促进农村经济发展和文明进步的基础性措施。

四、必须紧密结合村镇建设规划

具有革命意义的农村能源建设，是一项着眼于长远的发展战略，不是权宜之计。它将对以农户为单元的生产生活产生很大的影响，特别是对农村村镇规划、住宅建设、生活设施提出新的要求，甚至要变更传统的农家庭院布局。这项事业的整体推进，有赖于村镇规划、旧村改造等密切关联建设项目的配合，以防止出现互相之间“不协调、不匹配、不科学”的现象，避免过去曾有过的劳民伤财。村镇规划要充分考虑节约能源，合理利用能源，开发再生能源和采用新型清洁能源的要求，要与“建设富民生态家园”活动相衔接。应坚持“村镇规划在先，生态家园项目在后”的实施顺序。在对旧村改造的过程中，应做到住宅与新能源项目同步规划设计，同步建设，同时竣工验收。应通过能源建设促进旧村改造，通过旧村改造带动农村的能源革命，做到生态效益、经济效益和社会效益的统筹兼顾，全面见效。

五、必须紧密结合落实提高建设质量的基本措施

在农村能源建设的历史上，确实出现过一些可再生能源设施的闲置与投资的浪费现象，并在一定程度上伤害了投资主体的感情，给农村能源建设带来许多不利的影响，其中有相当一部分原因是主体工程建设以及附件设备安装不规范、质量偏低所造成的。也由于缺乏对用户的跟踪服务，导致了群众对农村能源事业的信任度下降；不仅使部分农村能源设施闲置，损害了农民的基本利益，而且同样损坏了农村能源建设部门的形象。在未来的建设中一定要取信于民、取信于各级党政领导，要经得起历史的考验，必须确保建设质量。今后要特别强调农村能源设施的跟踪服务，要按照市场化规则，建立和完善服务体系。

六、必须紧密结合增强建设队伍的自我发展能力

主要应做三方面的努力。第一，提高专业队伍素质。只有注重队伍素质的提高，才有可能把握历史机遇，肩负历史重任，实现农村能源事业的可持续发展。应探索、研究人才培养、使用和激励的新机制，充分发挥各类人才在农村能源建设中的作用，注意引进外地人才，启用现有人才，培养后备人才。第二，创新管理方式。在现阶段，主要还是以行政手段推动项目建设和技术推广，管理方式的创新和操作水平的提高显得尤为紧迫。要及时创新项目管理方式与手段，实现资源配置的优化整合，并充分发挥资源利用的综合效益。只有这样，项目建设的预期目标才可能实现，并通过项目建设拓展市场空间，进而促进农村能源建设事业的持续性进步和自我发展。第三，增强服务能力。农村能源建设是面对千家万户的，仅仅依靠农村能源管理部门的服务，是远远不能满足群众需求的。社会化服务，尤其是功能强大的社会化服务，最终还得靠市场化的途径来提供。要积极探索并加速建立符合市场化原则的技术服务体系，把服务体系建立和服务功能，作为评价项目建设成果的重要内容。加快服务的市场化步伐。

第七节　建立加快农村能源建设支持体系

农村能源建设是一项全新的事业，也是一项社会公益性事业，它的核心是公益和建设。在全面建设小康社会的历史进程中，农村能源建设必须加大力度，加快速度，探索新路，提高效益。工作重心是努力建立起适应“新能源革命”需要的管理体制、运行机制、社会支持系统。

一、领导支持

农村能源建设，肩负着为农民提供优质能源，提高生活质量，营造文明小康社会的重任；肩负着保护生态环境，建设秀美山川的重任；肩负着促进农业结构调整，增强农产品市场竞争力，农业增效和农民增收的重任。农村能源建设关系到中国生态环境的改善和全国能源的供需平衡，更关系到亿万农民的生活质量，关系到全面建设小康

社会目标的实现。它的建设的客观要求和公益性质，决定了政府所要担负的责任和决定性作用。在中国，这项功在当代，造福子孙的事业还处在发展初期，需要政府给予更多的支持和扶持。需要政府和有关部门进一步提高对农村能源战略地位和重要作用的认识，把推进其开发利用作为一项基本政策，切实加强领导，纳入经济建设总体规划之中，列入政府的财政预算，加强协调与合作，以高度负责的精神和狠抓落实的工作态度，调动一切积极因素，指导和协调各个部门、地区在总体发展规划的指导下，有条不紊地开展起来。

各级人民政府应设置专门管理机构，使其适应社会经济的发展和全面建设小康社会的需求。农村能源主管部门的主要职能是贯彻执行国家的政策法令，管理和监督合理开发和利用农村能源，做好组织协调和指导服务工作，在实践中进一步树立起自身的权威。

科学合理地设置主管部门，有利于把规划、投资、实施、服务、项目监督等各项工作综合协调起来，及时发现问题和解决问题，提高投资效益。现在的多头管理，谁都在管又谁都不负总责的现状，造成职能交叉，矛盾不小，应本着农村的事业由农业部门统管为顺利的原则，结合政府机构改革，调整设置，明确职能，健全队伍，理顺关系，积极开展工作，把行政手段与服务功能紧密地结合起来，不断促进这项事业健康而卓有成效地发展下去。

二、舆论支持

推进农村能源建设，在某种意义上说，具有“能源革命”的性质。这样大的社会性举动，离不开舆论的支持和引导。应利用宣传工具，大力宣传能源革命的重大意义，大力宣传新能源和可再生能源有效利用的探索和实践，大力宣传围绕农村能源建设进行科技攻关的成果及应用，大力宣传一些地方推进“能源革命”的先进经验和科学做法，大力宣传党和政府支持推进能源建设的优惠政策和可行措施。通过广泛的宣传，提高人们的认识，推广先进经验，鞭策落后，使这项工程真正收到功在当代、利在千秋的实效。

三、政策支持

农村能源资源具有资源分散，能量密度小，只能周期性产生能量等开发利用特点，农村能源建设至少在现阶段难以走上纯粹商业化轨道，农村能源建设是一项具有深远意义的公益事业。目前大多数农村能源开发利用技术处于发展的初期，产业规模小而获益能力低，尚不具备参与市场竞争的能力，因此必须得到国家经济政策的保障。一是投入政策。建立起以中央财政投入为主、地方财政补助、受益者部分自筹相结合的投入体制，中央财政应在每年的农业投资中列项，支持推进农村能源建设；利用国债投资，以2003年安排10亿元为基数，争取每年递增10%，用10年时间，完成6 000万农户的沼气工程建设；扶贫资金也应照应到农村能源建设项目，银行特别是政策性银行应有专项贷款，商业银行专项贷款应由财政补息。二是税收政策。对于集中采集太阳能、利用地热、小水电等项目，应给予减免税对待，对于生产再生能源设备的企业，或进口设备，应给予免税减税照顾。三是产业政策。支持发展农村能源产业，有关部门要根据规划目标，技术类型和特点，应用前景和获利能力，分门别类地研究和制定相应的财政、投资、信贷、税收和价格等方面的优惠政策。要从全局和长远利益出发增加对农村能源的科研、技术产品的研制和开发的财政资助和投资力度，保证必需的资金投入，及时到位，加速产品工艺技术的突破和系统开发的过程，以加速农村能源产品进入市场，提高竞争力，最终依靠自身的发展潜力，占有其应有的市场份额。

四、科技支持

要重视科研成果的转化，使技术上基本成熟的产品尽快定型，鼓励企业打破部门、地区界限，实行横向联合，组织专业化生产。国家在投资、价格和税收等方面要有计划、有步骤地支持一批农村能源骨干企业的发展，建立有规模生产能力的产业体系，使之不断提高产品质量，降低生产成本，扩大销路。要建立国家级的质量监测系统。抓好产品生产标准化、系列化和通用化。为使农村能源建设不断提高效益，形成持续发展的能力，要密切跟踪科研动态，随时将成熟的科研成果投入到实际应用中。搞好试点、示范、推广，使科研成果尽快转化为生产力。组织好与技术开发和推广相关的软科学研究，提高农村能源建设队伍的管理水平。

五、服务支持

尽快建立和发展相应的技术服务体系，鼓励办技术服务公司，承担农村能源设备的销售、安装、调试、维护等工作；同时加强对各类技术服务公司的技术指导和职业培训，不断提高服务能力和质量。采取突出重点、加大力度、集中扶持的措施，在全国选择一批农村能源骨干企业进行重点扶持，尽快在全国各省（区、市）发展一批具有地方特色的农村能源龙头企业，形成网络，加快农村能源产品和设备生产、销售及科研技术服务业的发展，进而促进全国农村能源产业的发展，增强农村能源系统自身的活力。

六、国际支持

中国的农村能源建设已引起国际机构和一些国家政府、专家学者的关注，并获得高度评价和各方面的支持。今后，中国应继续加强同国际社会的交流和合作，争取更多的国际合作和支持，促进农村能源建设在技术、经济、管理、体制、政策和法规方面的完善和进步。

第十六章

西部大开发

第一节　西部开发理论概说

实施西部大开发，不是人们凭空所想，而是在新世纪继续推进社会主义现代化建设的客观要求，是在科学社会主义理论指导下的必然选择。它有着坚实的理论基础，是理论与实践相结合的产物。

一、两个大局论

中央作出实施西部大开发战略的重要理论基础，就是邓小平同志在20世纪80年代所提出的“两个大局”的战略构想。

1988年9月12日，邓小平在听取关于价格和工资改革初步方案汇报时，同在场的中央负责同志说：“沿海地区要加快对外开放，使这个拥有2亿人口的广大地带较快地先发展起来，从而带动内地更好地发展，这是一个事关大局的问题。内地要顾全这个大局。反过来，发展到一定的时候，又要求沿海拿出更多力量来帮助内地发展，这也是个大局。那时沿海也要服从这个大局。”同年10月5日，邓小平在会见肯尼亚总统莫伊时说：“我们的发展规划，第一步，让沿海地区先发展；第二步，沿海地区帮助内地发展，达到共同富裕。”邓小平同志这两段精辟的论述，其精髓有两点：第一，东部沿海地区的率先发展是一个大局。邓小平认为，东部沿海地区与内地中西部地区相比，有着得天独厚的优越地理位置，便利的交通设施，比较突出的设备、技术、人才、信息等优势，具备率先发展的良好基础，加快发展的条件比中西部地区成熟，因而应抓住机遇，加快发展。只有东部地区率先发展起来了，才能增强国家的经济实力，也才有条件更好地带动和支持中西部地区加快发展步伐。第二，当东部沿海地区发达到相应程度时，就要采取措施加快开发和发展中西部，这又是一个大局。邓小平认为，中西部地区幅员辽阔，资源丰富，战略位置非常重要。从大局的角度考虑，在适当时机，加快中西部地区的开发，对合理配置资源，促进全国经济持续、快速、健康、均衡发展，具有战略意义。

党的十三届四中全会后，以江泽民同志为核心的第三代领导集体，继承邓小平“两个大局”的战略思想，并根据客观情况审时度势，实施“两个大局”的战略思想。

1992年8月9日至16日，江泽民同志在甘肃省考察时，就西部地区的发展发表了重要意见。江泽民说：“一部分经济先发达起来的地区，等发展到一定程度、一定时候，就有责任在技术、财力、物力、人才等方面对尚未发达起来的地区给予积极的帮助和支持。国家要在这方面适时地加以引导、组织和推动，目的是最终实现全国各个地区经济的共同发展、共同繁荣、共同富裕”。1993年11月14日，江泽民在《更好地组织和推进社会主义市场经济体制的建立》的讲话中说：“经济发达地区要充分利用本身的有利条件和现有基础，能快的还是要搞得快一些，使经济更快地再上一个新台阶，带动和促进经济不发达地区发展，为国家的现代化事业做出更大贡献”。

江泽民同志讲这两段话的当时，国内的经济、社会、文化情况与邓小平同志提出“两个大局”战略思想的当时，发生了很大变化。其具体标志：一是党中央已经明确提出要通过改革建立社会主义市场经济体制；二是治理整顿初见成效；三是东部沿海地区已经率先大步向前发展了；四是东部与中西部的差距呈现出进一步拉大的趋势。在这种情况下，江泽民认为要对“第二个大局”给以关注，引导和启发各级领导从第二个大局上考虑问题，采取措施，在开发西部、加快西部发展步伐上下功夫。同时，也对东部比较发达地区要服从、服务于这个大局提出了要求。

二、均衡发展论

采取措施，控制和缩小区域间经济发展的差距，使之尽量趋近于均衡，这是中央作出西部大开发战略决策的又一方面的理论依据。

新中国成立以来，党在对经济工作的指导上，一直主张均衡发展。虽然这里说的均衡是相对的，均衡之中包容着不均衡，但从大的方向目标上看，是追求均衡的。在20世纪50年代，毛泽东同志在《论十大关系》中，就蕴含着国民经济各部门之间、地区与地区之间的发展应协调起来，由不均衡达到均衡，使整个国民经济的运行更加平稳的观点。此后，毛泽东在谈到对经济工作的总体安排和处理各产业之间的关系时，多次强调要“统筹兼顾，适当安排”，并作为经济工作的一个指导思想明确起来，逐步深入人心。在均衡发展理论的指导下，编制了第一、第二和第三个五年计划。虽然这三个五年计划在执行过程中出现了一些新的情况和问题，但是就其总体上说，比较好地执行了均衡发展的计划，取得了预期效果。在“文化大革命”中，由于受极“左”路线的影响，经济工作受到严重冲击，一些工厂、矿山停产“闹革命”，与经济规律背道而驰，使整个国民经济走到了濒临崩溃的边缘。在动乱年代，一切带有理论色彩的东西都被批得体无完肤，哪里还谈得上什么均衡发展论？

党的十一届三中全会后，随着实事求是思想路线的恢复和工作重点转移到以经济建设为中心的轨道上来，均衡发展论又被重视。1979年10月4日，邓小平同志在省、自治区、直辖市党委第一书记座谈会上，强调要对国民经济进行调整。他说：“八字方针，核心是调整”。这里所说的调整，我们理解，就是利用宏观调控手段，对各地区之间，各行业之间的生产力进行新的布局，创造一个和谐健康的发展速度。20世纪80年代中后期，中央对经济工作提出“要持续、稳定、协调发展”；20世纪90年代初，又提出“要持续、快速、健康发展”。这两个经济工作的目标，虽然没有均衡的字样，但“均衡发展”是寓意其中的。

在江泽民同志的主持下，“促进地区经济合理布局和协调发展”写进了党的十五大报告。江泽民在报告中指出：“东部地区要充分利用有利条件，在推进改革开放中实现更高水平的发展，有条件的地方要率先基本实现现代化。中西部地区要加快改革开放和开发，发挥资源优势，发展优势产业”。

在50多年的经济建设实践中，中国走出了一条“统筹兼顾、综合平衡——沿海地区率先发展——西部大开发”这样的运行轨迹，它的对应关系实质是“均衡——非均衡——争取均衡”。按照哲学上否定之否定等于肯定的推导，我们遵循的是均衡发展理论。

三、共同富裕论

在经济持续、快速、健康发展的良好状态下，如何控制区域居民收入差距的不断拉大，最终走向共同富裕，唯一的选择就是，利用宏观调控手段，动员全社会的力量，扶持落后地区加快发展，使之迎头赶上来。由此可见，遵循“先富带后富，实现共同富”的理论，也是中央做出实施西部大开发战略的一个重要依据。

允许一部分地区、一部分人先富起来，最终实现共同富裕的理论，最早是由邓小平同志1978年12月13日在中央工作会议上提出来的。邓小平在这次会议的闭幕会上说：“在经济政策上，我认为要允许一部分地区、一部分企业、一部分工人农民，由于辛勤努力成绩大而收入先多一些，生活先好起来。一部分人生活先好起来，就必然产生极大的示范力量，影响左邻右舍，带动其他地区、其他单位的人们向他们学习。这样，就会使整个国民经济不断地波浪式地向前发展，使全国各族人民都能比较快地富裕起来”。这次会议是中央为召开十一届三中全会做准备的一次重要会议。在这种会议上邓小平讲到这个问题，可见它是一个极其重要的指导思想。1984年11月9日，邓小平会见意大利共产党书记处书记巴叶塔时说：“在社会主义制度下，可以让一部分地区先富裕起来，然后带动其他地区共同富裕”。在1978年党的十一届三中全会至1992年邓小平视察南方发表重要谈话的15年间，有据可查的，邓小平先后13次讲到：允许一部分地区一部分人先富，先富带后富，最终实现共同富。在学习邓小平这一思想的过程中，我们还会理解到，邓小平把这个问题上升到这是由社会主义的优越性所决定的高度上来认识。1990年12月24日，他说：“社会主义不是少数人富起来、大多数人穷，不是那个样子。社会主义的最大优越性就是共同富裕，这是体现社会主义本质的一个东西”。这一思想，是邓小平理论体系中的重要组成部分；这一思想，在中国几乎是家喻户晓。

江泽民同志不但完全继承了邓小平这一思想，而且还运筹帷幄，力图把这一思想付诸建设有中国特色社会主义的实践。1991 年 12 月 19 日至 26 日，是江泽民到中央工作后第一次到贵州。当他到贵阳、遵义、安顺等地时，看到这里自然条件较差，经济发展困难，贫困面比较大，觉得同他原来所在的上海市郊区形成强烈反差，一种责任感油然而生。他对陪同的各级领导干部说：“我们各级党委和政府要继续贯彻执行大力扶持贫困地区经济开发和建设的方针，通过发展经济，帮助贫困地区摆脱贫困，逐步缩小与经济发达地区的差距”。在这里，江总书记是把扶持贫困落后地区发展经济，逐步缩小发达地区与落后地区的差距作为一项经济工作的指导方针提出来的，而非权宜之计。1993 年 9 月 27 日，江泽民在广州主持召开中南西南十省区经济工作座谈会，他说：“对于地区间存在的发展上的差别，要有一个全面认识和科学态度。既要看到这种差别是历史形成的客观存在，要消除它也需要一个历史过程，不是一朝一夕可以办到的；又要看到从长远趋势来说，这种差别总是要逐步缩小的，办法就是通过一部分人、一部分地区先富起来的带动和促进作用，通过国家的宏观调节和地区自身的努力，在共同发展生产力的基础上，使这种差别逐步得到缩小，最终达到共同富裕”。1993 年 11 月 17 日，江泽民在谈到高度重视民族工作和宗教工作时，进一步阐述了邓小平同志提出的“先富带后富，最终共同富”思想的重大意义，并强调：“走社会主义道路就是要通过一部分地区和一部分人先富起来，使全国各族人民逐步实现共同富裕，如果只是一部分地区一部分人富，而大部分地区大部分人仍然贫穷落后，那就不是社会主义”。以后，江泽民在有关会议上，多次阐述这种思想，要求各级党委政府一定要采取措施逐步缩小地区之间的发展差距，实现全国经济与社会的协调发展，最终要达到全体人民的共同富裕。

四、民族团结论

中国是个多民族国家，处理好民族之间的关系，特别是处理好汉族与少数民族之间的关系，直接关系到社会主义政权能否巩固，国土能否保持统一，社会能否长治久安。而处理好民族关系的前提条件，是利用宏观调控手段，调动一切积极因素，帮助少数民族地区改善生产条件，提高少数民族人民生活水平。一句话，解决民族问题的重要手段是发展。少数民族地区经济繁荣了，民族兄弟过上了安居乐业的日子，国家的统一，社会的长治久安就有了物质基础。

正是出于上述考虑，中央三代领导集体都非常重视少数民族地区的稳定与发展，根据各个时期的不同情况，对处理好民族问题提出了一系列高屋建瓴的理论观点。在20世纪50年代，毛泽东曾两次在党的高级干部会议的讲话中，以民族问题作为重要议题，进行了深入的阐述。1956年4月25日，毛泽东在中央政治局扩大会议上，把汉族同少数民族的关系，列为《论十大关系》之一，进行了透彻的论述。毛泽东说："土地是少数民族多，占百分之五十到六十。我们说中国地大物博、人口众多，实际上是汉族人口众多，少数民族地大物博，至少地下资源很可能是少数民族物博。"更为精明的是，毛泽东在当时民族工作的重点是巩固新生政权、稳定少数民族地区的情况下，就提出了要帮助少数民族发展经济，从而抓住了处理民族问题、加强民族团结的关键。毛泽东指出："我们要诚心诚意地积极帮助少数民族发展经济建设和文化建设。"毛泽东同志还指出："在苏联，俄罗斯民族同少数民族的关系很不正常"，他告诫全党，一定要接受苏联的教训。1957年2月27日，毛泽东在最高国务会议上的讲话中，又一次将"少数民族问题"列为12个重大问题之一，从人口、居住地的比重等方面，充分阐述了民族团结的重要意义，强调一定要把汉族和少数民族的关系搞好。

改革开放以来，邓小平同志多次讲到处理好西藏和新疆问题时，由此引申到用发展促进民族团结，主张要尽力帮助少数民族地区发展经济。1980年8月26日，邓小平在同班禅额尔德尼·确吉坚赞谈话时说："在西藏，要使生产发展起来，人民富裕起来，真正去做，也并不难。只有这件事办好了，才能巩固民族团结"。1987年6月29日，邓小平在讲到"立足民族平等，加快西藏发展"时说："中国的资源很多分布在少数民族地区，包括西藏和新疆。如果这些地区开发起来，前景是很好的。我们帮助少数民族地区发展的政策是坚定不移的”。这是在我们党的文献上，领导人明确提出开发少数民族地区最早的记录。由此可见，从20世纪80年代开始，小平同志头脑中就想到有一天要开发少数民族地区，即开发西部。

江泽民把毛泽东、邓小平关于“发展少数民族地区经济，促进各民族大团结”的战略思想具体化，提出了许多实施意见和措施。1991年12月，江泽民在考察贵州时说：“我们是统一的多民族国家，整个国民经济的发展，离不开东部地区，也离不开中西部地区，特别是少数民族地区的经济振兴”。“在新的历史时期，搞好民族工作，增强民族团结的核心问题，就是要积极创造条件，加强发展少数民族地区经济文化等各项事业，促进各民族共同繁荣。这既是少数民族人民的迫切要求，也是我们社会主义民族政策的根本原则”。江泽民在党的第十四次全国代表大会的报告中又强调：“加快少数民族地区经济发展，对于加强民族团结，巩固边防，促进全国经济发展，具有极为重要的意义”。在1993年11月，江泽民又讲到：“民族地区存在的矛盾和问题，归根到底要靠发展经济来解决”。1999年6月江泽民在西北五省、区改革和发展座谈会上的讲话，1999年9月江泽民在中央民族工作会议上的讲话，都阐述了发展经济与加强民族团结的关系，并强调加强少数民族和民族地区的发展，是我国社会主义事业的本质要求在民族工作上的体现，也是党的民族政策的基本出发点和归宿。正是在这些理论观点的指导下，中央下定了实施西部大开发战略的决心。

第二节　实施西部大开发的重大意义

中央认为，实施西部大开发战略，加快中西部地区发展，关系经济发展、民族团结、社会稳定，关系地区协调发展和最终实现共同富裕，是实现第三步战略目标的重大举措。立足于中国改革和发展以及社会的现状，进一步解读中央的精神，我们会清晰地认识到，中央作出西部大开发的战略决策，具有重大的现实意义和深远的历史意义。

一、优化资源配置的需要

发展社会主义市场经济，一个基本要求就是资源的配置要科学、合理、有效率和效益，让人尽其才、地尽其能、科尽其力、物尽其用。这种配置是打破区域封闭的开放式配置，资源是在更大的空间乃至全球来流动。而我国目前的经济状态显示，资源配置不合理，东西部之间的短缺与开发利用不够交叉存在，使潜在的生产力没有很好地发挥出来。

西部十省、自治区、直辖市（按中央西部开发区域规划，西部开发的范围还包括中部的广西和内蒙古自治区）地域辽阔，土地面积占全国土地总面积的57%，草原面积占全国草原总面积的55.9%，森林面积占全国森林总面积的36%，而人口只占全国总人口的1/4。全地区未开发土地达5 333.33万公顷，国土的后备资源潜力很大。西部矿产资源丰富，在全国已发现的160种矿产中，西部地区均有发现。其中，钛、铜、汞、铅、锌等30多种矿产储量居全国第一，煤储量占全国总储量的38.6%，石油储量占全国总储量的41%，铁储量占全国总储量的46.8%，钾储量占全国总储量的96.7%，水能资源储量占全国总储量的82.3%。如果按人均分，占有量大大高于全国平均水平。旅游资源丰富，生物资源总量大，物种具有多样性。但由于资金、技术、人才不足，开发自然资源所必需的能源、交通、通讯等基础设施远跟不上需要，使丰富的资源没能得到充分利用，资源优势没能转化成经济优势，潜在的优势没能转化成现实优势，使经济的发展快不起来。而西部多的资源正是东部所缺，东部雄厚的投资能力正需要“用武之地”，资源在东西部之间自由流动，就可收到配置科学、合理的效果。

实施西部大开发，就是要通过一系列的优惠政策和宏观调控手段，促进资源的流动和优化组合，使东西部在优势互补、扬长避短中得到共同发展。

二、扩大内需的需要

中国经济在持续快速健康发展的同时，也出现了一些新的情况，产品由全面短缺转为供大于需，市场由卖方转为买方，价格总水平稳中有降，市场需求不足严重地影响着经济发展。要解决这些现存问题，维护国民经济的良性循环，启动市场、扩大需求是最直接的措施。经济理论与社会实践告诉我们，启动市场、扩大需求的途径主要有三个，即扩大出口，加大基本建设投资，刺激消费。对于中国这个世界上最大的发展中国家来说，在产品更新换代和产业升级需要时间，外贸环境不会有大的改观的情况下，扩大内需自然成了启动市场、扩大需求的首选措施。而西部消费水平低，基础设施落后或不配套的现状说明，它是扩大内需的一个最具潜力的增长点。实施西部大开发战略，通过做大经济盘子，做大西部市场，把潜在的投资需求和消费需求挖掘出来，使之成为推动经济增长的动力。

开发西部对扩大内需的拉动，主要体现在三个方面：一是通过修建公路、铁路，发展民航和通讯等基础设施，改善投资环境，从而吸引大量投资开发产业，增加基础设施投资品和工业生产资料的需求。二是通过加快西部城镇化的步伐，启动城镇建设，吸引大量投资，使固定资产和消费资金都实现增长，从而带动市场的繁荣。三是在开发的过程中要创造新的就业岗位，增加居民收入，提高居民的购买力，从而能够将消费品的潜在市场转化为巨大的现实市场。

三、创造就业岗位的需要

中国人口多、基数大。国家统计局的统计公报显示：到2004年末中国人口将近13亿。由于国家对西部的少数民族地区实行特殊的生育政策，西部的人口增长比率大大高于东中部地区。在新的世纪前30年，中国人口就业的压力会越来越大。全国统算，每年大约新增1 300万个劳动力。同时，城市大约还有1 000万下岗职工待业。随着农业经济结构的调整和增长方式的转变，还将有大批劳动力从农业中分离出来。不论在城里还是在农村，待业人员过多给社会的运行、居民的生活、社会治安的维持，都带来了许多麻烦。在个别地方，下岗职工已经成了影响社会稳定的重要因素。而在现实条件下，安排几千万的劳动力就业，其难度不比增加收入和启动市场容易。

大批劳动力向何处去？出路就在于充分利用资源，实行开放政策，吸引外来投资开发新的产业，创造就业岗位。一位中央领导曾经说："劳动可以创造就业岗位"。开发西部，加快基础设施建设步伐需要大量劳动力，新上工业项目需要大量劳动力，发展第三产业需要大量劳动力，进行生态环境建设需要大量劳动力，开发旅游资源需要大量劳动力……据经济学家推算，在中国这样的经济总量条件下，国内生产总值每增加一个百分点，可以创造500万个就业岗位。以此类推，如果西部开发拉动国内生产总值增长两个百分点，那么，每年可有1 000万劳动力得到就业，整个国家的就业压力会大大减轻。就业问题解决得好，增加收入问题、启动市场问题、保持社会稳定问题等，都会相应地得到解决。从这个意义上说，在新的世纪实施西部大开发战略，把帮助西部地区发展经济摆到突出位置，争取用大开发带动大发展，其实质是牵住了中国经济和社会发展的“牛鼻子”，是一项基础性、长效性、战略性的发展措施。

四、实现第三步战略目标的需要

中国改革开放的总设计师邓小平为中国发展所设计的“三步走”战略目标，第一步、第二步目标已经如期实现，到21世纪中叶，中国要实现第三步战略目标，即达到中等发达国家水平。

实现第三步战略目标，重点在西部，难点也在西部。攻克难点，首要的是加快贫困落后地区的发展步伐，缩小地区间的差距。改革开放以来，全国各地经济都取得了长足发展，但也必须看到，西部地区与东部沿海地区在经济发展速度、经济总量的差距呈拉大趋势。据中央政策研究室李欣欣的研究报告，东、西部地区差距的拉大主要是：一是东、西部地区GDP占全国比重的差距拉大。1978—1997年，东部地区GDP占全国的比重由52%上升到64.46%；同时西部地区却由17%下降为14.8%。人均GDP最高的上海已达到3 400美元，全国平均为800美元，而西部只有500美元。二是东、西部地区的工业总产值差距拉大。1990年的工业总产值，东部地区最高的江苏省是2 764.1亿元，西部地区最低的青海省是55.25亿元，其比例是50∶1；到1998年，同类指标最高的广东省是9 222亿元，西部地区最低的青海省是110亿元，其比例扩大到83.84∶1。三是东、西部地区吸引外资的差距巨大。1998年，东部地区吸引外资占全国的95%以上，而西部地区仅占1.2%。四是东、西部地区农民人均收入差距拉大。1980年，东、西部地区农民人均收入为1.28∶1；到1998年，扩大为1.94∶1。总体上看，西部不但贫困人口多，脱贫难度大，而且各项社会发展指标落后于东部地区。上述情况足以说明，占全国人口相当比重的西部地区不能尽快地发展起来，社会主义建设的第三步战略目标就必然要落空。从中不难看出，发展西部地区在实现第三步战略目标中所占有的重要位置。

五、实现社会稳定的需要

西部地区占有全国 56.8%的疆土，中国同邻国接壤的边境线有80%也在西部地区，80%的少数民族居住在西部地区；西部地区的稳定，对于稳定全国、稳定同邻国的睦邻友好关系，具有重要作用。只有西部的稳定，才能有整个中国的长治久安，西部出现不稳定，全国都不得安宁。

邓小平同志讲："发展是硬道理"。维护西部地区社会的稳定，最根本的就是要加快西部地区的发展，使西部地区人民的生活水平不断提高。这样，整个中华民族才有凝聚力和向心力，才能长久保持全国的稳定，进而巩固边疆的安宁。

第三节　西部大开发的指导方针

在 21 世纪，中国建设的重大战略莫过于西部开发。这一充分体现总设计师邓小平"两个大局"思想的举动，标志着中国的发展已经进入了一个全新的阶段。在这个阶段，党和政府要率领近 13 亿人民修竣这一巨大工程，具有奠基意义的是，从中国的国情出发，借鉴其他国家开发贫困落后地区的经验教训，集全民之智慧，确定实施大开发的指导方针，用于指导这一伟大时代的伟大实践。

一、坚持可持续发展的方针

可持续发展不但关系到西部开发的成败，而且也关系到整个中国乃至全人类的共同命运。中国在开发西部的过程中，应自始至终地坚持走可持续发展之路，把实现人与自然的和谐、经济与社会的协调发展作为终极目标，并努力组织和动员全社会的力量，为实现这个目标而奋斗，造福当代、造福子孙、造福全人类。

1. 在发展经济的同时，控制人口总量的增长。中国西部的国内生产总值，已近 12 000 亿元，是个不小的数字。但用近 2.9 亿人口一平均，仅为 4 100 多元，这说明，大块头的国内生产总值被大基数的人口吃掉。说西部经济发展落后，其实质是人均占有经济量指标的落后。西部地区除四川、陕西和重庆三省、市外，人口的自然增长率都远高于全国平均水平，这是实施西部开发战略不可忽视的问题。据测算，人口增长率每下降一个千分点，人均 GDP 就可提高 0.36～0.59 个百分点。由此不难看出，控制人口的另一面，等同于经济发展。因此，西部在加快发展经济的同时，一定要坚持实行计划生育的基本国策，控制人口总量增长，同时注意提高人口素质，把人口的物质消耗特性转变为推动经济发展的人力资本。

2. 在发展经济的同时，节约资源和开发后备资源。西部地区地大物博，但资源总量与人口总量平均，就成为地大物薄了。其实，人们在研究人口与资源的关系时，说“博”也好，说“薄”也罢，都没触及到“资源的有限性”这一根本问题。任何资源都是有限的，都不是取之不尽、用之不竭的。资源的有限性决定了在开发中必须注意节约资源和合理利用资源，把利用和保护兼顾起来，做到开发与保护并举，在保护中开发，在开发中保护，提高资源的综合利用率。要坚决改变过去长期沿用的以大量消耗资源、能源来推动经济增长的传统模式，实行经济建设与节约能源、降低消耗同步规划、同步实施，实现资源的增值消耗，再生资源的永续利用。

3. 在发展经济的同时，建设良好的生态环境体系。生态环境的优劣与经济发展速度，并不是彼此相克的关系。事实上，如果采取得力措施，完全可以在求得经济高速发展的同时，保护和建设良好的生态环境体系。西部开发的目标，不仅仅是发展经济，还有生态环境建设和精神文明建设等若干项任务。发展经济是为了提高人们的生活质量。而加强生态环境建设，同样也是提高人民的生活质量。从这个意义上说，二者不可偏废。经济要发展，但是，决不能以破坏生态环境为代价。必须把生态环境建设作为西部开发的一项重要任务予以保证，使西部在开发的过程中能够青山常在，绿水长流，生物的多样种群得到繁衍，为子孙后代创造一个美好的生活空间。

二、坚持以开放促开发的方针

在世界经济一体化、各国信息同步化、国际贸易多元化的新世纪，在中国加入 WTO 的利好情况下，实行对外开放战略同内部改革一样，已成为促进经济快速发展和社会进步的强大动力。中国的发展离不开世界，同理，中国西部的发展也仍然离不开世界。试想，在拥有2.9亿人口，幅员面积占全国总面积56%的西部地区，如果不能打破封闭保守的发展格局，如果不能实行全方位、多层次的对外开放，经济不但不可能得到持续快速健康发展，而且同东部沿海地区乃至同世界上一些发达地方的差距还将进一步拉大，那样的西部，是没有希望的。出路就在于通过改革打破常规，实行更加开放的对外政策，以开放促进西部大开发，以开放营造西部发展的良好环境，以开放赢得西部社会的巨大变化。

中国对外开放，东部沿海地区已有20多年的实践，积累了一定的可资借鉴的经验。今天西部扩大对外开放，应研究和借鉴东部的经验，但不可照搬东部的经验。因为时过境迁，客观情况发生了重大变化，东部沿海地区打开对外大门时的一些有利条件，今天的西部已不复存在，况且西部的本身基础条件和经济特征与东部还有不小的差距。今天的西部与20年前东部开放相比，客观情况至少发生了四个方面的变化：一是国际经济环境变了。80年代初期东部开放时，正是亚洲经济加快发展时期，也是国际经济扩张阶段。新兴工业化国家大批向国外转移劳动密集型产业，东部地区大门一开，外国资本会情不自禁地涌入。现在的情况是，1997年，亚洲出现金融危机后，世界经济进入一个调整期，加之波及全球广大地区的畜禽疫病，使国家之间的贸易增势减缓，原材料、石油、食品等产品价格下跌，交易空间变小。二是市场条件变了。沿海地区是在中国短缺经济形态下开始开放的，工业扩张有市场保证，工农业产品都供不应求，只要生产出来就能卖出去。而现在中国经济形态已从短缺转变为剩余，靠扩张一般性产品生产能力的条件消失，用户对产品的精度和档次提出了更高的要求。更主要的是东部开放后产品可以大量卖给西部；而西部再开放，产品也很难大批打入东部。三是政策支持力度消退。东部沿海是在中央给予大量优惠政策的情况下开放的，吸引了大批资金、技术和人才。今天西部的开放，政策只能从倾斜转化为均衡优惠，力度与当年东部开放是不能相提并论的；已经转入东部的大量开发经济急需的生产要素不可能再回归，引进难度加大，吸引力度减弱。四是西部与东部相比，生态环境脆弱，建设和改善生态环境的任务极其繁重，不可能像当年东部那样全力以赴地进行产业开发。有鉴于此，西部应从现实情况出发，在总结东部经验的基础上，确定开放促开发战略。

西部开放战略，应在东部开放探索的基础上，进一步拓宽开放空间，提高开放水平，在实现四个转变上下功夫。一是变过去的区域开放为产业开放。因为，全国都在开发开放，不可能都变成开发区，而拓展林牧业、采掘业、旅游业、环保业和交通、通讯、金融、保险、房地产以及商务中介等产业，确有广阔的空间。二是变过去的以引进来为主为引进来和走出去两兼顾。开放不等于引进，更重要的是走出去，开拓国外市场，进行跨国投资，争取双向交流，在更深层次上参与国际分工。三是变过去的资源导向型为市场导向型。适应短缺经济向剩余经济的转变，过去那种有什么资源就上什么项目的投资理念已经过时，必须问市场，把市场需要什么和你能生产经营好什么结合起来，围绕市场来开放开发。四是变过去的靠优惠政策改善投资环境为靠提高基础设施水平来改善投资环境。优惠政策的背后，是国家的经济基础。也就是说，实施优惠政策，国家是要有投入的。这种投入在开发少数地方可以，当大面积开发时，就难以为继了。因此，西部开发需要得到政策支持，但更现实的是通过加强基础设施建设来改善投资硬环境，由此可使走出去与引进来的开发战略成为现实。

三、坚持东、中、西部互助互利的方针

东、中、西部的每一方，都是中国的重要组成部分，每一方的经济发展如何，都密切关系着整个国民经济的发展和社会进步。在西部大开放、大开发、大发展的同时，中、东部地区也要进一步拓宽开发空间，加快经济发展步伐，各方需要寻求利益的共同点，在合作、交流、生产要素重组、资产融合中共同发展。在这个过程中，西部渴望得到东部的支持和援助，但是，这种支持和援助是建立在共同利益基础之上的，是互助互利性质的，是经济利益的作用，而不应该是也不可能是行政手段的作用。

在社会主义市场经济条件下，作为投资者，无论是地方政府、企业还是个人，追求目标是利润最大化，评估投资取舍的唯一条件是投资回报率，而不是“给予”或“奉献”的精神。东、西部的交流与合作，要按经济规律办事，政府不能搞行政手段式的“捆绑”。政府可以引导和提倡东部发达地区要支持西部地区的发展，要有全国一盘棋

的思想。但只是一种引导和提倡，至于东部对西部给予不给予，奉献不奉献，奉献到什么程度，那是自行决策的范畴，不是政府干预的范畴。建国以来的经济建设实践已经证明，政府用行政命令搞平调，例来效果不好，历史的教训，要牢记。

东部与西部相比，由于有经济基础，又有相对丰裕的人才和先进的技术做支撑，到西部投资赚钱的能力强。对此，西部应以平静的心态对待东部的赚钱，不应该眼红。要看到在东部赚钱的同时，也会给本地的经济发展带来新的生机和活力，看到对安置本地人就业，提高收入的好处，看到“你赚钱，我发展”这是双赢。

东部到西部去投资，或者西部到东部去合作，东部人也应在互助互利的方针指导下从严规范行为。一是不要搞经济歧视，做到客观公平；二是不要搞短期行为，注意培养长效的经济增长点；三是一定要讲信誉，守法经营，不可搞坑蒙拐骗。要做到钱赚得正当、光明磊落，要在自己赚钱的同时，注意为西部的发展做点好事，在人才、资金、技术和管理等方面给西部尽可能的帮助，特别是不可做破坏资源、污染环境、危害生态的事情。

西部开发，实际上是东部同西部彼此对接的过程。在这个过程中，西部要把自己的优势同东部相结合，同时，西部开发又是以东部经济水平的提升为条件的，这就要求东部应在开发西部中提升自己，尽可能地给西部留出产业和市场空间。这样，东部与西部之间，就可以在各自优势互补的过程中实现双向发展，而不是恶意的竞争或相互拆台。经过若干年的互助互利，东、西部经济可能呈现一体化的局面，这时就可以说：西部开发大见成效了。

四、坚持打持久战的方针

中央政府提出实施西部大开发战略，是作为21世纪中国建设的巨大任务提出来的。实现这个中华民族前所未有的巨大工程，不能一蹴而就，不是短期就能见效的，需要有锲而不舍的精神，需要有坚忍不拔的毅力，需要有持之以恒的奋斗，需要有若干代人的接续，才有可能到达光辉的顶点。一切盲目乐观、指望大干快上、追求立竿见影、企图有个跳跃式发展的想法都是不切实际的，因而是有害的；一切悲观失望、指望政府给予、坐等靠要、得过且过的心理状态都是与时代精神不相符的，因而是要改变的。

在人类发展的历史上，还没有单纯地通过政府的支持和组织就在几年中使贫困落后地区的面貌发生巨变的先例。美国对西部的开发，从18世纪末的“西进运动”开始算起，已经走过了200多年的开发历程。今天看，虽然西部已经大踏步地赶了上来，西海岸的个别地区在对外贸易及城市化水平方面已经超过了东部，但整体情况与东部相比，还是有差距。英国在第一次世界大战后，实施对不发达的农村、衰退的工业区开发和援助政策，试图消除农村、衰退的工业区与繁荣地区的不平衡，但不尽如人意的是，平衡至今也没能如愿，只是差距大为缩小而已。意大利是在20世纪50年代初成立南方开发局，对落后的南方地区进行开发建设的。从1951—1984年，政府共向南方投资147万亿里拉，南方人均6 000美元，有效地解决了南方地区的失业，拉动了经济的持续增长，堪称效果明显。但是，一些研究意大利问题的专家认为，要使南方完全赶上北方的经济发展水平，至少还要用半个世纪的时间。中国开发西部，是在国家经济基础薄弱，财政不能像美国、英国、意大利那样拿出巨大投资予以支持的，因而中国西部的开发，更将是一个长期的历史的过程，中国政府包括地方政府和广大民众，都应该理智地认识到西部开发的长期性，做好打持久战的思想准备和物质准备。

西部开发要打持久战，首先各级政府官员要有清醒的认识。要认识到西部的开发是个加快建设步伐的历史过程，而不是什么轰轰烈烈的群众运动；要认识到西部各地的差异较大，不能用一种办法去解决问题；要认识到在开发中政府的责任是组织、协调、指导和服务，不能下死命令和越俎代庖。在工作的指导上，应遵循：从客观实际出发，循序渐进的方针；十分珍惜财力民力，量力而行的方针；注意培植和发现典型，以典型引路的方针；办事留有余地，说到做到的方针。

打持久战，应有一个总体战略部署，让组织者开发者和所有参与的实践者有所遵循。中央政府组织有关部门起草《西部中长期发展纲要》，分阶段、分区域、分产业提出开发和发展的指导性意见，是十分必要的。《纲要》在实施中，也应根据不断变化的客观情况，进行必要的修改、补充和完善。

五、坚持物质文明与精神文明同步建设方针

建设有中国特色的社会主义，包括物质文明与精神文明两个方面。开发西部，也要在不断促进经济增长的同时，促进社会主义精神文明，努力做到将物质文明与精神文明都放到同等重要的位置，两个文明一起抓，两手都要硬。

经济建设是西部开发的中心，精神文明建设则要为西部经济建设提供思想保证、精神动力和智力支持，更好地为经济建设这个中心服务。在西部开发中，思想理论战线应认真研究、学习和传播马克思主义理论，宣传党的现阶段路线方针政策；利用一切思想、文化、教育阵地宣传西部光荣的革命历史。应把博物馆、科技馆、图书馆、文化馆建成传播先进思想、科技文化、致富知识的阵地；应对新闻出版、广播影视单位给予政策扶持，使之成为传播江泽民总书记所提出的："解放思想、实事求是的精神，紧跟时代、勇于创新的精神，知难而进、一往无前的精神，艰苦奋斗、务求实效的精神，淡泊名利、无私奉献的精神"的思想阵地；利用西部革命文物和纪念地，对西部人民进行传统教育，激发各行各业各界人士投身开发西部、建设西部的大潮中，激励他们为建设家园、改造家园做出贡献。

在西部开发建设中，从一开始就应通过开展创造"优美环境、优良秩序、优质服务"等活动，建设文明城市、文明村镇、文明社区，充分发挥城镇在带动经济发展中的综合作用，使西部广大人民群众在文明的氛围中受到积极的影响和激励。

第四节　西部大开发的重点

实施西部大开发，其实质是面对国内外两个市场，组织和动员一切积极因素，利用市场手段对资源进行优化配置，充分发挥政府对区域经济的宏观调控作用，启动西部经济持续快速健康发展的运作过程，其核心是发展经济。社会资源的有限性，决定了实施西部大开发战略不可能各行各业平头推进，必须选择重点，突出重点，突破重点。

一、开发观念

西部长期落后于东部，是由多种原因造成的。其中，最重要的原因是西部人的观念落后。观念上的差距，是东西部之间最大的差距；观念落后，是西部追赶东部的最大障碍。因为落后的观念，它使人们每时每刻地产生落后的言行，束缚着人们的手脚，阻碍着人们的思维创新。西部如果不解决人们的观念问题，即使有机遇，也认识不到是机遇；即使有商机，也会让其逝去。因为在市场经济条件下，想发展必须依靠自己去努力寻求机遇、抓住机遇、创造机遇、利用机遇。把握机遇、加快发展的关键是观念更新，思维创新。

西部地区观念落后主要表现在：因循守旧，不思进取；得过且过，温饱即安；只顾生产，不识市场；传统积淀，风俗悖时；官位浓厚，目光短浅；条框束缚，空守资源；自我封闭，不愿合作；遇难退缩，闯劲不足。这些陈旧落后的观念，严重地束缚着人们的思想，阻碍着人的积极性和主观能动性的发挥，制约着经济发展和社会进步。

在西部大开发中，应开动一切宣传机器，引导干部群众破除陈旧落后观念的束缚，树立起适应现代经济社会发展的开发理念。一是增强创新求变意识，以敢为人先的创新精神和求真务实的科学态度，大胆借鉴国内外成功的经验，结合西部的特点，创新经营体制和开发模式，敢于谋求跳跃式发展。二是增强两个市场意识，看到市场是脱贫致富的载体，眼光由只顾生产转向生产与市场兼顾，由注意国内市场转向国际、国内两个市场兼顾，根据未来经济全球化和市场国际化的需要，调整运用市场和发展市场的思路。三是增强跳跃式的发展观，不要满足一般现状，争取能快尽量搞快，千方百计提升经济层次，创造“后发优势”。四是增强利用优势意识，充分看到自己的长处，千方百计利用自己的长处，避开自己的短处，树立起再造新优势的信心。五是增强调整意识，有进有退，有所为有所不为，上就上新的、高的，干就干好的、大的。六是增强艰苦创业意识，摒弃无所作为的思想和浅尝辄止的小农思想，把开发的基点放在坚持不懈的开拓上，自我激发自己的内在活力。七是增强领导意识，打破一般性的工作方式方法，重新布局领导力量，实事求是地推进西部大开发战略。

二、开发基础设施

基础设施落后，投资硬环境较差，是制约西部开发开放的又一个重要因素。目前，西部地区的铁路、公路网密度仅相当于全国平均水平的40%～50%，相当于沿海的20%左右；民航机场总量不足，航线密度小；农田水利建设严重滞后；送变电、通讯和电视事业也不适应经济和社会快速发展的需要，西部的电话普及率仅相当于全国平均水平的一半，全国没通电话的村大多数在西部，不少农民听不到广播，看不到电视，有的乡村还没有通电。来自基础设施方面的瓶颈制约，是实施西部大开发必须首先突破的难点，必须首先开发基础设施，适当超前。

1. 建设交通设施。西部地区交通建设要以公路建设为重点，全面加强铁路、机场、天然气管道建设，扩开西部与东部、西南与西北的运输通道，实现通江达海，多功能、多网络、现代化的交通运输体系。

2. 建设水利设施。把水资源的合理开发和有效利用放在西部大开发的突出位置。加快长江三峡、黄河小浪底等对西部发展相关联的大中型水利在建工程进度，保证工程质量；搞好现有大中型灌区设施的维护、改造和配套完善、保护和合理开发长江和黄河上游，逐步开发利用塔里木河、疏勒河、柴达木河、黑河等流域的水资源。坚持不懈地开展农田水利基本建设，鼓励集体或农户因地制宜地建设和管理小型水利设施，提高农田的防洪排涝能力。

3. 建设通讯设施。继续加快西部地区通信干线和支线建设，进一步扩大通讯容量，发展通讯网络，提高通讯质量和服务水平。因地制宜地采用有线、无线、卫星等多种接入方式，逐步提高西部农村电话普及率，完善农村邮政网络，实施广播电视“村村通”工程，努力做到东、西部信息同步化。

4. 建设电力设施。加快农村电网改造步伐，打破行政区划，按照人口聚集和分布情况，合理建设高低压输电网络。对有条件的乡村，可发展小水电以及太阳能、风力、沼气发电等多种取电形式。同时实施西电东送工程，通过南、中、北三大通道，将西部地区丰富的水能资源开发、输送出去。

5. 建设西气东输设施。中国西部地区天然气资源量约占全国总量的60%，近几年又相继发现了一批大中油气田。而东部地区能源短缺，大气污染严重。“十五”期间，应抓紧实施西起新疆塔里木，东达长江三角洲的西气东输工程，使西部资源优势真正转化为经济优势。

三、开发产业

开发西部的直接目的是优化资源配置，提高生产力水平，增加物质财富。达到这个目的，最有效的办法是兴实业，即立足现存资源，运用高新技术，面向国际市场，发展地方经济。

1. 发展特色农业。西部地区幅员广阔，地形复杂，气候类型多样，具有发展棉花、烟草、甜菜、瓜果、蔬菜、花卉、中药材、珍稀动物等特色种植、特色养殖的自然条件和生产基础，应大力发展具有地方特色的名优特新农产品，并在初级产品生产的基础上，引进先进工艺技术，对产品进行保鲜、加工、包装，争取品牌效应，扩大知名度，开辟国际国内两个市场。特别是要在深加工、精加工、多次增值上作文章。使大路货变成稀罕货，初级产品变成畅销精品，温饱食品变成创汇源泉。例如，云贵高原的珍奇植物、中药材生产，青藏高原的珍奇动物、畜产品的生产，都有地方美誉，只要采取激励措施大力发展，都可成为出口创汇的增长点。

2. 发展金属采矿和冶金、建材业。西部地区自然资源极为丰富，其中煤炭、有色金属和贵金属、盐湖资源的储量颇丰，科学工作者估算，其矿产资源的潜在价值近100万亿元，是西部发展经济的天赋。利用这些资源，发展采矿业、冶金业、建材业，将有广阔的市场，是振兴西部的雄厚的物质基础。

3. 发展能源工业。西部地区的石油、天然气、水能的占有量在全国占绝对份额，是发展西部经济最显著的优势。据地质工作者的勘察测算，仅西北陕、甘、宁、青、新五省、区，石油储量为5.1亿吨，占全国陆上石油总储量的23%；天然气储量为4 354亿立方米，占全国陆上总储量的58%；可开发利用的水能资源装机容量4 194万千瓦，占全国同类指标的11.2%。西部地区大力发展能源工业，不但会得到本产业收益，而且还会对其他产业的发展起到配套支持效应，形成“一条龙”的产业链条和比较合理的产业结构。比如，能源工业的优先发展，可以为大力发展冶金业、轻化工业、建筑建材业、交通运输业提供物质支持，使后续产业可做“有米之炊”。

4. 发展旅游业。西部地区是我国的旅游胜地。这里有名山大川，有石窟飞瀑，有热带雨林，有佛道圣地，有古栈馆驿，有墓葬遗址，还有各具特色的少数民族风土人情，几乎囊括了我国所有的各类旅游类别，是一块亟待开发的“处女地”。其中，云南西双版纳、桂林山水、昆明世博园、拉萨布达拉宫、贵州黄果树瀑布、西安骊山景区、敦煌莫高窟、天山天池、青海湖、宁夏西夏王陵等，都是世界闻名的旅游景点。随着改革开放的逐步深入，这些得天独厚的旅游资源虽然不断地得到挖掘利用，但开发的潜力巨大，深度利用的前景广阔。对此有经济学家说，西部的开发，最有实力又容易办到的，是对旅游资源的开发利用。如果能在一个权威部门的统一规划、协调和指导下，实行灵活的开发利用方式，多方面引进资金，改善交通条件，调动各方面的积极性来开发利用旅游资源，那么，通过十年的努力，让旅游成为西部地区最大的经济增长点，成为西部经济发展的支柱产业，是大有希望的。

5. 发展商贸、信息、金融等服务业。从国际经验上看，凡是经济比较发达的地区，都有相应配套的以第三产业为基础的服务业的支持。服务业与物质生产部门的统筹兼顾，协调发展，是区域经济保持持续均衡发展的必要条件。服务业的发育不良或长期滞后，区域经济就发展不起来。而对于我国的西部来说，信息、金融、会计、咨询、法律等服务行业的滞后，是制约经济发展的“瓶颈”。在开发西部的过程中，应首先突破这个难点。通过政府的支持和政策的刺激，着重发展以信息、咨询等为标志的新型服务业，运用现代经营方式和手段改造和加强商贸流通、市政服务、卫生保健等传统服务业，并且在提高服务质量和效益上下功夫，为产业的发展提供一个良好的后勤保障环境。

四、开发科技教育

西部地区长期落后于东部地区，其原因是多方面的，也是多年积累的。其中至关重要的是科技的落后和教育水平的低下，进而影响到人才的成长和科技成果的推广应用，最终结果是导致经济与社会的缓慢发展，振兴西部的人气不足。因此，开发西部，必须从培育生产力这个基点入手，大力开发科技教育，提高西部民众的科技文化素质，提高对科技成果的吸收转化能力，提高第一生产力对经济和社会发展的贡献份额。

据国家权威部门资料表明，西部地区的教育，在硬件的基础设施建设上落后于东部，在软件的教学质量上，也落后于东部。九年义务制教育在西部的一些地方还没有普及，文盲半文盲比例大大高于东部地区，大部分地区的大学在校生人数低于全国平均水平。在科技方面，虽然西部的西安、成都、兰州等大城市有一定基础，在某个领域有较强的竞争实力，但发展极其不平衡。特别是对科技的开发投入不足，基础科研和应用科研设施落后，人才青黄不接，农业科技力量难以提供实施高效农业的技术支撑等，已经成为西部开发的难点。

1. 教育要先行。加强基础教育，抓紧普及九年义务制教育，扫除青壮年文盲。抓紧职业技术教育，多渠道投资，努力办好职业高中，利用有利条件，积极发展专业技术教育，提高大学生占总人口的比例份额。应用现代传媒手段，发展广播教育、电视教育、网络教育。同时，也要搞好实用技术的传播，让绝大多数农民具有一套致富本领。

2. 在基础科研上下功夫。瞄准世界科技发展前沿，集中人力、物力、财力组织科研攻关，争取在信息技术、生物技术、新材料技术等方面有所突破，通过技术创新带动生产力的发展。

3. 促进科技成果的转化应用。对于本地经科学实验成功的先进科学技术，特别是先进工艺和管理办法，一定要最大限度地推广，尽可能地应用到生产实践，让其发挥增产节本增效的作用。积极吸收东部地区的先进科技成果，用于本地区的资源开发和改造传统产业。直接从国外引进东部地区也很少采用的高新技术，发展高新技术产业，推动西部的经济结构调整和产业升级，实现西部资源优势到经济优势的转化。

4. 进行科技体制创新。改革，是为了解放和发展生产力；而进行科技体制创新，是为经济及社会发展获得后续动力。因此，要深化科技体制改革，形成既符合西部情况又符合科技发展规律的新机制，以此推动科技资源在西部地区的优化配置，加强技术集成，进一步解决科技与经济脱节、科技成果与应用推广脱离的问题。加强产、学、研的结合，鼓励科研院所与企业进行联合，培育科技市场，建立科技中介服务体系，从体制和制度上为西部大开发提供强有力的科技支撑。

五、开发人才

在人才、资源、资金、技术以及管理经验等诸生产要素中，人才是第一位的，是决定性要素。毛泽东曾经说："只要有了人，什么人间奇迹都可以创造出来"。现在看，能够创造人间奇迹的，不是一般的"人"，而应该是有较高素质的人，即人才。在科学技术不断发展、生产力水平不断提高的今天，人才对经济以及社会发展的决定性作用，越发显现出来。开发西部所进行的基础设施建设，发展高新技术产业，改善生态环境等等，根本要依赖于人才的开发。如果不能解决人才问题，再好的西部开发规划，也无法实施；再丰富的资源，也只能依然沉睡；再美好的蓝图，也不可能变成现实。

在开发西部的过程中，解决人才问题的出路主要有三条：

1. 启用本地的。长期以来，西部许多地区在经济发展中比较重视物力资源的开发，对人才资源的开发重视不够。特别是没有看到本地的人才潜力，忽视了"就地取才"。在西部的有些省、自治区，如陕西和青海，大中专毕业生人数占万人的比例高于全国平均水平，但经济发展水平却低于全国平均水平。这里有人才结构问题，但更主要的是人才的配置和使用问题。由于政策不到位和用人观念的陈旧，使一些很有才华的劳动者不能脱颖而出，形成人才的不足与浪费并存的局面。因此，开发人才，首先要眼睛向内，通过观念的更新和政策的调整，挖掘人才，营造一个有利于本地人才脱颖而出的社会环境。改革选拔人才的制度，改善激励人才脱颖而出的物质条件，千方百计激活人才资源的存量，让每个人才都能找到发挥潜能的位置，心情舒畅地迎接产业升级和新技术革命的挑战，在西部真正形成尊重知识、启用人才的社会制度和氛围。

2. 引进外地的。打破用人的地区界线，实行优惠的吸引政策，采取灵活的用人机制，大力引进东部地区以及国外的各类技术人才和管理人才。特别是应不惜高薪聘请开发产业所急需的专业人才。一定要把中央所提出的："支持留学、鼓励回国、来去自由"的方针落到实处，鼓励留学人员回国投身于西部的开发建设；采取多种措施聘用外国高层人才，以各种方式为中国西部大开发提供技术支持。

3. 培养后续的。西部开发的当务之急，是启用本地人才和引进外地人才；而开发的后劲，在于从现在做起，努力培养后续人才，以源源不断的后续人才的输入，保持开发的持续进行。要舍得投入，面向国内、国外两大人才培养基地，有计划地、分期分批地将有培养前途的技术人才和管理人才送出去深造，建立一支规模大的、素质高的西部开发人才队伍。尤其是应着眼于未来，培养一批急需的信息、金融、财会、外贸、法律和现代管理等专业后续人才。

六、开发生态环境

新中国成立以来，西部地区在经济不断发展的同时，也给生态环境造成了不同程度的破坏。森林的大面积砍伐，水土流失严重，土地荒漠化加剧，矿产资源的掠夺式开采等，使西部的可持续发展失去了基本支持。应充分认识到这个教训，一定要吸取这个教训。在西部大开发中，把改善环境和加强生态建设，放到突出的位置，实现环境、经济与社会的可持续发展。

西部的生态建设和环境保护，一定要按照江泽民总书记提出的"预防为主，保护优先"的要求，坚持生态建设与生态保护并重，改善环境与治理污染并重的方针，力争在西部大开发的过程中，生态建设有大进展，环境保护有大收效。

1. 实施天然林保护工程，控制水土流失。天然林是森林资源的主体，是资源库、基因库、蓄水池和维护自然界生态平衡的中枢，是人类生命系统必不可少的支撑条件。实施天然林保护工程，是西部加强生态建设措施的第一位。应在坚持做好华北、西北防护林体系建设的同时，推进长江、黄河两大流域中上游的天然林保护工程，开展小流域治理，保护天然林资源，停止对天然林的砍伐，停止对林地的无节制侵犯，控制水土流失。采取人工造林、封山育林、飞播育林等多种方式，不断地培育和发展天然林资源。采用天然与人工相结合的手段加速恢复和更新森林，加快25度以上坡耕地的退耕还林、还草。

2. 加强草地建设，防风固沙。西部地区草原资源占全国总量的94%。在西部地区加强草原资源建设，是减轻干旱、防风固沙、改善生态环境的重要举措。应把草原建设同林业建设摆到同等重要的位置，大幅度降低草地载畜量，恢复天然草场植被，开展对草地的“三化”治理，遏制草原退化和荒漠化。实施对草地的鼠虫害防治，坚决制止挖发菜、挖甘草、毁草开荒等破坏草原的行为。通过对草地的保护、建设和管理，达到草场永续利用的目的。

3. 防治污染，改善生存和发展的环境。西部的生态建设，有赖于污染的防治，应在摸清情况，搞好规划，严格执法，重点防治的原则指导下，做好新上项目防污和对已存污染治理两个方面的工作。对于新上的项目，一定要在设计中充分考虑防污问题，做到污水、污物、污气的防范工程同项目一并设计，一并施工，一并验收，绝不再增新的污染源。乡镇企业应把治污摆上工作议程，完善配套“三废”处理设施，推广新的清洁生产技术，建设和完善环保型生产设施，限期实现达标排放。加大对重点流域、区域、海域的污染治理力度，杜绝反弹现象。在推进农村城市化的过程中，开展对环境卫生的彻底整治，创造美好的生产生活环境。

4. 开展示范工程，用典型引导农村生态建设。重新认识农业的职能作用，尽最大努力发挥其生态职能。农业部已拟定，到2005年，计划在西部地区建设100个生态农业示范县，大力推广“种—养—加”、“粮—果—草—畜”等复合型生态农业模式，大力发展无公害生产；建设庭院生态经济工程100万处，畜禽养殖场粪便综合利用工程50处。同时，推行“生态家园富民计划”，建设以可再生能源技术为依托的庭院能源生态工程，向农户家居取暖清洁化、庭院经济高效化、农业生产无害化、农产品绿色化的方向发展。

第五节　西部大开发的政策支持

中国的西部，版图面积大，有漫长的边界线，是少数民族同胞聚居的地方，对祖国的统一、民族的强盛、经济的发展具有重要的战略意义。长期以来，西部由于与东部在自然生态环境、基础设施建设、新兴工业进程和市场化程度等方面存在较大差异，致使西部经济发展缓慢，社会面貌改观不大，亟待从战略上重新规划，从对策上寻找具有关键意义的切入点，从政策上给予大力度的倾斜，从精神上、物质上进行综合开发。

一、实行倾斜的财政政策

西部的发展，最大制约因素是资金短缺。而突破这个“瓶颈”制约，单靠西部的自身能力，是难以收效的。因此，出路在于中央财政重新调整投资结构，开辟新的支持渠道，增加对西部的资金支持力度。

1. 提高建设资金用于西部的比例。在“十五”乃至更长一段时间，中央在安排重大项目投资时，一定要首先关注西部，落实向西部倾斜的政策。对于西部关系国计民生的重大项目，主要应由中央财政统筹协调，由中央财政的建设资金、其他专项建设资金、专项贷款和利用外资解决，不应给地方留下资金缺口。由中央财政拨给各中央部门的行业发展资金和事业费，也应按西部的总体发展规划，尽可能多地用于西部，支持西部，强壮其造血功能。中央财政每年通过发行国债所融得的资金，应把大头用于西部的基础设施和生态环境建设。同时，中央财政还应积极努力，争取更多的国际援助项目，弥补西部开发资金的不足。

2. 优先安排西部的建设项目。国家发展改革委员会在项目投资上，应首先关注西部的水利、交通、能源、通讯等项目，关注开发利用资源的采矿、冶金、旅游等项目，关注高新技术产业和军转民项目，对其优先立项，优先解决建设资金。

3. 增加财政转移支付。运用财政转移支付手段，是中央财政在分配上实施宏观调控，缩小地区贫富差距，实现社会均衡发展的一项重要措施。加大财政对西部的转移支付力度，是中央对西部的最直接最实惠的支持。进入20世纪90年代，西部地区财政收支差额逐年扩大，特别是1994年实行新税制以后，这一地区的财政赤字大幅度增加。1990年，西部地区财政赤字126亿元；1995年，上升到517亿元；1998年，增加到726亿元。由此可见，靠西部地区自己的财力，维持正常的社会运行都有困难，无力增加建设投资，必须由中央财政逐步增加一般性的转移支付规模，在农业、教育、科技、卫生、计划生育、环保、社会保障等专项补助资金的分配上，应有重点地向西部倾斜。在税制改革前，中央财政对西部少数民族地区实行每年财政补助额递增的政策，应恢复执行。中央财政的扶贫专项资金，应主要用于西部贫困地区。对国家批准实施的退耕还林还草、天然林保护、防风固沙工程，应由中央财政支付，对因实施上述措施使地方财政减少的收入，应视情况由中央财政给予适当的补助。

4. 增加农业综合开发资金和财政贴息份额。从1988年开始的国家农业综合开发，对于扶持农业发展名优特新产品，提高抗灾能力，起到了很大作用，问题是向西部倾斜的力度不够，应在西部开发过程中增加资金，调整投向。国家投资在现有基础上增加的部分，应全部用于西部，同时降低地方财政的配套比例，一般掌握在1∶0.6为宜。中央财政用于农业综合开发的专项资金，也应区别不同地区和不同项目，重新调整无偿使用与有偿使用的比例。对土地治理项目、农业高科技试验项目、水土保持项目、绿化项目，无偿投资应占70%以上；对多种经营项目、优质产品和绿色产品项目，经济林项目；应坚持大部分投入资金有偿使用原则，其无偿资金比例应执行30%左右为宜。对于西部贫困地区的温饱工程和生产启动项目，在财政投入不足的情况下，应由财政出面同商业银行协商，用银行贷款、财政贴息的办法解决。

5. 对西藏自治区的财政投入，实行无偿。鉴于西藏自治区的特殊情况，国家对其所采取的投资政策，特别是无偿使用财政和基本建设资金的政策，要在一个相当长的时期内坚持不变。比如，中央财政支持西藏自治区进行土地治理的项目资金，用于畜禽和农作物育种资金等，都应坚持无偿使用。

二、实行倾斜的货币及信贷政策

开发西部需要巨大数额的资金支持。这在国家经济基础薄弱、财政资金紧张的情况下，光依赖财政资金，是不现实的。必须启动信贷支持杠杆，实施对西部的信贷优惠政策。

1. 扩大西部信贷规模。各商业银行应在商业信贷自主的原则指导下，尽可能地加大对西部地区的信贷投入，重点支持铁路、公路、民航、通讯、电力等基础设施建设，重点支持采矿、冶金、石油、天然气、旅游和优质农产品等发展项目，并应根据建设周期和还款能力情况，适当延长贷款期限。对国家重点支持的基础设施建设、技术引进和产品结构调整的贷款，应适当降低贷款利率，也可以由财政给予贴息。农村电网改造，应由商业银行安排专项资金。

商业银行在增加支持西部开发贷款规模的同时，也应不断开辟新的信贷项目，最大限度地发挥信贷资金对经济发展的拉动效应。比如，在西部地区大面积开展助学贷款及学生公寓贷款，帮助解决西部培养人才的问题；大力发展消费贷款，拉动城乡市场等。

2. 设立西部开发投资基金。应由国家开发银行负责，组建西部开发基金机构，通过财政收入按比例缴存、吸收外资、发动企业及民众募捐等形式，聚集财力，专款用于西部开发的基础设施建设和重点产业发展的投资补贴，用于劳动力的培训，用于补贴重大项目的前期调研和论证，在极特殊的情况下，也可用于西部的防灾减灾。

3. 采取灵活的货币和融资政策。在基础货币的投放上，人民银行应根据西部开发的需要，适当增加货币供应量。灵活调整西部商业银行的存贷款准备金和备付金比率，鼓励国家商业银行和其他金融机构支持西部开发。在西部中心城市设立融资中介机构，扩大银行间同业拆借业务，提高为西部筹措发展资金的能力。

三、实行倾斜的税收政策

税收的基本职能，是调节贫富差距，为经济及社会的发展提供财力保障。在实施西部大开发的过程中，国家应实行“欲取之，先予之”，着力为国家培植后续财源的政策，鼓励中外企业向西部投资。

1. 实行差别税率。在改革开放初期，我国对经济特区和沿海14个开放城市，给予了差别税率的优惠。现在看，这一政策对于经济特区和沿海开放城市经济发展的拉动作用，是明显的。今天，在实施西部大开发的发展战略中，对于落后的西部，也应实行差别税率的政策，鼓励西部加快发展速度。在优惠力度上，应不小于当年对经济特区和沿海开放城市的力度。在所得税、增值税和关税等税种上，都有必要实行差别税率。对设在西部地区国家鼓励类产业的内资和外资企业，在一定期限中，比如5年，按低于东部地区至少50%的税率征收所得税。

2. 明确税收减免权限和项目。中央税收和地方税收，都应对西部实行“放水养鱼”的政策，对开发式项目给予税收减免优惠。对在西部地区新办交通、电力、水利、电信、广播电视等企业，应实行所得税免征2年、减半征收3年，扶持企业增强发展的后劲。对为保护生态环境，退耕还生态林、草产业的农业特产品收入，应在相当长的一段时间中免征农业特产税。为了落实西部地区加快基础设施建设的开发指导方针，对资源的占用给予征税优惠。西部的公路、国道、省道建设用地，比照铁路、民航用地免征耕地占用税，对县、乡两级公路的建设用地征税，也应由各省、自治区、直辖市人民政府给予优惠。考虑目前我国对农产品以及加工品增值税增收比例过高（13%），不利于发展名、优、特、新农产品的实际情况，应将农产品增值税率降到5%～7%为宜。

3. 对老工业基地的产业升级技术改造项目给予税收优惠。西部的重庆、贵州、陕西、甘肃等地，在计划经济时期是国家重点建设的工业基地，形成了各具地方特色的工业产业群，也为国家的经济建设作出了重要贡献。但这些企业在经济体制转轨的过程中，由于设备陈旧、产品老化、经济包袱沉重等诸多原因，处于极度困难的境地。在西部开发中，应由省、直辖市、自治区人民政府统筹协调，对有望振兴的企业列出名录，采取免除所得税，免除引进进口技术和设备关税，免除进口环节增值税等措施，扶持其进行企业转制、产业升级和技术改造。

4. 设立开发保税区。为了配合新办高新技术产业和拓宽对外贸易，拉动外资的进入，可有选择地在产业群中心和活跃的边境地带设立保税区，实行封闭运行，对“两头在外”的企业给予税收优惠，用于烘托发展的人气，扩大劳动就业，方便贸易往来，培植后续发展的潜力。

四、实行倾斜的资源开发政策

西部地大物博，资源丰富。在开发的过程中，应进一步调整资源的保护和利用政策，在实行可持续发展的原则指导下，为有效地利用资源发展经济，提供政策支持，以求把资源优势变成产品优势，把产品优势变成经济优势。

1. 实行方便而又灵活的土地政策。对西部地区荒山荒地造林种草及坡耕地退耕还林还草，实行谁退耕、谁造林种草、谁经营、谁拥有土地使用权和林草所有权的政策。对投资者申请使用国有荒山荒地进行生态环境保护建设的，国家可以以减免土地出让金的方式确定其土地使用权，并实行使用权50年不变，可以继承和转让。

国家基础设施建设用地，可以区别用途，采取划拨方式或减免耕地开采费。工程施工用地，可按需要办理临时用地手续。制定相应的小城镇用地管理办法，支持西部地区发展小城镇。对西部地区上缴中央的新增建设用地有偿收益，应通过开发项目投资和进行土地整理等形式，全部返还给西部。国家国土资源管理部门，应在国土资源的勘察、评估、资金、技术等方面给予财力、人力支持，促进西部进行土地开发利用、整理和复垦。

2. 鼓励开展矿产资源的勘察。进一步放开探矿权市场，允许外国人按照国际通行的组织方式取得探矿权，进行风险探矿。探矿人依法取得的探矿权和开采权，应允许依法转让。为了有利于动员全社会的力量投入西部矿产资源的勘察，矿产资料管理部门的一些公益性地质资料应向全社会公开，政府有关部门也应接待国内外开发商的咨询和查阅。

3. 鼓励投资人综合开发利用矿产资源。主要是在安全措施有保障的情况下放开共生矿、伴生矿的开采市场。外商投资综合利用矿产资源，或与国内大中型矿山企业开展联营或技术合作，开采主矿种以外的共生矿、伴生矿资源的企业，应减收50%的矿产资源补偿费；对投资综合利用尾矿的企业，应免收矿产资源补偿费。国家应尽快制定鼓励开采利用矿产资源的指导目录，对采用先进技术和工艺、开采品位低、难选矿资源的，应根据资源存量情况和开采前景，分矿种给予一定年限的矿产资源补偿费减免优惠。任何组织或个人在西部地区从事矿产资源开发，都应该通过申请，取得减免开矿权使用费。

4. 下放资源勘察、开采和利用的审批权。国家国土资源管理部门应在进行充分调查研究的基础上，逐步将勘矿权下放给各省、自治区、直辖市人民政府审批，将部分矿种的采矿权下放给地方政府审批。同时，国土资源管理部门应加强协调和服务，为商家开采利用国土资源发展经济提供方便。

五、实行倾斜的科技政策

西部的开发，重点在科技，基础也在科技。国际上开发贫困落后地区的经验表明，充分发挥科技进步的作用，中央和地方政府在某些重点项目上给予科技扶持，完全可以实现生产力的跨越式发展。

1. 提高科技经费用于西部的比重。西部地区的科技领域，经过建国以来50多年的建设，应该说有一定的物质技术基础。现在的问题是，由于投入不足，使一些很有前途的科研项目难以进行下去，有些很先进的科研成果，因为推广经费的不足而束之高阁，不能投入大面积推广使用。解决这些问题的关键，是尽可能地增加对西部科技领域的投入。国家应明确，在"十五"乃至更长的时间，要加大各类科技经费向西部地区倾斜的力度，逐年提高科技资金用于西部的比例，特别应加大科技型中小企业创新基金对西部项目的支持力度。应该允许西部企业在销售额中按一定比例税前提取科技开发基金，用于补充国家科技开发投资的不足。

2. 扶持发展高新技术产业。为加快西部地区发展高新技术产业的步伐，国家应通过开展西部科技播火活动，推进西部高新科技园区的建设，加强高新技术园区创新基地建设，提高其科技孵化能力。力争在"十五"期间，建成一批品味比较高的、具有较强的带动和示范作用的火炬创业园、大学科技区和专业孵化器。国家科技部应组织有关院所到西部去，帮助建设一批高质量的企业孵化器。

3. 统一组织协调西部关键科研和推广项目的攻关。国务院各有关部门应围绕中央所确定的西部开发的重点项目，加强科技能力建设，支持西部科研机构、高校搞好实施开发战略急需的基础研究和应用研究，组织协调好对关键性技术的攻关。对重大科技成果的推广应用，应在人力、财力、物力上做出安排。国家"863计划"和"星火"计划的后续项目，在项目布局上，应充分体现向西部地区倾斜的要求。

4. 放活科研和技术推广单位。从政策上支持科技体制改革，加快从事应用研究的科研机构向企业转化，促进产学研联合，推动科技与西部经济的发展紧密结合。科研单位及科技人员以科研成果为资本，投入西部的股权、期权和其他知识产权，应取消上限的比例限制，由供需双方自主协定。

六、实行倾斜的人才政策

西部的开发，需要发挥资源优势，增加投入，开发产业，以达到培育新的经济增长点的目的。而能否达到这个目的，决定因素是人。不建设一支较高水平的科技和管理人才队伍，就实现不了西部开发的目标。中央和西部各级政府，都应适应开发的紧迫要求，系统地研究选拔人才、引进人才、培养人才的对策，在工作条件、分配制度和政治关怀等一系列问题上，采取向人才倾斜的优惠政策。

1. 提高西部地区机关和事业单位人员收入水平。西部地区留不住人才，出现大量的“孔雀东南飞”，根本原因在于西部地区干部和科技工作者收入低。据统计，西部地区的科级行政干部和具有中级职称业务干部的月收入，平均比沿海地区要低 1 000 元，有的地方差距会更大。要使西部留住人才，必须使这部分人的收入达到全国的平均标准；要想吸引人才，必须使其收入超过全国的平均标准。同时，也应由中央和地方财政共同分担，建立西部地区干部津贴制，以薪金留人，让投身于西部开发的干部得到实惠。

2. 妥善解决外来人才的安置问题。对热心投入西部开发的外地人才，可将户口迁入，也可留在原籍，但应享受同本地同类人员一样的住房、补贴、子女入学等待遇。引进具有中级职称以上的人才，应负责安置住房，并分职级给以一次性安家补助。同时采取鼓励劳动力自由流动的户籍政策，凡在西部地区地级以下城市和小城镇有合法固定住所、稳定职业和生活来源的人员，可根据本人意愿办理城镇常住户口。

3. 采用组织手段调干部到西部工作。中央组织部或人事部应通过协调，分期分批地选派东部地区的县处级、地厅级干部到西部任职。同级的，可采取定期轮换，也可采取高一职级派出，在此安家落户。特别是应该通过组织手段和优惠政策，激励中央机关或中直事业单位的干部到西部任职，并保证科技和业务干部占较大的比重。在全社会干部队伍中，造成到西部去光荣，投身于西部大开发值得的良好氛围。

4. 对技术职务实行动态管理。对从外省区市引进来的专业技术人才，可不受用人单位技术职务的职数限制，带编进入。推行技术职务评聘分开，低职可以高聘，高职也可以低聘。

5. 加大引进国外智力的力度。国家人事部门，应设立引进国外智力开发办公室，通过一些国际交往，发展与国外的科技项目和人才的合作，争取尽可能多地为西部开发引进国外人才。

6. 以优惠的政策催生企业家队伍。按照高薪聘用人才的原则，大面积推广企业家年薪制，并建立起同经济效益挂钩的业绩奖罚机制。对东部业绩史突出的企业家到西部改造传统产业的，应该采取产权分割、配股等方式，使企业家的管理才能具有财产体现。中央企业工委统一制定规则，完善考核标准，建立起大企业经营管理者业绩考核制度，使企业家的经营管理能力和贡献更加透明。

七、实行倾斜的对外开放政策

在国际经济一体化的大趋势下，西部开发离不开东中部的资源重新配置和流动，也离不开与其他国家的资源交融和市场的拓宽。在这样的情况下，必须实行更加开放的对外经济贸易政策，走以开放促开发的道路。

1. 拓宽外商投资领域。鼓励外商投资于西部地区的农业、水利、生态、交通、能源、市政、环保、矿产、旅游等基础设施建设和资源开发项目。扩大西部地区服务贸易领域对外开放，对外商投资于银行、商业零售企业、外贸企业的试点，应扩大到直辖市、省会城市和自治区首府。应允许外商在西部地区依照有关规定，投资电信、保险、旅游业，兴办中外合资性质的会计师事务所、律师事务所、工程咨询和设计公司、铁路和公路货运企业、市政公用企业和其他符合开放政策的企业。应允许外商在西部设立为开发服务的技术与发展研究中心。

2. 进一步拓宽利用外资渠道。应有条件地放开融资市场，允许外商投资项目开展人民币和其他币种的项目融资；支持符合条件的西部地区外商投资企业在境内外股票市场上市；在国家支持的西部开发产业政策目录指导下，允许国家鼓励的开发项目的企业通过转让经营权、出让股权和兼并重组等方式吸引外商投资；国家金融及投资管理部门应积极组织探索以中外合资产业基金、风险投资基金方式引入外资。外商到西部地区入股兴办合资企业或到西部地区的再投资，其投资项目外资比例如果达到25%以上者，应给予享受外商投资企业的优惠待遇。对外商投资西部地区基础设施、生态环境改造、旅游等优势产业项目，适当放宽外商投资的股份份额限制，适当放宽国内商业银行提供固定资产投资所用人民币贷款的比例。

3. 扩大外资经营自主权。采取灵活和优惠的鼓励政策，给予西部企业经济贸易自主权，鼓励西部发展优势产品出口、对外工程承包、劳务合作、到境外投资办厂。实行优惠的边境贸易政策，在出口退税、进出口商品经营范围、进出口商品配额、许可证管理、人员往来等方面，适当放宽限制。应选择一批口岸基础设施健全、管理人员素质较高、边境贸易往来繁荣的地方，设立自由贸易区，以促进西部周边地区经济技术合作健康发展。

4. 采取灵活的出入境管理政策。为了支持西部加快发展旅游业，在出入境管理上，应解除来西部地区旅游者的限制。对从西安、兰州、敦煌、乌鲁木齐、成都、昆明、拉萨等重要旅游城市入境的旅游者，实行落地签证和其他更加方便的入境签证政策，对这些城市所组织的出境游，也应放开管制，提供便利的出入境服务，以扶持旅游产业的发展。

第六节　西部大开发的法律保障

西部大开发，是21世纪中国建设中的巨大系统工程，是一项历史性的战略任务。在开发过程中，会涉及到投资政策、市场规则、生态环境保护、基础设施建设、产业结构调整、科技教育、改革开放和民族宗教等各个方面。利益调整、产业布局、资源使用等，都需要有法可依。离开法律的支持，西部不但不能有序地开发，而且还可能引发出一系列新的矛盾和问题。有的学者曾提出“西部要开发，法律要先行”，这话是有一定道理的。

一、西部要依法开发

西部大开发的一举一动都离不开法治。法律是他律，是比其他任何手段都具有约束力的强制性措施。因此，西部大开发法制要先行，要树立以法开发的意识，营造良好的法治环境。

1. 法律是西部开发的行为准则。世界上许多国家开发落后地区的实践证明，支持贫困落后地区的发展，应该有规则、有依据、有遵循，不能各行其是、我行我素、朝令夕改。有法可依，是社会进步的一项标志，也是西部开发的行为准则。防御和制止不按自然规律和经济规律办事，防止出现无序开发和恶意竞争，最有效的手段就是立法和严格执法。不应该等到"亡羊"后再去"补牢"；应未雨绸缪，精心策划，用必要的法律法规来约束和支持开发。这样，可以保证西部在有序、健康的开发中得到发展。

2. 法律是市场经济的规范。在某种意义上说，市场经济是主张自由竞争的经济。但是，这种自由是有限制的，是有前提条件的。这个"限制"和"前提条件"就是法律法规。法律是公平的，它的实践意义就在于维护平等的经济利益关系，营造平等的经济发展环境，使政府、企业以及劳动者、消费者的权力和权益都得到保障。中国是在发展社会主义市场经济的条件下进行西部开发的。由于市场经济体系还很不完善，市场规则很不健全，因而出现有悖于市场经济初衷的问题在所难免。在一些地方，为了保护本地生产者的经济利益，实行地方保护主义政策，歧视外来产品，致使假冒伪劣产品充斥市场；有的经济合同得不到履行，使坑蒙拐骗者得不到制裁，而且在经济上还占便宜；有的经济纠纷得不到公正的裁决，甚至得到了公正的裁决也很难执行，等等。这样的事例说明，缺乏法律规范或有法不依的市场经济，是不公平的市场经济。如果西部开发从一开始就不能有效地解决无法可依和有法不依的问题，就不可能有一个良好的市场秩序，所策划的开发战略，也要被这种无序、无理的经济运行行为而引到邪路上去。

3. 法律是优惠政策的依靠。实施西部大开发战略，归根结底是要由政府来动用宏观调控手段，干预资源的配置，用倾斜政策来刺激西部加快发展。政府所出台的支持西部发展的倾斜政策与法律的关系，表现在两个方面。一是所采取的倾斜政策，要符合法律法规，是法律法规的派生物；二是从客观实际出发所拟定的倾斜政策，要上升到法律范畴，才有长效的约束力。换一个角度来研究这个问题，也就是说，有悖于法律的倾斜政策是不可行的；对一些从长计议的倾斜政策应立法。在西部开发的初始阶段，是要制定一些优惠政策，以调动投资商的积极性，但从长远来看，强化政策约束力的唯一途径是加强立法和执法监督，用法律手段推动西部开发向纵深方向发展。

4. 法律是实现西部持续开发的保证。西部同东部在经济和社会发展上的差距，是多年形成的，是历史的沉积。要缩小这种差距，不可能一蹴而就，必须通过长期的艰苦奋斗，甚至是几代人的连续奋斗，所以，对西部开发的长期性不可低估。在这种情况下，对资源的合理开发和保护、优惠政策的实施、产业的科学布局、投资环境的改善等一系列有效措施，都需要用法律的形式固定下来，并且要长期遵循这些法律，不断完善这些法律。这样做的目的是，防止西部开发中的短期行为、投机行为，防止政策朝令夕改、因人而异，实现局部利益与长远利益的协调，生态建设与经济发展的协调，投资主体的行为与法律规则协调。

二、健全法律法规

要做到依法开发，其前提条件是有法可依。因此，当务之急是健全法律法规，即立法。

1. 立法应借鉴国际经验。世界一些国家在开发贫困落后地区的立法实践中，创造了许多可资借鉴的经验。中国在支持开发西部的立法过程中，从中国西部实际情况出发，采取参照的办法，可能会减少许多失误。比如，美国为了促进欠发达地区的发展，于20世纪60年代初先后颁布了《地区再开发法》、《土地再开发法》、《公共工程和经济开发法》等法律和一些与之相配套的法规，支持开发落后地区。又比如，日本于1961年颁布《欠发达地区工业开发促进法》，对91个欠发达地区给出了一系列优惠政策，包括欠发达地区对外来投资企业实行减免事业税、固定资产税和房地产所得税，中央财政对地方因此而减少的税收给予补贴等。1972年，日本政府又颁布了《工业再配置促进法》，促进老工业区向开发区转移投资，并明确给予减免固定资产税的优惠政策。再比如，法国于20世纪50年代就作出法律规定，对迁至欠发达地区的企业和机构，除享受“经济和社会发展基金”等资助外，还可享有低息贷款、免税、削减地价等优惠待遇。意大利、巴西等国对贫困地区的开发，也是有法律条款保障的。

2. 立法应首先抓根本。西部开发，是新世纪中国建设的大战略，立法应从长远的、全局的、全覆的高度上，保障这个战略措施的实施。首先，应建立《西部开发法》，或者叫《西部开发促进法》，从法律上明确西部开发的地位以及促进开发的倾斜措施。其次，出于保护国土资源和生态环境的需要，应考虑建立《西部生态环境建设法》，从资源开发利用、生态建设措施、资金保障等方面，做出法律约束。第三，为了稳定优惠政策，创造新的经营体制，建立开发的激励机制，促进资金、技术、人才等生产要素向西部流动，有必要建立《西部创业保护法》，作为《西部开发法》的明细或补充，把一些政策性措施用法律的形式确定下来。

3. 立法应满足支持和规范两个方面的要求。法律的两个基本特征是社会需要和维护最广大人民群众的切身利益。建设西部，缩小与东部地区的发展差距，就是社会需要；法律必须给广大人民群众的权力和权益作保障，就是维护最广大人民群众的切身利益。因此，立法应着眼于激励开发西部和规范各群体行为两个方面。如果颁布《西部开发法》，应着力解决五个问题：一是在法律上确定西部大开发的地位，把它放到21世纪中国建设的重要项目上来；二是在法律上明确界定中央政府与地方政府在西部大开发中的权限、职责，明确投资主体的权利和义务；三是明确推进西部开发的优惠政策措施；四是明确中央在实施西部开发中的宏观调控空间和地区政策差别；五是明确用开放促开发的具体措施，把一些东部探索到的成功的开放政策引入西部开发，并以法律的形式确定。应该说，把西部开发的政策法律化，是立法的根本。

三、修订完善法律法规

使西部开发有法可依，抓紧立法是一个重要方面，但更重要的是修订和完善现有法律法规。因为起着具体作用的是大量的现有法律法规。

1. 修订现有法律法规。改革开放以来，中国加快了依法治国的进程，每年都有一批综合性或专业性法律法规出台。由于已有的法律法规是在向经济特区、沿海开放城市倾斜的指导方针下产生的。这样的法律法规，在给经济特区和沿海开放城市许多优惠的同时，也就使内地的广大中、西部地区不同程度地受到硬约束，严重的还可能有失公平。在西部大开发战略开始实施的新世纪，显然这样的法律法规已不适应，必须按支持和加快西部发展的原则予以修订。比如，在外商投资审批权限上，东部沿海地区享有3 000万美元以下的审批权限，而内陆省份只享有1 000万美元以下的审批权限。类似这样的法律法规条款，理应抓紧修订。急需修订的法律法规应该有：依据合理调水和节约用水原则，修订《水法》；为促进西部生态环境的多样性，修订《野生动物保护法》；为合理开发利用草原资源，修订《草原法》；根据修订后的《中外合资经营企业法》，修订《中外合资经营企业法实施条例》；按照WTO的有关协议精神，修订《指导外商投资方向暂行规定》；根据修订后的《海关法》并体现优惠西部的精神，修订《进出口关税条例》；根据减轻农民负担的精神，修订《农业税条例》等。

2. 完善现有法律法规。过去所制定的法律法规，整体看具有比较原则，缺乏具体；应做应不做的约束条款多，违法处罚条款不足等特点。特别是在西部开发战略已经实施的情况下，一些法律“真空”给经济发展带来的不便，越发明显，由此可见，一些现行法律法规，急需加以补充和完善。比如，从有利于支持西部加快发展出发，应尽快完善《进出口商品检验法》、《反倾销反补贴条例》、《外资金融机构管理条例》、《旅行社管理条例》等与发展经济、改善政策环境密切相关的法律法规。

3. 地方对具体法律法规配套。西部同东部沿海差异较大，西部中的各省、自治区、直辖市之间的差异也较大。在开发的过程中，必须从本地的实际情况出发，制定一些具有配套性质的地方法律法规，以保障、支持和推动区域性开发建设的顺利进行。地方在立法和“配套”的过程中，一定要防止地方保护主义，不可把地方保护主义通过地方性法规或地方政府规章的形式合法化。

四、严格执法

健全和完善法律法规，是实现西部依法开发的基本条件，而做到执法必严、违法必究、司法必公，才是根本目的。没有后边这一环节，那么，西部的依法开发就会成为一个空洞的口号，背离初衷。

1. 依法行事。同其他手段相比，法律法规的约束是最强有力的，要求各级政府、企业以及自然人，都毫无条件地执行，任何躲避和变通，都是法律法规所不允许的，都要受到法律的惩罚。来自各方面的参与西部开发的行为，都必须做到以法律法规为依据，按照法律要求去做，把自己的行为建立在合法的基础上。这样就需要政府利用可行手段在全社会普及法律法规知识，让行为人懂法；需要行为人树立法的观念，真正做到依法开发、守法经营、依法办事，去掉侥幸心理，不打"擦边球"。

2. 违法必究。法律是至高无上的，违反它要承担法律责任，这是法理。问题的难度在于把法理付诸实践，让违法者难逃其究，这就需要加强执法监督，依法及时准确地处理违法的当事人和事。无论是政府官员还是企业法人，以及各种所有制形态的投资人、经济人，都应该摒弃"法不责众"的观念，充分认识到，只要是违法，就一定要受追究。在西部大开发的过程中，法的手腕，一定要硬起来。

3. 公正司法。法律法规的客观标志是它的公正和公平，在法律面前人人平等。执法者在执行公务或处理纠纷时，一定要公正，不看其人，只认其行；不讲情面，只遵法理；客观公正地对待每一位当事人，切实依法保护其权力和利益，让违法者受到法律制裁，让受害者讨回公道，对其损失得到补偿。欲求司法公正，关键是对执法不公者进行追究，消除司法腐败。对执法犯法、贪赃枉法者依法处理，以匡扶正义，让法律真正成为西部大开发当事人的"护身符"、"保护伞"。

第十七章

农民经济权益保障

在20世纪，中国社会的一切变革都是围绕农民这一社会主体阶层而展开的。从清末的洪秀全起义开始，到第一次国内革命战争、抗日战争、解放战争，建国后的人民公社化运动，党的十一届三中全会后开端于农村的经济体制改革，概莫例外。在漫长的民主主义革命、社会主义革命和社会主义建设过程中，农民对共产党鼎力相助，他们为创建中华人民共和国，为建设有中国特色的社会主义，立下了不朽功勋，付出了巨大代价。同时，他们也是中国现代特别是改革开放的最大受益群体。

在21世纪，中国共产党能否继续站在历史的潮头，带领亿万民众向所理想的社会主义方向挺进，在很大程度上取决于农民对党的一往情深，对党的政治主张的赞同和支持，取决于农民对政治路线的拥护。在新的历史时期，能否解决好农民问题，关系到改革开放能否持续深入，关系到经济能否持续、快速、健康发展，关系到民族的兴衰成败。从政治上看，解决好农民问题，是增强党的号召力、战斗力和凝聚力的需要，是巩固人民政权的需要。过去，农民能义无反顾地跟党走，主要动机是党能给他们带来公平、平等和博爱，是党能给他们带来利益。在未来，占人口绝大多数的农民的权益能够得到保障，结果必定是“水仍将载舟”；如果无休止地剥夺农民，就会丧失农民的支持，进而动摇共产党及其政权的根基，结果有可能积下“水亦覆舟”的隐忧。这并非危言耸听。刚一解放，黄炎培先生就曾提出政权更替的“周期律”。这一警世忠言，仍值得今天回味。

解决新时期的农民问题，归根到底是保障农民的权益问题，重点是保障农民的经济权益。

第一节　保障财产所有权

农民作为社会主体群体，宪法和法律赋予他们有若干条款经济权益，但起基础性作用的是财产所有权。因为其他权益有的是所有权的派生，有的是所有权的延伸。也就是说，在经济权益上，有了所有权，然后才有使用权、收益权和处置权。对所有权的保障，是保障农民经济权益的根本。

1. 农民集体共同所有权的确认。所谓财产的所有权，是指财产的隶属关系在法律上的体现。它是所有人对其财产享有直接利益以及充分、完整的支配权力，它通过占有、使用、收益和处置等权力表现出来。比如，农民集体共同拥有了土地所有权，才能实行家庭联产承包责任制，才能获得对土地的使用权和收益权。如果土地的权属一旦发生变更，家庭联产承包责任制将不复存在。对农民集体的所有权为什么还要确认？因为：已有法律法规界定的，在实际中由于不适当的宣传和处置，使农民共有的权属观念发生了变化，有的还发生了农民共同财产的不适当转移；二是有的财产所有关系比较模糊，需要得以澄清。

(1) 农村集体经济组织依法所有的土地、森林、草原、荒地、山岭、水面、滩涂等自然资源，归农民群众共同所有。这里所说的土地，包括耕地、村镇建设用地、宅基地和自留地。宪法和相关法律已对农民集体所有的自然资源作出明确规定，似乎不需要确认。问题是在实行家庭联产承包责任制后，有的人提出要“淡化土地的农民集体所有权”，导致实际中农民地权的不稳定。所以，应以正视听，纠正不正确的认识。通过改革，人民公社的财产制度解体了。这种解体并不是通过打碎农民集体所有制度，也不是所有制关系的变动。它所改变的是农民集体财产的运营形式。过去，集体对地产或其他财产的所有权，是通过集体的统一经营和利益的直接分配来实现的。现在则主要通过收取土地承包金（集体提留和统筹费）来实现的。农民集体对土地的所有权的利益，除了耕种土地的收益，还体现在土地承包金的“取之于民，用之于民”上。这种财产的隶属关系，并没有因实行家庭承包而改变。对土地农民集体所有权的虚无和淡化的说法，都是不符合实际的。

（2）由农民集体共建的生产生活设施，归农民群众共同所有。包括：建筑物、构筑物、机械、设备、交通工具、送变电设施、教育文化卫生体育设施、农田水利设施等，也包括产畜、役畜和林木等可以增值的共有财产。

这部分财产是靠农民集体多年共同积累而形成的，农民共同的所有权不是因为其年久失修或效益衰减就可以改变的，也不是因为学校属于教育单位、送变电设施分类于电业部门，就可以归属于教育或电业部门的。这类财产的变卖所得，虽然不可以分给每个农户，但它的用途仍然是发展为农民集体共用的公益福利事业，转换形态之后的所有权，仍属于农民集体。

（3）农民集体的积累资金（包括提留），集体经济组织的债权，由集体经济组织出资购买的股票、债券等有价证券，属于农民集体共有。

这部分资产的特点是货币形态和权证形态，具有使用上的广延性和总量上的增值性，是集体经济实力进一步得到壮大的源泉。不管采取以借贷的形式分散使用，还是委托经营，其所有权属于农民集体共有的性质，是不能随着资产经营的形式发生变化而变化的。它的增值部分，也当然地属于农民集体所有。向农民收取的统筹提留款，具有双重意义：一是农民通过承包耕种集体共同占有的土地，应向土地所有者缴纳一定的地租（所有者包括纳租者本人）；二是在同一社区集体经济组织中，需要依靠全体成员的财力聚合兴办公共福利事业。这部分资金，不管采取“村有乡管”还是其他管理形式，都不能改变农民集体所有的权属性质。如有增值和节余，绝不允许经营管理者私分或占用。

（4）集体兴办的企业属于农民集体所有。包括：集体兴办的独资企业，在股份企业、股份合作企业、联营企业和中外合资企业按协议所有的资产份额，集体出资兼并的企业资产。乡镇企业是使用农民的名誉、人力、财力办起来的，它的所有权理应属于集体经济组织中的农民共有，只有农民才具有对企业的支配权、收益权和处置权。提出这个财产确认关系，应消除两种不正确的认识：一是有人认为，乡镇企业是在乡镇政府的组织协调下兴办起来的，所有权应属于乡镇政府；二是也有人认为，乡镇企业是参加企业工作的职工奋斗出来的，所有权应是企业职工集体的。这两种认识都是没有法律根据的，因而是错误的。第一种认为把乡镇政府组织和引导农民脱贫致富的职能与产权关系混淆了。作为最贴近农民的基层政府，在发展社会主义市场经济的过程中，要开辟生产门路，组织新上生产经营项目，是政府的一项重要职能，是以经济建设为中心的一个标志，是应该做的。乡镇企业能够发展到今天这样的规模，不可否认，乡镇政府在兴办、组织、管理和服务等方面确实起过作用，有的还是重要作用，但这种作用不是产权关系。至于乡镇政府帮助企业争取到的贷款，它的债务人是集体经济组织中的广大农民群众，而不是乡镇政府。因为一旦企业倒闭，债务要由集体组织中农民通过上缴统筹提留来偿还。近些年，一些地方乡镇企业倒闭后，给农民背上沉重的债务的事实，足以对其所有权给予证明。至于第二种认识，错误出在把乡镇企业混同了城镇集体企业。乡镇企业职工与乡镇企业的关系，是一种劳资关系，他们并不能独立地处理关系企业发展的重大事务，职工行为要受出资、出地兴办的农民集体的制约，对企业具有占有、使用、收益、处置权力的，是兴办企业的集体组织中的农民群体，只有他们，才是当之的财产所有者。

(5) 集体经济组织拥有的著作权、专利权、商标权等无形资产和依法属于该组织所有的其他资产，属于农民集体共有。

对于无形资产来说，它的价值不像实物形态资产那样明了和确切，需要通过资产评估来确定，价值随时空条件的变化而变化，且变化幅度较大。这种价值模糊的产权特性，往往容易被人们所忽视。因此，对其进行确认，更是必要的。

2. 触目惊心的侵权行为。在计划经济体制向社会主义市场经济体制转变的过程中，由于一些县乡负责人对农民集体所有权认识上的偏差，缺乏有效的资产营运管理和必要的制度约束，使集体资产失控、流失严重，侵权行为比较普遍地存在。在个别地方，侵犯农民集体资产所有权的行为，已经到了无所顾忌的地步。对农民集体资产权力的侵害，大致有九种表现：

（1）强行划拨集体的土地用于以盈利为目的的经营性开发。国家进行社会主义经济、文化和国防建设以及兴办社会公益事业，必须征用农民集体所有土地的，农民应服从大局，提供方便。与此相反，一些城建开发商出于盈利的需要，以极其低微的价格征用农民的土地，大搞房地产炒作，或用于开办工商企业，农民在失去土地产权的同时，并没有得到合理的收益和补偿。每年超过300万亩的非农占地，其中有相当一部分是属于这种情况。

（2）错误地平调村民小组之间的土地。土地法规定："村农民集体所有的土地，已经分别属于村内两个以上农业集体经济组织所有的，可以属于各该农业集体经济组织的农民集体所有。"一些乡村干部出于好管理、好平衡、好收统筹提留款的需要，置法律规定于不顾，借调整承包地之机，将一个村内分属于各村民小组的土地打乱平分，严重地损害了部分农民的土地所有权益。

（3）仗权承包集体的土地、山林、水面或企业。一些县乡村领导干部，视农民集体所有的土地、山林、水面或企业为肥缺，采取种种手段欺骗农民群众，依仗权力低价承包给自己或亲属经营，有的甚至长期不收承包金或租金，使农民集体财产失去增值机会。

（4）低价处理固定资产或生产工具。有的地方，借稳定和完善家庭联产承包责任制之机，把集体固定资产和生产工具低价处理或无偿分掉，有的即使是有价变卖，也没真正收回价款，农民集体的多年积累化为乌有。

（5）无偿占用农民股金。大多数村对加入农业生产合作社、供销社、信用社的股金没有返还、没有分红，年复一年，已经没了账，或成了一本糊涂账。

（6）乡镇企业财产流失。一些地方在乡镇企业进行产权制度改造的过程中，对企业的资产不经清产核资、不经产权登记、不经资产评估、不经审计，在没弄清底数的情况下就进行所有权的变更，使农民集体所有的财产大幅度贬值。有的为了安排有关人员就业，甚至将企业占地连同企业以极其低廉的价格转让他人。

（7）平调统筹提留款。国家文件明文规定，由农民统筹的提留款作为村集体的公积金、公益金和管理费，由村集体使用；乡统筹作为民办公共事业费，由乡镇统筹使用。一些地方无视国家的规定，将民兵训练费平调到县武装部统一使用，将教育统筹平调到县教育局统一使用，将义务工和劳动积累工平调到县交通局、水利局使用，从而改变了资金和劳务的使用性质，有的资金在平调的过程中被侵占或挪作他用。

(8) 挥霍浪费集体资财。一些干部不是公仆，而是“吃”官；不是勤俭办事业，而是以出手大方显权威；不是出以公心，而是为个人捞好处，用农民的摊派款请客送礼，大吃大喝，挥霍浪费，给自己升迁铺路搭桥。据权威人士估计，全国 76 万个村，每年用于大吃大喝的资金，大约在 90 亿元以上。

(9) 贪污、挪用集体资金。有的长期拖欠集体资金不还，有的借职权之便将集体款个人存入银行吃利息，有的通过多次转账环节，将公款据为己有。据宁夏回族自治区对 108 个村集体资产进行清查，共查出违纪资金 132 万元，其中，仅白条子入账一项就达 90.4 万元。

3. 依法保障农民集体资产所有权。导致农民集体所有资产流失，根本原因是法制不健全，有法不依，执法不严，违法不究。保障农民集体资产所有权，治本的功夫应下在“法”上。

(1) 完善立法。农民集体所有资产缺少完备的法律约束，在资产的确认和营运环节，有许多法律“真空”区域，与集体资产密切相关的土地法和乡镇企业法，有些条款比较笼统，缺少实施细则和处罚规定。因此，立法部门应在充分调查研究的基础上，加快立法进程，争取及早颁布农民集体资产管理法，为保障农民集体资产所有权，奠定法律基础。

(2) 坚决执法。法律法规具有强制性，一旦颁布就应无条件执行，绝不允许变通执行或“绕道”而行。乡村两级干部，对以法保障农民集体资产所有权应引起重视，提高认识，增强法制观念，做以法保障农民集体资产所有权的促进派。

(3) 加强督查。农业、审计、财政等有关部门应组织搞好集体资产的清产核资，界定产权，开展资产登记和评估，建立起集体资产管理和运营制度，并定期对资产的管理和运营进行检查，及时发现问题，堵塞漏洞，维护集体资产的完整，确保保值增值。对农民集体上访，应及时派人查处，防止“官官相护”。

(4) 农民用法。广大农民群众应自觉拿起法律武器，大胆地以法维护自己的权益，对一些违法侵权行为，应进行抵制或举报。

第二节　保障土地使用权

土地，是农民的安身立命之本。亘古以来，农民就对土地情有独钟。农民能够一心一意跟着共产党闹革命，一个根本夙愿就是企望能获得一块属于自己的土地。十一届三中全会以后，农村经济体制改革能迅速推开，也是由于农民渴望得到土地的使用权，尽快解决温饱问题。从目前农村生产力的发展水平上看，在相当长的一个历史时期中，农民眷恋土地、珍重土地使用权的心态不会有大的改变。保障农民拥有的土地使用权，就等于保障了农民的基本生存条件。

1. 稳定和完善土地的家庭联产承包责任制。以家庭联产承包为主的责任制，是广大农民群众实现土地共同所有权、获得土地使用权的具体体现。所以，保障农民土地使用权，关键是稳定和完善家庭联产承包责任制。如果这种生产责任制不稳定，农民的土地使用权想稳也稳不住。

稳定和完善家庭联产承包责任制，从理论上说，它符合马克思主义生产关系一定要适应生产力发展的基本原理；从实践上说，它适应中国农村的实际情况和农业的产业特性；从效果上说，它能够带来农业生产的持续发展。这三条说明，它不是权宜之计，而是在今后相当长的一个时期中要坚持不变的基本经济制度。

稳定和完善以家庭联产承包为主的责任制，中央已多次明确提出要求，需要做的是把中央的指示精神落到实处。早在1982年，中央关于发展农业的第一个1号文件就指出：“我国农业必须坚持集体化道路，土地等基本生产资料公有制是长期不变的，集体经济要建立生产责任制也是长期不变的”。此后，党中央国务院几乎在每一个部署农业和农村工作的文件中，都强调家庭联产承包责任制要稳定不变。80年代末期，一部分农民曾一度产生怕变心理，担心丧失土地使用权。以江泽民为核心的第三代中央领导集体，及时体恤民情，在党的十三届八中全会上重申，以家庭联产承包为主的责任制是中国经济体制改革的重要成果，适应中国农村现实生产力水平，必须长期坚持，并不断完善。1995年，中央在广泛进行调查研究的基础上，又作出把土地承包期延长30年的决定。1996年，中央政府把稳定和完善家庭联产承包责任制写入《国民经济和社会发展九五规划和2010年远景目标》。这是稳定农村、稳定社会、保障农民经济权益的重大举措。但是，要把这个政策落到实处，还需要纠正个别人的模糊认识，做深入的工作。

2. 纠正单方毁约行为。保障农民的土地使用权，关键在于防止出现单方毁约行为。现在，人们对坚持和稳定家庭联产承包责任制，已经达成共识。问题是在稳定和完善的具体操作中，还存在一些偏差。有的地方出于解决新生人口和劳动力的生活问题，频繁调整承包地，给农民一种基层做的与上级的要求不一样的感觉；有的地方以加强集体统的功能为借口，随意变动承包基数，甚至在收缴统筹提留款以外，又重复收取土地承包金；有的地方不适当地实行“三田制”，即口粮田按人口均分，责任田和机动田招标承包，结果加重了农民负担；也有个别地方在条件不成熟的情况下，推行土地的规模经营，引起农民的强烈不满。尽管上述几种变动土地承包关系的做法有所不同，但性质都属于单方毁约，侵犯了农民的经济权益。不适当地变动土地承包关系，动因主要来自三个方面。一是县、乡政府的意志。个别县、乡政府的领导者，错误地把土地的家庭承包视为小生产，以为家庭承包就无法扩大生产规模，进而就无法取得规模效益，试图通过调整承包地，提高规模效益，再造农业的辉煌。也不排除极个别的领导者出于“政绩”的需要，追求“轰动效应”，主意打在创造“经验”，以标榜自己是大胆的“改革者”或“创新者”。二是村组织的意志。在一些集体经济组织不健全、经济实力薄弱、双层经营体制不完善的地方，出于加强“统”的功能和提高土地承包收益的需要，企图通过调整土地把增加农民负担“合法化”，积蓄应付上面胡摊乱派的经济支付能力，用于请客送礼和提高村组干部报酬。三是少数农户的意志。在绝大多数乡、村，土地的承包基本是采取按人口均包、按劳均包、按人劳比例承包三种形式。由于承包农户人口和劳力的变化，使少地或无地又没有其他收入来源的农户，生活受到影响。这类农户自然要提出按现实人口和劳力调整承包地的要求。当这类农户与乡、村的主要领导具有亲属关系时，偏亲向友的感情因素就会起作用，使他们不顾大多数农民的意愿，武断地作出调整承包地的决定。这三种动因从表面上看，似乎也有合理之处。但是，用党的有关政策一衡量，就会发现实质是表面的合理掩盖着实际的不合理。所谓实际的不合理，要害是没有按照经济合同办事，是单方毁约行为。

由于耕地的稀缺和特有的不可替代性，使农民对其使用权普遍关注和珍视。对承包地进行调整，涉及到千家万户，牵连到方方面面，一定要上按中央的要求，下尊广大农民群众的意愿，谨慎从事，在第二轮土地延包的过程中，把握“大稳定、微调整”的精神。所谓大稳定，一是稳定土地的农民群众集体所有制；二是稳定已经形成的土地承包关系和群众比较满意的承包办法；三是稳定与统分结合双层经营相适应的收益分配关系。所谓微调整，就是在延长土地承包期之前，根据绝大多数群众的意见，并经上级有关部门批准，对承包地块以及不合理的承包基数做部分调整，然后定下来若干年不变。地块过于零散不便耕作的，应按照基本等量等质的原则适当调整。对于因基建占地、人口变动等确实需要调整的，审批机关应从严掌握。在京津沪郊区和沿海经济发达地区等少数确实具备适度规模经营条件的地方，在尊重农民群众意愿的前提下，可因地制宜地实行适度规模经营，但绝不可不顾条件强制推行。就全国整体情况说，只要承包办法基本合理，群众基本满意，就不要变动。

3. 放活土地使用权。土地资源的稀缺性决定，它的使用必须遵循效率和效益原则；适应发展社会主义市场经济需要，土地作为农业的主要生产要素，必须合理流动，与其他生产要素优化组合。在土地归农民集体所有的所有制条件下，满足上述两项要求，可供选择的只能是放活土地的使用权。

对于土地使用权的转让，是中央政策早已允许的。只是采用什么办法转让，允许转让的政策区间有多大，还有待于研究。现行的政策是，从大的方面说，国家鼓励土地使用权转让。就一般情况来说，转让者要把土地交回集体，由集体重新发包；特殊情况需要自己转让的，应征得集体即发包方的同意，尽量转包给种田能手，以促进土地的适当集中。按照有利于解放和发展生产力的要求，现在所给定的转让政策还应该放开再放开。其转让范围应从转包扩大到转让、出租、入股、抵押、赠予和继承；转让的交割应以民间自由进行为主，社区性集体经济组织不应过多干预。

土地使用权是获得收益权的机会条件。转让收益机会，是市场经济中要素流动行为，具有价值属性。因此，让渡使用权时，让渡者应得到相应的价值补偿和适当收益。使用权的转让价格，应因时、因地、因人而异，由转接双方自由议定或由集体经济组织从中调合议定。目前，防止“转包渔利”的片面认识和宣传，很不利于土地使用权的自由流动和重新组合，应以正视听，进行积极的舆论引导。

放活土地使用权，主张土地使用权无干涉的自由流动，并不意味着乡村两级组织在土地管理上无所作为。事实上，土地使用权的流动，离不开乡村两级组织的管理和服务。一是开展供需协调和契约服务；二是限制土地使用权在流转中重新分割和变碎；三是防止出现与承包合同的冲突和改变土地用途；四是为大规模的土地使用权流动创造市场环境。

第三节　保障经济收益权

经济收益，是农民孜孜以求的本质，是保障财产所有权和土地使用权的最终结果。历史经验表明，什么时候农民的经济收益权得到保障，什么时候的农民积极性就高涨，农业和农村经济就能快速发展；什么时候农民的经济收益权受到侵害，什么时候农民积极性就低落，农业和农村经济就徘徊不前，甚至出现萎缩。

1. 农产品增产与农民增收的不等式。农产品价格的提高，对生产具有一定的促进作用。但是，受农业综合生产能力的制约，价格的上涨并不一定使下一生产周期农产品产量得到相应增加。同理，农产品的增产，对增加农民收入具有一定作用。但受社会供需关系的制约，并不一定使得收入同步增长。历史上也还出现过农产品增产农民减收的情况。以城市郊区农民的蔬菜生产为例，可以证明这个结论是真实的。某城市郊区上年蔬菜生产总量为 1 000 万千克，每千克价格为 2 元，农民可收入2 000万元；次年增产到1 200万千克，由于市场供应充裕，导致价格下降到每千克 1.6 元，结果农民收入 1 920 万元。蔬菜增产 200 万千克，而总收入却减少 80 万元的事实，说明农产品的增产与农民收入是一种不等式。由此可见，增加农民收入，不单是个增产的问题，而且与市场供需情况密切相关，其中，政府的政策偏好具有决定性作用。

2. 农民在经济活动中处于不利地位。农业产业的弱质性、生产过程的自然性、生产信息的不对称性和生产者的非组织性，决定了农民在整个经济活动中处于不利地位。

(1) 农产品生产者要承受自然风险的考验。农业生产是经济再生产与自然再生产的统一，生产者不但要承受来自市场的风险，而且还要承受自然风险。作为自然再生产，农业的丰歉得失是不以人的意志为转移的。它在很大程度上受制于诸如气温、雨量、土壤等自然条件，受制于雹、旱、涝、风、虫等自然灾害的威胁，任何一项自然条件的轻微变化，都可能给生产带来无法避免的损害。

(2) 农业生产过程中无法进行决策修正。农业生产周期长，农作物一般是一年一熟或一年两熟，从备耕开始，几个月之后才能出产品。在整个生产过程中，一旦出现选择失误，就很难再有修正的机会，不像工业那样随时可以对产品进行调整。由于生产周期长，劳动者的收入只能是“一年一个秋”，生产过程中没有收益。

(3) 市场信息不对称。在发展社会主义市场经济的条件下，农产品市场信息变化莫测，生产者对虚假信息和失真信息不具备鉴别和过滤的能力，很容易发生错误的决策。生产者“跟着感觉走”，不可避免地要付出昂贵的“学费”，有的甚至要受到毁灭性的打击。

(4) 生产者要受价格垄断等不公平的市场待遇。在计划经济向社会主义市场经济转变过程中，由于市场发育不良，政府的调控机制还没完全建立起来，来源于体制上的摩擦、碰撞，其“苦果”首当其冲地要由农民去“消化”。农产品多了拒收、限价、卖难和打白条，少了下任务收购，地方政府封锁市场，无疑给农民增收造成很大负面影响。不经买卖双方商务谈判，单方制定农产品收购价格的做法，已经严重偏离市场经济规律，农民含辛茹苦耕耘一年，所生产出的 2 千克玉米还抵不上街上卖的 500 克瓶装水价钱的事实，不能不让农民另有所思。加之农用生产资料的一再涨价，不能不使农民有一种遭到了围追堵截的感觉。

(5) 农民无法控制农业资源的非农化。在市场经济条件下，各种生产要素在利益动机和比较效益原则的驱动下，不断从效益低的农业流向效益高的其他产业，使农民增收的基本条件越发趋紧。对农业赖以生存的土地，一些县乡政府随意划拨；一些单位的低价占用，农民则无法抵制。当看到大片良好的耕地被划拨为开发区，用于房地产炒作，经营者一夜间变成百万富翁时，憨厚的农民才恍然大悟，体味到出身的低下与产业选择差别的巨大。

(6) 农民的对话地位低下。农业生产不像工业那样有固定的厂房、工位和统一的生产组织，劳动者是在不确定的广阔空间、极其分散的情况下从事生产活动，人与人之间缺乏有效的聚合，农民对农村以外的精彩世界知之甚少，加之文化程度普遍偏低，造就了他们逆来顺受和懦弱的性格，养成了怕事、怕争执的天性，在经济交往中缺乏自我主见。

农民是中国最大主体阶层，又是个非组织的分散群体。与其他产业工人不同，他们没有自己的组织，没有能够维护群体利益的自我代表，没有与其他产业公平交换产品的制度保证，这就决定了他们在经济交往中，不能不受到有失公正的待遇。

3. 政府是保障农民收益权的第一责任人。保障农民收益权是结果；为保障而采取的保护措施，才是保障的根本。因此，研究保障农民的收益权，其实质是研究能够给农民带来增收的保护措施。

在中国这样一个农业人口占大多数的大国，面对农业发展的艰巨任务和农产品生产者特定的弱质地位，没有哪个群体能够保护得了农民，只有政府，才是保障农民收益权当之无愧的第一责任人。也只有政府采取保护措施，才能实现农产品的供需均衡和保障国家的长治久安。过去，一些地方在部署支持和保护农产品生产者时，经常用“农业发展我发展，我与农业共兴衰”的说法鼓励各行各业支持农业。但收效甚微的事实，说明没有找准责任人。与农业密切相关的工业、贸易和交通运输等产业，其职能是追求利润的最大化。让他们去保护农民的利益，尽管说得再有道理，终因利益的驱使，结果只能是大失所望。把对农产品生产者的保护，建立在靠自觉的基础上，显然缺乏制度保证。历史的经验告诉人们，必须由政府承担起保护农产品生产的责任，才能最大限度地保护和调动生产者的积极性，因而才是有效的保护。政府对农产品生产者的保护日标，应定位在控制市场的负面效应，纠正市场的偏离运作和消极反应，扶助弱质的农业和懦弱的农民，利用激励和约束双向调节手段，保证生产者的劳动获得应得的收益。政府至少应在以下六个方面有所作为：一是生产风险保护。由中央财政出资和在农产品流通环节筹资，建立起农业风险基金制度，对灾害性歉收给予适当的补助，用以启动下一生产周期的生产。二是农用物资价格保护。对化肥、种子、农药、农膜等主要生产资料，政府应予以限价；财政收入比较好的地方，还应实行大型农机具购置补贴和科技推广补贴。三是农产品价格保护。政府应负责对市场价格进行引导，使农产品的价格公平合理，即出售农产品能够获得"成本价格＋平均利润"。四是市场交易保护。政府负责运用市场管理职能，制止集团垄断，打击欺诈行为，限制区域性市场封闭，营造公平、公正、公开的农产品市场交换秩序。特别要注意防止收购农产品的压级压价和打白条。五是进出口保护。在农产品供大于求、价格下跌时，政府应采取支持生产出口产品的政策，积极组织和鼓励出口。对农业技术和设备引进，应给以优惠政策，鼓励农业生产经营主体用先进技术装备农业，提高农业综合生产能力。六是资源保护。各级政府应十分注重保护土地、水、森林、草原、海洋以及各种生物资源，及时和严厉查处平调农业资源、危害生态环境的行为，为农业生产创造一个良好的物质和生态环境。

第四节　保障民主理事权

保障农民的民主理事权，是保障农民经济权益的重要组成部分。不赋予农民应有的民主理事权，农民的经济权益就不可能完全得到保障。在一些地方，为什么农民的经济权益常常遭到侵害，有的侵权事案又长期得不到解决？一个根本原因是民主制度的欠缺，农民应有的民主理事、民主监督、参政议政的权力没有真正得到实现。解决问题的出路，是加强民主制度建设。

1. 农民民主理事权力的虚化。农村实行家庭联产承包责任制以后，撤销了人民公社，原设的生产大队改为村民自治性质的村民委员会，用统分结合的双层经营体制取代了"三级所有，队为基础"的统一经营体制。改革，成功地推动了农村经济和各项事业的发展。旧的经济制度虽然革除了，但是，新的民主议政、民主监督、民主理事制度并没相应地建立起来，农村的民主制度建设，遇到了许多新情况新问题。已经获得了独立生产、自主经营权力的农民，关心本村事务，要求参政议政的愿望越来越强烈。由于生产队房舍的变卖，一个村一两千人没有了活动场所，村民大会无法召开；城门开禁和城乡经济的大融合，农村二、三产业特别是乡镇企业的发展，使广大农民离土也离乡，流动起来的青壮年劳动力，已经很难参与户籍所在社区的议事活动，客观上造成了民主理事权力的虚化。

农村缺少必要的民主程序和村民理事的有效机制，农民与干部之间失去了沟通意见的条件，也使基层干部失去了群众的支持和监督，使一些思想作风有问题的乡村干部，成了不勤政、不廉政的庸官、混官、贪官。基层干部办事不民主、不公开、不公道，引起了农民群众的强烈不满，民告“官”的事时有发生，干群关系越发表现得不那么融洽了。

广大农民不参与料理本村事务，村里的一些大事往往是几位少数干部说了算，村民自治变成了“干部自治”。干部做出没有群众基础的决策，群众自然就会产生抵触情绪，不乐意执行。基层干部在处理村政事务时，经常“碰钉子”，他们也抱怨官难当、事难做、人难管。基层干部与农民群众的“两不满意”，说明农村的民主制度建设需要加强。

2. 建立有效的民主理事制度。为了解决农民民主理事权力的虚化，还权于民，90年代以来，一些市县结合深化农村改革，从各自的实际出发，在民主理事的实现形式上，进行了一些卓有成效的探索，逐步推行了村民代表会议制度，从而活跃了农村的民主生活，调动了广大农民当家作主、管理村政事务的积极性和创造性，比较好地解决了农民的民主理事权力保障问题，给农村工作注入了新的生机和活力。

在福建、河南、河北等省，都曾进行过村民代表会议的试点，并已在相当的区域上全面铺开。比较早的实行村民代表会议制度，是河北省赵县。这个县从1990年开始试点，1993年全县铺开。村民代表是经村民直接选举产生。各村按照居住区域、生产作业性质和自愿结合的方法划分出若干个选区，一般是10户至15户为一个选区，每个选区选出一名村民代表。为保障农民充分行使民主权利，村、组对村民代表不提建议名单，让选民按自己的志愿，选举有参政议政能力、办事公道、自己充分信任的人当代表。村民代表会设主席一人，副主席一至两人，负责召集村民代表会议。村民代表会每届任期三年，代表可以连选连任。村民代表会议一般每月或每季召开一次，遇有特殊情况可以随时召开。村民代表会对村民负责，受村民监督，根据大多数选民的意见，可以随时撤换不称职的村民代表。

从各地的实践情况看，实行村民代表会议制度，对于保障村民的经济权益，调动村民参政议政、民主监督的积极性，化解农村的诸多矛盾，推动经济发展和精神文明建设，促进农村良好社会风气的形成和社会秩序的好转，改善干群关系，都起到了积极作用。许多到试点地方进行调查研究的领导干部一致认为，村民代表会议制度，是保障农民民主权利的一种好形式、好制度，具有大面积推开的现实意义。

3. 赋予农民充分的民主理事权。不论采用村民直接管理本村事务，还是采用村民代表会议制度管理本村事务，都需要赋予农民充分的民主理事权。这是保障农民经济权益，让农民参政议政的核心。如果农民的理事权不明确，再好的制度也可能流于形式，起不到应有的作用。现阶段，农民的民主理事权力主要由四方面组成。

（1）民主议政。就是要尊重和维护农民群众当家做主、参政议政的权力，建立健全民主理事制度和程序，按照村民自治的原则选举村委会，民主处理本村政务，在社区的各项活动中充分体现广大农民群众的意愿，从政治上保障农民的民主权利。

（2）民主决策。在发展社会主义市场经济的过程中，充分保障农民生产经营的自主权，民主决定土地、山林、水面、草原和集体企业的发包、承包的具体事宜；民主决定经济发展规划和村镇建设规划；民主决定农田基本建设、农业科技推广、农业综合开发的项目。特别是对生产经营方式的变更，必须经过群众充分讨论，在取得绝大多数农民同意后才可实施。

（3）民主理财。在集体资财管理上充分发扬民主，建立健全民主理财、群众监督的管理制度，按照国家规定筹集使用统筹费和提留款，由村民大会或村民代表会来审议年度预算和决算，大宗项目的开支应由村民讨论决定，年内收支情况应向群众通报。

（4）民主监督。村委会应主动接受群众监督，组织村民对村委会成员工作定期进行民主评议。对粮棉定购任务、计划生育指标分配、统筹提留款的筹集、宅基地发放等一些群众关心的热点问题，应一律在公开栏上向全体村民公开，由广大村民监督执行。在执行过程中遇到特殊情况需要变更内容时，须提请村民大会或村民代表会讨论决定，不应该由少数干部擅自更改。

第十八章

经济发展的组织资源

有人说，中国的经济，是组织推动型经济。这话说得不够准确，但有一定道理。在任何一种社会制度、任何一个社会发展阶段上，政党和政权组织，对经济发展的组织、引导、协调和推动，都是经济增长不可缺少的条件。把组织或社会团体视为经济增长的一种重要资源，从经济学的角度去研究它的建设规律和功能作用，采取一些相应措施，解决现存的问题，这无疑是经济发展战略的题中应有之意。

在农村，以党支部为核心的基层组织和村民自治组织，是团结和带领农民加快经济建设步伐，在21世纪中叶实现邓小平同志提出的中国发展第三步宏伟蓝图的可靠保证。如果农村基层组织不巩固，状况不好，没有凝聚力、战斗力和号召力，提高农业综合生产能力、转变农业增长方式、实行产业化经营等，都会因缺少组织和推动作用而停滞不前。同时，也会削弱和动摇党在农民群众中的根基，影响到建设有中国特色社会主义的大局。在21世纪，中国农村经济要有大跨度的发展，农村社会面貌要有巨大变化，关键是把农村80多万个基层党组织建设好，并使其他组织都能够发挥应有的作用，把广大农民群众真正组织和团结起来，形成强大合力，才能完成历史赋予的伟大使命。

合理开发和利用组织资源的前提条件，是不断发育和催生组织资源，使其能够适应形势和任务的需要，在经济运行中真正发挥中流砥柱作用。在90年代初期，中央曾在山东莱西和章丘两市分别召开过全国村级组织建设工作座谈会和以法治村经验交流会，对加强农村基层组织建设做出阶段性部署，分别提出新的要求，有力地遏制了农村基层组织凝聚力和战斗力的减弱。特别是党的十四大之后，适应发展社会主义市场经济的要求，中央责成中组部、中宣部、中央政策研究室等单位，就农村基层组织建设问题进行了大量的调查研究，在十四届四中全会刚闭幕，中央关于加强党的建设若干问题的决定刚下发，就立即召开了中央农村基层组织建设座谈会，对农村贯彻落实十四届四中全会精神做出具体部署，提出基层组织建设“五个好”的奋斗目标，要求用三年时间把农村以党支部为核心的基层组织整顿好、建设好。会后，各级党委和政府投入了大批力量，开展了为期三年的基层组织建设工作，解决了一些突出问题，涌现出了一批先进基层组织和优秀共产党员，特别是使一些后进村改变了面貌，有力地推动了农村改革的深化和经济的发展，促进了农村的稳定，加强了迎接21世纪重任的组织基础。总的来说，中国农村基层组织建设的现状是好的。但是，与21世纪农村要实现的伟大目标相匹配，在一些地方仍显得有些不那么适应，存在着一些不容忽视的问题，应下工夫研究和解决。

第一节　提高对加强基层组织建设的认识

这些年，农村改革得以不断深化，农村经济得以较快发展，农村社会能够稳定，主要得益于基层组织的砥柱作用和广大基层干部的艰苦工作，基层组织的历史功绩巨大。但是，我们还不能说对加强基层组织建设工作各地都那么重视了。目前，在个别人的头脑中，对农村基层组织建设在建设有中国特色社会主义过程中的重要地位和历史作用的认识上，还有不小的差距。一是有的同志认为，只要是省、地以及县能够认真贯彻执行党的路线、方针、政策，党的领导和国家政权就不会出问题，至于基层组织，没有多大的独立作用。二是有的同志认为，现在以经济建设为中心，抓生产经营，上项目是实的，抓基层组织建设是虚的，抓“实”的能够出政绩，抓“虚”的很难见到效果。三是有的同志认为，经济落后，基层组织建设难搞好；只要经济工作搞上去了，基层组织的状况也就必然地会随之好起来。在分析农村基层组织现状、制定加强措施的高层次会议上，有的领导人把这三种认识上的偏差称为“主次论”、“先后论”和“虚实论”。尽管产生这三种认识的根源有所不同，但它对加强农村基层组织建设力度的削弱，其后果是相同的，也是令人十分担忧的。由于认识上的片面性，导致个别领导干部对基层组织建设思想上重视不够，精力上投入少，工作上抓而不紧，从而造成一些基层组织的凝聚力、号召力、战斗力难以提高，一些长期贫困落后、各项工作都难以开展的后进村的面貌改变不大。因此，加强农村基层组织建设，首先需要解决思想认识问题。

历史的经验证明，凡是两个文明建设搞得好的地方，都有一个坚强有力、团结协作、能够带领广大农民群众艰苦奋斗的党支部。在21世纪上半叶，中国农村能否发生巨大的变化，实现小平同志所设计的第三步目标，关键就在于能否建立起适应新的要求的、能够发挥“领头雁”作用的基层组织。没有这个基本保证，第三步目标就无法实现。因此，对工作极为有害的“主次论”、“先后论”和“虚实论”，是一定要消除的。各级领导者，应从建设有中国特色社会主义的全局和实现21世纪伟大任务的战略高度，充分认识加强农村基层组织建设重要性，切实把这件具有根本性的大事纳入重要议事日程，下决心抓好，为中国农村在21世纪的振兴，打下坚实的组织基础。

第二节　改进加强基层组织建设的方式

在改革开放和建立社会主义市场经济体制的新形势下，新情况新问题层出不穷，在新旧体制转换的过程中，一些农村基层组织的现状与所承担的任务不适应的问题明显地暴露出来。主要是基层组织的活动内容缺乏针对性，活动方式比较封闭。比如，党组织的活动与当地经济、社会发展结合不紧密的问题；党员的属地管理与其在发展社会主义市场经济的过程中活动领域不断拓宽、流动性不断增大的矛盾问题；如何提高党的“三会一课”活动的效果问题等等。

在鄂西北的一个贫困县调研，作者曾亲自参加过这样一场耐人寻味的会议。在一个人均收入还不满500元的贫困镇，干部的主要精力应该投入到全力以赴组织农民发展经济，争取尽快脱贫致富上。但是，令人失望的是就在春耕大忙时节，管理区召开各村党支部书记、村委会主任和村会计会议，主要议题是向农民收钱。区党总支书记要求："第一，原定4月20日前把去年的计划生育超生费收上来，今天交钱；第二，从今天起到5月末，工作重心要由前段的收计划生育超生费转入收特产税；第三，开展计划生育孕检，收齐孕检费"。然后，管理区主任布置收缴屠宰税任务，要求把这项工作纳入重要日程，作为"经济工作中的一项重要内容"来考核。接下来，镇党委书记提出要按照省政府的要求，做好清收1988年3月份以来的计划生育超生治理费的摸底和准备工作。全镇估计得收上100万元。村组干部要在短期内完成这几项"中心"工作，非站在群众的对立面上不可，哪里还能开展服务，帮助农民解决生产生活中所遇到的一些困难？由此可见，这样的工作"中心"和工作方式方法很值得研究。

值得乐观的是，近几年来，也有一些地方为适应新形势和任务的需要，在改进基层工作方式上进行了大胆探索和实践。济南市在农村广泛开展了党员"联户联富"活动，全市已有7万多名有致富能力的党员联系27万农户，帮助他们走上了致富之路。他们并且注意发挥先进典型的作用，加强制度建设，使党建工作走上了经常化、规范化的轨道。黑龙江省望奎县结合深化农村改革的实际，创办党员活动园地。组织党员开辟荒山、荒坡、河套等废弃地2 897亩，每个支部平均15亩，种植高产攻关田和科技示范田，年收入60多万元，每个支部平均收入2 690元。园地的收入除一部分用于再生产的开支外，还可以补充党组织活动经费的不足。党员在园地中一边参加劳动，一边过组织生活，一边沟通市场信息，一边交流致富技术和经验，使党员活动园地成为党员政治活动阵地的同时，成为科技示范基地、经济创收基地和扶贫助弱基地，从而提高了党组织活动的灵活性、针对性和实效性。

第三节　解决基层干部后继乏人、党员年龄老化问题

基层的同志反映，现在农村中有能力的人不愿当干部，愿意单干

挣大钱；没能力的人当不了干部。这样，就很难选出能够胜任的支部书记。在一些忽视培养后备干部的地方，已经明显不适应现代工作需要的村党支部书记，却得不到替换，给农村工作带来了很大损失。在这样的地方，尽管农民年复一年的劳作，但人的精神面貌和物质生活条件，并没有得到应有的变化。特别是在一些贫困落后地区，由于农民负担重、干群关系紧张、群众工作难度大和干部补贴不能兑现或者不能全额兑现等原因，使村、组干部撂了挑子的事例屡见不鲜。据对一个地区的调查，近几年来，这个地区已有142名村干部提出辞职，占村干部总数的15%。一个乡，8个行政村中的88名村干部，有38名辞职，去外地打工或跑小买卖，其他50名干部中，有30人也不愿意干，处于应付的状态。全乡25个村民小组、有8个组没有组长。有一个组是由一位70岁的人任组长。在这样的村民小组中，名义上有了小组长，实际上不起作用，党的路线、方针、政策不能很好地贯彻到广大群众中，缺乏对群众的有效组织、引导和联络。

据一些省委组织部的统计，农村党员的平均年龄要比城市党员的平均年龄高出许多。党的十四届四中全会后，农村各地对发展党员开始重视了，但还有一些党支部几年没有发展党员。其主要原因有两个方面：一是村党支部工作不力。有的不积极、主动地培养积极分子，而是消极地等待愿意入党者找上门来；有的对积极靠近党组织的青年关心不够，影响了他们入党的积极性；有些老党员用老眼光看人，对要求入党者求全责备；有的支部书记对青年人入党持排斥态度，担心他们入党后抢了自己的“官”位。二是一部分农村青年价值取向发生变化。一些文化水平比较高、素质较好的年轻人热衷于个人致富，缺乏理想，害怕入党吃亏。解决这些问题主要有四条途径：一是乡镇党委要担负起培养和发展青年人入党的责任，引导党支部书记端正思想，帮助各支部作出发展党员的规划，并按规划进行培养和发展。二是对广大青年加强思想教育，引导他们树立正确的价值观、人生观，激发他们的政治热情，使他们自觉地向党组织靠拢。三是组织共青团、妇联等群团组织，帮助做好前期培养，做好发展党员对象的“推优”工作。四是对长期不发展党员的村，县委组织部门要分析研究，分工负责，直接深入到群众中去发现苗子，物色培养对象，定期考核，待成熟后及时吸收到党内来。

第四节　研究干部自己致富与带领群众共同致富的矛盾

在中国农村，大多数共产党员或基层干部为农民服务，甘于奉献的思想比较牢固。他们勇担重任，组织和动员农民不断开拓生产的深度和广度，带领群众治穷致富，使广大农民群众感到干群之间的关系仍然是过去那种鱼水关系。但是，在发展社会主义市场经济的条件下，也确有那么一部分干部思想发生了变化，受利益的驱动，想着自己致富，不管群众如何，出现了自己带头致富与带领群众共同致富的矛盾。在个别地方，村党支部书记或村民委员会主任外出务工经商，村里工作长期处于无人管的状态；有的基层干部把主要精力用在自己开工厂、办作坊上，也有的搞“仗权承包”，占用集体的土地或其他生产资料为自己发家致富所用。干群之间因生产经营条件和规模的不同，导致收入差距不断拉大，有的村干部成了几十万元甚至百万元、千万元户，而广大群众的生产生活条件却没有多大改观，群众的心里很不平衡。例如有个村，5 名支部委员中，有 4 名办起了私营的耐火材料厂，多的雇工达 40 多人，少的也雇了 13 人，另一位支委承包了村上的一个企业，同时还经销耐火材料。这个村的干部，都成了富裕户。但在引导群众共同致富上，这个村既没有中长期规划，又没有具体的措施，严重影响了广大群众奔小康的积极性。

解决村干部致富和群众共同富裕的矛盾，首要条件是明确选用村干部的政治标准，其中之一是要求他们要有奉献精神。做不到这一点，就不能当村干部。应鼓励和引导广大村干部把能力和精力用在发展集体经济、带领全村群众共同致富上。新闻舆论应积极发挥引导和监督作用，多报道共同致富的典型，报道农民拥戴、领导佩服、群众信服的好带头人，大力弘扬先进。同时，也应揭露胡作非为、贪占受贿的干部，鞭挞邪恶。

第五节　关注村干部的工作和待遇

中国农村经济基础薄弱，生活条件差，农民文化素质偏低，传统意识和封建思想根深蒂固。基层干部在这样的条件下组织和带领农民进行社会主义现代化建设，自然工作难度大。进村入户同村组干部座谈，大家反映比较多的是三个方面的问题。

一是工作环境偏紧。村干部不能易地交流，在本地任职，受制于家族、亲朋、邻里关系，开展工作的难度很大。如果坚持原则，极易遭受打击报复。这几年，放火烧村干部仓房、柴草垛、砸村干部住房玻璃、损坏村干部家青苗、树木的事时有发生。二是工作压力大。有些工作上边只交任务，不给措施，或交的是硬任务、硬指标，给的却是软政策、软措施，村干部往往束手无策。实行计划生育、收缴统筹提留款、落实粮棉种植计划等，都是必须完成而又比较棘手的工作，是按国家政策需要认真做好的，从根本上说是与农民的利益相一致的。但在思想政治工作荒废，缺乏应有的解释和诱导的情况下，有时农民会误解为损害了他们的利益，从而使村干部处于两难的境地。三是待遇低。在中西部地区的一些地方村组干部的补贴标准低，有的还不能及时兑现。相当数量的干部有后顾之忧，担心自己到干不动时生活上得不到应有的照顾。特别是在一些贫困落后地区，一些为党的事业辛辛苦苦地干了一辈子的村干部，离岗后生活没有保障，晚年生活凄凉。

广大村干部是做好农村各项工作的基础。实践证明，对村组干部进行党性和奉献精神教育的同时，还得理解他们的处境，支持他们的工作，关心他们的生活，千方百计调动他们的积极性。调动农村基层干部的工作积极性，需要完善激励机制。一是政治上关心他们。可以通过集中培训、宣传和表彰先进，从优秀的村干部中录用或聘用乡镇干部等措施，提高村干部的地位，拓宽他们的成长进步之路，增强他们的荣誉感。二是工作上支持他们。给村干部布置工作任务时，也要给他们教方法，帮助他们研究具体落实措施，给他们解决困难，鼓励他们大胆工作。对那些因秉公办事而遭到打击报复的村干部，要给以坚决支持，同时要对作案分子严肃处理。三是合理确定和及时兑现村干部的报酬。在贫困落后地区，应把解决村组干部的补贴列入扶贫项目，从国家的扶贫专项资金中拨出适当额度，给予资助。设想每个村民小组长每月由国家补贴 20 元，每位村干部每月补贴 45 元，全国 592 个贫困县，每年大体需资金 10 亿元。这笔投资实质是一项政治投资，很值得。四是建立村干部的养老保险制度，解除他们的后顾之忧。

第六节　完善村民委员会组织制度

1988年颁布的《村民委员会组织法（试行）》，经过近10年的实践，效果比较理想。在多数地方，村委会起到了村民自我管理、自我教育、自我服务的作用，有力地促进了农村的物质文明建设、精神文明建设和民主法制建设。当务之急是应组织各有关部门抽调干部深入农村，总结实行村民自治的经验，在广泛征求广大基层干部和农民群众意见的基础上，找准现存的问题，有针对性地采取措施，不断完善村民自治的政治制度。这既是法制建设的理论要求，也是解决农村中所存在问题的现实需要。

第一，村民代表会的形式应予以肯定。村民委员会成员由村民直接选举产生，在一些地方有一定难度。一些地方的村民会议无法召集，民主选举、民主管理、民主监督往往流于形式；一些省区普遍试行的村民代表会制度，比较好地解决了这个问题，应在法律上对其进行规范。

第二，村委会与村集体经济组织的职能有待规范。经营和管理本村属于集体所有的土地和其他财产，使其保值增值，这是村集体经济组织的一项重要职能。在村集体经济组织健全的地方，对集体资产的经营管理再授权于村民委员会，二者之间就会产生矛盾。但考虑到我国幅员广阔，在一些地区还没有相应地建立起村集体经济组织的实际情况，应明确，在这样地方可暂时由村委会代行其职能，对村民集体所有的土地和其他财产进行经营管理，待村集体经济组织健全后，再把经营管理权移交给村集体经济组织。这样规定可能更符合农村实际。

第三，村党支部与村委会的关系应予以重申。中国共产党是执政党。村党支部是村级各类组织的领导核心，村委会只能在村党支部的领导下独立负责地开展工作。村委会与党支部搞“平起平坐”的观点不但是错误的，也是很危险的，一定要纠正过来。村委会应着眼于本身，主动处理好与村党支部的关系，主动接受党支部的领导，取得支持，及时向党支部汇报工作，反映民情民意，并善于把党支部的主张通过村民代表会或村民会议的民主决策程序，变为全体村民的意志和行动，实现其意图。在村委会或村民代表会的组成上，也要充分表现党的领导地位，保证一定数额的党员参加。通过民主选举，村党支部书记、副书记或委员可以在村委会中兼职。

第七节　壮大集体经济实力

在过去的近 20 年里，作为农村集体经济经营管理载体的村组经济组织，通过经营体制和管理制度的改革，给农村经济的发展增添了生机和活力；在即将到来的 21 世纪，社会主义市场经济体制要在农村不断得到完善，仍然要求集体经济组织更充分有效地发挥职能作用，仍然要依靠集体经济实力的增强，来为农村市场主体的发育提供物质保证。

就总的情况看，农村集体经济组织的现状，与所应承担的职能，还有明显的不适应。主要表现在：一是组织不健全。据有关部门提供的情况，全国有近 1/3 的村没设立集体经济组织，不少地方虽然有牌子，但工作却没开展起来，没有很好地发挥其职能作用。二是服务跟不上，大多数组织对农户的服务只停留在生产环节上，对产前和产后环节的服务，还没有能力顾及。三是经济实力薄弱。全国村级集体经济组织拥有的固定资产，从总量上说并不少，但主要分配在东中部地区中比较发达的地方，在一些贫困落后地方，集体经济有名无实。全国 76 万个村，大约有 20％的村集体没有经营性收入，一些村原有的公共积累，已经吃光殆尽，靠向农民敛钱支付干部的补贴和管理费，个别村债台高筑。四是法规制度不完善。宪法明确赋予了农村集体经济组织生存和发展权，发展壮大集体经济，应该肯定地说是有法律依据和保障的。问题是缺乏把这一法律保障具体化的专项法规或实施细则。由于立法的欠缺和执法约束软弱，使集体经济组织的合法权益常常受到侵害，集体资财流失的问题比较突出。管理手段的落后与民主制度的虚无，给贪污、盗窃和挥霍浪费容留了可乘之机，集体资财的流失，严重败坏了集体经济名誉，失去了广大农民的信赖。

上面所列举的四个方面问题，根本原因是集体经济组织的经济实力不强。中央领导多次讲到，农村集体经济组织要能做到有人管事、有钱办事、有章理事，村里的一切事情都好办了。而这三点中，起关键作用的是有钱办事。有了钱，或者说集体经济有一定的收入，解决没人管事、没章理事的问题，就有了物质基础。因此，当务之急是壮大集体经济实力。一些县乡干部认为，在中西部地区的中等人口村，每年至少要有5万元以上的集体收入，在沿海或发达地区中等人口的村，每年至少要有10万元以上的集体收入，才能维持集体经济组织的正常运行。壮大集体经济实力的有效途径很多，但就一般地方说，主要应在三个方面下工夫。一是发展乡镇企业或多种经营，利用山水资源，组织开发性生产，因地制宜地选上一些生产经营项目，拓宽生产经营领域。二是完善土地、山林、水面和企业的资产经营制度，合理收取资源使用费用。三是通过清理和整顿集体资财，活化公共积累，聚集财力投入生产经营，实现保值增值。简言之，就是挖掘潜在财力，经营可增值财力，培植后续财力。

集体经济组织的健全，对经济实力的壮大，具有重要的推动作用。在乡村健全集体经济组织，必须从经济发育程度的实际出发，坚持因地制宜、循序渐进的原则，充分考虑本地的历史沿革习惯，尊重广大农民群众的意愿，分地区、分层次地进行。总结各地的经验，社区性集体经济组织的建立，大致可分为四种类型。①在乡镇企业发达，产业结构比较合理，集体经济实力较强，干部资源质量较好的村，应适应发展社会主义市场经济的需要，建立农工商总公司，组织独立，根据产业布局情况下设农、工、商等若干个分公司，也可以建成由集体经济控股的股份制企业集团。②在资源丰富，集体经济实力较强但集体企业不很发达的村，应根据经济的发育程度，建立经济联合社，下设农技、农机、水利、防疫等生产生活性服务小组，在进行产业结构调整、不断拓宽生产经营领域的同时，向农工商总公司的目标过渡。③在经济发展状况一般，以种植养殖业为主的地方，应依据本村主导产业的特点，建立农业、牧业、渔业等生产合作社，开展资金、机械、技术等方面的服务，并逐步积累条件，进行生产经营组织形式的改革和创新。在这样的村，生产合作社可以单设，也可以同村民委员会合署，实行两块牌子一套班子。但人员责任要分清，履行其生产服务、协调管埋、资产积累、兴办企业、资源开发等职能，不断完善内部运行机制。④在一些边远山区或贫困落后地区，受制于自然条件、农民素质和经济发育程度等条件，农民没有迫切愿望组织起来的村，不要急于建立独立的合作经济组织，可由村委会代行其职能，管好集体的土地、山林、水面和其他生产资源的承发包，搞好协调性服务。在这样的地方，集体经济组织的发育可能是个相当漫长的过程。

根据国际上多国的实践经验，具有社区性质的集体经济组织，需要以法运行。国家应把集体经济组织纳入立法规划，组织有关专家进行立法调研，争取尽快出台一部体现国际惯例，符合中国国情的《合作经济法》，以法推动集体经济组织的发育，促进集体经济实力的不断壮大，为组织农民走共同富裕的道路奠定组织和经济基础。

第八节　抓紧乡镇企业党的建设

在改革大潮中“异军突起”的乡镇企业，在繁荣农村经济，增加农民收入、支援农业生产、安置农村剩余劳动力、提高农民素质、加强社会主义精神文明建设等方面，都发挥了巨大作用，为国民经济的快速发展和维护社会稳定，做出了巨大贡献。按有关部门的推测，到2010年全国乡镇企业年产值可能达到51 250亿元，利润可能达到15 000亿元，上缴国家税金可能达7 500亿元，企业职工素质和经营管理水平，都会有大幅度提高。在未来的年代中，乡镇企业不管叫什么名字，但作为企业，它在整个国民经济和社会发展中的地位和作用，不会改变。在中国共产党执政的政治前提下，任何事业和产业的发展，都离不开党组织的政治领导或监督保证作用，乡镇企业要在新的历史时期大有作为，首要的条件也是加强党组织建设，充分发挥党组织的战斗堡垒作用和共产党员的先锋模范作用。如果丢掉这个具有中国特色的政治优势，乡镇企业不但生产力难以得到解放和发展，而且发展的方向可能也难以把握。乡镇企业应该抓紧党的建设，是乡镇企业发展到如此程度的客观必然要求。党组织不健全、党员数量少、党务工作薄弱，已经成为乡镇企业中存在的一个突出问题，必须下决心扭转这一局面。加强乡镇企业党的建设，中央早就有明确的部署，讨论问题的范围，不是要不要加强的问题，而是怎么加强的问题。

一、建立健全党的基层组织

党组织不健全，党务工作没人负责，加强党的建设就是一句空话。从这个意义上说，建立健全党的基础组织，是乡镇企业加强党的建设的首要工作，也是基础性工作。据有关部门调查，目前在乡村集体企业中，已经建立起党组织的，只有30%左右。生产经营规模小，只有一两名党员的企业，应就地就近组建联合党支部或党小组；有一定生产经营规模，正式党员在3名以上的企业，应单独建立党支部；生产经营规模较大，党员数量较多的企业或企业集团，应视情况建立党总支或党委。新建企业，应该是建厂和建立党组织同步考虑，争取做到企业在哪里挂牌，党组织就设到哪里。对没有党员的集体企业，应有意识地选派能够起先锋模范作用的党员到企业中去，担负起筹建党组织、开展党务工作、培养和发展党员的责任。对在企业组织结构调整中关、停、并、转的，党的组织也应及时调整或撤销。

二、选准党支部或党委书记

与乡村社区性集体经济组织相比，乡镇企业的党组织具有特殊性。选用书记，既要符合作为党组织负责人的共性要求，又要考虑企业党组织负责人的特殊要求，在坚持“四化”标准的总的原则指导下，应充分考虑候选人的开拓进取精神、企业工作经验、文化程度、专业技能等方面的条件，应把提高企业领导班子的整体战斗力和发展后劲作为一个重要因素来考虑，让能够自觉坚持党的基本路线、办事公道、乐于奉献、清正廉洁、顾全大局的党员来担任支部或党委书记。选拔乡镇企业党组织的主要负责人，应打破社区界线，拓宽选人视野，最大限度地利用人才。企业党组织一经建立起来，除了要按照党章规定进行正常换届外，还应根据企业的发展需要和班子结构情况，及时做必要的调整，做到能者上，庸者下，不负责或违法乱纪者撤职，不断增强党组织的战斗力和凝聚力。

三、明确党组织在企业的地位和职能

党组织在企业中处于政治领导核心地位。负责党的路线、方针、政策在本企业的贯彻落实，培育党的后备力量，搞好组织发展，负责对党员的培训和管理，对企业发展的长远规划、年度计划、重大建设项目、干部任免等重大问题提出建议，支持企业法人指挥生产、抓好经营、加强管理，监督企业以法经营，抓好思想、政治工作。企业支部或党委书记，可由是正式党员的企业法人来兼任，也可以单独设立，应充分体现在解放思想、实事求是思想路线指导下，来加强企业党的建设。

四、注重培养积极分子和发展党员

从目前企业中党员数量少的现状出发，注重培养积极分子和发展党员，这是加强党的建设的根本大计，应本着积极而又慎重的原则，加大培育党的积极分子，注意不失时机地把企业中的优秀分子吸收到党内来，不断壮大党的队伍。培养和发展的重点应放在企业的经营者、生产技术或经营骨干、优秀青年工人上。县乡党委对企业党组织应提出“纳上日程、注重培养、坚持标准、积极发展”的要求，在防止出现“突击入党”现象的同时，也应避免出现把积极靠近党组织且已达到党员标准的优秀分子长期排斥在党外的不良现象。

五、加强对党员的教育和管理

应着眼于提高广大党员的总体素质，把日常的教育与集中培训结合起来，利用乡镇党校集中办班培训党员或要求入党的积极分子，不断提高他们的政治修养和文化素质，提高他们模范遵守党的纪律的自觉性，激发党员建功立业的进取精神。应改进党员管理方式，完善党建目标责任制，坚持以党性锻炼和工作实绩为主要内容的年度民主评议活动。对具有组织领导才能或某一方面特长的党员，应量才提拔任用，这样可以收到一面给他们压担子，一面提高党员在企业经营管理层次上的比重的双重效果。党员对党组织有了向心力，党组织也就有了活力。

第九节　乡镇干部应转变工作作风

党的十四届四中全会以来，由于各地认真贯彻落实《中共中央关于加强党的建设的若干决定》，使乡镇组织建设出现了新的变化。一是领导班子的整体结构得到改善，过去只局限于生产指挥的单一型干部向具有多种技能的复合型干部转变；二是干部的思想得到进一步解放，思想观念由小农经济意识向社会主义市场经济意识转变；三是工作精力的分布得到调整，由只重视抓经济向物质文明与精神文明两手抓、两手硬方面转变；四是工作方式有所改进，由行政命令型向协调服务型转变。应当承认，乡镇这一级的组织建设是加强的趋势。

值得注意的是，乡镇一级在组织建设得到加强的同时，却对作风建设有所忽视，出现了一些令人担忧的问题。往往在上面，还看不到问题的严重性。真正深入到农村做点实际调查了解，亲身感受一下，就会清醒地意识到，一些乡镇干部受市场经济负面效应的影响，思想观念和价值取向发生了逆向变化，并且通过工作作风明显地表现出来。一是一些干部染上了“政客”习气，只想当官，不想做事，由“公仆”变成了“老爷”。有的干部把大部分精力用于为自己升迁“铺路架桥”，整天忙于跑官、要官、拉选票，根本没有心思到基层、到农户家开展工作，也不可能自觉地帮助农户解决生产生活中所遇到的实际困难。二是工作不实在，搞浮夸，善于做表面文章。有的干部为了给自己堆砌“政绩”，对上报喜不报忧，对下隐瞒真情，工作互相推诿，把成绩说成是自己的，把问题踢给他人。三是以势压人，强制推行工作。对不能按时交统筹提留款或各种摊派的，采取“通不通三分钟，三分不通一窝蜂”的方法，强行赶猪、抬粮、搬家具。四是忙于迎来送往，整天浑浑噩噩，在酒桌、牌局、舞厅中打发日子，或者忙于进城、进京“跑部钱进”，乐意到发达地区或风景名胜地出差，借机观光、旅游。五是工作不安心。一些干部工作在乡里，家安在县里、市里，由于“走读”，每周干不满 4 个工作日，群众称之为“城乡两部制”干部。六是行为不廉洁。有的干部借承包工程、发包土地和集体企业、购销紧俏农用生产资料时收受贿赂；有的讲排场、搞阔气，车越坐越高级，房子越住越豪华，脾气越来越大，吃的胃口越来越高，严重脱离群众；有的甚至腐化堕落，吃喝嫖赌无所不好，群众说是“十毒俱全”干部；有的搞权钱交易，花钱买官，收钱卖官。这些问题虽然出在少数干部身上，但影响极坏。它严重地败坏了党和政府的声誉，离间了干群关系，挫伤了农民的积极性，腐蚀了干部队伍。对此，老百姓深恶痛绝。在少数干部身上出现这样那样的问题，主要是主观原因，但也不排除客观因素。比如，上级布置工作不从实际出发，忙于出“政绩”，给乡镇压任务，指标层层加码，迫使乡镇领导强制执行，往往把他们推向了群众的对立面。又比如，政出多门，“上面千条线下面一根针”，多头布置工作，多次检查评比，多项一票否决，搞得乡镇干部疲于应付，逼出了许多弄虚作假的“花招”。再比如，乡镇干部工作条件艰苦、难度大、压力大、待遇低，在收入、住房、家属及子女就业、小孩读书等方面，与城里干部反差太大，造成干部心里失衡。一位在乡镇工作多年的党委书记说：“我工作了20多年，现在连基本工资都不能按时足额领到手。看到一些刚出校门到银行、保险、农电、税务部门工作的学生月月工资可挣到800多元，有的挣到1千元以上，真不公平，工作起来真没劲。”由此看来，分配不公是挫伤乡镇干部积极性，使他们放弃严格要求自己的一个重要因素。

干部工作作风问题，实质是干部思想政治素质的具体表现。不良作风的形成，主观因素是个人修养、党性锻炼和思想上的差距，客观因素是体制、制度和监督机制上的缺陷。解决这个问题，需要在抓紧对干部进行人生观、价值观和对共产党员进行宗旨教育的同时，改革领导体制，调整干部制度，建立起有效的监督机制。

一、干部的思想教育要抓紧

主要措施是组织干部认真学习邓小平建设有中国特色社会主义理论，组织共产党员深入学习党章和一些行为准则。通过学习强化宗旨意识，提高思想政治素质，树立正确的人生观、价值观，增强事业心和责任感。学习的一个重要目的，是在思想上解决好“当官”与“做事”的问题。邓小平同志在他第三次恢复工作时曾经讲到，我出来工作有两种态度，一种是当官，一种是做事。因为我是共产党员，所以我要做事。这样一种历史唯物主义的思想基础，是小平同志把毕生的精力用于做事，为老百姓办好事，造福于人民，贡献于人类的直接思想动力。让乡镇干部都达到小平同志那样的世界观，不现实。但通过学习铸牢人生防线，校正价值坐标，是现实而又应该做到的。解决了世界观的问题，就有了转变工作作风、改进工作方法的思想基础。

二、乡镇领导体制要改革

改革的取向应立足于解决体制不顺、职责不清、政出多门的问题。应明确，乡镇对县（市）委和政府负责，而不是对县（市）委和政府的下设部门负责。县（市）直的行政和业务部门，对乡镇只有业务指导关系，工作的基点应放在帮助乡镇把上级对某一方面的工作要求贯彻落实好，不可以对乡镇发号施令。鉴于乡镇工作处于基础和基层的“双基”地位，不应该搞党政分开，应积极推广党政“一肩挑”的试点经验。这样能够避免许多矛盾。乡镇党委书记，应保持相对稳定，没有特殊情况，一般应干满两届，防止出现短期行为。

三、工作制度要完善

第一位的是完善民主集中制。目前从乡镇党委执行民主集中制的情况看，主要问题是集中有过而民主不足，一把手独断专行，为所欲为，凌驾于一班人之上，把副职看成下级，开口就布置工作，而不是商量或听取副职的意见。实践证明，在这样的地方领导班子难以形成合力，副职没有积极性，一把手既感到工作吃力又往往效果甚微。发扬民主，能够启动集体的智慧；实行民主决策，对于解决一言堂、家长制，减少工作失误，都有好处，应总结这方面的经验，用典型来引导民主集中制的贯彻落实。第二，建立一套科学合理的工作考核制度。乡镇党委任期目标责任制，应包括经济建设、党的建设和精神文明建设三个方面。在考核指标上，应注意处理好不同基础条件乡镇之间的关系，以求得对他们的评价公平、公正；经济指标应主要以乡镇财政收支和农民人均收入以及给国家纳税为主，不宜搞得项目过多。第三，实行公开选拔的干部制度。取消行政区域界线，采取自荐与组织推荐相结合、考试与考核相结合的方式，选拔任用乡镇干部。应加大从县直机关和企事业单位选拔乡镇干部的力度，吸收复合型人才到乡镇工作，以调整乡镇干部队伍的结构。乡镇干部制度的改革方向应该是：增强干部选用的透明度，增强群众对班子的信任度。

四、监督力度要加大

应从基础工作抓起，着眼于执纪严格、程序规范、互相补充、运作有效的监督体系建设，用比较严密的体系来消除监督区位上的空白。这个体系应该由纪检监察为主体的党内行政监督，包括民主、审计和新闻舆论监督在内的复合型监督体系。重点加大对不廉洁、不勤政的督察力度。对于村民代表会提出的置疑，对于群众的举报，对于新闻媒体的曝光，有关部门应给予足够的重视，进行必要的查处。乡镇主要领导离任时，应由审计部门对任职期间的主要经济指标、财务收支及个人工资以外的所得进行审计，对弄虚作假、谎报成绩的，隐瞒工作失误的，违反财经纪律的，中饱私囊的，应严肃处理，以打击邪恶，树立和弘扬正气。乡镇主要领导出现经济犯罪或渎职的，应追究上级主管领导的责任。一些地方创造的发动党员或农民群众定期民主评议乡镇干部，结合换届对领导班子成员或拟提拔任用的干部进行民意测验，对干部监督大有裨益，应推而广之。

在实施以上这四项措施的同时，县（市）领导应十分关心乡镇干部，支持、理解和爱护乡镇干部，在工作上给他们创造良好的环境，在生活上尽力帮助他们解决实际困难，使广大乡镇干部真正成为人民的公仆，成为农民致富的领路人。